Geheimdienst und Propaganda im Ersten Weltkrieg

Zeitalter der Weltkriege

Begründet vom
Militärgeschichtlichen Forschungsamt

Herausgegeben vom
Zentrum für Militärgeschichte und
Sozialwissenschaften der Bundeswehr

Band 18

Geheimdienst und Propaganda im Ersten Weltkrieg

Die Aufzeichnungen von
Oberst Walter Nicolai 1914 bis 1918

Im Auftrag des Zentrums für Militärgeschichte
und Sozialwissenschaften der Bundeswehr
herausgegeben von
Michael Epkenhans, Gerhard P. Groß,
Markus Pöhlmann und Christian Stachelbeck

DE GRUYTER
OLDENBOURG

Umschlagabbildung:
Walter Nicolai nach einer Zeichnung von Arnold Busch.
Staatsbibliothek zu Berlin, Preußischer Kulturbesitz
(Port. Slg/Mil. gr/Nicolai, Walter, Nr. 1)

ISBN 978-3-11-073507-9
e-ISBN (PDF) 978-3-11-060899-1
e-ISBN (EPUB) 978-3-11-060639-3
ISSN 2569-7145

Library of Congress Control Number: 2018962675

Bibliografische Information der Deutschen Nationalbibliothek
Die Deutsche Nationalbibliothek verzeichnet diese Publikation in der Deutschen
Nationalbibliografie; detaillierte bibliografische Daten sind im Internet über
http://dnb.dnb.de abrufbar.

© 2020 Walter de Gruyter GmbH, Berlin/Boston
Dieser Band ist text- und seitenidentisch mit der 2019 erschienenen gebundenen
Ausgabe.

Redaktion: ZMSBw, Potsdam, Fachbereich Publikationen (0766-01)

    Projektkoordination: Aleksandar-S. Vuletić
    Lektorat: Knud Neuhoff, Berlin; Marcel Kellner, Berlin
    Projektassistenz: Carola Klinke, Cindy Konarski, Elke Wagenitz
    Bildrechte: Esther Geiger
    Grafiken: Frank Schemmerling
    Texterfassung, Satz: Christine Mauersberger

Druck und Bindung: Hubert & Co. GmbH & Co. KG, Göttingen

www.degruyter.com

Inhalt

Vorwort des Kommandeurs VII
Vorwort der Herausgeber IX

Walter Nicolai – Annäherung an einen Unbekannten. Eine Einführung 1
   Elternhaus und Offizier im Frieden 2
   Die oberste militärische Führung des Deutschen Reiches 1914–18 15
   Alltag im Großen Hauptquartier 27
   Chef IIIb im Weltkrieg 33
   Weimarer Republik 51
   Im Dritten Reich 57
   Fazit: Der Mann im Schatten 60

Editorische Bemerkungen 65

Aus Tagebuch-Notizen und Kriegsbriefen 75
   Persönliches 77
   Vorbemerkung 87
   1914 93
   1915 153
   1916 199
   1917 319
   1918 473

Anhang
Abkürzungen 605
Personenregister 607
Geografisches Register 637
Verzeichnis der Anlagen 645

Vorwort des Kommandeurs

Das militärische Nachrichtenwesen ist bislang als Gegenstand der historischen Grundlagenforschung am Zentrum für Militärgeschichte und Sozialwissenschaften der Bundeswehr (ZMSBw) eine seltene Pflanze gewesen. Dies liegt zunächst in der Natur der Sache. Nachrichtendienste entziehen sich gerne, manchmal sogar aus gutem Grund, einer kritischen öffentlichen Betrachtung. Es erklärt sich aber auch aus dem allgemeinen Stand der historischen Forschung. Doch seit den 1980er Jahren ist international Bewegung in die Untersuchungen zum Nachrichtenwesen gekommen. Im deutschen Fall wirken sich allerdings bis heute archivalische Kriegsverluste hemmend aus. Umso mehr freut es mich, dass das ZMSBw mit den Kriegsaufzeichnungen von Walter Nicolai einen wichtigen und lange vermissten Quellenschatz gehoben hat und ihn nun als Edition vorlegt. Diese hilft uns, die bis heute geheimnisumwitterte Persönlichkeit Nicolais und seine Rolle innerhalb der militärischen Führung im Ersten Weltkrieg besser zu verstehen.

Das Potenzial des Themas ist für alle drei Zielgruppen des ZMSBw evident. Für die Soldatinnen und Soldaten stellt dieses Führungsgrundgebiet eine unverzichtbare Voraussetzung für ihr militärisches Planen und Handeln im Einsatz dar. Für die Geschichtswissenschaften bietet das Thema Nachrichtenwesen zahlreiche Anknüpfungspunkte, seien es politik-, militär-, medien- oder kulturhistorische. Für die Rezeption in der historisch interessierten Öffentlichkeit muss man den Reiz des Geheimen nicht extra betonen. Der »Blick hinter den Vorhang« war in der Politik und im Militär schon seit jeher verlockend. Die vorliegende Edition erlaubt auch hier und da diesen Blick, obschon das Anekdotische nicht im Mittelpunkt der historischen Arbeit liegt.

Ich danke den Herausgebern und auch den Kolleginnen und Kollegen, die zu dieser Edition beigetragen haben, für ihr Engagement und ihre Ausdauer bei dem Projekt. Dem Buch wünsche ich eine neugierige und zahlreiche Leserschaft.

Dr. Jörg Hillmann
Kapitän zur See und Kommandeur
des Zentrums für Militärgeschichte und
Sozialwissenschaften der Bundeswehr

Vorwort der Herausgeber

Als die Herausgeber mit der Arbeit an dieser Edition begannen, war ihr Verständnis von militärischen Nachrichtendiensten überwiegend geprägt von der Organisation und der Praxis der Dienste im Zweiten Weltkrieg und im Kalten Krieg. Abteilung IIIb und ihren Chef Walter Nicolai kannte man wohl, freilich bestenfalls aus dessen nach 1918 erschienenen Rechtfertigungsschriften. Was Nachrichtenwesen im Ersten Weltkrieg in Gänze bedeutete, erschloss sich jedoch bald im Verlauf der Arbeiten an Nicolais Kriegsaufzeichnungen. Hier tat sich ein recht weites Feld auf: Dieses erstreckte sich von der klassischen Spionage über Frontnachrichtendienst, Elektronische Kampfführung, Sabotage und Diversion bis hin zu Propaganda, Zensur und Überwachung. Darüber hinaus bietet die Quelle einen Insiderblick in das Große Hauptquartier von Kaiser Wilhelm II. Sie erweitert schließlich auch unser Wissen um die Geschichte von Presse und Öffentlichkeit im Deutschen Reich zwischen 1914 und 1918.

Im Verlauf der Arbeiten konnten die Herausgeber immer auf die Unterstützung zahlreicher Institutionen und Personen bauen. An erster Stelle sind das Bundesarchiv und das Staatliche Militärarchiv der Russischen Föderation zu nennen. Florian Altenhöner, Lukas Grawe und Jürgen W. Schmidt haben mit interessanten Hinweisen weitergeholfen. Christian Koch und Matthias Uhl haben uns Zugang zu Quellen eröffnet. Marcel Kellner, Christian Senne und Daniel Schilling haben als Praktikanten bzw. Wehrübende editorische Kärrnerarbeit geleistet. Das hat auch Jens Westemeier getan, der darüber hinaus wichtige Vorarbeiten zum Manuskript der Einleitung beigesteuert hat. Von Klaus-Walter Frey stammten familiengeschichtliche Informationen. Dorothee Hochstetter lieferte kritische Hinweise aus ihrer reichen Editionspraxis. Das Lektorat wurde von Knud Neuhoff in seiner Zeit in Potsdam mit großem Engagement angestoßen. Marcel Kellner, der das Projekt als Praktikant kennengelernt hatte, hat es am Ende als Lektor betreuen können. Texterfassung, Versionsabgleiche, Infografik und Druckvorstufe wurden mit Akribie und Gleichmut von den bewährten Kolleginnen und Kollegen der Abteilung Publikationen am ZMSBw erledigt.

Michael Epkenhans, Gerhard P. Groß, Markus Pöhlmann, Christian Stachelbeck

Walter Nicolai – Annäherung an einen Unbekannten. Eine Einführung

Am 20. März 1916 betrat der damalige Major Walter Nicolai, Chef des deutschen militärischen Nachrichtendienstes, die Lobby des Dom-Hotels in Köln. Zweck seines Besuchs in der Nobelherberge war ein Treffen mit einer ihm bis dahin unbekannten Persönlichkeit, die von seinen eigenen Mitarbeitern als potenzielle Agentin empfohlen worden war: der niederländischen Tänzerin Mata Hari. Als der Offizier pünktlich klopfte, wurde er von der Kammerfrau der Künstlerin zunächst vertröstet: die Herrschaft bade noch. Sichtlich verstimmt zog sich Nicolai daraufhin ins Restaurant zurück, um zum verabredeten Termin wieder vorstellig zu werden. Die nun folgende Begegnung schilderte er so:

»Als ich um 8 Uhr abends erschien, empfing mich Matahari in einer Toilette, welche mir zeigte, daß sie wohl meinte, mich ebenso gewinnen zu müssen, wie ihre früheren Geldgeber. Einzelheiten unseres Zusammenseins will ich nicht schildern, kann nur sagen, daß sie in dieser Stunde alle Künste einer ganz großen Kokotte spielen ließ, ein bedauernswerter, gerissener Mensch, ungebildet und dumm.«[1]

Kosmopolitische Verführerin hie, dienstbeflissener Stockpreuße da – die Szene bietet zweifellos Stoff für eine spannende Geschichte. Sie tut das umso mehr, als das Ende der folgenden nachrichtendienstlichen Beziehung bekannt ist: Am 25. Juli 1917 wurde Mata Hari von einem französischen Kriegsgericht wegen Spionage zum Tod verurteilt und knapp drei Monate später in Vincennes exekutiert.

Während die Geschichte von Mata Hari vielfach erzählt worden ist, blieb Walter Nicolai bislang als Persönlichkeit ein Unbekannter – und dies, obwohl er selbst über seine Tätigkeit im Weltkrieg publiziert hat. Mit der vorliegenden Edition seiner persönlichen Aufzeichnungen soll diesem Mangel abgeholfen werden. Jahrzehntelang im früheren Moskauer »Sonderarchiv« unzugänglich verborgen, sind seine Aufzeichnungen seit den 1990er Jahren bekannt und von einzelnen Wissenschaftlern auch benutzt worden. Warum aber sind sie auch für die Weltkriegsforschung wichtig? Es handelte sich doch auf den ersten Blick nur um einen ganz normalen Generalstabsoffizier, den im Gegensatz zu den wichtigsten militärischen Entscheidungsträgern – Helmuth von Moltke d.J., Erich von Falkenhayn, Paul von Beneckendorff und von Hindenburg und Erich Ludendorff – nur wenige heute kennen dürften. »Eisern fleißig und pflichttreu und von organisatorischer Begabung«, beschrieb ihn sein letzter Vorgesetzter,

---

[1] Edition (6.3.1916, Erläuterungen).

https://doi.org/10.1515/9783110608991-001

General der Infanterie Erich Ludendorff, 1919 in seinen Kriegserinnerungen.² Der »Spiegel«-Redakteur Heinz Höhne meinte, dass neben Hindenburg und Ludendorff kein Deutscher im Ersten Weltkrieg mächtiger gewesen sei als der »unscheinbare Oberstleutnant Nicolai, Chef des Geheimdienstes, Herr über Deutschlands Spionage, Abwehr und Propaganda.«³ Seinen politischen Gegnern galt er als »Vater der Lüge«, dessen Name mit all den »Etappen der systematischen Verdummung« und »politischen Verhetzung« verbunden sei.⁴

Eine umfassende, wissenschaftlichen Ansprüchen genügende Biografie Nicolais liegt bislang nicht vor.⁵ In den inzwischen zahlenmäßig angewachsenen historischen Forschungen zu seinen Arbeitsgebieten taucht er immer wieder am Rande auf. Dabei reichte sein Einfluss in den vier Jahren des Ersten Weltkrieges weit über das zunächst eng begrenzte Feld des geheimen militärischen Nachrichtendienstes hinaus. Nicolais militärisches und publizistisches Wirken erstreckte sich über drei Epochen deutscher Geschichte, das Kaiserreich, die Weimarer Republik sowie das Dritte Reich. Seinen beruflichen Höhepunkt hatte Nicolai während des »Großen Krieges«, an dessen Ende der Abschied vom Alten Europa stand. Wer war nun der Mann, der den militärischen Geheimdienst der Obersten Heeresleitung (OHL) leitete und der behauptete: »Der deutsche Nachrichtendienst war ohne Zweifel der beste von allen Nachrichtendiensten der Zeit des Ersten Weltkrieges«?⁶

Elternhaus und Offizier im Frieden

Walter Immanuel Nicolai wurde am 1. August 1873 als zweites Kind der Eheleute Hermann und Luise Nicolai in Braunschweig geboren.⁷ Die Hauptstadt des gleichnamigen Herzogtums mit knapp 50 000 Einwohnern war seit 1871 Garnison des (4. Magdeburgischen) Infanterieregiments Nr. 67. Nicolais Vater Hermann (1842–1877) diente dort zuletzt als Hauptmann und war der erste Offizier in einer Familie, die eine lange Ahnenreihe von Pastoren und Beamten aufzuweisen hatte. Nach den siegreichen Kriegen gegen Dänemark 1864, Österreich 1866 sowie Frankreich 1870/71 nahm das Offizierkorps, namentlich in Preußen, eine gesellschaftliche Spitzenstellung ein. Hermann Nicolai hatte an den Reichseinigungskriegen teilgenommen und war als Regimentsadjutant am 18. August 1870 in der Schlacht von Gravelotte – Saint-Privat schwer verwundet

---

² Erich Ludendorff, Meine Kriegserinnerungen 1914–1918, Berlin 1919, S. 13.
³ Heinz Höhne, Canaris. Patriot im Zwielicht, München 1984, S. 138.
⁴ Andreas Ziesenitz, Der Vater der Lüge. In: Die Weltbühne, Nr. 31 vom 29.7.1920, S. 137–140 (Zitate S. 137 und S. 140). Ziesenitz war als Angehöriger der Geheimen Feldpolizei im Bereich des Oberbefehlshabers Ost eingesetzt gewesen, berichtete also als Insider.
⁵ Zur Biografie siehe auch Klaus-Walter Frey, Oberst Walter Nicolai, Chef des deutschen militärischen Nachrichtendienstes III B im Großen Generalstab (1913–1918). Mythos und Wirklichkeit – Biographische Beiträge. In: Geheimdienste, Militär und Politik in Deutschland. Hrsg. von Jürgen W. Schmidt, Ludwigsfelde 2008 (= Geheimdienstgeschichte, 2), S. 135–198.
⁶ Zit. nach Jürgen W. Schmidt, Gegen Russland und Frankreich. Der deutsche militärische Geheimdienst 1890–1914, Ludwigsfelde 2007 (= Geheimdienstgeschichte, 1), S. 547.
⁷ Edition (Persönliches).

Einführung

worden. Die Mutter Luise Nicolai, geb. Rusche (1850–1935), stammte aus bäuerlichem Milieu. Aus der Ehe gingen zwei Söhne hervor, der 1871 geborene Hans und sein zwei Jahre jüngerer Bruder Walter. Beide Jungen sollten später Offiziere werden. Sie waren gerade fünf bzw. drei Jahre alt, als der Vater mit 34 Jahren wohl an den Folgen der 1870 erlittenen Verwundung verstarb.

Der frühe Tod des Vaters führte bei Walter Nicolai, wie er später schrieb, zur Suche nach Vaterfiguren sowie »Ehrfurcht und Ehrerbietung« gegenüber Älteren.[8] Die bescheidene Lebensführung der Familie prägte den Lebensweg von Sohn Walter. Luise Nicolai musste mit einer Witwenrente zurechtkommen und zog daher mit beiden Söhnen in die Wohnung ihrer Mutter nach Halberstadt. Dort besuchte Walter ab 1884 das Domgymnasium. Nach der Obertertia meldete ihn die Mutter 1887 in der Kadettenvoranstalt Schloss Oranienstein bei Dietz an der Lahn an. Eine Sondergenehmigung ermöglichte diesen Schritt noch vor Ablauf seines 14. Lebensjahres. Der Bruder Hans war schon vor ihm in das Kadettenkorps eingetreten.[9] Die Vergrößerung der Armee erzwang in diesen Jahren eine verstärkte Öffnung des Offizierkorps für bürgerliche Kandidaten. Als Söhne eines Offiziers zählten die Nicolai-Brüder zu den »erwünschten Kreisen«.[10] Aus der Kabinettsordre Kaiser Wilhelms II. vom 29. März 1890 lässt sich dieser Zwang zur sozialen Anpassung des Personalkörpers gut herauslesen:

»Neben den Sprossen der adligen Geschlechter des Landes, neben den Söhnen meiner braven Offiziere und Beamten, die nach alter Tradition die Grundpfeiler des Offizierkorps bilden, erblicke ich die Träger der Zukunft meiner Armee auch in den Söhnen solcher ehrenwerten bürgerlichen Häuser, in denen die Liebe zu König und Vaterland, ein warmes Herz für den Soldatenstand und christliche Gesittung gepflegt und anerzogen werden.«[11]

Weniger wohlhabenden Familien wie den Nicolais wurde eine Reduzierung des jährlich zu leistenden Erziehungsbeitrags für die Kadettenanstalt zugestanden.[12]

Mit dem steigenden Bedarf an Offizieren im Rahmen der Heeresvergrößerung vollzog sich auch ein kontinuierlicher Ausbau des Kadettenkorps. Schließlich existierten acht Voranstalten und die Hauptkadettenanstalt in Groß-Lichterfelde südlich von Berlin. Die Kadettenhäuser waren militärisch geführte, straff organisierte Internatsschulen mit strengen Regeln.[13] Bei der Ausbildung des Offi-

---

[8] Ebd.
[9] Ebd.
[10] Detlef Bald, Der deutsche Offizier. Sozial- und Bildungsgeschichte des deutschen Offizierkorps im 20. Jahrhundert, München 1982, S. 39, und Heiger Ostertag, Bildung, Ausbildung und Erziehung des Offizierkorps im deutschen Kaiserreich 1871–1918. Eliteideal, Anspruch und Wirklichkeit, Frankfurt a.M. [u.a.] 1989, S. 103. 1884 lag der Anteil von Offizierssöhnen bei rund 18 %.
[11] Zit. nach Wilhelm Deist, Die Armee in Staat und Gesellschaft 1890–1914 (1970). In: Wilhelm Deist, Militär, Staat und Gesellschaft. Studien zur preußisch-deutschen Militärgeschichte, München 1991 (= Beiträge zur Militärgeschichte, 34), S. 43–56, hier S. 50.
[12] Hans H. Driftmann, Grundzüge des militärischen Erziehungs- und Bildungswesens in der Zeit 1871–1939, Regensburg 1980, S. 53.
[13] Siehe dazu Holger Afflerbach, Falkenhayn. Politisches Denken und Handeln im Kaiserreich, München 1996 (= Beiträge zur Militärgeschichte, 42), S. 11 f., und Heinz Stübig, Kadettenanstalt und Kriegsschule Potsdam. Bildung und Erziehung in den Streitkräften des Kaiserreichs. In: Potsdam. Staat, Armee, Residenz in der preußisch deutschen Militärgeschichte. Im Auftrag des Militärgeschichtlichen Forschungsamtes hrsg. von Bernhard R.

ziernachwuchses fiel diesen Einrichtungen eine bedeutende Rolle zu, wenngleich die Masse der preußischen Offizieranwärter als Fahnenjunker in die Regimenter der Armee eintrat.[14] Die Erziehung der Kadetten zielte auf eine Charakterbildung, die untrennbar mit militärischen Idealen wie Ehre, Pflicht, Treue und Gehorsam verbunden war. Die Gesinnung war monarchisch, patriotisch und christlich. Die Kadetten sollten freilich nicht nur zu bedingungslosen Verfechtern der tradierten Ordnung erzogen werden. Sie sollten auch früh lernen, als willensstarke, verantwortungsbewusste und nicht zuletzt kämpferische militärische Führer zu handeln. Militärische Vorausbildung wie Exerzieren und Gefechtsübungen spielten daher eine wichtige Rolle im schulischen Alltag. Erst dahinter rangierte eine umfassende Bildung, die gleichwohl bis zum Kadettenabitur führen konnte.[15]

Eine Kabinettsordre verfügte Anfang des Jahres 1877 die Gleichstellung des Lehrplanes der Kadettenanstalten mit den Realschulen 1. Ordnung (ab 1882 den Realgymnasien). Zu den Unterrichtsfächern zählten Deutsch, Fremdsprachen (Latein, Französisch, Englisch) sowie Mathematik, Physik, Geschichte, Biologie und Geographie. Die Voranstalten umfassten die Klassen Sexta bis Obertertia, die Hauptanstalt in Groß-Lichterfelde Untersekunda bis Oberprima.[16] »Willenserziehung und Verstandesbildung« blieben die zwei Säulen der preußischen Offiziersausbildung seit den Reformen Scharnhorsts. Viele Kadetten betrachteten schulische Bildung lange Zeit eher als eine lästige Nebensache. Die meisten traten nach der Obersekunda und dem Fähnrichexamen in die Armee ein. Eine deutliche Trendwende zugunsten des Kadettenabiturs vollzog sich erst mit den verbesserten Aufstiegsmöglichkeiten solcher Absolventen unmittelbar vor dem Ersten Weltkrieg.[17]

Die militärische Sozialisation in den Kadettenanstalten prägte ihre Zöglinge nachhaltig, so auch Walter Nicolai, der nach seinem Wechsel vom Gymnasium wegen fehlender Englischkenntnisse in die Untertertia zurückgestuft wurde. Nicolai schrieb später, er habe trotz der einseitigen Erziehung und der für ihn oft wenig vorbildhaften Lehrer Dankbarkeit für die Kadettenerziehung empfunden. Sie habe ihm Charakter- und Willensbildung gegeben. Die Erziehung »gab uns das, was wir brauchten, vor allem ein frühes Gefühl für Ehre und das Bewußtsein, des Königs Rock zu tragen«.[18]

Das Leben an der Vorkadettenanstalt in Schloss Oranienstein trug spartanische Züge. Neben dem Schulunterricht und der militärischen Ausbildung waren die informellen Strukturen für den Sozialisierungsprozess der Kadetten von großer Bedeutung. Interne Regeln und Bräuche unter den Kadetten verin-

---

    Kroener unter Mitarb. von Heiger Ostertag, Frankfurt a.M., Berlin 1993, S. 303–408, hier S. 395 f.

[14] Stübig, Kadettenanstalt und Kriegsschule Potsdam (wie Anm. 13), S. 399. Der Anteil der Kadetten betrug in der zweiten Hälfte des 19. Jahrhunderts lediglich 12 bis 15 %. Vgl. Ostertag, Bildung, Ausbildung und Erziehung (wie Anm. 10), S. 94.

[15] Klaus Schmitz, Militärische Jugenderziehung. Preußische Kadettenhäuser und Nationalpolitische Erziehungsanstalten zwischen 1807 und 1936, Frankfurt a.M. 1997 (= Studien und Dokumentationen zur deutschen Bildungsgeschichte, 67), S. 155 f.

[16] Stübig, Kadettenanstalt und Kriegsschule Potsdam (wie Anm. 13), S. 395–397.

[17] Schmitz, Militärische Jugenderziehung (wie Anm. 15), S. 155–159. Zwischen 1902 und 1912 stieg der Anteil der Kadettenabiturienten von 14 auf 31 % (Tab. 4, S. 158).

[18] Edition (Persönliches).

nerlichten Mechanismen der Unterwerfung und Anpassung, wobei dies durchaus als positive Aspekte bei der eigenen Entwicklung begriffen werden konnte. »Bewußt und gewollt rau«, beschrieb Paul von Hindenburg diese Erziehung.[19] Auch Nicolai, obwohl er eine Generation später die Anstalt besuchte, hielt ähnliche Eindrücke fest: »Den stärksten erzieherischen Einfluß übte infolgedessen auf mich die Kameradschaft des Ganzen und die Freundschaft Einzelner aus.«[20] Ludendorff, acht Jahre älter als Nicolai und 1877 in der Kadettenanstalt Plön, ab 1879 in Lichterfelde ausgebildet, schrieb rückschauend: »Ich denke gern an meine Kadettenzeit zurück, obschon sie aus den Kindern frühzeitig Erwachsene machte, die doch schließlich keine Erwachsenen waren.«[21] Nicolai berichtete von strenger Unterordnung unter ältere Kameraden, aber auch über die Stärkung des Selbstbewusstseins, so etwa durch die respektvolle Anrede »Sie« seitens der Lehrer und Ausbilder.[22] Für brutale Menschenschinderei durch ältere Kadetten gab es viele Beispiele.[23] Mit dem Führungsleitbild des preußischen Offiziers sowie dem Prinzip der Kameradschaft war ein solches Verhalten indes keineswegs vereinbar. Schikanöse Behandlung war nicht nur offiziell verboten, sondern innerhalb des Kadettenkorps auch verpönt. »Schleifer« verloren als Vorgesetzte ihr Gesicht und wurden missachtet.[24]

1889 wechselte Nicolai regulär zur Hauptkadettenanstalt Groß-Lichterfelde in Berlin. Dort absolvierte er nach der Obersekunda wie alle Kadetten das Fähnrichexamen. Trotz eher durchschnittlicher Schulnoten wurde er im Februar 1892 in die einjährige Sonderklasse Selekta aufgenommen. Offenbar hatte Nicolai seine militärischen Vorgesetzten durch Zuverlässigkeit, gute Führung und Fleiß überzeugen können.[25] Zu den bekanntesten Selektanern zählten Hindenburg, Falkenhayn und Ludendorff. Die Selektaner galten als Spitze des Kadettenkorps. Sie wurden früher als die anderen Kadetten und Offizieranwärter in der Truppe zum Leutnant ernannt.

Die Selektaner erhielten denselben Unterricht und die Ausbildung wie auf den Kriegsschulen. Neben den Kadettenanstalten waren diese Institute der zweite Stützpfeiler des militärischen Erziehungs- und Bildungswesens in Preußen. Es handelte sich um militärische Fachschulen zur Heranbildung des Führernachwuchses. Der Besuch der Kriegsschule war für alle Offizieranwärter Pflicht. Die Lehrgänge dauerten in der Regel 35 Wochen, Lehrveranstaltungen im Hörsaal wechselten sich mit praktischer Ausbildung im Freien ab. Der Unterricht

---

[19] Paul von Hindenburg, Aus meinem Leben, Leipzig 1920, S. 19. Vgl. Stübig, Kadettenanstalt und Kriegsschule Potsdam (wie Anm. 13), S. 397.
[20] Edition (Persönliches).
[21] Erich Ludendorff, Mein militärischer Werdegang. Blätter der Erinnerung an unser stolzes Heer, München 1933, S. 6.
[22] Edition (Persönliches).
[23] Vgl. Ostertag, Bildung, Ausbildung und Erziehung (wie Anm. 10), S. 108–111 und S. 123–125.
[24] So die von Ostertag völlig abweichende Bewertung der neueren Studie von Jörg Muth, Command Culture. Officer Education in the U.S. Army and the German Armed Forces, 1901–1940, and the Consequences for World War II, Denton, TX 2011, S. 91–94 und S. 107 f.
[25] Mit Ausnahme eines tadelnden Vermerkes im Dezember 1891. Siehe die Zeugnisse und Beurteilungen in Rossiiskii Gosudarstvenni Voennyi Arkhiv (Moskau; im Folgenden abgekürzt RGVA), 1414-1-11, Bl. 5–10: Nicolai, Kriegsaufzeichnungen.

war mit Fächern wie Taktik, Waffenlehre und Geländekunde auf die militärischen Aufgaben des Offiziers ausgerichtet. Der praktische Dienst umfasste Exerzieren, Schießen, Reiten, Schwimmen und Fechten. Am Ende stand die Offizierprüfung, die neben dem militärischen Fachwissen auch allgemeinbildende, sprachliche, geschichtliche und mathematische Anteile beinhaltete. Der Portepee-Unteroffizier Walter Nicolai schloss das Examen Anfang Februar 1893 mit im »Ganzen befriedigenden Kenntnissen« ab.[26]

Truppendienst

Mit gerade einmal 19 Jahren und bereits im Leutnantsdienstgrad trat Nicolai nach der Selekta dann am 22. März 1893 seinen Dienst beim (2. Kurhessischen) Infanterie-Regiment Nr. 82 in Göttingen an.[27] Dort verrichtete er drei Jahre lang Leutnantsdienst, vermutlich als Zugführer in der 4. Kompanie. Neben der späteren Verwendung als Kompaniechef blieb es die einzige militärische Führungsverwendung unmittelbar in der Truppe. Warum Nicolai von seinem Kompaniechef 1895 als Lehrer im Kadettenkorps vorgeschlagen wurde, ist unbekannt. Die Kadettenanstalten waren bemüht, vor allem auch in sittlicher Hinsicht vorbildliche junge Offiziere für diese Aufgabe zu erhalten. Dennoch gab es auch Fälle, in denen eine Versetzung als »Kaltstellung« wegen Schulden oder Alkoholmissbrauchs erfolgte.[28] Lehrer verfügten jedenfalls nicht unbedingt über hohes Ansehen, niemand drängte in eine solche Verwendung: »Die Schuld lag an der in unserem Heer herrschenden Tradition, wonach jede, auch die untergeordnete praktische Leistung hoch über der wissenschaftlichen stand«, hielt Nicolais späterer Vorgesetzter an der Kriegsakademie Generalleutnant Karl Litzmann in seinen Erinnerungen fest.[29] Der ehemalige Selektaner Nicolai konnte sich allerdings dieser auch für ihn unliebsamen Aufgabe durch eine bewusst oberflächlich angefertigte wissenschaftliche Arbeit erfolgreich entziehen.[30]

Der Aufstieg in die exklusive Generalstabslaufbahn, zu den »Halbgöttern« des Generalstabes zu gehören, war dagegen für den jungen Offizier besonders erstrebenswert. Für Nicolai war die Ernennung zum Bataillons-Adjutanten 1896 ein wichtiger Schritt in diese Richtung. Denn in der Regel ernannten die Kommandeure nur den fähigsten jungen Offizier zu ihrem Adjutanten. Dieser Posten galt als Sprungbrett für eine Laufbahn im Generalstab.[31] Sicherlich nicht hinderlich für Nicolais militärischen Werdegang war der Umstand, dass mit Oberst

---

[26] Stübig, Kadettenanstalt und Kriegsschule Potsdam (wie Anm. 13), S. 401−404; RGVA, 1414-1-11, Bl. 12: Nicolai, Kriegsaufzeichnungen: Zeugnis der Reife zum Offizier vom 22.3.1893.
[27] Edition (Persönliches). Ein undatierter Auszug aus Nicolais Personalbogen findet sich in RGVA, 1414-1-11, Bl. 2: Nicolai, Kriegsaufzeichnungen.
[28] Schmitz, Militärische Jugenderziehung (wie Anm. 15), S. 145. Vgl. Driftmann, Grundzüge (wie Anm. 12), S. 60.
[29] Karl Litzmann, Lebenserinnerungen, 2 Bde, Berlin 1927, Bd 1, S. 126.
[30] Edition (Persönliches).
[31] Johannes Hürter, Hitlers Heerführer. Die deutschen Oberbefehlshaber im Krieg gegen die Sowjetunion 1941/1942, München 2006 (= Quellen und Darstellungen zur Zeitgeschichte, 66), S. 54.

Einführung

Hugo Kohlhoff im April 1896 sein künftiger Schwiegervater das Regiment übernahm:
»So sehr ich mich immer dagegen gewehrt habe, irgendwelcher Konnektion mein Fortkommen zu verdanken, so bin ich mir doch stets bescheiden bewußt gewesen, wenn ungesucht mir auch hierin das Schicksal wohlwollte«,[32] gestand Nicolai später selbst ein.

Für den aus bescheidenen Verhältnissen stammenden jungen Offizier bedeutete die Heirat mit Kohlhoffs jüngster Tochter Marie im September 1900 zudem eine deutliche Verbesserung des eigenen Lebensstandards. Die Familie der Brautmutter war wohlhabend. Aus der Ehe gingen drei Töchter hervor, ein Sohn starb wenige Wochen nach der Geburt.[33]

Kriegsakademie

Voraussetzung für den Eintritt in die Generalstabslaufbahn war der erfolgreiche Besuch der Kriegsakademie. Für eine Aufnahme konnten sich Leutnante bzw. Oberleutnante nach dreijährigem Dienst in der Truppe bewerben. Die Vorgesetzten hatten dem Bewerber in einem Qualifikationsbericht die Eignung zu bestätigen. Zudem mussten sich die Offiziere einer anspruchsvollen schriftlichen Aufnahmeprüfung unterziehen. Diese war in militärfachlichen und allgemeinbildenden Fächern abzulegen.

Einen Eindruck von den geforderten Kenntnissen vermitteln exemplarisch die Prüfungsfragen von 1890. So waren im Fach Militärgeschichte »Anlass, Verlauf und Folgen der Beteiligung Schwedens am 30jährigen Krieg« darzustellen, in Geografie »Zahl, Dichtigkeit, Religion, Abstammung und Beschäftigung der Bevölkerung Deutschlands und welche Einflüsse hat dessen Lage und Beschaffenheit auf seine Bevölkerung ausgeübt« sowie in Geschichte »Umwandlung des Kaiserreichs Österreich in die Doppelmonarchie Österreich-Ungarn«.[34] Zwar gingen die Arbeiten bei der Prüfungskommission anonym ein, gleichwohl bot schon die militärische Beurteilung Raum für eine subjektive Vorauswahl der Kandidaten. Und wer genügend Geld hatte, konnte sich auch eine intensive Vorbereitung durch Privatunterricht leisten. An der Kriegsakademie waren daher sowohl die soziale Exklusivität wie auch die Repräsentanz des Adels noch deutlicher ausgeprägt als im Offizierkorps insgesamt.[35] Nicolai bestand 1900 erst im zweiten Versuch die Aufnahmeprüfung und wurde nach Berlin kommandiert. Die Ausbildung dauerte drei Jahre. Allgemeinwissenschaftliche Fächer wie Geschichte, Mathematik und Fremdsprachen hatten einen ebenso großen Stellenwert wie die rein militärischen, darunter Taktik, Kriegsgeschichte und Generalstabsdienst. Dazu kamen Fächer wie Waffenlehre, Militärrecht, Verkehrsmittellehre sowie Seekriegslehre. Schon während Nicolais Zeit war jedoch der allgemeinwissenschaftliche Anteil gesunken und aus der »militärischen Universität« eine Art Fachhochschule für

---

[32] Edition (Persönliches).
[33] Frey, Oberst Walter Nicolai (wie Anm. 5), S. 154 und S. 160.
[34] Manfred Nebelin, Ludendorff. Diktator im Ersten Weltkrieg, München 2010, S. 48.
[35] Ostertag, Bildung, Ausbildung und Erziehung (wie Anm. 10), S. 162 f.

die Generalstabsausbildung geworden.[36] Die Ausbildung konzentrierte sich auf die praktischen Bedürfnisse im Krieg. So diente auch die Kriegsgeschichte im Rahmen der applikatorischen Lehrmethode allein der Schulung der taktischen Urteils- und Entscheidungsfindung der Offiziere im Gefecht.[37] Der Lehrgang wurde einmal im Jahr für eine etwa dreimonatige Abkommandierung der Teilnehmer zu verschiedenen Waffengattungen, im Einzelfall auch zur Marine, unterbrochen. Nicolai war 1901 zur Feldartillerie und 1902 zum Ulanen-Regiment Nr. 4 der 35. Division in Thorn abgestellt. Dort erhielt er beste Referenzen – kein Wunder, denn der dortige Divisionskommandeur war seit April 1902 sein Schwiegervater Hugo Kohlhoff. Besonderer Inhalt der Ausbildung in Nicolais Klasse war auch das Erlernen der russischen Sprache mit Ablegung eines Dolmetscherexamens. Nach der üblichen Generalstabsreise zum Ende des 3. Ausbildungsjahres schloss Nicolai die Kriegsakademie mit einem guten Gesamtergebnis als 16. der zum Generalstab empfohlenen 40 Offiziere seines Jahrgangs aus insgesamt 150 Teilnehmern ab. Gleichzeitig ergänzte der Direktor der Kriegsakademie, Generalleutnant Karl Litzmann, Nicolais gute Noten mit einem überaus positiven Beurteilungsvermerk, schätzte ihn als sehr begabten, tüchtigen und zugleich bescheidenen Offizier mit »vortrefflichen Kenntnissen«.[38] Nicolai qualifizierte sich damit für die weitere Ausbildung zum Generalstabsoffizier.

Lehrjahre im Nachrichtendienst

30 Prozent der Absolventen eines Lehrgangs der Kriegsakademie wurden im Anschluss für zwei Jahre auf Probe in den Großen Generalstab kommandiert und danach wiederum die Hälfte fest im Generalstab eingeplant. Den Auserwählten lockten schnellere Beförderungen sowie die Aussicht, bis in die Spitzenpositionen der Armee zu gelangen.[39]

»Ich sah im Generalstab nicht nur den Kopf, sondern auch das Herz des Heeres und war gewiß auch nicht dagegen unempfindlich, daß ich die breiten roten Streifen, den silbergestickten Kragen am Waffenrock und den kleidsamen Helm mit dem schön modellierten Adler und dem Gardestern tragen konnte. Mit 29 Jahren Hauptmann im Generalstabe zu sein, bedeutete schon etwas«,[40] schrieb Nicolais späterer Vorgesetzter, Erich Ludendorff, voller Stolz.

---

[36] Hürter, Hitlers Heerführer (wie Anm. 31), S. 56. Vgl. auch Ostertag, Bildung, Ausbildung und Erziehung (wie Anm. 10), S. 155–157. 1890 betrug das Verhältnis zwischen allgemeinwissenschaftlichen und militärfachlichen Anteilen 49 % zu 51 %, 1913 dann 36 % zu 64 %.

[37] Sven Lange, Hans Delbrück und der »Strategiestreit«. Kriegführung und Kriegsgeschichte in der Kontroverse 1879–1914, Freiburg i.Br. 1995 (= Einzelschriften zur Militärgeschichte, 40), S. 46–48.

[38] RGVA, 1414-1-11, Bl. 19 f.: Nicolai, Kriegsaufzeichnungen: Zeugnis (Abschrift) der Kriegsakademie vom 15.9.1903; Schreiben Karl Litzmann an Hugo Kohlhoff vom 11.12.1903. Inwieweit hier helfende Hände eine weitere Rolle spielten, muss im Dunkeln bleiben. Frey, Oberst Walter Nicolai (wie Anm. 5), S. 156, spricht von einem freundschaftlichen Verhältnis zwischen Litzmann und Kohlhoff.

[39] Vgl. Afflerbach, Falkenhayn (wie Anm. 13), S. 15; Ostertag, Bildung, Ausbildung und Erziehung (wie Anm. 10), S. 163.

[40] Ludendorff, Mein militärischer Werdegang (wie Anm. 21), S. 33.

Von den 29 000 aktiven Offizieren aller Kontingente des Heeres gehörten 1914 lediglich etwa 625 (einschließlich der auf Probe von der Kriegsakademie zukommandierten Offiziere) dem Generalstab an. 113 Generalstabsoffiziere (Preußen und Württemberg) versahen ihren Dienst im Hauptetat des Großen Generalstabes in Berlin.[41] Die kleine, elitäre Gruppe verkörperte den neuen Typus eines leistungsorientierten professionellen Kriegshandwerkers, dessen Qualität künftig nicht mehr standes-, sondern berufsspezifisch begründet war. Wie die komplexe Organisation von industriegesellschaftlichen Arbeitsprozessen verlangte auch die Führung des technisierten Krieges immer mehr den Spezialisten. Das betraf die Koordination unterschiedlicher Waffengattungen im Gefecht wie auch die Stabsarbeit bis hin zur Logistik.[42] Insofern stellte der Große Generalstab auch eine »nach den Grundmustern der bürgerlichen Gesellschaft organisierte, moderne Bürokratie par excellence dar«.[43] Zu seinen Kernaufgaben zählte die Operations- und Aufmarschplanung des Heeres. An der Spitze der neben dem preußischen Kriegsministerium und dem Militärkabinett seit 1883 dritten wichtigsten Armeebehörde des Kaiserreichs stand seit 1891 Generaloberst Alfred Graf von Schlieffen. Ihm folgte zu Beginn des Jahres 1906 Generalleutnant Helmuth von Moltke d.J.[44]

Am 1. April 1904 wurde Oberleutnant Nicolai zum Großen Generalstab kommandiert und der 1. (Russischen) Abteilung zugeteilt, die für die Beobachtung der russischen, skandinavischen, chinesischen und japanischen Heere zuständig war.[45] Nicolai wurde dort von Hauptmann Max Hoffmann, dem späteren Chef des Generalstabes beim Oberbefehlshaber Ost (OberOst), ausgebildet. Der junge Offizier muss eine gewisse Sprachbegabung besessen haben, denn nach einem kurzen Einsatz in der Abteilung für Landesaufnahme sollte Walter Nicolai als Beobachter des Russisch-Japanischen Krieges nach Asien abgeordnet werden. Am Orientalischen Seminar der Friedrich-Wilhelms-Universität zu Berlin erlernte Nicolai die japanische Sprache. Die Kommandierung erübrigte sich allerdings durch das Kriegsende in Fernost. Stattdessen wurde Nicolai nun der 1889 eingerichteten Sektion IIIb für geheimen Nachrichtendienst unter Major Karl Brose zugeteilt.[46] Diese war selbst innerhalb der Armee nur wenigen bekannt, wie Nicolai feststellte. Im Großen Generalstab galt die für den Aufmarsch und die Operationen zuständige 2. (Deutsche) Abteilung als Karrieresprungbrett, eine Kommandierung zum Nachrichtendienst war dagegen wenig erstrebenswert.

---

[41] Zahlen nach Wiegand Schmidt-Richberg, Die Generalstäbe in Deutschland 1871 bis 1945. Aufgaben in der Armee und Stellung im Staate, Stuttgart 1962 (= Beiträge zur Militär- und Kriegsgeschichte, 3), S. 18.
[42] Deist, Die Armee in Staat und Gesellschaft (wie Anm. 11), S. 53; Hürter, Hitlers Heerführer (wie Anm. 31), S. 59.
[43] Bernhard R. Kroener, Militär, Staat und Gesellschaft im 20. Jahrhundert (1890–1990), München 2011, S. 6.
[44] Seit 16.10.1906 General der Infanterie, seit 27.1.1914 Generaloberst.
[45] Lukas Grawe, Deutsche Feindaufklärung vor dem Ersten Weltkrieg. Informationen und Einschätzungen des deutschen Generalstabs zu den Armeen Frankreichs und Russlands 1904 bis 1914, Paderborn [u.a.] 2017 (= Zeitalter der Weltkriege, 16), S. 38.
[46] Schmidt, Gegen Russland und Frankreich (wie Anm. 6), S. 115–117, 196 und S. 591 f. Major Karl Brose (1907 Oberstleutnant, 1910 Oberst, 1917 Generalmajor) stand von 1900 bis zu seiner Verabschiedung 1910 an der Spitze von IIIb. Bei Kriegsbeginn reaktiviert, führte er die Sektion IIIb des stellvertretenden Generalstabes der Armee in Berlin.

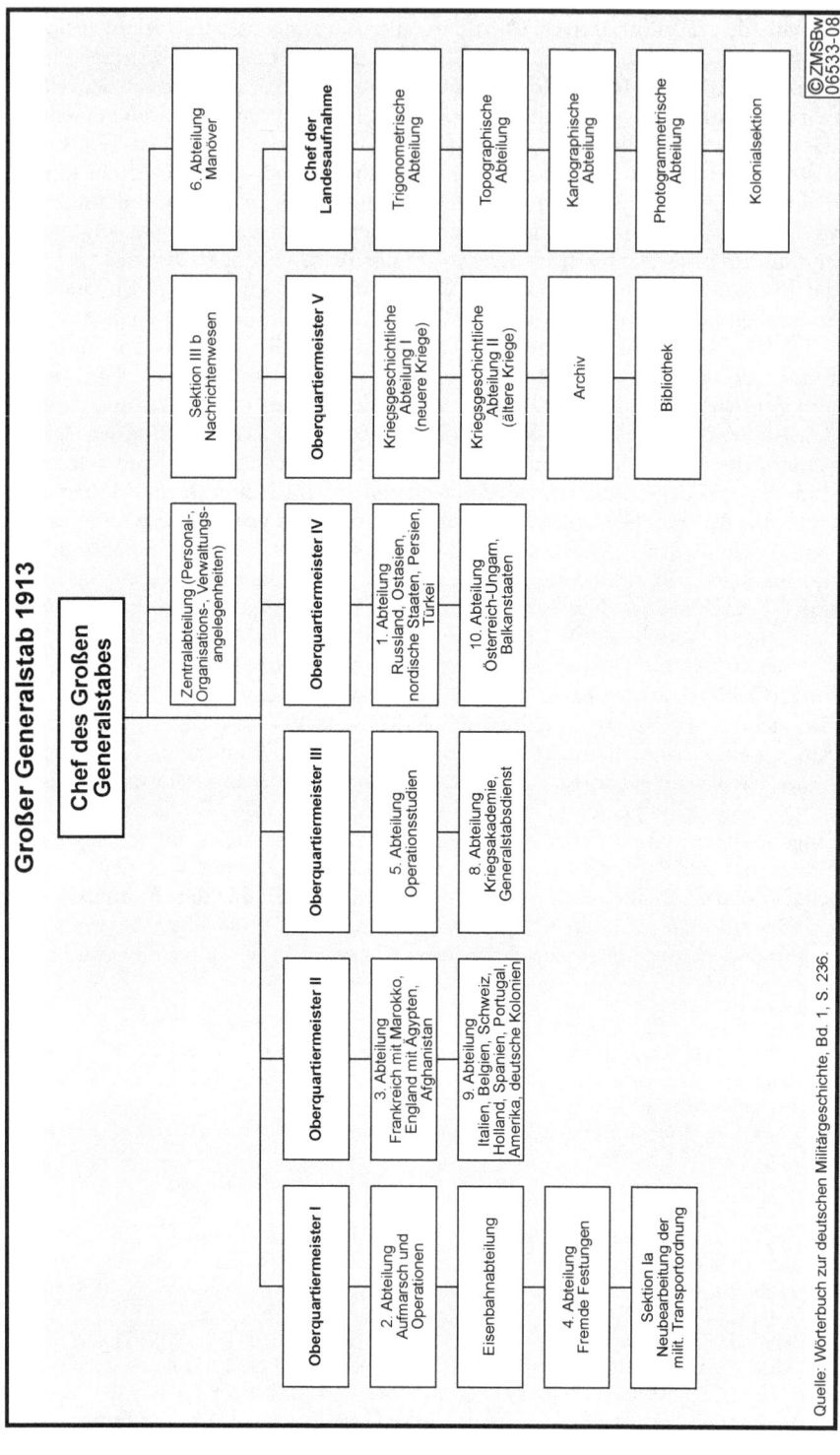

Vergleicht man die Genese des deutschen militärischen Nachrichtendienstes mit jener der Dienste anderer europäischer Militärmächte, so fällt auf, dass das Deutsche Reich im ausgehenden 19. Jahrhundert zwar weltweit als Vorbild bei der Entwicklung des Generalstabes angesehen wurde, die Integration des Nachrichtendienstes in eben dieses formidable System aber eher schleppend verlief. Erst Generalstabschef Moltke hat ab 1906 die personelle und budgetäre Situation der Sektion IIIb verbessert. Die verbliebenen Quellen zur Vorkriegsarbeit von IIIb deuten darauf hin, dass die Arbeit mit geringem Personalstand und ohne großes binnenmilitärisches Renommee geleistet wurde.[47] Bis 1914 gelang es, in den Generalkommandos mit Staatsgrenzen, also Münster, Koblenz, Metz, Saarbrücken, Straßburg, Karlsruhe, Königsberg, Danzig, Allenstein, Posen und Breslau, ein Netz von insgesamt elf Nachrichtenoffizieren aufzubauen. Diese beobachteten die militärische Entwicklung auf der Gegenseite und rekrutierten auch selbstständig Agenten.[48] Während IIIb mit der Beschaffung von Nachrichten betraut war, wurden diese Erkenntnisse im Großen Generalstab vor allem von der 1. (Russischen), der 3. (Französischen) und der 4. (Fremde Festungen) Abteilung ausgewertet. Großbritannien wurde aufgrund des maritimen Rüstungswettlaufs von der Nachrichtenabteilung des Admiralstabes bearbeitet. Für Russland und die Balkanstaaten tauschte IIIb zudem Erkenntnisse mit dem Evidenzbureau des k.u.k. Generalstabes aus. Für die Spionageabwehr ergaben sich aus der föderalen Struktur des Deutschen Reiches Probleme: so gab es vor allem seitens der süddeutschen Staaten starke Widerstände gegen die Einrichtung einer im Endeffekt preußisch dominierten Reichspolizei, die für die Verfolgung von Spionagedelikten zuständig gewesen wäre.[49]

Das militärische Wissen über den Gegner speiste sich um die Jahrhundertwende im Wesentlichen aus vier Quellen: an erster Stelle sind die Berichte der Militärattachés zu nennen. An zweiter Stelle standen die bei allen europäischen Militärmächten üblichen »Rekognoszierungen«, also die Reiseberichte von Offizieren, die ihren Urlaub vornehmlich in der Nähe von ausländischen Garnisonen, Festungen oder Bahnhöfen verbrachten. Die dritte Quelle des Nachrichtendienstes waren Agenten; die vierte offene Quellen, also die planmäßig betriebene Auswertung von ausländischen Zeitungen, Zeitschriften und Büchern. Auch wenn es der populären »Mantel und Degen«-Vorstellung von Geheimdiensten Abbruch tut: die Masse der Erkenntnisse dürfte auch damals schon aus offenen Quellen gestammt haben.[50]

Die erwähnten Nachrichtenoffiziersposten an den deutschen Grenzen sollten nun mit jüngeren Offizieren besetzt werden, die zwar im Großen Generalstab auf Probe verwendet worden waren, sich dort aber nicht für eine dauerhafte Versetzung qualifiziert hatten.[51] Dazu zählte auch Nicolai. Dieser nahm im Juni 1906 das Angebot auf Einplanung als Nachrichtenoffizier auf Anraten

---

[47] Markus Pöhlmann, German Intelligence at War, 1914–1918. In: The Journal of Intelligence History, 5 (2005), 2, S. 25–54, S. 35 f.
[48] Hilmar-Detlef Brückner, Die Nachrichtenoffiziere (N.O.) der Sektion/Abteilung III B des Großen Generalstabes der Preußisch-Deutschen Armee 1906–1918. In: Geheimdienste, Militär und Politik in Deutschland (wie Anm. 5), S. 16–76.
[49] Siehe Schmidt, Gegen Russland und Frankreich (wie Anm. 6), S. 237–293.
[50] Grawe, Deutsche Feindaufklärung (wie Anm. 45), S. 54–108.
[51] Brückner, Die Nachrichtenoffiziere (wie Anm. 48), S. 19 f.

seines Schwiegervaters und wegen seiner guten Sprachkenntnisse an.⁵² Als einer der ersten zwei Nachrichtenoffiziere wurde er zum Generalkommando des I. Armeekorps in Königsberg kommandiert. Dabei blieb er dem Chef des Generalstabes der Armee weiterhin unmittelbar unterstellt. In Königsberg baute Nicolai die Stelle über vier Jahre zielstrebig auf. Von März 1910 bis Juli 1912 wechselte er als Kompaniechef zum (3. Thüringischen) Infanterieregiment Nr. 71 nach Erfurt.⁵³ Im Juli 1912 schließlich wurde Nicolai, inzwischen zum Major befördert, in den Großen Generalstab der Armee versetzt und dort zunächst mit der Führung von IIIb beauftragt.

Nachdem es Nicolai nach der Kriegsakademie im ersten Anlauf nicht gelungen war, dauerhaft in den Generalstab versetzt zu werden, konnte er dieses Ziel nun auf dem Weg über den neu im Entstehen begriffenen Laufbahnzweig Nachrichtendienst doch noch erreichen. Diese Möglichkeit hatte sich aufgetan, weil der zwischenzeitliche Nachfolger Broses, Major Wilhelm Heye, eine Stelle als Bataillonskommandeur in Hannover antrat. In Berlin zurück fand Nicolai nach Darstellung der amtlichen Geschichte von IIIb »eine den modernen Anforderungen entsprechende, ausgebaute, fest gegliederte und geführte Arbeitsgemeinschaft« vor.⁵⁴ Heye hatte den Dienstbetrieb der Sektion IIIb nach den Verfahren des allgemeinen Generalstabsdienstes neu organisiert und dabei auch auf Nicolais Hilfe zurückgegriffen.⁵⁵ Anfang 1913 übernahm Nicolai IIIb endgültig. Der Friedensetat umfasste 1914 fünf Generalstabsoffiziere, einen inaktiven und vier kommandierte Offiziere.⁵⁶

Walter Nicolai war damit der erste Nachrichtenoffizier, dem die Übernahme in den Generalstabsdienst gelungen war. Bemerkenswert an dieser Vorkriegskarriere ist der Umstand, dass sich an ihr die unter Moltke betriebene Aufwertung des Nachrichtendienstes illustrieren lässt: mit der Verwendung in Königsberg wurde Nicolai als Nachrichtendienstler angelernt, um dann nach der regulären Truppenverwendung zu IIIb in eine Leitungsfunktion zurückzukehren. Hier sind also erste Bemühungen des Generalstabes um einen gezielten Verwendungsaufbau in diesem neuen Arbeitsgebiet erkennbar.

Julikrise und Kriegsausbruch

Am 28. Juni 1914 wurde der österreichische Thronfolger Franz Ferdinand in Sarajewo ermordet. Die sich daraus ergebene »Julikrise« führte Europa in einen Krieg, der von Anfang an ein Weltkrieg war. Rückblickend überrascht, wie lange die Sektion IIIb angesichts der krisenhaften Entwicklung »im normalen

---

[52] Edition (Persönliches).
[53] Ebd.
[54] Bundesarchiv, Abt. Militärarchiv (Freiburg im Breisgau; im Folgenden abgekürzt BArch), RW 5/v.654: Reichskriegsministerium, Abwehrabteilung: Gen.Maj. a.D. Gempp, Geheimer Nachrichtendienst und Spionageabwehr des Heeres, Bd 1, 1866–1914 (1928), Bl. 116.
[55] Brückner, Die Nachrichtenoffiziere (wie Anm. 48), S. 28. Siehe auch RGVA, 1414-1-11, Bl. 27 f.: Nicolai, Kriegsaufzeichnungen: Schreiben Wilhelm Heye an Walter Nicolai vom 5.9.1911.
[56] Schmidt, Gegen Russland und Frankreich (wie Anm. 6), S. 685.

Einführung

Friedensmodus« verharrte.⁵⁷ Wie auch der Chef des Generalstabes der Armee kehrte Nicolai erst am 25. Juli aus dem Sommerurlaub nach Berlin zurück.⁵⁸ Die erste Besprechung mit Moltke beschränkte sich auf eine Beurteilung der vorliegenden Nachrichten. Wirklich besorgt war er trotz der Verschärfung durch die serbische Ablehnung des österreichischen Ultimatums offenbar nicht:

»Ich glaube immer noch, daß Rußland, – selbst wenn es mobil machen und aufmarschieren sollte – es nicht zum Kriege kommen lassen wird, besonders angesichts der ablehnenden Haltung Englands und der übrigen Balkanstaaten. Auch Frankreich scheint nicht ganz dem Maulheldentum der Presse folgen zu wollen,«

hieß es in einem Brief Nicolais an seine Frau vom 26. Juli.⁵⁹ Was hier ehrliche Überzeugung und was einfach Beruhigung der Ehefrau war, die mit den Kindern in Bad Harzburg zur Kur weilte, ist freilich schwer zu entscheiden. Gleichwohl, seine Einschätzung der Lage war weit verbreitet.

Welche Aufgaben kamen nun in der heißen Phase der Krise auf IIIb zu? Im Zentrum der nachrichtendienstlichen Tätigkeit sollte in den kommenden Tagen die Frage möglicher Kriegsvorbereitungen auf Seiten Russlands und Frankreichs stehen. Zwar galt die Aufmerksamkeit zunächst Russland, das als Schutzmacht Serbiens direkt in die Krise auf dem Balkan verwickelt war. Doch sein Bündnis mit Frankreich und der deutsche Operationsplan machten auch eine Verwicklung des westlichen Nachbarn wahrscheinlich. Unmittelbar nach seiner Rückkehr verfügte Nicolai die Entsendung der Spannungsreisenden. Das waren Vertrauensleute von IIIb, die angewiesen waren, Mobilmachungsmaßnahmen auf belgischem, französischem und russischem Gebiet zu beobachten. Auch die an den Landesgrenzen arbeitenden Nachrichtenoffiziere wurden aufgefordert, ihr Augenmerk auf mögliche Kriegsvorbereitungen zu legen.⁶⁰ In die folgenden fünf vom Generalstab erstellten Tageslagen flossen auch die Berichte der Agenten und Spannungsreisenden von IIIb ein. Dabei wurden die Erkundungen in Russland durch die planmäßige Verschleierung der Mobilmachungsmaßnahmen und in Frankreich durch die Zurückverlegung der Aufmarschräume erschwert.⁶¹ Nachdem die russische Regierung in der Nacht vom 30. auf den 31. Juni die Generalmobilmachung verkündet hatte, wollte der Generalstab letzte Gewissheit durch Beibringung eines physischen Beweises erlangen. Hierfür entsandte der Nachrichtenoffizier in Allenstein einen Grenzgänger, der noch am selben Tag ein Mobilmachungsplakat erbeutete. Eine Stunde später wurde auf deutscher Seite der »Zustand der drohenden Kriegsgefahr« verkündet.⁶²

---

57 Grawe, Deutsche Feindaufklärung (wie Anm. 45), S. 442.
58 Hew Strachan, The First World War, vol. 1: To Arms, Oxford 2000, S. 75.
59 Edition (26.7.1914).
60 Ulrich Trumpener, War Premeditated? German Intelligence Operations in July 1914. In: Central European History, 9 (1976), S. 58–85, S. 66.
61 Zur Rolle des Nachrichtendienstes während der Julikrise siehe Grawe, Deutsche Feindaufklärung (wie Anm. 45), S. 436–460.
62 Trumpener, War Premeditated? (wie Anm. 60), S. 82 f.; Grawe, Deutsche Feindaufklärung (wie Anm. 45), S. 457. Hier birgt die Darstellung Nicolais ein neues Detail: Bislang war die Forschung davon ausgegangen, dass es sich hierbei um ein Plakat zur Generalmobilmachung gehandelt habe. Nicolai stellt den Sachverhalt in seinen Einträgen vom 31.7. und 1.8.1914 nun aber so dar, dass der Nachrichtenoffizier zunächst nur ein Plakat zur Teilmobilmachung beigebracht habe und die Entscheidung zur Erklärung der drohenden Kriegsgefahr dann irrtümlicherweise auf dieser Grundlage getroffen worden

Nicolais Aufzeichnungen zeigen einen erstaunlich schwankenden Moltke, der bis zuletzt auf einen friedlichen Ausgang der Krise hoffte. Sein starkes Interesse an den Erkenntnissen über die russische Generalmobilmachung erklärt sich aus seinem Bestreben, die deutsche Mobilmachung erst als Reaktion auf die des Gegners zu veranlassen und damit nicht als der eigentliche Kriegstreiber dazustehen. Am 1. August 1914 folgte die deutsche Kriegserklärung an Russland, am 3. August die gegen dessen Bündnispartner Frankreich. Einen Tag später begann der deutsche Angriff auf Frankreich über das neutrale Belgien. Die Verletzung des belgischen Territoriums wiederum veranlasste Großbritannien, noch am selben Tag dem Krieg gegen das Deutsche Reich beizutreten.

Am 31. Juli 1914 trat im gesamten Deutschen Reich das preußische Gesetz über den Belagerungszustand vom 4. Juni 1851 in Kraft, demzufolge im Heimatgebiet die territorialen »Militärbefehlshaber«, also die stellvertretenden Kommandierenden Generale und Kommandanten der Festungen, die vollziehende Gewalt übertragen bekamen. Damit gingen auch Einschränkungen der bürgerlichen Freiheiten einher, vor allem Versammlungsverbote, Zensur und Postüberwachung.[63] Diese Militärbefehlshaber sollten für Nicolai und IIIb in den folgenden Jahren zu mächtigen und durchaus eigensinnigen Verhandlungspartnern in allen Fragen der Inneren Sicherheit werden.

Mit den deutschen Kriegserklärungen an Frankreich und Russland und dem beginnenden Vormarsch im Westen begann auch für Nicolai der Krieg. Seine Aufzeichnungen zeigen, dass er die Ereignisse um ihn herum aufmerksam verfolgte und kommentierte. Da er im Zentrum der Entscheidungen im Großen Hauptquartier saß, hatte er auch einen größeren Einblick als viele seiner Zeitgenossen. Dies eröffnete ihm die Möglichkeit zu Gesprächen über durchaus hochpolitische Fragen mit wichtigen Entscheidungsträgern. Ein Beispiel dafür ist seine Diskussion mit Generalmajor Georg Graf von Waldersee über die Frage, ob es vor dem Hintergrund drohender italienischer Neutralität und eines wahrscheinlichen Kriegseintritts Großbritanniens

»nicht zu erwägen gewesen wäre, mit ein paar Armeekorps in Österreich einzumarschieren, mit diesem faulen Staatswesen Schluß zu machen, ob auf diesem Wege nicht eine Verständigung und Rückendeckung durch Rußland herbeizuführen, der preußische Weg zu beenden und dem beginnenden deutschen [Weg] in seinem schon erkennbaren Kampf gegen die Westmächte wirksam Rechnung zu tragen gewesen wäre.«[64]

Damit brachte er eine bereits von Bismarck mehrfach diskutierte Überlegung ins Spiel, die aber dieser angesichts der dann unvermeidlichen Folgen für die europäische Gesamtsituation und die unkalkulierbaren Folgen für das deutsche Nationalgefühl ebenso verworfen hatte wie dies Waldersee mit dem Hinweis auf die »Bündnistreue« auch Nicolai gegenüber tat. Dass Nicolai wichtige Entscheidungen mit seinen Ideen nicht beeinflussen konnte, liegt allerdings auf der Hand. Dafür war er jenseits seines eigentlichen Aufgabenfeldes dann doch zu unwichtig.

---

sei. Erst auf Nicolais telefonische Nachfrage habe das Generalkommando in Allenstein ein zweites Plakat, nun zur Generalmobilmachung, vorlegen können.

[63] Wilhelm Deist, Voraussetzungen innenpolitischen Handelns des Militärs im Ersten Weltkrieg. In: Deist, Militär, Staat und Gesellschaft (wie Anm. 11), S. 103–152, S. 126–138.

[64] Edition (3.8.1914).

Einführung 15

Die oberste militärische Führung des Deutschen Reiches 1914–18

Für die Darstellung der Geschichte von IIIb und von Walter Nicolai sind die Rahmenbedingungen der politischen und militärischen Führung sowie deren Transformation im Ersten Weltkrieg von Bedeutung. Denn diese Institutionen und die darin handelnden Persönlichkeiten waren die Konsumenten der nachrichtendienstlichen Produkte. Ihr Bedarf war tagesaktuell und ihr Interesse an der Arbeit von IIIb wandelte sich mit der Transformation des politischen Systems. Das wiederum wirkte auf die Arbeit von IIIb zurück.

Das Große Hauptquartier

Mit dem Kriegsbeginn verlagerten sich die politischen, militärischen und dynastischen Machtzentren des Deutschen Reiches. Dies galt zunächst einmal ganz banal in geografischer Hinsicht mit der Einrichtung des Großen Hauptquartiers. Entscheidungen wurden vermehrt nicht mehr in Berlin (aber auch nicht mehr in München, Dresden oder Stuttgart) getroffen, sondern im französischen Charleville-Mézières, im oberschlesischen Pleß oder im belgischen Spa. Über die Dauer des Krieges vollzogen sich aber auch gravierende qualitative Verlagerungen der Machtverhältnisse: das vermeintliche Übergreifen der militärischen Führung auf die politische Sphäre, aber auch die gleichzeitig einsetzende, schleichende Parlamentarisierung können hier angeführt werden.

Die Fahrt mit dem Hofzug in das Große Hauptquartier nach Koblenz am 16. August war für Nicolai ein besonderes Erlebnis. Die Stimmung bei den Verantwortlichen im Zug und auf den Bahnhöfen unterwegs registrierte er sorgfältig:

»Die würdige und ernste Haltung der Bevölkerung im Lande, die wir beobachteten, bildete einen Gegensatz zu der hochfliegenden Begeisterung, wie sie in den Straßen Berlins während der letzten Tage um den Kaiser und Generalstab gedrängt hat. Unsere Stimmung ist mehr wie die, welche wir draußen finden. Auch der Kaiser äußerte, daß ihn die maßvolle Haltung der Bevölkerung im Lande mit Zuversicht erfülle.«[65]

In Koblenz angekommen begann dann die Arbeit im »Großen Hauptquartier Seiner Majestät des Kaisers und Königs«. Dort versammelte sich die militärische und politische Führung des Deutschen Reiches; hier residierte für die Dauer des Krieges auch der Kaiser.[66]

---

[65] Edition (16.8.1914).
[66] Vgl. hierzu Kaiser Wilhelm II. als Oberster Kriegsherr im Ersten Weltkrieg. Quellen aus der militärischen Umgebung des Kaisers 1914–1918. Bearb. und eingel. von Holger Afflerbach, München 2005 (= Deutsche Geschichtsquellen des 19. und 20. Jahrhunderts, 64), S. 1–62. Siehe den Überblick zu den Führungsstrukturen bei Christian Stachelbeck, Deutschlands Heer und Marine im Ersten Weltkrieg, München 2013 (= Beiträge zur Militärgeschichte, Militärgeschichte kompakt, 5), S. 99–105; außerdem Militärischer Alltag und Pressearbeit im Großen Hauptquartier Wilhelms II. – die Gazette des Ardennes. Die Kriegstagebücher des Rittmeisters Fritz H. Schnitzer (22.9.1914–22.4.1916). Hrsg. von Jürgen W. Schmidt und Bernd Schnitzer, Berlin 2014, S. 3–11.

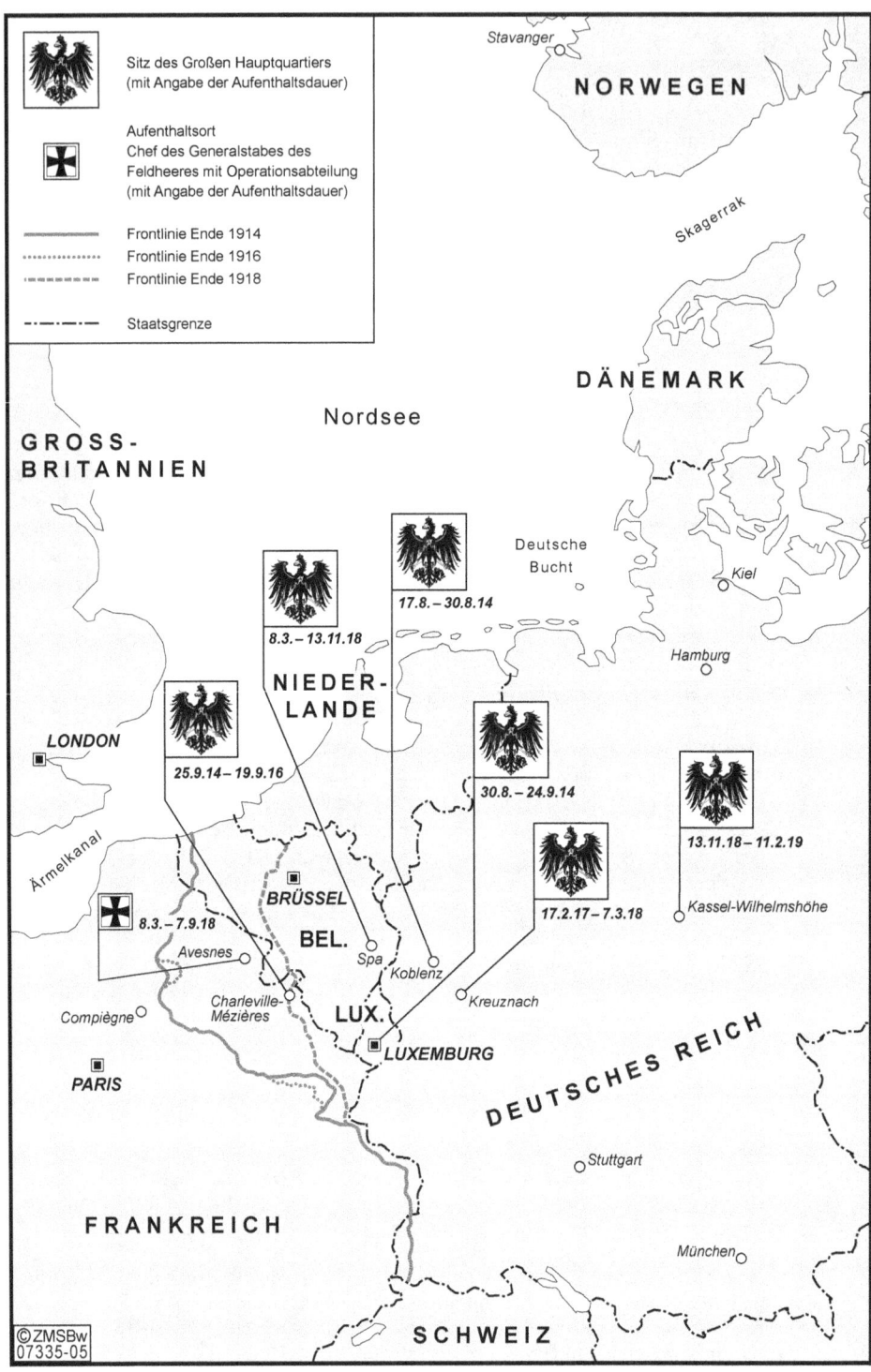

Einführung 17

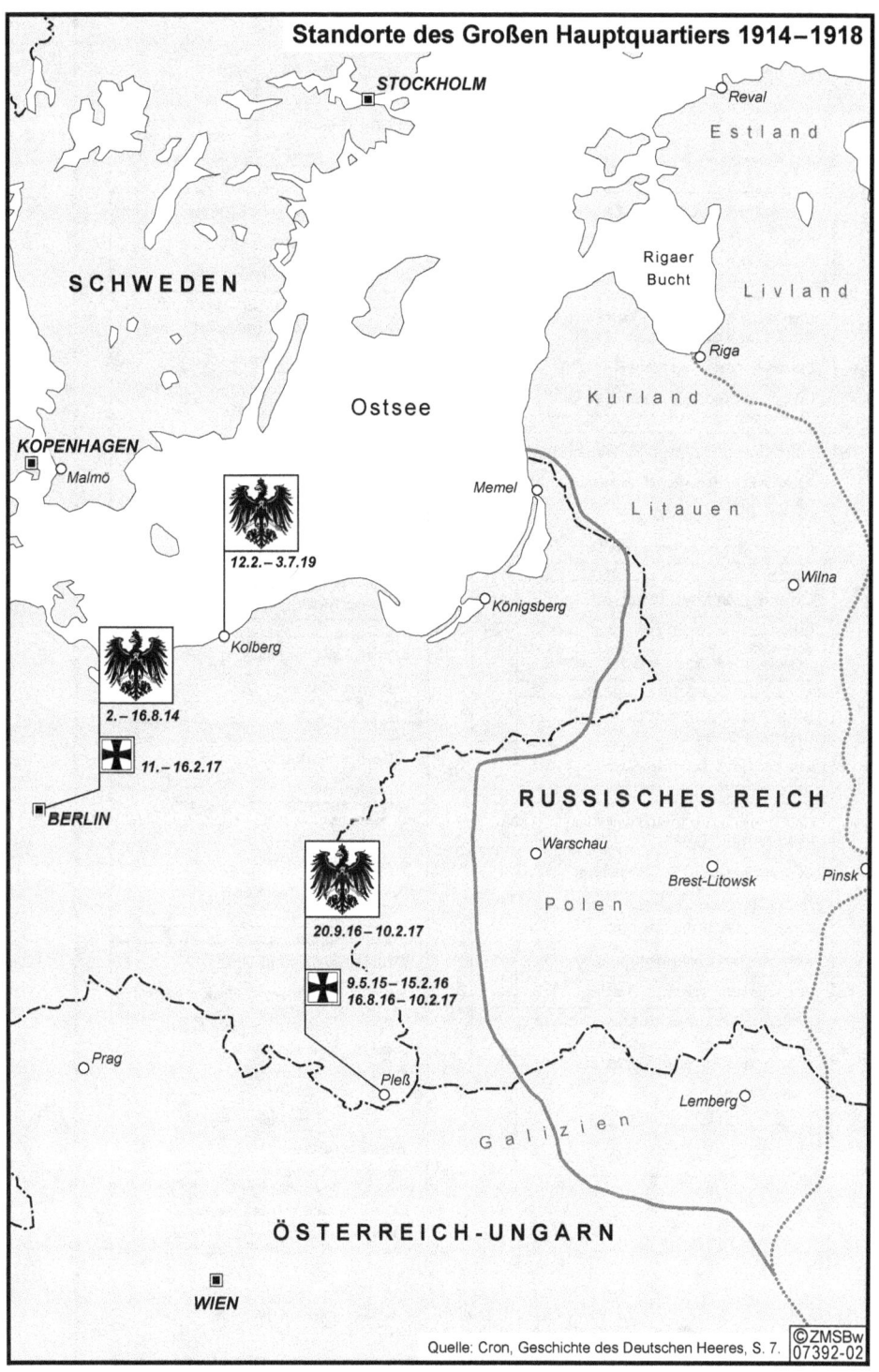

Großes Hauptquartier 1917/18

Wilhelm II.
Deutscher Kaiser und König von Preußen
als Oberster Kriegsherr

Formation des Reichskanzlers und des Auswärtigen Amtes

Geheimrat Werner Freiherr v. Grünau

Vertreter des Reichskanzlers bei der OHL (seit Februar 1917)

Unterstaatssekretär Hans Karl v. Stein
seit November 1917
Landrat a.D. Jules Menno v. Limburg-Stirum

Chef des geheimen Zivilkabinetts

Geheimer Kabinettsrat Rudolf von Valentini
seit 16.1.1918
Oberpräsident Friedrich v. Berg
seit 11.10.1918
Staatssekretär a.D. Clemens v. Delbrück

Chef des Militärkabinetts

General der Infanterie Moriz v. Lyncker
seit 29.10.1918
Generalmajor Veit Ulrich v. Marschall gen. Greif

Stab des preußischen Kriegsministers

Major Friedrich Stieler v. Heydekampf

Chef des Generalstabes des Feldheeres (OHL) *

Generalfeldmarschall Paul v. Hindenburg

Chef des Admiralstabes

Admiral Henning v. Holzendorff
seit 10.8.1918
Admiral Reinhard Scheer

Staatssekretär des Reichsmarineamtes bzw. Vertreter

Admiral Eduard v. Capelle
seit 11.8.1918 (interimistisch)
Vizeadmiral Paul Behncke
seit 7.10.1918
Vizeadmiral Ernst Ritter v. Mann Edler v. Tiechler

Chef des Marinekabinetts

Admiral Georg Alexander v. Müller
seit 29.10.1918
Kapitän zur See Karl v. Restorff

General- und Flügeladjutanten

Generaloberst Hans v. Plessen
(zugleich 1. Kommandant des Großen Hauptquartiers)
Generalleutnant Hans v. Gontard
Generalleutnant Oskar v. Chelius
(zeitweilig)
Oberst Otto v. Estorff
Oberst Hans Heinrich Fürst v. Pleß
Major Leopold v. Münchhausen
(zugleich als 2. Kommandant des Großen Hauptquartiers dem Generalquartiermeister unterstellt)
Major Georg v. Hirschfeld
Major Detlef Graf v. Moltke
Korvettenkapitän Nikolaus Graf und Burggraf zu Dohna-Schlodien
Hauptmann Friedrich Mewes

Oberhofmarschallamt

Oberhofmarschall
Hugo v. Reischach

Obermarstallamt

Oberstallmeister
Wilhelm v. Frankenberg und Ludwigsdorf

Leibärzte

Oberstabsarzt Dr. Otto v. Niedner
Stabsarzt Dr. Wezel

Militärbevollmächtigte

Bayern:	Generalleutnant Bernhard v. Hartz
	seit 16.6.1918
	Generalmajor Paul v. Köberle
Sachsen:	Generalmajor Hans v. Eulitz
Württemberg:	Generalleutnant Friedrich v. Graevenitz
	seit 10.7.1918
	Oberst Max Holland

Verbündete Staaten

Österreich-Ungarn::	Generalmajor Alois Klepsch-Kloth v. Roden
Bulgarien:	Oberst Peter Gantschew
Türkei:	Generalleutnant Zeki Pascha

Anmerkung:
Dieses Schaubild erfasst die wichtigsten Persönlichkeiten im Gefolge des Kaisers bzw. die wesentlichen Dienststellen und Stäbe des Großen Hauptquartiers.
* Generalstab des Feldheeres bei der Obersten Heeresleitung, Stand 1.10.1918 wird nachfolgend in einem detaillierten Schaubild gesondert dargestellt.

Quellen: Hubatsch, Großes Hauptquartier, S. 422–461; Cron, Geschichte des Deutschen Heeres, S. 1–7; RGVA 1414-1-14, Wohnungsliste sämtlicher im Unterkunftsraum des Großen Hauptquartiers befindlichen Offiziere und Beamten im Offiziersrang, Stand: 1.Mai 1917, Bl. 68–97.

© ZMSBw
07324-10

Zum unmittelbaren militärischen Gefolge des Kaisers zählten die General- und Flügeladjutanten, von denen jeweils einer zugleich als 1. bzw. zeitweilig auch als 2. Kommandant des Großen Hauptquartiers fungierte. Letzterem unterstanden die für die Sicherheit und Versorgung des Großen Hauptquartiers zuständigen militärischen Formationen wie die Stabswachen und die Feldintendantur.[67] Der vortragende Generaladjutant und damit militärische Privatsekretär des Kaisers, Generaloberst Moriz von Lyncker, war zugleich Chef des Militärkabinetts.[68] Die militärische Führung war darüber hinaus vertreten durch den Chef des Marinekabinetts, den preußischen Kriegsminister (de facto in der Funktion eines Reichskriegsministers), den Staatssekretär des Reichsmarineamtes bzw. dessen Vertreter, den Chef des Generalstabes des Feldheeres mit den Chefs der obersten Waffenbehörden und den Chef des Admiralstabes der Marine (zeitweilig in Berlin). Hinzu traten die bayerischen, sächsischen und württembergischen Militärbevollmächtigten. Anders noch als im Deutsch-Französischen Krieg 1870/71 waren deren Landesherren an ihren Hauptstädten verblieben. Von den Verbündeten waren noch ein k.u.k. »Bevollmächtigter General« sowie später noch Militärbevollmächtigte des Osmanischen Reiches und Bulgariens anwesend. In gleicher Stellung saßen deutsche Vertreter bei den jeweiligen Heeresleitungen der Bundesgenossen. Die politische Leitung repräsentierten der Reichskanzler, der Staatssekretär des Auswärtigen und der Chef des Geheimen Zivilkabinetts. Erstere führten wie auch der preußische Kriegsminister aber schon bald ihre Amtsgeschäfte von Berlin aus und kehrten nur zeitweilig zu Besprechungen bzw. Vorträgen in das Große Hauptquartier zurück. Dort blieb dauerhaft lediglich ein Vertreter (1914–1916 Carl Georg von Treutler, 1916–1918 Werner Freiherr von Grünau).[69]

Der Kaiser

Welche Rolle spielte nun der Kaiser, dem Nicolai in den folgenden vier Jahren im Großen Hauptquartier immer wieder begegnen sollte, in diesem Geflecht politisch-militärischer Führung? Wilhelm II. hatte gemäß Artikel 63 der Reichsverfassung von 1871 als Bundesfeldherr den Oberbefehl über die Streitkräfte inne. Hierzu zählten das Reichsheer in seinen Kontingenten, die Kaiserliche Marine und die Schutztruppe in den Kolonien. Der Oberbefehl erstreckte sich mit Kriegsbeginn auch auf die noch im Frieden unter ihrem König Ludwig III. stehende bayerische Armee. Getreu des monarchischen Prinzips des Obersten Kriegsherrn war Wilhelm II. der Inhaber der obersten militärischen und politischen Gewalt des

---

[67] Walter Hubatsch, Großes Hauptquartier 1914/18. Zur Geschichte einer deutschen Führungseinrichtung. In: Ostdeutsche Wissenschaft, 5 (1959), S. 422–461, 426 und S. 434. Zum unmittelbaren militärischen Gefolge des Kaisers gehörten auch dessen Leibärzte sowie der Oberhofmarschall Hugo von Reischach und der Oberstallmeister Wilhelm von Frankenberg und Ludwigsdorf. Siehe auch Wilhelm Crone, Achtung! Hier Großes Hauptquartier. Erschautes und Erlauschtes aus der deutschen Kriegszentrale, Leipzig 1934.
[68] Bis 3.4.1918 General der Infanterie.
[69] Hermann Cron, Geschichte des Deutschen Heeres im Weltkriege 1914–1918, Berlin 1937 (= Geschichte der Königlich Preußischen Armee und des Deutschen Reichsheeres, 5), S. 5 f.

Reiches. Damit verband sich die Koordination der unterschiedlichen und auch im Krieg noch oft widerstreitenden militärischen und zivilen Ressorts des Reiches. Der Reichskanzler legte zusammen mit dem Kaiser die Richtlinien der Politik fest. Kommandobefugnisse über die Streitkräfte besaß die zivile Reichsleitung mit Ausnahme der Schutztruppe in den Kolonien keine.[70] Und daran sollte sich nach Auffassung der im Großen Hauptquartier tonangebenden militärischen Führung auch tunlichst nichts ändern. Die Vorliebe des Kaisers für alles Militärische erschwerte zudem die Position des Reichskanzlers.[71] Gleichzeitig planten und agierten aber auch Heeres- und Marineführung weitgehend unabhängig voneinander. Ein dem britischen »Committee of Imperial Defence« vergleichbares strategisches Führungsgremium fehlte auf deutscher Seite. Überlegungen, die oberste Führung zu straffen, eine Art »Reichsverteidigungsrat« zu schaffen, waren bereits vor dem Kriege nicht weiter verfolgt worden. Die Ausrichtung der »Polykratie rivalisierender Machtzentren«[72] auf eine Gesamtstrategie für den Krieg oblag am Ende allein dem Kaiser. Diese zweifelsohne komplexe Aufgabe überforderte jedoch den launischen und oft wankelmütigen Monarchen.

Die Oberste Heeresleitung

Die eigentliche Führung des Millionenheeres, das in den Krieg marschierte, oblag nicht allein wegen der Schwächen des Kaisers, sondern auch aus ganz praktischen Gründen den Fachleuten, die im Generalstab des Feldheeres versammelt waren. Dieser war mit allein 113 Generalstabsoffizieren personell die größte Formation des Großen Hauptquartiers. In Berlin verblieb der stellvertretende Generalstab der Armee. Im Oktober 1914 etablierte sich für den Generalstab des Feldheeres die Bezeichnung »Oberste Heeresleitung«.[73] Wie schon sein Großvater in den Reichseinigungskriegen überließ der in operativen Fragen und in der Truppenführung unerfahrene Wilhelm II. zu Kriegsbeginn die Landkriegführung dem Chef des Generalstabes des Feldheeres, Helmuth von Moltke. Im Namen des Obersten Kriegsherrn erteilte jener operative Befehle. Die Landstreitkräfte traten während des Krieges mittelbar bzw. unmittelbar unter die Führung der OHL. Die obersten Kommandobehörden des Feldheeres, einschließlich dienstälterer und ranghöherer Oberbefehlshaber von Armeen und Heeresgruppen waren ohnehin an ihre Weisungen gebunden. Auf das heimatliche Besatzungsheer konnte der Generalstabschef notfalls über den Kaiser als Bundesfeldherren einwirken.[74] Das betraf auch die Militärgouverneure der Generalgouvernements Belgien und Warschau.[75]

---

[70] Zu den verfassungsrechtlichen Hintergründen siehe Ernst Rudolf Huber, Deutsche Verfassungsgeschichte seit 1789, 8 Bde, Bd 5, Stuttgart 1978, S. 192–197.
[71] John C.G. Röhl, Wilhelm II., Bd 3: Der Weg in den Abgrund 1900–1941, München 2008, S. 1192.
[72] Wehler, Hans-Ulrich, Das deutsche Kaiserreich 1871–1918, 7. Aufl., Göttingen 1994 (= Deutsche Geschichte, 9), S. 69.
[73] Deist, Voraussetzungen innenpolitischen Handelns (wie Anm. 63), S. 138.
[74] Schmidt-Richberg, Die Generalstäbe (wie Anm. 41), S. 18 und S. 39–42.
[75] Vgl. Jens Thiel, »Menschenbassin Belgien«. Anwerbung, Deportation und Zwangsarbeit im Ersten Weltkrieg, Essen 2007 (= Schriften der Bibliothek für Zeitgeschichte, N.F. 20), S. 37 f.

Einführung

In der Führung des Heeres war die Zustimmung des Kaisers nur mehr bei entscheidenden Entschließungen oder bei erheblichen Streitigkeiten zwischen dem Generalstabschef und höheren militärischen Führern sowie bei Meinungsverschiedenheiten mit den Verbündeten erforderlich. Ansonsten erhielt der Monarch bei den täglichen Lagevorträgen im Großen Hauptquartier reine Ergebnisreferate mit fertigen operativen Entscheidungen, denen er in der Regel zustimmte. Der Kaiser schien, wie es der Chef des Marinekabinetts, Admiral Georg Alexander von Müller, schon am 6. November 1914 festhielt, schlichtweg zu resignieren:

»Der Generalstab sagt mir gar nichts und fragt mich auch nicht. Wenn man sich in Deutschland einbildet, dass ich das Heer führe, so irrt man sich sehr. Ich trinke Tee und säge Holz und gehe spazieren, und dann erfahre ich von Zeit zu Zeit, das und das ist gemacht, ganz wie es den Herren beliebt.«[76]

Gleichwohl war Wilhelm kein bloßer Schattenkaiser. Bei militärischen Grundsatzentscheidungen, vor allem aber in der Personalpolitik, wusste er seine Meinung sehr wohl zur Geltung zu bringen. Dies wurde etwa deutlich beim Streit um die Erklärung des uneingeschränkten U-Bootkrieges oder den Auseinandersetzungen um Generalstabschef Erich von Falkenhayn im Winter 1914/15. Auch als Oberbefehlshaber der Marine trat der Kaiser sehr viel stärker in Erscheinung als bei der Führung der Landkriegsoperationen.

Die OHL gliederte sich seit Kriegsbeginn zunächst in die jetzt mobilen Generalstabsabteilungen: die Zentralabteilung, die Operationsabteilung, die Nachrichtenabteilung (seit Mai 1917: Abteilung Fremde Heere), die Politische Abteilung (seit Februar 1916: Militärpolitische Abteilung) sowie die Sektion IIIb (seit Juni 1915: Abteilung IIIb). Die Zentralabteilung bearbeitete die Personalien und Verwaltungsangelegenheiten des Generalstabes.[77] Zu den Kernaufgaben der Operationsabteilung zählten die Operationsführung und die Organisation des Heeres. Die Operationsabteilung war aus der 2. (Deutschen) Abteilung des Großen Generalstabes hervorgegangen. An der Spitze stand bis Ende August 1916 Generalleutnant Gerhard Tappen.[78] Die Gliederung der Operationsabteilung unterlag, entsprechend den Erfordernissen des Kriegsverlaufs, starker organisatorischer Veränderung. Seit Mitte Juli 1915 bestanden die zwei Abteilungen O I (u.a. Operationen) und O II (schwere Artillerie, Minenwerfer, Festungen; ab Herbst 1916 Munitionsversorgung und Kriegswirtschaft). Letztere wurde von Oberst Max Bauer geführt.[79] Am 15. August 1916 trat noch die Operationsabteilung B

---

[76] Georg Alexander von Müller, Regierte der Kaiser? Kriegstagebücher, Aufzeichnungen und Briefe des Chefs des Marine-Kabinetts Admiral Georg Alexander von Müller 1914–1918. Hrsg. von Walter Görlitz, Göttingen [u.a.] 1959, S. 68.

[77] Chefs waren vom 2.8.1914 bis 26.3.1916 Oberstleutnant (seit 24.7.1915 Oberst) Karl von Fabeck und Oberstleutnant Hans Tieschowitz von Tieschowa (seit 18.8.1918 Oberst).

[78] Oberst seit 5.9.1914, seit 26.6.1915 Generalmajor. Vgl. BArch, RH 18/73 Geschichte der Operationsabteilung, sowie ebd., RH 18/2520: Überblick Oberste Heeresleitung und Diensteinteilung der Operations-Abteilung des Chefs des Generalstabes des Feldheeres vom 15.9.1918, hier mit zugeteiltem Vertreter der Seekriegsleitung.

[79] Oberstleutnant seit 16.7.1915, seit 18.8.1918 Oberst. Vgl. zum Leben und Wirken Max Bauers die allerdings schon ältere Biografie von Adolf Vogt, Oberst Max Bauer (1869–1929). Generalstabsoffizier im Zwielicht, Osnabrück 1974 (= Studien zur Militärgeschichte, Militärwissenschaft und Konfliktsforschung, 6).

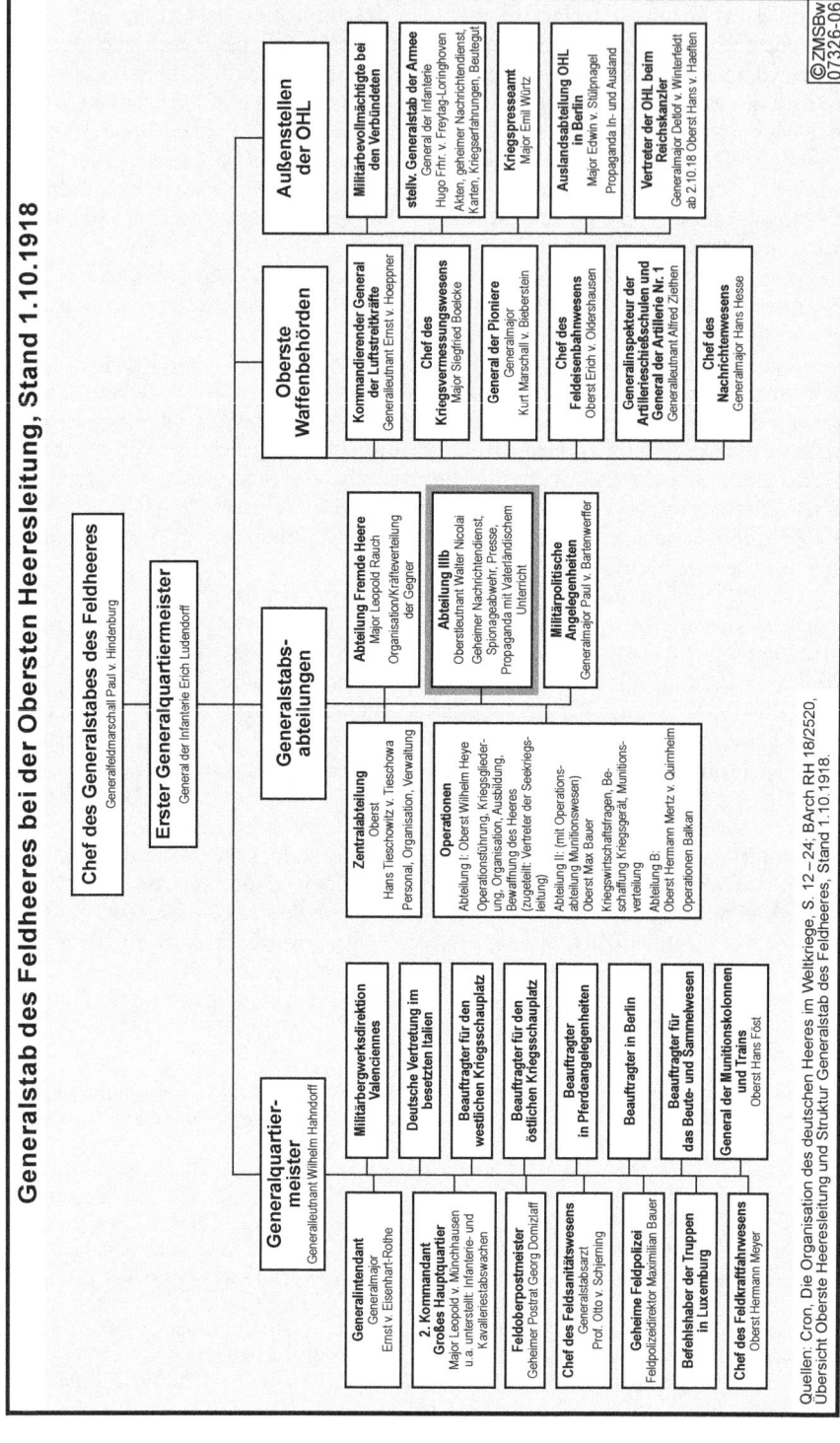

(Operationen Balkan, Osmanisches Reich, Kaukasus) unter Oberst Hermann Ritter Mertz von Quirnheim hinzu.[80] Die Operationsführung des Heeres bildete einen Schwerpunkt auch der Tagesarbeit von Moltke, Falkenhayn, Paul von Hindenburg und Erich Ludendorff.[81] In taktisch-operativen Fragen behielt besonders Ludendorff dabei die Zügel selbst eng in der Hand. So führte er nach Tappens Ablösung die Abteilung O I weitgehend selbst. Als seine rechte Hand und Leiter der Unterabteilung O Ia fungierte Oberstleutnant Georg Wetzell.[82] Erst im September 1918 trat mit Oberst Wilhelm Heye wieder ein eigentlicher Chef O I in Erscheinung.[83] Major Joachim von Stülpnagel übernahm schließlich Wetzells Aufgaben.[84]

In der Nachrichtenabteilung trat bei Kriegsbeginn das in der OHL verbliebene Personal der »Länderabteilungen« des Friedensgeneralstabes zusammen, also der Abteilungen, die Organisation, Kräfteverteilung und Kriegführung der Gegner auswerteten. Die Erstellung der tagesaktuellen Kriegsgliederungen und Feindlagen gehörte zum Kerngeschäft der Nachrichtenabteilung. In ihre Analyse flossen auch die Erkenntnisse des geheimen Nachrichtendienstes von IIIb sowie, ab der zweiten Kriegshälfte, verstärkt die technischen Auswertungen der Waffengenerale mit ein.[85] Über den Chef der Abteilung, Major Leopold von Rauch, ist bislang wenig bekannt. Sein Vorgänger bis Mai 1915, Oberst Richard Hentsch, ist vor allem im Zusammenhang mit der nach ihm benannten Inspektionsreise zu den Armeen an der Marne-Front im September 1914 in Erinnerung geblieben.[86]

Nahezu unerforscht ist bis heute die Arbeit der Politischen Abteilung, seit Februar 1916 als Militärpolitische Abteilung unter der Führung von Generalmajor Paul von Bartenwerffer.[87] Diese bestand in der Beobachtung der Militärpolitik der Verbündeten als auch der Neutralen und Feindstaaten. Sie bearbeitete auch Völkerrechtsfragen und war für die Orientierung der Militärattachés zuständig. Bartenwerffers Abteilung stand dabei in Verbindung mit dem Auswärtigen Amt und dem Reichskanzler.

Bei IIIb erfolgte mit der Mobilmachung eine Zellteilung: eine mobile Staffel (IIIb) ging unter der Führung von Nicolai als Sektion der OHL ins Feld ab,

---

[80] Seit 12.12.1916 Oberst. Zur Person Hermann Mertz von Quirnheims und seiner Rolle als Abteilungsleiter vgl. Markus Pöhlmann, Kriegsgeschichte und Geschichtspolitik: Der Erste Weltkrieg. Die amtliche deutsche Militärgeschichtsschreibung 1914–1956, Paderborn [u.a.] 2002 (= Krieg in der Geschichte, 12), S. 82–84.
[81] Hindenburg: seit 26.8.1914 Generaloberst, seit 27.11.1914 Generalfeldmarschall; Ludendorff: seit 27.11.1914 Generalleutnant, seit 29.8.1916 General der Infanterie.
[82] Oberstleutnant seit 18.12.1917.
[83] Seit 18.8.1916 Oberst.
[84] Vgl. Der Weltkrieg 1914–1918. Die militärischen Operationen zu Lande, Bd 14. Hrsg. von der Forschungsanstalt für Kriegs- und Heeresgeschichte, Berlin 1944, S. 594 f.
[85] Für die Organisation und Arbeit der Länderabteilungen im Frieden siehe Grawe, Deutsche Feindaufklärung (wie Anm. 45).
[86] Seit 17.1.1916 Oberst. Zur Hentsch-Mission siehe Holger H. Herwig, Marne 1914. Eine Schlacht, die die Welt veränderte?, Paderborn [u.a.] 2016 (= Zeitalter der Weltkriege, 13), S. 261–279.
[87] Seit 16.9.1917 Generalmajor. Vorgänger waren vom 2.8. bis 21.10.1914 Oberstleutnant Wilhelm von Dommes (seit 5.9.1914 Oberst) und vom 13.4.1915 bis 10.2.1916 Major Hans Tieschowitz von Tieschowa. Die Abteilung war vom 22.10.1914 bis 12.4.1915 als Sektion bei der Nachrichtenabteilung.

während eine immobile, stellvertretende Staffel (stellv. IIIb) unter der Führung von Oberst Karl Brose beim stellvertretenden Generalstab der Armee in Berlin verblieb.

Die einschneidendsten, organisatorischen und personellen Veränderungen vollzogen sich im Generalstab des Feldheeres mit dem Antritt der 3. OHL ab August 1916. Zunächst wurde für Ludendorff eigens die Stelle des Ersten Generalquartiermeisters eingerichtet. Im engeren Umfeld setzte dieser den eigenen Machtanspruch zielgerichtet um. So sorgte er zunächst für eine straffere Ausrichtung des gesamten Führungsapparates auf Hindenburg als den Chef des Generalstabes des Feldheeres. Vor allem traten die wichtigsten Obersten Waffenbehörden und Chefs der technischen Spezialgebiete einschließlich des im Oktober 1916 neu eingeführten Kommandierenden Generals der Luftstreitkräfte direkt unter den Befehl des Generalstabschefs. Im Bereich des Generalquartiermeisters verblieben dagegen unverändert alle für die Versorgung des Heeres und die Verwaltung der Besatzungsgebiete zuständigen Stellen.[88]

Die Aufgaben und Zuständigkeiten der anderen Abteilungen weitete Ludendorff vor allem in den Bereichen Kriegswirtschaft, Politik und Propaganda erheblich aus. Einzelne Generalstabsoffiziere im Range vom Major bis zum Oberst erlangten mit der Totalisierung des Krieges einen weit über ihren engen militärischen Fachbereich hinausgehenden Einfluss. Dabei vermag es wenig zu überraschen, dass Ludendorff Führungspositionen mit alten Weggefährten besetzen ließ bzw. hier nur dann an den Offizieren festhielt, die sich – wie Nicolai – durch Loyalität sein Vertrauen erworben hatten. Nicht wenige der Generalstabsoffiziere aus Ludendorffs Umfeld legten schon im Krieg den Grundstein für ihre spätere Karriere, beispielhaft Georg Wetzell, der 1926 bis an die Spitze des Truppenamtes im Reichswehrministerium aufsteigen sollte.[89]

Ludendorffs straffe Führung machte sich nicht nur in den eigenen Generalstabsabteilungen bemerkbar, sondern auch bei den Oberkommandos im Feld. Hier ergab sich jedoch eine Besonderheit, die, jedenfalls aus der Sicht der Frontdienststellen, aus seiner unklaren Stellung als Erstem Generalquartiermeister resultierte. Da dieser keine persönliche Befehlsgewalt über die Truppe hatte, wandte sich Ludendorff täglich über Telefon an die Generalstabschefs der Frontverbände. Dazu war er aufgrund der unmittelbaren Unterstellung der Generalstabsoffiziere unter dem Generalstabschef des Feldheeres befugt. Diese unter Ludendorff ausfernde »Chefwirtschaft« führte vielfach zu Kritik seitens der Oberbefehlshaber und höheren Truppenführer, die sich oft übergangen fühlten. Offenbar hegte Ludendorff ein tiefes Misstrauen gegenüber Führung und Truppe. Verschärft wurde dies noch durch Ludendorffs häufig bevormundenden, teils schroffen Führungsstil. Damit konterkarierte er das von ihm selbst mehrfach

---

[88] Cron, Geschichte des Deutschen Heeres (wie Anm. 69), S. 15–20; Schmidt-Richberg, Die Generalstäbe (wie Anm. 41), S. 41 und S. 51. Nach wie vor unverzichtbar für Details zur Struktur und den Aufgaben einzelner Behörden und Waffengattungen ist: Der Weltkampf um Ehre und Recht. Die Erforschung des Krieges in seiner wahren Begebenheit, auf amtlichen Urkunden und Akten beruhend, 10 Bde. Hrsg. von Max Schwarte, Leipzig 1921–1933.

[89] Nebelin, Ludendorff (wie Anm. 34), S. 224 f. Zum Kreis der Offiziere, die später in der Reichswehr Karriere machten, zählten auch Oberst Wilhelm Heye bzw. die Majore Joachim von Stülpnagel, Alfred von Vollard-Bockelberg und Kurt von Schleicher.

von der Truppe eingeforderte traditionelle Führungsprinzip der Auftragstaktik. Wiederholt ließ er bei Fehlschlägen die verantwortlichen Stabschefs, aber auch Kommandeure, rigoros von ihrem Kommando entfernen, sofern dem keine dynastischen Bedenken entgegenstanden.[90] Anderseits konnte sich Ludendorff durchaus fürsorglich und verständnisvoll gegenüber seinen Untergebenen wie auch höflich und zuvorkommend gegenüber Vertretern der Politik zeigen.[91]

Neben Georg Wetzell entwickelte sich in erster Linie der Chef O II, Max Bauer, zu einer »grauen Eminenz« im Generalstab.[92] Bauer stand bereits seit Kriegsbeginn an der Spitze der vormaligen Sektion II und war maßgeblich für die Entwicklung der schweren Artillerie, der Minenwerfer und der Festungen zuständig, zeitweilig wohl auch für Sondertruppen wie die Sturmbataillone.[93] Seit 1909 ein getreuer Mitarbeiter Ludendorffs in der Aufmarschabteilung pflegte der Artillerieexperte Bauer schon in der Vorkriegszeit beste Beziehungen zur Rüstungsindustrie, vor allem zur Fried. Krupp AG in Essen. Nach Kriegsbeginn profitierte Bauer vom Bedeutungszuwachs der Artillerie als beherrschender Waffe des industrialisierten Schlachtfeldes. Mehrfach setzte ihn die OHL bei wichtigen Operationen als koordinierenden Artillerieberater ein. Er galt zudem als ausgesprochenes Organisationstalent. Doch sein Hang zu Eigenmächtigkeiten und sein Ehrgeiz provozierten in dem eigentlich für Rüstungsfragen zuständigen Kriegsministerium wie auch in der OHL schnell Widerstand. Gleichzeitig förderte der Fehlschlag bei Verdun Bauers Antipathie gegenüber Falkenhayn, mit dem Ergebnis, dass Bauer gegen seinen Vorgesetzten zu intrigieren begann.[94]

Mit dem Wechsel zur 3. OHL erhielt Bauers Abteilung eine richtungsweisende Aufwertung: durch die Angliederung der aufgelösten Stelle des Feldmunitionschefs als O Mun und der Einrichtung einer kriegswirtschaftlichen Sektion (O IIa–IId) war Bauer künftig im Generalstab Ludendorffs Fachmann für die Reorganisation der Kriegswirtschaft. Damit spielte er zugleich auch in Fragen der Innenpolitik eine wichtige Rolle, namentlich bei der Umsetzung des Hindenburg-Programms.[95] Bauer vertrat wie sein Chef die kompromisslose Mobilisierung der ganzen Nation für einen Siegfrieden mit weitreichenden Annexionen und stand politisch dem Alldeutschen Verband nahe. Es sei keine Frage, so Bauer in einem Memorandum »Über die Zukunft Deutschlands« vom April 1917, »daß wir den Krieg ohne

---

[90] Ablösung bei Fehlschlägen war indes schon unter Falkenhayn ein gängiges Prinzip. Dazu Afflerbach, Falkenhayn (wie Anm. 13), S. 420.
[91] Nebelin, Ludendorff (wie Anm. 34), S. 225 f. Vgl. auch Afflerbach, Falkenhayn (wie Anm. 13), S. 217, charakterisiert Ludendorff als einen Mann mit einem sehr schwierigen Wesen und paranoiden Zügen.
[92] Siehe auch Gerald D. Feldman, Armee, Industrie und Arbeiterschaft in Deutschland 1914 bis 1918, Berlin, Bonn 1985, S. 320.
[93] Letzteres Aufgabenfeld zumindest nach seinen eigenen Schilderungen in Max Bauer, Der große Krieg in Feld und Heimat, Erinnerungen und Betrachtungen, Tübingen 1921, S. 33 und S. 87 f.
[94] Vogt, Oberst Max Bauer (wie Anm. 79), S. 38–45 und S. 82. Bezeichnend für die Gegnerschaft zu Tappen und Falkenhayn waren auch Bauers Bemerkungen in der unmittelbaren Nachkriegszeit: » Falkenhayn war nervös, seine Führung wurde mehr und mehr ein notdürftiges Flicken zur Abstellung dringendster Nöte. Tappen war ruhig wie immer, ironisch, und tat als ob ihn alles nichts anginge. Wir sahen das mit Grauen.« Bauer, Der große Krieg (wie Anm. 93), S. 103.
[95] Umfassend hierzu Feldman, Armee (wie Anm. 92), S. 134–148.

Rücksicht auf Friedenssehnsucht, Entbehrungen und internationale Tendenzen solange durchführen müssen, bis wir den Sieg errungen haben und das erreichen können, was für die Zukunft Deutschlands nötig ist«.[96]

Wegen seiner guten Verbindungen zur Industrie und zu Kronprinz Wilhelm schien Bauer als der geeignete Mann, um die Interessen der OHL im Hintergrund notfalls auch mittels Intrigen durchzusetzen. So war er hinter den Kulissen der Drahtzieher bei der Beseitigung des Reichskanzlers, Theobald von Bethmann Hollweg, und des Chefs des Zivilkabinetts, Rudolf von Valentini. Auch der als zu gewerkschaftsfreundlich geltende Leiter des Kriegsamtes, Generalleutnant Wilhelm Groener, wurde im Sommer 1917 ein Opfer der Machenschaften Bauers.[97] Im Spätsommer 1918 intrigierte Bauer zeitweilig sogar gegen Ludendorff selbst.[98] Die Arbeitsbereiche von Bauer und Nicolai hatten sich in Fragen der Propaganda im Rahmen des Hindenburg-Programms überschnitten, und angesichts des moralischen Rigorismus' des Geheimdienstchefs ist es nicht verwunderlich, dass dieser für Bauer wenig Sympathie aufbrachte. 1943 urteilte er: »Bauers Einfluß auf Ludendorff war stark. Ich habe ihn bedauert und bekämpft.«[99]

Aus ganz anderen Gründen blieb auch das Verhältnis zwischen Nicolai und dem als umtriebig geltenden Oberst Hans von Haeften nicht unbelastet.[100] Dieser stand seit Juli 1916 an der Spitze der neu eingerichteten Militärischen Abteilung des Auswärtigen Amtes (MAA). Nicolai selbst hatte den bei Falkenhayn wegen seiner Beteiligung an einer Intrige Anfang 1915 in Ungnade gefallen Haeften wieder ins Spiel gebracht.[101] Dessen Zuständigkeiten auf dem Feld der Auslandspropaganda standen in enger Berührung mit Nicolais eigener Tätigkeit. Bis Ende 1916 war Haeften noch Nicolai unterstellt. Im Januar 1917 trat Haeften dann direkt unter den Chef des Generalstabs des Feldheeres. Zu den wichtigsten Erweiterungen der MAA unter Haeften zählte die Gründung des Bild- und Filmamtes (Bufa) sowie der Universum Film AG (Ufa) im April und Dezember 1917. Anders als Nicolai galt Haeften wegen seiner verhältnismäßigen Offenheit für innenpolitische Reformen als ein geschätzter Verhandlungspartner auf der zivilen Seite. Haeften übernahm im September 1918 zusammen mit dem Pressechef des Reichskanzlers, Erhard Deutelmoser, dann auch die Führung der »Zentralstelle für den Werbe- und Aufklärungsdienst für das In- und Ausland«. Sie war eine Rumpforganisation für das freilich nie realisierte Reichspropagandaministerium. Ende des gleichen Monats löste er schließlich Generalmajor Detlof von Winterfeldt in der Funktion

---

[96] Vogt, Oberst Max Bauer (wie Anm. 79), S. 89 f. und S. 115–117.
[97] Seit 5.9.1914 Oberst, seit 26.6.1915 Generalmajor, seit 1.11.1916 Generalleutnant.
[98] Ebd., S. 148.
[99] RGVA, 1414-1-34, Bl. 58–108, hier Bl. 116: Schreiben Walter Nicolai an Kriegsgeschichtliche Forschungsanstalt des Heeres (Wolfgang Foerster) vom 30.9.1943 (Abschrift).
[100] Oberstleutnant seit 16.7.1916, seit 18.4.1918 Oberst.
[101] Haeften hatte sich um die Jahreswende 1914/15 als Emissär für den mittlerweile kaltgestellten Generaloberst von Moltke zur Verfügung gestellt, der zusammen mit Hindenburg und Ludendorff beim Kaiser die Ablösung des Generalstabschefs Falkenhayn betrieb. Hintergrund der Kontroverse war die Frage des Schwerpunkts im kommenden Kriegsjahr: Falkenhayn wollte am Westen festhalten, seine Gegner sahen an der Ostfront vorteilhaftere Bedingungen für einen Sieg. Siehe Ekkehart P. Guth, Der Gegensatz zwischen dem Oberbefehlshaber Ost und dem Chef des Generalstabes des Feldheeres. Die Rolle des Majors von Haeften im Spannungsfeld zwischen Hindenburg, Ludendorff und Falkenhayn. In: Militärgeschichtliche Mitteilungen, 35 (1984), S. 75–111.

des seit Mitte August 1917 berufenen Vertreters der OHL beim Reichskanzler ab.[102] Die MAA war bereits vor Haeftens Wechsel in »Auslandsabteilung der Obersten Heeresleitung« (Ohla) umbenannt worden, bevor sie schließlich im Oktober 1918 unter Führung des Majors Edwin von Stülpnagel wieder als MAA dem Auswärtigen Amt unterstellt wurde. Bei Nicolai entwickelten sich eine immer stärkere innere Distanz und ein dienstliches Konkurrenzverhältnis zu Haeften, was er in seinen Aufzeichnungen auch thematisierte.[103]

Blickt man auf die Genese der OHL zwischen 1914 und 1918 zurück, so kennzeichnet diese eine rasante Zentralisierung der Führungsstrukturen verbunden mit einer erheblichen Aufgabenerweiterung in den Bereichen Kriegswirtschaft, Politik und Propaganda. In ihrem operativen Kerngeschäft blieb die OHL ein erstaunlich gut funktionierender militärischer Führungsstab. Schließlich verstanden sich die sorgfältig ausgewählten und gründlich ausgebildeten Generalstabsoffiziere als professionelle und auch lernfähige militärische Führungselite. Dass sich die OHL auf dem vertrauten Gebiet der Heeresorganisation und taktisch-operativen Kriegführung dem neuartigen industrialisierten Massenkrieg flexibel anpasste, vermag daher kaum zu überraschen. Immerhin konnte die Niederlage gegen den strategisch weit überlegenen Gegner bis weit in das Jahr 1918 hinein verzögert werden. Anders sah es in den Arbeitsgebieten aus, die der OHL im Verlauf des Krieges zufielen bzw. die sie usurpierte. Hier agierten die Generalstabsoffiziere auf bislang völlig ungewohntem Terrain und sie gerieten durch Kompetenzüberschneidungen auch gegenseitig immer wieder in Konflikt.[104] Das Verhältnis der Abteilungschefs untereinander war trotz gemeinsamer Dienstzeiten und Erfahrungen oft von Rivalität geprägt. Der Generalstab repräsentierte also weder eine homogene Berufsgruppe noch war er militärisch bzw. politisch ein monolithischer Block.[105]

Alltag im Großen Hauptquartier

Mit dem Abmarsch aus Berlin begann für die Angehörigen des Großen Hauptquartiers eine Zeit mal längerer, mal kürzerer Umzüge. Zunächst verlegte das Große Hauptquartier am 16. August 1914 nach Koblenz.[106] Sitz der OHL war das Kaiser-Wilhelm-Realgymnasium. Moltke wohnte mit den Offizieren des

---

[102] Seit 18.10.1918 Generalmajor.
[103] Siehe Edition (13.9.1918). Zu Haeften siehe Pöhlmann, Kriegsgeschichte und Geschichtspolitik (wie Anm. 80), S. 84–92; Deist, Voraussetzungen innenpolitischen Handelns (wie Anm. 63), S. 142 f. Vgl. BArch RH 18/2520, führt Haeften offiziell seit 2.10.1918 als Vertreter der OHL beim Reichskanzler. Ebenso abweichend von Deist, der die Umbenennung in Ohla auf den 9.7. datiert, wird hier der 9.5. genannt. Auch das Datum des Dienstantritts von Stülpnagel differiert in den Angaben zwischen 20.8. und 11.9.1918.
[104] Vgl. Stachelbeck, Deutschlands Heer und Marine (wie Anm. 66), S. 50–69. In der Forschung gelten sowohl das Hindenburg-Programm als auch der Vaterländische Unterricht als Fehlschläge. Vgl. Feldman, Armee (wie Anm. 92), S. 394 f.
[105] Pöhlmann, Kriegsgeschichte und Geschichtspolitik (wie Anm. 80), S. 250 f.; Gerhard P. Groß, Mythos und Wirklichkeit. Geschichte des operativen Denkens von Moltke d.Ä. bis Heusinger, Paderborn [u.a.] 2012 (= Zeitalter der Weltkriege, 9), S. 102.
[106] Zu den Aufenthaltsorten und -zeiten siehe Hubatsch, Großes Hauptquartier (wie Anm. 67).

Mittagessen am 21.2.1917, Sitzordnung

Hauptmann v. Fischer-Treuenfeld
(Ordonnanzoffizier Ludendorffs)

Linke Seite	Rechte Seite
Hauptmann Burggraf und Graf zu Dohna-Schlobitten (beim Kronprinzen)	**Hauptmann Geyer** (Operationsabteilung)
Major v. Vollard-Bockelberg (Operationsabteilung)	**Major Nicolai**
Major Wetzell (Chef Operationsabteilung)	**Rittmeister v. Zobeltitz**
Oberst Frhr. v. Oldershausen (Chef des Feldeisenbahnwesens)	**Excellenz Ludendorff**
Oberst v. Bartenwerffer (Chef der Politischen Abteilung)	**Seine Kaiserliche und Königliche Hoheit der Kronprinz**
Oberst Ritter Mertz v. Quirnheim (Chef der Abteilung »Balkan«)	**Generalfeldmarschall v. Hindenburg**
Oberstleutnant Bauer (Operationsabteilung)	**Major v. Müldner** (Flügeladjutant des Kronprinzen)
Major Mende (Operationsabteilung)	**Major Frahnert** (Operationsabteilung)
Major Frhr. v. d. Bussche-Ippenburg (Operationsabteilung)	**Stabsarzt Dr. Gimbel** (beim Kronprinzen)
Hauptmann v. Harbou (Operationsabteilung)	**Stabsarzt Dr. Münter** (beim Generalfeldmarschall)

Rittmeister v. Pentz
(Ordonnanzoffizier Hindenburgs)

Quelle: RGVA 1414-1-14, Bl. 100.

Stabes im Monopol-Hotel.[107] Auch Nicolai gehörte dazu, wie er voller Stolz nach Hause schrieb. Seine Arbeitsräume im Gymnasium waren hingegen eher ungewöhnlich: er saß mit seinen Mitarbeitern in den physikalischen Lehrräumen, umgeben von Schränken mit Instrumenten und Tierpräparaten.[108] Entsprechend der Entwicklung an der Front erfolgte im September 1914 eine Verlegung über Luxemburg nach der französischen Doppelstadt Charleville-Mézières an der Maas. Die Unterbringung erfolgte meist in beschlagnahmten Wohnhäusern mit Komfort. Der Kaiser bezog eine Villa in der Nähe des Bahnhofs von Charleville, die OHL war in der Präfektur von Mézières untergebracht. Nicolai erhielt ein Zimmer in einer Notarsvilla, die die Bewohner zuvor in Eile verlassen hatten.[109]

Das Hauptquartier war aufgebläht, die Arbeit hätte wohl auch von der Hälfte des Personals erledigt werden können. Manche, wie der Kaiser, langweilten sich regelrecht.[110] Alois Fürst zu Löwenstein-Wertheim-Rosenberg schrieb im September 1914: »Auch wären Sie wohl enttäuscht über die Arbeit, die der moderne Krieg bringt. Die Offiziere bei der Truppe sind mittendrin, aber bei den Stäben, besonders bei den grossen [...] sehen sie vom Krieg verflixt wenig. Die sitzen viele km von der Front den ganzen Tag am Schreibtisch, am Telefon und Telegraph.«[111] Kaiser Wilhelm II. hielt sich nur im Kreis seiner engsten Entourage auf. Einladungen zum Kaiser gehörten selbst für den Staatssekretär des Reichsmarineamtes, Admiral Alfred von Tirpitz, keineswegs zum Alltag.[112] Erst mit dem späteren Umzug nach Pleß konnte man als Offizier der OHL den Kaiser bei Spaziergängen im Schlosspark treffen. Dazu schrieb Max Bauer: »Der Kaiser liebte es, die ihm Begegnenden ins Gespräch zu ziehen und promenierte oft mit einzelnen von uns längere Zeit.«[113] Diese persönlichen Begegnungen waren für die Offiziere außergewöhnliche Momente, die sie, wie auch Nicolai, in ihren Erinnerungen festhielten.[114]

Der Arbeitstag lief für die Offiziere bald nach einem relativ festen Schema ab und sollte sich auch über die personellen Wechsel in der Heeresleitung bis 1918 nicht mehr grundsätzlich ändern. So ließ sich der Generalstabschef früh die Morgenmeldungen vorlegen. In Anwesenheit der wichtigsten Offiziere – Nicolai gehörte seinen Aufzeichnungen zufolge wohl nicht dazu – nahm er am Vormittag die Vorträge zur Lage entgegen. Um 11.00 Uhr begab er sich für den Lagevortrag zum Kaiser. Wieder zurück, wurde das Mittagessen eingenommen. Der Nachmittag gehörte der Generalstabsarbeit, unterbrochen von Spaziergängen oder Ausritten. Nach dem Abendessen wurde in einem Salon noch ein Kaffee

---

[107] Heinrich Binder, Mit dem Hauptquartier nach Westen. Aufzeichnungen eines Kriegsberichterstatters, Stuttgart 1915, S. 33.
[108] Edition (21.8.1914).
[109] Edition (27.9.1914).
[110] Kaiser Wilhelm II. als Oberster Kriegsherr (wie Anm. 66), S. 612 f.
[111] Andreas Dornheim, Kriegsfreiwilliger, aber Annexionsgegner: Alois Fürst zu Löwenstein-Wertheim-Rosenberg und seine »Kriegsbriefe«. In: Kriegserfahrungen. Studien zur Sozial- und Mentalitätsgeschichte des Ersten Weltkrieges. Hrsg. von Gerhard Hirschfeld [u.a.], Essen 1997 (= Schriften der Bibliothek für Zeitgeschichte, NF, 5), S. 170–188, hier S. 185.
[112] Albert Hopman, Das ereignisreiche Leben eines »Wilhelminers« Tagebücher, Briefe, Aufzeichnungen 1901 bis 1920. Im Auftrag des Militärgeschichtlichen Forschungsamtes hrsg. von Michael Epkenhans, München 2004 (= Beiträge zur Militärgeschichte, 62), S. 49.
[113] Bauer, Der große Krieg (wie Anm. 93), S. 74.
[114] Edition (13.8.1915).

gereicht und sich länger im kleinen Kreise unterhalten. In Krisenlagen arbeitete Falkenhayn oft mehrere Nächte hintereinander durch.[115]

Die Falkenhayn im August 1916 folgende Doppelspitze Hindenburg und Ludendorff kam um 9.00 Uhr zu einer ersten Morgenlage zusammen, die gewöhnlich nicht lange dauerte. Danach ging Hindenburg etwa eine Stunde spazieren, begleitet durch seinen Adjutanten oder Gäste. Es folgten Vorträge Ludendorffs im Dienstgebäude und der Abteilungschefs in Hindenburgs Büro. Um die Mittagsstunde waren Hindenburg und Ludendorff zum Vortrag beim Kaiser. Ludendorff trug die Lage vor, bei wichtigen Entschlüssen übernahm das Hindenburg selbst. Es folgte ein kurzes Mittagessen. Abendentspannung im Salon, von 20.00 bis 21.30 Uhr, Ludendorff hob die Tafel auf. Man begab sich noch einmal ins Dienstgebäude, ließ sich die Lage vortragen. Die Arbeit endete nie vor Mitternacht. Vorträge der Abteilungschefs bei Ludendorff dauerten bis in die ersten Stunden des neuen Tages. Falkenhayn und Ludendorff gingen dabei an die Grenzen ihrer körperlichen Belastung.[116]

Als Abteilungschef hatte Nicolai jederzeit unmittelbaren Zugang zu Hindenburg und Ludendorff. Nach Prüfung der meist telegrafisch eingegangenen Meldungen seiner Nachrichtenoffiziere legte Nicolai diese täglich vor. Er hatte beratende Funktion und war klassischer Zuarbeiter, eben der Generalstabsoffizier als Führungsgehilfe.

Als der Schwerpunkt der Kriegführung im Mai 1915 auf die Ostfront verlagert wurde, zog das Große Hauptquartier von Charleville-Mézières nach Pleß in Oberschlesien um. Hierbei wurden allerdings nur der engste Stab, die Operationsabteilung und Teile der übrigen Abteilungen, darunter auch Nicolai, verlegt. Je nach Kriegslage wechselte man zwischen beiden Standorten. In Oberschlesien standen dem Kaiser und seinem Gefolge das Schloss des Fürsten Pleß, der Operationsabteilung mehrere Bürogebäude der fürstlichen Generaldirektion und Privatwohnungen zur Verfügung.[117] Pleß lag zudem nur eine Autostunde von Teschen entfernt, wo die Heeresleitung Österreich-Ungarns, das Armeeoberkommando, ihren Sitz hatte.

Anfang 1917 verlegte das Große Hauptquartier wieder in den Westen, diesmal nach Kreuznach.[118] Die Stadt lag zentral hinter dem Hauptabschnitt der Westfront, bot ein ausgebautes Telegrafennetz und war außerhalb der Reichweite feindlicher Flugzeuge. Die Unterbringung erfolgte in Hotels und Pensionen, wobei Nicolai im »Oranienhof« absteigen konnte, in dem auch Hindenburg und Ludendorff wohnten.[119] Anfang März 1918 wurde das Große Hauptquartier nach

---

[115] Afflerbach, Falkenhayn (wie Anm. 13), S. 256 f.
[116] Hindenburg, Aus meinem Leben (wie Anm. 19), S. 140, und Hopman, Das ereignisreiche Leben eines »Wilhelminers« (wie Anm. 112), S. 48.
[117] RGVA, 1414-1-14, Bl. 1–8: Nicolai, Kriegsaufzeichnungen: Verzeichnis der Geschäftszimmer, Wohnungen und Fernsprechanschlüsse für die im Großen Hauptquartier Ost untergebrachten Stäbe und Formationen.
[118] General Max Hoffmann führte die Verlegung darauf zurück, dass sich der neue Kaiser Österreich-Ungarns, Karl I., dem Einfluss der in Pleß sitzenden OHL entziehen wollte, vgl. Max Hoffmann, Der Krieg der versäumten Gelegenheiten, München 1923, S. 162.
[119] RGVA, 1414-1-14, Bl. 68–98: Nicolai, Kriegsaufzeichnungen: Wohnungsliste sämtlicher im Unterkunftsraum des Großen Hauptquartiers befindlichen Offiziere und Beamten im Offizierrang. Stand vom 1.5.1917.

Einführung

Spa verlegt. Dort waren Nicolai und seine Abteilung in einem großen Hotel untergebracht, mancher hatte als Quartier gar eine »fabelhafte Villa«.[120] In Spa verblieb die OHL bis nach der Unterzeichnung des Waffenstillstands am 11. November. Anschließend verlegte sie nach Kassel-Wilhelmshöhe.

Den im Großen Hauptquartier tätigen Offizieren blieb genug Zeit, sich beim Ausritt oder dem abendlichen Besuch des Offizierskasinos zu entspannen. Fritz von Loßberg, 1915 zeitweilig stellvertretender Chef der Operationsabteilung, schrieb, dass er, wie zu dieser Zeit üblich, seine eigenen Pferde mitführte: »Als Frühaufsteher habe ich – soweit es mein strammer Dienst erlaubte – vor Beginn der Bürotätigkeit einen erfrischenden Ritt gemacht.«[121] Auch Nicolai nutzte seine Zeit für regelmäßige und ausgiebige Ausritte.

Die Verpflegung war über die gesamte Dauer des Krieges ausgesprochen gut. Ein erstes Frühstück nahmen sie meist noch im Quartier ein, bevor mittags ein zweites Frühstück im großen Saal an zahlreichen runden Tischen folgte. Die Tischordnung war wie auch abends abteilungsweise, der Nachmittagskaffee wurde im Arbeitsraum der Operationsabteilung gemeinsam eingenommen: »Es wird gut gekocht, gute Sachen werden reichlich gegeben, m.E. viel zu üppig für diese Zeiten,« schrieb Oberst Albrecht von Thaer, seit April 1918 Chef des Stabes des Generalquartiermeisters der OHL.[122] Dem schloss sich der Chef des Feldeisenbahnwesens, Wilhelm Groener, an: »Unser Essen ist gut, einfach, mir aber fast zu kräftig.«[123] Abends saß man zusammen: »Der Tag endete fast regelmäßig mit einer Sitzung im Gelben Salon um Falkenhayn; die zwanglose Abendunterhaltung trug viel dazu bei, die Offiziere der O.H.L. sich kameradschaftlich näherzubringen und war daher von Nutzen.«[124] Dem Alkohol wurde in geregelten Maßen zugesprochen. Max Bauer meinte, Alkohol habe sich im Krieg »als bestes Mittel bewährt, die Stimmung zu halten, Nervenanspannungen zu lösen und so indirekt die Arbeitslust und -kraft zu erhöhen«. Ein Glas Sekt oder Cognac habe bei Überarbeitung »über den Berg geholfen«.[125] Und Nicolai? Typisch für seinen Alltag ist seine Schilderung vom September 1914:

»Unser Generalstab arbeitet hier in der Präfektur. Ich habe für IIIb drei Räume, Zentralheizung, vor den Fenstern der große Balkon, vor dem die Maas fließt und von dem man Charleville und die Berge der Ardennen überschaut. Ganz angenehm, daß wir da ab und zu hinaustreten können an die frische Luft. Du müßtest einmal sehen, wie solch modernes Hauptquartier eingerichtet wird. Telephon auf den Schreibtischen, elektrisches Licht in reichlichen Mengen, usw., alles von unseren Kommandos hergerichtet und bedient […] Die

---

[120] Vgl. Albrecht von Thaer, Generalstabsdienst an der Front und in der O.H.L. Aus den Briefen und Tagebuchaufzeichnungen 1915–1919. Hrsg. von Siegfried A. Kaehler, Göttingen 1958, S. 189.
[121] Seit 24.7.1915 Oberst, seit 3.8.1917 Generalmajor. Fritz von Loßberg, Meine Tätigkeit im Weltkriege 1914–1918, Berlin 1939, S. 129.
[122] Seit 18.6.1916 Oberstleutnant, seit 18.4.1918 Oberst. Thaer, Generalstabsdienst (wie Anm. 120), S. 194.
[123] Wilhelm Groener, Lebenserinnerungen. Jugend – Generalstab – Weltkrieg. Hrsg. von Friedrich Freiherr Hiller von Gaertringen. Mit einem Vorw. von Peter Rassow, Göttingen 1957, S. 186.
[124] Ebd., S. 192.
[125] Bauer, Der große Krieg (wie Anm. 93), S. 46.

Repräsentativräume des Präfekten sind unser Kasino, im Speisesaal wird an kleinen Tischen gegessen, nebenan ein großer gelber Seiden-Salon. Die Küche leitet ein aus Coblenz herbeigeholter Hotelwirt mit seinem Personal. Es gibt morgens bis 9 Uhr Frühstück von 1-3 Uhr Mittag (oder wie die Feinen sagen: Frühstück) und von 7 Uhr ab Abendbrot (feiner: Mittagessen). Hinterher gestatte ich mir ½ Stündchen im gelben Salon in unterhaltender Gesellschaft Ruhe. Ehe ich zu Haus komme, wird's meist dicht vor 12 Uhr.«[126]

Die Zeit am Abend galt dem Schreiben von Tagebuchaufzeichnungen oder Briefen an die Familie. Tagebücher halfen, das, was man erlebt hatte, noch einmal zu reflektieren. Gleiches galt für die sorgfältig nummerierten Briefe. So stellte man nicht nur sicher, dass keiner verloren ging. Erstaunlich ist, wie offen Nicolai nach Hause über das berichtete, was er erlebte. Damit verknüpft waren auch Ermahnungen und Ratschläge für den Alltag, aber auch Trost für den Fall, dass ein Vertrauter oder ein direkter Angehöriger verwundet worden oder gefallen war. Telefonate, in denen Nicolai sich mit seiner Frau, die er offenbar sehr liebte, austauschen konnte, waren die Ausnahme.

Über die Befriedigung sexueller Bedürfnisse schweigt sich die Erinnerungsliteratur der Offiziere aus. Nicolai war in dieser Hinsicht ein sehr konservativer Protestant, der nach den bisher vorliegenden Quellen keine außerehelichen sexuellen Kontakte hatte. Vor dem Hintergrund möglicher Kompromittierung waren ihm sexuelle Ausschweifungen suspekt. Moralische Schwächen hielt er für weit gefährlicher als Spionage des Feindes. Konsequent sorgte er gleich zu Beginn des Krieges dafür, dass die Ehegattinnen, die in mehreren Fällen ihren Männern ins Hauptquartier gefolgt waren, aus Gründen der militärischen Sicherheit und im Interesse der Aufrechterhaltung der Disziplin wieder nach Hause geschickt wurden.[127] Er scheute sich auch nicht, sogar in das Intimleben des preußischen Kronprinzen Wilhelm und des bayerischen Kronprinzen Rupprecht einzugreifen. In einem anderen Fall veranlasste er die Versetzung eines als homosexuell denunzierten Offiziers im Stab Wilhelms, und zwar ungeachtet der gesellschaftlichen Stellung der Familie des Betroffenen und des Protests des Kronprinzen.[128]
Gleiches betraf die »Demi-monde Betriebe« in der Etappe:

»Ich habe bei gelegentlicher Besichtigung solcher Unterkünfte, [...] einen schauerlichen Blick in die zersetzenden Wirkungen eines Kriegsschauplatzes getan, wohl auch in die vom Westen ausgehende Sittenverderbnis.«[129]

Freunde dürfte er sich mit diesem moralischen Rigorismus nicht gemacht haben.

---

[126] Edition (27.9.1914).
[127] Edition (6.6.1915).
[128] Edition (30.5.1916 zum Fall Hans von Gebsattel; 10.8. und 18.8.1918 zu Kronprinz Wilhelm). In einem Vermerk Nicolais urteilt dieser später über den bayerischen Kronprinzen: »Er war erotisch – auch im Kriege – hemmungslos.« Nach mehreren Beschwerden habe sich Falkenhayn an Rupprechts Vater, König Ludwig III., gewandt und sich über Rupprechts »sehr tiefes soziales Hinabsteigen in der Wahl seiner Geliebten« beschwert. Dies stelle eine »Gefahr für die Sicherheit der Armee« dar. Die Parallele zum Fall Kronprinz Wilhelm ist so deutlich, dass man hinter Falkenhayns Intervention durchaus das Wirken Nicolais annehmen kann. Siehe RGVA, 1414-1-17, Bl. 151: Nicolai, Kriegsaufzeichnungen: undatierter Vermerk zum Schreiben Hermann Ritter Mertz von Quirnheim an Walter Nicolai vom 9.10.1940.
[129] Edition (5.7.1915).

Einführung

Und der Krieg selbst? Nicolai hat das, was um ihn herum geschah, genau beobachtet. Stimmungen hielt er in seinen Aufzeichnungen ebenso fest wie die Ereignisse an der Front, hinter dieser oder auch im Großen Hauptquartier selbst. Dass der Krieg gerecht war, daran hatte er keinen Zweifel. Trotz aller Begeisterung war Nicolai weder blind für die Leiden der Zivilbevölkerung oder der gefangenen und verwundeten Soldaten der Gegner noch für die Zerstörungen, denen er überall begegnete: »Die Fahrt in Belgien bis Lüttich führte durch ein totes Land. Kein Ort, in dem nicht Häuser mit allem, was darin, dem Erdboden gleich gemacht. Es muß furchtbar gewesen sein!«[130], berichtete er am 26. August 1914.

Nach dem Ende des Bewegungskrieges im Westen war es mit der Hoffnung auf einen schnellen Sieg vorbei. Dennoch behielt Nicolai seine Zuversicht: »Papa«, so der Rat an die Ehefrau,

»soll nur nicht mißmutig werden, eins ist bei aller Unsicherheit der Zukunft sicher: wir haben sehr viel mehr erreicht bisher als alle unsere, uns sehr stark überlegenen Gegner, und werden ihnen niemals unterliegen. Die Frage ist nur: wie *besiegen* wir sie und wann? Vielleicht wird's ein Krieg wie der 7jährige, dann stehen wir erst am Anfang und brauchen Reserven an Zuversicht und Haltung.«[131]

An diesem Muster der Selbstversicherung sollte sich bis zum Ende des Krieges wenig ändern. Doch so sehr Nicolai bis zuletzt trotz mancher Schwankungen an den militärischen Sieg glaubte, so früh beobachtete er mit immer größerer Skepsis die innere Lage. Vor allem sozialistische Umtriebe betrachtete er mit Argwohn und verstärkte daher deren Überwachung. Kaum weniger Sorgen bereiteten ihm die zunehmenden Berichte über wachsende Kriegsmüdigkeit, für die er aber kein Verständnis hatte. Anfang Juni 1917 schrieb er nach Hause:

»Bei all meinen Besprechungen jetzt höre ich immer, daß alle Feldgrauen kriegsmüde seien und nach Hause schrieben, der Krieg solle doch aufhören. Ich antworte dann immer, daß auch ich in jedem Brief an Dich der Sehnsucht nach dem Frieden Ausdruck gebe, daß aber dadurch das Pflichtgefühl und die Pflicht-Erhaltung ebenso wenig leidet, wie bei den Truppen die Kampffreudigkeit.«[132]

Der Kampf gegen Defätismus und die Aufrechterhaltung der Kriegsmoral waren Aufgaben, die Nicolai im Verlauf des Krieges übernommen hatte und die ihn auch zunehmend in Beschlag nahmen. Mit seiner ursprünglichen, militärischen Tätigkeit hatte das nicht viel gemein gehabt. Der Charakter des Krieges hatte die Arbeit von IIIb verändert. Wie müssen wir uns nun diese, von manchen Legenden umgebene Abteilung vorstellen?

Chef IIIb im Weltkrieg

Blickt man auf den geheimen Nachrichtendienst bis zum Beginn des Ersten Weltkrieges zurück, so muss das Urteil zwiespältig ausfallen. Die Sektion IIIb befand sich noch in der institutionellen Formierung. Der Fokus der Arbeit

---

[130] Edition (26.8.1914).
[131] Edition (25.10.1914).
[132] Edition (3.6.1917).

hatte ganz auf Frankreich und Russland gelegen. Großbritannien war von der Nachrichtenabteilung des Admiralstabes beobachtet worden, sodass die Erkenntnisse über das dortige Heer beschränkt geblieben waren. Die Erkenntnisse über die Heere der beiden Gegner hatten in der Masse auf offenen Quellen basiert. Die geheime Erkundung durch eigene Offiziere oder Spione hatte einen weit geringeren Anteil ausgemacht. Ziele der Spionage waren die Dislozierung von Truppen, technische und taktische Neuerungen, die militärische Infrastruktur – vor allem Festungen und Eisenbahnanlagen – sowie Hinweise auf die Aufmarsch- und Operationsabsichten in einem Kriegsfall gewesen. Den gegnerischen Kriegsplan zu erbeuten, war freilich vor 1914 keinem der europäischen Geheimdienste gelungen – so auch IIIb nicht.[133] Das nachrichtendienstliche Gesamtbild, an dem Nicolai mitgearbeitet hatte, war ein Mosaik geblieben, und zwar eines, das sich aus vielen kleinen Steinen zusammensetzte.[134] Der Krieg sollte jetzt den militärischen Nachrichtendienst in der ganzen Bandbreite seiner Aufgaben radikal verändern. Dieser Prozess vollzog sich grob in drei Phasen.

Der Übergang in den Stellungskrieg

Mit der Generalmobilmachung war auch die Sektion IIIb geteilt worden. Die immobile Staffel (stellv. IIIb) beim stellvertretenden Generalstab der Armee in Berlin sollte im weiteren Verlauf des Krieges unter anderem für die Fragen der Spionageabwehr im Heimatgebiet, das Passwesen und die Grenzüberwachung zuständig sein.[135] Bei IIIb selbst wechselten außerdem sieben der elf Nachrichtenoffiziere in die Stäbe der in Aufstellung begriffenen Armeen, vier erhielten Truppenkommandos.[136] Die Verbindung zur Masse der Agenten im Ausland war damit weitgehend abgerissen. Schließlich entsandte IIIb in der Anfangsphase des Krieges vier Nachrichtenoffiziere zu den Generalkommandos an der bedrohten Außengrenze in Ostpreußen.[137]

Der Krieg, in dem IIIb jetzt die Arbeit aufnahm, war im Schwerpunkt der deutschen Operationen im Westen zunächst ein offensiv geführter Bewegungskrieg. Das bedeutete, dass die stationären Kommunikationsstrukturen (Telefon, Telegraf), die die Voraussetzung für die Nachrichtengewinnung und -übermittlung

---

[133] Grawe, Deutsche Feindaufklärung (wie Anm. 45), S. 462. Außerdem Nicholas P. Hiley, The Failure of British Espionage against Germany, 1907–1914. In: The Historical Journal, 26 (1983), S. 867–889, hier S. 888; Schmidt, Gegen Russland und Frankreich (wie Anm. 6), S. 188 f. Schmidt weist auch nach, dass Nicolais Behauptungen über nahezu unbegrenzte finanzielle Ressourcen des russischen Nachrichtendienstes unzutreffend sind.
[134] Pöhlmann, German Intelligence at War (wie Anm. 47), S. 37.
[135] Jürgen W. Schmidt, Against Russia, Department IIIb of the Deputy General Staff in Berlin – Intelligence, Counter-Intelligence and Newspaper Research, 1914–1918. In: The Journal of Intelligence History, 5 (2005), 2, S. 73–89.
[136] Siehe die Liste der mobil gemachten Nachrichtenoffiziere in BArch, PH 3/250: Großer Generalstab, Anlage 20 zum M.T.K. [Militär-Transportkalender] 1914/15: Der geheime Nachrichtendienst (unpag.); außerdem Brückner, Die Nachrichtenoffiziere (wie Anm. 48), S. 45.
[137] Siehe die Dienstanweisung vom 1.8.1914 in RGVA, 1414-1-10: Nicolai, Kriegsaufzeichnungen, Bl. 64–71. Hier sind 37 Offiziere für die mobile Staffel und zwölf für stellv. IIIb verzeichnet.

waren, vornehmlich den sich auf dem Rückzug durch das eigene Land befindlichen gegnerischen Armeen zu Gute kamen. An der deutschen Ostfront gestaltete sich die nachrichtendienstliche Ausgangslage genau umgedreht. Hier konnte sich IIIb auf die Infrastruktur, die Behörden und die Bevölkerung der Provinz Ostpreußen stützen.[138] Mit dem Kriegsbeginn veränderte sich auch die Informationslage dramatisch. Offene Quellen verloren angesichts der Zensur an Bedeutung und waren nur auf dem Umweg über die neutralen Staaten erhältlich. Den Militärattachés der kriegsteilnehmenden Staaten waren die Pässe gegeben worden. Damit kam den in den neutralen Staaten wie der Schweiz, den Niederlanden oder Schweden verbliebenen Diplomaten eine wachsende nachrichtendienstliche Bedeutung zu.

Im Frontnachrichtendienst versagte die Kavallerie als Instrument der Aufklärung. Die Luftstreitkräfte waren bei Kriegsbeginn noch zahlenmäßig unbedeutend, wuchsen aber in den kommenden Monaten rasch auf. Die Aussagen von Kriegsgefangenen und Beutedokumente gewannen für die Nachrichtenoffiziere eine immer größere Bedeutung. Die Möglichkeiten, Agenten durch die Front zu schleusen, schwanden mit dem Eintreten des Stellungskrieges im Herbst 1914. Die Position von Nicolais Nachrichtenoffizieren bei den einzelnen Armeen erwies sich jedoch bald als problematisch. Sie waren zwar in die Armeeoberkommandos integriert, unterstanden aber der OHL und berichteten an diese. In den Stäben wurden sie deshalb mitunter argwöhnisch als »Augen und Ohren« der Heeresleitung angesehen.[139] Als ortsfeste Residenturen entstanden ab August 1914 die Kriegsnachrichtenstellen, zunächst in Wesel, Brüssel (ab November: Antwerpen), Straßburg, Mühlhausen und Lörrach. Ihre Aufgabe bestand in der Vorbereitung, Einschleusung und Aufnahme der Agenten sowie in der Befragung von Reisenden an den Grenzübergängen.

Bei der Spionageabwehr verfügte IIIb über keine exekutiven Befugnisse und war deshalb an der Front, in den Etappen- und Besatzungsgebieten auf die Zusammenarbeit mit der Geheimen Feldpolizei angewiesen, die dem Generalquartiermeister unterstellt war. Gerade in den unterschiedlich organisierten Besatzungsgebieten bildeten sich mit der Zeit komplizierte zivil-militärische Sicherheitsstrukturen aus. Im Heimatgebiet hatte das Gesetz über den Belagerungszustand weitreichende Kompetenzen in die Hände der stellvertretenden Generalkommandos gelegt. Für die sicherheitspolizeilichen Aufgaben dieser regionalen Militärbefehlshaber existierten nur wenige Vorgaben, was sich in der Folge selbst für die in der Spionageabwehr tätigen IIIb-Stellen als Problem erwies.

Fehlende Friedensvorbereitung war auch das Kennzeichen der militärischen Presse- und Propagandaarbeit. Mit der Mobilmachung stellte die Heeresleitung fest, dass sie eigentlich über keine Dienststelle verfügte, in der ihre eigenen kom-

---

[138] BArch, RW 5/v.41: Reichskriegsministerium, Abwehrabteilung: Gen.Maj. a.D. Gempp, Geheimer Nachrichtendienst und Spionageabwehr des Heeres, Bd 3, Abschnitt 3, Anlagen (undat.), hier die Karte »Aufklärungsnetz Ostpreußen Juli 1914« und das Organigramm »Invasionsnetz vor der Lötzen-Angerapp-Stellung in Ostpreußen, Oktober«, Bl. 136–138.

[139] Brückner, Die Nachrichtenoffiziere (wie Anm. 48), S. 54–55 und S. 62. So beklagte sich der bayerische General Konrad Krafft von Dellmensingen bitter über ein regelrechtes »Spionenwesen« von Verbindungsoffizieren der OHL an der Front. Vgl. Stachelbeck, Christian, Militärische Effektivität im Ersten Weltkrieg. Die 11. Bayerische Infanteriedivision 1915 bis 1918, Paderborn [u.a.] 2010 (= Zeitalter der Weltkriege, 6), S. 172 f.

munikationspolitischen Interessen formuliert und koordiniert wurden.[140] Es mutet fast kurios an, dass die Redaktion der täglichen Heeresberichte in den ersten Augusttagen aus schierer Ratlosigkeit an Walter Nicolai abgesteuert wurde – ein Entschluss, der zur Ursünde des deutschen Nachrichtendienstes im Ersten Weltkrieg aufwachsen sollte. Denn damit war eine sachlich nicht begründete institutionelle Verbindung von militärischen Kommunikations- und Sicherheitsaufgaben begründet worden. Der erste Schritt dazu war die Einrichtung der bei stellv. IIIb angesiedelten Oberzensurstelle am 19. Oktober 1914. Deren Aufgabe bestand zunächst nur in der Erstellung von einheitlichen Richtlinien für die Durchführung der Zensur und der diesbezüglichen Beratung der Militärbefehlshaber.[141]

In dieser ersten Phase des Weltkrieges sah sich der Leiter der Sektion IIIb also einer rasanten Veränderung seines nachrichtendienstlichen Kerngeschäfts gegenüber. Schon mit dieser Herausforderung musste er eigentlich ausgelastet sein. Für die Übernahme der kommunikationspolitischen Arbeit der OHL war er weder ausgebildet, noch verfügte seine Sektion über die erforderlichen Zuständigkeiten. Die Gründe für Nicolais Bereitschaft lassen sich aus seinen Aufzeichnungen nur implizit herauslesen: sie sind wohl vor allem im Prinzip des militärischen Gehorsams und im Pflichtgefühl zu suchen. In der historischen Situation hat Nicolai vermutlich wenige Möglichkeiten gesehen, sich gegen einen solchen Auftrag zu verwahren.

Der technisierte Massenkrieg

Der Übergang in die nächste Phase des Geheimdienstkrieges setzt nicht unmittelbar mit der Ablösung Moltkes am 14. September ein (deren öffentliche Vermittlung für sich genommen schon eine erste, sehr heikle Aufgabe für Nicolai darstellte). Vielmehr lässt sich die Zäsur am Übergang in den Stellungskrieg im Westen und dem damit verbundenen zwischenzeitlichen Stillstand der Operationen Ende 1914 festmachen. Moltkes Nachfolger, Erich von Falkenhayn, sah sich über den Winter zunächst einmal gezwungen, sich ganz grundsätzliche Gedanken über die Weiterführung des Krieges zu machen.

Für IIIb bedeutete der Stellungskrieg in den kommenden Monaten eine anhaltend starke Absperrung der Grenzen und der Fronten – Nicolai selbst sprach rückblickend 1920 von einem »eisernen Vorhang«.[142] Dies hatte den Ausbau von stationären Kommunikationslinien zur Folge und – damit eng verbunden – einen enormen Aufschwung der technischen Mittel des Nachrichtendienstes, namentlich der Fernmeldeaufklärung und der Luftbildfotografie.[143]

---

[140] Weiterführend siehe Anne Schmidt, Belehrung – Propaganda – Vertrauensarbeit. Zum Wandel amtlicher Kommunikationspolitik in Deutschland 1914–1918, Essen 2006, dort S. 10 f. zum Begriff der Kommunikationspolitik.

[141] Florian Altenhöner, Kommunikation und Kontrolle. Gerüchte und städtische Öffentlichkeit in Berlin und London 1914/1918, München 2008, S. 54.

[142] Walter Nicolai, Nachrichtendienst, Presse und Volksstimmung im Weltkrieg, Berlin 1920, S. 5.

[143] Hilmar-Detlef Brückner, Die deutsche Heeres-Fernmeldeaufklärung im Ersten Weltkrieg an der Westfront. In: Geheimdienste, Militär und Politik in Deutschland (wie Anm. 5), S. 199–246.

Unter Falkenhayn wurde die Sektion IIIb am 8. Juni 1915 zu einer Abteilung erweitert, was für Nicolai eine Stärkung seiner Position innerhalb der OHL bedeutete. Diese Aufwertung fand zeitgleich mit dem Umzug von Charleville-Mézières nach Pleß statt. Die geplante Offensive gegen Russland und der Kriegseintritt Italiens auf Seiten der Entente erforderten eine erste größere Neugliederung von IIIb.

So wurde im Mai ein Nachrichtenoffizier Berlin (NOB) installiert, der den geheimen Nachrichtendienst in die Tiefe Russlands, und zwar auf dem Weg über die neutralen Staaten Schweden und Rumänien, organisieren sollte. Dieser Dienststelle wurden zusätzlich die nachrichtendienstliche Tätigkeit gegen Großbritannien, die Befragung der Kriegsgefangenen im Reich und die Entwicklung von technischen Hilfsmitteln der Spionage übertragen. Angesichts dieses merkwürdigen Korbes an Aufgaben verwundert es nicht, dass die Effektivität des NOB hinter den Erwartungen zurückblieb und die Spionageaufgaben im Sommer 1916 an zwei neu eingerichtete Kriegsnachrichtenstellen – »Berlin West« und »Berlin Ost« – übertragen werden sollten.[144]

Eine weitere Neuerung war die regionale Unterteilung des geheimen und des Frontnachrichtendienstes: Eine Sektion »IIIb West« blieb zunächst in Mézières und führte die Nachrichtenoffiziere und die Kriegsnachrichtenstellen im Westen. Dieselben Aufgaben oblagen der Sektion »IIIb Ost«, wenn auch hier mit Ausnahme des Befehlsbereichs des Oberbefehlshabers Ost. Dafür übernahm IIIb Ost zusätzlich die Aufklärung gegen Italien. Der Nachrichtenoffizier bei OberOst unterstand Nicolai direkt.[145] Hintergrund für die Sonderstellung des damaligen Majors Friedrich Gempp[146] als NO OberOst war der Umstand, dass der Nachrichtendienst in der ersten Jahreshälfte 1915 in den Sog des seit dem Spätherbst 1914 schwelenden Konflikts zwischen Falkenhayn und dem Oberbefehlshaber Ost, also Hindenburg und Ludendorff, geraten war. Ein Ansatzpunkt beim Kampf von OberOst gegen die OHL waren die Nachrichtenoffiziere im eigenen Befehlsbereich. Diese wurden nun aus der internen Kommunikation und Entschlussfassung im Stab von Hindenburg weitgehend herausgehalten, was soweit führte, dass OberOst z.B. dem eigenen Nachrichtenoffizier zwar Zugang zu den Fliegermeldungen gab, deren direkte Weiterleitung an die OHL aber untersagte. Die Situation verschärfte sich, als der Stab von OberOst den eigenen Nachrichtenoffizier über die Planungen zu der von der OHL kritisch beurteilten Offensive gegen Kowno und Wilna im September 1915 vollkommen im Dunkeln ließ. Nicolai hatte schon mit der Neugliederung vom Mai 1915 auf diesen Konflikt ausweichend reagiert. Im Oktober 1915 übertrug er Gempp praktisch den gesamten IIIb-Betrieb im Bereich des Oberbefehlshabers Ost und delegierte somit diesen für ihn unerfreulichen Aufgabenbereich an seinen Untergebenen.[147]

---

[144] Brückner, Die Nachrichtenoffiziere (wie Anm. 48), S. 57‒59.
[145] BArch, RW 5/v.47: Oberkommando der Wehrmacht, Amtsgruppe Ausland/Abwehr: Gen. Maj. a.D. Gempp, Geheimer Nachrichtendienst und Spionageabwehr des Heeres, Bd 7 (1939), Bl. 12.
[146] Seit 1.3.1915 Major.
[147] Brückner, Die Nachrichtenoffiziere (wie Anm. 48), S. 56. Der Umstand, dass Gempp nach 1918 die Redaktion der amtlichen Geschichte von IIIb leitete, führt dazu, dass sich die diesbezüglichen Abschnitte in dem Reihenwerk verhältnismäßig kritisch lesen.

Insgesamt nahmen die Kriegsnachrichtenstellen angesichts der sich inzwischen räumlich verfestigten Zuständigkeiten an Bedeutung zu. Bis Ende 1916 sollten folgende Residenturen entstehen: Lörrach und Straßburg (Frankreich, via Schweiz), Antwerpen (Frankreich, via Niederlande bzw. die Schweiz), Brüssel (Frankreich und Großbritannien, via Niederlande), Wesel (Großbritannien, an den Admiralstab abgegeben), Hamburg (Niederlande), Berlin-West (Frankreich und Großbritannien, via Skandinavien), Berlin-Ost (Russland, via Skandinavien), Lindau (Italien, via Schweiz), Piräus (Mittelmeerraum), Sofia (Russland) und Bukarest (Russland).[148] Bei der Kriegsnachrichtenstelle Antwerpen oblag die Leitung der Frankreichabteilung der einzigen hauptamtlichen Mitarbeiterin von IIIb, Dr. Elsbeth Schragmüller, über die Nicolai in seinen Aufzeichnungen berichtet.[149]

Mit der Verschärfung des Wirtschaftskrieges machte sich ab Ende 1915 auch die unzureichende Vorbereitung des Nachrichtendienstes auf diese Dimension des Krieges bemerkbar. IIIb begann deshalb, nach einem Pilotversuch in Düsseldorf, im Juni 1916 mit dem Aufbau eines Inlandsdienstes (J-Dienst).[150] Dieser war, entgegen der irreführenden Bezeichnung, nicht mit geheimdienstlicher Tätigkeit gegen Ziele im Deutschen Reich betraut. Vielmehr sollte der J-Dienst Quellen in deutschen und neutralen Wirtschafts- und Industriekreisen sowie der Diplomatie vornehmlich für Fragen des wirtschaftlichen und politischen Nachrichtendienstes nutzbar machen.

Die Spionageabwehr im Heimatgebiet blieb auch in dieser Phase des Krieges von der Überschneidung ziviler und militärischer Kompetenzen gekennzeichnet, wobei die Rolle von IIIb zum guten Teil darin bestand, mit mehr oder weniger großem Erfolg auf eine Abstimmung der Organisation und der Verfahren bei den Militärbefehlshabern hinzuwirken. In den Besatzungsgebieten erwuchs IIIb spätestens mit dem großen russischen Rückzug von 1915 ein in Art und Umfang völlig neues Aufgabenfeld. Der personelle Bedarf an polizeilich bzw. juristisch geschulten Reserveoffizieren blieb dabei stets ein besonderes Problem. Zu den Abwehraufgaben von Nicolai zählte schließlich auch die Sicherheit in den militärischen Hauptquartieren. Als bürgerlicher und verhältnismäßig rangniederer Stabsoffizier geriet der Chef von IIIb dabei mitunter in pikante Situationen, in denen er jedoch in der Regel auf die Rückendeckung durch seine Vorgesetzten zählen konnte. Welche Langzeitwirkung derartige Querelen zeitigen konnten, beweist der Nicolais Aufzeichnungen durchziehende Fall des Rittmeisters Arnold Rechberg.[151]

Im Bereich der Überwachung und Pressearbeit brachte der September 1915 die Bildung der Zentralstelle für Post- und Telegrammüberwachung bei stellv. IIIb. Eine wichtige Veränderung in der Kommunikationspolitik der OHL stellte die am 14. Oktober 1915 verfügte Einrichtung eines Kriegspresseamtes (KPA) dar. Diese Dienststelle unterstand direkt der Obersten Heeresleitung, die wie-

---

[148] BArch, RW 5/v.47: Oberkommando der Wehrmacht, Amtsgruppe Ausland/Abwehr: Gen. Maj. a.D. Gempp, Geheimer Nachrichtendienst und Spionageabwehr des Heeres, Bd 7 (1939), Bl. 168.

[149] Hanne Hieber, »Mademoiselle Docteur«: The Life and Service of Imperial Germany's Only Female Intelligence Officer. In: The Journal of Intelligence History, 5 (2005), 2, S. 91–108.

[150] Schreibweise mit Großbuchstabe »J« in Abgrenzung zur Sektion I [römisch 1].

[151] Zu Rechberg siehe Eberhard von Vietsch, Arnold Rechberg und das Problem der politischen West-Orientierung Deutschlands nach dem 1. Weltkrieg, Koblenz 1958, S. 38.

derum ihre Weisungen über IIIb erteilte. Zum Leiter des KPA wurde Major Erhard Deutelmoser ernannt, der bisherige Pressereferent des preußischen Kriegsministeriums und einer der wenigen Offiziere, die sich auf den Umgang mit Medienvertretern verstanden. Das KPA nahm die bisherige Oberzensurstelle als eine Abteilung auf. Aufgabe der neuen Dienststelle war die Abstimmung der Pressearbeit der OHL mit den Heimatbehörden, die Zusammenarbeit mit den Medien und die Regelung der Zensurmaßnahmen.[152] Die Einrichtung des KPA bedeutete einen wichtigen Schritt bei der Verrechtlichung der Pressearbeit der OHL bei gleichzeitiger Verlagerung weg vom Kriegsministerium und hin zur OHL. Florian Altenhöner ist zuzustimmen, wenn er in der Einrichtung des Kriegspresseamtes einen wichtigen Schritt von einer bis dato tendenziell obstruktiven zu einer aktiven, steuernden Pressestrategie der Heeresleitung sieht.[153]

Eine solche Strategie zu entwickeln, wurde im Verlauf des Kriegsjahres 1916 für die OHL immer dringlicher. Die Zuständigkeit dafür lag allerdings rückblickend eher beim Reichskanzler. Dessen Pressearbeit wurde aber durch die Nachrichtenabteilung des Auswärtigen Amtes betrieben, und dort lag angesichts der Fragilität der Bethmannschen Kriegszielpolitik und des Werbens um die Neutralen bis Ende 1916 ein »Kurs der Passivität« an.[154] Nachdem Nicolai nun mit dem Kriegspresseamt seine eigene, militärische Kommunikationspolitik auf den Weg gebracht zu haben glaubte, erschien ihm selbige auf Seiten der Reichsleitung umso reformbedürftiger. Diese zunächst einmal rationale Analyse der kommunikationspolitischen Lage führte bei ihm, verbunden mit den ernüchternden Erfahrungen im nachrichtendienstlichen Kerngeschäft, zu einer Verlagerung des persönlichen Fokus auf die Pressearbeit. Die Aufzeichnungen machen deutlich, dass diese Verlagerung schon angelegt war, als der an Fragen von Presse und der Propaganda tendenziell uninteressierte Falkenhayn am 29. August 1916 abgelöst wurde und ihm mit Hindenburg und Ludendorff zwei Generale an die Spitze der OHL folgten, die ihre bisherige Karriere in ganz besonderer Weise auch einer konsequenten Imagepolitik zu verdanken hatten.

Blickt man also auf das Ende der Ära Falkenhayn, dann stand IIIb zu diesem Zeitpunkt innerhalb der Heeresleitung durch die Aufwertung zur Abteilung zunächst einmal gestärkt da. Der geheime Nachrichtendienst war schon seit 1915 an die Bedingungen des Stellungskrieges angepasst worden. Seine Erträge blieben aber aufgrund der rigiden Abschließung der Grenzen und der Überwachungsmaßnahmen in den Feindstaaten gering. Der Weg über die Neutralen konnte dieses Manko nur ansatzweise ausgleichen. Auch der Frontnachrichtendienst war an den Stellungskrieg angepasst und vom geheimen

---

[152] Nicolai, Nachrichtendienst (wie Anm. 142), S. 76.
[153] Florian Altenhöner, Total War – Total Control? German Military Intelligence on the Home Front, 1914–1918. In: The Journal of Intelligence History, 5 (2005), 2, S. 55–72, hier S. 63. Wenn Anne Schmidt feststellt, dass Nicolai in der ersten Kriegshälfte kaum »konzeptionelle Ideen« entwickelt und einen »überwiegend traditionalistischen Kurs in der Kommunikationspolitik« verfolgt habe, so ist darin kein Widerspruch zu Altenhöner zu sehen: Schmidt, Belehrung (wie Anm. 140), S. 115. Vielmehr wird dadurch der bürokratische Ansatz des Leiters von IIIb deutlich.
[154] Dirk Stegmann, Die deutsche Inlandspropaganda 1917/18. Zum innenpolitischen Machtkampf zwischen OHL und ziviler Reichsleitung in der Endphase des Kaiserreiches. In: Militärgeschichtliche Mitteilungen, 12 (1972), 2, S. 75–116, hier S. 80.

Nachrichtendienst weitgehend abgetrennt worden. Das größte Problem der Männer vor Ort, der Nachrichtenoffiziere, war der Umstand, dass sie zum Spielball im Machtkampf zwischen Falkenhayn und einigen Oberbefehlshabern wurden. Sowohl bei der Spionageabwehr als auch bei der Zensurfrage zeigten die Jahre 1915/16 die Einflussgrenzen von IIIb und damit der OHL auf. Auf die voranschreitende Vergesellschaftung des Krieges deuten Nicolais letztlich fruchtlose Bemühungen um den Aufbau eines politischen und Wirtschaftsnachrichtendienstes. Dasselbe galt für die Pressearbeit der OHL, die im Oktober 1915 mit dem Kriegspresseamt in neue Bahnen gebracht wurde. Bis Mitte 1916 waren somit die Hauptzweige von IIIb ausgebildet, die die Generalstabsabteilung bis zum Kriegsende prägen sollten. Das personelle Aufwachsen und die starke funktionale Diversifizierung der Abteilung bedeuteten nun aber keinen proportionalen Machtzuwachs von IIIb innerhalb der OHL selbst oder im nachrichtendienstlichen bzw. militärpolitischen Umfeld. In vielen Bereichen war die Machtfülle von IIIb nur mittelbar. Sie hing von der erfolgreichen Aushandlung mit anderen militärischen und zivilen Akteuren ab, seien es die Oberbefehlshaber an der Front, die Militärbefehlshaber in der Heimat, die politische Polizei im Reich und in den besetzten Gebieten, das Auswärtige Amt, die Reichskanzlei und nicht zuletzt die Vertreter der vierten Gewalt. In dem Moment, wo sich Konflikte zwischen der OHL und diesen Akteuren auftaten, konnte die Abteilung IIIb wie auch ihr Chef selbst in eine prekäre Position geraten.

Gesamtgesellschaftlicher Krieg

Die Tatsache, dass Walter Nicolai von Hindenburg und Ludendorff auf seinem Posten belassen wurde, erklärt sich aus der schlichten Notwendigkeit, die Maschinerie der OHL während der Krise des Spätsommers 1916 am Laufen zu halten. Sie erklärt sich auch aus dem Mangel an geeigneten Ersatzkandidaten. Die neuen Herren hatten sich über das verwucherte Aufgabenfeld von IIIb noch kein genaues Bild machen können. Gerade Ludendorff erkannte jedoch rasch, dass die Abteilung für die von ihm anvisierten Veränderungen nützlich und ihr Leiter kein »Falkenhaynianer« war.[155]

Der Krieg, dem IIIb ab Mitte 1916 entgegensah, war gekennzeichnet von der bedrohlichen Verschränkung politischer, militärischer und gesellschaftlicher Anstrengungen, die schließlich trotz aller unbestreitbaren Erfolge in einzelnen Bereichen in den Zerfall der Mittelmächte und in eine neuartige Ideologisierung des Konflikts münden sollte. Die Materialschlacht wurde zum Sinnbild des Krieges. Die weitere Entwicklung des Nachrichtendienstes war nun zunehmend von Management und Technisierung geprägt.[156] Auch darf nicht vergessen werden, dass das Deutsche Reich den Landkrieg 1916/17 weitgehend in der Defensive führte.

---

[155] Nicolai selbst bezieht sich auf seinen Ruf als »Falkenhaynianer« in seinem Buch Nachrichtendienst (wie Anm. 142), S. 211. Tatsächlich aber ist es fraglich, ob es solche überhaupt gegeben hat, denn eine Schwäche Falkenhayns war ja gerade sein Unvermögen, bei seinen Untergebenen die Entwicklung persönlicher Loyalitäten zu fördern.

[156] Weiterführend siehe: Materialschlachten 1916. Ereignis, Bedeutung, Erinnerung. Im Auftrag des Zentrums für Militärgeschichte und Sozialwissenschaften der Bundeswehr hrsg. von Christian Stachelbeck, Paderborn [u.a.] 2017 (= Zeitalter der Weltkriege, 17).

Einführung 41

Mit den USA trat im April 1917 ein neuer Gegner auf den Plan, der nachrichtendienstlich ein unbeschriebenes Blatt war. Mit Russland schied aber noch im selben Jahr ein Gegner aus, den IIIb lange und intensiv bearbeitet hatte. Die letzten deutschen Offensiven zwischen März und Juli 1918 brachten zwar eine taktische Neuorientierung des Nachrichtendienstes mit sich. Ab Mitte 1918 befand sich das Heer dann in einer steten Rückwärtsbewegung, in deren Verlauf es stark an Kampfkraft und Kohäsion verlor. Für IIIb bedeutete diese unumkehrbare Situation de facto das vorzeitige Ende der Aufklärung ab September 1918.

Nicolai trug den durch die 3. OHL angestoßenen Veränderungen mit einer zum 1. November 1916 eingeleiteten Reorganisation der Abteilung Rechnung. In dieser gab er das bisher dominierende territoriale Prinzip auf und begann die Arbeit stärker nach den einzelnen Sachgebieten einzuteilen. Gleichzeitig nahm er sich weiter aus Führungsaufgaben heraus, um sich auf die neue Aufgabe der Pressearbeit konzentrieren zu können. So wurde der Frontnachrichtendienst in einer Sektion »Front« zusammengefasst und von der Führung der Kriegsnachrichtenstellen entlastet. Diese fanden sich dann in der Sektion I (Kriegsnachrichtendienst) zusammengefasst. Sektion II betrieb die Pressearbeit; hier war das Kriegspresseamt angesiedelt. Die neue Sektion III betrieb die Spionageabwehr. Für den Wirtschaftsnachrichtendienst war die Sektion J zuständig.[157] Diese Gliederung sollte im Prinzip bis Kriegsende weiterentwickelt werden.

Während der letzten Phase des Krieges lassen sich für den geheimen Nachrichtendienst keine herausragenden Entwicklungen ausmachen. Tatsächlich blieb die Arbeit von IIIb hier auf zeitaufwändige und zumeist über die neutralen Nachbarstaaten geführte Operationen beschränkt. Die Zahl der ausgebildeten und über einen längeren Zeitraum aktiven Agenten ist unbekannt, dürfte aber zahlenmäßig im niedrigen bis mittleren dreistelligen Bereich zu veranschlagen sein. Auf dem Balkan und in Russland kam eine große, aber ebenfalls schwer zu bestimmende Zahl an Gelegenheitszuträgern dazu, die oftmals als Doppelagenten arbeiteten und für die der Handel mit militärischer Detailinformation schlicht einen Teil des Lebensunterhaltes bildete.[158]

Zwei Agenten von IIIb haben allerdings bis heute Beachtung gefunden: Einmal die niederländische Tänzerin Margaretha Geertruida Zelle (»Mata Hari«, H 21), deren nachrichtendienstlichen Wert Nicolai, wie eingangs geschildert, in den Kriegsaufzeichnungen niedrig einschätzte. Er tat dies freilich auch, weil ihre Enttarnung für die französische Spionageabwehr einen öffentlichkeitswirksamen Erfolg darstellte. Interessant ist der Fall Mata Hari auch deshalb, weil sie nicht die einzige, mutmaßliche deutsche Spionin war, die von den Franzosen hingerichtet worden ist.[159] Auch ist die Enttarnung von Mata Hari bei Nicolai irreführend

---

[157] [Siehe Umschlag]. Die Grundlage dieser Gliederung vom 1.11.1916 findet sich in BArch, RW 5/v.47: Oberkommando der Wehrmacht, Amtsgruppe Ausland/Abwehr: Gen.Maj. a.D. Gempp, Geheimer Nachrichtendienst und Spionageabwehr des Heeres, Bd 7 (1939), Bl. 189.

[158] Für einen Erfahrungsbericht zur Agentenführung an der Ostfront siehe BArch, RW 5/v.46: Schreiben Nachrichtenoffizier beim OB Ost (Gempp), Nr. 12259, an NO Armeeabteilung Scholtz (Schütte) vom 29.2.1916 (Abschrift).

[159] Ein undatierter Vermerk in Nicolais Nachlass führt wenigstens zehn Frauen auf. Siehe RGVA, 1414-1-12: Nicolai, Kriegsaufzeichnungen, Bl. 68.

dargestellt, weil nicht ihre eigenen Briefe zur Enttarnung führten, sondern die Kompromittierung der Codes des deutschen Militärattachés in Madrid.[160]

Während Mata Hari als heute prominente, damals aber verhältnismäßig unbedeutende Spionin gelten muss, verhält es sich mit dem Österreicher August Baron Schluga von Rastenfeld (Agent 17) umgekehrt. Dieser stellte für IIIb eine hochwertige Quelle dar, die allerdings bis heute weitgehend unbekannt geblieben ist.[161] Der österreichische Journalist berichtete seit den 1870er Jahren aus Paris. Die teilweise überlieferte Berichterstattung aus den Jahren 1914/15 weist Schluga als eine intellektuell hochstehende Quelle in den politischen und gesellschaftlichen Kreisen der französischen Hauptstadt aus.[162] Allerdings schränkten sein hohes Alter und die französischen Sicherheitsmaßnahmen seine Aktivitäten im Weltkrieg derart ein, dass er sich wahrscheinlich 1916 nach Genf absetzte und später von Nicolai abgeschaltet und in Brüssel interniert wurde.[163]

Zu den geheimdienstlichen Operationen mit den weitreichendsten Folgen ist für diese letzte Phase der Geschichte von IIIb sicherlich der Transport von Lenin aus dem schweizerischen Exil durch Deutschland nach Russland im April 1917 zu nennen. Die revolutionäre Entwicklung im Zarenreich hatte bei der Reichsleitung und in der OHL die Hoffnung keimen lassen, über die Niederlage Russlands doch noch den erhofften »Siegfrieden« erreichen zu können. Auffallend ist, dass Nicolai und der deutsche Nachrichtendienst von diesen Entwicklungen überrascht wurden. Schon vor dem Weltkrieg hatte die deutsche Politik der revolutionären Opposition in Russland Beachtung geschenkt und im September 1914 erste Kontakte zu Emigranten in der Schweiz aufgenommen.[164] Von einer regelrechten Zusammenarbeit kann aber bis März 1917 nicht gesprochen werden. Ziel der deutschen Politik war der militärische Zusammenbruch Russlands und das schnelle Zustandekommen eines Separatfriedens; genau das versprach eine Revolution der Bolschewiki. Nach der Februarrevolution hatten die Deutschen u.a. mit Propagandamaßnahmen, dem Verzicht auf militärische Aktionen und schließlich einer zeitweisen Waffenruhe die Zersetzung der zarischen Armee gefördert. Gleichzeitig setzte das Auswärtige Amt auf die unbedingt kriegsgegnerische radikale Linke. Bethmann Hollweg wies daher an, dem in der Schweiz lebenden Emigranten Vladimir Il'ič Ul'janov die Rückkehr durch Deutschland anzubieten.[165] Über diese Operation hält sich Nicolai in seinen Kriegsaufzeichnungen

---

[160] Siehe Edition (1916; Erläuterung zum Feldpostbrief vom 6.3.1916). Als Einführung siehe Gerhard Hirschfeld, Mata Hari: die größte Spionin des 20. Jahrhunderts? In: Geheimdienste in der Weltgeschichte. Spionage und verdeckte Aktionen von der Antike bis zur Gegenwart. Hrsg. von Wolfgang Krieger, München 2003, S. 151–169.

[161] Für die frühe Tätigkeit von Schluga siehe James Stone, Spies and Diplomats in Bismarck's Germany: Collaboration between Military Intelligence and the Foreign Office, 1871–1881. In: The Journal of Intelligence History, 13 (2013), 1, S. 22–40.

[162] BArch, RW 5/v.48: Oberkommando der Wehrmacht, Amtsgruppe Ausland/Abwehr: Gen. Maj. z.V. Gempp, Geheimer Nachrichtendienst und Spionageabwehr des Heeres, Bd 8 (1940), Bl. 90–135.

[163] Siehe Edition (1916; Erläuterung zum Feldpostbrief vom 6.3.1916), sowie Markus Pöhlmann, Talking about Schluga. In: International Intelligence History Study Group Newsletter, 7 (1999), 1, S. 9 f.

[164] Werner Hahlweg, Lenins Reise durch Deutschland im April 1917. In: VfZ, 5 (1957), S. 307–333, hier S. 308 f.

[165] Ebd., S. 314.

merklich bedeckt. Ein diesbezüglicher Brief an seine Frau vom 23. März 1917 ist, wie in den editorischen Bemerkungen dargelegt wird, in den 1950er Jahren durch den sowjetischen Geheimdienst aus dem Bestand im damaligen Sonderarchiv entnommen worden. Eine im selben Archiv entdeckte russische Übersetzung des entnommenen Textes bietet aber die Möglichkeit, die Nicolaische Einschätzung in einer Rückübersetzung zu rekonstruieren. Diese lautet:

»Heute [23. März 1917] erhielt ich eine Anfrage aus dem Auswärtigen Amt (Staatssekretär Zimmermann), ob die Heeresleitung mit einer Durchreise Lenins durch Deutschland einverstanden wäre. Mein Ressort ist davon insofern betroffen, als dass die Durchreise Lenins durch Deutschland von diesem nicht zur Agitation und von seinen Gleichgesinnten in Deutschland nicht für Demonstrationen genutzt werden darf. Ich habe keine Einwände gegen den Wunsch des Auswärtigen Amtes, fordere aber lediglich einen »Sammeltransport mit zuverlässigem Begleitkommando«. (Dieser Standpunkt wurde als Position der OHL dem Auswärtigen Amt am 25.3. mitgeteilt. Lenin reiste am 9. und 10. April durch Deutschland, wobei ihn meine Offiziere von Konstanz[166] bis nach Sassnitz in einem geschlossenen Eisenbahnwaggon begleiteten). Auf dieser Grundlage sowie aufgrund der gewählten Formulierung des Einverständnisses der OHL wurde nach dem Krieg gegen mich Anklage erhoben, die lautete, dass ich die Durchfahrt des Transports ermöglicht hätte, um Lenin an die Macht zu bringen, und deshalb am Aufkommen des Bolschewismus Schuld trage. Wie jeder Andere wusste auch ich damals nichts über den Bolschewismus, und über Lenin wusste ich nur, dass er der politische Flüchtling »Uljanow« ist, in der Schweiz gelebt und meiner Aufklärung wertvolle Angaben über die Lage im zaristischen Russland, gegen das er kämpfte, gegeben hat.«[167]

Zwischen dem 9. und 11. April reiste Lenin mit einer Gruppe russischer Revolutionäre und deren Familien mit dem Zug über Gottmadingen–Singen–Frankfurt am Main–Berlin nach Sassnitz auf Rügen. Von dort ging die Reise über Schweden und Finnland nach Sankt Petersburg weiter.[168] Am 18. April 1917 meldete die Stockholmer Kriegsnachrichtenstelle nach Berlin, dass Lenin sicher in Russland angekommen sei.[169] Tatsächlich entwickelte sich die Lage in Russland weitaus langwieriger, als die deutsche Seite gehofft hatte. Schließlich wurde am 15. Dezember 1917 ein Waffenstillstand geschlossen, am 3. März 1918 der Friedensvertrag in Brest-Litowsk unterzeichnet und damit der Krieg im Osten beendet. Es war eine Illusion anzunehmen, man könne in Russland die Revolution wecken und zugleich sicher sein, dass sie an der Ostfront haltmachen würde. In diesem Punkt wird, so Michael Salewski »erneut die borniert Enge der Wahrnehmungsfähigkeit eines Mannes wie Ludendorff sichtbar«.[170]

Im Frontnachrichtendienst kam es 1917 zu einer für Nicolai überraschenden Herabstufung der Nachrichtenoffiziere. Ohne Rücksprache mit dem Chef von IIIb war deren Rolle in den im Dezember 1916 erstmals erlassenen

---

[166] Tatsächlich erfolgte der Grenzübertritt in Gottmadingen.
[167] RGVA, 1414-1-13: Nicolai, Kriegsaufzeichnungen, Bl. IX.
[168] Für den Verlauf der Fahrt siehe Catherine Merridale, Lenins Zug. Die Reise in die Revolution, Frankfurt a.M. 2017.
[169] Heinz Höhne, Der Krieg im Dunkeln. Macht und Einfluß des deutschen und russischen Geheimdienstes, München 1985, S. 228.
[170] Michael Salewski, Der Erste Weltkrieg, Paderborn 2003, S. 245.

»Grundsätzen für die Führung der Abwehrschlacht im Stellungskriege« eingeschränkt worden, indem bei den Großverbänden eigene »Meldesammeloffiziere« etatisiert werden sollten.[171] Dass die OHL nun das Informationsmonopol der eigenen Nachrichtenoffiziere brach, hat wohl weniger mit den persönlichen Erfahrungen von Hindenburg und Ludendorff als OberOst zu tun. Vielmehr vollzog sie damit nur noch eine mittlerweile eingetretene Verschiebung der frontnachrichtendienstlichen Zuständigkeiten und Fähigkeiten nach. Etwa zeitgleich war nämlich durch den gewachsenen Anteil an technischen Informationen und den Anteil der technischen Mittel zur Beschaffung von Informationen eine Verschiebung des Nachrichtendienstes und des Nachrichtenbegriffs eingetreten. So begann der Kommandierende General der Luftstreitkräfte mit dem Aufbau eines eigenständigen Befragungsdienstes für gefangene Flieger, und die Luftbildfotografie erwuchs zu einem zentralen Mittel der taktischen Aufklärung. Ähnliche Bemühungen entwickelte die Feldtelegrafentruppe bei der Befragung von gefangenen Horchposten, der Untersuchung von technischem Material und dem Ausbau der Horcheinheiten (Arendt-Abteilungen).[172] Die bisherigen Nachrichtenoffiziere wurden deshalb zu »Nachrichtenoffizieren der OHL« und die bisherige Nachrichtenabteilung der OHL wurde im Mai 1917 in »Abteilung Fremde Heere« umbenannt. Am 12. September 1917 erhielt der bisherige Chef der Feldtelegrafie die Bezeichnung »Chef des Nachrichtenwesens«.[173]

Neben den organisatorischen Einschnitten veränderte sich für die Nachrichtenoffiziere auch die taktische Lage. Im Verlauf des sich im Herbst 1917 anbahnenden Zusammenbruchs der russischen Armee und der faktischen Waffenstillstandsphasen während der Verhandlungen in Brest kam das klassische Geschäft der Nachrichtenoffiziere fast zum Erliegen. Stattdessen suchten sie die Zersetzung der Reste der zarischen Armee zu fördern und eröffneten sich teilweise auch neue Wege zur Durchdringung der Front. Lange sollte diese vorteilhafte Situation aber nicht anhalten, denn mit den Bolschewiki, nationalen paramilitärischen Verbänden und regionalen Briganten traten ganz neuartige und unberechenbare Gegner auf den Plan, wie es sich beim Vorstoß in die Ukraine im Frühling 1918 und den späteren Kämpfen im Baltikum zeigen sollte.[174] An der Westfront war die Aufgabe des Frontnachrichtendienstes mit der Vorbereitung auf die Offensive von 1918 wieder offensiv ausgelegt. Wie schon beim Rückzug in die Siegfried-Stellung im Frühjahr 1917 wurde die planmäßige Irreführung auch jetzt wieder zu einem integralen Bestandteil der Vorbereitungen.[175]

---

[171] Brückner, Die Nachrichtenoffiziere (wie Anm. 48), S. 69 f. Eine formale Unterstellung der Nachrichtenoffiziere unter die Kommandobehörden unterblieb allerdings.
[172] Bei den Arendt-Stationen handelte es sich um Geräte mittels derer sich über Sonden die gegnerischen Telefon- oder Summerleitungen abhören ließen. Siehe Otto Jentsch, Kriegstelegraph. In: Lexikon der gesamten Technik und ihrer Hilfswissenschaften. Ergänzungsbd. Hrsg. von Otto Lueger, Stuttgart, Leipzig 1920, S. 364–375, hier S. 366.
[173] BArch, RW 5/v.50: Oberkommando der Wehrmacht, Amt für Auslandsnachrichten und Abwehr: Gen.Maj. a.D. Gempp, Geheimer Nachrichtendienst und Spionageabwehr des Heeres, Bd 10 (1942), Bl. 54.
[174] Zur dortigen Kriegführung siehe Wolfram Dornik und Peter Lieb, Die militärischen Operationen. In: Die Ukraine zwischen Selbstbestimmung und Fremdherrschaft 1917–1922. Hrsg. von Wolfram Dornik [u.a.], Graz 2011, S. 203–248.
[175] BArch, RW 5/v.50: Oberkommando der Wehrmacht, Amt für Auslandsnachrichten und Abwehr: Gen.Maj. a.D. Gempp, Geheimer Nachrichtendienst und Spionageabwehr des Heeres, Bd 10 (1942), Bl. 97 f.

Einführung 45

Bei der Spionageabwehr hatte sich bis Sommer 1916 ein nachrichtendienstliches und sicherheitspolizeiliches System etabliert, das im Kern bis Kriegsende unverändert blieb. Die Tätigkeit der Nachrichtendienste im Westen war dabei gekennzeichnet von einem Kampf um die Informantennetzwerke im urbanen bzw. im frontnahen Raum und von der zentralen Rolle der Residenturen in den Niederlanden und in der Schweiz. An der russischen Front bedeutete der Zusammenbruch der zarischen Armee auch ein Aufweichen der starren militärischen Fronten und damit erhöhte Herausforderungen für die deutsche Spionageabwehr.

Für die Steuerung der Spionageabwehr im Heimatgebiet waren Ende 1916 fünf regionale Militär-Zentralpolizeistellen in Allenstein, Berlin, Kassel, München und Stuttgart etabliert worden, welche stellv. IIIb und den Abwehrabteilungen der Militärbefehlshaber gemeinsam unterstanden. Nach der Erfahrung der ersten Hungerproteste und Streiks richtete stellv. IIIb im November 1917 in Berlin außerdem eine Abteilung X ein, die gezielt pazifistische Kreise, die Streikbewegung und die USPD beobachten sollte. Wie bei allen im Krieg ad hoc gebildeten Organisationen in den Feldern Sicherheit und Überwachung galt auch hier, dass der militärische Nachrichtendienst keine exekutiven Befugnisse erhielt und auf die Zusammenarbeit mit zivilen oder anderen militärischen Behörden angewiesen blieb. Gleichwohl lässt sich beobachten, dass in dieser Phase des Weltkrieges eine neuartige Sicherheitsstruktur gewuchert war, in der das Militär und damit auch IIIb eine bis 1914 schwer vorstellbare Rolle spielte. Dabei war Nicolai durchaus daran interessiert, diese Position über das Ende des Krieges hinaus zu verstetigen.[176]

Ein personeller Wechsel markiert den Wandel der Kommunikationspolitik von IIIb nach dem Antritt der 3. OHL in besonderer Weise: Am 11. September 1916 wechselte der bisherige Leiter des Kriegspresseamtes, Erhard Deutelmoser, an das Auswärtige Amt, um die Leitung der dortigen Nachrichtenabteilung zu übernehmen. Ohne Zweifel hatten Nicolai und Ludendorff gehofft, mit der Freigabe Deutelmosers einen Offizier ihres Vertrauens im Auswärtigen Amt platzieren zu können. Allerdings war Deutelmoser mit der ihm zugedachten Rolle als Sprachrohr der »Siegfrieden«-Politik der OHL durchaus nicht einverstanden, was zu einer deutlichen und für Nicolai menschlich enttäuschenden Entfremdung führen sollte. Die folgenden Leiter des Kriegspresseamtes, die Majore Paul Stotten und Emil Würtz, standen dementsprechend stärker für die kommunikationspolitische Linie der OHL. Beide verfügten aber nicht über die fachliche Kenntnis und die persönliche Gewandtheit Deutelmosers.[177]

Zeitgleich unternahm die OHL einen weiteren Versuch, um mit Hans von Haeften von der Anfang Juli 1916 geschaffenen Militärischen Stelle einen Offizier ihres Vertrauens im Auswärtigen Amt unterzubringen.[178] Nicolai, der an der Einrichtung der MAA maßgeblich Anteil gehabt hatte, suchte durch die

---

[176] Altenhöner, Total War (wie Anm. 153), S. 60 und S. 68.
[177] Zum Wechsel Deutelmosers, bei dem bei ihm auch das Gefühl, durch Nicolai isoliert zu werden, mitspielte, siehe Martin Creutz, Die Pressepolitik der kaiserlichen Regierung während des Ersten Weltkriegs. Die Exekutive, die Journalisten und der Teufelskreis der Berichterstattung, Frankfurt a.M. 1996 (= Europäische Hochschulschriften, Reihe 3: Geschichte und ihre Hilfswissenschaften, 704), S. 178–180.
[178] Zu Haeften und zur MAA siehe Pöhlmann, Kriegsgeschichte und Geschichtspolitik (wie Anm. 80), S. 84–92.

Schaffung dieser Stelle den Einfluss der OHL auf die Propaganda zu stärken. Das Problem war nun im Fall der MAA aber nicht, dass der dafür ausersehene Offizier sich die politische Linie seines neuen Arbeitgebers zu Eigen gemacht hätte wie im Fall Deutelmoser. Das Problem mit Haeften war für Nicolai vielmehr, dass Erster derart starke Aktivitäten im Bereich der gesamten militärischen Propaganda entfaltete, dass Nicolai um seinen Einfluss bei Ludendorff zu fürchten begann.

Die Phase zwischen Sommer 1916 und dem Ende des Krieges war schließlich von der konzeptionellen und organisatorischen Abkoppelung von Pressearbeit und Propaganda gekennzeichnet. Hier trat die neue, kommunikationspolitische Linie der 3. OHL am klarsten zutage, und Nicolai war der Mann, der diese Linie unter den Bedingungen nachlassender Kriegsbereitschaft und wachsenden Dissenses innerhalb der politischen und militärischen Führung umsetzen sollte.

Ausgangspunkt war die Einrichtung einer 4. Abteilung für Inlandspropaganda im Kriegspresseamt am 18. Oktober 1916. Dieser Schritt wurde nun nicht isoliert vollzogen, sondern er bildete – und hier wird die Totalisierung des Konfliktes augenfällig – letztlich einen Teil der größten (weil einzigen) militärischen, rüstungspolitischen und eben auch mentalen Mobilisierungskampagne des Deutschen Reiches im Weltkrieg, des »Hindenburg-Programms«.[179] Nicolais wichtigster konzeptioneller Beitrag dazu war der »Erlass über den Vaterländischen Unterricht« vom 29. Juli 1917 gewesen, auf dessen Basis seitens der Heeresleitung erstmals dezidiert Propaganda in die eigene Truppe hinein organisiert und betrieben wurde.[180]

Die Kriegsaufzeichnungen zeigen, dass die Implementierung des »Vaterländischen Unterrichts« Nicolais Arbeitspensum im letzten Kriegsjahr in einem ganz erheblichen Maß in Anspruch genommen hat. Die sich nach der Freigabe der Kriegszieldiskussion am 28. November 1916 und der Friedensresolution des Reichstages am 19. Juli 1917 entzündende und bis zum Waffenstillstand anhaltende Kontroverse zwischen OHL und den Reichskanzlern um die Organisation eines Propagandaministeriums ist in diesem Zusammenhang zu sehen.[181]

Zwischen dem Sommer 1916 und dem Herbst 1918 erlebten die bis dahin etablierten Arbeitsgebiete von IIIb rückblickend also eine Bedeutungsverschiebung. Diese erklärt sich aus dem Wandel des Krieges. Sie erklärt sich aber auch aus den Erwartungen, die der Leiter von IIIb für diese einzelnen Arbeitsgebiete anstellte. Im eigentlichen Kernbereich von IIIb, dem Frontnachrichtendienst, hatte sich ein an den Stellungskrieg angepasstes System entwickelt, das zunehmend technisiert war und bei dem sich die Zuständigkeiten von der OHL weg und hin zu den Oberkommandos verlagert hatten. Für das mit Blick auf das 20. Jahrhundert ungeheure Potenzial des technischen Nachrichtendienstes hat Nicolai offensichtlich kaum Bewusstsein entwickeln können, und den Kampf gegen die Oberbefehlshaber um das Nachrichtenmonopol hat er bis spätestens Anfang 1917 verloren gegeben. IIIb war in diesem ureigenen Arbeitsgebiet in guten Teilen schlicht überflüssig geworden.

---

[179] Zur Propaganda an der Front siehe Christian Koch, Giftpfeile über der Front. Flugschriftpropaganda im und nach dem Ersten Weltkrieg, Essen 2015.
[180] Der Erlass findet sich ediert in Nicolai, Nachrichtendienst (wie Anm. 142), S. 119–122. Weiterführend Anne Lipp, Meinungslenkung im Krieg. Kriegserfahrungen deutscher Soldaten und ihre Deutung 1914–1918, Göttingen 2003 (= Kritische Studien zur Geschichtswissenschaft, 159), S. 62–89.
[181] Siehe Deist, Voraussetzungen innenpolitischen Handelns (wie Anm. 63), S. 138–152.

Bei der Spionageabwehr vollzog sich in dieser Phase die Einbeziehung von IIIb – strenggenommen: stellv. IIIb – in ein nationales und teilmilitarisiertes Sicherheitsnetzwerk. Dieses Netzwerk wies sich im Vergleich zu Frankreich oder Russland immer noch bescheiden aus. Doch im Deutschen Reich bildete der Ausnahmezustand des Krieges die einzige verfassungsmäßige Legitimation für eine derartige Entwicklung. Die Rolle von IIIb in diesem Sicherheitsnetzwerk war bis zum Ende von relativ großen Abhängigkeiten und letztlich auch von beschränkter Sachkompetenz geprägt.

So wie IIIb im überschaubaren Arbeitsbereich der Spionageabwehr unter den Bedingungen des gesamtgesellschaftlichen Krieges in ein neuartiges Sicherheitsnetzwerk gezogen wurde, so bereitete die Pressearbeit den Weg zu der seit Frühjahr 1917 erstmals umfassend konzipierten Propaganda der OHL. Es war dieses Arbeitsgebiet, mit dem sich Nicolai beim Wechsel von Falkenhayn zu Hindenburg/Ludendorff seinen neuen Vorgesetzten empfahl. Seither waren seine Anstrengungen darauf gerichtet, IIIb als Sprachrohr der »Siegfrieden«-Politik der 3. OHL zu etablieren und seine dadurch gewonnene Nähe zu Ludendorff auch gegen konkurrierende militärische Akteure wie Max Bauer oder Hans von Haeften geltend zu machen. Anders als noch in der Krise von August 1916 hatte sich Nicolai damit aber auch politisch als treuer Gefolgsmann der 3. OHL exponiert. Seine Stellung war auf Gedeih und Verderb an deren Erfolg geknüpft. Allerdings finden sich keine Belege zu Darstellungen, Nicolai habe hinter der Gründung der Deutschen Vaterlandspartei gestanden. Diese Partei war keine Schöpfung der OHL, auch wenn ihre Ziele ganz auf der Linie der Heeresleitung lagen.[182] Vielmehr wurde sie am 2. September 1917 von Wolfgang Kapp als Reaktion auf die Verabschiedung der Friedensresolution des Deutschen Reichstages vom 19. Juli 1917 gegründet. Die sogenannten Mehrheitsparteien, hinter denen immerhin mehr als zwei Drittel aller Reichstagsabgeordneten standen, hatten sich für einen Verständigungsfrieden und gegen Annexion ausgesprochen, verbunden mit einer Wahlrechtsreform und Parlamentarisierung der Reichsverfassung.[183]

Der Niederlage entgegen

Das Jahr 1918 hatte für Nicolai zunächst vielversprechend begonnen. Am 27. Januar 1918, am Geburtstag des Kaisers, wurde er im Alter von 45 Jahren zum Oberstleutnant befördert. Die Beförderungen der aktiven Offiziere während des Krieges folgte, abgesehen von einem Beförderungsschub zu Beginn des Krieges, den im Frieden geltenden Grundsätzen.[184] Nicolai betrachtete seine Beförderung mit einer gewissen Genugtuung, nicht zuletzt weil er damit einen Dienstgrad

---

[182] Maßgeblich dazu Heinz Hagenlücke, Deutsche Vaterlandspartei. Die nationale Rechte am Ende des Kaiserreiches, Düsseldorf 1997, S. 276.
[183] Heinz Hagenlücke, Wie tot war die Vaterlandspartei 1919 wirklich? In: Der verlorene Frieden. Politik und Kriegskultur nach 1918. Hrsg. von Jost Dülffer und Gerd Krumeich, Essen 2002 (= Schriften der Bibliothek für Zeitgeschichte, N.F., 15), S. 261–271, hier S. 262.
[184] Wilhelm Deist, Zur Geschichte des preußischen Offizierkorps 1888–1918 (1980). In: Deist, Militär, Staat und Gesellschaft (wie Anm. 11), S. 43–56, hier S. 54.

erlangt hatte, der seinem Verantwortungsbereich und der Hierarchieebene seiner unmittelbaren Arbeitsumgebung entsprach.[185]

Die Beförderung kann allerdings nicht darüber hinwegtäuschen, dass Nicolai im Bereich des Nachrichtendienstes und der Propaganda an Einfluss verloren hatte. Dabei konnte sich Nicolai doch weiter auf das Vertrauen von Ludendorff verlassen. Voller Bewunderung und Stolz schrieb er Anfang Januar 1918 an seine Ehefrau: »Es ist immer eine Freude, mit seiner Klarheit und Tatkraft in Berührung zu kommen. Ich habe jetzt auch die Freude, daß er mir vertraut und auf meinen Rat in Presse-Sachen hört.«[186] Geradezu begeistert beteiligte er sich an den Vorbereitungen zur Frühjahrsoffensive, die die Entscheidung bringen sollte. Angesichts der militärischen und politischen Hoffnungen, die mit dieser Offensive verbunden wurden, hatte Nicolai für die wachsende Unruhe im Reich keinerlei Verständnis. Ende Januar 1918 schrieb er nach Hause:

»Wie verbrecherisch sind die Leute, die jetzt dem Heer in den Rücken fallen und auch die, welche durch die Mießmacherei und inneren Streit die Hoffnungen der Feinde beleben und dadurch den Frieden hinausschieben! Mit dem dummen Friedens-Gerede kommen wir nicht weiter, nur das Bewußtsein unserer Unüberwindlichkeit macht unsere Feinde dem Frieden geneigt.«[187]

Der Beginn des deutschen Angriffs am 21. März 1918 war für Nicolai auch ein persönlicher Erfolg. Wenige Tage später musste er wie viele andere im Großen Hauptquartier jedoch erkennen, dass der Widerstand zugenommen hatte und der Vormarsch ins Stocken geraten war. Auch wenn der erhoffte Durchbruch auf sich warten ließ, so glaubte Nicolai doch, dass der Geländegewinn die »Zuversichtlichkeit bei der OHL verstärkt« habe: »Ihre Auswirkungen zeigen sich auch in der Heimat. Die Einheitlichkeit der Mehrheitsparteien zur Friedensresolution ist ins Wanken geraten.«[188] Die weitere Entwicklung sollte ihm allerdings schnell klar machen, dass die Hoffnung auf innere Geschlossenheit trog. Vor allem die »Frankfurter Zeitung« mit ihrer nicht nachlassenden Kritik an der OHL war ihm hier ein Dorn im Auge.[189] Die Verschärfung der Zensur erschien ihm daher als eine Maßnahme, die Lage unter Kontrolle zu halten, den vielen ungerechten »Nörglern«, wie er meinte, Einhalt zu gebieten:

»Welche Angst vor wirklichen Kleinigkeiten, die vielleicht im Reichstag oder sonst wo spuken! *Sie* bestimmen unser Handeln anstatt als das gebrandmarkt und behandelt zu werden, was sie sind, Kleinigkeiten! Den Wahlrechts-Rummel kann sich auch nur Deutschland im Kriege leisten!«[190]

Die Kritik der OHL an den Versuchen des Staatssekretärs des Auswärtigen, Richard von Kühlmann, aufgrund der unabsehbaren Schwäche des Reiches trotz immer neuer Offensiven Friedensfühler auszustrecken, teilte Nicolai. Ludendorffs Angebot, diese Krise auszunutzen, um den verhassten Pressechef des Auswärtigen Amts, Deutelmoser, loszuwerden und an dessen Stelle gleichsam die Stellung eines »Propaganda-Ministers« zu übernehmen, lehnte er ab, auch wenn ihm die-

---

[185] Edition (27.1.1918).
[186] Edition (8.1.1918).
[187] Edition (28.1.1918).
[188] Edition (5.4.1918).
[189] Edition (6.6.1918).
[190] Edition (3.5.1918).

ses Angebot durchaus geschmeichelt haben dürfte.[191] Kühlmann musste innerhalb weniger Tage dem früheren Admiral Paul von Hintze weichen; doch was als Zeichen der Stärke der OHL erscheinen sollte, war bei Licht betrachtet nur ein politischer Pyrrhussieg. Obwohl Ludendorff weitere Offensiven startete, war ein Sieg nicht in Sicht. Im Gegenteil: der mit großen Hoffnungen verknüpfte Angriff beiderseits Reims scheiterte am 18. Juli – nicht zuletzt, weil die Geheimhaltung dieses Mal nicht gelungen war. Erste Anzeichen von nachlassender Disziplin in der Truppe, vor allem aber der »Schwarze Tag«[192] von Amiens am 8. August, machten deutlich, dass sich die Lage kontinuierlich verschlechterte. An der weiterhin schon fast zwanghaft optimistischen Grundstimmung änderte dies nichts: »Der Angriff der Engländer heute und sein Erfolg sind ein recht großes Pech. Sowohl für den moralischen Eindruck als wegen der voraussichtlich erheblichen Einbuße an Gefangenen und Geschützen«, heißt es in einem Brief an die Ehefrau. »Für die Gesamtlage hat es ja vorläufig noch keine Bedeutung, aber allmählich dürfen die feindlichen Schläge nicht in dieser Weise glücken und unsere Pläne mißglücken.[193]«

Ein Gespür für das drohende Ende hatte Nicolai zu diesem Zeitpunkt immer noch nicht. Auch wenn Nicolai sah, dass die Offensive, zu der die Alliierten Anfang September angetreten waren, gefährlich war, glaubte er weiterhin nicht an eine Niederlage. Unübersehbar war auch die nervliche Anspannung Ludendorffs. In der vorletzten Septemberwoche begab Nicolai sich auf eine Reise nach Berlin, Köln und Karlsruhe, um die Propagandaarbeit zu koordinieren und voranzutreiben. Umso mehr empfand er das, was er bei seiner Rückkehr erlebte, als »eine böse Überraschung«.[194] Ludendorff hatte die Abteilungschefs zusammengerufen: »Er empfängt uns an seinem Schreibtisch stehend, mit seinem linken Arm auf ihn gestützt. Er sagt, er und der Feldmarschall hätten sich entschlossen, ›den Krieg aufzugeben‹ und Waffenstillstand zu verlangen. Er hätte gehofft, den Krieg anders beenden zu können. Die letzten Worte kann er vor Ergriffenheit kaum aussprechen. Er verabschiedet uns durch eine kurze Handbewegung.«[195] Nach dem ersten Schock versuchte Nicolai zu retten, was aus seiner Sicht zu retten war. Erfolgreich war er dabei nicht.

Revolution und Beurlaubung

Am 3. Oktober 1918 wurde Prinz Max von Baden, dessen Namen offenbar niemand in der OHL in Erwägung gezogen hatte, zum Kanzler ernannt. Er strebte umgehend nach Reformen, etwa die Neuordnung des Pressewesens. Damit waren auch Nicolais Aufgabenfelder betroffen. Ab dem 8. Oktober trat das Kriegspresseamt unter den Reichskanzler, womit auch, wie Vizekanzler von Payer

---

[191] Edition (26.6.1918).
[192] Ludendorff, Kriegserinnerungen (wie Anm. 2), S. 547.
[193] Edition (8.8.1918).
[194] Edition (27.9.1918).
[195] Edition (29.9.1918). Ludendorff wiederholte diese Äußerungen mehrfach im Kreise seiner Mitarbeiter. Siehe Schreiben des Generalmajors von Bartenwerffer vom 20.2.1919. In: Urkunden der Obersten Heeresleitung über ihre Tätigkeit 1916/18. Hrsg. von Erich Ludendorff, 2. Aufl., Berlin 1921, S. 527. Vgl. dazu auch die ausführliche Beschreibung bei Thaer, Generalstabsdienst (wie Anm. 120), S. 234 f.

an die Reichskanzlei schrieb, »die Kaltstellung einiger besonders prononcierter Herren« erreicht werden sollte.[196] Am 9. Oktober 1918 empfahl Prinz Max von Baden Ludendorff persönlich, die drei Abteilungsleiter Paul von Bartenwerffer, Max Bauer und Walter Nicolai zu entfernen.[197] Alle drei bekleideten herausgehobene Positionen an der Schnittstelle von Militär und Politik. Gerade Bauer und Nicolai wurden mit besonderem Argwohn betrachtet, da diese ihre »Haupttätigkeit weniger auf militärischem als vielmehr auf politischem Gebiete suchten.«[198] Ludendorff hielt entgegen der Empfehlung des neuen Reichskanzlers an Nicolai fest und erklärte dem Kanzler angeblich sogar, »er solle mich [Ludendorff] mit solchen unbegründeten Zumutungen verschonen«.[199]

Das klang, als ob Ludendorff damit einmal mehr die starke Position der OHL gegenüber der Reichsleitung deutlich machen wollte; bei Licht betrachtet – und dies erkannte auch Nicolai – waren dessen Schwäche kaum zu übersehen: »Er ist bedrückt, macht mir [...] den Eindruck fast völliger Renonce. Ich spüre als Grund, daß seiner Art zuwider ist, mit einem Kanzler und den neuen Staatssekretären sozusagen von gleich zu gleich zu verkehren, während er spürt, daß zwischen ihnen und ihm keine Gemeinsamkeit besteht, vor allem, daß sie die politische Macht haben und er machtlos ist, und daß Jene Taten fürchten und verwerfen, die er verlangt.«[200]

Am Ende musste Ludendorff nach der Veröffentlichung eines Aufrufs an die Armee, den Widerstand fortzusetzen, am 26. Oktober gehen.[201] Sein Nachfolger wurde Generalleutnant Wilhelm Groener. Der Württemberger trug den gegebenen Realitäten der sich abzeichnenden Niederlage und Revolution Rechnung. Groener versuchte sowohl die bewaffnete Macht als Instrument der Stabilisierung der inneren Ordnung als auch die Einheit des Reiches zu erhalten.[202] »Was mich persönlich betrifft, so habe ich dies Getriebe satt«,[203] schrieb Nicolai nach einem Tag voller Ärger an seine Frau. Spätestens mit den Ereignissen in Wilhelmshaven, wo am 29. Oktober die Flotte gemeutert hatte, stand im Hauptquartier das Menetekel einer Revolution an der Wand.

Den Ausbruch der Revolution erlebte der von einer Grippeerkrankung geschwächte Chef des militärischen Nachrichtendienstes ohne Initiative und abseits des Geschehens auf einer Lageerkundung bei OberOst. Als die Revolution am 9. November Berlin erreichte, Prinz Max von Baden eigenmächtig die Abdankung des Kaisers verkündete und anschließend die Macht den Führern der SPD, Friedrich Ebert und Philipp Scheidemann, übergab, befand sich Nicolai

---

[196] Creutz, Die Pressepolitik (wie Anm. 177), S. 281.
[197] Die Entlassung hatte Wilhelm Solf, Staatssekretär im Auswärtigen Amt, am Vortag gefordert. Siehe Prinz Max von Baden, Erinnerungen und Dokumente. Neu hrsg. von Golo Mann und Andreas Burckhardt, Stuttgart 1968, S. 371.
[198] Frankfurter Zeitung vom 1.11.1918, zit. nach Gerhard W. Rakenius, Wilhelm Groener als Erster Generalquartiermeister. Die Politik der Obersten Heeresleitung 1918/19, Boppard a.Rh. 1977 (= Wehrwissenschaftliche Forschungen, Abteilung Militärgeschichtliche Studien, 23), S. 23.
[199] Edition (10.10.1918).
[200] Edition (10.10.1918).
[201] Nebelin, Ludendorff (wie Anm. 34), S. 500.
[202] Wilhelm Deist, Auf dem Wege zur ideologisierten Kriegführung: Deutschland 1918–1945 (1991). In: Deist, Militär, Staat und Gesellschaft (wie Anm. 11), S. 385–429, hier S. 386 f.
[203] Edition (29.10.1918).

Einführung 51

im Zug in die Hauptstadt. Am 12. November ließ ihm Groener eröffnen, dass er ihn nicht länger halten könne und er um Urlaub nachsuchen solle. Der Krieg war für Nicolai damit zu Ende: »Ich habe die Auflösung meines Arbeitsgebietes nicht miterlebt und stehe seitdem den Ereignissen fern«, schrieb er nach dem Krieg.[204] Ende Juni 1919 kehrte Nicolai in die OHL zurück, die seit Februar ihren Sitz in Kolberg hatte. Dort wurde er von Hindenburg offiziell verabschiedet.[205]

Weimarer Republik

Die Entlassung aus dem Militärdienst bedeutete für den wilhelminischen Karriereoffizier Walter Nicolai einen tiefen beruflichen wie gesellschaftlichen Einschnitt. Eine Aussicht auf Wiedereinstellung in die vorläufige Reichswehr bestand nicht, einen zivilen Beruf hatte Nicolai nie erlernt. Damit reihte er sich in ein Heer von Offizieren außer Dienst, die zum guten Teil noch in der Blüte ihrer Jahre standen und die im Krieg oft Aufgabenbereiche mit enormer Verantwortung zu bearbeiten gehabt hatten. Mit dem Übertritt in das zivile Leben standen diese Männer vielfach vor einer biografischen Krise, die durch die militärische Niederlage und die nach 1918 bald einsetzende Debatte um die Ursachen und Verantwortlichkeiten verschärft werden konnte.

Zumindest finanziell musste sich Nicolai aber keine Sorgen machen. Zu einer monatlichen Pension von 430 Reichsmark kam das Vermögen seiner Frau.[206] Mit ihr und seiner Mutter lebte er seit Kriegsende vorübergehend in Eisenach, bevor er 1921 wieder nach Berlin zog. 1926 erwarb er ein landwirtschaftliches Anwesen, den Margarethenhof in Krähenwinkel, bevor er schließlich 1929 ein großes Haus in Nordhausen am Harz kaufte.[207] Spätestens mit dem Tod der Schwiegereltern 1931/32 konnte Nicolai als wohlhabend gelten, er besaß Wertpapiere im Wert von 100 000 RM, nach heutigem Wert etwa 700 000 €.[208] Dazu kamen Honorare und Tantiemen aus seinen Publikationen und Vorträgen, Honorare für nachrichtendienstliche Beratertätigkeit sowie ab 1941 die Vergütung für die Werkverträge zur Abfassung seiner Kriegsaufzeichnungen.

Die Publikation von Memoiren, Kriegserinnerungen oder militärfachlichen Beiträgen zählte für viele Offiziere a.D. nach 1918 zu den gängigen Strategien bei der Bewältigung der biografischen Krise.[209] Nicolai machte hier keine

---

[204] Nicolai, Nachrichtendienst (wie Anm. 142), S. 147.
[205] Ebd., S. 148. Der Große Generalstab wurde am 30.9.1919 aufgelöst. Am 17.11.1918 wurden die Abteilung IIIb und stellv. IIIb aufgelöst. An deren Stelle wurde die »Nachrichtenabteilung des Generalstabes« in Berlin gebildet. Deren Leitung übernahm Major Paul Stotten. Am 1.2.1919 wurde die Nachrichtenabteilung zur »Nachrichtensektion« umgebildet. Stotten nahm seinen Abschied. Major Friedrich Gempp folgte diesem als Sektionschef nach.
[206] Zur Pension siehe Jürgen W. Schmidt, Spionage. Mata Haris erfolgloser Chef. In: Der Tagesspiegel, 7.10.2001.
[207] Stadtarchiv Nordhausen: Grundbuchkartei, Stolberger Straße 58. Die Herausgeber danken dem Leiter des Stadtarchivs, Dr. Wolfram G. Theilemann, für seine Unterstützung.
[208] Frey, Oberst Walter Nicolai (wie Anm. 5), S. 153.
[209] Siehe dazu Markus Pöhlmann, »Daß sich der Sargdeckel über mir schlösse«. Typen und Funktionen von Weltkriegserinnerungen militärischer Entscheidungsträger, In: Der verlorene Frieden (wie Anm. 183), S. 149–170.

Ausnahme. Schon im Februar 1920 veröffentlichte er sein erstes Buch unter dem Titel »Nachrichtendienst, Presse und Volksstimmung im Weltkrieg«. Dieses stellte die einzelnen Arbeitsgebiete von IIIb im Krieg dar, wobei der Fokus auf der stark kritisierten Presse- und Propagandaarbeit lag. Den angeblich »irreführenden Behauptungen«, meist von »minderwertiger Absicht«, suchte der Autor nun durch eine auf »Tatsachen fußende Darstellung« entgegen zu treten.[210] Dabei wollte er auch den Nachweis seiner persönlichen Kompetenz und Integrität erbringen. Die Rezeption des Buches ist gleichwohl gering geblieben, da Nicolai in vielen Aspekten seiner Darstellung unverbindlich bleiben musste und den Konflikt mit seinen politischen Widersachern wohl auch nicht direkt gesucht hat.

Im Juni 1923 folgte mit »Geheime Mächte. Internationale Spionage und ihre Bekämpfung im Weltkrieg und Heute« ein Buch, das sich dem nachrichtendienstlichen Kerngeschäft widmete. Dieses Buch entwickelte sich, im Vergleich zum Vorgänger, zu einem regelrechten Bestseller und erschien in der Folge auch in englischer, französischer, russischer und türkischer Übersetzung. Die Themen der beiden Bücher gingen dann, in der Regel textlich geringfügig überarbeitet, in einschlägige Sammelbände, Reihenwerke und Periodika der militärischen Erinnerungsliteratur der Zwischenkriegszeit ein. Flankiert wurden die Veröffentlichungen durch Vortragsreisen.[211] Für die am Reichsarchiv ab 1919 konzipierte amtliche Geschichte des Ersten Weltkrieges wurde Nicolai gelegentlich als Zeitzeuge befragt, allerdings lehnte er es ab, seine persönlichen Unterlagen für die Forschung zur Verfügung zu stellen. Auch bei der unter der Leitung seines früheren Untergebenen Friedrich Gempp in der Abwehrabteilung des Reichswehrministeriums verfassten Geschichte von IIIb wurde Nicolai außen vor gelassen.[212]

Nicolai geriet immer wieder ins Blickfeld der Öffentlichkeit. So hörte er am 25. Juli 1919 in der Nationalversammlung in Weimar die »Enthüllungsrede« seines politischen Intimfeinds und nunmehrigen Reichsfinanzministers, Matthias Erzberger. Der einflussreiche Zentrumspolitiker griff darin im Zusammenhang mit den versäumten Friedenschancen und der Presseagitation gegen seine Person während des Krieges die Oberste Heeresleitung und namentlich Nicolai an, worauf dieser mit einer Stellungnahme in der Presse reagierte.[213] Auch der von Nicolai während der Kriegszeit verfolgte Rittmeister Rechberg zog nun, unter den gewan-

---

[210] Nicolai, Nachrichtendienst (wie Anm. 142), S. III.
[211] Siehe z.B. Walter Nicolai, Nachrichtenwesen und Aufklärung. In: Der Weltkampf um Ehre und Recht (wie Anm. 88), Bd 6, S. 475–517; Walter Nicolai, Einblicke in den Nachrichtendienst der Feindstaaten im Bereich der Mittelmächte. In: Was wir vom Weltkrieg nicht wissen. Hrsg. von Friedrich Felger, Berlin, Leipzig, o.J. (1929), S. 118–131. Zu den Vorträgen siehe Frey, Oberst Walter Nicolai (wie Anm. 5), S. 174.
[212] RGVA, 1414-1-17: Nicolai, Kriegsaufzeichnungen: Schreiben Nicolai an Oberquartiermeister für Kriegsgeschichte (Mertz von Quirnheim) vom 7.5.1919 (Ablehnung seine Unterlagen für die Forschungen des Reichsarchivs zur Verfügung zu stellen; Kopie); ebd.: Schreiben Reichsarchiv (von Haeften) an Nicolai (Auskunftsersuchen); ebd., 1414-1-88: Schreiben Kriegsgeschichtliche Forschungsanstalt (Foerster) an Nicolai vom 11.8.1938 (Auskunftsersuchen).
[213] Nicolai, Nachrichtendienst (wie Anm. 142), S. 149. Siehe auch den Wortlaut der Rede des Reichsfinanzministers Matthias Erzberger in der Sitzung der Nationalversammlung vom 25.7.1919. In: Verhandlungen der verfassunggebenden Deutschen Nationalversammlung. Bd 328. Stenographische Berichte von der 53. Sitzung am 10. Juli 1919 bis zur 70. Sitzung am 30. Juli 1919, Berlin 1920, S. 1926–1943, hier S. 1938: »[W]as ist in jenen Tagen Namenloses und Entsetzliches alles gegen mich von dieser Seite verbreitet [worden]?«.

Einführung 53

delten politischen Bedingungen von Weimar, gegen seinen alten Widersacher publizistisch zu Felde. Dabei war die von Rechberg kritisierte Rückführung Lenins für Nicolai von besonderer politischer Pikanterie.[214]

Politische Neuorientierung

Eine politische Heimat hat Nicolai nach 1918 zunächst in der Deutschnationalen Volkspartei (DNVP) gefunden, in deren thüringischen Landesvorstand er tätig war. Darüber hinaus war er am Aufbau des Deutsch-Nationalen Jugendbundes beteiligt. Nachdem sein Versuch, innerhalb der DNVP eine Jugendorganisation aufzubauen, gescheitert war, zog sich Nicolai nach eigenem Bekunden aus der Arbeit in der DNVP zurück und näherte sich der Wehrorganisation »Der Stahlhelm« an.[215] Über Max-Erwin von Scheubner-Richter und dessen exilrussische »Aufbau-Organisation« kam Nicolai auch früh in Kontakt mit Adolf Hitler. Die Behauptung, Nicolai habe in den frühen 1920er Jahren einen bedeutenden Einfluss auf rechtsgerichtete Kreise in Deutschland ausgeübt und sei gar einer der Drahtzieher des Hitler-Putsches von 1923 gewesen, finden in der Forschung allerdings keine Bestätigung.[216]

1924 griff Nicolai auch in die Diskussion um die Ursachen der Niederlage von 1918 ein, die in diesem Jahr in den beiden »Dolchstoß«-Heften der Zeitschrift »Süddeutsche Monatshefte« und dem sich im Folgejahr daran anschließenden Prozess vor dem Münchner Amtsgericht gipfelten.[217] Im ersten der beiden Themenhefte bezog er dezidiert Stellung. Hier legte er dar, dass der Gegner 1918 am Ende seiner Kräfte gewesen sei, und aus Sicht der OHL keineswegs »der Kampf hätte aufgegeben werden müssen«.[218] Defätisten und Pazifisten hätten in der Heimat seit Beginn des Krieges auf einen Umsturz hingearbeitet. In der OHL habe man die Unterstützung aus der Heimat vermisst. Das Wort vom »Dolchstoß in den Rücken des Heeres« sei, so Nicolai, den militärischen Führern »aus dem Herzen gesprochen.«[219]

Anfang 1926 ging die Auseinandersetzung mit Arnold Rechberg in eine neue Runde. Dieser stand inzwischen mit dem »Jungdeutschen Orden« in Verbindung und lancierte in dessen Verbandszeitung eine Pressekampagne. Einen Verbündeten hatte Rechberg dafür in Generalmajor Max Hoffmann gefunden, einem weite-

---

[214] Siehe Nicolai, Nachrichtendienst (wie Anm. 142), S. 150–151; Arnold Rechberg, Reichsniedergang, München 1919; sowie Arnold Rechberg, Oberstleutnant Nicolai. In: Casseler Tageblatt, 22.1.1919. Rechberg und Erzberger waren befreundet. Letzterer hatte 1916 Aktien des Lederwarenfirma des Bruders von Rechberg erworben, was ihm noch im Erzberger-Helfferich Prozess von 1920 den Vorwurf des Insiderhandels einbrachte. Siehe Annika Klein, Korruption und Korruptionsskandale in der Weimarer Republik, Göttingen 2014, S. 84.
[215] RGVA, 1414-1-17, Bl. 342: Nicolai, Kriegsaufzeichnungen: Eintrag vom 20.11.1919.
[216] So die Thesen von Michael Kellog, The Russian Roots of Nazism. White Émigrés and the Making of National Socialism, 1917–1945, Cambridge 2005, S. 11, 153und S. 194.
[217] Siehe Boris Barth, Dolchstoßlegenden und politische Desintegration. Das Trauma der deutschen Niederlage im Ersten Weltkrieg, Düsseldorf 2003 (= Schriften des Bundesarchivs, 61).
[218] Walter Nicolai, Die Gesamtlage. In: Süddeutsche Monatshefte, 21 (1924), S. 32–36, hier S. 32.
[219] Ebd., S. 35.

ren Intimfeind Nicolais aus der Kriegszeit. Beide griffen Nicolai wegen seiner Rolle beim Transport Lenins nach Russland 1917 an und bezichtigten ihn der politischen Geburtshilfe für den Bolschewismus.[220] In ungewöhnlicher zeitlicher Nähe erschien in der Münchener Post« ein Enthüllungsartikel von Philipp Scheidemann, in dem dieser Nicolai als Lenker eines geheimen, republikfeindlichen Pressekartells darstellte.[221] In einer solchen Rolle hätte sich Nicolai zweifellos gerne gesehen; allein, sein politischer und publizistischer Einfluss war zu dieser Zeit sehr viel geringer als von seinen Gegnern angenommen. Er reagierte mit presserechtlichen Gegendarstellungen und trat den Vorwürfen in der Korrespondenz mit ehemaligen Kameraden und politischen Vertrauten entgegen.[222]

Offenbar fiel Nicolais Name in den folgenden Monaten im Zusammenhang mit Putschgerüchten, was dann am 11. Mai 1926 zu einer Hausdurchsuchung führte.[223] Diese blieb zwar folgenlos, erklärt aber den daraufhin erfolgten Umzug der Familie vom politisch heiklen Berlin in die niedersächsische Provinz, nach Krähenwinkel.[224]

Ab 1929 intensivierte sich die Zusammenarbeit von Walter Nicolai mit dem Wehrverband »Stahlhelm. Bund der Frontsoldaten«. Nachdem er bis dahin vor allem als Vortragsredner auf Veranstaltungen des Verbands in Erscheinung getreten war, gewann ihn Bundesführer Theodor Duesterberg für den Aufbau eines »Nationalen Meldedienstes«. Dahinter verbarg sich ein seit Sommer 1930 publiziertes verbandsinternes Mitteilungsblatt für Funktionäre zu Fragen der Militär-, Wirtschafts-, Innen- und Außenpolitik. Nicolai übernahm die Konzeption des Mediums als Berater mit einem Monatshonorar von 400 Reichsmark; Major a.D. Jenö von Egan-Krieger fungierte als Redakteur.[225] Nicolais Zusammenarbeit und Freundschaft mit Duesterberg ist deshalb bedeutsam, weil dieser im ersten Wahlgang der Reichspräsidentenwahl am 13. März 1932 gegen Hindenburg und Hitler antrat. Nicolai hatte sich also in der Endphase der Weimarer Republik politisch jenseits der beiden zentralen Figuren der politischen Rechten positioniert. Dabei

---

[220] Siehe Arnold Rechberg, Vorhang auf! Ein Blick auf innere deutsche Zusammenhänge und die große Politik. In: Der Jungdeutsche, 13.2.1926; Max Hofmann, Oberst Nicolai soll antworten. In: Der Jungdeutsche, 16.2.1926.
[221] Ph. Scheidemann, Nicolai an der Macht. In: Münchner Post, 18.2.1926.
[222] RGVA, 1414-1-24, enthält die Korrespondenz zur Affäre. Siehe dort den Brief von Nicolais ehemaligem Mitarbeiter Paul Stotten, mittlerweile Schriftleiter des Hannoverschen Kuriers, der Rechberg als einen »begabten Wahnsinnigen« beurteilt (Brief vom 24.6.1926, Bl. 135).
[223] Siehe auch den Hinweis auf die polizeiliche Überwachung Nicolais in der Rede des Reichswehrministers Otto Geßler vom 24.11.1926. In: Verhandlungen des Reichstages, III. Wahlperiode 1924, Bd 391: Stenographische Berichte (von der 225. Sitzung am 3. November 1926 bis zur 264. Sitzung am 5. Februar 1927), Berlin 1927, S. 8179 f.
[224] Frey, Oberst Walter Nicolai (wie Anm. 5), S. 181, der auf Familienaussagen verweist, denen zufolge Nicolai »von Berlin wegmußte«.
[225] RGVA, 1414-1-86: Rundschreiben Stahlhelm, Landesamt Sachsen, Landesführer Brückner, Br. B. Nr. 2195/30 vom 21.7.1930, Bl. 6–10. In dem Rundschreiben wird der Meldedienst vorgestellt. Auf Nicolai wird dabei nur indirekt Bezug genommen als die Persönlichkeit, »die auf diesem Gebiete über reichlichste Erfahrung und Beziehungen aller Art verfügt, und die Gewähr bietet, daß nach richtigen Grundsätzen verfahren wird« (Bl. 9).

verlief seine Stahlhelm-Verbindung über eine Führungspersönlichkeit, die innerhalb des Wehrverbands ab 1933 schnell an den Rand gedrängt werden sollte.[226]

Handlungsreisender in Sachen Nachrichtendienst

Im Oktober 1925 erreichte Nicolai über Rudolf Nadolny, den deutschen Botschafter in der Türkei, eine Anfrage des türkischen Generalstabes, ob dieser beim Aufbau eines türkischen Nachrichtendienstes beratend tätig werden könnte. Die militärische Zusammenarbeit zwischen dem Deutschen und dem Osmanischen Reich ging bis auf das Jahr 1835 zurück und hatte 1914–18 mit einer weitgehenden Integration deutscher Offiziere in die Führung des osmanischen Heeres und der Marine sowie der Entsendung von deutschen Verbänden auf den vorderasiatischen Kriegsschauplatz einen Höhepunkt erreicht.[227] Nach der Konsolidierung der Machtverhältnisse hatte die Türkische Republik ab 1923 die militärischen Kontakte wieder aufgenommen und eine Gruppe von deutschen Militärberatern unter der Führung von Oberst Wilhelm von Klewitz zur Ausbildung türkischer Offiziere engagiert.

Botschafter Nadolny war für Nicolai kein Unbekannter, war dieser doch als Reserveoffizier bei der stellvertretenden Abteilung IIIb tätig gewesen, und hatte dort im Weltkrieg Zersetzungs- und Sabotageaktionen organisiert.[228] Nicolai scheint sich beim Auswärtigen Amt und der Reichswehrführung ob der politischen Opportunität des Angebots versichert zu haben und sagte daraufhin zu.[229] Getarnt als Mitarbeiter der Junkers Flugzeugwerke AG, die in Angora (Ankara) ein Büro unterhielten, traf er im Januar 1926 in der Türkei ein. Die Kosten der Reise in Höhe von 2000 RM wurden vom Deutschen Reich übernommen. Vor Ort wurde Nicolai durch den Außenminister, den Kriegsminister sowie den Chef des Generalstabs empfangen. Ein Treffen mit Mustafa Kemal kam nicht zustande, laut Nicolais Darstellung aus Geheimhaltungsgründen. Dennoch notiert er als Eindruck von Atatürk: »Völlig Diktator, persönlich von robuster Gesundheit, die er aber durch Leidenschaft für Alkohol und Weiber stark verbraucht.«[230] Nicolai entwarf eine Machbarkeitsstudie mit dem Titel »Projekt für einen nationalen Geheimdienst« in französischer Sprache, die er noch vor seiner Abreise dem türkischen Generalstab übergab. Er sagte einen zweiten Türkeibesuch zu, verlangte dafür aber die Bereitstellung von Projektmitteln in Höhe von 220 000 RM. Bereits im März 1926 konnte Nicolai den designierten Chef für den geplanten türkischen Geheimdienst, einen Oberst, in Berlin empfangen. Auch diese Reise war durch die Junkers-Werke getarnt worden. Der dreiwöchige Deutschlandaufenthalt, mit

---

[226] RGVA, 1414-1-28, zur Korrespondenz zwischen Nicolai und Duesterberg in den Jahren 1932/33. Die Kaltstellung Duesterbergs hatte für Nicolai unmittelbar monetäre Folgen, weil Duesterbergs Widersacher, Franz Seldte, die Honorarzahlungen einstellen ließ. Siehe ebd., Schreiben Nicolai an Franz Seldte vom 13.3.1933 (Kopie, Bl. 201).
[227] Siehe Jehuda L. Wallach, Anatomie einer Militärhilfe. Die preußisch-deutschen Militärmissionen in der Türkei 1835–1918, Düsseldorf 1976.
[228] Siehe Thomas Boghardt, Spies of the Kaiser. German Covert Operations in Great Britain During the First World War Era, Basingstoke [u.a.] 2004, S. 121–131.
[229] Die folgende Darstellung folgt den Berichten Nicolais in RGVA 1414-1-24. Für die Bereitstellung eines Exzerpts danken die Herausgeber Dr. Christian Koch (Düsseldorf).
[230] Ebd., Bl. 242.

Stationen in Hamburg, Leipzig, München und Friedrichshafen, endete mit einem Abschlussgespräch in Wien. Nicolai hatte allerdings keinen positiven Eindruck von seinem türkischen Gegenüber gewonnen:
»Ich habe nicht den Eindruck, daß er die Sache überhaupt versteht. Es graust ihm scheinbar vor der Aufgabe, welche ihm übertragen werden soll, ihres Umfangs und der Arbeit wegen, die sie ihm bringen wird, denn die sprichwörtliche Faulheit haftet selbst diesem im Generalstab erzogenen Türken an. Dabei ist er außerordentlich persönlich empfindlich. Am meisten aber beseelt ihn die Furcht vor Mustafa Kemal Pascha. Ich habe den Eindruck, daß auf diesem sich fast alles in der neuen Türkei aufbaut.«[231]
Im Juni 1926 wies Nicolai eine sechsköpfige türkische Delegation in Berlin in die allgemeine Tätigkeit des Nachrichtendienstoffiziers ein. Im September trat er eine fast dreimonatige zweite Türkeireise an, auf der er mehrere Vorträge hielt. Für den türkischen Generalstab arbeitete er nun ein 90 Seiten starkes »Reglement für den geheimen Nachrichtendienst der türkischen Regierung und für den Nachrichtendienst des türkischen Generalstabs« aus.[232] Nicolai bot sich an, weiter beratend zu arbeiten. Der türkische Generalstab schloss sich wohl Nicolais Vorstellungen, der sein Reglement selbst als »vollendete Grundlage« betrachtete, nicht an und es kam zu keiner weiteren Vertiefung der Zusammenarbeit.[233] Noch im Folgejahr riet er in einem letzten Schreiben an den türkischen Generalstabschef, nicht von seinem »im Reglement vorgezeichneten Wege« abzuweichen.[234] Damit war seine Tätigkeit für die Türkei allerdings beendet.

Angebote, als Berater beim Aufbau militärischer Nachrichtendienste tätig zu sein, erhielt Walter Nicolai in diesen Jahren auch aus Finnland, Japan und Litauen. Diese schlug er aber nach gegenwärtiger Kenntnis ebenso aus, wie er auf das Angebot einer ausgedehnten Vortragsreise durch die USA nicht einging.[235]

In diesen Jahren reiste Nicolai mehrmals nach Wien, wo er sich mit dem ehemaligen Chef des Evidenzbüros des Generalstabes, Oberst a.D. Maximilian Ronge, traf, der zu seinem engsten Bekanntenkreis zählte.[236] Im Januar 1926 kam es dabei auch zu einem gemeinsamen Treffen mit dem inzwischen im Exil lebenden Generalmajor a.D. Nicolai Stepanovič Bat'iušin, dem ehemaligen Chef des zarischen Militärnachrichtendienstes.[237]

---

[231] Ebd., Bl. 170.
[232] Der Entwurf findet sich ebd., Bl. 251–344.
[233] Ebd., Bl. 242: Schreiben Nicolai an den Chef des türkischen Chef des Generalstabes (Marschall Fevzi Çakmak) vom 30.11.1926.
[234] Ebd., Bl. 375: Schreiben Nicolai an den Chef des türkischen Generalstabes (Marschall Fevzi Çakmak) vom 27.8.1927.
[235] Frey, Oberst Walter Nicolai (wie Anm. 5), S. 178 und S. 180.
[236] Verena Moritz, Hannes Leidinger und Gerhard Jagschitz, Im Zentrum der Macht. Die vielen Gesichter des Geheimdienstchefs Maximilian Ronge, St. Pölten [u.a.] 2007, S. 218.
[237] Nicolai, Einblicke (wie Anm. 211), S. 124.

Einführung   57

Im Dritten Reich

Hitlers Ernennung zum Reichskanzler am 30. Januar 1933 wurde von Nicolai begrüßt.[238] Beide kannten sich lose von einer frühen Begegnung im Münchner Ludendorff-Kreis im Jahr 1921 und aus zwei oder drei Orientierungsgesprächen zu Fragen der Propaganda in den Jahren vor 1933. Zunächst schien es, als ob Nicolai, nunmehr knapp 60 Jahre alt, bei den neuen Machthabern ein gefragter Mann sei. Am 2. Mai 1933 suchte er Joseph Goebbels im Reichsministerium für Volksaufklärung und Propaganda auf. Goebbels notierte in seinem Tagebuch: »Oberst Nicolai hält mir Vortrag. Sehr klar und bestimmt. Den hol ich mir.«[239] Nicolai hatte ihn auf die Bedeutung eines eigenen Dienstes für die Auslandspropaganda hingewiesen und sich angeboten, bei der Organisation mitzuarbeiten. Allerdings blieb die Begegnung ebenso ergebnislos wie ein Treffen mit dem Reichsführer-SS, Heinrich Himmler, im selben Jahr und 1934 mit dem Führer der SA, Ernst Röhm.[240] Die Gründe dafür, dass die Nationalsozialisten nach einer ersten, höflichen Sondierung auf eine Einbindung Walter Nicolais verzichteten, liegen auf der Hand: Für sie galt der frühere Chef von IIIb nicht nur als ein abgewirtschafteter Repräsentant des wilhelminischen Systems, sondern auch als der Architekt eben der Propaganda, die 1918 Schiffbruch erlitten hatte.

Mitarbeit am Reichsinstitut
für Geschichte des neuen Deutschlands

Ende November 1934 starb Nicolais Frau Marie, seine Mutter war bereits 1931 gestorben. Im folgenden Jahr trugen Nicolais Bemühungen, sich in irgendeiner geeigneten Weise in den nationalsozialistischen Staat einzubringen, doch noch Früchte. Am 26. November 1935 bot ihm der Direktor des neu gegründeten Reichsinstituts für Geschichte des neuen Deutschlands, Walter Frank, eine Stelle an. Frank war über Ludendorff, mit dem er seit 1922 in Briefkontakt stand, in Verbindung mit Nicolai gekommen und kannte diesen spätestens seit dem Frühjahr 1926 von einem Vortrag.[241] Am 26. Februar 1936 wurde Nicolai Leiter der Forschungsabteilung »Die politische Führung im Weltkrieg«. Zusätzlich zu einem monatlichen Gehalt von 500 Reichsmark wurde Nicolai ein Dienstfahrzeug

---

[238] Žan Taratuta i Aleksandr Zdanovič, Tainstvennyj šef Mata Chari, Moskva 2001, S. 68.
[239] Goebbels, Joseph, Die Tagebücher von Joseph Goebbels. T. 1: Aufzeichnungen 1923–1941, Bd 2/3. Hrsg. von Elke Fröhlich im Auftrag des Instituts für Zeitgeschichte und mit Unterstützung des Staatlichen Archivdienstes Rußlands. Bearb. von Angela Hermann, München [u.a.] 2006, S. 179.
[240] Die Hinweise auf die frühen Kontakte Nicolais zu den nationalsozialistischen Funktionären stammen aus den Moskauer Verhörprotokollen. Siehe Taratuta/Zdanovič, Tainstvennyj šef (wie Anm. 238), S. 78 f. und S. 88–99. Siehe außerdem RGVA, 1414-1-28: Schreiben Reichsministerium für Volksaufklärung und Propaganda (Walter Funk) an Nicolai vom 17.7.1933 (Absage).
[241] Helmut Heiber, Walter Frank und sein Reichsinstitut für Geschichte des neuen Deutschland, Stuttgart 1966, S. 28.

sowie ein Spesenkonto gestellt. Für seine Tätigkeit bekam er 1937 eine eigene Schreibkraft und im weiteren Verlauf insgesamt bis zu vier Mitarbeiter.[242] Art und Ausgestaltung der Verwendung lassen die Vermutung zu, dass die NS-Führung dem Drängen des beflissenen Pensionisten schließlich nachgegeben hatte, ihn allerdings nur außerhalb kritischer Funktionen im Nachrichtendienst oder der Propaganda verwendet sehen wollte. Nicolai entwickelte nun eine lebhafte Reisetätigkeit, die ihn in alle größeren Städte des Deutschen Reichs führte. Allein von Juni bis August 1939 unternahm er neun Reisen.[243]

Mit dem Beginn des Angriffs auf Polen im September 1939 suchte Nicolai um eine Verwendung bei der Abwehr nach, wurde dort aber abgewiesen. Ein weiterer Versuch anlässlich eines Gesprächstermins mit Admiral Wilhelm Canaris im folgenden Jahr erbrachte dasselbe, für Nicolai ernüchternde Ergebnis.[244] Im Rahmen seiner Tätigkeit am Reichsinstitut reiste er im November 1940 nach Paris, unter anderem, um in den dortigen Archiven Unterlagen zur Dreyfus-Affäre einzusehen. 1943/44 folgten Reisen nach Frankreich, Belgien, in die Niederlande sowie nach Dänemark, wo Nicolai Vorträge hielt und auf Einladung des Oberkommandos der Wehrmacht die Maginot-Linie sowie Schlachtfelder des Ersten Weltkrieges besichtigte.[245]

Im Jahr 1941 hatte Nicolai die Arbeit an seinen eigenen Kriegsaufzeichnungen begonnen. Finanziert wurden diese durch Werkverträge des Reichsinstituts und des SS-Hauptamtes.[246] Im letzten Kriegsjahr beschränkte sich Nicolais Radius zunehmend auf Nordhausen, da selbst Reisen nach Berlin aufgrund der Luftgefahr immer riskanter wurden. Für die redaktionelle Bearbeitung an den Kriegsaufzeichnungen war ihm 1943 die damals 21-jährige Hannelore Hermann zugeteilt worden, mit der er eine späte Beziehung einging. Am 11. April 1945 erreichten schließlich US-Verbände Nordhausen, das Tage zuvor noch bombardiert worden war.[247]

Das Ende in Moskau

Von Walter Nicolai hatten die amerikanischen Truppen keine Notiz genommen, bis sie sich am 3. Juli vereinbarungsgemäß aus der zur designierten sowjetischen Besatzungszone zählenden Stadt wieder zurückzogen. Dass Nicolai sich nun nicht in eine westliche Besatzungszone absetzte, mag rückblickend ein Fehler gewesen

---

[242] Ebd., S. 340 und S. 364–372. Die Abteilung wurde 1938 im Zuge einer Umstrukturierung des Reichsinstituts aufgelöst. Seitdem arbeitete Nicolai als Hauptreferent.
[243] Frey, Oberst Walter Nicolai (wie Anm. 5), S. 184.
[244] Tarartuta/Zdanovič, Tainstvennyj šef (wie Anm. 238), S. 203–207. In den dort auszugsweise wiedergegebenen Verhörprotokollen dreier führender Abwehrmitarbeiter, Generalleutnant Franz-Eccard von Bentivegni, Generalleutnant Hans Piekenbrock und Oberst Erwin Stolz, finden sich übereinstimmende Erklärungen, dass Nicolais Bemühungen um eine Wiederverwendung von Canaris schon 1935 abgelehnt worden seien. So habe dieser Stolz gegenüber bemerkt: »Nicolai möchte wiederum die erste Geige in der Abwehr spielen. Daraus wird nichts, der Alte ist für nichts zu gebrauchen« (zit. S. 205).
[245] Frey, Oberst Walter Nicolai (wie Anm. 5), S. 186.
[246] RGVA, 1414-1-34, Bl. 234: Schreiben Nicolai an das Reichsinstitut für Geschichte des neuen Deutschlands (Frank) vom 2.3.1944.
[247] Frey, Oberst Walter Nicolai (wie Anm. 5), S. 186–188.

sein, erscheint aber durchaus verständlich, wenn man seine damalige Situation betrachtet: Er war betagt, besaß ein unzerstörtes Haus, die letzten Kämpfe waren bereits vorüber und aktuelle nachrichtendienstliche Verbindungen besaß er nicht. Doch anders als bei der US-Armee stand Nicolai auf einer Fahndungsliste der Roten Armee. Am 7. September 1945 wurde er in seiner Wohnung von der sowjetischen Geheimpolizei NKWD verhaftet. Über Weimar und Berlin wurde er schließlich nach Moskau verbracht und Ende Oktober ins Lubjanka-Gefängnis eingeliefert.

Die Erklärung für das starke sowjetische Interesse an Walter Nicolai ist ebenso so bizarr wie tragisch: Im Jahre 1941 hatte der deutsche Emigrant Curt Riess unter dem Titel »Total Espionage« eine verschwörungstheoretische Kolportage veröffentlicht, in der er Nicolai ins Zentrum der nationalsozialistischen Geheimdienstorganisation stellte. Nicolai wuchs hier zu einem mephistophelischen Dunkelmann auf, der mit dem Bolschewismus und dem Nationalsozialismus die zwei Übel der Menschheit entfesselt habe. Mit dem Lebensweg Walter Nicolais seit 1918 und der Entwicklung des Nachrichtendienstes in Deutschland seit 1933 hatte das Buch rein gar nichts zu tun.[248] Allerdings ist die Publikation bis 1945 noch im sowjetischen Geheimdienst bekannt geworden und hat dort zu einem lebhaften Interesse an dem 72-jährigen Rentner geführt. Die, freilich mit quellenkritischer Vorsicht zu lesenden Auszüge aus den Verhörprotokollen des KGB machen deutlich, dass es für die sowjetischen Offiziere – gefangen in ihrer eigenen stalinistischen Kultur des Misstrauens und der Konspiration – nur schwer vorstellbar war, dass ein Mann wie Walter Nicolai 1945 noch am Leben sein konnte, wenn er nicht über besonders großen Einfluss im politischen und im nachrichtendienstlichen System verfügte. Der Fall Nicolai gerät damit zu einem Paradebeispiel für geheimdienstliches Mirror-Imaging.

In der für ihn lebensbedrohlichen Situation bot Nicolai dem KGB an, im Austausch für Hafterleichterung seine Erfahrungen im Nachrichtendienst niederzuschreiben. Ende April 1946 wurde er daher in die Siedlung Serebrjanyj Bor verbracht und begann dort mit seiner Ausarbeitung. Am 13. Januar 1947 erlitt er eine Gehirnblutung, die seine linke Körperhälfte paralysierte. Er wurde daraufhin in die Krankenstation des Moskauer Gefängnisses Butyrskaja eingeliefert. Im April verschlechterte sich sein Gesundheitszustand dramatisch. Am 4. Mai 1947 verstarb Walter Nicolai und wurde auf dem Moskauer Donskoi-Friedhof eingeäschert.[249] Die Familie vermutete lange Zeit, dass der Gefangene ins Sonderlager Buchenwald verbracht worden sei. Sie erfuhr erst 1979 von seinem Tod in Moskau.[250] Zwanzig Jahre später wurde Walter Nicolai durch die russische Militärstaatsanwaltschaft rehabilitiert.[251]

---

[248] Siehe Taratuta/Zdanovič, Tainstvennyj šef (wie Anm. 238). Die Darstellung der Zeit in Moskau folgt dieser Publikation.
[249] Schreiben Deutsches Rotes Kreuz – Suchdienst an ZMSBw vom 17.1.2014.
[250] Frey, Oberst Walter Nicolai (wie Anm. 5), S. 197.
[251] Taratuta/Zdanovič, Tainstvennyj šef (wie Anm. 238), S. 337.

Fazit: Der Mann im Schatten

Es liegt in der Natur der Sache, dass Geheimdienstchefs und Zensoren selten eine gute Presse haben. Das gilt auch für Walter Nicolai. So finden sich selbst in den Erinnerungen seiner Kameraden wenig wirklich positive Wertungen. Erich von Falkenhayn, der freilich kaum persönliche Charakterisierungen zu Zeitgenossen lieferte, erwähnte Nicolai lediglich als einen seiner Abteilungschefs im Generalstab von 1914–16.[252] Hugo Freiherr von Freytag-Loringhoven, der letzte Chef des stellvertretenden Generalstabes in Berlin, urteilte nach dem Krieg über Nicolai:

> »Er war ein geschickter Organisator, unermüdlich tätig, sehr strebsam und nicht ohne Erkenntnis des für den Augenblick Notwendigen. Ich hatte aber doch den Eindruck, daß sein sich ständig erweiternder Geschäftskreis zuletzt seine Kräfte überstieg.«[253]

Ähnlich liest sich die Qualifizierung durch Max Bauer, welcher neben Nicolai der einzige Abteilungschef gewesen war, der über die gesamte Kriegsdauer in der OHL gedient hatte: Nicolai sei »ein guter Kamerad, freundlich und stets hilfsbereit, zudem ein fleißiger Arbeiter mit starkem Pflichtgefühl und ein treuer Mann« gewesen. Dabei versäumte es Bauer allerdings nicht, einfließen zu lassen, dass sich Nicolai bei der Presse »viele Feinde gemacht und mehr und mehr an Vertrauen verloren« habe.[254] Hindenburg erwähnte Nicolai nicht, beurteilte aber die Abteilung IIIb negativ: »Unser Agentendienst lieferte nur ganz klägliche Ergebnisse.«[255]

Walter Nicolai kann als ein Offizier mit einem bis auf die Spitze getriebenen preußischen Pflichtgefühl und strenger Selbstdisziplin beschrieben werden. Den geheimen Nachrichtendienst bezeichnete er nach dem Krieg selbst einmal als einen »Herrendienst«.[256] Man mag dies als den durchsichtigen Versuch einer Sinnstiftung nach der Niederlage von 1918 abtun. Doch lässt sich der Autor als historischer Akteur und als Erzähler seiner eigenen Geschichte möglicherweise besser fassen, wenn man seine Aussage zunächst einmal ernst nimmt: Nicolai war ein Offizier mit einem Ehrenkodex und hielt an der Standesehre des Offiziers in der Gesellschaft fest. Sein ganzes Verständnis von Nachrichtendienst und von Kommunikationspolitik ist nur über diese Prägung zu begreifen.

Blickt man im ersten Schritt auf seine Leistungen im Nachrichtendienst, so muss man zwischen der Vorkriegs- und der Kriegszeit unterscheiden. Nicolais militärische Karriere bis 1914 erklärt sich zum guten Teil durch den Umstand, dass er die Chance ergriff, welche die ab 1906 unter Moltke betriebene Neugestaltung des Nachrichtendienstes für einen bürgerlichen Offizier mit dem charakterlichen Zuschnitt Nicolais bot. Bis zum Kriegsbeginn ordnete er seinen Zuständigkeitsbereich mit Sachverstand und Fleiß. Bei dem Versuch eine

---

[252] Erich von Falkenhayn, Die Oberste Heeresleitung 1914–1916 in ihren wichtigsten Entschließungen, Berlin 1920, S. 6.
[253] Hugo von Freytag-Loringhoven, Menschen und Dinge wie ich sie in meinem Leben sah, Berlin 1923, S. 326.
[254] Bauer, Der große Krieg (wie Anm. 93), S. 37 f.
[255] Hindenburg, Aus meinem Leben (wie Anm. 19), S. 288.
[256] Walter Nicolai, Geheime Mächte. Internationale Spionage und ihre Bekämpfung im Weltkrieg und heute, Leipzig 1923, S. 172.

Einführung

reichsweite Spionageabwehr aufzubauen wurden ihm allerdings von der Politik erstmals seine Grenzen aufgezeigt. 1914 sehen wir IIIb als eine kleine, aber professionell arbeitende Organisation, die inzwischen gut in den Friedensbetrieb des Generalstabes integriert war.

Allerdings musste sich diese Organisation unter den neuen Bedingungen des Totalen Krieges rasch und radikal verändern. In der Krise dieser Transformation bewies Nicolai die Fähigkeit zur Delegation von Verantwortung innerhalb seiner Abteilung. Der Fokus von IIIb blieb taktisch-operativ, und in der zweiten Hälfte des Krieges verlor sein Nachrichtendienst Kompetenzen an die technischen Truppen. Nicolais eigentliches Problem aber war das zweite Arbeitsgebiet, die Kommunikationspolitik der OHL, das ihm bei Kriegsbeginn aufgeladen worden war. Als ab 1916 die diesbezüglichen Anforderungen explodierten, reagierte Nicolai mit dem Rückzug auf die Pressearbeit. Die militärische Kernarbeit von IIIb hatte sich allerdings mittlerweile soweit eingespielt, dass sein Rückzug hier keine gravierenden Folgen zeitigte.

In dem großen, zweiten Arbeitsgebiet der Kommunikationspolitik fällt auf, dass es Nicolai hier an persönlicher Eignung, technischem Sachverstand und Ressourcen mangelte. Sein oft attestierter Fleiß sollte diese Defizite noch einmal ausgleichen – auf die Dauer konnte das nicht funktionieren. Besonders im Umgang mit Offizieren anderer Dienststellen, Politikern, Journalisten oder Zeitungsverlegern machte sich sein Mangel an politischer Intelligenz und gesellschaftlicher Gewandtheit bemerkbar. Auch in der »Kunst der Ohrenbläserei« war er weniger bewandert als z.B. ein Hans von Haeften.[257] Ernst von Weizsäcker, damals als Korvettenkapitän im Admiralstab, notierte am 24. August 1918, Nicolai sei »ein aufgeblasener taktloser Mann, den ich bei aller etwaigen Erfahrungen und Tüchtigkeit wohl nicht lange in dem Amt lassen würde«.[258]

Nicolais Welt blieb militärisch klein und beschränkte sich einzig und allein auf ein dienstlich-korrektes und zudem oftmals als arrogant wahrgenommenes preußisches Offiziersein. Politikern begegnete er mit großem Argwohn und oftmals Verachtung. Alles außerhalb seiner Offizierwelt liegende, insbesondere die Gegner des annexionistischen Siegfriedenskurses, war per se verdächtig und musste rücksichtslos bekämpft werden. Er unterschied sich kaum von seinen Vorgesetzten Hindenburg und Ludendorff, denen jegliches Gespür für innenpolitische Probleme und für die immer hoffnungslosere Lage des Reiches fehlte. Wo die Mittel fehlten, musste es eben der feste Glaube an den Sieg tun, so Nicolais simple Sicht der Dinge. Nicolai trat als unerbittlicher Hardliner auf, der – auf das Engste an das Führungsduo Hindenburg und Ludendorff angelehnt – Propaganda für den Siegfrieden machte. Es ist daher nicht überraschend, dass ihn die Öffentlichkeit am Ende als das politisch-repressive Gesicht der Obersten Heeresleitung personifizierte.

Nicolai war kein charismatischer Führer, kein Troupier, sondern ein klassischer Führergehilfe und ein nüchterner Bürovorsteher.[259] Man mag in diesem Verhalten loyale Aufgaben- und Pflichterfüllung entdecken, allerdings deutet es auch auf eine gehörige Portion Engstirnigkeit hin. Obwohl er schon vor 1914 Italien,

---

[257] Pöhlmann, Kriegsgeschichte und Geschichtspolitik (wie Anm. 80), S. 90.
[258] Ernst von Weizsäcker, Die Weizsäcker-Papiere 1900–1932. Hrsg. von Leonidas E. Hill, Frankfurt a.M. 1982, S. 276; an anderer Stelle »taktloser Schwätzer«, ebd., S. 280.
[259] So David Kahn, Hitler's Spies. German Military Intelligence in World War II, London 1978, S. 35.

Österreich, Frankreich und Russland bereist hatte, später kamen Skandinavien, der Balkan, die Türkei und die Schweiz hinzu, war Walter Nicolai keineswegs weltoffen oder gar tolerant. Im Gegenteil, in seinen Schriften finden sich stetig Vorurteile und Herablassungen gegenüber anderen Nationen und Religionen. In diesen Kontext gehört auch Nicolais Antisemitismus. Ob die entsprechenden Einlassungen in seinen Kriegsaufzeichnungen tatsächlich zeitgenössisch sind oder aber erst in den 1940er Jahren aus ideologischem Opportunismus ergänzt wurden, lässt sich nicht immer entscheiden.[260] Gleichwohl steht fest, dass die Aussagen in ihrer Zielrichtung und in ihrem Duktus bereits Ausdruck eines systemloyalen verbalen Antisemitismus im Kaiserreich gewesen waren.[261] Namentlich im preußischen Offizierkorps hatte sich diese Haltung zu einem »ideologisierten Dauerantisemitismus« (Thomas Nipperdey) ausgewachsen.[262] Dieser radikalisierte sich dann ab 1916 unter dem Druck der sich verschlechternden Kriegslage, da in der innenpolitischen Konfrontation zwischen den Anhängern eines Siegfriedens und eines Verständigungsfriedens Deutsche jüdischen Glaubens prominent auf Seite der letzteren standen.[263] Die Sozialisation im preußischen Offizierkorps und die Erfahrung von Niederlage und Revolution bereiteten also den Boden für Nicolais spätere Bereitschaft, sich einem Regime anzudienen, das einen sehr viel radikaleren Antisemitismus pflegte und diesen in eine Politik der Ausgrenzung und Vernichtung der europäischen Judenheit umsetzte.

Nach dem Ersten Weltkrieg engagierte sich Nicolai mit mäßigem Erfolg in Zirkeln der antidemokratischen Rechten, exponierte sich als Propagandist der »Dolchstoß«-Legende, vermochte aber nie parteipolitisch wirklich Fuß zu fassen. Auch nach 1933 blieben Nicolai viele Türen verschlossen.

Sein Ende muss als tragisch bezeichnen werden. Fälschlicherweise als ein führender Geheimdienstmann des Dritten Reichs betrachtet, wurde Nicolai verhaftet und nach Moskau verschleppt, wo er verstarb.

Michael Epkenhans, Gerhard P. Groß, Markus Pöhlmann, Christian Stachelbeck

---

[260] Siehe dazu die editorischen Bemerkungen.
[261] Werner Bergmann und Juliane Wetzel, Antisemitismus im Ersten und Zweiten Weltkrieg. Ein Forschungsüberblick. In: Erster Weltkrieg – Zweiter Weltkrieg. Ein Vergleich. Krieg, Kriegserlebnis, Kriegserfahrung in Deutschland. Im Auftrag des Militärgeschichtlichen Forschungsamtes hrsg. von Bruno Thoß und Hans-Erich Volkmann, Paderborn [u.a.] 2002, S. 437–469, hier S. 438.
[262] Thomas Nipperdey, Deutsche Geschichte 1866–1918. 2 Bde, Bd 2: Machtstaat vor der Demokratie, München 1992, S. 307.
[263] Ebd., Bd 1: Arbeitswelt und Bürgergeist, München 1992, S. 412.

Einführung

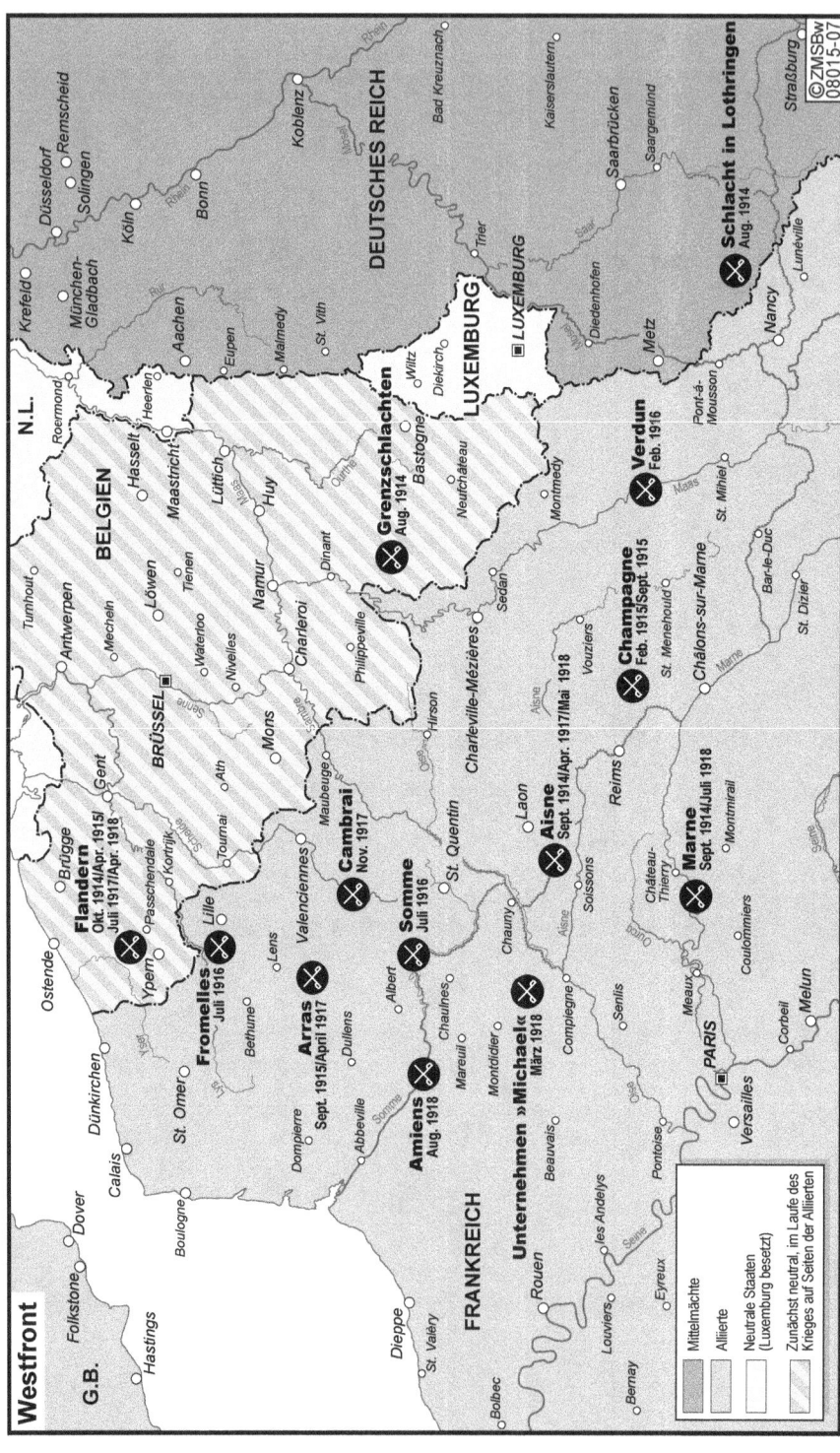

Editorische Bemerkungen

Die Edition Walter Nicolai ist als kritische Ausgabe angelegt. Zu diesem Zweck wurde der Text gekürzt. Im Original beläuft er sich auf 2026 Manuskriptseiten. Schon aus diesem Umfang ergibt sich die Notwendigkeit einer Kürzung. Doch ließen auch die sich aus der speziellen Textgenese erklärenden Redundanzen und die große Zahl der Anlagen eine Kürzung ratsam erscheinen. Die Kommentierung durch die Herausgeber beschränkt sich auf Sachbezüge. Schreibversehen und Tippfehler wurden stillschweigend korrigiert. Die historische Rechtschreibung wurde beibehalten. Dabei wurden allerdings vereinzelt sprunghaft wechselnde Schreibweisen vereinheitlicht. Bei Eigennamen wurden ggf. Anführungszeichen ergänzt (z.B. »Kladderadatsch«). Die wenigen handschriftlichen Korrekturen Nicolais wurden übernommen, da sie in der Masse Schreib- bzw. Hörfehler beim Diktat korrigieren. Insgesamt zeichnet sich das Manuskript durch Mangel an redaktioneller Einheitlichkeit aus, was die Herausgeber zu geringfügigen Anpassungen und Vereinheitlichungen veranlasste. So wurden originale Unterstreichungen bzw. Gesperrtschreibungen in der Edition durch Kursivsetzung kenntlich gemacht. Dies gilt gleichermaßen für maschinen- wie handschriftliche Markierungen. Textstellen, an denen der Verfasser Auslassungen vorgenommen hat, sind durch runde Klammern markiert. Eckige Klammern kennzeichnen Auslassungen der Herausgeber.

Die Briefe an seine Frau hat Nicolai als »Auszug [Nummer] aus Feldpostbriefen« gekennzeichnet. Den Auszügen aus den »Tagebuch-Notizen« ist bloß eine Datumsangabe vorangestellt. Diese Datumszeile wurde durch die Herausgeber vereinheitlicht. Vereinzelte Fußnoten Nicolais sind durch »[Anmerkung des Verfassers]« gekennzeichnet. Bis auf wenige Ausnahmen wurden in den edierten Dokumenten die Verteilerpläne und die handschriftlichen Sichtvermerke der Mitzeichnung nicht übernommen.

Nicolais Aufzeichnungen werden teilweise durch spätere Erläuterungen unterbrochen, die der Verfasser uneinheitlich – durch runde Klammern, Zwischenüberschriften, Geviertstrichlinien oder aber gar nicht – kenntlich gemacht hat. In Einzelfällen haben die Herausgeber im Interesse der Lesbarkeit davon abgesehen, nicht gekennzeichnete Ergänzungen als solche kenntlich zu machen. In diesen Fällen erschließen sich diese aber durch den Duktus zweifelsfrei als nachträglich. In der Darstellung des Kriegsjahres 1918 wird der unfertige Charakter des Manuskriptes besonders deutlich. So finden sich hier einzelne Sätze oder längere Textpassagen, die handschriftlich eckig umklammert sind. Diese Kennzeichnung wurde nicht in die Edition übernommen.

Der Edition wurde eine Liste der 260 Anlagen beigegeben, welche auch die Anlagen enthält, die hier durch Kürzung in Fortfall gekommen sind. Zweck dieser Liste ist es, der Forschung ergänzende Hinweise auf diese Quellen zu geben. Die in die Edition übernommenen Anlagen sind durch Unterlegung kenntlich gemacht.

Bei dem Textträger handelt es sich um ein nachgelassenes Typoskript, das in vier Aktenordnern abgeheftet wurde. Die Gliederung der Ordner ist chronologisch und umfasst jeweils ein Kriegsjahr – mit Ausnahme des ersten Ordners, der die Jahre 1914/15 behandelt. Dieser erste Ordner enthält außerdem eine autobiografische Einleitung mit dem Titel »Persönliches«. Die wenigen Vermerke bzw. Korrekturen von der Hand des Autors deuten darauf hin, dass es sich um ein weitgehend bearbeitetes Manuskript handelt.

Die Provenienz des Manuskriptes ist gesichert: Bei der Verhaftung Nicolais durch den sowjetischen Geheimdienst in Nordhausen im September 1945 wurden seine dort gelagerten Forschungsunterlagen nach Moskau verbracht und nachrichtendienstlich ausgewertet.[1] Zu einem nicht gesicherten Zeitpunkt wurden die Unterlagen in das damals geheime »Sonderarchiv« in Moskau überführt, in dem deutsche Beuteakten zusammengefasst wurden. 1992 wurde dieses Archiv der Öffentlichkeit zugänglich gemacht und umbenannt in »Centr Chranenija Istoriko-Dokumental'nych Kollekcij« (Zentrum für die Aufbewahrung Historisch-Dokumentarischer Sammlungen).[2] Mittlerweile ist dieses Zentrum als Abteilung in das Staatliche Militärarchiv überführt worden. Der Textkörper fand sich zum Zeitpunkt der Aushebung unter den Signaturen 1414-1-10, 1414-1-12, 1414-1-14 und 1414-1-16. Im selben Archiv fand sich unter den Signaturen 1414-1-11, 1414-1-13 und 1414-1-15 eine Serie von Dubletten.[3] Diese Serie enthält Dokumente einschließlich Verleihungsurkunden und Fotografien, die in der edierten Version nicht enthalten oder dort in Abschrift abgelegt sind. Die hier verwendeten Bände enthalten aber ihrerseits Dokumente, die in den Dubletten nicht enthalten sind. Konzeptionelle oder textliche Abweichungen liegen gleichwohl nicht vor. Die handschriftlichen Korrekturen in beiden Versionen sind teilweise identisch. Dadurch kann als wahrscheinlich gelten, dass der Autor plante, die hier edierte Version nach der Fertigstellung an seinen Auftraggeber bzw. einen Verlag zu übergeben und die Dublette als persönliche Arbeitskopie zu behalten.

Die Aufzeichnungen Walter Nicolais weisen konzeptionelle Besonderheiten auf, die Folgen sowohl für die gattungsmäßige Zuordnung als auch für die Lektüre insgesamt haben. Der Autor selbst betitelt den Text mit »Aus Tagebuch-Notizen und Kriegsbriefen«. Es handelt sich also auf den ersten Blick um eine nachträgliche und auszugsweise Kompilation seines eigenen Kriegstagebuchs und der Briefe an seine Ehefrau Marie. Diese ergänzte er mit nachträglichen Betrachtungen und den bereits erwähnten Quellenanhängen.

Auf welche Quellen der Autor bei seiner Recherche zurückgreifen konnte, ist nicht völlig klar. Nicolai gibt an, dass seine Chefakten in den Revolutionswirren in Berlin vernichtet worden seien, er aber 1919 in Kolberg noch einmal Einsicht

---

[1] Siehe die dem Manuskript vorgehefteten Anmerkungen und Übersetzungen der Sachbearbeiterin, Unterleutnant Surkowa, 2. Hauptverwaltung des Ministeriums für Staatssicherheit der UdSSR in RGVA, 1414-1-13, Bl. II–XXXIX.
[2] Kai von Jena und Wilhelm Lenz, Die deutschen Bestände im Sonderarchiv in Moskau. In: Der Archivar. Mitteilungsblatt für deutsches Archivwesen, 45 (1992), S. 458–468.
[3] Die abweichende Zahl der Ordner bei den Dubletten erklärt sich durch den abweichenden Umfang.

in die Restbestände hatte nehmen können.⁴ Möglicherweise hat er auch während der Weimarer Jahre Einblick in Aktenbestände des Reichsarchivs erhalten. Die dortigen Präsidenten Hermann Ritter Mertz von Quirnheim und Hans von Haeften – beide waren ebenfalls Abteilungsleiter in der 3. OHL gewesen – standen Nicolai durchaus kritisch gegenüber. Die Überlassung seiner Aufzeichnungen für die Arbeiten an der amtlichen Geschichte »Der Weltkrieg 1914–18« hatte Nicolai 1919 abgelehnt.⁵

Grenzen waren Nicolai sicher auch durch die seit Mitte der 1920er Jahre im Reichskriegsministerium begonnenen Arbeiten an der amtlichen Geschichte des Nachrichtendienstes im Ersten Weltkrieg gesetzt. Der Leiter der dortigen Forschergruppe und frühere Untergebene Nicolais, Generalmajor z.V. Friedrich Gempp, befand sich somit in einer Zwangslage aus persönlicher Loyalität und dem dienstlichen Interesse, seinen früheren Vorgesetzten auf Distanz zu halten. Die Anlagen weisen darüber hinaus darauf hin, dass Nicolai für die Recherchen zu seinem Projekt mit früheren Weggefährten korrespondiert hat. Schließlich konnte er damals auf die von ihm bereits veröffentlichten Monografien – »Nachrichtendienst, Presse und Volksstimmung im Weltkrieg« von 1920 und »Geheime Mächte« von 1923 – zurückgreifen.

Unter den zahlreichen Egodokumenten militärischer Entscheidungsträger des Weltkrieges sind die Aufzeichnungen Nicolais einzigartig. Wohl haben einige Persönlichkeiten bzw. deren Familien Tagebuchaufzeichnungen und Briefe zur Publikation freigegeben – man denke an Helmuth von Moltke d.J., Georg von der Marwitz oder Georg Alexander von Müller. Kaum einer hat aber die Herausgabe selbst besorgt. Allein bei Alfred von Tirpitz finden sich Briefe im Anhang seiner »Erinnerungen«.⁶ In der Konzeption und Arbeitsweise sind die allerdings erst postum erschienenen »Lebenserinnerungen« von Wilhelm Groener mit dem Text von Nicolai zu vergleichen.⁷ Für einen Vergleich heranzuziehen wären schließlich die Aufzeichnungen Albrecht von Thaers, der zwar nicht zu den Entscheidungsträgern zählt, dessen Text aber editionstechnisch ähnliche Probleme aufwirft.⁸

Auch die verlegerischen Umstände sind ungewöhnlich: Walter Nicolai war es nämlich gelungen, die Arbeiten an seinem autobiografischen Projekt durch das Reichsinstitut für Geschichte des neuen Deutschlands und ab 1943 auch durch das SS-Hauptamt (Germanische Leitstelle) finanzieren zu lassen. Er war

---

4   RGVA, 1414-1-34, Bl. 58–108, hier Bl. 60: Schreiben Walter Nicolai an Kriegsgeschichtliche Forschungsanstalt des Heeres (Foerster) vom 14.9.1943 (Abschrift).
5   RGVA, 1414-1-17, Bl. 104: Schreiben Walter Nicolai an Großen Generalstab (Mertz von Quirnheim) vom 7.5.1919 (Abschrift).
6   Alfred von Tirpitz, Erinnerungen, Leipzig 1919. Im Unterschied zu Nicolai konnte Tirpitz allerdings auf die redaktionelle Unterstützung durch einen Historiker, Fritz Kern, zurückgreifen.
7   Groener, Lebenserinnerungen (wie Anm. 123).
8   Siehe die Einleitung zu Thaer, Generalstabsdienst (wie Anm. 120), S. 3–20, aus der hervorgeht, dass dem Herausgeber Siegfried A. Kaehler wohl auch nur ein Typoskript Thaers vorgelegen hatte, nicht aber dessen Tagebuchaufzeichnungen und Briefe. Bis auf die Feststellung, dass keine »Textkritik« zu üben gewesen sei, weil das Typoskript keine »handschriftlichen Schwierigkeiten« bereitet habe, finden sich dort keinerlei kritische Überlegungen zur Frage der Authentizität der Vorlage (S. 5).

also Werkvertragsnehmer in eigener Sache.⁹ Dies ermöglicht auch eine ungefähre Datierung der Arbeiten auf die Jahre 1941–45.

Schließlich steht das Projekt auch im internationalen Kontext einzigartig dar: Kein Chef eines Geheimdienstes des Weltkrieges hat über seine eigene Tätigkeit derart persönlich und umfangreich Rechenschaft abgelegt. Dass diese Rechenschaft freilich durch und durch strategisch angelegt war und dass dabei auch bestimmte Tätigkeitsfelder, namentlich das Agentenwesen, weitgehend ausklammert blieben, steht auf einem anderen Blatt.

Die Aufzeichnungen Nicolais sind aber nicht nur außergewöhnlich, sie sind vor allem als historische Quelle höchst problematisch. Das beginnt mit dem Arbeitsstand: Diesen können die Herausgeber nur einschätzen, und zwar als weitgehend abgeschlossen aber unlektoriert. Auch die oben dargestellte Problematik der beiden Varianten ist in diesem Zusammenhang zu sehen.

Ein weiteres Problem sind Fehlstellen im verwendeten Manuskript. In der Masse der Fälle handelt es sich vermutlich um die Entnahme von mitpaginierten Forschungsunterlagen, da die Chronologie des Textes ununterbrochen bleibt. Das historisch interessanteste Beispiel darunter ist der Brief Nicolais an seine Frau vom 23. März 1917, in dem dieser den vom Auswärtigen Amt initiierten Transport Lenins vom Schweizer Exil nach Russland erwähnt und nachträglich kommentiert. Dieses Schreiben ist weder in der hier edierten Akte 14 (Bl. 128 f.) noch der Moskauer Dublette 15 (Bl. 293 f.) erhalten. Ein Aktenvermerk mit Übersetzung des Briefes ins Russische zeigt, dass dieser Brief nach 1945 durch den sowjetischen Geheimdienst entfernt wurde.¹⁰

Kritisch ist ferner der Umstand, dass sich die Quellen des Gesamttextes nicht vollständig nachweisen nachlassen. Zwar sind die Briefe an die Frau ebenfalls in Moskau verwahrt und konnten für diese Edition überprüft werden.¹¹ Ein Tagebuch im eigentlichen Sinne hat Nicolai aber nie geführt. Wenn er von »Tagebuch-Notizen« spricht, sind damit Notizen persönlicher und vertraulicher, dienstlicher Natur gemeint, die er nach eigener Aussage später vernichtet hat bzw. die als Teil seiner persönlichen Handakte in der Revolutionszeit vermutlich verbrannt worden sind.¹² Schon der Präsident der Kriegsgeschichtlichen Forschungsanstalt, Wolfgang Foerster, hatte sich im September 1943 Nicolai gegenüber irritiert gezeigt, was die Authentizität der vermeintlichen Tagebuchaufzeichnungen anging.¹³

Die Herausgeber teilen diese Skepsis und gehen davon aus, dass es sich bei den hier edierten Tagebuchteilen wahrscheinlich um chronologisch angelegte Rekonstruktionen auf der Basis der nicht überlieferten »Tagebuch-Notizen«, der Briefe an die Frau, weiterer Archivquellen und der zeitgenössischen Weltkriegspublizistik handelt.

---

9 RGVA, 1414-1-34, Bl. 234: Halbjahresbericht Walter Nicolai an Reichsinstitut für Geschichte des neuen Deutschlands vom 2.3.1944; ebd., Bl. 241–252, hier Bl. 243 und Bl. 249: Manuskript Oberst Nicolai, Erlebnisse und Niederschriften, Bd 1 (Abschrift).
10 RGVA, 1414-1-13, Bl. IX: Nicolai, Kriegsaufzeichnungen: Aktenvermerk und Übersetzung Unterleutnant Surkowa, 2. Hauptverwaltung des Ministeriums für Staatssicherheit der UdSSR (1951).
11 RGVA, 1414-1-7–1414-1-9.
12 Edition (1914, Vorbemerkung, und 1917, Erläuterung zum Brief 1. Juni 1917).
13 RGVA, 1414-1-34, Bl. 110 f.: Schreiben Kriegsgeschichtliche Forschungsanstalt des Heeres (Wolfgang Foerster) an Walter Nicolai vom 16.9.1943.

Damit nicht genug: Selbst wenn man die Existenz von »Tagebuch-Notizen« annimmt, stellt sich die unvollständige Kennzeichnung von nachträglichen Bemerkungen des Autors als weiteres Problem. Zwar ist Nicolai vielfach bestrebt gewesen, solche Ergänzungen kenntlich zu machen, wenn er etwa einen Exkurs im Band zu 1914 mit dem Hinweis einleitet: »Ich stelle hier nachträglich aus meiner Erinnerung fest, wie die operativen Vorgänge, welche später den Namen der Marneschlacht erhielten, *damals* in ihrer Bedeutung beurteilt wurden.«[14] Im Verlauf des Textes kennzeichnete der Autor nachträgliche Einschübe immer wieder ordnungsgemäß mit Formulierungen wie »Betrachtung«, »Erläuterung«, »Erinnerung« oder durch Klammersetzung. Doch muss eine aufmerksame Lektüre zu Zweifeln an der Vollständigkeit der kennzeichnenden Einschübe führen.

Dass Nicolai schon am 24. Juni 1914 vom Mord in Sarajewo erfahren haben will (der erst am 28. Juni stattfand), ist unmöglich und ein Hinweis auf einen nachträglichen Eintrag. Ebenfalls nachträglich und dabei nicht ausdrücklich gekennzeichnet ist etwa ein Hinweis auf den Sohn Kaiser Wilhelms II. vom 28. Februar 1915: »Prinz Joachim endete nach dem Kriege durch Selbstmord.« Auch die falsch angegebenen Dienstgrade für Offiziere aus seinem näheren Umfeld deuten auf nachträgliche Textproduktion hin.[15]

Am besten lässt sich das Problem nachträglicher Ergänzungen bei Nicolais Einlassungen zu Juden festmachen, da hier für die Jahre nach 1933 eine erhöhte Anfälligkeit für antisemitischen Duktus in Rechnung zu stellen ist. So schreibt Nicolai etwa am 6. März 1916: »[Nikolaus Graf zu Dohna-Schlodien] ist ein forscher Mann, ein anderer Kerl als die Juden, die sich hier in Frankfurt breitmachen. Ich habe da heute in den Restaurants Unterhaltungen gehört, daß ich am liebsten die Kerls rausgeworfen oder mit hinausgenommen hätte zu unseren Feldgrauen.« Am 21. April 1916 rät er seiner Frau, darauf zu achten, dass die Tochter bei den öffentlichen Hausmusikveranstaltungen der jüdischen Geigenlehrerin nicht in falsche Kreise gerate: »Es sind auf den Bildern immer reichlich Juden; unsere Kinder sollen sich nicht überheben, aber sie sollen jenem Geist und Ton fernbleiben.« Beide Einlassungen klingen durchaus zeitgenössisch und sind in den Originalquellen nachgewiesen. Schon weniger eindeutig liest sich die Charakterisierung Walther Rathenaus vom 4. Juni 1916: »Ich wußte, daß er Jude war, d.h., nach meiner Erziehung ›auch Deutscher‹. Wie auch sonst, empfand ich ihm gegenüber eine gewisse, nicht definierbare, selbstverständliche Distanz.« Sicher nachträglich liest sich dagegen der Eintrag vom 3. Juli 1917: »Ich bin damals nicht auf den Gedanken gekommen und habe nicht geprüft, ob Grunwald Jude war, was mir sein ehrliches Manteltragen auf zwei Schultern erklären würde, welches mir damals auffiel.«

Ob nachträgliche Kennzeichnungen schlicht versäumt wurden oder ob der Autor einen möglichen Urtext bewusst manipuliert hat, lässt sich nicht überall nachweisen. Die Herausgeber haben sich daher entschlossen, den Versuch einer vollständigen historischen Kritik des Manuskriptes zu unterlassen, da dies das Ende des Textes bedeutet hätte. Stattdessen fordern sie die Leserinnen und Leser auf, mit dem Wissen um diese Unwägbarkeiten kritisch an den Text heranzutreten und ihn zu sehen als das, was er ist, »ein Beispiel für die nachzeitige Verarbeitung

---

[14] Edition (5.9.1914).
[15] Beispielsweise Edition (6.9.1918), wo der damalige Oberstleutnant Georg Wetzell als Oberst bezeichnet wird und Major Joachim von Stülpnagel als Oberstleutnant.

des Kriegserlebnisses, somit ein Beitrag zur Nachkriegshistoriografie«.[16] Dies scheint auch deshalb ein praktikabler Weg, weil die Herausgeber eine Leserschaft mit historischem Urteilsvermögen, ja wohl auch mit fachwissenschaftlicher Vorbildung annehmen können.

Dieser Edition liegt die nachträgliche und redaktionell nicht abgeschlossene Kompilation von nur teilweise nachgewiesenen Egodokumenten eines Geheimdienstoffiziers zugrunde – darüber sollte man sich bei jeder Seite der Lektüre im Klaren sein. Gleichwohl sind die Herausgeber davon überzeugt, dass selbst dieser sperrige Text Neues, ja Brisantes zu ungewöhnlich vielen Themenfeldern von Politik und Militär im Ersten Weltkrieg birgt und damit wichtige Anstöße zu weiteren Forschungen liefern kann.

* * *

Es gehört zum Ceterum Censeo der Experten, die prekäre Quellenlage zur Geschichte der Nachrichtendienste in Deutschland zu beklagen. Das gilt für IIIb als Dienststelle wie auch für Walter Nicolai als Person. Bei genauerer Betrachtung wird man allerdings feststellen, dass die Überlieferung trotz professioneller Geheimniskrämerei in diesem Forschungsfeld, trotz umfangreicher Aktenverluste in der Folge von zwei Weltkriegen und trotz der Verbringung des Nachlasses Nicolai nach Moskau doch einigermaßen befriedigend ist.

Das beginnt mit dem Bundesarchiv, wo neben den Beständen des Großen Generalstabes, des preußischen Kriegsministeriums, des Admiralstabes und der Kriegsgeschichtlichen Forschungsanstalt natürlich die amtliche Geschichte des geheimen Nachrichtendienstes im Ersten Weltkrieg – der Gempp-Bericht – heraussticht.[17] In den Archiven der früheren Kontingentsheere in München, Dresden und Stuttgart finden sich teilweise umfangreiche Überlieferungen zum Frontnachrichtendienst, zur Fernmeldeaufklärung, zur Spionageabwehr und zu den Themenkomplexen Propaganda und Zensur.

Das Geheime Staatsarchiv Preußischer Kulturbesitz hat sich als Fundgrube für Fragen der Organisation der Spionageabwehr und für einschlägige Prozesse in Preußen erwiesen.[18] Weit weniger gut erforscht sind bislang die Bestände des Politischen Archivs im Auswärtigen Amt.

Wer zum deutschen Nachrichtendienst bis 1918 arbeitet, wird auch im Ausland fündig werden, so etwa im Archiv des Service Historique de l'Armée de Terre in Vincennes, das unter anderem aus Russland restituierte Beuteakten verwahrt.[19] Die hier edierten Kriegsaufzeichnungen bilden schließlich nur einen Teil des umfang-

---

[16] Bernhard R. Kroener, Einige quellenkritische Anmerkungen zur Quellengattung Kriegstagebücher. In: Militärgeschichtliche Editionen heute. Neue Anforderungen, alte Probleme? Hrsg. von Dorothee Hochstetter und Alexander Kranz, Potsdam 2014 (= Potsdamer Schriften zur Militärgeschichte, 25), S. 21–27, hier S. 27.
[17] Unter dem Titel »Geheimer Nachrichtendienst und Spionageabwehr des Heeres«. Für eine Übersicht über die Bände siehe Brückner, Die Nachrichtenoffiziere (wie Anm. 48), S. 75 f.
[18] Schmidt, Gegen Russland und Frankreich (wie S. 2, Anm. 6).
[19] Siehe Claire Sibille, Les archives du ministère de la Guerre récupérées de Russie. In: La Gazette des Archives, 176 (1997), S. 64–77; sowie Gérald Sawicki, Les services de renseignements à la frontière franco-allemande (1871–1914). Thèse de doctorat en histoire contemporaine, Nancy 2006.

Editorische Bemerkungen 71

reicheren Nachlasses von Walter Nicolai im Russischen Staatlichen Militärarchiv in Moskau.[20] Gegenwärtig werden in der Russischen Föderation laufend deutsche Truppenakten des Ersten Weltkrieges, darunter auch Lagemeldungen der Abteilung »Fremde Heere«, im Rahmen eines deutsch-russischen Onlineprojektes digitalisiert.[21] Als Quelle zur Biografie Nicolais ist schließlich die Häftlingsakte der sowjetischen Sicherheitsbehörden in Moskau zu nennen, die 2001 ausgewertet wurde, seither aber nach Kenntnis der Herausgeber von der Forschung nicht mehr herangezogen worden ist.[22] Die Quellenlage gestaltet sich also gut für die Person Walter Nicolai, für einzelne Bereiche und Phasen des Frontnachrichtendienstes sowie für die Komplexe Spionageabwehr, Zensur und Propaganda; schlechter gestalten sich dagegen die Verhältnisse für die Fernmeldeaufklärung, für die deutschen Spionageaktivitäten und für die Personalakten der Mitarbeiter von IIIb.

Im Feld der gedruckten Quellen ist zunächst auf Nicolais eigene Schriften hinzuweisen. Für einen Geheimdienstchef war er nämlich vergleichsweise redselig. Mit »Nachrichtendienst, Presse und Volksstimmung im Weltkrieg« und »Geheime Mächte« legte er, wie geschildert, immerhin zwei, auch im Ausland rezipierte Monografien vor.[23] Dies erklärt sich dadurch, dass Nicolai eine Niederlage zu erklären hatte und in der Nachkriegszeit auch persönlich angefeindet wurde. Seine Aufsätze stellen weitgehende Zweitverwertungen aus diesen beiden Büchern dar.[24] Bei der politischen Publizistik ist sein Aufsatz im berüchtigten ersten »Dolchstoß-Heft« der Süddeutschen Monatshefte 1924 von Bedeutung.[25] Die kleineren Schriften finden sich verstreut in der Tages- und Verbandspresse; dort harren sie bislang einer Aufarbeitung.[26]

Die zeitgenössischen Publikationen zur Geschichte des deutschen Nachrichtendienstes im Ersten Weltkrieg von anderen Autoren sind reichhaltig und oft reißerisch; sie entsprechen selten wissenschaftlichen Standards und sind teilweise in die Revisionsbewegungen gegen den Friedensvertrag einzuordnen.[27]

Eine historische Forschung zu IIIb und Walter Nicolai war lange nicht existent und beschränkte sich dann zunächst auf die Rolle von IIIb im Bereich der Zensur, der Propaganda und des Vaterländischen Unterrichts. Der vielleicht erste Historiker, der hier Spuren hinterlassen hat, war Wilhelm Deist.[28] Die späteren

---

[20] Dort der Fonds RGVA, 1414.
[21] <www.germandocsinrussia.org> (letzter Zugriff 19.6.2018).
[22] Taratuta/Zdanovič, Tainstvennyj šef (wie Anm. 238).
[23] Nicolai, Nachrichtendienst (wie Anm. 142), und Nicolai, Geheime Mächte (wie Anm. 256).
[24] Darunter Nicolai, Nachrichtenwesen und Aufklärung (wie Anm. 211), und Nicolai, Einblicke (wie Anm. 211).
[25] Nicolai, Die Gesamtlage (wie Anm. 218).
[26] Nicolais politische Publizistik wird sich über den Nachlass in Moskau weitgehend erschließen lassen.
[27] Siehe etwa: Vorsicht! Feind hört mit! Eine Geschichte der Weltkriegs- und Nachkriegsspionage. Hrsg. von Hans Henning Freiherr Grote, Berlin 1930, und A. Agricola [Oberleutnant Bauermeister], Spione durchbrechen die Front, Berlin 1933. Weiterführend zum Genre siehe Max Gunzenhäuser, Geschichte des geheimen Nachrichtendienstes (Spionage, Sabotage und Abwehr). Literaturbericht und Bibliographie, Frankfurt a.M. 1968 (= Schriften der Bibliothek für Zeitgeschichte, Weltkriegsbücherei, 7).
[28] Deist, Voraussetzungen innenpolitischen Handelns (wie Anm. 63), und Wilhelm Deist, Zensur und Propaganda in Deutschland während des Ersten Weltkrieges. In: Deist, Militär, Staat und Gesellschaft (wie S. 3, Anm. 11), S. 153–163. Für einen Zwischenbericht zur

und bis heute immer wieder herangezogenen Arbeiten von Florian Altenhöner, Anne Lipp und Anne Schmidt zu diesem Forschungsfeld bauen hierauf auf.[29] Die Öffnung des damaligen »Sonderarchivs« in Moskau erschloss ab 1992 völlig neues Quellenmaterial für die deutsche und russische Geschichtsschreibung, zumal damit auch erstmals Nicolais Nachlass zugänglich wurde.[30]

Die Publikationen zur Organisationsgeschichte und zu den Operationen von IIIb mussten lange auf den Gempp-Bericht als Hauptquelle bauen.[31] Inzwischen liegen mit den Dissertationen von Jürgen W. Schmidt und Lukas Grawe immerhin zwei Monografien vor, welche die Vorkriegszeit von IIIb ausleuchten.[32] Hilmar-Detlef Brückner hat mit zwei wichtigen Aufsätzen die Rolle der Nachrichtenoffiziere analysiert und eine erste Schneise in die Geschichte der deutschen Fernmeldeaufklärung im Ersten Weltkrieg geschlagen.[33] Für die nachrichtendienstliche Dimension der Operationsplanung und -führung von 1914–18 kann auf die Arbeiten von Robert Foley und Anthony Cowan verwiesen werden.[34] Christian Koch hat für sein Buch über die Frontpropaganda ebenfalls die Moskauer Bestände auswerten können.[35] Auch wenn ihr Schwerpunkt auf dem Nachrichtendienst des Admiralstabes liegt, bieten die Arbeiten von Friedhelm Koopmann und Thomas Boghardt wertvolle Einsichten in die Arbeit der Dienste in den USA bzw. Großbritannien.[36] Holger Afflerbach konnte Nicolais Aufzeichnungen erstmals für eine Gesamtdarstellung des Weltkrieges nutzen.[37]

Forschungslage siehe Markus Pöhlmann, Towards a New History of German Military Intelligence in the Era of the Great War. Approaches and Sources. In: Journal of Intelligence History, 5 (2005), S. 1–8.

[29] Altenhöner, Kommunikation und Kontrolle (wie Anm. 141); Lipp, Meinungslenkung (wie Anm. 180); Schmidt, Belehrung (wie Anm. 140).

[30] Siehe Jürgen W. Schmidt, Tales from the Russian Archives: Walter Nicolai's Personal Document Collection. In: International Intelligence History Newsletter, 7 (1998), 2, S. 10–14; Taratuta/Zdanovič, Tainstvennyj šef (wie Anm. 238). Die erste, auf die Moskauer Bestände bauende Überblicksdarstellung zur Geschichte von IIIb ist Pöhlmann, German Intelligence at War (wie Anm. 47). Siehe außerdem Viktor M. Gilensen, Valter Nikolai – glava germanskoj voennoj razvedki vo vremja pervoj mirovoj vojny. In: Novaja i novejšaja istorija, (1998), Nr. 2, S. 123–142, und Nr. 3, S. 189–199.

[31] Gert Buchheit, Die anonyme Macht. Aufgaben, Methoden, Erfahrungen der Geheimdienste, Frankfurt a.M. 1969, S. 80–83; Trumpener, War Premeditated? (wie Anm. 60); David Kahn, The Codebreakers. The Story of Secret Writing, New York 1997 (1967).

[32] Schmidt, Gegen Russland und Frankreich (wie S. 2, Anm. 6); Grawe, Deutsche Feindaufklärung (wie Anm. 45).

[33] Brückner, Die Nachrichtenoffiziere (wie Anm. 48), und Brückner, Die deutsche Heeres-Fernmeldeaufklärung (wie Anm. 143).

[34] Robert T. Foley, Easy Target or Invincible Enemy? German Intelligence Assessments of France before the Great War. In: Journal of Intelligence History, 5 (2005), S. 1–24; Anthony Cowan, Genius for War? German Operational Command on the Western Front in Early 1917, Diss., London 2016.

[35] Koch, Giftpfeile (wie Anm. 179).

[36] Friedhelm Koopmann, Diplomatie und Reichsinteresse. Das Geheimdienstkalkül in der deutschen Außenpolitik 1914 bis 1917, Frankfurt a.M. 1990; Boghardt, Spies of the Kaiser (wie Anm. 228).

[37] Holger Afflerbach, Auf Messers Schneide. Wie das Deutsche Reich den Ersten Weltkrieg verlor, München 2018.

Auch bei den biografischen Ansätzen ist Bewegung in die Forschung gekommen: zu IIIb berühmtester Agentin, Mata Hari, sind die Darstellungen Legion; bei IIIb wichtigster Mitarbeiterin, Elsbeth Schragmüller, ist die Forschung überschaubar aber prägnant geblieben.[38] Das Tagebuch von Fritz H. Schnitzler bietet einen guten Einblick in die Rolle von IIIb bei der Pressearbeit.[39] Ein Aufsatz von Klaus-Walter Frey brachte neue Details aus dem Familiennachlass von Walter Nicolai.[40] Seit nunmehr zwanzig Jahren hat die Forschung damit deutlich an Umfang und Bandbreite gewonnen.

---

[38] Hieber, »Mademoiselle Docteur« (wie Anm. 149).
[39] Militärischer Alltag und Pressearbeit (wie Anm. 66). Ein Folgeband ist in Bearbeitung.
[40] Frey, Oberst Walter Nicolai (wie S. 2, Anm. 5).

Aus Tagebuch-Notizen und Kriegsbriefen

Persönliches

Ich bin am 1. August 1873 in Braunschweig geboren, also unter den Eindrücken des siegreichen Krieges gegen Frankreich herangewachsen.

Mein Vater starb im Januar 1877 als Kompaniechef im 4. Magdeburger Inf. Regt. 67, in welchem er die deutschen Einigungskriege von 64−66 und 70−71 mitgemacht hatte und als Regimentsadjutant bei Gravelot zu Pferde schwer verwundet war, in Braunschweig.[1] Mein Großvater Nicolai war Prediger in Saalstedt bei Halberstadt,[2] mein Urgroßvater Nicolai Justiz-Kriminalrat in Magdeburg, dessen Vater Justizrat in Alsleben. Von da an sind meine väterlichen Vorfahren ununterbrochen evangelische Geistliche bis auf den 1505 in der Grafschaft Mark geborenen Pfarrer und Inspektor der Waldegschen (...) Nicolai, welcher in der Reformation von der Pfarre in Herdecke bei Hagen in Westfalen vertrieben wurde und dessen Sohn Philipp, der bekannte geistliche Liederdichter, als Pastor in der Kirche in Unna, später in St. Katharinen in Hamburg tätig war.

Durch den frühen Tod meines Vaters kenne ich ihn nicht und bin ohne väterliche Erziehung aufgewachsen. Um so stärker hat mich auf meinem Lebensweg die Sehnsucht nach dem Vater erfüllt, mich mit Ehrfurcht und Ehrerbietung gegen Ältere geleitet und in den großen Männern, welchen ich in meiner Laufbahn nahetreten durfte, Erfüllung gefunden. Den Begriff des Vaters, welcher mich dabei leitete, erhielt ich nur aus dem Erzählen meiner früh verwitweten Mutter, also ein Bild ungetrübter Liebe.

Meine Mutter war die Tochter des Oberamtmann[3] Rusche auf der 3600 Morgen großen Domäne Heteborn bei Halberstadt. Durch ihre väterlichen Vorfahren und ihre gleichfalls vom Lande stammende Mutter, geborene Raeke, hatte sie reines Bauernblut und war mit vielen Bauernfamilien im Raume Magdeburg und Halberstadt verwandt. In der landwirtschaftlichen Blüte vor und nach dem siegreichen Krieg in großen Verhältnissen verwöhnt aufgewachsen, traf sie gleichzeitig mit dem Tode meines Vaters ein wirtschaftlicher Zusammenbruch des Elternhauses. In bescheidenen Verhältnissen erzog sie aber meinen älteren Bruder[4] und mich um so mehr in den Überlieferungen der Familie und war uns Vater

---

[1] Hermann Nicolai war zum Zeitpunkt seines Todes Chef der 12. Kompanie des 4. Bataillons. Für seine Teilnahme am Deutschen Krieg 1866 wurde er mit dem Königlichen Kronenorden 4. Klasse mit Schwertern, für seinen Einsatz im Deutsch-Französischen Krieg 1870/71 mit dem Eisernen Kreuz 2. Klasse ausgezeichnet.

[2] Hier liegt ein Schreibfehler Nicolais vor. Richtig ist »Sargstedt« bei Halberstadt.

[3] Oberamt hießen in einigen Einzelstaaten die Verwaltungsbezirke, denen jeweils ein Oberamtsmann vorstand.

[4] Zum Bruder siehe die Erläuterungen vom 22.5.1917 sowie vom 30.5.1917.

und Mutter zugleich. Als meine Laufbahn mit der Versetzung nach Königsberg begann, erblindete sie. Indem sie seitdem in meiner Familie lebte, konnte ich ihr ihre Liebe und Treue dadurch vergelten, daß sie bei mir lebte und auch meinen Kindern und Enkeln unmittelbar Vorbild war.

Ich konnte dies nur, weil ich eine Frau gewann, welche dieses Opfer als selbstverständlich betrachtete. Sie war die Tochter meines Regiments-Kommandeurs in Göttingen, General der Inf. Kohlhoff. Dieser stammt aus Soldatengeschlecht in Ostpreußen. Seine Frau war die Tochter des Oberlandgerichts-Präsidenten Albrecht in Frankfurt a.M. und stammt aus alt-hannoverscher und Bremer Familie.

Mein einziger älterer Bruder, gleichfalls Offizier und während seiner ganzen Dienstzeit nur im Frontdienst[5] ausschl. in der strengen Garnison Metz, starb kinderlos verheiratet an den Folgen des Weltkrieges.

Meiner Ehe entstammten 3 jetzt verheiratete Töchter. Ein Schwiegersohn ist Landwirt, einer Regierungsbeamter und einer Forstmann.

Ich bin also stark unter weiblichem Einfluß und zwar edelster Prägung aufgewachsen, um so stärker – glaube ich – war deshalb der Eindruck und die Wirkung alles ausgeprägten Männlichen um mich herum.

Dem mir zugedachten späteren Studium entsprechend besuchte ich das heimische Domgymnasium in Halberstadt, während mein Bruder frühzeitig Kadett wurde. Als ich die Obertertia hinter mir hatte, rieten die Lehrer aber auch meiner Mutter, mich Kadett werden zu lassen. Dies war nur möglich bis zum Ablauf des 14. Lebensjahres. Ein besonderer Antrag meiner Mutter führte dahin, daß ich noch außerterminlich vor Ablauf meines 14. Lebensjahrs in die Kadetten-Voranstalt Schloß Oranienstein b. Dietz an der Lahn einberufen wurde. Der Lehrplan hatte kein Griechisch, dagegen von der Untertertia ab Englisch. Infolgedessen kam ich in die Untertertia zurück, was zur Folge hatte, daß ich mit den im Gymnasium schon erworbenen Kenntnissen, besonders in Latein wenig Neues lernen mußte und trotzdem in den Zeugnissen meine wissenschaftlichen Leistungen mehrfach belobt wurden. Die wissenschaftliche Bildung stand – für uns Jungens wenigstens – im Hintergrund. Die natürliche Abneigung wurde bestärkt durch die Auswahl unserer Lehrer. Während wir selbst zur Sauberkeit und in den soldatischen Tugenden erzogen wurden, waren nur wenige unserer Lehrer uns hierin ein Vorbild. Aber auch die als Erzieher und teilweise daneben als wissenschaftliche Lehrer in Geschichte, Geographie und Rechnen ausgewählten Offiziere entsprachen nicht durchweg ihrer Aufgabe. Den stärksten erzieherischen Einfluß übte infolgedessen auf mich die Kameradschaft des Ganzen und die Freundschaft Einzelner aus, daneben die erst durch die Entfernung erweckte Liebe zur Mutter. Dem oft gehörten Einwand gegen die Kadettenerziehung, daß der Junge zu früh der Mutter entzogen wurde, kann ich aus eigenem Erleben nicht zustimmen. Wie wir im Ganzen früh durch Entbehren erzogen wurden, so auch in diesem Punkt. Die Kosten für mich und meinen Bruder betrugen, weil unser Vater fehlte und 3 Kriege als Offizier mitgemacht hatte, im Jahr für Unterricht, Unterkunft, Bekleidung und Verpflegung je 90 Mark. Unser Leben war entsprechend einfach gehalten. Die Freunde, welche ich auf dem Gymnasium verlassen hatte und auch die Altersgenossen, welche ich in befreundeten Berliner Familien nach meiner Versetzung zur Hauptkadettenanstalt

---

[5] »Front« meint in diesem Zusammenhang »Truppe« im Gegensatz zum Dienst in Stabsverwendungen.

von der Obertertia ab kennenlernte, wuchsen offensichtlich in geistig und materiell reicheren Verhältnissen auf. Im späteren Leben habe ich aber dankbar als Unterschied empfunden, was die Kadettenerziehung an früher Charakter- und Willensbildung mir gegeben hat. Unsere Erziehung war gewiß auf einen gewissen Stand gerichtet, einseitig, aber sie gab uns das, was wir brauchten, vor allem ein frühes Gefühl für Ehre und für das Bewußtsein, des Königs Rock zu tragen. Schon von der Sexta an war die Anrede der Lehrer und Vorgesetzten an uns das »Sie«, unter einander nannten wir uns in den Voranstalten, in der Hauptkadettenanstalt nur mit Freunden »Du«. Die bewußte Steigerung des Selbstbewußtseins wurde ausgeglichen durch strenge Unterordnung unter ältere Kameraden und die Vorgesetzten.

Die Mehrzahl der Kadetten ging nach Besuch der Obersekunda und dem Fähnrichsexamen als Fähnriche in die Armee. Nur Einzelne, meist körperlich noch nicht Taugliche, wurden Primaner und traten nach 2 Jahren mit dem Abitur gleichfalls als Fähnriche in die Armee. Einige nach Beurteilung ihrer Vorgesetzten Geeignete wurden nach dem Fähnrichsexamen wieder in die Selekta einberufen. Hier waren sie als Unteroffiziere Vorgesetzte der anderen Kadetten und genossen die Ausbildung einer Kriegsschule und traten nach 1 Jahr als Offiziere ins Heer. Die Selektaner hatten also vor den Altersgenossen schon hierin einen Avancementvorteil von ½ Jahr. Wie Falkenhayn, Hindenburg und Ludendorff war auch ich Selektaner und wurde am 22. März 1893 am Geburtstag des alten Kaisers[6] Leutnant im Infanterie-Regiment in Göttingen[7] mit 19 Jahren.

Etwa vorhandener Hochmut wurde von vornherein dadurch gedämpft, daß mein Regimentskommandeur bei meiner Meldung mir eröffnete, er täte mich zu meinem Besten zum strengsten Hauptmann des Regiments. Das Zusammengehämmertwerden trotz früher Ehren und Auszeichnung nahm also seinen Fortgang. Und als ich mich bei der Kompanie meldete und ein alter Feldwebel mit Vollbart und dem Eisernen Kreuz von 70[8] vor mir Jungem stramm stand, wurde dies innerlich bestärkt durch das Bewußtsein, was es heißen würde, so jung und unerfahren Vorgesetzter zu sein. Als 3. kam hinzu, daß ich das Glück hatte, eine Garnison erhalten zu haben, welche Universitätsstadt war, wo also der Offizier – zumal der junge – gegenüber den gleichaltrigen Studierenden in seiner Haltung auf sich achten mußte. Das Schicksal, trotz aller Erfolge immer wieder in Ehrerbietung Größeren gegenüber der eigenen Unvollkommenheit sich bewußt zu bleiben und daraus die innere Kraft zu stetigem Streben zu Besserem und Tüchtigerem zu behalten, ist mir auf meinem Weg durch den Generalstab bis unter Hindenburg und Ludendorff treu geblieben. Ihm verdanke ich die Kraft meiner Leistung. Als ich 2 Jahre Offizier war, gab mich mein Kommandeur als Erzieher für das Kadettenkorps ein. So ehrenvoll dies für mich war, so wenig Lust hatte ich, die feste Bahn der eigenen Erziehung so früh zu verlassen. Eine von mir eingeforderte wissenschaftliche Arbeit fertigte ich entsprechend oberflächlich an und ich danke meinem Schicksal, daß sie mich vor einer Verwendung als Erzieher von Kindern in meinem jungen Alter bewahrt hat.

Ich habe oft an dieses Erleben zurückdenken müssen, als ich nach dem Weltkrieg in der nationalen Jugendbewegung führend tätig war und wenn ich heute

---

6   Wilhelm I. von Preußen.
7   Hierbei handelt es sich um das (2. Kurhessische) Infanterie-Regiment Nr. 82.
8   Der Deutsch-Französische Krieg von 1870/71.

die Hitlerjugend betrachte. Ich habe in der Jugendbewegung nach dem Weltkrieg viele hervorragende und als Vorbild für die Anderen geeignete junge Menschen erlebt. Ich habe mich aber stets bemüht, während meiner zweijährigen Tätigkeit als Führer der Jugend in der Provinz Brandenburg gerade den jungen Führern ein Führer zu sein und sie davor zu bewahren, zu lange dies leichte Führeramt wahrzunehmen, oder daraus durch Hochmut und Arroganz sich selbst gegen die notwendige Erziehung zu verschließen. Ich fand nur bei Wenigen Verständnis und auch bei Gleichaltrigen nicht die notwendige Kraft, das Führeramt für die Jugend zu staffeln und zu steigern, besonders gefährlich in einer Zeit als die Erziehung des Heeres mit seinem Aufbau und Wechsel von Befehlen und Unterordnen fehlte.

Ich glaube, daß heute, wo dieses wieder vorhanden ist, die Erziehung der Hitlerjugend dazu beitragen wird, jung schon hervortretenden Führernaturen die notwendige Schulung zu geben.

Nach 3 Jahren Leutnantszeit schloß mit meiner Ernennung zum Btl. Adjutanten meine eigentliche Tätigkeit in der Front ab. Ich wurde nur noch einmal als Hauptmann 2 Jahre Frontsoldat. Ich kehrte zurück als Hauptmann nach 13jähriger Tätigkeit außerhalb der unmittelbaren Front. Kameraden nannten mich den Hauptmann mit dem Leutnantsherzen und zweifellos war ich durch das abwechslungsreiche Erleben frischer und leistungsfähiger als die Kameraden, welche die Zeit im Frontdienst verbrachten. Und doch glaube ich, daß das größte Soldatentum in diesem stillen, pflichttreuen, sich immer wieder Bescheiden im Frontdienst besteht. Im Weltkrieg habe ich mehrfach meine Frontverwendung erbeten. Sie wurde mir nicht bewilligt. So blieb mir auch die Krönung des Frontsoldatentums, der Frontdienst vor dem Feinde verschlossen.

Als Btl. Adjutant wurde mir noch etwas neues Erzieherisches zuteil, der Vertrauensmann zu sein zwischen dem Kommandeur und dem Offizierkorps. In diese Zeit fiel auch meine Verlobung mit der Tochter meines Regimentskommandeurs. Bei allem menschlichen Glück war auch dies mir eine Anerkennung meines Vorgesetzten.

Mit meiner Verheiratung zusammen fiel das Kommando zur Kriegsakademie. Verlobt sein und alles andere, neben ernster Erziehung schreitende, jugendliche Erleben in einer schönen Garnisonstadt und in einem ausgesuchten Offizierkorps verschuldeten es, daß ich das Examen zur Kriegsakademie zweimal ablegen mußte. Auch dies war ein wertvoller Dämpfer etwa vorhandener Übermütigkeit.

Ich meldete mich zu dem Hörsaal der Kriegsakademie, zu dessen Lehrplan Russisch gehörte und legte darin mein Dolmetscherexamen ab. Die Kriegsakademiezeit umfaßte 3 Jahre. Das 1. schloß für uns Infanteristen mit einem ¼ jährigen Kommando zur Feldartillerie, das 2. mit einem ¼ jährigen Kommando zur Kavallerie und das 3. mit einem solchen zur Marine ab. Da mein Armeekorps bei Ablauf meines 3. Jahres Kaisermanöver hatte, habe ich leider von der Marine nie etwas Dienstliches erlebt. Die Kommandos zur Artillerie und Kavallerie weiteten aber den Blick sowohl als Mensch wie als Soldat. Die 4. Ulanen[9] in Thorn, bei welchen ich meine Übung ableistete, gehörten zur 35. Division, deren Kommandeur mein Schwiegervater inzwischen geworden war. Als wir nach Ablauf des Kommandos wieder in Berlin waren, berief eines Tages der Direktor der Kriegsakademie, General Litzmann, uns in den Bibliothekssaal und sprach

---

[9]   Hier handelte es sich um das Ulanen-Regiment »von Schmidt« (1. Pommersches) Nr. 4.

mir vor den Kameraden seine Anerkennung aus für meine hervorragende Konduite, die ich mir bei den 4. Ulanen geholt hätte. Die Bewunderung meiner Kameraden konnte ich mit dem Hinweis dämpfen, daß mein Schwiegervater Divisionskommandeur der 4. Ulanen war. So sehr ich mich immer dagegen gewehrt habe, irgendwelcher Konnektion mein Fortkommen zu verdanken, so bin ich mir doch stets bescheiden bewußt gewesen, wenn ungesucht mir auch hierin das Schicksal wohlwollte.

Den Abschluß des 3. Jahres der Kriegsakademie bildete eine Generalstabsreise, jeder der 3 Hörsäle des Jahrganges für sich. Die 50 Offiziere unseres Hörsaales waren zu je 10 einem Major des Generalstabes untergeordnet, für mich der Major Lequis, welcher 1918 mit seiner Division in das revolutionäre Berlin einmarschierte. Die Leitung der Reise unseres Hörsaales hatte Oberstleutnant Frhr. v. Seckendorff. Sie diente ein letztes Bild von den Fähigkeiten und der Persönlichkeit jedes Einzelnen zu geben, neben anstrengendem Ritt, strategischen und taktischen Aufgaben im Gelände und wissenschaftlichen im Quartier wurde Kameradschaft gepflegt. Der Tag war lang und die Nacht kurz. Am Abend des ersten Tages erkrankte Major Lequis, er schickte seinen Burschen mit unseren 10 Arbeiten des Tages zu irgendeinem von uns mit dem Befehl, sie durchzusehen und mit Randbemerkungen zu kritisieren. Der Bursche kam zu mir. Als wir am nächsten Morgen in den Sattel stiegen, bedankte sich Lequis. Vor allem erkannte er an, daß ich die Arbeiten meiner Kameraden so wohlwollend kritisiert hätte und bat mich, da er sich die übrigen Tage noch schonen mußte, sozusagen Adjutant bei ihm zu sein. Auf diese Weise war ich eigentlich jeder weiteren Prüfung meiner Person überhoben. Wieder hat mir ein günstiger Zufall geholfen. General Litzmann teilte meinem Schwiegervater brieflich mit, daß ich unter den zum Generalstab Empfohlenen an 16. Stelle stände. Meine Einberufung zum Generalstab schien damit gesichert.

Von der Kriegsakademie kehrten wir zunächst zu unserem Truppenteil zurück. Gesättigt mit Weisheit fand ich, daß die taktische Ausbildung der Offiziere und Unteroffiziere nicht auf der Höhe sei. Ich erbat zu den üblichen Montagsvorträgen im Winter für mich dies als Thema. Meine sehr weisen Ausführungen fanden in der Kritik über alles Erwarten die begeisterte Zustimmung des Oberstleutnant v. Kortzfleisch, welcher uns Leutnants die Aufgaben zu stellen gehabt hatte. Er kündigte an, daß mein Vortrag gedruckt und weiter verbreitet werden sollte. Nach ihm kam mein Regimentskommandeur Oberst v. Dassel, ein Haudegen von der Garde, riesen Pferde reitend, passionierter Jäger, zu Wort. Seine Kritik war kurz: »Ich will Ihnen mal was sagen, Herr Oberleutnant, Paradenmarsch und Schießen, alles andere ist Quatsch«. Wieder war auf Sonnenschein erfrischender, fruchtbarer Regen gefallen. Trotzdem wollte der Oberst mich zu seinem Regimentsadjutanten haben und stellte mich vor die Entscheidung, dann auf eine etwaige Einberufung in den Generalstab zu verzichten. Ich wußte nichts von dem Brief Litzmanns an meinen Schwiegervater, entschied mich aber trotzdem, auf den Generalstab zu hoffen, ein größeres, wenn auch noch unsicheres Ziel, also einem sicheren und äußerlich sehr ehrenvollen Erfolg vorzuziehen.

Zum 1. April 1904 erfolgte meine Kommandierung zum Großen Generalstab, dessen Chef Graf Schlieffen ihm seinen Charakter aufprägte. Ich wurde der 1. (russischen) Abteilung überwiesen, welche aus Anlaß des russisch-japanischen Krieges im Mittelpunkt des Großen Generalstabes stand. Unmittelbar hatte ich damit nichts zu tun. Ich war der polnischen Sektion zugeteilt, welche für den Kriegsfall mit Rußland den polnischen Kriegsschauplatz zu studieren hatte. Ich meldete meinem Sektionschef, daß ich zwar russisch aber nicht die für die Arbeit notwendige polnische Sprache beherrsche. Mit der Antwort, dann soll ich sie gefälligst lernen, wurde ich abgefertigt.

Da ich nach Abschluß der Kriegsakademie auch die Befähigung zum Topographen erhalten hatte, wurde ich nach kurzer Zeit zum Ersatz eines Ausfalls zur topographischen Abteilung versetzt und zur Arbeit in die Gegend von Graudenz eingesetzt. Das Topographieren wurde von uns nicht besonders geschätzt. Besonders meine beiden Nachbarn, ein brandenburgischer Kürassier und ein badischer Dragoner fühlten sich deplaciert. Und doch war diese Vertiefung in das Gelände von Wert für den späteren Truppenführer. Zudem hatte man zum ersten Mal als Soldat das Bewußtsein, etwas Bleibendes zu schaffen. Infolgedessen machte mir die Arbeit Freude. Das Dünengelände am Weichselufer bot große Schwierigkeiten. Viele kleine Geländeformen konnten in der geforderten minuziösen Art einfach nicht dargestellt werden. Bei der Besichtigung meiner Arbeit durch den Chef der Landesaufnahme,[10] General v. Scheffer-Boyadel, dem späteren Armeeführer, in Gegenwart des Abteilungschefs wurde tadelnd festgestellt, daß ich kleine Geländeunebenheiten nicht dargestellt hatte. Ich erwiderte freimütig, daß ich dies bewußt im Interesse der übersichtlichen und klaren Geländedarstellung getan hätte und Stellen auf meinem Messtischblatt wären, wo ich dies in noch weit größerem Umfang hätte tun müssen, als in dem gerügten Fall. Diese Antwort trug mir einen tadelnden Blick meines Abteilungschefs und eine bedenkliche Miene des höchsten Vorgesetzten vom Fach, des Chefs der Landesaufnahme ein. Nach der Besichtigung wurde ich zurückhaltend verabschiedet. Nach einigen Tagen wurde ich vom Abteilungschef erneut aufgesucht. Er wolle die Stellen sehen, welche ich nach meinen Angaben unter eigener Verantwortung dargestellt hätte. Ich fuhr ihn in das schroffdurchrissene Gelände an der Weichsel. Er prüfte lange und genau. Dann gab er mir die Hand und erkannte mein selbständiges Handeln ebenso an, wie daß ich mich offen dazu bekannt hätte. Er fügte hinzu, die Abteilung müßte einen Offizier zur Erlernung der japanischen Sprache namhaft machen, ob ich dazu Lust hätte. Ich stimmte freudig zu. So wurde ich noch vor Ablauf der Arbeitszeit für die Topographen, welche bis tief in den Herbst hineinlief, zur 1. Abteilung zurückversetzt.

Die Kameraden beneideten mich um die militärische Zukunftsaussicht. Auch ich war der Ansicht, daß ich noch in den Krieg hinauskäme. Dieser endete zwar, bevor ich das Studium der japanischen Sprache abgeschlossen hatte, aber ich hoffte dennoch, nach Japan kommandiert zu werden, um die Auswertung der Kriegserfahrung dort für den deutschen Generalstab zu beobachten. Meine Frau war bereit, mich mit unseren beiden Kindern zu begleiten.

Neben der Erlernung der japanischen Sprache hatte ich alle Aufgaben zur Ausbildung der kommandierten Offiziere zu lösen. Für diese war ich dem Major Hoffmann, dem späteren Gehilfen Ludendorffs bei Oberost, unterstellt. Ich kannte ihn schon aus Königsberg, wo er Generalstabsoffizier der ersten Division gewesen war. Ein sehr kluger, aber nach meinem Eindruck charakterloser Mann. Er war mit einer Jüdin Nelly Stern verheiratet und verdankte, mir unverständlich,

---

[10] Dem Chef der Landesaufnahme unterstanden vor dem Ersten Weltkrieg die Trigonometrische, die Topographische, die Kartographische und die Photogrammetrische Abteilung nebst der Kolonialsektion.

seine Stellung in Berlin deren Geld. In seinem Buch (...) sagt er, daß er mich in den Generalstab gebracht habe, und nennt mich meiner späteren Einstellung zu ihm wegen undankbar.[11] Er hat mich nicht in den Generalstab gebracht, denn als der japanische Krieg zu Ende war, erhielt ich den kurzen Befehl, das Studium der Sprache einzustellen. Damit war jede Aussicht eines Nutzens vorüber und meine Rückkehr in die Front wahrscheinlich. Die japanische Sprache lernte ich auf dem orientalischen Seminar und hatte mehrere von den damals in Berlin befindlichen Japanern bei mir zu Haus zu privatem Lernen und Unterhalten. Es waren dies durchweg hochgebildete Japaner. Meine Eindrücke waren nicht sympathisch. Sie schienen mir, losgelöst von einer langen völkischen Eigenentwicklung, den modernen Problemen ohne jede eigene Tradition gegenüber zu stehen. Sie zeigten nichts von der ihnen nachgesagten Treue zu ihrem Kaiserhaus oder zu ihrer Religion und nationalen Eigenart. Sie suchten überall nüchtern das Beste zur Nachahmung.

Ich lernte einen kennen, welcher sich mit der Einführung des Christentums in Japan beschäftigte. Er fragte mich, was wohl das Praktischere wäre, die katholische oder evangelische Glaubens- und Kirchenform. Ein anderer wollte das japanische Theater modernisieren. Er suchte Motive, erklärte diejenigen der Schillerschen und auch der Shakespeareschen Dramen für unbrauchbar. Ein Dritter hatte den Ehrgeiz, so weit in deutsche Art eindringen zu können, daß er für einen Band lyrischer Gedichte in deutscher Sprache und Auffassung in Deutschland einen Verleger fände. Sein Ehrgeiz ist nicht erfüllt worden. Im Ganzen hatte ich zum ersten Mal den Eindruck tieferer rassischer Bindungen, sowie daß auch die neben Europa neu auftretende gelbe Rasse sich von diesen innerlich werde lösen und uns im tiefsten Sinne eine Gefahr werden könne. Ich lernte was mir später sehr nützlich war, ein fremdes Volk mit seinen Augen zu betrachten.

Die Zwecklosigkeit angestrengter Arbeit eines Jahres, welche mich ins Hintertreffen gegen diejenigen Kameraden gebracht hatte, ließ mich bei meinem Abteilungschef General v. Lauenstein, vordem Militärbevollmächtigter[12] in Petersburg um Urlaub zu meinem Regiment nach Göttingen bitten. Als ich auf seine Frage »zu welchem Zweck« erwiderte, ich beabsichtige meine Ablösung vom Kommando zum Generalstab zu erbitten, und mit dem Vorgesagten begründete, sagte er, ich junger Mann solle nicht so stürmisch sein, der Generalstab habe mir eine neue Aufgabe zugedacht, der Nachrichtendienst gegen Rußland, welches nach seinem verlorenen Krieg offensichtlich seine Front gegen Deutschland herumwerfe, versage. Ob ich mir zutraue, die Gründe hierfür zu untersuchen und abzustellen. Auf meine Bitte Näheres zu erfahren, erwiderte er, er verstände selbst nichts von der Sache, ich würde bei der Sektion IIIb Näheres erfahren. Ich hatte von Nachrichtendienst noch nichts gehört, besaß die üblichen fantastischen Vorstellungen von Spionage. Sympathisch schien mir eine solche Aufgabe nicht. Ich bat um 24 Stunden Bedenkzeit. Ich besprach mich mit meinem Schwiegervater, welcher gerade nach seiner Verabschiedung als Divisionskommandeur nach Berlin verzogen war. Er konnte mich auch nicht beraten, erkannte aber wie ich

---

[11] Vgl. Max Hoffmann, Die Aufzeichnungen des Generalmajors Max Hoffmann. Hrsg. von Karl Friedrich Nowak, Berlin 1929, S. 180.

[12] Der Begriff Militärbevollmächtigter bezeichnete eigentlich die Abgesandten der Kriegsministerien von Bayern, Sachsen und Württemberg in Berlin. Nicolai verwendete ihn hier für den Posten eines Militärattachés im Ausland. Diese waren an den Botschaften eingesetzt und sollten von dort die militärpolitische Lage des betreffenden Landes bewerten.

das mir zugedachte Vertrauen und stellte meiner persönlichen Abneigung die Ansicht gegenüber, daß es auch hier darauf ankäme, wie man eine Sache anpackt und gestaltet. Ich entschloß mich anzunehmen.

Ich wurde zur Unterrichtung für ¼ Jahr zur Sektion IIIb kommandiert. Diese führte, dem Chef des Großen Generalstabs unmittelbar unterstellt, ein streng abgesondertes Dasein. Im Kriege 70–71 versah den Geheimen Nachrichtendienst die Sektion B der 3. (französischen) Abteilung. Die Bezeichnung IIIb war seitdem beibehalten. Als Sektionschef leitete sie Oberst Brose, seit 10 Jahren in dieser Stellung, ein sehr kluger, allgemein hochgebildeter Offizier von hervorragender Ehrauffassung und Gradheit des Charakters. Unter ihm bearbeitete je ein Generalstabs-Hauptmann den Nachrichtendienst gegen Frankreich und Rußland. Zwei alte ehrwürdige Herren, ehemalige Offiziere von besonderer Vertrauenswürdigkeit versahen die Bürogeschäfte. Bestimmte Anweisungen konnte mir auch Oberst Brose nicht geben, sein Bestreben war, die Energie der Leitung mehr in der Front des Nachrichtendienstes an die Grenzen zu legen, und zu diesem Zweck aktive, im Generalstabsdienst vorgebildete Nachrichtenoffiziere an den Grenzen zu schaffen. Alle näheren Vorschläge wurden von mir erwartet.

Ich erbat meinen Einsatz beim Generalkommando des I. Armeekorps in Königsberg und wurde diesem am 1. Juli 1906 überwiesen. Ich war dem Generalkommando nur disziplinar, im übrigen dem Chef des Großen Generalstabes weiterhin unmittelbar unterstellt. Kommandierender General in Königsberg war Colmar Frhr. v. der Goltz–Pascha. Ich traf zum ersten Mal unmittelbar einen der größten Menschen und Soldaten des jungen Kaiserlichen Deutschlands. Ihn freute die mir überwiesene Aufgabe. Ohne sich darum im Einzelnen zu kümmern oder mir raten zu können, unterstützte er mich väterlich, ebenso der Chef des Generalstabes des I. Armeekorps, der wegen seiner außerordentlichen Tatkraft bekannte Oberst v. Hänisch. Im Übrigen war es anfänglich nicht leicht, in der auf Ostpreußen zugeschnittenen Reise des Generalkommandos und darüber hinaus, mit Spionage beauftragt, die notwendige persönliche Stellung zu erhalten. Daß es von vornherein gelang, verdanke ich meiner Frau und dem Zuschnitt meines Familienlebens. Ich begann in zwei Welten zu leben, in einer Welt des Kampfes für das Vaterland mit allen Mitteln und in der anderen Welt der persönlichen, darum doppelt geschätzten und gepflegten Einheit des persönlichen Lebens. Diese eigene Erfahrung habe ich zur Grundlage des organisatorischen Aufbaus gemacht. Ich habe stets den Standpunkt vertreten, daß es ein besonderer Vertrauensbeweis sei für jeden Offizier, mit den Gefahren des Nachrichtendienstes in Berührung gebracht zu werden, habe danach meine Mitarbeiter ausgesucht, habe sie in dieser Richtung überwacht, bin für sie eingetreten und habe damit, wie ich glaube, den ersten Grundstein zum Erfolg des deutschen militärischen Nachrichtendienstes gelegt.

Die vorhandenen Nachrichtenoffiziere in den kleinen Garnisonen längs der Grenze entsprachen zwar diesen Forderungen, aber sozusagen nur in spießbürgerlicher Art. Es waren Bezirksoffiziere,[13] deren militärische Laufbahn aus irgendwelchen Gründen frühzeitig beendet war. Sie waren in keiner Weise vorgebildet, beherrschten nur selten die fremde Sprache und kannten nicht das Land,

---

[13] Die den Generalkommandos unterstellten Bezirkskommandos mussten vor allem das personelle Ersatzwesen des Heeres, aber auch die Ausrüstung der inaktiven Verbände verwalten.

Persönliches 85

gegen welches sie aufklären sollten. Sie waren durch eigenes Schicksal verantwortungsscheu. Der ganze Dienstbetrieb war subaltern, sowohl in der Leitung als wie in seinen Organen, unter denen die Juden in ihren minderwertigen Charaktereigenschaften die Mehrzahl bildeten.

Ich selbst habe vor Antritt meiner Stellung in Königsberg eine 4wöchige Reise durch das noch in der Revolution von 1905-6 liegende Rußland unternommen, ich habe die deutschen Vertretungen auf meinem Reiseweg besucht und auch das russische Offizierkorps kennengelernt, und einen Begriff von der Größe und Bedeutung unseres aufkommenden Gegners Rußland gewonnen.

Selbst beim Generalkommando auf vormilitärischer Warte stehend, war es daher nicht schwer für mich, die Unzulänglichkeit der bestehenden Organisation zu erkennen. Meine Tätigkeit im ersten Jahr bestand deshalb darin, das Bestehende fast restlos aufzulösen. Als ich darüber nach Berlin berichtete, fügte ich eine kurze Denkschrift über den Neuaufbau bei. Meine Maßnahmen wurden gebilligt und ich konnte noch 3 Jahre aufbauen. Die Haupt-Aufgabe und Schwierigkeit bestand darin, die in Frage kommenden Zivilbehörden zur Unterstützung nicht im Nachrichtendienst aber auf meinem zweiten Aufgabengebiet, dem Aufbau eines Abwehrdienstes gegen die weit bis nach Deutschland hineinwirkende russische Spionage und die Verführung zum Landesverrat zu gewinnen.

In den Generalstab war ich noch nicht versetzt, ich wurde mit Vorteil zum Hauptmann befördert, trug aber immer noch die Uniform meines Inf. Regiments 82, was es mir nicht erleichterte, meine Stellung zur Geltung zu bringen.

Als ich nach 4jähriger Tätigkeit in Königsberg als Kompaniechef in den Frontdienst zurückmußte, beabsichtigte das Generalkommando als Anerkennung meine Versetzung zur Garde vorzuschlagen. Ich bat davon Abstand zu nehmen, weil ich glaubte, bei aller persönlichen Bescheidenheit mein Selbstbewußtsein als bürgerlicher Offizier in der Garde verletzt zu fühlen. Wenn man mir wohlwolle, so bitte ich um eine Garnison in meiner Heimat Mitteldeutschland. Mit damals 1½ Jahren Avancementvorteil wurde ich Kompaniechef beim Inf. Regt. 71 in Erfurt.

In Berlin wurde Major Heye, nach dem Weltkrieg Chef der Heeresleitung, der Nachfolger des in den Ruhestand übergehenden Oberst Brose. Auch in der Zentralstelle wurde also verjüngt. Praktische Erfahrung fehlte auch Heye, er führte die von mir in Königsberg geschaffene Organisation bei den übrigen Generalkommandos und auch an der Westfront durch.

1912 mußte er ein Bataillon übernehmen. Seine Rückkehr als Chef der Sektion IIIb nach 2 Jahren war beabsichtigt, damit dann IIIb selbständige Abteilung und er mit dem dann erreichten Dienstalter Abteilungschef werden konnte. Für diese 2 Jahre schlug er mich als seinen Nachfolger vor. So wurde ich im Sommer 1912 und abermaligem Avancementvorteil als Major in den großen Generalstab versetzt und mit der Führung der Sektion IIIb beauftragt, nachdem ich vorher noch eine längere Reise durch Frankreich zu machen hatte, um auch dieses Feindland kennen zu lernen.

In Berlin trat ich durch meine Stellung in enge Beziehung zum Generaloberst v. Moltke und unterstand wieder unmittelbar einem großen Menschen und Soldaten. Sein Schicksal war tragisch. Ich glaube, seine Persönlichkeit am besten würdigen zu können, wenn ich sage, daß Moltke fähig war, der Hindenburg des deutschen Volkes zu werden, wenn er wie dieser Ludendorff an seiner Seite gehabt hätte. Meine Stellung brachte mich auch in enge Beziehungen zum österreichischen und italienischen Generalstab. Der kommende Krieg warf im

Nachrichtendienst zuerst seine Schatten voraus. Ich war vielfach im neutralen Ausland, um auch dort für den Kriegsfall die Übermittlung von Nachrichten aus Feindesland sicher zu stellen, stieß dabei überall auf Verständnis in Kreisen der Landsleute, aber auf Bedenken, Widerspruch und Ablehnung bei den diplomatischen Vertretern – nicht mit Worten, aber in der Tat. Ich war noch im Mai 1914 in Rom zu Verabredungen mit dem Nachrichtendienst des italienischen Generalstabs für den Kriegsfall. Ich stieß auf warme Herzlichkeit und kameradschaftliche Freundschaft, aber aus sachlicher Zurückhaltung wegen meiner gleichzeitig engen Beziehungen zu dem uns verbündeten, Italien aber innerlich verfeindeten Österreich. Ich nahm teil an den Besprechungen mit dem zur Führung der italienischen Streitkräfte auf deutscher Seite im Kriegsfall vorgesehenen General Zuccari in Berlin Frühjahr 1914 und an dem Essen in kleinstem Kreis bei Moltke, welcher in seiner Tischrede unseren Sorgen um die italienische Bündnistreue in die Worte kleidete, er vertraue dem Wort des italienischen Generalstabschef Pollio.

Ich verwaltete den Geheimfonds des Generalstabes.[14] Ich lernte zu allem anderen auch hierdurch, jung große Verantwortung zu tragen. Die Verwendung des Geheimfonds war jeder Kontrolle auch durch den Rechnungshof entzogen, die Verantwortung lag allein bei mir. Ich hatte nur halbjährlich dem Oberquartiermeister Graf Waldersee Rechnung zu legen. Wenn ich mit meinen Büchern erschien, so fragte er nur, wo er unterschreiben solle. Ich bestand aber darauf, daß er Beleg für Beleg prüfte, damit mir wenigstens von dieser Stelle Entlastung erteilt wurde. Die Mittel waren gering gegen die, welche Frankreich und Rußland für den Nachrichtendienst ausgaben. Mit dem englischen Nachrichtendienst verständigte sich der unseres Admiralstabes. Die Verbindung zu diesem war gering. Erst im Sommer 1914 konnte ich mit dem Aufbau eines eigenen Nachrichtendienstes in England beginnen. Im Herbst 1914 hoffte ich, Militärattaché in der Schweiz zu werden, um, wenn ich später im Dienstalter alt genug war, als Abteilungschef an die Spitze des Nachrichtendienstes zurückzukehren, in der Schweiz als dem Tummelplatz der diplomatischen Vorgänge meinen Blick zu weiten. Anstatt dessen überraschte mich der Ausbruch des Weltkrieges noch an der Spitze der Sektion IIIb. [...]

---

[14] Über einen Geheimfonds verfügte die OHL u.a. zur Finanzierung nachrichtendienstlicher Vorhaben. Die Gelder wurden offiziell durch die Reichsregierung zugebilligt, unterlagen in ihrer Verwendung jedoch keiner Rechenschaftspflicht.

Vorbemerkung

Ein regelrechtes Kriegstagebuch habe ich nicht geführt. Ich habe es bei Kriegsausbruch und gelegentlich später versucht, es aber aus Zeitmangel nicht durchführen können. In meinem Besitz befinden sich daher einzelne Notizen, deren Inhalt besonders persönlicher Art war. Aus diesem Grunde eigneten sie sich auch nicht, hier ohne Auswahl eingefügt zu werden.

Aus meiner besonderen Vertrauensstellung, besonders als Chef des Nachrichtendienstes und der Abwehr folgerte die intime Kenntnis mancher Vorgänge, die damals vertraulich behandelt werden mußten. Ihre restlose Wiedergabe würde auch meinen Aufzeichnungen einen Charakter geben, den ich nicht wünsche, den eines gewissen Vertrauensbruches. Wenn ich trotzdem einzelne Vorgänge erwähne, so geschieht dies nur deshalb, weil ich glaube, daß sie einen gewissen Wert für das geschichtliche Urteil haben können, weil sie Persönlichkeiten betreffen, welche auf besonderen Posten standen, daß sie damit auch für spätere Inhaber solcher Posten und somit für die Geschichte Wert haben. Alle übrigen persönlichen, tagebuchähnlichen Aufzeichnungen habe ich vernichtet.

Soweit Vorgänge besonders vertraulichen Charakters im Kriege einen dienstlichen Wert hatten, waren sie in besonderen Handakten aufbewahrt, welche sich in meinem Verwahrsam im Hauptquartier oder dem des Chefs der Stellvertretenden Abteilung IIIb in Berlin befanden. Diese Akten sind bei Ausbruch der Revolution, in meiner Abwesenheit aus dem Großen Hauptquartier, durch den Major v. Redern und ebenso in Berlin durch den General Brose verbrannt worden. Ebenso sind zahlreiche Akten, welche den Revolutionären nicht in die Hände fallen sollten, in einem nach meiner Ansicht etwas weitgehenden Umfang in der Panik jener Tage vernichtet worden, so auch das gesamte Material der unter dem damaligen Rittmeister, jetzigen Oberstaatsanwalt Tornau stehenden Sektion des Nachrichtendienstes über revolutionäre Umtriebe während des Krieges.

Als ich nach dem Kriege beauftragt wurde, die Erfahrungen meines Dienstbereichs für den Generalstab zu bearbeiten, mußte dies nach kurzer Zeit auf Einspruch, der von Erzberger ausging, eingestellt werden. Ich konnte in dieser kurzen Zeit nicht feststellen, was an Akten vorhanden ist, zumal damals die Ordnung und Sammlung derselben erst in den Anfängen war.

Zur Auflösung meines Dienstbereichs wurde auf meinen Vorschlag der Leiter des Geheimen Nachrichtendienstes im Wehrkreis, der damalige Major Gempp, in die noch in Kolberg bestehende OHL übernommen. Mit der Umwandlung in die Reichswehr entwickelte sich hieraus der Aufbau eines getarnten, weil verbotenen neuen Nachrichtendienstes. Mit seinem Ausscheiden wurde General Gempp mit der Bearbeitung einer Darstellung des IIIb-Dienstes im Weltkrieg beauftragt. Zu dieser Arbeit nicht hinzugezogen, habe ich mich um sie nicht gekümmert und besitze daher keine Kenntnis von ihrem Ergebnis. Es soll in zwei umfangreichen Bänden in der Kriegsgeschichtlichen Abteilung des OKW vorliegen.

Einzelne dienstliche Schriftstücke, die ich den folgenden Aufzeichnungen beifügen kann, hatte ich abschriftlich in meinem Besitz. Die Originale müssen sich in den Akten der OHL oder in denen derjenigen Behörde befinden, an welche sie gerichtet waren.

Des zusammenhängenden Verständnisses wegen wiederhole ich manches, was ich in meinen beiden Büchern bereits öffentlich bekanntgab. Das erste Buch »Nachrichtendienst, Presse und Volksstimmung im Weltkrieg« ist 1920 bei E.S. Mittler & Sohn in Berlin erschienen. Ich schrieb es, wie ich in der Einleitung sage, um den verhetzenden und entstellenden Behauptungen unserer äußeren und inneren Feinde im Weltkrieg und der Revolution entgegenzutreten. Ich schrieb es im Wesentlichen aus der Erinnerung und ohne restlosen Einblick in noch vorhandene Akten, aber unterstützt durch meine zuständigen Mitarbeiter im Weltkrieg. Es ist eine unbedingt historisch zuverlässige Darstellung der Ereignisse, die ich im ersten Teil des Buches gegeben habe. Ich stellte diesem das Wort von Ludendorff voran, mit welchem er mein Arbeitsgebiet in seinen »Kriegserinnerungen« (S. ...) kennzeichnet: »Das tiefe Gefühl der Verantwortung trieb den Generalstab zur schaffenden Arbeit.«[1]

Den zweiten Teil dieses Buches habe ich der »Betrachtung« meiner Kriegsarbeit gewidmet. Als höchsten Inbegriff meiner Erkenntnis habe ich ihm ein Wort aus Clausewitz' »Vom Kriege« vorangestellt, (ich wiederhole: im Jahre 1920), welches die Aufgabe des Führers im Weltkriege kennzeichnet, welches Ludendorffs Leistung und in seinem Ausklang Ludendorffs Schicksal wurde und auf welches ich heute, im zweiten Jahre unseres Krieges gegen England, bei der jetzigen Vervollständigung meiner Erinnerungen wieder hinweise, weil Adolf Hitler im Sinne dieses Wortes die Aufgabe des Führers verwaltet:

> »So wie die Kräfte in dem einzelnen ersterben, diese nicht mehr vom eignen Willen angeregt und getragen werden, lastet nach und nach die ganze Inertie der Masse auf dem Willen des Feldherrn. An der Glut in seiner Brust, an dem Lichte seines Geistes soll sich die Glut des Vorsatzes, das Licht der Hoffnung aller andern von neuem entzünden. Nur insoweit er dies vermag, insoweit gebietet er über die Masse und bleibt Herr derselben. Sowie das aufhört, sowie sein eigner Mut nicht mehr stark genug ist, den Mut aller andern wieder zu beleben, so zieht ihn die Masse zu sich hinab in die niedere Region der tierischen Natur, die vor der Gefahr zurückweicht und die Schande nicht kennt. Dies sind die Gewichte, welche der Mut und die Seelenstärke des Führers im Kampf zu überwinden haben.« (Clausewitz, »Vom Kriege«).[2]

Dieses mein erstes Buch erschien in den Tagen des mich überraschenden Kapp-Putsches, es wurde daher von den nationalen Kreisen der nationalen Bewegung, für welche es in erster Linie bestimmt war, wenig beachtet und von der Gegenseite

---

[1] Ludendorff, Meine Kriegserinnerungen (wie Anm. 2, Einleitung), S. 6.
[2] Von Nicolai orthografisch abgewandeltes (z.B. Muth = Mut) und verkürztes Zitat der zeitgenössisch noch verbreiteten Ausgabe: Vom Kriege. Hinterlassenes Werk des Generals von Clausewitz. Erster Theil, Berlin 1832, S. 65. Im von ihm angesprochenen zweiten Teil seines Buches trennt Nicolai – anders als hier – den letzten Satz zudem mit einem Absatz vom vorherigen Text.

Vorbemerkung

möglichst übergangen. Einzelne Urteile und Besprechungen, die noch in meinem Besitz sind, füge ich im folgenden als Anlage bei.

Ich bitte, die Widmung anführen zu dürfen, mit welcher ich das erste erhaltene Exemplar dieses Buches meiner Frau widmete:

»Meiner lieben Frau in dankbarer Erinnerung an ihre treue Mitarbeit durch tapferes Aushalten und stilles Verzichten. 15.3.20.«

Diese Widmung sagt, worin die Mitarbeit meiner Frau für mich im Kriege und die Quelle immer wieder neuen Vertrauens und meiner Einsatzbereitschaft lag.

Sie soll beitragen zum Verständnis der nachfolgenden Auszüge meiner Kriegsbriefe an meine Frau, welche selbstverständlich nur wenig Dienstliches und Sachliches enthalten haben, die ich im Auszug geben muß, weil sie im Wesentlichen rein Persönliches und Familiäres enthalten, die aber doch vielleicht in diesem Auszug ein Bild übermitteln können, auch von *der* Stimmung, aus der ich in meiner dienstlichen Stellung Kraft und Zuversicht schöpfte. Außer an meine Frau habe ich im Weltkrieg keine Privatbriefe schreiben können.

Mein zweites Buch »Geheime Mächte« erschien 1923 im Verlag Koehler in Leipzig. Es sollte die mit dem ersten Buch verfehlte Wirkung nachholen und ist volkstümlicher gehalten. In seiner Beschränkung auf die Spionage sollte es Interesse wecken für das erste Buch, vor allem aber, wie es die Widmung sagt, warnen vor den Machenschaften des sich damals ungehindert in Deutschland wieder einnistenden, feindlichen Nachrichtendienstes in allen seinen Abarten. Ich habe dieses Buch mit einem entsprechenden Anschreiben auch an den damaligen Außenminister Stresemann gesandt. Ich habe von ihm nicht einmal einen Dank erhalten. Dagegen wurde mir von zahlreichen Herren des Auswärtigen Amtes lebhafte Zustimmung zuteil und ebenso aus weiten Kreisen der nationalen Bewegung. Bezeichnend war, daß ich auf ein Schreiben, mit welchem ich auch damaligen Wirtschaftsführern ein Exemplar übersandte, die Antwort erhielt, das Buch werde in ihrem Fachorgan empfohlen werden und damit hoffe man »meinen Interessen« entsprochen zu haben.

Da ich die Literatur über den Nachrichtendienst kenne, darf ich sagen, daß mein zweites Buch das einzige ist, in welchem die Dinge objektiv dargestellt sind. Es ist daher in fast alle Sprachen übersetzt worden. Nach der Machtergreifung bin ich von dem nunmehr wieder fest organisierten Nachrichtendienst der Wehrmacht gebeten worden, auf eine weitere Verbreitung durch Neudruck zu verzichten.

Ich überweise mit dieser Niederschrift je 1 Exemplar meiner beiden Bücher. Soweit ich sie nicht wiederhole, aber darauf hinweisen kann, werde ich das Buch »Nachrichtendienst Presse und Volksstimmung im Weltkrieg« mit I, das Buch »Geheime Mächte« mit II bezeichnen und die Seitenzahl in arabischen Ziffern hinzufügen, z.B. (Buch I/95).

Das Jahr 1914 stand für den Generalstab unter dem Eindruck der zahlreichen vorhergegangenen politischen Spannungen.

Vom *26.–30.3.* fand zur Ausbildung des Kronprinzen eine von Oberquartiermeister Schmidt von Knobelsdorff geleitete Generalstabsreise in Thüringen statt, an welcher teilzunehmen ich die Ehre hatte. Der Kronprinz fuhr seinen eigenen Kraftwagen, wir Generalstabsoffiziere wurden zum größten Teil in Berliner Droschkenautos befördert.

Diese Reise begann in Bad Kösen. Ich lernte den Kronprinzen hier zuerst kennen und zwar als einen bescheidenen, sehr kameradschaftlichen, offenen Soldaten, sehr begabt und interessiert, aber von auffallend jugendlichem, fast unreifem Wesen, was in unserem Kreis der etwa gleichaltrigen, aber zum Generalstab erzogenen Offiziere auffiel. Sein persönlicher Begleiter war Major von der Planitz.

Als es beim ersten abendlichen Zusammensein 9 Uhr abends wurde, machte Knobelsdorff den Kronprinzen hierauf aufmerksam, welcher sich erhob, »Gute Nacht« sagte und sich in sein Zimmer zurückzog. Ich mußte mir später eine Karte aus meinem Zimmer holen und hörte ihn, als ich an seiner Zimmertür vorbeikam, auf der Geige spielen. Ich hatte die Empfindung, daß die Abschließung dieses ersten Prinzen von unserem nun folgenden, zuweilen etwas derb-fröhlichen kameradschaftlichen Zusammensein nicht zu seiner Ausbildung als Soldat beitrug, sondern ihn immer wieder in die höfische Etikette zurückwies. So ähnlich wurde er auch sachlich nicht angepackt, seine Arbeiten leistete im allgemeinen Planitz, dabei war er selbst sehr interessiert und dankbar für jede Verwendung, die ihn uns gleichstellte. [...]

Bei seinem nachfolgenden Kommando zum Generalstab in Berlin war er auch mir vom *30.4.–2.5.1914* überwiesen. Er zeigte starkes Interesse für mein Arbeitsgebiet, war aber nicht frei von der allgemeinen, etwas phantastischen Vorstellung von demselben. Die geringen Geldmittel, welche ich zur Verfügung hatte, empörten ihn. Ich erwiderte, daß der Reichstag dem Admiralsstab für seinen Nachrichtendienst wohl ausreichende Mittel bewillige, weil dieser sich im Auslande abspiele, die Mittel für den Generalstab aber beschränke, weil er wohl fürchte, sie könnten für den Generalstab ein innerpolitisches Machtmittel werden. Daran werde nur allmählich etwas zu ändern sein, bis dahin müsse es durch die Grundsätze, welche ich ihm entwickelte, auch so gehen. Er sagte, er wolle mit seinem Vater sprechen und dann müsse dieser eben aus seiner Schatulle zuschießen. Diese Äußerung zeigte sein Temperament und seinen richtigen Blick, aber auch die Unreife seines Urteils über bestehende Möglichkeiten.

Im Anschluß an sein Kommando sollte seine Verbindung zum Generalstab durch Kommandierung eines Generalstabsoffiziers als Flügeladjutant verstärkt werden. Moltke ließ einen Major Eickenrodt, Freund von mir aus der Schule und aus dem Kadetten-Korps, zu sich kommen und bat ihn um sein Urteil über den Kronprinzen. Eickenrodt erbat sich unter Hinweis auf die Bedeutung dieser Frage 24 Stunden Bedenkzeit. Moltke erkannte diese Auffassung an. Am nächsten Tage erstattete Eickenrodt sein Urteil, so, wie ich das meinige skizziert habe. Moltke dankte ihm für seine offene Äußerung. Am nächsten Tage erhielt Eickenrodt, für ihn selbst völlig überraschend, seine Ernennung zum Adjutanten des Kronprinzen. Dieser Vorgang zeigt die ernste, von sonst herrschenden höfischen Ansichten freie Auffassung Moltkes. Ich zweifelte aus diesem Grunde an dem Gelingen. Ich behielt Recht, die ¾-Hofstellung Eickenrodts war nicht von langer Dauer, der Grund wurde in den Verhältnissen seiner Ehe mit der Tochter eines hohen Staatsbeamten, welche zur Scheidung führte, gefunden.

Vom *14.–27.5.1914* war ich in Erwiderung eines Besuches der zuständigen Abteilungschefs zu Vereinbarungen im Nachrichtendienst im gemeinsamen Kriegsfall in Rom. Die Aufnahme durch den Generalstab war sehr herzlich, der deutsche Botschafter nahm von mir keine Notiz, seine Vertretung durch den Militärattaché, Oberst v. Kleist, beschränkte sich auf gesellschaftliche Formen, war zwischen uns beiden Offizieren selbstverständlich sachlich vollkommen. Am letzten Tage meines Dortseins nahm ich teil an einer großen sportlichen Veranstaltung der italienischen Kavallerie auf dem Übungsplatz »Tor di Quinto« bei Rom. Die reiterlichen Leistungen waren enorm. Der Generalstabschef Pollio verabschiedete sich von mir bei Eintreffen des Königs, den ich nicht kennenlernte, wie überhaupt meine Anwesenheit möglichst geheim gehalten wurde. Hinterher gab mir das Offizierkorps eines Kavallerie-Regiments in einem auf dem Platz aufgeschlagenen Zelt einen Tee. Ich war erstaunt, mit wie wenig Begeisterung, welche ich bei einem Italiener vorausgesetzt hatte, der König begrüßt worden war und ebenso erstaunte mich jetzt die Frage der Offiziere, wie mir ihr »kleiner König«[3] gefallen habe. In den sachlichen Verhandlungen war ich der Anregende, die italienischen Offiziere stimmten allen Vorschlägen zu, zweifelhaft blieb mir, ob sie fähig sein würden, sie auszuführen. Hätte ich nicht gewußt, daß ich von unserem gemeinsamen Verbündeten Österreich besser nicht sprach, so hätte ich es an den Äußerungen der Italiener gemerkt.

Vom *15.–18.6.* war ich zu gleichen Verhandlungen in Wien. Hier war die Aufnahme ebenso herzlich. Die sachlichen Verhandlungen groß aufgezogen, waren mir aber von Anfang verdächtig auf ihre Durchführung und sehr spröde gegen eine Zusammenarbeit mit Italien.

---

[3] König Viktor Emanuel III. wurde aufgrund seiner geringen Körpergröße oftmals als »kleiner König« bezeichnet.

1914

Nach Tagebuch-Notizen

Dienstag, 23. Juni 1914

Als Gast des Admiralstabs bei der »Kieler Woche«. Die Anwesenheit eines englischen Geschwaders gibt der Veranstaltung in diesem Jahr außergewöhnliche Bedeutung.

Mittwoch, 24. Juni 1914[1]

Motorbootfahrt zur Besichtigung in den Nord-Ostsee-Kanal. Bei Rückkehr, nachmittags, erhalte ich Meldung von der Ermordung des österreichischen Thronfolgerpaares. Der Kaiser erhält die Nachricht durch den Marine-Kabinettschef während seiner Teilnahme am Rennen an Bord der »Meteor«, die Flaggen wehen Halbmast, alle Festlichkeiten sind abgesagt. Abends esse ich im Krupphaus.[2] Sehr ernste Stimmung. Oft höre ich die Ansicht, daß der Vorgang den Krieg bedeute.

Donnerstag, 25. Juni 1914

Rückkehr nach Berlin. Die Empfindungen des Kaisers sind zunächst nur die der Trauer um den ihm persönlichen nahestehenden Erzherzog Franz Ferdinand und der Teilnahme an dem Schicksal seiner Frau und Kinder. Darüber hinaus bewegte ihn der neue schwere Schlag, den sein hochbetagter väterlicher Freund Kaiser Franz Joseph zu tragen hat. Auch verstärkte sich seine Sorge um die Entwicklung in der verbündeten Monarchie.

Daß mit dem ermordeten Thronfolger ein unbedingt zuverlässiger Freund Deutschlands dahin gegangen sei, ist nicht die im Generalstab herrschende Ansicht. Aber er galt als eine stark ausgeprägte Persönlichkeit mit festem Willen, deren die Monarchie bedurfte, wenn das in absehbarer Zeit zu erwartende Ableben des Kaisers Franz Joseph schwere Erschütterungen über das österreichisch-ungarische Staatswesen brachte. Der nunmehrige Thronfolger, Erzherzog Karl, ist jung und unerfahren. Die Stimmung ist somit ernst, aber doch weit von der Auffassung entfernt, dass der Mord von Sarajewo der Auftakt zum Kriege sein müsse.

Die Rückkehr des Kaisers nach Berlin erfolgte in der Absicht, vor Antritt der Nordlandreise an den Trauerfeierlichkeiten in Wien teilzunehmen. Die

---

[1] Nicolai vermerkt für diesen Tag wie auch den Folgetag irrtümlicherweise das erst am 28.6.1914 verübte Attentat von Sarajewo.
[2] Das Kruppsche Klubhaus in Kiel war das Vereinsgebäude des Kaiserlichen Yacht-Klubs, in dem auch Veranstaltungen stattfanden. Der Großindustrielle Friedrich Alfred Krupp, und nach dessen Tod 1902 Gustav Krupp von Bohlen und Halbach (seit 1906), stellte es bis 1919 für eine symbolische Miete zur Verfügung.

Ausführung unterblieb auf Wunsch der österreichischen Regierung, welche dem Kaiser nicht ausreichend persönliche Sicherheit gewährleisten zu können glaubte. Erst die Erkenntnis vom Umfang der Umtriebe, daß die Spuren der Mörder zu amtlichen serbischen Stellen führten und die Beurteilung der notwendigen Folgerungen durch die österreichische Diplomatie ließen den Kaiser den ganzen Ernst der entstandenen politischen Lage erkennen.

Er entschloß sich unter diesen Umständen auf die Nordlandreise zu verzichten. Aber der Reichskanzler von Bethmann stellte ihm vor, daß ein Unterbleiben der Reise die politische Spannung vermehren und eine Häufung des Konfliktstoffes veranlassen würde. So blieb es sehr gegen den kaiserlichen Willen bei den Anordnungen für die Reise. Am 6. Juli dampfte die »Hohenzollern«[3] in Begleitung des Kreuzers »Rostock« und des Depeschenbootes »Sleipner« nach Norwegen ab. Mit dem Kaiser verließ der Chef des Militärkabinetts die Heimat.

Auch im Generalstab wurde an der für den Sommer getroffenen Zeiteinteilung nichts geändert. Nach der Herbstparade für das Gardekorps am 2. September sollten die Kaisermanöver am 5. September mit der Kaiserparade des VII. Armeekorps in Münster und am 8. September des VIII. Armeekorps in Koblenz im Rheinland beginnen. Die Vorbereitungen waren beendet, die Urlaubszeit des Generalstabs begann. So hielt auch der Chef des Generalstabs, General von Moltke, an dem ihm für den Juli verordneten Kuraufenthalt in Karlsbad fest. Ebenso wurde ein Aufschub des mir als Chef des Nachrichtendienstes von Anfang Juli bis Mitte August bewilligten Urlaubs nicht erörtert. Der Generalstab war in den letzten Jahren an politische Krisen gewöhnt worden. Es herrschte die Überzeugung, dass auch diese trotz ihres großen Ernstes wie die vorhergehenden ohne Appell an die Waffen vorüber gehen werde.

Ich verlebte den Urlaub mit meiner Familie in Bad Harzburg. Mir wurden zwar die Zuspitzung der politischen Lage und die ersten Anzeichen einer Mobilmachung in Rußland gemeldet, aber erst am 25. Juli wurde ich nach Berlin gerufen, um an einer Besprechung bei dem an diesem Tage aus Karlsbad zurückkehrenden General von Moltke teilzunehmen. Die Weisung lautete, daß ich am nächsten Tage in meinen Urlaub zurückkehren könne. So fuhr ich, nur mit dem Notwendigsten ausgerüstet, nach Berlin. Die Besprechung mit Moltke beschränkte sich auf eine Beurteilung der vorliegenden Nachrichten, die der General noch nicht als unbedingt ernst ansah. Für mich als den verantwortlichen Chef des Nachrichtendienstes waren sie aber doch so schwerwiegender Natur, dass ich glaubte, eine Fortsetzung meines Urlaubs nicht verantworten zu können. Meine Familie aber ließ ich im Harz. In den nächsten Tagen steigerten die Nachrichten über die politischen Vorgänge auf dem Balkan und die militärischen Maßnahmen Rußlands und ihre Besprechung in den Zeitungen die außen- und innenpolitische Spannung schnell und außerordentlich. Täglich rief meine Frau mich an, ob sie nicht mit den Kindern nach Berlin zurückkehren solle gleich den vielen anderen Familien, die der Kriegsgerüchte wegen den Harz verließen. Obgleich mir in meiner Stellung als Erstem der ganze Ernst der Lage bekannt war, ließ ich Frau und Kinder bis zum 31. Juli im Harz, weil ich gleichzeitig den Willen und die Bestrebungen des Generals von Moltke, des Reichskanzlers und des Kaisers kannte, den Frieden zu erhalten.

---

[3] »Hohenzollern« hieß die kaiserliche Yacht.

Der Kaiser lag seit dem 11. Juli mit der »Hohenzollern« im Sonjefjord bei Balholm vor Anker. Von einem Spaziergang an Bord zurückkehrend, erhielt er aus einer norwegischen Zeitung die Nachricht von Kriegsvorbereitungen in Serbien und der Verlegung der serbischen Regierung nach Nisch. Ohne auf nähere Meldungen des Auswärtigen Amtes zu warten, befahl er die Anker zu lichten. Am 27. Juli nachmittags 3 Uhr traf er in Wildpark bei Potsdam ein, empfangen von der Kaiserin, den Königlichen Prinzen, dem Reichskanzler, General von Moltke und Großadmiral von Tirpitz. Er blieb im Neuen Palais und unternahm von hier aus die bekannten Versuche, den Konflikt Österreichs mit Rußland und Serbien auszugleichen. Im Generalstab war die Ansicht zu hören, dass der Rat des Reichskanzlers, die Nordlandsreise durchzuführen, besser unterblieben wäre, daß anstatt des immer »beruhigen« wollens, der Kaiser besser in Deutschland geblieben wäre. Auch ich konnte mich dem Eindruck nicht verschließen, daß der Kaiser bei Anwesenheit in Berlin bei seinem ausgesprochenen Willen zur Erhaltung des Friedens Erfolg in Petersburg, London und Wien hätte haben und vielleicht die russischen Mobilmachungen hätte verhindern können, wenn er in der Lage gewesen wäre, mit seinen Bemühungen frühzeitiger energisch einzugreifen.

Nunmehr überstürzten sich die Ereignisse. Schon am 30. Juli stand es fest, daß der Zar keinen eigenen Willen mehr hatte.

Der von mir am 26.7. angeordnete verstärkte Nachrichtendienst, vorbereitet für den Fall drohender Kriegsgefahr und bestehend in außerordentlichen Maßnahmen, wie Rundreisen von in Frankreich und Rußland ansässigen Vertrauensleuten, arbeitete gut, auch alle Beziehungen, welche zu Landesverrätern in beiden Ländern im Frieden vorbereitet und mit besonderen Instruktionen für den Fall des verstärkten Nachrichtendienstes versehen waren, blieben in Takt, im Gegensatz zu der Zeit nach Kriegsausbruch, mit welchem schlagartig die meisten dieser Beziehungen abbrachen. Nicht wie später besonders von englischer Seite behauptet worden ist, weil sie der feindlichen Abwehr bekannt und darum durch sie lahmgelegt gewesen waren, sondern ganz offensichtlich, weil die Verräter, welche auch dem Offizierkorps und dem Staatsdienst angehörten, sich in diesem Augenblick zu ihrer nationalen Pflicht zurückfanden. Ich bemerke hierbei, daß es viel leichter war, derartige Beziehungen in Frankreich zu finden als in Rußland. In Rußland waren zwar in den führenden Schichten zahlreiche Elemente vorhanden, welche, besonders beeinflußt durch die von Frankreich kommende »Zivilisation«, ein Leben über ihre Verhältnisse führten und Geld suchten, aber in meiner Dienstzeit als Nachrichtenoffizier und als Chef des Nachrichtendienstes vor dem Kriege ist mir kein einziger Fall bekannt geworden, in dem ein echter Russe bewußt Landesverrat betrieben hätte, dagegen wohl zahlreiche Fälle von Betrugsversuchen zum Geldgewinn, gefördert durch das jüdische Element als vorwiegendem Vermittler.

Obgleich ein französischer Fliegeroffizier, welcher sich in der besonderen Anweisung für den Kriegsausbruch verpflichtet hatte, sich Kenntnis über den stattfindenden Aufmarsch des französischen Heeres zu verschaffen und damit im Flugzeug nach Deutschland zu desertieren, zu dieser Kategorie des Ausfalls gehörte, konnte ich doch schon am 6. August dem Chef der Französischen Abteilung, Oberstleutnant Hentsch,[4] eine Meldung über den französischen Aufmarsch über-

---

[4] Richard Hentsch war seit April 1914 Chef der 3. (Französischen) Abt., mit dem ersten Mobilmachungstag (2.8.) wurde er Chef der Nachrichtenabteilung.

reichen, welche sich bestätigte. Ich verdankte sie einem Vertrauensmann,[5] welcher bereits 1870 im politischen Dienst Bismarcks stand, und von welchem damals die Nachricht vom Abmarsch Mac Mahons von Paris auf Sedan[6] stammte, eine Zeitungsnachricht über London, die als solche in der Geschichte bekannt ist, tatsächlich aber eine Agentennachricht war. Diese hochstehende Verbindung war aber fast die einzige dieser Art, welche bestehen blieb. Im übrigen ging ich, ohne es noch zu ahnen, einem ziemlichen Zusammenbruch aller im Frieden für den Kriegsfall vorbereiteten Maßnahmen entgegen und stand noch unbewußt vor einem Neuaufbau, welcher jede im Frieden mögliche Vorstellung weit in den Schatten stellte. Ich bemerke das hier, weil daraus verständlich wird, mit welchem inneren Widerstreben ich der Belastung nachgab, welche durch den Anfall von Aufgaben, welche vor dem Kriege nicht als solche des Generalstabs betrachtet wurden und es auch tatsächlich nicht waren, ich mich gefügt habe und wie aus meinen Kriegsbriefen immer wieder die Abneigung gegen diese Aufgaben hervorgeht, so wichtig sie auch waren und so von mir bewertet und vertreten worden sind.

Auszug aus Feldpostbriefen

Berlin, Sonntag, 26. Juli 1914

(...) Gestern abend war ich um 12 Uhr zu Haus, jetzt bin ich von ½9 Uhr hier und bis 4 Uhr nachm. habe ich noch nicht über Langeweile klagen brauchen.

Ich habe meinen ganzen Dienst nun auf den Posten gebracht, auch wird von heute ab Nachtdienst stattfinden. Ich selbst kann da natürlich nicht auf Urlaub sein, komme aber vielleicht am Dienstag oder Mittwoch Abend (am 28. oder 29.7.) zu Euch bis zum nächsten Morgen, um mein Gepäck zu holen und alles mit Euch zu besprechen. Bis dahin wird sich die Lage auch weiter geklärt haben, der Kaiser trifft auch diese Nacht in Deutschland ein. Ich glaube immer noch, daß Rußland – selbst wenn es mobil machen und aufmarschieren sollte – es nicht zum Kriege kommen lassen wird, besonders angesichts der ablehnenden Haltung Englands und der übrigen Balkanstaaten. Auch Frankreich scheint nicht ganz dem Maulheldentum der Presse folgen zu wollen.

Meine dienstliche Aufgabe liegt ja aber gerade in den Zeiten dieser Ungewißheit und deshalb wird – wie ich nun doch glaube – mein Urlaub zu Ende sein. Ihr könnt aber vorläufig ruhig dort bleiben, da ja für Euch gar kein Anlaß vorliegt, herzukommen. Ich übersehe ja die Situation und werde Dich benachrichtigen, wenn ich Euer Herkommen für besser halte. Jetzt bin ich ja doch kaum zu Haus und Du und die Kinder habt es viel besser in Harzburg, die Kinder sollen auch ihre Kur beenden und noch eine Nachkur halten, jedenfalls nichts ohne Grund abbrechen.

---

[5] Hierbei handelte es sich um August Frhr. Schluga von Rastenfeld, der von IIIb als »Agent 17« geführt wurde.
[6] Die Schlacht bei Sedan fand am 1.9.1870 statt. Mit der Kapitulation der französischen Truppen und der Gefangennahme Napoléons III. tags darauf war sie vorentscheidend für den Ausgang des Deutsch-Französischen Krieges.

Vor allem beunruhigt Euch aber auch nicht, die Sache geht uns bisher noch nichts an.

Hier ist das Volk z.T. auf der Straße sehr kriegerisch gestimmt. Eben waren etwa 1000 wieder vor der österreichischen Botschaft, die dem Generalstab gegenüber in der Roonstraße ist, aufmarschiert, trugen Bilder der beiden Herrscher und sangen patriotische Lieder, untermischt mit Hurras. Als wir uns am Fenster sehen ließen, ging das Geschrei gleich wieder los. So ist es, seit gestern Abend die Ablehnung der Forderungen durch Serbien bekannt wurde. Zum Teil ist es Stimmungsmache, z.T. war es aber auch sehr hübsch, anständig und begeisternd. Besonders die von Tausenden gesungene »Wacht am Rhein«.

So habe ich seit gestern Abend schon eine ganze Menge erlebt. Von morgen ab werde ich erheblich an Offizieren und Arbeitsräumen verstärkt, dann muß und will ich den »Chef« spielen, wodurch ich vom Überarbeiten auch wohl zum besten bewahrt bleibe.

Donnerstag, 30. Juli 1914

Meldungen über Kriegsmaßnahmen in Rußland und Frankreich lassen keinen Zweifel mehr. Nachrichtenoffizier in Allenstein (Volkmann) im Besitz von Maueranschlägen über russische Gesamtmobilmachung. Moltke noch zweifelnd, will Eingang dieser Anschläge abwarten. Kämpft offensichtlich stark mit seinem Friedenswillen und Verantwortungsgefühl. Sorge führt mich enger als vorher mit Oberquartiermeister I, Graf Waldersee, Adjutanten Moltkes, v. Tieschowitz und Köhler, Chef der Operationsabteilung, Tappen, Chef der Russischen Abteilung, Graf Posadowsky, und Chef der Französischen Abteilung, Hentsch zusammen. Empfinde das mir und meinem Dienst geschenkte Vertrauen sachlich und persönlich ehrend. Stimmung in diesem Kreis äußerst gespannt, längeres Warten wird als militärisch unträglich erachtet. [...]

Freitag, 31. Juli 1914

Volkmann verbürgt sich erneut mit seinem Kopf für russische Gesamtmobilmachung. Moltke tritt persönlich mit Generalkommando durch Fernsprecher in Verbindung, mittags endlich Entschluß, Ausspruch drohender Kriegsgefahr durch den Kaiser zu fordern. Kaiser erteilt Zustimmung und bleibt von jetzt ab in Berlin.

Nach Rückkehr vom Kaiser beruft Moltke die Offiziere des Großen Generalstabs in den Bibliothekssaal. Er verkündet ihnen selbst den Ausspruch der drohenden Kriegsgefahr und fügt hinzu: »Dies bedeutet, wenn die geringe Hoffnung auf die Erhaltung des Friedens sich nicht erfüllt, für morgen die Mobilmachung und damit den Krieg. Nun gehen Sie wieder an Ihre Arbeit. Das Vaterland weiß, daß es sich auf den Generalstab verlassen kann.« Moltke hierbei tief ergriffen.

Sonnabend, 1. August 1914

Kriegserklärung Rußlands.

Mein 41. Geburtstag. Früh morgens trifft Kurier mit den von Volkmann gesandten Maueranschlägen aus Rußland ein. Ich erkenne, daß darin nur von Probemobilmachung gesprochen wird. Entsetzen groß, wenn Ausspruch der drohenden Kriegsgefahr auf dieser falschen Grundlage erfolgt wäre. Rufe Volkmann an. Er fragt nach der Farbe der mir vorliegenden Flugblätter. Ich antworte: »Rot.« Er erwidert: »Das sind noch nicht die richtigen, diese sind weiß.« Sie treffen vormittags ein und bestätigen die russische Gesamtmobilmachung und damit die Notwendigkeit der Anordnungen vom 31.7. Die vorübergehenden Zweifel habe ich Moltke nicht gemeldet, für mich getragen, habe den ersten schweren Eindruck der gesteigerten Verantwortung als Chef des Nachrichtendienstes im Kriege und für das Handeln des Führers gewonnen.

Auch politische Nachrichten erfüllen Moltkes Hoffnung auf Friedensmöglichkeiten nicht. Er erbittet daher nachmittags im Portal I des Königlichen Schlosses vom Kaiser den Mobilmachungsbefehl. Köhler bringt ihn, im Kraftwagen vorausfahrend, in den Generalstab. Er stürmt damit auch in mein Arbeitszimmer. Ein unvergeßlicher Eindruck, dieser junge, große, ehemalige Seydlitz-Kürassier[7] und ausgesuchter Generalstabsoffizier in seiner Begeisterung. Als ich meine freudige Zustimmung nicht zurückhalten kann, berichtet er stolz, er sei in dieser Stimmung im Kraftwagen stehend über die Linden hergefahren und hätte dem Publikum »mobil« zugerufen und überall begeisterte Zustimmung gefunden.

Die vorbereitende Dienstanweisung für den Generalstab des Feldheeres tritt in Kraft. Stellenbesetzung ist noch nicht verfügt, ich zweifele, ob ich bei meiner Jugend meine Stellung behalten werde.

Sonntag, 2. August 1914

Ich trage Moltke morgens die Nachtmeldungen vor. Sie besagen unfreundliche Haltung in Italien und England. Moltke tief beeindruckt. In diese Stimmung hinein tönen vom Königplatz her patriotische Kundgebungen. Moltke unterbricht meinen Vortrag, er weist zum Fenster und sagt: »Was ist das da draußen? Wissen die Leute nicht, was uns bevorsteht? Was geschieht, um die Volksstimmung in die richtigen Bahnen zu lenken?« Ich erwidere, ich wisse es nicht, das sei wohl Sache der politischen Führung. Moltke erwidert, meine Antwort genüge nicht, er bitte mich, Feststellungen zu seiner Frage zu treffen.

Ich stelle fest, daß außer dem zwischen Generalstab, Kriegsministerium und Reichskanzlei vereinbarten »Merkblatt für die Presse« keinerlei Vorbereitungen für die Beeinflussung der öffentlichen Meinung getroffen sind. Dieses Merkblatt enthielt fast ausschließlich Bestimmungen für die Zensur, also darüber, was nicht gesagt werden dürfe. Darüber, was positiv gesagt werden solle, erhielt ich nirgends Auskunft.

Ich melde entsprechend an Moltke. Er bezeichnet diesen Zustand als unmöglich. Er befiehlt, zunächst sofort eine zuverlässige Verbindung zwischen Generalstab und öffentlicher Meinung über die militärischen Belange und die

---

[7] Nach dem Reitergeneral Friedrichs des Großen benanntes, allerdings erst später aufgestelltes Kürassier-Regiment von Seydlitz (Magdeburgisches) Nr. 7. Auch Otto von Bismarck wurde ehrenhalber als Generaloberst aufgenommen und trug bei vielen Anlässen dessen Uniform.

militärischen Vorgänge des Krieges zu schaffen. Ich erwidere, daß diese nur durch eine unmittelbare Verbindung vom Generalstab zur Presse geschehen könne. Er erwidert, zur Ausführung käme innerhalb der demnächstigen OHL nur IIIb in Frage. Er bittet mich sehr gütig aber bestimmt, diese Aufgabe zu übernehmen und möglichst selbständig nach meinem Ermessen zu handeln.

Ich erwidere nach militärischer Gewohnheit »Zu Befehl«, obgleich ich im ersten Augenblick keine rechte Vorstellung von dem erhaltenen Auftrag habe. Das Einzige, was ich bisher von der Presse weiß, sind die von mir wie von vielen Offizieren gelesenen »Berliner Neusten Nachrichten« und einige Personal- und Sachkenntnisse aus meiner Aufgabe bei den letzten beiden Kaisermanövern, die Presseberichterstatter zu betreuen. Ich rufe meine Offiziere zusammen. Mit ihnen steht es nicht anders als mit mir. Wir halten Ausschau nach einem Generalstabsoffizier, der als Mitarbeiter in Frage käme. Wir finden nur den Major Deutelmoser, jetzt Pressereferent im Kriegsministerium, welcher die Heeresvorlagen der beiden letzten Jahre pressetechnisch bearbeitet hat. Ich fahre zu ihm ins Kriegsministerium. Er ist bereit, die Aufgabe zu übernehmen und, im Dienstalter nur wenig unter mir stehend, sich mir zu unterstellen. Ich kenne ihn als meinen Hörsaalkameraden aus der Kriegsakademie, in welchem er als der begabteste galt und mit dem Ehrendegen des Kaisers wegen hervorragender wissenschaftlicher Leistungen ausgezeichnet worden war. Hier liegt seine Stärke, weniger in der Tatkraft. Dies hatte auch seine Verwendung in der Kriegsgeschichtlichen Abteilung I des Großen Generalstabs zur Folge, in welchem er zu den nächsten Mitarbeitern des außergewöhnlich geistreichen Chefs, General Freytag v. Loringhoven, gehört hatte, was ihm die seltene Auszeichnung eintrug, 1913 am Friedrichstag[8] den üblichen Vortrag in Gegenwart des Kaisers zu halten. Seine besondere Begabung hatte auch seine Versetzung in das Zentraldepartement des Kriegsministeriums veranlaßt. Er hat mir bald nachher bestätigt, wie gern er meinem Ruf Folge geleistet habe mit der bescheidenen Begründung, er wisse nicht, ob seine Nerven einer Verwendung in der Front standgehalten hätten. Auf diesen beiden Grundlagen seines Wesens entwickelte sich später unsere Zusammenarbeit. [...]

Es bedurfte längerer Unterhandlungen mit dem Chef der Ministerialabteilung, Oberstleutnant Hoffmann, und dem Chef der Armeeabteilung, Oberst v. Wrisberg, im Kriegsministerium, ihre Zustimmung zur Zurückversetzung Deutelmosers in den Generalstab zu erhalten. Entscheidend war, daß er seiner kriegsgeschichtlichen Fähigkeiten wegen für die Aufgabe besonders geeignet schien, weniger seiner Kenntnis vom Wesen der Presse. Auch bestand Übereinstimmung darin, daß die eigentlich beim Kriegsministerium liegende Verantwortlichkeit und Zuständigkeit gegenüber der Presse dadurch nicht berührt wurde.

Bei der Ausschau nach geeigneten Mitarbeitern einigte ich mich mit Deutelmoser zunächst auf den Major der Landwehr a.D. Schweitzer, einen alten erfahrenen Zeitungsjournalisten und im Generalstab als großer Patriot bekannt, und auf den Hauptmann d.R. Foertsch, den späteren Chefredakteur der »Kreuz-Zeitung«[9] (konservativ).

---

[8] Hier handelt es sich um den feierlich begangenen Geburtstag Friedrichs II. am 24.2.
[9] Gemeint ist die »Neue preußische (Kreuz)Zeitung«.

Montag, 3. August 1914:
Kriegserklärung Frankreichs *und* Belgiens

Ich werde unter Beibehaltung meiner Stellung als Chef der Sektion IIIb in den Stab des Chefs des Generalstabs des Feldheeres versetzt. Als solcher bin ich nach den Mobilmachungsvorarbeiten analog dem Kriege 1870/71 dem Chef der 3. (Französischen) Abteilung (daher die historische Bezeichnung IIIb, das heißt: Sektion b der 3. Abteilung) unterstellt. Der einsetzende Ansturm auf IIIb mit Angeboten für den Nachrichtendienst, unkontrollierbaren Meldungen, Anfragen usw., verhindert aber von vornherein irgendwelche Abhängigkeit von Hentsch. Soweit sie notwendig wird, zeigt sie eine Entschlußlosigkeit des körperlich leidenden und dadurch seelisch niedergedrückten Hentsch, daß ich mit seinem stillen Einverständnis darauf ganz verzichte.

Der Hochbetrieb macht in der Personalvermehrung für IIIb vor allem einen energischen Büroffizier notwendig. Ich finde ihn in dem saugroben und auch körperlich imponierenden Rittmeister von Westernhagen von den Königin-Kürassieren.[10]

Oberstleutnant von Haeften, von Moltke mit der Herstellung eines Aufrufs »An mein Volk« beauftragt, (welcher gleichfalls übersehen war und Moltke und Haeften vor endgültiger Fassung in Konflikt brachte mit Bethmann-Harnack,[11] siehe Aufzeichnungen von Haeftens[12]) sucht mich auf, um mir seinen ersten Entwurf zu unterbreiten. Unvergeßlich wie dieser, gleichfalls der Kriegsgeschichtlichen Abteilung I entstammende Offizier, seiner leidenschaftlichen, durch Herzleiden vergrößerten Gefühlsregung wegen von Moltke ausgesucht, mir vor Begeisterung lodernd, seinen Entwurf vorlas. Auf Vorschlag von Schweitzer verkünde ich den in den Reichstag zusammengerufenen, in Berlin befindlichen deutschen Pressevertretern den mir von Moltke gewordenen Auftrag. Ich schlage vor, die Verbindung zwischen Heeresleitung und Volk durch die Presse durch regelmäßige Wiederholung der Zusammenkünfte im Reichstag zu gewährleisten, sage zu, alle militärischen und die politischen Zentralstellen zur Teilnahme zu veranlassen und führe aus, daß die von mir beauftragten Vertreter der OHL zwar nicht immer alles über die militärische Lage würden sagen können, daß aber das, was ihnen zu sagen befohlen werde, wahr sein werde.

Ich treffe den, nach der endlich gefallenen Entscheidung über den Aufmarsch unserer Hauptkräfte gegen Frankreich und schwächerer Kräfte gegen Rußland, zum Chef des Generalstabs im Osten ernannten Oberquartiermeister I, Graf Waldersee, und beglückwünsche ihn zu dieser Aufgabe. Er bittet mich in sein Zimmer, zeigt wenig Zuversicht und Begeisterung für seine Aufgabe, bespricht mit mir die Lage. Ich äußere von mir empfundenes Befremden, daß bei den Erörterungen über den Aufmarsch, angesichts des drohenden Abfalls von Italien und des Kriegseintritts von England, sowie der schon erkennbaren und mir im Frieden in meiner Stellung bewußt gewordenen inneren Schwäche unseres einzig

---

[10] Bereits 1806 wurde das Kürassier-Regiment Königin (Pommersche) Nr. 2 nach der damaligen Königin Luise von Preußen benannt.
[11] Der protestantische Theologe und Kirchenhistoriker Adolf von Harnack war Begründer der Kaiser-Wilhelm-Gesellschaft und fungierte als Berater des Reichskanzlers Bethmann Hollweg.
[12] Besagte Aufzeichnungen befinden sich im Nachlass von Haeften, BArch N 35/2.

verbleibenden Bundesgenossen Österreich-Ungarn, rein militärische und nicht auch politische Gesichtspunkte den Ausschlag gegeben hätten. Er fragt, wie ich das meine. Ich stelle als meine unmaßgebliche Meinung hin, ob nicht zu erwägen gewesen wäre, mit ein paar Armeekorps in Österreich einzumarschieren, mit diesem faulen Staatswesen Schluß zu machen, ob auf diesem Wege nicht eine Verständigung und Rückendeckung durch Rußland herbeizuführen, der preußische Weg zu beenden und dem beginnenden deutschen [Weg] in seinem schon erkennbaren Kampf gegen die Westmächte wirksam Rechnung zu tragen gewesen wäre. Waldersee erklärt meine Gedanken unvereinbar mit der Bündnistreue. Ebenso erregte ich auch in meiner Familie bei meinem Schwiegervater, dem alten preußischen Divisionskommandeur, mit meiner vertraulichen Äußerung Anstoß. Der österreichische Generalstabsoffizier v. Glaise-Horstenau, welcher im Kriege durch die den meinigen ähnelnden politischen Aufgaben innerhalb der österreichischen Heeresleitung zu mir ein besonderes Vertrauensverhältnis gewann, der sich später als Minister im zusammenbrechenden Österreich zu Adolf Hitler bekannte, beurteilte meine Gedanken: »Nicht dumm, aber nicht einfach«.

[handschr.]»Berliner Lokal-Anzeiger«, Nr. 389,
Abendausgabe 3.VIII.1914

Generalstab und Presse

Auf Veranlassung des Chefs des Großen Generalstabes fand heute vormittag im Reichstagsgebäude eine Besprechung des Chefs der Presseabteilung des Großen Generalstabes, *Major Nicolai*, mit Vertretern der Presse statt. Der Presse wurde mitgeteilt, daß der Große Generalstab ihr für die wirksame Mitarbeit in dieser ernsten Zeit Dank wisse, und daß alles geschehen solle, um ihre schwere Aufgabe zu erleichtern. Selbstverständlich dürfe bis auf weiteres *nicht ein Wort über deutsche Truppentransporte*, über die Durchführung der Mobilmachung in die Öffentlichkeit dringen. Unser Land ist von *Spionen und Agenten* überzogen, die nur darauf lauern, daß irgendwo vielleicht eine unbedachte Nachricht in die Zeitung gelange. Schärfste Kritik und äußerste Zurückhaltung sei deshalb unbedingt geboten, insbesondere auch für die *Provinzpresse*, die vielleicht nicht in gleicher Weise wie die Berliner Zeitungen in der Lage sei, die Tragweite anscheinend ganz unbedeutender Meldungen sofort richtig abzuschätzen. Wenn die Stunde gekommen ist, wird der Große Generalstab mit seinen Meldungen nicht zurückhalten. *Vorerst gibt es nur eine Forderung: Vertrauen, unbedingtes Vertrauen in unsere oberste Armeeleitung. Das weitere wird sich schon finden.* Major Nicolai teilte dann die Bedingungen für die Zulassung von Kriegsberichterstattern mit und schloß seine Ansprache mit der im ausdrücklichen Auftrage des Chefs des Großen Generalstabes gegebenen Versicherung:
»Der Generalstab wird mit seinen Meldungen *auf keinen Fall Schönfärberei* treiben. Er wird *sachlich und offen* alles sagen, was zu sagen ist. Wir sagen entweder nichts, aber wenn wir etwas sagen, ist es wahr.«
Nach Abrücken der Presseabteilung ins Große Hauptquartier wird *Oberst Brose* die hiesige Leitung der Presseabteilung des Generalstabes übernehmen.

Dienstag, 4. August 1914

Nachrichtendienst meldet, Aufmarsch starker französischer Kavallerieverbände gegenüber Luxemburg und dem südlichen Belgien. Vorausbeförderte deutsche Kräfte überschreiten luxemburgisch-belgische Grenze.

Mittwoch, 5. August 1914

Der Kaiser nimmt im Sternsaal des Königlichen Schlosses die englische Kriegserklärung entgegen.

Oberst von Kleist, Flügeladjutant des Kaisers, ehemals Militärattaché in Rom, mir aus meinen Besprechungen beim italienischen Generalstab im Jahre 1913/14 dorther bekannt, zum König von Italien entsendet, kehrt von dort zurück. Der König sei persönlich mit ganzem Herzen bei Deutschland, ein Zusammengehen mit Österreich würde aber in Italien einen Entrüstungssturm entfesseln, einen Aufstand dürfe seine Regierung nicht wagen. Der italienische Militärattaché, Graf Calderari, wie alle italienischen Offiziere, welche mit dem Generalstab zu tun hatten, ein ehrlicher und begeisterter Freund Deutschlands, hält es unter diesen Umständen für ihn als Offizier für unmöglich, auf seinem Posten zu bleiben. Er bittet um Enthebung von seinem Posten. Der König entsprach seinem Wunsch und erkannte seine Haltung durch Ernennung zum Flügeladjutanten an. [...]

Aus mehreren Stellen Deutschlands wird der Ausbruch eines Spionagefiebers gemeldet und abenteuerliche Gerüchte über Verhinderung von Attentaten auf Eisenbahnanlagen und Jagd auf angeblich dem feindlichen Ausland zustrebende Goldautomobile.[13] Die Nachrichten haben mehrfach den Charakter von Beschwerden von Kommandobehörden über eine dadurch drohende Störung der Mobilmachung. Eine planlose Verhängung von Schutzhaft ist erkennbar. Diese Vorgänge steigern Moltkes innere Unruhe. In außergewöhnlich heftiger Weise verlangt er von mir eine Abstellung. Ich erblicke in den Vorgängen eine Folge dessen, daß der IIIb-Dienst bis zum Kriegsausbruch nicht nur von dem Volk, sondern auch von den Kommandobehörden im Lande und selbst im Generalstab abgeschlossen gehalten worden ist. IIIb besitzt infolgedessen auch jetzt nicht die Autorität und die Mittel, durchzugreifen. Meine Anordnungen stoßen im Lande auf Widerstand zahlreicher Behörden unter Berufung auf ihre Verantwortlichkeit. Die Notwendigkeit der Zusammenfassung wird zum ersten Mal fühlbar, besonders im Hinblick auf die mit dem Verlassen der Heimat durch die OHL auf die Militärbefehlshaber[14] übergehende Kommandogewalt. Diese verfügen planmäßig wohl über Abwehrstellen gegen den feindlichen Nachrichtendienst und über Presseabteilungen, aber keineswegs, auch nicht als Leiter dieser Stellen, über ein für diese Sonderaufgabe vorgebildetes Personal. [...]

---

[13] Gemeint waren damals kursierende Gerüchte über mit Gold beladenen Automobile, die von den Entente-Staaten aus durch Deutschland nach Rußland fuhren, um die dortigen Kriegsanstrengungen zu unterstützen.

[14] Siehe dazu Einführung, S. 14 f. sowie auch den Eintrag vom 16.2.1917.

Donnerstag, 13. August 1914

Die Meldungen des Nachrichtendienstes aus Feindesland werden spärlicher. Der für den Kriegsausbruch vorbereitete Nachrichtenapparat läuft offensichtlich ab. Der bisher schon um Deutschland gebildete Ring erschwert und durchschneidet vielfach die Verbindung und Vorbereitung der Nachrichtenwege.

Umso schlimmer wirken die beginnenden feindlichen Lügenberichte. Für die deutsche Berichterstattung fehlt es selbst bei der OHL an einheitlichem Willen. Das mir von Moltke befohlene Instrument steht zwar durch die Pressesektion bei IIIb unter Deutelmoser und durch die Pressezusammenkünfte im Reichstag, aber der Stoff fehlt. Der für die Grenzen des zu Sagenden verantwortliche Chef der Operationsabteilung, Oberstleutnant Tappen, zeigt Neigung, den Krieg am liebsten unter Ausschluß der Öffentlichkeit zu führen, der zur Entlastung des Generalstabschefs in diesen Dingen bestimmte Generalquartiermeister, General von Stein, interessiert sich gleichfalls nur für die Operationen, auch die obersten Zivilbehörden betrachten den Krieg anscheinend als alleinige Sache des Heeres. Irgendeine Anregung von dieser Seite ist bisher nicht erfolgt. Der an sie ergangenen Aufforderung, zu den Pressebesprechungen im Reichstag Vertreter zu entsenden, wird offensichtlich nur zögernd und zurückhaltend entsprochen.

Ich bringe in Übereinstimmung mit Deutelmoser und Schweitzer weitere Einheitlichkeit in den deutschen Nachrichtenapparat, indem ich das mir am leistungsfähigsten genannte Wolffsche Telegraphenbüro (WTB)[15] als dasjenige auswähle, mit welchem die OHL arbeiten wird, und zu welchem von IIIb unmittelbare Drahtverbindung hergestellt wird. (Später ist mir der Vorwurf gemacht worden, ich hätte hiermit für ein jüdisches Unternehmen eine Monopolstellung geschaffen. Von dem weitgehenden Einfluß des internationalen Judentums im Nachrichtenwesen der Vorkriegszeit war mir nichts bekannt, es hat mir auch niemand bei den Vorverhandlungen zu diesem Schritt davon gesprochen. Die beiden Direktoren des WTB, Dr. Mantler und Dr. Diez, waren außerordentlich erfahrene Männer ihres Faches, die uns Offizieren darin nur imponieren konnten. Sie haben persönlich das in sie gesetzte Vertrauen auch niemals enttäuscht. Daß auch sie nicht rein arisch waren, habe ich erst nach dem Kriege erfahren.) Die Presse selbst fiel in diesen Tagen des richtunggebenden Aufbaus völlig aus. Nicht eine ihrer Organisationen trat mit irgendwelchen Vorschlägen hervor. Nur der Kreis der bei den Pressebesprechungen zusammengeschlossenen Pressevertreter wählte einen Ausschuß, welcher, aber erst späterhin, eine gewisse Vertretung der Presse gegenüber der Presseleitung im Generalstab wurde. Als aus dieser schon das Kriegspresseamt geworden war, also etwa nach einem Jahr, erfuhr ich zum ersten Mal vom Verein der deutschen Zeitungsverleger,[16] dessen Vorstand bei einer Sitzung in Berlin tagte. Ich erbat meine Teilnahme. Ich wurde mit merkbarer Reserve empfangen. Als ich dies offen aussprach, erwiderte mir der Vorsitzende des Vorstandes der deutschen Zeitungsverleger, Dr. Faber, von der »Magdeburgischen

---

[15] Der Stellvertretende Generalstab (ab 1915: das Kriegspresseamt) versandte den Heeresbericht täglich um 11.00 Uhr zunächst an das Wolffsche Telegraphenbureau, das ihn wiederum an die anderen Presseagenturen und Redaktionen weiterleitete. Siehe auch den Eintrag vom 16.2.1917.

[16] Im Jahr 1894 gegründet, war der Verein der deutschen Zeitungsverleger mit Sitz in Hannover die Interessensvereinigung der Branche.

Zeitung«, ich täusche mich nicht, ich hätte die Pressebesprechungen eingerichtet, damit die Macht in die Hände der Redakteure gelegt und sie ihnen, den Zeitungsverlegern, aus der Hand genommen. Ich ging zum Gegenangriff über und fragte, wo denn die Herren in den ersten Augusttagen 1914 gewesen wären, als sie wohl auch die Versäumnis der Kriegsvorbereitung auf ihrem Gebiet und die Bemühungen des Generalstabs, das Versäumte nachzuholen, erkannt hätten?

Ich muß zum Verständnis ferner vorausschicken, daß der Verlegerverein Gutes und Positives im Sinne der Presse als Organ der Kriegführung während des ganzen Krieges überhaupt nicht geschaffen hat. Die Verleger waren durch Erbe Besitzer ihrer Zeitungen und Einzelne durch geschäftliche Tüchtigkeit auch besonders vorangekommen. Eine Persönlichkeit, die im Kriege eine Rolle hätte spielen können, war nicht unter ihnen, sie dachten in erster Linie an die geschäftlichen Interessen ihrer Zeitungen mit der allerdings zutreffenden Begründung, daß als erste Grundlage eines brauchbaren Instruments seine geschäftliche Stärke und die darauf beruhende Verbreitung notwendig sei. Was ich hier sage, gilt von der sogenannten nationalen Presse bei Kriegsausbruch, deren Besitzer im Verlegerverein organisiert waren.

Die Verleger der großen jüdisch-demokratischen, der sozialdemokratischen und der Zentrumspresse[17] hatten entweder sehr viel größere eigene Finanzkräfte oder finanzielle Rückendeckung, sie hielten sich vom staatlichen Aufbau eines Pressesystems und staatlichem Einfluß fern. Sie besetzten infolge ihres Einflusses in dem vorher erwähnten Ausschuß nur den Posten des Vorsitzenden mit Georg Bernhard, dem Verlagsdirektor der »Vossischen Zeitung« von Ullstein, und den Posten des zweiten Vorsitzenden mit dem sozialdemokratischen Journalisten Baake, einem älteren, ruhigen Mann und vertrauten Freund Friedrich Eberts.

Aus dieser Lage erwächst die Dienstanweisung für die Stellvertretende Abteilung IIIb von 13.8.1914. Darin wird der Stellvertretenden IIIb mit dem Fortgang der OHL die Leitung der gesamten Abwehr und der Presse in der Heimat übertragen. An ihre Spitze tritt Oberst Brose, mein Vorgänger als Chef der Sektion IIIb in den Jahren von 1900–1910, der, trotzdem dazu bereit, mir unterstellt bleibt, aber mit seiner großen Erfahrung und den Vorzügen seiner ruhigen, klar blickenden und unbedingt zuverlässigen Persönlichkeit Gewähr dafür bietet, die mobile IIIb selbständig zu entlasten.

Aus der Situation des 13.8. heraus, schlage ich Moltke vor, mit dem bevorstehenden Abgang der OHL in das Große Hauptquartier folgenden Erlaß zu veröffentlichen:

»13.8.1914

Die geschlossene Stimmung der Parteien und die bisher einmütige Haltung der Presse für den Krieg ist für die OHL von großer Bedeutung. Sie schafft den Geist der Hingabe und Geschlossenheit für Deutschlands große Aufgabe. – Dies muß während der ganzen Dauer des Krieges, mag kommen, was will, so bleiben.

Die Aufsichtsbehörden, die mit der Zensur der Presse betraut sind, haben den geringsten Versuch, die Einigkeit des deutschen Volkes und der Presse durch parteipolitische Ausführungen zu stören, gleichgültig von welcher oder gegen welche Partei, sofort auf das energischste zu unterdrücken«.

---

[17] Gemeint ist die der Zentrumspartei nahestehende Presse.

Bei Erläuterung dieses Erlasses habe ich das Wort vom »Burgfrieden«[18] gebraucht. Es ist späterhin als ein verfehlter Standpunkt bezeichnet worden. Dem Anspruch der OHL beim Fortgang ins Große Hauptquartier aus der Heimat an diese entsprach es aber vollkommen.

Freitag, 14. August 1914

Mobilmachung und Aufmarsch sind planmäßig beendet.

Sonnabend, 15. August 1914

Der Admiralstab teilte eine Meldung aus England mit, die Fürstin Pleß hätte Auftrag, zu berichten. (Diese Nachricht veranlaßte strenge Überwachungsmaßnahmen über den gesamten Briefwechsel. Er ergab in der ganzen Kriegsdauer nicht den Beweis irgendeiner Absicht des bewußten Landesverrats. Die Fürstin Pleß war Engländerin, eine hervorragende Schönheit am Hofe und erfreute sich der kaiserlichen Freundschaft. Ihre Briefe im Kriege waren wie die vieler Mitglieder des Hochadels, und wie auch vor dem Kriege, vorwiegend politischen Inhalts, Wiedergabe gehörter Dinge und Klatsches. Das erfordert immerhin eine Überwachung und Isolierung von den Stellen, an welchen ernstere Dinge zu erfahren waren. Die Fürstin Pleß war nicht die einzige, es wurde wohl ein Dutzend von Persönlichkeiten aus diesen Kreisen, auf welche die Abwehr in dieser Form ausgedehnt werden mußte. Kein Fall bewußt böser Absicht ist festgestellt worden, immerhin erwies sich die Schädlichkeit internationaler Bindung nicht nur beim Proletariat und ihren Führern, sondern auch im Hochadel und anderen Kreisen internationaler Bindung wie Hochfinanz, Diplomatie und Großhandel. Die Fürstin Pleß soll auch ein Buch geschrieben haben.[19] Ich kenne es nicht. Wenn es von ihr selbst stammt, trägt es sicher die Züge oft reichlich törichter Betrachtung und einer gewissen Dummheit. Ehe die OHL das erste Mal nach Pleß[20] ging und der Kaiser im Schloß des Fürsten Quartier nahm, habe ich mich eingehend noch einmal über diese Verhältnisse unterrichten lassen und melden können, daß nichts vorläge, was vom Standpunkt des kaiserlichen Ansehens seinen Aufenthalt in Schloß Pleß verhindere, daß selbstverständlich der Fürstin Pleß der Zutritt verboten sei. Sie versuchte nur einmal, dies heimlich zu durchbrechen, lief mir aber morgens, als ich vom Spazierritt heimkam, in die Hände, ich vermutete sie wegen ihrer auffallend schönen Figur und fand, als ich vom Pferde

---

[18] Der Begriff »Burgfrieden« bezeichnet das Ende der Auseinandersetzungen im Reichstag über die Einhaltung der parlamentarischen Zustimmung zur Kriegführung. Begründet mit dem Argument der Verteidigung gegen äußere Feinde (»Volksgemeinschaftsmythos«) beinhaltete er u.a. die Gewährung von Kriegskrediten, die Verabschiedung diverser Kriegsgesetze sowie die politische Vermittlung dessen an die jeweiligen Wählergruppen.
[19] Daisy von Pleß, Tanz auf dem Vulkan. Erinnerungen an Deutschlands und Englands Schicksalswende, 2 Bde. Hrsg. und eingel. von Desmond Chapman-Huston, Dresden 1929.
[20] Schloss Pleß (heute poln. Pszczyna), Sitz des Fürsten Hans Heinrich XV. von Pleß in der damaligen Provinz Oberschlesien.

stieg, bereits die Meldung ihrer Anwesenheit durch die Geheime Feldpolizei[21] vor. Ihre Abreise schloß sich unmittelbar diesem Erlebnis an. Auch der Auslandspaß wurde ihr, wie anderen zu Isolierenden, verweigert. Sie versuchte, ihn über den Kaiser zu erhalten, mit der wahrheitsgemäßen Begründung notwendiger familiärer Besprechungen in der Schweiz. Der Kaiser, welcher über die Vorgänge nur im Großen unterrichtet war, übersandte mir ihren 8 Seiten langen Brief mit der Randbemerkung: »Herrn Oberstleutnant Nicolai zur Erledigung!« Er fragte mich nach dieser einige Tage später, als ich ihm erwiderte, es sei bei der Ablehnung geblieben, erklärte er diese mit seiner Auffassung übereinstimmend.)

Sonntag, 16. August 1914

7.53 Uhr erfolgt die Abfahrt des kaiserlichen Zuges vom Anhalter Bahnhof in Berlin zur Fahrt über Erfurt, Würzburg nach Koblenz in das erste Große Hauptquartier Koblenz. Außer der nächsten kaiserlichen Umgebung befinden sich im Zuge die Kabinett-Chefs, der Reichskanzler und der Generalstabschef Moltke mit seinen Adjutanten, dem Chef und einigen Offizieren der Operationsabteilung, der Chef der Französischen Abteilung, Oberstleutnant Hentsch, und ich als Chef des Nachrichtendienstes. Das Kaiserpaar, welches in den letzten Tagen vielfach durchreisende Truppen auf den Bahnhöfen begrüßt und persönlich Abschied genommen hatte von den Berliner und Potsdamer Regimentern, die ihm besonders nahe gestanden hatten, traf zuletzt auf dem Bahnhof ein und blieb allein im Kaiserlichen Salonwagen, dessen Vorhänge herabgelassen waren. Die Fahrt zum Bahnhof führte uns alle durch große Menschenmassen, welche begeistert die Anfahrt des Kaiserpaares erwarteten. Ich habe oft daran gedacht bei späterem Erleben des Kaisers in der erstarrenden Öffentlichkeit.

Dicht vor der Abfahrtszeit meldet der erste Kommandant des Hauptquartiers, Generaloberst von Plessen, daß die Abfahrtszeit herangekommen war. An der Hand des Kaisers gestützt, verließ die Kaiserin den Zug. Als dieser sich in Bewegung setzte, reichte sie dem Kaiser noch einmal die Hand zum Abschied. Die uns durch den Abteilungschef angewiesenen Abteile befanden sich im Zuge hinter dem kaiserlichen Wagen. So passierten wir in dem langsam sich in Bewegung setzenden Zug die auf dem Bahnsteig stehende Kaiserin. Am offenen Fenster stehend, erwies ich ihr militärischen Gruß. Sie erwiderte ihn mit der ihr eigenen Hoheit und Güte in dem von Tränen verschleierten Blick. Offensichtlich bewahrte sie nur mit äußerster Anstrengung ihre tapfere Haltung. Dieser Abschied des Kaiserpaares war nichts anderes als der, den ich selbst eben zu Hause von Frau und Kindern genommen.

---

[21] Die Geheime Feldpolizei (GFP) wurde vom ehemaligen Chef der Berliner Kriminalpolizei, Wilhelm Stieber, bereits 1866 im Auftrag Bismarcks aufgestellt und nahm ursprünglich primär nachrichtendienstliche Aufgaben wahr. Dies geschah in enger Zusammenarbeit mit dem von Stieber gegründeten Central-Nachrichten-Büro, dem ersten deutschen Geheimdienst. Im Ersten Weltkrieg war die GFP für die Ermittlung bei Straftaten an und von Militärangehörigen zuständig. In Spionage- und Sabotagefällen fungierte sie als exekutives Organ für Abteilung IIIb.

Auszug 1a aus Feldpostbriefen

Würzburg, Sonntag, 16. August 1914,
9 Uhr

(...) Unsere Fahrt war sehr würdig, überall war man frei von Hurra-Patriotismus, es lag sonntägliche Weihe über allem. Verpflegung hatte ich mir glänzender gedacht. [...]
Das Leben im kaiserlichen, vor dem Kriege weiß-blau jetzt feld-grau gestrichenen Zuge,[22] wandte sich für mich sofort der Arbeit zu. Die während der Nacht und in der Unruhe der Abfahrt eingegangenen Meldungen mußten verarbeitet werden. Auch Moltke sitzt in seinem Wagenabteil vor den rings an den Wänden befestigten Karten vom Kriegsschauplatz. Auch der Reichskanzler und seine Mitarbeiter tragen die graue Felduniform. Die feldmäßige Einfachheit und Kameradschaftlichkeit hat begonnen. Der Kanzler und Moltke geben sich wenig Mühe, ihre ungeheure Bedrücktheit zu verbergen. Sie müssen auf jeden, der uns bei den verschiedenen Aufenthalten gesehen hat, auch diesen Eindruck gemacht haben. Auch im Kaiser sieht es innerlich nicht anders aus. Aber er hält mehr auf Würde. Besonders fiel mir dies in Erfurt auf, wo er jugendlich vom Wagen auf den Bahnsteig sprang und den dort zahlreich zusammengeströmten, nahestehenden Massen innere Festigkeit und Zuversicht zu zeigen bemüht war. Das Mittagessen bestand in einer kräftigen Gemüsesuppe, das Abendbrot aus belegten Butterbroten. Nur an den Weinen merkte ich, daß ich beim Kaiser zu Gast war. Der Wein verminderte aber nicht die Beschwerden des heißen Augusttages. Bei uns jüngeren Insassen des Zuges erregte es deshalb lebhafte Befriedigung, als eine besonders findige Ordonnanz es in Würzburg fertigbrachte, heimlich ein Fäßchen bayerischen Bieres in den Packwagen zu schmuggeln. Die würdige und ernste Haltung der Bevölkerung im Lande, die wir beobachteten, bildete einen Gegensatz zu der hochfliegenden Begeisterung, wie sie in den Straßen Berlins während der letzten Tage um den Kaiser und Generalstab gedrängt hat. Unsere Stimmung ist mehr wie die, welche wir draußen finden. Auch der Kaiser äußerte, daß ihn die maßvolle Haltung der Bevölkerung im Lande mit Zuversicht erfülle. Im Rheintal gab es auf freier Strecke nächtlichen Aufenthalt. Das Licht wurde gelöscht. Zum ersten Mal hören wir das Surren feindlicher Flieger. Nach fast 24-stündiger Fahrt am 17.8. morgens Ankunft in Koblenz. Hier bricht das Temperament der rheinischen Bevölkerung wieder in starker Begeisterung durch.

---

[22] Für den Hofzug des im Volksmund auch »Reise-Kaiser« genannten Wilhelm II. wurden zwischen 1889 und 1917 insgesamt 30 Wagen (Salon-, Gefolge-, Küchen-, Speise- und Packwagen, sowie 1917, als letztes Fahrzeug, ein Telegrafenwagen) gebaut. Im Ersten Weltkrieg verkehrte der Hofzug – in anderer Zusammensetzung als zu Friedenszeiten – unter der Bezeichnung »Zug der OHL« und brachte den abgedankten Monarchen auch am 10.11.1918 ins niederländische Exil. Der Hofsalonwagen Wilhelms II. kann heute im Deutschen Technikmuseum Berlin besichtigt werden.

Auszug 2 aus Feldpostbriefen

Koblenz, Montag, 17. August 1914,
nachm. 5 Uhr

Jetzt bin ich dienstlich und persönlich einigermaßen eingerichtet. In beidem gut untergekommen, konnte ich mich heute früh sogar durch ein Bad von dem erheblichen Reisestaub reinigen. Unsere Fahrt verlief schnell, unterbrochen durch allerlei dienstliche Pflichten. Besonderes erlebten wir nicht. Man wußte wohl nur an einzelnen Stellen, daß der Kaiser fuhr. So war die Fahrt schlicht und soldatisch. Auf dem Bahnhof in Berlin war auch die Kaiserin, der Abschied wurde ihr sichtlich schwer. Heute habe ich mir auch die Pferde angesehen und bin angenehm enttäuscht. Ein kleiner schwarzer Wallach und eine etwas größere braune Stute. Beide noch jung, der Rappe geritten, die braune noch ziemlich roh. Ich hoffe, daß ich täglich eine Stunde reiten kann. Else und Ditta sollen mir schreiben, wie ich die Pferde nennen soll.[23]

Die Stimmung hier ist sehr gut, alles klappt und kommt, wie es erwartet wurde. Wenn ich mal mehr schreiben darf als Ihr durch Wolff lest, so schreibe ich es Euch.

Auszug 3 aus Feldpostbriefen

Koblenz, Freitag, 21. August 1914,
abends 8 Uhr

(...) Nun habe ich mein Tagewerk einstweilen vollbracht und hoffe endlich mal zu einem Brief an Dich zu kommen. Den Gruß, den ich Deutelmoser durch's Telephon auftrug, wirst Du erhalten haben. Es geht nicht gut, daß ich direkt mit Dir spreche, weil alle Leitungen jetzt für den Dienst reserviert, jedenfalls zu stark in Anspruch genommen sind, daß ich gern das Opfer bringe, auf das Hören Deiner lieben Stimme zu verzichten, wo andere so viel größere Opfer bringen.

Nun laß' Dir erzählen: Moltke wohnt mit uns, »seinem Stab«, in einem Hotel für sich, sonst ist niemand – auch kein Zivilist – da. Ich habe ein sehr gutes, großes und ruhiges Zimmer und Telephon in ihm zu meinem Büro. Die Arbeitsräume des Generalstabes sind im Gymnasium, ich hause zu ebener Erde in den physikalischen Lehr-Räumen, voll von Schränken mit allen möglichen Instrumenten, ausgestopften Tieren, Skeletts, usw. Aber auch diese Räume sind groß, hell und gesund und mit allem versehen worden, was zur glatten, schnellen Erledigung unseres Dienstes notwendig ist. Moltke hält sich ganz zu uns, ißt bei uns im Hotel. Majestät mit seiner Umgebung und die anderen Behörden wohnen woanders. Frau v. Moltke ist vom Kaiser hergerufen, um das Rote Kreuz hier einzurichten. So ißt sie oft mit unserem Chef als einzige Frau unter uns, ein schönes Bild, die beiden so zusammen zu sehen.

---

[23] Meine Kinder tauften die Pferde »Victoria« und »Sieg« [Anm. des Verfassers].

Morgens stehe ich um ½7 Uhr auf und reite nach dem Kaffee eine Stunde spazieren. Da sieht man draußen im Reit-Gelände alle Herren des GrHQu ihre Mobilmachungspferde einreiten. Mit meinen Pferden bin ich ganz zufrieden. Der kleine Rappe ist ganz gut geritten, er überzäumt sich nur etwas. Die Braune ließ sich zuerst kaum den Sattel auflegen, gewöhnt sich aber auch schon daran, nun Reitpferd zu sein. Die Pferde sehen gut aus, Walter pflegt sie gut und an Futter ist hier noch kein Mangel. Auch der Kaiser reitet morgens.

Hinterher geht's dann an die Arbeit, die für mich erfolgreich ist und mich deshalb auch befriedigt.

Am Mittwoch, den 19.8., mittags, fuhr ich in einem der 3 mir zur Verfügung stehenden Autos über Trier nach Luxemburg. In Deutschland alles leer von Männern, nur junge Burschen, bereits als Rekruten ausgehoben, und mit Bändern geschmückt, zogen durch die Ortschaften, sangen patriotische Lieder und riefen »Hurra«, wenn wir vorbeifuhren. Stotten begleitete mich. Die Alten standen an den Brücken und Bahnen als Wachen, alle erwiesen stramme Ehren-Bezeugungen. Es ist doch ein gewaltiger Eindruck, wie ein Volk sich erhebt und alles zu den Waffen geht.

In Luxemburg wurde das Bild anders. Die Dörfer belebt und auf den Feldern die Leute bei der Arbeit. Sie waren nicht unfreundlich, aber auch nicht besonders freundlich. Ich überholte Kolonnen. Überall musterhafte Ordnung. Die Mannschaften in allen Altern stramm und guter Stimmung. Luxemburg-Stadt glich einem Heerlager. Da sprach ich Witte und den jugendlich erhaltenen Herzog v. Württemberg, den Armeeführer. Nach einer Stunde Aufenthalt ging's nach Diedenhofen weiter. Es war abends 6 Uhr geworden und immer noch zogen die Kolonnen und Verpflegung, Munition und Feldlazarette, meine Straße kreuzend, nach Westen. Ein gewaltiger Eindruck! Diese Masse und diese Ordnung! So kann es bei unseren Feinden nicht sein!

In Diedenhofen konferierte ich mit Rießer, hatte auch die Freude, daß der Kronprinz in unser Zimmer kam und mich mit Handschlag begrüßte.

Dann ging es weiter nach Metz. Diedenhofen und Metz zur Verteidigung verstärkt. Überall unterwegs Posten und Wachen an den Straßensperren und Drahtverhauen. Gehöfte, Häuser und Dörfer in unseren Tagen mit Schießscharten versehen und zur Verteidigung eingerichtet. Im Umkreis friedlich weidende riesige Rinderherden, das Schlachtvieh für die Armeen. In Metz kam ich im Dunklen an. Auch hier war ein Heerlager. Und trotzdem herrschte Ordnung und Straßen-Disziplin. Ein Bürger stellte sich auf's Auto und zeigte mir den Weg zu Kefers Haus, wo ich übernachtete. Man ist in Metz auf dem Posten, ist aber mit der Haltung der Bevölkerung zufrieden.

Am 20.8. 7 Uhr früh ging's weiter nach St. Avold zu Lübcke. Ich erhielt die Nachricht, daß das Oberkommando zur Schlacht in Lothringen gefahren war und leistete *gern* der für mich hinterlassenen Aufforderung Folge, dorthin zu folgen. So war ich zwei Stunden beim Stabe des Kronprinzen von Bayern, von dem ich einen Gruß an den Kaiser und die Meldung vom guten Stand der Schlacht mitbekam. Die Schlacht selbst sah man da ja auch nicht, hörte nur von fern den Geschützdonner. Unser altes Saarburg war von den Franzosen befreit, Ihr werdet heute Abend ja die Siegesnachricht von dort und weiter westlich bis nach Metz heran, erfahren haben. Ich sah aber noch Kolonnen zur Schlacht eilen. Was ich da sah an Begeisterung und Drang, an den Feind zu kommen, war einfach wundervoll. In diesen beiden Tagen habe ich mein Deutschland noch mehr lieben gelernt als ich es schon tat. In einer Ecke eines Gehöftes an der Marktstraße lag ein Haufen gefangener und zum Teil verwundeter Franzosen. Südfranzosen vom XV. AK aus Marseille und Avignon. Ich sprach mit einigen. Sie hatten Angst, sie würden von uns füsiliert werden, so hätte man es ihnen gesagt, daß die Deutschen alle Gefangenen füsilierten. Darüber konnte ich sie ja beruhigen, riet Ihnen nur, in Deutschland recht gehorsam zu sein. Die Artillerie und die Munitionskolonnen, die vorbeijagten, entdeckten das Häuflein auch, einer zeigte es dem anderen, eine helle Begeisterung kam bei vielen zum Ausdruck. Französische und deutsche Flieger zogen über den Ort hin, der von seinen Bewohnern verlassen schien. Das waren für mich 2 Stunden, in denen ich mich wirklich als Soldat fühlte. Die Kerls unrasiert, zum Teil schon mit Vollbärten, mit einer Entschlossenheit, die dann ja auch zum Sieg geführt hat. Beim Oberkommando herrschte eine Ruhe wie im Manöver. Alle Anordnungen und Meldungen durch Fernsprecher. Es wurde mir ordentlich schwer, um 12 Uhr wieder fortfahren zu müssen, bei herrlichem Sonnenschein durch das still daliegende Land, mit den Gedanken bei den braven Jungen, die hinter uns jetzt für ihr Vaterland im Kampf standen.

Meinen Auftrag an den Kaiser richtete ich durch den diensttuenden Flügeladjutanten aus, abends kamen dann weitere Meldungen über den guten Stand der Schlachten und heute früh die Meldung vom Sieg.

Möge es weiter hier so gehen und an anderen Fronten uns Rückschläge erspart bleiben!

Sonnabend, 22. August, nachm.

Heute sind die Attachés und Berichterstatter angekommen, sie bringen mir eine Vorahnung der Arbeit, die sie machen werden. [...]

Sonnabend, 22. August 1914

Alles erfreut über Vormarscherfolge im Westen, aber etwas unheimliche Stimmung wie im Vorgefühl nahenden Unheils, weil der Feind sich, außer in Lothringen, nirgends zur richtigen Schlacht stellt. Habe den Eindruck eines etwas planlosen und ungeleiteten Hinterherrennens der einzelnen Armeen.

Dazu aus dem Osten bedrohliche Nachrichten vom russischen Vormarsch. Prittwitz will hinter die Weichsel zurück.

Nur eine Ansicht: Ludendorff muß ran! Begleitet von Bedenken, daß er zu jung sei, um Autorität gegenüber kommandierenden Generalen im Osten – besonders Mackensen und François – zu haben und als Vertreter der OHL auf dem östlichen koalierten Kriegsschauplatz. Der Name Hindenburg fällt. Die Eigenschaften seiner hervorragenden, ehrfurchtgebietenden und gehorsamerzwingenden Persönlichkeit scheinen geeignet, zu ergänzen, was Ludendorff fehlt. Entschluß: Ludendorff *und* Hindenburg. Ludendorff sofort verfügbar, wird gerufen. Bei Hindenburg wird angefragt, noch Zweifel, ob er annimmt. Hauptbedenken: seine beschränkte körperliche Fähigkeit, welche allein auch seine Verabschiedung verursacht hatte.

Sonntag, 23. August 1914

Ludendorff eingetroffen. Ich nehme an dem Vortrag teil, der ihm über die Lage im Osten gehalten wird. Er steht staubig und verbrannt wie er aus dem Kraftwagen gestiegen ist, vor dem Kartentisch, aufrecht. Nach Abschluß des Vortrags klappt sein Einglas herunter gegen die Knöpfe seines Waffenrocks, er richtet sich straff auf und sagt: »Es steht nicht so schlimm wie ich dachte«. Ein Wort, das wie eine Erleichterung nach den Sorgen und Erwägungen der letzten Tage wirkt. Hindenburg hat angenommen.

Meine Dienstzeit läuft ununterbrochen von 8 Uhr morgens bis 10 Uhr abends. Alle meine Mitarbeiter, auch in der Heimat, drängen nach vorn. Ich bereite die Abgabe aller entbehrlichen Generalstabsoffiziere an die Front vor.

Kriegserklärung Japans. [...]

Auszug 4 aus Feldpostbriefen

Koblenz, Mittwoch, 26. August 1914,
nachm. 5 Uhr

(...) Seit meinem zweiten Brief liegen wieder Tage gewaltiger Eindrücke hinter mir. Ich mußte meinen Dienst für Lüttich und Brüssel einrichten, fuhr dazu am Montag, 24.8., im Kraftwagen nach Lüttich und nahm die Militär-Attachés und Kriegsberichterstatter, die mittlerweile nach Ems nachgezogen sind, mit. Bis Aachen merkte man nichts vom Krieg, jedoch fühlte ich beim Durchfahren dieses schönen und fruchtbaren Landes, daß es sich lohnt, für unser Vaterland zu kämpfen und daß die schlichte deutsche Art, die in der ruhigen und vertrauensvollen Haltung der Bevölkerung zu Tage tritt, dem Heere *das* Pflichtgefühl gibt, das zum Siege führen muß. Berlin ist laut und sensationslüstern, auf dem Lande muß man die deutsche Ordnung und Schlichtheit sehen! Überall wurden wir Offiziere gegrüßt, die Kinder marschierten mit Fahnen herum und überall herrschte Freude über die schon errungenen Siege. Auch Dir, mein Lieb, kann ich die Freude über diese schönen Erfolge nachfühlen, wie sie aus Deinem lieben Brief spricht. Aber noch ist viel zu leisten, heute sind wieder zwei entscheidende Schlachten, eine im Westen, die hoffentlich die Entscheidung gegen die Engländer bringt und eine im Osten, wo es gilt, unser liebes Ostpreußen von dem stark überlegenen Feinde zu säubern. Aber verlieren können wir den Krieg nun nicht mehr! Das ist, nach den bisherigen Erfolgen, denen sich nun auch Österreich angeschlossen hat, wohl schon entschieden. Ereignisse in den Kolonien und in Kiautschou,[24] so bedauerlich und schwer an sich, können daran nichts mehr ändern.

Wir können vertrauen, daß die Opfer, die uns noch bevorstehen, nicht umsonst gebracht werden!

---

[24] Australische und neuseeländische Truppen begannen im August 1914, die kaum verteidigten deutschen Südseekolonien zu besetzen. In diesem Monat eroberten britische und französische Verbände auch die westafrikanische deutsche Kolonie Togo. Ende August blockierten japanische und britische Kriegsschiffe zudem den Seezugang des deutschen Schutzgebietes Kiautschou in China.

Die Fahrt in Belgien bis Lüttich führte durch ein totes Land. Kein Ort, in dem nicht Häuser mit allem, was darin war, dem Erdboden gleichgemacht wurden. Es muß furchtbar gewesen sein! Die Schuld tragen die Leute, welche der belgischen Bevölkerung die Waffen in die Hand gaben und sie aufforderten, gegen die deutschen Truppen vorzugehen. Reste von Barrikaden und aufgerissene Straßen beweisen die Teilnahme der Bevölkerung am Kampf, ehe unsere Truppen auf reguläre Truppen stießen. Am schlimmsten ist ein großes Dorf »Batize« [Battice] und der Flecken »Hervé« [Herve] vor Lüttich mitgenommen. Da ist *alles* vernichtet, kein Haus, das nicht niedergebrannt ist, kein Mensch zu sehen, keine Möbel, kein lebendes Wesen. Nur einige Landwehrleute halten Wache. In anderen Orten zeigte sich, daß unsere Truppen nicht wahllos handelten. Da sieht man in der Reihe niedergebrannter Häuser solche, die intakt sind, in einigen sind die Bewohner zurückgekehrt, sitzen vor der Tür und bei ihnen stehen deutsche Soldaten im gegenseitigen Vertrauen. In Lüttich war zwei Tage vor meiner Ankunft wieder auf Soldaten geschossen worden. Die Häuser waren rauchende Trümmer, die Stadt hat anstatt 50 Mill. Kontribution 70 zu zahlen. Da mag auch mancher Unschuldige begraben und um Hab und Gut gebracht sein, aber es ist notwendig und nicht von uns verursacht. Was ich von unseren Truppen in Feindesland gesehen habe, war einfach großartig an Ordnung und Disziplin!

Vor Lüttich besah ich ein Fort Fleuron, welches gestürmt war. Eine brillante Leistung! Jenseits Lüttich sah ich das Fort Loncin, ein Trümmerhaufen durch unsere schweren Geschütze. Die Besatzungen haben sich sehr tapfer gehalten, unter den Trümmern von Loncin liegen noch 150, der Aufenthalt war des Geruches wegen zum Teil schaurig. An allen Forts wird aufgeräumt und die Forts zur Verteidigung wiederhergestellt.

In Lüttich selbst ein wogendes Meer von Menschen, Fahrzeugen und Pferden. Von da fuhren wir ein Stück nach Brüssel zu, ganz nach Brüssel konnte ich mit den Attachés nicht fahren, weil ich keine Garantie für die Sicherheit der Bevölkerung übernehmen konnte. So bogen wir auf Jury ab. Wir durchfuhren das Gelände, welches unser Armeekorps durchmarschiert hatte. Nicht ein zurückgebliebener Wagen, Pferd oder Mann, überhaupt nichts zu merken, daß Hunderttausende hindurchmarschiert waren. Die Wegweiser waren aber von den Einwohnern vernichtet oder unleserlich gemacht. So oft ich ausstieg, um den Weg zu erfragen, fand ich schwer einen Menschen, alles lief fort, sobald sie den deutschen Soldaten erkannten, sodaß man nur alte Weiber oder Greise oder Kinder erwischte. An der ganzen Maas alle Brücken gesprengt. Ein Beweis, wie energisch man die Maas verteidigt haben würde, wenn wir den Franzosen, Engländern und Belgiern Zeit gelassen hätten, diese Linie zu besetzen. Daß es ihnen nicht möglich war, verdanken wir der Einnahme von Lüttich, das rechtfertigt die Opfer, die sie gekostet hat.

Wir fuhren in Maas-Tal gegen Namur weiter, weil ich meinen Schutzbefohlenen die Einschließung zeigen wollte. Rechts von der Chaussee die Maas, links steil aufsteigende Felsen. Nur eine Kolonne überholten wir. Als wir im Hofe des ersten Forts waren und auf der engen Straße noch keine Truppen entdeckten, wurde mir die Sache doch unbehaglich. Besonders, da die Autos, außer meinem, nicht mehr genug Benzin zur Rückfahrt bis Lüttich hatten. Kein Mensch konnte Auskunft geben, ob auf dieser Straße überhaupt Truppen gegen Namur marschiert waren. Schließlich behauptete ein Radfahrer, daß Namur genommen sei. So entschloß ich mich, meine Kolonne runterfahren zu lassen. An einer verlassenen Barrikade mit zwei Geschützen vorbei, passierten wir die Straße, die mit Tausenden zerschlagener Gewehre, fortgeworfener Tornister usw. bedeckt war. In Namur wehte auf der Zitadelle schon die deutsche Fahne, Pioniere fingen gerade an, die zerstörten Teile wieder herzustellen. Wenkert, der mich begleitete, fand am Eingang seine alte Kompanie. Du kannst Dir die Freude denken. Über der Stadt brummten noch die schweren Geschosse, gegen die 4 Forts, die noch nicht gefallen waren. Ab und zu fiel auch in Namur ein Schuß. Die Truppe merkte das scheinbar gar nicht mehr. Mir gab alles einmal einen Begriff vom Kriege und befriedigte mich tief, es gesehen und erlebt zu haben. Bei Dunkelheit fuhren wir an der Maas entlang nach Lüttich zurück. Auf dem weiten Weg nach Lüttich wieder dieselbe Ordnung und Ruhe bei allen Kolonnen, die ich schon mehrfach anstaunen konnte. Nach 9 Uhr waren wir in Lüttich, kein Mensch durfte mehr auf der Straße sein, dagegen mußten alle Fenster erleuchtet sein. Im Grand Hotel aßen wir, dazu auch der Gouverneur, Kolewe, kam. Wir übernachteten in Lüttich, am Dienstag morgen 5 Uhr ging's weiter über Aachen, wo ich die Attachés und Berichterstatter nach Ems entließ, während ich mit Neuhof nach Köln fuhr, um Kroeger zu instruieren, der nach Brüssel geht.

Gegen Mittag war ich dann wieder hier. Viele und sehr unruhige Arbeit erwartet mich immer, sodaß ich nicht zum Schreiben kam. Hoffentlich kannst Du diese schnell geschriebenen Zeilen lesen!

Jetzt war ich wieder zwei Stunden unterbrochen. Es sind ununterbrochen kritische Tage erster Ordnung, hoffentlich halten alle Nerven hier aus! Am schlimmsten ist das Hin und Her der Möglichkeiten, gottlob wurden bisher noch alle Krisen und Spannungen durch Siegesnachrichten gelöst! Hoffentlich auch diesmal wieder so! Es ist ein gewaltiger Krieg! (...)

Ich glaube, daß wir das Weihnachtsfest nicht zusammen feiern werden, aber hoffentlich stehen wir dann im Innern Frankreichs. England macht verzweifelte Anstrengungen, es wird sicher eine neue Armee bilden, wenn die erste erledigt werden sollte. Japan ist das unverschämteste, was man je in der Weltgeschichte erlebt hat.[25] Ich bin nur froh, daß ich dieser gelben Bande nie Sympathie geschenkt habe. Aber es wird auf England zurückfallen, daß es dies Volk im Osten gegen Deutschland losließ. England wird's jetzt zu büßen haben! (...)

Ich stehe jetzt jeden Morgen um 6 Uhr auf, reite von 7–8 Uhr, ziehe mich dann um und der Rest des Tages ist Arbeit bis abends 10 Uhr. Gottlob schlafe ich ausgezeichnet und bin gut verpflegt. Mittags fahre ich mit dem Auto zu den Attachés und Berichterstattern nach Ems, eine halbstündige Fahrt in schöner Gegend.

Es ist 8 Uhr geworden, der Postkurier geht bald ab, auch sind die letzten Abendstunden mit die aufregendsten, da dann die Nachrichten von den Armeen eingehen. [...]

---

[25] Obwohl bis Kriegsbeginn enge Beziehungen zwischen den Vertretern Deutschlands und Japans bestanden, erklärten Letztere am 23.8.1914 dem Deutschen Reich den Krieg. Als Legitimation hierfür diente die zuletzt 1911 erneuerte Allianz mit Großbritannien.

Sonnabend, 29. August 1914

Die kurze Meldung vom Sieg bei Tannenberg wirkt in ihrer ganzen Größe auch bei uns, da die im Verlauf der Schlacht eingegangenen Meldungen über Einzelheiten spärlich gehalten waren.

Auszug 5 aus Feldpostbriefen

Koblenz, Dienstag, 1. September 1914

Heute ist der Schlachttag von Sedan,[26] und wieder kämpften unsere braven Truppen nicht weit davon. Hoffentlich wieder zum Sieg! Seit den ersten Schlachten vergeht an der langen Heeresfront kein Tag, an dem nicht gekämpft wird, besonders bei St. Quentin war es eine ganze französische Armee, die im Felde stand. Wenn wir Glück haben, führen die Kämpfe aber zu einem großen Gesamterfolg, der trotz aller Einzelerfolge natürlich unser Streben bleibt.

Seit ich Dir den letzten Brief schrieb, sind – ich weiß gar nicht mal wieviel – Tage in Arbeit und Aufregung vergangen. Am 28. ist Neuhof zur 10. Division versetzt. Ich bedaure natürlich, daß er nicht bei mir arbeitet, habe aber alle, die ich irgendwie entbehren kann, zur Verwendung an der Front zur Verfügung gestellt. Alles drängt nach vorn, auch in Berlin bei der stellvertretenden IIIb will alles heraus. Am 28. und 30. habe ich mit Attachés und Berichterstattern die Schlachtfelder der Armeen des Kronprinzen Wilhelm und des Kronprinzen von Bayern besichtigt. Ich habe die landschaftlich schöne Fahrt in einem Auto am ersten Tag mit dem Oberst Jullien, dem ältesten der Attachés (Brasilien) und Doyen der Gesellschaft, den zweiten Tag mit dem Rittmeister v. Adlercreutz (Schweden) verbracht. Vorn in der Kolonne fuhr sich's gut, hinten muß es sehr staubig sein, die hinteren sahen aus wie die Mohren. Es ging über Trier–Luxemburg–Esch, wo ich mich beim Oberkommando über die Schlachten unterrichten ließ und wo der Kronprinz Wilhelm den amerikanischen Attaché in meiner Gegenwart empfing. Dann nach Longwy. Diese kleine Sperrfestung ist ein Felsen-Nest. Die Stadt war geräumt worden, jetzt stehen von ihr nur noch die Mauern. Auch die Festungswerke sehen toll aus, alles Trümmerhaufen. Der Kommandant und die Besatzung haben sich tapfer gehalten. Ich sah dort Dum-Dum Geschosse[27] und solche, bei denen die Spitze abgefeilt war! Letztere in Mengen!

Es war ein eigenes Gefühl, als ich zum ersten Mal französischen Boden betrat. Die Bevölkerung macht einen kuschen, verbissenen Eindruck. Da, wo unsere Truppen beschossen sind, ist auch hier sofortige Besatzung vollzogen, besonders

---

[26] Obwohl offiziell kein Feiertag wurde der Jahrestag der Schlacht von Sedan im Deutsch-Französischen Krieg 1870/71 am 1./2.9. vielerorts feierlich begangen.

[27] Nach ihrem Herstellungsort in Britisch-Indien wurden Geschosse mit freiliegender Spitze als »Dum-Dum« bezeichnet. Da diese Teilmantelgeschosse besonders verheerende Verwundungen hervorriefen, beschlossen die Signatarstaaten der Haager Landkriegsordnung von 1899, deren Gebrauch zu untersagen. In ihren Erinnerungen aus dem Ersten Weltkrieg gaben zahlreiche deutsche Soldaten an, diese Geschosse bei britischen Soldaten oder in deren Stellungen gefunden zu haben.

ist von der Stadt Longuyon kein Haus mehr heil. Diese Vorgänge erregen natürlich das Ausland sehr, es ist aber notwendig und war ja auch von uns angedroht, daß der Franktireurkrieg[28] rücksichtslos niedergeschlagen wird. Auf uns in der langen Autokolonne ist nicht geschossen. Über Löwen[29] habe ich zutreffende Schilderungen durch die Kriegsberichterstatter verbreiten lassen, die Ihr wohl gelesen haben werdet. Das ist das scheußlichste und bedauernswerteste Ereignis bisher im Franktireurkrieg gewesen. Aufhalten tun uns solche Vorgänge nicht, wie die Welt sieht, aber die Heeresleitung bedauert sie im Interesse der Truppen und wegen der vielen vernichteten Werte. Es ist für die Verpflegung, Unterkunft usw. der Armeen auch nicht gut, daß sie ein solches Trümmerfeld hinter sich haben, und doch muß sofort durchgegriffen werden, wo es nottut. Von Longwy fuhren wir über Longuyon.

Diese Stadt ist ein Trümmerhaufen. Beim Einmarsch ist auf Deutsche geschossen worden, dem beginnenden Straßenkampf fielen die Häuser zum Opfer, die nicht als Herberge von Verwundeten das Rote Kreuz trugen. Am nächsten Morgen fand man die Verwundeten verstümmelt. Da sind auch die anderen Häuser vom Boden vertilgt worden. Die Fahrt führte mich über die Abschnitte, die vom 22.–25. das Schlachtfeld der kronprinzlichen Armeen gebildet hatten. Es sind starke Stellungen gewesen, die die Franzosen hatten und in denen sie von einer zur anderen zurückgeworfen wurden. Einzelheiten werdet Ihr in den Zeitungen lesen, ich habe es den Berichterstattern an Ort und Stelle erklärt. Außer den zum größten Teil zerstörten Ortschaften (aber auch hier bewiesen wieder unversehrt, friedlich daliegende Orte, daß die Deutschen nicht unnötig und ohne Auswahl grausam waren) zeigten sich in allen Stellungen noch Spuren des Kampfes. Es standen z.B. in einer Stellung noch die zum großen Teil völlig gefüllten Munitionswagen einer französischen Batterie, deren Geschütze als Beute schon fortgefahren waren. Auf den Straßen eine wunderbare Ordnung, zur Seite noch tote Pferde, einige gefallene Franzosen, die von den Einwohnern gerade zur Beerdigung zusammengeholt wurden. Deutsche Soldatengräber von ergreifender Schlichtheit, meist nur ein breiter flacher Hügel mit dem Helm darauf. Massenhaft französische Schützengräben und Batteriestellungen, Hindernisse und dgl. Zahlreiche Chausseebäume umgelegt. Die Schützengräben z.T. mit schlechtem Schußfeld, in einem fand ich ein französisches Witzblatt leichtester Art!

Gegen Abend waren wir bei der Einschließung im Norden von Verdun. Biwaks, Batterien, Kolonnen, alles aufgebaut wie zu einer Besichtigung. Großartig!

Der Abend senkte sich hernieder und immer noch zogen die Kolonnen in größter Ordnung an uns vorüber nach Westen. Die Fahrt war schwierig in der

---

[28] Als »Franktireur« (Freischärler) bezeichneten die Deutschen im Ersten Weltkrieg, wie bereits im Krieg von 1870/71, irreguläre französische und belgische Kämpfer. Sie warfen ihnen dabei vor, sich nicht als Kombattanten zu kennzeichnen sowie die Waffen offen zu führen und damit gegen das Kriegsvölkerrecht zu verstoßen. Dementsprechend sahen sie es als gerechtfertigt an, aufgegriffene Franktireure standrechtlich zu erschießen und die Gebäude, aus denen sie auf deutsche Truppen geschossen hatten, zu zerstören.

[29] Vom 25. bis 28. August 1914 gingen in der belgischen Stadt Löwen (Leuven/Louvain) stationierte deutsche Soldaten davon aus, von Franktireurs angegriffen zu werden. Es kam zu Übergriffen, bei denen 248 Zivilisten getötet und viele Gebäude zerstört wurden. Insbesondere die Zerstörung der kulturell bedeutsamen Universitätsbibliothek rief breite internationale Empörung hervor.

Dunkelheit, alle 1000 m wurden wir von dem Posten angerufen. So war es spät, als wir in Diedenhofen landeten, wo ich Nachtquartier machen ließ.

Auszug 6 aus Feldpostbriefen

Luxemburg, Freitag, 4. September 1914,
nachm. ½4 Uhr

Meine innig geliebte Frau!
Nachher werde ich gleich Deine liebe Stimme hören, beginne aber schon mit Dir zu plaudern. Meine Schilderungen liegen ja immer schon eine Zeitlang zurück, aber wenn ich von den Fahrten zurückkomme, finde ich gerade die aufgestapelte Arbeit vor und komme dann nicht zum Schreiben. Hier im Quartier beginnt mein Tag morgens um 6 Uhr, dann wird von 7–8 Uhr geritten und dann folgt mit der Mittagspause von 2–3 Uhr Arbeit bis abends 10 Uhr. Dann bin ich so müde, daß ich nichts mehr schreiben kann und nur eine Karte zu schreiben lohnt sich nicht. Da ist es schon besser, daß Ihr täglich telephonisch von mir durch IIIb am schnellsten hören könnt, daß es mir gut geht. Hier lebt man ja gar nicht wie im Krieg, deshalb sehnt man sich auch immer so nach vorne. Die Fahrten mache ich zum Teil, um meinen Dienst zu leiten und einzurichten, teils mache ich sie, um Attachés und Berichterstatter zu führen. Zu letzterem werde ich in Zukunft aber kaum noch Zeit haben, muß es Rohrscheidt überlassen, der ja nun auch nach meinen Ansichten gut eingearbeitet ist. [...]

Nun will ich Dir im Anschluß an meinen letzten Brief weiter berichten: In Diedenhofen kam ich in Quartier zu Französlingen. Madame fragte mich am nächsten Morgen, beim Kaffee, ob ich »Prussien« sei! Ein trauriges Zeichen, daß das noch möglich ist, nachdem wir das Land seit 1870 haben. Wir Deutschen verstehen es schlecht, zu germanisieren. Hoffentlich weht nun ein anderer Wind in Zukunft in Elsaß-Lothringen.

Am nächsten Morgen, 2.9., ging's früh los über Metz nach Dieuze. Dabei durchfuhr ich die Schlachtfelder der Bayern vom 18., 20., 21. und 22. August. Kaum war auf den Feldern noch etwas von dem zu sehen, was sich 8 Tage vorher da abgespielt hatte. Nur die Getreidefelder ließen das Vorgehen der Schützenlinien und Kolonnen erkennen und zahlreiche Schützengräben, Biwakplätze und Batteriestellungen zeugten noch vom Kampf. Ab und an ein schlichtes Soldatengrab. In den Wäldern waren noch mehr Spuren, da sah man noch, wie sich die Kämpfer durchgebrochen und Schritt für Schritt vorwärts gekämpft hatten. Die Ortschaften waren im Allgemeinen unversehrt, nur hin und wieder ein zerschossenes Haus oder ein zerschossener Kirchturm.

Von da ging es dann nach Metz, wo gegessen wurde. Da traf und sprach ich den Kriegsminister. Abends um 10 war ich in Luxemburg, wohin inzwischen alles übergesiedelt war. Auch hier bin ich wieder gut untergekommen. Man schont ängstlich das neutrale Ländchen, weshalb die Unterkunft recht eng ist. Ich habe aber noch ein Zimmer für mich. Die Pferde stehen aber in großen Stall-Zelten, sind im Übrigen munter und machen mir Freude, wenn ich morgens mit dem braven Walter durch die Felder reite. Die Stadt ist romantisch gelegen, an sich ein kleines schmutziges Nest, die Bevölkerung mir sehr unsympathisch. Schlapp und faul, zu viel französischer Einschlag. Die junge Großherzogin hat neulich, als der Kaiser bei ihr zum Frühstück war, geredet: »Ich trinkt auf das Wohl Eurer Majestät Armeen, für deren Sieg ich jeden Morgen und Abend bete«. Sollte Luxemburg nun mit Deutschland vereinigt werden, so hat man da anscheinend eine deutschfreundliche kleine Fürstin, die auch niedlich genug ist, um an einen preußischen Prinzen verheiratet zu werden. Ich lege Euch Ihr Bild ein.

Eben kam Verlager herein und brachte mir Deine Briefe vom 31.8. und 1.9. Du weißt gar nicht, welche Freude es für mich ist, Deine ruhigen und sicheren Briefe zu lesen. Hoffentlich sieht's so auch *in* Dir aus, es wäre falsch, wollte man jetzt anders denken als stark und zuversichtlich. Wenn man von Verlusten hört, so scheint es einem als ganz selbstverständlich.

Morgen will ich also zu den Armee-Ober-Kommandos I–IV, um meine Offiziere nur zu instruieren. Die Fahrt hat für mich keine Gefahr, erstens liegt in der Schnelligkeit der Fahrt eine Sicherheit, dann ist auch die französische Bevölkerung in Nordostfrankreich zu unseren Truppen gut gewesen. Sie stellten Wasser heraus für unsere durchmarschierenden Kolonnen, was diesen bei der reichlichen Hitze und dem Staub sehr nötig war. Dafür ist aber auch die Bevölkerung ganz in Frieden gelassen, alles soll da friedlich seiner Beschäftigung nachgehen. Unsere Bahnen fahren schon bis über St. Quentin hinaus! Ich fahre morgen allein, Schlenther begleitet mich. Das Auto, das mir allein ständig zur Verfügung steht, ist ausgezeichnet, sehr bequem und sicher, ganz verschliessbar, sodaß man unter Umständen darin übernachten kann. Es hat eine sehr starke Maschine und wird von dem Chauffeur gefahren, der es auch im Frieden fuhr und der also den Wagen vollkommen beherrscht. Chauffeur und Begleiter sind zwei vortreffliche Leute, sehr stramm und militärisch. Da sie Karabiner und wir Pistolen haben, ist auch für Gefahrsfälle genügend gesorgt. Das Auto gehört einem Rittergutsbesitzer Hirschfeld, Berlin, Tiergartenstraße, Du kannst Dir also denken, daß es nicht unbequem und gut ausgestattet ist. Mein Auto trägt die große Aufschrift »IIIb Chef«, ein zweites »IIIb Presse« (v. Rohrscheidt) und das dritte »IIIb Mil.-Attachés«. Außerdem habe ich 4 Autos vom freiwilligen Autokorps[30] für die Berichterstatter und 3 eigene Autos der Militär-Attachés, also einen ganz großen Troß, der aber abseits von mir, in der II. Staffel des Hauptquartiers, untergebracht wird. Heute habe ich Berichterstatter und Attachés unter Rohrscheidts Führung nach vorne geschickt. Inzwischen sind gestern auch die Schlachtenmaler einpassiert, hier 9 und im Osten 2. Alles ordentliche Leute und z.T. berühmte Künstler. Ich habe sie auf die Armee-Ober-Kommandos verteilt, weil sie hier hinten wenig sehen und doch ständig dort sein müssen, wo sie Skizzen usw. machen können. Anders wie die Berichterstatter, bei denen es genügt, daß sie ab und an mal vorgehen, damit sie dann in den Zwischentagen was zu schreiben haben.

Alle Wünsche um Zulassung habe ich natürlich nicht erfüllen können. Nun kommen noch 2 österreichische Berichterstatter her und dann werde ich bestürmt, auch Photographen zuzulassen. Werde es wohl auch tun, dann ist aber dieses Schwammes genug! Ich sollte nur mich dieser Impediminte erwehren, um meine Hauptaufgabe zu leisten! Aber gemacht muß das andere auch werden. Bis

---

[30] Angehörige des Kaiserlichen Freiwilligen Automobilkorps waren Privatleute mit ihren Fahrzeugen, die dem Militär für Manöver und im Kriegsfall ihre Wagen mit Fahrer zur Verfügung stellten. Zu diesem Zweck wurden die Besitzer zu Offizieren und deren Mechaniker zu Unteroffizieren der Reserve.

jetzt habe ich in allem Erfolg. Der N.D. hat vortrefflich gearbeitet, hoffentlich ist er bei den kommenden Aufgaben auf dem Posten. Eine gehorsame Presse haben wir auch, die Attachés sind wohl etwas enttäuscht, daß sie so hinten bleiben. Kann ihnen nicht helfen. Und der gute anständige einfache Brose vertritt mich auch gut in Berlin. Ein bißchen viel Anfragen und etwas Neigung, Arbeit zu übernehmen, die uns oft nichts angeht. Neuhof ist doch ein großer Verlust für mich, aber ich trage diesen gern, wo dieser famose Kerl nach vorn in die Front konnte. Stotten, jetzt mein Ia, ist kein Neuhof! Ich selbst bescheide mich, wenn alles in meinem Dienst klappt – mit dem Bewußtsein, auch hier hinten zu nützen, und vielleicht gerade dem Ganzen und den Operationen zu nützen. Die Verantwortung und Bedeutung von IIIb tritt jetzt immer mehr und sehr erfreulicher Weise zu Tage. Manchmal wird etwas viel erwartet, aber im Ganzen haben wir alles geleistet. [...]

Sonnabend, 5. September 1914

Auf der Fahrt zum rechten Flügel der Marneschlacht passiere ich hinter der Front ein großes Waldgelände. Mein Fahrer hält an einem einsam liegenden Schloß und bittet, Wasser für den Kühler nehmen zu dürfen. Ich will mir unterdessen das Schloß ansehen. Im Pförtnerhaus am Eingang sehe ich am Fenster eine weißhaarige Matrone sitzen, ich klopfe, eine junge Französin öffnet mir. Ich frage, ob ich das Schloß sehen darf. Sie bittet mich näher zu treten, bis sie den Schlüssel hole. Ich frage sie, ob die alte Frau am Fenster ihre Mutter sei. Sie erwidert, die Großmutter. Ich frage, ob sie sich noch des Krieges 70/71 erinnere, die Enkelin bejaht. Ich frage, was sie zum jetzigen Krieg sage. Die Enkelin erwidert: »Die Großmutter meint, die Deutschen seien gegen damals grausamer geworden«. Ich widerspreche, nicht die Deutschen, sondern der Krieg sei grausamer geworden. Die Junge weist mich auf die Plünderungen hin, welche die Deutschen verübten. Sie verneint aber meine Frage, ob in diesem Schloß geplündert worden sei. Ich erzähle ihr, daß ich heute früh mit den ersten deutschen Truppen in Vouzier eingerückt sei, daß sämtliche Läden geplündert und die Waren herausgerissen auf den Straßen verstreut gelegen hätten, auch seien auf dem Bahnhof sämtliche Verpflegungswagen erbrochen und beraubt gewesen. Das hätten nicht wir, sondern französische Soldaten vollbracht. Die Französin reckt sich auf und antwortet in flammendem Zorn: »Non, Monsieur! Ce n'est pas vrai, si vous voulez ma vie, mais cela n'est pas vrai!« Ich sprach ihr meine Achtung über solche Gesinnung aus, nahm meine Mütze und verzichtete auf die Besichtigung des Schlosses.

Diese beiden einsamen Frauen waren kaum vom Krieg berührt worden, sie erhielten keine Zeitungen und Nachrichten, und dennoch war dieser Stolz und der Haß gegen den Feind in ihnen. Im Weiterfahren dachte ich im Gegensatz dazu an die vielen Nachrichten, welche zu mir drangen aus der Heimat, wie die in Belgien notwendig gewesenen Härten dort als Grausamkeiten aufgenommen würden, daß man vielerorts in Deutschland unsere Angaben über die Tücke der belgischen Bevölkerung gegen unsere Truppen nicht glaube, und daß man sie damit entschuldigte, unsere Soldaten würden sich nicht viel anders benommen haben.

Die Marneschlacht

Ich stelle hier nachträglich aus meiner Erinnerung fest, wie die operativen Vorgänge, welche später den Namen der Marneschlacht erhielten, *damals* in ihrer Bedeutung beurteilt wurden.

Das Vorstürmen der Armeen nach dem ursprünglichen Schlieffen-Plan,[31] welches von Meldungen der Armeen über siegreiche Schlachten begleitet war, ohne daß diese dem Feind große Verluste beibrachten, wodurch der ganze Verlauf des Vormarsches mehr den Eindruck einer planmäßigen Rückwärtsbewegung erweckte und zu einer erheblichen Lockerung der zentralen Führung führte, erzeugte in Moltke eine Steigerung seiner Unsicherheit, die auch innerhalb der OHL sich auswirkte und angesichts der Verschlossenheit Tappens und der selbstverständlichen Steigerung der inneren Teilnahme der anderen Abteilungschefs zu einem Zustande führte, den ich als Kriegsrat bezeichnen möchte. Auch an mich, der ich zwar operativ ausgebildet war, aber meine Stellung doch nicht besonderen Leistungen auf diesem Gebiet verdankte, trat mehrfach die Frage heran, was ich denn über die Ereignisse dächte. Auch Moltke holte sich Rat nicht ausschließlich von Tappen. Aus diesem Milieu heraus entwickelte sich die Entsendung des Oberstleutnant Hentsch[32] an die Front, ohne daß meines Wissens Tappen darüber gehört war.

Ehe ich am 5.9. früh Luxemburg verließ mit der Absicht, den Nachrichtendienst auf dem rechten Heeresflügel gegen die Kanalküste und nördlich um Paris herum zu organisieren, überzeugte ich mich bei der Operationsabteilung noch einmal von der Lage. In der Karte war als Absicht und Ansicht mit mehreren blauen Pfeilen der Vormarsch starker deutscher Kräfte nördlich Paris eingezeichnet. Ich wählte als Ziel meiner Fahrt (...), nördlich Paris. Etwa 30 km vor dem Endziel mußte ich halten, weil eine herabgelassene Eisenbahnschranke die Straße versperrte. Auf der anderen Seite hielt ein Artillerieoberst, der mir zurief, wohin ich wolle. Als ich ihm mein Ziel nannte, erwiderte er, das sei unmöglich, vor mir sei alles von deutschen Truppen frei und starke feindliche Kavalleriekräfte im Vormarsch. Die rechte Flügelarmee, die 1., sei nach Süden abmarschiert, ich solle ihm folgen. So stieß ich auf den rechten Flügel unseres Heeres in der sich entwickelnden Marneschlacht.

---

[31] Ende 1905 verfasste der Chef des Generalstabes der Armee, Generaloberst Alfred Graf von Schlieffen, eine Denkschrift mit dem Titel »Krieg gegen Frankreich«. Diese wurde als Schlieffen-Plan bekannt. Dabei handelte es sich nicht um einen detaillierten Operationsplan für einen Zweifrontenkrieg, sondern lediglich um ein Gedankenspiel für einen schnellen Angriffskrieg gegen Frankreich. Die Grundidee basierte auf den Kriegsspielen der Großen Generalstabsreise West von 1905. Der Schlieffen-Plan bildete 1914 in modifizierter Form (Moltke-Plan) die Grundlage des deutschen Aufmarsches.

[32] Oberstleutnant Richard Hentsch, Chef der Nachrichtenabteilung der OHL, hatte eine Schlüsselrolle beim überraschenden Rückzug der deutschen Armeen nach der Marneschlacht im September 1914. Vom Generalstabschef des Feldheeres beauftragt, die Lage der drei Armeeoberkommandos zu erkunden und die Notwendigkeit von Rückzugsbewegungen zu eruieren, erteilte er, basierend auf einer von ihm und dem Oberbefehlshaber der 2. Armee, Generaloberst Karl von Bülow, getroffenen Rückzugsentscheidung, de facto den Rückzugsbefehl für die 1. und 2. Armee. Der von französischer Seite als »Wunder an der Marne« bezeichnete Rückzug beendete das deutsche Vordringen in Frankreich und markierte den Übergang vom Bewegungs- zum Stellungskrieg.

Ich persönlich sehe in diesem Linksabmarsch der 1. Armee den Verlauf der operativen Führerlosigkeit seit Beginn des großen Vormarsches. Er führte dahin, daß unser Westheer festlag zwischen Paris und den Maasbefestigungen, hierdurch der Freiheit beraubt, rechts und links starke feindliche Festungen, ebenso im Rücken Maubeuge und Antwerpen, vor sich die zusammengeballte französische Armee, hinter sich allein 36 zerstörte Eisenbahnbrücken und infolgedessen gleichfalls eine fast völlige Lahmlegung der operativen Freiheit. Ich glaube nicht, daß, wenn die Marneschlacht gewonnen, das heißt, der französische Angriff abgeschlagen worden wäre, damit eine Entscheidung zu unseren Gunsten hätte herbeigeführt werden können. Das deutsche Westheer war infolge fehlender Leitung, die, als der Schlieffenplan sich wegen des Ausweichens des Gegners als nicht ausführbar erwies, sich nicht fähig zeigte, einen Plan zu fassen, in diese Lage zwischen Paris und der Maas geraten. Sie hätte angehalten werden müssen, als eben der Schlieffen-Plan sich nicht als ausführbar erwies. Sie hätte dadurch die rückwärtigen Verbindungen, welche durch den schnellen Vormarsch zerrissen und mit den damaligen Möglichkeiten nicht anders herzustellen waren, sichern müssen. Dieses Anhalten hätte geschehen müssen etwa in derjenigen Linie, auf welcher sie aus der Marneschlacht zurückging. Diese Erwägungen waren es, welche ich damals hörte. Nirgends, auch nicht aus der Operationsabteilung, habe ich aber die Auffassung gehört, daß der Einfluß des Oberstleutnant Hentsch und der Abbruch der Marneschlacht etwa den Verlust des Krieges bedeute. Ich habe mich später bei den einsetzenden Anklagen gegen Hentsch auch nicht davon frei machen können, daß nicht ein einziger Armeeführer in einer Form widersprochen hat, die seiner Überzeugung von der Notwendigkeit oder Möglichkeit einer anderen Lösung der entstandenen Lage entsprochen hätte. Die spätere Auffassung über die Marneschlacht ist wesentlich beeinflußt worden durch Hermann Stegemann. Ich war am Erscheinen seines Kriegswerkes insofern beteiligt, als er dabei Verbindung zur OHL suchte. Ich habe ihm gegenüber meine Auffassung schon damals vertreten. Ich habe sie auch, nachdem Ludendorff die Führung hatte, selbst auch mit ihm besprochen. Er gab mir recht, daß auch bei anderem taktischen Verlauf der Marneschlacht die begangenen operativen Fehler des Vormarsches nicht beseitigt worden wären. Er zeichnete mir einmal, als ich bei Tisch neben ihm saß, auf der Rückseite einer Speisenfolgekarte auf, wie er, nachdem der ursprüngliche Schlieffen-Plan nicht ausführbar geworden war, die Operationen geleitet hätte. Diese bestand in einem Halbrechts-Vormarsch des Westheeres, um auf diese Weise, nicht aber durch Herausführen neuer Kräfte an den rechten Heeresflügel, die Flanke gegen England zu sichern und die Kanalküste zu erreichen. Reserven, sagte er, hätten gehalten werden müssen, weil es noch nicht abzusehen gewesen wäre, ob sie gegen die nach Süden ausgewichenen Franzosen oder gegen die von dem rechten Flügel zu erwartenden Engländer oder zu einem Durchbruch durch die Mitte hätten eingesetzt werden müssen. Leider ist dem Besitz dieser Karte mit Ludendorffs Skizze mir von anderer Seite zuvorgekommen worden.

Zweifellos groß ist die Bedeutung des Rückzuges aus der Marnestellung als Rückwirkung auf die öffentliche Meinung in Deutschland und in der Welt gewesen. Indem dies in mein Aufgabenbereich schlug, habe ich aber gerade feststellen können, wie verhängnisvoll es war, im deutschen Volk die Meinung aufkommen zu lassen, der Krieg hätte im Westen an der Marne gewonnen werden können, und er sei dort schon militärisch verloren worden. Der Rückschlag auf die Stimmung der Truppen war nicht so groß, wie er hingestellt wurde und ebenso wenig war der materielle Einfluß von Bedeutung. Der Krieg war eben kein Krieg von kurzen Entscheidungen. Tappen sah ihn nicht anders, in Moltke schlummerte die Erkenntnis, er wurde von ihr aber erdrückt.

Ich habe, gestützt auf meine Erinnerung an die Beurteilung damals den Standpunkt vertreten, daß der Krieg nicht an der Marne gewonnen werden konnte und nicht dort verloren worden ist, sondern daß er ausgekämpft werden mußte.

Ich glaube, daß auch die allgemeine Geschichtsschreibung der Marneschlacht eine andere Bedeutung beilegen muß als sie sie bisher vom Standpunkt der rein militärischen Kriegführung erhalten hat.

Der weiteren Niederschrift meiner Erinnerungen vorgreifend, möchte ich betonen, daß ich durch diesen Fall gelernt habe, zu bedauern, daß die militärische Geschichtsschreibung der allgemeinen auch heute, in der Zeit der totalen Kriegführung, noch vorgreift oder umgekehrt, daß gerade das Beispiel der Marneschlacht mich dazu angeregt hat, schon unter Falkenhayn den Einbau der allgemeinen Geschichtsbetrachtung in die OHL zu betreiben.

Auszug 7 aus Feldpostbriefen

Luxemburg, Donnerstag, 10. September 1914, nachm. 3 Uhr

(...) Ich habe nun seit meinem letzten Brief wieder 2 Autofahrten hinter mir. Am Sonnabend, 5.9., früh fuhr ich los. Ich fuhr über Varennes, Clermont en Argonnes, St. Ménehould, Vorgiers nach Châlons sur Marne. Auf diesem Wege erledigte ich Besprechungen mit meinen Herren. In Châlons lernte ich den Kronprinzen von Sachsen[33] kennen und übernachtete dort. Das Essen beim Oberkommando war sehr frugal und rechtfertigte eigentlich nicht den erheblichen Verbrauch von Champagner. Champagner war sehr viel »requiriert«. Auf den Feldküchen sah man die Flaschen herumstehen. Unseren braven Leuten war es aber zu gönnen, daß sie sich einmal erfrischten. Denn die anhaltenden weiten Märsche unter dauernden Gefechten sind eine respektable Leistung! Um 1 Uhr zog ich mich zurück, am 6.9. um 5° früh am Sonntag ging's weiter über Reims, Crépy en Valois nach Seulis. Hier erfuhr ich, daß das Generalkommando, welches ich suchte, weiter südlich, östlich von Paris, war. Als ich dorthin fuhr, kam ich auf den äußersten Flügel des bei Paris sich entwickelnden Gefechtes. Das Infanterie-Regiment, welches dort gerade aufmarschierte, war das Ferdinands![34] Da bin ich ausgestiegen und habe den Berg erklettert. Fand den braven Ferdinand inmitten seiner Getreuen, gerade von einem Bataillon zum anderen reitend. Unser Wiedersehen in solcher Lage war natürlich sehr schön! Er sah brillant aus und war sehr guter Stimmung. Behauptete, magerer geworden zu sein, trotzdem er viel zu essen gehabt hätte. Er hatte schon zweimal im Feuer gestanden. Während

---

[33] Hierbei handelt es sich um Kronprinz Georg von Sachsen, der als Hauptmann im (1. Königlichen Sächsischen) Leib-Grenadier-Regiment Nr. 100 Dienst versah.
[34] Mein Schwager, Oberstleutnant v. Roques, Kdr. d.R.-IR 36 [Anm. des Verf.].
    Es handelt sich hierbei um das Reserve-Infanterie-Regiment Nr. 36, das im Rahmen der 7. Reserve-Division eingesetzt wurde.

er mir für Annchen einen Gruß auf einen Zettel schrieb und mir noch die bereits geschriebene Feldpostkarte zur Besorgung gab, begann das Artillerie-Feuer schon ganz heftig zu werden. Ich mußte um ½2 Uhr fort, da ich um ⅓3 Uhr eine Besprechung mit einem NO in Villers Cotterêts angesetzt hatte. So waren wir nur eine Viertelstunde zusammen, aber ich habe mich herzlich gefreut, daß ich ihn wenigstens so lange wiedersehen und sprechen konnte. An der nächsten Höhe lag ein französisches Flugzeug, das von unseren Truppen heruntergeschossen war. Während meine Chauffeure das Benzin in unser Auto übernahmen, sah ich noch durch das Glas dem Gefechte zu, das zunächst nur in dauernd sich verstärkendem Artilleriefeuer bestand. Es war der Anfang der Kämpfe östlich Paris. Am Sonnabend, 5.9., hatte Ferdinands AK die Franzosen, die schon an diesem Tage aus Paris herauskamen, bis unter die Forts zurückgeworfen, mußte dann aber vor dem starken Artilleriefeuer der schweren Geschütze der Forts bis in die Linie zurück, in der ich es fand. Eben kommt die Feldpost für IIIb. Da rennt dann jeder hin, und zieht sich dann vergnügt mit seinem Raub zurück, wenn für ihn ein Brief dabei war. So habe auch ich Deinen lieben Brief hier vor mir und will ihn jetzt erst lesen. So, mein Muttchen, nun ist auch dieser schönste Moment für mich am Tage genossen, ich habe Dir in Gedanken in die lieben Augen gesehen und glücklich die Gewißheit empfunden, in all dem Unsicheren und Harten der Zeit ein Stückchen der Welt ganz mein nennen zu können, da, wo Du mit unseren Kindern bist.

Nun will ich mit meiner Schilderung fortfahren. Also seit Sonnabend steht Ferdinand in der Schlacht, die wohl heute erst beendet wird. Heute abend werdet Ihr durch das Wolff-Telegramm erfahren, daß es nicht gelungen ist, die Einzelerfolge auszunützen, daß dieser Flügel nach Norden zurückgenommen worden ist. Das erste Mal, daß uns kein voller Sieg beschieden war. Und deshalb bedauerlich. Aber vielleicht ganz gut, daß diese wahnsinnige Verfolgung mit ihren andauernden Kämpfen mal stoppt. Bei so langen Schlachtfronten ist die rein frontale Verfolgung kaum möglich. Die Franzosen und Engländer haben ihre Korps mit der Bahn hinter die Front verschoben und dadurch an dieser Stelle östlich Paris diese kolossale Übermacht entfalten können. Das Zurückweichen unserer Kräfte führt ihnen aber neue Kraft zu und ich hoffe, daß man in Deutschland nichts von Kleinmut hört. Wir sind verwöhnt durch unsere Siege, ich habe schon immer gemahnt, wo ich konnte, auch in der Presse. Wartet! Wartet mit Eurer Siegesfreude, es gibt noch *viel* zu tun! Unsere Feinde und Neider werden darauf aber genügend Siegesnachrichten fabrizieren!

Für mich waren diese Stunden in der Nähe der Schlacht wundervoll, ich kam mir eigen vor, als ich im Auto vom Schlachtfeld wieder fort mußte!

Von Sonntag zu Montag übernachtete ich in Reims in einem Hotel an der herrlichen alten Kathedrale. Das Hotel wimmelte von Offizieren, die zur Front gingen. Am nächsten Morgen bin ich dann um 5 Uhr wieder weitergefahren und war um 11 Uhr hier. Am Dienstag kam dann die Fahrt durch die landschaftlich schöne Eifel nach Köln zu einer Besprechung mit einem wichtigen Mann,[35] zu der mich Ernst und ein Major v. Rand von der französischen Abteilung begleiteten. Welcher Unterschied zwischen dem friedlich daliegenden Deutschland

---

[35] Agent 17 aus Paris [Anm. des Verfassers].
Hierbei handelte es sich um August Frhr. Schluga von Rastenfeld.

und dem verwüsteten französischen Gebiet, das ich tags zuvor durchfahren! Wie dankbar können wir sein, und welcher Erfolg ist es schon, daß wir den Krieg nicht in unserem Lande führen müssen und hoffentlich auch im Osten den Feind bald ganz vertrieben haben!

In Köln berührte mich die große Siegesfreude, die in Fahnen und Volk auf den Straßen zu tage trat, nicht schön. Ruhe und Würde, möchte man allen Leuten zurufen, noch wird gerungen, und wer weiß, ob Ihr stark genug seid, auch einmal anderes als Siegesnachrichten zu hören! Im Ganzen haben sich unsere Chancen aber nicht etwa sehr verschlechtert, es ist keine Rede davon, daß wir an diesem Flügel geschlagen sind. Im Gegenteil halte ich diesen Stopp, der doch mal kommen *mußte*, für ganz gut für die Stärke der Armee, hätte es nur besser gefunden, der Entschluss wäre ganz freiwillig gefaßt!

Was ich Dir hier so vorplaudere, ist nur für Euch und die Eltern bestimmt. Dagegen kannst Du Bilder, die ich Dir schicke, allen zeigen, die sich dafür interessieren. Sie werden auch in illustrierten Blättern z.T. erscheinen. Verboten habe ich aber alle Bilder, auf denen ich oder einer meiner Herren zu sehen ist. Ich will nicht als Schlachtenbummler veröffentlicht werden!

Von meinen Herren, die alle zur Front wollen, und die ich zur Verfügung gestellt habe, sind versetzt: Kroeger und Tippelskirch, Edelmann in den Generalstab, Starke wird demnächst folgen, auch Fischer. Hahnke ist ins Hauptquartier versetzt, Wentzel höherer Adjutant. So gab es und gibt es viel Wechsel und damit auch Arbeit auf diesem Gebiet. Die Herren, welche hier bei mir sind, (Stotten, Schlenther, Ernst, Kolaczek) behalte ich hier. Außerdem habe ich noch 2 Sekretäre für mein Büro.

Prinz Joachim ist verwundet (leicht). Der Kaiser ließ es Moltke durch einen Offizier der Umgebung mitteilen: Moltke erwiderte: »Melden Sie S. Majestät, daß ich ihm glückwünsche, daß der Prinz für das Vaterland bluten dürfte«.

Hier treffen jetzt Frauen verwundeter Offiziere ein, ohne zu wissen, daß hier das Hauptquartier ist. Sie wollen zu ihren verwundeten Männern. Ein unmögliches Beginnen. Es ist ausgeschlossen, daß diese Frauen durchkommen. So wird ihnen Quartier eingeräumt, was aber auch beschwerlich ist, denn Luxemburg ist stark belegt und wird mit Handschuhen behandelt.

Das Land, das ich in Frankreich durchfuhr, ist fast menschenleer. Da, wo Schlachten waren, sind alle Ortschaften verlassen und zum Teil verbrannt. Einige brannten noch, als ich durchfuhr. Aber auch sonst sind ganz friedlich daliegende Orte wie ausgestorben. Erst bei Paris begegnete man Rückwanderern, die von den Deutschen auf ihrer Flucht überholt waren und dann gesehen hatten, daß die Deutschen gar nicht solche grausamen Barbaren waren, wie ihnen gesagt wurde und vor denen sie geflohen waren. Nun wanderten sie den viele Meilen langen Weg in ihre Orte zurück, ihr bißchen Hausrat mit sich führend zum Teil wirklich herzzerreißende Bilder. Kleine Kinder, wie unser Marie Luischen und noch kleiner, von der Mutter oder dem Vater geschleppt, mit ihren unschuldigen Augen erstaunt in die Welt guckend. Größere, wie Else und Ditta, zu Fuß den langen Weg z.T. Wagen ziehend oder kleinere Geschwister schleppend. Ich sprach mehrfach mit solchen Leuten, sie klagten ihre Ortsvorsteher an, die ihnen den schlechten Rat gegeben hatten, zu fliehen.

In den Städten hat die Flucht der Bewohner auch verheerend gewirkt. Wo die Ladeninhaber geblieben sind, kaufen unsere Soldaten ihre Bedürfnisse in Ordnung, wo die Läden verschlossen sind, und die Häuser leer, sind sie bald mit einem Axthieb geöffnet und die Bedürfnisse der Truppen werden dann natürlich in einer Weise entnommen, die wohl von den Franzosen als Plünderung bezeichnet werden wird. An diesen Zuständen sind aber die Franzosen selbst Schuld. Ein hiesiger französischer Unteroffizier erzählte mir, daß die Einwohner die Ortschaften z.T. schon verlassen hätten, als die Franzosen auf dem Rückzug die Orte erreichten. So erklärt es sich auch, daß unsere Truppen die Orte teils verwüstet und wie geplündert vorfanden. Man sah unglaubliche Bilder der Verwüstung!

Jetzt bleibe ich hoffentlich für einige Tage im ruhigen Betrieb, das ist dienstlich auch notwendig, und hoffe ich dann zu öfterem Schreiben zu kommen.

Auszug 8 aus Feldpostbriefen

Luxemburg, Sonnabend, 12. September 1914,
abends 7 Uhr

Wir hatten hier einen Kerl erwischt, der in Offiziersuniform im Auto in belgischen Ortschaften herumgefahren war und Kriegskontributionen erhoben hatte, ca. 29 000 Fr. Ich habe nun die Gemeinden benachrichtigen lassen, daß sie einem Schwindler zum Opfer gefallen seien und ihr Geld wieder erhalten würden. Darüber herrschte Freude in diesen verarmten, z.T. verbrannten Orten. Was gibt es doch für Hallunken! Und wie scharf muß aufgepaßt werden im Rücken der Armee!

Hoffentlich haben wir bald einen Quartierwechsel nach vorn, hier ist es furchtbar, man ist nicht im eigenen und nicht in Feindesland, sondern bei Neutralen, die mit Handschuhen angefaßt werden. Dabei ist das Volk verbissen und gar nicht deutsch-freundlich. Es glaubt immer noch fest daran, daß die Deutschen hier wären, weil die Russen in Berlin sind und uns vertrieben haben! Seit gestern lasse ich nun auch die Wolff-Depeschen hier verteilen. England scheint doch tatsächlich indische Truppen zu landen. Dagegen glaube ich nicht an Russen in Frankreich und Japaner in Rußland. Wir müssen allem noch Kommenden mit Ruhe und Mut entgegensehen und treu unsere Pflicht tun, dann werden wir auch weiter Erfolg haben und aus dem gewaltigen Ringen als Sieger hervorgehen. Aber es kostet noch was und die Zähne müssen wir zusammenbeissen!

Die Tage vergehen mir wie im Fluge. Heute vor 8 Tagen war ich in Châlons zur Nacht. Und dabei scheint mir das alles schon so weit zurückzuliegen. Das macht die Fülle der Ereignisse und Eindrücke. Meine Erholung ist der feste Schlaf von 11–6 Uhr und das Reiten von 7–8 Uhr. Die Pferde gehen jetzt beide gut.

Dauernd werde ich unterbrochen und muß viel zu Pontius und Pilatus laufen. Bemühe mich, sonst Ruhe und Nerven zu behalten, wie Jeder, allerdings mit mehr oder weniger Erfolg, hier bemüht ist.

Auszug 9 aus Feldpostbriefen

GrHQu, Sonntag, 13. September 1914,
nachm. 2 Uhr

(...) Ich merke hier wenig vom Sonntag, der Dienst geht wie immer. (...)
Gewiß ist man zu Hause in diesen Tagen sehr ernst über die Vorgänge im Westen, besonders, da die Feinde so große Lügen-Nachrichten verbreitet haben. Wir waren zwischen Paris und Verdun in eine ganz eigene Lage geraten, aus beiden Festungen heraus drohte Umfassung oder stark überlegener Angriff. Das macht Verschiebungen, Rückstand, z.T. Rückgang der Bewegungen nötig. Und fordert von Euch zu Haus Geduld und Vertrauen. Ich selbst halte mich in solchen Zeiten höchster Spannung auch bescheiden zurück, um nicht zu stören. Bin also auch nicht genau über Absicht usw. augenblicklich orientiert, habe aber Vertrauen und hoffe, daß wir die Hauptmasse der Franzosen und Engländer dann endlich zur großen Schlacht vor uns haben werden, was bisher infolge ihres fortgesetzten Fortlaufens ja leider noch nicht geglückt war. Infolge dieses Ausreißens entstanden Verhältnisse, in denen die Feinde, die Bahnen im Rücken, alle Verschiebungen pp. ungestört in dem abschnittsreichen Gelände vornehmen konnten und auf ihre Verstärkungen zurückgingen, während wir uns etwas dünn zogen und keine Bahnen zur Verfügung hatten. So schwerwiegende Bahn-Zerstörungen haben die Franzosen bei ihrem Rückzug ausgeführt! Hierüber darf ich mehr mit Dir nicht plaudern. (...)
Im Hotel hat Moltke das Sekt-Trinken verboten. So trinke ich mittags (zwischen 1–3 Uhr) und abends (gegen 10 Uhr) je eine halbe Flasche Rotwein und esse möglichst viel Obst. Als dritte Mahlzeit nehme ich morgens ½7° Kaffee mit Honig. Das genügt also. Das Essen ist auch leidlich, und da Moltke und andere hohe Herren es nicht besser haben, muß man sehr zufrieden sein, besonders auch, wenn man an die Kameraden draußen denkt. [...]

Auszug 10 aus Feldpostbriefen

Luxemburg, Montag, 14. September 1914,
nachm. 6 Uhr

(...) Die Spannung, in der Ihr lebt, empfinde ich hier in ihrer ganzen Schärfe. Es ist manchmal kaum zum Aushalten, alle die Nachrichten zu bekommen, und hier still zu sitzen und nicht mitmachen zu können.
Ich hoffe, daß die russische 1. Armee heute noch so vernichtet wird, daß sie wirklich und endgültig erledigt ist. Unsere Führung da oben ist wirklich glänzend. – Das Schicksal der russischen 1. Armee vollendet sich. Unsere Kerls laufen wie toll bei der Verfolgung, die Zahl der toten Russen wird diesmal die der Gefangenen übersteigen!
Einem hat die Armee des Generaloberst von Hausen übernommen, der krank geworden ist. Ein Krieg ist für einen solchen alten Herrn auch eine große Anstrengung. Als ich neulich beim Oberkommando v. Hausen mitaß, gab es kal-

tes Fleisch und ungares Gemüse abends 8 Uhr als Mittagessen. Das ist für ältere Herren doch sehr schlecht.

Hast Du unter den Familiennachrichten der »Täglichen Rundschau« die Eheschliessung eines Fahnenjunkers gelesen? Welch eigene Verhältnisse schafft doch der Krieg und wie schwer für solch junges, fast zu junges, aber um so tränenreicheres Glück![36]

Es ist durch viele Unterbrechungen 8 Uhr geworden. Ich will mich jetzt mal wieder über die Lage informieren, hoffentlich höre ich Gutes. Nach dem Abendbrot gehe ich dann meist noch mal her, wenn vorher noch keine endgültigen Nachrichten da sind und mache das Wolff-Telegramm.

Auszug 11 aus Feldpostbriefen

Luxemburg, Mittwoch, 16. September 1914,
nachm. ½5 Uhr

[...] Über die Fortsetzung der Operationen im Osten kann ich Dir natürlich nichts schreiben, aber ich glaube, daß Ihr bald davon hören werdet. Ich muß jetzt wieder die Bearbeitung der Wolff-Depeschen allein übernehmen, wie zu Anfang, da Stein Kommandierender General des XII. Reservekorps[37] geworden ist. Sein Vertreter oder Nachfolger ist in gewissem Sinne, was die rückwärtigen Verbindungen betrifft, der Kriegsminister v. Falkenhayn geworden, das ist aber noch *nicht veröffentlicht!* Wenn Du morgens am Kaffeetisch die Wolff-Telegramme liest, so kannst Du zwischen den Zeilen immer einen Gruß von mir an Dich lesen. Ich gebe sie hier immer abends gegen ½11 Uhr telegraphisch nach Berlin.

Aus meiner Anfrage hast Du schon gesehen, daß ich selbst den Wunsch hatte, die Sparkasse in der Kriegsanleihe anzulegen. Ich glaube auch, dass das sicher ist, und wenn nicht, so wollen wir gerne unser Scherflein zum Gelingen des Krieges beigetragen haben. Erstens wird durch den Krieg schon viel geschädigt. Unsere kleinen Kreuzer draußen schaden sicherlich dem englischen Handel viel, man hört nur nichts davon, weil wir abgeschnitten sind. Ich wohnte heute einer Unterhaltung des Chefs der Admiralität[38] bei, er war dieser Ansicht. Meinte auch, daß jetzt überhaupt jeder Überseehandel stillgelegt würde, weil die Versicherungsprämien der Gefahr wegen so hoch werden, daß es keiner Gesellschaft mehr lohnt, den Schiffsverkehr aufrecht zu erhalten.

Damit wird dann auch Englands Handel ruiniert. Und unsere noch ganz intakte Flotte erwartet wohl unausgesetzt, die Engländer in der Nordsee in angreifbarer Position zu finden. Also abwarten! Es liegen auch schon Nachrichten vor, daß es in Indien gärt. Die Japaner sollen kraft eines Vertrages mit England

---

[36] Da mit Kriegsbeginn die Ehefrauen und Kinder von eingezogenen Männern staatliche Unterstützung erhielten, heirateten viele Paare. Sie sahen sich daher oft dem Vorwurf ausgesetzt, dies verfrüht nur des Geldes wegen zu tun.
[37] Hier irrt Nicolai. Es handelte sich um das XIV. Reservekorps.
[38] Hierbei handelte es sich um Admiral Hugo von Pohl (Chef des Admiralstabes).

den Schutz Indiens übernommen haben.[39] Sind sie erst mal da, so wird England Mühe haben, sie wieder los zu werden. So wird sich manches auf dem Erdball verschieben, und sicherlich auch manches zu Englands Schaden! Die fragwürdigsten Brüder sind jetzt Rumänien und Italien. Bei beiden besteht scheinbar keine zu zügelnde Lust, gegen Österreich loszuschlagen. Hoffentlich unterbleibt das aber!

Abschrift

10. September 1914

Meldung vom Chef der Stellvertretenden IIIb

Professor Adolf v. Harnack und Herr v. Gwinner haben mir heute folgendes gesagt:
»Durch die bisherige knappe Berichterstattung droht unserem Volksempfinden ein schwerer Schaden; der durch unser ganzes Volk gehende nationale Schwung steht in Gefahr zu schwinden. Das Volk verliert den geistigen Kontakt mit der Armee; eine gewisse Resignation macht sich bemerkbar und die Besorgnis, daß man dem Volke nicht zutraue, die ganze Größe des Krieges und seiner Opfer zu erfassen.

Man versteht es nicht, warum auch über weiter zurückliegende Ereignisse keine Einzelheiten bekannt gegeben, keine Namen und Truppenteile genannt werden, obwohl man annehmen darf, daß damit dem Gegner jetzt kaum noch etwas verraten werden würde. Heute erfahren die meisten Familien zwar, daß Angehörige gefallen sind, es vergehen aber Wochen, bis sie darüber unterrichtet werden, wo die Betreffenden gekämpft haben.

Die Gefahr, daß eine gewisse Gleichgültigkeit Platz greift, ist nicht von der Hand zu weisen; die herrliche Begeisterung für die große Sache könnte nach und nach schwinden.

Das Volk verlangt etwas Greifbares, etwas fürs Herz, um mit seiner Seele an dem Kriege teilnehmen zu können«.
Exzellenz v. Harnack erwähnte noch seine persönlichen Beziehungen zu Exzellenz v. Moltke.

Aus eigenem Empfinden und aus Gesprächen mit Personen aus verschiedenen Gesellschaftskreisen kann ich die Ausführungen von Exzellenz v. Harnack nur bestätigen.

gez. Brose

---

[39] Nach ihrem Kriegseintritt gegen Deutschland zogen sich die Japaner, nachdem sie den Großteil der deutschen ostasiatischen und pazifischen Kolonialgebiete erobert hatten, wieder weitgehend aus dem Krieg zurück. Die Entente konnte Japan aber dazu bewegen, zumindest Geleitschutz im Mittelmeer zu stellen. Eventuell beziehen sich die von Nicolai aufgefangenen Informationen auf diese Bemühungen.

Abschrift

17. September 1914

Unter Rückerbittung.

Herrn Oberst Brose, Hochwohlgeboren.

Dem von Prof. v. Harnack und Herrn v. Gwinner Dargelegten habe ich nach Kenntnis der Verhältnisse hier draußen folgendes zu erwidern:

Es kann unmöglich *unsere* Aufgabe sein, das Volksempfinden im Schwung zu erhalten. Hier bemüht man sich zu *siegen*. Die Nachrichten davon sind das einzige, das zu geben wir Zeit haben. Aufgabe unserer Schriftsteller, Journalisten, Professoren u. dgl. muß es bleiben, unsere kurzen Nachrichten zu verwerten. Dabei hat man m.E. den großen Fehler gemacht, von Anfang an in einen Siegestaumel zu verfallen, der keiner Steigerung mehr fähig ist (wozu auch m.E. die Einholung der eroberten Geschütze gehört). *Das* ergibt, daß selbst bei neuen Siegesnachrichten eine gewisse Gleichgültigkeit Platz greift und die vorzeitig abgenutzte Begeisterung für die große Sache schwindet. Auch, daß bei Eintreten von Rückschlägen sofort Bestürzung eintreten wird.

Wie können *wir* »etwas Greifbares, etwas für's Herz des Volkes liefern, damit dieses mit seiner Seele am Kriege teilnehmen kann«? Können es die Berichterstatter? Sie sitzen beim Großen Hauptquartier, das selbst nicht mehr weiß als die kurzen, nackten Tatsachen. Sie drängen immer nach vorn und glauben, lebendiger und wärmer schreiben zu können, wenn sie einem Generalkommando oder der Truppe zugeteilt würden. Übersehen dabei aber, daß es dort keine Möglichkeit gibt, ihre Berichte leidlich schnell in die Heimat zu befördern. Bahnen und Telegraphen hat der Feind zerstört, sie werden mühsam soweit wiederhergestellt, daß sie den Ansprüchen der Heeresleitung genügen können. Also vorläufig ist der Platz der Berichterstatter nicht vorn!

Warum über weiter zurückliegende Ereignisse keine Einzelheiten bekannt gegeben, keine Namen und Truppenteile genannt werden? Weil niemand, der sie erlebte, Zeit hat. Alles, von der Truppe an bis zur Obersten Heeresleitung, ist vollauf mit den Aufgaben der Gegenwart und der nächsten Zukunft beschäftigt.

Ich sehe also keine Möglichkeit, die von den Eingangs erwähnten Herren beklagten Verhältnisse *hier* zu ändern und bitte, im Sinne meiner Ausführungen in Berlin an die *verantwortlichen* Stellen heranzutreten.

gez. Nicolai

[...]

Auszug 13 aus Feldpostbriefen

*Luxemburg, Sonnabend, 19. September 1914,
abends 7 Uhr*

[...] Mit meiner Fahrt in die Engländer war es so: Ich fuhr am 5.9. an den äußersten rechten Heeresflügel. Das rechte Flügelkorps mußte nach meiner Information

*Fortsetzung Sonntag, 20. September 1914,
nachm. 3 Uhr*

geradeaus vor mir sein. Ich fuhr also darauf los. Am letzten Ort vor (...) hielt ich, um mich nach dem Weg umzusehen. Da kam zufällig ein Artillerie-Oberst im Auto angejagt und erzählte mir, daß das rechte Flügelkorps am Tage vorher die Franzosen nach Paris zurückgeworfen hätte und daß es jetzt viel weiter südlich stehe. Ich fuhr also dorthin und traf da Ferdinand. Es war der Sonntag heute vor 14 Tagen, an dem die Franzosen und Engländer den großen Vorstoß aus Paris gegen unseren rechten Flügel machten. Ihre nördlichste Kolonne kam auf der Straße vor, auf der ich Halt gemacht hatte. Wäre ich noch weiter nichtsahnend geradeaus gefahren, so hätte ich in dieser Kolonne drin gesessen. Das war alles, es war also kein Heldenstück und unnötig, Dich mit der vorübergegangenen Gefahr zu beunruhigen. Gefangen zu werden, wäre allerdings das Schlimmste gewesen, was mir hätte passieren können. Wie habe ich kriegsgefangene Offiziere bedauert! Es muß furchtbar sein, dem Feinde wehrlos ausgeliefert zu sein!

Von Ferdinand weiß ich immer noch nichts. Da könnt Ihr die Schwierigkeiten sehen, die für die Verbindungen bestehen und wie unbescheiden manche Wünsche und Klagen an die Feldpost sind, die man hört und die auch in Form von allerhand Zuschriften an mich gelangen. Heute schicke ich Schlenther und einen Nachrichten-Offizier zu einem Oberkommando des rechten Flügels. Ich selbst will erst wieder fahren, wenn die große Schlacht entschieden ist. Das kann aber noch einige Zeit dauern. Die Franzosen kämpfen hauptsächlich mit einer kolossalen Artillerie auf weite Entfernung mit großem Munitionsaufwand, der aber nicht entsprechende Erfolge hat. Die Infanterie sitzt in den sehr stark besetzten Stellungen, aus denen sie anscheinend nicht mehr zum Angriff herauszukriegen ist. Unsere Truppen dagegen sind draufgängerisch und mit der Zeit werden sie die Kerls schon hinausschmeißen, besonders, je mehr die eingeleiteten Operationen wirksam werden.

Du hast recht, mein tapferes, kleines Lieb, daß jetzt niemand kleinmütig und verzagt sein darf. Wir *werden* siegen! Ich verstehe, daß Frau Stotten um ihren Mann bangt, wenn er in einer Frontstellung verwandt wurde. Ich verstehe aber nicht, daß sie Dir das sagt, daß sie nicht lieber die Zähne zusammenbeißt und das trägt, was Tausende von anderen Frauen an Bangen und Sorgen tragen. Das gefällt mir nicht! Auch der Mann ist zu weich. Warum erzählt er seiner Frau, die sich doch schon genug ängstigt, solche Geschichten wie [...] eine Fahrt gegen die Engländer!

Wenn es wahr ist, daß die Japaner für England in Indien eintreten, dann haben sich diese einen Floh in den Pelz gesetzt, den sie sobald nicht wieder loswerden. Was werden auch die Inder dazu sagen, daß England andere über sie setzt mit Waffen! Und noch dazu eine gelbe, heidnische Rasse!

Sven Hedin[40] war der Ansicht, daß Englands Herrschaft mit diesem Kriege kaputt sei. Er sprach sich entrüstet aus über England, das moralisch eine Schlappe erlitten, die es nie wieder verwinden werde. Gegen Schwarze, Gelbe und Braune,[41] die England und Frankreich, allein zu schwach, gegen uns aufbieten, gegen Heiden kämpfen die Deutschen alleine! Und wir werden siegen! Dann ist in der Weltgeschichte ein unerhörtes Ereignis gewesen, das England heraufbeschworen hat und für das es die moralische Verantwortung nicht vor der Geschichte tragen kann. Sven Hedin hofft, daß er Schweden noch zum Losschlagen gegen Rußland bringen kann. Übrigens eine lebhafte, energische Persönlichkeit. Ich habe ihm nun durch die NO die Wege bei den Armeen geebnet, er will eine Rundreise machen und dann in Schweden agitieren, daß sie es deutscher Art und deutschem Mut gleichtun. Soeben erfahre ich, daß für die Kriegsanleihe 2½ Milliarden gezeichnet sind. Bravo! Es wäre auch ein Skandal gewesen! So wird es dem Feinde mächtig imponieren, daß wir auch im Innern Kraft und Opferwilligkeit und pekuniäre Stärke haben. In England und Frankreich besonders steht's anscheinend faul mit der Kriegsstimmung, die Erfolge der Russen, von deren Vorgehen gegen Berlin man alles hoffte, sind ausgeblieben. Die ganzen Fragen, die die Franzosen und Russen an ihre Agenten richten, und die wir in den letzten Tagen gottlob mehrfach abgefangen haben, lauten immer: Wieviel haben die Deutschen vom Westen nach dem Osten abtransportiert? Daß das nur geringe Kräfte sind, danken wir Hindenburgs Siegen und dem konsequenten Festhalten an unseren Absichten und Plänen. Es wird jetzt nur schwer, jeden Tag Wolff-Depeschen zu geben, da nichts passiert, was gesagt werden könnte. Die Lage ist für uns natürlich ernst und schwer, und kommt vielleicht später noch mal schwerer. Aber wir sind innen und außen nicht untätig und bestrebt, die Oberhand zu behalten und den anderen unseren Willen aufzuzwingen. Einzelheiten, interessant, die ich täglich erlebe und erfahre, eignen sich nicht für den Brief.

abends 8 Uhr

Ich kam nicht mehr zum Plaudern, die Post muß fort und ich zum Abendessen, damit ich um 9 Uhr wieder hier bin und das Wolff-Telegramm auf Grund der Abend-Nachrichten machen kann. [...]

---

[40] Der schwedische Entdeckungsreisende und Schriftsteller gehörte zu den wenigen Intellektuellen des neutralen Auslands, die das Deutsche Reich propagandistisch unterstützten.
[41] Die Entente-Mächte setzten im Ersten Weltkrieg zahlreiche Truppenteile ein, die sie in ihren Kolonien rekrutierten. Auf deutscher Seite wurde deren Einsatz häufig als unfair und gegen die Grundsätze des Krieges zwischen »zivilisierten« Völkern verstoßend verurteilt.

Auszug 14 aus Feldpostbriefen

*Luxemburg, Dienstag, 22. September 1914,
nachm. 3½ Uhr*

(...) Am Freitag haben wir hoffentlich Quartierwechsel. Ich begrüße ihn mit Freuden, er bringt doch *etwas* Abwechselung in das tötende Einerlei der jetzigen Tage.

Heute war ein Schlachten-Maler bei mir und zeigte mir sehr hübsche gelungene Skizzen von den Schlachtfeldern. Es wird noch einige Zeit dauern, bis solche Bilder auch in die illustrierten Zeitungen durchdringen. Ich bedaure es sehr, daß einstweilen in der Hauptsache nur *zerstörte* Orte gezeigt werden. Hoffentlich gelingt es, wenn wir weiter Erfolge haben, die Feinde diesmal auch ordentlich zu fassen, daß sie uns nicht wieder davonlaufen und hinter einem neuen Abschnitt sich von Neuem setzen. Ich glaube, daß das Herz ihnen doch gerutscht ist, wo die Russen nun nicht so schnell vorgekommen sind. Aber man muß mit aller Achtung anerkennen, daß sie sich sehr brav und tapfer schlagen.

Die Nachricht von den Unruhen in Marokko bestätigt sich hoffentlich, ebenso wie die von solchen in Indien und Ägypten.[42] Zuverlässiges erfahren wir ja nicht, da wir von aller Welt abgeschnitten sind.

Italien und Rumänien schwanken mächtig. Da sind die Feinde mit allen Mitteln der Bestechung und der Versprechungen an der Arbeit, sie zu sich herüberzuziehen.

Auszug 15 aus Feldpostbriefen

*Luxemburg, Donnerstag, 24. September 1914,
nachm. 4½ Uhr*

Der Tag heute vor dem Quartierwechsel ist besonders unruhig, ich will aber doch versuchen, Dir zu schreiben. Kolaczek ist schon voraus mit einem Beamten, um das Büro dort herzurichten, damit der Betrieb morgen gleich losgehen kann, wenn ich hinkomme. Ich fahre morgen 8 Uhr Vormittags mit Stotten nach Mézières.

In Sedan werde ich so fahren, daß ich die Gegenden meines Erfurter Vortrages von 1910 durchfahre. Bin gespannt, ob es so aussieht, wie ich es mir damals nach der Karte vorstellte. Nun wird die neue Generation Vorträge halten über den Krieg 1914! Noch ist es einem selbst hier vieles unübersichtlich, es heben sich noch keine großen Schlachten-Namen aus all den andauernden Kämpfen heraus. Augenblicklich sind wir zu einem gewissen Abwarten noch für einige Tage gezwungen. Es ist ordentlich schwer, abends immer aus den spärlichen Vorgängen eine Wolff-Depesche zu fabrizieren.

Daß Russen durch England kommen, glaube ich persönlich nicht, trotz der zahlreich so lautenden Nachrichten. Es ist kaum möglich, von Archangelsk

---

[42] Seit Kriegsbeginn setzte die Reichsleitung auf eine Insurgierung in den Kolonien der Kriegsgegner.

größere Massen herzuschaffen. Die Engländer haben jedenfalls Truppen aus Indien bis Ägypten gebracht. Was sie nach Frankreich gelandet haben, werden aber wohl Truppen aus Ägypten und Malta sein, die sie eben durch die indischen abgelöst haben. Auch Transporte von einzelnen japanischen Verbänden (Belagerungsartillerie) nach Rußland sind wahrscheinlich. Aber wir hoffen doch, mit allen fertig zu werden! Die nächsten Tage bringen hoffentlich neuen Zug in die Operationen in Ost und West! Von meinen Nachrichten-Offizieren habe ich nun alle Qualifizierten in den Generalstab gebracht. Der Dienst mit den Nachfolgern hat sich auch schon eingespielt. Ich bin weiter zufrieden. Morgen und übermorgen schicke ich Berichterstatter und Attachés unter Rohrscheidts Führung zu den Kämpfen gegen die Sperrfortlinie südlich Verdun [...] Ich selbst bin noch durch neue Pflichten immer hier geblieben, sehe vom Krieg recht wenig, freue mich deshalb, daß wir von morgen ab weiter auf französischem Boden sind. Da kann ich in einer halben Tagestour auch immer mal zu diesem oder jenem Nachrichtenoffizier kommen, fühle doch mal wieder als Soldat den Krieg und sehe unsere braven Truppen. Der Ersatz für die Verluste an Menschen und Munition ist nun auch bald überall da. Nach meiner Ansicht ist Frankreich mit dieser letzten Anstrengung am Ende seiner Kräfte, wird es jetzt besiegt, so ist es endgültig am Boden. So kann Frankreich und England zwar noch viele Menschen aber wenig Soldaten uns entgegenstellen. Mit der Munition der Artillerie sind sie auch schon auf die ältesten Semester gekommen, die Geschosse krepieren z.T. nicht. Am todesmutigsten sind die Zuaven,[43] die auch in blutigen Angriffen haufenweise geopfert werden. In der Anlage von Verstärkungen in der Verteidigung sind die Franzosen Meister, die machen sie mit unglaublicher Schnelligkeit. Haben hinter ihrer jetzigen Stellung schon wieder neue ausgehoben.

Auszug 16 aus Feldpostbriefen

Mézières, Sonntag, 27. September 1914,
nachm. 5½ Uhr

(...) Unser Generalstab arbeitet hier in der Präfektur. Ich habe für IIIb drei Räume, Zentralheizung, vor den Fenstern der große Balkon, vor dem die Maas fließt und von dem man Charleville und die Berge der Ardennen überschaut. Ganz angenehm, daß wir da ab und zu hinaustreten können an die frische Luft. Du müßtest einmal sehen, wie solch [ein] modernes Hauptquartier eingerichtet wird. Telephon auf den Schreibtischen, elektrisches Licht in reichlichen Mengen, usw., alles von unseren Kommandos hergerichtet und bedient. Ich werde die Berichterstatter hier einmal herumführen lassen und ihnen einiges erklären, damit ihre berufeneren Federn und ihre Zeit einen Bericht zustandebringen, den mein Lieb dann in der Zeitung liest. Die Repräsentativräume des Präfekten sind unser Kasino, im Speisesaal wird an kleinen Tischen gegessen, nebenan ein großer gelber Seiden-Salon. Die Küche leitet ein aus Coblenz herbeigeholter Hotelwirt

---

[43] Bei Zuaven handelte es sich um französische Kolonialtruppen aus Nordafrikanern und dortigen französischen Siedlern.

mit seinem Personal. Es gibt morgens bis 9 Uhr Frühstück, von 1–3 Uhr Mittag (oder wie die Feinen sagen: Frühstück) und von 7 Uhr ab Abendbrot (feiner: Mittagessen). Hinterher gestatte ich mir ½ Stündchen im gelben Salon in unterhaltender Gesellschaft Ruhe. Ehe ich zu Haus komme, wird's meist dicht vor 12 Uhr. Um 6 Uhr stehe ich auf. Ich wohne nicht wie Moltke pp. in der Präfektur selbst, sondern bewohne mit allen Herren IIIb das Erdgeschoss der sogenannten »Platzvilla«. Alle Etagen waren gänzlich verlassen. Unser bewohnte ein Notar. Als ich kam, sah man noch, daß die Wohnung von den Bewohnern Hals über Kopf verlassen war. Welch traurigen Eindruck macht so etwas! Madame scheint besondere Eile gehabt zu haben, das bewiesen zurückgelassene Zöpfe! Es ist sehr dumm von solchen gebildeten Leuten, vor uns zu fliehen, wie die Ostpreußen vor den Russen. Natürlich müssen wir nun Bettwäsche nehmen, wo wir sie finden. Haben aber alles ganz gut entdeckt. Zum Genuß kommt man ja nicht, da man den ganzen Tag arbeitet, will auch nicht genießen, wenn die anderen draußen stehen. [...]

Auszug 17 aus Feldpostbriefen

*Mézières, Mittwoch, 30. September 1914,
nachm. 3 Uhr*

Es geht mir gut, obgleich die Lage an unsere Nerven jetzt hohe Anforderungen stellt. Der Kampf an der Front ist völlig zum Festungskampf geworden, beide Seiten haben sich bis an den Hals eingegraben. Die Operationen der Franzosen gegen unsere rechte Flanke sind pariert, sie treten aber dort immer mit neuen Kräften auf, bald sind wir mit dem rechten Flügel an der See! Vor Antwerpen hat's ja nun auch endlich begonnen! Es liegt in der Art des jetzt mehr operativ verlaufenden Krieges der nächsten Zeit, daß unsere Nachrichten spärlicher fließen. Unser Krieg mit den beiden Fronten gegen die sehr stark überlegenen Feinde und mit dem müßigen Verbündeten ist schwer, es wird vielleicht noch schwerer werden. Aber meine Zuversicht wankt nicht, daß wir durchhalten und siegen werden. Es tut mir so leid, daß ich das, was mich jetzt am meisten beschäftigt, Dir nur sehr unvollkommen schreiben kann. Ich werde auch dauernd unterbrochen. Manche Stunde ist man vor ganzer Hingabe auch gar nicht imstande, zu schreiben. [...]

Mittwoch, 30. September 1914

In der englischen Presse beginnt eine planmäßige Hetze gegen die Monarchie in Deutschland und gegen den Kaiser und den Kronprinzen als ihre Repräsentanten. Ich ordne an, den Nachrichtendienst hiergegen aufmerksam fortzusetzen.

Auszug 18 aus Feldpostbriefen

GrHQu, Sonntag, 4. Oktober 1914

Wieder ein Sonntag, der 4., seit die große Schlacht sich einleitete. Und noch keine Entscheidung, trotz aller Einzelerfolge. Aber schließlich muß sie ja kommen.

Meine Tätigkeit erweitert sich dauernd. Habe jetzt auch durch Veröffentlichungen öfters mit den Herren vom Auswärtigen Amt zu tun, war neulich ½ Stunde allein beim Reichskanzler, der im übrigen jetzt nicht der Liebling des Volkes ist. [...]

Erinnerung

Als ich nach Erledigung meiner Sache mich verabschieden wollte, fragte Bethmann, ob ich noch einen Augenblick Zeit hätte, dann möge ich noch einmal Platz nehmen und ihm erzählen, wie es in der Welt aussähe, er erführe »so gar nichts«. Ich war erschüttert, einmal über die Tatsache an sich, und weiter über die Form der Frage. Ich dachte, daß der Kanzler, zudem die Sache nun einmal so lag, sich an Falkenhayn wenden müsse mit der an Befehl grenzenden Bitte, seinen Chef des Nachrichtendienstes täglich auch ihm, dem Kanzler, zum Vortrag zu senden, anstatt mich demütigst zu bitten, ihm etwas zu erzählen, wenn ich noch einen Augenblick Zeit hätte. Ich bekam hier einen unmittelbaren ersten persönlichen Eindruck von der Zaghaftigkeit Bethmanns. Sachlich konnte ich ihm zudem nicht viel sagen, denn was ich wußte, waren ja nur Nachrichten, und ich fühlte mich nicht berechtigt, über den Kopf meines Chefs hinweg, diese weiterzugeben.

Ebenso erging es mir mit dem Kaiser, welcher immer ein starkes Interesse für meine Aufgaben erkennen ließ aber ebenso eine Scheu, mich zu einem Überschreiten meiner Grenzen zu veranlassen. Was er erfuhr, war nur das, was er erfahren sollte, infolgedessen tragen die Verantwortung für das Bild, welches er hatte, die hierfür Verantwortlichen. Ich möchte den Ereignissen auch hier vorauseilen und Folgendes zum Verständnis der Entwicklung feststellen:

Der Nachrichtendienst ist dazu da, die Wahrheit festzustellen. Diese Wahrheit ist verschiedener Art und von verschiedener Bedeutung. Es gibt kleine und große Geheimnisse. Die kleinen klären Agenten, die großen Landesverräter, aber unter diesen auch nur wenige dafür geeignete. Die kleinen interessieren den Führer nicht unmittelbar, sie sind so zahlreich, daß sie ihm erst verarbeitet und zusammengestellt vorgetragen werden. Den großen Fragen steht aber der Führer unmittelbar gegenüber und in der Organisation des Nachrichtendienstes dessen Chef.

Nur hierüber richteten Moltke bei Kriegsausbruch und später Falkenhayn und Ludendorff Fragen an mich. Ich mußte erst lernen, mich hierauf zu rüsten und habe die Wahrheit gesucht in vielen Gesprächen mit anderen, die vielleicht Antwort geben konnten. Meine Erfahrung möchte ich dahin zusammenfassen, daß es, wie überhaupt im Leben, über die letzten und größten Dinge kein Wissen und keine verläßliche Wahrheit gibt, und daß dort, wo das Wissen aufhört, der Glaube das Entscheidende ist.

Dieser Glaube an den Sieg fehlte Moltke, der dadurch zum Führen unfähig wurde.[44] Mit diesem Glauben spielte nur Falkenhayn, seine Art war nicht danach, ihn restlos zu erfüllen. Dieser Glaube machte Ludendorff aber zum Führer und dieser Glaube adelt heute Adolf Hitler.

Wenn durch meine Briefe und Aufzeichnungen bis zuletzt im Kriege daher auch der Glaube an unseren Sieg durchklingt, so ist es die Auswirkung dessen, was ich durch die militärischen Führer erhielt.

Trotzdem war mein eigenes Gebiet die Wahrheit. Der deutsche Nachrichtendienst hat zweifellos von allen Nachrichtendiensten im Weltkrieg am besten gearbeitet. Aber kein Nachrichtendienst weiß letzten Endes, ob das, was er meldet, wahr *ist*. Die letzte Entscheidung trifft auch hier der Führer, ob er dem Nachrichtendienst glaubt oder nicht. So sind wir, wenn wir die Nachrichten an sich betrachten, welche mein Dienst lieferte, *niemals* und von nichts überrascht worden. Und dennoch kann mir aus der Front, sowohl der militärischen wie politischen, vorgehalten werden, daß wir hier oder dort tatsächlich überrascht worden seien. Dann hat es immer daran gelegen, daß der oder die Führer den Nachrichten nicht glaubten, wofür sie ja die allerletzte Entscheidung tragen und daß sie infolgedessen die notwendigen Folgerungen unterließen oder aus irgendwelchen Gründen sich nicht stark genug dazu fühlten.

Die Wahrheit ist meist sehr hart und grausam. Es ist Wahnsinn, wenn die Masse nach Wahrheit ruft, denn sie wäre gar nicht fähig, in vielen Fällen sie zu tragen. Dazu war selbst im Kriege nicht jeder Führende fähig. Darin lag doch das Verhängnis des Kaisers, daß er in diesem Sinne zu schwach war, die Wahrheit zu hören und daß seine Ratgeber, die dies wußten, sie ihm darum vorenthielten. Selbst seine militärischen Ratgeber machten hiervon keine Ausnahme. Wenn ich Falkenhayn aus besonderem Anlaß vorschlug, darüber müßte wohl auch S. Majestät unterrichtet werden, dann winkte er mit abweisendem »Ach« und einer entsprechenden Handbewegung ab. Wenn ich es Ludendorff sagte, antwortete er z.B.: »Ach nein, Nicolai, der Kaiser hat heute schon allerlei Schweres zu hören bekommen, wir wollen dies lieber auf unsere Kappe nehmen.« Beide handelten also aus verschiedenen Motiven, im Endziel aber gleich.

Ein ganz krasses Beispiel erlebte ich nicht selbst, es wurde mir aber von den Flügeladjutanten berichtet. Ein Kommandierender General passierte das Hauptquartier und wird vom Kaiser zum Frühstück geladen. Man ist schon bis auf den Kaiser versammelt und fragt den General nach dem Zustand seines Korps. Er erwidert: »Vollkommen fertig! Wenn nicht mindestens drei Wochen Ruhe ist, ist überhaupt nichts zu machen.« Der Kaiser betritt den Raum. Alles verbeugt sich. Er geht direkt auf den General zu und fragt: »Nun, Herr General, was machen Ihre braven Truppen?« Der General reißt die Hacken zusammen und antwortet: »Sie brennen darauf, wieder in die Schlacht geführt zu werden.« [...]

---

[44] Nach dem Rückzug an der Marne und insbesondere nach Ende des Ersten Weltkriegs machten viele Vertreter der ehemaligen militärischen Spitze, wie hier auch Nicolai, Moltke zum Sündenbock für den vermeintlich »verschenkten Sieg«. Die gestiegene Furcht vor einer britischen Blockade, der »russischen Dampfwalze« im Osten sowie einer möglichen französischen Offensive in Lothringen hatten Moltke veranlaßt, den Schlieffen-Plan in wichtigen Details zu verändern. So hatte er vor allem den deutschen Südflügel gestärkt.

Auszug 19 aus Feldpostbriefen

*Mézières, Dienstag, 6. Oktober 1914,
nachm. 5 Uhr*

(...) Ich kann es mir denken, daß Du von den Eltern[45] manchmal recht bedrückt fortgehst, wenn die Unterhaltung sich immer wieder um dasselbe dreht und nur Bedenken und Kritik erneut werden. Was sollte ich da erst sagen, wenn hier am Tage alle die übertriebenen Nachrichten vom Auslande durch mich gehen, die Ihr gar nicht erfahrt, weil unsere Presse sie nicht bringen darf. Da könnte mir und uns hier wirklich bange werden, was für Feinde uns alles drohen. Es hilft doch nichts, wenn es wahr ist, wir müssen *durch* und können es nur, wenn wir den Kopf heben und Mut und Zutrauen in unsere alleinige Kraft setzen. Wir müssen das Begonnene in den Schlachten energisch durchführen und daß wir auch Erfolg haben, beweisen ja doch unsere schrittweisen Erfolge. Kritisieren ist leicht, besser oder selbst machen ist schwerer. Der Geist unserer Truppen ist unverändert gut, sie kämpfen ja auch nicht jeden Tag, haben sich da vorn in der Schlachtlinie ganz wohnlich eingerichtet und im Allgemeinen keinen Mangel an Verpflegung und Munition zu leiden. Der Aufenthalt in allervorderster Linie, in den Schützengräben und im dauernden feindlichen Artilleriefeuer stellt allerdings außerordentliche Anforderungen, besonders, wenn die Regenzeiten waren. Wo die Truppen in freier Feldschlacht kämpfen können, wie jetzt am äußersten rechten Flügel, zeigen sie die alte Festigkeit und Angriffslust. Dem Feinde geht's nicht anders, solange wir uns nicht selbst aufraffen und einen Erfolg an den anderen reihen, geht es vorwärts! So muß auch jeder zu Haus denken! Schon die harten Verluste, die wir haben, verpflichten uns, allen Willen und alle Zuversicht zum Sieg, zusammenzufassen.

Wir haben zwar noch keinen unserer Gegner entscheidend besiegt, sind aber von ihnen bisher noch an keiner einzigen Stelle besiegt worden! Ist es nicht ein Undank gegen das tapfere Heer, kleinmütig und unzufrieden zu sein? Führten wir den Krieg im eigenen Lande und hätten wir jetzt des Feindes Bahnen und Hilfsmittel unmittelbar unbeschränkt hinter uns, so wären wir sicherlich schon weiter als jetzt unsere Feinde sind. Aber wir werden es auch so machen, es ist nur schwerer und *muß* langsamer gehen.

Laß' Dich also nicht von dieser Kopfhängerei anstecken, mein Lieb, wir haben jetzt keinen Grund dazu und müssen bedenken, wie aufrecht wir noch sein müssen, wenn es uns wirklich mal schlecht gehen sollte.

Aus dem Westen hoffe ich heute wieder gute Nachrichten geben zu können, hoffentlich auch aus dem Osten und die Tage von Antwerpen sind vielleicht schon gezählt, wenn Du diesen Brief bekommst. Ich erhalte auch viele Zuschriften mit müßiger Kritik. Das Volk soll aber doch im Ganzen Vertrauen haben. Man wünscht, daß die Wolff-Depeschen wieder unterschrieben sein

---

[45] Mein Schwiegervater, ein Altersgenosse Hindenburgs, war zuletzt Divisionskommandeur gewesen. Er litt außerordentlich darunter, keine Verwendung mehr zu finden. Sein Pessimismus entsprang, wie bei manch anderem in gleicher Lage, aus dem Wunsch, helfen zu können und der Verbitterung, nicht helfen zu dürfen [Anm. des Verfassers].

möchten.⁴⁶ Wenn mal was Ordentliches zu melden ist, soll dem Volke gern dieser Gefallen geschehen.

Schwer ist die Zeit, aber das ist selbstverständlich. Auch die Tage für uns hier. Das Hin und Her der Nachrichten, das nur schrittweise Gelingen großer Hoffnung und opfervoller Kämpfe fordert Nerven und Zuversicht.

Auszug 20 aus Feldpostbriefen

Mézières, Donnerstag, 8. Oktober 1914,
nachm. ½4 Uhr

(...) Die Franzosen erweisen sich als Meister im schnellen Herstellen von Befestigungsarbeiten und schlagen sich in der Verteidigung hervorragend. Im Angriff aber taugen die Truppen nichts. Der Heerführung kann man auch nur Anerkennung zollen, sowohl was die Operationen anbetrifft, wie die energische Durchführung der Befehle bei der im inneren Land z.T. stark erschütterten Truppe.

Antwerpen wird seit heute nacht 12 Uhr bombardiert. Der Schreck muß groß gewesen sein, weil die Geschichte plötzlich mitten in der Nacht losging. Aber noch hält sich die Stadt unter dem Schutz des inneren Fortgürtels und der noch nicht in unseren Händen befindlichen Außenforts. Lange kann und wird es aber nicht dauern.

Rohrscheidt, den ich für einige Tage mit Attachés und Berichterstattern nach Brüssel und Antwerpen geschickt hatte, meldete mir heute auch, das alles, was sie dort an deutschen Truppen gesehen hätten, erstklassig gewesen sei. Ich lasse jetzt auch Gesellschaftsreisen ausländischer Journalisten von Berlin aus arrangieren, damit wir im Ausland das Lügengewebe unserer Gegner durchreißen können. Jetzt sind sie im Osten, nächste Woche sollen sie auf den westlichen Kriegsschauplatz. Das Auswärtige Amt hat hieran auch großes Interesse, das bewies mir mancher interessante Besuch. Gestern besuchte mich auch ein katholischer Divisionsgeistlicher, der bei Verwundeten geblieben und gefangen war. Erzählte von unglaublicher Behandlung durch die Franzosen, ist schließlich über Spanien und Italien zurückgekehrt. Von alldem muß ich Euch mündlich erzählen.

Wann? Das läßt sich noch gar nicht sagen. Die Ansichten über die voraussichtliche Dauer des Krieges gehen auch hier sehr auseinander. Es ist für uns als Heeresleitung auch ziemlich gleich, das Ziel bleibt unentwegt, zu siegen. Dann wird sich alles andere finden.

---

46 Ich verfaßte zwar die Wolfftelegramme, war aber nicht ermächtigt, sie zu unterschreiben, hatte auch nicht den Wunsch, dadurch öffentlich hervorzutreten. Falkenhayn lehnte ab mit der Begründung, daß er nicht allein die Verantwortung für den Kriegsverlauf trage, welche Ansicht gefördert werden könnte, wenn er den Heeresbericht als zur Zeit einzige amtliche Verlautbarung unterzeichne. Die Verantwortung läge gleichmäßig beim Kaiser, dem Kanzler, dem General- und Admiralstabschef. Aus diesen Erwägungen heraus stimmte er meinem Vorschlag zu, den Heeresbericht mit »Oberste Heeresleitung« zu unterzeichnen. Wie diese Unterschrift entstanden ist und wie Falkenhayn sie ansah, sollte sie also die vorgenannten Verantwortlichen mit umfassen [Anm. des Verfassers].

Ihr müßtet nur mal sehen, welche unglaublichen Nachrichten die feindliche Presse und die bestochene neutrale Presse verbreiten. Der Kaiser im Osten gefallen usw.! Ich tue einen tiefen Blick in dies Getriebe, wie's gemacht wird und mit welchen Mitteln gearbeitet wird. An mich gelangen auch allerlei Klatschereien und Geschichten in anonymen und anderen Zuschriften. Ich lehne es ab zu dementieren, da das Meiste zu tief steht, um überhaupt beachtet zu werden und durch ein Dementi erst verbreitet wird. Mit dem braven Deutelmoser stehe ich in dauerndem Gedanken- und Arbeitsaustausch.

Auszug 21 aus Feldpostbriefen

Mézières, Donnerstag, 15. Oktober 1914,
nachm. 3 Uhr

(...) Meine Arbeit nimmt immer zu und periodenweise ist sie besonders stark. So die ersten Tage nach meiner Fahrt. Ich war am rechten Flügel des Heeres, fuhr über Hirson nach Cambrai, dann über St. Quentin nach Chaudry, abends nach Laon, wo ich beim Armee-Oberkommando übernachtete.

Der in der Ferne sichtbare Nachtkampf bot einen eigenen Anblick und mit ernstem Empfinden habe ich eine Stunde lang unter dem klaren Sternenhimmel zugeschaut. Dann trat wieder Stille ein. So flackerte der Kampf überall in der langen Schlachtfront immer unregelmäßig auf, auch als ich heute Mittag spazierenritt, dröhnte fernes Geschützfeuer herüber. Eine Entscheidung fällt bei diesen Einzelkämpfen natürlich nicht, sie kosten aber täglich Opfer, den Franzosen aber erheblich mehr als uns, sobald sie in den Bereich unseres Infanteriefeuers kommen. Die Entscheidung der großen Schlacht wird aber hoffentlich nicht lange mehr auf sich warten lassen und hoffentlich zu unseren Gunsten sein. Beim Feinde finden dauernd Verschiebungen nach dem Norden statt, die beiderseits versuchten Umfassungen des nördlichen Flügels ist bisher keinem gelungen, immer wieder ist die Front verlängert worden. Der Fall von Antwerpen ist für uns viel wert, ich hoffe, daß Ostende auch bald unser ist und damit ein weiterer Punkt dauernder Bedrohung unserer Flanke beseitigt ist.

Die Erfolge von Ostpreußen sind auch großartig, wir können sie noch garnicht in ihrer Großartigkeit schildern. Auch in Polen ist alles gutgegangen und wird hoffentlich so weitergehen. Dort hat schon Schneetreiben stattgefunden. Unsere Bundesbrüder sind auch auf der ganzen Front im Vorgehen und bisher erfolgreich.

Allgemein sieht man also, daß es vorwärts geht, und kann beruhigt und zufrieden sein.

Natürlich wird Ferdinand mit seinen Berichten über allerlei Schrecklichkeiten recht haben, ich frage aber, ob es denn notwendig ist, so etwas zu schreiben. Gibt's denn nichts Anderes? Erlebnisse von Treue, Aufopferung und Mut? Ich will nicht reden, weil ich nicht vorn unter den Eindrücken des Kampfes bin, aber ich verstehe so etwas nicht. Auch in vielen Feldbriefen und Berichten, deren Veröffentlichung in der Presse wir möglichst verhindern, kehrt immer dasselbe wieder. Nicht um irgendetwas zu verdecken sollen solche nicht veröffentlicht werden, sondern um unserem Volke daheim das Schwere, was jetzt durchzumachen ist, nicht noch zu vergrößern. Vom Ungebildeten verstehe ich es, der Gebildete müßte aber mehr Selbstzucht üben. Auch ich bin hier nicht auf Rosen gebettet. Daß ich den ganzen Tag arbeiten muß und keine Rücksicht nehmen darf auf mich, ist selbstverständlich. Wir alle gehören jetzt allein dem Krieg und dem Vaterland, nicht uns selbst und nicht unseren Familien. Aber das viele Ärgerliche und Widrige, das Verstimmungen und begreifliche Höchstspannung der Nerven aller hier, besonders der Führenden, ergibt, geht auf die Nerven und auf die begeisterte Arbeitsfreudigkeit. Ich lasse mich aber nicht unterkriegen, in der täglich unablässigen Pflichterfüllung nach bestem Können liegt Halt und Lohn. Ich kann Dir später auch viel erzählen, jetzt aber will und darf ich dafür keinen Raum im Kopf und Herzen haben. Jetzt gilt es nur, jeden Augenblick seine Pflicht tun und die Augen geradeaus vorwärts, nicht rückwärts zu richten. Über die Führung kann nur der urteilen, der die Geschehnisse kennt. Einzelheiten kennt niemand in Deutschland, das Ganze liegt allen klar vor Augen: Auf beiden Fronten Krieg, in Feindesland, auf beiden Seiten gegen überlegenen Feind, auf beiden Seiten erfolgreich, wenn auch nicht so, wie Ungeduldige es wünschen. Auch unsere Feinde sind geführt, bewaffnet, begeistert! Also: Es der Führung nachmachen, ist schwer, es besser zu machen, *sehr* schwer. Es ist selbstverständlich, daß im Einzelnen Besseres möglich gewesen wäre und auch der deutsche Soldat vom Untersten an bis zum Führer kein Halbgott ist. Aber nehmen wir alles in allem, sein wir dankbar und einig und nehmen wir daraus neue Kraft und Zutrauen für die noch kommenden schweren Aufgaben.

In Rumänien steht alles jetzt für uns gut, auch in Italien. Es sind das die reinen Leichen-Räuber, liegen oder lagen auf der Lauer, um den auszuziehen, der auf der Walstatt bleiben mußte. Allmählich sehen sie wohl ein, daß nicht wir es sein werden.

Auszug 22 aus Feldpostbriefen

Mézières, Sonntag, 18. Oktober 1914,
mittags 1 Uhr

(...) Von der Obersten Heeresleitung hat noch niemand das Eiserne Kreuz erhalten, auch der Kaiser hat es noch nicht angelegt. Ich finde das sehr richtig, da es uns erst nach der Truppe gebührt und erst dann, wenn eine wirkliche siegreiche Entscheidung gefallen ist. Nur Einzelne haben hier das Kreuz, welche durch irgendwelche besonderen Umstände vorn in die Front kamen und sich dort auszeichnen konnten. Nicht überall wird das Kreuz aber wohl durch persönliche Leistung erworben! Aber es ist ja nichts vollkommen im Leben.

Auszug 23 aus Feldpostbriefen

Mézières, Montag, 19. Oktober 1914,
nachm. 4 Uhr

(...) Ein häßliches Wetter, bei dem mir die Truppen draußen leid tun. Ich warte nun sehnlichst darauf, daß eine andere Kriegslage eintritt, daß wir bald eine uns günstige Entscheidung haben und vorwärts gehen können. Wie werden sich unsere jungen Truppen[47] schlagen? Der Geist muß eigentlich hervorragend sein, denn die neuen Truppen sind doch zum größten Teil die kriegsfreiwilligen jungen gebildeten Leute. Jedenfalls sind wir mit der Aufstellung dieser frischen Verbände unseren Gegnern wieder voran, was die an Neuem ins Feld stellen, ist recht fragwürdig. Es gibt hier Offiziere, die behaupten, daß wir in 14 Tagen nicht mehr hier sondern weiter vorwärts sein werden. So sicher bin ich nicht, hoffe aber auch auf ein anderes Winter-Quartier als hier. Besonders, daß die Truppe nicht mehr in der Schlachtlinie zu liegen braucht.

Ich habe hier noch nichts von Typhus oder Ruhr, überhaupt gottlob wenig von Krankheiten gehört. Der General v. Hausen mußte wegen Blutruhr nach Hause und an der Front sind natürlich an mehreren Stellen Fälle von ruhrartigem Durchfall vorgekommen. Das kommt aber auch durch Nässe und Kälte.

Auszug 24 aus Feldpostbriefen

Mézières, Donnerstag, 22. Oktober 1914,
abends 7¼ Uhr

(...) Die Lage ist weiter schwer aber zuversichtlich. Der Tag, an dem wir vom Osten oder Westen mal wieder einen ordentlichen Sieg melden können, ist hoffentlich nicht mehr allzu fern! Bezeichnend für die Verhältnisse bei den Franzosen ist es, daß vorgestern, als sie einen starken Nacht-Angriff aus Toul in Richtung Pont-à-Mousson machten, der ihnen 1000 Mann Verluste gegen 250 bei uns brachte, die Gefangenen zum großen Teil betrunken waren! Man gibt ihnen vor Angriffen also Mut in Form von Alkohol! Auch gefangene Engländer waren mehrfach völlig betrunken!

In einem Tagebuch eines vorgestern gefallenen französischen Obersten steht: »Wenn wir aus dieser trostlosen Lage überhaupt noch einmal herauskommen, so kann es nur durch ein Wunder geschehen wenn eine höhere Gewalt will, daß unsere alte Nation noch nicht untergeht.« Auch in Rußland sind unsere Truppen

---

[47] Die Langemarck-Truppen [Anm. des Verfassers]. Hiermit waren die nach Kriegsbeginn hastig neu ausgehobenen Reservekorps gemeint, die im Herbst 1914 in Flandern zum Einsatz kamen. Insbesondere deren verlustreicher Kampf nahe des belgischen Langemarck wurde in der Folge durch die militärische Führung erfolgreich als Opfergang »junger Regimenter« aus Schülern und Studenten stilisiert. Tatsächlich bestanden diese Verbände aber keineswegs nur aus Schülern und Studenten. Sie zählten hier zu den rund 60 % ungedienten Mannschaften (Kriegsfreiwillige und Rekruten).

dem Feind weit an Wert überlegen, nur die Zahl ist es, die gefährlich ist und die Schwierigkeit bei den großen Massen und Entfernungen und Ausdehnungen, die eine wirkliche Entscheidung so schwer macht.

Also hofft nur weiter und werdet nicht kleinmütig. Es ist noch viel zu leisten, bis wir durch sind, und einen unserer Opfer würdigen Frieden *erzwingen* können.

Auszug 25 aus Feldpostbriefen

Mézières, Sonntag, 25. Oktober 1914,
abends 7¼ Uhr

(...) Heute war Gottesdienst erst um 11 Uhr. Ich wollte nach dem um 10 Uhr stattfindenden Vortrag hingehen, konnte aber erst später, so daß ich gerade kam, als die Predigt zu Ende war.

So habe ich denn, zwischen alten Landsturmleuten stehend, nur noch das Gebet gehört und den Schlußgesang »Das niederländische Dankgebet«[48] mitsingen und zum Schluß an Euch Lieben mit heißen Wünschen denken können. Aber diese 10 Minuten selbst waren sehr erhebend und werden mir unvergeßlich sein. In einer großen neuen Reitbahn an der einen Schmalseite dem Eingang gegenüber der Altar, auf ihm ein Kruzifix und brennende Leuchter, über ihm zwei deutsche Fahnen. Davor in der Mitte der Kaiser allein, hinter ihm eine Reihe von Stühlen mit Offizieren und dann dichtgedrängt die Mannschaften, Postbeamte und Eisenbahnbeamte. Alles ältere Leute, meist mit Vollbärten und ernst und ergriffen von der gehörten Predigt, die wieder wunderschön gewesen sein soll. Nachher war auf der vorbeiführenden Chaussee Parademarsch. Der Kaiser ernst und die alten Landwehr- und Landsturmleute in großer Strammheit, den Blick offen und fest auf den Kaiser im Vorbeimarsch gerichtet. Die Erde dröhnte unter dem Tritt selbst dieser Leute, besonders aber, als die Leibwache vorbeimarschierte. Die fremden Attachés, die auch beim Gottesdienst waren, wurden neben den Kaiser befohlen, so stand ich auch dicht bei ihm. Kürzlich hat ein amerikanischer Journalist, James O'Brenell Benet, in den amerikanischen Zeitungen als »Ein Wahrheitzeuge über die deutsche Kriegführung« einen langen Artikel geschrieben, den Ihr gewiß auch gelesen habt. Er hat damit unserer gerechten Sache sehr genutzt und die Stimmung in Amerika sehr zu unseren Gunsten beeinflußt. Er war beim amerikanischen Konsul in Aachen, von wo ich ihn habe herkommen lassen, Falkenhayn hat ihn gestern in langer Audienz empfangen, er hat heute auch dem Gottesdienst beigewohnt. Als er herauskam, war auch er ganz ergriffen und hatte – was mir bei einem Amerikaner selten scheint – Tränen in den Augen. Nachher habe ich ihn zur Armeefront geschickt, von wo er vorhin auch sehr beglückt zurückkehrte. Heute abend habe ich ihm ein Essen arrangiert, an dem auch der amerikanische Attaché teilnimmt, morgen fährt er an die Sperrfront.

---

[48] »Wir treten zum Beten vor Gott, den Gerechten« (ndl. Wilt heden nu treden), auch bekannt als »Altniederländisches Dankgebet«, dessen Ursprung vermutlich der Sieg der Niederländer über die spanischen Truppen in der Schlacht von Turnhout 1597 ist. Das Lied, im Deutschen Kaiserreich sehr beliebt, war auch Bestandteil des Großen Zapfenstreichs und wurde häufig bei besonderen Anlässen gespielt.

Linie südlich Verdun und wird dann nach Berlin entlassen. So habe ich manches Interessante und Befriedigende schon erreicht und freue mich und bin belohnt, wenn man wenigstens auf diese Weise für's Vaterland wirken kann.

Rudolf Herzog, Professor Slevogt und andere Koryphäen der Feder und Wissenschaft sind auch schon durch mein Büro gewechselt und haben mir manche interessante Unterhaltung gebracht. Dann merke ich, daß ich jetzt wirklich am Brennpunkt unserer Geschichte sitze.

Ich lese von den vielen Zeitungen, die durch IIIb gehen, nur die »Tägliche Rundschau« regelmäßig, um dasselbe zu lesen, was Du, mein Lieb, liest. Heute abend lese ich da den »Schrei« nach der Unterschrift unter den Wolff-Depeschen. Man denkt sich das so leicht bei Euch zu Haus, was habe ich darüber schon hier reden müssen, aber was spricht da alles mit! Den Oberquartiermeister[49] gehen jetzt die Depeschen an sich nichts mehr an, da er mit der Zunahme der Geschäfte sich auf sein eigentliches Arbeitsgebiet, die rückwärtigen Verbindungen, beschränken muß. Die Telegramme entstehen in Zusammenarbeit von Falkenhayn, Tappen und mir. Von uns kommt aber zweckmäßig keiner für eine Unterschrift in Frage. Sie enthalten jetzt auch im allgemeinen nur kleinere Ereignisse. Ich hoffe, daß ich bei einem entscheidenden Ereignis es erreiche, daß wieder unterschrieben wird. Auch die Mitteilung über Moltkes Erkrankung habe ich erreicht, nachdem die ausländische Presse bereits entstellende Nachrichten brachte.[50] Es ist für Moltke wirklich tragisch krank zu werden im Brennpunkt der Lage. Auch hierüber später.

So fühlst Du mir vielleicht nach, [unter] welchen aufregenden und tiefgehenden Eindrücken und welcher Verantwortung man hier lebt. Dazu die Lage. Nun ist durch die See dem Weiter-Ausholen[51] wenigstens ein Ende gesetzt und ich will hoffen, daß unser Sieg langsam aber sicher heranreift. Sieh, Lieb, wenn man so den ganzen Tag den Kopf voll solcher Gedanken hat, Gedanken, die einen packen, die aber nicht aus unserem Kreis herausdürfen, dann hat man oft nicht Lust und Fähigkeit, einen Brief mit anderen zu schreiben. Darum bringe ich auch noch keinen Brief an Papa fertig, ein Brief mit alltäglichen Redensarten entspricht nicht dem, was ich Mann zu Mann jetzt schreiben möchte.

Papa soll nur nicht mißmutig werden, eins ist bei aller Unsicherheit der Zukunft sicher: wir haben sehr viel mehr erreicht bisher als alle unsere, uns sehr stark überlegenen Gegner, und werden ihnen niemals unterliegen. Die Frage ist nur: wie *besiegen* wir sie und wann? Vielleicht wird's ein Krieg wie der 7jährige,[52] dann stehen wir erst am Anfang und brauchen Reserven an Zuversicht und Haltung.

---

[49] Gemeint ist der Generalquartiermeister, der bis zu diesem Zeitpunkt für die Herausgabe der »Berichte aus dem Hauptquartier« zuständig war.

[50] Am Abend des 14.9. erlitt Moltke einen Nervenzusammenbruch, nachdem Meldungen von der Front immer stärker verdeutlicht hatten, dass der Operationsplan gescheitert war. Der Kaiser enthob Moltke im Folgenden von seiner Funktion als Chef des Generalstabs des Feldheeres.

[51] Nach dem Scheitern der deutschen Offensive versuchten die Armeen der Kriegsgegner sich gegenseitig zu überflügeln. Dieser »Wettlauf zum Meer« endete im Stellungskrieg.

[52] Krieg zwischen Preußen und England auf der einen und Österreich, Frankreich sowie Russland auf der anderen Seite von 1756 bis 1763.

Moltke[53] ist vielfach bettlägerig. Gestern abend aß ich mein Abendbrot an seinem Bett, was durch Abteilungschefs öfter abwechselnd stattfindet, um ihn abzulenken. Als ich hineinkam, quälten ihn schwere Gedanken über die Front. Er lag bleich im Bett, rang nach Luft, zog den Kragen des Nachthemds mit beiden Händen auseinander, so daß ich den Eindruck hatte, er könnte sterben. Sein Adjutant Köhler, der am meisten um ihn ist, war auch schon bei mir, er könne es kaum noch ertragen.

Dabei drängt Moltke immer noch zur Arbeit. Es erfüllt mich und auch die anderen Abteilungschefs mit Unwillen, wie schroff und häufig für ihn verletzend Falkenhayn den von uns persönlich so hochverehrten Moltke dann zur Seite drängt, aber wir begreifen, daß es notwendig ist, und alles atmet auf, wie der jugendliche und elastische Falkenhayn die Zügel ergreift. [...]

Auszug 27 aus Feldpostbriefen

Mézières, Freitag, 6. November 1914,
abends ½7 Uhr

Meist sitze ich von 8½ Uhr früh bis Abends ½11 Uhr am Schreibtisch oder bin zu Besprechungen und Vorträgen hier im Haus unterwegs. Habe leider auch viele Störungen durch allerhand Antragsteller, die mir aber die Bekanntschaft mancher interessanten Persönlichkeit vermitteln.

Wundervoll war meine letzte Fahrt nach Brüssel, wo die Arbeit wartet. Abends aßen wir bei Goltz und blieben bis nach 12 Uhr mit dem Stabe beim Bier zusammen. Auch Herzog Ernst Günther war da. Der Chef der Zivil-Verwaltung v. Sandt machte einen guten Eindruck. Der alte Goltz freundlich wie immer, kümmert sich nur etwas wenig um Belgien, ist immer draußen in der Schlachtfront und da mit unglaublicher Todesverachtung in den vordersten Schützengräben. Wenn einer seiner Begleitung ihn zur Zurückhaltung mahnt, wird er feindlich und meint, sie brauchten ihn ja nicht zu begleiten. An jenem Freitag war er schlecht gelaunt, weil er nicht an die Front hatte fahren können.

Auszug 28 aus Feldpostbriefen

Mézières, Sonntag, 8. November 1914,
abends ½10 Uhr

Da ich jetzt – wie ich schon schrieb – in der Präfektur wohne, habe ich mehr Zeit, aber doch wieder nur zur Arbeit bisher. Heute bin ich mit keinem Schritt herausgekommen. Das Zimmer ist eines der Wohnung des Präfekten, scheinbar das kleine Speisezimmer. So habe ich ein Quartier, das wirklich schön ist und mich jedesmal, wenn ich zu kurzem Aufenthalt darin bin, ästhetisch befriedigt.

---

[53] Der folgende Absatz ist eine nachträgliche Erläuterung zum Auszug 25 vom 25.10.1914.

Hinter mir an der Wand hängen einige Erinnerungen, die ich mir von der Front mitbrachte: ein belgisches kleines Seitengewehr, ein englisches Wehrgehänge,[54] eine Jagdflinte, ein Fliegerpfeil[55] und der Steigbügel eines Spahi.[56] Erobert habe ich das ja leider nicht, aber doch sollen es mir Erinnerungen sein an die schönen erhebenden Eindrücke, die ich gewonnen, so oft ich vorn in die Nähe unserer braven Truppen kommen durfte. Wenn ich da so bin und erlebe, was ich als Leutnant und Hauptmann meinen Leuten mit ehrlicher innerer Begeisterung für unseren Beruf und den Krieg beizubringen versuchte: Hingabe, Disziplin und Pflichtgefühl, dann fühle auch ich die Größe des Krieges und kehre zurück zu meiner Stubenarbeit, als ob ich aus der Kirche käme. Die da draußen setzen ihr Leben ein aber wir hier hinten haben es Stunde für Stunde schwerer. Wir arbeiten uns durch Ärger und unter Drangabe der Nerven ab, uns fehlt das frische Soldaten-Leben. Die draußen haben Freistunden und Feierstunden. Aber wer weiss, ob sie sich nicht auch einmal nach Schutz vor Wind und Wetter sehnen, den wir so reichlich und üppig haben. Darum will ich auch so zufrieden sein. In Brüssel fiel es mir unangenehm auf, daß unsere Offiziere ihre Frauen da hatten, da es Landwehroffiziere meist waren, so waren auch die Frauen meist landwehrartig. Überhaupt hat mir die Disziplin auf der Straße dort nicht besonders gefallen. Im Rücken eines Heeres ist manches nicht schön für's Soldaten-Auge. Ich nehme es sehr genau mit meiner Pflicht, über alles zu schweigen, was ich hier erfahre, aber wie von Anfang an, so glaube ich auf beiden Fronten an den Sieg, wenn's auch noch schwer kommen sollte durch die Zahl der Feinde. Wenn man nur zu Haus die großen Überschriften in den Zeitungen, das Glockenläuten und den Siegesjubel lassen wollte. So weit sind wir noch nicht, aber so weit kommen wir hoffentlich noch!

Von Antwerpen ging's am nächsten Morgen über Gent, Brügge nach Ostende. Überall habe ich für meinen offensiven und den Abwehrdienst organisiert. Im Kurhaus unsere Wache unten. Aber in den Sälen eine wüste Schweinerei, anders kann ich es nicht nennen, von den galanten Engländern so zurückgelassen. Das war der Übelste und ekligste Anblick, den ich bisher im Kriege gehabt habe. Von da ging es nach Thielt. In Thielt waren gerade 1 Stunde vor unserer Ankunft 8 Fliegerbomben eingeschlagen, nachdem der Kaiser dicht vorher den Ort verlassen hatte. Von Thielt ging's nach Lille. Ein Heerlager! Aber was ich von unseren Truppen sah, erstklassig. Ich durchfuhr den Abschnitt von Kavallerie-Divisionen. Da wurde hinter der Schlachtfront auf dem Zirkel geritten usw. Sah auch 2 Verwundeten-Züge aus der Schlacht zurückkommen. Begleitet den einen Verwundeten-Zug in eine Kirche, in der er 1 Stunde Rast machte. Es war kein schöner Anblick, wie die armen erschöpften, z.T. kreideweissen Kerls mit ihren blutigen verbundenen Gliedern sich in das ausgebreitete Stroh fallen liessen, aber doch erhebend, wie still und ergeben sie ihre Schmerzen und Anstrengungen trugen. In Lille war Kefer. Als sein Gehilfe eine sehr hübsche junge Dame, Dr. der Staatswissenschaften.*

---

[54] Gemeint ist das Koppelgeschirr.
[55] Zu Kriegsbeginn wurden von Flugzeugen massenhaft Stahlstifte auf gegnerische Ziele abgeworfen.
[56] Abgeleitet vom persischen Sepāhī, nannten die Franzosen ihre in Nord- und Westafrika rekrutierten Kavallerieeinheiten Spahi.

Einmal aber muß ich auch ganz vorn gewesen sein! Aber wenn man sich hier fortbegibt, schreit alles nach einem und glaubt, man ginge seinem Vergnügen, d.h. der allgemeinen Sehnsucht nach vorn, nach. Und da meine NO alle bei den Oberkommandos sind, so komme ich nicht über diese hinaus ohne dienstlichen Grund. Die Inder werden nicht in großer Zahl gefangen. Sie fallen aber in Haufen. Nach den Gefangenen-Aussagen haben sie nicht gewußt, wohin es ging, als sie auf's Schiff gebracht wurden, nicht, daß sie Ägypten passierten und wo sie gelandet sind. Von der Eisenbahn sind sie direkt in die Schützengräben geschickt. Da starben sie nun, ohne zu wissen, warum und wofür. Das ist englische Söldner-Verwendung.

*Erläuterung

Die genannte junge Dame war die später sehr bekannt gewordene Mademoiselle Docteur, über welche viel Falsches geschrieben ist. Es war ein Fräulein Dr. Schragmüller, Tochter eines Grundbesitzers in Westfalen, Dr. der Staatswissenschaften, bei Kriegsausbruch etwa 24 Jahre alt, das Urbild einer vornehmen, klugen und dazu hübschen jungen Dame. Ihr Vater war als Landwehrkavallerist, zwei Brüder als Kavalleriefähnriche an der Front. Auch sie zog los, um etwas zu leisten, schlug sich bis Brüssel durch, stellte sich, als sie überall abgewiesen wurde, dem Generalfeldmarschall von der Goltz in den Weg, trug ihr Anliegen vor und fand seinen Gefallen. Sie wurde verwendet in der Stadtverwaltung zur Durchsicht der Post der Einwohnerschaft. Die hieraus gefertigten Berichte gingen meinem Nachrichtenoffizier in Antwerpen zu, Major Kefer, welchem die Berichte, unterschrieben Schragmüller, als besonders brauchbar auffielen, der deshalb den »Leutnant Schragmüller« zur Meldung befahl und zu seinem Erstaunen in diesem eine junge Dame fand. Er meldete mir den Vorgang und bat, sie in seinem Büro verwenden zu dürfen, dem aber stand ein grundsätzliches Verbot von mir entgegen. Ich erlaubte es unter Vorbehalt, bis ich Fräulein Sch. gelegentlich selbst kennen lernen würde. Dies fand in der in meinem Brief erwähnten Weise statt, und zwar derart, daß, als ich mit dem Gouverneur zu Tisch ging, er einer jungen Dame, welche ihn mit seinem Stab im Vorraum des Eßzimmers erwartete, den Vortritt ließ, und ich von ihm erfuhr, wer es sei. So hatte sie sich bereits die Achtung der Offiziere im Stab erworben und so blieb es auch während des ganzen Krieges. Die Schilderungen, welche sie als eine Kokotte usw. hinstellen, sind eine unerhörte Verleumdung dieses rassigen deutschen Mädels, um welches herum stets die Atmosphäre einer Dame wehte, die auch im Kriege keiner der rauhen Krieger zu verletzen wagte. Ich erlaubte ihr Bleiben, sie erhielt die Bearbeitung des Dienstes in Nordfrankreich durch die Kriegsnachrichtenstelle Antwerpen, und schließlich die Leitung dieses Abschnittes unter Major Kefer. Sie tat also den Dienst eines Generalstabsoffiziers. Eine Herrennatur, war sie besonders geeignet, mit großen Agenten zu verkehren. Spionin oder im Ausland, wie die Literatur auch über sie falsch berichtete, war sie niemals. Diese großen Agenten waren natürlich erstaunt, wenn sie von einer Frau instruiert oder vernommen wurden, welche niemals bei Namen, sondern immer nur »Fräulein Doktor« genannt wurde. So verbreitete sich ihr Ruf als »Mademoiselle Docteur«. Durch den rücksichtslosen Einsatz ihrer Kräfte hat sie ihre Gesundheit schwer geschädigt, sodaß sie ihre Laufbahn, Privatdozentin zu werden (sie war eine sehr geschätzte Schülerin des

Geheimrats Diehl in Freiburg), aufgeben mußte. Trotzdem ihr Einsatz Falkenhayn und Ludendorff bekannt war, war es nicht möglich, ihr das Eiserne Kreuz zu verschaffen. Ich habe ihr nach dem Kriege, als ihre Familie verarmte, eine dauernde Rente und eine Unterstützung durch das Reichswehrministerium verschaffen können. Bis zu ihrem im Jahre 1939 erfolgten Tod in München hoffte sie, im Ernstfall eine dem Weltkrieg ähnliche Verwendung noch finden zu können. [...]

Auszug 29 aus Feldpostbriefen

Mézières, 29. November 1914,
abends 9 Uhr

Grad bin ich von meiner Fahrt zurückgekehrt, habe nur schnell gegessen und mich auf dem Büro überzeugt, daß es möglich ist, daß ich mal diese Adventsstunde zu Haus bin. Es ist so lange her, daß ich nicht mit Dir geplaudert habe. Zunächst will ich Dir sagen, wie schön für mich die beiden Wiedersehen mit Dir waren. Du bist eine so brave und liebe Frau und Mutter, daß ich sehr stolz auf Dich bin. In unserem Heim kam die Freude an allem nicht so recht in mir auf, die ernsten Eindrücke des Krieges kamen hoch und ich mußte immer denken, daß ich nicht berechtigt sei, mich schon des friedlichen Familienkreises zu freuen, wo die anderen noch draußen im Felde sind. Ich habe mir Gedanken gemacht, daß Du so zart bist und doch dabei so viel zu leisten hast. Hier fand ich den Winter vor, der jetzt aber schon viel Wind und Regen Platz gemacht hat. So war die Hinfahrt gestern zu meiner Konferenz in Le Cateau nicht besonders schön, die Besprechung selbst mit den 7 Nachrichtenoffizieren interessant und befriedigend.
    Abends war ich in St. Quentin, wo Bülow Oberbefehlshaber und Lauenstein Chef ist. Bülow hatte mich zum Essen eingeladen, es gab Suppe, Fisch, Geflügel und Obst. Besonders der Seefisch eine willkommene und seltene Abwechslung. Ich saß neben Bülow und nach Tisch bei Zigarre und Bier noch bis 11 Uhr mit ihm und Lauenstein zusammen.
    Heute früh 8 Uhr ging's weiter, zunächst nach Channy zum Etappen-Inspekteur und dann nach Folembray zum Oberkommando v. Kluck, der mich eine Stunde lang empfing. Er ist kein Bülow! Ich mußte dann weiter nach Laon zum AOK v. Heeringen. Den Oberbefehlshaber sah ich nur, sprach ihn aber nicht, nach Tisch kam der Chef v. Henrich[57] zu mir, saß noch eine Zeitlang mit mir und läßt Dich herzlich grüßen.

---

[57] Hier irrt Nicolai. Der Chef des Generalstabes der 7. Armee zu diesem Zeitpunkt war Generalleutnant Karl Heinrich von Hänisch.

Auszug 30 aus Feldpostbriefen

Mézières, Freitag, 4. Dezember 1914,
nachm. 3 Uhr

Unser Leben hier ist jetzt durch die Abwesenheit S.M. und des Chefs etwas ruhiger, was mir Zeit gibt, einmal einige größere Arbeiten zu erledigen. Es geht von 9 Uhr stramm bis abends 11 Uhr durch.

Gestern Abend war es 1 Uhr, ehe ich zu Bett kam, ich hatte die amerikanischen Journalisten, die für eine Reise zur Front zugelassen sind, begrüßt und so lange mit ihnen bei interessanter Unterhaltung gesessen. Amerika hat eine ganz besondere Volkspsyche, das Sensationelle ist Trumpf, was uns so gar nicht liegt und weshalb wir auch unseren Gegner drüben ins Hintertreffen gekommen sind. Die Journalisten, das Beste, was davon in Deutschland ist und von gutem Namen drüben, sagten mir: »Wir bewundern Sie, wir staunen über Deutschland, aber Sie ermöglichen es uns nicht, das drüben in der nötigen Breite zu verbreiten.« Da bin ich also wieder auf dem alten Punkt, der mir bei der Verschlossenheit der hier Maßgebenden schon soviel Schwierigkeiten bereitete. Ich habe aber jetzt etwas mehr Freiheit durchgesetzt, auch für unsere Berichterstatter und hoffe, dadurch im Inland und Ausland zu bessern.

Die Militär-Attachés sind für 2 Tage beim Oberkommando Bülow, unsere Berichterstatter bei Kluck und die Amerikaner bei Heeringen. Was sie da sehen werden, ist so schön und großartig, daß man es verbreiten *muß*. Als ich am letzten Sonntag da vorn war, fand in St. Quentin und Laon zur Feier des 1. Advent Kirchen-Konzert statt. Es soll sehr erhebend gewesen sein, leider für mich unmöglich, teilzunehmen, weil ich weiter mußte.

Für Falkenhayn ist ein Bild nachfolgend zu Weihnachten in Vorbereitung, das ihm geschenkt werden soll, er im Kreise der Mitarbeiter; auch an mir studiert der Maler herum.[58]

Die allgemeine Lage ist hier im Westen vorläufig noch unverändert, erst ist uns nur hoffentlich im Osten ein großer Erfolg beschieden, dessen Einfluß auf die Westfront meines Erwartens groß sein wird. Sowohl unserer Bewegungsfreiheit wegen als auch, [...] weil den Franzosen die Hoffnung auf die Entlastung und günstige Entscheidung durch die Russen, auf die sie viel setzten, zusammenbrechen würde. So kann ein Sieg im Osten von unübersehbaren Folgen sein, im Innern Rußlands ist's auch nicht mehr überall glänzend. Es beginnen sich – noch ganz schwach – doch anscheinend revolutionäre Strömungen geltend zu machen. Englands Sorgen sind auch größer als sie offiziell zugeben und in Frankreich wird die Stimmung nur künstlich gehalten. [...]

---

[58] Hierbei handelte es sich um Felix Schwormstädt, einem der führenden Pressezeichner der »Leipziger Illustrierten Zeitung«.

Auszug 32 aus Feldpostbriefen

*Mézières, Freitag, 25. Dezember 1914,
Erster Weihnachtstag,
vorm. 10 Uhr*

(...) Um 6 Uhr gestern abend, war unsere Weihnachtsfeier für den Generalstab. Die kaiserliche Feier war auf den Hof beschränkt gewesen, es waren nur Generale und Obersten befohlen und Redern auf Grund seiner Hofstellung. So feierte der Generalstab für sich. Als Festraum war eine Kammer in der Zitadelle, gegenüber der Präfektur, über unserem Pferdestall, als Saal hergerichtet. Am Kopfende ein Altar zwischen 2 Weihnachtsbäumen, darunter die deutsche Fahne und ein Eisernes Kreuz, und die Aufschrift in großen Buchstaben: »Wir Deutsche fürchten Gott, sonst niemand auf der Welt«.[59] Rings an den Wänden Tannengirlanden, dazwischen Wappen der Bundesstaaten, auch die Pfeiler mit Girlanden und Kronleuchter aus Tannengrün mit Kerzen. Vorne Teppiche und Stühle, an den Wänden unsere Mannschaften aufgebaut, vor ihnen auf weiß gedeckten Tischen bunte Teller und Mengen von Liebesgaben.[60] Als die Andacht begann, erloschen die elektrischen Lampen und kleine Lampen in den Girlanden und am eisernen Kreuz entflammten. Es war so wirklich ein hübsches weihevolles Bild geschaffen. Goens las zunächst selbst in feldgrauer Uniform, mit dem eisernen Kreuz – das Weihnachtsevangelium vor, nachdem wir gemeinsam zum Harmonium »Stille Nacht« gesungen hatten. In kernigen Worten hielt er dann eine kurze Ansprache, in der er uns aufforderte, nicht traurig zu sein, daß wir Weihnachten nicht zu Haus verleben könnten, sondern stolz und Gott dankbar, daß wir es im Hauptquartier des Kaisers und in Feindesland feiern. Schön und erhebend war dann, als wir alle, laut ein Vaterunser für unsere Lieben daheim beteten. Da wurde einem doch etwas weich ums Herz, als alle diese Männer sich in denselben Gedanken vereinten. Dann sangen wir »O du fröhliche« und dann ein Soldat. Der Mann sang sehr gut, nachher ergab seine Befragung, daß er Opernsänger aus Weimar ist und jetzt in die Küche kommandiert ist, wo er abwäscht! Dieses schöne Beispiel, wie jetzt alles irgendwo mitarbeitet, löste bei uns Offizieren die ernste Stimmung, die Leute erhielten nun ihre Geschenke, ich selbst mit meinen Chauffeuren begab mich schleunigst im Auto nach Bélair, wo in dem Schloß, welches Berichterstatter bewohnen, deren und die Burschen der Attachés zur Weihnachtsfeier angetreten waren. Ich sprach ein paar Worte, dann ging es weiter zur Geheimen Feldpolizei, wo ich es auch tat. An beiden Stellen war es auch hübsch und feierlich.

Um 8 Uhr war ich dann wieder in der Präfektur zur Bescherung. Von Falkenhayn erhielt ich ein eingerahmtes Bild der Präfektur, jeder bekam außerdem eine sehr hübsche Zeichnung der Präfektur, die ich Dir demnächst senden

---

[59] National gesinnte Deutsche verwendeten oftmals dieses Zitat aus der Reichstagsrede des ersten deutschen Reichskanzlers Otto von Bismarck vom 6.2.1888 als trutziges Motto. Bismarck beendete den Satz allerdings mit den Worten, »und die Gottesfurcht ist es schon, die uns den Frieden lieben und pflegen läßt«.

[60] Als »Liebesgaben« bezeichnete man von den Daheimgebliebenen zusammengestellte Pakete, die sie den Soldaten schickten. Sie beinhalteten meist Speisen und Getränke oder Dinge des täglichen Bedarfs.

werde. Bei Tisch saß ich – wieder ein Zeichen, wie alt ich schon geworden – mit den hohen Herren zusammen. Falkenhayn leerte das erste Glas »den Kameraden, die für eine große Sache starben, die in der Erde oder im Wasser ruhen, dem Kaiser, unseren Lieben und dem Vaterland und dem Frieden, der auf den Sieg folgt.«

Später gab's dann noch Punsch und Pfannkuchen, so daß es ½2 Uhr war, als ich nach Haus kam. [...]

1915

Auszug 35 aus Feldpostbriefen

Mézières, Freitag, 1. Januar 1915,
Neujahrstag nachm.

(...) Heute früh war ich zum Gottesdienst um 11 Uhr. Der Kaiser sah ernst, aber munter aus. Hinterher war Parademarsch der Truppenteile und Parade der Offizierkorps. Der Kaiser sagte beim Generalstab, daß er erwarte, daß es nun bald weitergehe, wenn er auch einsähe, daß die Armee sich erst mal verschnaufen müsse. Die energischen Worte, die er an die Berichterstatter richtete, wirst Du inzwischen in der Zeitung gelesen haben.

Erinnerung

Freitag, 1. Januar 1915

Falkenhayn überläßt es dem General von Wild, dem Kaiser die Glückwünsche des Generalstabs auszusprechen.
    Ich schließe mich mit diesem dem Kaiser an, als er zu den aufgebauten Offizierkorps der anderen Formationen geht. Zu meinem Erstaunen sehe ich am linken Flügel auch die Kriegsberichterstatter unter Major von Rohrscheidt aufgebaut. Als wir zu ihnen kommen und Rohrscheidt dem Kaiser ihre Glückwünsche ausspricht, schließt der Kaiser seinen Dank mit den Worten: »Ich höre nicht auf, bis die anderen auf den Knien liegen.« Das Auswärtige Amt ist entsetzt über diese Äußerung, ich hatte die peinliche Aufgabe, die Berichterstatter zu veranlassen, sie nur abgeschwächt zu veröffentlichen. [...]

Donnerstag, 7. Januar 1915

Autofahrt nach Metz zur Besprechung mit dem sozialistischen Reichstagsabgeordneten Dr. Südekum.

Erinnerung

Angeregt durch die Unterstützung, welche nach Holland und in die Schweiz geflohene deutsche Sozialisten dem Feinde liehen, hatte ich angeordnet, daß die Nachrichtenoffiziere in der Front bei den Gefangenen-Vernehmungen diejenigen feststellen sollten, welche als feindliche Sozialisten erkennbar waren. Wir erhofften von ihnen Unterstützung. In der Champagne war ein solcher Gefangener festgestellt, ein französischer Korporal, der angeblich sozialistischer Führer war. Ich hatte ihn mir bereits angesehen, einen sehr intelligenten und auch äußerlich höherstehenden Mann gefunden, dessen Angaben ich aber nicht bewerten konnte. Ich hatte deshalb veranlaßt, mir aus Berlin einen vertrauenswürdigen deutschen Sozialisten nach Metz zu schicken, wo der Franzose in der Zitadelle einstweilen untergebracht war. Für diese Aufgabe kam Dr. Südekum, eine Art Salonsozialist, sehr reich verschwägert, später preußischer Finanzminister. Ich ließ den Gefangenen vorführen und sich eine Stunde lang mit Südekum unterhalten. Dieser bestätigte mir, daß alle Angaben des Mannes zutrafen und er offenbar die Beziehungen habe, deren er sich rühme. Südekum empfahl, den Mann nach Frankreich zu schicken, weil er unter seinen Gesinnungsgenossen gegen den Krieg wirken wollte. Da dies der Zweck der Prüfung war, wurde das Unternehmen eingeleitet. Der Nachrichtenoffizier des Kronprinzen, Rittmeister Freiherr v. Gebsattel, fuhr zunächst mit ihm nach Köln, ließ ihn groß einkleiden und versorgen, zeigte ihm dort, dann in Frankfurt, Darmstadt, Karlsruhe und Freiburg die Ungestörtheit des friedlichen Lebens und der Verpflegung und entließ ihn dann in Basel mit heißen Segenswünschen. Kaum war der Mann in Frankreich, als die französische Presse widerhallte von seiner Erzählung des Erlebten und dem Hohn über den deutschen Generalstab, der glauben könne, daß ein französischer Sozialist sein Vaterland im Kampfe verraten werde. Meinen Namen hatte er nicht erfahren, ich war in seinen Erzählungen »le petit commandant«, aber Südekum nannte er bei Namen, und die französische Presse nannte ihn »le socialiste du Kaiser«. Südekum ließ mir mitteilen, er werde von seinen Parteigenossen wegen der Dienste, die er der OHL hätte leisten wollen, derart angegriffen, daß er genötigt sei, »sich in den feldgrauen Rock zu flüchten«. So wurde Südekum Landwehrmann, er zeichnete sich auch hierbei aus und brachte es bis zum Leutnant der Landwehr.

Ich habe trotz dieser Enttäuschung veranlaßt, daß die als solche erkannten gefangenen feindlichen Sozialisten in einem besonderen Gefangenenlager in Darmstadt untergebracht wurden, wo sie von besonders geeigneten Offizieren auf ihre Bereitwilligkeit zur Propaganda geprüft wurden. Der Erfolg war gleich null. [...]

Sonntag, 10. Januar 1915

Der einzige Sohn Falkenhayns, Fliegeroffizier, wird vermißt. Ich habe die Freude, Falkenhayn mitzuteilen, daß er sich wieder eingefunden hat und ihn durch meinen Nachrichtenoffizier sprechen wolle.

Erinnerung

Ich erlebe zum ersten Mal, wie schwer eine persönliche Sorge auf den Führer wirkt. Falkenhayn war 24 Stunden, obgleich er sich nichts merken lassen wollte, außer Gefecht gesetzt.

Ich habe das Gleiche erlebt, als der Chef des Militärkabinetts seine beiden Söhne verlor. Ich wollte deshalb den Einen dem Schicksal des Bruders entziehen und habe ihn im Frontnachrichtendienst verwendet. Er brannte nach vorne durch. Ich habe den Zusammenbruch des Generals von Manteuffel¹ erlebt durch den Tod seiner Söhne, und noch bei anderen Führern an der Front. Ich habe selbst um das Schicksal meines einzigen, verwundet in französische Gefangenschaft geratenen Bruders gebangt.

Ich war bei Ludendorff am Schreibtisch in Berlin, als der Chef der Operationsabteilung, Oberst Wetzell, mit der Meldung hereinkam, der Leutnant Pernet (es war Ludendorffs erster Stiefsohn, eigene Kinder hat er nicht gehabt) sei vom Flug nach England nicht zurückgekehrt.² [...]

Aus diesem Erleben habe ich die Ansicht gewonnen, daß es falsch war, wenn mir oft gesagt wurde, ich sollte wegen der Volksstimmung dafür sorgen, daß einmal ein Kaisersohn fiele. Ich bin zu der Ansicht gekommen, daß solche Ansichten uns bei einem politisch unerfahrenen Volk möglich sind. Ein reifes Volk erspart seinem Führer jede persönliche Sorge in dem Bewußtsein dessen, daß er auch nicht im Geringsten in seiner großen Aufgabe für das Ganze geschwächt werden darf und daß diese Arbeit alles übersteigt, was der Einzelne sonst vielleicht an kleinen und für ihn auch großen Sorgen trägt. [...]

Freitag, 15. Januar 1915

Rückkehr nach Berlin. Mir wird gemeldet, daß die Kontrolle des Verkehrs der Fürstin Pleß, besonders mit dem amerikanischen Konsul und amerikanischen Offizieren im Hotel »Esplanade« schwer durchführbar ist. Generaloberst von Kessel (Gouverneur von Berlin) veranlaßt über den als Ordonnanzoffizier im kaiserlichen Gefolge befindlichen Fürsten Pleß die Übersiedlung der Fürstin nach Partenkirchen.

Auffallender Verkehr und Briefwechsel politischen Inhalts mit internationalen Kreisen in Deutschland und im Ausland haben ferner bisher zur Beobachtung und Überwachung folgender Persönlichkeiten des Hochadels und ehemaliger Angehöriger der deutschen Diplomatie geführt:

Gräfin Münster, Prinz Holstein, Prinzessin Schönburg, Graf Blücher, Frhr. v. Elverfeldt, v. Treskow, v. Eckardstein, v. Kracker. Wie bei der Fürstin Pleß liegt nach allen Feststellungen jede Absicht bewußten Landesverrats fern, ihr Verhalten entspringt im Gegenteil teilweise der Absicht, zu helfen. Die Überwachung ergibt aber zum Teil völlige Unfähigkeit für eine ernsthafte Betätigung in dieser Richtung, sie machen sich vielfach zum Träger des Klatsches, ihre Triebkraft ist oft auch Eitelkeit und Geltungsbedürfnis und aus Briefen, die sie erhalten und Gesprächen, die sie mit Ausländern führen, machen sie sich zu Verbreitern von Nachrichten und Ansichten, deren Ursprung auf die feindliche Propaganda zurückgeführt werden kann, von der befürchtet werden muß, daß sie diese Persönlichkeiten in ihrer Art als geeignete Werkzeuge für ihre Zwecke erkennt.

Es ist für mich sehr wertvoll, daß die Leitung dieser Sachen in der Hand des in 10-jähriger Stellung als Chef der Sektion IIIb erfahrenen, besonnenen und doch entschlossenen Chefs der Stellvertretenden IIIb, General Brose, liegt. Spürbar

---

¹ Hierbei handelte es sich um General Kurt Freiherr von Manteuffel, der bis 29.12.1914 Chef des Stellvertretenden Generalstabes der Armee war.
² Siehe hierzu den Eintrag vom 5.9.1917 und zur Beisetzung den Eintrag vom 14.10.1917.

wird dagegen ein Mangel an geeigneten Persönlichkeiten zur Ausführung dieser Art der Überwachung und Abwehr.

Ein Grund zum Einschreiten wegen drohenden absichtlichen, die Kriegführung schädigenden Handelns ergab sich nur gegen den Herrn von Eckardstein, und zwar auf Grund von Angaben aus dem Auswärtigen Amt, er habe Aufzeichnungen über seine amtliche Tätigkeit bei der Deutschen Botschaft in London in Besitz und beabsichtige, mit diesen hervorzutreten.[3] Es war bezeichnend, daß IIIb ein Einschreiten überlassen wurde. Eckardstein wurde verhaftet und beim Gouvernement in Köln festgesetzt. Die Verhaftung ließ sich nicht aufrechterhalten, das Auswärtige Amt zog sich zurück, IIIb blieb die Hereingefallene. Ich muß annehmen, daß IIIb Herrn v. Eckardstein als handelnde Stelle bekannt war. Daraus, daß er trotz, wie ich hörte, sehr strenger Behandlung durch das Gouvernement Köln sich nicht über die militärischen Stellen beschwert hat, folgere ich, daß er den Zusammenhang durchschaute. Fälle, in welchen die Zivilstellen sich auch hierin hinter den militärischen verkrochen haben, haben sich im Laufe des Krieges wiederholt.

Ein ernster Fall war der des Grafen Nayhauß-Cormons, Rittmeister a.D. von den 4. Kürassieren, welcher sich in der Schweiz dem französischen Militärattaché anbot. Selbst dieser hielt einen solchen Vorgang für unmöglich und Nayhauß für einen Betrüger. Er zeigte ihn darum den Schweizer Behörden an. Diese übergaben die Sache dem deutschen Militärattaché von Bismarck, welcher sie an mich weiterleitete. Nayhauß wurde verhaftet und wegen beabsichtigten Landesverrats verurteilt. Er gab an, nur die Absicht der Provokation und eines prodeutschen Einflusses durch den französischen Nachrichtendienst gehabt zu haben. Er wurde in der Revolution freigesprochen.[4] Als ich Falkenhayn seine Verhaftung meldete, sagte er: »Sieh mal einer an, mein alter Freund Nayhauß. Ich habe ihm nie getraut«. Er zeigte sich in seiner Menschen- und Weltkenntnis auch hier nicht erschüttert. Ludendorff war in ähnlichen Lagen im Innersten erschüttert.

Aus denselben Quellen wie diese Vorgänge entstanden wurden die politischen Salons gespeist, die infolge der politischen Führerlosigkeit oder der Vielheit von unverantwortlichen Stellen ausgehender Bestrebungen üppig wucherten. Ich habe diesen Titel nur denjenigen gegeben, welche eine gewisse Bedeutung hatten sowohl durch den Veranstalter wie durch den Kreis der Teilnehmenden und durch die Möglichkeit, welche sie dem feindlichen Nachrichtendienst boten, seine Agenten sowohl zum Erhalten von Nachrichten wie zur Verbreitung eigener Beeinflussung einzusetzen oder auch schon, wenn in ihnen Angehörige neutraler Gesandtschaften verkehrten, welche gutgläubig und nicht zur Verschwiegenheit verpflichtet, Dinge, welche sie dort erfuhren, in ihr Heimatland weitergaben, wo sie vom feindlichen Nachrichtendienst aufgegriffen werden konnten. Diese Salons wurden von Angehörigen des Auswärtigen Dienstes, der haute finance und des politischen Lebens besucht, teils um sich selbst zu unterrichten, aber auch, um mit ihrem bißchen Wissen dort zu glänzen oder ihre vielseitigen Sorgen und Bedenken abzuladen. Es zeigte sich hier eine unglaubliche Indisziplin gegenüber den Notwendigkeiten vaterländischer politischer Kriegführung. Ein sehr gefährli-

---

[3] Diese erschienen nach dem Ersten Weltkrieg unter dem Titel »Lebenserinnerungen und politische Denkwürdigkeiten«.
[4] Auch dieser veröffentlichte nach dem Krieg seine Sicht auf die Dinge unter dem Titel »Unschuldig zum Tode verurteilt. Erinnerungen eines deutschen Reiteroffiziers«.

cher Salon dieser Art war der einer Gräfin Fischler-Treuberg. Er wurde geschlossen und der Gräfin eine kleine Stadt bei Berlin, wo sie gut überwacht werden konnte, als Wohnsitz angewiesen. Damit war offenbar dem Abgeordneten Erzberger ein Instrument politischen Einflusses aus der Hand geschlagen. Auf sein Betreiben und gestützt von seiner wachsenden Macht kehrte die Gräfin nach Berlin zurück.

Sehr peinlich war für mich die Feststellung eines solchen Salons bei der Frau des Generals Hoffmann. Sie war eine Jüdin, Nelly, geb. Stern, Schwester des reichen Bankiers dieses Namens, welcher sich vor dem Kriege um die Hand der einzigen Tochter des Generals von Kluck bemüht hatte. Infolgedessen stand hinter diesem Salon sehr viel jüdischer Einfluß. In Anbetracht der Stellung des Generals Hoffmann, welcher damals Generalstabschef im Osten bei Hindenburgs Nachfolger, dem Prinzen Leopold von Bayern, war und der Tatsache, daß in diesem Salon Ansichten verbreitet wurden, die angeblich aus brieflichen Nachrichten an seine Frau stammten, war ich genötigt, diesen Fall Ludendorff vorzutragen, der über Hindenburg den General Hoffmann veranlaßte, das Treiben seiner Frau einzustellen. In diesem Kreis fehlte auch nicht eine andere Persönlichkeit, der angebliche Großindustrielle Arnold Rechberg, auf dessen Treiben ich an anderer Stelle zurückkomme. [...]

Auch Frau von Falkenhayn war selbstverständlich als Frau des Generalstabschefs ein gesellschaftlicher Mittelpunkt in Berlin. Äußerungen von ihr, Hindenburg sei doch nur der Handlanger ihres Mannes, wurden weitergetragen, auch Hindenburg hinterbracht und verschärften die der Führung schädliche Spannung. Es war meines Amtes, Falkenhayn zu unterrichten und ihn zu bitten, seiner Frau Zurückhaltung nahezulegen. Er sagte: »Sie haben recht, Nicolai, die Weiber sollen das Maul halten«.

Ich schreibe das hier nieder, nur, um die sachliche Übereinstimmung sowohl mit Falkenhayn wie mit Ludendorff in diesen Dingen darzulegen, aber auch um die Verschiedenartigkeit ihres Wesens damit zu beleuchten. Solche Dinge waren nicht leicht für mich, sie hätten mich meine Stellung kosten können, sie trugen aber nur dazu bei, das Vertrauen meiner Vorgesetzten zu stärken. Ich denke, wenn ich diese persönlichen Sachen preisgebe, darum nur in tiefster Dankbarkeit und Verehrung an sie.

Ich habe selbstverständlich auch Versuche erlebt, daß man an meine eigene Frau herantreten wollte. Da sie den Fachmann zum Manne hatte, hat sie vollkommen zurückgezogen gelebt und enthielten meine Felspostbriefe an sie auch nichts als nur Gutes, was sie sagen konnte, was ich ihr gegenüber von Anderen vom Herzen reden mußte, war unserem persönlichen Treffen im Kriege vorbehalten. Auch meine Gesellschaft wurde viel gesucht, wenn ich in der Heimat war. Ich habe das begrüßt, weil es mir weitere Möglichkeiten der eigenen Information und Ausbildung erschloß. Wenn ich aufgefordert wurde, etwas zu erzählen und antwortete, ich wüßte nichts, und mir entgegengehalten wurde, ich wüßte doch alles, dann habe ich das zugegeben, aber hinzugefügt, das sei ja das Paradoxe, daß der, welcher etwas wisse, schweigen müsse, und der, welcher meist nichts wisse, den Mund weit aufreiße.

Ein politischer Salon eigener Art war der eines Herrn v. Holtzendorff, des Bruders des Großadmirals. Holtzendorff war bei der Vertretung der HAPAG[5] in

---

5   Die 1847 gegründete Hamburg–Amerika-Linie hieß ursprünglich Hamburg-Amerikanische Paketfahrt-Aktien-Gesellschaft (HAPAG) und behielt daher ihre Abkürzung. Sie war vor

Berlin. Er wurde von dem Generaldirektor derselben, Ballin, sozusagen als sein Botschafter in Berlin während des Krieges verwendet. Ausgestattet mit den notwendigen Mitteln zu gesellschaftlicher Repräsentation, führte er diese zunächst in einer Wohnung in der Viktoriastraße, später in der Tiergartenstraße. An jedem Donnerstag trafen sich von ihm eingeladene oder ihn suchende Persönlichkeiten des höchsten politischen Lebens, Staatssekretäre, Parlamentarier, Offiziere des Kriegsministeriums, des Generalstabes, des Reichsmarineamtes und des Admiralstabs in Berlin und sonstige prominente Persönlichkeiten des öffentlichen Lebens. Dieser Kreis umfaßte also ernsthafte Mitglieder, an sich eine für den Gedankenaustausch sehr nützliche Einrichtung. Falsch schien mir nur, daß er von Ballin veranlaßt war und seiner Unterrichtung dienen sollte, anstatt daß sie zu diesem Zweck von einer verantwortlichen Stelle, etwa dem Reichskanzler, veranlaßt wurde. Eine Gefahr im Sinne meines Abwehrdienstes lag hier nicht vor. Gefährliche Elemente hatten keinen Zugang, wertvoll für mich war, über die Veranstaltung selbst und die dort geäußerten Ansichten unterrichtet zu werden. Diese Aufgabe erfüllte der Chef des Kriegspresseamtes, welcher zu den fast regelmäßigen Gästen dieses Kreises gehörte, ermächtigt, darüber auch an mich zu berichten. Ich glaube auch nicht, daß Ballin irgendeinen Mißbrauch getrieben hat, bestimmend war für ihn in erster Linie als Leiter der Hapag für den Kriegsverlauf zuverlässig und großzügig unterrichtet zu sein.

Samstag, 16. Januar 1915

Ich esse abends mit dem früheren deutschen Militärattaché in Washington, Oberleutnant v. Herwarth, und dem Vertreter der »New York Times«, Cyril Brown. Ich habe letzteren in Charleville kennen gelernt, wo mir eines Tages seine Karte auf den Schreibtisch gelegt wurde, ohne daß jemand wußte, wie er ins Große Hauptquartier gekommen war und was er wollte. Ich ließ ihn eintreten. Er hatte einen Zigarrenstummel im Mund und begrüßte mich mit den Worten: »Ich will Ihnen 2 Millionen Leser in den USA zu Füßen legen.« Ich erbat zunächst seinen Ausweis, er hatte keinen. Ich fragte ihn, wie es möglich war, daß er bis zu mir eingedrungen wäre, trotz aller von mir erlassenen Sicherheitsbestimmungen und aufgestellter Posten. Er wollte sein Geheimnis nicht lüften. Ich bestand darauf »als preußischer Offizier« gegen ihn als »Man of honour«. Da bekannte er, daß er bis Luxemburg mit einem Ausweis des Auswärtigen Amtes, von da in einem Bremserhäuschen eines Munitionswagens gereist, in Charleville von keinem Posten angehalten sei. Ich machte ihm klar, daß ich solches Vorgehen in meiner Stellung als oberster Verantwortlicher nicht billigen könne. Ich rief den amerikanischen Attaché an, welcher sich wegen der Taktlosigkeit des Journalisten entschuldigte und bereit war, ihn bis zum nächsten Morgen um 6 Uhr unter seine Fittiche zu nehmen, wo Brown nach Köln fahren sollte, um sich dort einer Reisegruppe neutraler Journalisten anzuschließen. Als ich am Mittag dieses Tages nach Hause gehe, begegnet mir Brown. Auf meine erstaunte Frage, daß er noch hier sei, erklärt er harmlos, sie hätten gestern abend bei den Attachés

---

dem Ersten Weltkrieg die größte Dampfergesellschaft der Welt. Ihr Generaldirektor Albert Ballin pflegte eine enge Beziehung zu Wilhelm II.

viel zu viel getrunken, als daß er heute früh um 6 Uhr hätte abfahren können. Ich ließ ihm durch einen Kommissar der Geheimen Feldpolizei für den Rest des Tages die Schönheiten des Maastales zeigen und ihn am nächsten Morgen zum Zug begleiten. Er schickte mir auf einem aus dem Notizbuch herausgerissenen Zettel einen »Dank für die polizeiliche Überwachung«. Ich glaubte, es mit ihm verdorben zu haben. Die Folge aber war ein Leitartikel von ihm in der »New York Times« »Preußisches Pflichtgefühl« in welchem er den Zusammenstoß eines auf seine Verwegenheit stolzen amerikanischen Journalisten mit dem nüchternen pflichttreuen Offizier in sehr anerkennender und sympathischer Weise schildert.

An diesem Abend mit Herwarth sprach er mir den Wunsch aus, Hindenburg kennen zu lernen. Da ich am nächsten Tag nach Posen zu Ludendorff fuhr, lud ich ihn ein, mich zu begleiten. Dicht vor Posen kam er in mein Abteil. Ich bat ihn, zu entschuldigen, wenn Hindenburg nicht in Posen sein sollte. Er meinte, das würde nichts ausmachen. Er trug mir ein Interview vor, daß er fix und fertig im Kopf hatte. Es käme auf die große, packende Überschrift an, alles andere wäre in Amerika ziemlich gleichgültig. Die müßte er bekommen. Er knüpfte an die letzten deutschen Siege im Osten an, wollte den Feldmarschall beglückwünschen, dabei seine große imponierende Gestalt, den festen Druck seiner Hand, die tiefe Bläue seiner Augen rühmen und ihn fragen, ob er nicht bei diesen Operationen auch gerade die Eisenbahnen ausgenutzt hätte. Dann würde der Feldmarschall antworten: »Jawohl, und darin sind uns die Amerikaner ein Vorbild gewesen.« Dann hätte er seine »great headline«: »Hindenburg lobt die amerikanischen Eisenbahnen.« Ich stellte ihm anheim, das gleich nach Ankunft in Posen irgendwo aufzuschreiben und mir ins Schloß zu bringen. Als ich bei Ludendorff saß, wurde mir sein Brief hereingebracht. Ich erzählte Ludendorff die Sache, und wir kamen überein, das Interview dem Feldmarschall zu schicken und ihm anheim zu stellen, es zu genehmigen. Wir erhielten es mit seinem Einverständnis zurück. Ich schickte es Cyril Brown, und es erschien in der »New York Times«, ohne daß er den Generalfeldmarschall gesehen noch irgendwie belästigt hätte.

Diese kleinen Erlebnisse gaben mir ein Gefühl für die amerikanische Beeinflussung der öffentlichen Meinung aber auch für die Unmöglichkeit, ihre Methoden bei der deutschen Gründlichkeit und Gewissenhaftigkeit, der auch ich unterlag, bei uns etwa anzuwenden.

Trotzdem habe ich von Cyril Brown viel gelernt. Unter allen neutralen Journalisten, welche bei uns waren, waren die amerikanischen die einzigen von Bedeutung und unter ihnen Cyril Brown der originellste und zugänglichste, zumal er Geschmack am deutschen Wein gefunden hatte und unter seinem Einfluß weit aus sich herausging, auch über sein Heimatland.

In Parallele dazu möchte ich gleich hier erwähnen, daß unter den deutschen Zeitungsverlegern und Journalisten für mich diejenigen der sogenannten politischen Rechten oder bürgerlichen Mitte als Lehrmeister ausschieden. Ihre politische Gesinnung war mir bekannt, weil sie die meine war. In ihrer eigenen Kunst waren sie brave, gewissenhafte Arbeiter, die Verleger meist zu größerem Schwung unfähig, ihre Journalisten aus dem gleichen Grunde schlecht besoldet, darum im engen Gesichtskreis geblieben, dankbar für jede Mitteilung und Anregung, aber mangels solcher von anderer Seite oder aus sich selbst heraus auch darauf angewiesen.

Anders dagegen bei den Verlegern und Journalisten des politischen Zentrums, der selbständigen, großen, jüdisch-demokratischen Zeitungen und bei der sozialdemokratischen Presse. Hier gab es kein Schema und keine feststehende Gesinnung. Diese wechselte mit der militärischen Lage. Die Gebrüder Ullstein von der »Vossischen Zeitung«, Theodor Wolff vom »Berliner Tageblatt«, die Gebrüder Simon von der »Frankfurter Zeitung« waren Besitzer und geistige Leiter ihrer großen finanzkräftigen Zeitungsunternehmen. Das Zentrum hatte etwas Ähnliches in der »Kölnischen Volkszeitung« unter den Gebrüdern Bachem. Im übrigen standen hinter seiner wie hinter der sozialdemokratischen Presse die ganzen persönlichen, finanziellen und organisatorischen Kräfte ihrer politischen Partei. Hier spielte sich der eigentliche deutsche Journalismus ab, auf diese Kreise hieß es, Einfluß zu gewinnen und darum mußte ich in das System ihrer Methoden eindringen. Zu *diesem* Zweck habe ich die Beziehungen hier gesucht und eigentlich nur daraus gelernt. Ebenso war der Chef des Kriegspresseamts angewiesen, seine Erfahrungen waren die gleichen. Diese Kreise hatten sich auch gleich in Erkenntnis der Lage der Führung dessen bemächtigt, was wir in den Pressebesprechungen im Reichstag geschaffen hatten. Sie stellten Georg Bernhard, wohl den Befähigsten unter ihren Journalisten, den Verlagsdirektor von Ullstein, einen Juden, an die Spitze des Presseausschusses, welcher offiziell mit mir zu verhandeln hatte. An zweiter Stelle kam der sozialdemokratische Baake, an dritter der Vertreter der Zentrumspresse Dr. Eisele.

Ähnlich haben sich die Beziehungen der Reichsregierung vor dem Kriege zur deutschen Presse entwickelt. Auch sie hatte zutreffend erkannt, daß nur dieser Teil der Presse leistungsfähig war, sie hatte aber die Dinge in diesem Gleis laufen lassen und sich ihnen untergeordnet. Ihr erster Vertrauensmann aus der Presse war August Stein von der »Frankfurter Zeitung«, auch Theodor Wolff vom »Berliner Tageblatt« fand in der Wilhelmstraße stets offene Türen. Die sogenannte Rechtspresse und die bürgerliche Presse hatten sich, wie sie es auch bei Kriegsausbruch gegen den Aufbau durch die OHL taten, maulend zurückgehalten.

Als Soldat stand ich über den Parteien. Dies gab mir ein gewisses Anrecht, frei zu handeln und habe ich darum zunächst Belehrung dort gesucht, wo ich sie finden konnte, d.h. bei den tatsächlich eingespielten Machtfaktoren der Presse. Es war selbstverständlich, daß ich mit starkem Mißtrauen behandelt wurde, aber ich fand auch Anerkennung und Zustimmung, weil ja der Krieg nicht nur in den breiten sozialdemokratisch verhetzten Massen, sondern auch sonst reinigend gewirkt hatte. Die Reichsregierung ergriff die Situation nicht. Von ihrem Pressechef, Geheimrat Hammann, wußte ich in der ersten Zeit des Krieges überhaupt nichts, er war der einzige, von Regierungsseite in diesen Dingen geschulte und wäre es wohl auch seine Pflicht gewesen, mich zu beraten oder aber zu bekämpfen, als er von den ersten Entschlüssen der OHL unter Moltke erfuhr. Er tat aber weder das Eine noch das Andere.

Indem ich darauf ausging, vor allen Dingen auch hier den Feind kennenzulernen und mich zu belehren, also Verbindung zu suchen zur jüdisch-demokratischen, zur Zentrums- und sozialdemokratischen Presse mußte ich den Verdacht der Rechtspresse in Kauf nehmen, innerlich zu diesen zu neigen. Die von mir aufgesuchten Kräfte haben sich über meine Gesinnung niemals getäuscht. Sie haben mich infolgedessen bekämpft, bei jeder Gelegenheit möglichst angegriffen und verleumdet, zum Teil aber auch in einzelnen ehrlichen Naturen anerkannt und unterstützt durch Rat. Sie waren vielfach nicht frei von Eitelkeit und betrachteten es, in diesem Punkt nicht gerade verwöhnt, als eine Ehre, mit mir als dem Vertreter der OHL Arm in Arm gesehen zu werden. Bestimmt glaube ich, ihre persönliche Achtung mir errungen zu haben, gerade weil ich sie trotz allem über meine eigene Gesinnung nie im Zweifel ließ. Geradezu väterliche Gesinnung hatte für mich der alte sozialdemokratische Pressemann Baake, ein vertrauter Berater von Ebert, welcher mir einmal seine Freude aussprach, wie ich es allmählich lerne, gerade mit der Presse, die zu gewinnen es für die OHL gelte, umzugehen, und daran den Rat knüpfte, ich müsse nur noch lernen, »meine Augen mehr zu beherrschen«. Georg Bernhard, der erste Vorsitzende des Presseausschusses hat mir in Eitelkeit über diese Verbindung zur OHL gleichfalls ehrlich manchen guten Rat gegeben. Mit der Gesinnung hatte letzten Endes aber und also mein ganzes Bemühen auf beiden Seiten nichts zu tun. Es blieb eine Sache, die von der Macht abhängig war, die darum schwankte, mit den militärischen Erfolgen oder Mißerfolgen und auseinanderbrach, als die OHL gestürzt wurde. Dann haben die Genannten mich öffentlich nicht mehr gegrüßt, aber wenn sie mich einmal nach dem Kriege (besonders im Reichstag) allein trafen, in alter Biederkeit begrüßen wollen, wenn ich ihnen dann die kalte Schulter zeigte und sie bat, ihrer Haltung treu zu bleiben, die sie nach dem Kriege gegen mich öffentlich einnahmen, dann meinten sie, ich sei doch Politiker genug, um das zu verstehen, persönlich hätten sie alle auch jetzt noch die größte Hochachtung gegen mich.

So wandelte ich auch hier zwischen zwei Welten und habe mich darüber schon bei Kriegsbeginn in keiner Weise getäuscht. Ich führe es hier schon an, weil es schwer war, trotzdem den mir vorgeschriebenen Weg zu gehen, dessen Gelingen Falkenhayn schon bezweifelte, noch mehr später Ludendorff, während es aber beide besonders anerkannten, daß ich ihn trotzdem bis zuletzt – trotz aller Verleumdung und Anfeindungen – gesucht habe.

Aus diesen Kreisen wurde die nationale Presse getadelt, weil ihre Vertreter zu bierehrlich ihre wahre Meinung sagten, was weder im Innern und noch viel mehr gegen das Ausland richtig wäre. Das sei nicht Aufgabe des Zeitungsjournalisten. Die bürgerlichen Journalisten müßten gleichzeitig Politiker sein und Gesinnung haben, weil es an beidem ihren Verlegern fehle, welche Geschäftsleute seien. Es sei aber selten, daß ein Politiker gleichzeitig journalistische Fähigkeiten besitze, wie umgekehrt. Man führte mir einen echten Journalisten vor, er war natürlich Jude und Sozialdemokrat des Umsturzes willen, im übrigen ein dem Wohlleben nicht abgeneigter Bourgeois, Grunwald, schon äußerlich eine außergewöhnliche Erscheinung und von außergewöhnlich explosiver Begabung. Er wurde mir als das Muster eines Journalisten hingestellt, er würde es fertigbringen über dasselbe Thema am selben Tage je einen Artikel für die sozialdemokratische, demokratische, national-liberale, Zentrums- oder konservative Presse zu schreiben. Das sei das Zeichen des wahren Journalisten, nicht aber seine politische Gesinnungstreue.

Der Vertreter des »Berliner Tageblatts« im Presseausschuß war der politische Redakteur Michaelis, in persönlicher Unterhaltung ein Mann sehr brauchbarer Gesinnung für mich, als ich ihn fragte, warum er nicht so schriebe, fragte er erstaunt zurück, wie er das könne, der Knüppel läge beim Hunde, er hätte eine Frau und vier Kinder zu ernähren. Der Vertreter der sozialdemokratischen Presse im Kriegsberichterstatter-Quartier war Adolf Köster, im besonderen Vertrauensverhältnis zu Ebert stehend, nach dem Kriege Außenminister. Von rechtsstehenden Kriegsberichterstattern ist mir nach dem Kriege vorgeworfen worden, ich hätte diesem Manne diese politische Karriere verderben können, wenn ich ihn veranlaßt hätte, im Kriege byzantinische Artikel über den Kaiser zu schreiben, wozu ich die Macht über ihn besessen hätte, so sehr hätte er »aus meiner Hand gefressen«. Der Verleger und politische Beherrscher der »Kölnischen Volkszeitung«, der Zentrumsabgeordnete Bachem, hat mir Anfang 1917 gesagt, ich müsse Erzberger beseitigen, wenn wir den Krieg nicht verlieren wollten. Walther Rathenau, ein Mann von gleichfalls großem geistigem und finanziellem Einfluß auf weite Pressekreise hat zweifellos ehrlich versucht, mir manchen an sich guten Rat zu geben.

Ich führe das hier schon an, um zu zeigen, welchen Aufgaben ich entgegenging und warum ich dafür eintrat, daß dieser Weg, welcher nicht ganz ohne Erfolg war, von der Stelle hätte gegangen werden müssen, welche die Macht hatte, Erfolge auszunutzen.

Sonntag, 17. Januar 1915

In Posen.

Ich trage Ludendorff die Grundsätze meines Dienstes und die Aufgaben der Nachrichtenoffiziere der OHL bei den Armeeoberkommandos der Ostfront vor. Der Agentenverkehr durch die Front, im Westen bereits eingestellt, wird auch hier immer schwerer, durch das Auffangen der russischen Funksprüche verwöhnt, besitzt der Geheime Nachrichtendienst von IIIb bei Oberost wenig Ansehen, auf der anderen Seite werden, wenn die Funksprüche ausfallen, unerfüllbare Anforderungen an ihn gestellt. Dazu kommt, daß die mir unmittelbar unterstellten Nachrichtenoffiziere den Armeeoberkommandos und bei Oberost besonders dem Ia Oberst Hoffmann ein Dorn im Auge sind. Überall, auch an der Westfront, besonders gefährlich vom Kronprinzen wird Sturm gegen sie gelaufen, weil man in ihnen Spione der OHL gegen das Oberkommando sieht, und ihre Unterstellung unter das Oberkommando verlangt. Falkenhayn wehrt diese Angriffe ab, weil er meiner Warnung recht gibt, daß die OHL nur durch von den Oberkommandos unabhängige Nachrichtenoffiziere die Dinge mit ihren Augen sehen könne.

Ich trage Ludendorff offen die Lage meines Arbeitsgebietes vor. Er wie Hindenburg haben schon immer meinen Nachrichtenoffizieren wohlwollend und ihre schwere Aufgabe fördernd gegenübergestanden. Er erkennt auch jetzt meine Grundsätze an, sagt mir Unterstützung für den Nachrichtendienst und die Abwehr zu, wir vereinbaren die Errichtung einer Zentral-Polizeistelle zur Abwehr des feindlichen Nachrichtendienstes für die Ostfront in Posen. Aus den politischen Dingen, wie Rundreisen von Zeitungsverlegern, Chefredakteuren u.ä. wünscht Ludendorff möglichst die Ostfront herauszulassen. Er hat einen Aufenthalt der neutralen Militärattachés im Osten und ebenso die Zulassung von 6 amerikanischen Offizieren zur Besichtigung des Schlachtfeldes von Tannenberg genehmigt.

Im Anschluß daran habe ich die erste allgemeine Besprechung mit meinen Nachrichtenoffizieren an der Ostfront. [...]

Auszug 39 aus Feldpostbriefen

Mézières, Freitag, 29. Januar 1915,
nachm. ½4 Uhr

(...) Den Kaiser-Geburtstag[6] merkte ich nur durch das abendliche Festessen. Die Exzellenzen aßen mit dem Kaiser, bei uns präsidierte der Generalquartiermeister v. Freytag, hielt eine kurze Ansprache, nur ein Hurra auf unseren Kriegsherrn und Führer. Es spielt sich alles so etwas jetzt nüchtern ab, die Gedanken und unsere Arbeit gelten unserer Aufgabe. Von der Lage weiß ich im allgemeinen auch nicht mehr als in den Zeitungen gestanden hat, überall, wo der Feind hier angriff, ist er – sobald er es mit unserer Infanterie zu tun bekam, abgewiesen. Die Erfolge erzielt er nur durch seine an Zahl und Munition überlegene Artillerie, durch die unsere braven Truppen manchen Verlust erleiden. Die Stimmung ist aber weiter vortrefflich bei uns, trotz aller Strapazen, Gefahren und Verluste. An einigen Stellen der langen Front herrschen natürlich auch Krankheiten über das normale Maß hinaus, im allgemeinen aber ist der Gesundheitszustand ein guter.

Die Lage wird hier im Westen wohl noch einige Zeit unverändert bleiben, alles rüstet sich und verstärkt sich zu den Kämpfen des Frühjahrs. Die Franzosen sind im Grunde ihres Herzens wohl verzweifelt, das Heer darf das natürlich nicht fühlen. In Frankfurt werde ich von dem Freunde, den ich damals auch in Karlsruhe traf, wieder Interessantes hören. Die Hoffnung auf den Erfolg der eigenen Offensive ist ebenso zusammengebrochen wie die auf die Russen. Nun hoffen sie auf die Kitchener-Armee[7] und auf Italien und Rumänien. Die ersteren werden wohl vom Februar ab auf dem Festland gelandet werden, über ihren Wert und Größe habe ich noch kein unbedingt zuverlässiges Bild schaffen können. Es ist sehr schwer, das zu improvisieren, was im Frieden nicht vorbereitet war. Es ist bezeichnend für unsere Auffassung unserer Friedenslage gegen England, daß mein Dienst gegen dieses Land nur als nebensächlich mir bezeichnet war. Es galten nur immer Frankreich und Rußland als Feind! Soviel ist wohl sicher, daß von der neuen Armee noch nichts in Frankreich gelandet ist, aber zahlreichen Ersatz für die Verluste haben die Engländer bekommen. Hoffentlich glücken die bevorstehenden Schläge gegen Rußland, damit uns dieser Gegner endgültig vom Hals ist, vielleicht als solcher überhaupt ausscheidet, unsere Kräfte für den Westen und die Österreichs für den Balkan freimacht. Damit wäre dann auch die italienisch-rumänische Gefahr beschworen. Die Operationen im Osten sind erschwert durch Kälte und Schnee. In Polen sind schon seit längerem -15° und in den Karpathen liegt meterhoch Schnee. Aber unsere braven Truppen werden auch das überwinden. Es ist sehr recht, daß wir wirtschaftlich die Verhältnisse in Deutschland in feste Hand genommen haben. Es ist mit Moltkes Verdienst. Er klagte mir damals in Berlin sehr über die Planlosigkeit und Verschwendung mit den Lebensmitteln und sah in seinem bekannten Pessimismus daraus schwarz für unsere Zukunft und Widerstandskraft. Die neuen Maßregeln stärken uns jedenfalls. Unsere Flotte hat ja in letzter Zeit nicht viel Glück entwickelt. Da die Engländer im allgemeinen in ihren Veröffentlichungen nicht lügen,

---

[6] Der Geburtstag von Wilhelm II. war am 27.1.
[7] Die ab Kriegsbeginn aufgestellten Freiwilligenverbände des britischen Expeditionskorps.

stimmt mich ihre Behauptung, daß sie bei Helgoland kein Schiff verloren hätten,[8] doch nachdenklich. Ich glaube, daß unser Geschwader von der Stärke des Gegners überrascht war, es glaubte, Teile der englischen Flotte fassen zu können, sah sich aber der versammelten Macht gegenüber und konnte sich dem Kampf nicht mehr entziehen. Sonst wäre es unverständlich, daß wir nicht stärker vertreten waren.

Der Attaché aus Stockholm drahtete mir übrigens, daß mein Aufenthalt bei ihm bekannt geworden und peinlich gewirkt habe. Die Schweden meinten, daß dazu ihr Einverständnis nötig gewesen sei. Da irren sie sich aber meiner Ansicht nach, ein Beurlaubter kann überall hin ins neutrale Ausland fahren. Man wird sich auch beruhigen, und will keine Staatsaktion daraus machen. In Berlin macht es mir manchmal Bedenken, daß so viele Offiziere durch IIIb durchwechseln, die nicht genügend bekannt sind. In der Beziehung ist Brose den neuen Verhältnissen nicht mehr gewachsen. Ich freue mich sehr, daß er am 2. herkommt und habe viel mit ihm zu besprechen.

Ich kann mir vorstellen, wie die alten Tanten bei Exz. Johannes voller Geheimnisse steckten. Es ist zu Unrecht, daß so viele Offiziere indiskret und die Leute in der Heimat so schädlich neugierig sind! Neulich bekam ich sogar von einem Attaché die Meldung, daß er im neutralen Ausland aus den fremden Offizierkorps allerlei Geheimnisse von uns hört, die dorthin durch Feldbriefe deutscher Offiziere gelangt sind.

Samstag, 30. Januar 1915

Ich esse mit den Chefredakteuren beim Generalquartiermeister v. Freytag. Sie kommen zu spät, weil sie im Schützengraben bei Reims durch feindliches Feuer festgehalten waren. Sie sind infolgedessen tief beeindruckt. Am besten gefallen Bernhard und Baake, weniger die Vertreter der Rechtspresse. Rippler fällt völlig ab. Nach dem Essen erscheinen auch von Mutius und v. Grünau vom Auswärtigen Amt, mißfallen durch ihre Verschlossenheit und Überheblichkeit.

Ich erhalte aus dem Kreise der Chefredakteure die erste Bestätigung über ablehnende Ansichten über Falkenhayn und Wild in den politischen Berliner Kreisen, angeblich auch im Volk. Auch hier werden, ähnlich wie durch Heinrich Simon am 25.1. vor Falkenhayn, Ansichten laut über einen stärkeren unmittelbaren *Einfluß* der Presse im Großen Hauptquartier.

Montag, 1. Februar 1915

In Begleitung des Oberst von Rauch in Frankfurt am Main Besprechung mit dem Agent 17 aus Paris.

(Die Tatsache, daß es mir möglich ist, diesen auf exponiertem Posten in Paris stehenden Agenten in Frankfurt am Main zu sprechen, spricht für die Güte der Organisation des deutschen Nachrichtendienstes und für die Minderwertigkeit der französischen Abwehr.)

---

[8] Beim Seegefecht vor Helgoland hatte die deutsche Hochseeflotte drei Kleine Kreuzer verloren, die Grand Fleet jedoch kein einziges Schiff.

Auszug 40 aus Feldpostbriefen

Auf der Fahrt Frankfurt–Metz,
Dienstag, 2. Februar 1915, vorm.

(...) In Frankreich hat man die Hoffnungen auf die russischen Erfolge jetzt begraben, hofft nun auf das Frühjahr und das Auftreten der neuen englischen Armee, erwartet von den Russen nur, daß sie uns und die Österreicher mit ganzen Kräften festhalten. Hoffen wir, daß wir uns bis zum Frühjahr in der Hauptsache von den Russen lösen und wohlgerüstet im Westen auch die Entscheidung holen.

Der von mir veranstaltete Besuch der deutschen Chef-Redakteure im GrHQu, neulich, ist besonders nett verlaufen. Es waren 10 Leute aller Partei-Richtungen. Sie waren an der Front und sagten, daß sie nach den Eindrücken, die sie da gewonnen, ihre Vertretung vertrauensvoller Zuversicht erst Blut und Überzeugung gewonnen hat. Das war der Zweck dieser Reise. Sie begaben sich nun weiter nach Lille und dann nach Belgien.

Auch aus dem Osten ist mir gemeldet, daß die Eindrücke der fremden Militärattachés vortreffliche waren. Besonders der italienische Attaché, der sich zum ersten Mal angeschlossen hatte und der zweifelnd hinausging, soll voller Begeisterung über das Geschehen und der Überzeugung unserer ungeschwächten Kraft zurückgekehrt sein. Wenn er das nun nach Rom berichtet, wird man ihm wohl glauben und hoffentlich endgültig die Finger herauslassen. Auch mein Freund Micerscu, der rumänische Attaché, ist heute nach Bukarest abgereist, um persönlich zu berichten und das über uns von unseren Feinden entstellte Bild richtig zu stellen. Wenn ich hier anscheinend mit meiner Arbeit auch etwas nutzen kann, dann bin ich zufrieden. Vieles gelingt ja auch nicht, vielleicht hast Du in der Zeitung gelesen, daß die Unternehmung, die ich mit den Sozialisten eingeleitet hatte, nicht geglückt ist. [...]

Auszug 41 aus Feldpostbriefen

Antwerpen, Samstag, 6. Februar 1915

(...) Mit meinen Reisen jetzt nehme ich die Frühjahrsbestellung vor, damit für die März/April zu erwartenden Ereignisse auch in meinem Arbeitsgebiet alles vorbereitet ist und hoffentlich klappt. Die öffentlich angekündigte Unterseebootblockade[9] Englands und Frankreichs hat für mich erschwerende Folgen, da es immer schwieriger wird, heran- und herauszukommen. Es war wohl politisch nötig, die Blockade öffentlich anzukündigen, die Angst der Feinde wird ihre Abschließung auch mit begünstigen. Ob es sonst gut war, weiß ich nicht. Gelingen die angekündigten Unterseeboot-Unternehmungen nicht, dann blamieren wir uns mit der öffentlichen Ankündigung ebenso wie Joffre mit seinem großen Angriffsbefehl vom

---

[9] Ab 4.2. wurde das Seegebiet um Großbritannien zum Kriegsgebiet erklärt. Deutsche U-Boote konnten seitdem britische Handels- und Passagierschiffe ohne Vorwarnung versenken.

17.XII. Im übrigen hoffe ich, daß die Unternehmungen,[10] die erst von morgen ab auch Euch bekannt werden, den erwarteten Erfolg haben.

Hier, in Antwerpen, ist es erfreulich, zu sehen, wie unsere Bestrebungen, wieder normale Zustände herzustellen, erfolgreich sind. Eingebaute Maschinengewehre und zahlreiche Posten erinnern aber allgemein in erfrischender Weise an Lage und Energie. [...]

Auszug 42 aus Feldpostbriefen

Mézières, Mittwoch, 10. Februar 1915,
nachmittags

(...) Hier wurde ich mal wieder für 1 Stunde durch einen Bergassessor unterbrochen, der sich uns mit Haut und Haaren zur Verfügung stellt, weil er als Soldat nicht tauglich ist. Ob's was mit ihm wird, werde ich morgen entscheiden. Auf diesem Gebiet erlebe ich überhaupt schöne Erfahrungen. Dachte es auch neulich in Brüssel, als ich im Kreise der von mir geschaffenen Zentralpolizeistelle beim Generalgouvernement war: Ein Vortragender Rath aus dem Reichsjustizamt, ein erster Staatsanwalt aus Königsberg, ein Landrat aus Donaueschingen, alle 3 Reserve- oder Landwehr-Hauptleute tun den Dienst nach meinen Weisungen, ohne nach Alter und Friedensstellung zu fragen, alle nur in der Absicht, zu helfen zu unserem schließlichen Sieg. Ich habe Glück in der Auffindung von Persönlichkeiten und finde sofortiges Eingehen auf meine organisatorischen Vorschläge bei den Ministerien pp. Das befriedigt mich auch, besonders, wenn ein Erfolg sich einstellt. Diese Abwehr, von der ich jetzt spreche, ist ja nur die zweite meiner Aufgaben, erfordert aber doch viel Arbeit. Es scheint, als ob wir unserem östlichen Feinde unsere Absichten tatsächlich verheimlicht haben, der Erfolg, den wir hoffentlich in den nächsten Tagen bekannt geben können, gebührt dann z.T. auch dieser Arbeit. [...]

Auszug 43 aus Feldpostbriefen

Sonntag, 14. Februar 1915,
nachm. 11 Uhr

(...) Gottlob ist uns in Ostpreußen ja der Erfolg beschieden, und das Land nun hoffentlich endgültig von der Gesellschaft befreit. Der Erfolg wird sich, wenn Du diesen Brief erhältst, wohl als noch viel größer herausgestellt haben, als bisher bekannt gegeben wurde. Welchen Einfluß das nun auf die Gesamtlage haben und wie man den Erfolg für die weiteren Operationen ausnutzen wird, wollen wir abwarten.

Im Westen steht aber fest, die Angriffe der Franzosen mißlingen, und unsere kleinen Unternehmungen sind erfolgreich. Die Lage ist da zuversichtlich. Die

---

[10] Die Offensiven der Mittelmächte gegen Russland.

Engländer halten sich augenblicklich ruhig, sie warten erst die Kitchener-Armee ab, mit der wir Ende März in Stärke von ca. 300 000 Mann zu rechnen haben. Sie ist z.T. schon auf dem Festland, wird da weiter ausgebildet und formiert. Vielleicht gelingt es unseren Unterseebooten, die Transporte doch noch empfindlich zu stören. Die zuversichtlichen Reden der russischen Staatsmänner in der Duma sind einfach unverständlich. Echt russisch, frech und verlogen!

Wenn ich mein Programm, das wieder sehr inhaltsreich ist, einhalten kann, so bin ich am Dienstag abend wieder im GrHQu Am Donnerstag fahre ich dann mit Stotten zu einer Besprechung mit den Nachrichten-Offizieren des rechten Flügels nach Le Cateau. Dann habe ich alle Herren im Westen gesprochen und für die kommenden Ereignisse instruiert. Erstaunlich war es für mich, daß die Operationen im Osten jetzt so geheim gehalten werden konnten, und daß wir auch über die Verhältnisse bei den Russen zutreffend unterrichtet waren, was den Erfolg mit ermöglichte. Auch daß die Meldungen über die Lage in Frankreich sich bisher bestätigten, sodaß die Operationen im Osten in Ruhe und Zuversicht stattfinden konnten. [...]

Mittwoch, 17. Februar 1915

Die Kriegsberichterstatter begehren das Eiserne Kreuz. Sie berufen sich darauf, daß Rudolf Herzog, welcher sich im Stabe des General Litzmann befindet, es bereits seit längerer Zeit besitzt. Es ergibt sich, daß der bei persönlicher Tapferkeit sehr eitle General Litzmann sich Rudolf Herzog als Privat-Barden hat kommen lassen und ihm das E.K. II. verliehen hat. Da Herzog nicht Kombattant ist, ist diese Verleihung bestimmungswidrig. Es wird eine besondere Kabinettsorder des Kaisers notwendig, um die Verleihung aufrecht zu erhalten und Litzmann nicht zu desavouieren. Ich weise den Antrag der Berichterstatter, in deren Kreis durchaus noch keine Einheitlichkeit herrscht, die auch die Bevorzugung einzelner Verdienter nicht zuläßt, ab.

Donnerstag, 18. Februar 1915

Die zweite Chefredakteur-Reise trifft in Charleville ein. Grautoff von den »Leipziger Neuesten Nachrichten« berichtet mir von weit verbreiteter Stimmung gegen Falkenhayn und auch gegen den Kaiser. [...]

Sonnabend, 20. Februar 1915

Liebknecht hat im Reichstag für den Frieden geredet und nach den Bedingungen gefragt. Zwischen OHL, Kriegsminister und Reichskanzler wird vereinbart, daß eine öffentliche Erörterung der Kriegsbedingungen bis auf weiteres als unverträglich mit den Interessen der Landesverteidigung zu bezeichnen sei. [...]

Sonntag, 28. Februar 1915

In Lötzen.
Hilfsoffizier beim Nachrichtenoffizier ist der Kaisersohn Prinz Joachim, zu vorübergehender Schonung verwendet. Als der Nachrichtenoffizier, Major im Generalstab Gempp, mir seine Hilfsoffiziere vorstellt, fehlt unter diesen der Prinz. Als ich mit dem Major in sein Arbeitszimmer gehe, passiere ich das des Prinzen. Als sein Chef bleibe ich stehen, mache ihm meine Verbeugung, er nickt mir, seinem Chef, gnädig zu. Als ich die Tür seines Zimmers hinter mir schließe, habe ich das beschämende Gefühl, ebenso gehandelt zu haben, wie ich es so oft an anderen im Verkehr mit gekrönten Häuptern und ihren Söhnen tadele. Ich fühle, daß ich den Prinzen hätte fragen müssen, warum er nicht bei der Meldung der anderen Hilfsoffiziere zugegen gewesen sei. Er solle sich sofort Helm und Feldbinde besorgen und seine Meldung im Arbeitszimmer des Majors bei mir nachholen. Dann hätte ich als preußischer Offizier und nicht als Höfling gehandelt. Als ich meine beschämende Selbsterkenntnis vor dem Major aussprach, teilte er mein Bedauern. Der Prinz sei ordentlich und fleißig, er habe einen Mordsrespekt vor Hindenburg und Ludendorff, er werde aber verdorben durch die devote Haltung vieler Offiziere und die Unterwürfigkeit der sogenannten besseren Gesellschaft in Lötzen, besonders durch deren weibliche Jugend. Die Folgen im Verhalten des Prinzen hätten schon mehrfach Anstoß erregt.

Er, Gempp, besitze nicht die nötige Autorität, einzuschreiten.

Ich sprach auch hierüber mit Ludendorff unter Hinweis darauf, daß für die Unterbringung des Prinzen gerade sein Stab ausgewählt worden sei. Er wußte selbstverständlich von diesen Dingen nichts, gab mir aber recht. Ihn um entsprechenden Einfluß zu bitten, war selbstverständlich unnötig. Prinz Joachim endete nach dem Kriege durch Selbstmord.

Ich lernte zum ersten Mal den Generalfeldmarschall von Hindenburg persönlich kennen. Ich bin erstaunt über sein äußerliches Alter, besonders über seine bleiche Gesichtsfarbe. Er bittet mich bei Tisch neben sich und erzählt mir von dem Verlauf der Operationen im Osten, während Ludendorff schweigsam auf der anderen Seite sitzt. Er gebraucht mehrfach Ausdrücke wie »das habe ich gedacht«, »das habe ich befohlen« usw. Ihm gegenüber sitzt Oberst Hoffmann, der Ia unter Ludendorff. Mir fällt auf, mit welch' höhnischem Ausdruck dieser bei solchen Worten Hindenburgs die am Tisch sitzenden jüngeren Generalstabsoffiziere ansieht, als ob er sagen wollte »was redet der Feldmarschall für einen Unsinn, *das* waren doch *wir*«. Bei Ludendorff sehe ich nur Ehrerbietung gegen den Feldmarschall. [...]

Donnerstag, 4. März 1915

In Berlin.
Friedensgerüchte beginnen ernsthaften Charakter anzunehmen, in der Tat besteht irgendeine Friedensmöglichkeit nicht. [...]

Auszug 44 aus Feldpostbriefen

Mézières, Sonntag, 14. März 1915,
nachm. 4 Uhr

[...] Du brauchst Dir *keine* Vorräte hinlegen, ich bin überzeugt, daß wir höchstens eine Teuerung in gewissem Umfange bekommen werden, aber keine Hungersnot! Aber auch die Teuerung wird schon aus Rücksicht auf das Volk von der Regierung in Grenzen gehalten werden. Was nützen denn auch Schinken, die madig sind! Also beunruhigt Euch deshalb nicht. Sollte es zum Hungern kommen, dann *müssen* wir eben Frieden schließen, aber davon ist ja gar keine Rede! Nur einschränken soll sich jeder etwas.

Inzwischen war der Feldpolizeidirektor zum Vortrag da und Stotten hat wohl ½ Dutzend mal still Mappen mit Unterschriften und neuen Eingängen neben mich auf den Schreibtisch zur Tür hereingelegt.

Seid nur über die Lage weiter ganz beruhigt, es ist alles in Ordnung und wir werden auch noch weiter voran kommen. Die Dardanellen-Ereignisse[11] gehen uns ja direkt nichts an aber indirekt leider doch recht viel. Über den Ausgang läßt sich noch nichts sagen, aber sicherlich braucht man die Hoffnung nicht aufgeben, daß es den Feinden nicht gelingt. Italien und Rumänien haben sich gebessert. [...]

Auszug 45 aus Feldpostbriefen

Mézières, Donnerstag, 18. März 1915,
nachm. 2½ Uhr

[...] Über die Lage kann ich Euch nichts Neues schreiben. Nachdem die »Winterschlacht in der Champagne« beendet, hat dort die »Frühlingsschlacht« begonnen. Es sind beiderseits sehr verlustreiche Kämpfe. Aber durch kommen die Franzosen nicht. Die Engländer werden nun wohl auch bald wieder von sich merken lassen. Wenn die Verbündeten mit ihren Angriffen nicht mehr erreichen als bei Neuve Chapelle und in der Champagne, so dauert es noch lange, bis sie Nordfrankreich und Belgien wieder erobert haben. Ebenso schwer wird es *uns* aber werden, den endgültigen entscheidenden Sieg hier zu erringen. Auch die Russen sind immer wieder angreifend, ihr Raub- und Plünderungs-Einfall auf Memel ist eine echt russische Gemeinheit, ohne den geringsten Wert für die Gesamtlage.

---

[11] Mit dem Ziel, Istanbul zu bedrohen, begannen die britischen Streitkräfte am 19.2. einen Angriff auf die türkischen Befestigungen der Dardanellen – der strategisch bedeutsamen Meerenge zwischen Mittelmeer und Schwarzem Meer. Nach einigen Anfangserfolgen entschieden die Verantwortlichen allerdings, die Operation aufgrund schwerer Verluste am 18.3. abzubrechen. Nach dem Scheitern der Seeoperationen landeten Ende April alliierte Truppen bei Gallipoli, um die Halbinsel zu nehmen und die Meerenge von Land aus zu öffnen.

Auszug 46 aus Feldpostbriefen

Geschrieben Montag, 22. März 1915

(...) Ich habe heute das Kreuz I. Klasse erhalten, eine große Freude für mich am Tage der Ernennung zum Offizier vor 22 Jahren!
Der Fall von Przemysl[12] war zu erwarten, er hat wenig militärische aber vielleicht mehr politische Bedeutung. Sonst steht alles gut.

Montag, 22. März 1915

Professor Schulze-Gaevernitz, Reichstagsabgeordneter, trägt mir weitreichende Pläne über propagandistische Verbreitung der »Gazette des Ardennes«[13] über die Schweiz und auch sonstige propagandistische Möglichkeiten dort vor. Als ich ihn bitte, sich für die Durchführung seiner Vorschläge zur Verfügung zu stellen und mir zu erlauben, seine militärische Einziehung zu diesem Zweck zu veranlassen, verläßt er mich fluchtartig.

Erinnerung

Ich möchte an dieser Stelle die von mir so genannte »Zeit der Denkschriften« erwähnen, welche jetzt etwa begann. Gelehrte, Parlamentarier, ehemalige Diplomaten, Wirtschaftsleute und Andere fühlten sich sicher aus ehrlichem Gefühl und aus Sorge berufen, mit meist recht dicken Denkschriften zu erscheinen, mit der Bitte, sie Falkenhayn und später Ludendorff vorzulegen. Abgesehen davon, daß weder diese noch überhaupt ein militärischer Mitarbeiter Zeit hatte, sie zu lesen, enthielten sie meist längst bekannte und oft mehrere die gleichen Dinge. Was in ihnen stand, wußte Falkenhayn und Ludendorff längst. Die in ihnen enthaltenen Vorschläge gingen zunächst die zuständigen verarbeitenden anderen Dienststellen an. Es blieb also gar nichts anderes übrig, als sie diesen zuzuleiten. Unter ihren Verfassern entstand aber die Auffassung, man schlösse den Chef des Generalstabs ab und besonders mir ist dies vielfach in der Nachkriegszeit vorgeworfen worden. In Fällen, wo ich einmal eine Denkschrift zum Vortrag brachte, endete die Sache auch mit Überweisung an die zur Prüfung berufene Unterstelle. Es ging ja auch oft so, daß Falkenhayn oder Ludendorff unmittelbar eine solche Denkschrift erhielten, sie selbstverständlich, wenn sie in mein Arbeitsgebiet schlug, ungelesen an mich weiterleiteten und ich ebenso verfuhr, indem ich mir von dem zuständigen Bearbeiter nur kurz Vortrag über den Inhalt

---

[12] Österreichisch-ungarische Festung in Galizien, die am 22.3.1915 von russischen Truppen erobert wurde.
[13] Die »Gazette des Ardennes« wurde von November 1914 bis November 1918 als »Journal des pays occupés« im Auftrag der OHL herausgegeben. Verlagsort war Charleville-Mézières, Herausgeber und Chefredakteur war Rittmeister Fritz Schnitzer. Die »GdA« war ein Mittel der Frontpropaganda und richtete sich an die französische Zivilbevölkerung in den besetzten Gebieten.

halten lassen konnte. Wertvolle Anregungen habe ich daraus niemals erhalten, viel schneller und anregender wirkte die praktische Berührung mit den Dingen selbst. [...]

Auszug 47 aus Feldpostbriefen

Mézières, Dienstag, 30. März 1915,
nachm. 3¼ Uhr

(...) Viel Neues kann ich Dir nicht berichten. Alles bereitet sich wohl auf kommende Ereignisse vor, denen wir ruhig entgegensehen können. Ich lasse nicht von meiner Gewißheit, daß sie uns nicht besiegen können und sogar nicht von der Hoffnung, daß wir vielleicht doch noch den endgültigen Sieg erringen werden. In den Karpathen haben die Russen einige Erfolge, daß es ein durchschlagender Erfolg wird, ist aber nicht anzunehmen. Auf die Entwicklung an den Dardanellen muß man gespannt sein, es ist schwer vorauszusagen, wie es da wird. Jedenfalls bedeutet es ein Verlegen der Aktiven unserer Feinde vom europäischen Kriegsschauplatz. Haben sie sich in der Widerstandskraft der Dardanellen verrechnet, so bedeutet es für sie einen neuen erheblichen Mißerfolg. Denn dann ist wieder eine Hoffnung nicht erfüllt, die Unmöglichkeit des Sieges hier im Westen oder im Osten gegen uns ist den leitenden Männern wohl schon klar. Auf Italien und Rumänien sind die Ereignisse in Europa von entscheidender Bedeutung, denn die Türkei wird nicht eher verteilt, als nicht die Entscheidung in Europa gefallen ist. Deshalb wollen wir hoffen, daß wir hier Erfolg haben. Wir werden mit der Zeit ja immer stärker an Munition und Truppen. Ich kann es Euch zu Haus ja nachfühlen, daß Ihr beunruhigt seid, aber es ist kein Grund vorhanden, daß Ihr kleinmütig seid. Wir sollen nicht leichtfertig sein, sondern jeder seine Pflicht tun. Dann haben wir aber auch guten Grund, vertrauensvoll zu sein. [...]

Auszug 48 aus Feldpostbriefen

GrHQu, Dienstag, 13. April 1915,
abends ¾11 Uhr

(...) Hier in der Umgegend lag ein Regiment zurückgezogen in Ruhe-Quartieren, das in der Schlacht in der Champagne besonders stark mitgenommen war und sich nun seit einigen Tagen für mehrere Wochen erholen sollte. Da erhielt es heute Befehl aufzubrechen, um mit der Bahn auf das Schlachtfeld zwischen Maas und Mosel zu fahren. Nun zogen eben die Kompanien an meinem Fenster in der Nacht vorüber, in festem Tritt und mit dem lauten frischen Gesang der »Wacht am Rhein«! Das war wirklich erhebend, ich bin hinausgetreten auf den Balkon und habe es erlebt und in mir den Wunsch erstickt, unter diesen Menschen sein zu dürfen. Selbst bei uns hier stellt der Krieg sich schon so ganz anders dar und erst recht für Euch zu Haus. Wenn man das sieht, dann sagt man sich, daß wir mit solchem Geist nicht unterliegen können und wünscht jedem zu Haus, ich *auch unseren Mädels*, daß er das einmal *mitmachen* könnte! Wie anders England! Unser bedeutendster Feind versucht im Gefühl der eigenen Ohnmacht die paar noch vorhandenen Neutralen gegen uns aufzuhetzen. Ob's ihm gelingt oder nicht, besiegen tut uns die Gesellschaft nicht. [...]

Montag, 26. April 1915

Besprechung mit dem politischen Adjutanten des Reichskanzlers von Bethmann in der Reichskanzlei über die Lage.

Erinnerung

Geheimrat Riezler, Oberleutnant d.R. eines bayerischen Infanterie-Regiments, Schwiegersohn des bekannten jüdischen Tiermalers Meyerheim, begleitete den Reichskanzler seit Kriegsbeginn als sein politischer Adjutant. Er hatte mich oft in meinem Arbeitszimmer im Großen Hauptquartier aufgesucht. Die Unterhaltung mit ihm war für mich außerordentlich wertvoll. Sie erschloß mir einen Einblick in bisher unbekannte Gebiete. Der sehr kluge Riezler war aber wie sein Chef voller Sorgen und Bedenken. Wenn ich ihn nach seinen weitschweifigen Ausführungen fragte, was denn nun aber geschehen solle, endete die Unterhaltung meist ergebnislos.

Im Generalstab waren wir zur operativen Führung ausgebildet worden, indem uns eine Kriegslage unterbreitet wurde. Der erste Teil unserer Aufgabe lautete meist: »Beurteilung der Lage«. Hier hatten wir ausführlich und weitschweifend die Lage, die sich aus unserer Aufgabe und den zu erwartenden Gegenmaßnahmen des Feindes ergab, zu erörtern. Dies mußte erschöpfend geschehen und durfte darum eine umfangreiche Darlegung sein.

Der zweite Teil der Aufgabe lautete: »Entschluß«. Hier kam es darauf an, möglichst in einem kurzen Satz zu sagen, was wir wollten. Wer hier Redensarten machte, zeigte, daß er nicht klar war in der Formulierung seines Willens oder nicht wagte, sich zu bekennen in der Furcht, sein Entschluß könne vielleicht der falsche sein und ihm ein schlechtes Urteil eintragen, er fiel ab.

An dritter Stelle kam dann als Aufgabe: »Anordnungen und Befehl«. Hier mußten wir zeigen, daß wir verstanden, das, was wir wollten, durch klare Befehle auf die Masse der unterstellten Truppen zu übertragen. Während die »Beurteilung der Lage« zeitlich weit schweifte, mußten die Anordnungen und Befehle nur das Nächste im Auge haben und der Truppe nur das sagen, was sie anging.

In den Unterhaltungen mit Riezler und auch mit anderen einflußreichen Leuten des Regierungssystems und des politischen Lebens habe ich oft hieran zurückdenken müssen und den Eindruck gehabt, daß sie groß und uns Soldaten überlegen waren in weitreichender Beurteilung der Lage, daß Soldaten diese oft enger sahen als der auch politisch und wirtschaftlich Geschulte, daß die Soldaten auf entscheidendem Posten aber die einzigen waren, welche die Fähigkeit und den Mut zum Entschluß besaßen. Weil den Zivilen der Entschluß fehlte, fehlte auch der Stoff zur Übertragung ihres Willens auf die Masse, d.h. für die Propaganda. Den Soldaten fehlte dagegen für diesen Zweck das Material, sie konnten ihren Entschluß nur militärisch begründen und danach ihre Forderungen stellen, wie es durch Moltke bei Kriegsausbruch durch den »Burgfrieden« und im letzten Teil des Krieges durch Hindenburgs Mahnung »Seid einig!« geschah. [...]

Auszug 51 aus Feldpostbriefen

GrHQu, Montag, 3. Mai 1915

(...) Auch heute hat es mir viel Lauferei und Schererei bereitet, daß Berlin und in seiner Folge andere große Städte geflaggt hatten und nicht wußten warum. Schuld war Kessel, der das Flaggen[14] anordnete, wozu er selbständig überhaupt nicht berechtigt war, ehe unsere amtliche Mitteilung da war. Ein Telephon-Gespräch der Kaiserin spielt hinein, sodaß man wieder mal sehnlichst wünscht, daß alle inoffiziellen herausbleiben möchten. Das Schlimme war, daß überall in Deutschland die wildesten Gerüchte entstanden, 150 000 Russen sollten gefangen, Przemysl wieder erobert sein usw. So fürchte ich, daß die zutreffende nüchterne Darstellung der bisherigen Erfolge, die sich in der Hauptsache erst noch entwickeln sollen, das Volk enttäuscht hat. Und im Ausland wird man über dies unerklärliche Nichtzusammenarbeiten der verschiedenen Spitzen kopfschüttelnd betrachten und hinter dem Flaggen einen Bluff, an Italiens Adresse gerichtet, sehen, und glauben, der Erfolg sei man so-la-la. Sehr schade! Wenn Kessel doch weniger paradieren wollte! In der Tat ist mit dem Erfolg alles erreicht, was bisher erreicht werden konnte. Er wächst sich hoffentlich noch recht aus, was erst in einigen Tagen klar liegen kann. *Dann* müßten wir die Fahnen herausstecken!

In den Dardanellen steht die endgültige Entscheidung auch noch aus. Näheres kann ich darüber nicht schreiben. Der Erfolg an den Karpathen wird jedenfalls Absichten Rußlands, auch noch über das Schwarze Meer am Bosporus zu landen, beeinflussen, daß sie es sich noch einmal überlegen.

Die Einzelerfolge hier im Osten sind sehr erfreulich. Es kommt eins zum anderen, beweist den Gegnern und der Welt jedenfalls immer mehr, daß wir noch können.

Jetzt hat man mir wieder mit feierlicher Miene einen Stoß Sachen neben mich auf den Schreibtisch gelegt. [...]

Mittwoch, 5. Mai 1915

Mein Vorschlag, daß ich an den Reichstagspräsidenten schreibe, um Abgeordnete zu Frontreisen einzuladen, wird auf Einspruch des Reichskanzlers fallen gelassen. Seine Gründe hierfür sind mir nicht bekannt geworden.

---

[14] Anlass war die erfolgreiche Durchbruchsschlacht von Gorlice-Tarnów vom 1.–3.5.

Auszug 53 aus Feldpostbriefen

GrHQu, Freitag, 7. Mai 1915

(...) Ich freue mich, daß Ihr an der Freude über den Sieg so teilgenomen habt. Die Sache da unten steht ausgezeichnet, ebenso in den baltischen Provinzen. Der Erfolg des Ganzen muß sich erst zeigen. Ob es auf Italien noch zurückhaltend wirken wird, ist fraglich. Italien steht vor der Entscheidung, wenn es nicht schon längst gebunden ist. Der 10.5. wird von manchen als kritischer Tag erster Ordnung angesehen. Seine Forderungen sind natürlich mit der Zeit gewachsen. Ob Österreich sie in vollem Umfang erfüllen wird? So stehen wir jetzt noch mitten in der Entwicklung drin und neue Aufgaben stehen uns vielleicht bevor. Der Sieg in Westgalizien befähigt uns für sie im Fall der Kriegserklärung Italiens, im Fall, daß es neutral bleibt, kann der Sieg auf Rußland und damit auf den Gesamtkrieg von ausschlaggebendem Einfluß sein. Italiens Kriegserklärung würde wohl auch das Eingreifen Rumäniens bedeuten. So sind in diesen Tagen große Entscheidungen bevorstehend. Wir sind hier z.Zt. auch verwaist von unseren höchsten und allerhöchsten Herrn, die die Sache von Berlin bzw. vom Osten aus leiten. [...]

Auszug 54 aus Feldpostbriefen

GrHQu, Sonntag, 9. Mai 1915,
nachm. ½6 Uhr

(...) Wir aßen abends Spargel und tranken wundervollen Rheinwein, beides gestiftet von Mutter Böttinger. Demnächst steht uns Morcheln und Möwen-Eier bevor, von Hermanns Gut. Die Anderen behaupten, ich sei in der Auswahl meiner Herren sehr vorsichtig gewesen!

Italiens Haltung ist weiter sehr bedrohlich. Ich glaube fast, daß die Dinge nicht mehr aufzuhalten sind. Umso erfreulicher ist, daß unser Karpathen-Sieg sich weiter so gut entwickelt. Bei Ypern (südlich, bei Lille) greifen heute die Engländer mit starken Kräften an. Es sind schwere Kämpfe, in denen unsere Truppen dort stehen, hoffentlich zu gutem Ausgang! Und hier für mich ist es immer eine aufregende Zeit, wenn solche Meldungen eingehen, und man mit seinem Herzen draußen ist.

Die Versenkung der »Lusitania« ist grausam aber notwendig.[15] England *muß* an seinen Schiffen getroffen werden. Der Spektakel, der in der Welt und in Amerika entstehen wird, darf uns nicht abhalten, zumal unser Vorgehen angekündigt, die Reisenden also gewarnt waren und – wie wir bestimmt wissen – Kriegsmaterial in Masse an Bord war. [...]

---

[15] Am 7.5. torpedierte das deutsche U-Boot U 20 den britischen Dampfer »Lusitania«, der mit rund 1200 Passagieren unterging. Da hierbei 127 US-Bürger starben, kam es zu Auseinandersetzungen zwischen der Reichsleitung und der US-Regierung, in deren Folge der verschärfte U-Bootkrieg eingestellt wurde.

Mittwoch, 19. Mai 1915

Pleß.
 Falkenhayn ist mit kleinem operativen Stab seit 4.5. dorthin übergesiedelt. Ich erbitte seine Zustimmung zu meinen Absichten für den Kriegsnachrichtendienst gegen Italien.
 Ich muß ihm erneut Vortrag halten über die Treibereien gegen ihn in der Heimat. Diese haben unter Hineinziehung Hindenburgs und Ludendorffs, unter Aufwärmung alten Klatsches über persönliche Unstimmigkeiten zwischen dem Kaiser und Hindenburg, mit völlig unsachlicher Kritik Unberufener an Falkenhayns militärischer Führung bereits einen bedenklichen Umfang angenommen. Falkenhayn äußert sich verächtlich über dieses Treiben, er lehnt, darüber erhaben, meine Vorschläge, was dagegen geschehen könne, ab, wünscht aber doch, daß ich zu ihm nach Pleß komme. [...]

Auszug 56 aus Feldpostbriefen

München, Freitag, 21. Mai 1915

(...) Die Herfahrt verlief gut, von 10 Uhr–2 Uhr war ich im bayerischen Kriegsministerium,[16] habe dort meine Sachen bearbeitet, auch mit dem GrHQu gesprochen und zuversichtliche Auskünfte erhalten. Italiens Verantwortliche finden anscheinend schwer einen plausiblen Grund zur Kriegserklärung, der ihre Treulosigkeit einigermaßen verdecken könnte. Ich zweifle aber nicht daran, daß es zur Kriegserklärung kommt, wir richten alles darauf ein, damit die Bande hoffentlich ordentlich bluten muß. Dauert der Krieg bei Italien länger und ist er nicht gleich erfolgreich, so halte ich eine Revolution nicht für ausgeschlossen. Das wäre gut für den »kleinen König«, dem sein Thron lieber war als treu zu bleiben. Militärisch können wir den Ereignissen wohl ruhig entgegensehen, welchen Einfluß die vermehrte Absperrung auf unsere wirtschaftliche Lage haben wird, kann ich nicht beurteilen. In Wien war man gestern natürlich aufgeregt, aber mehr Neugierde als Begeisterung und Entschlossenheit. Die Gesamtheit meiner Eindrücke war wieder, daß es eine verweichlichte Gesellschaft und ein verbummelter Staat ist. Auch hier in München geht das Leben weiter, aber hier sagt man »Gottlob« denn es verrät Kraft, Können und Selbstbewußtsein. Hier sieht man auch nur verwundete oder dienstlich beschäftigte Offiziere, in Wien dagegen weichliche Bummler-Typen. Es wimmelte da gerade abends, als ich zur Bahn fuhr, von gesunden Soldaten aller Grade auf den Straßen. Ich werde ja München heute abend zur selben Zeit sehen und bin gespannt auf meinen Eindruck. [...]

---

[16] Neben dem preußischen Kriegsministerium existierten bis zum Inkrafttreten der Weimarer Verfassung im Jahre 1919 das bayerische, württembergische und sächsische Kriegsministerium. Wenngleich sie eigenständige Institutionen darstellten, arbeiteten die Ministerien unter der Federführung des preußischen Kriegsministeriums.

Dienstag, 1. Juni 1915

[...] Falkenhayn hat es abgelehnt, im Schloß Quartier zu nehmen, und das enge Quartier im Försterhaus vorgezogen. Sein Verhalten wird ihm in der Umgebung des Kaisers, die er auch bei dieser Gelegenheit wieder meidet, verübelt und trägt zur Verstärkung der gegen ihn herrschenden Stimmung bei.

Auf der Fahrt im Kraftwagen von Kattowitz nach Pleß bin ich mit dem Oberstleutnant Bauer von der Operationsabteilung zusammen. Die Unterhaltung mit ihm zeigt mir, wie weit die Stimmung gegen Falkenhayn selbst schon in die Operationsabteilung gedrungen ist.

Erinnerung

Ich möchte hier, wenn ich den Namen des Oberstleutnant Bauer zum ersten Mal erwähne, ein Bild von seinem Wirken und Einfluß geben, wie es sich mir dargestellt hat.

Oberstleutnant Bauer war sehr begabt und vielseitig, bis zur Schmeichelei verbindlich im Umgang. Er war darum aber nicht ehrlich und zuverlässig, keine Persönlichkeit und ohne Willen zur Verantwortung, ein unruhiger Geist, der den Augenblick schnell beurteilte und tief erfaßte, aber wegen seiner Lebhaftigkeit nicht an die Wirkung dachte und die Folgen unterschätzte. Er war nicht ehrgeizig für sich, aber gepeinigt, sich in alles hineinzumischen, er war infolgedessen auch leicht von Anderen beeinflußbar, die ihm Ideen zutrugen, die er übernahm und als seine eigenen vertrat. Sein eigenes Wissen war die schwere Artillerie und das Festungswesen. Für diese Aufgaben war er, als Ludendorff Chef der Operationsabteilung war, vor dem Kriege dessen Untergebener und seines Wissens und seiner Anregungen wegen geschätzt. Seine Nerven waren nicht gesund und konnte er nur im hermetisch verdunkelten Raum schlafen, er hatte früh seine Haare verloren und mußte seinen Kopf sorgsam vor Kälte schützen. Seine Herkunft kenne ich nicht, bestimmt war er keine vornehm veranlagte Persönlichkeit. Falkenhayn, ein ausgesprochener Grandseigneur, übersah ihn deshalb und drängte ihn zurück, als er schon unter Tappen sich in operativen Fragen vordrängte, die nicht seine Aufgabe in der Operationsabteilung waren. Auch geriet er dadurch zu Tappen und dessen verschlossener Art in Gegensatz. Dieser Gegensatz bestand auch auf rein sachlicher Grundlage zwischen ihm und dem späteren Chef der Operationsabteilung, Oberst Wetzell. Inwieweit seine Kritik an der operativen Kriegführung berechtigt und seine Ansichten darüber gut waren, entzieht sich meinem Urteil. Ich geriet nur mit ihm aneinander, weil er dauernd die Neigung zeigte, sich auch in mein Verantwortungsgebiet hineinzumischen. In den Ansichten stimmten wir oft überein, unterschieden uns aber in Betrachtung der Möglichkeiten des Handelns und in unserer Art, sie zu vertreten. Bauer beschränkte sich, weil er ja auch unverantwortlich war, fast ausschließlich auf Kritik. Er war darum besonders zugänglich für Leute, die kritisierten und wie er Ideen hatten. Er hielt es gleichzeitig oder abwechselnd mit Oldenbourg-Januschau und Scheidemann, mit Erzberger, Stresemann, Leinert, dem Gewerkschaftsführer, mit Wirtschaftsgrößen der verschiedensten politischen Einstellung, wahllos mit Presseleuten, wenn sie Einfluß versprachen, oder mit zum Widerspruch und zur Kritik neigenden Generalen. Seine Aufgabe, die Kriegsrüstung in der Operationsabteilung, brachte ihn mit all diesen Kreisen in

Berührung, er nahm auf diese Weise ungeheuer viel auf, hatte aber nicht die Zeit, es zu verarbeiten und keine genügend eigene Stellung, um gegen fremde Gedanken Widerstand zu leisten oder sie zu überprüfen. Bei seiner vielseitigen Art wurde er von den ihm unmittelbar unterstellten Offizieren bewundert, seine Arbeitsgruppe in der OHL war somit im Ganzen ein unruhiges Element. Sein erster Mitarbeiter war Major von Harbou, gleichfalls außergewöhnlich begabt, nach dem Kriege einer der Direktoren des Stickstoffsyndikats und weiter hervorragend der Hauptmann Geyer, zuletzt nach dem Kriege Kommandierender General in seiner Heimat Württemberg.

In seiner letzten Endes unsicheren Art wich er aus, wenn man ihm in sachlicher Verantwortung entgegentrat, verfolgte sein Ziel lieber auf leisem Weg, was ihm das Urteil eintrug, er sei Intrigant. Sein Ziel war, außerhalb seines eigenen, gut geführten Ressorts, das seine Stellung sicherte, die Folge der bloßen Kritik, die Zerstörung.

So griff er die gegen Falkenhayn lautwerdende Kritik nicht nur militärisch sachlich, sondern überhaupt auf. Er suchte frühzeitig Verbindung zu Hindenburg und Ludendorff, deren Kommen er erkannte. Er war mitbeteiligt, vielleicht Anlaß zu Ludendorffs Entschluß, den Oberst Wetzell gehen zu lassen und zu der verhängnisvollen Berufung von Heye und Stülpnagel in die Operationsabteilung. Er propagierte den Sturz Bethmanns und war nicht unschuldig, wenn Ludendorffs Entlassung mit der Behauptung begründet wurde, er sei mit seinen Nerven am Ende, er scheute sich nicht, als preußischer Offizier von der Abdankung des Kaisers zugunsten des Kronprinzen zu sprechen, bewarb sich um des Letzteren Freundschaft und war somit ein Wegbereiter für den Zusammenbruch. Als Ludendorff zur OHL kam, war Bauer der einzige alte Mitarbeiter aus der Vorkriegszeit, den er dort vorfand. Mit dem Reichtum seiner Ideen, die aber nicht immer dem eigenen Kopf entsprangen, sondern von anderen entliehen waren, was viele zur Verantwortung und zur Beratung Berufene verstimmte, wurde er für Ludendorff der geschätzte unverantwortliche Vertraute, auf dessen Einfluß wir verantwortlichen Berater Ludendorffs nun in Ludendorff stießen.

Was mich von ihm vor allem unterschied, und oft in Gegensatz zu ihm brachte, war vor allem, daß er Ludendorff veranlaßte, das für die Kriegführung untragbare System Bethmanns zu bekämpfen, ohne ihn positiv im Ersatz des Gestürzten beraten zu können oder zu beraten. So wurde es nach Bethmann durch Michaelis und nach diesem durch Hertling und dann durch Prinz Max immer schlimmer bis zum völligen Ende. Ich dagegen habe geglaubt, Falkenhayn darin unterstützen zu müssen, zunächst einmal eine dem demokratischen Parteigetriebe entrückte oberste Macht zur Kriegführung zu schaffen und Ludendorff zu beraten, daß es nur eine Möglichkeit der Besetzung gäbe, wenn er selbst, bei seiner Berufung zur OHL dazu imstande, diese Macht übernähme und sich, wie ich es in einem meiner Bücher vorsichtig ausgedrückt habe, zum Organisator der Führung des Weltkrieges machte. Es wurde damals das charakteristische Wort erzählt, die Parole des Kreises um Bauer laute: »Der Reichskanzler muß weg und sein Nachfolger auch«, so radikal seien die Bilderstürmer dieses Kreises.

Falkenhayn, der, wie gesagt, nach meinem Empfinden ein ganz großes Ziel auch auf Umsturzwegen erstrebte, hatte eine selbstverständliche Nichtachtung für derartige kleine Wege mit intriganten Mitteln. Ich bin überzeugt, daß auch ihm die Gegnerschaft Bauers, welche ich erst am 1.6.1915 erkannte, nicht verborgen blieb. Mit seiner souveränen Verachtung, mit der er auch den sonstigen Treibereien gegenüberstand, hat er dann auch diese hingenommen. Anders Ludendorff in seiner schlichten geraden Art. Er spürte vielleicht in Bauer eine notwendige Ergänzung dieses seines eigenen Wesens, die ich ihm in meiner verantwortlichen Beratung nicht zu geben vermochte.

Ich weiß, daß Bauer auch das Werkzeug war derjenigen Kreise, die mich ihres Ansturms für würdig hielten, er hat es wohl aber nie gewagt, bei Ludendorff offen gegen mich Partei zu nehmen, hat mir ins Gesicht auch stets geschmeichelt, er hat aber den Angriff anderer gegen mich gefördert, so auch einen durch den Kronprinzen, auf den ich gegen Ende des Krieges eingehen werde. Ich habe auch Ludendorff niemals gegen die Einmischung von Bauer in meine Sachen in Anspruch genommen, ich habe mich selbst meiner Haut gewehrt und wehren müssen, am schärfsten auf dem Höhepunkt der Entscheidung während der großen Schlacht in Frankreich in Avesnes, als ich Bauer wieder in meinem Revier wildernd ertappt hatte und er (wir warteten auf den Feldmarschall zum Mittagessen) auf meine scharfen Worte nichts anderes zu erwidern hatte, als mich zu bitten, den richtigen Ton zu wahren und nicht zu vergessen, daß er Oberst und ich nur Oberstleutnant sei. Ich erwiderte ihm, daß das ganz gleichgültig wäre, ich sei Abteilungschef und verantwortlich, und er möge sich hüten, mir wieder heimlich in meinem Revier zu begegnen. Das Erscheinen des Feldmarschalls beendete die Unterhaltung. Im übrigen waren wir als Offiziere dazu erzogen, dienstliche Gegensätze nicht im privaten Verkehr auszutragen. So war mein persönliches Verhältnis zu Bauer auch nach dem Kriege normal. Bezeichnend für ihn war, daß er von den Feinden der OHL nach deren Sturz nicht erwähnt wurde, obgleich diese seinen Einfluß auf Ludendorff kannten. Sie müssen ihm wohl deshalb nicht gegrollt haben, während sie mich häufig anfeindeten und herabsetzten. Als ich einmal mit Bauer gemeinsam zu Ludendorff nach der Ludwigshöhe[17] in München ging, und ich mich über diese Angriffe beklagte, meinte Bauer, ich solle doch froh sein, daß von mir überhaupt noch jemand spräche, er litte darunter, daß von ihm nicht mehr gesprochen würde.

Ich habe Ludendorff, der in seiner Einsamkeit nach dem Kriege den Gefahren einer, seiner Art fremden Beeinflussung vermehrt ausgesetzt war, diese Gefahr an Bauers Beispiel im Kriege dargelegt. Ich habe Bauer den Vorwurf gemacht, daß er Ludendorff immer schon »einen Pfeil auf den Bogen gelegt habe, ehe die Wirkung des Schusses zu übersehen war«. Ich habe gesagt, daß ich oft lange meinen Rat geprüft hätte, ehe ich ihn Ludendorff unterbreitete in dem Bewußtsein, daß er den Pfeil, den man ihm auf seinen Bogen legte, bei seiner außergewöhnlichen Tatkraft sofort abschoß. Bauers Mission in China,[18] zu welcher Ludendorff ihn veranlaßte, hat sicherlich als Abschluß seines Lebens noch einmal seine glänzenden Fähigkeiten bewiesen, war aber letzten Endes nicht mehr als ein abenteuerliches Ende seines Lebens.

Meine Nachkriegsunterhaltung über ihn mit Ludendorff endete so, daß Ludendorff sagte: »Ich habe oft seit dem Kriege über Bauer nachgedacht und sehe jetzt seine Fehler. Aber so wie ich auch Ihre Fehler kenne, Nicolai, kenne ich auch Ihre Vorzüge und ebenso die von Bauer. Auf dieser Grundlage wollen wir nun die Unterhaltung über ihn einstellen.« [...]

---

[17] Hierbei handelt es sich um Ludendorffs Privatwohnung in München-Prinz Ludwigshöhe, die dieser ab 1921 mit seiner ersten Ehefrau bewohnte.
[18] Seit November 1927 war Bauer als militärischer Berater von Chiang Kai-shek tätig.

Auszug 58 aus Feldpostbriefen

Pleß, Donnerstag, 3. Juni 1915,
abends 10½ Uhr

(...) Als ich nachmittags zu Falkenhayn wollte, war gerade Conrad bei ihm. Sie sollen mit Champagner auf Przemysl angestoßen haben. Es ist aber auch eine famose Leistung, die in erster Linie wieder brave Bayern vollbracht haben, während die Bundesbrüder noch vor den Hindernissen der Südfront lagen. Die Kinder werden sich über den schulfreien Tag morgen freuen! Nun kommt es hoffentlich auch auf dem südlichen Dnjestr-Ufer zum Erfolg, damit zum Zurückwerfen der Russen bis nach Rumänien ran und damit zu einer günstigen Entscheidung oder wenigstens dauernden Neutralität Rumäniens.

Italien scheint doch unter den Eingezogenen ernstliche Unruhen zu haben. Gott gebe uns den Kerls gegenüber anfangs einen Erfolg! Dann wird's noch übler da werden. Den Krieg entscheiden *die* jedenfalls nicht gegen uns! [...]

Auszug 61 aus Feldpostbriefen

Pleß, Dienstag, 8. Juni 1915,
abends 11° Uhr

Als ich eben zu Haus komme, finde ich ein Telegramm vor, daß IIIb »Abteilung« geworden ist. So ist das also auch erreicht und ich empfinde es als Anerkennung für alle meine braven Mitarbeiter. Praktische Folgen hat es für mich, nachdem ich schon das Gehalt hatte, ja nicht, nur das Ansehen innerhalb des Stabes ist gesteigert.

Die Fahrt nach Teschen gestern abend war bei herrlichem Wetter sehr schön. Wie anders, salopp, ist aber doch Österreich! Das geht gleich hinter der Grenze los und in Teschen beim Oberkommando steigert sich der Eindruck fast zur Überhebung. Auch die einzelnen Persönlichkeiten des Oberkommandos sind so ganz anders als bei uns. Ich sah nur wenige, da ich gleich nach dem Abendessen zur Arbeit ging. Hinterher habe ich dann noch im Hotel ein Glas Bier getrunken, an einem Tisch, an dem auch 2 Offiziersdamen saßen »liebe, herzige Dinger«, aber ohne Gefühl, daß Frauen eigentlich nicht in ein Hauptquartier gehören. Sie wie die Männer hatten gar kein Verständnis, als ich ihnen erzählte, daß wir hier gerade die Wachtmeister-Frauen fortgeschickt hätten. Zum Teil kamen sie aus dem Kino! Und die Stadt wimmelte von Soldaten. Ehrenbezeugungen nicht annähernd wie hier bei uns, wo auf Strammheit besonderer Wert gelegt wird und die Leibwache ausgesuchte Soldaten sind. Die Bevölkerung unterwegs begrüßte uns mehrfach mit Heil-Rufen, sie wissen wohl auch, was sie an ihrem großen Bruder haben. Heute früh ¾6 Uhr fuhr ich nach kurzer Nachtruhe wieder ab, war um 7 Uhr hier und ritt von 7½ bis 9 Uhr. Da bin ich jetzt ganz ordentlich müde, da mein Tag in Hast und Arbeit verging.

Nach allem, was ich an Nachrichten erhalten, krieselt es in Rußland mächtig, es ist Aussicht, diesem Riesen-Gegner in Kurzem erledigt zu haben. Die Italiener wissen wohl nicht recht, was sie machen sollen. Es ist auch nicht leicht für sie.

Die Serben werden sich wohl in nächster Zeit regen. Auch auf der Westfront ist's ja ganz lebhaft, aber alles zuversichtlich für uns.

Freitag, 11. Juni 1915

Ich trete mit dem Chef der Stellvertretenden IIIb, General Brose, in Verbindung um den Feldversand des »Vorwärts«[19] einzuschränken. Das Kriegsministerium lehnt eine Ausnahmemaßregel gegen den »Vorwärts« ab. Mein Vorschlag, den Feldpostbezug der Zeitungen dann allgemein einzuschränken, wird vom Generalquartiermeister abgelehnt, »um nicht das Vertrauen in die Leistungsfähigkeit der Feldpost zu erschüttern«. [...]

Mittwoch, 30. Juni 1915

Lötzen.
 Ich trage Ludendorff über die Hetzereien gegen Falkenhayn und den Kaiser vor. Ich muß dabei melden, daß ich andauernd Meldungen auch darüber erhalte, daß Politiker usw., die als Besucher bei Oberost waren, in der Heimat Kritik an Falkenhayns Kriegführung verbreiten und sich dabei auf Gehörtes bei Oberost berufen. Ludendorff erwidert, ich würde dem Feldmarschall und ihm doch erlauben, ihre eigene Meinung über die notwendigen Operationen zur siegreichen Führung des Krieges zu haben. Ich erwidere, daß jede eigene Stellungnahme zu dieser Frage meine Zuständigkeit überschreite, ich halte Kritik an jeder Operation für selbstverständlich und glaube, daß es auch an der Ostfront kommandierende Generale gäbe, die mit des Feldmarschalls und seinen Anordnungen nicht immer einverstanden seien, worum ich aber pflichtmäßig bitten müsse, sei, daß diese Kritik an der militärischen Kriegführung durch die OHL nicht unter Berufung auf die Autorität von Oberost verbreitet werden könne, die vielleicht vielfach weniger vom Feldmarschall und ihm gegen Besucher geäußert werde als von nachgeordneten Offizieren einschließlich des Ia Hoffmann und daß ich die Meldung hierüber ihm pflichtmäßig erstatten müsse und ihn bitte, entsprechende Weisung an die Offiziere seines Stabes zu geben. Ludendorff erwidert, in dieser Begrenzung sei mein Handeln richtig und seine Zusage, mich zu unterstützen, selbstverständlich.
 Ich gehe dann auf die den Kaiser verleumdenden Gerüchte ein, soweit sie eine angeblich schon seit dem Frieden bestehende Feindschaft des Kaisers gegen den Feldmarschall betreffen. Ich bitte ihn, doch auch dafür zu sorgen, daß die Popularität Hindenburgs nicht überspannt werde. Ludendorff unterbricht mich, ob ich ihnen vorwerfen wolle, an diesem Klatsch schuld zu sein oder die Popularität auf Kosten des Kaisers zu suchen. Ich erwidere, daß die Meldungen, welche ich

---

[19] Der »Vorwärts« war das Organ der sozialdemokratischen Politik. Zu Kriegsbeginn stellte die Zeitung sich jedoch offen gegen den von der SPD mitgetragenen »Burgfrieden« und lehnte die Kriegskredite ab. Die Richtung des Blattes änderte sich als 1916 die bisherige Kollegialredaktion durch den ersten Chefredakteur Friedrich Stampfer abgelöst wurde. Stampfer stand aufseiten der späteren Mehrheits-SPD, sodass der »Vorwärts« unter seiner Führung deren Organ wurde.

über die Verbreitung solchen Klatsches erhalte, einen Umfang angenommen haben, daß ich auch hier pflichtmäßig ihm diese Tatsache anvertrauen muß. Ich weise darauf hin, daß die Verbreiter dieses Klatsches an sich nicht Hindenburg erhöhen, sondern Falkenhayn herabsetzen wollten, daß sie aber tatsächlich ihren Erfolg hätten, der eher nicht Falkenhayn, sondern dem Kaiser und der Monarchie gefährlich werden und zu Erscheinungen führen könne, die als Revolution den Kriegsausgang gefährden könnten. Ich sage, es heiße in der Nationalhymne: »Fühl' in dem Siegerkranz die hohe Wonne ganz, Liebling des Volks zu sein« und füge hinzu, daß jetzt bereits nicht der Kaiser sondern der Feldmarschall den Siegerkranz trage und daß nicht der Kaiser sondern Hindenburg Liebling des Volkes sei. Damit will ich ihm die Gefahr dieses Klatsches für das Ganze schildern. Ludendorff stand auf, schloß die Tür zum Nebenzimmer, er gab mir dann recht und dankte mir, ihm die Sache vorgetragen zu haben. Er sagte auch hier seine Unterstützung zu und ermächtigte mich, in des Feldmarschalls und seinem Namen jedem Gerücht über Unstimmigkeiten zwischen ihm und dem Kaiser oder dem Feldmarschall und diesem vor dem Kriege zu widersprechen.

Freitag, 2. Juli 1915

Der Kaiser und Falkenhayn besuchen auf der Reise nach dem polnischen Kriegsschauplatz Hindenburg und Ludendorff in Posen. Falkenhayn hält darauf, daß bei der Bekanntgabe durch den Oberpräsidenten an die Posener Presse gesagt wird, er sei »in Begleitung des Kaisers« mit dem Feldmarschall zusammengetroffen. Seine Absicht ist, damit zu dokumentieren, daß der Kaiser über ihnen beiden stehe.

Montag, 5. Juli 1915

Meldungen aus Belgien geben Veranlassung, Maßregeln gegen den Demimonde-Betrieb in Brüssel und Lille zu erheben. Dieses Treiben bildet auch an anderen Orten eine Gefahr für die Disziplin und die Gesundheit der Truppe. Die Gegenmaßnahmen führten dazu, daß alle demi-mondänen und sittlich verwahrlosten Weiber zusammengetrieben, in Krankenhäusern und leerstehenden öffentlichen Gebäuden ärztlicher Behandlung oder polizeilicher Internierung unterworfen wurden. Ich habe bei gelegentlicher Besichtigung solcher Unterkünfte, die eine unglaublich große Zahl von Insassen umfaßte, einen schauerlichen Blick in die zersetzenden Wirkungen eines Kriegsschauplatzes getan, wohl auch in die vom Westen ausgehende Sittenverderbnis. Ich sagte einem mich begleitenden Offizier, dem persönlich besonders hochstehenden Major von Sydow meines Stabes, man müsse hier unsere jungen Offiziere hindurchführen, um sie durch den Ekel des Eindrucks für ihr ganzes Leben zu festigen. [...]

Auszug 64 aus Feldpostbriefen

Pleß, Donnerstag, 22. Juli 1915

(...) Die Herfahrt verlief ohne Weiteres, in Berlin ging's im Auto zum Generalstab. Vor und nach dem Frühstück Konferenzen im Kriegsministerium und sonst die übliche große Menge Arbeit bei IIIb, da war es bald 8 Uhr abends, wo ich bei »Hiller« zum Essen eingeladen war. Gastgeber war der frühere Botschafter in Peking v. Mumm, ein reicher Junggeselle, Besitzer der bekannten Porte fino an der Riviera di Ponente, wo der Kaiser oft zu Besuch war. Außerdem ist er ein Schlemmer, sodaß das Essen allerbester Klasse war, auch das vielseitige Getränk. Es nahmen außer Deutelmoser noch teil: Graf Wedel, preußischer Gesandter in Weimar und Botschaftsrat v. Radowitz, bis zum Kriege in Paris. Diese Herren haben mit uns beiden allerlei gemeinsame Arbeit und so stellte dies Essen den sehr freundlichen Versuch dar, mich näher kennen zu lernen. Im chambre séparé bei *der* Verpflegung und interessanter Unterhaltung war es ein hübscher Tages-Abschluß. Die Diplomaten in tadelloser Wäsche und Smoking, wir beiden Offiziere im arbeitsbestaubten Feldgrau, das war ein symbolischer Kontrast. Mumm ist altes Eisen, Radowitz ein Schwadronör, der Graf Wedel aber ein besonnener und anscheinend aussichtsreicher Diplomat. Auch Radowitz erfreut sich im übrigen guter Aussichten. Nachdem ich noch eine Riesen-Festrübe bewältigt hatte, brachte mich Deutelmoser zur Bahn.

Ein Schaukelstuhl steht seit meiner Rückkehr auch in meinem Zimmer, sodaß ich nach dem Essen meine Zeitung zur Zigarre in ihm lesen und auch ein Nickerchen machen werde, wenn's mal so kommt.

Das schwerste ist ja der Kopf, der mir manchmal recht voll und schwer ist von all den schwierigen, vielseitigen, heiklen, selbst zu entscheidenden Fragen. Die Mitarbeit meiner Herren hier ist nur eine mechanische, dagegen habe ich in Stotten und Gempp gute Mitarbeiter. Der alte Brose ist manchmal störend, die stellv. IIIb ist überhaupt etwas reichlich mit Invaliden ausgestattet. Aber glänzend ist überall die Mühe, die sich alle geben. Eins ist sicher, daß meine Arbeit vorläufig nicht weniger wird, sie ändert sich den Aufgaben entsprechend und muß ich manches Stotten ganz überlassen, was ich bisher selbst tat.

Daß man etwas hergibt, wo andere alles hergeben müssen, ist selbstverständlich.

Bis heute abend habe ich nun auch alles aufgearbeitet, was sich bei meiner Abwesenheit aufgespeichert hatte. Da habe ich heute abend Redern für 8 Tage nach Hause geschickt, damit er sich erholt, er ist doch herzleidend und merkt auch recht, was er jetzt leisten muß.

Die Operationen im Osten gehen gut vorwärts, dem ersten Ruck werden hoffentlich bald weitere folgen. Unsere westlichen Feinde und Italien sind anscheinend in Ungewißheit, was ihnen bevorsteht. Trotzdem werden wir wohl in nächster Zeit mit ihren erneuten Angriffen rechnen müssen. Allmählich wird ihnen auch bange, ob sie doch nicht das Volk über die wahre Lage mehr aufklären müssen und Rußlands Lage macht ihnen wohl auch große Sorge!

Inzwischen ist es 10 Uhr abends geworden. Ich wurde durch eingehende Meldungen unterbrochen, habe dann bei schon beginnendem Mondschein einen Spaziergang durch den Park gemacht, die Autos standen am Schloß für den Kaiser bereit, der heute abend für 2 Tage zur Front nach Iwangorod fährt. Stabschef bei Woyrsch ist Heye, vielleicht gibt ihm der Kaiser den Pour le Mérite, das hat diese Armee verdient, die mit unglaublichem Schneid vorgedrungen ist. Das alles wird erst später einmal zu Tage treten. [...]

Freitag, 25. Juli 1915

Die Philosophische Fakultät der Universität Berlin hat Falkenhayn die Ehrendoktorwürde verliehen. Der Dekan derselben, Professor Hans Delbrück, bittet, ihm diese persönlich übergeben zu dürfen. Ich erblicke darin eine glückliche Gelegenheit, bei Falkenhayn den Einbau eines Historikers in mein Arbeitsgebiet bei der OHL zu erbitten. Hans Delbrück wird mir zudem als der geeignetste bezeichnet.

Ich stoße bei Falkenhayn auf Widerstand. Er hätte für so etwas jetzt keine Zeit. Ich bitte ihn trotzdem mit der Begründung durch meinen ihm bekannten Wunsch vielleicht hierüber seine Zustimmung zu erhalten, daß in mein Arbeitsgebiet neben Deutelmoser für alles, was über dessen Aufgaben hinausgehe, und von historischer Bedeutung sei, ein Historiker eingebaut wird. Falkenhayn antwortet: »Na, Ihnen zuliebe. Ich habe aber nur kurz Zeit dafür. Der Geheimrat soll um 1 Uhr mit uns frühstücken, hinterher laden Sie ihn in meinem Auftrag zu einer Fahrt in das Kriegsgebiet in Polen ein. Im übrigen regeln Sie seinen Besuch nach Ihrem Ermessen.«

Delbrück trifft 11 Uhr vormittags in Pleß ein. Seine erste, mich enttäuschende, Frage ist, er habe nur seinen schwarzen Rock bei sich, nicht den Talar, ob dieser Anzug genüge. Ich setze ihn zunächst in seinem Hotel ab und begebe mich zu Falkenhayn und sage ihm, der Geheimrat habe anscheinend eine andere Vorstellung vom Hauptquartier. Ich bäte, seinen Empfang etwas feierlicher zu gestalten. Falkenhayn sagt: »Er denkt sich's wohl nach Anton v. Werners Bild von der Kaiserkrönung?[20] Was soll ich denn?« Ich schlage vor, daß ich schon um ¾1 Uhr mit Delbrück kommen darf, daß ich den Kriegsminister von Wild und noch einzelne Herren der Operationsabteilung dazu bäte und daß die anwesenden Offiziere auch nur Dienstanzug, das heißt, Helm und Feldbinde anlegen. Ich begründe es erneut damit, daß die OHL die Ehrung durch die Wissenschaft in seiner Person äußerlich anerkennt. Er stimmt zu. Ich hole Delbrück ab und trage die große Rolle mit der Ehrenurkunde. Das kleine Försterhaus, in dem Falkenhayn wohnt und arbeitet und die enge Treppe, welche wir hinaufsteigen, erregen Delbrücks Erstaunen. Mit Bewunderung erfüllt ihn nur das armdicke Bündel von Telefondrähten, das durch ein in die Mauer geschlagenes Loch in das Haus hineinführt. Als wir die Tür öffnen, steht unmittelbar vor derselben an der Ecke des schmalen Eßtisches in dem kleinen schmucklosen Eßzimmer Falkenhayn, hinter ihm die von mir gebetenen Offiziere. Delbrück holt nicht ohne Schwierigkeiten die große Ehrenurkunde aus ihrem Futteral, die ich auf der einen und auf der anderen Seite ein Major halte, während sie Delbrück vorliest. Sie ist lang und in lateinischer Sprache abgefaßt. Falkenhayn steht unbeweglich. Als Delbrück mit der Verlesung endet, sagt er: »Herr Geheimrat! Ich war schon auf der Schule ein schlechter Lateiner und habe

---

[20] Hier handelt es sich um das 1877 von Anton von Werner im offiziellen Auftrag geschaffene Historienbild »Die Kaiserproklamation im Spiegelsaal zu Versailles«.

kein Wort verstanden. Aber ich nehme an, daß das, was Sie vorgelesen haben, sehr ehrenvoll für mich war. Ich empfinde die mir zuteil gewordene Ehre und danke Ihnen dafür. So, meine Herren, nun wollen wir essen.«

Die Ehrenurkunde feierte Falkenhayn in erster Linie als einen Meister der Geheimhaltung, welcher der Sieg bei Gorlice zu verdanken sei, sie verriet damit eine Unkenntnis des Wesens vom Führertum, die sich auch bei der nachfolgenden Tischunterhaltung in Delbrücks Ausführungen äußerte, die sich nur mit Nebensächlichkeiten befaßte.

Falkenhayn hob die Tafel nach gewohnter Dauer auf und verabschiedete sich mit dem Wunsch, dem Geheimrat durch die Fahrt nach Polen einen unmittelbaren Eindruck vom Kriege verschaffen zu können. Auf dieser Fahrt zeigte Delbrück gleichfalls eine Einstellung zu dem Problem des Feldherrntums, die mich tief enttäuschte. Ich beendete darum seinen Besuch mit dem Abschluß unserer Fahrt in Kattowitz. Er kehrte abends im Schlafwagen nach Berlin zurück. Mein Befehl, vom Nachrichtendienst unterrichtet zu werden, wie er sich in Berlin über seinen Besuch im Hauptquartier ausgesprochen habe, brachte mir die Mitteilung, »er sei begeistert, nur enttäuscht von der Schnelligkeit«. Am nächsten Tage sagte mir Falkenhayn: »Mit solchen Gelehrten werden Sie aber wenig Geschichte über uns schreiben können.« Ich erwiderte, daß auch ich nach meinen Eindrücken vorläufig keine Möglichkeit zur Verwirklichung meines Wunsches sähe, und daß ich aber darin eben einen Beweis dafür erblicke, daß die historische Wissenschaft keine Männer zur Verfügung habe, welche den Aufgaben gewachsen seien, die der moderne Krieg ihnen stelle und daß der Generalstab dieser Tatsache wenigstens in seinen Forderungen nach dem Kriege Rechnung zu tragen haben werde.

Ich entschloß mich, um einen Offizier mit kriegsgeschichtlicher Vorbildung zu bitten, damit wenigstens er die Belange von geschichtlicher Bedeutung erlebe und festhalte. Es wurde dies ein Major Schäfer. Mit seinem Ressort »Kriegsgeschichte« war ein neues Ressort meinem Stab im Großen Hauptquartier angegliedert. Eine Halbheit, hat diese Maßnahme zu keinem Nutzen geführt.

Ich erwähne diese Erinnerung nicht nur, weil sie einen kleinen Teil dessen bildet, wofür ich eintrete, seitdem ich nach der Machtergreifung in das von Adolf Hitler geschaffene Reichsinstitut für Geschichte des neuen Deutschlands berufen worden bin.

Ich erwähne es aber auch, weil Delbrück in seiner Eitelkeit und Selbstüberschätzung es wohl unterlassen hätte, sich nach dem Weltkrieg zu Falkenhayns Anwalt zu machen, wenn er dessen berechtigte spöttelnde Ansicht, wie ich sie hier wiedergab, gekannt hätte, und weil er es trotz seines Unverständnisses für das Wesen des Feldherrn gewagt hat, an Ludendorff Kritik zu üben. [...]

Dienstag, 10. August 1915

Generalfeldmarschall von der Goltz-Pascha[21] beschwert sich darüber, daß die deutsche Presse durch ihr Lob der Türken in der Dardanellen-Verteidigung deren Selbstgefühl in bedenksamem Maße steigere. Er mahnt zum Maßhalten.

---

[21] Colmar Freiherr von der Goltz war seit 15.4.1915 Oberbefehlshaber der türkischen 1. Armee in Istanbul.

Falkenhayn entscheidet, daß die Presse nur gebeten werden soll, des deutschen Anteils nicht ganz zu vergessen, sonst aber den Türken das Lob nicht zu beschneiden. Er meint zu mir: »Kleine Geschenke erhalten die Freundschaft.«

Freitag, 13. August 1915

Als ich spazieren gehe, sehe ich vor dem Schloß im Park eine Kompanie angetreten, bei ihr der Kriegsminister, um dem Kaiser die neue Friedensuniform, welche nach dem Kriege eingeführt werden soll, vorzustellen. Da die Aufstellung noch nicht beendet ist, steht der Kaiser noch abseits. Er winkt mich zu sich heran und unterhält sich mit mir. Er holt mit seinem gesunden Arm seine Zigarettendose aus der Litewka.[22] Ich will ihm behilflich sein. Er wehrt verlegen ab. Ich wußte noch nicht, daß er nicht gern seine körperliche Behinderung[23] beachtet sah. Seiner Aufforderung, mir die neuen Uniformen mitanzusehen, entziehe ich mich unter dem Vorwand, dringende eigene Arbeit zu haben. Das Unternehmen scheint mir etwas frühzeitig. Es ist aber nicht vom Kaiser veranlaßt, sondern von anderer Stelle erdacht worden, um ihn abzulenken. [...]

Auszug 66 aus Feldpostbriefen

Pleß, Montag, 23. August 1915

(...) Rußland ist ein fester Hieb versetzt, der wohl bis zum Frieden genügen wird. Nun kurz von meiner Fahrt: Pünktlich um 6 Uhr früh erwartete mich Böttinger mit Auto in Ostrovo. In Kalisch wurde im Dragoner Kasino Kaffee getrunken. Da lebt jetzt unsere Zivil-Verwaltung. Wenn es die Militär-Verwaltung wäre, so wäre die Schweinerei, in der die Russen ihr Kasino zurückließen, schon mehr beseitigt! Aber Achtung vor unserer Verwaltung bekam ich doch auf der Weiterfahrt durch das polnische Land, das so lange als Kriegsschauplatz diente. Was ist schon wieder an Straßenbau geschehen? Und auf den Feldern arbeitende Bauern mit reichlichen Pferden. Allmählich kommt alles wieder in Ordnung. Das 2. Frühstück aßen wir in Lodz im Garten des Grand Hotel. Um 11 Uhr vorm. und doch war schon Konzert! Russisches Überbleibsel. Hoffentlich wird das Land und Volk ernster und tüchtiger nach deutschem Vorbild, auch unter österreichischer Oberaufsicht, die ihm wohl bevorsteht. Dann ging es weiter über die Bzura- und Blaise-Stellung nach Warschau. 2 kolossal ausgebaute Stellungen, mit allen Schikanen. Die letzte vor Warschau noch gar nicht mal fertig. In Warschau in erstklassigem Hotel untergebracht wie ein König, mit Badezimmer und Salon, in dem ich Besprechungen mit recht interessanten Leuten hatte. Gegen Abend Fahrt durch die Stadt. Elegantes Leben, alles auf der Straße, ganz freundlich zum Deutschen aber doch merklich, daß ihnen Österreicher als Befreier eigentlich lie-

---

[22] Die Litewka war ein Uniformrock polnischer Herkunft.
[23] Wilhelm II. litt aufgrund von Komplikationen bei seiner Geburt unter einer Arm-Lähmung. Sein linker Arm war deutlich kürzer als der rechte und nur eingeschränkt beweglich, ein Umstand, den der Monarch zeitlebens zu verbergen suchte.

ber gewesen wären. Froh, daß sie die Russen los, die noch ordentlich, besonders an Bahnen und Brücken, zerstört hatten. Die herrliche neue Brücke, mit 12 polnischen Millionen erbaut, in 2 Spannungen ein Trümmerhaufen. Da traf ich den Landrat v. Conrad jun., der zur Zivilverwaltung gehört. Vor Tisch wurde mir noch eine Sonder-Vorstellung beschlagnahmter russischer Filme gegeben, welche in Aufnahmen von der Beerdigung Gefallener die ganze russische Brutalität und Unkultur verrieten. Am Abend erfuhren wir den Fall Kownos. Da haben wir uns noch bis 2½ Uhr mit dem Grafen Hutten-Czapski, der auch da angestellt ist, über Polen und seine Zukunft unterhalten. Es ist doch ein stolzes Gefühl, so als Eroberer zu denken. Die Nacht war kurz, ein Bad morgens erfrischend. Dann ging's über die Ponton-Brücke inmitten und entgegen Hunderten und Aberhunderten kleiner Bauern mit Rückwanderern, Polen und Juden gemischt, die von den Russen mitgeschleppt, dann laufen gelassen waren und nun ihrem Heim wieder zustrebten. Ich kam ja gerade daher und hatte die Trümmerhaufen gesehen, die die Armen vorfinden würden. So ging es weiter mit Zerstörungen und Rückwanderer bis Cholm. Die Zahl ist gar nicht zu schätzen.

Vor Iwangorod an einem Fluß plötzlich Brücke gesprengt – mein sehr energischer Chauffeur [sic!] fand eine Furt, die wir bis zur Karosserie im Wasser durchfuhren, dann saßen wir im Felde fest, und befreiten uns mit Hilfe von Landvolk.

In Iwangorod sind – wie überhaupt – die Brücken zerstört, daß die Zerstörungen in Frankreich Kinderspiel dagegen sind. Abends waren wir in Lublin bei Mackensen, dem ich bei Tisch gegenüber saß, neben mir und nachher noch bis spät in die Nacht mein Freund Kramer, Major 2. Husar,[24] Mackensens Adjutant. Das war besonders nett.

Am nächsten Tag war ich morgens in Cholm, wo Stolzmann Chef ist. War frisch wie immer und läßt Euch alle grüßen. Cholm liegt im richtigen Rußland. Von da nach Lemberg eine unerhörte Straße und Dörfer! Die Russen, diese Bande, wollen anderes Land erobern und können nicht mal das ordentlich verwalten, was sie haben! Ein öster. Korps löste ein deutsches ab, die beiderseitigen Leute sahen gut aus, obgleich man ihnen die langandauernden Strapazen natürlich ansah. In den Dörfern zwischen Cholm und Lemberg überall große Schilder mit »Cholera«, aber hauptsächlich unter der stupiden, hygienischen Lehren unzugänglichen Bevölkerung.

Lemberg erreichten wir bei Einbruch der Dunkelheit. Liegt viel hübscher als ich dachte an Berge angelehnt, ganz ordentliche Stadt, die einzige Sehenswürdigkeit aber einige Kirchen. Es war der 85. Geburtstag des Kaisers.[25] Abends natürlich Festvorstellung, aber nicht für uns in unserem Reisestaub. Wir aßen mit Hasse, der vom äußersten rechten Flügel gekommen war, zusammen und auch da wurde es wieder recht spät über dienstlichen, militärischen und politischen Gesprächen. Am nächsten Tag über Przemysl nach Krakau. Bis P. Ruthenen,[26] ein unglaublich häßliches Volk, PP, ein Saunest, mit Verlaub, aber hübsch gelegen, von da ab bis Krakau, Westgalizien, sehr viel kultivierte hübsche Menschen, liebliche Gegend und ordentliche Dörfer. Nur wo Juden hausen, ist es grundsätzlich und überall furchtbar. Ob im Judenviertel in Warschau oder in Dörfern.

---

[24] Gemeint ist hiermit das Leib-Husaren-Regiment Königin Viktoria von Preußen Nr. 2.
[25] Gemeint ist Franz Joseph I., Kaiser von Österreich und König von Ungarn, geboren am 18.8.1830.
[26] Gemeint sind die heutigen Ukrainer.

Krakau als alte Königsresidenz sehr interessant. Von da brachte uns dann eine Vormittagsfahrt nach Haus. Es war doch wieder eine andere Sache, in Deutschland zu sein. Die Fahrt, im Ganzen ca. 1000 km im Auto konnten wir im offenen Wagen sein.

So war alles sehr angenehm verlaufen, für meinen Dienst befriedigend und hoffentlich fruchtbringend, menschlich und militärisch sehr interessant. [...]

Auszug 69 aus Feldpostbriefen

Pleß, Montag, 6. September 1915,
abends 10½ Uhr

(...) Heute vor einem Jahr war ich vor Paris. Seit dem kam manches anders als man dachte. Die Schwere unserer Aufgabe habe ich nicht unterschätzt, auch in meinem festen Zutrauen in unseren Sieg bisher Recht behalten. Nur, daß das Schwergewicht sich so nach dem Osten verlegen würde, und die Türkei und der Balkan eine vielleicht ausschlaggebende Rolle spielen werden, habe ich nicht vorausgesehen. Das Schwere, das ich damals schon immer betonte, ist im Laufe des Jahres ja sehr in Einzelportionen verteilt, aber wenn man das Jahr überblickt, ist die Gesamtsumme des von uns Allen Getragenem doch groß. Dafür sehen wir aber dem endgültigen Sieg entgegen, unsere Feinde, einschließlich des infamen Italien, trotz der gleichen Opfer, nicht.

Heute regnete es den ganzen Tag. Gegen Abend, als es aufhörte, ging ich zu den Pferden in den Stall und von da um den ganzen Schloßpark herum spazieren. Als ich schließlich auf die Hauptallee, die zum Schloß führt, einbog, begegnete mir der Kaiser, allein, mit seinem »Strolch«.[27] Es war schon so dunkel, daß ich mir noch im letzten Moment die Mütze, die ich in die Tasche gesteckt hatte, aufsetzen und Front machen konnte. Er sprach mich an, ob ich nach dem Regen noch etwas spazieren gehen wolle und hat sich dann wohl 10 Minuten lang mit mir unterhalten. Hauptsächlich bewegten ihn die Grausamkeiten der Russen gegen die Bevölkerung in den jetzt von ihnen geräumten Gebieten. Dann die Lage im Allgemeinen, die Verluste der Russen, und ob ihr Ersatz nun nicht bald am Ende sei. Dann marschierten wir wieder jeder in seiner Richtung weiter. Es ist zu nett, wie einfach und freundlich der Kaiser sich so allein gibt. Man muß sich zwingen, nicht zu vergessen, daß der Kaiser da steht und daß man die Form nicht verletzt. Ihm wird dies Jahr auch ein Erlebnis bleiben, es unterscheidet sich doch sehr von den früheren!

Heute abend essen Falkenhayn, Conrad und der Vertreter unserer neuesten *Verbündeten* (seit heute ½8 Uhr abends) beim Kaiser (aber *nur* für Euch!!).[28] [...]

---

[27] Hierbei handelte es sich um Wilhelms II. ständigen Begleiter, einen Dackel.
[28] Am 6. September 1915 unterzeichneten die Vertreter Deutschlands und Österreich-Ungarns mit denen Bulgariens einen Bündnisvertrag und mehrere Geheimabkommen.

Auszug 72 aus Feldpostbriefen

Mézières, Mittwoch, 29. September 1915

(...) Nach feindlichen Befehlen, die uns in die Hand gefallen sind, wollen Franzosen und Engländer jetzt eine *Entscheidung* herbeiführen. Wir sind nicht überrascht, unberufen hat sich bisher alles bestätigt, was IIIb über die Gruppierung der feindlichen Kräfte gemeldet hatte. Nur der Entschluß zu diesem Angriff kam uns in gewisser Weise unerwartet. Das hätten die Feinde besser vor 4–6 Wochen machen sollen. Jetzt ist alles in Ordnung, Munition und wohl auch Reserven genügend vorhanden. So kann's ihnen passieren, daß sie sich weiß bluten. Heute Abend meldet der NO aus der Champagne, daß es »sehr gut«, der von Arras, daß es »gut« steht. Heute Nacht trifft ein Dutzend neutraler Zeitungsmenschen hier ein, die an ihre Zeitungen telegraphieren sollen. Bei Verabredung des Programms ihrer Fahrt an die Schlachtfront haben die Armee-Oberkommandos die am meisten am Kampf beteiligten Truppen zur Besichtigung vorgeschlagen, »weil der Geist und Stimmung der Truppen hervorragend sei«. Mit blumengeschmückten Fahnen sollen sie in die Schlacht ziehen, ein Regiment, das die stärksten Verluste hatte, hat die angebotene Ablösung abgelehnt! Das ist wirklich herrlich, alles zu hören.

Heute früh hatte ich den ersten Vortrag bei Falkenhayn, der mich sehr freundlich empfing. Auch der Kaiser ist hier.

Auszug 73 aus Feldpostbriefen

Lörrach (Baden), den 9. Oktober 1915

(...) Ich bin von Brüssel programmäßig weiter gereist. Besonders interessant war der 7.10., den ich bei der Armeegruppe Strantz verlebte. In Metz erwartete mich das Auto, dann ging es über Gravelotte zum Armee-Hauptquartier. Dann fuhren wir hinauf zur Cambrai-Höhe, die unter schwerem Minen-Feuer lag. Sie ist ein langgestreckter Höhenrücken, der weit in die Ebene hineinspringt und deshalb ihre Bedeutung für uns hat, da sie im Besitz des Feindes diesem vollen Einblick in unsere Stellungen und Artillerie-Beobachtung bieten würde. Seit Monaten liegen da oben unsere Braven, der einst bewaldete Berg ist jetzt ganz kahl, nur am Hange stehen noch einzelne kahle Baumreste wie eingesteckte Streichhölzer, und der ganze Berg ist hellgelb, aufgewühlt von den tausenden von Granaten, die ihn gepflügt haben. Die Erd- und Rauchwolken der einschlagenden Geschosse stiegen haushoch gen Himmel. Dann fuhren wir weiter nach Süden, oben auf den Côte Lorraine entlang, hinter unserer Stellung nach St. Mihiel. Dort haben wir das französische Sperrfort erobert und einen Brückenkopf über die Maas. Von der Kapuzinerhöhe aus sah ich die französischen Stellungen zu unseren Füßen liegen. Überall mußten wir hinter Kulissen und Deckungen gehen, da die Franzosen mit ihrer Artillerie auf der Lauer liegen. Auch auf der ganzen Wegstrecke, die wir gefahren waren, waren die Stellungen, welche der Feind einsehen kann, durch Masken verdeckt. Die Ortschaften sind alle unter Artilleriefeuer und die Häuser durchsiebt. Deshalb sind sie alle geräumt, und die Truppen haben sich in den Wäldern und an den Berghängen

Unterkunftsorte gebaut, z.T. Holzhäuser in Schweizer Art, die sich dem Gelände anschmiegen und an den Hängen hinaufklettern. Es war ein Eindruck bewundernswerter Organisation, den ich hatte. Bade-Anstalten, Schlachtereien, Gemüsegärten usw. waren in den Truppenortschaften, und nur die Friedhöfe, die auch nicht fehlten, und in denen die meisten Gräber in Stein gemeißelte Denkmäler hatten, erinnerten an den Krieg. In St. Mihiel aßen wir bei einem bayerischen Bataillon zu Mittag. Auch hier, noch nicht 1000 m vorm Feind, war die Stimmung fröhlich, die Flasche Champus und Bock-Zigarren fehlten nicht. Die Franzosen nahmen darauf Rücksicht und ließen uns in Frieden, sie feuerten nicht. Aber gegen Abend, meinten die Herren, würden sie wohl noch ihren Abendsegen bekommen. Lebenslust und Todesernst wohnen da vorne dicht beieinander und erzeugen eine eigene abgeklärte Stimmung, die mich – so selten ich damit in Berührung komme – immer sehr ergreift und erfüllt. Auch in den Soldaten-Dörfern, die wir passierten, spielte in den Mittagsstunden vielfach die Musik und die Feldgrauen standen mit ihren Pfeifen dabei, oder gingen ruhig ihrer Arbeit nach. Auch Truppen begegneten uns, die zu den Bahnhöfen marschierten, um nach der Champagne transportiert zu werden. Alle stramm und zuversichtlich, teilweise singend und zu Witzen aufgelegt. Unser Auto-Signal »Tütü-Tütü« wurde mit »Bonjour Messieurs« nachgeahmt.

Von St. Mihiel fuhren wir zum Generalkommando des III. Bayer. Korps, dessen Kommandierender General Frh. v. Gebsattel mich sprechen wollte, da sein Sohn in meinem Dienst steht. Dann war es Zeit, nach Metz zurückzusausen, wo wir 10 Minuten vor Abgang des Zuges pünktlich eintrafen. Wieder passierten wir die Schlachtfelder von 70 bei Metz. Dabei drängt sich einem der Vergleich der damals beschränkten Verhältnisse der Schlachtfelder mit den jetzigen auf. Ich fahre jetzt wochenlang und in Ost und West dehnt sich Schlachtfeld an Schlachtfeld! –

Auf dem Bahnhof war unser alter Bekannter, der Bezirkspräsident v. Gemmingen, der den Staatssekretär Graf Roedern und den Fürsten Hohenlohe zur Bahn brachte. Mit diesen beiden fuhr ich zusammen bis Straßburg und habe über Kriegslage und Politik mich interessant unterhalten.

Gestern früh schloß sich dann in Straßburg Kroeger zu meiner Begleitung an, er war bisher in Antwerpen und soll zu mir übertreten für Böttinger, den ich an die politische Abteilung abgegeben habe. Ich habe den netten Kerl nur schweren Herzens hergegeben, aber erstens paßt er nach Vorbildung und Können gut dahin und zweitens wird es für sein späteres Fortkommen von Nutzen sein, wenn er der politischen Abteilung des großen Hauptquartiers angehört hat. Gestern Mittag ging es dann zunächst von Straßburg im Auto nach Offenburg und dann mit dem Zuge weiter nach Lörrach. Von hier besuchte ich im Auto die Grenzhauptstelle St. Ludwig bei Basel und dann die Kriegsnachrichtenstelle. Auch sie hat ihr Quartier in einer leerstehenden Villa in einem großen Park aufgeschlagen, nicht so reich und prächtig wie die in Antwerpen, dafür aber deutscher und in wunderschöner Natur. [...]

Auszug 78 aus Feldpostbriefen

Auf der Donau zwischen Lom und Orsava,
Sonnabend, 20. November, vorm. 10 Uhr

(...) Die Ruhe der Donaufahrt hat mir Gelegenheit gegeben, Dir von mir und meinem Erleben zu erzählen. Am Montag, 15.11. ging es mittags aus Pleß ab. Der Extrazug enthielt die Salon-Wagen von Falkenhayn und Tappen, 2 Schlafwagen und 1 Speisewagen. Ich hatte in dem einen Schlafwagen 2 nebeneinanderliegende Abteile, eins als Arbeitsraum, das andere als Schlafraum eingerichtet, durch die offene Tür verbunden, ein sehr reichliches und behagliches Unterkommen. Außer S.E. und Tappen waren im Zuge der bulgarische Militär-Bevollmächtigte Gantschew, Major v. Tieschowitz (politische Abteilung), Thomsen (Feldflugchef), auch Hauptleute v.d. Bussche, Böhm, von Linsingen und der Ordonnanzoffizier S.E. Oberleutnant von Pentz. In Budapest hatten wir von 7^{30} bis 8^{30} Aufenthalt. Tieschowitz und ich fuhren, da wir nichts zu tun hatten, in einem der von den Österreichern am Bahnhof bereitgestellten Kraftwagen durch die Stadt, die zwar dunkel aber doch voller Leben war. Nach dem Abendessen ging ich schlafen, beim Aufstehen war ich an der Donau. Vor mir dehnte sich die flache ungarische Küste, durch den anhaltenden Regen in einen Sumpf verwandelt. Man konnte sich eine kleine Vorstellung von den durch unsere Truppen überwundenen Schwierigkeiten machen. Wir gingen in einem Dampfer über die Donau, an der Stelle, wo das Dritte AK übergegangen war. Die Donau ist dort normal, etwa 1000 m breit, war jetzt durch beiderseitige Überschwemmungen noch viel breiter. Die große Schiffsbrücke bot einen imposanten Eindruck, hat aber leider eine Lage, daß die Zufuhrstraßen auf beiden Ufern überschwemmt sind und die Brücke daher unbrauchbar ist. Auf dem südlichen Ufer erreichten wir Semendria. Stadt und Festung haben durch das Bombardement beim Übergang nur wenig gelitten. An der Anlegestelle herrschte regstes Leben, Fähren und Dampfer brachten Eisenbahnwaggons, Maschinen, Munition, Verpflegung, Pferde und Menschen hinüber. Wir legten an einem Hospitalschiff an, das neben drei anderen ein breites Lazarett am Ufer bildete. In bereitstehenden Autos schwankten wir durch den Dreck zum Bahnhof zu unserem Zug.

Die Fahrt ging bis Jagodina, weiter war die Bahn noch nicht wiederhergestellt. Unterwegs war Mackensen mit seinem Stabschef Seeckt und seinem Adjutanten Kramer von den Leibhusaren, meinem Freund aus dem Kadettenkorps, und der Nachrichtenoffizier Rittmeister Braune zu uns gekommen. Mit letzterem arbeitete ich bis Jagodina, dann bestiegen wir die Autos, nachdem sich noch der Hauptmann bei mir gemeldet und mit mir besprochen hatte, welcher in Serbien die Pressevertretung zu leiten hat. Der folgende Weg bis Parazin spottete jeder Beschreibung. Gottlob war er noch eben, halbmeter tiefe Gräben und grundloser Morast, durch den Kolonnen hin- und herstampften. Die Morawa passierten wir einzelnen auf einer Fähre, da die zersprengte Brücke noch nicht wiederhergestellt war. Wir bekamen einen Einblick in die Schwierigkeit der Vorwärtsbewegung und vor allem des Nachschubs der Truppen. Dabei hatten wir noch gutes Wetter, was aber eine Ausnahme jetzt sein soll. Viele vertriebene Einwohner beggneten uns. Wie weit dehnt sich der Krieg! An wieviel Stellen habe ich das gleiche Elend schon gesehen! Dann kann man verstehen, daß alle Gegner erbittert aushalten und aushalten müssen und die Waffen erst niederlegen werden, wenn sie diese Niederlage wirklich nicht mehr gut machen können. Bald nach uns kam auch der bulgarische Oberbefehlshaber Jekow mit dem bulgarischen Kronprinzen und zwei Ordonnanzoffizieren mit Autos in Parazin an. Beim Frühstück sprach Mackensen auf die beiden Herrscher, Falkenhayn auf die bulgarische, Jekow auf die deutsche Armee. Anschließend Konferenz.

Falkenhayn, der tags vorher meinen Vortrag über die Zusammenarbeit mit den Bulgaren gebilligt hatte, übergab mir kurz entschlossen den Kronprinzen, um ihn nach Sofia zu begleiten. So blieb ich allein zurück, als Falkenhayn mit den anderen Herren um 4 Uhr wieder abfuhr. Es wurde schon dunkel, als auch die Bulgaren aufbrachen. Der Kronprinz steuerte den Wagen selbst. Schon nach einer Stunde saß unsere aus 4 Autos bestehende Kolonne fest. Ein Wagen mußte liegenbleiben, Jekow stieg zum Kronprinzen, ich in einen anderen Wagen. Beide verschwanden im Dunkel der Nacht. Ich folgte mit dem Ordonnanzoffizier Jekows, der nicht deutsch und nur wenig französisch sprach. Nach einer weiteren Stunde versagte auch unser Wagen. Der bulgarische Chauffeur verstand nicht viel von der Maschine, arbeitete unter großem Wortschwall an ihr herum, während der Offizier sich in stoischer Ruhe in den Wagen legte, den Umhang über den Kopf zog und zu schlafen begann. Ich ging in sehr gespannter ärgerlicher Stimmung in dem mich umgebenden Dreck auf und ab, mich mehrfach räuspernd, wie es bei mir in solcher Stimmung oft der Ausdruck nahenden Ausbruchs des Zornes ist. Da tauchten plötzlich aus dem Dunkel der Nacht der Kronprinz und Jekow auf, die das Fehlen meines Autos bemerkt und sich zur Hilfeleistung zu Fuß aufgemacht hatten. Wie hier zeigten sich beide auf der ganzen weiteren Fahrt als treue, schlichte und offene Kameraden. Der Kronprinz ist ein ganz famoser Mensch, brillant erzogen, etwa 21 Jahre alt, sehr bescheiden, von tüchtigem Können, offenem Wesen und bestimmtem Urteil. Besonders interessiert er sich für technische Dinge, er hatte den Wagen bald in Ordnung, wir stiegen ein, der Kronprinz und Jekow auf den beiden Seitentritten stehend, rumpelten wir weiter, bis wir den kronprinzlichen Wagen erreichten. Dann ging es weiter bis Aleksinatz, wo bei kurzem Aufenthalt der Kronprinz selbst am Morseapparat mit dem Oberkommando in Nisch Verbindung aufnahm und unsere Ankunft ankündigte. Erst um ½3 Uhr nachts trafen wir dort ein, zum Nachtessen mit dem Führer der ersten bulgarischen Armee General Bojadschiew im serbischen Offizierskasino. Um 4 Uhr wurde ich in mein Quartier, eine verlassene serbische Wohnung, abgeladen, draußen heulte der Sturm und setzte Schneetreiben ein.

Am nächsten Morgen um 9 Uhr wurde gefrühstückt, reichlich, aber zäh und schwer, einschließlich des sonst schmackhaften Schafkäses. Dann ging es bei tollstem Schnee und Regenwetter über die vereisten Balkanberge nach Pirot, die etwa 90 km brachten wir erst bis 10 Uhr abends hinter uns. Eine Autofahrt, die ich für unmöglich gehalten, und die wir nie überwunden hätten, wenn nicht der ganz famose Kronprinz immer wieder mit gutem Mut und Humor die Führung übernommen, mit seinen technischen Kenntnissen und eigenhändig eingegriffen und mit seinem starken Auto die anderen wohl ein Dutzend Mal aus dem Dreck herausgezogen hätte. Im Gebirge lag hoher Schnee, darunter Eis, oft haben wir auch einschließlich Jekow geschoben und die tollsten etwa 6 km von sechs Ochsen, die wir vorbeiziehenden Kolonnen entnahmen, ziehen lassen. Ich fuhr mit Jekow im Wagen, unsere französische Unterhaltung ging ausreichend und war sehr interessant. Ich konnte mich für die mir erwiesene Kameradschaft revanchieren, indem ich in dem ziemlich schäbigen und zugigen halbverdeckten Wagen nach Möglichkeit für Jekow sorgte. Als wir die höchste Höhe erreicht hatten, fanden wir den Kronprinzen in einem halb verfallenen Bauernhaus an einem Reisigfeuer, das Frühstück für uns bereitend. Dieses da oben im Balkan mit dem jungen zukunftsreichen Königssohn und dem Oberbefehlshaber einer opferbereiten Armee wird mir eine Lebenserinnerung sein. Der Kronprinz machte eine Aufnahme. Es wäre nett, wenn ich einen Abzug erhalten würde. Von Pirot ab war die Bahn nach Sofia wiederhergestellt, wir bestiegen den kronprinzlichen Sonderzug, in dem wir sehr gut aßen und um 12 Uhr nachts in Sofia landeten. Wir hatten wieder ein Feldauto unterwegs stehen lassen müssen und noch den Feldzeugmeister aufladen müssen, den wir in einem Ochsenwagen liegend überholten, nachdem er gleichfalls das Fortkommen im Auto aufgesteckt hatte. In Sofia fand ich Unterkommen in einem Hotel, das stark von bulgarischen Ärzten und Leuten vom deutschen und österreichischen Roten Kreuz belegt war, die in weitestem Umfang den Bulgaren in der Sorge um die Verwundeten halfen.

Am Donnerstag vormittag habe ich zunächst mit dem türkischen Generalstab konferiert, dann bei unserem Militärattaché von Massow gefrühstückt, bin um ½3 Uhr im Auto zum bulgarischen Großen Hauptquartier nach Küstendil gefahren. Das Wetter war herrlich, die Straßen besser, nur die unendlichen Kolonnen von Ochsenkarren, die nach Süden dem Gebirge zustrebten, verzögerten die Fahrt. Sie boten ein buntes Bild, besonders wenn sie aus östlichen Gegenden stammten, die Leute braun und malerisch im Turban, sonst aber sehr lumpig gekleidet, mit Geschrei trieben sie die Gespanne an, das sich zu kolossaler Höhe steigerte, wenn wir Platz brauchten zum Vorbeifahren und eine Straßenseite frei gemacht werden mußte. Marschordnung gab es natürlich nicht. In regelosen Massen wälzten die Kolonnen sich fort. Mein Fahrer hieb mit seinem Leibriemen dazwischen, was ich ihm schließlich verbot, ich konnte aber nicht verhindern, daß er alle Wagenführer, die er erreichen konnte und die sein Mißfallen erregt hatten, mit Backpfeifen traktierte. Eine ganz amüsante Fahrt. Für die Rückfahrt habe ich mir später aber doch die Pistole eingesteckt, sie aber nicht gebraucht. Der Chauffeur, gut ausgebildet, verband mit seinen technischen Kenntnissen die Wildheit des Halbbarbaren. Er fuhr ein wahnsinniges Tempo. Die Fahrt ging über zwei Gebirgsstöcke. Zuletzt war Vollmond. Für mich waren die beiden Kerls vorne im Auto dabei rührend besorgt, jedesmal, wenn das Auto über ein Loch oder einen Steinhaufen gesprungen war, daß ich mich mit allen Kräften festhalten mußte, drehten sie sich herum und sahen mich mit fragenden braunen Augen an, forderten mich auch durch Zeichen auf, bei ihnen vorne Platz zu nehmen, weil ich dort weniger hopste. Aber ich fand die Fahrt, so wie sie verlief, recht amüsant, und blieb in meiner Ecke angeklemmt.

In Küstendil habe ich zunächst mit dem zuständigen Abteilungschef und dann mit ihm gemeinsam mit Jekow beraten und für meine Vorschläge unseres gemeinsamen Nachrichten-, Abwehr- und Pressedienstes Zustimmung bekommen. Einquartiert für die Nacht war ich bei der Familie eines im Felde stehenden Hauptmanns, rührend primitiv aber sehr ordentlich.

Am nächsten Morgen um 6 Uhr fuhr ich noch bei Dunklem ab, war schon um 9 Uhr nach sausender Fahrt in Sofia, um 10 Uhr zu Besprechungen im Außenministerium und um 1 Uhr mit Massow und einem Legationssekretär v. Hoesch, der schon als Reserveoffizier in meinem Dienst im Westen gestanden und somit ein alter Bekannter war, zu Besprechungen zusammen. Auch am Nachmittag war ich noch einmal bei Massow, aß auch bei ihm zu Abend und fuhr um 7 Uhr zum Bahnhof. Der Generalstab hatte einen Hauptmann zu meiner

Verabschiedung entsandt und mir ein Abteil 1. Klasse zur Verfügung stellen lassen, sodaß ich bald und gut schlafen konnte. Nur an der langsamen Fahrt merkte ich, daß wir auf der Fahrt nach Norden, den Gebirgsstock des Kleinen Balkan durchkreuzten. Um 2½° waren wir in Lom Palanka an der Donau. Der Dampfer sollte um 3 Uhr kommen, kam erst um 6 Uhr. Ich mußte drei unbehagliche Stunden, sitzend und schlafend im Fahrkartenraum der primitiven Anlegestelle verbringen. Um 7 Uhr ging der Dampfer ab, ein kleines Schiff, aber immerhin mit einigem Komfort, sodaß ich mich waschen, ein Stündchen auf einem Bett schlafen und ordentlich essen konnte. Die Reisegesellschaft der unteren Kajüte bestand aus einem Gemisch aller Völkerschaften. Unser Kreis war der Herzog Johann Albrecht von Mecklenburg, sein Adjutant, eine österreichische Exzellenz, Minister u. d. Graf X, die auch in Sofia beim König gewesen waren, 2 Unterseebootsoffiziere, die aus Konstantinopel zu 30tägigem Urlaub nach Deutschland fuhren, 1 österreichischer Hauptmann und ein deutscher Pionier-Offizier. Ich habe fast die ganze Fahrt mit dem Herzog und dem Österreicher verbracht, auch mit ihnen gegessen und so bei herrlichem Wetter, das uns das Sitzen in Pelzen auf Deck gestattete, eine sehr interessante Fahrt gehabt. Die Donau ist hier fast 2 km breit, erst beim Eisernen Tor verengt sie sich auf 700 Meter, die südlichen Ufer sind bergig, die rumänischen Ufer flach. Fast hätten wir vor dem Eisernen Tor festgelegen, das des Nachts der Felsen und der noch vorhandenen Minen wegen nicht passiert werden soll. Nur der Mondschein, welcher den Fluß voll beleuchtete und die Anwesenheit des Herzogs veranlaßten, daß ein Lotse an Bord kam und uns glücklich bis Orsava durchführte, wo wir um 10 Uhr landeten. Der Herzog ging an Bord eines anderen Schiffes, mit dem er nach Semendria und von dort zu Mackensen fährt, die österreichische Exzellenz nahm mich mit in sein bereitstehendes Quartier, wo ich herrlich geschlafen und gefrühstückt habe und nun bei knisterndem Feuer sitze und diesen Brief schreibe. Um 2 Uhr geht der Zug nach Budapest, wo ich morgen früh ankommen und dann sobald wie möglich nach Pleß weiterfahren will.

Zusammenfassend: Serbien ist ein besseres Land und Volk, als ich gedacht und wir wohl alle nach den österreichischen Schilderungen angenommen hatten. Das Land ist schlecht verwaltet, aber sehr fruchtbar und noch wesentlicher Ausnutzung fähig, und besonders in dem jetzt noch bulgarischen Ostteil bis zur Morawa reich an Erzen. Das Volk ein Bauernvolk, primitiv, als Soldat gut aber barbarisch, die obere Schicht, halb zivilisiert und faul, wird nach dem Krieg wohl ziemlich ausgerottet sein. Die Bulgaren gehen ziemlich systematisch in dieser Beziehung vor. Ihr Hunger wird mit dem Teil bis zur Morawa zunächst gestillt sein, ob Österreich noch viel verdauen kann, ist mir fraglich, für uns ist es nichts, so denke ich, daß ein verkleinertes Serbien bestehen bleiben und vielleicht seine Neugestaltung danken wird. Der Krieg in diesem Land ist schwer, es wird nicht mehr lange dauern, bis die serbische Armee oder vielmehr nur ihre Trümmer aus dem Lande verdrängt ist. Dann wird's gegen Entente-Truppen gehen müssen. Die Operationen werden schwer werden wegen der unerhörten Wege und Verpflegungsschwierigkeiten.

Bulgarien ist ein aufstrebendes Land und Volk. Auch hier merkt man, daß die Türkenherrschaft erst vor einem halben Jahrhundert aufgehört hat.[29] Sofia, der al-

---

[29] Durch den Russisch-Türkischen Krieg von 1877/78 endete die seit 1396 währende türkische Herrschaft über Bulgarien.

leinige Mittelpunkt des Landes, entwickelt sich aber schon europäisch. Das Volk ist einfach und opferwillig, die Armee tapfer, aber nach unseren Begriffen nicht annähernd operationsfähig. Da müssen wir einspringen. Das wird man auch dulden und dankbar annehmen. Der König, klug und fein gebildet, ist ein überzeugter Anhänger Deutschlands, sein Sohn, ein famoser junger Mensch mit den besten Zukunftsaussichten. Regierung und Volk sind jetzt geschlossen für uns, die Russenfreundschaft scheint nach der Kriegserklärung Rußlands und nach der Beschießung von Varna vorbei. Gegen Griechenland und Rumänien besteht Haß und Bereitschaft zu kriegerischer Auseinandersetzung, wobei man seine Kraft überschätzt und die rein bulgarischen Wünsche von uns zurückgestellt werden müssen. Drohend für uns steht hinter dem Ganzen der noch ungebrochene wirtschaftliche und politische Einfluß von Paris, vertreten durch den amerikanischen Gesandten.

Nach meiner Rückkehr will ich in Pleß das warme Eisen weiterschmieden. Ich will ein oder zwei Offiziere nach Sofia und Küstendil schicken. Weiß noch nicht wen. Sie müssen russisch sprechen und französisch und die französische und englische Armee gut kennen. Das sind schwer zu vereinigende Forderungen. Wir Soldaten müssen da die Führung übernehmen, unsere Diplomaten haben kein Vertrauen, auch unser bisheriger Erfolg ist kein diplomatischer, sondern ein militärischer. Und wir sollen unsere Juden fernhalten, die schon mit ihren schmutzigen Geschäften auch dort auftauchen. [...]

Dienstag, 30. November 1915

Berlin.
    Teilnahme an der Reichstagseröffnung.

Erinnerung

Ich habe nach Möglichkeit im Weltkrieg bei Anwesenheit in Berlin an Reichstagssitzungen teilgenommen. Mir war der Zutritt zu den Bänken der Regierungsvertreter gestattet worden. Falkenhayn und Ludendorff wünschten meine Anwesenheit dort und die Berichterstattung über meine Eindrücke, besonders wenn neue Regierungsleute zum ersten Mal vor dem Reichstag erschienen. Sonst habe ich mich nicht gern in dem hohen Hause aufgehalten, um nicht in Gespräche verwickelt zu werden, die ich nicht suchte. Die Herren des Kriegsministeriums sahen das Erscheinen von Generalstabsoffizieren im Reichstag nicht gern. Ich habe es einmal erlebt, daß einer dieser Herren zu mir kam, ich solle meine Handschuhe ausziehen, welche ich nichtsahnend anbehalten hatte, und mich nicht so auf meinen Säbel stützen, das wirke militärisch-dienstlich und aufreizend und habe zu Beschwerden aus dem Hause geführt. Für mich war es allerdings Dienst und meist kein Vergnügen.

Mittwoch, 1. Dezember 1915

Kowno.

Nachmittags Besprechung mit Ludendorff, abends Gast bei Hindenburg. Fürst Hohenlohe und Graf Dohna sind zu Gast, ich wünschte Falkenhayn auch oft solche, wenn auch vielleicht nicht die gleiche, persönliche Umgebung. Bei seiner abweisenden Art, die ihm von vielen übelgenommen wird, vergrößert sich der Kreis, der sich um Hindenburg und Ludendorff bildet, immer mehr, es wird und wurde auch an diesem Abend viel von Politik gesprochen, allerdings, wie es sich in diesem Kreise ergibt, einseitig und ohne, daß ein Verantwortlicher zu Worte kommt.

Donnerstag, 2. Dezember 1915

Ich spreche mit dem Adjutanten des Feldmarschalls. Er klagt heftig, daß immer wieder dem Feldmarschall verletzende Äußerungen Falkenhayns hinterbracht würden und bittet mich, zu verstehen, daß, wenn sie schweigen sollten, auch die andere Seite veranlaßt werden müßte, derartige Äußerungen zu unterlassen. Ich kann ihm nur erwidern, daß ich nichts von Äußerungen Falkenhayns weiß, die den Feldmarschall verletzen könnten. Er spräche zu mir nie über diesen und wenn ich ihm Vortrag halte, zeigte er niemals irgendwelche persönliche Einstellung gegen Hindenburg. Ich glaube auch nicht, daß er eine solche sonst irgendwie erkennen lasse, dazu sei er schon viel zu klug bei der ihm bekannten allgemeinen Verehrung des Feldmarschalls. Ich bitte Caemmerer, den Hetzern, welche dahinter steckten und denen, welche sich mit Weitertragen dieses Klatsches bei Oberost beliebt machen wollten, den Weg zu versperren. Caemmerer zeigt für meine Auffassung Verständnis.
Anders im Ton ist meine nachfolgende Besprechung mit Hoffmann, zurückhaltend, eitel und respektlos nach beiden Seiten. [...]

Freitag, 24. Dezember 1915

Ich erkranke an einer sehr schmerzhaften Schultergelenkentzündung, kann mich bei der Weihnachtsbescherung beim Kaiser kaum aufrecht halten. [...]

Auszug 80 aus Feldpostbriefen

Charleville, Freitag, 31. Dezember 1915

(...) Heute darf ich das erste Mal eine Stunde aufstehen. Am Dritten will der Arzt mir voraussichtlich erlauben, nach Berlin zu reisen, bis dahin soll ich aber noch im Bett bleiben. So habe ich Gelegenheit, mich bis zum Dritten noch ordentlich auszuruhen und zu pflegen. Eine kleine Erholung und Pflege für Körper und Nerven ist wohl auch Nebenabsicht des Arztes. Das Essen, welches mir Meinung aus dem Hospital nach seinen Anordnungen bringt, sieht jedenfalls beinah so aus, als ob er mir keine Krankendiät, sondern eine Mastkur verordnet hätte. Na, ich kann etwas Ruhe mal gebrauchen, obgleich ich eigentlich auch jetzt von früh bis spät arbeite und namentlich nachmittags von 4 bis 6 Uhr Vorträge entgegennehme. Wenn ich aber müde bin, lege ich die Arbeit beiseite und schlafe, und das ist schon viel wert zur Erholung. Sollte ich am Vierten bei Euch eintreffen, so möchte ich natürlich am liebsten sofort weiterfahren. Das hängt nun davon ab, wo Falkenhayn sich befinden wird, und kann ich deshalb erst später bestimmen. Zunächst wollen wir hoffen, daß wir uns am Vierten wiedersehen, besondere Vorbereitungen aus Rücksicht auf meine Krankheit sind nicht nötig.

Eben wird mir ein Brief gebracht an Monsieur le commandant Nicolai von der »socété pour le vêtement des pauvres«, vertreten durch das alte Fräulein, die hier im Hause ist. Ich werde mich mit einer Spende erkenntlich zeigen für meine Pflege, an der sie sich beteiligt haben.

1916

[...]

Montag, 3. Januar 1916

Mir wird der erste, sogenannte »Faber-Brief« bekannt. Robert Faber war der Verleger der »Magdeburgischen Zeitung«, Vorsitzender des deutschen Verlegervereins und stand als solcher in guten Beziehungen zum Pressechef der Reichsregierung, Geheimrat Hammann.

Seine Briefe waren an die übrigen deutschen Zeitungsverleger gerichtet.

In seinem ersten Brief führte er aus, es werde versucht, die abwartende Stellung, welche die deutsche Presse bisher einmütig »Herrn von Falkenhayn« gegenüber eingenommen habe, zu seinen Gunsten zu ändern. Was aber bisher über Herrn v. Falkenhayn verlaute, rechtfertige die ruhig abwartende Haltung der Presse, erst wenn der Krieg vorüber sei, werde zu ermitteln sein, wie weit die Vorwürfe und das Mißtrauen gegen Falkenhayn berechtigt waren. Es handelt sich also um eine Préoccupierung der öffentlichen Meinung für Falkenhayn in der unvermeidlichen Auseinandersetzung nach dem Kriege und um die Schaffung eines Rückhalts gegenüber der auf Popularität sehr achtenden Krone für die politischen Wünsche des Herrn von Falkenhayn, welcher den Kanzlerposten begehre. Er wurde aber von guter Quelle als ungeeignet bezeichnet. Es seien Zweifel berechtigt, ob ein Generalstabschef, der neben seinen eigentlichen Aufgaben auch seinen politischen Ehrgeiz zu befriedigen suche, den ersteren nicht zu viel Kraft entziehe und ob ein solcher Generalstabschef gleichzeitig in der Presse das Blanco-Vertrauen beanspruchen könne, daß mit dem jetzigen Versuch, eine Änderung der Haltung der Presse herbeizuführen, beansprucht werde.

Mittwoch, 5. Januar 1916

Zweiter Faber-Brief.
Er weist auf ein Rundschreiben vom 11.8.1915 hin. Damals habe auf Grund sehr guter Informationen die begründete Sorge bestanden, daß Herr v. Falkenhayn die im Osten frei werdenden Truppen zu einem Durchbruchsversuch im Westen benutzen wolle, statt den dringlichen Vorstoß gegen Serbien zu unterstützen. Jetzt werde das Verdienst dafür in militärischer und politische Beziehung für Falkenhayn reklamiert, während Faber die mühevolle und sorgsame diplomatische Arbeit, die das Auswärtige Amt in dieser Beziehung geleistet hat, selbst zu beobachten Gelegenheit gehabt hätte.

Faber bittet, die Mängel des Stils und des Ausdrucks der Gedanken in seinen Briefen der Eile und furchtbaren Zeitbedrängnis zugute zu halten, in der er diese seine Informationen meist herausbringen müsse. Es sei durchaus nicht so, wie die Herren vom Generalstab meinten, daß ein nationales Interesse gefährdet sei, wenn die Presse weiter Herrn v. Falkenhayn gegenüber sich abwartend verhalte, aber für das Ansehen der Presse, vielleicht auch für unser Vaterland, stehe Wichtiges auf dem Spiel, wenn den Herren das »Divide et impera!« jetzt nach Wunsch gelänge.

Freitag, 7. Januar 1916

Dritter Faber-Brief.
Ein befreundeter Verleger (Wynecken von der »Königsberger Allgemeinen Zeitung«, zweiter Vorsitzender des Verleger-Vereins), teilt mit, daß ihm sein Berliner Vertreter gleichfalls Falkenhayn-freundliche Artikel gesandt habe. Deutelmoser wisse davon. Es könne kein Zweifel mehr bestehen, daß ein planmäßiges Vorgehen mit Wissen und Billigung des Herrn v. Falkenhayn vorliege.

Mittwoch, 12. Januar 1916

Vierter Faber-Brief.
(Nach Schriftwechsel Deutelmoser–Faber nur Besprechung mit dem zweiten Vorsitzenden des Verleger-Vereins, Wynecken).
Er, Faber, sei falsch orientiert worden. Der Journalist, der die Artikel für Falkenhayn verfaßt habe, habe zugegeben, daß es eine Privatarbeit war und daß er die Angabe, Falkenhayn wisse davon, gemacht habe, um die Zeitungen zur Aufnahme der Artikel zu veranlassen.

Freitag, 14. Januar 1916

Deutelmoser an Faber: Der Vorfall sei sachlich erledigt, er habe aber einen Einblick in das Mißtrauen gegen das Kriegspresseamt gewährt, der eine persönliche Aussprache erwünscht mache.
Diese Aussprache fand am 24.1.1916 zwischen Faber und Wynecken einerseits und Deutelmoser, Kroeger und mir andererseits statt. Ich bespreche hierbei, welche Schädigung das eisige Schweigen der Presse (zu welchem die Presse sich nach einer Äußerung von Faber durch einen »Rütli-Schwur« verbunden hatte) über die OHL im Inland und Ausland hervorrufe. Ich weise im Gegensatz dazu auf das Vertrauen hin, welches die französische Presse für Joffre in Frankreich erwecke. Ich berufe mich auf die Ermächtigung durch Ludendorff und den Feldmarschall, dem Gerede über ihr persönliches Verhältnis zu Falkenhayn und dem Klatsch, welcher auch den Kaiser, die Kaiserin und den Reichskanzler hineinzöge, entgegenzutreten und für die Autorität der OHL ohne Ansehen der Person zu wirken. Faber erwidert, meine Ausführungen über die schädlichen Folgen auf das Ausland wären beweiskräftig, daß die Reserve der Presse gegenüber der OHL aufgegeben werde. Ich bedaure, daß die Besprechung am 6.11.1915 [...] von den Verlegern nicht zur Klärung dieser ihrer Vermutungen und Fragen ausgenutzt worden sei.
Ich mache Falkenhayn von diesen Vorgängen erst nach Abschluß durch diese Besprechung Meldung. Er zeigt auch diesmal wieder souveräne Verachtung über diese Treibereien, er erkennt zwar an, daß ich für Aufklärung gesorgt habe, meint aber, er hätte es auch verstanden, wenn ich für Männer, die sich so gegen ihn, also meinen Chef, benommen hätten, überhaupt nicht zu haben gewesen wäre und sie für jede Antwort durch mich für unwürdig erachtet hätte. [...]

Montag, 24. Januar 1916

In den Schulen wurde der Abschluß der siegreichen Operationen im Balkan durch besondere Feiern gewürdigt. Meine älteste, 14-jährige Tochter besuchte die Cecilienschule (genannt nach der Kronprinzessin) in Berlin-Wilmersdorf. Ein Kreis von Kindern verabredete, daß, wenn die Feier wieder wie bei früheren Siegen ohne rechte Begeisterung gestaltet werden sollte, sie dann von sich aus ein Hurra auf den Kaiser ausbringen würden und wählten hierzu 3 Mädels, zu welchen meine Tochter gehörte. Die Feier verlief, wie die Kinder gefürchtet hatten, als sie wieder in die Klassen abrücken sollten, traten die 3 Ausgelosten vor und riefen: »S.M. der Kaiser, Hurra!« Unsere zweite Tochter erzählte, das erste Mal hätten die Drei alleine gerufen, aber das dritte Hurra hätten alle mitgebrüllt. Die Folge war ein Verfahren gegen die 3 Kinder, denen Entlassung von der Schule angedroht wurde. Sie kamen mit einem Verweis vor der versammelten Schule davon.

Der sehr ordentliche Direktor des Lyzeums erklärte mir in mündlicher Aussprache, daß der die Schulfeiern nach den ihm erteilten Anordnungen gestalten müsse. Es wäre für mich in meiner Stellung ein Leichtes gewesen, den Vorgang offiziell zu verfolgen. Es ist bezeichnend, daß ich dies nicht tat in der mir bereits gewonnen Überzeugung, trotz der Autorität der OHL keine Änderung herbei zu führen, trotzdem der Kultusminister v. Trott fast als Einziger bemüht war, der OHL bei Aufrechterhaltung der Volksstimmung zu helfen [...] Der Vorgang bewies mir erneut, daß zwischen den obersten Stellen und der Front in der Heimat ein starker Einfluß unverantwortlicher parteipolitischer Kräfte sich auswirkte, der gleichbedeutend war mit dem des Reichstages und der politischen Parteien.

Dienstag, 25. Januar 1916

Das Kriegspresseamt wird mehrfach um Material über General v. Falkenhayn angegangen, um den Treibereien gegen ihn in Zeitungsartikeln entgegenzutreten. In Übereinstimmung mit dem General entschied ich, daß das Kriegspresseamt solchen Artikeln ganz fern zu bleiben hat, damit wir nicht beim Bekanntwerden eines Eingehens auch von bestgewillter Seite auf gestellte Ansuchen nicht für die Veranstalter einer Agitation für den General gehalten werden. Falkenhayn ließ mich zunächst seine souveräne Verachtung für eine Stimmungsmache für ihn und für die gegen ihn stattfindenden Treibereien fühlen.

Ich bedaure nicht nur, seinem Befehl folgen zu müssen, sondern auch meinerseits dieselbe Stellung bei meinem Vortrag ihm gegenüber einnehmen zu müssen. Die Anträge kommen an mich ausschließlich von Falkenhayn wohlwollender Seite, auch von solchen, die glauben, dem Kaiser zu nützen und selbst von solchen, welche der kaiserlichen Umgebung nahestehen, somit vielleicht von bestimmten Persönlichkeiten innerhalb derselben selbst.

Ich bin der Ansicht, daß die Frage, ob General v. Falkenhayn oder Hindenburg–Ludendorff, auf welche die Sache letzten Endes hinausläuft, nicht in öffentlichen Presseartikeln erörtert und entschieden werden kann.

Ich fühle mich andererseits bestärkt in meiner Auffassung, mich persönlich bei allen maßgebenden und entscheidenden Stellen dafür einzusetzen und von hier aus einen Einfluß in Gang zu bringen, daß öffentliche Erörterungen unterbleiben und jede Förderung derselben unbedingt vermieden wird, nicht aber als Pressechef dies für die Autorität der Kriegführung schädliche Geschehen zu fördern.

Ich habe zudem die Zustimmung der maßgebenden militärischen Führer, vor allem auch die Ludendorffs und durch ihn die Hindenburgs, vom Kaiser ist sie mir selbstverständlich sicher. Nicht ganz klar ist mir, ob dieser Auffassung von allen Herren seiner Umgebung entsprochen wird, welche es in Höflingsart vermeiden, für ihre Überzeugung, an der mir an sich keine Kritik zusteht, persönlich und verantwortlich einzutreten. Leider zeigen sich auch Anzeichen, daß hohe Offiziere, wie General v. François und selbst Offiziere der OHL, wie Major Bauer und v. Haeften sich einmischen in einer Art, welche der Sache nicht nützt und nur den Kräften zugute kommt, welche eine Minderung der militärischen Autorität in der Kriegführung erstreben. Für mich unverständlich ist ein gleiches Verhalten fürstlicher Persönlichkeiten, wie des Kronprinzen Rupprecht v. Bayern, da es den Ast absägt, auf dem sie selber sitzen. In den unverantwortlichen politischen Kreisen sind die schädlichen Kräfte und ihre Beweggründe leichter erkennbar. Sie sind nicht alle böswillig und planmäßig. Soweit sie es nicht sind und bester Absicht entspringen, sind sie aber kurzsichtig. Es verstärkt in mir der Eindruck, daß Ähnliches sich in den verantwortlichen politischen Kreisen, »in der Wilhelmstraße« abspielt, teils aus Gewöhnung an kleinliche Mittel, teils aber auch bewußt, um Falkenhayns offensichtliches oder vielleicht gefürchtetes Bestreben nach einer militärischen Zentralautorität für die gesamte Kriegführung zu durchkreuzen.

Ich glaube, daß weder Bethmann noch einer der Staatssekretäre wissentlich sich zum Werkzeug dieser Kräfte, welche tiefer sitzen, macht. Bei Tirpitz bin ich mir nicht ganz im Klaren. [...]

Predigt des Superintendenten Nowak
beim Geburtsfest Seiner Majestät des Kaisers und Königs.
Großes Hauptquartier
27. Januar 1916

[...] Lobe den Herrn, meine Seele, der dich krönet mit Gnade und Barmherzigkeit!
Höret Gottes Wort, wie er spricht durch den Propheten Jesaja, 41. Kapitel, 10. Vers also:
»Fürchte dich nicht, ich bin mit dir; weiche nicht, ich bin dein Gott. Ich stärke dich, ich helfe dir auch, ich erhalte dich durch die rechte Hand meiner Gerechtigkeit.«
Du hast ein unaussprechlich treues Herz,
Und was du zu uns sagst, steht felsenfest,
Drum leg ich all mein Sorgen, Leid und Schmerz
In deine starke Hand, die nie verläßt.
Amen.
Teuere Gemeinde, du fragst mich: Welches ist wohl die beste und Gott wohlgefälligste Gabe, die unser deutsches Volk am heutigen Tage seinem Kaiser zum Geburtstag schenken soll? Der Apostel antwortet im ersten Timotheus-Brief: »So ermahne ich, daß man vor allen Dingen tue Bitte, Gebet, Fürbitte und Danksagung dem Könige und aller Obrigkeit.«

Danksagung zuerst.

Ein solcher Tag ist eine Station, ein Höhepunkt im menschlichen Leben, von dem man rückwärts blickt und vorwärts, vor allen Dingen aber aufwärts zu dem, der alle unsere Tage auf sein Buch geschrieben hat. Ihm galt unser erstes Wort, unser erstes Lied: »Lobe den Herrn, den mächtigen König der Ehren.«

Ihm galt unsere Danksagung, daß er alles so herrlich geführet, daß er unseren Kaiser und unser Volk auf den Fittichen seiner Barmherzigkeit, auf Adelers Fittichen hinübergetragen hat über ganze Abgründe von Not und Gefahr und bis auf diesen Tag gebracht.

Teuere Festgemeinde! Welche Wunder der Gnade Gottes stehen auf dem Wege zwischen dem 27. Januar 1915 und heute! Welche Heldentaten, welche Siege und Erfolge in West und Ost, in Nord und Süd, zu Lande und zu Wasser und in der Luft! Unser erstes Gefühl daher an diesem Tage Preis und Dank.

Und vorwärts blickend fassen wir alle unsere Geburtstagswünsche zusammen in Bitte, Gebet und Fürbitte, in die Fürbitte, die vorhin gesungen hat: »Vater, kröne du mit Segen unsern Kaiser und sein Haus.« Und die Antwort darauf ist unser Text, diese köstliche Geburtstagsgabe, dieser dreifache gnädige Zuspruch: »Fürchte dich nicht, ich bin mit dir, weiche nicht, ich bin dein Gott. Ich stärke dich, ich helfe dir auch.« Fürchte dich nicht! Teuere Brüder und Schwestern, ist diese Mahnung nötig oder auch nur berechtigt? Dort, wo die ritterliche Devise lautet: Furchtlos und treu? Bei einem Volke, das stolz das stolze Wort nachspricht: »Wir Deutschen fürchten Gott und sonst nichts in der Welt«? Bei Christen, die auf ihre Fahne schreiben: »Unverzagt und ohne Grauen soll ein Christ, wo er ist, stets sich lassen schauen«? Freilich gibt es eine Furcht, die Christen nicht geziemt, einen Pessimismus des Unglaubens und Kleinglaubens, der vor allem zittert, was kommen könnte, vor allen Dingen vor den Schlägen des Schicksals und vor der Zunge der Menschen. Ihm steht entgegen der Optimismus des Glaubens, der mit einem Könige David spricht: »Ich fürchte kein Unglück, denn du bist bei mir«,[a] der mit dem Apostel triumphiert: »Ist Gott für uns, wer mag wider uns sein?«[b]

Und doch, teuere Festgemeinde, doch kennen auch starke Charaktere, glaubensfeste Herzen Stunden und Zeiten banger Sorge, wo sie des Zuspruchs bedürfen: »Fürchte dich nicht, denn ich bin mit dir.«[c] Dort ein Josua, ein Ritter ohne Furcht und Tadel, ein Held von Gottes Gnaden, er steht inmitten seines Volkes und blickt über den Jordan; er soll hinüber, in schwerem Kampf das Land unterwerfen und verteilen – da bebt sein Herz vor der Größe der Aufgabe und der ungeheueren Verantwortung, und er bedarf des Zuspruches: »Fürchte dich nicht, denn der Herr, dein Gott, ist mit dir in allem, was du tun wirst.«[d]

Auch wir in unserem kleinen Berufskreise, in unserer schlichten Arbeit, auch wir kennen solche Stunden banger Sorge, wenn Gottes Hand uns neue ernste,

---

[a] Psalm 23, Vers 4.
[b] Römerbrief 8, Vers 31. Die Devise des preußischen Königtums »Gott mit Uns« befand sich seit der Allerhöchsten Kabinettsorder vom 7.10.1847 auf den Koppelschlössern der preußischen Soldaten.
[c] Jesaja 41, Vers 10.
[d] Josua 1, Vers 9.

verantwortungsvolle Aufgaben stellt. Und, liebe Gemeinde, je höher er sie stellt, je größer die Aufgabe, je umfangreicher der Pflichtenkreis, umso tiefer und ernster dieses Gefühl der Verantwortlichkeit vor Gott und den Menschen.

Freilich gibt es Menschen, die sich darüber einfach hinwegsetzen, skrupellos einen Weltbrand entzünden, die gewissenlos Hunderttausende zur Schlachtbank führen können, die den blutigsten Weltkrieg zu einem Geschäft degradieren können. Das können ernste Menschen niemals. Sie fühlen die Zentnerlast der Verantwortung vor Gott und den Menschen. Welche Kämpfe, welche Herzens- und Gewissenskämpfe haben die Führer unseres Volkes, unser Kaiser an der Spitze, durchzukämpfen gehabt in der Stunde, in der es galt, sich zu entscheiden, ob unser friedliches, fleißiges Volk sich dem Übelwollen seiner Gegner und Feinde beugen oder mit dem Schwert in der Hand seine Stellung in der Welt verteidigen sollte. Aber weil ihre Hände und ihre Gewissen rein waren, so durften sie sich dabei des Zuspruchs von oben getrösten: Fürchte dich nicht, ich bin bei dir!

Und, teuere Gemeinde, unser Gott hat nicht ein Jota von dieser Verheißung zurückgenommen, nicht ein Jota. Er ist mit uns gewesen, hat unsere Arme gestärkt, unsere Herzen gestählt, unsere Fahnen siegreich weit hinein ins Feindesland begleitet. Er hat die Liebe mobilisiert und stark gemacht, auch die schwersten Opfer, die ein Stück des eigenen Herzens kosten, doch zu bringen und tragen zu können. Wenn wir an heute vor einem Jahre zurückdenken und unsere Stellung von heute damit vergleichen, da müssen wir die Hände falten und sagen: Das ist vom Herrn geschehen und ein Wunder vor unseren Augen.

Heute blicken wir mit unserem Kaiser, Israel mit seinem Josua, über den Jordan des neuen Lebensjahres. Dunkel steht das neue Jahr vor uns. Große Aufgaben, schmerzliche Opfer, weltgeschichtliche Entscheidungen warten auf uns. Das wissen wir, und darum möchten die Herzen beben. Aber da tönt es von oben herab: »Fürchte dich nicht, ich bin mit dir!« Unser Gott, der so gnädig angefangen hat, wird es herrlich vollenden und in unserem Kaiser und Volk seine Verheißung erfüllen: »Gott ist mit dir in allem, was du tun wirst.«

Furchtlos, das ist das erste Wort der ritterlichen Devise, und das andere: treu. Und genau in unserem Text: Fürchte dich nicht, und das zweite Wort: »Weiche nicht, denn ich bin dein Gott,« eine Mahnung zur Treue.

Treue, liebe Gemeinde, die Grundtugend rechten Christentums. Die Treue steht zuerst, zuletzt im Himmel und auf Erden, und wer sein Leben drangesetzt, dem muß die Krone werden. Deutsche Treue, seit Jahrtausenden der Schmuck deutscher Herzen! Brüder und Schwestern, mit welchen Gefühlen mögen die Römer von heute davon lesen, wie einer ihrer besten und größten Geschichtsschreiber[e] in hohen Tönen die deutsche Treue preist! Christlich verklärt ist diese Treue bis auf diese Stunde unseres Volkes Ruhm und Ehre gewesen, und sie feiert in dieser großen Prüfungszeit ihre herrlichsten Triumphe, und um heute dies an dieser Stelle zu sagen vor dir, liebe Gemeinde, nein, mit dir: Diese deutsche Treue ist verkörpert in unserem kaiserlichen Herrn, diese

---

[e] Nowak spielt hier wahrscheinlich auf den römischen Geschichtsschreiber Publius Cornelius Tacitus und dessen Werk »Germania« (De origine et situ Germanorum liber) an.

Nibelungentreue,^f der gegebenes Wort und übernommene Pflicht unbedingt heilig sind, die lieber stirbt als schuftig wird. Diese Treue, liebe Gemeinde, die nie zuerst fragt, was politischer, geschäftlicher Opportunismus verlangt, sondern was Gott und Pflicht und Gewissen verlangt. In dieser Treue halten unsere Brüder draußen die Wacht ums Vaterland und bilden eine lebendige Schutzmauer ums Vaterland und weichen nicht, nicht einen Schritt, und erwarten von uns daheim, daß auch wir fest bleiben, nicht kleinmütig und weichherzig werden, wenn es auch schwer ist und lange dauert, nicht ungeduldig werden.

Liebe Gemeinde, über den Sarkophagen zu Charlottenburg, über den Sarkophagen des Königspaares,^g das unsere schwerste Zeit durchlebt und erlitten hat, stehen Worte, die an unseren Text erinnern: »Wir sind nicht von denen, die da weichen, sondern die Glauben halten und Seelen retten.« Das wollen wir uns ins Herz schreiben.

Und wenn heute die Rede von der Treue ist, was stünde näher als die Treue zwischen Herrscher und Volk, die Treue, liebe Gemeinde, die eine fünfhundertjährige Geschichte gemeinsamer Arbeit und gemeinsamen Leids um unser Herrscherhaus und Volk geschmiedet hat. Sie hat durch Gottes Gnade die denkbar schwerste Probe bestanden, die Feuerprobe dieses Weltkrieges, und ist siegreich, unversehrt, gestärkt daraus hervorgegangen. Mag manche Schlacke, manches Unechte davon abgefallen sein – das war gut; die lautere, vom Glauben geweihte, von der Liebe getragene Treue, sie hat sich wunderbar bewährt. Das ist weltkundig geworden. Und der heutige Tag gibt uns Veranlassung, dieses Treuegelübde zu unserem Herrscherhause zu erneuern, und es soll nicht eine patriotische Phrase, es soll unser Herzensausdruck sein, wenn ich sage: Einer für alle, alle für einen!

Vor allen Dingen aber Treue halten unserem treuen Gott. Auch unser Text gründet die Forderung zur Treue auf den Felsgrund göttlicher Treue: »Weiche nicht, denn ich bin dein Gott.« Liebe Gemeinde, ein solcher Tag wie heute lenkt von selbst den Blick auf die ungezählten Denkmaler der Barmherzigkeit und Treue Gottes in der Geschichte unseres Herrscherhauses und unseres Volkes. Und wenn ein großer Teil unseres Volkes seinen Gott wiedergefunden hat im Ernste dieser Zeit, so kommt es darauf an, daß wir diese Segensfrucht mitnehmen auch in die Friedenszeit als eine laute Mahnung von heute: Seid treu, seid männlich und seid stark!

Unser Christentum muß männlicher werden, persönlicher. Auch unser Gott tritt uns persönlich entgegen: »Fürchte dich nicht, weiche nicht, denn ich bin dein Gott.« Dein Gott, das ist rein persönlich von Du auf Du, und nur dies

---

^f Hierbei handelt es sich um ein Schlagwort, das auf das mittelalterliche Epos »Das Nibelungenlied« zurückgeht. Der Begriff fand durch die Reichstagsrede Bernhard Fürst von Bülows am 29.3.1909 anlässlich der bosnischen Annexionskrise Eingang in das politische Vokabular. Hiermit war in erster Linie die unbedingte Bündnistreue des Deutschen Reichs zu Österreich-Ungarn angesichts der zunehmenden Isolierung der Mittelmächte durch die Entente cordiale ab 1904 gemeint.
^g Die Sarkophage König Friedrich Wilhelms III. und seiner ersten Frau Königin Luise wurden im Mausoleum des Schlossparks von Charlottenburg aufgestellt. Seit 1894 befinden sich die Sarkophage Kaiser Wilhelms I. und dessen Gemahlin Kaiserin Augusta ebenfalls dort.

Christentum von Du zu Du, nur das taugt uns. Allgemeine religiöse Gefühle schaffen keine stahlfesten Charaktere; aber das persönliche Verhältnis zu unserem Gott »Du bist mein und ich bin dein«, das gibt dem Glauben Adlersfittiche, daß es auch von ihm heißt: Nec soli cedit, er weicht auch der blendenden Sonne nicht.[h] Und wenn unsere Feinde sich darüber entrüsten, daß wir auch in der Kriegszeit dieses persönliche Verhältnis pflegen, wir freuen uns darüber, daß wir es mit reinen Händen und Herzen tun dürfen, und sehen es als ein Gericht Gottes an, daß die Feinde es nicht zu tun wagen. Und wenn sie spotten über den »deutschen Gott« – o, liebe Gemeinde, den lassen wir uns nicht nehmen. Wir halten mit deutscher Treue und Zähigkeit fest an dem alten Alliierten unseres Volkes und sprechen mit einem der besten deutschen Männer, Patrioten und Christen: »Deutsche Freiheit, deutscher Gott, deutscher Glaube ohne Spott, deutsches Herz und deutscher Stahl sind vier Helden allzumal.«[i]

Und nun zum Schluß einen kurzen vorsichtigen Blick auf die letzte Geburtstagsgabe auf den Kaisertisch: »Ich stärke dich, ich helfe dir auch.« Teuere Festgemeinde! Kraft und Hilfe, das ist es, was wir brauchen. Denn die Kämpfe unserer Brüder draußen und daheim Sorgen und Anfechtungen und Geduldsproben, sie bedingen einen ungeheuren Kräfteverbrauch, je höher nach oben, desto mehr. Wo ist die Kraftzentrale, aus der wir unseren Kraftverbrauch ergänzen dürfen, wo ist sie? Unsere Feinde sagen: Es gibt für euch keine mehr, wir wollen euch erschöpfen. Nun, teuere Gemeinde, auch bei dieser Rechnung haben sie den wichtigsten Faktor vergessen, den Posten, den Gott der Herr selbst dem echten Glauben zugeschrieben und verbürgt hat. Er steht unmittelbar vor unserem Textkapitel und lautet: Die auf den Herrn harren, die kriegen immer neue Kraft, daß sie auffahren mit Flügeln wie Adler. Sie wollen uns ermüden – der Herr spricht: ich stärke dich. Sie wollen uns von jeder Hilfe ausschließen – der Herr spricht: ich helfe dir auch. Sie wollen uns vernichten – er spricht: ich erhalte dich durch die rechte Hand meiner Gerechtigkeit. Und er wird recht behalten.

Nun, liebe Festgemeinde, mit dieser Gewißheit treten wir ins neue Kaiserjahr. Möge es durch Gottes Gnade ein neues Gnadenjahr, Segensjahr, Friedensjahr werden! Aus dem Herzen dieser Gemeinde und des deutschen Volkes erbitte ich Ew. Majestät die Erfüllung der alten Verheißung:

Ich will dich segnen, und du sollst ein Segen sein!

Amen.

---

[h] Wahlspruch des »Soldatenkönigs« Friedrich Wilhelm I..
[i] Das Zitat entstammt der sechsten Strophe des Gedichts »Deutscher Trost« (1813) von Ernst Moritz Arndt.

Erinnerung zur Predigt am 27.1.1916

Ich habe die Predigt vervielfältigen und in geeigneter Weise propagandistisch verwerten lassen. Sie war für mich ein Beispiel, wie auch im kirchlichen Rahmen gewirkt werden konnte. Einer der dem Kaiser sonst nahestehenden »Hof«-Prediger hätte diese Predigt aber wohl kaum gehalten. Sie glaubten immer zu sehr zum

Kaiser sprechen zu müssen, anstatt zum Volk nur von ihm und seinem Amt in göttlichem Sinne zu reden. Sie täuschten sich nach meinem Empfinden dabei über den Eindruck beim Kaiser selbst. Ins Feld hatte ihn der Hofprediger *Goens* begleitet, an sich schon dafür ausgewählt, weil er an der alten Garnisonkirche in Berlin amtierte und in den hohen militärischen Kreisen der Hauptstadt großes Ansehen genoß. Er hatte auch zwei meiner Kinder getauft. Ich hatte schon dabei keinen restlos günstigen Eindruck von seiner Aufrichtigkeit erhalten, so schwand diese völlig im Kriege, als ich bei den sonst sehr feierlichen und auch von den Soldaten gesuchten Gottesdiensten in Gegenwart des Kaisers nur byzantinische Predigten von ihm hörte, welche – besonders vor den älter werdenden Jahrgängen der Bewachungstruppe im Gr. Hauptquartier – einen spürbar werdenden günstigen Eindruck hervorriefen, und ihn ebenso außeramtlich im Kreise der kaiserlichen Umgebung wirken sah, während es gleichzeitig vorkam, daß er, wenn ich einmal allein mit ihm zusammentraf oder bei einer Mahlzeit neben ihm saß, in seinen Äußerungen über das Kaiserpaar durchaus nicht den Ton innerster Ehrerbietung vor Amt und Person zeigte, den ich nach seinem amtlichen Auftreten von ihm erwartete. Ich habe es deshalb verstanden und begrüßt, als der Kaiser bei dieser Verlegung der OHL nach Pleß Goens als Oberpfarrer der Westfront in Charleville zurückließ (er wurde im Kreise der OHL scherzhaft die »Sündenabwehrkanone« genannt) und in Pleß bei den Gottesdiensten, welche er regelmäßig sonntags besuchte, in dem Superintendenten *Nowak* einen aufrechten Mann fand, der auch, wenn man ihn als Gast im kaiserlichen Kreise traf, als stolze und unbeugsame Persönlichkeit innerlich wie äußerlich hervorragte. Als wir Pleß wieder verließen, äußerte der Kaiser die Absicht, ihm den Halsorden des Hohenzollernschen Hausordens zu verleihen. Aus seiner Umgebung wurde ihm vorgehalten, der hohe Grad dieser Auszeichnung entspräche nicht der Stellung eines Superintendenten. Das Ritterkreuz dieses Ordens genüge als Auszeichnung. Der Kaiser ließ es bei seinem Willen mit den Worten »Meine Herren, dann wissen Sie nicht, was dieser Mann mir gegeben hat.«

Betrachtung 1941

In Erinnerung an dieses Kaiserwort glaube ich, daß das, was der Geistliche damals von seinem Amt aus über den Kaiser sagte, heute auch Geltung für den Führer beanspruchen kann.

Heute scheint es mir, als ob mein Urteil von damals dem Einwand begegnen könnte, es sei zu sehr aus einer Persönlichkeit, der Goens, gewonnen. Ich glaube aber, daß es allgemein zutrifft. Ich erlebte in Pleß und erwartete mit Spannung einen Besuch des berühmten Hofpredigers und Kanzelredners *Dryander*. Er bestätigte und vertiefte meine Eindrücke, die ich schon durch Goens gewonnen hatte. Wenn ich trotzdem bemerke, daß mein Urteil vielleicht etwas oberflächlich gewonnen ist, so fühle ich mich doch verpflichtet, es in meinen Erinnerungen anzuführen. Es betrifft nur die Personen. Ich fühle mich dann aber gleichzeitig verpflichtet, Ansichten, die ich über die Sache gewonnen habe, kurz zu streifen. Ich habe oft mit dem Kaiser, Hindenburg und Ludendorff am Gottesdienst teilgenommen. Auch mit Falkenhayn. Dieser entzog sich auch hier elegant jeder Beurteilung. Bei den drei Anderen aber sah ich ein tiefes inneres Verbundensein mit der Sache, wie es mir aber schien, bei allen Dreien verschieden. Ich kann nicht auf das dem Kaiser oft vorgeworfene Gottesgnadentum erschöpfend eingehen, glaube aber verstanden zu haben, daß ein Mensch, dem ein Führeramt in dieser Höhe zufällt, der wie der Kaiser von den Menschen erhöht und doch verlassen wird, nur Gott über sich spürt. Anders schien mir Hindenburg. Für ihn war Gottesdienst äußerlich anerzogene Selbstverständlichkeit und innerlich Gott eine ebensolche Selbstverständlichkeit. Ludendorff war jedoch auch hierin Kämpfer. Er war ein Gottsucher. [...]

Samstag, 29. Januar 1916

Faber schreibt an Deutelmoser taktlos in einem Brief über die Papiernot der Presse, daß eine Zusage, diese zu beheben, ein »Anknüpfungspunkt zur OHL im Sinne unserer neulichen Besprechung sein könnte«.

Dienstag, 1. Februar 1916

Ich habe meinen Bearbeiter der Angelegenheit des Kriegspresseamtes in meinem Stabe, Major *Kroeger*, wiederum für 14 Tage zum Chef des Kriegspresseamts in Berlin, Major *Deutelmoser*, kommandiert, damit er mir über seine persönlichen Eindrücke über dessen Geschäftsführung berichtet.
  Das Wesentliche seines nachfolgenden Berichtes ist für mich folgendes:
1.) So richtig es ist, daß Deutelmoser vor allem auf die Sozialdemokratie Einfluß sucht, so bezeichnend ist es, daß die übrigen Parteien einschließlich der nationalen rechten sich ihrerseits zurückhalten, weder die Wünsche und Forderungen der OHL suchen, noch initiativ von sich aus sich zur Hilfeleistung zur Verfügung stellen und herandrängen.
2.) Ich werde dadurch in dem Empfinden bestärkt, daß Deutelmoser in seiner zwar sehr klugen aber weichen Art in Gefahr gerät, von der Sozialdemokratie abhängig zu werden, daß sich dadurch der Abstand seiner Stellung zu den nationalen Richtungen vergrößert und in gewissem Sinne parteipolitisch auch im Kreise seiner Mitarbeiter Platz greift, sich gegen ihn richtet und seine Autorität gefährdet. Schon seit längerem hat dies veranlaßt, daß ich Spannungen im Kriegspresseamt habe einrenken müssen, wozu Deutelmoser selbst nicht die notwendige Energie aufbringt. Er wagt es nicht gegen unberechtigte Widerstände aufzutreten. Zu diesen sachlichen Schwierigkeiten mit seinen nächsten Mitarbeitern kommen, vor allem von Oberstleutnant v. *Herwarth* aus dessen persönlicher Eitelkeit und femininen Empfindsamkeit, solche persönlicher Art. Seit Anfang des Jahres drängelt Herwarth von seiner Stellung im Kriegspresseamt weg in die Front. So wenig ich an ihm persönlich verlieren würde, so ist er doch unersetzlich durch seine Beherrschung der englischen Sprache und ist er einer von den wenigen aktiven Offizieren des Generalstabes, welche die Vereinigten Staaten kennengelernt haben, wo er Militärattaché war. Ebenso wird Deutelmoser immer unersetzbarer, weil kein anderer in Pressesachen geschulter Offizier von Generalstabsbildung vorhanden ist und auch niemand unter ihm in seinen Mitarbeitern heranwächst, welcher ihn ersetzen könnte.
3.) Die Spannungen und Unzulänglichkeiten im Kriegspresseamt liegen also vorwiegend auf persönlichem Gebiet. Ich sehe kaum eine Möglichkeit, sie zu be-

seitigen, solange eben das Kriegspresseamt seiner tatsächlichen Wirksamkeit zuwider nach außen hin eine rein militärische Behörde sein soll und muß, solange der Reichskanzler sich nicht entschließt, sie zu übernehmen, oder die OHL nicht an seine Stelle für die gesamte Kriegsleitung tritt. [...]

Abschrift

Berlin, den 7.2.1916

Minister der geistlichen und
Unterrichtsangelegenheiten
[...]
An Generalquartiermeister

Auf meine Veranlassung und unter Mitwirkung meines Ministeriums sind neuerdings die Schützengraben-Bücher[a] für das deutsche Volk verfaßt worden. Dabei ist der Gedanke leitend gewesen, die im Felde stehenden wie die zurückgebliebenen Volksangehörigen in leicht verständlicher Form über die großen nationalen Fragen, namentlich die Ursachen des Weltkrieges und die wirtschaftlichen Verhältnisse in Stadt und Land und deren Umformung nach den Bedürfnissen des Krieges aufzuklären und damit zu selbständiger Beurteilung anzuleiten, um sie den Gefahren der Parteischlagworte zu entziehen.

Es würde mich freuen, wenn auch E.E. daran Interesse nehmen und den Vertrieb durch die Feldbuchhandlungen wie in anderer Weise fördern wollten.
pp.

gez. v. Trott zu Solz

---

[a] Die »Schützengrabenbücher für das Deutsche Volk« waren eine vom preußischen Kriegs- und Kultusministerium durch den Berliner Verlag Karl Sigismund von 1915 bis 1919 herausgegebene Reihe, in der insgesamt 120 Titel mit einer Gesamtauflage von fast 14,5 Millionen Exemplaren erschienen ist.

Dienstag, 8. Februar 1916

Deutelmoser erwidert, er müsse einen derartigen Kuhhandel ablehnen, die OHL könne sich erst dann für Behebung der Papiernot der Zeitungen einsetzen, wenn ihm Faber schriftlich bestätige, daß damit kein Kuhhandel vorläge.[1]

Am Donnerstag, 10. Februar 1916

gibt Faber an Deutelmoser die Erklärung, daß die Presse den Verdiensten der OHL besser Rechnung tragen müsse, nicht nur des Auslands, sondern auch der Volksstimmung wegen, die erheblich nachgelassen habe.

---

[1] Siehe hierzu den Eintrag vom 29.1.1916.

Das Verhalten Fabers bei diesen Vorgängen entsprach durchaus nicht der allgemeinen Ansicht der deutschen Zeitungsverleger, auch nicht ihres Vorstandes. Es war der Versuch einer planmäßigen Beeinflussung über Faber persönlich, hinter welcher ich das Auswärtige Amt (Geheimrat Hammann) vermutete. Ich hatte unbewußt dadurch Wasser auf diese Mühle geliefert, daß ich bei dem gemeinsamen Essen mit den Zeitungsverlegern nach der Besprechung am 6.11.1915 mich günstig über die politischen Fähigkeiten Falkenhayns und seine universale Betrachtung des Krieges geäußert hatte. [...]

Rückblickend muß ich feststellen, daß meine Abneigung gegen meine Belastung mit der Presse durch die für einen Generalstabsoffizier widerliche Berührung mit solchen Vorgängen nicht gemildert wurde. Sie wurde mir immer mehr nur zur Pflichtsache. Die Abneigung des Kriegsministeriums sowie der obersten Regierungskreise im alten Stil, der sich erst mit dem Vordrängen parlamentarischer Elemente unter dem schwachen Hertling änderte, entsprang zweifellos menschlich denselben Empfindungen. Darum grollte ich ihnen aber auch persönlich, weil sie glaubten, in mir einen Dummen gefunden zu haben. Wenn uns vorgeworfen wurde, wir wären nicht geeignet gewesen für die Leitung der Presse, weil wir Soldaten waren, so ist das richtig. Es hätte außer mir auch sonst keinen Offizier im Generalstab gegeben, der solchen Dingen gewachsen war. Diese meine Erfahrung wirkte sich aus bei der Auswahl des dritten und letzten Chefs des Kriegspresseamts, Major Würtz.

Ich greife deshalb der Entwicklung voraus, damit sie verstanden wird. Nach Deutelmoser schlug ich den Major Stotten als Chef des Kriegspresseamtes vor, der als mein mehrjähriger Mitarbeiter, allerdings im Nachrichtendienst, die Entwicklung unseres Arbeitsgebietes kannte. Als mit dem April 1917 alle Versuche, die Presseleitung loszuwerden, endgültig scheiterten, und die Kriegslage ihren Höhepunkt erreichte, habe ich ihn durch den Major Würtz ersetzt. Als ich diese Personalveränderung mit dem Chef der Zentralabteilung v. Tieschowitz besprach, sagte er mir, die Stellung sei so wichtig, daß ich jeden Generalstabsoffizier, den ich wünsche, dafür erhalten würde. Ich soll nur die Eigenschaften sagen, die er besitzen müsse, damit er mir den Geeignetsten aussuchen könne. Ich sagte, er solle *Generalstabs*offizier, nur durch und durch Soldat sein. So fiel die Wahl auf Major Würtz, der gleichfalls unter schwerem inneren Widerstreit das schwere Amt bis zum Kriegsende innehatte. Als er in seiner Art erkannt wurde, sagte, wie mir berichtet wurde, die Gegenseite (ich meine damit diejenigen, welche sich als die Kenner des innersten Wesens der Presse aufspielten): »Jetzt schickt uns Nicolai den Henker.«

Diese Aufgabe in der Zeit des Entscheidungskampfes wurde aber erst durch die nationale Bewegung bei der Machtergreifung vollstreckt.

Sonntag, 13. Februar 1916

Düsseldorf: Ich habe eine erste Besprechung über die Möglichkeit, einen »Inlandsnachrichtendienst« zu schaffen. Dieser soll nicht eine Feststellung der deutschen innenpolitischen Zustände zum Ziel haben. Für diesen Zweck arbeitet und berichtet das Kriegspresseamt und die Abwehr-Organisation, letztere im Sinne einer politischen Polizei, allerdings und leider ohne jegliche Exekutive (auch durch mich).

Der Inlandsnachrichtendienst soll eine Lücke ausfüllen, welche ich bei der Zunahme der Bedeutung der politischen und wirtschaftlichen Belange für den

Nachrichtendienst spüre. Der Frontnachrichtendienst ebenso wie meine Nachrichtenoffiziere bei den Armee-Oberkommandos schöpfen aus rein militärischen Quellen und ihre Meldungen beschränken sich völlig auf militärische Fragen beim Feind, abgesehen von gelegentlichen Vernehmungen gebildeter Gefangener auch über die wirtschaftlichen und politischen Zustände in ihrer Heimat, wobei deren Urteilsfähigkeit unkontrollierbar bleibt. Der geheime Nachrichtendienst, die Spionage bemüht sich zwar auch zuverläßige Nachrichten und wertvolle Nachrichten höheren Gesichtspunktes, die sich zur Verwertung *meiner* Vorträge als *Chef* des Nachrichtendienstes bei Falkenhayn eignen, zu liefern. Wenn es aber dem Geheimen Nachrichtendienst schon schwer wird, meine Weisung, für militärische Fragen möglichst hoch stehende Quellen zu erschließen, zu erfüllen, so ist es ihm fast unmöglich, an solche wirtschaftlicher und politischer Einsicht heran zu kommen trotz meines Bemühens, in die Leitung und in die Front des Geheimen Nachrichtendienstes deutsche Persönlichkeiten zu bringen, welche fähig sind, sowohl solche Verbindungen aufzuspüren, wie sie zu instruieren und ihre Berichte zweckmäßig in Empfang zu nehmen und kritisch zu würdigen.

Dagegen habe ich persönlich auf meinen vielen Reisen in Deutschland erfahren, daß sich hier Quellen für einen Nachrichtendienst über die wirtschaftliche und politische Weltkriegslage erschließen lassen. Ausgehend von der Überzeugung, daß bei der erkannten langen Kriegsdauer wirtschaftliche und politische Kreise der Heimat und vor allem deren maßgebende Persönlichkeiten von sich aus bemüht sind, ein Urteil zu gewinnen und sich in irgend einer Form einen eigenen Nachrichtendienst zu schaffen, der aber auf diese Weise nur persönlichen und geschäftlichen Interessen zugute kommt, hatte ich Unterhaltungen mit hochstehenden und urteilsfähigen Persönlichkeiten dieser Kreise gesucht und dabei wertvolle eigene Belehrung und einen Einblick in Gedankengänge erhalten, die mir bisher verschlossen waren. Diese erste Erfahrung auswertend bin ich ferner daran gegangen, solche Verbindungen zu suchen mit entsprechenden neutralen Ausländern, die sich dauernd oder vorübergehend in Deutschland befinden. Ich habe mich in dieser Beziehung vorsichtig der Hilfe der mir unterstellten Militär-Attachés der neutralen Staaten bedient und deren Unterstützung gefunden. Auch über das Kriegspresseamt und den Abwehrdienst habe ich derartige persönliche Beziehungen herstellen und Unterhaltungen herbeiführen können. Ich habe mich gleichzeitig immer mehr freigemacht von eigenem Vortrag eingehender Meldungen über den Feind militärischer Art. Ich habe zwar Vorlage dieser, soweit sie von höherer Bedeutung sind, angeordnet, ihre Prüfung, Bewertung und Vortrag bei Falkenhayn aber im wesentlichen dem Oberst *v. Rauch* als Chef der Abteilung »Fremde Heere« überlassen, weil in dieser erst eine Prüfung und Zusammenstellung zu einem einheitlichen Bild vor dem Vortrag bei Falkenhayn stattfinden muß. Die gleiche Aufgabe für wirtschaftliche und politische Kriegführung betrachte ich aber in erster Linie als die meine, da es keinen anderen Chef des Nachrichtendienstes auf diesen Gebieten gibt.

Ich bin auf diesem Weg bereits auf Auffassungen gestoßen, welche mir bisher verschlossen waren, welche mir aber geeignet scheinen, die Vorgänge der Gesamtkriegführung zu deuten und damit ihre zunehmende Kenntnis durch mich als *Chef* des Nachrichtendienstes verlangen.

So war für mich lehrreich eine Unterhaltung mit einem in Deutschland befindlichen hochstehenden Amerikaner. Ich entwickelte ihm meine noch rein soldatischen Ansichten über den Sinn des Krieges. Er hörte mir aufmerksam zu und erwiderte: »Was sind Sie für ein Idealist. Sie haben recht mit ihrem Kampfwillen zum Siege der Ordnung im Staat, der Zuverläßigkeit des Beamtenkörpers, des Heeres, der Kultur, Wissenschaft und Arbeitsleistung, wie Deutschland dies alles vorlebt. Sie mögen aber zehnmal damit recht haben, die anderen sagen: ›Zum Teufel mit ihrem Staat, ihrem Heer und ihren Leistungen als Volk, sie sind den anderen überlegen und eine Gefahr und müssen und werden darum von der Masse der Anderen besiegt und beseitigt werden.‹«

Ein anderer Amerikaner sagte mir: »Sie haben wohl gar keine Karten in der OHL?« Ich erwiderte, wir hätten haufenweise Karten, welche ich ihm vorlegen sollte. Er winkte ab. Wir hätten wohl Karten, aber nur solche vom Kriegsschauplatz, so meine Karten von Europa und von der Welt. Ich erwiderte, auch solche würde ich für unsere Unterhaltung herbeischaffen können. Er lehnte auch dies ab. Die Karten, die ich ihm vorlegen würde, wären sicherlich veraltet. Es wären solche, auf denen die einzelnen Staaten mit verschiedenen Farben markiert wären und nach welchen in diesen Räumen Deutsche, Engländer, Franzosen, Russen usw. wohnten. So sähe aber weder die Karte von Europa noch die der Welt mehr aus. Die neue Karte der Welt sei so: »Hier sind Rohstoffe, dort ist Verarbeitung, hier ist Überfluß, dort ist Bedarf, hier ist Arbeitsmangel, dort ist Arbeitskraft, hier ist Produktion, dort der Verbrauch. Danach werde heute die Welt gestaltet und nicht danach, wo Deutsche, Engländer, Franzosen und Russen wohnten. Ich tat einen Blick in übernationales, rein wirtschaftliches Denken.

Ein Anderer, es war ein Vlame,[2] entwickelte mir folgende Gedanken. Die Natur hat vor tausenden von Jahren die Rohstoffe geschaffen, so auch im Westen Europas das Vorkommen von Kohle und Erzen. Die Menschen hatten seit dieser Zeit über diese Naturschätze die Grenzen von 5 Staaten gezogen: Deutschland, Frankreich, Belgien, Holland und Luxemburg. Das vertrage die heutige Zeit nicht mehr. Die Ruhrkohle könne die Erze des Minettebeckens nicht entbehren und die Erze von Belgien und Frankreich brauchten die deutsche Kohle. Darum müßten die von den Menschen gezogenen Grenzen fallen. Sie müssen, wenn sie siegen, diese ganzen Gebiete annektieren, wenn sie den Frieden herstellen wollen, der aus diesen wirtschaftlichen Notwendigkeiten andernfalls immer wieder bedroht ist. Siegen sie nicht, so werden es andere tun. Ich tat einen Blick in den Sinn der Annektionswünsche, die dem Soldaten in seinem Kampf mit den Waffen an sich fern liegen.

Diese Fragen aber waren es doch letzten Endes, die die Aufgabe des Feldherrn schufen und über deren Stärke und Inhalt er wissen mußte. Dies waren die Gründe, Quellen für diese Wissenschaft zu gewinnen. Es besteht bei Lage der Dinge keine andere Möglichkeit dafür, als einen Nachrichtendienst im Inland vorwiegend mit diesen Aufgaben zu schaffen. Ich verkenne die Schwierigkeiten nicht, geeignete Mitarbeiter für diese Fragen zu finden, die Möglichkeit einer Beeinflußung auszuschalten, letzten Endes für mich selbst, urteilsfähig zu sein.

Ich erachte diese Aufgabe aber, weil sie vom Standpunkt des Nachrichtendienstes sonst nirgends geschieht und weil der Chef des Generalstabes bei seiner rein militärischen Inanspruchnahme sonst nichts von diesen Dingen erfährt, für so wichtig, daß sie in den Vordergrund meiner persönlichen Aufgabe rückt, was darum zur Folge haben muß, mich von meinen anderen Aufgaben stärker zu entlasten und meinen Gesamtdienst stärker zu dezentralisieren.

---

[2] Altertümliche bzw. belgischsprachig gefärbte Bezeichnung für »Flame«.

Die erste Besprechung in Düsseldorf mit Offizieren des Nachrichtendienstes, die bereits als solche anderweitig den Boden der deutschen Heimat kennengelernt haben, ergab gute Erfolgsaussichten. In Aussicht wurde genommen, Arbeitsstellen für einen Inlandsnachrichtendienst an den Hauptpunkten des wirtschaftlichen Lebens in Deutschland zu schaffen, in Berlin, München, Hamburg, Düsseldorf, Frankfurt, Dresden (Leipzig) und Stuttgart.

Folgende, sehr gute Quelle auf dem anzubohrenden Gebiet hatte sich mir schon durch das Kriegspresseamt erschlossen.

Der Generaldirektor der Hamburg–Amerika–Linie, Ballin, hatte mit Kriegsausbruch einen seiner Berliner Direktoren Herrn Arndt v. Holtzendorff mit der Einrichtung einer Art Nachrichtendienst für ihn beauftragt. Da dieser der Bruder des Großadmirals und Chefs des Admiralstabes v. Holtzendorff ist, hat er also in Berlin neben seiner geschäftlichen auch eine sehr geachtete gesellschaftliche Stellung. Er veranstaltete zunächst in seiner Wohnung in der Viktoriastraße und als diese für seine Aufgabe, die ich mit der Stellung eines Botschafters Ballins bei der Reichsregierung vergleiche, zu eng geworden war, in einer größeren Wohnung in der Tiergartenstraße jeden Donnerstag einen Empfang, zu dem er nach Weisung seines Auftraggebers bestimmte hochstehende Persönlichkeiten, vom Reichskanzler angefangen, über Staatssekretäre, Minister, hohe Offiziere, Parlamentarier und Wirtschaftsführer einlud, zu denen sich aber auch, für den Gedankenaustausch dort interessiert, Freiwillige aus diesen Kreisen drängten. So wurde sein Haus der von der Reichsregierung gewissermaßen protegierte Mittelpunkt des inoffiziellen politischen Lebens in Berlin.

Zu den ständig eingeladenen Gästen gehörte auch der Chef des Kriegspresseamtes, Oberstleutnant Deutelmoser. Ich selbst bin weder jemals eingeladen gewesen, noch habe ich mein Erscheinen dort gesucht. Dagegen hatte ich gegen Deutelmosers Teilnahme nichts einzuwenden, denn auf diesem Wege erfuhr ich vieles, was mir sonst verschlossen geblieben wäre und Deutelmoser wahrte selbstverständlich bewußt die notwendige Reserve. Der Persönlichkeit des Herrn v. Holtzendorff entsprechend war ein den Interessen der Kriegführung widersprechender Mißbrauch ausgeschlossen. Es war eben mal wieder eine Einrichtung, welche die Reichsregierung vielleicht mit Nutzen hätte schaffen sollen, die aber deren Untätigkeit wegen wieder der Initiative unverantwortlicher Kreise entsprang. Ich bin überzeugt, daß auch Ballin neben seinen eigenen Interessen darin auch einem gewissen förderlichen Ausgleich zu dienen glaubte und halte es für ausgeschlossen, daß er damit etwa einen Mißbrauch trieb, der ihm nachgesagt werden könnte, weil er Jude war. Indem ich erfuhr, wer an diesen Abenden teilnahm, konnte ich mir auch ein Bild davon machen, ob dieser Gesichtspunkt gewährleistet war. Ein Einschreiten, wie es gegen manche politischen Salons notwendig wurde, ist mir niemals notwendig erschienen, zumal Ballin wie Holtzendorff selbst auf politische und vaterländische Sauberkeit des Kreises hielten. Bezeichnend und eigenartig bleibt immerhin, daß es unter allen Wirtschaftsführern wieder ein Jude war, der diesen großzügigen Gedanken hatte und in der Ausführung behördlicherseits sozusagen gefördert wurde.

Ähnliche Vorgänge, die ich durchaus für möglich halte, in Deutschland aufzuspüren, sie zu beobachten, auszunutzen oder Anlaß zu ihrer Beseitigung zu geben, soll mit der Zweck des Inlands-Nachrichtendienst sein. (Einrichtungen ähnlichen Ausmaßes sind nicht festgestellt worden, dagegen wurde meine Auffassung bestärkt, daß auch an anderen Zentralpunkten des wirtschaftlichen, politischen und kulturellen Lebens sich an dem Kriegsgang besonders interessierte Einzelpersonen oder Interessentengruppen zusammenschlossen, um ein eigenes Bild zu gewinnen, welches ihnen mangels eines politischen Nachrichten- oder Propagandadienstes in dieser Höhe nicht sonst gegeben wurde.) [...]

Großes Hauptquartier, den 15. Februar 1916

Chef IIIb.
Nr. II.

In Ergänzung meiner Erwägung vom 6. Dezember 1915 über die *Entwickelung und Zukunft des Kriegspresseamtes* möchte ich heute folgendes noch hinzufügen:

I. Stellung des Chefs des Kriegspresseamtes

Die seit dem 6. Dezember abgelaufenen zwei Monate haben ergeben, daß der *Chef des Kriegspresseamts* noch nicht *die* Freiheit des Handelns gewonnen hat, die unter allen Umständen nötig ist, wenn das Kriegspresseamt mit seiner großen, umfassenden Organisation allen augenblicklichen und späteren Aufgaben gerecht werden will.

Als solches sehe ich an:
1) in Deutschland die positive Beeinflussung unserer gesamten Presse im Sinne der obersten Reichsbehörden, in erster Linie im Sinne der Obersten Heeresleitung.
2) mittelbare Beeinflussung der Presse der mit uns verbündeten Staaten durch enge Fühlung mit den dortigen Organisationen. Diese müssen sich klar sein in der Erkenntnis, daß im deutschen Kriegspresseamt etwas geschaffen ist, was über den Rahmen *ihrer* Organisation hinausgeht, wovon sie nur lernen können. Es handelt sich nicht darum, unseren Verbündeten unsern Willen aufzuzwingen, sondern sie dazu zu bringen, zu uns zu kommen und uns um Unterstützung zu bitten.
3) Durch persönliche Fühlungnahme mit einflußreichen Persönlichkeiten *aller* Parteien soll sich der Chef des Kriegspresseamtes ein Bild darüber schaffen, wie man jeweilig in Deutschland die innere und äußere Lage beurteilt, um so seinerseits die Möglichkeit zu haben, selbst Gegenmaßnahmen zu treffen oder fördernd mitzuhelfen. Durch den Chef des Kriegspresseamts soll außerdem die Oberste Heeresleitung dauernd über die Strömungen im Lande unterrichtet sein.

Es kommt hierbei aber nicht darauf an, über Kleinigkeiten oder unwesentliche Vorkommnisse unterrichtet zu werden, sondern über die großen, weite Kreise umfassenden oder von einflußreichen Stellen geleiteten Bestrebungen. Notwendig ist, wie ich schon im Dezember betonte, daß diese Fühlungnahme sich auf *alle* politischen Parteien zu erstrecken hat. Wenn auch nicht zu verkennen ist, daß vielfach Versuche gemacht worden sind, mit anderen Kreisen als denen der Sozialdemokratie Fühlung zu gewinnen, so kann ich mich doch nicht des Eindrucks erwehren, als ob noch immer *eine gewisse Scheu der übrigen Parteien* vorliegt, ihrerseits mit dem Kriegspresseamt Verbindung aufzunehmen.

Um alle diese großen Aufgaben auch nur einigermaßen bewältigen zu können, muß der Chef des Kriegspresseamts sich vom inneren Dienste seiner

Behörde immer mehr frei machen. Bei einem nunmehr fast fünfmonatigen Zusammenarbeiten mit allen nachgeordneten Stellen kann diese Forderung meiner Ansicht nach in die Tat umgesetzt werden.

Daß dies bisher nicht geschehen ist, glaube ich darauf zurückführen zu müssen, daß den verschiedenen Unterabteilungen des Kriegspresseamts nicht *die* Selbständigkeit gegeben ist, die man nach einer so langen Zeit wohl erwarten darf.

Es kommt nicht darauf an, alles und jedes durch schriftliche Verfügungen zu regeln, sondern darauf, klare Aufträge und Befehle zu geben von dem, was man will und dann dem Untergebenen zu überlassen, wie dieses Ziel mit den ihm zu Gebote stehenden Mitteln erreicht. Entspricht das Ergebnis nicht den Ansichten des Auftraggebers, so ist es an ihm, belehrend und bessernd einzugreifen. Auf diese Weise wird nicht bloß die Arbeitsfreudigkeit, sondern auch die Selbständigkeit der Untergebenen gesteigert, die immer mehr lernen werden, ihre Arbeit der Ansicht des Chefs des Kriegspresseamts anzupassen.

II. Sektion I

Die unter I.1) geforderte Beeinflussung der deutschen Presse ist Aufgabe der Sektion I, die sich aber bisher lediglich auf eine reproduktive Arbeit beschränkt hat. Soweit diese in der Abteilung Ib durch die »Auszüge aus der deutschen Tagespresse« und die »Wochenberichte« geleistet worden ist, kann man sich nur mit ihr einverstanden erklären. Beide Ausarbeitungen erfüllen ihren Zweck, werden überall geachtet und anerkannt. Vorschläge über weiteren Ausbau der Berichterstattung durch Sonderberichte der verschiedensten Art sind gemacht und werden in die Tat umgesetzt. Es fehlt aber gänzlich an einer selbstschöpfenden Arbeit. In dieser Hinsicht muß der von anderen Aufgaben befreite Chef des Kriegspresseamts Weisungen an die Sektion Ia geben. Eine Erziehung, wie sie an anderer Stelle geschildert ist, muß die Gewißheit geben, daß seine Weisungen auch richtig aufgefaßt und ausgeführt werden.

III. Die Oberzensurstelle

Auch hier muß die Selbständigkeit des Chefs der Oberzensurstellen allmählich größer werden. Hiermit ist meiner Ansicht nach nicht zu vereinbaren, daß sämtliche mit der Dienstbezeichnung »Oberzensurstelle« ausgegebenen Verfügungen die ausdrückliche Genehmigung des Chefs des Generalstabes des Feldheeres finden müssen. Diese ist meiner Ansicht nach nur dann erforderlich, wenn es sich um Verfügungen handelt, die von ausschlaggebendem Einfluß sind oder die sich irgendwie mit militärischen Fragen beschäftigen. Die Forderung, daß die Oberzensurstelle nicht auf jede Anregung anderer Behörden, eine Zensurverfügung zu erlassen, eingeht, ist so oft gestellt, daß es genügt, sie nur noch einmal allen Beteiligten ins Gedächtnis zu rufen.

IV. Die Auslandsstelle

Nur *scheinbar* steht die Arbeit der Auslandsstelle in losem Zusammenhange mit den übrigen Arbeitsgebieten des Kriegspresseamts. Was aber bisher von der Auslandsstelle geleistet ist, ist lediglich ein reproduktives Schaffen, das an sich nur vollste Anerkennung und Billigung finden kann; es hat aber bisher gänzlich daran gefehlt, daß die von der Auslandsstelle geleistete Arbeit für unsere deutsche Presse im positiven Sinne nutzbar gemacht worden ist. Gelegentliche Wiedergabe aus den »NdA« oder Übernahme von längeren Ausarbeitungen in die deutsche Presse kann ich hierunter nicht rechnen.

Es kommt meiner Ansicht nach darauf an,
1) aus der ausländischen, in Sonderheit der feindlichen Presse zu lernen, wie man die öffentliche Meinung eines Landes durch die Presse bearbeitet, um dann bei uns »mutatis mutandis« ebenso zu verfahren, und
2) die Nachrichten aus der Auslandspresse so zu verwerten, wie es die jeweilige politische und militärische Lage erfordert.

Die Tatsache, daß dies bisher nicht geschehen ist, ist nach meiner Ansicht in erster Linie darauf zurückzuführen, daß es den verschiedenen Dienststellen des Kriegspresseamts noch nicht zum Bewußtsein gekommen ist, daß sie zusammengehören und erst zusammen das Kriegspresseamt als solches bilden. Der Chef des Kriegspresseamts muß durch seine Persönlichkeit diesen Zusammenhang gewährleisten. Dies geschieht aber nicht, wie an anderer Stelle betont, durch schriftliche Verfügungen, die sich an die eine oder andere nachgeordnete Stelle richten (oder auch an alle), sondern durch persönliche Rücksprache und klare, knappe Auftragserteilung.

[gez.] Kroeger

[...]

Donnerstag, 17. Februar 1916

Der bevorstehende Angriff auf Verdun stellt die Berichterstattung vor eine schwere Aufgabe. Die lange Dauer und die Gleichmäßigkeit der Ereignisse haben die vorhandenen Kriegsberichterstatter erschöpft und Heimat und Truppen zu sehr an diese Art ihrer Berichterstattung gewöhnt. Für die Truppen ist mit dem Erstehen der Armeezeitungen ein neues Mittel der Berichterstattung im Werden. Ich ordne an, daß ihre Leiter nach vorn an die Front gehen. Der IIIb-Dienst hat mit langer Dauer der Kämpfe um Verdun zu rechnen und neue Wege zu suchen. Die Zulassung von Künstlertruppen hinter die kämpfende Front zu ruhenden Truppen wird erstmalig begonnen, der Film wird verstärkt herangezogen zur propagandistischen Verwertung, die Leitung für den Einsatz einer bei der stellvertretenden Abtl. IIIb in Berlin geschaffenen Zentralstelle übertragen. Zwecks möglichst hochstehender, bildnerischer Berichterstattung habe ich die Zuteilung des Direktors der Königsberger Kunstakademie, Prof. *Dettmann*, zum Stabe des Kronprinzen veranlaßt. Bei der Umschau nach geeigneten Schriftstellern zur Belebung der schriftlichen Darstellung sind mir Fritz v. *Unruh*, Walter *Bloem*, Rudolf *Herzog* empfohlen worden. Ich habe die Zuteilung von Unruh zum Stabe des Kronprinzen veranlaßt und ihm volle Bewegungsfreiheit innerhalb der Angriffsarmee gesichert.[3] Bloem und Herzog[4] beabsichtige ich in meinen Stab

---

[3] Seit dem gemeinsamen Besuch der Kadettenanstalt in Plön und während seiner Dienstzeit im Kaiser-Franz-Gardegrenadierregiment Nr. 2 stand Fritz von Unruh in engem Kontakt mit den Söhnen Wilhelms II.

[4] Rudolf Herzog war zu Beginn des 20. Jahrhunderts ein Bestseller-Autor, dessen historische Unterhaltungsromane mitunter Auflagen von mehreren Hunderttausenden erreichten.

zu nehmen, um unter den Eindrücken der Führung großzügige Schilderungen der Ereignisse zu erhalten. Bloem, welcher seit Kriegsbeginn an der Front steht und sich, wie mir gemeldet ist, als hervorragender Soldat bewährt hat,[5] beabsichtige ich die Leitung einer zu schaffenden »Feldpressestelle« als Zentralstelle für die Armeezeitungen der Westfront zu übertragen. Falkenhayn ist einstweilen noch nicht mit der Vergrößerung des Stabes in meiner Abteilung durch diese beiden Herren einverstanden. Sein wahrer Grund scheint mir aber auch hier seine Abneigung gegen alles Reklamehafte zu sein. [...]

Donnerstag, 24. Februar 1916

Die ersten Erfolge vor Verdun zeitigen anerkennende Presseäußerungen über Falkenhayn, auch in der »Magdeburger Zeitung«, deren Verleger *Faber* Vorsitzender des Vereins der Zeitungsverleger ist und sich bisher aktiv bei den Treibereien gegen Falkenhayn betätigt hat. Ich glaube aber nicht an einen Wechsel seiner Einstellung, sondern halte sein augenblickliches Verhalten nur für die Folge davon, daß die OHL am 16.2.16 das Kriegsministerium ersucht hat, den Anträgen des Vereins deutscher Zeitungsverleger auf größere Papierlieferungen nach Möglichkeit und schnell Rechnung zu tragen, den Papierfabriken garnisondienstfähige Arbeiter zur Verfügung zu stellen und Anträge auf Papierholz aus den besetzten Gebieten von diesen an die OHL weiterzuleiten. Diese von mir veranlaßte Maßnahme gewinnt also doch den von mir gefürchteten Charakter eines Kuhhandels (s. Aufzeichnungen über die Auseinandersetzung mit dem Verlegerverein vom 3.1. bis 8.2.16).

Sonntag, 27. Februar 1916

Die unerwünschte Übertreibung der Anfangserfolge vor Verdun in der Presse macht mein persönliches Eingreifen notwendig.

Montag, 28. Februar 1916

Ich habe in Berlin eine Besprechung mit den Zensoren sämtlicher stellvertretender Generalkommandos nach folgendem Programm:
1.) Ich beabsichtige in den Pressebesprechungen möglichst weitgehende Auskunft über die militärischen Vorgänge vor Verdun geben zu lassen. Darum ist aber vermehrt darauf zu halten, daß diejenigen Mitteilungen geheim gehalten werden, bei denen dies verlangt wird.
2.) Die Berichterstattung über Verdun ist schon nach den wenigen Tagen der Kämpfe auf dem Wege sensationeller Übertreibung, welche Nervosität zur Folge haben muß. Der Umfang ist so, daß der Gedanke aufkommen kann, es handele sich hier um Machenschaften unserer Gegner. Es ist auf sparsame

---

[5] Walter Bloem, einer der Lieblingsautoren von Kaiser Wilhelm II., wurde von diesem 1912 für das Erscheinen seiner Romantrilogie zum Krieg von 1870/71 mit dem Roten Adlerorden 4. Klasse ausgezeichnet. Als Kommandeur des I. Bataillons des Grenadierregiments 12 nahm er im Februar/März an den Kämpfen um das Fort Douaumont teil.

Ausgabe von Extrablättern und auf das Vermeiden auffälliger Überschriften zu halten. Auch ist ein erneuter Hinweis auf Einhalt des Burgfriedens, welcher trotz der schweren Kämpfe von einzelnen Zeitungen übertreten wird, an die Zensurbehörde notwendig. Die Presse ist fest in der Hand zu halten, unter Anstreben kameradschaftlichen Einvernehmens mit ihr.

3.) Eine ungleichmäßige Handhabung der Zensur ist nicht nur vom Standpunkt der Presse, sondern auch von dem der Reichs- und Heeresleitung unerwünscht. Direktiven müssen restlos in die Tat umgesetzt werden.
Die Verantwortung für diese tragen die erlassenden Stellen, die Verantwortung für die Durchführung ausschließlich die militärischen Befehlshaber.
[...][6] werden, durch diese Zeitungsgründungen entstehe die Papiernot der wichtigeren deutschen Heimatpresse, sind nicht zu dulden. Ich gebe Aufschluß über den Zweck und den Umfang der beim Feldheer geschaffenen und weiter im Entstehen zu begünstigenden Feldzeitungen und der in den besetzten Gebieten geschaffenen Presse. Ich teile mit, daß demnächst die Armeezeitungen in einer Feldpressestelle eine Zentralstelle bei mir erhalten würden, wodurch zu hoffen sei, daß auch der Heimatpresse verstärkt Material über die Front überwiesen werden könne.

In der Aussprache habe ich Anlaß, zu erklären, daß die Frage, ob eine Erörterung der Kriegsziele für die Presse freizugeben sei oder nicht, nicht vor dieses Forum der Zensoren der stellvertretenden Generalkommandos gehöre, sondern daß darüber von der OHL und der Reichsregierung befohlen werden müsse und werden würde.
Bezeichnend ist der Vorgang für mich insofern, als er mir zeigt, wie stark der Ansturm bei der Zensur über diese Frage im Lande ist. [...]

Auszug 86 aus Feldpostbriefen

Köln, Sonntag, 5. März 1916,
vorm. 10 Uhr

(...) Gestern war ein ganz besonders schlimmer Tag. Von 9 Uhr früh bis 8 Uhr abends war ich bis auf ½ Stunde Mittagspause ununterbrochen in meinem Arbeitszimmer, eine Besprechung löste die andere ab, da wir jetzt im GrHQu alle hohen Reichsbehörden haben. Um 8½ Uhr wollte ich abreisen, mein Abendbrot lag schon in ein paar Stullen zum Mitnehmen bereit, da ließ mich Falkenhayn kommen, hatte noch vom Kanzler etwas bekommen, über das er meine Vorschläge haben wollte, so mußte ich bleiben.
Solcher toller Betrieb ist anstrengend und läßt dem Menschen in mir keine eigene Zeit, aber es tröstet mich und macht mir Freude, wenn ich so mitarbeiten kann und ich fühle, daß meine Arbeit nötig und nützlich ist. Das gibt Befriedigung. Und meine Herren unterstützen mich dienstlich und persönlich sehr gut.

---

[6] Sinnentstellende Auslassung durch Überklebung mit vorstehendem Absatz im Original.

Wenn ich mal Zeit zu Gedanken an meine eigenen Angelegenheiten habe, dann fürchte ich manchmal, daß man nach dieser Zeit sich gegenseitig und die Kinder zunächst nicht in allem verstehen wird, nachdem man so lange so nebeneinander her gedacht und gelebt hat. Daß der Übergang über eine Brücke geschehen muß. Ich bin eben jetzt zu sehr in der einen Richtung eingestellt. Glaube daran, daß der »kleine Leutnant« zwar ein vielbeschäftigter Mann geworden ist, der mit Energie und Arbeit einen großen Krempel in Ordnung halten muß, daß er aber wie damals ein Herz mit dem Wunsch nach Glück hat und dieses Glück in Dir und nun auch in den Kindern sucht. [...]

Auszug 87 aus Feldpostbriefen

Frankfurt, Montag, 6. März 1916

(...) Nun erwarte ich nach getanem Tagewerk im Frankfurter Wartesaal meinen Zug, der um 11^{57} abgehen soll. Von 4 Uhr bis ½8 Uhr war die Konferenz, übrigens nicht mit der »Schönen«, sondern mit meinem alten berühmten Freund. Mein Freund erzählte sehr interessant, Verdun hat ihnen einen mächtigen Schrecken eingejagt, aber ehe sie an's Ende denken, müssen ihnen wohl noch einige Hoffnungen auf gegenseitige Hilfe zerstört werden.

Hinterher zog ich mir wieder die Uniform an und sitze ich hier. Im übrigen regnete es und war kaltes Wetter, sodaß es mir fast etwas kühl in den dummen Zivilsachen war. Meine »Schöne« werde ich vorläufig nicht sehen, sie hat ein besonders großes Herz und ist einstweilen mit einem neuen großen Verehrer auf Reisen gegangen.

Die Rückkehr der »Möve«[7] hat mich auch sehr gefreut, der Kaiser hat den Grafen Dohna ins GrHQu bestellt, sodaß ich ihn vielleicht mal sehe. Das ist ein forscher Mann, ein anderer Kerl als die Juden, die sich hier in Frankfurt breitmachen. Ich habe da heute in den Restaurants Unterhaltungen gehört, daß ich am liebsten die Kerls rausgeworfen oder mit hinausgenommen hätte zu unseren Feldgrauen.

Erläuterung

»Der alte berühmte Freund« ist Agent 17 aus Paris (Baron Schluga). Er ist Österreicher, war ursprünglich Journalist und lebt seit seiner Jugend in Paris. In seiner Gesinnung ein Großdeutscher, hat er schon Bismarck als Vertrauensmann in Paris während des Krieges 70/71 gedient. Von ihm stammte die Meldung vom Abmarsch Mac-Mahons auf Sedan, welche in der Kriegsgeschichte als Zeitungsmeldung über London bekannt ist, auf welche hin Moltke den Rechtsabmarsch des deutschen Heeres auf Sedan befahl. Die Beziehungen zu ihm waren durch Oberst Brose als Chef der Sektion IIIb für den Nachrichtendienst en-

---

7   Der deutsche Hilfskreuzer »Möve« wurde 1915–1917 unter dem Befehl des Korvettenkapitäns Nikolaus Graf zu Dohna-Schlodien zur Aufbringung feindlicher Schiffe eingesetzt. Die Erfolge des Hilfskreuzers, er brachte insgesamt 39 alliierte Handelsschiffe auf oder versenkte sie, wurden intensiv zu Propagandazwecken genutzt.

ger gestaltet, dann von Major Heye gepflegt und von mir nach Übernahme der Chefstellung in meinem, durch die Knappheit der mir bewilligten Geldmittel verursachten Bestreben, dem deutschen Nachrichtendienst wenige, aber hochstehende Verbindungen zu erschließen, besonders hoch bewertet worden.«17« hatte sich inzwischen eine sehr angesehene Stellung in Paris verschafft. Er verkehrte in den ersten politischen und militärischen Kreisen und suchte planmäßig Beziehungen zu den für den Kriegsfall entscheidenden Persönlichkeiten. Bei seiner Anleitung hatte ich mir ein Wort des französischen Kriegsministers zum Lehrsatz genommen, welcher im Jahr 1899 vor der französischen Kammer, als die Sozialisten die Geheimmittel für den Generalstab mit der Begründung streichen wollten, Nachrichtendienst und Spionage führten nur zu außenpolitischen Verwicklungen, es gäbe auch nur wenig wirkliche Geheimnisse, welche durch ein großes Treiben der Spionage doch nicht festgestellt würden, erklärt hatte: es sei richtig, daß es nur wenig wirklich entscheidende Geheimnisse gäbe, aber darum müßte man sich eben in Besitz dieser setzen und könne es nicht anders erreichen, als auf dem Weg eines zielbewußt geführten geheimen Feststellungsdienstes. Es komme darauf an, auf diesem Wege Beziehungen herzustellen bis in die engste Umgebung der entscheidenden Männer, möglichst in die des Monarchen des gegnerischen Staates. »Sehen Sie bitte so und nicht anders die Aufgabe unserer Agenten.« Die Mittel wurden daraufhin von der französischen Kammer bewilligt.

Als ich nach Übernahme der Geschäfte »17« zum ersten Mal sprach, es war in Dresden, war die Unterkunft im Hotel Bellevue, unser Essen im Englischen Garten und der Abend in der Staatsoper gerade gut genug, um den Lebensgewohnheiten dieses »Agenten« zu entsprechen. Seine vielseitige Bildung und sein langjähriger Einblick in diplomatische und militärische geschichtliche Ereignisse machten es mir jungem preußischen Generalstabsoffizier mit meiner Vorbildung nicht leicht, ihm gewachsen zu sein oder noch darüber hinaus die Rolle eines anleitenden Vorgesetzten zu spielen. Dieser Agent war mein bester Lehrmeister zur Anleitung meiner Nachrichtenoffiziere für Auswahl, Instruktion und Vernehmung ihrer Agenten. Je näher der Krieg rückte, desto intensiver war mein persönlicher Einsatz für diesen und die wenigen sonst noch gewonnenen Agenten höheren Formats. Ich hatte als Nachrichtenoffizier in Königsberg zwar auch Agenten kleinen Formats kennengelernt und auch die von rein Geschäftlichem beseelten Typen der kleinen Juden. Ich bin ständig bemüht gewesen, den letzten Typ auszuschalten. Es ist natürlich viel leichter, eine große Masse von Agenten zu haben, sie sind auch in gewissem Umfang für kleine Dinge nötig, die Hauptsache aber und für mich als Chef des Nachrichtendienstes als Gehilfen des militärischen Führers allein wertvoll waren die wenigen anderen. Ich darf auch hier von diesen nicht sprechen, von »17« darf ich es und darf seinen Namen nennen, weil seine Tätigkeit nach dem Kriege den Franzosen bekannt wurde. Wenn er mir vor dem Kriege in Deutschland persönlich berichtete, was ich der Sicherheit wegen jedem anderen Weg vorzog, so war ich bemüht, ihn auch in unmittelbare Berührung mit den zuständigen Generalstabsoffizieren zu bringen, sowohl dem Chef der französischen Abteilung, wie dem Oberquartiermeister I, Graf Waldersee, dem politischen Berater des Generalstabschef. Sie teilten meine Ansicht über die Richtigkeit, den Nachrichtendienst mit diesen Zielen auszubauen und legten auf das Zusammensein den größten persönlichen und sachlichen Wert.

Es ist bezeichnend für die Minderwertigkeit des französischen Nachrichten- wie Abwehrdienstes, daß er diese Vorgänge nicht feststellte und daß es selbst im

Kriege so oft es mir notwendig schien, allerdings unter entsprechenden Vorsichtsmaßnahmen möglich war, »17« in Deutschland zu sprechen und ihn auch hier mit maßgebenden anderen Offizieren der OHL zusammen zu bringen und daß außerdem eine regelmäßige schriftliche Berichterstattung möglich war. Seine Instruktion allerdings war auf das Mündliche beschränkt und habe ich sie deshalb als meine eigene Aufgabe betrachtet.

Seine Tätigkeit wurde nicht von den Franzosen verhindert, sondern es wurde von mir freiwillig darauf verzichtet. Ich gewann im zweiten Teil des Krieges den Eindruck, daß er nicht, wie er angab, mehr aus Paris, sondern irgendwo anders her berichtete. Ich sagte ihm dies bei der nächsten Zusammenkunft auf den Kopf zu. Er gestand sofort, seinen Wohnsitz nach Genf verlegt zu haben, weil er in seinem Alter (er war in den 70er Jahren, weißhaarig, von sehr gepflegtem und vornehmen Äußeren) nicht mehr die Nerven habe, seine Aufgabe in Paris zu lösen. Ich erklärte ihm, daß ich das verstände und daß er auch bei seiner Kenntnis und Erfahrung von Genf aus gute Dienste hätte leisten können. Daß er aber sein Handeln verschwiegen und eine Berichterstattung aus Paris vorgetäuscht hätte, zerstöre das notwendige Vertrauen in seine Zuverlässigkeit. Ich erklärte ihn seines Amtes enthoben. Er brach, indem er mir seine Anerkennung für meine Auffassung und seine persönliche Verehrung zu erkennen gab, völlig zusammen. Ich erklärte ihn für interniert. Ich ließ ihm unter der notwendigen Bewachung zunächst eine 6-wöchige Erholungskur in Wiesbaden zuteil werden und wies ihm dann Zwangsunterkunft in Brüssel an in einem von seinen Bewohnern geräumten vornehmen belgischen Haus, mit der notwendigen persönlichen Bedienung, in welchem »17« in seinen gewohnten äußeren Umständen noch bis zu seinem Tode dicht vor Kriegsende gelebt hat.

Die »Schöne« war Mata Hari, welche als Tochter eines holländischen Offiziers in Indien geboren war, als erste Nackttänzerin internationales Aufsehen erregte und ihrer Schönheit wegen in Paris eine große Rolle spielte und augenblicklich die Geliebte des französischen Kriegsministers Messimy war. Paris lag ihr sozusagen zu Füßen. Als es mit dieser großen Rolle bei Kriegsausbruch zu Ende war und ihr nur der etwas ältliche Kriegsminister verblieb, schlug ihre Liebe zum französischen Milieu in das Gegenteil um. Sie empfand die Abkehr ihres Verehrerkreises zur nationalen Begeisterung als persönliche Beleidigung und wandte in dem Bestreben, sich eine neue große Position zu erobern, ihre Blicke auf Deutschland. Sie verfiel auf den Gedanken, das ihr gebliebene Verhältnis zum Kriegsminister im Nachrichtendienst auszuwerten und glaubte in ihrer fantastischen Begabung hiermit eine große Rolle spielen zu können. In dieser Wandlung bot sie einem deutschen Generalkonsul außerhalb Frankreichs ihre Dienst an. Das Angebot gelangte über das Auswärtige Amt an mich, wie es in Romanen vorkommt, glaubte man auch hier, einen glücklichen Fang getan zu haben. Meiner Auffassung entsprach das aber nicht. Ich hatte die Verwendung von Frauen im geheimen Nachrichtendienst auf Ausnahmefälle beschränkt und mir in jedem Falle die Genehmigung vorbehalten. Frauen können unter besonderen Voraussetzungen wohl Dienste leisten, vor allem Vermittlerdienste, indem sie z.B. ihr Haus als politischen Salon gestalten und dem Nachrichtendienst zur Verfügung stellen, damit seine Beauftragten dort Dinge von Wichtigkeit erfahren, oder aber als Boten, weil sie als solche durch die Ritterlichkeit gegenüber dem weiblichen Geschlecht, namentlich je höher sie gesellschaftlich stehen, geschützt sind. Zum unmittelbaren Feststellen politischer, wirtschaftlicher oder militärischer Fragen sind sie aber kaum geeignet infolge meist fehlender jeglicher Vorbildung. In diesem Licht erschien mir Mata Hari, zumal alles was ihr Leben und Handeln bisher bestimmt hatte, auf Liebe verdorbenster Art, also auf Lüge und Betrug, auf Lebensgenuß aber nicht auf Lebensopfer aufgebaut war. Ich hatte also zunächst abgelehnt, daß der militärische Nachrichtendienst Verbindung zu Mata Hari aufnahm. Einen anderen gab es nicht und Mata Hari ließ nicht locker. Auch meine unterstellten ersten Kräfte im geheimen Nachrichtendienst begannen mich nicht zu verstehen. Im Verein mit den Kräften, welche Mata Hari heranschleppten, bestürmten sie mich, diese große sich bietende Chance nicht zurückzuweisen. Um mich ihrer zu erwehren, erbot ich mich, meine Entscheidung von einem persönlichen Eindruck abhängig zu machen. Mata Hari wurde mir auf vorsichtigen Umwegen vorgeführt. Die Besprechung kam, wie aus dem Brief an meine Frau hervorgeht, noch nicht Anfang März, sondern erst am 20. März im Domhotel in Köln zustande. Das äußere Auftreten ließ nichts zu wünschen übrig. Sie bewohnte mit unserem Geld eine Anzahl Zimmer in Begleitung einer Kammerfrau. Als ich sie zur verabredeten Zeit aufsuchte, erklärte mir diese, Madame ließe noch für einige Zeit um Entschuldigung bitten, sie bade noch. Ich ließ ihr bestellen, daß ich inzwischen essen werde und pünktlich 8 Uhr abends sie zu sprechen wünsche. Die Kammerfrau ließ erkennen, daß sie diesen rauhen Ton für ungewöhnlich hielt ihrer Herrin gegenüber. Als ich um 8 Uhr abends erschien, empfing mich Mata Hari in einer Toilette, welche mir zeigte, daß sie wohl meinte, mich ebenso gewinnen zu müssen, wie ihre früheren Geldgeber. Einzelheiten unseres Zusammenseins will ich nicht schildern, kann nur sagen, daß sie in dieser Stunde alle Künste einer ganz großen Kokotte spielen ließ, ein bedauernswerter, gerissener Mensch, ungebildet und dumm. Sie wußte nicht, wer ich war, wußte wohl aber, daß diese Unterredung über ihre Verwendung entscheiden sollte. Sie war enttäuscht, daß sie mich nicht verführen konnte und über meine Ablehnung ihres persönlichen und sachlichen Angebotes. Sie endete mit einer Bettelei um wenigstens 100,- Mark, die ich aus Mitleid bewilligte.

Auch meine mich erwartenden ersten Kräfte des geheimen Nachrichtendienstes, darunter Frl. Dr. Schragmüller, die von mir so hochverehrte und aus ganz anderen Kräften weiblichen Gefühls so verdienstvolle, als »Mademoiselle Docteur« bekannte Mitarbeiterin waren enttäuscht über den Ausgang. Trotzdem bestürmten sie mich von neuem. Auch ihnen hatte die »Geliebte des französischen Kriegsministers« zu stark imponiert und selbst mein Hinweis, daß der französische Kriegsminister, den wir doch bestimmt nicht unterschätzen dürften, nicht gerade militärische und politische Unterhaltungen mit dieser Geliebten führen würde und daß, selbst wenn er es täte, sie viel zu dumm sein würde, es zu verstehen und brauchbar berichten zu können, nützte nichts. Ich mußte mich also auch gegen diese meine ersten Mitarbeiter durchsetzen. Ich tat es, indem ich ihnen sagte, um den Beweis zu erbringen, daß ich recht habe und daß ich ihr Chef sei trotz aller Erfahrung ihres Alltags, in dem sie Gefahr liefen, den Blick für das Große zu verlieren und damit zu ihrer eigenen Belehrung wolle ich einverstanden sein, Mata Hari einzustellen. Ich verlangte aber, daß sie noch 14 Tage genauestens geprüft und instruiert würde. Während dieser Zeit mußte Frl. Dr. Schragmüller das Quartier mit ihr teilen. Ich nahm die Sache also ernst. Die Berichte, welche mir Frl. Schragmüller später über dies gemeinsame Wohnen in einem Raum mit dieser Frau, welche auf anderen Wegen zum Nachrichtendienst kam, waren erschütternd. Ich habe sie auch aufzeichnen lassen, weiß aber nicht, wo sie geblieben sind. Trotz allem blieb Frl. Schragmüller auch nach den 14 Tagen bei ihrem Rat, Mata Hari zu verwenden, zumal sie durch sie selbst auf das eingehendste und beste instruiert worden sei. Hier enthüllte selbst sie mir eine Schwäche des weiblichen Geschlechts, für eine so harte Sache, wie es der Nachrichtendienst ist, nur das Herz und Wünsche, anstatt den klaren Verstand und die Nüchternheit entscheiden zu lassen. Ich erklärte mich also einverstanden. Mata Hari wurde mit den besten chemischen Mitteln an Tinte usw. und in jeder Richtung sachlich und persönlich instruiert. Sie hatte einen Besitz in Biarritz und einen in einem holländischen Bade. Über beide ging durch ihre dortigen Angestellten als Vertrauensleute ihre sorgfältig getarnte Berichterstattung. Es trafen viele Briefe ein, aber der Inhalt aller war völlig belanglos. Sie war in der Sicherheit ihrer Verhältnisse und ihrer doch immer noch gebliebenen Anhänger leichtfertig. Sie zügelte auch nicht ihr Geltungsbedürfnis. Sie besuchte unter anderem den deutschen Militärattaché in Madrid. Es war also nicht schwer für den französischen Abwehrdienst, auf sie aufmerksam zu werden. Sie wurde beobachtet, ihre Briefe wurden beschlagnahmt, es gelang, die chemische Tinte zu entwickeln, sie wurde verhaftet, zum Tode verurteilt und in St. Vincent[8] erschossen. Bis zum letzten Augenblick hat sie nicht geglaubt, daß dieselben französischen Offiziere, die ihr bis zuletzt zu Füßen gelegen hatten, sie erschießen würden. Es soll eine widerliche Szene gewesen sein, als dies ihr erst auf dem Wege zur Exekution klar wurde.

Ich habe recht behalten und meine Grundsätze waren im deutschen Nachrichtendienst untermauert, das war aber auch der einzige Nutzen des Falles Mata Hari, den die Franzosen mit großem Geräusch aufbauschten und der auch in Film und Romanen sensationell ausgebeutet worden ist. In Wirklichkeit war es das nutzlose Opfer eines Menschenlebens, nach dem Gesetz zu Recht, nach dem tatsächlichen Nutzen und Schaden ihres Handelns gegenstandslos.

Nach dem Krieg ist die Güte des französischen Nachrichten- und Abwehrdienst reklamehaft betont und auch in Deutschland, verächtlicherweise, um die eigenen Leistungen herabzusetzen, gerühmt worden. In der Tat zeigt der nachträglich bekannt gewordene Fall von Mata Hari ebenso wie der des bekannt gewordenen Falles »17«, wie schlecht der in Frankreich mit großen materiellen und persönlichen Mitteln ausgestattete Dienst gearbeitet hat. Nicht nur meine Aussprachen mit »17« sind den Franzosen unbekannt geblieben, sondern auch die Zusammenkunft von Mata Hari mit dem Chef des deutschen geheimen Nachrichtendienst wird in der gesamten nicht geringen Ausbeutung des Falles in der französischen Literatur, Presse und Film nicht verwertet, weil es nicht bekannt war. Ähnlich verhält es sich mit anderen Vorgängen. [...]

Ich möchte nicht mißverstanden werden: Mein abweisendes Urteil über die Frauen, soweit mein Erleben den Nachrichtendienst betrifft, gilt nicht jenen Frauen, die besonders zu Beginn des Weltkrieges in großer Zahl sich meldeten, oft in Feindesland geboren und erzogen und darum glaubend, unerkannt im Nachrichtendienst dem bedrohten Vaterland helfen zu können, die zu Beginn

---

[8] Hier irrt Nicolai. Mata Hari wurde in Vincennes füsiliert.

des Krieges auch verwandt wurden und fast sämtlich fielen, ohne irgend einen Erfolg mit ihrem Opfer zu bringen. Insofern war aber gerade auch ihr Schicksal, gemessen an meiner Verantwortung mit Anlaß zu meinem Verbot.

Auch »Mademoiselle Docteur«, Frl. Dr. Schragmüller hoffte wohl, nachdem sie in jungem Überschwang bei verschiedenen militärischen Stellen um irgendeine Mitarbeit angefragt hatte und überall abgewiesen worden war und dann mit dem Nachrichtendienst in Berührung kam, in diesem einen Ganzeinsatz finden zu können. Ich habe ihr diesen geboten in Erkenntnis ihrer hohen geistigen Fähigkeiten und charakterlichen Eigenschaften, die sie zum Herrenmenschen machten und sie deshalb einem Generalstabsoffizier in der Leistungsfähigkeit gleichstellten. Ich habe ihr viel anvertraut, ihr aber niemals erlaubt, in Feindesland selbst sich aktiv für den Nachrichtendienst zu betätigen. Ich habe ihr bis zu ihrem Tode im Jahre 1940 dankbare Freundschaft gehalten und ihre Bedrängnis miterlebt, nach dem Weltkrieg und bei Ausbruch des neuen Kampfes sich wieder den Männern gleich einsetzen zu dürfen. Ich habe aber da den Überschwang weiblicher Einsatzbereitschaft in ihr bekämpfen müssen und die körperliche Begrenztheit der Frau im soldatischen Einsatz gesehen. Sie hat im Weltkrieg mit ihrer Jugend auch ihre Gesundheit ihrer Arbeit zum Opfer gebracht.

In den Frauen, die in meinen dienstlichen Gesichtskreis traten, weil sie einen politischen Salon unterhielten, fand ich Ähnlichkeiten zu Mata Hari insofern, als sie eine Rolle, die sie vor dem Kriege infolge ihres Geldes im gesellschaftlichen Milieu spielten, im Kriege zerrinnen sahen und aus Eitelkeit bemüht waren, sie weiter zu spielen und dabei, ohne es zu wissen, auf Abwege gerieten, vor welchen sie der Abwehrdienst bewahren mußte, oder viel mehr in einem Umfange hätte bewahren müssen, wie es mir bei ihrer meist hohen gesellschaftlichen Stellung unter den bestehenden Verhältnissen leider nicht immer möglich war. [...]

Auszug 88 aus Feldpostbriefen

Donnerstag, 9. März 1916

(...) Du hast recht, daß der Haß gegen die Anstifter dieses Krieges nicht groß genug sein kann. Das deutsche Volk ist auf dem Wege, sich von diesem kräftigendem Haß zu entfernen. Von morgen ab treten zu meiner Abteilung Walter Bloem (jetzt Bataillonsführer Rgt. 12 vor Verdun) und Rudolf Herzog. Sie sollen publizistisch nach meinen Weisungen tätig sein, auf Falkenhayns Wunsch. [...]

Erläuterung

Vor Beginn des Angriffs auf Verdun hat Falkenhayn noch meinen Vorschlag, Bloem und Herzog zur Belebung der Berichterstattung in meinen Stab berufen zu dürfen, abgelehnt (s. 17.2.1916). Jetzt nachdem der Angriff begonnen, zwar einen lebhaften, aber auch Falkenhayn unsympathischen sensationellen Widerhall in dem einzigen Organ für die öffentliche Meinung, der Presse, ohne jede Tiefe der Betrachtung gefunden hat, auch seitens der verantwortlichen politischen Kriegführung nichts in dieser Richtung geschieht, hat er mich am 7.3. in einer für mich die Einsamkeit des rein militärischen Führers offenbarenden Weise gefragt: »Wo bleibt eigentlich die geistige Führung unseres Volkes? Es bleibt so still in unserem Rücken. Wo sind unsere Gelehrten, Dichter und Künstler?«

Ich habe ihn erneut auf meine von ihm abgelehnte Bitte hingewiesen, einem Historiker einen Platz in seiner Nähe einzuräumen, damit dieser sein Handeln als Führer miterlebe und aus seiner Berufung heraus historisch dem Volke deute. Er erinnert mich, daß Hans Delbrück, den ich für diese Aufgabe ihm hätte vorschlagen wollen, doch auch nach meiner Ansicht sich als unfähig erwiesen habe und fragte mich, ob ich ihm einen Anderen vorschlagen könne. Ich mußte ihm dies verneinen. Ich will damit nicht sagen, daß keiner dagewesen wäre und muß für meine Antwort zur Entschuldigung sagen, daß es nicht meine Aufgabe war, darüber Bescheid zu wissen. Die Frage war eben, wie so manche andere von zuständiger Stelle, d.h. der politischen Kriegführung verabsäumt worden und im Kriege nicht nachzuholen. Daß es verabsäumt worden war, lag auch an den deutschen Historikern selbst, die ihren Beruf in Forschung und Lehre immer noch in der Vergangenheit sahen.

Ich erinnerte Falkenhayn dann an meinen gleichfalls abgelehnten Vorschlag der Berufung von Walter Bloem und Rudolf Herzog, um der Berichterstattung wenigstens eine neue, belebende äußere Form zu geben. Ich erneuerte diesen Antrag und erwähnte dabei, daß Bloem als Bataillons-Kommandeur gerade den Douaumont mitgestürmt habe. Falkenhayn erwiderte: »Wenn er das getan hat, wird er als Dichter nützen können und hat es dann auch verdient, einmal hinter der Front zu sein.« So habe ich Bloem und Herzog telegraphisch beordert. [...]

Notiz vom 9.3.16

Falkenhayn kündigt mir den bevorstehenden Rücktritt von Tirpitz an.

Auszug 89 aus Feldpostbriefen

GrHQu, Sonntag, 12. März 1916,
nachm. 2 Uhr

(...) Bloem trat an im Schmutz von Verdun auf den Kleidern, er ist durch die Versetzung aus dem Schützengraben direkt geholt worden. Er schilderte seine Eindrücke frisch und als begeisterter Soldat, führte das I. Batl. 12, lag vor Dorf Douaumont.

Als frischer Verdun-Kämpfer war er natürlich Gegenstand des Interesses Aller hier, gestern abend vor der Abreise aß er noch beim Kanzler, heute sollte er beim Kaiser sein. Hoffentlich verwöhnen sie mir diesen schon selbstbewußten Mann nicht zu sehr! Das würde mir das Arbeiten mit ihm nicht erleichtern. Auch Rudolf Herzog ist sich seines Könnens reichlich bewußt und eitel. [...]

Erläuterung

Mit Bloem habe ich Glück gehabt. Er gefällt. Dagegen leider gar nicht Rudolf Herzog. Welcher Unterschied zwischen den beiden Dichtern, der eine aus dem Schützengraben und der andere aus der Heimat. Nicht nur äußerlich, der Eine in Uniform, der Andere in Zivil, darunter aber beide gleich eitel, jeder hält sich für *den* Dichter. Sie sind seit der Kindheit befreundet aus gemeinsamer Heimatgegend. Das erleichtert aber scheinbar ihre Zusammenarbeit nicht, sondern wird sie erschweren. Ich sehe sorgenvoll in die Zukunft.

Ich habe die Feldpressestelle geschaffen, die Leitung Bloem seines militärischen Ranges und seiner Bewährung als Soldat wegen übertragen, Herzog ihm also untergeordnet und noch eine Anzahl im Frontdienst erfahrener, augenblicklich nicht frontverwendungsfähiger, geeigneter Offiziere des aktiven und des Beurlaubtenstandes überwiesen. [...]

Dienstag, 14. März 1916

Die Entlassung Tirpitz' ist noch nicht amtlich veröffentlicht, schlägt aber in der politischen Heimatwelt bereits hohe Wellen. Umstehend ein Bericht des Chefs des Kriegspresseamtes darüber. Darin verlautet wieder von Falkenhayns Absicht, Bethmann zu stürzen. Ersichtlich ist auch die hinter den Kulissen anstatt offen und klar wirkende Tätigkeit des Pressechefs der Regierung, Geheimrat Hammann, auch die mir schon als Merkmal auffallende Art von Tirpitz des Leisetretens und der Stimmungsmache für sich, also die Verwendung fremder Hilfskräfte, anstatt mannhaft selbst für seine Überzeugung eindeutig und willensstark einzutreten, sich nicht absetzen zu lassen, nicht still zu gehen, sondern aufrecht zu fallen. Bernhard, dessen Äußerung, Tirpitz gehe mit ganz besonders heiterer Miene im Tiergarten spazieren, Deutelmoser widergibt, ist der maßgebende Mann im Verlag Ullstein, Jude und Vorsitzender im Presseausschuß. Der gleichfalls erwähnte Foertsch war Chefredakteur der »Kreuzzeitung«, bis er bei Deutelmoser eine Art Adjutantenstellung im Kriegspresseamt bekam. Bezeichnend ist, daß Deutelmoser die belebende Wirkung eines Waffenerfolges als selbstverständlich stärkstes Mittel zur Lenkung der öffentlichen Meinung bezeichnet. [...]

Berlin, Montag, 13. März 1916

Lieber Nicolai!
Nachstehend einige Streiflichter zum Falle Tirpitz. Ich schreibe eigenständig und in der Form eines Privatbriefes, um keinen Dritten beteiligen zu müssen. Im AA traf ich vorhin den Staatssekretär von Jagow auf dem Korridor. Er erzählte mir, daß T. verschiedene alte Admirale als Sendboten benutze, um für sich Stimmung zu machen. Dabei wurde auch verbreitet, daß Seine Exzellenz von Falkenhayn den Abgang von T. nur deshalb dulde, um später seinerseits den Kanzler desto sicherer stürzen zu können. Hammann erwähnte heute in einer Unterhaltung, daß ein aktiver Kapitän aus dem RMA gegenüber einem Beamten des AA davon gesprochen habe, es würde, falls T. ginge, zu Volkskundgebungen vor dem Reichstage kommen.

Die heute von Wittmann abgegebene Erklärung, daß T. krank sei – die heute ja auch in den Abendblättern erschienen ist – glaubt selbstverständlich kein Mensch. Hammann hat die Zeitungsnachricht lanciert, wie er sagt auf Weisung vom GrHQu. Tirpitz geht unterdessen (wie Bernhard) sagt, mit ganz besonders heiterer Miene) im Tiergarten spazieren. »Auf Schanz«, wie ebenfalls Bernhard sagt. Davon spricht natürlich jetzt ganz Berlin.

Im Parlament soll angeblich eine große Offensive gegen den Kanzler geplant sein. Sowohl im Reichstag wie im Abgeordnetenhaus schließe man sich gegen ihn zusammen. Gewährsleute unabhängig voneinander Bernhard und Foertsch.

Zahlreiche bürgerliche Journalisten sind nach Hammann heute Morgen, im Reichstage zu einer Art von Syndikat zusammengetreten, um einen gemeinsamen allerorten zu verbreitenden Artikel über Tirpitz zu vereinbaren.

Auch im gewöhnlichen Volk wird, wie man mir sagt, schon sehr viel über die Sache gesprochen.

Man siehe mithin: der Apparat ist in Gange. Und die überaus große Mißstimmung wegen der Lebensmittelnot schürt die Erregung.

Wir werden also auf einige Erschütterungen gefaßt sein müssen. Ich bin auch überzeugt, daß hier und da Zensurverstöße vorkommen und auch üble Artikel erscheinen werden. Aber ebenso fest bin ich davon überzeugt, daß der Sturm beschworen werden wird, wenn die maßgebenden Leute die Nerven behalten.

Für sehr wichtig halte ich den *Artikel in der Norddeutschen.* Hammann hat den Kanzler gefragt, wie er darüber denke und der Kanzler hat sehr lebhaft zugestimmt. Auch die *Vorschläge zur militärischen Regelung der Lebensmittelfrage* empfehle ich gerade jetzt zu doppelt ernster Beachtung. Schon eine Zeitungsnotiz, daß man militärische Abhilfe plane, würde m.E. erlösend wirken. Am stärksten wäre selbstverständlich die *belebende Wirkung eines Waffenerfolges,* der die Blicke wieder nach außen und nach der Sonne zu lenken würde. Aber in so großem Stile und so zu gerufener Zeit läßt sich das Schicksal ja nicht gebieten. Über den Erfolg der heutigen Journalistenbesprechung beim Kanzler höre ich bisher nur gutes. Ich habe aber noch keinen Konservativen gesprochen.

Für diesmal genug. In Treue grüßt Sie herzlich Ihr

[gez.] Deutelmoser

Auszug 90 aus Feldpostbriefen

GrHQu, Mittwoch, 15. März 1916

[...] Nun fahre ich von Aachen ab der belgischen Grenze entgegen. Gestern in Cöln habe ich unsere schöne Freundin gesprochen. Hoffentlich hat sie Erfolg. [...]

Die letzte Zeit war für mich sehr tatenreich. Die Ereignisse mit Tirpitz' Abgang schlugen lebhafte Wellen in mein Arbeitsgebiet der Presse-Zensur, da – wie Ihr gemerkt haben werdet, – in politischen Kreisen an sich berechtigte große Erregung eintrat, die sich auch noch im Reichstag äußern wird. Bedauerlich ist, daß bei alledem so weitgehender Einfluß versucht wird, ohne daß alle Zusammenhänge den Leuten bekannt sind und ihnen auch nicht bekannt gegeben werden können. Hoffentlich geht alles zum guten Ende aus, ich beneide den Kanzler nicht, wünsche ihm aber und seinen Mitarbeitern endlich Festigkeit.

In den ersten Apriltagen ist eine große Konferenz aller im Inland und Ausland zur Spionageabwehr leitend tätigen Männern in Berlin, der ich präsidieren muß. Die Abwehr ist uns für die Verduner Unternehmung wieder gut gelungen, die Franzosen haben trotz aller in Deutschland verbreitet gewesener Gerüchte nichts Genaues gewußt, wie jetzt feststeht. Da diese Arbeit hauptsächlich in Deutschland geleistet ist wie die erfolgreiche Geheimhaltung zu den anderen letzten großen Operationen im Osten und Südosten, so habe ich gebeten, daß Brose dafür das Kreuz I. erhält und würde mich freuen, wenn der alte selbstlos arbeitende Herr diese Auszeichnung bekommen würde. Von Berlin will ich dann nach dem Osten, zu Hindenburg und nach Warschau. Der russische Angriff erfolgt in großer Stärke.[9] Da wir aber den Angriff vorausgesehen haben, hoffen wir, daß er keinen Erfolg haben wird. Er beweist jedenfalls, wie Verdun den Verbündeten das Konzept ihrer großen *gemeinsamen* Frühjahrsoperationen verdorben hat. Es wird wieder nichts Einheitliches. Im Westen dürften die Franzosen zu einer großen Offensiv-Operation kaum fähig bleiben, da sie ihre großen verfügbaren Reserven bei Verdun einsetzen müssen und einbüßen. Und daß die Engländer allein einen großen Angriff machen, sieht ihnen nach dem bisherigen Verhalten nicht ähnlich. Unerhört ist es, wie das französische Volk und die Neutralen über die Lage getäuscht werden. Wenn man dagegen unsere Lage betrachtet, versteht man nicht, daß im deutschen Volk so mancherlei Anzeichen zu Kleinmut hervortreten. Wir haben von allen den wenigsten Grund dazu und sind doch in manchem die Kleinmütigsten! Dabei ist es so sehr schwer, diese Stimmungen zu beeinflussen. Auch unser Versuch mit der neuen »Feldpressestelle« (Bloem und Herzog) wird nur langsam und schwierig reifen. Das habe ich jedenfalls schon bemerkt, daß mit solchen Künstlern schwer zu handeln ist. Diese beiden sind doch zweifellos noch welche von den Kräftigsten, sie wollen aber trotzdem alles künstlerisch anfassen, während ich mehr das soldatische suche. Nimmt man den Soldaten für solche Aufgaben, so fehlen ihm wieder die Beherrschung der Feder und des Wortes.

Durch das Moselgelände zwischen Aachen und Lüttich, bin ich schon auf belgischem Boden. Der Widerstand gegen uns ist beharrlich. Dem Bischof Mercier

---

[9] Russischer Entlastungsangriff am Naratsch-See von Mitte bis Ende März 1916.

war jetzt nach Bissings ernstem Brief hoffentlich endgültig das Handwerk gelegt.[10] [...]

Da man gar keinen Anhalt hat, wann wohl der Frieden »ausbrechen« könnte, wie die Soldaten sagen, muß man sich darüber auch gar nicht den Kopf zerbrechen. Ich glaube aber doch, wenn die Feinde jetzt im Frühjahr keinen Erfolg haben und vielleicht sogar Niederlagen, dann werden die feindlichen Völker doch von den Regierungen Antwort verlangen, ob es denn noch Aussicht hat, Opfer an Blut und Gut zu bringen ohne Rücksicht auf den Sieg. Dazu gehört aber, daß wir ihnen auch die Hoffnung nehmen, daß sie uns indirekt wirtschaftlich kleinkriegen können. Darum jeder Deutsche: »Kopf hoch und – wenn's sein muß – Leibriemen enger geschnallt!« Allerdings sollen auch die Behörden zu Hause ihre Pflicht tun! In dieser Beziehung mache ich meinen hohen Herrn gelegentlich scharf. Aber da gibt's unglaubliche Widerstände! Nicht bei ihm, denn er ist weiter der nervenstarke, unermüdliche zähe Führer. Aber woanders. Auch darüber kann ich Dir nur erzählen. Ich hoffe also, daß in nächster Zeit das Militär doch eingreifen und hoffentlich bessern wird. [...]

Erläuterung

Nach Antwerpen führte mich folgender Anlaß: Seit längerer Zeit habe ich als notwendig erkannt, unsere Bemühungen beim Auswärtigen Amt auf ein aktiveres Vorgehen der Propaganda durch Kommandierung eines Generalstabsoffiziers dorthin zu verstärken. Zwar befindet sich ein Vertreter des Auswärtigen Amts und des Reichskanzlers im Hauptquartier, wenn der Staatssekretär und der Reichskanzler nicht selbst anwesend sind. Die Einflußnahme ist aber dann auf kurze Gelegenheiten beschränkt bei dem großen Umfang ihrer sonstigen Aufgaben, es scheint mir notwendig, mit den eigentlichen Bearbeitern in Berlin in dauernde Verbindung zu kommen, ich hoffe, mit diesen jüngeren Herren offener sprechen zu können und bei ihnen bedenkloseres Verständnis und Tatkraft zu finden. Meine bisherigen Erfahrungen haben durchaus bestätigt, daß solche Mitarbeiter sowohl in der Reichskanzlei als im Auswärtigen Amt vorhanden sind, die aber allein einflußlos sind und auf diesem Wege vielleicht durch Material und Anregung von militärischer Seite gestützt werden können. Mir schwebt also ein Vertreter meines Arbeitsgebietes für Fragen der außenpolitischen Kriegführung vor, wie ich ihn in Deutelmoser und im Kriegspresseamt für innenpolitische Fragen besitze. Ich gehe also auf die Schaffung einer mir angegliederten und durch mich mit Weisungen der OHL zu versehenden »militärischen Stelle beim Auswärtigen Amt« aus.

Ich habe darüber mit dem Chef der Zentralabteilung (Personalien), Oberst v. Fabeck, gesprochen, er hat mir zugestimmt. Er meinte aber, es wird schwer sein, einen dafür geeigneten Generalstabsoffizier zu finden. Er spricht mit mir die einzelnen Offiziere durch, welche Militärattaché sind oder waren. Der Einzige von diesen, welcher nach unserer Meinung in Frage käme, Oberst v. Winterfeldt, ehe-

---

[10] Der Erzbischof von Mecheln, Kardinal Désiré-Joseph Mercier, war einer der einflussreichsten Gegner der deutschen Besatzung in Belgien, weswegen ihm vom Generalgouverneur, Generaloberst Moritz Freiherr von Bissing, im März 1916 in einem offenen Brief strafrechtliche Konsequenzen angedroht wurden.

mals Militärattaché in Paris, ist zur Zeit gesundheitlich nicht auf der Höhe. Ich schlage den Oberstleutnant v. Haeften vor, welcher in der Kriegsgeschichtlichen Abteilung I durch General v. Freytag-Lorringhoven besonders anerkannt war, welcher also große kriegsgeschichtliche Kenntnisse besitzt. Er hat bei Kriegsausbruch den »Aufruf an mein Volk« im Auftrage von Moltke geschrieben. Er ist zwar herzleidend, besitzt aber infolgedessen ein fabelhaftes Temperament. Fabeck erwiderte: »Falkenhayn würde doch Haeften nicht nehmen.«

v. Haeften war dem Generaloberst v. Moltke zugeteilt worden, als diesem nach seinem Rücktritt als Chef des Generalstabes vom Kaiser Schloß Homburg zur Erholung zur Verfügung gestellt war. Aus der Stimmung von Moltke hat sich in ihm eine erste Gegnerschaft gegen Falkenhayn entwickelt.

Im Anschluß an Homburg war v. Haeften durch Falkenhayn zu Oberost kommandiert, um die dortige Lage zu beurteilen und darüber ihm zu berichten. Hier war er ein Anhänger der Ludendorffschen Gedanken über die Gesamtkriegführung in Ost und West geworden. Er ließ sich in seinem Temperament im Lauf der Dinge verführen, durch den Prinzen Joachim, welcher gleichfalls und zwar als mein Hilfs-Nachrichtenoffizier nach Oberost kommandiert war, der Kaiserin nahe zu legen, den Kaiser zur Berufung Hindenburg-Ludendorffs an Stelle von Falkenhayn zu beeinflussen. Die Kaiserin nahm hierüber mit ihm persönlich Verbindung und unterrichtete den Kaiser. Dieser sah in Haeftens Vorgehen eine schwere militärische Insubordination und wollte ihn kriegsgerichtlich zur Verantwortung ziehen. Dies unterblieb auf Bitten Falkenhayns aus Rücksicht auf Ihre Majestät. Haeften war aber dadurch in Ungnade gefallen und wurde auf den Posten des Generalstabschefs beim Gouvernement in Antwerpen verbannt.

Nach diesen Vorgängen hält es also Oberstleutnant v. Fabeck für ausgeschlossen, daß Falkenhayn mit der von mir Haeften zugedachten Verwendung einverstanden ist. Er gibt mir zwar zu, daß er keinen besseren oder überhaupt einen anderen für diese Verwendung wüßte, sagt aber, daß er ihn nicht Falkenhayn vorschlagen könne. Wenn ich es wagen wollte, müsse ich es selbst Falkenhayn vortragen.

Meinerseits habe ich nur das eine Bedenken, ob Haeften, welcher zu mir immer in freundschaftlichem Verhältnis gestanden hat, bei seinem älteren Patent bereit sein wird, in gewissem Umfang mir unterstellt zu sein.

Ich suche ihn deshalb in Antwerpen auf und bespreche mit ihm die Aufgabe, für welche ich ihn Falkenhayn vorzuschlagen beabsichtige. Er erklärt sich einverstanden, sie zu übernehmen. [...]

Donnerstag, 23. März 1916

Ich trage Falkenhayn meinen Vorschlag für Einrichtung einer militärischen Stelle beim Auswärtigen Amt und die Beauftragung v. Haeftens für diese vor.

Er erkennt die Notwendigkeit der Einrichtung an und stimmt ihr zu. Haeftens Beauftragung lehnt er schroff ab mit den Worten: »Wie können Sie für eine solche Stelle einen Offizier vorschlagen, welcher gegen Ihren Chef intrigiert hat!«

Ich erwidere, in Übereinstimmung mit Oberstleutnant v. Fabeck wüßte ich keinen Anderen, der geeignet wäre und das sei für mich entscheidend gewesen. Ich hielte es für selbstverständlich, daß Haeften die Stellung nach den Weisungen der OHL wahrnehmen werde, nachdem er mir die Zusage gegeben habe, sie anzunehmen. Im Übrigen glaubte ich, da ich ja sachlich vorgeordnet wäre, meinerseits die Gewähr übernehmen zu können, bei irgend welchen Anzeichen sofort einschreiten zu können.

Falkenhayn bleibt bei seinem Nein.

Der Chef der Zentralabteilung hat, als ich ihm vom Ausgang meines Vortrages Mitteilung mache, nur ein lakonisches »Na also, das habe ich Ihnen ja vorher gesagt.« Ich erwidere: »Dann muß ich es eben noch einmal versuchen.«

Freitag, 24. März 1916

Oberstleutnant v. Tieschowitz wird Chef der Zentralabteilung an Stelle des Oberstleutnants v. Fabeck, welcher in der Front verwendet wird.

Ich begrüße diesen Wechsel, weil es mit Fabeck schwer war, etwas zu erreichen. Er trägt m.E. in seiner Stellung als Chef der Personalabteilung einen großen Teil der Schuld an der Stellenbesetzung innerhalb der OHL und auch der obersten Kommandostellen des Heeres bei Kriegsausbruch und des Verharrens. Der ihm von mancher Seite gemachte Vorwurf, Adel und Garde zu bevorzugen, ist zweifellos nicht ganz unberechtigt. Ich grolle ihm am meisten persönlich, weil er mein Bestreben, meine Nachrichtenoffiziere bei den Armee-Oberkommandos zur Stärkung ihrer schwierigen Stellung grundsätzlich in den Generalstab zu versetzen, ablehnte mit der unaufrichtigen Begründung, »eine größere Auszeichnung, als Nachrichtenoffizier der OHL zu sein, gäbe es doch nicht.« Das war eine unwahre Redensart, bestimmt, meine Bitte, welche vom üblichen Schema abwich, abzubiegen.

Nachfolger von Tieschowitz als Chef der außenpolitischen Abteilung wird Oberst v. Bartenwerffer, vortrefflich im Geiste des 1. Garderegiment z.F., in welches er zur Auszeichnung versetzt worden war, für seine Aufgabe ebenso wenig vorbereitet, wie ich es für meine Aufgabe war, als ich mit Fragen der Innenpolitik betraut wurde. So notwendig Falkenhayns Selbstvertrauen und sein Wille zur eigenen Verantwortung ist, so schade ist es, daß er, wie im Chef der Operationsabteilung, Oberst Tappen, auch in Bartenwerffer nur einen Handlanger sieht.

Tieschowitz war beim Zustandekommen des Militärbündnisses mit Bulgarien ein mit Initiative und Erfolg handelnder Mitarbeiter Falkenhayns, er war bei Kriegsausbruch 1. Adjutant Moltkes und erhält nun eine neue ehrenvolle Stellung, ich glaube, daß er in dieser von allen Seiten im Generalstab und bei den Kommandobehörden, einschl. Oberost begrüßt wird. [...]

Auszug 91 aus Feldpostbriefen

GrHQu, Samstag, 25. März 1916

(...) Draußen steht alles gut, ich sehe sowohl der Abwehr der Russen als dem weiteren Fortschreiten im Westen mit Vertrauen entgegen. Der Ertrag der Kriegsanleihe ist über Erwarten gut und sehr erfreulich.

Meine Front-Fahrt war anstrengend aber erfreulich und erfolgreich.

Die Spaltung der sozialdemokratischen Partei halte ich im allgemeinen Sinn nicht für günstig.[11] Besser, die feindlichen Gruppen wären unter einem Hut uneins geblieben. Ich fürchte, daß die Radikalen nun sich freier entwickeln und die Massen mit Schlagworten, die billig werden, an sich reißen. Auch werden wir den Gemäßigten, um sie zu stützen, Zugeständnisse machen müssen, mehr als sonst notwendig war.

Mittwoch, 29. März 1916

Die Spaltung der sozialdemokratischen Partei hat meine Reise nach Berlin erforderlich gemacht. Auf der Rückreise nach Charleville habe ich heute in Köln endgültig die Verwendung von Mata Hari genehmigt. Sie hat die Bezeichnung »H 21« erhalten. Ich fürchte ja mit meiner Ansicht recht zu behalten, obgleich mir alle Autoritäten Erfolg voraussagen. [...]

Mittwoch, 5. April 1916

Fritz v. Unruh liest mir im Kronprinzlichen Hauptquartier in Stenay aus seinem im Entstehen begriffenen Buche »Verdun« vor. Ich habe mit ihm bei meinem Nachrichtenoffizier, Frhr. v. Gebsattel gefrühstückt, welcher mir meldet, daß Unruh auch dem Kronprinzen aus seinem Manuskript vorgelesen habe, daß letzterer davon sehr begeistert sei. Auch ich bin tief beeindruckt. Während der schlanke noch jugendliche Dichter in Felduniform am Kamin steht, den rechten Arm, mit welchem er das Manuskript hält, aus dem er vorliest, auf den Kamin gestützt, denke ich, daß ich eine Stimmung erlebe, ähnlich der, als Theodor Körner in den Freiheitskriegen seinen Kameraden seine Gedichte vorlas.[12]

Donnerstag, 6. April 1916

[...] Der erste Generaladjutant, Generaloberst v. Plessen spricht mir den Wunsch aus, bei Fahrten Seiner Majestät zur Front Berichterstatter zuzuteilen. In erster Linie sollten sie Erinnerungsblätter für den Kaiser selbst und nach Möglichkeit auch Berichte für die Presse herstellen. Aus der Aussprache entnehme ich, daß sein Wunsch dem der Kaiserin entspringt, die Bemühungen des Kaisers, mit den Frontereignissen

---

[11] Die Zustimmung zur »Burgfriedenspolitik« führte mit zunehmender Kriegsdauer zu fundamentalen, innerparteilichen Spannungen in der SPD. Anlässlich der mehrheitlichen Zustimmung der SPD zu weiteren Kriegskrediten kam es im März 1916 endgültig zur Spaltung der SPD-Reichstagsfraktion in Befürworter und Gegner des »Burgfriedens«. Im April 1917 erfolgte die Gründung der Unabhängigen Sozialdemokratischen Partei Deutschlands (USPD) als linker Splitterpartei, im späteren Zusammenschluss mit dem Spartakusbund.
[12] Der Dichter und Dramatiker Theodor Körner hatte sein literarisches Schaffen in den Dienst der Freiheitskriege (1813–1815) gestellt und war als Angehöriger des Freikorps Lützow während eines Gefechtes bei Gadebusch 1813 tödlich verwundet worden. Seine Wirkung als patriotische Identifikationsfigur reichte bis weit ins Kaiserreich.

in persönliche Berührung zu kommen, beachtet zu sehen. Auf meine Bedenken, daß es auf eine stete Wiederholung des gleichen Vorganges ohne wirklich großes Fronterleben hinauskommen würde, wenn die Berichte der Wahrheit entsprechen sollten, was im Falle ihrer Veröffentlichung vor den Truppen und auch vor der Heimat notwendig sei, beschwichtigte mich Plessen mit dem Hinweis, daß eine Veröffentlichung nur in geeigneten Fällen geschehen sollte. Im allgemeinen könnten die Berichte also dichterisch ausgeschmückt sein, sie sollten dann in besonders würdiger Form auch äußerlich ausgestattet werden und nach Kenntnisnahme durch die Kaiserin dem königlichen Hausarchiv einverleibt werden.

Ich nehme hierfür Walter Bloem in Aussicht.

Aus späteren Notizen

Bloem versteht es, schwungvolle, manchmal recht byzantinische Berichte zu verfassen. Die Sache findet aber dadurch ihr Ende, daß der Kaiser eines Tages Bloem zu einer längeren Frontfahrt allein zu sich in seinen Kraftwagen nimmt. Ich verbiete seine weitere Teilnahme an diesen Fahrten. Einige Tage später erfahre ich, als ich Bloem mit einem Auftrage nach Brüssel schicken will, daß er doch wieder mit dem Kaiser auf einer Frontfahrt ist und zwar auf direkten Befehl von Plessen. Ich gehe zu diesem, um mich zu vergewissern, ob er diesen Befehl gegeben hat. Er entschuldigt sich bei mir, daß er den Befehl unter Umgehung meiner Person erteilt habe. Ich erwidere ihm, daß ich nicht deshalb zu ihm käme, sondern um ihn darauf aufmerksam zu machen, daß er dann auch die alleinige Verantwortung übernähme, Bloem längere Zeit mit dem Kaiser allein zusammen sein zu lassen. Ich müßte diese Verantwortung ablehnen, weil ich Bloem nicht dieses Vertrauens würdig und des notwendigen Verständnisses für die Art des Kaisers fähig erachte und überzeugt sei, daß er später daraus als Schriftsteller und Geschäftsmann, für welchen ich ihn halte, unabsehbare Folgerungen ziehen könne. Plessen wird sehr nachdenklich. Der Verlauf der letzten von ihm angeordneten Frontfahrt kommt mir zu Hilfe. Plessen erzählt, daß der Kaiser auf dieser hinter der Front den Vortrag eines Armeeführers und dessen Generalstabschefs entgegengenommen habe. Nachdem der Kaiser zu diesem mit den beiden hohen Offizieren ein kleines Bauernhaus betreten habe, in welchem die Karten ausgebreitet wären, habe Plessen den Hauptmann Bloem, welcher sich aus der übrigen Umgebung herausgelöst habe und gleichfalls in das Haus sich begeben wollte, davon zurückhalten müssen. Er habe dabei selbst den Eindruck mangelnden Taktgefühls und mangelnder Einschätzung der Grenzen seiner Aufgabe bei Bloem empfunden. Er gab mir also recht und stimmte meiner Auffassung auch sonst zu. Er dankte mir, ihn aufmerksam gemacht zu haben.

Ich ließ mir dann durch Bloem von dieser Frontfahrt berichten. Er schäumte geradezu vor Wut, daß Plessen ihn mit ausgestrecktem Arm von der Teilnahme an dem Vortrage des Armeeführers zurückgehalten habe. Er zeigte keinerlei Verständnis dafür, daß der dienstliche Vortrag eines Armeeführers vor dem obersten Kriegsherrn, an welchem nicht einmal die sonstige Begleitung des Kaisers teilnehmen durfte, ihn nichts anginge und daß sein eigenes Taktgefühl ihm dies hätte sagen müssen. Ich teilte ihm meinen Befehl und das Einverständnis des Generaloberst v. Plessen mit, daß seine Teilnahme an Frontfahrten des Kaisers einzustellen sei.

Sein späteres Verhalten hat mir recht gegeben. Er äußerte sich in den Tagen des Zusammenbruchs in unwürdiger Weise über den Kaiser, was ein Abrücken des Offizierkorps, welchem er angehörte, von ihm zur Folge hatte. In seinem letzterschienenen Buch stellt er sich als denjenigen hin, welcher den Kaiser aus der Enge des Blicks in seiner Umgebung hätte befreien können und nennt mich als denjenigen, welcher dies eben aus diesem Grunde verhindert habe. Der wahre Grund war ihm bekannt. Ich habe ihn ihm gesagt. Ich habe aber darauf verzichtet, die arrogante Darstellung seines letzten Buches öffentlich richtig zu stellen.[13]

Für ihn bestimmte ich den Kriegsberichterstatter und Dichter Karl Rosner, weil dieser der Vertreter des »Berliner Lokalanzeiger« war, welchen die Kaiserin las und weil ich ihm den notwendigen Takt zutraute und er unter den Kriegsberichterstattern einer derjenigen war, welche auch bei Kommandobehörden und bei den Truppen Anerkennung fanden. Er hat meinem Vertrauen voll entsprochen, hat, taktvoll und bescheiden, auch das Vertrauen des Kaisers genossen, über sein Auftreten sind mir aus dem Kreis der kaiserlichen Umgebung und auch über meine Nachrichtenoffiziere bei den Armee-Oberkommandos nur anerkennende Urteile bekannt geworden und dennoch hat er meinem Empfinden nicht ganz entsprochen. Sein Buch »Der König«, 1921 bei Cotta, dessen Berliner Verlagsleiter er nach dem Weltkrieg war, erschienen, habe ich, als er es mir zusandte, ihm folgendermaßen kritisiert: »Künstlerisch gewiß vollendet, denn es zeichnet das Schicksal des Kaisers und seiner Umgebung zwar dichterisch, aber doch mit fotografischer Treue. Politisch verkehrt, denn es soll dem Andenken des Kaisers helfen, schildert ihn aber als einen Träumer und Weichling in Lagen, in denen er Herrscher und Kaiser sein mußte. Menschlich taktlos, denn es ist im Ganzen doch ein Mißbrauch des Vertrauens des kaiserlichen Kreises.«

Daß Rosner jüdischer Abstammung war, wußte ich nicht. Dies ist mir erst bekannt geworden, als er die Erinnerungen des Kronprinzen herausgab und behauptet wurde, diese habe er und nicht der Kronprinz geschrieben. Ich hörte damals in nationalen Kreisen von ihm als einen »infamen Judenbengel«. Er legte Wert darauf, mir durch Vorlage des Manuskripts nachzuweisen, daß der Kronprinz tatsächlich seine Erinnerungen selbst geschrieben habe. Ich bin auf diese Erörterungen nicht eingegangen, weil ich überzeugt war, daß er zumindest sehr stark dichterisch beteiligt war. Seine Kommandierungen hatten ihn auch im Kriege dem Kronprinzen näher gebracht, welcher ihn auszeichnete. Ich hatte auch hiergegen nichts einzuwenden, da er sich stets taktvoll und bescheiden hielt und seine sachliche Berichterstattung die Anerkennung der Kommandobehörden fand. Nur seine Auffassung über gewisse Lebensformen des Kronprinzen, besonders auf erotischem Gebiet, in welche er einen Einblick gewann, machten mich bei seinen Berichterstattungen an mich mehrfach stutzig. Die Erklärung habe ich vielleicht erst bekommen, als ich ihn nach dem Erscheinen des Kronprinzenbuches und seiner Bezeichnung als *Judenbengel* fragte, wie es damit stände und er mir angab, sein Vater[14] sei noch (getaufter) Jude gewesen, er selbst sei es nicht mehr. Seine sehr bescheidene Frau war die Tochter eines evangelischen Geistlichen, allerdings aus Österreich. Dies war mir bekannt und hatte mich, abgesehen von der mir durch mein eigenes Leben anerzogenen Harmlosigkeit dieser Frage gegenüber,

---

[13] Hierbei handelt es sich um den letzten Band von Bloems Trilogie »Kriegserlebnisse«, das 1934 erschienene Buch »Das Ganze halt!«. Die von Nicolai angesprochene Passage findet sich auf S. 166 f.
[14] Hierbei handelt es sich um den Verleger und Schriftsteller Leopold Rosner.

nicht veranlaßt zu prüfen, ob er jüdisch belastet sei, als ich ihn als Berichterstatter für die Frontfahrten des Kaisers bestimmte. [...]

Montag, 10. April 1916

Besprechung mit dem Nachrichtenoffizier Berlin, welchem die Leitung der gegen Rußland gerichteten Spionage, welche durch die Ostfront nicht mehr möglich ist und um die Flügel über Rumänien und Schweden herumgreifen muß, die Auswertung der Post in den Kriegsgefangenenlagern für den Nachrichtendienst und der Grenzüberwachung für den Nachrichtendienst übertragen worden ist und welchem eine in Aussicht genommene »Wissenschaftliche Abteilung« zur Vervollkommnung der für den Geheimen Nachrichtendienst und die Postüberwachung, sowie für Sabotageunternehmungen notwendigen chemischen Mittel dienen soll, angegliedert werden soll. [...]

Donnerstag, 13. April 1916

Ich erhalte nachfolgendes Schreiben des Kronprinzen wegen Mängel der Presseberichterstattung über Verdun. Es enthält nichts, was nicht schon seit Beginn dieser Kämpfe meine und des Kriegspresseamts Sorge gewesen wäre. Der Schlußsatz läßt den Wunsch des Kronprinzlichen Oberkommandos nach unmittelbarer Verbindung mit der Presse erkennen. Es ist mir bekannt, daß auch von gewissen Zeitungen eine solche Verbindung und damit Einfluß gesucht wird, vor allem von der »Frankfurter Zeitung«.

Freitag, 14. April 1916

Es zeigt mir das Außergewöhnliche eines persönlichen Anrufs in meiner Berliner Wohnung durch den Kronprinzen, wie bedenklich die Beziehungen sind, in welche man sich in Stenay bereits eingelassen hat. Mein nachfolgend beigelegtes Telegramm zeigt meine Warnung, mein Antwortschreiben vom 17.4. an den Kronprinzen, wie ich eine unmittelbare Verbindung zwischen ihm und der Presse ablehne.
Ich spreche darüber auch mit dem Berliner Vertreter der »Frankfurter Zeitung«, August Stein. Dieser ist einer der vertrautesten Mitarbeiter der Wilhelmstraße, insbesondere des Geheimrats Hammann. Auch Moltke stand er vor dem Kriege nahe und geht auch jetzt bei ihm ein und aus. Er ist politisch außerordentlich erfahren, klug und besonnen. Ein vornehm denkender Mann, würdig des ihm geschenkten Vertrauens, auch einer der wenigen, welche Deutelmoser zuverlässig helfen. Er wahrt sich auch ein freies Urteil gegenüber der von ihm vertretenen »Frankfurter Zeitung«. Daß diese wertvolle Persönlichkeit in deren Diensten steht und bleibt, hängt wohl mit der finanziellen Leistungsfähigkeit der »Frankfurter Zeitung« zusammen. Von unserem Standpunkt aus können wir es für deren Milieu nur begrüßen. Ich nehme deshalb keinen Anstoß, mit ihm offen meine Sorgen um die »Frankfurter Zeitung« zu besprechen. Er gibt mir recht in den Grenzen dessen, um was es sich für meine Zuständigkeit handelt, die außerhalb der großen militärischen und politischen Vorgänge an sich liegt.

Ich erfahre dabei, daß August Stein einen Zeitungsausschnitt aus einer ausländischen Zeitung, »Politik und Strategie«, welcher vom Auswärtigen Amt dem Kaiser vorgelegt ist, in welcher gesagt wird, daß das jüdische Element in der Presse Unheil stifte und wozu der Kaiser die Randbemerkung geschrieben hat: »Tout comme chez nous«, ihm im Auswärtigen Amt gezeigt worden ist. Er meint, an sich hätte der Kaiser ja recht, aber als Randbemerkung sei es doch unvorsichtig. Ich bin der Meinung, daß es viel schlimmer ist, daß im Auswärtigen Amt, wie es üblich ist, auch diese Randbemerkung mit einer Flüssigkeit überzogen wurde, welche den Bleistift erhält, (wie ich es feststellen konnte, als dieser Ausschnitt mit der kaiserlichen Randbemerkung auch durch meine Hände gegangen war) anstatt daß sie mit Radiergummi beseitigt wurde, wenn sie nun einmal unvorsichtig sein sollte, anstatt daß man keine Bedenken trug, solche unvorsichtige Randbemerkung des Kaisers einem Vertreter der deutschen Presse zu unterbreiten.

Lieber Nicolai!
Es hat sich in letzter Zeit bei unseren Zeitungen in der Besprechung der militärischen Vorgänge vor Verdun die Unsitte herausgebildet, zuviel Zukunftsstrategie zu treiben. Die Folge davon ist, daß das Publikum zu Hause der bisher tatsächlich errungenen großen Erfolge sich nicht genügend erfreuen kann, sondern, so wie eine Aktion wirklich durchgeführt worden ist, schon wieder nach neuen Erfolgen ungeduldig ausschaut. Das ist ein ungesunder Zustand. Ein Beispiel: Nach den mit großer Tapferkeit Meiner bayerischen und schlesischen Truppen durchgeführten Kämpfen um die Stellungen bei Malancourt und Bethincourt schrieb eine große Zeitung einen eingehenden Artikel über die Wichtigkeit der Höhe 304, in dem ausgeführt wurde, daß die Fortnahme der Höhe 304 nur eine Frage weniger Tage sein könnte. In diesem Falle wird vollständig übersehen, daß (die Wichtigkeit der Höhe 304 zugegeben) die Fortnahme derselben noch ein schweres Stück Arbeit bedeutet. Wann und wie die Durchführung dieses Angriffes geplant ist, liegt lediglich bei Mir und Meinem Chef.

Die Kämpfe, welche Meine Truppen hier vor Verdun zu führen haben, sind schwerer und erbitterter Natur. Die französischen Truppen, mit einer außerordentlich geschickten Artillerie, haben den Befehl, jeden Fuß breit Boden zu halten und sich an Ort und Stelle totschlagen zu lassen.

Wir werden mit der Zeit mit ihnen schon fertig werden, aber Geduld soll und muß man zu Hause haben. Es wäre daher erwünscht, wenn die Presse sich beschränken würde auf Besprechung der jeweiligen tatsächlich errungenen Erfolge und sich jeglicher Zukunftsmusik enthalten würde. Die deutsche Presse hat sich während des Feldzuges ihrer nationalen Aufgabe derartig gewachsen gezeigt, daß ich überzeugt bin, daß dieser Hinweis genügen wird, um eine Änderung in der wünschenswerten Richtung herbeizuführen.

(Ich wäre Ihnen dankbar, wenn Sie diesen Brief bei den Chefredakteuren der großen Zeitungen und auch bei den Kriegsberichterstattern umlaufen lassen wollten.)

Mit bestem Gruß!

[gez.] Wilhelm
Führer der Heeresgruppe vor Verdun

Chef IIIb, 14.4.16

U. Chef Kriegspresseamt   Persönlich.

Die Kriegsberichterstatter sind angewiesen. Über die Behandlung durch das KrPrA folgt Weisung, in Aussicht genommen ist, den Zensurbehörden Abschrift des Briefes bis auf den grün eingeklammerten Schlußsatz zugehen zu lassen. Anweisung bei nächster Pressebesprechung im Sinne des Briefes ohne Berufung auf ihn erbeten.

[gez.] Nic.

[...]

Abteilung IIIb.
Chef Nr. 3326/II.
An den Führer der Heeresgruppe vor Verdun
Seine Kaiserliche Hoheit den Kronprinzen

Euerer Kaiserlichen Hoheit melde ich im Anschluß an das Telegramm vom 15. d.M., daß sämtliche Zensurstellen Deutschlands angewiesen worden sind, die Presse erneut daran zu erinnern, daß sie sich aller militärischen Zukunftsbetrachtungen enthalten muß. Im Sinne der von Euerer Kaiserlichen Hoheit gewünschten Richtlinien sind hierzu Erläuterungen gegeben worden.

Da seine Exzellenz der Herr Chef des Generalstabes des Feldheeres mir befohlen hat, die Beeinflussung der Presse in Bezug auf die Kriegsberichterstattung in jedem Falle seiner Entscheidung zu unterbreiten, so habe ich Euerer Kaiserlichen Hoheit Schreiben ihm vorgetragen. Seine Exzellenz stimmte den Ausführungen durchaus zu, hielt es aber nicht für angebracht, das Schreiben selbst Chefredakteuren zur Kenntnis zu bringen, um die Einheitlichkeit in der Presseleitung nicht zu durchbrechen.

Es ist angeordnet, daß das Kriegspresseamt der Durchführung der erteilten Weisungen erhöhte Aufmerksamkeit zuwendet und in jedem Falle hervortretender Zuwiderhandlung sofort bei der betreffenden Zeitung vorstellig wird.

[gez.] Nic.
Major im Generalstab
des Feldheeres.

Berlin, den 14. April 1916

[handschr.] U. Hrn. Maj. Nicolai
im Anschluß an das heutige
Tel.Gespräch zur gef[älligen] K[enn]t[ni]s

Kriegspresseamt
Nr. 8036 O.Z.

Die Zensurstellen werden gebeten, die Presse unter Hinweis auf die nachfolgenden Richtlinien aufs neue daran zu erinnern, daß sie sich aller militärischen Zukunftsbetrachtungen enthalten muß.

Ganz besonders in den Besprechungen über die Kämpfe vor Verdun ist letzthin mehrfach der Mißgriff begangen worden, daß man in dem an sich begreiflichen Streben, errungene Erfolge heller zu beleuchten, auf die durch sie eröffneten Zukunftsaussichten hingewiesen hat. Bisweilen sind dabei sogar Zeitangaben gemacht worden etwa in dem Sinne: Nachdem die feindliche Stellung bei A. von uns genommen ist, kann es nur noch eine Frage von wenigen Tagen sein, bis auch die feindliche Stellung bei B. in unseren Besitz kommt.

Die Folge dieser Betrachtungsweise ist auf die Dauer nur, daß die moralische Wirkung unserer Waffenerfolge abgeschwächt wird. Die Leser in der Heimat werden ungeduldig, wenn das Angekündigte auf sich warten läßt. Tritt es später wirklich ein, so weckt es nur flaue Genugtuung, aber keine frische und ursprüngliche Freude. Bleibt es aus, so ist man enttäuscht oder schließt sogar auf inzwischen eingetretene Rückschläge, von denen in Wirklichkeit gar keine Rede ist. Der feindlichen Presse aber wird es in jedem Falle erleichtert, unsere Erfolge zu verkleinern.

Auch auf die Truppen im Felde machen jene Voraussagen keinen guten Eindruck.

Vergessen wir nicht, daß jeder Fußbreit neuen Gewinns auf französischem Boden mit deutschem Blute erkämpft und mit einer Fülle von zäh ertragener Mühsal und opferfreudiger Tapferkeit dem Feinde abgerungen werden muß.

Unsere braven Kämpfer draußen haben daher ein Recht darauf, daß sie die wohl verdiente Anerkennung der Heimat nicht in der Form von immer höheren Ansprüchen erhalten, die den Ereignissen voraus in die Zukunft eilen, statt das Verdienst der Gegenwart gerecht und dankbar zu werten.

Jeder Waffenerfolg, auch der kleinste, ist schon an sich ein Gewinn und ein weiterer Schritt zum Siege. An der Freude darüber müssen wir uns genügen lassen. Wir können das umso mehr, als sie uns gottlob fast täglich zuteil wird. Sie bedarf keiner Steigerung durch künstliche Reizmittel, deren Wirkung nach kurzer Zeit in ihr Gegenteil umschlägt. Bedächten wir das nicht, so stumpften wir nach und nach das Verständnis und die Dankbarkeit für all das Große ab, was deutsche Helden in Feindesland Tag aus, Tag ein für uns vollbringen, auch wenn ihr Siegeszug nicht immer im Sturmschritt geht.

Wo sich im Volke Ungeduld zeigt, da ist es unsere Pflicht, sie nicht durch papierene Versprechungen zu bekämpfen, deren rechtzeitige Einlösung mit Eisen und Blut dann den Truppen am Feinde überlassen wird. Es gilt vielmehr in immer neuer Form den Hinweis zu wiederholen, daß die Götter nun einmal vor den Erfolg den Schweiß gesetzt haben, daß eine Welt in Waffen sich nicht von heute auf morgen überwinden läßt und daß unser Warten auf den Sieg bei aller Pein doch immer noch weit erträglicher ist als das unserer Feinde auf den Niederbruch.

[gez.] Deutelmoser

An sämtliche Zensurstellen
nach Verteilungsplan vom 1.3.16

[...]

Samstag, 15. April 1916

Nachfolgender Bericht meines Nachrichtenoffiziers über Spannungen zwischen Wien und Sofia, welche sich auch auf den Nachrichtendienst auszuwirken beginnen, veranlassen mich zu einer Reise nach Österreich und dem Balkan (s. 28.4. bis 5.5.1916).

Der in dem Schreiben genannte Oberst v. Hranilowic ist der Chef des österreichischen Nachrichtendienstes, ein Tscheche von schwankendem Entgegenkommen und bedingter Zuverlässigkeit. Seine Nachfolge durch den Oberstleutnant Ronge, zur Zeit Abwehrchef unter ihm, steht in Aussicht. Dieser schenkt uns großes Vertrauen. Ich pflege daher die Beziehungen besonders zu ihm.

[handschr. Eingangsvermerk: an 12/IV.16 Nic]

Sehr verehrter Herr Major!
Im allgemeinen herrscht an unserer Südostfront Ruhe. Erfahrungsgemäß ist es in solchen Zeiten am schwierigsten, Einblick in die Absichten der anderen zu gewinnen. Immerhin läßt sich noch mit einiger Sicherheit die Prognose stellen, daß der deutschen und dann wohl auch unsererer Front eine große Belastungsprobe bevorsteht. Wenn die Russen über Nacht nicht lernen, was sie in 1½ Jahren nicht gelernt haben, wird ihre neue Offensive das Schicksal der übrigen teilen. Die Kämpfe an der Czernowitz-Front im Dezember/Januar haben das Selbstbewußtsein und das Überlegenheitsgefühl unserer Bundesbrüder weiter gehoben. Die Truppenstände sind in der langen Ruhe sehr stark gestiegen; es gibt Divisionen, die stärker sind als früher ein Korps. Auch die Ausbildung des Ersatzes ist sehr viel besser und dauert mindestens 6 Monate. Kurzum wenn keine Schlamperei geschieht, kann man allem Kommendem ruhig entgegensehen. Im Großen und Ganzen hat der Nachrichtendienst auch vor dem letzten (d.) Angriff gegen die deutsche Front die ruß. Absichten richtig und so rechtzeitig erkannt, das von einer Überraschung gar keine Rede mehr sein konnte. Es war diesmal besonders spannend, weil man nach allem eigentlich mit der Offensive zwischen Sereth und Pruth hätte rechnen müssen, bis dann der Umschwung eintrat, und der Russe sich für Hindenburg entschied. In diesem Nachfolgern

und Erkennen liegt ein großer Reiz und in den zutreffenden Voraussagen eine große Befriedigung.

Im Südwesten bereitet sich die Offensive gegen Italien vor, damit geht ein Herzenswunsch jedes einzelnen Österreichers in Erfüllung. In diesem wüsten Haß gegen die Katzlmacher,[a] den auch die slawischen Elemente teilen, liegt eine gewisse Gewähr für das Gelingen. Nach den traurigen Erfahrungen der Karpathenoffensive sind die Vorbreitungen diesmal anscheinend sehr sorgfältig u. umfassend. Der Beginn ist wahrlich vom Wetter abhängig und wohl kaum vor Ende April zu erwarten. Leider ist es nicht möglich, in die Angelegenheit selbst Einblick zu bekommen. Wie sich die Ereignisse an der Westfront unter völligem Ausschluß der Öffentlichkeit abzeichnen, so soll es ungefähr mit der Tiroler Offensive geschehen. Es bleibt an sich natürlich bedauerlich, daß die beiden obersten Heeresleitungen so aneinander vorbei operieren. Sonst hat ja die Italiensache für uns nur insofern akutes Interesse, als nicht soviel Truppen von der Ostfront weggezogen werden, und das unbedingte Halten dieser Front nicht sicher gewährleistet bleibt. Vorläufig besteht in dieser Richtung wohl noch keine Gefahr.

Über den Balkan ist man sich hier anscheinend noch nicht ganz klar. Vor allem spukt das selbständige Albanien noch stark in manchen einflußreichen Köpfen. Das widerspricht den bulgarischen Wünschen, die gern ans Meer wollen, da die Liebe zwischen Wien und Sofia überhaupt nicht groß ist, gibt es bei gegenseitigem Mißtrauen recht häufig Reibereien. Daß der erste Appetit in Bezug auf Serbien und Montenegro mit den Erfolgen gewachsen ist, ist kein Wunder. Ob der so unendlich schwierige Organismus einen so großen Gebietszuwachs verdauen kann, möchte ich bezweifeln. Denn sobald der Krieg zu Ende ist, werden auch die inneren Gegensätze wieder da sein, und besonders Ungarn, das militärisch sehr viel geleistet hat, wird seine Rechnung präsentieren.

Bezüglich des Zusammenarbeitens unserer eigenen Stellen habe ich keine Bitten und Vorschläge. Die Ereignisse haben gezeigt, daß es zweckmäßig ineinandergreift, irgendwelche Reibungen und Umstände sind mir nicht bekannt geworden. Oberst von Hranilowic, der sich in letzter Zeit sehr offen gab, hat für einen Monat die Führung einer Brigade an der Südwestfront übernommen, was ich bei seinem gänzlichen Mangel an praktischen Erfahrungen für nicht viel mehr wie eine Spielerei halte. Persönlich ist alles in Ordnung. Zu Hause geht es gut, meine Frau mit den Kindern wird Juni/Juli aus Berlin fortgehen – wohin steht noch nicht fest. Bei mir selbst hat sich das Leberleiden, das mich 1913 nach Karlsbad gehen ließ, wieder eingestellt und macht sich manchmal recht unangenehm geltend. Meinem Dienst hier nachzukommen, hindert es mich nicht. Ich bitte diese Mitteilung auch als rein persönlich aufzunehmen. Wallenberg ist wieder sehr brauchbar, hat aber viel Sorgen wegen seiner recht kranken Frau. Soldaten sollten halt doch nicht heiraten, wenn sie ganz freizügig bleiben wollen. Er läßt sich gehorsamst empfehlen. Ich selbst darf meine besten Grüße übermitteln und hoffen, daß dieses Lebenszeichen nicht ganz unwillkommen ist.

Gehorsamst [gez.] Fleck

---

[a] Schimpfwort für Italiener.

GrHQu, Dienstag, 18. April 1916

Chef IIIb Nr. 3270 I.
Geheim.

In zwei besonders hervortretenden Fällen der allerletzten Zeit zeigte sich, daß mein mehrfach gegebener Befehl, nichts über die Ergebnisse unseres Dienstes außerhalb des unbedingt notwendigen Verteilungsplanes an andere Stellen gelangen zu lassen, immer noch nicht in seiner Notwendigkeit erkannt ist und befolgt wird.
 Ich wiederhole deshalb noch einmal, daß nur in den allerseltensten Fällen eine Herausgabe von Nachrichten oder Berichtsmaterial außerhalb der Stufenleiter der vorgesetzten Dienststellen der Abteilung IIIb gerechtfertigt ist. IIIb-West, IIIb-Ost, NO Obost, Stellv. IIIb, Nachrichten-Offizier Sofia (für den Balkan) oder ich selbst werden zu entscheiden haben, an welche Stellen die Ergebnisse unseres Dienstes zu leiten sind. Nur in den allerseltensten Fällen wird notwendige Eile ein Abweichen von diesem Grundsatz erforderlich machen. Wird nicht hiernach gehandelt, so kann durch Weitergabe ungeprüfter Nachrichten Unheil entstehen und werde ich bei Übertretung meines erneuten Befehls den Schuldigen verantwortlich machen. Die Meldepflicht der Nachrichtenoffiziere an die ihnen vorgesetzten örtlichen militärischen Dienststellen über das Ergebnis des Nachrichten-pp. Dienstes wird hierdurch nicht berührt.
 Dagegen fällt unsere gesamte Organisation für den Nachrichtendienst einschließlich des Pressedienstes, der Ausnutzung der Gefangenenlager und Rückwanderer sowie für die Spionage-Abwehr, die Kriegsberichterstattung pp. in vollem Umfange in diese Begrenzung des Dienstgeheimnisses.
 Im Anschluß hieran nehme ich auch erneut Veranlassung, darauf hinzuweisen, sich vor Annahme von Hilfskräften deren Vertrauenswürdigkeit zu versichern, für welche die leitenden Offiziere die persönliche Verantwortung tragen. Jede einer Stelle vorgesetzte andere Dienststelle hat sich über die von ersterer verwendeten Hilfskräfte, Vertrauensleute, Agenten usw. fortlaufend unterrichtet zu halten, um die Übersicht und Aufsicht zu behalten, die den im Dienst selbst stehenden Offizieren leicht verloren geht.

[gez.] Nicolai [...]

Auszug 95 aus Feldpostbriefen

GrHQu, Mittwoch, 19. April 1916

(...) Mein Reisetag fand in Cöln noch einen eigenartigen Abschluß, indem der Hauptmann v. Groote auf dem Bahnhof mir die Bitte eines Sanitätsrats, bei dem er zu Abend eingeladen war, überbrachte, die Stunde Aufenthalt im Kreise seiner Gäste zu verbringen. Ich tat's. Das Auto brachte uns in 10 Minuten in das hübsche alte Haus in Deutz, eine lustige Gesellschaft Cölner Hautfinance begrüßte mich mit Hallo. Zwischen der Hausfrau und einer Frau aus Leverkusen habe ich dann schnell das Menü nachgegessen, 3 Weine getrunken, und bei Kaffee und

Schnaps noch dienstlich mit dem anwesenden Verleger der »Cölnischen Zeitung« Herrn DuMont sprechen können. Mit einer dicken Importe im Munde erreichte ich dann noch gerade den Schlafwagen.

Heute war ich um 1 Uhr zum Kaiser zum Frühstück befohlen. Außer mir noch Redern. Wir versammelten uns im größten der beiden Gesellschaftssalons. Als der Kaiser erschien, ging er auf mich zu »Guten Tag, Nicolaus [sic!], haben Sie auch mit dem Wetter zu tun?« »Nein Euer Majestät«. »Na, sonst hätten Sie die Sache auch nicht in Ordnung!« (Es regnet seit einigen Tagen.) Bald ging's zu Tisch, 11 Personen, ich rechts neben dem Kaiser, auf meiner anderen Seite Exz. v. Chelius, der Vertreter von Plessen. Außerdem Gontard, Fürst Pleß, der Oberstallmeister v. Frankenberg, der diensttuende Flügeladjutant Graf Moltke, der Leibarzt. Der Kaiser sah gesund aus und war frisch und lebhaft. Unterhielt sich beim Essen fast immer mit mir, hat mir in seiner Lebhaftigkeit den linken Arm blau geboxt. Nach dem Essen ging es in den Garten-Salon zurück, der Kaiser rief mich bald zu sich heran, las ein Gedicht aus dem »Lokal-Anzeiger« über die »Eroberung von Korfu«[15] vor, das man ihm geschickt hatte und hat sich dann noch bis ¼4 Uhr mit mir und Redern unterhalten, fast eine Stunde länger, als sonst die Frühstückspause dauert, so daß er sich recht gut unterhalten hat. In der Hauptsache sprach natürlich er, erzählte von seinen Frontfahrten, seinen Eindrücken in Serbien, über die Engländer und Franzosen und besonders scharf über Rußland und seinen Kaiser. Das waren für mich schöne und unvergessliche Stunden. Ich gab mich, wie ich bin, nahm kein Blatt vor den Mund, habe über witzigen Bemerkungen gebührend gelacht und auch selbst gelegentlich etwas Lustiges gesagt. Habe ihm beim Sprechen immer fest in's Auge gesehen und stehe noch unter dem sich erst klärenden Eindruck seiner Persönlichkeit. [...]

Um 4 Uhr war der Sozialdemokrat Köster bei mir und drückte mir dieselbe Hand, mit der ich mich eben vom Kaiser verabschiedet hatte!

Erläuterung

Der Abend in Köln brachte mir einen ungewohnten Einblick in die Lebensart heimischer Finanzkreise im Kriege. Wenn ich auch die rheinische Eigenart in Rechnung stellen will, so habe ich, wie ich meiner Frau nicht geschrieben habe, nur mit Kopfschütteln daran teilgenommen und habe jetzt hinterher ein schlechtes Gewissen.

Das Frühstück beim Kaiser war die erste Einladung zu ihm in kleinem Kreise, welcher ich Folge leisten konnte. Das »Lustige«, was ich ihm erzählte, war vor allem meine Rückreise von Berlin am 15.4. mit Frau und Frl. v. Logan. Sie waren meiner Frau und mir ihres schlichten, vornehmen Äußeren wegen bereits auf dem Bahnhof in Berlin aufgefallen, auf den meine Frau mich begleitet hatte. Ich hatte sie in dem überfüllten Zuge in das für mich reservierte Abteil gebeten. Mein Eindruck von der Kultiviertheit der Mutter und der reizenden Tochter verstärkte sich, so daß ich, bis sie sich mir bekannt gaben, glaubte, Damen fürstlicher Herkunft oder aus westdeutschen hohen Gesellschaftskreisen vor mir zu haben und erstaunt war, als sie sich als westpreußische Landfrauen entpuppten. In die-

---

[15] Anspielung auf die Eroberung der zum neutralen Griechenland gehörenden Mittelmeer-Insel Korfu durch die Alliierten.

sem Sinne erzählte ich davon dem Kaiser. Er tat entrüstet und sagte: »Was fällt Ihnen ein, wissen Sie nicht, daß auch ich westpreußischer Grundbesitzer bin? Ihr Chef Falkenhayn stammt auch vom Lande in Westpreußen. Ich werde ihm erzählen, wie Sie über die westpreußischen Landfrauen denken.« Dies war natürlich scherzhaft gemeint, meine natürliche Art machte dem Kaiser offensichtlich Freude. Als wir nach dem Essen im Gartensalon beim Kaffee zusammenstanden, kam Generaloberst v. Plessen zu mir und sagte: »Was sind Sie für ein frecher Kerl, dem Kaiser solche Geschichten zu erzählen.«

Das Werk über den Kaiser, welches nach dem Kriege erscheinen sollte, soll auf meinen Vorschlag den Titel »Der Kaiser und sein Volk in Waffen« erhalten und Einzelabschnitte umfassen wie: Der Kaiser und die Politik, der Kaiser und die militärische Führung, Der Kaiser im GrHQu und an der Front, der Kaiser und die Marine, der Kaiser in der Familie usw. Geeignete Mitarbeiter für jeden Abschnitt sollen mir von den dafür zuständigen obersten Stellen vermittelt werden.

Auszug 96 aus Feldpostbriefen

GrHQu, Karfreitag, 21. April 1916
nachm. ½6 Uhr

(...) Die Gesellschaft, in der Elsi bei Frl. Krohner spielen soll, sieh Dir doch genau an. Im allgemeinen liebe ich diese Berlin W-Kreise nicht, das ist keine Gesellschaft für ein Offizierskind. Es sind auf den Bildern immer reichlich Juden; unsere Kinder sollen sich nicht überheben, aber sie sollen jenem Geist und Ton fernbleiben.

Eben teilt mir Falkenhayn Goltz' Tod zur Veröffentlichung mit. Er war zu uns immer besonders freundlich und sein Tod bedeutet jetzt einen großen Verlust, da sein Name allein bei den Türken viel wert war. Amerikas Note[16] beschäftigt mich jetzt auch lebhaft, es ist ganz unsicher, wie diese Sache ausgeht. Wir können eigentlich vor dieser Unverschämtheit und Ungerechtigkeit nicht weiter zurückweichen! [...]

Auszug 97 aus Feldpostbriefen

GrHQu, Sonnabend, 22. April 1916

(...) Besonders erregt sich das Volk auch über die angebliche »Hamsterei« der Wohlhabenden. Jetzt hat sich hier beim Essen ein runder Tisch der Abteilungschefs unter Groeners Vorsitz gebildet. Einesteils sehr nett, andererseits bedaure ich, daß ich nun außerdienstlich weniger mit meinen netten Herren der IIIb zusammenkommen werde. [...]

---

[16] In seiner diplomatischen Note vom 24. März 1916 warnte der US-amerikanische Präsident Woodrow Wilson die deutsche Regierung vor der Wiederaufnahme des U-Bootkrieges, die aus Sicht der USA de facto eine Kriegserklärung darstellen würde und drohte mit der Beendigung der diplomatischen Beziehungen. Dem vorausgegangen war die Versenkung des französischen Passagierschiffes »Sussex« durch ein deutsches U-Boot.

Erläuterung

Falkenhayn aß in Charleville meist mit dem Kriegsminister und dem Chef der Operationsabteilung an seinem Tisch inmitten des gemeinsamen Speisezimmers, in Pleß räumlich abgesondert mit den Herren der Operationsabteilung in seinem Quartier. Wir Abteilungschefs aßen bisher an einem Tisch mit den Herren unserer Abteilung.

Samstag, 22. April 1916

Groener verfügt als Feldeisenbahnchef, daß auf den Eisenbahnen kein Polizeibeamter ohne seine Erlaubnis tätig sein darf. Während ich auf der einen Seite die Pflicht habe, den Abwehrdienst in der notwendigen Weise auszubauen, habe ich dauernd mit Einschränkungen und Widerspruch anderer Ressorts zu kämpfen.

Aus der Heimat werde ich gebeten, die Kriegsberichterstatter an die Zeitungen der Heimatbezirke der Truppen, welche sie besuchen, berichten zu lassen. Dem steht formell entgegen, daß sie vertragsmäßig bestimmten Zeitungen verpflichtet sind. Es sind dies die kapitalfähigsten, alles keine Provinzzeitungen. Es zeigt sich ein Fehler in der Konstruktion. Trotzdem werde ich versuchen, über die Feldpressestelle dem mir geäußerten Wunsch zu entsprechen. [...]

Montag, 24. April 1916

Es zeigen sich Bestrebungen für Leistungen im Nachrichtendienst durch Kreise mit Geschäftsbeziehungen im Auslande geschäftliche Vorteile zu verquicken. Ich verbiete jede derartige Verquickung von Nachrichtendienst und Geschäft. [...]

Donnerstag, 27. April 1916

Berlin.
Der Gesandte v. Mumm vom Auswärtigen Amt, ein tatkräftiger und gedankenvoller Helfer des Kriegspresseamtes vermittelt mir beim Essen bei Borchardt die Bekanntschaft der in Deutschland befindlichen Norweger Ibsen und Björnson. Beide sind die Söhne der bekannten Dichter, selbst Dichter und Publizisten, Ibsen Innenminister in Norwegen, Björnson Direktor des Staatstheaters in Christiania. Ich lade beide zu einer Frontfahrt zu einem Besuch im GrHQu ein. [...]

Sonnabend, 29. April 1916

In Budapest Besprechung über den Nachrichtendienst durch Rumänien gegen Rußland. [...]

Dienstag, 2. Mai 1916

Autofahrt nach Küstendil zur bulgarischen Heeresleitung. Der Oberbefehlshaber Jekow ist wieder außerordentlich verständnisvoll und gibt mir jede Unterstützung.

Der bisherige Nachrichtenchef, Major Taskow soll gehen, Major Noikoff an seine Stelle treten. Es hat sich gezeigt, daß mit der Zustimmung von Jekow und mit Billigung meiner Vorschläge noch lange nicht ihre Ausführung gesichert ist. Die bulgarischen Generalstabs-Offiziere sind anständige und zuverlässige Soldaten und Kameraden, was wir unter Generalstabseignung verstehen, fehlt ihnen aber bis auf wenige Ausnahmen. Meine Nachrichtenoffiziere haben es in diesem Milieu schwer, die notwendige Energie mit dem ebenso notwendigen Takt zu verbinden, denn empfindlich ist man hier bis hinauf zu Jekow. Ich werde für Friderici, welcher zu sehr Haudegen ist, einen anderen ersten Nachrichtenoffizier hersenden müssen, aber wo den Geeigneten finden, der auch die russische Sprache beherrscht?

Abends empfängt mich in Sofia der Ministerpräsident Radoslawow. Ich habe den Eindruck einer ungeheuer geistvollen Persönlichkeit, aber von großer slawischer Verschlagenheit. Er bittet um Aufschluß über die Organisation der Zusammenarbeit in unserer gemeinsamen Kriegführung im Nachrichtendienst, der Abwehr und der Presseleitung. Er bittet mich um Urteile über meine bulgarischen Mitarbeiter und interessiert sich sehr für meine Ansichten über die Entwicklung der Kriegshandlungen. Er selbst ist in Äußerungen darüber sehr zurückhaltend, was mich zu gleichem Verhalten veranlaßt. Wir sind einer Ansicht, daß die amerikanische Gesandtschaft in Sofia ein Mittelpunkt des feindlichen Nachrichtendienstes ist.

Abends bin ich Gast des bulgarischen Pressechefs Herbst, Jude, eine meine anderen bulgarischen Bekannten geistig weit überragende Persönlichkeit, als Jude und Balkanslawe verlangt er scharfe, fast brutale Behandlung. Auf dieser Grundlage ist er ein gehorsamer Gefolgsmann. (Nach dem Kriege bin ich offiziell von bulgarischer Seite interpelliert worden, ob Herbst von uns bestochen gewesen sei. Ich habe dies selbstverständlich verneinen, aber wohl nicht die Überzeugung beseitigen können, daß dieses der Fall gewesen sei, welche begründet war auf dem Gehorsam, welchen Herbst im Weltkrieg in unserer Zusammenarbeit zeigte. Dies und seine Hinneigung zum Bolschewismus nach dem Kriege veranlaßte, daß er in den Wirren der Nachkriegszeit getötet, wie mir erzählt wurde, bei lebendigem Leibe im Zentralheizungsofen seines Ministeriums verbrannt worden ist.) [...]

Mittwoch, 3. Mai 1916

Auf der Rückfahrt nach Berlin erlebe ich im Balkanzug die Wirkung unserer Anordnungen für die Grenzkontrolle. In Oderberg steigen die Grenzbewachungsbeamten in den Zug. Sie prüfen die Pässe. Ich beobachte, wie eine ganz offenbar deutsche und unverdächtige Dame auf das Peinlichste auch körperlich untersucht wird, während eine mir sehr verdächtige Levantinerin mit einem Leporellopaß, aus welchem zahlreiche Reisen zwischen Deutschland, Österreich und dem Balkan hervorgehen, nicht kontrolliert wird. Ich gebe mich dem Führer der Beamten zu erkennen und frage nach dem Grunde dieses Verhaltens. Er erwidert, daß die Dame einen deutschen Reisepaß hätte. Diese müsse nach den

Bestimmungen kontrolliert werden, während es bei anderen Pässen nicht unbedingt verlangt wird. Ich erkenne wieder den Unterschied zwischen Anordnungen vom Grünen Tisch und der Ausführung in der Front. [...]

Samstag, 6. Mai 1916

Der Reichstagsabgeordnete Erzberger sucht mich in meinem Arbeitszimmer im Generalstabsgebäude in Berlin auf. Er bittet mich, einverstanden zu sein, daß der Rittmeister Rechberg, welcher interniert ist, freigelassen wird.

Rechberg, ein früherer Oberleutnant der Reserve der Wandsbeker Husaren,[17] vor dem Kriege Bildhauer in Paris, als solcher anerkannt, durch den Fabrikbesitz seiner Familie in Hersfeld sehr wohlhabend, war bei Kriegsbeginn als Mitglied des freiwilligen Automobil-Korps dem Generalkommando XVI (Metz) zugeteilt worden. Bei diesem befand sich als Ehrengast der greise Feldmarschall Graf Haeseler, dem Rechberg mit seinem Wagen zugeteilt wurde. Am 25.11.1914 war er im Hauptquartier aufgetaucht, wo er aufdringlich die Zulassung italienischer Journalisten auf den Kriegsschauplatz erbeten hatte. Er tauchte zum zweiten Male Anfang Februar 1915 auf und ließ sich bei mir melden. Er wolle im Auftrage des Kronprinzen zu Falkenhayn, weil er in der Lage sei, den Frieden mit Frankreich zu vermitteln. Sein Äußeres erweckte mein Mißtrauen, einen Husarenoffizier vor mir zu haben, seine Ideen und sein Benehmen den Eindruck, es mit einem geistig infolge des Krieges übergeschnappten Menschen zu tun zu haben. Eine telephonische Anfrage beim Stabschef des Kronprinzen, Knobelsdorff, ergab, daß seine Angabe, vom Kronprinzen gesandt zu sein, stimmte. Ich erklärte, ich halte Rechberg für verrückt und würde ihn nicht zu Falkenhayn bringen. Den Einwand, es sei vom Kronprinzen befohlen, wehre ich ab. Der Weg vom Kronprinzen zu Falkenhayn führe ja nicht über mich, wenn ich eingeschaltet würde, müßte ich nach meinem Ermessen handeln. Ich teilte dies auch Rechberg mit und fügte hinzu, wenn er Frieden machen könnte, solle er zum Reichskanzler, welcher sich auch im Hauptquartier befand, gehen, der Generalstab beschäftigte sich mit dem Kriege. Er kehrte, ohne sich bei Falkenhayn unmittelbar anzumelden oder den Staatssekretär des Auswärtigen Amtes oder den Kanzler aufgesucht zu haben, nach Stenay zurück.

Der Vorgang gab mir Anlaß zu Feststellungen über seine Person. Ich erfuhr, daß er dem Grafen Hertling in München durch Erzberger zur Führung jener italienischen Journalistengruppe im Herbst 1914 empfohlen war. Anschließend daran hielt er sich bis Anfang Februar ohne ersichtlichen Grund in Deutschland auf. Er unternahm Reisen nach Italien, die Schweiz, Holland und Belgien, er war in Friedrichshafen durch sein Interesse für die Zeppelinwerft in Spionageverdacht geraten, er hatte sich eine Bescheinigung erschlichen, daß er Ordonnanzoffizier des

---

[17] Hierbei handelt es sich um die volkstümliche Bezeichnung des Königlich Preußischen Husaren-Regiments »Königin Wilhelmina der Niederlande« (Hannoversches) Nr. 15 in der seinerzeitigen Stadt Wandsbek, heute ein Ortsteil Hamburgs.

Feldmarschalls Haeseler gewesen sei. Im Februar war er auf den Kriegsschauplatz zurückgekehrt, hatte den Eindruck zu erwecken verstanden, daß er dem Vaterland große, allerdings sehr geheimnisvolle, Dienste und zwar in der Richtung einer Aussöhnung mit Frankreich zum Zusammengehen gegen England sowie auf eine Bearbeitung Italiens leiste. Hiermit hatte er beim Stab des Kronprinzen großen Eindruck gemacht und sich dort niedergelassen.

Freiherr v. Lersner, bis zum Kriege Botschaftssekretär in Paris, gab an, daß Rechberg dort einen durchaus zweifelhaften Ruf genossen habe und daß ihm alles zuzutrauen sei. Der Vertreter des Auswärtigen Amtes im Großen Hauptquartier, v. Grünau, teilte mit, daß nach telefonischer Mitteilung des Auswärtigen Amtes in Berlin dieses ausdrücklich feststelle, daß weder Exzellenz v. Jagow noch Exzellenz Zimmermann Aufträge erteilt hätten. Das Auswärtige Amt würde es mit Freude begrüßen, wenn er unschädlich gemacht werde. Staatssekretär v. Jagow bezeichnete Rechberg in einem Schreiben an den Chef des Generalstabs des Feldheeres als politischen Hochstapler. Herr v.d. Lancken, vor dem Kriege Botschaftsrat in Paris, jetzt beim Generalgouvernement Brüssel, äußerte sich sehr abfällig und verdächtig über das mehrfache Auftreten Rechberg in Belgien.

Es war selbstverständlich, daß ich nach diesem Ergebnis meiner Feststellungen veranlaßte, daß Rechberg aus der Umgebung des Kronprinzen verschwand. Er wurde zur Ersatz-Eskadron seines Regiments nach Wandsbek geschickt und dem Stellvertretenden Generalkommando in Altona wurde befohlen, eine Untersuchung gegen ihn auf der Grundlage eigenmächtiger Entfernung von der Truppe einzuleiten. Die Untersuchung ergab Einzelheiten, die Zweifel an seiner geistigen Gesundheit erweckten. Sie ergab aber auch allerlei strafbare Handlungen, wie Mißbrauch von Dienstautos, eigenmächtige Ausstellung von Bescheinigungen, selbständige Beförderung seines Fahrers zum Unteroffizier usw.

Das gerichtliche Verfahren wurde eingestellt, Rechberg wurde einer Nervenanstalt in Holstein überwiesen. Verdacht für irgendwelche Spionagetätigkeit ergab sich nicht. Damit war der Fall für mich erledigt, mir schien meine Annahme bestätigt, es in Rechberg mit einem geistig nicht normalen Menschen zu tun gehabt zu haben. Meine Aufgabe, ihn vom Kronprinzen zu entfernen, war erfüllt.

Als Erzberger nunmehr an mich herantrat, wurde mir klar, daß Rechberg ein Organ desselben war. Ich erwiderte Erzberger, jetzt seien mir die Zusammenhänge klar, mich ginge Rechberg nichts an, ich hätte ihn nicht in die Lage, interniert zu werden, gebracht, sondern er. Ich würde darum auch nichts tun zu seiner Entlassung. Er möge Rechberg aus der Lage heraushelfen, in die *er* ihn gebracht hätte.

Die Herren, welche Erzberger hinausbegleiteten, erzählten mir, er hätte ihnen einen etwas verstörten Eindruck gemacht. Tatsächlich brachte er es fertig, unter anderem mit Hilfe der Gräfin Tiele-Winckler und anderen Persönlichkeiten vom Hofe, daß Rechberg entlassen wurde.

Ich greife voraus, daß ich, als mir das gemeldet wurde, beim Generalkommando in Altona anfragte, ob denn das Verfahren nicht weitergeleitet würde. Wenn Rechberg geistig gesund, mithin verantwortlich für sein Tun sei. Nach peinlichem Hin und Her wurde mir erwidert, er sei nicht so normal, daß sich sein Verbleiben in der Nervenanstalt rechtfertige, aber auch nicht normal genug, um eine Fortsetzung des Verfahrens zu rechtfertigen. Er solle in Hersfeld unter der Obhut seiner Familie interniert werden und das Generalkommando in Kassel die Aufsicht erhalten. Zunächst lehnte der Bruder, der sehr würdige Kommerzienrat Fritz Rechberg, es ab, für seinen Bruder eine Gewähr zu übernehmen. Die Sache ruhte also doppelt auf dem Generalkommando in Kassel. Im (...) teilte mir das Auswärtige Amt mit, daß Rechberg wieder in Berlin sei und im Hotel Adlon eine sehr unerwünschte politische Tätigkeit entfalte. Ich bemerke, daß man mir dies mitteilte, aber selbst nicht handelte. Ich griff also wieder ein, rief das Generalkommando in Kassel an, bekam auch von dort sehr verlegen Antwort, verlangte aber seine Zurückbeförderung nach Hersfeld. Dasselbe wiederholte sich (...), Erzbergers politischer Einfluß war inzwischen so groß geworden, daß es mir nicht mehr gelang, Rechberg kalt zu stellen.

Ich hatte Anlaß im Kriege, ihn vom Kriegsschauplatz im Osten zu entfernen, als General Hoffmann ihn bei sich hatte, um ihn und den Oberbefehlshaber Prinz Leopold von Bayern zu modellieren und ebenso für seine Entfernung aus dem Kreis zu sorgen, der sich in Baden-Baden um Frau Ludendorff gebildet hatte. General Hoffmann wollte sich auflehnen, er bemühte sich sogar zu persönlicher Rücksprache mit mir nach Kreuznach, Ludendorff, welcher bis dahin nicht von Rechberg wußte, dem ich erst Aufschluß über ihn gab, war in schärfster Äußerung über das unvorsichtige Verhalten seiner Frau mit meinen Maßnahmen einverstanden.

Ich erwähne diese Vorgänge, weil sie nach dem Kriege Anlaß wurden zu einer ganzen Campagne in der Presse gegen mich und die OHL, veranlaßt durch Rechberg und seinen Kreis.

Es ist selbstverständlich, daß diese Vorgänge mir Erzbergers Feindschaft zuzogen. Ich hatte Grund, gegen sein unverantwortliches Treiben, über welches man sich beschwerte, gegen das man sonst aber nichts tat, einzuschreiten. Ich kannte seinen Nachrichtendienst,[18] für welchen er sich bei Kriegsausbruch dem Auswärtigen Amt zur Verfügung stellte, der in der Budapester Straße in Berlin seine Büros hatte, ich kannte die zum Teil sehr zweifelhaften Organe dieses Nachrichtendienstes und die von ihm ausgehende Tendenz, welche die schlimmste war, die ein Nachrichtendienst haben kann: nicht die Wahrheit festzustellen, sondern eine vorgefaßte Meinung zu beweisen, also in diesem Falle Erzbergers Friedensillusionen zu fördern. Seine politische Macht durch seine Stellung im Reichstag war aber so groß, daß die heimischen Militärbehörden machtlos waren. Von kleinlichen Schikanen, welche erwogen wurden, wie Entziehung des Benzins oder des Autos, riet ich ab. Eine Einziehung von Erzberger zum Militärdienst, welche vorgeschlagen wurde, wagte man des politischen Aufhebens wegen nicht durchzuführen.

Ich lernte Erzbergers Wesen kennen, er war feige und nur der Intrige fähig, er hetzte auch gegen mich hinter dem Rücken, war aber Auge in Auge kriechend höflich und schmeichlerisch. Diese seine Art erhöhte die Furcht aller, es mit ihm zu tun zu haben. [...]

---

[18] Hiermit ist die »Zentralstelle für Auslandsdienst« (ZfA) gemeint, die bereits im Oktober 1914 im Auswärtigen Amt geschaffen wurde und unter Erzbergers Leitung stand. Ziel der ZfA war die Organisierung der Auslandspropaganda durch das Auswärtige Amt.

Sonntag, 7. Mai 1916

Eine Vorstellung der Messter-Filmgesellschaft[19] soll mir einen Eindruck vom Stand der gesteigerten deutschen Produktion verschaffen. Es ist im Vergleich zu den Mitteln, über welche die Anderen und die Vereinigten Staaten verfügen, immer noch nicht viel.

Dienstag, 9.5.1916

Nach 14tägiger Abwesenheit kehre ich in das GrHQu zurück. Der sichere Gang der Geschäfte in dieser Zeit zeigt mir, daß der Nachrichtendienst reif ist für die von mir beabsichtigte noch größere Dezentralisierung in der Leitung zu Gunsten eines gesteigerten Einsatzes meiner Person für meine Aufgaben als Chef nach oben.

Ibsen und Björnson sind meiner Einladung zu einer Frontfahrt nachgekommen und im GrHQu eingetroffen. Ich frühstücke mittags mit ihnen bei den neutralen Militärattachés, wo sie wie Landsleute begrüßt werden und nur zuversichtliche militärische Urteile über Deutschland hören.

Abends esse ich mit beiden bei Falkenhayn. Wir sitzen hinterher beim Kaffee zu viert im Gelben Salon zusammen. Beide äußern ihre Siegeszuversicht für Deutschland. Falkenhayn dämpft. Er sagt, den militärischen Sieg traue er uns zu, es sei nur die Frage, ob die deutschen Soldaten auch die notwendige politische Führung finden würden. Björnson schlägt in seiner Begeisterung Falkenhayn mit der Hand aufs Knie, der über diese etwas ungenierte Art offensichtlich erstaunt ist und sagt: »Exzellenz! Wenn der deutsche Soldat auch diesen Krieg verliert, so werdet Ihr Deutschen den Kampf doch gewinnen, denn daß Ihr ihn führen müßt, das ist der deutsche Sieg.« [...]

Mittwoch, 10. Mai 1916

Mir wird gemeldet, daß der sozialdemokratische Kriegsberichterstatter an der Ostfront, Düwell, beim Überschreiten der Grenzkontrolle zur österreichischen Front unter Nichtachtung seines Ausweises von einem braven Landsturmmann durchsucht worden ist und dieser seine Papiere beschlagnahmt hat. Darunter befindet sich ein von Düwell geführtes Tagebuch, in welchem er genaue Aufzeichnungen macht über alle hohen militärischen Stäbe, die er besuchen durfte. Ich sehe darin eine planmäßige Ausspähung für die Sozialdemokratie. Ich werde gebeten, auf einen eigenen Einblick in diese Aufzeichnungen zu verzich-

---

[19] Die von dem deutschen Filmpionier Oskar Messter gegründete Filmgesellschaft produzierte während des Ersten Weltkrieges fast ausschließlich Propagandafilme und Wochenschauberichte. Als Leutnant d.R. war Messter als Filmreferent in der Pressestelle im Stellvertretenden Generalstab eingesetzt und produzierte die erste deutsche Wochenschau, die am 23.10.1914 zur Aufführung kam.

ten. Auf meine Frage nach dem Warum, erfahre ich, daß auch ich den Notizen mehrfach vorkomme und zwar in einer Beleuchtung, welche mich ärgern würde. Dies gibt mir natürlich Anlaß, erst recht die Vorlage zu fordern. Es ist nicht so schlimm, wie ich fürchtete, ich werde nur als absoluter Soldat hingestellt. Aus dem Munde des Antimilitaristen ist es für mich eher ein Lob.

Ich erlasse nachfolgenden Befehl und verfüge die Entfernung von Düwell aus dem Kriegsberichterstatterquartier Ost.

Der zweite Vorsitzende des Presseausschußes, der Sozialdemokrat und vertraute Freund Eberts, Baake bittet mich um eine Unterredung, in welcher er mich beschwört, diesen Befehl nicht durchzuführen. Düwell sei einer der klügsten und gefährlichsten Köpfe unter ihren Journalisten, ich würde ihn ins Lager der Unabhängigen treiben.

Trotzdem habe ich es bei meinem Befehl gelassen. (Als ich gegen Ende des Krieges in Erfurt die Hauptschriftleiter der Thüringer Presse zu einer Besprechung gebeten hatte, fiel mir unter ihnen allen, welche gebückt über ihre Notizbücher saßen und sich eifrig Notizen machten über das, was die mich begleitenden Herren ihnen vortrugen, ein einziger aufrecht sitzender Mann auf, er notierte nichts, sah nur mit scharfen Augen durch seine Brille uns und seine Kollegen an und dachte und behielt im Kopf, anstatt zu schreiben. Er fiel mir auch äußerlich durch seine gesunde robuste Haltung auf. Er kam mir bekannt vor. Ich erfuhr auf Fragen, daß es Düwell sei, jetzt Leiter der unabhängigen sozialistischen »Gothaer Volksstimme«. Ich habe ihn nach der Sitzung zu mir gebeten und mich noch lange mit ihm allein unterhalten. Er zeigte gar keine Erbitterung über mein damaliges Einschreiten gegen ihn. Er fand es richtig, er erkannte es sogar als entschlossene Tat lobend an. Er schuf also klare Fronten. Er äußerte sich mit derselben Klarheit über die Kräfte oder vielmehr die Schwächen unserer politischen Kriegführung und warnte mich als Soldaten vor den notwendigen Folgen, sowohl von unseren Feinden wie vom Volk. Er schien mir irgendwie verwandt mit uns Soldaten. Ich fragte ihn, warum er mich in seinem Tagebuch damals wegwerfend als absoluten Soldaten bezeichnet hätte. Er erwiderte, das hätte durchaus keine Beschimpfung sein sollen. Er teilte also meine Auffassung, mit der ich diese Bewertung aufgenommen hatte und sah in dem absoluten Soldaten im Kriege einen wertvollen, vielleicht sogar den entscheidenden politischen Faktor, wenigstens vom Standpunkt der Innenpolitik. Er meinte nur, die Innenpolitik müsse es auch verstehen, die Massen zu absoluten Soldaten zu machen, das geschehe aber nicht und darum würden auch die absoluten Soldaten Hindenburg und Ludendorff der inneren Politik und damit Deutschland dem äußeren Feind erliegen.

Selbstverständlich wurden mir auch sonst Spitznamen angehängt und mir bekannt, weil ich befohlen hatte, mir jede dem Nachrichtendienst bekannt werdende Kritik an der OHL und somit auch an mir und IIIb bekannt zu geben. Scherzhaft wurde ich wegen meines Auftauchens an so vielen Stellen der Front und der Heimat als »das Irrlicht von Mitteleuropa« bezeichnet. Weniger wohlwollend war eine andere Bezeichnung, die von einem mir bekannten kleinen Kreis von Opposition innerhalb der eigenen Reihen von IIIb, den ich wegen meist aus Geltungsbedürfnis und persönlicher Eitelkeit stammender Geschäftigkeit etwas stark am Zügel halten mußte, stammte, ich sei ein »kleiner Gernegroß«. Als mir dies errötend gemeldet wurde, empfand ich auch diese Kennzeichnung als ein Lob, denn es sei richtig, daß ich Kleiner gerne groß wäre, anstatt wie viele Großen so gerne klein.)

IIIb *Großes Hauptquartier,*
Nr. 3625 [1] *den 11. Mai 1916*

Es ist in einem Falle bekannt geworden, daß ein Kriegsberichterstatter Tagebuch führte und in diesem persönliche Erlebnisse, besonders Äußerungen von Offizieren notierte. Da er seiner politischen Gesinnung nach zu besonders kritischer Auffassung neigt, so tritt in diesen Notizen eine bedenkliche Tendenz hervor.

An sich ist diese Feststellung nicht unerwartet. Man muß damit rechnen, daß jeder Kriegsberichterstatter Tagebuch führt und daß er in diesem, wie jeder Mensch, das niederlegt, was ihm besonders *persönlich* nahe ging. Das Sensationelle, Auffallende, Politische steht beim Journalisten noch mehr im Vordergrund als bei anderen Menschen. In der Front werden massenhaft Tagebücher mit allen möglichen Aufzeichnungen vorhanden sein. Der Unterschied liegt nur darin, daß wir die Berichterstatter Stäben, Offizieren und Truppen *zuführen* und ihnen Einblick in Verhältnisse gewähren, die sonst nur Offizieren und meist nur besonders ausgesuchten Offizieren zugänglich sind. Daraus ergibt sich für uns eine gewisse Verantwortlichkeit.

Wir müssen ihr in erster Linie dadurch gerecht werden, daß wir die *Persönlichkeiten der Kriegsberichterstatter* fortgesetzt beobachten und solche, welche kein Vertrauen verdienen, entfernen, ohne etwa einen Durchschnitts-Menschen oder -Berichterstatter verlangen zu können. Gerade in der Vielseitigkeit liegt die Natur erfolgreicher Berichterstattung. Das muß sich in den Persönlichkeiten widerspiegeln. Auch haben wir wahrhaftig nichts zu verheimlichen. *Die Herren, welche die Kriegspressequartiere leiten*, müssen es verstehen, die Berichterstatter verständnisvoll und ohne Engherzigkeit zu beurteilen und auf sie einzuwirken, damit sie volles Vertrauen verdienen. Erziehung, soziale Stellung, politische Parteirichtung, Temperament, persönliche Schwächen sind, als selbstverständlich verschieden, in Betracht zu ziehen. Nur da, wo einer dieser Faktoren das verständliche und zulässige Maß überschreitet, muß durch Entfernung des Betreffenden eingeschritten werden.

Die Nachrichtenoffiziere lernen die Berichterstatter dagegen nur flüchtig kennen, haben aber die eigentliche Durchführung ihrer Zulassung bei den Truppen. Sie können an der Tatsache, daß der Berichterstatter ihnen geschickt wird, erkennen, daß er das Vertrauen des Offiziers vom Kriegspressequartier genießt, sind aber dennoch verpflichtet, ihrerseits in der Auswahl von Begleitoffizieren oder Truppenteilen sowie in dem Maß der dem Berichterstatter zuzugestehenden Bewegungsfreiheit den örtlichen Verhältnissen Rechnung zu tragen. Ein Mißtrauen darf nicht zu Tage treten, einschränkende Maßnahmen müssen begründet sein. Sie können dem Berichterstatter unbedenklich und offen mitgeteilt werden und sind für ihn unbedingt verbindlich.

Ich erinnere daran, daß die Nachrichtenoffiziere dem Offizier des Kriegspressequartiers kurz über das Auftreten des Berichterstatters melden sollen.

Entsprechend hat der Offizier des Kriegspressequartiers den Nachrichtenoffizieren etwa auf Erfahrung beruhende Ratschläge in der Behandlung des einzelnen Berichterstatters mitzuteilen.

Drittens und hauptsächlich muß aber *Stab oder Truppe, zu welcher der Berichterstatter kommt*, selbst richtig verfahren. Auch dafür, daß geheimes kriegsgeschichtliches Material einem Berichterstatter zur Verfügung gestellt wurde, liegt ein Beweis aus neuester Zeit vor. Das muß natürlich ausgeschlossen sein. Aber auch auf persönlichem und sonstigem Gebiete muß es jedem bewußt sein, daß er es mit einem *Bericht*erstatter zu tun hat.

[gez.] Nicolai [...]

Montag, 15. Mai 1916

Die nachfolgende, »Spinne« genannte, Darstellung des Meldeweges und der Organisation des IIIb-Dienstes wird aufgestellt.[20]

Sie zeigt die Dezentralisation. Ich habe mir als Chef IIIb persönlich nur die Sektion I (Bearbeitung meiner persönlichen Angelegenheiten unter Hauptmann Niederhoff und die Sektion II, Presse pp.) vorbehalten. Im Übrigen ist mein Dienst im GrHQu zusammengefaßt in IIIb-West und IIIb-Ost. Also nach den beiden Fronten, nicht nach den verschiedenen Gruppen im Nachrichtendienst, auch ist die Abwehr und die Presse an der West- und Ostfront noch hierin eingeschlossen. Wie IIIb-West und IIIb-Ost im GrHQu unterstehen mir in Berlin die stellvertretende Abteilung IIIb (die gesamte Abwehr in Deutschland), das Kriegspresseamt, das Quartier der neutralen Militärattachés und der Nachrichtenoffizier in Berlin mit seinen Beziehungen in Deutschland.

Die Skizze ist geographisch zu verstehen. Die linke Seite ist die Westfront, vom Kanal oben bis zur Schweizer Grenze unten sind die Armee-Oberkommandos mit ihren Nachrichtenoffizieren eingezeichnet. Der untere Skizzenrand ist die Südfront, zunächst im Südwesten die beiden Kriegsnachrichtenstellen an der Grenze der Schweiz für den geheimen Nachrichtendienst durch diese. Nach Osten anschließend der Nachrichtendienst in Tirol und an der österreichischen Südfront, weiter der Nachrichtendienst bei Mackensen im Balkan und schließlich bei der bulgarischen Armee mit dem Zentralpunkt in Sofia.

Der rechte Skizzenrand ist die Ostfront. Oben im Norden mit der 8. Armee im Baltikum beginnend der Bereich von Oberost unter Oberleitung durch den Nachrichtenoffizier bei Oberost. Anschließend der Nachrichtendienst in der Ukraine mit Leitung über das österreichische Hauptquartier in Teschen.

Mittwoch, 17. Mai 1916

[...] Ministerialdirektor Lewald erklärt im Hauptausschuß des Reichstages, daß Zensurerlasse von grundsätzlicher Bedeutung stets durch das Zusammenwirken aller Zentralstellen zustande kämen und daß *jeder* dieser Erlasse infolgedessen auch von der OHL gebilligt sei.

Auf Grund dieser Erklärung verfüge ich an das Kriegspresseamt, daß in Zukunft mehr als bisher mit Strenge darauf zu achten ist, daß nur diejenigen Zensurerlasse ohne Angabe der veranlassenden Zentralstelle herausgehen dürfen, für die tatsächlich die persönliche Zustimmung seiner Excellenz ausgesprochen worden ist.

---

[20] Siehe Vorsatzblatt.

1916

Im Anschluß daran verfüge ich weiter an den Chef des Kriegspresseamts: »Die Presse und das Parlament arbeiten dahin, die Zensur über politische Dinge den militärischen Behörden zu entrücken und den Zivilbehörden unter Verantwortlichkeit des Reichskanzlers zu unterstellen. Dies kann ohne Änderung der für die Kommandogewalt der Militärbefehlshaber geltenden staatsrechtlichen Grundlagen nicht geschehen. Sollten diese geändert werden, so können wir die Abgabe der politischen Zensur nur mit Freude begrüßen, unter dem Vorbehalt, daß dann auch tatsächlich die militärischen Zensurstellen von der politischen Zensur reinlich geschieden sind. Vorläufig gelten noch die bestehenden staatsrechtlichen Grundlagen. Für den Erlaß politischer Zensurbestimmungen sind die politischen Behörden zuständig und verantwortlich. Bei grundlegenden Fragen sind die erlassenden Behörden kenntlich zu machen. Für die Durchführung aber sind allein die Militärbefehlshaber verantwortlich.«

Montag, 22. Mai 1916

Helfferich, bisher Reichsschatzamt, wird für Delbrück Staatssekretär des Innern. Batocki erhält das neugeschaffene Kriegsernährungsamt,[21] Graf Roedern das Reichsschatzamt. Hoffentlich ein Ruck zur Konzentration. [...]

Samstag, 27. Mai 1916

Grundlegende Besprechung mit den für den Inlands-Nachrichtendienst in Aussicht genommenen Offizieren im GrHQu.

Es fehlt an einer Zentralstelle, an welche Nachrichten über die Kriegslage beim Feind wirtschaftlichen Inhalts geleitet werden können, damit sie dort bearbeitet und an die interessierten Stellen geleitet werden können. Mir wird hierfür der Professor der Staatswissenschaften, Graf Dohna,[22] als geeignet empfohlen. Die Errichtung einer Zentralstelle unter ihm in Berlin wird in Aussicht genommen.

(Die Dienstanweisung für den Inlandsnachrichtendienst wird auf Grund dieser Besprechung erst am 2. Juni 1916 erlassen. Im Anschluß daran unternehme ich vom 2. bis 13.6.1916 eine Rundreise an die in Aussicht genommenen Standorte der Inlands-Nachrichtenoffiziere, um ihnen dort die Wege zu ebnen.)

Dienstag, 30. Mai 1916

Am 7.10.1915 (s. dort)[23] hatte der kommandierende General des III. Bayerischen Armeekorps, Frhr. v. Gebsattel, mich gelegentlich einer Frontfahrt um einen Besuch in seinem Stabsquartier gebeten. Er hatte mir außerordentlich gedankt, daß ich seinem Sohn, dem Rittmeister Frhr. v. Gebsattel, die Stellung eines

---

[21] Dem am 22.5. gegründeten Kriegsernährungsamt oblagen die ernährungspolitischen Angelegenheiten des Reiches unter Aufsicht des Reichskanzlers. Im Jahre 1917 erhielt es den Status einer Reichsbehörde und wurde fortan von einem Staatssekretär geleitet.
[22] Georg Theobald Alexander Graf zu Dohna-Schlodien.
[23] Nicolai beruft sich hier auf den Auszug 73 aus Feldpostbriefen vom 9.10.1915.

Nachrichtenoffiziers beim deutschen Kronprinzen anvertraut hatte. Dies und der Zusatz, er habe schon Sorgen durch den Sohn gehabt und hoffe, daß er sich bewähren wird, waren mir aufgefallen, ich erfuhr aber nichts anderes, als daß der Sohn bayerischer Kavallerieoffizier gewesen, ausgeschieden, im diplomatischen Dienst verwendet und bei Kriegsausbruch wieder Soldat geworden war. Er war sehr begabt, bewährte sich gut als Nachrichtenoffizier, zwischen dem Kronprinzen und ihm hatte sich ein fast freundschaftliches Verhältnis angebahnt.

Sein Hilfsoffizier, ein ruhiger vornehmer Landwehrhauptmann, Grundbesitzer am Rhein, v. Heimendahl, hatte Mitte Mai 1916 den Antrag auf Ablösung gestellt, die Angabe von Gründen verweigert. Als ich darauf bestand, erbat er eine persönliche Rücksprache und meldete mir bei dieser gestern, es sei ihm unmöglich, weiterhin unter dem Rittmeister v. G. zu arbeiten, da er durch Zufall Zeuge geworden sei, daß dieser ungesund im Sinne des § 175[24] veranlagt sei. Ich erklärte, die Sache würde umgekehrt geschehen, er würde bleiben und v. G. gehen.

Ich war dieserhalb heute beim Chef des Generalstabes des Kronprinzen, General Schmidt v. Knobelsdorff, welchem Rittmeister v. G. disziplinar unterstellt war. Er wies meine Bitte um Einverständnis zur Ablösung des Herrn v. G. zurück, der Kronprinz würde ohne Angabe der Gründe es sehr übel vermerken, wenn ihm v. G. genommen würde. Die Gründe zu nennen, würde eine Zerstörung der Existenz des Herrn v. G. bedeuten, die aus Rücksicht auf die Familie, besonders den Vater vermieden werden müßte, ebenso wie mit Rücksicht auf die schweren Kämpfe vor Verdun die starke Erregung, die dieses für den Vater sowie den Kronprinzen mit sich bringen würde. Ich hätte Herrn v. Heimendahl erwidern sollen: »Scheren Sie sich raus, Sie Denunziant!« Während ich für die angeführten Gründe Verständnis aufbringe, ist mir diese letzte Auffassung unverständlich. Ich denke zurück an Vorgänge mit dem Fürsten Philipp v. Eulenburg,[25] dessen Entfernung vom Kaiser gerade der Kronprinz ins Rollen brachte, ich meine, daß meine Auffassung also der seinen entsprechen würde und daß Knobelsdorff nicht recht hat, ihn unbewußt einem Unwürdigen seine Freundschaft schenken zu lassen. Die Verwendung hoher Fürstlichkeiten auf hohen militärischen Führerposten, zumal wenn sie wie beim Kronprinzen nur aus diesem Grunde geschieht, führt zur Verquickung mit höfischem Denken auch in seiner militärischen Umgebung und wirkt dadurch zum Schaden der großen Sache. Der zunächst Verantwortliche ist aber der Generalstabschef des Kronprinzen, ich kann mich also im Augenblick ihm gegenüber nicht durchsetzen.

Ich bespreche den Vorgang mit dem Chef der Zentralabteilung der OHL, welcher seitens dieser für die Stellenbesetzung in den obersten Kommandobehörden verantwortlich ist. Auch er rät mir ab, im Augenblick meine Auffassung, die er an sich billigt, durchzusetzen.

---

[24] § 175 des Reichsstrafgesetzbuches von 1871 stellte sexuelle Handlungen zwischen Männern unter Strafe.

[25] 1906 deutete der Publizist Maximilian Harden in mehreren Zeitungsartikeln in der Zeitschrift »Zukunft« an, Philipp Fürst zu Eulenburg und Hertefeld, ein enger Freund Kaiser Wilhelms II., unterhalte homosexuelle Kontakte zum Monarchen. Als Folge kam es in den folgenden Jahren zu mehreren Sensationsprozessen gegen Eulenburg und prominente Mitglieder der Reichsregierung. Die Harden-Eulenburg-Affäre erschütterte das Ansehen Wilhelms II. und Teilen des Hofes in der Öffentlichkeit.

Als ich im Sommer 1916 einen Nachrichtenoffizier bei der gegen Rumänien aufgestellten Armee brauchte, habe ich die Versetzung Gebsattels in diese Stellung veranlaßt. Knobelsdorff rief mich an, der Kronprinz sei empört, daß der ihm persönlich nahe stehende Nachrichtenoffizier ihm ohne sein Einverständnis genommen sei. Ich bat, zu antworten, die Versetzung sei bereits durch Kabinetsordre befohlen, somit nicht mehr zu ändern, und teilte Knobelsdorff mit, daß ich inzwischen erfahren hätte, daß ähnliche Vorgänge das Ausscheiden v. Gs aus dem Militärdienst vor dem Weltkriege veranlaßt hatten und daß hierin wohl der Grund lag für das mir bisher unverständliche Verhalten seines Vaters über den Sohn bei meinem Besuch am 7.10.1915.

Nachdem Hindenburg-Ludendorff die OHL übernommen hatten, erhielt ich die Meldung, daß noch ein lebhafter Telegrammverkehr persönlicher Art zwischen dem Kronprinzen und v. G. und zwar unter Benutzung meines Chiffrierverfahrens für den Nachrichtendienst bestand. Infolgedessen mußte der Nachfolger als Nachrichtenoffizier beim Kronprinzen das Chiffrieren und Dechiffrieren ausführen. Ich verbot ihm dies und befahl Gebsattel jede Benutzung des Diensttelegraphen wie des dienstlichen Chiffrierverfahrens für seine persönlichen Zwecke zu unterlassen. Kurz darauf bat mich Hindenburg zu sich. Er sagte: »Hier hat Ihr Nachrichtenoffizier in Rumänien, der Rittmeister v. G. eine Beschwerde bei mir über Sie eingereicht, weil Sie seinen persönlichen Verkehr mit Seiner Kaiserlichen Hoheit verhinderten. Sie werden ja wissen, warum und sind wohl so gut und schreiben mir eine Antwort auf.« Die Antwort war, daß G. aus meinem Dienst verschwand. Es blieb mir nichts Anderes übrig, als Hindenburg diese Entscheidung durch Darlegung der Vorgänge zu erläutern. Er stimmte mir zu und dankte mir unter Bedauern für den ihm befreundeten Vater für meine Auffassung und die Art ihrer Durchführung.

Für mich war die an sich formell eigenartige Handlung des Generalfeldmarschalls, die Erledigung einer gegen mich gerichteten Beschwerde mir selbst zu übertragen, der erste Beweis seines Vertrauens nach Übernahme der OHL. Ich faßte es auf als Beweis seiner Zustimmung zu meinem Eintreten für die Autorität der OHL gegenüber den Treibereien, welche die Kriegführung durch die Hetze zwischen OHL und Oberost geschädigt hatten. Obgleich ich Hindenburg niemals mit meinem Vorgehen in ähnlichen persönlichen Angelegenheiten hoch stehender Persönlichkeiten behelligt habe, hatte ich seitdem doch stets das Bewußtsein seines Einverständnisses stärkend hinter mir, wie selbstverständlich auch das Ludendorffs.

Gebsattel wurde sozusagen als Theaterintendant im besetzten Bukarest verwendet. Er ist dort gestorben.[26]

---

[26] Hier irrt Nicolai. Hans von Gebsattel starb am 1.6.1926 in Tokio.

Auf Einladung des Kultur-Bundes[a] fand am 21.6.1916 4 Uhr nachmittags eine Sitzung in den Räumen des Kriegspresseamtes statt über *die Ziele des Kultur-Bundes und die Unterstützung durch die obersten Reichs- und Staatsbehörden hierbei*.
Es waren anwesend:

1. Kultur-Bund.

Geh. Medizinalrat Prof. Dr. Waldeyer,
Herr Hermann Sudermann,
Herr Rudolf Presber,
Herr Ludwig Fulda,
Geh.Rat Prof. Dr. Planck,
Herr Dr. W. Rathenau,
Herr Frobenius.

2. Reichsamt des Innern.

Landrat Frhr. v. Braun,
Assessor Frhr. v. Oldershausen.

3. Ministerium des Innern.

Ministerialdirektor Dr. Freund.

4. Kriegsministerium.

Major van den Bergh,
Hauptmann Grau.

5. Admiralstab.

Kapitän zur See Boy-Ed.

6. Kriegspresseamt.

Major Deutelmoser.

7. Generalstab des Feldheeres.

Major Nicolai,
Hauptmann Bloem (Feldpressestelle),
Hauptmann Kroeger.

Dr. W. Rathenau schildert das Ergebnis der letzten Besprechung. Es sei nicht richtig, daß durch die Behörden Stimmung gemacht werden solle. Geldmittel aber seien notwendig; diese müßten von den Behörden gegeben werden, da bei privaten Stiftungen leicht Verdacht von Nebenabsichten aufkomme.
I. Eine *neutrale* Stelle müsse die Werbe-Arbeit unternehmen, aber unter behördlicher Kontrolle. Eine solche sei der Kultur-Bund, der eine diesen besonderen Zwecken dienende *Unterabteilung* gründen müsse, die selbständig

---

[a] Der »Kulturbund deutscher Gelehrter und Künstler« wurde als private Vereinigung im Oktober 1914 gegründet und verfolgte das Ziel, im Ausland für die Situation der Deutschen zu werben und so dem Bild der deutschen Aggressoren entgegenzuwirken (u.a. im »Aufruf an die Kulturwelt« 1914). Er hatte zeitweilig über 1000 Mitglieder, die sich mit zunehmender Kriegsdauer auch der Aufklärung der deutschen Bevölkerung widmeten. Die mangelnde private Finanzierung führte Anfang Juni 1916 zur Verständigung mit dem preußischen Innenministerium, in dessen Auftrag der Kulturbund seitdem vor allem für die Inlandspropaganda arbeitete. Außerdem kooperierte er eng mit der Auslandsabteilung der OHL und der MAA.

unter Leitung des Kultur-Bundes und der Regierungsvertreter ihre Aufgaben zu erfüllen habe.

II. Notwendig sei zunächst die Wahl eines geeigneten, gut besoldeten *Direktors*, dem ein Beirat beizugeben wäre.

III. Die Aufgaben könnten noch nicht ganz festgelegt werden. Aus solche seien anzusehen:
a) Fühlungnahme mit den obersten Reichs- und Staatsbehörden.
b) Fühlungnahme mit den Behörden im Lande, wenn möglich auch durch Vermittelung der Behörden.
c) Fühlung mit den lokalen Behörden (Magistrate, Landräte usw.)
d) Schaffung von Material. Dieses wird in einer Zentralstelle bearbeitet in enger Fühlung mit den Behörden, um deren Wünsche im Einzelfalle berücksichtigen zu können.
e) Auswahl von Persönlichkeiten, die die Werbe-Arbeit tatsächlich ausüben. Einrichtung einer Rednerschule nach Muster des Ministeriums des Innern.
f) Allmählich würden große Mittel notwendig werden. Dies müsse den Behörden schon jetzt klar sein. Es werde verlangt werden, daß der Vorstand regelmäßig Rechenschaftsbericht ablege.

Zusammenfassend wird noch einmal betont, daß die Wahl der Persönlichkeit des Direktors der wesentliche Punkt sei, doppelt jetzt erschwert, wo bereits die gesamte Intelligenz beschlagnahmt sei.

Major Nicolai, Generalstab, hat, da mit der Kriegsberichterstattung beauftragt, die Frage, wie der Geist des deutschen Heeres auf das deutsche Volk in der Heimat zu übertragen sei, lange geprüft. Versuche sind gemacht worden durch Einrichtung der Kriegsberichterstatter-Quartiere, Reisen von Chefredakteuren, Einrichtung des Kriegspresseamtes, Schaffen der Feldpressestelle, usw.

Die Absicht des Kultur-Bundes, ähnlichen Zweck zu verfolgen, wird mit Dank begrüßt.

Wie kommt es, daß beim Feind *ohne* militärische Erfolge feste Entschlossenheit herrscht und Glaube an Siege, die nicht gewesen sind und nicht sein werden, während bei uns *trotz* großer Erfolge in weiten Kreisen weder Stolz noch berechtigte Zuversicht und feste Entschlossenheit, statt dessen Kleinmut herrscht?

Die Truppe klagt, die Leute daheim seien falsch oder nicht genügend unterrichtet.

Die amtlichen deutschen Berichte sind knapp, klar und wahr. Wir gestatten aber auch den Nachdruck aller feindlichen Berichte, in der Überzeugung, daß das deutsche Volk die Wahrheit erkennen wird; aber trotzdem dürfen wir nicht sehenden Auges zulassen, daß das feindliche Gift, was in diesen erlogenen Berichten steckt, sich in die Seele des deutschen Volkes hineinfrißt.

Deswegen wird dem Plane des Dr. Rathenau ganz zugestimmt.

Die Abteilung IIIb wird jederzeit zur Mitwirkung bereit sein. Wünsche sollen nach Möglichkeit schnell in die Tat umgesetzt werden. Es wird vorgeschlagen, einzelne Mitglieder des Kultur-Bundes bei Frontreisen selbst Eindrücke sammeln zu lassen.

So müssen auch die anderen Behörden *helfen*, weniger eine *Kontrolle ausüben*.

Zweck der heutigen Besprechung soll sein, die *praktische Durchführung* zu beraten. Das Wesentliche ist: die Persönlichkeit suchen, die an die Spitze der neuen Organisation treten soll. Es ist nicht notwendig, daß dies ein Schriftsteller ist. Die Hauptsache ist ein guter Organisator, der energisch und überlegt handelt. Hiermit darf nicht lange gewartet werden. Man möge sich damit begnügen, klein anzufangen und die Organisation allmählich heranwachsen zu lassen.

Ebenso wenig ist schnelle Herbeischaffung *großer Mittel* notwendig.

Der *Beirat*, zu dem auch Vertreter der Behörden zu treten hätten, tritt zweckmäßig regelmäßig zusammen, um Wünsche und Fragen auszutauschen.

Tätige, hilfsbereite Mitarbeiter werden die deutschen Kriegervereine sein, wie dies sich bei der Sitzung auf dem Kyffhäuser am 31.5. ergeben hat, ferner die deutsche Frauenbewegung, die deutsche Presse, die Parlamentarier, die Kriegsministerien der Einzelstaaten, usw.

Als Ort für die *Zentralstelle* kommt nur Berlin in Frage. Daneben muß aber die Organisation dezentralisiert werden.

Ein weiteres Mittel, die Stimmung zu heben, sind vermehrte *Erinnerungsfeiern* an die großen Siege des ersten und zweiten Kriegsjahres.

Ferner vermehrtes Heranziehen der Prediger und Geistlichen. Zu alledem sind keine großen Mittel erforderlich, sondern bloß Organisation und Anregung.

1. Wieviele Mittel sind notwendig, um das Ziel zu erreichen?
2. Wer ist die Persönlichkeit, um an die Spitze der neuen Organisation zu treten?
3. Wo sollen die Geschäftsräume eingerichtet werden?

Herr Hermann Sudermann: Ausgangspunkt der heutigen Versammlung ist die Rücksprache zwischen ihm und Major Nicolai am 4.6. im Anschluß an die Veranstaltung des Kultur-Bundes im Reichstag. Es handelt sich darum, jetzt zunächst das Geld und dann das Publikum für die neue Organisation zu gewinnen.

Der Kultur-Bund hat bereits im vergangenen Jahre ähnliche Aufgaben geleistet, hat aber als Auditorium nur die gebildete Mittelschicht gehabt, nicht das gesamte Volk. Wege, dorthin zu kommen, sind die von Major Nicolai geschilderten; besonders wesentlich scheint die Mitwirkung der Presse.

Einzelne Verbände, die zur Mitarbeit herangezogen werden können, werden bereits so gut organisiert sein, daß wenig zu tun ist. Bei anderen wird die ganze Arbeit von uns geleistet werden müssen.

Der Weg zum Volke kann nur durch »Reden« gefunden werden. Hierfür sind Redner notwendig, die z.T. aus hervorragenden Persönlichkeiten aller Berufsstände bestehen werden, z.T. aber erst in Rednerschulen herangebildet werden müssen. Als solche kommen die Universitäten in Frage, die in diesem Sinne bereits verständigt worden sind. Zu jedem Gau muß in *seiner* Sprache gesprochen werden. Der rednerische Stoff muss gesammelt und in einem Buche festgelegt werden, wie dies bereits zu anderen Zwecken vom Reichsamt des Innern geschehen. Dieses Buch muß bis zum Herbst fertig sein.

Weiter kommt in Frage die Beeinflussung durch Theater und Singspielhallen, in denen jetzt leider bloß patriotischer Schund dem Volke geboten wird. Hier müssen und werden die deutschen Dichter helfend einspringen.

Major van den Bergh, Kriegsministerium, betont, daß der stellv. Kriegsminister allen diesen Bestrebungen stets regstes Interesse entgegengebracht und auch für die Zukunft jegliche Unterstützung zugesichert habe (Stellung von Musik, Lokalen, Kommandierung bzw. Zurückstellung von Persönlichkeiten, die sich als Redner eignen, usw., usw.).

In den Lichtspielhäusern wird viel durch schlechte Filme gesündigt. Gegenwärtig entspricht ein großer Teil der jetzt gespielten Theaterstücke nicht dem Ernst der Zeit und dem Geschmack der aus dem Felde zurückkommenden Krieger.

Schaffung von Ehrenhainen, Feiern von Schlacht- und Gedenktagen usw. sind weitere geeignete Mittel.

Kriegsministerium hat Schützengrabenbücher in 110 000 Exemplaren zur Aufklärung bei den Besatzungstruppen und neuerdings auch beim Feldheer verteilen lassen.

Als positive Mitarbeit für den Kultur-Bund wird zugesagt, die monatlichen Stimmungsberichte der einzelnen stellv. Generalkommandos zur Verfügung stellen zu wollen, desgleichen geeignete Auszüge aus eigenen und feindlichen Gefangenenbriefen sowie Gefangenenvernehmungen.

Geldmittel können dagegen ebenso wenig wie eine geeignete Persönlichkeit zur Verfügung gestellt werden.

Als *Räumlichkeit* wird der Kaiser-Wilhelm-Dank[b] in Vorschlag gebracht.

Herr Frobenius hat ähnliche Arbeit für den Deutschen Kolonialverein und Flottenverein in früheren Jahren geleitet.

Wesentliches Mittel sind Lichtbilder, die aber von dem in den Zeitungen Gegebenen abweichen und zur Erhöhung des Eindrucks farbig gezeigt werden müssen. Wir haben an der Front auf den einzelnen Flugplätzen eine Fülle interessanten Bildermaterials, das bloß gesammelt und ausgewertet zu werden braucht. Zweckmäßig ist hiernach Schaffung einer großen Bilderzentrale in Berlin.

Kapitan Boy-Ed, Admiralstab, empfiehlt den Deutschen Flotten-Verein als tätigen Mitarbeiter; sagt im übrigen auch jede Unterstützung von Seiten seiner Behörde zu.

Major Nicolai, Generalstab, findet, daß durch die heutige Besprechung das Programm erheblich erweitert ist, und befürchtet, daß es zu viel für den Anfang wird. Der Gegner will uns moralisch erdrücken, weil es ihm militärisch nicht möglich ist; er wird einsehen, daß wir auch wirtschaftlich durchhalten werden.

Er arbeitet auf die deutsche Heimatstimmung, stärkt die seine, versucht die unsere zu schwächen. Hier muß eingegriffen werden und zwar schnell. Dafür ist kein großes Programm notwendig, sondern nur *mit klarem Ziel sofort* und klein *anzufangen*. Der Vorschlag, daß Kanzler Mitteilung gemacht wird, ist selbstverständlich. Dadurch und durch zu großes Programm darf aber kein Aufenthalt entstehen.

Der Eindruck, daß es sich um eine *offizielle* Propaganda handelt, darf nicht aufkommen. *Freie Männer* wollen freiwillig diese Arbeit leisten.

---

b Der »Kaiser-Wilhelm-Dank, Verein der Soldatenfreunde e.V.« gab regelmäßig Bücher und Zeitschriften zu patriotischen Themen heraus, so etwa die »Kriegsschriften«.

Geh. Rat Prof. Dr. Waldeyer betont erneut, daß notwendig sind: Schaffung von Geld, Material, leitende Persönlichkeit und Lokal, daneben Eingabe an den Kanzler und demnächst Unterstützung durch die Behörden.

Ministerial-Direktor Dr. Freund, MdI, rät erneut, die Sache nicht mit unzureichenden finanziellen Mitteln anzufangen. In der Eingabe an den Kanzler soll aber keine bestimmte Summe genannt werden. Durch diese Eingabe darf die Weiterarbeit nicht hinausgeschoben werden.

Herr Sudermann: Auf Anfrage wird bestätigt, daß keinerlei Bedenken dagegen bestehen, daß in der Eingabe an den Reichskanzler betont wird, daß die anwesenden Vertreter der Behörden der neuen Organisation sympathisch gegenüberstehen und jede Mithilfe zugesichert haben.

Herr Ludwig Fulda betont die Wichtigkeit der Tatsache, daß es sich um eine *freie Aktion* des Kultur-Bundes handelt, bei der die Mitarbeit der Behörden nach Außen hin vertraulich behandelt werden muß. Wichtig ist die Wahl der Redner. In dieser Beziehung ist gerade im Kriege viel gesündigt worden. Es kommt darauf an, daß zum Volke in einer Sprache gesprochen wird, die leicht verständlich ist, und die sich möglichst auf eigene Eindrücke stützt.

Major Nicolai, Generalstab, erkennt diese Gründe an, glaubt aber, daß trotzdem in manchen Fällen die Unterstützung der Behörden nicht ganz verschwinden könne, wenn es z.B. sich darum handelt, Wünsche oder Anordnungen der Berliner Zentralbehörden an nachgeordnete Stellen weiterzugeben.

Geh. Rat Prof. Dr. Waldeyer schließt mit Worten des Dankes an alle Teilnehmer 6 Uhr 30 nachmittags die Sitzung.

K.

[...]

Mittwoch, 31. Mai 1916

[...] Über einen Direktor der Deutschen Bank erhalte ich wieder Nachricht über Redereien gegen Falkenhayn. Es wird verbreitet, dieser sei beim Kaiser in Ungnade gefallen. An der Verbreitung dieses Gerüchtes scheine man im Auswärtigen Amt nicht ganz unbeteiligt zu sein. Man liebe dort weder Falkenhayn noch die Marine. Gut sei man nur auf Oberost zu sprechen.
  Gleichzeitig erfahre ich auf anderem Wege von Klatschereien gegen Hindenburg. Er sei zu schwerfällig geworden und solle ersetzt werden. Wo die Drahtzieher dieser Redereien sitzen, war nicht festzustellen.

Samstag, 3. Juni 1916

[...] Am Abend nehme ich an einer im Plenarsaal des Reichstages veranstalteten Kundgebung des Kulturbundes teil.

Falkenhayns Klage nach Beginn des Angriffs auf Verdun, es sei so still in unserem Rücken und seine Frage, wo denn die geistigen Führer unseres Volkes wären, hatte mich erneut veranlaßt, Verbindung zu diesen zu suchen. Ich war mit dem Kulturbund in Verbindung gekommen, welcher unter dem Vorsitz des Geheimrat Waldeyer und Hermann Sudermann wissenschaftlich und künstlerisch führende Persönlichkeiten vereinte. Ich war von ihnen freudig begrüßt worden. Sie hätten schon längst den Wunsch gehabt zu helfen, eine erste Kundgebung sei für den 3. Juni geplant. Ich möchte an dieser teilnehmen.

Bei dieser sprachen Sudermann, Eucken, Rubner, Nernst und Bloem. Die Zuhörer setzten sich aus Kreisen Berlin W's[27] zusammen. Auf diese waren die einzelnen Reden auch eingestellt. Hinterher aß der Vorstand, dem außer Waldeyer und Sudermann noch Rudolf Presber, Ludwig Fulda, Geheimrat Planck, Walther Rathenau und Herr Frobenius angehörten, mit ihren Frauen gemeinsam im Restaurant des Reichstages. Meine Frau und ich waren eingeladen, ein Vertreter der Regierung war nicht anwesend, ich hatte auch deren besondere Teilnahme an der Veranstaltung selbst nicht bemerkt. [...]

Sonntag, 4. Juni 1916

Nachmittags fand die Besprechung mit Sudermann statt. Ich hatte ihn gebeten, auch eine geeignete Frau ihres Kreises mitzubringen. Es begleitete ihn Marie v. Bunsen. Beide waren tief ergriffen über meine Darstellung der seelischen Notwendigkeiten für unseren Kampf bei Führung, Heer und Volk und von dem Bilde, welches ich ihnen über die feindliche Propaganda und deren Bestrebungen, den Geist bei uns zu teilen und zu töten, entrollte. Sudermann zog einen Block aus der Tasche und machte sich eifrig Notizen. Ich bat ihn, doch lieber darauf zu verzichten und mir ins Auge zu sehen und mich zu ergänzen. Er wehrte ab, er müsse schweigen, ich sei der Dichter des Krieges, er sähe in ihm eine ganz neue aber wunderbare Welt. Er bat mich, eine Aussprache hierüber mit dem gesamten Vorstand des Kulturbundes zu veranlassen und dazu auch Vertreter der obersten Reichs- und Staatsbehörden einzuladen, weil sie deren Unterstützung brauchen würden, bisher aber nicht erfahren und schon schmerzlich vermißt hätten.

Ich blieb kopfschüttelnd zurück. Es wollte meiner Bescheidenheit nicht einleuchten, daß ein namhafter Dichter mich einen Dichter des Krieges genannt hatte. Ich glaube, daß die Versäumnis, geistige Führer für einen Krieg bereit zu stellen, sie heranzuziehen und zu Soldaten auf ihrem Gebiet zu machen, schon vor dem Kriege begangen wurde und sich kaum wird im Kriege nachholen lassen.

(Ich habe trotz aller meiner Bemühungen in dieser Auffassung recht behalten. Erst aus dem Schützengraben entstanden die Dichter des Krieges, trotz einzelner Vorboten zu spät für den Weltkrieg, aber rechtzeitig als Mitarbeiter an der Vorbereitung der nationalen Wiedererhebung.)

---

27 Siehe dazu den Eintrag vom 21.4.1916.

Ich hatte eine zweite Besprechung mit Marie v. Bunsen in ihrer Wohnung, deren Wände von weiten Reisen zu fremden Völkern Kunde gab, aber auch diese geistig so hoch stehende deutsche Frau bekannte, daß der Krieg *ihres* Volkes etwas sei, auf das sie nicht vorbereitet war.

Die mit Sudermann verabredete Sitzung fand am 21.6.1916 im Kriegspresseamt statt. Sie begrenzte sich infolge der Stellungnahme des zuerst zu Wort kommenden Vertreters der Reichsbehörden, Ministerialdirektor Freund, auf organisatorische Fragen. Das Protokoll ist beigefügt.

Das Ergebnis war eine Eingabe an den Reichskanzler mit der Bitte, die Wünsche des Kulturbundes nach Verwendung und Auftrag zu erfüllen und auch durch Bewilligung der notwendigen Geldmittel zu unterstützen.

Am 3.8.1916 ließ mich der Staatssekretär der Reichskanzlei Wahnschaffe mündlich durch Deutelmoser wissen, der Reichskanzler billige die Bestrebungen des Kulturbundes, lehne aber Geldzahlungen ab. In einem Schreiben an Waldeyer wurde diese Ablehnung damit begründet, »bei den vorhandenen Fonds sei eine Verwendung für politische Propagandazwecke im Inland nicht vorgesehen«.

Deutelmoser und ich blieben mit dem Kulturbund in Verbindung. Wir erhielten manche brauchbare Anregung, aber zu eigener Ausführung durch den Kulturbund von irgendwelchem Ausmaß kam es nicht.

Als ich am 30.9.1927 durch die Zeitungen von Sudermanns 70. Geburtstag hörte, schrieb ich ihm den beigefügten Brief und erhielt seine gleichfalls beigefügte Antwort,[28] die Zeugnis dafür ablegt, daß es nicht am guten Willen seiner Kreise, sondern auch hier wieder allein nur an der Unentschlossenheit oder Unfähigkeit der dafür zuständigen Reichsbehörden gefehlt hat, von ihr Gebrauch zu machen.

─────────

Durch meine Verbindung mit diesen Kreisen habe ich auch Walther Rathenau kennengelernt und mehrfach auf sein eigenes Ersuchen gesprochen. Ich wußte, daß er Jude war, d.h., nach meiner Erziehung »auch Deutscher«. Wie auch sonst, empfand ich ihm gegenüber eine gewisse, nicht näher definierbare, selbstverständliche Distanz. Ich habe stets die Überzeugung gehabt, daß es ihm mit seinen Bemühungen für den deutschen Sieg ernst war, aber mehr aus dem Verstande als aus dem Blut und dem Herzen heraus. Seine Vorschläge waren nüchtern und kalt, häufig von einem erschreckenden Wahrheitsinhalt. Mein Gefühl dabei grenzte an das, was ich bei Gesprächen mit Neutralen empfand, selbst mit den neutralen Militärattachés. Diese brachten als Soldaten, nicht aber als Deutsche Verständnis und Bewunderung für unsere Leistungen auf und wünschten ihnen deshalb den Sieg. Ihre nüchternen Betrachtungen der Gefahrsmomente andererseits wirkte auf mich erschütternd. Und doch war dies eine gute Schule, indem es mich lehrte, als Chef des Nachrichtendienstes die Dinge nicht nur vom deutschen, sondern auch vom Standpunkt der Neutralen zu betrachten und mich zu hüten, über die Denkweise und Absichten der Feinde mich Illusionen hinzugeben. Ich habe daraus auch zu erkennen geglaubt, daß diese Eigenschaften der verantwortliche Politiker nicht entbehren kann und auch der Historiker nicht wird

---

[28] In der Edition nicht erfasst.

entbehren können. Es darf nur nicht dahin führen, wie es bei den Politikern der Reichsleitung und den im Reichstag zur Macht drängenden Parlamentariern der Fall war, daß man sich dem feindlichen Denken unterwirft und nur einen Ausweg sucht, sondern, wie es das Schicksal des Soldaten ist und darum auch die Rückwirkung auf den Politiker sein muß, dem feindlichen einen um so stärkeren eigenen Siegeswillen entgegenzusetzen, die Tatkraft hierfür nicht auszuschalten, sondern doppelt zu steigern.

Aus diesem Unterschied der Wirkung entwickelte sich auch der immer stärker werdende Gegensatz des vom Auswärtigen Amt geförderten politischen Nachrichtendienstes des Abgeordneten Erzberger zu dem von mir geleiteten militärischen Nachrichtendienst, den ich in mehrfachen Versuchen, meine Entlassung bei der OHL durchzusetzen und durch die maßlosen Angriffe gegen mich nach Kriegsende zu spüren bekam.

Neben kleineren Unternehmungen erwähne ich vorweg nur die Anträge der Reichskanzler v. Bethmann und Prinz Max bei Ludendorff, mich zu entlassen, und daß auch der Kronprinz sich gegen Kriegsende hierzu hergab. Es war auch der Grund, daß ich mehrfach meine Entlassung anbot, wenn ich im Wege sein sollte. Sowohl die Angriffe gegen mich, wie auch meine eigene Bereitwilligkeit zu gehen, scheiterten aber an Ludendorff. Das Merkwürdige und für mich Unverständliche war immer, daß mir versichert wurde, die Angriffe richten sich nicht gegen meine Person, sondern nur gegen die Sache. Auch Groener versicherte mir, als ich bei Ludendorffs Weggang meine Entlassung erbat, daß ihm für mich persönlich nirgends Feindschaft bekannt geworden sei, nur fügte er, als mich der Generalfeldmarschall nach Kolberg befohlen hatte, um, wie er mir sagen ließ, mir bei seinem Abschied aus der OHL noch einmal die Hand zu drücken, hinzu, »ich hätte auf dem verkehrten Fuß Hurra gerufen«. Er meinte damit nicht, daß es für mich in meiner Karriere besser gewesen sei, nicht gegen den immer stärker werdenden Strom zu schwimmen. Er meinte es in dem Sinne, in welchem er wie Wasser auf Feuer Ludendorff folgte, und zeigte damit wohl, daß er in der zweiten Hälfte des Krieges in Berlin und nicht draußen beim Heer gelebt hatte. [...]

Dienstag, 20. Juni 1916

Ich stehe mittags im Saal der Wohnung des Generalstabschefs im Generalstabsgebäude am Königsplatz an Moltkes Leiche. Er ist an derselben Stelle aufgebahrt, an welcher ich als Kadett an der Leiche seines großen Oheims vorbeigeführt worden war. Nur eine tief verschleierte Frau kniet noch am Fußende des Sarges. Moltke zeigt im Tode eine tiefe Würde des Ausdrucks. In Schädel und Profil glaube ich eine Ähnlichkeit mit seinem großen Oheim feststellen zu können. Ich denke zurück an seine große Güte, mit welcher er mich in den Kreis seiner engeren Mitarbeiter aufnahm, an das Vertrauen, mit dem er mich auszeichnete, an die Verehrung, welche wir ihm vor dem Kriege menschlich und als unseren Generalstabschef entgegenbrachten, ich denke zurück an seinen inneren Zusammenbruch, als die Verantwortung des Weltkrieges an ihn kam, ohne daß er den Mitarbeiter, welchen er sich wünschte, Ludendorff, erhielt und er selbst in seinem Gesundheitszustand schon nicht mehr die Kraft fand, ihn sich über die schematischen Gründe hinweg zu holen. Ich fühle dankbar, daß es mir vergönnt war, ihm trotz oder infolge meiner Jugend aufrichtend habe zusprechen und dienen dürfen, solange er Chef der OHL war und daß ich ihn auch bei jeder Anwesenheit in Berlin, als er Chef des Stellvertretenden Generalstabes geworden war, aufsuchen durfte und aufgesucht habe. Ich empfinde noch einmal die ganzen Sorgen, welche ihn quälten und seinen Gesundheitszustand immer mehr verschlechterten. Ich gedenke der vornehmen Zurückhaltung im Urteil über Falkenhayn, obgleich er Grund gehabt hätte, ihm zu grollen wegen der rücksichtslosen Art, mit welcher er ihn als seinen Nachfolger beiseite schob, wenn ich auch in diesem Augenblick Falkenhayn verstehe, weil es seine bittere Pflicht war und er nicht die Zeit und die Aufgabe hatte, Rücksichten in gleicher Art zu nehmen. Ich bin dankbar, daß ich in dieser Stunde nicht wie so oft, wenn ich Moltke an seinem Krankenbett besuchte, seiner Frau begegne, deren Wertschätzung ich fühlbar nicht besitze. Auch sie war zweifellos redlich bemüht, ihm sein Schicksal tragen zu helfen. Sie suchte es aber auf anderem Weg, aus ihren theosophischen Neigungen heraus, während Moltke die Erlösung aus einer Richtung suchte, die Ludendorff ihm verkörperte, was ihn veranlaßt hatte, seit seiner Entlassung zu Oberost zu halten, seiner vornehmen und großen Art wegen aber nur aus sachlichen und nicht aus persönlichen Gründen.

Nachmittags findet eine Besprechung im Kriegspresseamt statt über den Ausbau der Ausland-Propaganda, veranlaßt durch einen Schriftwechsel mit dem Reichskanzler, nach welchem die »Zentralstelle für Ausland-Dienst« im Auswärtigen Amt, welche sich bisher hauptsächlich mit dem Vertrieb von Druckschriften, Bildern usw. betätigte, aber keinen planmäßigen Einfluß auf die Presse gesucht oder gefunden hat, ausgebaut werden soll.

Ich beschließe, an Falkenhayn, welcher mir meinen inzwischen wiederholten Antrag, den Oberstleutnant v. Haeften als militärischen Vertreter an das Auswärtige Amt zu entsenden, zum dritten Mal dieserhalb heranzutreten.

Mittwoch, 21. Juni 1916

Beisetzung Moltkes.
Besprechung mit den Vertretern der Zensurbehörden in Berlin, veranlaßt durch Falkenhayns Befehl, daß strenger an dem Standpunkt festzuhalten sei, daß der Zensur nur solche Dinge unterliegen sollen, die von Einfluß auf die Kriegführung sind. Gleichzeitig hat Falkenhayn in diesem Sinne an den Reichskanzler telegraphiert, »um damit eine gegen bisherige Praxis abweichende Stellung einzunehmen«. [...]

Mittwoch, 28. Juni 1916

Obgleich ich mich über Angelegenheiten meines Dienstbereichs mit niemandem als mit meinem für den einzelnen Fall zuständigen Mitarbeiter unterhalte, habe ich heute mit Groener (Feldeisenbahnchef) und Bartenwerffer (Außenpolitische Abteilung) über meine Eindrücke von dem Verhältnis zwischen Falkenhayn und Bethmann gesprochen. Sie teilen meine Auffassung, daß Falkenhayn, obgleich er hierüber wie überhaupt über seine Ansichten und Absichten zu keinem von uns nächsten Mitarbeitern spricht, in tiefem inneren Gegensatz zu Bethmann steht. Beide sind auch meiner Meinung, daß Falkenhayn nicht nur in der Person von

Bethmann, sondern vor allem in dem verfassungsmäßigen und parlamentarischen System, welches dieser vertritt, eine Gefahr für den Krieg sieht, daß es ihm also zur Abwehr dieser weniger auf einen Wechsel in der Person des Reichskanzlers als auf eine Beseitigung des Systems ankommt. Sie sind aber der Meinung, daß Falkenhayn unterliegen wird, da er offenbar glaube, die Dinge bis zum Äußersten reifen lassen zu müssen und darum in einer gewissen Untätigkeit verharre, während die Gegenseite, welche die ihr drohende Gefahr erkannt hat und Falkenhayns Mißachtung häufig in fast verletzender Form zu spüren bekommt, längst zum Angriff übergegangen ist mit den kleinen Mitteln des politischen Kampfes. Beide geben mir recht, daß diese Kampfmethode auch zutage trete in der öffentlichen Schürung des militärischen Gegensatzes zwischen Falkenhayn und Hindenburg/Ludendorff, in der Anfachung persönlicher Feindschaft zwischen diesen und Falkenhayn und der Erregung des Gefühls beim Kaiser und vor allem bei der Kaiserin, Falkenhayn dränge die Person des Kaisers in der öffentlichen Beachtung planmäßig zurück. Ich stelle eine starke innere Gebundenheit beider an Falkenhayn, auch in dem Gegensatz zu Hindenburg/Ludendorff fest, die mir auch beim Generalquartiermeister v. Freytag-Loringhoven bekannt ist.

Diese Tatsachen scheinen mir aber wenig zu bedeuten für die Entscheidung, welche sich offensichtlich gegen Falkenhayn zusammenballt, im Zusammenhang mit dem fraglich werdenden Erfolg des Angriffs auf Verdun.

Donnerstag, 29. Juni 1916

[...] Die Juniberichte aus der Heimat erkennen die Haltung ihrer Bevölkerung an, welche auf der Zuversicht in unsere militärische Unbesiegbarkeit beruhe. Es bestehe somit mehr Vertrauen in die militärische als in die politische Führung, die Ernährungsschwierigkeiten, das Anstehen vor den Lebensmittelläden, welches Kräfte und Nerven verbrauche, die Notlage des Mittelstandes, die Enttäuschung der Hoffnung auf das Kriegsernährungsamt, Klagen gegen die Zentraleinkaufsgesellschaft führe zu starker Verärgerung gegen die Obrigkeit. In dieser Lage mache der Sozialismus große Anstrengungen die Jugend einzufangen, die Flugblätterverteilung in den Hochburgen der Unabhängigen und Spartakisten nähme zu, auch der Metallarbeiterstreik sei stark im Fahrwasser der Spartakusgruppe,[29] die Verurteilung von Liebknecht[30] biete willkommenen Anlaß zu Hetz- und Demonstrationsversuchen. Diese Wühlereien verschärften auch den Gegensatz zwischen Stadt und Land. Allgemein wird von heeresfreundlicher Seite ein Einschreiten vermißt, es sei zu befürchten, daß der neugegründete »Nationale

---

[29] Die Spartakusgruppe (ab Nov. 1918 Spartakusbund) war die stärkste linksradikale Gruppierung des sozialdemokratischen Lagers und kritisierte die Zustimmung der SPD zur »Burgfriedenspolitik«. Mit der Herausgabe illegaler Zeitungen, der Verteilung von Flugblättern und des öffentlichen Protestes gegen den Krieg bzw. die Führung desselben versuchten die Spartakisten, alle politischen Initiativen zur Beendigung des Krieges zu vereinen.

[30] Karl Liebknecht, einer der Führer der Spartakusgruppe, wurde zusammen mit Rosa Luxemburg nach einer illegalen öffentlichen Demonstration gegen den Krieg am 1. Mai 1916 verhaftet und zur Abbüßung einer mehrjährigen Haftstrafe verurteilt. Am 23. Oktober 1918 erfolgte seine Freilassung per Amnestie.

Ausschuß für einen ehrenvollen Frieden«[31] mehr der Sache der inneren Feinde des Heeres als diesem, und mehr dem Feinde als dem Volke diene, daß beim Feind die Meinung entstehe, das Volk wolle den Frieden, aber nicht die Regierung. Diese Auffassung wird auch durch die feindliche Propaganda in Deutschland ausgenutzt und gefördert.

Auszug 98 aus Feldpostbriefen

GrHQu, Sonnabend, 1. Juli 1916,
abends 6 Uhr

(...) Heute mittag habe ich wieder beim Kaiser gefrühstückt, nachdem der Oberst Jullien sich bei ihm abgemeldet hatte. Als S.M. kam, wußte er wohl nicht recht, wer Jullien war und da dieser mit der Sprache und bei dieser Gelegenheit doppelt in Schwierigkeit war, brachte er seine Meldung nicht hervor. Der Kaiser begrüßte uns daher nur kurz und wandte sich sofort den Herren seiner Umgebung zu. Als wir dann zu Tisch gingen, bekam ich meinen Platz dem Kaiser gegenüber, er sah mich da erst recht und reichte mir in seiner freundlichen Art die Hand über den Tisch. Während des Essens habe ich mehrfach mich an der Unterhaltung beteiligt, mit dem rechts von ihm sitzenden Jullien sprach er kein Wort, wie immer, wenn er nicht recht weiß, wer jemand ist oder was er will.

Nach Tisch ging er in den Garten und da fand Jullien gottlob Anschluß an ihn. Nach kurzer Zeit rief mich der Kaiser mit kurzem Anruf »Nicolai« auch heran und habe ich mit ihm und Jullien noch etwa 1 Stunde gesprochen, erzählt, Ernstes und Heiteres. Das ist wirklich ganz besonderes, daß man dann bei der freundlichen und natürlichen Art des Kaisers gar nicht ein Gefühl hat, eingeengt zu sein, sondern daß man von der Leber fortreden kann wie mit jemand anders. Er selbst spricht so einfach von »meiner Frau« und »meinem Sohn«, daß die hindernde Form nur soweit sie im eigenen Bewußtsein liegt, Geltung hat. Um 3 Uhr verabschiedete er sich mit festem Händedruck.

Julliens Besuch hat mir gestern und heute einige Unruhe gebracht. Gestern abend meldete er sich bei Falkenhayn ab, hinterher beim Essen hielt er am Tisch S.E. eine Rede auf – mich! Du kannst Dir Falkenhayns und mein Gesicht denken! Heute abend soll er noch mal im Kreis der Abteilungschefs abgegessen werden, dann verpacken wir das Untier um 11 Uhr abends in den Schlafwagen nach Berlin.

Meine Gedanken sind jetzt viel draußen. Unsere Freunde haben in Galizien wirklich unerhört versagt,[32] obgleich die russischen Berichte wohl etwas, aber wohl nur etwas übertreiben. Wieder ist es unsere stille und tüchtige Leistung, die den Schaden ausflicken muß und hoffentlich wird. Aber unverschämt und empfindlich bleiben unsere Freunde trotz allem!

---

[31] Auf Initiative der Reichskanzlei wurde Anfang Juli 1916 der »Deutsche Nationalausschuss für einen ehrenvollen Frieden« gegründet. Dieser mit wenigen Mitgliedern besetzte und finanziell gut ausgestattete Ausschuss sollte mäßigenden Einfluss auf die öffentliche Diskussion um die Kriegsziele nehmen.

[32] Hier ist die Brussilow-Offensive gemeint.

Hier im Westen hat nun heute wohl der große englisch-französische Angriff
beiderseits der Somme begonnen. Mögen unsere braven Truppen siegreich sein!
Bei Verdun opfern die Franzosen unentwegt weiter, Gottlob bisher erfolglos!
Die Geheimsitzungen der Kammer in Paris[33] hätten ein anderes, friedenförderndes Resultat gehabt, wenn nicht der russische Erfolg den jetzigen Machthabern
noch einmal, hoffentlich zum letzten Mal, die Möglichkeit gegeben hätten, neue
Hoffnungen dem Verlangen nach Erfolgen für die französischen Opfer entgegenzusetzen. [...]

Dienstag, 4. Juli 1916

Der Kriegsminister bittet mich zu einer Aussprache, wie die Berichterstattung
über den Kaiser lebhafter gestaltet werden könne. Es ist dies der Erfolg meines Vortrages mit Deutelmoser bei Generaloberst v. Plessen in Potsdam am
13.6.1916. Ich trage dem Minister vor, daß ich Plessen gesagt hätte, die Frage
sei nur zu lösen in Zusammenhang mit Tatsachen, welche auf dem »Regieren«
S.M. beruhten. Dort lägen die Gesamtaufgaben des Kaisers und die Erwartungen
des Volkes. Dort müsse der Kaiser mehr herausgestellt werden, was allerdings zur
Voraussetzung hätte, daß eben mehr regiert würde, was der Krieg verlangt. Nicht
aber allein beim Feldherr, welches ohnehin schon von den politischen Kreisen
und ihrer Gefolgschaft, und augenblicklich besonders in der Person Falkenhayns
angegriffen wäre. Als oberster Kriegsherr sei der Kaiser verfassungsmäßig ohnehin mit den Heldentaten des Heeres verbunden. Wir dürften und könnten
aber auf die Dauer dem Heer und dem Volk nicht eine militärische Führerrolle
des Kaisers vortäuschen, zumal jetzt nicht, wo diese in der Person Falkenhayns
angegriffen werde. Ich sprach mein Bedauern aus, daß trotzdem auch hier wieder in dieser Frage, die durchaus nicht zu unterschätzen sei, das Handeln und
die Verantwortung allein der OHL untergeschoben werden solle. Ich fragte den
Minister, ob er einen Vorschlag machen könne. Er meinte, ob nicht Berichte
über Frontfahrten des Kaisers in der Form gegeben werden könnten, daß der
Kaiser den Armee-Oberkommandos persönlich seine Befehle überbracht habe.
Ich erwiderte, dies übersteige meine Entscheidung. Ich würde Falkenhayn darüber Vortrag halten.

Auszug 99 aus Feldpostbriefen

GrHQu, Mittwoch, 5. Juli 1916
abends 9 Uhr

(...) Ich habe jetzt meinen Aufenthalt am Abendtisch möglichst abgekürzt und
warte auf den Ruf zum Vortrag bei S.E.

---

[33] Die Verfassung der 3. Republik verteilte die legislative Gewalt auf die Abgeordnetenkammer
und den Senat. Diese bildeten zusammen die Nationalversammlung in Paris.

Eben war ich bei S.E. unten, habe zu allem Vorgeschlagenen seine Billigung gefunden (was sehr befriedigend ist) und konnte mich wieder über seine Frische und Elastizität trotz der schweren ernsten Zeit, in deren Mittelpunkt er steht, freuen. Famos! Auch draußen die Braven werden es schon machen! Aber meine »Freunde« im Osten[34] sind wirklich unter aller Beschreibung! Man macht sich gar keinen Begriff, was alles wir für sie leisten müssen.

Jetzt will ich noch ein wenig in das Kasino, ich habe den Major v. Kleist aus der Schweiz hier, der heute abend wieder abreist. Kulturbund pp. soll morgen Gegenstand unseres Plauderns sein.

Erläuterung

Mein Vortrag bei Falkenhayn umfaßte folgende Punkte:
1) Besprechung tags zuvor mit dem Kriegsminister wegen Berichterstattung über den Kaiser. Falkenhayn billigte meinen Standpunkt. Den Vorschlag des Ministers, Frontreisen des Kaisers damit zu erläutern, daß er persönlich den Armee-Oberkommandos seine Befehle überbracht hätte, lehnte er, auch nur ausnahmsweise und bei voraussichtlich erfolgreichen Unternehmungen, ab. Er sagte, das hieße dem Kaiser eine Verantwortung aufbürden, die er tatsächlich nicht trage, sondern in der er, Falkenhayn, sich vor den Kaiser zu stellen und für die er, wenn es sein müsse, zu fallen habe und zu fallen wissen werde.
2) Meine Maßnahmen zur Einrichtung des Inlandsnachrichtendienstes, welche Falkenhayn billigt, und Berichterstattung über meine Eindrücke bei meiner Rundreise zu den Kriegsministerien der Bundesstaaten und zuständigen Kommandobehörden der Heimat und im Osten.
3) Mehrere Armee-Oberkommandos haben beim Chef der Zentralabteilung nicht nur die disziplinare, sondern auch die sachliche Unterstellung meiner Nachrichtenoffiziere bei ihnen unter den Chef des Generalstabes des betreffenden Oberkommandos verlangt. Der Chef der Zentral-Abteilung hat ein Gutachten hierüber von mir eingefordert. Ich erbitte eine Ablehnung des Antrages mit Hinweis darauf, daß die OHL nur dann mit eigenen Augen die Verhältnisse beim Feinde sieht, wenn sie neben den Meldungen der Armee-Oberkommandos zum Vergleich solche ihrer eigenen Nachrichtenoffiziere erhält, die einheitlich von ihr angeleitet werden. Falkenhayn stimmt zu.
4) Gleichzeitig hat das Kriegsministerium Einspruch erhoben gegen die Berichterstattung über innerpolitische Zustände und Vorgänge durch das Kriegspresseamt mit der Begründung, daß dieses vorzugsweise Arbeitsgebiete des Kriegsministeriums betreffen, seiner Beurteilung und so weit es sich um Beseitigung von Mißständen handele, seiner Verfolgung und Regelung unterläge. Es ersucht um Vorlage solcher Nachrichten nur an das Kriegsministerium. Ich füge hinzu, daß Befürchtungen gleicher Art mir bei meinen Besprechungen über die Einrichtung eines Inlandsnachrichtendienstes der OHL geäußert worden seien, daß ich diese aber mit dem Hinweis entkräftet hätte, der Inlandsnachrichtendienst solle sich nicht mit inneren deutschen Fragen, sondern ausschließlich mit politischen und wirtschaftlichen

---

[34] Hiermit sind die Österreicher gemeint.

Kriegsfragen im Ausland befassen. Auf die bisherige Berichterstattung durch das Kriegspresseamt könne die OHL aber nicht verzichten. Ich beabsichtige, an das Kriegspresseamt zu verfügen: Das Kriegspresseamt hat in erster Linie und allein an mich zu berichten. Berichte, die zweifellos das Kriegsministerium unmittelbar angingen, sollten abschriftlich gleichzeitig auch an dieses erstattet werden, bei Berichten, bei denen es fraglich sei, solle vorher bei mir angefragt werden. Ebenso sei zu verfahren in Bezug auf Berichte, die andere Reichsbehörden berührten. Ich müsse ebenso unterrichtet sein über alle Vorgänge, wie der Chef des Kriegspresseamtes. Ich bäte um die Ermächtigung, zu bestimmen, was von den eingehenden Berichten über die politischen Zustände der Heimat dem Chef des Generalstabes des Feldheeres vorzulegen sei und gleichzeitig dafür, den Vertreter des Kriegsministeriums im GrHQu hiervon zu unterrichten. Falkenhayn ist einverstanden.

5) Das Auswärtige Amt hat mitgeteilt, daß die Einrichtung einer Zentralstelle für Auslands-Dienst endgültig in Aussicht genommen sei. Ich halte es für erforderlich, in diesem einen Generalstabsoffizier als ständigen Vertreter der OHL zu haben und bitte erneut um Oberstleutnant v. Haeften für diesen Posten. Falkenhayn äußert noch einmal seine persönlichen Bedenken gegen Haeften, der trotz des ihm im Dezember 1914 erteilten vertrauensvollen Kommandos zu Oberost, um ihm, Falkenhayn, über die militärische Lage und Ansichten dort zu berichten, unmittelbar nach Ausführung dieses Auftrages begonnen hatte, gegen ihn zu intrigieren. Er stellt aber seine persönlichen Empfindungen gegen meine und des Chefs der Zentralabteilung Ansicht, daß Haeften der geeigneteste Generalstabsoffizier für diesen Posten sei, zurück, willigt ein, macht mich aber dafür verantwortlich, daß nicht Ähnliches sich wiederholen könne und bestimmt, daß Haeften streng an meine Weisungen zu binden ist, also wenn auch im Dienstalter älter, mir unterstellt sein müsse.

6) Einflüsse, die von verschiedenen Stellen über den stellvertretenden Generalstab in Berlin unter Moltke gesucht wurden, und auch auf dem Arbeitsgebiet der stellvertretenden Abteilung IIIb, der »Abwehr« zutage getreten sind, nachdem diese immer mehr auf politische und wirtschaftliche Vorgänge sich ausdehnt und Vielen beginnt unbequem zu werden, veranlaßt nach Moltkes Tod eine Verfügung, die daran erinnert, daß der stellvertretende Generalstab dem Chef des Generalstabes des Feldheeres unterstellt ist und damit auch die stellvertretende Abteilung IIIb Weisungen nur vom Chef IIIb entgegen zu nehmen habe.

7) [...]

8) Die Anforderungen des Nachrichtendienstes an chemische Hilfsmittel, wie auch der der Abwehr gegen den feindlichen Nachrichtendienst, die Sabotage und die Überwachung der Post und des Paßwesens haben dazu geführt, daß diese Dinge bei IIIb in Berlin stark konzentriert wurden und eine stärkere Heranziehung wissenschaftlicher Hilfskräfte in einer besonderen »Wissenschaftlichen Abteilung« beim Nachrichtenoffizier in Berlin finden sollen. Ebenso beabsichtige ich in je einer »Abteilung für Chiffrierwesen« für die ständige Bearbeitung neuer Chiffriersysteme und für die »Dechiffrierung« ständig wechselnder feindlicher Chiffriersysteme IIIb anzugliedern und hierzu geeignete Hilfskräfte, als welche mir Wissenschaftler der Mathematik bezeichnet worden sind, heranzuziehen. Falkenhayn stimmt auch diesen Vorschlägen zu und dankt mir für meine Entschlußfreudigkeit und meinen Einsatz.

Nachträglich kann ich Falkenhayn noch eine Randbemerkung des Kaisers zum Heeresbericht vorlegen, die ich nach meinem Vortrag auf meinem Schreibtisch vorfand. In dem Heeresbericht waren die Namen verschiedener Heerführer erwähnt worden. Die Randbemerkung des Kaisers lautete: »So hätte über meine belgische Reise berichtet werden sollen.« Es blieb trotzdem bei der Entscheidung, die Falkenhayn hierüber zu Punkt 1) meines Vortrages getroffen hatte.

Montag, 10. Juli 1916

In Berlin.
Besprechung über Haeftens Aufgabe im Kriegspresseamt mit Deutelmoser und Vertretern anderer Behörden.
Ich betone, daß die Aufgabe der »Zentralstelle für Auslandsdienst« nach Auffassung der OHL eine Belebung und Neugestaltung unserer Auslandspropaganda sein solle, deren Zweck ein ausschließlich politischer sei, an welcher die OHL daher nur mitarbeiten könne und in welcher sie vertreten sein müsse, damit militärische Gesichtspunkte genügend beachtet und nicht etwa verletzt würden, daß die Verantwortung aber nicht auf die OHL abgleiten dürfe, sondern beim Auswärtigen Amt liege und daß deshalb die leitende Stelle auch das Auswärtige Amt sein müsse.
Die Behördenvertreter stimmen zu. Die Errichtung der Zentralstelle wird endgültig beschlossen. Es sollen bearbeiten: Leitung und außenpolitische Belange Geheimrat Thiel vom Auswärtigen Amt, wirtschaftliche und innenpolitische Belange Landrat Frhr. v. Braun vom Reichsamt des Inneren, Marineangelegenheiten Kapitän Boy-Ed vom Reichsmarineamt, vor dem Weltkrieg Militärattaché in Washington, militärische Fragen Oberstleutnant v. Haeften. [...]

Notiz vom Montag, 17. Juli 1916

Meldungen aus der Heimat sprechen von Kriegsmüdigkeit an der Front. Ich weise die Nachrichtenoffiziere an, Ermittlungen anzustellen und zum 8.8. darüber zu melden (s. dort).

Auszug 101 aus Feldpostbriefen

GrHQu, Dienstag, 18. Juli 1916
nachm. 2½ Uhr

[...] An der Ostfront gehen meine »Freunde« jetzt schon zurück, ohne angegriffen zu sein! Wirklich jammervoll! F. ist heute abend für 7 Stunden in Berlin, verhandelt dort wohl entscheidend mit Conrad. Morgen Abend ist er wieder hier. Er ist von staunenswerter Frische und Leistungsfähigkeit, ein Beispiel für uns und das Heer! Wenn nur die Leute vom AA nur annähernd so wären! Gestern hatte ich wieder eine Unterredung mit dem hiesigen Vertreter, stand heute früh noch unter dem niederschmetternden Eindruck dieser verzagten, pessimistischen, nichts Starkes fühlenden Auffassung. Das ist wirklich ein Jammer! So geht es aber bis zu deren oberster Spitze hinauf. Und diese Leute wirken in Berlin! Deutsche und Neutrale holen sich bei denen ihre Ansichten über Deutschlands Können und Kraft! Da kann man sich nicht wundern, daß es im Innern und Äußern herum immer schlechter wird. Es ist nicht einer, es sind alle, es ist das System. In den Zeitungen wirst Du meinen Aufsatz lesen »Größe der Zeit«. Du wirst in ihm meine Gedanken, die ich Dir oft in letzter Zeit für unsere deutschen Pflichten jetzt entwickelte, wiederfinden. Hoffentlich hilft's etwas. Schade, daß F. mir nicht zugestimmt hat, den Aufsatz als »aus dem Großen Hauptquartier« zu veröffentlichen. Dann hätte er noch mehr gewirkt.

In Galizien wird man in nächster Zeit vielleicht von Türken hören.[35] Stolzmann ist nicht mehr Stabs-Chef bei Linsingen, er bekommt eine Division, vielleicht bei Verdun. Das wird Papa interessieren.[36] Er soll aber – wenn Stolzmann ihn auf der Durchreise durch Berlin vielleicht aufsucht, – nicht zuviel darauf geben, wenn er schimpft. Das tun Entthronte meist! [...]

Auszug 103 aus Feldpostbriefen

GrHQu, Sonnabend, 22. Juli 1916
nachm. 2 Uhr

(...) Gestern und heute ist's draußen ruhiger, die Engländer und Franzosen verschnaufen sich wohl von ihren Angriffen und Verlusten am 20. Es kommen aber neue Angriffe. Die Russen haben bei Riga gestern sehr stark angegriffen, große Verluste gehabt und gegen unsagbare Unterlegenheit nichts erreicht. Man kann unseren braven Truppen wirklich fast Übermenschliches zutrauen. Mit Rumänien steht's unverändert. [...]

Samstag, 29. Juli 1916

Einführung v. Haeftens im Auswärtigen Amt. Auch der Chef des Kriegspresseamts erhält einen älteren Generalstabsoffizier zur Entlastung in militärischen Fragen ständig überwiesen.

In Verbindung mit der Einrichtung der »Militärischen Stelle beim Auswärtigen Amt« sage ich die Einrichtung einer militärischen Filmstelle für die Zwecke einer Filmpropaganda zu, die zunächst aber nur übernehmen kann, sämtliche vorhandenen Filme archivmäßig zu sammeln und zur Verfügung zu halten.

---

[35] Aufgrund der durch die Brussilow-Offensive ausgelösten schweren militärischen Krise in Galizien verlegte das Osmanische Reich das XV. Korps, bestehend aus der 19. und 20. Division, ab Ende Juli 1916 in den bedrohten Frontabschnitt.
[36] Paulus von Stolzmann hatte vor dem Ersten Weltkrieg als Generalstabsoffizier der 35. Division in Graudenz unter Nicolais Schwiegervater General der Infanterie Hugo Kohlhoff gedient.

Sonntag, 30. Juli 1916

Erste Besprechung sämtlicher Inlandsnachrichtenoffiziere im stellvertretenden Generalstab.

Deutelmoser meldet: Nach den ersten Verletzungen des Burgfriedens im Schutze des Parlamentes hat das Kriegsministerium die Frage einer Zensur der Parlamentsreden vor ihrer Veröffentlichung mitgeprüft. Eine solche Zensur wird von den verantwortlichen Regierungsstellen nur im äußersten Notfall für angängig erachtet. Deutelmoser fügt hinzu, ein guter Teil der Pressestreitigkeiten entspringt der Überzeugung, daß die obersten Stellen im Reich nicht in vollkommener Übereinstimmung arbeiten.

Montag, 31. Juli 1916

Verhandlungen mit dem Chef des Kriegsgeschichtlichen Archivs in Wien, General v. Hoen, über Veröffentlichungen bereits kriegsgeschichtlichen Charakters.

Die Österreicher sind schon seit längerem dabei, mit einem größeren Stab von Historikern eine Kriegsgeschichte zu schreiben, welche vermuten läßt, daß sie stark einseitig wird. Die Leitung hat General v. Hoen, ein außerordentlich kluger, jovialer Herr, welcher diese Möglichkeit offen zugibt und mir jedes kameradschaftliche Entgegenkommen auf Einsprüche oder Wünsche unsererseits zugesagt. (Er persönlich hat diese Zusage gehalten.) [...]

Auszug 108 aus Feldpostbriefen

GrHQu, Sonntag, 6. August 1916,
nachm. 2 Uhr

(...) Gestern abend war ich noch bei den Kriegsberichterstattern, die von der Somme-Schlacht zurückgekommen waren. Sie erzählten Glänzendes von den Taten der Truppe. Singend kämpfen sie und kehren sie aus der Schlacht zurück. Dabei schimpfen sie alle mächtig auf den Krieg und fragen alle, wann denn Schluß sein wird! Aber Franzose oder Engländer dürften keinen Schritt vorwärts kommen!

Dienstag, 8. August 1916

Die am 17.7. angeordnete Berichterstattung der Nachrichtenoffiziere über die Stimmung an der Front, einschließlich des Balkans, verneint einheitlich, daß unsere Truppen kriegsmüde seien. Überall sei große Sehnsucht nach Frieden und Rückkehr in die Heimat vorhanden, aber nirgends sei das Pflichtgefühl und der Wille zum Siege erschüttert. Fast alle Nachrichtenoffiziere melden, daß Nachrichten aus der Heimat ungünstig wirken, auch durch die Heimatzeitungen.

(Die Schuld an letzterem trifft den einen Teil der Presse aus Leichtfertigkeit, die Blätter des jüdischen Defaitismus und des Sozialismus, besonders des radikalen sind mit Absicht schuldig.) [...]

Auszug 110 aus Feldpostbriefen

GrHQu, Mittwoch, 9. August 1916
mittags 1 Uhr

(...) Manchmal bin ich auch recht kriegsmüde. Es ist etwas lang, immer dasselbe, oft wenig erfreuliche und immer so schwierige Arbeitsgebiet zu beackern, zu dem man schließlich gekommen, das man sich aber nicht ausgewählt hat. Manchmal sehne ich mich recht danach, erst wieder Soldat zu sein! [...] Von den Nachrichten-Offizieren hatte ich Bericht eingefordert, wie die Stimmung unserer Truppen vorn ist, um beurteilen zu können, ob die Behauptungen bedrohlicher Kriegsmüdigkeit, die öfter an mich herantreten berechtigt sind und Abhilfe fordern, oder ob sie sich nur auf einzelne Weichlinge stützen. Die Berichte von allen Fronten ergaben erfreulicherweise, daß zwar vielfach verständliche Friedenssehnsucht, aber nirgends Kriegsmüdigkeit und Mutlosigkeit oder nicht mehr Wollen besteht. Nur Briefe aus der Heimat wirken ungünstig!

Auszug 111 aus Feldpostbriefen

Charleville, Sonnabend, 12. August 1916
nachm. 2 Uhr

(...) Von Rumänien kann man nun wohl die Beteiligung am Krieg[37] als sicher erwarten. Ich glaube wenn, dann wird's in ca. 8 Tagen so weit sein. Wird es länger hinausgeschoben, steigen wieder unsere Chancen. Die österreichischen, andauernden Schlappen, jetzt auch noch in der Isonzo-Schlacht, wirken politisch zu ungünstig. Angeblich soll die Aufgabe von Görz und des Doberdò-Plateaus keine große militärische Bedeutung haben. Aber ein Zeichen der Schwäche ist es doch!

Bei Riga, in Galizien, an der Somme und bei Verdun stehen auch neue große Angriffe auf deutsche Truppen bevor. [...]

Donnerstag, 24. August 1916

Mein Aufenthalt in Berlin dauerte bis gestern Abend, erst heute treffe ich in Pleß ein. Ich bin über die akut gewordene Falkenhayn-Krise nicht überrascht.[38] [...]

---

[37] Angesichts der militärischen Erfolge der Brussilow-Offensive trat Rumänien am 27.8. aufseiten der Entente in den Krieg ein. In dieser schwierigen militärischen Lage gelang es den Mittelmächten in einem schnellen Feldzug bis Ende des Jahres, die rumänische Armee zu schlagen und fast ganz Rumänien zu erobern.

[38] Die alliierten Großoffensiven des Jahres 1916 (Brussilow, Somme, Isonzo) sowie der ausbleibende rasche Erfolg bei Verdun zwangen Falkenhayn zu einer Defensivstrategie, die vorerst nicht den allgemein erhofften Siegfrieden versprach. Wenngleich die deutschen Truppen bzw. die Mittelmächte an keiner Front kriegsentscheidende Niederlagen zu verzeichnen hatten, wurde Falkenhayn nach dem Kriegsbeitritt Rumäniens aufseiten der

Falkenhayn nimmt meinen Vortrag über meinen Aufenthalt in Berlin, welcher auch die Gerüchte von seinem bevorstehenden Ersatz durch Hindenburg-Ludendorff umfaßt, mit völliger Ruhe entgegen. In seiner Arbeitsart ist er völlig der Alte, äußerlich ist ihm keine besondere Erregung anzumerken.

Unvereinbar mit der Disziplin scheint mir und darum unverständlich ist mir das Benehmen von Bauer, welcher auch bei mir gegen Falkenhayn wühlt und, wie ich erfahre, auch mit Plessen verhandelt. Ich verstehe auch nicht, daß Plessen sich darauf einläßt und sehe darin bedenkliche Erscheinungen der Lockerung der Autorität.

Montag, 28. August 1916

Um 4 Uhr nachmittags war der Chef des Militärkabinets, General Frhr. v. Lyncker, bei Falkenhayn, um ihm mitzuteilen, der Kaiser habe es für notwendig befunden, Hindenburg und Ludendorff zur Besprechung der Gesamtkriegslage nach Pleß zu befehlen.

Falkenhayn gibt die wohl erwartete Antwort, dann möge Lyncker S.M. bitten, ihn von seinem Posten zu entbinden, da er als Chef des Generalstabes des Feldheeres der allein verantwortliche Ratgeber des Kaisers sei.

Der Kaiser bittet ihn zu sich und geht mit ihm lange auf der Schloßterrasse auf und ab. Er bemüht sich, ihm klar zu machen, daß es ihm nicht verwehrt sein dürfe, bei seiner schweren Verantwortung auch die Feldherren aus dem Osten zur Gesamtlage zu hören und bittet ihn zu bleiben. Falkenhayn bleibt auf seinem Standpunkt stehen.

Spät abends überbringt Lyncker an Falkenhayn den blauen Brief, in welchem der Kaiser das Entlassungsgesuch Falkenhayns annimmt.

Ohne dies schon zu wissen, gehe ich etwa ½ Stunde später zu Falkenhayn zum Vortrag. Er empfängt mich in einem Sessel sitzend, eine Zigarre rauchend und eine Zeitung lesend freundlich mit den Worten: »Na Nicolai, so spät noch? Was haben Sie? Hoffentlich verlangen Sie keine Entscheidung von mir.«

Mein Vortrag war nur berichtend. Falkenhayn dankte mir und sagte: »In Zukunft werden Sie Entscheidungen durch den General Ludendorff erhalten. Tun Sie weiterhin Ihre Pflicht. Es wird notwendig sein. Ich fürchte, nun führt der Krieg zur Revolution.« Ich war durch diese knappen Worte so ergriffen, daß ich nur stumm seine Hand drückte, die er mir reichte. Trotz aller äußeren Ruhe und Selbstbeherrschung schien auch er mir ergriffen.

Dienstag, 29. August 1916

[...] 11³⁰ Uhr befiehlt Ludendorff die Abteilungschefs zu sich und stellt uns dem Generalfeldmarschall vor. Dieser teilt uns mit, daß S.M. ihn und General Ludendorff mit der OHL betraut hätte. Wir sollten einstweilen unseren Dienst weiter versehen, weitere Befehle würden wir durch den General erhalten.

Um 12 Uhr verabschiedet sich Falkenhayn von uns. Seine Ansprache nachfolgend.

Entente-Mächte (August 1916) von Wilhelm II. zugunsten der von Hindenburg und Ludendorff gebildeten 3. OHL ersetzt.

*Abschiedsworte
des Chefs des Generalstabes des Feldheeres General der Infanterie v. Falkenhayn
an die Abteilungschefs in Pleß
am 29. August 1916, mittags 12 Uhr*

Seine Majestät der Kaiser hat mich auf meinen Wunsch von der Stellung des Chefs des Generalstabes des Feldheeres enthoben.
Meine Herren, dies bedeutet für mich so viel und trifft mich so tief, daß Sie nicht von mir erwarten werden, daß ich Ihnen viel sage.
Aber ich will doch nicht von Ihnen gehen, ohne Ihnen gedankt zu haben für Ihre treue und erfolgreiche Mitarbeit. Möge Ihre Arbeit weiter gesegnet sein für unseren Kaiser, für das deutsche Volk und für unser geliebtes Vaterland! –

Um 1 Uhr, als wir bei Tisch sitzen, fährt draußen ein einsamer Mann zum Bahnhof, Falkenhayn. Die Stimmung unter uns ist ernst. Ich denke an die Tage zurück, als Moltke Falkenhayn weichen mußte, unsere Treue zu Moltke nachklang und wir Falkenhayn wegen der Rücksichtslosigkeit grollten, mit welcher er ihn zur Seite schob. Ich sage zu dem neben mir sitzenden Chef der Zentralabteilung, »in spätestens 2 Jahren fährt Ludendorff ebenso«. Auf seine erstaunte Frage, wie ich das sagen könne, erwidere ich, der Soldat allein könne den Krieg nicht gewinnen, Hindenburg und Ludendorff kämen auf den verkehrten Platz, sie gehörten auf den des Kaisers, d.h. unter ihn, um auch die Krone zu retten. So stellte sich mir in großen Umrissen aus den Erfahrungen meines Arbeitsgebietes der vollzogene Wechsel dar. [...]
1921 erkrankte Falkenhayn, so viel ich weiß, an Nierenschrumpfung, sodaß meine persönlichen Besuche bei ihm unterbrochen wurden. Ende Januar 22 erhielt ich die beigefügte Karte.[39] Ich habe ihn daraufhin Anfang Februar 22 in Schloß Lindstedt bei Potsdam zum Tee besucht. Als der Diener mir in der Abenddämmerung die Tür seines Arbeitszimmers öffnete, schrak ich zurück. Der mir so jugendlich in Erinnerung stehende Falkenhayn saß mit weißem Vollbart, mit einer Pelzdecke zugedeckt in einem großen Sessel. Er bemerkte mein Erschrecken und sagte: »Ja Nicolai, Sie kriegen einen Schreck, Sie kommen zu einem Sterbenden, aber kommen Sie nur herein.« Ich versuchte mich zu erklären, ich hätte nur in der Dämmerung nicht recht erkennen können. Er reichte mir die Hand und sagte: »Nicolai, Sie haben mir stets die Wahrheit gesagt. Warum nicht jetzt?« Er entwickelte mir dann noch einmal seine ganzen Gedanken und Gründe an der Spitze der OHL. Als ich ihm sagte, ob er mir nicht erlaube, wiederzukommen und einen geeigneten Herren aus Berlin mitzubringen, der unserer Unterhaltung beiwohnen und sie wiedergeben könne, was mir verwehrt sei, da auch ich angegriffen würde und meine Wiedergabe abgelehnt werden würde, weil ich pro domo spräche, lehnte er mit den Worten ab: »Lassen Sie das. Auch auf mich will niemand mehr hören. Ich habe mich nur noch einmal aussprechen wollen. Im Übrigen lassen Sie mich alten Mann in Ruhe sterben.«

---

[39] In der Edition nicht erfasst.

Er starb bald darauf. An seiner Beisetzung in Bornstedt,[40] zu welcher zahlreiche nationale Verbände mit ihren Fahnen erschienen, nahm ich nicht teil. Ich habe später allein an seinem Grabstein gestanden. Es war für mich an Falkenhayn das letzte Zeichen der Vergänglichkeit menschlicher Größe, daß Hindenburg, der im Leben, weil ganz anders geartet, in starker persönlicher Ablehnung zu ihm stand, als Vorsitzender der »Schlieffenvereinigung«,[41] der Vereinigung der Generalstabsoffiziere des alten Heeres, uns durch ein Rundschreiben um Beträge für einen Grabstein Falkenhayns bat, für den die Kosten aufzubringen die Familie nicht in der Lage sei.

Das Wort von Falkenhayn bei unserem letzten Beisammensein, ich hätte ihm stets die Wahrheit gesagt, betrachte ich als einen der schönsten Orden, die mir meine Stellung im Kriege eingebracht hat.

Dienstag, 29. August 1916

Nachmittags mein erster Vortrag bei Ludendorff. Ich beschränke mich darauf, sein Einverständnis zu erbitten, daß der vollzogene Wechsel in der OHL folgendermaßen bekannt gegeben und öffentlich vertreten wird: »Unsere Gegner haben unter Englands Führung in ihr politisches und militärisches Handeln ein solches Maß an Einheitlichkeit gebracht, daß auch auf unserer Seite alles geschehen mußte, ein völlig reibungsloses Zusammenarbeiten der maßgebenden Stellen zu sichern. Sachliche und persönliche Gegensätze, die sowohl die Leitung der militärischen Operationen wie den Einklang zwischen Kriegführung und Politik störten, mußten hierzu, ebenso wie Treibereien, die in der Heimat das geschlossene Vertrauen erschütterten, beseitigt werden. Das alles konnte nur durch die Ernennung des Generalfeldmarschalls v. Hindenburg gewährleistet werden.«

Ich habe *Englands* führende Rolle absichtlich betont und auch absichtlich nur den Generalfeldmarschall erwähnt. Ich begründe dies damit, daß England der Hauptfeind sei, gegen den sich von vornherein auch die neue OHL bekennen müsse und daß ich die Fortlassung seines Namens für zweckmäßig hielte, wenn die Herbeiführung eines völlig reibungslosen Zusammenarbeitens der maßgebenden Stellen betont würde, an welches ich für ihn nach meinem Erleben nicht glauben könne.

Ludendorff stimmt zu, ist im Übrigen merklich kühl gegen mich.

Ich kann nicht erkennen, ob dies eine generelle Abneigungen gegen meine Person und gegen die Art, wie ich meine Pflichten unter Falkenhayn erfüllt habe, bedeutet, oder nur ein Überraschtsein durch die diktatorische Art, mit welcher ich ihm die für die Öffentlichkeit bestimmte Erklärung unterbreite und mit wel-

---

[40] Der Friedhof des nahe Potsdam gelegenen Dorfes Bornstedt wurde bereits seit dem frühen 18. Jahrhundert durch Potsdamer Adel und Nobilität als Begräbnisstätte genutzt.
[41] Die Schlieffenvereinigung war ein Zusammenschluss ehemaliger und aktiver preußischer Generalstabsoffiziere, der politisch besonders in der Weimarer Republik aktiv war. Der sogenannte Schlieffentag, i.d.R. am 28. Februar, war die Jahreshauptversammlung des Verbandes. Zu Falkenhayns Nachfolgern als Vorsitzender der Vereinigung zählten u.a. Paul von Hindenburg (zuletzt Ehrenvorsitzender) und August von Mackensen. Im »Dritten Reich« verlor die Schlieffenvereinigung aufgrund ihrer monarchistischen Haltung und u.a. personeller Verstrickungen in die »Röhm-Affäre« erheblich an Einfluss.

cher ich in dieser meine persönliche Auffassung zum Ausdruck bringe. Ich glaube mehr das letztere und verstehe es, weil er wohl zum ersten Mal eine Zustimmung erteilen muß für ein Milieu, von dem er selbst nichts versteht.

Ich schätze diesen ersten Erfolg für mich hoch ein und glaube auch der Sache gedient zu haben, wenn es meine einzige und letzte Handlung unter Ludendorff gewesen sein sollte.

Mittwoch, 30. August 1916

Ich bin in Berlin, um 5³⁰ Uhr abends an einer Besprechung in der Reichskanzlei über Maßnahmen zur Erhaltung der Stimmung im Inneren nach dem vollzogenen Wechsel in der OHL teilzunehmen.

Donnerstag, 31. August 1916

Tappen wird als Chef der Operationsabteilung durch Oberst Wetzell ersetzt, ein jüngerer Mitarbeiter Ludendorffs aus der Aufmarschabteilung in der Vorkriegszeit und ein im Kriege bisher besonders bewährter Front-Generalstabsoffizier.

Die Meinung der anderen Abteilungschefs geht dahin, daß als Nächster ich ausgebotet werde, weil sie von meinem Eintreten für die Autorität Falkenhayns bei Hindenburg und Ludendorff als Oberbefehlshaber im Osten wissen.

Ich bin bereit. Mein Wunsch ist es längst, in der Front verwendet zu werden. Ich habe Falkenhayn zweimal gefragt, ob es nicht wenigstens einmal für kurze Zeit möglich gewesen wäre. Er hat mich immer gebeten, einstweilen darauf zu verzichten, da er über mein Arbeitsgebiet nicht ausreichend im Bilde sei und kein Vertreter oder Ersatz für mich einstweilen vorhanden sei.

Ich könnte Ludendorff auch in dieser Richtung augenblicklich noch keine Vorschläge machen. Die Entscheidung liegt aber bei ihm. Ich tausche mein Amt gern mit einer Stellung in der Truppe mit Aussicht auf spätere Verwendung im Truppengeneralstab.

Diese Klarheit in mir stärkt aber meinen Mut, Ludendorff heute Vortrag zu halten über die Machenschaften, welche bereits laufen oder in der Heimat in der Vorbereitung sind, um auch den gefallenen Falkenhayn noch zu verunglimpfen. Ich lege ihm in einem Einzelfall, hinter welchem die Wilhelmstraße steht, und welcher infolgedessen besonders scharf abgewehrt werden muß, ein entsprechend deutlich gehaltenes Schreiben vor. Er reicht es mir unwillig mit einem Nein zurück, hält mich wohl doch für einen »Parteigänger« Falkenhayns, als welcher ich von ihm, wie ich weiß, dauernd verdächtigt worden bin und noch werde. Ich lege das Schreiben wieder auf seinen Schreibtisch und sage: »Doch, Euer Exzellenz! Ob General v. Falkenhayn oder Generalfeldmarschall v. Hindenburg und General Ludendorff ist gleich. Es geht um das Ansehen der OHL.« Ludendorff sieht mich länger ruhig an, nimmt dann seinen Tintenstift, unterschreibt und reicht mir das Schriftstück ruhig zu. Ich habe den Eindruck einer gefallenen Entscheidung, daß ich nicht fortgeschickt werde, sondern bleibe.

Ich bitte daraufhin um die Erlaubnis, ihm Deutelmoser und Haeften über ihre beiden Arbeitsgebiete innerpolitischer Art und beim Auswärtigen Amt vortragen zu lassen. Ludendorff befiehlt diesen Vortrag auf den 3. September. Ich bitte darum, erst im Anschluß daran über die anderen Arbeitsgebiete von IIIb und über meine Tätigkeit der Gesamtleitung vortragen zu dürfen. [...]

Sonntag, 3. September 1916

Der nachfolgende Bericht des Nachrichtenoffiziers bei der österreichischen Heeresleitung läßt erkennen, wie der Wechsel in der OHL zunächst dort aufgefaßt wurde.

Teschen, 3. September 1916

Herrn Major Nicolai
Hochwohlgeboren.

1.) Die Verhandlungen über den gemeinsamen Oberbefehl des deutschen Kaisers über die Gesamt-Streitkräfte der Mittemächte sind wieder aufgenommen und dürften, da Schönbrunn[a] weitestens Entgegenkommen anbefohlen hat, diesmal wohl zu dem gewünschten Ende führen.
2.) Die Personalveränderungen sind von den älteren Offizieren der Operationsabteilung nicht sehr freudig begrüßt worden. Man sieht darin in erster Linie einen weiteren Schritt in der Richtung des vorherrschenden deutschen Einflusses, den man – wie ich schon meldete – als Eingeständnis der eigenen geringen Leistungen nicht wünscht.

---

[a] Schloss Schönbrunn bei Wien, Sommerresidenz des österreich-ungarischen Kaisers.

[...]
Der Generalfeldmarschall zeigte kein Interesse für die Aufgaben von Deutelmoser und Haeften, es lag auch nicht in meiner Absicht, diese unmittelbar darüber *ihm* vortragen zu lassen. Persönlich schenkte der Generalfeldmarschall Deutelmoser keine besondere Beachtung, Haeften gegenüber aber zeigte er große Wärme, als ob er vergelten wollte, was dieser für ihn ertragen hatte. Ludendorff aber umgekehrt. Er zeigte Haeften mehr persönliche Zurückhaltung, als dieser wohl erwartet hatte, und großes Interesse für Deutelmoser, den er noch nicht kannte, schien aber menschlich von ihm enttäuscht. Bei dem sachlichen Vortrag nachmittags erklärt Ludendorff Beiden in meiner Gegenwart, die dritte OHL werde im Gegensatz zu der von Falkenhayn eine unpolitische sein und sich ganz allein auf die militärische Führung des Krieges beschränken. Einstweilen seien Beider Arbeitsgebiete wie bisher fortzuführen.

Montag, 4. September 1916

Ich trage Ludendorff über mein Gesamtarbeitsgebiet vor, nach welchen Gesichtspunkten ich es infolge des Ausbleibens jeglichen Handelns von den Zivilressorts aufgebaut und geleitet habe. Ich trage ihm weiter vor über die innenpolitischen Zustände und Kräfteverteilung. Ludendorff erwidert: meine Ausführungen zum 1. Punkt finden seine Anerkennung, die zum 2. verstärkten aber seinen Wunsch, den er gestern bereits gegen Deutelmoser und Haeften ausgesprochen habe, aus dem politischen Treiben heraus zu bleiben, weil er in diesem sich nicht bewegen könne und sich nur dem Heer verpflichtet fühle. Einstweilen solle ich aber, bis er selbst mehr Einblick gewonnen habe, die Geschäfte unverändert fortführen. [...]

Im Ganzen erinnert mich mein Eindruck an den von Ludendorff, als er 1914 für den Osten berufen wurde. Wie er uns damals durch sein »Es steht nicht so schlimm, wie ich dachte« Zuversicht gab, so auch heute, wie er die Dinge militärisch anpackt. Sein Wille, aus dem politischen Treiben heraus zu bleiben, ist zwar unerfüllbar und sogar verhängnisvoll insofern, als ich wünschte, er wäre berufen worden, diesem Treiben ein Ende zu machen. Für mich bedeutet seine Willensäußerung jedenfalls erhöhte Selbständigkeit und verlangt daher, daß ich mich für meine politische Mitarbeit freier mache von den anderen Aufgaben in der Leitung des Nachrichtendienstes und der Abwehr.

Ich entschließe mich zu einer entsprechenden Umorganisation meines gesamten Dienstes, welche den verschiedenen Zweigen des Nachrichtendienstes und der Abwehr festere Führung und dieser größere Selbständigkeit geben und mich dadurch freier machen soll für die Aufgaben, welche Ludendorffs vermehrt harren, von denen er persönlich fernbleiben will, was mich – wenn ich bleibe – aber in die Lage versetzen wird, mich ihrer vermehrt selbständig anzunehmen.

Auszug 115 aus Feldpostbriefen

Pleß, Montag, 4. September 1916
abends 10 Uhr

(...) Eben komme ich vom Vortrag von Ludendorff. Als ich bei L. war, fing das lautsprechende Telephon an, von der Somme zu melden. Es ist dort ein gewaltiges Ringen im Gang, heute abend scheint ein ganzes Stück der ersten Stellung einer Armee verloren, da das feindliche Artilleriefeuer so wahnsinnig ist, daß nichts von der Stellung bleibt. Die Somme ist die tollste aller Schlachten, ganz wahnsinnig ist dieser Kampf der Menschen gegen Maschinen, von Fleisch gegen Eisen! Man denkt immer, daß die bisherigen Schlachten nicht übertroffen werden könnten und doch ist es dann so! Ich verließ L., damit er mit seinen taktischen Beratern arbeiten konnte. Gott gebe, daß die Opfer unserer braven Truppen nicht umsonst und die Stellungen gehalten werden. Solch' Abend wie heute packt mächtig, das so zu wissen, nicht helfen zu können und nachher ruhig und sicher zu Bett zu gehen. Dann bemühe ich mich, den Blick auf's Ganze zu richten. Da habe ich doch Zutrauen. Es scheint mir doch, als ob F. durch die 2 Kriegsjahre an Energie etwas verbraucht war und der neue frischer ist und weniger verbraucht. Dieser frischere und doch ruhigere Wind ist vertrauenerweckend. Was jetzt geschieht, um neben augenblicklichen Nöten im Großen wirksam zu werden, reift natürlich langsam. Vielleicht ist es auch gut, daß über dem eigentlichen Wachen und Arbeiten noch ein Höheres steht, der von Einzelheiten und Kleinigkeiten frei bleibt und den Blick für das Große behält. F. hatte sich bei den gewordenen Riesen-Verhältnissen allein wohl zu viel zugemutet. Das merkte man, solange man selbst mit darin stand, nicht so als jetzt in den veränderten Verhältnissen. In den Nebenressorts, besonders in meinem, merkt man natürlich, daß die neuen Gebieter sich erst einarbeiten müssen, bei dem vorhandenen Interesse und dem zielbewußten sich orientieren lassen, wird das aber auch bald in Ordnung kommen. So ist hinter der besonders schweren Gegenwart hoffentlich eine bessere Zukunft. F. wird voraussichtlich eine Armee erhalten.[42] [...]

Notizen vom Sonntag, 3. September 1916

Mein Vortrag bei Ludendorff griff heute schon weiter und fand ihn aufgeschlossener und von beginnendem Interesse.

Der Anruf von Kuhl von der Somme war ein Ruf um Hilfe. Er packte Ludendorff außerordentlich. Es war wohl das erste Mal, daß die Not der Westfront an ihn unmittelbar herantrat. Ich glaube, er wird bald ganz in den Platz von Falkenhayn hineinwachsen, diesen mehr verstehen lernen, was zu der inneren Bereinigung seiner bisherigen Stellung zur Gesamtkriegsleistung beitragen und auch mir das Arbeiten erleichtern wird.

Der Anruf von Kuhl wirkte so stark, daß sein Interesse für meinen Vortrag schwand und ich diesen darum abbrach.

Mittwoch, 6. September 1916

Auch heute wird mein Vortrag bei Ludendorff durch einen Anruf und zwar durch den in Teschen bei der österreichischen Heeresleitung befindlichen deutschen Militärbevollmächtigten, General v. Cramon, unterbrochen. Ludendorff erteilt diesem sehr energisch Weisung, Maßregeln zur Wiederherstellung der Lage bei der durchbrochenen österreichischen Südarmee zu fordern. Seeckt habe Befehl, seine Front zu halten, Cramon soll dem Erzherzog Karl[43] sagen, er erwarte, daß dieser für Energie sorge.

Meine Absichten, die Leitung meines Gesamtdienstes umzuorganisieren, was zur Folge haben wird, daß ich die Zahl meiner Mitarbeiter in Pleß vermehre, wird dadurch begünstigt, daß die neue OHL räumlich und persönlich auf erheblich größeren Umfang eingestellt wird, als es unter Falkenhayn der Fall war. Hindenburg bezieht und residiert im Hause des Generaldirektors des Fürsten v. Pleß, die Operationsabteilung bezieht das Verwaltungsgebäude des Fürsten,

---

[42] Falkenhayn erhielt den Oberbefehl über die 9. Armee und ging gemeinsam mit der Donau-Armee (Gen.Kdo z.b.V. Nr. 52) unter General der Infanterie Robert Kosch ab November 1916 zum Angriff auf Rumänien über, in dessen Verlauf die deutschen Truppen im Dezember 1916 Bukarest eroberten.

[43] Thronfolger Erzherzog Karl hatte seit dem 16.8. den Oberbefehl über eine nach ihm benannte Heeresgruppe (seit dem 20.10. Heeresfrontkommando) an der Ostfront inne, bis er nach seiner Thronbesteigung am 2.12. den Oberbefehl über die gesamte k.u.k. Armee übernahm. Stabschef des Großverbandes in den Jahren 1916/17 war Generalmajor Hans von Seeckt.

zum Kaiservortrag begibt sich nicht nur wie bisher Falkenhayn allein, sondern Hindenburg mit Ludendorff und Wetzell. [...]

Auszug 116 aus Feldpostbriefen

Pleß, Mittwoch, 6. September 1916
abends 7 Uhr

(...) Heute komme ich schon eher zum Schreiben, da der Feldmarschall und L. heute mittag nach der Somme abgereist sind. Nicht aus Besorgnis, sondern weil es ja nötig ist, daß sie da auch mal persönlich Fühlung bekommen. Sonntagmittag sind sie wieder hier, dann bekommen wir Besuch vom Bulgaren-Zar und Enver. Hoffentlich nimmt man dann hier drüben recht eindrucksvoll den »Kopf hoch«. Ich habe den Ersteren im Verdacht, daß er nur kommt, um sich mal davon zu überzeugen. An der Somme ist der große Angriff, der größte bisher unternommene, zunächst wohl gebrochen. Der feindliche Gewinn ist unerheblich, hinter der teilweise verlorenen 1. Stellung sind genügend andere eingerichtet. Bei Verdun stoppt es anscheinend beiderseits etwas. Im Osten ist es das alte Lied, daß unsere Bundesbrüder den Russen nicht genügend standhalten und uns sehr zur Unterstützung beanspruchen. Aber auch das muß und wird werden! Noch weiter südlich muß man sich noch lange mit Geduld wappnen. [...]

Auszug 117 aus Feldpostbriefen

Pleß, Donnerstag, 7. September 1916
abends 9½ Uhr

(...) Selbstverständlich haben H. und L. Zutrauen zur Lage! Heute kommen sie in Charleville an, morgen sind sie an der Somme. Du kannst Papa erzählen, daß wir demnächst wieder 8 von den Einheiten aufgestellt haben werden, die er zuletzt befehligte. Aber natürlich immer alles nur für Euch! Es ist erstaunlich, was alles von der Heimat und ihren Behörden geleistet wird, *wenn es nur verlangt wird*. Der Erfolg in der Dobrudscha ist famos, jetzt gilt es dort nun, gegen eine russische Division (mehr ist an Russen anscheinend noch nicht da), vorzugehen, die schon mit dem Anfang östlich Tutrakan angelangt ist. Die ersten Schüsse zwischen Russen und Bulgaren sind gottlob gefallen, nun ist da wohl auch nichts mehr zu fürchten. Die Russen näherten sich ohne Feindseligkeiten bulgarischen Truppen. Da erkannten bulgarische Offiziere das Kritische der Lage und für die Stimmung ihrer Truppen und eröffneten mit ihren Revolvern das Feuer. Dann entstand allgemeine Schießerei und damit war die Situation gerettet und wohl endgültig entschieden. Man sah dem Zusammentreffen zwischen Bulgaren und Russen doch teilweise bedenklich entgegen, da sie von einem Stamme sind und die Russophilen tüchtig an der Arbeit waren. So konsolidiert und klärt sich wohl alles. Auch ein gutes Vorspiel für die Ankunft des Bulgaren-Königs morgen Abend. Der Kronprinz begleitet ihn. [...]

An der Somme geht's weiter. Im Westen ist die Front zwischen den 3 Kronprinzen geteilt: An der Küste Württemberg, dann Bayern bis Reims, dann Preußen bis zur Schweiz.[44]

Auszug 118 aus Feldpostbriefen

Pleß, Freitag, 8. September 1916
abends 11 Uhr

(...) Als ich morgens durch den Schloßpark zu meinem Büro ging, sah ich die Kaiserin. Sie kam in einem Ponywagen, den sie selbst lenkte, nur für sie allein bot der klimper-kleine Wagen Platz, der Stalljunge lief daneben. Es war ein Bild wie im Märchen, sie im weißen Haar, kaiserlich in der ganzen Figur, in diesem kleinen Park-Wagen. Dazu ihr freundlicher Gruß. Der Kaiser, der schon den Morgenritt hinter sich hatte, erwartete sie vor dem Schloß auf der Terasse. »Strolch«, der freche Dackel, lief ihr entgegen und bellte das Pony an. Es war ein hübsches Bild. Um 4 Uhr begrüßte das Kaiserpaar 2 nach Siebenbürgen durchfahrende Bataillone, die, wie der Kaiser in seiner Ansprache sagte, durch »den Verrat des Königs von Rumänien« gegen einen neuen Feind ziehen müssen. Um 7 Uhr kam der Bulgaren-Zar. Als einziger Abteilungschef stand ich mit am rechten Flügel der Ehrenkompanie im Schloßpark, der Kaiser sah ausgezeichnet aus, stellte mich dem Zaren vor, worauf der Zar mir die Hand reichte, nach ihm begrüßte mich auch der Kronprinz von Bulgarien sehr freundlich. Der Parademarsch der Leibwache war wieder, daß einem als Soldaten das Herz im Leibe lachte. Als der Kaiser mit dem König vom Abschreiten der Front zurückkam, nickte er mir sehr freundlich zu. Morgen werde ich wohl zum Frühstück befohlen werden, deshalb wird sich meine Breslauer Reise verschieben.

Auszug 119 aus Feldpostbriefen

Pleß, Sonnabend, 9. September 1916
abends ½10 Uhr

(...) Heute abend sind zwischen Liegnitz und Breslau 2 Güterzüge zusammengefahren und sperren die Strecke. Da liegen meine Inlandsnachrichtenoffiziere vor Breslau fest. Insofern paßte es ganz gut, daß ich heute durch das Kaiserfrühstück an der Fahrt nach Breslau verhindert war. Ich spreche die Offiziere nun morgen in Kattowitz. Das Frühstück heute war sehr interessant. Außer der üblichen Allerhöchsten Umgebung war der Reichskanzler da. Zunächst kam der Kaiser, ließ uns Gäste, die wir mit dem Rücken zum Fenster aufgebaut waren, Kehrt

---

[44] Hiermit sind die 4. Armee unter dem Oberbefehl des württembergischen Thronfolgers Herzog Albrecht sowie die Heeresgruppen »Kronprinz Rupprecht« (Bayern) und »Deutscher Kronprinz« (Preußen/Deutsches Reich) gemeint.

machen, da wir fast alle wie Mohren aussahen. Mir sagte er, ich hätte gestern wohl gerade über einen Zeitungsartikel nachgedacht, als er vom Abschreiten der Front gekommen wäre und mir zugenickt hätte, weil ich so ernst ausgesehen hätte. Dann kam der Bulgare. S.M. stellte mich noch mal vor als seinen Presse-Chef. Der König meinte, er wisse, wie wichtig und schwer dies Amt wäre, da er selbst jahrelang sein eigener Presse-Chef gewesen sei. [...]

Auszug 120 aus Feldpostbriefen

Pleß, Sonntag, 10. September 1916
abends 11 Uhr

(...) Die Rückkehr unserer hohen Herren hat die Ruhe der letzten Tage beendet, die nächsten Tage wird die Arbeit wieder mit Hochdruck einsetzen. Ob die Anwesenheit von Enver uns auch wieder repräsentative Pflichten auferlegen wird, weiß ich noch nicht. Ich war gestern etwas erschrocken, als der Kaiser erkennen ließ, – als er mich dem Zaren vorstellte – daß er in mir vor allem den Presse-Bearbeiter sah. Gerade dieser Zweig meiner Dienstgeschäfte ist mir der unliebste, da kann man sich nur Unannehmlichkeiten zuziehen und erlebt, wenn es gut geht, keinen Dank. Man kommt da mit Verhältnissen in Berührung, die mir wesensfremd sind, für die ich kein Verständnis habe und in denen man mit soldatischem und ehrlichem Empfinden wohl anstoßen kann. So wirkt die Hetze gegen Falkenhayn jetzt noch nach. Die »Magdeburger Zeitung« hat einen unglaublichen Artikel gegen ihn geschrieben, auch eine geheime Denkschrift über »Irrtümer der Heeresleitung« ist aufgetaucht. Dieses ganze Getriebe hängt mir zum Halse raus! Ich sehe meine Aufgaben und Verdienste hauptsächlich im Nachrichtendienst, da bin ich auch ganz zufrieden. Die Verhältnisse in Griechenland[45] spitzen sich zu, ich glaube, daß die Entente schließlich ihr Ziel doch noch erreichen wird. Was über Erfolge der Wühlerei Englands in Dänemark[46] in Deutschland verlauten soll, halte ich für übertrieben.

Auszug 121 aus Feldpostbriefen

Pleß, Montag, 11. September 1916
abends 9½ Uhr(B)

[...] Auch der heutige Tag verging wieder nicht, ohne daß ich mit ekligen Schiebereien in Berührung kam. Der Feldmarschall soll sich neulich bei der Besprechung

---

[45] Als Folge der serbischen Niederlage im Oktober 1915 landeten britische und französische Truppen unter Verletzung der griechischen Neutralität in Saloniki.
[46] Der Bruch der griechischen Neutralität durch die Entente beförderte Befürchtungen im Admiralstab und in der OHL, Großbritannien könne die dänische Neutralität ebenfalls brechen, um einen ungehinderten Zugang zur Ostsee und damit zum russischen Verbündeten zu erzwingen.

hier dahin geäußert haben, daß er den U-Bootkrieg für »unmöglich« halte, so wird von unbekannter aber verdächtiger Seite verbreitet. Es stimmt aber nicht und der Feldmarschall will das erklären, ich bin das ausführende Organ. So ergab sich ein Hin und Her, morgen früh ist mein Vorschlag hoffentlich angenommen und dann bis zum nächsten Fall wieder Ruhe. Ich gewinne dabei den Eindruck, daß es sich mit Ludendorff doch recht gut und in mancher Hinsicht besser als mit F. arbeiten läßt. Er geht mehr aus sich heraus, traut den Menschen mehr und ist infolgedessen offener und bestimmter. F. ist im Riesengebirge, erholt sich noch, ehe er als Armeeführer an die rumänische Front geht. Sein Adjutant, der ihn zunächst in die Verbannung begleitete und jetzt als Adjutant von Ludendorff hierher zurückkehrte, sagte mir, daß er doch sehr tief getroffen sei. Das läßt sich ja schließlich auch denken.

Von Envers Besuch habe ich nichts gemerkt außer den paar amtlichen Veröffentlichungen, die Du inzwischen gelesen haben wirst. Morgen vormittag reist er schon wieder fort. In Griechenland bereitet sich vielleicht Komisches vor. In Kavalla, Grama, und Leres, also in dem von den Bulgaren besetzten Ost-Mazedonien steht noch das IV. griechische Korps.[47] Nachdem seine Haltung in letzter Zeit verdächtig war, hat der Führer sich jetzt unter Umständen zur Waffenstreckung bereit erklärt, aber nicht an die Bulgaren, sondern nur an Deutsche. So kann es kommen, daß die Griechen demnächst als unsere lieben Gäste nach Deutschland abtransportiert werden. Was man alles noch in diesem merkwürdigen Krieg erleben kann!

Montag, 11. September 1916

Ich habe Major v. Redern gebeten, bei Plessen anzuregen, daß er dem Kaiser unterbreitet, ich sei leider nicht sein Pressechef und legte mehr Wert darauf, als Chef des Nachrichtendienstes und nicht als Pressechef bewertet zu werden. Als alter Hofmann wird Redern diese etwas heikle Bitte an Plessen schon richtig deichseln.

Im Zusammenhang damit erwirke ich beim Kriegsminister eine Verfügung, daß der Name »Nachrichtenoffizier« ausschließlich für Nachrichtenoffiziere der OHL geschützt wird. Anlaß dazu gibt mir das Auftauchen aller möglichen »Nachrichtenoffiziere« der verschiedensten Kommandobehörden in der Heimat.

Ludendorff teilt mir mit, der Reichskanzler habe um Überlassung des Oberstleutnant Deutelmoser gebeten als Nachfolger des Pressechefs des Auswärtigen Amts, Geheimrat Hammann. Ludendorff fragt mich wie ich mich zu diesem Antrag stelle. Ich betone, daß die Hergabe Deutelmosers in der gegenwärtigen Situation ein Opfer für meinen Dienst bedeute, daß aber höher zu bewerten sei, in Deutelmoser meinen bisherigen Mitarbeiter an leitender Stelle im Auswärtigen Amt zu haben. Ich bitte mir nur noch Gelegenheit aus, mit ihm darüber mich zu besprechen. Ludendorff stimmt zu und überläßt mir die Entscheidung.

Ich muß Ludendorff und zum ersten Mal auch Hindenburg vortragen, daß Gerüchte verbreitet werden, der Feldmarschall habe den U-Bootkrieg für unmöglich erklärt. Beide beauftragen mich, diesen Gerüchten entgegenzutreten. Sie kommen damit zum ersten Mal in Berührung mit den heimlichen Mitteln der

---

[47] Als Folge der alliierten Landungen in Saloniki geriet das in Nordgriechenland stationierte griechische IV. Korps zwischen die Fronten der Mittelmächte und der Entente.

üblichen Politik und geraten auch hier in das Fahrwasser Falkenhayns. Meine Verhandlungen mit den Vertretern des Reichskanzlers, Frhr. v. Grünau, und dem Adjutanten des Reichskanzlers, Graf Zech, bestätigen mir, daß das Dementi in die Erwartungen vom Kurs der neuen OHL und der Möglichkeit, sie zu beeinflussen, nicht paßt.

Er fragt mich weiter, was es bedeute, daß der Reichskanzler gleichzeitig gebeten habe, mich aus meinem Posten zu entlassen. Ich stelle die Gegenfrage, welchen Grund der Reichskanzler selbst angegeben habe. Ludendorff sagt, der Antrag sei ohne Angabe von Gründen an ihn gelangt. Ich schildere ihm die Entwicklung meiner Zusammenarbeit mit Deutelmoser, in welcher dieser der wohl Klügere sei, er habe schon als mein Kriegsakademiekamerad den Ehrensäbel des Kaisers für seine wissenschaftlichen Leistungen erhalten. Er paßt wegen seiner Art und Wendigkeit gut auf seinen Posten, da er verhandeln und paktieren könne mit allen möglichen Leuten und Richtungen, er sei darum auch sehr bequem für die politische Reichsleitung, entbehre nur der Fähigkeit zum Entschluß und der Energie zur Durchführung. In dieser Richtung hätte ich ihm bei Aufbau und der Leitung des Kriegspresseamts vielfach ergänzen müssen. Unsere Ehe sei die Grundlage des Erfolges gewesen. Darum würde es für mich auch schwer sein, unter Generalstabsoffizieren einen Ersatz für ihn zu finden, dies sei aber unerheblich, wenn unsere Ehe auch fortbestehe, wenn er im Auswärtigen Amt die einflußreiche Stelle des Pressechefs hätte.

Vielleicht sähe man das voraus und wünsche es nicht. Vielleicht solle mein Beiseiteschieben den unbequemen Einfluß der OHL beseitigen und die Einheitlichkeit der Kriegführung in der Führung der öffentlichen Meinung in das Auswärtige Amt verlegen.

Das sei m.E. der Sinn des Doppelantrages des Reichskanzlers. Darüber hätte er, Ludendorff, zu entscheiden. Es würde ihm die gewollte Entlastung von diesen Dingen bringen, aber auch jeden Einfluß nehmen. Ich selbst sei der Überzeugung, daß die Wahrnehmung der Interessen der OHL auf dem in Frage stehenden Arbeitsgebiete durch den Wechsel innerhalb der OHL an Bedeutung nicht abnehmen, sondern sich wesentlich steigern werde und sei daher im Begriff, mich hierfür stärker als bisher von meinen sonstigen Aufgaben zu entlasten, weil ich darin den einzigen Weg sähe, ihm die Berührung mit diesen Dingen nach Möglichkeit zu ersparen, wie es sein Wunsch sei, aber gleichzeitig kommende Notwendigkeiten vorzubereiten.

Ich sei im Zweifel, ob der Reichskanzler selbst die Dinge so übersähe, oder ob seine Anträge mehr aus dem Auswärtigen Amt kämen, welches immer noch stark mit den politischen Kreisen liiert sei, welche an Verständigung glaubten, besonders auch mit meinem »Freunde Erzberger« und mit den großen jüdisch-demokratischen Zeitungsverlagen, deren es sich fast ausschließlich bediene, während die breite Masse der im Inland wirkenden deutschen Presse und damit die Stimmung im Innern vernachläßigt und jede Steigerung dieser Stimmung als unbequem empfunden werde.

Ich könnte auch keine Gründe persönlicher Art anführen, welche etwa beim Reichskanzler, beim Auswärtigen Amt, oder sonstigen politischen Zentralstellen der Reichsregierung gegen mich sprächen. Alle diese Stellen zeigten mir persönlich Achtung; Mißtrauen persönlicher Art erfülle mich nur gegen die Persönlichkeiten im Auswärtigen Amt, welche die Gewohnheiten der Diplomatie auch auf den Verkehr mit der OHL, und somit auch auf mich übertrügen, während die

Reichsbehörden für die Innenpolitik oft und zuweilen allzusehr froh wären, die Wahrnehmung unbequemer Belange gegenüber dem Reichstag und dem parlamentarischen Einfluß ihrer Verantwortlichkeit vor dem Reichstag in der Hand der OHL dem parlamentarischen Getriebe entrückt zu sehen.

Für meine Person bäte ich keinerlei Rücksicht persönlicher Art zu nehmen. Ich hätte den General v. Falkenhayn bereits mehrfach um eine Verwendung in der Front gebeten. Dieser Wunsch werde sich auch bis Kriegsende erfüllen. Nur wenn er, Ludendorff, mir befehlen würde, zu bleiben, würde auch dies mein Wunsch sein, weil ich nur dann auch die Sicherheit und Autorität haben würde zur Leistung.

Ludendorff zeigt mir zum ersten Mal seitdem er bei uns ist, etwas von Wärme. Er gab mir die Hand und sagte: »Dann wollen wir erst mal feststellen, ob Sie Deutelmoser abgeben wollen.«

Ich habe sofort mit Deutelmoser Verbindung aufgenommen und eine Zusage erhalten, die neue Aufgabe zu übernehmen und sie im Geiste unserer bisherigen Zusammenarbeit zu führen. [...]

Mittwoch, 13. September 1916

Schon heute habe ich mich des ersten Versuches des Abbaues des Kriegspresseamts durch das Auswärtige Amt zu erwehren. Ich lehne den Übertritt der Auslandstelle des Kriegspresseamts, welche die OHL über die Stimmen des Auslandes aus der Auslandspresse und weiterhin die anderen Reichsbehörden darüber unterrichtet, zur militärischen Stelle beim Auswärtigen Amt ab, »wegen der innigen Wechselwirkung zwischen deutscher und ausländischer Presse«, die eine einheitlich geführte Berichterstattung verlange.

Dagegen erkläre ich mich bereit, die Beeinflussung der Auslandpresse, die Aufgabe des Auswärtigen Amts sei, dadurch zu verstärken, daß das von mir beim Kriegspresseamt geschaffene »Neutrale Pressequartier« zur militärischen Stelle beim Auswärtigen Amt übertreten soll. [...]

Auszug 122 aus Feldpostbriefen

Pleß, Donnertag, 14. September 1916
abends 11 Uhr

(...) Gestern waren die Berichterstatter hier, die gegen Rumänien gehen. Hindenburg, der ihnen auf meinen Vorschlag einiges sagen wollte, hatte »zufälliges« Begegnen im Park angeordnet. So zog ich denn mit den Brüdern los, 1 Rechter, 1 Mitte, 1 Liberaler, 1 Sozialdemokrat, dazu der Führer, Rittmeister v. Forcade vom Leibgarde-Husaren-Regiment. Also eine etwas zusammengewürfelte Gesellschaft. Pünktlich um ½7 Uhr kam dann auch Hindenburg mit seinem Adjutanten auf dem verabredeten Weg anmarschiert, sprach mich an und ließ sich die Herren vorstellen. Außerordentlich eindrucksvoll sprach er mit den Herren mein Programm herunter: Anerkennung für die Truppen im Westen, Stimmung in der Heimat, Hoffnung auf die Kriegsanleihe, Siegeszuversicht. Meine Leutchen waren ganz ergriffen über dieses Erleben und dankten uns für diesen »Zufall«. Hoffentlich berichten sie nun auch gut. Es war aber auch schön, in dieser herbstlichen Abendstunde unter den Eichen des Parks Hindenburg über diese Punkte so klug und erhaben sprechen zu hören. Er hat wirklich etwas an sich, was ihn mit Recht zum Herold des Volkes macht. Dabei in Gedanken und Sichgeben so einfach. Als ich nachher versuchte, den Herren das von ihm Geagte noch einmal zu wiederholen, ist es mir so einfach und so schön nicht gelungen. Morgen sind die Herren in Teschen bei der österreichischen OHL, wo ich ihnen einen Unterricht erteilen lassen will, wie sie in bundesfreundlichem Sinne am besten über deutsche, österreichische und ungarische Truppen melden sollen, ohne irgendwie anzuecken, sondern auszugleichen und zu nähern. Es kann sein, daß auch ich hinüberfahre, und daß dann Conrad v. Hötzendorff sie empfängt. So gibt man sich die größte Mühe auch mit dieser Gesellschaft, wenn es nur nicht so schwer wäre, wirklich Erfolg zu haben. Einem der Herren habe ich heute schon erklären lassen müssen, daß er das Treffen mit Hindenburg in einer Form geschildert hat, die ich nicht freigebe. Die 3 anderen sind aber besser, der schlechte Journalist ist wieder der Konservative. Die verfügen nun mal über wenig gewandte Federn.

Was ich Dir neulich über das griechische IV. Korps andeutete, ist ja nun inzwischen Tatsache geworden. Der Aufbau der amtlichen Bekanntgabe stammte von mir. Gefiel er Dir? Im Osten ist es in den letzten Tagen ruhiger, es steht auch überall jedenfalls nicht schlecht. Im Westen sind die Kämpfe weiter außerordentlich schwer. Der letzte Geländegewinn des Feindes nördlich der Somme ist auch taktisch aus Gelände-Rücksichten sehr unangenehm. Man wird hoffentlich mit Erfolg Gegenmaßregeln ergreifen.

Ich muß jetzt hauptsächlich hier sein, die neue Herrschaft verlangt doch oft überraschende Auskunft, die nur ich geben kann, auch ist noch halbständiges Arbeiten für mich jetzt nötig, da auf die neuen Herren so viel Neues einstürmt, daß man ihnen alles für sie Nebensächliche fernhalten muß. Auch steht doch so allerlei auf den Kriegsschauplätzen bevor, daß man besser zur Stelle ist. [...]

Samstag, 16. September 1916

Das Telegramm des Kaisers, mit welchem er, wie auch bei anderen militärischen Siegen, die Kaiserin über die Erfolge Mackensens in der Dobrudscha unterrichtet hat, wird durch die Presse bekannt gegeben.

Es ist dies wieder mal ein schwacher Versuch, den Kaiser in den Vordergrund zu schieben. Ich habe dagegen nichts einzuwenden und tue es gern, aber ich verspreche mir nicht allzu viel von solchen Mitteln, die an geschichtliche Erinnerungen vergangener anders gearteter Zeiten anknüpfen.[48]

Mittwoch, 20. September 1916

Der Feind hat den Abwurf von Flugblättern an der Westfront verstärkt. Soweit Abwehr in Frage kommt, verfüge ich:

---

[48] Nicolai spielt hier wahrscheinlich auf das Telegramm an, das Wilhelm I. nach der siegreichen Schlacht von Sedan am 2.9.1870 seiner Gemahlin gesendet hatte.

1.) Feindliche Flieger, die nach dem Abwurf von Flugblättern in unsere Hände fallen, sind, wenn ein strafrechtliches Verfahren in Betracht kommt, diesem zuzuführen.
2.) Abwurf eigener Flugblätter ist nicht Sache des Abwehrdienstes, es bedarf in jedem Falle hierfür der Zustimmung der OHL.
3.) Die Organe von IIIb haben positiv entgegenzuwirken durch
   a) Armeezeitungen
   b) Vortrag und Anregung zu Gegenmaßnahmen bei den Kommandobehörden. Dabei empfiehlt es sich, Gegenmaßnahmen auf die Truppen zu beschränken, welche vom Abwurf feindlicher Flugblätter betroffen werden. [...]

Freitag, 22. September 1916

6³⁰ Uhr an Berlin. Besprechungen mit den Behörden zwecks Verstärkung der Zentralpolizeistelle Mitte in Berlin und Einrichtung einer Zentralpolizeistelle West in Kassel. Beides ist notwendig geworden durch die sichtbar werdenden Erfolge der sozialistischen Wühlereien in der Reichshauptstadt und im Industriegebiet.

Samstag, 23. September 1916

Besprechung mit dem zum Chef des stellvertretenden Generalstabes ernannten bisherigen Generalquartiermeister, Frhr. v. Freytag-Loringhoven. Dieser will in der »Deutschen Gesellschaft«[49] reden. Eine Rücksprache mit ihm scheint mir notwendig. Er hat mich immer mit besonderem Vertrauen ausgezeichnet. Er ist aber, wenn man es so nennen darf, ausgesprochen »Partei Falkenhayn« und als Kriegsgeschichtler wohl allzusehr in der Vergangenheit lebend, kein Freund Ludendorffs. Es klingt mir bös in den Ohren, daß er einmal in einer Unterhaltung über Spannungen zwischen Falkenhayn und Ludendorff von letzterem als »dieser Feldwebel im Osten« sprach.
(Ich habe Freytag möglichst bei jedem meiner Aufenthalte in Berlin aufgesucht, weil der stellvertretende Generalstab in der Heimat ein Machtfaktor, besonders für meine Dienstzweige, sein konnte, aber von Anfang an nicht war und auch unter Moltke nicht wurde, weil Falkenhayn ihn negligierte. Wie der Posten des Generalquartiermeisters unter Freytag-Loringhoven zerfiel, so hatte dieser bei aller außergewöhnlichen geistreichen Begabung ebenso wenig die Kraft, den Posten des Chefs des stellvertretenden Generalstabes erfolgreich auszugestalten, wie er auch trotz aller strategischen Gelehrsamkeit bei einer kurzen Verwendung als Divisionskommandeur in der Front versagt hatte.[50] Ludendorff fragte mich dann öfter teilnehmend, wie ich den General getroffen hätte. Wenn ich ihm dann nicht verschweigen durfte, daß er ihm grolle, weil er auf einen nichtssagenden Posten abgeschoben sei, erwiderte Ludendorff, es sei doch seine Sache, etwas aus dem Posten

---

[49] Die Deutsche Gesellschaft 1914 war ein politischer Club, der am 28.11.1915 gegründet worden ist, um die gemäßigten Vertreter unterschiedlicher politischer Richtungen zur Diskussion zusammenzubringen, mit der Absicht, den Burgfrieden zu bewahren.
[50] Generalleutnant Freytag-Loringhoven hatte von April bis Dezember 1916 die 17. Reserve-Division an der Westfront kommandiert.

zu machen. Er verstände nicht, daß er ihm grolle, denn er habe ihm nie persönlich Unrecht getan, könnte ihm aber aus sachlichen Gründen nicht helfen.

Im Übrigen waren die Unterhaltungen mit Freytag für mich immer außerordentlich interessant und lehrreich, aber mehr im negativen Sinne. Er sah, wie überhaupt die führenden Persönlichkeiten in der Heimat, alle Gefahren und Schwierigkeiten vielleicht mehr als die Führer der OHL, gab aber wie bei den Anderen auch bei ihm auf die Frage, was denn dann geschehen müsse, keine Antwort.) [...]

Auszug 123 aus Feldpostbriefen

Pleß, Dienstag, 26. September 1916
abends 9 Uhr

(...) Mein Sonntag verging nach guter Fahrt mit Arbeit. Einladung, Tisch-Ordnung und Speisenfolge vom Kaiser-Essen lege ich Dir bei. Nachdem wir alle versammelt waren, kam der Kaiser, vom Feldmarschall am Hauseingang empfangen. Er sah gut aus und war heiterer Stimmung. Begrüßte auch mich gleich sehr freundlich. Nach Tisch fand beim Kaffee Cercle im Stehen statt, der Kaiser rief mich zweimal zu sich, sodaß ich, als wir zum Glas Bier um den runden Tisch Platz nahmen, auch dabei war. Hindenburg in seinem großen Sessel ein Bild der Behaglichkeit, erzählte mit dem Kaiser abwechselnd Geschichten militärischer und persönlicher Erlebnisse. Das Ganze war außerordentlich ungezwungen, obgleich außer den Beiden kaum einer sprach. Der Kaiser, der beim Erzählen lebhaft im Kreise herumsieht, wandte sich auch mehrfach an mich. Redern mußte mich dienstlich am Telephon sprechen, als ich dem Ruf der Ordonnanz folgen wollte, sagte der Kaiser, »Nun hören Sie gefälligst erst mal meine Geschichte zu Ende!« Da hatte ich wohl einen Verstoß gegen die Hof-Etikette begangen. Als er fertigerzählt hatte, sagte er: »So nun können Sie zu Ihrem Gespräch gehen.« Das alles aber freundlich und polternd. Erst gegen 12 Uhr stand der Kaiser auf.

Die Somme-Kämpfe sind schauerlich, aber wir können hoffen, daß Schlimmeres nicht passieren wird. Auch die Russen ballen sich zu einem neuen Vorstoß nach dem Muster der Somme-Schlacht an einer Stelle zusammen. Gegen die Rumänen marschiert Falkenhayn, hoffentlich mit baldigem guten Erfolg. [...]

Erläuterungen zu Auszug 123 aus Feldpostbriefen an meine Frau

Die Ansage des Kaisers beim Feldmarschall ist auch eine begrüßenswerte Neuerung. Sie wäre auch bei Falkenhayn trotz der bescheideneren Verhältnisse seines Wohnens und Lebens möglich gewesen. Als wir nach Pleß übersiedelten, war Falkenhayn nahegelegt worden, im Schloß beim Kaiser zu wohnen, also zu seiner ständigen, auch außerdienstlichen Umgebung zu gehören. Falkenhayn hatte, in seiner spöttischen Art über diese, abgelehnt und mit dem Quartier in dem kleinen Försterhause neben dem Schloß vorlieb genommen. Von der Umgebung des Kaisers war ihm dies verdacht worden, es äußerte sich in allerhand kleinen Schikanen, z.B. darin, daß ihm eine Anzahl Gedecke aus der kaiserlichen Hofhaltung, welche ihm für seine persönlichen Repräsentationen zustanden, vorenthalten wurden. Er quittierte dies mit doppelter Zurückhaltung. An sich Kleinigkeiten, wirkte Derartiges doch ungünstig. Denn es wäre vielleicht der Weg gewesen, den Kaiser aus seiner höfischen Umgebung allmählich in eine militärische hinüber zu führen und ihm deren Arbeit und Aufgaben persönlich und sachlich näher zu bringen, anstatt daß er auch als Mensch ständig unter der Hofetikette lebte. Ludendorff nahm bei den sich nun häufiger wiederholenden Besuchen des Kaisers in unserem Kreise zwar niemals das Wort. Er war bei den Mahlzeiten auch sonst stets schweigsam. Diese galten eben für uns als Erholung und umgekehrt vermied der Kaiser, wenn wir seine Gäste waren, Gespräche über die Kriegslage, weil er ängstlich darauf bedacht war, Dinge, welche diese betrafen, vor unberufenen Ohren, für welche er auch die Mehrzahl seiner Umgebung hielt, geheim zu halten.

Hindenburg und Ludendorff hielten in Pleß die Gewohnheit Falkenhayns bei, für gewöhnlich nur mit den Herren der Operationsabteilung die Mahlzeiten einzunehmen. Wir Abteilungschefs aßen für uns, die übrigen Herren des Generalstabes in ihrem Kasino. Das änderte sich erst in Kreuznach, wo auch die anderen Abteilungschefs an den Tisch des Generalfeldmarschalls herangezogen wurden. Wenn wir ohne Gäste unter uns waren, saßen drei von uns fünf Abteilungschefs dem Feldherrenpaar gegenüber, einer neben dem Feldmarschall und ich als der jüngste oft neben Ludendorff. Er war auch dann stumm in seinen Gedanken versunken, die Unterhaltung führte der Feldmarschall. Nur wenn auf seiner Seite einmal gelacht oder die Unterhaltung besonders lebhaft wurde, faßte mich Ludendorff auf den Arm und fragte, was da besprochen wäre.

Nach Aufhebung der Tafel, wenn persönliche Unterhaltungen möglich waren, sprach auch Ludendorff oder der Feldmarschall mit dem Kaiser über schwebende Fragen und rief der Kaiser auch andere Herren, so auch mich, zur Unterhaltung über Angelegenheiten unseres Dienstes zu sich heran.

Wie bei diesem ersten Essen des Kaisers in unserem Kreise war auch bei späteren, auch wenn wir beim Kaiser eingeladen waren, mein Platz meist neben einem dem Kaiser nahestehenden Herrn seiner Umgebung, wohl in der Erwartung, daß ich allerhand Interessantes zur Unterhaltung für diese beitragen könnte. Ich habe das zwar nicht in dieser, aber in der Richtung ausgenutzt, daß ich dem Betreffenden gesagt habe, was ich auf dem Herzen hatte.

(Bedauerlich war, daß der Admiralstab nicht in die persönliche Nähe zum Kaiser gerückt war, wie der Generalstab. Sowohl der Chef des Admiralstabes, wie der Staatssekretär des Reichsmarineamtes waren fast ständig in Berlin und hatten im GrHQu nur einen Vertreter. Das führte auch zu einer schädlichen Distanz zwischen Heeres- und Marineleitung und erhöhte den ständigen Einfluß des Chefs des Marinekabinetts, Admiral v. Müller, während der Chef des Militärkabinetts, General, Frhr. v. Lyncker, obgleich er an dem täglichen Kaiservortrag teilnahm, mehr in den Hintergrund trat und sich seiner Art nach auch damit begnügte, zumal seit er durch den Soldatentod zweier Söhne innerlich litt.

Auf die sachlichen Nachteile der getrennten Lager von Heeres- und Marineleitung kann ich aus Eigenem nur hinweisen.

Wie sich die Dinge nach unten auf Kleinigkeiten auswirkten, welche an mich herantraten, füge ich 2 Briefe des Chefs des Nachrichtendienstes des Admiralstabs, Kapitän Isendahl bei. Aus diesen ist auch ersichtlich, daß die Beziehungen zwischen beiden Nachrichtendiensten lose waren, obgleich ich mich bemühte, sie durch Aufforderung zur Teilnahme an gemeinsam wichtigen Besprechungen enger zu gestalten. Die Marine ging in Nachrichtendienst und Abwehr ihre eigenen

Wege. Der Materie nach war dies berechtigt. Der Einheitlichkeit, der gegenseitigen Unterstützung und einer Angleichung der Methoden wegen wäre es aber anders besser gewesen. Ich glaube, daß sowohl im Nachrichtendienst wie in der Abwehr der Admiralstab mit seinem nur überseegerichteten Blick sich der Heimat entfremdete, was besonders in der Nichtachtung oder Nichtkenntnis der inneren Entwicklung zutagetrat und die Ausbreitung der revolutionären Stimmung in der Marine begünstigte.)

Berlin, den 24. September 1916

Lieber Nicolai!
Vielen Dank für Ihren freundlichen Brief vom 7. d.Mts. Leider konnte ich ihn infolge vielen Dienstes und häufiger Abwesenheit nicht früher beantworten.

Die ganze Frage der bundesstaatlichen Auszeichnungen hat leider einen von mir nicht ganz beabsichtigten Dreh bekommen, insofern, als ich eigentlich nur beabsichtigte, die Bundesstaaten überhaupt darauf hinzuweisen, daß es auch einen Admiralstab gibt, der bei der Kriegsleitung beteiligt ist. Ich kann es von Ihrem Standpunkte aus völlig verstehen, daß Sie sich nicht für berechtigt halten, außer Angehörigen der Nachrichten- und Abwehrabteilung noch andere Herren des Admiralstabes vorzuschlagen. Aber ich denke, wenn Sie das eine tun, so tun Sie damit auch das andere, die Militärbevollmächtigten werden hoffentlich aufmerksam und fragen vielleicht auch nach den Herren der Operations- und Auslandsabteilungen, denen ich eine bundesstaatliche Auszeichnung besonders wünschen möchte, weil sie es ja sind, die die Operationen auf dem Nordsee-, Ostsee- und Mittelmeerkriegsschauplatz bearbeiten. Und umso mehr möchte ich ihnen etwas wünschen, als diese Aufgabe wohl zu den denkbar undankbarsten gehört, so lange uns die Hände so gebunden sind wie leider augenblicklich immer noch. Hoffentlich wird es bald anders und Gott mag geben, daß es dann noch nicht zu spät ist.

In gewissem Grade wäre es mir nun peinlich, wenn lediglich Herren der N- und G-Abteilung[a] Auszeichnungen zu Teil würden, und deshalb würde ich es sehr begrüßen, wenn wenigstens mein Chef, *Adm. v. Holtzendorff*, und der stellvertretende Chef, Vizeadm. *Reinhard Koch*, auch etwas bekämen.

Anliegend schicke ich Ihnen also ein Verzeichnis der Herren der N- und G-Abteilung, die für eine Auszeichnung in Frage kommen und füge zu Ihrer Orientierung noch die Namen der vielleicht später zu erwägenden Herren der Operationsabteilungen hinzu. Wo nicht besonderes vermerkt ist, sind es Preußen.

Nun bekommen Sie aber keinen Schreck. Ich führe die Namen so auf, daß von unten abgestrichen werden kann, ohne daß es Schwierigkeiten gibt.

Ich bemerke noch, daß Adm. v. Holtzendorff erst vor wenigen Tagen eine hohe bayerische Auszeichnung bekommen hat.

So, nun wünsche ich Ihnen viel Glück, hierbei und bei allen anderen Unternehmungen. Gern hätte ich Sie einmal gesprochen, es wäre nötig. Es gibt so viele Sachen, wo wir gemeinsam arbeiten können. Leider war es mir unmöglich,

---

[a] »N« ist die Nachrichtenabteilung, »G« die Abteilung Spionageabwehr des Admiralstabes.

zu der letzten Besprechung zu kommen, denn jetzt ist Hochdruck, wie auch wohl bei Ihnen.

Nun leben Sie wohl, alles Gute und herzlichen Dank im Voraus für Ihre freundlichen Bemühungen.

Mit freundlichen Grüßen

Ihr Isendahl

Berlin, den 20. Oktober 1916

Lieber Nicolai!

Vor wenigen Tagen habe ich gehört, daß der König von Bayern an die Marine Orden verleihen will. Können Sie mir vielleicht sagen, ob dieser lobenswerte Entschluß auf Ihre Anregung zurückzuführen ist? Nach Ihrem letzten Briefe ist das kaum anzunehmen, denn Sie schrieben damals, Sie könnten das nur für die Nachrichten- und Abwehrabteilung anregen.

Wenn es nun so kommt, daß das Kabinett die Verteilung der in Aussicht gestellten Zahl von Orden vornimmt, so bekommen wir (N- und G-Abteilung) ganz sicher nichts. Es ist ja ganz gerechtfertigt, daß die Operationsabteilungen bedacht werden, aber mit bayerischen Behörden etc. haben nur wir direkt zu tun gehabt und zusammengearbeitet, und es wäre schade, wenn wir nun leer ausgingen. Nächst Kpt. Ebert bin ich nämlich der jüngste Abteilungschef, und das Alter macht zunächst die Reihenfolge. Was läßt sich wohl dabei tun? Wenn es wirklich so kommt, daß andere die Orden kriegen, weil wir uns die Beine ausgerissen haben?

In den nächsten Tagen erwarte ich Ihren Besuch, den Sie mir in Aussicht stellten, mit großem Vergnügen. Also auf Wiedersehen und beste Grüße

Ihr Isendahl

Mittwoch, 27. September 1916

Aus beigefügtem Brief Deutelmosers ersehe ich, daß der Kanzler nicht stark genug zu sein scheint, den Ersatz Hammanns durch Deutelmoser gegen das Auswärtige Amt durchzusetzen, vielleicht weil ihm nicht gleichzeitig meine Entlassung geglückt ist. An sich ist man im Auswärtigen Amt mit dem Rücktritt von Hammann einverstanden, scheint aber mehr seinen Ersatz durch Radowitz zu wünschen, den Sohn des früheren Botschafters in Madrid, einen auch bei der OHL sehr geschätzten, klugen, jüngeren Diplomaten, der m.E. aber viel zu zurückhaltend ist, um sich gegen die Presse durchzusetzen.

Jedenfalls verzögert sich auf diese Weise zum Schaden der Sache die Unklarheit auch in der Führung des Kriegspresseamtes.

B[erlin], 25.9.16

Lieber Nicolai!
Vorhin war ich für etwa eine halbe Stunde bei Haeften. Er berichtete mir vertraulich, daß der Staatssekretär v.J. sich bei ihm im Auftrage des Kanzlers eingehend nach mir erkundigt habe. Dabei habe sich herausgestellt, daß eine »mir nicht wohlwollende« Stelle gegen den neuerwogenen Plan den Einwand erhoben hatte, ich könnte womöglich zur Partei Falkenhayn gehören.
Soweit aus diesem schwarzen Verdacht die Annahme spricht, daß ich unserem früheren Chef nicht nur mit platten Gebärden, sondern auch innerlich treu gedient hätte, sehe ich nichts in ihm als eine Ehre, die ich obendrein sogar verdient zu haben glaube. Auf der anderen Seite ist es aber doch auch – ich will einen zarten Ausdruck gebrauchen – eine Unterschätzung meines Charakters, wenn der mir unbekannte wohlmeinende Warner denkt, ich würde einen Posten annehmen oder auf einem Posten bleiben, den lückenlos auszufüllen mich irgendwelche Art von persönlicher Hörigkeit hindern könnte.
Daß es wirklich Könige gibt, die in vollem Ernst so denken, scheint man im AA offenbar nicht fassen zu können. Und deshalb hat es mich zwar nicht überrascht, aber doch amüsiert, daß die erste kleine Intrige schon fertig ist, bevor der ganze Plan überhaupt Gestalt genommen hat.
Ich habe Haeften zur Sache nur auf meine letzte persönliche Unterredung mit Falkenhayn hingewiesen, bei der ich ihm sagte: »Ich hoffe, daß ein so schweres Opfer nicht vergebens geleistet und daß wir nun die Einheit der Front nach Innen und Außen endlich erhalten«, und bei der F. dann erwiderte: »Gewiß. Allein dieser eine Gedanke darf uns leiten. Es gilt ja unser Vaterland.«
Es kann vielleicht aber doch nichts schaden, wenn man den politischen Leuten freundlich aber bestimmt zu erkennen gibt, daß jemand, der ihnen von der Obersten Heeresleitung auf ihre eigene Anfrage zur Verfügung gestellt wird, über das Stadium hinaus ist, wo man sozusagen polizeiliche Erkundigungen nach ihm einzieht. Es wäre auch ferner vielleicht nicht überflüssig, rücksichtsvoll anzudeuten, daß die Luisenstraße zwar laut ist durch ihre Geschäftigkeit und daß in der staubigen Bude 31a{}^{a} die Arbeitslampen sehr viel länger zu brennen pflegen als in der wundervoll ruhigen Wilhelmstraße, daß ich trotzdem aber hier zufrieden und dankbar bin und nicht im geringsten »drängeln« möchte!
Haeften greift mich hoffentlich nicht aus alter Freundschaft an! Die Sache – und allein auf die kommt es an – kann nur gut gehen, wenn man mir ohne Rückhalt vertraut. Und an dem jetzigen Amt, das ein Teil meiner selbst ist, hänge ich viel zu sehr mit ganzer Neigung und Arbeitskraft, als daß ich mich gerade von ihm aus einer neuen Aufgabe zuwenden möchte, wenn ich nicht fest und sicher an das Gelingen glaube.
Erwähnen Sie, falls Sie an Haeften schreiben sollten, bitte nichts von diesem Brief, wenn er sie nicht selber auf die darin erwähnte Unterredung mit J. hier ansprechen sollte.
Mit herzlichem Gruß In Treue
Ihr Deutelmoser

---

[a] Der Sitz des Kriegspresseamtes befand sich in der Luisenstraße 31a in Berlin-Moabit.

Freitag, 29. September 1916

Der Wechsel in der OHL hat auch zu einer verschärften Tätigkeit des feindlichen Nachrichtendienstes geführt, die sich gegen Pleß und Umgebung richtet und deshalb besondere Abwehrmaßnahmen verlangt, weil die OHL auf Heimatboden ist. Ich habe darüber Besprechungen in Pleß und Kattowitz. [...]

Auszug 124 aus Feldpostbriefen

Pleß, Sonnabend, 30. September 1916
abends 11 Uhr

(...) Jetzt komme ich vom Vortrag. Meine Herren sitzen drüben im Büro-Zimmer und spielen Karten. Ich freue mich immer über das nette kameradschaftliche Zusammenhalten, das auch allgemein angenehm auffällt.

Mir bringt jeder Tag auch Interessantes, aber nicht immer so ganz einfache und oft ärgerliche Erlebnisse. Gestern abend hatte die Nachricht, die ich als Zeitungsausschnitt[51] Dir einlegte, die ich auf Befehl von Ludendorff verfaßt, das Entsetzen des Auswärtigen Amtes erregt. Bis tief in die Nacht haben wir zu tun gehabt, um nur einigermaßen den Befürchtungen gerecht zu werden, daß nun Amerika uns über diese Auffassung böse sein möchte, die meiner Ansicht unserem guten Recht und dem Empfinden jedes rechten Deutschen entspricht. Nur nicht dem des Auswärtigen Amtes! Wo kommen wir mit dieser Politik der Angst hin! Es ist traurig! Ich füge Dir auch einen Zettel bei mit einer Nachricht, die nun wieder heute Abend ohne unsere Revision vom Auswärtigen Amt in alle Welt gefunkt wird. Wenn man sich schon fürchtet, soll man es doch die Welt wenigstens nicht so merken lassen! Und draußen erringen unsere braven Truppen Sieg um Sieg. Auch der Kampf an der Somme gegen die Massen der Engländer und Franzosen und im Feuer der Munition der ganzen Welt ist trotz natürlichen Geländeverlustes ein Sieg. Der Falkenhayn'sche Erfolg bei Hermannstadt ist sehr schön, hoffentlich entwickelt sich nun alles weiter gut dort! Gerards Reise nach Amerika[52] ist unbedenklich. Er hat wohl auch Entscheidendes mit Wilson zu besprechen, vielleicht ist ihm dazu auch was von uns gesagt.

Am Montag, 2., ist Hindenburgs Geburtstag, da sind wir Abteilungschefs zum Kaiser zum Frühstück geladen. [...]

Montag, 2. Oktober 1916

8^{30} Uhr vormittags nimmt Hindenburg die Glückwünsche von uns Abteilungschefs entgegen.

---

[51] Nicht in Überlieferung enthalten.
[52] Der amerikanische Botschafter James W. Gerard reiste im September 1916 in die USA. In Berlin hoffte man, er werde sich in Washington für eine amerikanische Friedensinitiative einsetzen.

Der Kaiser hat ihm als besondere Geste als Geburtstagsgeschenk 6 Ritterkreuze des Hausordens von Hohenzollern überwiesen und die Verleihung derselben ihm zediert. Hindenburg überreicht mir einen derselben.

Ich empfinde diese Auszeichnung besonders nach der kurzen Zeit, die ich ihm erst unmittelbar dienen darf. Ich kann darin nur eine Anerkennung dafür erblicken, daß ich ihm offen entgegentrat, wenn ich in dem Konflikt mit Falkenhayn pflichtmäßig bei Oberost auftrat und sehe darin auch seine vorher erfolgte Übereinstimmung mit Ludendorff.

Beim Kaiserfrühstück feiert der Kaiser mit warmen Worten den Feldmarschall. Abends 7^{35} Uhr fahre ich nach Berlin.

Dienstag, 3. Oktober 1916

Ich habe in Berlin eine Besprechung mit dem Staatssekretär des Auswärtigen Amts, v. Jagow. Ich bitte ihn die Entscheidung über Deutelmoser zu beschleunigen. Ich erwähne seine mir bekannt gewordenen Bedenken. Ich merke bei ihm nichts von persönlicher oder sachlicher Gegensätzlichkeit. Die Widerstände und der Ausgang der Treibereien müssen also auch hier bei nachgeordneten Stellen sitzen.

Mittwoch, 4. Oktober 1916

In Berlin Konferenz über die Zentralpolizeistelle West, welche in Kassel eingerichtet werden soll. [...]

Auszug 125 aus Feldpostbriefen

Pleß, Sonntag, 8. Oktober 1916
abends 10½ Uhr

(...) Jetzt komme ich vom Vortrag von S.E. Der Vortrag ist immer sehr befriedigend durch klare Entscheidungen und vertrauensvolle Richtlinien. Aber ich fürchte, daß die neuen Herren sich doch manches anders dachten, als sie es finden und das dornenvolle neue Amt von einer anderen Seite zu sehen beginnen. Die Schuld liegt aber nicht hier, besser entschlossen zu energischer und klarer Führung konnte niemand sein als unsere neuen Herren. Aber andere sind die alten geblieben! Diese Überzeugung drängte sich mir auf, als ich während des Vortrages bei einem Telephongespräch dabei war!

Der Kaiser ist von der Ostfront zurück. Wir haben diesmal von ihm etwas mehr berichtet und auch in der Presse Gefolgschaft dafür gefunden. Vielleicht stelle ich am Donnerstag oder Freitag vor meiner Abreise noch diejenigen neutralen Militär-Attachés, die sich noch nicht bei S.M. gemeldet haben, dem Kaiser vor. Etwa gleichzeitig mit mir wird er dann wohl an die Westfront fahren.

Du siehst aus meinem Reiseplan, daß ich zu Deinem Geburtstag bei Dir sein werde und ich hoffe, daß ich mich Nachmittags für Dich und die Kinder frei machen kann. Schenken kann ich Dir nichts in diesen Kriegszeiten. Dann gehören wir uns fast 20 Jahre, und ich habe Dich immer lieber gewonnen! Anders als damals in den glücklichen Jugendzeiten als Leutnant in Göttingen und besonders anders durch die ernste Zeit, die wir seit 2 Jahren durchleben. Je mehr es mir auch vergönnt ist, durch meine Tätigkeit mit großen Dingen und Ereignissen in unmittelbare Berührung zu kommen, umso mehr empfinde ich aber doch in Dir mein eigenstes Glück und mein Verlaß als Mensch.

Heute sprach der aus Berlin zurückkehrende Redern davon, daß das Große Hauptquartier vielleicht dorthin verlegt würde. (Geheim!) Ich glaube noch nicht daran, wünsche es auch nicht, da das Arbeiten in Berlin für mich sehr viel schwerer wäre als hier in den kleineren und rein militärischen Verhältnissen.

Die Kriegslage ist zuversichtlich, vielleicht stehen wir bald auf rumänischem Boden! [...]

Mittwoch, 1. November 1916

Deutelmosers Versetzung, d.h. militärische Verabschiedung und Übernahme als Beamter in das AA ist entschieden. [...]

Samstag, 4. November 1916

Ich erkundige mich abends durch Fernsprecher beim Chef der Oberzensurstelle nach den an die Presse ergangenen Weisungen für die Behandlung der Polen-Proklamation, die für morgen bevorsteht.[53] Er antwortet, nicht unterrichtet zu sein, die Frage betreffe wohl das AA oder die Reichskanzlei. Ich weise dies zurück und befehle ihm, sich sofort zu orientieren und mir zu melden. Er meldet mir, daß besondere Weisungen nicht ergangen seien. Ich befehle, sofort noch zu veranlassen, daß von den zuständigen politischen Stellen Weisungen ergehen. Er meldet mir spät abends, daß es ihm unmöglich sei, mit den zuständigen Stellen noch heute persönliche Verbindung zu erhalten. Ich diktiere darauf nachfolgende Richtlinien.

---

[53] Durch die Generalgouverneure des Deutschen Reiches und Österreich-Ungarns in Polen wurde mit der Proklamation des Königreichs Polen am 5.11. auf die Forderungen polnischer Nationaldemokraten nach Selbstständigkeit reagiert. Das am 15.11. durch den deutschen und österreichischen Kaiser erlassene »Polen-Manifest« reduzierte die anfängliche Aussicht auf die Selbstständigkeit eines polnischen Staates auf die Selbstverwaltung Polens. Aus polnischer Sicht war somit die wesentliche Zusicherung der Mittelmächte nicht eingehalten worden.

Für die Besprechung der durch das Manifest Deutschlands und Österreichs-Ungarn über die Begründung des polnischen Staatswesens getroffenen Entscheidung der polnischen Frage gelten für die Presse und Zensurbehörden folgende Richtlinien:

Nachdem die von den verantwortlichen Stellen wohlerwogene Entscheidung gefallen ist, ist es die Pflicht der gesamten deutschen Presse, an der Seite der Reichsregierung zu stehen, um

1) die Entscheidung gegen die von unseren Feinden zu erwartenden Angriffe zu verteidigen,
2) zu vermeiden, daß der mit unseren Verbündeten vorzunehmenden weiteren Durchführung der Entscheidung Schwierigkeiten entgegenstehen, und
3) zu vermeiden, daß das Vertrauen des werdenden polnischen Staates in die getroffene Entscheidung, welches die Grundlage seines Verhaltens zu den Mittemächten werden soll, von vornherein erschüttert wird. Hier bedarf besonders die Besprechung der preußischen Polenfrage in Beziehung auf die gefallene Entscheidung und die Erörterung wirtschaftlicher Fragen für die Zukunft reiflichster Erwägung. Die Rücksicht auf die Geschlossenheit unserer eigenen Volksstimmung verlangt außerdem, daß zur Zeit jede Kritik an der gefallenen Entscheidung unterbleibt, die die öffentliche Meinung in Deutschland zu erregen geeignet wäre.

Dementsprechend haben die Erörterungen sich zunächst im allgemeinen im Rahmen des Manifests zu halten. Darüber hinaus dürfen folgende Gebiete vorläufig *nicht* erörtert werden:

1) Mögliche Größe der polnischen Wehrmacht und ihre Verwendung zum Nutzen der Mittemächte. Ausführungen in dem Sinne, daß Zugeständnis polnischer Wehrmacht an sich nichts Neues, nachdem polnische Legionen schon ruhmreich an Seite der Mittemächte gegen Rußland gefochten, daß Bewilligung eigener Wehrmacht brennender polnischer Wunsch und Zeichen besonderen Vertrauens der Mittemächte sei, sind zulässig.
2) Die Grenzen des neuen Staates. Insbesondere darf nicht verlangt werden die Ausdehnung Polens auf Litauen, auf preußisches oder österreichisches Gebiet, auf in russischer Hand befindliches Land.
3) Ebensowenig wie geschichtliche Betrachtungen angestellt oder Forderungen für die Zukunft an unsere österreichisch-ungarischen Verbündeten gestellt werden dürfen, die die Weiterführung der Angelegenheit erschweren oder das bundesfreundliche Verhältnis zu trüben imstande sind, darf österreichischen Interessen an der Entwicklung Polens der Vorrang vor den deutschen gegeben werden.

Die Zensurbehörden werden ersucht, die Durchführung dieser im Interesse unserer Kriegführung notwendigen Richtlinien durch die gesamte Presse unbedingt sicherzustellen.

Sonntag, 5. November 1916

Ich halte Ludendorff frühmorgens Vortrag. Er ist empört über den Vorgang, billigt mein Eingreifen und den Inhalt meiner Direktiven. Ich weise ihn darauf hin, daß dadurch allerdings der vielleicht von den zivilen Behörden gewollte Eindruck entstehen könne, die OHL stehe hinter der Proklamation des Königreichs Polen als ausschlaggebender Faktor, wenn sie die Direktiven zu deren öffentlicher Behandlung gegeben habe und lege ihm ein Protestschreiben an den Reichskanzler vor. Es ist dies die erste Gelegenheit, Ludendorff von der Unmöglichkeit des herrschenden Systems gegenüber der Verantwortlichkeit der OHL, sowohl in deren Grenzen wie für den Gesamtkriegsausgang, zu überzeugen. Ich darf mir schon erlauben, auszuführen, daß das Verhältnis Falkenhayns zu den politischen Faktoren diesen und nicht einen persönlichen Hintergrund gehabt habe.

Ich kann auch andeuten, daß nach meinen Erfahrungen und meiner Ansicht die Zustände durch einen Personalwechsel, wie es der in der OHL war und in der Person des Reichskanzlers oder des Außenministers möglich wäre, keine Änderung herbeigeführt werden kann, daß vielmehr ein völliger Systemwechsel notwendig sei, d.h. eine Art Diktatur gegen die schädlichen Schwächen und die böswilligen politischen Widerstände. Ich darf vorsichtig andeuten, daß ich glaube, Falkenhayn hätte in Erkenntnis dessen eine allmähliche Konzentration der Gewalt angestrebt, im Gegensatz zu seiner, Ludendorffs Auffassung, eine rein militärische OHL zu bilden. Ludendorff meint, wir wollten es einstweilen bei dem Schreiben an den Kanzler bewenden lassen.

Nachmittags habe ich den Vorsitzenden des Presseausschusses, Georg Bernhard, zu mir zur Besprechung gebeten. Ich bitte Ludendorff, ihn gleichfalls zu empfangen und einige Worte zu sagen. Ich bitte ihn auch dem Generalfeldmarschall vorstellen zu dürfen, damit einerseits dessen Persönlichkeit auf Bernhard und sein Amt wirkt und andererseits auch der Feldmarschall einmal sieht, wie die Dinge liegen und mit welchen Verhältnissen ich mich oder die OHL sich politisch in der Heimat herumschlagen muß. Ludendorff ist auch hiermit einverstanden.

Abends begebe ich mich wieder bis zum 12.11. früh auf Reisen. [...]

(Nach Rückkehr von dieser Reise sagt mir Ludendorff, so etwas wie mit Bernhard dürfen wir beim Feldmarschall nicht wieder machen, diesem sei heute noch übel von dessen Besuch. So traurig an sich meine Antwort, daß ich leider trotz der gleichen Empfindungen mich dem nicht entziehen könne und auch ihn nicht ganz davor schützen könne, war, wirkte sie in der ganzen Situation des Augenblicks erlösend heiter auf uns beide.) [...]

Erläuterung

Die Besprechung am Mittwoch, den 8.11.1916 mit den für Innen- und Außenpropaganda in Betracht kommenden Behörden im Kriegspresseamt ist von mir »auf Wunsch der OHL« einberufen worden.

Ich führe einleitend aus, daß die OHL den allergrößten Wert legt auf die Aufrechterhaltung einer zuversichtlichen Volksstimmung und daß sie verlangt, daß endlich in dieser Hinsicht etwas durch die dafür verantwortlichen Reichs- und Staatsbehörden geschieht. Die OHL wolle, daß oberster Grundsatz der Aufklärungstätigkeit wie bisher die Wahrheit bleibe. Die Wahrheit sei das beste Mittel, das Vertrauen des Volkes zur Führung zu stärken. Übertriebene »Objektivität« müsse aber bei der Aufklärung vermieden werden.

Ich lasse durch einen Vertreter des Kriegspresseamts einen Überblick geben über die Aufklärungstätigkeit desselben in der Heimat und stelle als Ziel dieser militärischen Aufklärung hin:

a) Die Erhaltung und Stärkung des Vertrauens zur OHL, zum Kaiser als oberstem Kriegsherrn und zur Reichsleitung,
b) Kräftigung des Siegeswillens und Opferbereitschaft,
c) Aufklärung über die Rückwirkung der Stimmung in der Heimat auf die Front,
d) Aufklärung über die Notwendigkeit der Mitarbeit jedes Einzelnen in der Heimat für den militärischen Kampf.

Ich kündige an, daß beabsichtigt ist, das Material hierfür regelmäßig in einer Zusammenstellung »Deutsche Kriegsnachrichten« herauszubringen.

Sämtliche Behördenvertreter stimmen zu. Ministerium des Innern und AA befürworten die breiteste Verbreitung der »DK« auch außerhalb der Behörden, Kultus- und Postministerium erbitten hohe Auflagen der »DK« für ihre Beamten.

Ich teile mit, daß es bei der Veröffentlichung der feindlichen Heeresberichte bleiben muß, kläre auf über die Umstände und die Gesichtspunkte, wie ihrer Wirkung entgegengearbeitet werden kann.

Den vom Staatssekretär Heinrichs gemachten Vorschlag, die »DK« auf breiteste Grundlage zu stellen und auch öffentlich zu verbreiten, lehne ich mit der Begründung ab, die »DK« sei kein politisches Unternehmen, sie solle nur den unmittelbaren Interessen der OHL dienen und müsse sich frei halten von aller reinen Politik.

Ich gebe eine Übersicht über das jetzt bei den einzelnen Behörden für eine Innenpropaganda Veranlaßte. Es sind dies meist nur vom Kriegsamt, dem Kriegsernährungsamt und dem Reichsamt des Innern verbreitete gedruckte Mitteilungen aus ihrem Arbeitsbereich. Das Kriegsministerium unterstützt Schriften der Soldatenverbände und gibt in Verbindung mit dem Kultusministerium »Schützengrabenbücher« heraus. Der Minister der öffentlichen Arbeiten[54] wirkt durch die Wochenschrift »Die Eisenbahn« und die Zeitschrift »Hilf Dir selbst«.

Ich füge hinzu, an äußeren Unternehmungen sei also genug vorhanden. Eine Vermehrung sei nicht ratsam, ein Übermaß müsse vermieden werden, das Bestehende sei zu verbessern und auszubauen. Ich erbitte Vorschläge für den persönlichen Einsatz aller Behörden vom Minister ab bis zum einzelnen Beamten. Da angeblich im Augenblick hierüber eine Aussprache nicht möglich ist, schlage ich vor, daß die Vertreter aller Behörden regelmäßig, mindestens monatlich einmal im Kriegspresseamt zusammen kämen, um die gesamte Aufklärungstätigkeit in Fluß zu halten und in die richtigen Bahnen zu leiten. Ich betone, daß die OHL aber nicht die verantwortliche einberufende Stelle werden darf.

Mein Vorschlag wird einstimmig angenommen. [...]

---

[54] Paul Justin von Breitenbach war von 1906 bis Nov. 1918 preußischer Minister für öffentliche Arbeiten und Präsident des Reichseisenbahnamtes.

Auszug 129 aus Feldpostbriefen

*Pleß, Mittwoch, 15. November 1916
vorm. 11 Uhr*

(...) Während ich auf einen Amerikaner warte, der mich interviewen soll, will ich versuchen, mit einem Brief anzufangen. Ich hatte vor ca. 2 Jahren verschiedenen Neutralen einmal erzählt, wie ich als Nachrichtenchef die Zuspitzung der Lage Ende Juli 14 beobachtet habe und wie der Krieg *nur* durch Rußlands Mobilmachung *erzwungen* wurde. Meine Erzählung hat den Leuten Eindruck gemacht und nachdem jetzt durch die Kanzlerrede die Frage nach der Schuld am Kriege aufgerollt ist, hat mich einer der Amerikaner gebeten, ihm doch meine Erzählung freizugeben, da sie in unserem Sinne Eindruck machen würde. Ludendorff und Auswärtiges Amt sind einverstanden und so soll die Sache jetzt noch mal festgelegt werden.

So, nun ist es 24 Stunden später, die in Arbeit und Unruhe vergangen sind. Solch' Journalist ist doch was Furchtbares, neugierig, sensationslüstern und nicht immer taktvoll. Ich verstehe die Abneigung hoher Herren gegen das Interview, wenn es persönlich ist. Schriftlich mag's gehen, als politisches Mittel ist es ja unentbehrlich.

Nun noch zu meiner Reise nach Wien. Dienstlich Verständnis und Entgegenkommen. Aber Bedenken, ob sie sich bei den dort schwierigen Verhältnissen durchsetzen werden. Die Besprechungen waren interessant. Verhältnisse verlangen starke Führung fast noch mehr als bei uns. Gegensatz Österreich und Ungarn und Nationalitätenhader in Österreich selbst sehr stark und lähmend. Am ersten Abend gab man mir ein Dinner, zu dem auch die Presse-Chefs der Ministerien anwesend, die mir gerade keinen erfrischenden und vertrauenden Eindruck machten. Zurückhaltend und kalt. [...]

Auszug 130 aus Feldpostbriefen

*Pleß, Freitag, 17. November 1916
nachm. 4 Uhr*

(...) M. bestelle bitte, daß er denjenigen, die solche infamen Klatschereien verbreiten, das Ehrlose und Gefährliche ihres Tuns vor Augen halten möchte. Er soll die allerhöchste Kabinettsordre nachlesen, mit der Falkenhayn von seinem Posten enthoben wurde und ich persönlich lasse ihm sagen, daß ich am Abend vor seinem Fortgang noch um 11 Uhr bei Falkenhayn zum Vortrag war, ihn bei der Arbeit findend, wie immer von morgens um 8 Uhr bis nachts 12 Uhr. Es scheint wirklich fast, als ob die deutschen Männer alle draußen und nur alte Waschweiber zu Haus geblieben wären! Falkenhayn steht viel zu hoch, als daß so Gemeines an ihn heranreichte. Das kannst Du ihm vorlesen!

Eben erhalte ich Meldung, daß ein Flieger über München war, 8 Bomben, von denen 2 Blindgänger, geringer Sachschaden. Vielleicht wagt nun auch mal einer die Reise nach Berlin.

Braucht Euch aber darum nicht ängstigen.

Erläuterung

Die »Klatschereien« waren wieder Gerüchte über Falkenhayns Abgang, die ihn in der niederträchtigsten Weise herabsetzen. Es gelingt mir leider nicht, den Ausgangspunkt so einwandfrei festzustellen, daß ich rücksichtslos gegen diesen einschreiten könnte, sei er auch – wie es immer wieder den Anschein hat – bei Offiziellen und Offiziösen in der Wilhelmstraße.

»M«, welcher das Gerede an meine Frau heranbrachte, war ein hoher verabschiedeter Offizier.

Sonntag, 19. November 1916

Besprechungen mit Groener. Er hat diese erbeten zwecks Vereinheitlichung des Nachrichten-, Presse- und Propagandawesens, soweit dies für die Zwecke des letzteren in Frage kommt. Ich erkläre meine volle Übereinstimmung und auch die Ermächtigung Ludendorffs, entsprechend zu handeln. Soweit der Propagandadienst im Ausland in Frage komme, müsse m.E. die Vereinheitlichung durch die Nachrichtenabteilung des AA erfolgen (Deutelmoser). Schwieriger sei die Frage in Bezug auf die Tätigkeit in Deutschland. Das Kriegspresseamt, welches zwar in dieser Richtung anregend und fördernd wirke, könne wohl durch seine eigene Tätigkeit mit der Presse und zur militärischen Aufklärung in Deutschland den anderen Ressorts einen gewissen Teil dieser Aufgaben abnehmen und ihnen als Organisation helfen, aber nicht den eigensten Bedürfnissen der anderen Ressorts in vollem Umfange entsprechen. Infolgedessen werden auch andere Ressorts über Nachrichten-, Presse- und Aufklärungsstellen, wie sie die OHL im Kriegspresseamt besitzt, nicht verzichten können. Eine Übersicht über diese Betätigung außerhalb des Kriegspresseamts sei aber notwendig, um die Gefahr einer Zersplitterung und eines Gegeneinanderarbeitens zu vermeiden. Ludendorff sei der Ansicht, daß dieser Aufgabe am zweckmäßigsten Groener sich unterziehen würde.

Groener antwortet, daß sich seine Auffassung mit der Meinigen deckt und will Wege zur Ausführung suchen.

Nachmittags fahre ich nach Stettin und von da am *20.11.1916* nach Frankfurt a.M., um mit den dortigen Militärbefehlshabern, den Stellvertretenden Kommandierenden Generälen zu sprechen.

Pommern und Frankfurt verkörpern die beiden Pole der Schwierigkeiten einheitlicher Presseleitung. Pommern ist streng konservativ, Frankfurt a.M. jüdisch-demokratisch und kosmopolitisch durchsetzt. In Stettin ist v. Vietinghoff kommandierender General, in Frankfurt »der dicke Hollen«.[55] Beide sind für diesen

---

[55] Damit ist General der Kavallerie Gustav von Hollen gemeint. Dieser war vor Kriegsbeginn Kommandeur der 21. Infanterie-Division in Frankfurt a.M. und hatte nach Kriegsbeginn u.a. das Höhere Kavallerie-Kommando Nr. 4 an der Westfront geführt. Sein krankheitsbedingtes Entlassungsgesuch vom 15.7.1916 mag für eine interimsmäßige Verwendung an der alten Wirkungsstätte Frankfurt a.M. gesorgt haben. Der Aufenthalt des

Posten ebenso wie die Chefs ihres Generalstabes ausgesucht, d.h., sie passen in das Milieu, was das Extreme verstärkt und auch Schwierigkeiten im militärischen Apparat verursacht. Es ist schwer, Verständnis zu finden. Wenn *ich* die Frage lösen könnte, würde ich Vietinghoff nach Frankfurt versetzen, damit die »Frankfurter Zeitung« ihren Herren fände und den dicken Hollen nach Stettin, damit in Pommern sich sein Rückrat steift, besonders auch das seines mit den Frankfurter Kreisen gleichfalls liebäugelnden Chefs, de Graaff.[56]

Donnerstag, 23. November 1916

Die Kaiserin ist aus Anlaß des Bußtages in Pleß, um wie gewohnt, mit dem Kaiser zusammen das Abendmahl zu nehmen. Spät nachmittags beim Vortrag sagt mir Ludendorff, morgen sei ein Gedenktag der kurbrandenburgischen Flagge.[57] Der Kaiser möchte, daß die Presse davon Notiz nehme. Ich soll das veranlassen. Ich bitte – besonders aus Rücksicht auf die kurze Zeitspanne – um nähere Angaben. Ludendorff sagt, die besitze er nicht, da müsse ich mich an Admiral v. Müller wenden, welcher den Kaiser auf die Sache aufmerksam gemacht habe. Ich gehe zu Müller ins Schloß. Er ist gerade vom Spaziergang gekommen, trägt noch Gamaschen. Er sagt, Genaueres wüßte er auch nicht, klingelt seinem Diener, er solle ein dickes Buch, blau mit Goldadler und Goldschnitt, das auf des Kaisers Schreibtisch läge, sich beim Kammerdiener ausbitten und heraufbringen. Der Diener kommt wieder und sagt, S.M. lasse uns bitten, herunter zu kommen. Während ich mich, obgleich ich im weißen Drillichrock bin, den ich an meinem Schreibtisch trage, mit dem ich auch zu Ludendorff und Hindenburg gehe, und nun auch sofort bereit bin, mit ihm zu meinem obersten Kriegsherrn zu gehen, erhebe, faßt Müller sich erschrocken an seine Gamaschen und sagt: »Oh Gott, ich bin gar nicht angezogen.« Trotzdem begleitet er mich. Als wir das langgestreckte gewölbte Arbeitszimmer des Kaisers an der Schmalseite betreten, nehme ich ein wundervolles Bild schlichter menschlicher Art in mich auf. An der gegenüberliegenden Fensterseite sitzt der Kaiser am Schreibtisch, mit der Hornbrille und arbeitet, ihm zur Seite sitzt unter einer Stehlampe die Kaiserin im schwarzen Kleid mit großer Perlenkette, wie sie von Bildern bekannt ist, und liest. Ihr zu Füßen liegt der Dackel Strolch.

Der Kaiser kommt, das Buch unter dem Arm zu uns in den vorderen Teil des Zimmers. Er spricht aber nicht von der Sache, sondern über einen ihm vorgelegten Zeitungsartikel über sein Elternpaar,[58] indem er uns davon als von »Papa und Mama« erzählt. Nach kurzem tritt auch die Kaiserin zu uns. Es ist das erstemal,

---

eigentlichen Militärbefehlshabers in Frankfurt a.M., General der Infanterie Karl Freiherr von Gall, lässt sich zum Zeitpunkt des Besuches von Nicolai nicht rekonstruieren. Vier Tage später (24.11.) übernahm General der Infanterie Johannes Riedel das Generalkommando XVIII. AK vom vermutlich nur übergangsweise als Militärbefehlshaber eingesetzten »dicken Hollen«.

[56] Gemeint ist Generalleutnant Heinrich de Graaff.
[57] Hiermit ist das hundertjährige Jubiläum anlässlich der Stiftung der preußischen Kriegsflagge am 24.11.1816 gemeint.
[58] Hierbei handelt es sich um Friedrich III. von Preußen und seine Gemahlin Victoria, die älteste Tochter der 1901 verstorbenen britischen Königin Victoria.

daß ich ihr so persönlich gegenüberstehe. Sie reicht mir die Hand, während sie Müller durch Neigen des Kopfes begrüßt und sagt, sie freue sich, mich einmal persönlich kennen zu lernen und sprechen zu können. Sie hätte den Wunsch und hielte es für notwendig, daß in der Öffentlichkeit mehr vom Kaiser gesprochen würde und sie möchte mich bitten, dafür doch durch die Presse zu sorgen. Ich erwidere ihr, daß mir ihr Wunsch seit langem bekannt sei, daß er auch von Falkenhayn und Ludendorff geteilt sei, daß ich darüber auch schon mit dem General v. Plessen und dem General v. Lyncker gesprochen hätte, daß mir aber keiner hätte sagen können und daß ich dieserhalb nicht wüßte, *was* ich von S.M. berichten solle. Die Zeiten seien nicht mehr wie in früheren Kriegen, wo auf Bildern die platzende Granate auf dem Schlachtfelde unter dem sich bäumenden Pferd des Königs dargestellt sei. Bei seinen Frontfahrten erlebe S.M. nichts Berichtenswertes, was im Verhältnis stände zu den Leistungen der Front. Würden wir es konstruieren, so würde die Front wie die Heimat es nicht glauben und verstehen, es würde mehr schaden und würde sicherlich auch von S.M. nicht gebilligt werden. Während der Kaiser zu diesen Worten zustimmend nickte, sagte die Kaiserin: »Das verstehe ich natürlich nicht, das wissen Sie besser, aber ich finde, er steht jetzt zu sehr im Schatten.« Der Kaiser: »Ich bin jetzt auch nur ein Schatten!« Während ich über dieses erschütternde Eingeständnis erschrak, legte die Kaiserin ihm die Hand auf die Schulter und sagte mit einem tiefen Blick von Liebe, Güte und Stolz: »Ja, Du und ein Schatten!«

Ich versuche das Thema in praktische Bahnen zu leiten. Ich meinte, daß gelegentliche Pressenotizen ein viel zu geringes Mittel wären, diesen Zustand zu bekämpfen. Ich wies auf die antimonarchische und den Kaiser auch persönlich verunglimpfende Propaganda des englischen Vetters[59] hin, was insofern peinlich zu berühren schien, als dem Kaiserpaar davon nichts bekannt schien. Ich ging also auf Deutschland über, besonders auf die von keiner verantwortlichen politischen Stelle bekämpfte revolutionäre Agitation der Linkspresse bis in die Kreise der Demokratie und besonders durch die Sozialdemokratie. Ich sagte, was dort geschehen müsse und mit der Autorität der Kriegslage auch geschehen könne, nicht aber durch Zeitungsnotizen, welche zu dem diese Kreise nicht aufnehmen, sondern höchstens bespötteln und verdächtigen würden.

Der Kaiserin waren anscheinend meine Ausführungen zu stark. Sie beendete das Gespräch ohne rechten Abschluß, gab mir die Hand und zog sich zurück, wohl um sich zum bevorstehenden Abendessen umzukleiden. Der Kaiser behielt uns noch einen Augenblick bei sich. Er führte die Unterhaltung zurück auf seinen Artikel, gab mir dann das Buch und entließ mich freundlich wie immer.

Ich gab das Buch auch ungelesen weiter zur Bearbeitung des kaiserlichen Wunsches, bat aber den Major v. Redern zu mir und sagte ihm, dem diensttuenden Kammerherrn der Kaiserin vor dem Kriege, daß ich wohl eben beim Kaiserpaar die Grenzen überschritten und den Eindruck gehabt hatte, daß die Kaiserin das Gespräch abgebrochen hätte. Als ich ihm meine Ausführungen vor dem Kaiserpaar erzählte, faßte er sich entsetzt mit beiden Händen an den Kopf und sagte: »Aber Herr Major, wie konnten Sie auch!«

Ich habe ihm erwidert, daß gerade die nächste und vertrauteste Umgebung des Kaiserpaares ihnen wohl öfter Derartiges hätten sagen sollen, damit es die Dinge

---

[59] Gemeint ist der britische König Georg V., ein Cousin ersten Grades.

richtig sehen lernte und sie ihre Aufgabe erfüllten. Ich hätte nicht den Eindruck, daß der Kaiser es mir verübelt hätte, müßte es andernfalls auch hinnehmen, aber ich hätte den Eindruck gehabt, sie in eine ungewohnte Situation gebracht zu haben, was ich aber nur persönlich, nicht sachlich bedauern könne. Ich sage ihm dies für den Fall, daß er in den Hofkreisen vielleicht auch von Admiral v. Müller, auf mein Verhalten angesprochen werde.

Das sachlich Wesentliche für mich ist, daß der Kaiser, anstatt ein Herrscher sein zu wollen, durch sein Erleben dahin gebracht ist, sich im Kriege nur als ein Schatten einzuschätzen.

Persönlich empfinde ich es, daß der Kaiserin meine Art vielleicht unsympathisch war, nicht als Vorwurf gegen sie, ebenso wenig, wie ich mein Verhalten als ein besonderes Verdienst einschätze. In beidem sehe ich nur das Produkt der Erziehung. [...]

Erläuterung

Der Besprechung mit den Vertretern der Presseabteilung bei dem Generalkommando am Sonntag, d. *26.11.1916* im Reichstag geht eine Besprechung mit Pressevertretern im Bundesratssaal zuvor über Freigabe der Erörterungen über die Kriegsziele. Sie ist notwendig geworden, weil das Verbot der Erörterungen tatsächlich nicht mehr durchgeführt wird. Aus dem Umstand, daß die Reichsregierung keine Kriegsziele bekannt gibt und somit auf die Führung verzichtet, wird gefolgert, daß sie selbst keine klaren Kriegsziele habe.

Ich erkläre, daß ich von Hindenburg und Ludendorff ermächtigt sei, zu übermitteln, daß ohne Sieg kein Friede und daß darum das einzige zu erörternde Kriegsziel der Sieg sei. Alles übrige seien Friedensziele, die nach dem Sieg auf dem Wege der Verhandlungen erreicht werden müssen und die darum vorher nur in Übereinstimmung mit der politischen Reichsleitung erörtert werden dürfen.

Bei der nachfolgenden Besprechung mit den Leitern der Presseabteilung bei den Generalkommandos führe ich aus: Die Freigabe der Kriegsziele ist schon mehrfach beantragt und erwogen, aber bisher immer durch die OHL abgelehnt worden. Das Kriegsziel sei der Friede. Aber zwischen dem Krieg und einem dauernden Frieden stehe als nächstes Kriegsziel der Sieg. Dies sei das Kriegsziel der OHL. Was dahinter liegt sind Friedensziele. Wenn die für diese verantwortlichen politischen Reichsbehörden jetzt die Erörterung derselben freigeben, so sind allein sie für die zukünftige Behandlung durch die Zensur verantwortlich. Die OHL, deren Kriegsziel ich erklärt hätte, erwarte, daß auch in der deutschen Presse die verfügbaren, im deutschen Volke ruhenden Kräfte zur siegreichen Beendigung des Krieges nutzbar gemacht würden. Sie verlange in diesen Grenzen, daß jede verhetzende Bekämpfung der Ansichten Andersdenkender, daß jede Betrachtungsweise, die auf eine Beeinflußung der militärischen Kriegführung herauslaufe, und jede Störung des Verhältnisses zu unseren Verbündeten und den Neutralen vermieden werde.

Der Vertreter des bayerischen Kriegsministeriums verlangt demgegenüber die Freigabe der Erörterungen der Kriegsziele ohne jede Einschränkung. Die übrigen Zensoren sehen gleichfalls eine Erschwerung ihres Amtes voraus, wenn nicht ein klares Verbot oder eine unbeschränkte Freigabe angeordnet werde. (Es ist später die Behauptung aufgetaucht, ich sei die treibende Kraft gewesen zur Freigabe der Kriegsziele.)

Ich habe bei Ludendorff befürwortet, einer, wie vorstehend ausgeführt, beschränkten Freigabe zuzustimmen, einmal um den infolge mangelnder Führung durch die politische Reichsleitung tatsächlich bestehenden Zustand der ständigen Übertretung des Verbotes von der Linkspresse und der darauf erfolgenden Antwort der Rechtspresse, also eines sich ganz frei steigernden Kampfes in die Hand zu bekommen, indem zweitens die politische Reichsleitung, welche sich bisher stets hinter dem Verbot verkriecht, also glaubt, ihrer Verantwortung rein negativ entsprechen zu können, gezwungen werden würde zu positivem Handeln, anstatt des schon längst nicht mehr gültigen Verbotes brauchbare Richtlinien für die Ausübung der Zensur durch die militärischen Kommandobehörden zu geben.

Am *28.11.1916* nach der Besprechung mit den Österreichern und Haeften über die gemeinsame Arbeit stellt dieser an mich das Verlangen, von der Unterstellung unter mich entbunden und der Politischen Abteilung der OHL unter Bartenwerffer unterstellt zu werden.

Persönlich ist mir dies sympathisch, weil es den oft störenden Umstand beseitigt, daß Haeften der an Patent Ältere ist. Der Grund, weswegen Falkenhayn bei Bildung der Militärischen Stelle beim AA und dem Vorschlag, sie Haeften zu übertragen, durch mich, seine Unterstellung anordnete: damit ich verantwortlich sei, daß nicht Ähnliches wie bei Oberost mit Haeften im AA geschehen könne, ist hinfällig geworden seit der Berufung Hindenburg-Ludendorff und damit der einheitlichen militärischen Führung.

Sachlich ist die Militärische Stelle beim AA auch schon über das hinaus gewachsen, für was ich sie schuf. Sie sollte in der Zentralstelle für Ausland-Dienst im AA nur die militärischen Belange vertreten. Da die Zentralstelle die gesetzten Erwartungen aber nicht erfüllt hat, ist die Leitung der Propaganda mehr und mehr auf Haeften übergegangen. Ich bin mit dieser Entwicklung schon längst nicht einverstanden, weil ich glaube, daß kein Generalstabsoffizier sich für die Leitung der Propaganda eignet, infolge seiner Erziehung, mangelnder Vorbildung und Weltkenntnis. Ich habe schon sehr zögernd der großen Organisation zugestimmt, die Haeften aufzubauen im Begriff ist, ohne daß irgend wer vorhanden ist, ihm als dem Führer dieser Organisation den notwendigen Inhalt zu geben, und weil der wilde Zulauf aller möglichen Elemente, die behaupten, von Propaganda etwas zu verstehen, ohne daß ein Rückgrat vorhanden ist, doppelt straffe geistige Führung verlangt. An sich betrifft dies alles nicht mehr meine Verantwortlichkeit für die Stimmung im Innern. Ich habe mich also einverstanden erklärt und werde nur verlangen, mitbeteiligt zu bleiben, soweit Rückwirkungen auf die Stimmung im Innern möglich sind, sowie an Haeftens Vortrag bei Ludendorff nach meinem Ermessen teilnehmen zu dürfen.

(Ich habe die Sache am 2.12.1916 mit Haeften und Bartenwerffer besprochen, am 6.12.1916 ist die MAA der P. unterstellt worden mit der Bestimmung, daß diese mich über Wichtiges und mein Ressort Berührendes zu informieren habe.

Schon Mitte Januar 1917 wurde die Unterstellung unter die P. aufgehoben und trat Haeften unmittelbar unter Ludendorff, nur sein im GrHQu bestellter Vertreter wurde der P. unterstellt.)

(An der Besprechung im Kriegspresseamt nahm der k.u.k. Major Glaise v. Horstenau teil, welcher bei der österreichischen Heeresleitung die politischen

Angelegenheiten bearbeitete. Er sah in der deutschen OHL den großen Bruder und hat ihre Anforderungen stets nach Kräften unterstützt, sodaß unser Zusammenarbeiten, auch zwischen ihm und meinen Nachrichtenoffizieren beim österreichischen Heer stets reibungslos verlief.) [...]

Am *12.12.1916* stellte ich in Berlin fest, daß die Presse über das Friedensangebot[60] von diesem Tage, wie es schon bei der Polenproklamation der Fall war, so gut wie gar nicht instruiert worden ist. Ich erhebe persönlich Vorstellung bei Geheimrat Hammann und habe Besprechungen mit Haeften und Major Stotten, der als Nachfolger von Deutelmoser Chef des Kriegspresseamts geworden ist. (Stotten war schon vor dem Kriege im IIIb-Dienst und seit Kriegsbeginn in meinem Stabe. Er kannte also die bisherigen Vorgänge im wesentlichen, seine Begabung war weniger eine militärische als eine allgemeine. Er war außerordentlich verbindlich in der Form, war also unter allen mir zur Verfügung stehenden Offiziere der Geeigneteste als Nachfolger Deutelmosers.)

Am selben Tage verfüge ich die Einrichtung einer Zentralstelle für abgelegte Akten des gesamten IIIb-Dienstes bei der stellvertretenden Abt. IIIb in Berlin. [...]

Ich nehme in Warschau Verbindung auf mit den polnischen Legionären[61] und dem Führer der polnischen Sozialdemokraten[62]. Beide unterhalten längst zahlreiche Verbindungen ins Ausland, besonders nach den Vereinigten Staaten. Ich will versuchen, diese auszuwerten. Die äußeren Umstände der Verhandlungen sind unheimlich, ich habe das Gefühl, es mit Verschwörern zu tun zu haben und bekomme einen Einblick in diese Zustände des kaiserlichen Rußlands. Ich bin infolgedessen sehr zurückhaltend. Ich verhandele mit beiden Führern einzeln. Beide sind verschlagen, lauernd, fanatische und typische Polen. (Ich habe nicht verstanden, wie dem Versprechen dieser Leute, uns Truppen zu stellen geglaubt werden konnte. Auch meine geringen Erwartungen wurden vollkommen enttäuscht. Ich habe die Sache zunächst selbst in der Hand behalten, ihnen nichts auf ihre Bitten um Instruktionen gesagt, nur bei ihnen eingehende Meldungen verlangt, aber keine erhalten.)

---

[60] Auf Drängen Österreich-Ungarns übermittelten die Mittelmächte nach dem Sieg über Rumänien am 12.12., ohne konkrete Vorschläge zu machen, der Entente ein Friedensangebot. Berlin hoffte mit dieser Initiative zum einen die Meinung der Neutralen, im Besonderen der USA, positiv zu beeinflussen. Zum anderen sollte die Initiative die eigene kriegsmüde Bevölkerung vom eigenen Friedenswillen überzeugen sowie die Einigkeit der Entente untergraben.

[61] Die Polnische Legion war ein selbständiger Verband der k.u.k. Armee, bestehend aus insgesamt drei Brigaden.

[62] Gemeint ist der Führer der Polska Partia Socjalistyczna (PPS) Jozef Klemens Pilsudski.

An das Deutsche Heer

Soldaten!

In dem Gefühl des Sieges, den Ihr durch Euere Tapferkeit errungen habt, haben Ich und die Herrscher der treu verbündeten Staaten dem Feinde ein Friedensangebot gemacht.
 Ob das damit verbundene Ziel erreicht wird, bleibt dahingestellt.
 Ihr habt weiterhin mit Gottes Hülfe [sic!] dem Feinde standzuhalten und ihn zu schlagen.

Großes Hauptquartiert, 12.12.1916

[handschr.] Wilhelm I.R.[a]

---

[a] Kaiser Wilhelm II. unterzeichnete oft mit dem Kürzel für »Imperator Rex«, Kaiser und König.

[...]

Samstag, 16. Dezember 1916

Ich halte Ludendorff unter Erinnerung an die gleichen Vorgänge bei der Polenproklamation Vortrag über das Unterbleiben ausreichender Weisungen an die Presse und die Aufsichtsbehörden aus Anlaß des Friedensangebotes vom 12.12. 16, sowie darüber, daß ich auch hier wieder bei meiner Anwesenheit in Berlin eingreifen mußte und somit in der Öffentlichkeit wieder die OHL politisch in den Vordergrund gerückt ist. Ludendorff unterzeichnet nachfolgendes von mir vorgelegtes Schreiben an den Reichskanzler v. Bethmann. Es kennzeichnet die Zerfahrenheit in der Leitung der öffentlichen Meinung.

Abschrift

Chef des Generalstabes des Feldheeres   17.12.16
IIIb Nr. 8769/II Geheim

An den Herrn Reichskanzler   [handschr.] Organisation IIIb
Berlin

Durch Schreiben IIIb 7909/II vom 7.11.1916 hatte Euer Exzellenz Aufmerksamkeit ich darauf gelenkt, daß der Unterweisung der deutschen Zensurbehörden für die Behandlung der durch das Polen-Manifest geschaffenen Lage meines Erachtens nicht genügende Bedeutung beigemessen war.
 Nachdem nun gelegentlich des Friedensangebotes am 12.12. diejenigen militärischen Stellen, welche mit der Presse zu verkehren haben, wiederum nicht

rechtzeitig und ausreichend unterrichtet worden sind, darf ich nicht unterlassen, Euer Exzellenz folgendes zur Erwägung zu unterbreiten:

Die Bedeutung, welche die Presse im Kriege und in zunehmendem Maße im jetzigen und kommenden Stadium des Krieges hat, wird von allen Seiten anerkannt. Reichs- und Staatsbehörden unerhalten Beziehungen zur deutschen Presse und versehen sie von ihrem Standpunkte aus mit Weisungen. Auch die deutsche Presse zeigt für ihre Pflichten volles Verständnis. Der Bedeutung der Auslandspresse trägt die von Euerer Exzellenz beim Auswärtigen Amt geschaffene Propagandastelle in erhöhtem Maße und erfolgreich Rechnung.

Diese zunehmende Tätigkeit der einzelnen Behörden auf dem Gebiete der Presseleitung brachte aber die Gefahren der Zersplitterung und desNebeneinanderherarbeitens mit sich, besonders da die einzelnen Pressestellen nur mit geringem Personal besetzt sind und dieses infolge der zunehmenden Arbeitslast nur Zeit findet, die Interessen des eigenen Ressorts zu berücksichtigen.

Es fehlt an einer einheitlichen Leitung dieses im Kriege an Umfang und Bedeutung ständig wachsenden Instrumentes der politischen und militärischen Leitung. Die gemeinsamen Pressebesprechungen im Reichstag, bei denen die Vertreter der einzelnen Behörden der Presse Mitteilungen machen, können als eine einheitliche Leitung nicht angesehen werden. Auch hier arbeiten die einzelnen Vertreter der Behörden unabhängig von einander ohne vorheriges gegenseitiges Einvernehmen nebeneinander her.

Die Zahl der Stellen, die mit der Presse arbeiten, ist durch die im Kriege entstandenen Behörden vermehrt worden.

So kommt es, daß an allen Stellen zwar gewissenhaft, aber nicht nach einheitlichen Gesichtspunkten gearbeitet wird. Ein solches Arbeiten *auf dem Gebiet der deutschen und der ausländischen Presse* herzustellen, scheint mir aber von allergrößter Bedeutung. Die Leitung unserer Politik würde durch eine straffe Führung in Presseangelegenheiten auch den Verbündeten gegenüber wesentlich an Kraft gewinnen.

Euer Exzellenz schlage ich daher vor, die Einrichtung einer Zentralstelle zu diesem Zweck baldmöglichst veranlassen zu wollen. Es muß hierbei vermieden werden, daß zu den schon bestehenden Pressestellen etwa nur eine weitere hinzutreten und die bestehende Vielheit vergrößern würde. Es kommt vielmehr darauf an, etwas Neues zu schaffen, eine Zentralstelle, die über den einzelnen Pressestellen steht, von diesen Anregungen erhält und sie mit einander in Einklang bringt, und die für ein einheitliches Vorgehen sämtlicher Stellen und besonders auch dafür verantwortlich ist, daß bei größeren Ereignissen rechtzeitig weitblickende Weisungen erteilt und Maßnahmen verabredet werden.

Diese neue Zentralstelle gehört in Anbetracht ihrer Aufgabe unter den unmittelbaren Einfluß Euerer Exzellenz. Ich würde ihre Errichtung bei der Reichskanzlei für zweckmäßig halten, da auch die Nachrichtenabteilung des Auswärtigen Amtes in erster Linie nur die Sonderinteressen dieses Amtes zu vertreten hat.

Falls Euere Exzellenz eine kommissarische Beratung der beteiligten Behörden, zu denen ich auch die der Bundesstaaten rechne, in Aussicht nehmen sollten, bitte ich einen Vertreter der Obersten Heeresleitung hinzuziehen zu wollen. Euere Exzellenz können jeder Förderung dieses auf die Verstärkung einheitlicher Reichsleitung gerichteten Vorschlages durch mich sicher sein.

gez. Ludendorff

Mit diesem Schreiben beginnt auf meinem Arbeitsgebiet Ludendorffs Kampf gegen Bethmann, nachdem er zuerst, also rund ¼ Jahr geglaubt hat, Falkenhayn habe sich unnötig in Fragen der politischen Kriegführung gemischt, er könne seine Aufgabe auf das rein Militärische beschränken und wolle aus jeder Politik auch durch mich herausgehalten werden.

Sehr bald nach dieser an mich und in meiner Gegenwart an Deutelmoser und Haeften gegebenen Direktive war die OHL durch die Polenproklamation schon wieder mitten in dem politischen Treiben, und vorgeschobene Kulisse der Wilhelmstraße.

Ludendorff gebraucht heute sehr scharfe Ausdrücke über den Reichskanzler und das AA. Es fällt mir auf, daß in außenpolitischen Dingen neben dem Kanzler immer das AA, in innenpolitischen aber nur der Kanzler und nicht gleichzeitig das Reichsamt des Innern oder die Innenministerien der Einzelstaaten als verantwortlich genannt werden. Ich mache Ludendorff darauf aufmerksam und sage, daß erst dann die ganze Zerfahrenheit, das Durcheinander und z.T. Gegeneinander der Innenpolitik erkennbar wäre. Ich mache ihn darauf aufmerksam, daß dies aber nicht die Hauptfront ist, gegen die unser Kampf sich zu wenden hat, sondern nur eine Zwischenfront zu der eigentlichen im Reichstag und den politischen Parteien, sowie all den zahlreichen nicht verantwortlichen, aber sich sehr lebhaft betätigenden sonstigen politischen Elementen, die sich als solche nicht in den Parteien, sondern in der Wirtschaft und internationalen Verbindungen betätigen.

Ich weise darauf hin, daß das von mir vorgelegte Schreiben also eigentlich zu liebenswürdig ist. Es sei es als Anfang. Der zu erwartende Kampf würde schärfere Formen verlangen.

Ich wage eine leise Andeutung, daß der Kampf nicht mit einem Kanzlerwechsel zu entscheiden sei, sondern auf das System übergreifen müsse, welchem gegenüber der Kanzler und auch der Kaiser verfassungsmäßig machtlos seien, jedenfalls die Kraft dazu unter Umständen nur im Heere finden könnten. Ich sage Ludendorff zum ersten Mal, daß ich Falkenhayns bedächtiges Streben nach entscheidendem politischen Einfluß als Ausfluß dieser Erkenntnis glaubte verstanden zu haben, und daß ich den Tag komme sähe, wo der Feldmarschall und er als die Führer des Heeres die Macht auch im Inneren übernehmen müßten. Ich wage noch nicht zu sagen, daß ich die Berufung Beider auf ihren jetzigen Posten für verhängnisvoll gehalten hätte, weil es die militärische Seite der Kriegführung einseitig verstärke und den Gegensatz zu der politischen Front verstärke, daß damit der Kampf um die notwendige Gesamtführung erschwert sei und ich es begrüßt haben würde, wenn er und Hindenburg anstatt an die Spitze der OHL an Stelle des Kanzlers gekommen wären und aus der Not des Augenblicks heraus die einheitliche Kriegführung erzwungen hätten. Ludendorff hört, soweit ich meine Ansichten offenbare, gespannt zu, erkennt an, daß das Schreiben zunächst verbindlich gehalten ist und meint, wir wollten die Wirkung erst mal abwarten. Er spricht mir für meine selbständige Tätigkeit und Entschlußbildung seine Anerkennung aus.

(Wenn ich zu Anderen später von diesen meinen Ansichten gesprochen habe, wurde mir entgegengehalten, ob denn Ludendorff für eine Gesamtkriegsleitung politisch ausreichend geschult gewesen sei, ob er nicht zu ausgesprochen nur Soldat gewesen wäre, was wohl bei Hindenburg noch ausgeprägter der Fall gewesen sei, und ob denn Ludendorff überhaupt abkömmlich gewesen sei als Leiter der Operationen.)

Ich habe dann geantwortet, daß die Zeiten der großen Operationen, welche strategisches Können verlangten, schon bei Berufung Hindenburg/Ludendorffs so gut wie abgeschlossen waren. Nur der rumänische Feldzug bot noch kurze Gelegenheit. Was die Front dann noch brauchte und auch das Volk in der Heimat, war – auch für Kriegswirtschaft und alle Nebengebiete der Kriegführung – Tatkraft. Diese verkörperte allein Ludendorff. Für das rein militärische Handeln hatte der Generalstab genügend Kräfte, die Ludendorff dort ersetzen konnten, z.B. v. Seeckt, v. Loßberg, v. Kuhl, Groener. Aber auch der Generalstab wie überhaupt das Offizierkorps verfügte über keine Ludendorff gleichkommende Tatkraft.

Das zweite, was die Führung brauchte, war Vertrauen. Dies war nicht mehr verkörpert im Kaiser. Der Kanzler besaß es nicht mehr. Es war auch bei allen sonstigen politischen Persönlichkeiten immer nur das Vertrauen gewisser Gruppen oder Parteien, das Vertrauen des ganzen Volkes verkörperte nur Hindenburg. Es war dies die einzige Möglichkeit, um überhaupt erst einmal den Ausgangspunkt für das Notwendige zu schaffen. Mit einem bloßen Personalwechsel, auf welchen die Dinge lossteuerten, war es nicht zu machen. Der staatliche und wirtschaftliche und politische Organismus verfügte wie das Heer und die Marine über eine ausreichende Auswahl von Sachkennern der verschiedensten Gebiete der totalen Kriegführung. An dem Überfluß, der vorhanden war, lag sogar mit die Ursache des bestehenden Zustandes. Nicht einer von ihnen aber kam über Erwägungen und Vorschläge hinaus, keiner *wollte* in die Verantwortung, allen fehlte die Tatkraft, die nur Ludendorff verkörperte. Aus dieser Auswahl hätte Ludendorff seine sachverständigen Berater finden können, einen für Bartenwerffer in der auswärtigen Politik, einen für Bauer in Wirtschaftsfragen und einen für mich für die Innenpolitik. So trieben die Dinge doch zum überragenden Einfluß Ludendorffs, zulänglich beraten, hätte er dem gesamten Organismus von Staat und Volk die Führung geben und, wie ich es in meinem Buch nach dem Kriege ausführe, der große Organisator des Krieges werden können.

Ich habe mit Ludendorff oftmals nach dem Kriege über diese Gedanken gesprochen. Er fragte mich, warum ich sie ihm im Kriege nie so eindeutig vorgetragen hätte. Ich erwiderte, daß ich dazu nicht genügend sein Vertrauen besessen hätte, als er zur OHL kam und er gleichzeitig seinen Willen erklärte, eine völlig unpolitische OHL zu bilden. Späterhin hätte seinen Befehlen gegenüber gleichfalls die vielleicht überspannte Subordination mich gehindert, auch hätte er bei schüchternen Versuchen mich immer gleich zurückgewiesen und Mitte 1917 mir verboten, mit diesen Gedanken ihm zu kommen.

Ludendorff meinte dann weiter, ein Vorgehen dieses Ausmaßes hätte doch eine Art Revolution bedeutet. Ich stimmte dann zu, aber mit der Einwendung, nicht gegen, sondern für den Kaiser. Dann meinte Ludendorff, zu so etwas hätte er die volle Autorität Hindenburgs gebraucht, ohne diesen, ihm allein sei es ihm nicht möglich gewesen. Ich stimmte dann auch dem zu und meinte, der Feldmarschall würde auch in diesem Falle, wie sonst immer seinen Vorschlägen gefolgt sein. Ludendorff war anderer Ansicht, er meinte, dafür hätte er den Feldmarschall niemals gewonnen, dieser sei ein viel zu ergebener Diener seines allerhöchsten Herrn gewesen, als daß er gebilligt oder sich gar daran beteiligt hätte, diesem sozusagen eine Autorität vorzuordnen.) [...]

Auszug 133 aus Feldpostbriefen

Pleß, Sonntag, 17. Dezember 1916
nachm. 5 Uhr

(...) Heute kann ich schon eher mit meinem Brief beginnen, da Exzellenz abends nach dem Westen fährt und mich deshalb schon um 4 Uhr zum Vortrag befohlen hatte.

Ludendorff will die Sache bei Verdun in Ordnung bringen. Die Sache ist sehr bedauerlich, der bevorstehende Angriff war bekannt, alles vorbereitet, einige Truppen haben in Sorglosigkeit oder schlecht befehligt, versagt, besonders diesmal bayerische Truppen, die neu gekommen, die Verhältnisse des Kampfes mit Trommelfeuer nicht kannten. Die von den Franzosen angegebenen Zahlen an Gefangenen und Beute werden wohl stimmen. Darum ist's schade, eine große Gefahr besteht nicht, einiges wird wohl auch zurückerobert werden, aber die Rückwirkung auf etwaige Feindes-Neigungen sind bedauerlich. In Rumänien geht alles planmäßig und erfolgreich weiter. An der Somme sind die feindlichen Absichten noch nicht klar.

In Warschau hatte mich am 2. Tag noch Beseler bei sich in seinem Residenz-Schlösschen Belvedere zum Frühstück eingeladen. Da ich allein bei ihm war, war es recht interessant für mich, ihn bei Tisch und noch eine Stunde nachher bei der Zigarre erzählen zu hören. Von den Polen ist er enttäuscht, die alles versprachen für ihr Königreich und jetzt nichts halten. Über die Österreicher und ihr illegales Verhalten sprach er sich auf's höchste empört aus. Gegen Beides werde nur energisches Durchgreifen helfen. Daß wir uns dazu immer erst entschließen können, wenn die Dinge zu vier Fünfteln verbockt sind! Bei der Frage nach dem Schuldigen an diesen Verhältnissen wird es wieder auch die Stelle sein, die ich schon öfter im Handeln als versagend bezeichnete aber auch auf grundlegenden Fehlern Falkenhayns bei Einrichtung der Verhältnisse. Wenn es nicht so ernste Dinge wären, würde es mich fast freuen, wie ich in so manchem mit meinen Ansichten schon Recht behalten habe. Ich habe immer geurteilt, daß man unsere lieben mir in ihrer Art bekannten Bundesbrüder fern halten sollte und den Polen nichts anderes als selbstsüchtige Motive zutrauen sollte, gegen die nur ein fester eigener Wille nützen konnte. Abends beim Essen saß ich neben dem Grafen Hutten-Czapski, aus dessen Äußerungen auch hervorging, daß in der polnischen Frage noch manches der Lösung harrt und daß bisher keine einheitliche Leitung vorhanden war. Zwischen Mittag und Abend hatte ich Besprechungen mit dem Kommandeur der polnischen Legionen Oberst Graf Szeptycki und dem Führer der polnischen Sozialdemokraten v. Jodko,[63] die ich beide mit ihren internationalen Beziehungen in unseren Dienst stellen will und die voraussichtlich auch darauf eingehen werden. So berührten mich in den 24 Stunden in Warschau wieder die merkwürdigsten Gegensätze. Es ist außerordentlich interessant, aber körperlich und besonders auch geistig anstrengend, bei diesem langen Krieg immer der Anregende und Führer des großen Apparates zu sein, der nie nachläßt, neue Wege zu suchen, anzuleiten und zu vertreten. Bei Rückkehr aus Warschau und

---

[63] Gemeint ist Witold Jodko-Narkiewicz.

heute beim Abschied von Ludendorff hatte ich dafür wenigstens die Freude, von ihm vertrauensvolle und anerkennende, meine selbständige Tätigkeit erneut billigende Worte zu hören, die sich besonders darauf gründen, daß er meine letzten Direktiven gelesen hat. Das gibt dann neuen Ansporn und Sicherheit. Trachten nach Anerkennung und Vertrauen ist ja kein Ehrgeiz. Der treibt mich nicht, ich müßte solche leeren Werte auch zu teuer bezahlen. Denn schließlich opfere ich meinem Dienst doch vieles.

Erläuterung [...]

Die Direktiven für meinen Dienst, welche ich Ludendorff bekannt gegeben habe, betreffen, nachdem der Aufbau meines gesamten Dienstbereichs mit Falkenhayn dadurch abgeschlossen war, daß Ludendorff eine Beschränkung der OHL auf die militärischen Aufgaben wünschte, den Umbau der Führung meines Dienstes.

Mir war es klar, daß es umgekehrt kommen würde, daß die beiden militärischen Zweige meines Dienstbereichs, der Nachrichtendienst und die Abwehr, in ihrer Organisation als abgeschlossen gelten konnten. Daß dagegen die mehr politischen Aufgaben für mich persönlich in demselben Umfang wachsen würden, wie ich sie Ludendorff zu ersparen beauftragt war. Hierzu bedurfte es einer klaren Abgrenzung meiner einzelnen Arbeitsgebiete unter eigener Führung, um die Selbständigkeit jedes Einzelnen zu erhöhen und mir vermehrte Freiheit für das zu geben, was ich Ludendorff in größerem Maßstab als Falkenhayn erleichtern sollte.

Ich füge wieder die sogenannte »Spinne« bei, welche die Organisation des IIIb-Dienstes, die Meldewege usw. darlegt. Zwar stellt dieses Exemplar erst die Lage im Mai 1918 dar, ich verfüge aber nicht über davorliegende »Spinnen«.[64] Die angefügte entspricht im Wesentlichen schon dem, was ich Ende 1916 anordnete.

Ein Vergleich zu der unter dem 15.5.16 angefügten Spinne zeigt, daß zunächst IIIb-West und IIIb-Ost in meinem Stabe verschwinden, entsprechend der mit Hindenburg/Ludendorff eingetretenen einheitlichen militärischen Führung. Anstatt dessen stehen unter mir die einzelnen Arbeitsgebiete neben einander unter eigenem, mehr verantwortlichen Sektionschef. In der Skizze sind diese durch starke Striche mit Chef IIIb verbunden. Es sind im Ganzen 8.

Sektion I (blau), der Geheime Nachrichtendienst (Spionage) mit den Kriegsnachrichtenstellen im Süden der Schweiz gegenüber, im Norden vor Holland, über Berlin und über Oberost durch die nordischen Staaten und das Baltikum um den nördlichen, und über die Ukraine (Eichhorn) und Rumänien (Mackensen) um den südlichen Flügel der russischen Front. Als Sektionschef habe ich den Major Gempp, bisher Nachrichtenoffizier bei Hindenburg im Osten, also auf leitendem selbständigem Posten bewährt und schon aus der Vorkriegszeit als Nachrichtenoffizier im Geheimen Nachrichtendienst erfahren, bestimmt.

Sektion II (rot), Presse und Innenpolitik, ihr unterstellt das Kriegspresseamt und lose die Militärische Stelle beim AA in Berlin, die Presseabteilungen Oberost, in der Ukraine (Eichhorn) und an der Westfront, sowie die Feldpressestelle und die »Gazette des Ardennes« dortselbst. Sektionschef Major Kroeger, bisher schon mein Bearbeiter für diese Angelegenheiten.

---

[64] Siehe hinteres Vorsatzblatt.

Sektion III (braun) Spionageabwehr, eine besondere Sektion, über deren Organisation ich nachfolgend berichte.

Frontnachrichtendienst (lila), die Leitung der Tätigkeit der Nachrichtenoffiziere der OHL bei den Kommandobehörden an der gesamten Front, dargestellt links der Reihenfolge der deutschen Armeen von Norden nach Süden an der Westfront, unten über die österreichische Heeresleitung in Baden bei Wien bei der österreichischen Front, über das Oberkommando Scholtz auf dem Balkan und über die türkische Oberste Heeresleitung in der Türkei bis nach Jerusalem und Bagdad, rechts an der Ostfront von Süden nach Norden bei Mackensen in Rumänien, bei Eichhorn in der Ukraine und bei Oberost. Sektionschef Major v. Redern. Ich habe diesen gewählt, weil die Tätigkeit meiner Frontnachrichtenoffiziere oft persönliche Konflikte bei ihren AOK heraufführt, für deren Überwindung Redern als früherer Kammerherr der Kaiserin besonders erzogen und wofür ihm, wie die Dinge liegen, diese frühere Hofstellung ein nützliches Ansehen gibt.

Inlandsnachrichtendienst (grün) mit Nachrichtenoffizieren in Hamburg, Düsseldorf, Frankfurt, Stuttgart, München, Dresden, Berlin. Unter letzteren unterstellt der Nachrichtendienst in den Gefangenenlagern und die Wissenschaftliche Abteilung. Sektionschef Major v. Kempis.

Kriegsgeschichte (orange). Da es mir nicht geglückt ist, meine Ansicht, daß ein namhafter geeigneter Historiker an meiner Seite und wie ich die Vorgänge erleben müsse, durchzusetzen, habe ich für diesen Zweck wenigstens einen in der Kriegsgeschichtlichen Abteilung des Generalstabes vorgebildeten Hauptmann Schäfer hiermit beauftragt. (Die Sache blieb, da sie in dieser Form nicht über die militärische Betrachtung der Dinge hinauskam, im Versuch stecken.)

Chef-Sektion (gelb), die persönlichen Angelegenheiten meines Dienstbereichs und die Irreführung des feindlichen Nachrichtendienstes, sowie das neutrale Militärattaché-Quartier.

Stellvertretende Abteilung IIIb in Berlin (gleichfalls gelb). Die gesamte Abwehr in der Heimat, Zentrale für die abgelegten Akten, Bilderarchiv, Zentralkartei für Personen, Sammelstelle für Gegenstände zur Nachkriegsauswertung.

Ich weise auf die geringe Besetzung dieser Unterführerstellen mit Offizieren hin. Ich selbst habe daran festgehalten ständig zu meiner unmittelbaren Verfügung nur einen Ordonanzoffizier zu haben.

Nachfolgend die »Spinne« über den Abwehrdienst.[65] Sie zeigt bei mir im GrHQu die Sektion III (rot) als unmittelbare Leitung des gesamten Abwehrdienstes auf den Kriegsschauplätzen und in den besetzten Gebieten und der Geheimen Feldpolizei an der Westfront, in Elsaß-Lothringen und Oberost und der Zentralpolizeistellen in Bulgarien, Luxemburg, Rumänien, Polen, Litauen und Estland.

Über die Sektion III ist Chef IIIb unterstellt die Stellvertretende Abteilung IIIb in Berlin mit der Abwehr in Deutschland durch Zentralstellen in Berlin, Mitte, Küste (Hamburg), Sachsen, Westen (Kassel), Baden, Württemberg und Bayern. In blau die Abwehr im Neutralen Ausland mit Stellen in Holland, in den nordischen Reichen und vor und in der Schweiz. Verbindung besteht ferner zum Evidenzbüro in Wien und nicht dargestellt zum Abwehrdienst in Bulgarien und der Türkei.

---

[65] In der Edition nicht erfasst.

Die Leitung erhält Hauptmann d.L. Bünger, bereits an leitender Stelle im Abwehrdienst bewährt, im Frieden Reichsgerichtsrat, sein Hilfsoffizier Hauptmann Kohlrausch, Rechtslehrer an der Universität Straßburg, als zweiter Generalstabs-Hauptmann Bieler. Letzterer zur Wahrnehmung der rein militärischen Belange, während die Auswahl von Bünger und Kohlrausch ergibt, daß sie mich in der Gesamtleitung der Abwehr vor allem in den mir fernliegenden Fragen des Völker-, Staats- und Strafgesetzes ergänzen sollen. [...]

Auszug 134 aus Feldpostbriefen

Pleß, [...] 1. Weihnachtstag
abends 10 Uhr

Gestern war um 5 Uhr die Bescherung für unsere Leute in der Aula einer Schule. Hindenburg, Ludendorff und die Abteilungschefs waren des beschränkten Raumes wegen die einzigen Offiziere. Für den Feldmarschall stand vor dem Rednerpult des Predigers ein Sessel, in dem seine breite mächtige Gestalt gerade noch hineinpaßte. Die Weihnachtslieder sang er kräftig mit, der Prediger sprach gut. Dann sagte der Feldmarschall zu den Leuten: »Na, Kindern, nun wünsche ich Euch ein glückliches Weihnachten. Denkt an Euren Herrgott, an Euren Kaiser und Landesherrn, an die Kameraden draußen und Eure Lieben daheim. Aber nicht mit Wehmut, sondern mit Stolz und Zuversicht, dann werdet Ihr auch weiter Eure Schuldigkeit tun. Guten Abend, Kinder!« Das war so einfach, menschlich und hübsch.

Im Kloster ging ich dann mit meinen Herren hinauf in die Kapelle, wo uns die Oberin mit den Schwestern erwartete, unser Altar-Teppich wurde ausgebreitet und ich sprach einige Dank-Worte für ihre Gastfreundschaft und von Friedenshoffnung.

Um 8 Uhr aßen wir vom Generalstab dann im Kasino zusammen. Ich saß zwischen Tieschowitz und Rauch, gegenüber der Türke Zeki Pascha. Als der Schwarm sich verlief, habe ich mich noch mit einem Herrn zusammengesetzt. Es war 1 Uhr vorbei, als ich nach Hause ging. Hindenburg und der Allerhöchste Herr leiden anscheinend auch unter der Teuerung, sie haben nichts geschenkt.

Nach dem Abend war die frische Autofahrt zur Bescherung der österreichischen OHL nach Teschen heute vormittag bei herrlichem Wetter recht angenehm. Der Kreis dort bei Tisch war klein, die meisten auf Urlaub bei Muttern, die 4 deutschen Offiziere dort waren natürlich zur Stelle!!

Mein Besuch galt hauptsächlich der Arbeit und Besprechungen, die die Stunden nach dem Essen ausfüllten. Es galt, Verabredungen zu treffen für die Zeit, wenn das Österreichische Große Hauptquartier in Baden bei Wien ist, was am 4.1. eintritt. Auch unser Umzug steht vielleicht bevor. Vielleicht nach Kreuznach oder Koblenz. Wenn, dann aber erst in Wochen. Um 6 Uhr war ich nach äußerst stürmischer Rückfahrt wieder hier.

Erläuterung

Das »Kloster« katholischer Krankenschwestern war mein persönliches Quartier und Arbeitsraum. Die Schwestern, besonders die Oberin, waren rührend für mich besorgt. Ich schenkte ihnen zu Weihnachten einen Altarteppich für ihre Kapelle.

Daß Hindenburg und der Kaiser nichts schenkten, erwähnte ich deshalb, weil unter Falkenhayn sowohl dieser wie der Kaiser mich mit Geschenken zu den Weihnachtsfesten erfreut hatten. Der Kaiser im ersten Kriegsjahr mit einem Bilde von sich, im zweiten mit einer kurzen Pfeife mit seinem Namenszug in Gold, Falkenhayn 1914 mit einem Bild der Präfektur in Charleville, der Arbeitsstätte der OHL, 1915 mit einer seiner eleganten Art entsprechenden Zigarettentasche, welche in Silber das Datum und seine Chiffre trug, wie er Schriftstücke, welche ich ihm im Entwurf vorlegte unterzeichnete. [...]

Mittwoch, 27. Dezember 1916

In der französischen Kammer und im englischen Unterhaus ist das deutsche Friedensangebot zwar schon ablehnend besprochen worden, aber Präsident Wilson hat seine Dienste angeboten. Die deutsche Presse ist bereits zu Angriffen gegen die Feindmächte übergegangen. Dies macht folgende Verfügung notwendig:

»So lange Friedensangebot schwebt, ist alles unerwünscht, was feindliche Furcht vor dem Frieden stärken oder Haß schüren könnte. Welche starken Kriegsmittel uns für Fortsetzung des Krieges verfügbar sind, ist der feindlichen Presse völlig bekannt. Daß unsere Presse sich gerade jetzt darüber ausspricht, ist also überflüssig. Es würde nur den Feinden die Handhabe geben, unser Friedensangebot für unehrlich und seinen Zweck nur als Rechtfertigung des verschärften U-Bootkrieges zu erklären. Nächste Aufgabe der Presse ist, die Annahme des Friedensangebotes zu fördern. Damit wird, falls dies nicht gelingt, gleichzeitig für die Fortsetzung des Krieges die beste Vorbedingung vor dem eigenen Volk und den Neutralen geschaffen.«

Auszug 135 aus Feldpostbriefen

Pleß, Mittwoch, 27. Dezember 1916
abends 11 Uhr

(...) In den nächsten Tagen wird unser Friedensangebot m.E. wohl von den Feinden abgelehnt werden. Ich bin neugierig, ob Bethmann dann der neuen Lage gewachsen bleibt und nicht allerhand Überraschungen kommen.

Gestern war der Sozialdemokrat Fendrich hier. Ich war abends mit ihm bei Hindenburg, er saß neben ihm, ich gegenüber. Außerdem war auch Groener da. Es hat dem alten Herrn sichtlich Freude gemacht, mit diesem Mann des Volkes zu sprechen. Nach Tisch, als der Feldmarschall zu den Abendmeldungen ging, wollte ich mich auch mit Fendrich empfehlen, aber der Feldmarschall hieß uns warten, bis er zurückkäme. Da habe ich dann noch mit beiden und Groener bis 11 Uhr beim Bier gesessen und geplaudert.

Auszug 136 aus Feldpostbriefen

Pleß, Donnerstag, 28. Dezember 1916

(...) In den letzten Tagen habe ich wieder allerlei Interessantes erlebt. Es ist reizvoll aber nicht immer beglückend, wenn man in die höchsten treibenden Ereignisse Einblick hat. Vieles, was unter Falkenhayn zur gewaltsamen Lösung führte, wiederholt sich. Ein Zeichen, daß das Unrecht wohl nicht auf seiner Seite lag. Personalwechsel hüben und drüben hat es nicht beseitigt. Morgen ist der Kanzler und Staatssekretär des Auswärtigen hier. Da werden gewichtige Entscheidungen und Besprechungen sein! Als ich gestern um ½1 Uhr schon im Bett lag, rief mich der Schneeball-Wurf einer meiner Offiziere ans Fenster, ich mußte noch zu Ludendorff und ein Telegramm verfassen. Seine Leistungsfähigkeit und Tätigkeit ist gewaltig. Von Morgens um ½9 Uhr ab! Das spornt die Mitarbeiter an und hält alles zusammen. [...]

1917

[...]

Montag, 1. Januar 1917

Ich treffe am Neujahrstag morgens in Berlin ein zu Besprechungen über die Maßnahmen aus Anlaß der Ablehnung unseres Friedensangebotes.

Deutelmoser ist ab heute selbständiger Chef der Nachrichtenabteilung im AA. Es hat also 4 Monate gedauert, seit wir ihn dem Reichskanzler zur Verfügung gestellt haben. Die Angabe, die Zeit sei zu seiner Einarbeitung notwendig gewesen, erklärt dies nicht ausreichend. Über die Presse und über das für die Kriegführung Notwendige ist er im Bilde und im AA ist nichts zum Einarbeiten, die paar Beziehungen, die dort zur Presse gepflegt werden, sind D. ohnehin bekannt und im Ausland ist so gut wie nichts. Nach D.s Angaben übertrifft der Mangel jeglicher Organisation alles von ihm Erwartete.

Ich bin zweifelhaft, ob D., dessen Leistungen schon im Kriegspresseamt weniger in Richtung der Tatkraft lagen, die Energie aufbringen wird, sich durchzusetzen. Er wird im AA als Eindringling betrachtet und läuft Gefahr, in dessen Art abzuschwenken, indem er sich bemüht, sich anzupassen und damit seine Qualifikation zu beweisen. Er hat zwar einzelne gute und einsichtige Mitarbeiter, diese gehören aber auch nicht der eigentlichen Diplomatie an und sind infolgedessen ohne jeglichen Einfluß. Zudem bleibt offenbar Hammann immer noch als Offiziösus im Hintergrund und droht D. dadurch ein Schattendasein.

Sein Verhältnis zu Stotten als neuem Chef des Kriegspresseamtes ist durch die lange Zeit, in welcher er zwischen zwei Stühlen saß, stark erkaltet. Haeften hat in seiner temperamentvollen Art in den 4 Monaten der Wartezeit D.s bereits erheblich an Raum gewonnen, ich sehe einen Zusammenstoß dieser beiden, von der OHL in das AA detachierten Generalstabs-Offiziere voraus.

Dienstag, 2. Januar 1917

Ich treffe vormittags wieder in Pleß ein.

Conrad v. Hötzendorf ist mit den maßgebenden Offizieren seines Stabes vor der Übersiedelung der österreichischen Heeresleitung nach Baden bei Wien zur Verabschiedung in Pleß. Der österreichische Militärbevollmächtigte, General Klepsch und der Militärattaché, Oberst Frhr. v. Bienerth sind mit uns Abteilungschefs zum Essen beim Feldmarschall eingeladen. [...]

Mittwoch, 3. Januar 1917

Zar Ferdinand ist mit dem Kronprinzen von Bulgarien überraschend in Pleß eingetroffen. Angeblich hindert ihn die Gicht, den Sonderzug zu verlassen, so daß der Kaiser ihn dort aufsuchen muß. Ich vermute, daß dieses Tête-à-tête der Zweck der Krankheit ist. An sich ein guter und begrüßenswerter Gedanke, denn der Zar könnte als solcher dem Kaiser manches sagen, was andere ihm vorenthalten, aber ich fürchte, er wird mehr fragen und sich informieren.

Der Kronprinz, welcher unterdessen mit uns Abteilungschefs als Gäste des Kaisers zum Abendessen zusammen ist, ist darin anders als sein Vater. Vielleicht liegt es auch darin, daß er jünger ist, daß er sich so kameradschaftlich und offen uns gegenüber gibt. Es bleibt aber doch ein eigenartiger Eindruck, Fürsten aus deutschem Blut als die Wahrnehmer der Interessen eines anderen Volkes erkennen und sich ihnen gegenüber danach verhalten zu müssen.

Überraschend erschien nach dem Abendessen der Zar mit dem Kaiser, um der Vorführung eines Propagandafilmes, welche für den Abend vorgesehen war, beizuwohnen. Es kann sein, daß die Gicht verflogen war, denn der Zar ist mit seiner Gesundheit schrullig. So erscheint er, auch wenn wir ihn zum Essen trafen, nur mit dünnen weißen Handschuhen, die er erst ablegt, wenn er unsere bazillenbehaftete Hand gedrückt hat.

Der Film behandelte den U-Bootkrieg. Er war nach meinem Empfinden sehr ungeschickt. Er zeigte, wie imposante Handelsschiffe von einem deutschen U-Boot angehalten, untersucht und versenkt wurden, aber nichts von dem Heldenhaften dieses Vorganges. Man sah das majestätische Schiff nur liegen, die Rauchwolke als Treffer, das allmähliche Abgleiten in die Tiefe. Der Zar, vor welchem in meinen Platz hatte, gab seinem Empfinden mit mehrfachem »Entsetzlich« Ausdruck. Dann fiel ihm wohl ein, daß der Kaiser neben ihm saß und er schwenkte um in ein wiederholtes »Wunderbar«.

Oberstleutnant v. Haeften hatte diesen Film persönlich nach Pleß gebracht. Er sollte damit wieder hoffähig werden. Der Kaiser übersah ihn aber vollkommen.

(So viel ich weiß, hat er ihm trotz aller seiner Bemühungen, den kaiserlichen Wunsch, vor der Öffentlichkeit mehr in den Vordergrund gerückt zu werden, zu erfüllen, auch späterhin nie vergeben, daß er die Kaiserin veranlaßt hatte, in dem Zwist zwischen Falkenhayn und Hindenburg-Ludendorff einen Einfluß auf den Kaiser zu suchen.)

Ich fange an, zu bereuen, Haeften für seine Verwendung im AA Falkenhayn vorgeschlagen zu haben. Ich habe dabei nicht die Möglichkeit einer Nachfolge durch Hindenburg-Ludendorff bedacht. Jetzt scheint es mir außerordentlich bedenklich, daß Haeften durch die Vorgänge 1914 eine nicht auf rein sachlicher Grundlage beruhende Stellung bei Hindenburg und Ludendorff einnimmt. Bei Hindenburg äußert es sich zwar nur in väterlichem Wohlwollen, bei Ludendorff aber in einer gewissen Unfreiheit, welche ihn zu nachgiebig macht gegen das Geltungsbedürfnis Haeftens. [...]

Auszug 137 aus Feldpostbriefen

Pleß, Freitag, 5. Januar 1917
abends 10 Uhr

(...) Am 2. abends war ich beim Feldmarschall, Conrad verabschiedete sich vor der Übersiedlung nach Baden, ein alter Mann und ebenso die Herren seiner Begleitung, doch so ganz anders wie unsere Oberste Heeresleitung. Der Feldmarschall war wieder von köstlicher Behaglichkeit. Am 3. waren wir Abteilungschefs mit dem bulgarischen Kronprinzen und Jekow beim Kaiser zur Abendtafel. Im Zuge des Kronprinzen war überraschend auch der Bulgaren-König, gichtkrank, so daß der Kaiser bei ihm im Hofzug aß. Vielleicht wollte der schlaue alte Herr auch ein Tête-à-tête mit unserem Allerhöchsten Herrn auf diese Weise herbeiführen. Zuzutrauen ist's ihm. So kam der Kaiser erst gegen ½10 Uhr zu uns in's Schloß, war sehr guter Laune und kam, wie er immer sehr freundlich zu mir ist, sehr bald durch den Empfangssaal auf mich zugegangen und begrüßte mich, er sagte, daß er ein sehr gutes Bild von mir am Tage gesehen hätte, das vom Professor Busch, der ihn jetzt auch zeichnen wird. Dann fanden die Kino-Vorführungen statt, Haeften, der bei dieser Gelegenheit zum ersten Mal seit den stürmischen Vorgängen Herbst 14 dem Kaiser zugeführt werden sollte, wurde von ihm leider nicht beachtet. Die Vorführungen fanden den Beifall S.M.

Eben ruft mich Ludendorff an, so geht's immer im Hochdruck. Aber das macht Spaß, wenn alles klappt. Dann verschwinden auch die ärgerlichen Erlebnisse im Gedächtnis, die nicht ausbleiben bei dem Betrieb und dem Umfang meiner Geschäfte. Morgen kommt Valdivia mit einem Handschreiben seines Königs an den Kaiser aus Madrid zurück hierher. Ich habe die Begleitung zum Frühstück bei S.M. Kempis und zum Abend beim Feldmarschall dem Hauptmann v. Johnston zugeschoben, so daß ich wieder 2 Menschen eine Freude machen konnte. Ich bin jetzt tätig, die Kaiser-Geburtstags-Feier in Schulen, Theatern, durch Beflaggen der Städte und Artikel in der Presse auf den Schwung zu bringen, da dies in diesem Jahr für Innen und Außen meines Erachtens von besonderem Wert ist. Habe bei Ludendorff, dem Kriegsministerium, Plessen und Auswärtigem Amt mit meiner Anregung auch lebhafte Zustimmung gefunden. Hoffentlich glückt's.

Sonnabend, 6. Januar 1917

Der spanische Militärattaché, Major v. Valdivia trifft nach Rückkehr von persönlicher Berichterstattung in Madrid mit einem Handschreiben seines Königs an den Kaiser in Begleitung des Hauptmann v. Johnston von der Stellvertretenden Abt. IIIb in Pleß ein. Er steht seinem König freundschaftlich nahe. Er erzählt mir, daß dieser ihn mit den Worten empfangen habe: »Sage zunächst, ob Deutschland siegt.« Als er geantwortet habe, er glaube daran, habe der König ihn mit den Worten: »Komm her, Freund« umarmt.

Da ich am 9.1. früh eine Frontfahrt nach dem Osten und Westen unternehmen muß und stark durch die Vorbereitung beschäftigt bin, habe ich Major v. Kempis beauftragt die Begleitung v. Valdivias zum Kaiser zu übernehmen und mit dem Hauptmann v. Johnston abends der Einladung beim Feldmarschall zu folgen. Ich lege Wert darauf, auch mir unterstellte Offiziere dem Kaiser und dem Feldmarschall bekannt zu machen, ihnen dadurch eine Freude zu bereiten, meinen Dank abzustatten, aber auch ihre Mitarbeit dadurch zu stärken, daß sie einen Einblick in meinen Arbeitskreis erhalten.

Montag, 8. Januar 1917

[...] Ich halte Ludendorff Vortrag über eine 10-tägige Reise nach Warschau, Berlin, Wien und den westlichen Kriegsschauplatz. Reiseplan anliegend. Ebenso anliegend Aufzeichnung über die Besprechung mit dem Frontnachrichtendienst dortselbst, um für längere Zeit Direktiven zu geben. [...]

Chef IIIb Geheim   5.1.17
Nr. 10428 Ib

Reiseplan

Dienstag, 9.1.1917	ab Kattowitz 10.42 v.
	an *Warschau* 5.27 n. Besprechung mit ZSt, N.O. Warschau und N.O. Obost
	ab Warschau 10.42 n. Schlafwagen
Mittwoch, 10.1.	an *Berlin* Zoo 11.45 v.
Donnerstag, 11.1.	10.0 v. Besprechung im Stellv. Gen.St. über Vereinheitlichung der F-Dienst-Ausnutzung
	12.0 m. dgl. mit Leitern der Z.St. Mitte, Ost, West, Feldpolizeidirektor Küste
	3.0 n. Kriegsnachrichtenstelle Berlin, N.O. B bei N.O. B
Freitag, 12.1.	Kriegspresseamt und Militärische Stelle beim AA
	ab Berlin Anh. 7.05 n. Schlafwagen
Sonnabend, 13.1.	an *Wien* NWBhf 8.0 v. Besprechung über
	a) Einrichtung eines k.u.k.J.-Dienstes
	b) k.u.k. Kriegspressekommando
Sonntag, 14.1.	ab Wien Westbhf 7.40 v.
Montag, 15.1.	an *Straßburg* 12.55 v.[a] Hotel Rotes Haus
	10.0 Besprechung mit Leitern d. Kriegsnachrichtenstellen
	5.0 Besprechung mit N.O. A und B
	ab Straßburg 8.20 n.
	an Metz 10.57 n. Hotel am Bahnhof
Dienstag, 16.1.	ab Metz 5.50 v.
	an Montmédy 8.15 v.
	8.30 v. Besprechung mit N.O. Strantz,[b] 5, 3, Kronprinz
	10.30 v. im Kraftwagen über Stenay nach Charleville
	Besprechung mit Feldpolizeidirektor, Feldpressestelle, Berichterstattern, »Gazette des Ardennes«
	abends Zusammensein
Mittwoch, 17.1.	im Kraftwagen über Laon (11.0 v.) N.O. 7
	Cambrai (4.0 n.) N.O. 1, 2, 6, Kronpr. v. Bayern
	Thielt (8.0 n.) N.O. 4

Stellv. IIIb (Donnerstag 11.1. Besprechungen)

Donnerstag,	ab Thielt 8.0 v.
18.1.	an Gent 8.54 v. Besprechung mit
	Feldpolizeikommissar über Abwehr gegen Holland
	ab Gent 2.54 n.
	an Brüssel 4.06 n. Besprechg mit ZSt und N.O.
Freitag,	ab Brüssel 12.40 n. Schlafwagen
19.1.	an Köln 6.43 v.
	ab Köln 7.09 v.
	an Berlin Zoo 3.58 n.
Sonnabend,	ab Berlin Zoo 11.31 n. Schlafwagen
20.1.	
Sonntag,	an Pleß 9.30 v.
21.1.17	

[handschriftlich] Nicolai [...]

---

a 12.55 v. meint in diesem Falle 00:55 Uhr.
b Gemeint ist der Nachrichtenoffizier der Armeeabteilung Strantz.

Die Besprechung in Wien am *13.1.* litt äußerlich an reichlich üppiger Bewirtung bei Einladungen zum Frühstück und Abendessen. Sachlich galt sie im k.u.k. Pressequartier der Aufstellung von Richtlinien über die gemeinsame Behandlung militärischer und militärpolitischer Fragen das neue Polen betreffend, ferner dem gemeinsamen Kampf gegen in neuerer Zeit mehrfach bemerkbare Verbreitung von Gerüchten, die geeignet sind, das Bundesverhältnis zu stören und einen Ausbau von Nachrichten über das Treiben der Sozialdemokratie.

Beim Evidenzbüro besprach ich die Einrichtung eines Inlandsnachrichtendienst in der Monarchie nach den Grundsätzen des von mir in Deutschland eingerichteten. Das Ergebnis stelle ich bei den zahlreichen Zureisen Neutraler nach Wien, Budapest und Prag als aussichtsreich hin.

Ich kann aber feststellen, daß mit dem jungen Kaiser die Verhältnisse für unsere gemeinsame Arbeit schwieriger geworden sind. Im Gegensatz zu uns tritt eine stärkere politische Führung, wenn auch in rein österreichischem Sinne hervor, welche die Bedeutung der bisherigen Leistung des militärischen Oberkommandos auf diesem Gebiet einschränkt.

Im Evidenzbüro, welches im Nachrichtendienst schon bisher wenig leistete, ist durch den Wechsel in der Leitung eine vermehrte Hinneigung zur Abwehr eingetreten, in welcher der neue Chef, Major Ronge bisher vorwiegend tätig war. Die Abwehr gegen die immer stärker zutagetretenden irredentischen Elemente italienischer, tschechischer, ungarischer und slawischer Art stellt soviel Aufgaben, daß dagegen das Interesse für den Nachrichtendienst zurücktritt. Dagegen scheint mir, auch in Gegensatz zu uns, das österreichische AA über einen sehr guten Nachrichtendienst zu verfügen.

Ich verspreche mir also nichts von meinem Vorschlag zur Einrichtung eines Inlandsnachrichtendienstes in Österreich und gebe meine Absicht, zu diesem Zweck einen Verbindungsoffizier nach Wien zu kommandieren, auf. Der beim

Oberkommando in Baden befindliche Nachrichtenoffizier der OHL soll diese Aufgabe im Bedarfsfall mit übernehmen.

Am *15.1.* erhalte ich in Straßburg Meldung, daß der »Vorwärts« geschrieben hat, »da die Gegner den Krieg mit dem eingestandenen Ziel der Zerstörung Deutschlands wollen, ist es Pflicht der Regierung, ihn so nachdrücklich als möglich zu führen. Sie ist dafür verantwortlich, daß kein taugliches Mittel der Verteidigung unverwendet bleibt.« Die Meldung könnte mich freuen, wenn nicht der letzte Satz bei der Schwäche unserer politischen Kriegführung drohend und unheilvoll klänge.

Am *16.1.* gebe ich in Charleville die anliegenden Richtlinien für die Schriftleitungen der Armeezeitungen, um auch hier für längere Zeit vorzusorgen.

Am *17.1.* erhalte ich die Meldung, daß der Reichskanzler das Schreiben Ludendorffs vom 17.12.16 betr. Vereinheitlichung des Pressedienstes durch einen Pressechef beim Reichskanzler mit folgender Begründung abgelehnt hat:

»Die von E.E. befürwortete straffere Vereinheitlichung des amtlichen Pressedienstes bildet einen wesentlichen Teil der mit der Neubesetzung der Nachrichtenabteilung des AA in die Wege geleiteten organisatorischen Verbesserung. Ob der von E.E. gewiesene Weg nützlich und ratsam ist, ist zweifelhaft. Einstweilen ist es besser, den Mittelpunkt des gesamten politischen Pressedienstes nicht in die Reichskanzlei zu verlegen, sondern in der NA des AA zu belassen. Ist deren Um- und Ausgestaltung abgeschlossen, so wird sich größere Vereinheitlichung des amtlichen Dienstes in seiner Gesamtheit von selbst ergeben.«

gez. v. Bethmann Hollweg

Bezeichnend ist, daß das Schreiben unsere Forderung nur als eine organisatorische auffaßt. Wäre sie das, so hätte die Überlassung Deutelmosers genügt. Wir haben aber eine allen Pressestellen vorgeordnete leitende Persönlichkeit gefordert, als welche Deutelmoser nicht in Frage kam.

Die eingegangene Antwort ist Bethmann zweifellos von Deutelmoser vorgelegt. Sie ist somit seine erste Amtshandlung gegen die OHL. Nachdem er bisher als Chef des Kriegspresseamts die Nöte und den Wunsch der OHL kennen gelernt und die Forderung nach einer einheitlichen Führung durch den Reichskanzler am eigenen Leibe erfahren hat, bedeutet diese erste Handlung ein völliges Umschwenken und durch die Betonung des Organisatorischen ein Herabziehen in den formellen Bereich. Wenn, weil Deutelmoser beim AA gelandet ist, auch die politische Presseleitung dort verbleiben soll, so war alles umsonst, was wir von der Überlassung Deutelmosers an den Reichskanzler hofften.

Gleichzeitig läßt mich Ludendorff bitten, ihn über den Umfang der politischen Berichterstattung durch IIIb zu informieren, da bei ihm Einwendungen dagegen erhoben seien, daß eine Berichterstattung über politische Verhältnisse unter Umgehung der politischen Behörden stattfinde [...] Ich vermute dahinter gleichfalls Deutelmoser als diejenige Stelle, die sich umgangen fühlt. Ich erkenne auch hieraus, daß ich der Überlassung seiner Person an den Kanzler nicht hätte zustimmen sollen, daß seine Kenntnis der Verhältnisse beim Kriegspresseamt und der OHL nur dann zum Nutzen der Sache sein konnte, wenn er diese, wie erwartet, im Interesse der Bedürfnisse der OHL, aber nicht zur weiteren Einschränkung derselben auswertete.

Ich erhalte die Meldung, daß das Kriegspresseamt den täglichen Telegrammdienst zur militärischen Lage, welchen die Militärische Stelle (v. Haeften) herausgibt, beanstandet. Der Verein deutscher Zeitungsverleger hat beim Kriegspresseamt zur Sprache gebracht, daß es für die Schriftleitungen der deutschen Zeitungen wichtig sei, eine brauchbare Orientierung über die wichtigsten Zeitungen Frankreichs, Englands und Rußlands zu erhalten. Wenn eine solche vielleicht beim Kriegspresseamt noch nicht vorhanden sei, so sei der Verlegerverein bereit, sie herauszugeben, erbitte dazu aber das Material vom Kriegspresseamt.

Es ist bezeichnend, daß eine solche Orientierung nicht längst vorhanden ist, erst im dritten Kriegsjahr, und nicht beim AA, sondern beim Kriegspresseamt gefordert wird. [...]

Feldpressestelle 23.1.17
beim
Generalstab d. Feldheeres
GrHQu West
B.Nr. 1576

Richtlinien
für die Schriftleitungen der Armeezeitungen.

A. Allgemeine Gesichtspunkte.

1. Die Armeezeitung ist über das bloße Nachrichtenblatt hinausgewachsen. Sie hat höhere Aufgaben: Weckung und Befriedigung der geistigen Bedürfnisse des Soldaten. Sie soll den Suchenden Wege zeigen, den Unsicheren festigen, den Schwankenden stützen, den Unkundigen belehren, den Strebsamen aufmuntern, den geistig Beweglichen aufwärtsführen.
2. Die Kriegszeitung ist nach der Natur der Sache die Stimme einer gewissen geistigen Oberschicht des Heeres. Sie muß aber trotzdem bemüht sein, den Widerhall *aller* Kameraden zu geben. Nur dadurch weckt und stärkt sie das Zusammengehörigkeitsgefühl und wird zum geistigen Mittelpunkt der Truppe.
3. Die Kriegszeitung hat Vorteile und Nachteile.
Vorteile: Eindrucksgewalt der militärischen Herausgabe. Gemeinschaftlichkeit des Stoffgebiets, des Erlebens und des Ziels.
Nachteile: Unterdrückung bestimmter belangreicher Ursachen, Folgen, Zusammenhänge und Schlüsse. Dämpfung der Kritik.
Die Aufgabe, zwischen diesen Vorteilen und Nachteilen hindurchzufinden, ist nicht leicht. Sie wird aber gelöst, wenn das Augenmerk darauf gerichtet wird, daß alle Bestrebungen, Gedanken, Wünsche und Hoffnungen in *ein* Ziel münden, alles fürs Vaterland, alles für den Sieg. Was nicht auf diesem Weg liegt, bleibt aus der Kriegszeitung heraus.
4. Für die Zensur gilt der Satz: Nützt diese oder jene Darstellung dem Feind? Wenn ja, schadet sie uns. Dann weg damit!

B. Einzelaufgaben.

1. Pflege der Kameradschaft. Betonung des Gemeinschaftsgefühls. Würdigung des Wertes des einzelnen Soldaten. Kameradschaftlicher Geist in Beiträgen von Vorgesetzten.
2. Heranziehung der Truppe zur Mitarbeit. Prüfung nicht nach streng literarischen Gesichtspunkten. Zeitung soll Spiegel des Geistes in der Truppe sein. Besondere Mittel: Verteilung von Preisen für gute Einsendungen, Preisrätsel.
3. Aufrechterhaltung der Hoffnung auf den deutschen Endsieg. Hervorhebung der deutschen militärischen Erfolge. Pflege der Erinnerung an die Taten der ersten Kriegsjahre. Stärkung der Kampffreudigkeit durch Ernst und Scherz. Kampf gegen Schwachmut und Verdrossenheit.
4. Betonung des Hauptkriegsziels Deutschlands: Verteidigung des Reichs. Dazu aber wirksame Sicherung gegen Überfälle wie den von 1914. Kein Eingehen auf Einzelheiten dieser Sicherung, ebensowenig auf die Anwendung der möglichen Mittel der Kriegführung.
5. Hervorhebung des Hauptkriegsziels der Feinde: Vernichtung des deutschen Reichs. Besondere Unterstreichung der wirtschaftlichen Folgen einer deutschen Niederlage für die Gesamtheit wie für den Einzelnen. Aufzeigung der Verkettung des Schicksals des Einzelnen mit dem des Vaterlandes.
6. Behandlung der Schuldfrage. Hervorhebung der systematischen Einkreisungspolitik gegen Deutschland, der Eroberungssucht unserer Feinde.
7. Pflege des Zusammenhangs mit der Heimat. Stimmen der Heimat. Hervorhebung der Leistungen der Heimat. Kein Eingehen auf innerpolitische Streitfragen.
8. Belehrung über die wirtschaftlichen Fragen. Hinweis auf die Hauptursache aller Schwierigkeiten: Englands Blockade. Warnung vor Verallgemeinerung örtlicher Schwierigkeiten. Offene Sprache über bestehende Mißstände, dabei aber immer wieder Betonung, daß die Ernährung im ganzen gesichert ist. Vergleiche mit früheren Kriegszeiten.
9. Belehrung über finanzielle Fragen. Aufklärung über die Kriegsanleihen, über die Bedeutung des bargeldlosen Verkehrs, über die Notwendigkeit, in Feindesland nicht mit deutschem Geld zu bezahlen.
10. Hervorhebung der Schwierigkeiten in finanzieller und wirtschaftlicher Hinsicht bei unseren Feinden.
11. Erziehung zur Sparsamkeit. Sammlung von Altmaterial.
12. Aufklärung über das Versorgungswesen, über die Fürsorgetätigkeit von Reich, Staat, Gemeinden und Privaten für die Kriegsteilnehmer.
13. Behandlung der Geschichte des eigenen und besetzten Landes. Hinweise auf Parallelen und Wiederholungen im Weltgeschehen.
14. Belehrung über Land und Leute des Armeegebiets, dessen geologische Verhältnisse, Tier- und Pflanzenwelt.
15. Religiöse Betrachtungen.
16. Heranziehung unkriegerischen Stoffes zur Aufheiterung. Rätsel. Pflege des Geistes und Geschmacks in literarischen und künstlerischen Dingen innerhalb eines soldatischen Durchschnittsrahmens. »Bei unserem wahrhaftigen Volksheer ist dieser Durchschnitt erstaunlich hoch« (Schriftleitung der Kriegszeitung der 7. Armee).
17. Pflege von Humor. Nicht zuviel Witze.
18. Ausstattung der Zeitung mit Bildschmuck.

[...]

Mittwoch, 24. Januar 1917

Angesichts der beginnenden Enttäuschung darüber, daß die Überlassung Deutelmosers an den Reichskanzler die erhoffte Entlastung des Kriegspresseamts nicht zu bringen scheint, bitte ich Ludendorff um Erlaß der nachfolgenden Dienstanweisung für das Kriegspresseamt, um dessen Aufgaben in der neuen Situation festzuhalten.

Aus Anlaß dessen, daß der Aufruf des Kaisers an das deutsche Volk vom 12.1.17[1] nach Ablehnung unseres Friedensangebotes den Zeitungen wiederum zugegangen war, ohne daß die Presseaufsichtsbehörden darüber verständigt, oder mit Weisungen versehen worden waren, daß außerdem der öffentliche Anschlag in den einzelnen Bundesstaaten infolge fehlender Anweisungen zeitlich verschieden, zuletzt in Preußen angeordnet war und eine ähnliche Zerfahrenheit sich in der Werbetätigkeit für die nächste Kriegsanleihe verbreitete, erbitte ich von Ludendorff ein zweites Schreiben hierüber an den Reichskanzler. Er stimmt zu mit dem Befehl, es diesmal zur Unterschrift durch den Feldmarschall aufzusetzen. In diesem Schreiben, welchem der Feldmarschall nach Billigung durch Ludendorff sehr energisch zustimmt und es unterschreibt, habe ich ausgeführt: »Bei Vorgängen politischer Art müsse die Leitung in der Hand der politischen Reichsleitung liegen, auch wenn im Einzelfall die Anregung von einer militärischen Stelle ausgehe. Der erste Generalquartiermeister habe entsprechende Bestimmungen erlassen. Der Feldmarschall bedauere, daß der Reichskanzler in seiner Antwort vom 16.1.17 dem Vorschlag Ludendorffs vom 17.12.16 nicht zugestimmt habe.«

Zu dieser Antwort des Kanzlers: »Solange eine der bereits bestehenden Stellen in Berlin mit dem Ausgleich und der Vereinheitlichung der Arbeit aller für derartige Unternehmungen in Betracht kommenden Stellen betraut ist, wird es immer an einheitlichem Vorgehen mangeln. Die Anforderungen, die an jede einzelne Stelle, auch an die Nachrichtenabteilung des AA gestellt werden, sind in der jetzigen Zeit so groß, daß es unmöglich ist, einer Stelle auch die Leitung des Gesamten zu übertragen. Es ist unbedingt notwendig, eine Zentralstelle zu schaffen, die keine andere Aufgabe hat, als für Einheitlichkeit zu sorgen und die der Reichsleitung dafür verantwortlich ist, daß *rechtzeitig weitblickende* Weisungen erteilt und Maßnahmen verabredet werden.«

Aus dem Bezirk der Zentralpolizeistelle West, welche mit der Beaufsichtigung der Stimmung und etwaiger Wühlereien im westlichen Industriegebiet beauftragt ist, erhalte ich eine Meldung, daß das Vorgehen der Zentralpolizeistelle merk-

---

[1] In dem mit »Unsere Feinde haben die Maske fallen lassen« betitelten Aufruf des deutschen Kaisers beschwört dieser den Zusammenhalt und die Wehrhaftigkeit gegen die frieden- und freiheitsgefährdenden USA. Wilhelm II. bezeichnete Amerika unmissverständlich als Feind, nachdem die Vereinigten Staaten bereits Anfang Januar wegen des uneingeschränkten U-Bootkrieges die diplomatischen Beziehungen abgebrochen hatten.

bar zu stark von Juristen beeinflußt werde, die keinen Blick für das praktisch Durchführbare und Zweckmäßige hätten und alles mehr oder weniger in eine Schablone zwingen möchten. Anfragen forderten manchmal ein Lächeln der in der Praxis erprobten Direktoren heraus. Die Zivildienstpflicht wirke sich insofern ungünstig aus, als sie die Zahl der Spitzbuben vergrößere und die Arbeitgeber auch in der Möglichkeit beschränke, politisch gefährliche Elemente ihren Betrieben fern zu halten.

Generalstab des Feldheeres GrHQu, 24.1.1917
IIIb Nr. 9292/II Geheim

Dienstanweisung
für das Kriegspresseamt.

1.) Das Kriegspresseamt untersteht dem Chef des Generalstabes des Feldheeres. Die Weisungen der Obersten Heeresleitung werden dem Kriegspresseamt durch den Chef der Abteilung IIIb des Generalstabes des Feldheeres übermittelt. In Fragen und Erörterungen, die die Stellung oder den Wirkungskreis des Kriegsministeriums berühren, ist dessen Mitwirkung und Zustimmung erforderlich. Das Kriegspresseamt ist keine Behörde, sondern eine vermittelnde Dienststelle des Generalstabes des Feldheeres, die das schnelle und einheitliche Zusammenwirken der Obersten Heeresleitung mit den Berliner Zentralbehörden in allen Presseangelegenheiten herbeiführen und erleichtern soll. Das Kriegspresseamt verkehrt deshalb mit allen Behörden unmittelbar.
2.) Die Aufgaben des Kriegspresseamtes sind:
   a) Nachrichtendienst aus der deutschen und ausländischen Presse.
   b) Leitung der Zensur.[a]
   c) Militärische Berichterstattung in Deutschland und damit Einfluß auf Zuversichtlichkeit der Stimmung.
   d) Zusammenarbeit mit der Presse unserer Verbündeten innerhalb der vorbezeichneten Angaben.
3.) Der Chef des Kriegspresseamtes leitet dessen gesamte Arbeit. Ihm sind vorbehalten:
   a) Grundsätzliche Entscheidungen.
   b) An Chef IIIb für die Oberste Heeresleitung zu erstattende Berichte.
   c) Persönliche Angelegenheiten. [handschriftlich] KrPrA – Allgemeines
   d) Verkehr mit den obersten Militär- und Zivilbehörden.
   e) Vertretung der Obersten Heeresleitung im Verkehr mit der Presse.
   Zu seiner Unterstützung dienen:
   a) das Zentralbüro,
   b) die Verwaltung,
   c) ein Generalstabsoffizier.

---

[a] Unleserliche handschriftliche Bemerkung.

»Im übrigen gliedert sich das Kriegspresseamt in 5 Abteilungen: Generalstabsoffizier (Gst.), Inlandstelle, Oberzensurstelle, Auslandstelle, Auskunftstelle.«

4.) Der *Generalstabs*offizier hält, in Verbindung mit Chef IIIb, den Chef Kriegspresseamt über die militärische Lage [...]^b

5.) Der *Inlandstelle* (Abt. I) liegt der Nachrichtendienst über die deutsche Presse ob. Sie erstattet Bericht in dem täglichen »Auszug aus der deutschen Tagespresse«, in »Wochenberichten« und gegebenenfalls in »Sonderberichten«. Sie unterrichtet die Oberste Heeresleitung über innerpolitische Vorkommnisse und Auffassungen, soweit sie ihr durch besondere Beziehungen zur Kenntnis kommen. Irgend einer innerpolitischen Tätigkeit hat sich das Kriegspresseamt aber zu enthalten.

Auch die Broschüren-Literatur, die Flugblätter und die nicht in der Öffentlichkeit erschienenen Druckschriften sind in die Beobachtung und Berichterstattung mit einzubeziehen.

6.) Die *Oberzensurstelle* (Abt. II) sorgt für die gleichmäßige Handhabung der militärischen Presseaufsicht im Heimatgebiet. Sie hat für die gleichmäßige Durchführung der von der Obersten Heeresleitung getroffenen Zensuranordnungen Sorge zu tragen.

Mit den Presseverwaltungen in den besetzen Gebieten hält sie zum gleichen Zwecke Fühlung. Mit den militärischen Presseleitungen der Verbündeten führt sie von Fall zu Fall gemeinsames Vorgehen herbei; das Einverständnis von Chef IIIb ist dazu jedesmal vorher einzuholen.

Die OZ übermittelt die von den Zentralbehörden ausgehenden Richtlinien an die Zensurstellen der stellvertretenden Generalkommandos, Gouvernements usw. Sie ist zwar den Zensurstellen der stellvertretenden Generalkommandos usw. nicht übergeordnet, jedoch ist ihr durch die Allerhöchste Kabinettsordre vom 4.8.1915 die Möglichkeit gegeben, auf die mit der vollziehenden Gewalt betrauten Militärbefehlshaber in Zensurangelegenheiten einzuwirken.

Dem Oberbefehlshaber in der Heimat^c erstattet sie auf sein Verlangen Gutachten. Sie legt ihm diejenigen Vorgänge vor, die nach Ihrer Auffassung seiner Aufsicht bedürfen.

Die OZ bearbeitet außerdem die Berichte über die »Pressebesprechungen«, die einmal wöchentlich mit den Vertretern der hauptsächlichen Zeitungen stattfinden.

7.) Die *Auslandstelle* (Abt. III) hat über den militärischen, politischen und wirtschaftlichen Inhalt der Auslandpresse sowie das Wesen ihrer hauptsächlichen Organe die Oberste Heeresleitung fortlaufend zu unterrichten. Zu diesem Zwecke dienen die
    a) Übersicht der Auslandpresse (ÜdA),
    b) Nachrichten der Auslandpresse (NdA),
    c) Eindrücke der Auslandpresse (EdA),
    d) Charakteristik der Auslandpresse (CdA).

---

^b Text wurde in der Überlieferung mit Papierstreifen überklebt.
^c Gemeint ist der preußische Kriegsminister, der am 8.12.1916 zum Oberbefehlshaber in Berlin ernannt wurde. Damit erlangte auch die oberste Militärverwaltungsbehörde erstmals Kommandobefugnisse über die Streitkräfte.

Eine Aufgabe von besonderer Bedeutung sind die Sonderberichte, die in wichtigen Fällen zusammengestellt werden. Wertvolle militärische und politische Nachrichten der ausländischen Presse werden telegraphisch an die Abteilung IIIb des Generalstabes des Feldheeres übermittelt.

8.) Die *Auskunftstelle* (Abt. IV) versorgt die Heimat mit militärischen Nachrichten. Sie soll gleichzeitig die Stimmung in der Heimat heben. Sie verwendet hierzu Nachrichten und Schilderungen, die sie von der Abteilung IIIb erhält oder die von dieser nach eingezogener Erkundigung für geeignet gehalten werden.

Ihren Nachrichtenstoff gibt sie an die Presse entweder unmittelbar oder durch die Zeitungskorrespondenz »Deutsche Kriegsnachrichten«, die von ihr herausgegeben werden.

Um Geistlichen, Lehrern, Beamten usw. Unterlagen zur Aufklärung des Volkes zu geben, läßt sie die »Deutsche Kriegswochenschau« erscheinen.

Im Übrigen übt sie ihre Aufklärungsarbeit im Einvernehmen mit anderen in Betracht kommenden Behörden aus.

Unter unbedingtem Ausschluß politischer Streitfragen soll sie alle Mittel (Presse, Flugblätter, Flugschriften, Vorträge, Theater, Kirche, Schule) ausnutzen, um Klarheit über Ursache, Notwendigkeit und Zweck des Krieges zu verbreiten, Zuversicht, Pflichtbewußtsein und Opferwilligkeit stärken.

Die Auskunftstelle hält in gegenseitigem Austausch Verbindung mit der MAA.

Zusammen mit der Feldpressestelle versieht die Auskunftstelle die Armeezeitungen mit Nachrichten aus der Heimat.

Ferner fördert sie die Tätigkeit der deutschen und verbündeten Kriegsberichterstatter.

Sie regt Frontreisen an, um die Verbindung zwischen Front und Heimat wachzuhalten.

9.) In wirtschaftlicher Beziehung ist das Kriegspresseamt der Intendantur der militärischen Institute unterstellt. Es ist immobil.

10.) Das Kriegspresseamt regelt seinen Ersatz an Offizieren, Beamten, Mannschaften und Zivilpersonen innerhalb seiner Stärkenachweisung und im Einvernehmen mit den stellvertretenden Generalkommandos. Die Anstellung von Offizieren erfolgt durch Vermittlung der Abteilung IIIb.

11.) Der Chef des Kriegspresseamts übt die Disziplinar- und Urlaubsbefugnisse eines Regimentskommandeurs aus. Gesuchs- und Vorschlagslisten werden der Abteilung IIIb zur Weiterleitung übermittelt.

[handschriftlich] I.A. Ludendorff [...]

Abteilung IIIb   25.1.17
Sekt. Ost Nr. 32401 Geheim

Besprechung
mit N.O. Obost am 9.1.17 in Warschau
und den Nachrichtenoffizieren der Westfront
am 16., 17. und 18.1.17

1) Die Handhabung des Nachrichtendienstes durch die Nachrichtenoffiziere in nächster Zeit muß die *dauernde Feststellung der feindlichen Front* gewährleisten. Hierzu müssen die Nachrichtenoffiziere sich die sonst eingehenden Meldungen bei den Armeen erbitten und Maßnahmen zur Herbeiführung von Feststellungen, z.B. Einholen von Gefangenen, sofort dann anregen, wenn über eine Stelle der feindlichen Front Unklarheit eintritt.
2) Bei der *Vernehmung der Gefangenen* darf der Grundsatz nicht übertrieben werden, daß nur der Nachrichtenoffizier hierzu berechtigt sei. Die Truppe allein vernimmt die Gefangenen zweckmäßig zu taktischen Feststellungen, der Nachrichtenoffizier der Division (Grundsätze für die Führung der Abwehrschlacht im Stellungskriege vom 1.11.16, Teil VIII, § 11, Seite 17) über sonstige Fragen der feindlichen Front, welche die Division berühren, der Nachrichtenoffizier der Obersten Heeresleitung über die Fragen, welche für das Armeeoberkommando und die Oberste Heeresleitung von Wert sind. Seine Fragen können die der vorvernehmenden Stellen wiederholen; dagegen muß der Nachrichtenoffizier durch zweckmäßige Anordnungen innerhalb der Armee dafür Gewähr schaffen, daß die vorderen Stellen die Gefangenen nicht über solche Fragen vernehmen, die zweckmäßig nur der Nachrichtenoffizier stellen kann. Die Schnelligkeit der Zuführung der Gefangenen an den Nachrichtenoffizier darf und wird dadurch nicht leiden. – Im übrigen ist dahin zu wirken, daß die »Nachrichtenoffiziere der Division« in erster Linie dazu berufen sein sollen, die Nachrichten den Truppen zuzuleiten.
Die persönliche Vernehmung der Gefangenen durch den Nachrichtenoffizier hört auf, sobald zahlreiche Gefangene an mehreren Stellen der Front in einer Schlacht gemacht werden. Für die Verhältnisse möglicher Schlachten hat der Nachrichtenoffizier neben der Organisation seines normalen Dienstbetriebes in ruhigerer Zeit die Organisation vorzubereiten. Hierzu gehört die Bestimmung von Orten, an denen die Gefangenen zunächst zusammenzuführen sind, die Ausbildung und Bereitstellung von Offizieren und Unteroffizieren pp zur Befragung der Gefangenen. Der Einbau von Arendtstationen[a] in allen Gefangenenlagern im Operationsgebiet ist durchzuführen. Die Beigabe sprachkundiger unterwiesener Begleiter bei Gefangenentransporten ist ratsam.
Eine *Verstärkung des Personals* etatmäßig in normalen Zeiten ist nicht möglich. Sobald eine Schlacht bevorsteht, kann aber eine Verstärkung des Per-

---

[a] Die nach dem Hersteller benannten Arendt-Geräte waren elektroakustische Abhöranlagen, die ursprünglich im Frontnachrichtendienst eingesetzt waren.

sonals bei Chef IIIb beantragt werden; sie wird von den ruhigeren Stellen der Gesamtfront geleistet werden. Im übrigen wird der Nachrichtenoffizier bei erhöhten Ansprüchen die besten Helfer dann haben, wenn er sich auf selbst ausgebildetes Personal des eigenen Armeebereichs stützt. Unter der Organisation für Zukunftsmöglichkeiten dürfen aber die Aufgaben des täglichen Dienstes nicht leiden.

3) Die Gefangenen sind grundsätzlich außer über die feindliche Front über Vorgänge im Hinterland zu befragen, die ihnen durch Urlaub, Briefe oder Erzählungen bekannt sein können. Das Ergebnis dieser Befragung braucht nur in besonderen Fällen telegraphisch übermittelt zu werden, sonst kann [...][b]

4) Ein *Agentendienst* durch die Westfront ist weiterhin ausgeschlossen. Der Nachrichtenoffizier der Armeeabteilung A stellt jeden Agentendienst ein und richtet besondere Fragen seines Armeeoberkommandos nach Lindau.[c] Wenn Nachrichtenoffiziere, im besonderen N.O. Obost, im Sinne ihrer Oberkommandos *Fragen für den Kriegsnachrichtendienst* haben, so sind diese ihnen über Chef IIIb zuzuleiten.

N.O. 4 erhält für die verschärfte *Beobachtung Hollands* einen zweiten, der holländischen Sprache mächtigen aktiven Hilfsoffizier. Seine Tätigkeit hat sich zunächst nicht gegen Holland, sondern nur auf die Feststellung etwaiger feindlicher Landungsabsichten zu richten. Die Leitung des Nachrichtendienstes in Holland behält Antwerpen. N.O. 4 hat Antwerpen über Persönlichkeit, Aufenthaltsort und Arbeitsweise seiner eigenen Beobachter in Holland zu unterrichten. Die Zuteilung eines besonderen Nachrichtenhilfsoffiziers für die Beobachtung in Holland soll gewährleisten, daß im Bereiche der 4. Armee trotz dieser zweiten Aufgabe der Frontnachrichtendienst nicht zu kurz kommt. Die Stationierung von Brieftauben in Holland ist zu fördern, mit dem Nachrichtendienst der Marine in Holland eng Verbindung zu halten.

In der Ostfront ist es auf Wunsch des Oberbefehlshabers Ost dem N.O. Obost überlassen, an den Stellen, wo es notwendig und möglich ist, mit Agenten durch die russische Front zu arbeiten. Dem Umstande, daß dabei nur mit Doppelagenten gearbeitet werden kann, ist durch verschärfte Vorsicht Rechnung zu tragen.

5) Die Verbreitung von für die Truppe geeigneten *Flugblättern* über Zeitereignisse ist zu erwägen und in Verbindung mit den Armeezeitungen durchzuführen, im wesentlichen einheitlich durch IIIb West bzw. N.O. Obost und Feldpressestelle. Die Kriegsziele der Entente sollen in volkstümlicher Wiedergabe auf diese Weise verbreitet, in Unterständen, Kantinen, auch im Etappengebiet angeheftet werden. Flugblätter in gleichen Fällen für die Bevölkerung der besetzten Gebiete sind in gleicher Weise zu verbreiten.

Auf *Inschriften* in Eisenbahnen pp., welche den Geist der Truppe gefährden, ist von der Feldpolizei zu achten und ihre Entfernung bei den zuständigen Behörden anzuregen.

---

[b] Unvollständige Überlieferung.
[c] Standort einer Kriegsnachrichtenstelle.

Die Feier *patriotischer Festtage* bei den Truppen trägt zur Erhaltung der Stimmung bei und ist von den Nachrichtenoffizieren im Einzelfall anzuregen. *Flugblätter für die feindlichen Truppen* sollen gleichfalls bei IIIb West bzw. N.O. Obost beantragt und einheitlich hergestellt werden; sie dürfen nicht aus Flugzeugen abgeworfen werden.

6) Anträge auf *Zulassung von Theatertruppen* pp. dürfen nicht kurzfristig gestellt werden. Die Nachrichtenoffiziere sind verantwortlich, daß bei derartigen Veranstaltungen die Rücksicht auf das militärische Geheimnis gewahrt wird.

7) Die *Abwehrmaßnahmen gegen die feindliche Spionage* sind unverändert streng durchzuführen, im besonderen Kontrolle der Einreise-Erlaubnis, der Passierscheine, des Bahn-, Post- pp. Verkehrs. Sobald der Fall eintritt, daß ein besonderes militärisches Geheimnis zu schützen ist (Truppen-Antransport und -Abtransport, Artilleriebauten, Stellungsbau pp.), sind besondere Maßnahmen vorzuschlagen und durchzuführen, z.B. völliges Einstellen des Postverkehrs, Privatfernsprechverkehrs, Urlaubsreisen, tägliche Ermahnungen zur Verschwiegenheit auch an Offiziere sämtlicher Dienstgrade. Wenn ein Angriff unsererseits bevorsteht oder ein feindlicher Angriff zu erwarten ist, so ist an diesen Stellen für Entfernung sämtlicher Briefe und dienstlichen Schriftstücke aus den vorderen Linien zu sorgen. In dieser Weise sind *verschärfte Maßnahmen zur Sicherung des militärischen Geheimnisses* räumlich und zeitlich zu beschränken. Es wird gewarnt vor allgemeinen Maßnahmen, welche in der Durchführung erschlaffen und für normale Zeiten zu weit gehen, für besondere Zeiten nicht ausreichen.
Ebenso ist beim *Abschub* feindlicher Landeseinwohner zwischen denen zu unterscheiden, welche nicht im Besitz militärischer Geheimnisse sind und deren Abschub deshalb unbedenklich ist, und solchen, die auf keinen Fall abgeschoben werden dürfen.
Die Abwehr darf sich nicht im Fang von Spionen erschöpfen, sondern muß besonders vorbeugende Maßnahmen treffen.
Es gibt in Ost und West nur eine Feldpolizei. Armeegrenzen dürfen für die Organe der Abwehr nicht bestehen. Die Feldpolizei einer jeden Armee hat mit den Nachbarn und den Feldpolizeidirektoren bzw. IIIb Ost und IIIb West engste Verbindung zu halten. Überall, auch bei Armeeabteilung A und B, vertreten die Nachrichtenoffiziere die Gesamtleitung der Spionageabwehr.
Die Abwehr bei AOK 4 und in Belgien ist für die nächste Zeit von ganz besonderer Bedeutung. Der Bestechlichkeit der Grenzposten ist mit allen Mitteln entgegenzuarbeiten. N.O. 4 hat dafür zu sorgen, daß über der Abwehr gegen Holland die bei der Armee und in der Front nicht zu kurz kommt.
Die Z.St. Luxemburg ist dauernd vom Feldpolizeidirektor West in Bezug auf die Spionageabwehrmaßnahmen zu beaufsichtigen (siehe Dienstanweisung); sie darf zwischen Etappengebiet und Heimat keine selbständige Stelle ohne Verbindung mit Feldpolizei und Heimatbehörde sein.

8) Es wird an das Verbot erinnert, daß *dem Feinde keinerlei Nachrichten zugeleitet werden dürfen* zwecks Irreführung, für die nicht Chef IIIb das Einverständnis mit der Obersten Heeresleitung herbeigeführt hat. Anregungen auf diesem Gebiete sind Chef IIIb willkommen.

9) Die für den Meldeweg und die Rolle der *Heeresgruppen-Nachrichtenoffiziere* getroffenen Anordnungen haben sich bewährt, ebenso die *Grundsätze, die für den Frontnachrichtendienst gelten*. Jedem Nachrichtenoffizier müssen die erteilten Richtlinien, grundlegenden Verfügungen und Besprechungsprotokolle völlig geläufig sein, weil sie die gemeinsame Grundlage für Nachrichtenoffizier und Chef IIIb und die Zwischenstellen bilden.
10) Reichliches vom Nachrichtenoffizier den Stäben geliefertes *Nachrichtenmaterial* verbessert seine Stellung und kommt der Bereitwilligkeit der Stäbe für den Nachrichtendienst zu gute. Die Nachrichtenoffiziere erbitten deshalb Zuleitung möglichst reichhaltigen Materials aus dem gesamten Arbeitsgebiet der Abteilung IIIb. Im besonderen erbitten die Nachrichtenoffiziere der Heeresgruppen Meldungen der Kriegsnachrichtenstellen. Die Zusammenstellungen des Inlandsnachrichtendienstes erwecken besonderes Interesse. Die Übermittlung des Nachmittagsvortrages bei der Operationsabteilung des Großen Hauptquartiers an die Nachrichtenoffiziere wird erbeten.
11) *Wöchentliche Übersichten durch die Nachrichtenabteilung* werden vorgeschlagen, auch Zusendung von Bildern über das feindliche Heer ist erwünscht.
12) Die Nachrichtenoffiziere haben *Material, welches sie zur Verbreitung im Inlande oder im Auslande für geeignet halten,* bis auf weiteres nur an das Kriegspresseamt zu senden. Im letzteren Falle haben sie darauf zu vermerken: »Auch für das Ausland geeignet.« Die Verantwortung, daß damit weder in deutscher noch ausländischer Presse etwas Geheimzuhaltendes preisgegeben wird, trägt der Nachrichtenoffizier in Verbindung mit dem Armeeoberkommando. Ob die Veröffentlichung zweckmäßig ist, entscheidet das Kriegspresseamt bzw. MAA, in Zweifelsfällen nach Einholung der Entscheidung der Obersten Heeresleitung durch Chef IIIb. Ein Nichteinhalten dieser Grundsätze hat mehrfach zu unerwünschten Veröffentlichungen geführt. Die Aufsicht über die Veröffentlichungen der Kriegberichterstatter und darüber, was sie an der Front zu hören und zu sehen bekommen, auch wenn sie es nicht veröffentlichen, darf trotz langer Kriegsdauer nicht nachlassen.
13) Jegliche *Repräsentation*, zu der die Nachrichtenoffiziere gelegentlich Aufenthaltes von Berichterstattern pp sich im *dienstlichen Interesse* verpflichtet glauben, hat in einfachster Form zu geschehen, ebenso die Pflege kameradschaftlichen Zusammenseins mit anderen Nachrichtenoffizieren oder bei dienstlicher Anwesenheit von Vorgesetzten im Nachrichtendienst. Ich ersuche besonders, auf einfachste Lebensführung zu halten und das Unterpersonal in straffer Disziplin zu beaufsichtigen. In keiner Stelle und in keiner Weise dürfen unzuverlässige Persönlichkeiten im Nachrichtendienst Verwendung finden. Jeder, über dessen Persönlichkeit die geringsten Zweifel auftauchen, ist sofort aus dem Nachrichtendienst zu entfernen.

[handschriftlich] Nicolai [...]

Freitag, 26. Januar 1917

Im Anschluß an die Dienstanweisung für das Kriegspresseamt wird eine Denkschrift über die Zensur nach Erlaß des Gesetzes über den Kriegszustand aufgestellt.
Ich gebe Verfügungen über:
a) Zusammenarbeit des Kriegspresseamtes mit der Militärischen Stelle beim AA Letztere erhält eigenes Zensurrecht, eine Zensur ihrer Veröffentlichungen durch eine Zensurbehörde hat nicht stattzufinden. Die Verantwortung für die sachliche Richtigkeit von Mitteilungen, welche der Militärischen Stelle zugeleitet werden, haben die Nachrichtenoffiziere, bzw. Hauptmann v. Seydlitz im GrHQu als Vertreter der MAA, die Verantwortung, ob die Veröffentlichung solcher Mitteilungen zweckmäßig ist, hat der Leiter der MAA, Oberstleutnant v. Haeften in Berlin.
b) Über Zuleitung von Material durch die Nachrichtenoffiziere an das Kriegspresseamt.
c) Über den Abwurf von Flugblättern,
d) über das durch Verfügung des K.M. gebildete »Bild- und Filmamt«.[2]

Sonnabend, 27. Januar 1917

Die Maßnahmen zur äußeren Würdigung des Kaiser-Geburtstages haben guten Erfolg. Der Kaiser hat schon vorher zahlreiche Kundgebungen als Antwort auf seinen Aufruf nach Ablehnung seines Friedensangebotes erhalten.

Sonntag, 28. Januar 1917

Ein Spezialfall gibt mir Anlaß zu einer Verfügung, daß Vertrauensleute und Agenten des Nachrichtendienstes nicht zu persönlichen Zwecken benutzt werden dürfen, was ich bisher als selbstverständlich nicht besonders betont habe.
 Ich muß noch einmal für 10 Tage nach Berlin und an die Ostfront verreisen. [...]
 Die Besprechung in Berlin am *30.1.* mit den Behörden über die Abwehr ist schon veranlaßt durch zunehmende warnende Berichte über die Stimmung im Innern und die Ausnutzung durch den inneren und äußeren Feind.[3] Über die Besprechungen mit den Nachrichtenoffizieren an der Ostfront ist Aufzeichnung beigefügt.
 Auch diese Rundreise an die Ostfront war bestimmt, mich für längere Zeit für die Aufgaben im Innern zu entlasten, ich habe aber nicht vorausgesehen, daß diese mich so in Anspruch nehmen würden, daß diese Frontfahrt die letzte im Jahre 1917 noch mögliche wurde.

---

[2] Bild- und Filmamt (BUFA) lautete seit April 1917 die Bezeichnung der am 30.1. in der MAA eingerichteten Bild- und Photostelle. Das BUFA produzierte propagandistisches Bild- und Filmmaterial.
[3] Für diesen Abschnitt fehlt eine Datumsangabe.

Abteilung IIIb Großes Hauptquartier,
Chef Nr. 10687 Geheim 8.2.1917
[handschriftliche Korrektur] 10667
[Stempel] Zu den Akten!

Aufzeichnungen
aus den Besprechungen mit den N.O.'s der Ostfront,
Wilna, den 2.2.17 und Brest Litowsk, den 4.2.17.

1.) Der *Dolmetscherersatz zur Vernehmung der Gefangenen* an der Ostfront an Offizieren und Unterpersonal wird schwierig, um so mehr, als nur gute Dolmetscher brauchbar sind, d.h. solche, die sowohl die Sprache gut beherrschen, als auch militärisches Verständnis besitzen. Die Suche nach Dolmetschern im Operations- und Etappengebiet ist Aufgabe der Nachrichtenoffiziere, im Heimatgebiet soll sie durch Chef IIIb, auf dem westlichen Kriegsschauplatz durch IIIb West unterstützt werden. Dolmetscher sollen dem Nachrichtenoffizier beim Oberbefehlshaber Ost namhaft gemacht werden.
So erwünscht es ist, Dolmetscher bodenständig zu machen, so ist es doch ausgeschlossen, für sie Stellen auf dem Etat der Abteilung IIIb zu schaffen. Der Bedarf wechselt. Jeder Nachrichtenoffizier muß deshalb das sprachkundige Personal an den Stellen zusammenziehen, wo der Bedarf eintritt. N.O. Obost hat für etwa notwendigen Ausgleich dann zu sorgen, wenn durch Angriffsabsichten auf feindlicher oder eigener Seite Kampfhandlungen bei einer Armee bevorstehen.
Das österreichisch-ungarische Heer verfügt über eine größere Zahl Dolmetscher. Eine Heranziehung von dort im Notfalle ist zu erwägen.
Truppenteile, welche den östlichen Kriegsschauplatz verlassen, sind zu veranlassen, die Dolmetscher zurückzulassen.
2.) Auch im Etat der Nachrichtenoffiziere und der Geheimen Feldpolizei ist Einschränkung in gewöhnlichen Zeiten dringend geboten. N.O. Obost hat für *Verschiebung von Nachrichtenoffizieren und Feldpolizei* an Kampffronten rechtzeitig zu sorgen.
Verschiebung von Nachrichtenoffizieren oder organisatorische Änderungen innerhalb des IIIb-Dienstes bedürfen aber der Genehmigung von Chef IIIb, die durch IIIb Ost einzuholen ist.
N.O. Obost bittet, daß Chef IIIb bzw. IIIb Ost in organisatorischen Fragen nicht mit einzelnen Nachrichtenoffizieren, sondern mit diesen nur über N.O. Obost verkehrt.
An Kampffronten treten die anderen Aufgaben des Nachrichtenoffiziers gegen den Nachrichtendienst in den Hintergrund, in der Tätigkeit des Nachrichtenoffiziers tritt die für die Truppe in die allererste Linie. Damit zur Verstärkung vorübergehend kommandierte Nachrichtenoffiziere anderer Stellen erfolgreich mitarbeiten können, ist es erforderlich, daß die Nachrichtenoffiziere über die ganze Front im allgemeinen dauernd unterrichtet sind.

An ruhigen Stellen der Front hat der Nachrichtenoffizier sämtliche Aufgaben in gleicher Weise gewissenhaft wahrzunehmen.

3.) Die *Schwierigkeit des Kriegsnachrichtendienstes gegen das Innere Rußlands* verlangt, daß die Gefangenen besonders eingehend über die Verhältnisse im Inneren befragt werden.

4.) *Agentendienst durch die Front* wird nur durch Doppelagenten als möglich erachtet. Er ist gestattet, wenn die Armeeoberkommandos ihn wünschen. Die Verantwortung trägt der Nachrichtenoffizier. Größtes Mißtrauen gegen die Doppelagenten und ihre rücksichtslose Ausnutzung muß dafür bürgen, daß sie dem Feinde nicht mehr dienen als uns.

5.) Ebenso ist die *Anwendung von Flugblättern* zur Beeinflussung der Stimmung beim Feinde dem Ermessen der AOK's überlassen. Abwurf aus Flugzeugen und Luftschiffen verboten.

6.) Die *Spionageabwehr* verlangt zunächst den Kampf gegen die nur von vorn zu erwartenden Spione. Dieser Kampf ist von der Truppe zu führen, die in zweckmäßiger Weise über das Wesen der feindlichen Spionage aufzuklären und deren Interesse daran wachzuhalten ist. Daneben kommt es aber vor allem auf *Schutz des militärischen Geheimnisses* an. Überall dort, wo ein militärisches Geheimnis eintritt, ist für dessen besonderen Schutz zu sorgen. Die Pflicht der Verschwiegenheit ist in allen Dienstgraden wachzuhalten. Es ist zu unterscheiden zwischen Spionen und Verrätern. Spione kommen vom Feinde, Verräter sind in unseren Reihen bewußte kaum, aber leichtfertige viele. Überall dort, wo Gefechtshandlungen bevorstehen, ist die Front von dienstlichen Schriftstücken und Privatbriefen zu säubern. Gefangene und Überläufer bilden auch für den Feind die beste Nachrichtenquelle.

Wenn in Briefen die Angabe des Ortes verboten ist, so sind auch Ansichtskarten mit Ortsaufdruck unzulässig. Ausstreichen genügt nicht, der Ortsname muß völlig entfernt werden.

Die auf IIIb-Kosten beschafften *Polizeihunde* sind zu inventarisieren. Da Überläufer spionageverdächtig sind, wird *Schaffung besonderer Gefangenenlager für diese* in Deutschland vorgeschlagen. Die *Schaffung besonderer Spionagegerichte* zwecks vertiefter Kenntnis der Materie innerhalb der Armee- oder Heeresgruppenbezirke wird angeregt.

7.) Hauptmann *Fromme* von der MAA trug Wünsche vor, wie die Nachrichtenoffiziere *die Aufklärungstätigkeit im Auslande unterstützen* könnten. Es bleibt dabei, daß sämtliches Material von Nachrichtenoffizieren nur an das Kriegspresseamt zu leiten ist. Zustimmung des AOKs Voraussetzung, Prüfung bei N.O. Obost oder Chef IIIb in jedem Zweifelsfalle unbedingt nötig. Die oben erwähnte Weisung, daß in Gefechtszeiten alle anderen Aufgaben gegen den Nachrichtendienst zurücktreten, trifft für diese Berichterstattung nicht zu, da sie gerade dann wichtig und ergiebig ist.

8.) Hauptmann *Hasse* arbeitet insofern mit anderen Verhältnissen, als zur Heeresfront vorzugsweise verbündete Truppen gehören. Deutsche Nachrichtenoffiziere im Befehlsbereiche seines Heeresgruppenkommandos sind ihm unterstellt, können aber gleichzeitig an N.O. Baden oder IIIb Ost melden. Nachrichtenaustausch mit N.O. Mackensen bzw. N.O. Obost.

Der *N.O. Baden* leitet im übrigen sämtliche IIIb-Angelegenheiten, soweit solche in dem unter österreich-ungarischem Befehle stehenden Gebiete auftauchen.

9.) Auch die Nachrichtenoffiziere der Ostfront bitten um möglichst zahlreiches Material zu ihrer Unterrichtung.
Besprechungsprotokolle werden den Nachrichtenoffizieren sämtlicher Fronten zugehen, da sie, wenn auch vielleicht nicht durchweg zutreffend, auch für die anderen Fronten Anregungen enthalten werden.
[handschriftlich] Nicolai [...]

Donnerstag, 8. Februar 1917

Nachfolgend die Richtlinien für eine Reise meines Pressebearbeiters, Hauptmann Kroeger nach Konstantinopel und der von ihm erstattete Bericht. Der in diesem erwähnte Major[4] Sievert ist der türkisch sprechende Nachrichtenoffizier der OHL.

Richtlinien für die
Reise des Hauptmann Kroeger nach Konstantinopel.

Bei den Verhandlungen mit den militärischen Presseleitungen in Österreich-Ungarn (Oberst v. Eisner-Bubna) bzw. Bulgarien (Ministerialdirektor Herbst) ist immer wieder die Notwendigkeit betont worden, auch mit der militärischen Presseleitung der Türkei eine enge Fühlung aufzunehmen.
Es ist vereinbart worden, daß diese Fühlung zunächst von deutscher Seite aufgenommen wird und daß hieran sich später gemeinsame Besprechungen aller vier beteiligten Stellen anschließen sollten.
Gegenstand der Verhandlung und der späteren gemeinsamen Arbeit sollen bloß das militärische bzw. militärpolitische Gebiet sein. Ein Übergreifen in rein politische Angelegenheiten bleibt ausgeschlossen.
Zweck dieser gemeinsamen Arbeit soll sein,
1) in der gesamten Presse des Vierverbandes eine einheitliche Auffassung über die militärische bzw. militärpolitische Lage herbeizuführen,
2) sich in dieser Beziehung nicht nur auf die Darstellung des tatsächlich Geschehenen zu beschränken, sondern unter Umständen auch bereits vorausschauende Maßnahmen gemeinsam zu verabreden, wie zukünftige Phasen der Entwicklung des Krieges einheitlich aufzufassen sind,
3) mit dazu beizutragen, durch geeignete Schilderungen in erster Linie aus militärischen Gebieten die Kenntnis der Verbündeten beim eigenen Volke zu vermehren,
4) dafür Sorge zu tragen, daß die Leistungen der einzelnen Nationen im Vierverbande nicht nur dem eigenen Volke bekannt, sondern auch den übrigen Verbündeten im richtigen Lichte dargestellt werden.
Hauptmann Kroeger, der an den vorhergehenden Verhandlungen mit den österreich-ungarischen und bulgarischen Presseleitungen teilgenommen hat, soll in diesem Sinne auch die Verhandlungen mit der türkischen Presseleitung führen.

---

[4] Hauptmann Sievert war in die Nachrichtenabteilung des türkischen Generalstabes übergetreten und führte dort den höheren Dienstgrad Major.

Neben diesem *offiziell* anzubahnenden Verkehr mit der türkischen militärischen Presseleitung soll Hauptmann Kroeger aber auch die Verbindung mit der Presseorganisation der Kaiserlich Deutschen Botschaft in Konstantinopel aufnehmen, die, wie der Botschafter v. Kühlmann am 30. Januar in Berlin bei einer Besprechung mit Hauptmann Kroeger mitgeteilt hat, von ihm neu geschaffen worden ist.

Hierbei ist zunächst zu klären, ob und welche Unterstützung der neuen Presseorganisation in Konstantinopel von Seiten des Kriegspresseamtes oder anderer militärischer Dienststellen geleistet werden kann.

Erfordern es die militärischen Interessen, so bleibt zu erwägen, ob es nicht zweckmäßig erscheint, dauernd einen Offizier des Kriegspresseamtes dieser Organisation zuzuteilen.

Ferner ist zu klären, welchen Einfluß die Presseorganisation der Botschaft auf die türkische Presse hat, bezw. welche anderen Wege amtlichen deutschen Stellen zur Verfügung stehen, um Artikel auf nichtoffiziellem Wege in die türkische Presse zu bringen.

Hierbei kommt es, wie bei den verschiedenen Berliner Verhandlungen festgestellt worden ist, ganz besonders darauf an, dem türkischen Volke ganz allmählich darüber Klarheit zu verschaffen, daß die Leistungen Deutschlands für die Türkei ganz erheblich größer sind als umgekehrt. Es besteht Klarheit darüber, daß der türkische Nationalstolz sich zunächst dagegen wehren wird, an diese Wahrheit zu glauben.

Endlich soll Hauptmann Kroeger durch Besprechung mit dem Botschafter bzw. Militärbevollmächtigten[a] Richtlinien dafür festlegen, wie die türkische militärische Frage in den Pressen der übrigen verbündeten Länder allgemein zu behandeln sei.

[handschriftlich] Nic[olai]

---

[a] Hierbei handelt es sich um Generalleutnant Otto Hermann von Lossow.

Streng vertraulich!   Sofia, den 15. Februar 1917.

Bericht über meine Reise
nach Konstantinopel vom 9.–13. Februar 1917.

Zweck der Reise war:
1.) Die Verbindung mit der militärischen Presseleitung der Türkei aufzunehmen,
2.) An Ort und Stelle zu prüfen, ob und welche Unterstützung der Presseorganisation der deutschen Botschaft von militärischer Seite zuteil werden kann.
1.) *Die militärische Presseleitung und Zensur* liegt bei der 2. Abteilung des osmanischen Hauptquartiers, deren Chef Oberstleutnant Sefi Bey ist. Ihm zur Seite steht Oberstleutnant Sievert.

Die 2. Abteilung umfaßt die Arbeitsgebiete der deutschen Abteilungen IIIb, N. und stellv. IIIb (für Spionage-Abwehr). Das Personal ist sehr gering; trotzdem wird nach Aussage des Oberstleutnants Sievert verhältnismäßig Gutes geleistet.

Die positive Unterstützung der Presse geschieht in erster Linie durch die »Hohe Pforte« und deren Pressechef Hikmet Bey, der mir als zuverlässig, klug und deutschfreundlich, obwohl von französich-levantinischer Kultur, geschildert ist.

Da sein Arbeitsgebiet *rein* politisch ist, habe ich ihn nicht aufgesucht.

Von militärischer Seite wird in rein *militärischen* Fragen wenig *positive* Arbeit in der Presse geleistet. Die Verhältnisse liegen aber in der Türkei anders als bei uns; militärisches läßt sich von politischem kaum trennen. Alle führenden Leute – Politiker *und* Soldaten – gehören dem comite de l'union et progres[a] an und müssen ihre Schritte danach richten.

Ähnlich steht es mit der Zensur, die zwar in Händen der 2. Abteilung liegt, aber auch in erster Linie eine politische ist.

Es bestehen Unterzensurstellen – so in Pera, Galata, Stambul, Soutari, die von der Zentrale Weisungen bekommen, ohne dass aber eine Gleichmäßigkeit erreicht wird.

Eine Verbindung mit der sehr unbedeutenden Provinzpresse besteht kaum. Sie ist schon aus dem Grunde nicht durchführbar, als die Provinz die Nachrichten von den verschiedenen deutschen Funkenstationen *gleichzeitig* mit der Hauptstadt bekommt, Zensurmaßnahmen also, besonders bei den schlechten Verbindungen, zu spät eintreffen würden.

Aber auch in Konstantinopel kann die Verbreitung dieser Nachrichten nicht ganz verhindert werden, da außer der Osmanje-Radio-Station gleichzeitig noch die Dampfer »General-Goeben« und »Breslau«[b] die Funksprüche aufnehmen. In einem Lande, wo ein großer Prozentsatz der Bevölkerung des Lesens und Schreibens unkundig ist, geschieht die *mündliche* Verbreitung von Nachrichten mit einer uns Westeuropäern unverständlichen Schnelligkeit.

So ist es erklärlich, daß die Zensur in sehr vielen Fällen zu spät kommt.

Der Chef der 2. Abteilung, Oberstleutnant Sefi Bey, ist mir übereinstimmend als eine offene, gerade Soldatennatur geschildert worden, von einer gewissen Zurückhaltung, die z.T. in seinen mangelhaften Sprachkenntnissen begründet ist. Er spricht mäßig gut französisch, deutsch gar nicht, ist Nationaltürke und wenig kultiviert.

---

[a] Diese auch als »Jungtürken« bekannte Gruppierung bestimmte nach einer Revolution gegen Sultan Abdülhamid II. im Jahre 1908 maßgeblich die Politik ihres Landes. Führende Vertreter des Komitees um den deutschfreundlichen Kriegsminister Enver Pascha sorgten nach Kriegsbeginn 1914 für einen Anschluss der Türkei an die Seite der Mittelmächte.

[b] Die aus dem Schlachtkreuzer »Goeben« und dem Kleinen Kreuzer »Breslau« bestehende Mittelmeerdivision unter Konteradmiral Wilhelm Souchon waren im August 1914 ihren britischen Verfolgern nach Konstantinopel entkommen. Die beiden Schiffe wurden an die Türkei verkauft. Wilhelm Souchon erhielt das Kommando über die gesamte türkische Marine. Die deutschen Besatzungen blieben an Bord der Kreuzer, die künftig unter den Namen »Yavuz Sultan Selim« und »Midilli« im Schwarzen Meer zum Einsatz kamen.

Ich habe bei 2 längeren Besprechungen mit ihm einen guten Eindruck gewonnen. Er verstand schnell die Bedeutung der von mir geschilderten gemeinsamen Aufgaben und hat vertrauensvolle Zusammenarbeit zugesichert.

Das Gleiche ist dann auch von Exzellenz von Bronsart geschehen, dem ich Vortrag hielt und ebenso vom Vize-Generalissimus Enver Pascha, der zweifellos großes Verständnis für die Presse hat, sich immer sehr gut mit ihr verstanden und dafür gesorgt hat, daß sein Name nur ja nicht in Vergessenheit geriet. Exzellenz von Bronsart und Enver Pascha begrüßten es mit besonderer Freude, als ich unsere Aufforderung übermittelte, Sefi Bey möge baldmöglichst nach Berlin kommen, um dort unsere Einrichtungen kennenzulernen.

Oberstleutnant Sievert versprach sich von einem solchen Besuch eine ganz besonders gute Wirkung. Er sagt, die in Deutschland gewonnenen Eindrücke auf den verschiedenen Arbeitsgebieten der Abt. IIIb (Spionage-Abwehr usw. und Kriegs-Presse-Amt) würden Sefi Bey zu einem noch treueren Verbündeten machen.

Es erscheint zweckmäßig, im Anschluß an den *dienstlichen* Teil der Reise, Sefi Bey noch Gelegenheit zu geben, etwas von Deutschland kennenzulernen; vielleicht läßt sich dabei ein Besuch des GrHQu verbinden (hiervon ist Sefi Bey *nichts* gesagt worden).

Ohne *eigene* Nachrichtenquellen außer den verschiedenen amtlichen Vertretungen im Auslande (Gesandtschaften, Militärattachés usw.) ist die türkische Presse in dieser Hinsicht fast ganz auf deutsche Organisation angewiesen, neben denen der Einfluß von anderer Seite – also auch österreichischer – verschwindend gering ist. (Der österreichische Einfluß geschieht auf anderen Wegen und ist *auf diesen* wohl sehr bedeutend.)

Aus dieser Tatsache erklärt sich der verhältnismäßig große Umfang der *Presse-und-Propaganda-Organisation der deutschen Botschaft*.

An ihrer Spitze steht z.Zt. der Legationssekretär v. Scharfenberg, der aber am 1.4. von Leg. Sekretär v. Hoesch abgelöst werden wird.

Bis zu diesem Termine soll nach den Plänen des Botschafters von Kühlmann eine Neuorganisation durchgeführt sein (die aber noch nicht die Genehmigung des AA gefunden hat).

Vor dem Kriege bestand bereits in geringem Umfange die Organisation der Nachrichtensäle, damit, wie bei jeder Mission, auch ein Pressereferat.

Durch Freiherr v. Oppenheim[3] sind die Nachrichtensäle aus Reichsmitteln sehr vermehrt worden, nachdem seine Versuche in Syrien und Arabien deutsche Propaganda zu treiben, ziemlich fehlgeschlagen haben.

Zweifellos muß der Erfolg der Nachrichtensäle, in denen in erster Linie Propaganda durch das Bild getrieben wird, ein guter sein, bei einem des Lesens meist unkundigen Publikum. In geschickter Weise wird nicht nur deutsches Bildmaterial, sondern auch solches der verbündeten und neutralen Staaten gezeigt.

---

[c] Der Orientalist und Diplomat Max von Oppenheim leitete während des Ersten Weltkrieges die für das Auswärtige Amt und den Generalstab in Berlin tätige »Nachrichtenstelle für den Orient«.

Nebenher geht für gebildetere Kreise kostenfreie Verteilung von Broschüren und Werbeschriften aller Art, die der »Pressestelle« auch meist kostenfrei zugehen. Trotzdem beträgt ihr Jahresetat jetzt noch 300 000 Mark.

Hier zeigt sich aber der große Fehler, daß die Auslandspropaganda in der Heimat nicht straff zentralisiert ist. Das AA hat seit Kriegsbeginn die verschiedensten privaten Organisationen unterstützt, die nun – jede in der besten Absicht – auf eigene Faust eine Werbetätigkeit eingeleitet hat, ohne von der anderen zu wissen. Daneben haben natürlich persönlicher Ehrgeiz einzelner Persönlichkeiten (Jäckh usw.) und wirtschaftliche Interessen großer Konzerne eine nicht unbedeutende Rolle gespielt. Der Einfluß privaten Kapitals ist allmählich immer bedeutender geworden.

Außerdem hat zwischen diesen vielen Stellen in der Heimat, und der Stelle, die ihre Arbeit in die Tat umsetzen sollte, – der Botschaft in Konstantinopel – niemals der notwendige Zusammenhang bestanden, der selbstverständlich gewesen wäre, wenn das AA die Gesamtarbeit selbst übernommen hätte.

Den Nachrichtensälen wird neben dem Bildmaterial natürlich auch Tatsachenmaterial zur Verfügung gestellt. Dieses stammt in erster Linie von Funksprüchen, über deren Empfang in der Türkei ich an anderer Stelle gesprochen habe.

Die Botschaft leitet die ihr zugehenden Nachrichten auf den verschiedensten Wegen der hauptstädtischen *Presse* zu, sei es durch die beiden großen Korrespondenzbüros »Agence de Constantinople« und »Milli«, sei es unmittelbar an die Zeitungen, die zum Teil auch von ihr finanziell unterstützt werden.

Nicht nur das nackte Nachrichtenmaterial, sondern auch fertige, der türkischen Mentalität angepaßte Artikel gehen auf den geschilderten Wegen der türkischen Presse zu, die tatsächlich in *sehr erheblichem* Umfange aus deutschen Quellen gespeist wird.

Weder die österreichische noch bulgarische Vertretung hat ähnliche Organisationen in Konstantinopel.

Die ganze Arbeit wird durch eine Anzahl gewandter Journalisten und Übersetzer geleistet, die ebenfalls Herrn von Scharfenberg unterstehen, der mir mit Genehmigung des Botschafters einen genauen Einblick in seine ganze Organisation gestattet hat. Ich habe persönlich und sachlich den allerbesten Eindruck gewonnen.

Nachdem so die türk. Presse einerseits befruchtet ist, wird auf der anderen Seite auch dafür gesorgt, daß diese Auffassung anderen *nicht*türkischen Kreisen bekannt wird.

Hierfür werden die türkischen Pressestimmen gesammelt, übersetzt und durch die »Agence de Constantinople« und »Milli« sowie durch WTB verbreitet.

Auch für das Nachrichtenwesen gilt, was ich bei der Propaganda-Tätigkeit als grundsätzlichen Fehler bezeichnet habe: »der Mangel einer Zentralstelle in Deutschland« die *allein* mit der Botschaft in Fühlung steht; diese ist jetzt nicht in der Lage, zu übersehen, welche Nachrichten – zum großen Teile aus durch amtliche Mittel gespeisten Quellen – sonst in die Türkei gelangen. In dieser Hinsicht spielt das Büro Erzberger, dessen Nachrichten durch die Orientbank in der *ganzen* Türkei, also *nicht nur in Konstantinopel* verbreitet werden, die bedeutendste Rolle.

Die Absicht des Botschafters geht nun dahin, eine Trennung zwischen Presse- und Propaganda-Arbeit durchzuführen.

Letztere wird unter amtlicher Führung (Dragoman Prüfer[d]) mehr privater Initiative überlassen bleiben; die Presse soll dagegen als »Pressestelle« noch näher als bisher der Botschaft angegliedert werden. Gleichzeitig ist eine räumliche Trennung der jetzt im gleichen Hause arbeitenden beiden Stellen vorgesehen.

Es ist nicht zu verkennen, daß dieser Entwurf die Gefahr in sich birgt, daß allmählich die unbedingt notwendige enge Fühlung zwischen beiden Stellen verloren geht. Diese Gefahr ist vom AA denn auch, wie mir Leg.Rat Schmidt[e] vor der Abreise sagte, richtig erkannt worden. Exzellenz v. Kühlmann hält diese Befürchtung für nicht stichhaltig.

Längere Besprechungen mit dem Botschafter, General v. Lossow und Leg. Sekr. v. Scharfenberg lassen es *nicht* notwendig erscheinen, für die militärischen Aufgaben einen besonderen Bearbeiter der »Pressestelle« zuzuteilen.

Das vom KrPrA zugeleitete Material ist meist nach Inhalt und Umfang geeignet, unmittelbar in die Presse übernommen zu werden. Ist im Einzelfalle Überarbeitung nötig, so genügen die vorhandenen Kräfte.

Die »Presse-Stelle« erbittet *unmittelbare* Überweisung von

      5 Auszügen aus deutscher Tagespresse
      2 Wochenberichte
      5 NdA
      2 EdA[f]
      2 WdA
    20 DK
      5 DKW
 1000 »Gazette des Ardennes«.

Da General v. Lossow die gleichen Ausarbeitungen bekommt, ist er in der Lage, ihm unziemlich erscheinende Artikel als solche der »Pressestelle« zu bezeichnen.

Es ist mit ihm vereinbart, daß IIIb sich nur in solchen Fällen *unmittelbar* an ihn wendet, wenn es sich um militärische Fragen von *besonderer* Wichtigkeit handelt.

Ein unmittelbarer Verkehr zwischen »Pressestelle« und KrPrA ist gestattet, außer wenn es sich um Fragen grundsätzlicher Art handelt. Der Leiter der Pressestelle ist von mir gebeten worden, bei seinem nächsten Besuche in Berlin auch persönlich Fühlung mit dem KrPrA zu suchen.

---

[d] »Dragoman« bezeichnete im 19. Jahrhundert einen Dolmetscher speziell für den Verkehr zwischen den orientalischen Landesbehörden und den ausländischen Gesandtschaften vor Ort. Im vorliegenden Fall handelte es sich um den deutschen Diplomaten Curt Max Prüfer.

[e] Hierbei handelte es sich um Arthur Schmidt-Elskop.

[f] General v. Lossow einverstanden, Leg.Sekr. v. Scharfenberg auf vertraulichen Charakter aufmerksam gemacht [Anmerkung des Verfassers].

Auf Veranlassung des Generals v. Lossow habe ich dann noch Paul Weitz aufgesucht und mit ihm längere Zeit über die türkische Presse gesprochen.

Er gilt als einer der *besten* Kenner nicht nur der türkischen Verhältnisse, sondern der gesamten Zusammenhänge der auswärtigen Politik und ist seit Marschall's Zeiten absoluter Vertrauensmann aller Botschafter.

Offiziell ist er Vertreter der »Frankfurter Zeitung«, für die er aber nur in den seltensten Ausnahmefällen schreibt.

Weitz bestätigte mir das Urteil der anderen Stellen über Sefi Bey, lobte Hikmet Bey und glaubte, daß unsere Absicht einen sicher guten Erfolg haben werde, der durch einen baldigen Besuch Sefis in Berlin nur noch gesteigert werden können.

Er bedauerte, daß v. Scharfenberg die Leitung der Pressestelle abgeben müsse, da er ihn für viel geeigneter zu dieser Aufgabe halte als v. Hoesch.

Er sprach sich dann mit größter Offenheit über die Fehler deutscher Propaganda in der Türkei vor dem Kriege aus, deren Ursprung in der Wilhelmstraße zu suchen seien, und bezeichnete es als sehr erwünscht, daß die Herren der Botschaft sehr viel mehr gesellschaftlich in die Erscheinung träten, als dies z.Zt. der Fall ist, wo keine deutsche Dame vertreten ist.

Ich fasse meinen Bericht dahin zusammen, daß

1.) Die Verbindung mit der 2. Abteilung aufgenommen ist und gute Zusammenarbeit gesichert erscheint.

2.) Dieses ebenfalls mit der »Pressestelle« der Botschaft geschehen ist, deren große Leistungen bei uns bislang sicher unterschätzt worden sind.

[handschriftlich] Kroeger [...]

Sonnabend, 10. Februar 1917

Die Oberzensurstelle erhält aufgrund einer Mitteilung des Kriegsamtes Anweisung, auf eine Agitation durch Flugblätter und Handzettel hinzuweisen, in denen die arbeitende Bevölkerung aufgefordert wird, die jetzige schwere und ernste Zeit nicht unbenutzt verstreichen zu lassen, sondern günstigere Arbeitsbedingungen durch Lohnforderungen, Streiks und andere Maßnahmen zu erzwingen, und ebenso auf Überhandnahme der Erörterungen über das Wahlrecht und die Friedenserörterungen.

Freitag, 16. Februar 1917

Aufgrund der bevorstehenden Einbeziehung der türkischen Presseleitung in die Zusammenarbeit mit dem k.u.k. Pressequartier und dem Pressechef der bulgarischen Regierung in Sofia verfüge ich die Errichtung eines »Verbündeten Pressequartier beim Kriegspresseamt«, welches die Straffheit der Zusammenarbeit garantieren und alle Möglichkeiten der Ausnutzung beobachten und ihre Ausnutzung anregen soll.

Die »Kommentare zum Heeresbericht«,[5] welche Oberstleutnant v. Haeften verfaßt und durch WTB verbreitet, beginnen. Sie sind seiner Aufgabe entsprechend für das Ausland bestimmt und werden, obgleich sie nicht durchweg der deutschen Presse zugeleitet werden, doch durch die neutralen und feindlichen Zeitungen, auch in Deutschland bekannt. (Da sie ihrem Zweck entsprechend propagandistisch gehalten sind, haben sie auf die Beeinflussung der öffentlichen Meinung in Deutschland insofern einen verhängnisvollen Einfluß gehabt, als sie den späteren Vorwurf rechtfertigten, die Berichterstattung durch die OHL habe die militärische Lage mehrfach zu günstig geschildert und die öffentliche Meinung über den Ernst der militärischen Lage getäuscht. Dieser Vorwurf trifft mich nur indirekt und insofern, als ich die Einrichtung der Militärischen Stelle beim AA veranlaßt und an der Ernennung des Oberstleutnant v. Haeften für diese Stellung trotz der ursprünglichen Ablehnung durch Falkenhayn festgehalten habe. Ich konnte aber damals nicht mit Bestimmtheit voraussehen, daß Falkenhayn durch Hindenburg-Ludendorff ersetzt werden würde und damit Haeftens Stellung ein Ausmaß an Aufgaben, Vertrauen und Selbständigkeit erhalten könnte, die seiner Stellung beim AA nicht zugedacht waren und ihm von Falkenhayn nicht zugebilligt worden wären.

Indem ich oft Kritik über Andere äußere, bemerke ich, daß die Zusammenarbeit trotzdem stets in bester, liebenswürdigster Form verlief. Es war gleichgültig, ob es dabei sich um Meinungsverschiedenheiten zu Offizieren in leitender Stellung bei der OHL, beim Feldheer in der Front, beim Kriegsministerium und anderen militärischen Behörden der Heimat, oder anderen Stellen der zivilen Kriegführung handelte. Besonders auffallend war der Gegensatz der sachlichen Auffassung und der Art, sie persönlich auszutragen, mit den Herren des AA und der Reichskanzlei. Gerade bei dem Nachfolger Jagows als Staatssekretär des Auswärtigen, Zimmermann hatte ich die Empfindung des Gegensatzes am stärksten. Man führte die Unterhaltungen in außerordentlich liebenswürdiger Form, man fand Zustimmung, Anerkennung, unter Umständen sogar Schmeicheleien und ging doch mit dem Empfinden, sachlich nichts erreicht zu haben. Man erfuhr dies meist erst schriftlich. Dies Vermeiden einer Entscheidung Auge in Auge scheint mir ein Nachteil übertriebenen Wertlegens auf gute Form als Beweis guter Erziehung. Auf diesem Hintergrund ist auch die Behauptung zu verstehen, Ludendorff hätte keine andere Meinung in Unterhaltungen aufkommen lassen und keinen Widerspruch vertragen. In Wirklichkeit war ihm nichts lieber und gerade für seine Art nichts besser, als wenn er offen die Meinung des Anderen zu hören bekam, allerdings genügend begründet. Aber fast alle schreckten vor dem ersten Aufbrausen seines gesammelten Willens zurück und schwiegen, weil sie höchstens gewohnt waren, energisch schriftlich, im Notfall sogar mündlich grob nach unten, aber nicht in gleichgeordneter Höhe oder nach oben ihre Ansicht zu sagen. Am stärksten fiel es mir einmal auf, als ich den Staatssekretär Helfferich, einen bei seiner Ernennung als »starken Mann« Begrüßten zu Ludendorff begleitete. Er trug Beamtenuniform. Als Ludendorff bei der Unterhaltung seine

---

[5] Nach Nicolais Angaben in »Nachrichtendienst, Presse und Volksstimmung im Weltkrieg« von 1920, S. 56, erschienen die täglichen »Wolff-Kommentare« (siehe den Eintrag vom 2.3.1917) erst ab 1918. Einen entsprechenden Vermerk hat Nicolai auch bei einem Eintrag am 10.10.1916 getätigt. Dieser wurde in der Edition nicht erfaßt. Vgl. RGVA, 1414-1-12, Bl. 322.

Ansicht unmißverständlich, aber auch meines Erachtens nach etwas weitgehend ausdrückte, bemerkte ich, daß Helfferich zum Widerspruch in der Sache, von der er mehr verstand, sich bereit machte. Seine Hand, die er um den Degenknauf gelegt hatte, krampfte sich, aber auch er schwieg. Wenn ich nach solchen Lagen später in der Aussprache glaubte, Ludendorff Mitteilung machen zu müssen von den Ansichten seiner Besucher, welche sie ihm verschwiegen hatten, nahm er dies sehr ruhig und nachdenklich entgegen und äußerte seinen Unmut nur darüber, daß die Betreffenden es ihm nicht selbst gesagt hätten. Die Meisten ahnten auch gar nicht oder stellten nicht in Rechnung, die außerordentliche Konzeption der Gedanken, welche bei Ludendorff infolge seiner ungeheuren Inanspruchnahme notwendig war.

So waren aber nicht nur Zivile sondern auch hohe verantwortliche Offiziere. Mir ist von meinen Nachrichtenoffizieren mehrfach in dieser Richtung berichtet worden zu dem Zweck, zu erklären, daß Ludendorff nicht immer die Wahrheit zu erfahren bekäme. Als Beispiel füge ich an, daß General v. Kuhl als Generalstabschef bei der Heeresgruppe des Kronprinzen von Bayern, welchem Ludendorff besonderes Vertrauen und Achtung entgegenbrachte, auf Draht ging. Es lag hierin auch mit ein Grund des Nichtverstehens zwischen Ludendorff und Falkenhayn bei der bis zur Undurchdringlichkeit oder Undurchsichtigkeit gehender Art des Letzteren. Im Hinweis darauf sprach der sonst so kluge und verehrungswürdige Generalquartiermeister und vertraute Tischgenosse Falkenhayns, General Frhr. v. Freytag-Loringhoven einmal von Ludendorff als dem »Feldwebel im Osten«. Nur dem Feldmarschall und auch dem Kaiser gegenüber kam diese Art Ludendorffs sachliche Unterhaltungen zu führen, und je dringender oder entscheidender die Sache war, um so mehr, nicht zum Ausdruck aus Ehrerbietung gegen das Alter und die Persönlichkeit des Feldmarschalls und die Stellung des Kaisers. An ihre Stelle trat sachliches Schweigen und persönliche Kälte.

Ich habe jedem, den zu Ludendorff zu begleiten ich die Ehre hatte, vorbereitet, sich nicht einschüchtern zu lassen, sondern, selbstverständlich nur mit guten Gründen und auch in angemessener Form eine von Ludendorffs Ansicht abweichende Meinung ruhig und offen zu vertreten. Es hat sich daraus immer eine meist längere als vorausgesehene, anregende Unterhaltung entwickelt und habe ich hinterher immer anerkennende Worte Ludendorffs für den Besucher zu hören bekommen.

Hierin lag eine wesentliche Bereicherung meiner Erfahrungen und ihrer Auswertung. Erst unter Ludendorff, und nachdem ich gleichzeitig unter Hindenburg-Ludendorff in nähere persönliche Beziehung zum Kaiser trat und einen Einblick in die von dessen Seite zwar ganz anders, aber sonst in Vielem gleichgeartete Art der Vorgänge, habe ich die Einsicht gewonnen, daß es für mich in dem kleinen Bereich meiner Aufgaben nicht wesentlich anders sein würde. Das ergab eine große persönliche Einsamkeit. Trotz meiner Freude an dem kameradschaftlichen Geist meiner Mitarbeiter war es mir nur selten vergönnt, daran teilzunehmen. Ich war und blieb eben immer, auch wenn es Ältere oder in der Mitarbeit, zu welcher sie berufen waren, Erfahrenere waren der Vorgesetzte. Sachlich aber habe ich aus der Erkenntnis Nutzen gezogen. Ich füge als Beispiel nur an, daß, als die Postüberwachung einheitlich geregelt werden mußte und ich zu diesem Anlass die Leiter der Postüberwachungsstellen bei den einzelnen Militärbefehlshabern in der Heimat zu einer ersten Besprechung nach Frankfurt a.M. zusammenberufen und einleitend mich sehr unwillig über die bestehenden Zustände und sehr bestimmt über die notwendige Handhabung geäußert hatte, in der Aussprache ein junger Hauptmann mir unverblümt ins Gesicht sagte, was ich da ausgeführt hätte, wäre alles vom Grünen Tisch. Es war dicht vor der Mittagspause der Aussprache. Als ich mit dem mich begleitenden Herrn meines Stabes zu Tisch ging, äußerte er sein Befremden über die ungehörige Art des Auftretens dies im Dienstrang jungen Offiziers und wollte mich trösten, daß ich wohl nicht hätte antworten können. Ich bat ihn festzustellen, wer der Hauptmann sei und ihn vor dem Beginn der Nachmittagsaussprache zu mir zu bringen. Ich erfuhr, daß er in seinem Beruf Rechtsanwalt in Hamburg und Leiter der dortigen Postüberwachungsstelle war, welche deshalb besonders wichtig war, weil sie einen großen Teil der nach England gehenden Post zu bearbeiten hatte. Ich habe ihm dann gesagt, daß sein Auftreten persönlich etwas grob und unmilitärisch gewesen sei, daß ich aber den Eindruck gehabt hätte, daß seine Ausführungen nach dem Schützengraben gerochen hätten und daß ich ihm darum danke für seinen Mut, sie zu sagen, wenn es auch meinen Ausführungen widersprochen hätte. Ich fragte ihn, ob er sich zutrauen würde, die Gesamtorganisation und die Leitung der Postüberwachung[6] zu übernehmen. Er sagte zu und wurde von mir beauftragt. Er hat dieses Vertrauen gerechtfertigt.

Ludendorff hat in vielen nach dem Kriege gegen ihn gerichteten Angriffen oft für die Schwäche Anderer büßen müssen, die ungelöst im selbstempfundenen Groll sich gegen ihn entlud. Auch ich habe dies im kleinen erlebt. Ich mußte erfahren, daß einer meiner ersten Mitarbeiter, dessen Einverständnisses ich mich sicher fühlte, weil er mich niemals das Gegenteil auch nur fühlen ließ, sondern der Erste war in eilfertiger Ausführung meiner Weisungen, gesagt hat, als ich bei Ausbruch der Revolution von meinem Posten entfernt wurde, was selbst vielleicht die Verkörperung des Revolutionsgedankens war: »Gott sei Dank, daß das Aas weg ist.« Er weiß nicht, daß ich dies damals erfuhr und hat es auch nicht zu erfahren bekommen, als ich nach dem Kriege seine Bitte um Hilfe zur Erlangung einer neuen und ihn vorwärts bringenden Lebensaufgabe erfüllte.

Ich habe schon bei Falkenhayns Abgang erwähnt, daß er mich durch seine Anerkennung, ich hätte ihm stets die Wahrheit gesagt, aufs höchste geehrt hat und glaube, daß aus gleichem Grund Ludendorff mir bis zu seinem Lebensende sein Vertrauen geschenkt hat. Ich schreibe dies nicht nieder zum Lob für mich, sondern ebenso wie für Falkenhayn, um Ludendorffs verleumdete Art klarzustellen. Ich glaube, daß der Historiker auch für den Vorwurf, welcher dem Andenken des Kaisers anhaftet, er habe keinen Widerspruch vertragen können oder die Wahrheit nicht hören wollen, die Schuld dafür, daß er die Wahrheit, ich glaube bis in seine letzten Lebenstage nicht erfahren hat, bei Anderen suchen, und deren Art als etwas brandmarken muß, wovor die geschichtliche Erkenntnis des Zusammenbruchs den Führer in Zukunft bewahren muß.

Sonnabend, 17. Februar 1917

Das GrHQu ist nach Kreuznach verlegt.

Der Kaiser wohnt mit seiner Umgebung im Kurhaus. Außer dem Chef des Generalstabes sind in Kreuznach untergebracht die Kabinettschefs, die

---

[6] Hierbei handelte es sich um Alfred von Olberg, seit 1915 Leiter der Oberzensurstelle.

Vertreter des Admiralstabes, des Kriegsministeriums und des Reichsmarineamtes, die Militärbevollmächtigten der verbündeten Staaten, der Chef des Feldeisenbahnwesens, der Feldtelegraphie,[7] die Generalinspekteure der Spezialwaffen; in Münster am Stein der Kommandierende General der Luftstreitkräfte,[8] der Chef des Kriegsvermessungswesens[9] und der Kommandant des kaiserlichen Kraftfahrkorps;[10] in Bingen die Formationen des Generalquartiermeisters.

Die Unterbringung in dem verkehrsreichen Westen der Heimat bedingt mehr Abwehrmaßnahmen gegen die gesteigert zu erwartende Tätigkeit des feindlichen Nachrichtendienstes gegen das GrHQu, als in dem entlegenen kleinen Pleß. Die Überwachung wird auf einen großen Umkreis ausgedehnt und in sie auch der Rhein durch Motorboote der Geheimen Feldpolizei einbezogen.

Die Vereinigung mit den bisher noch in Charleville gelassenen Teilen der OHL und die größeren räumlichen Verhältnisse in Kreuznach gestatten die Durchführung meiner zu Beginn des Jahres eingeleiteten Ausgestaltung und Dezentralisierung der Leitung meines gesamten Dienstes.

Arbeitsraum der OHL wird das Hotel »Oranienhof«. Ich beziehe die kleine Dependance des Hotels, bin außer einem Hauptmann der Operationsabteilung der einzige unmittelbar bei seinen Arbeitsräumen wohnende Offizier. Das bedeutet ununterbrochene Arbeitsbereitschaft, ist aber notwendig, auch ist mein Quartier sehr geräumig für mich hergerichtet, es bietet neben meinem Schlaf- und Arbeitszimmer und einem großen Vortragszimmer Raum auch für meinen ersten Stenographen und gewährleistet mir in seiner Abgeschlossenheit in nächster Nähe meiner Mitarbeiter ein ungestörtes Arbeiten.

Der Oranienhof war nach dem Zusammenbruch mit Marokkanern belegt und derartig verkommen, daß er abgerissen worden ist. An seiner Stelle sind heute Anlagen mit einem Gedenkstein. Nur das von mir bewohnte kleine Haus steht noch. Meine Räume enthalten das von der Stadt geschaffene »Museum der OHL«. [...]

Mittwoch, 21. Februar 1917

Nachdem die Organisation so durchgeführt ist, daß ich glaube, für einige Zeit abwesend sein zu können, bitte ich Ludendorff um eine wenigstens vorübergehende Verwendung in der Front und als Vorbereitung meiner Teilnahme an einem Anfang März in Valenciennes stattfindenden Frontkursus. Ludendorff bewilligt mir zunächst das letztere.

Mittags bin ich vom Generalfeldmarschall zum Frühstück eingeladen aus Anlaß einer ersten Anwesenheit des Kronprinzen bei ihm. Der nach der beigefügten Tischordnung[11] neben mir sitzende Rittmeister v. Zobeltitz ist persönlicher Freund und Ordonnanzoffizier des Kronprinzen, als Kamerad dessen würdig, im übrigen etwas unzulänglich dafür.

---

[7] Generalmajor Hans von Wolff.
[8] Generalleutnant Ernst von Hoeppner.
[9] Major Siegfried Boelcke.
[10] Major und Korvettenkapitän à la suite Waldemar Prinz von Preußen.
[11] Die Tischordnung vom 21.2.1917 ist in der Einleitung (S. 28) als Skizze eingefügt.

(Ich habe auf der Tischordnung den Namen der einzelnen Herren in Klammern ihre Stellung in der OHL beifügen lassen. Bis auf die nicht anwesenden Abteilungschefs v. Tieschowitz (Zentralabteilung) und v. Rauch (Abtl. Fremde Heere) gibt es ein Bild von den ersten ständigen Mitarbeitern Ludendorffs.

Der Hauptmann v. Fischer-Treuenfeld war ursprünglich Leibhusar in Danzig. Als er sich bei seiner Versetzung in den Generalstab im Kriege beim Kaiser meldet, begrüßt ihn dieser mit den Worten: »Pfui Deubel Treuenfeld, wie sehen Sie aus«. Es galt dies der Generalstabsuniform im Vergleich zu der der Leibhusaren. Diese kaiserliche Äußerung könnte salopp klingen. Sie war aber nichts anderes und sollte nichts anderes sein als eine spöttische Anspielung des Kaisers auf die vorhandene übertriebene Wertschätzung von Äußerlichkeiten und erregte infolgedessen bei ihrem Bekanntwerden zustimmende Heiterkeit in unserem Kreise.)

Am Abend fahre ich nach Frankfurt a.M., um mit dem rumänischen Oberst Sturdza über einen Übertritt von Teilen des rumänischen Heeres auf unsere Seite zu verhandeln. [...]

Auszug 138 aus Feldpostbriefen

Frankfurt a.M., Donnerstag, 22. Februar 1917,
auf der Rückfahrt nach Kreuznach

(...) Ich war hier seit gestern Abend zu interessanten Verhandlungen mit einem rumänischen Oberst, der wie Graf Yorck von Wartenburg Teile des rumänischen Heeres auf unsere Seite führen wollte.[12] Die Absicht ist aus verschiedenen Gründen nicht geglückt.

Am 4.3. beginnt mein Front-Kursus in Valenciennes, auf den ich mich sehr freue, ich bin so gern mal wieder Soldat, und kann mich für die Woche hoffentlich so weit von meinen IIIb-Geschäften loslösen, daß ich weiter nichts als Soldat sein kann. Wir gehen zu 4 Offizieren von der OHL zu dem Kursus. [...]

Auszug 139 aus Feldpostbriefen

Kreuznach, Dienstag, 27. Februar 1917, 10½ abends

(...) Morgen nacht geht es zu 2 Besprechungstagen nach Charleville. Leider muß ich morgen Ludendorff doch bitten, mich von dem Kommando nach Valenciennes zu entbinden. Ich kann es nicht verantworten, jetzt meine Geschäfte anderen, leider doch nicht so geschäftsgewohnten Händen zu überlassen. Der Nachrichtendienst und die Presse stellen jetzt die höchsten Ansprüche und jeden Tag kann Besonderes zu veranlassen sein.

---

[12] Nicolai bezieht sich hier auf die Konvention von Tauroggen vom 30.12.1812. Hier schloss der Kommandeur des unter französischem Befehl stehenden preußischen Hilfskorps nach dem gescheiterten Rußlandfeldzug Napoleons eigenmächtig ein Neutralitätsabkommen mit dem russischen Kriegsgegner.

Mit dem U-Boot-Erfolg aus Amerika[13] müssen wir es nun mal abwarten. Auch zu Lande braut es sich nun allmählich hüben und drüben zusammen. Furcht hat hier keiner, wenn's nur zu Haus mit Ernährung und Stimmung gut geht. Was ich bisher von der heutigen Kanzlerrede gehört habe, hat mir gefallen.[14] Wenn Deutelmoser der Spiritus rector war, kann man sich darüber freuen. [...]

Freitag, 2. März 1917

Der Kampf um das Wahlrecht[15] führt zu erbitterten Auseinandersetzungen in der Heimat, die persönliche Gehässigkeit und die Verleumdung berührt auch das Offizierkorps. Erörterungen in der Presse über politische Fragen, die Transportkrise, die Kohlenversorgung, die Wirkung des Hilfsdienstgesetzes und auch die Erörterungen über den U-Bootkrieg bringen die OHL wieder vermehrt in den politischen Streit, ohne daß eine energische Haltung der Reichsregierung dagegen zu bemerken ist.

Die beginnenden für das Ausland bestimmten »Wolffkommentare« zum Heeresbericht veranlassen eine Weisung an die Oberzensurstelle, »irgendwelche Voraussagen für die Zukunft sind streng zu verbieten«.

Dazu bringt der Rücktritt Conrad v. Hötzendorfs[16] ein neues unsicheres Moment. Mein Rücktritt von dem morgen beginnenden Frontkursus in Valenciennes ist gerechtfertigt. [...]

Freitag, 9. März 1917

Stotten versagt in der Berichterstattung über die Stimmung im Innern. Auf meine Mahnung erklärt er dies damit, daß es sich vielfach um nicht beachtenswerten Klatsch handle. Dies gibt mir Anlaß zu nachfolgender Weisung an das Kriegspresseamt:

---

[13] Nicolai spekuliert hier auf die Erfolge durch die Wiederaufnahme des uneingeschränkten U-Bootkrieges am 1.2.
[14] In seiner Reichstagsrede vom 27.2. rechtfertigte Reichskanzler Bethmann Hollweg die von deutscher Seite gegen Großbritannien, Frankreich und den Mittelmeerraum unternommene Seehandelsblockade mit der Neutralitätsverletzung der USA. Die Waren- und Waffenlieferungen aus den Vereinigten Staaten an die Entente deklarierte der Reichskanzler als Verstoß gegen bisherige Übereinkünfte und sprach sich für die Weiterführung des uneingeschränkten U-Bootkrieges als legitimes strategisches Mittel aus.
[15] Gemeint ist das 1849 durch Friedrich Wilhelm IV. in Kraft gesetzte preußische Dreiklassenwahlrecht. Dessen Abschaffung zählte zu den wichtigsten innenpolitischen Reformbestrebungen des Reichstages während des Krieges. Eine Wahlrechtsreform stellte Wilhelm II. in seiner sogenannten Osterbotschaft vor dem preußischen Abgeordnetenhaus am 7.4.1917 jedoch erst nach Ende des Krieges in Aussicht.
[16] Der k.u.k. Generalstabschef Franz Freiherr Conrad von Hötzendorf wurde am 1.3. durch Kaiser Karl I. von seiner Aufgabe entbunden und erhielt das Oberkommando über die Heeresgruppe »Conrad« in Tirol.

[handschriftlich] 9.3.17

Die Volksstimmung in der Heimat ist für die Kriegführung von wesentlicher Bedeutung. Die Oberste Heeresleitung, welche sich nicht in unmittelbarer Berührung mit der Heimat befindet, muß über die Volksstimmung möglichst umfassend unterrichtet sein. Ihre eigene Dienststelle zu diesem Zweck ist das Kriegspresseamt. Das Kriegspresseamt löst seine Aufgabe in erster Linie durch Berichterstattung über die deutsche Presse. Die deutsche Presse ist infolge der Zensur aber kein klares Spiegelbild der öffentlichen Meinung; auch die bewährte Selbstzucht der deutschen Presse aus Rücksicht auf das Ausland und auf die Volksstimmung selbst trägt dazu bei. Das Kriegspresseamt muß deshalb in erster Linie wissen, was die Presse über Volksstimmung und die Gerüchte, welche diese beeinflussen, tatsächlich erfährt. In den Pressebesprechungen im Reichstag treten diese Umstände aus verschiedenen Gründen nicht genügend hervor, die Sitzungsberichte geben der Obersten Heeresleitung daher nicht genügend Einblick. Auf Grund persönlicher, vertrauensvoller Beziehungen hat das Kriegspresseamt sich daher die Kenntnis der Presse von den die Volksstimmung beeinflussenden Zuständen, Gerüchten usw. zu erschließen.

Das Kriegspresseamt hat früher aufgrund von Berichten der Generalkommandos über die Volksstimmung berichtet. Mit Einrichtung des Kriegsamtes ist diese Berichterstattung auf dieses übergegangen. Es kann aber nicht darauf verzichtet werden, daß die Oberste Heeresleitung durch das Kriegspresseamt auch fernerhin rein objektiv aus diesen Quellen unterrichtet wird. Dieselbe Rolle, welche das Kriegspresseamt für die Oberste Heeresleitung spielt, spielen die Presseabteilungen infolge ihrer Verbindung mit der örtlichen Presse und Öffentlichkeit für die Generalkommandos pp. Das Kriegspresseamt muß von den örtlichen Pressebehörden über Stimmung und umlaufende Gerüchte unterrichtet werden und hierüber an die Oberste Heeresleitung melden.

Richtig ist in der dortigen Zuschrift 1648, daß Stimmung und Gerüchte oft nur auf Klatsch beruhen. Der Klatsch hat aber eine gefährliche Wirkung. Wir dürfen vor ihm nicht die Augen verschließen, sondern müssen ihm aufklärend entgegenarbeiten. Auch dies ist Aufgabe des Kriegspresseamtes, die es nur lösen kann, wenn es über umlaufende Gerüchte im weitesten Umfange unterrichtet wird.

Auch nur dadurch, daß der Überblick über umlaufende Gerüchte und über die Stimmung ein möglichst umfassender ist, ist gesichert, daß Berichterstattung und Bewertung *einzelner* Mitteilungen nicht die ihnen zukommende Bedeutung übersteigen. Gerade aus dem Widerspruch vielfacher Berichte oder ihrer einheitlichen Übereinstimmung gewinnen wir ein zuverlässiges Gesamtbild.

Ich bitte daher, die Berichterstattung über die Stimmung in Deutschland auf diese breitere Grundlage zu stellen. Sie wahrzunehmen, ist nach der Dienstanweisung die persönliche Aufgabe des Chefs des Kriegspresseamtes. [...]

Mittwoch, 14. März 1917

Zur Häufung der äußeren Aufgaben und Schwierigkeiten wird wieder Sturm gelaufen in der Heimat gegen die durch die OHL gestützte Autorität der Oberzensurstelle und an der Front gegen die Selbständigkeit der Nachrichtenoffiziere der OHL.

Dies veranlaßt, daß ich Ludendorff auf seine Bitte erneut Vortrag halte über Zweck und Wirken der Oberzensurstelle und in beigefügter von ihm unterschriebener Verfügung an die Heeresgruppen und Armeeoberkommandos die Autorität seines Befehls ausdrücklich hinter meine Nachrichtenoffiziere stellen muß.

Gleichzeitig muß ich aber, um auf Wunsch Ludendorffs die OHL möglichst aus dem politischen Streit herauszuhalten, an das Kriegspresseamt verfügen, daß bei allem, womit es öffentlich hervortritt, die Erwähnung der OHL oder von Hindenburg-Ludendorff persönlich fortzulassen ist, jedenfalls ohne vorherige Anfrage bei mir.

Ich wiederhole andererseits den Befehl, daß alles, was über die OHL aus der ausländischen oder der deutschen Presse oder sonst dem Kriegspresseamt bekannt wird, mir persönlich und ausschließlich zuzuleiten ist, gleichgültig, ob es sich um Anerkennung oder Kritik handelt.

Der Ausbruch der Revolution in Rußland hat in der Rückwirkung die innenpolitische Lage verschärft.

Die durch den Kaiserwechsel und den Rücktritt Conrads schwankenden Beziehungen zum verbündeten Österreich sind Anlaß, die Zusammenarbeit mit dem k.u.k. Pressequartier durch nachfolgende Vereinbarungen festzuhalten.

Das gute Ergebnis der vom Inlandsnachrichtendienst eingehenden Nachrichten führte zu dem Versuch, die »politischen« Nachrichten auch anderen Stellen, rein als Nachrichtenmaterial bekannt zu geben. Also aus einem gewissen Pflichtgefühl veranlaßt, hat auch dies wieder zu Reibungen geführt und erfordert eine allgemeine Verfügung an den Nachrichtendienst über die Beschränkung der Verteilungspläne. [...]

An sämtliche Heeresgruppen und Armeeoberkommandos
und die Nachrichtenoffiziere der OHL

Chef des Generalstabes
des Feldheeres
M.J. Nr. 2320 Op. Ia
Streng geheim!

GrHQu, den 14.III.1917

Nur von Offizieren zu bearbeiten!

Der vom Oberkommando einer Heeresgruppe ausgesprochene Wunsch, die *Stellung und Aufgaben der Nachrichtenoffiziere der Obersten Heeresleitung* klarer als bisher zu umgrenzen, gibt mir Veranlassung zu folgenden Hinweisen:
1) Der Nachrichtendienst der Obersten Heeresleitung (Abteilung IIIb) gliedert sich in:
   a) geheimer Kriegsnachrichtendienst, ausgeführt mit Agenten durch die Kriegsnachrichtenstellen,
   b) Inlands-Nachrichtendienst aus deutschen Nachrichtenquellen in der Heimat durch die Inlands-Nachrichtenoffiziere,

c) Nachrichtendienst aus der deutschen und der Auslandspresse durch das Kriegspresseamt,
d) Nachrichtendienst aus Gefangenenlagern, Postüberwachungsstellen, Grenzüberwachungsstellen durch die Nachrichtenoffiziere in Berlin.
e) *Nachrichtendienst von den Kriegsschauplätzen* durch die Nachrichtenoffiziere der OHL bei den Oberkommandos der Heeresgruppen, den Armeeoberkommandos und bei den verbündeten Heeren.

Diese Nachrichtenquelle ist angesichts der zunehmenden Erschwerung der anderen Quellen von wachsender Bedeutung. Der Nachrichtendienst der OHL arbeitet in Verbindung mit dem Nachrichtendienst des Admiralstabs. Die Leitung der Spionage-Abwehr und des militärischen Pressedienstes in Deutschland und in den verbündeten Ländern ist mit ihm unter Chef IIIb vereinigt.

2) Die Aufgabe des Nachrichtendienstes der OHL ist die Feststellung
   a) der Verteilung der feindlichen Streitkräfte,
   b) ihres Zustandes, ihrer Bewaffnung und Ausrüstung und ihres Ersatzes,
   c) der operativen Absichten und Vorbereitungen der Feinde,
   d) der militärischen, wirtschaftlichen und politischen Verhältnisse im Innern der feindlichen Länder.

3) Sämtliche durch den Nachrichtendienst der OHL einlaufenden militärischen Nachrichten werden
   a) durch die *Abteilung IIIb* zugeleitet,
   b) der Nachrichtenabteilung und bei dieser verarbeitet.

4) *Die Nachrichtenoffiziere der OHL* bei den Oberkommandos der Heeresgruppen und den Armeeoberkommandos vertreten bei diesen den gesamten in Ziffer 1) genannten IIIb-Dienst. Sie erhalten für die Handhabung ihres Dienstes die Weisungen der OHL durch den Chef der Abteilung IIIb, dem sie in dieser Beziehung unterstehen.

Die Nachrichtenabteilung hat das Recht unmittelbarer Anfrage in Bezug auf die Feindlage.

Über die Stellenbesetzung verfügt die OHL. Den Nachrichtenoffizieren sind Hilfsnachrichtenoffiziere und als Unterpersonal 1 Vizefeldwebel, 2 Unteroffiziere, 1 Gefreiter etatsmäßig zugeteilt.

Die Nachrichtenoffiziere und ihr Hilfspersonal unterstehen in disziplinarer Hinsicht dem Chef des Generalstabes der Kommandobehörde, der sie zugeteilt sind. Urlaub erhalten sie von diesem nach eingeholter Zustimmung des Chefs der Abteilung IIIb. Die Verleihung von Auszeichnungen ist durch die Verfügung des Chefs des Generalstabes des Feldheeres Nr. IIIb 4149 vom 13.8.1915 geregelt.

5) Die Nachrichtenoffiziere der OHL haben die ihnen von Chef IIIb übermittelten *Weisungen der OHL* bei den Oberkommandos zum Vortrag zu bringen. Bedenken der Oberkommandos bringen sie bei der OHL zur Sprache. Im übrigen haben sie die Weisungen der OHL mit Unterstützung der Oberkommandos durchzuführen.

6) Unter den *Aufgaben der Nachrichtenoffiziere* stehen die für den Nachrichtendienst der OHL in erster Linie. Für diese Aufgaben sind ihnen die Nachrichtenquellen der Oberkommandos in weitgehendstem Maße zu er-

schließen. Der Nachrichtendienst der OHL unterscheidet sich von dem der Armeen und Heeresgruppen dadurch, daß er den Gesamtkriegsschauplatz im Auge hat. Er muß sich hierfür aber auch auf das Nachrichtenergebnis der einzelnen Armeen stützen und führt damit den Ausgleich und die Ergänzung der einzelnen Nachrichtengebiete herbei.

Von besonderem Wert für den Nachrichtendienst der OHL. ist die Vernehmung der Gefangenen und die Auswertung aufgefundenen Befehls- pp. Materials. Diese Nachrichtenquellen müssen eine über das örtliche Interesse der Armeen hinausgehende allgemeine Auswertung durch die Nachrichtenoffiziere erfahren. Flieger-Aufklärung, Artillerie-Beobachtung, Truppen-Meldungen sowie die Meldungen des A- und E-Dienstes[a] sind in ihrem Gesamtergebnis von Wert. Taktische Einzelheiten der feindlichen Front gewinnen für den Nachrichtendienst der OHL bei sich vorbereitenden Kampfhandlungen an Bedeutung.

Das Ergebnis eigener Feststellungen durch Gefangenenvernehmung und Auswertung aufgefundenen Materials und das Ergebnis des Nachrichtendienstes der Oberkommandos melden die Nachrichtenoffiziere unmittelbar an die OHL.

Taktische Schlußfolgerungen in Bezug auf die Feindlage in den Meldungen an die OHL sowie Meldungen über die eigene Armee sind ihnen verboten.

Den Oberkommandos haben die Nachrichtenoffiziere gleichzeitig das Ergebnis eigener Feststellungen zu melden. Durch ihre Bodenständigkeit und besondere Ausbildung für den Nachrichtendienst sind sie als *Mitarbeiter für den Nachrichtendienst der Oberkommandos* von besonderem Wert. Sie stehen den Oberkommandos zu diesem Zweck zur Verfügung und sind angewiesen, bei Handhabung ihres Dienstes für die OHL stets auch die Interessen der Oberkommandos und der Truppen, besonders vor oder während Kampfhandlungen, im Auge zu haben.

Soweit es noch möglich und die betreffenden Oberkommandos einverstanden sind, treiben die Nachrichtenoffiziere *Nachrichtendienst mit Agenten*. Dieser Dienst bedarf besonderer Erfahrung und einheitlicher Leitung, anderen Stellen als den Nachrichtenoffizieren ist er daher verboten.

7) Das *Gesamtergebnis des militärischen Nachrichtendienstes der OHL* geht den Oberkommandos als Auffassung der OHL über die Feindlage zu.

Außerdem erhalten die Oberkommandos durch die Nachrichtenoffiziere der OHL die beim Nachrichtendienst der OHL eingehenden *wirtschaftlichen und politischen Nachrichten über den Feind* und die *Bearbeitungen des Pressedienstes*. Bei Bewertung dieses Material bei den Oberkommandos ist zu berücksichtigen, daß es ich um *Nachrichten-* nicht um erwiesenes *Tatsachen*material handelt.

8) Auf dem Gebiet der *Spionage-Abwehr* sollen die Nachrichtenoffiziere die sachverständigen Mitarbeiter der Oberkommandos und Vertreter der notwendigen einheitlichen Leitung dieses Dienstes durch Abteilung IIIb sein, ohne daß die Verantwortlichkeit der örtlich zuständigen Stellen dadurch

---

[a] Abhör(Arendt)- und Entzifferungsdienst.

eingeschränkt wird. Für die Geheime Feldpolizei bestehen besondere Verfügungen des Generalquartiermeisters.
9) Die *Aufgaben des Pressedienstes,* der Kriegsberichterstattung, der Reisen der neutralen Militärattachés, der Zulassung deutscher oder neutraler Pressevertreter auf die Kriegsschauplätze regeln die Nachrichtenoffiziere in unmittelbarem Einvernehmen mit der OHL nach Vortrag bei den Oberkommandos und auf deren Befehl.
10) Der Einsatz der Nachrichtenmittel, die Gliederung des Nachrichtendienstes bei Stäben und Truppen und die Weiterleitung der Nachrichten innerhalb der Armee ist nicht Aufgabe der Nachrichtenoffiziere, wenigstens nur insoweit, als die Oberkommandos dies für zweckmäßig halten. Eine enge Fühlung, ein ständiges Hand-in-Hand-Arbeiten des Nachrichtendienstes der Armeen mit dem Nachrichtendienst der OHL ist aber zum gegenseitigen und allgemeinen Nutzen unerläßlich.

I.A. [handschriftlich] Ludendorff

*Vereinbarungen
zwischen dem k. und k. Kriegspressequartier
und dem Chef der Abteilung IIIb vom 16.3.1917*

I. Kriegsberichterstattung

1. Die amtlichen Verlautbarungen erfolgen in beiden Hauptquartieren durch die Operationsabteilungen. Sie sollen in Österreich-Ungarn und Deutschland nur im Wortlaut oder in amtlich festgestellten Auszügen veröffentlicht werden dürfen.
In Deutschland erscheinen außerdem halbamtliche Einzeldarstellungen unter der Einleitung: »Aus dem Großen Hauptquartier wird uns geschrieben.«
In Österreich-Ungarn erfolgen solche halbamtlichen Darstellungen oder Berichtigungen unter der Einleitung: »Aus dem Kriegspressequartier wird uns gemeldet« im Wege der Korrespondenzbureaus Wien und Budapest.
2. Kriegsberichterstatter sollen grundsätzlich nur zu eigenen Truppenverbänden zugelassen werden.
Österreich-ungarische Kriegsberichterstatter werden vom k. und k. Kriegspressequartier entsendet und legitimiert.
Die Genehmigung zur Zulassung von Berichterstattern ist von dem betreffenden Armee-Oberkommando (k. und k. Armeekommando), Heeresfront, Heeres- oder Armee-Gruppenkommando einzuholen.
Die Kriegsberichterstatter haben sich in ihren Berichten auf die Ereignisse jener Teile des Kriegsschauplatzes zu beschränken, die von den zensurierenden Behörden auf die sachliche Richtigkeit der Darstellung beurteilt werden können.
3. Bei der weitgehenden Vermischung der beiderseitigen Truppenverbände in den Fronten darf die Berichterstattung nicht nur der Truppen des eigenen Kontingents gedenken, sondern soll auch den Taten der verbündeten, Schulter an Schulter kämpfenden Truppen gerechte Würdigung widerfahren lassen.

4. Das deutsche Kriegspressequartier Ost und das k. und k. Kriegspressequartier geben einander jeweilig unter Angabe der Teilnehmer bekannt, in welchem Armeebereich der Ostfront Frontreisen stattfinden.

5. Der deutschen Presse ist der Nachdruck der »aus dem k. und k. Kriegspressequartier« stammenden Berichte gestattet, doch dürfen diese Berichte nur im vollen Wortlaut abgedruckt werden. Es ist unzulässig, Auszüge aus diesen als aus dem Kriegspressequartier stammend zu bezeichnen.

Nach gleichartigen Grundsätzen ist der Nachdruck von »Berichten aus dem Großen Hauptquartier« in der österreichischen und der ungarischen Presse zu behandeln.

6. Die Zulassung deutscher Pressevertreter zum k. und k. Kriegspressequartier ist von einer Empfehlung durch die Abteilung IIIb abhängig. Ebenso eine Zulassung österreichisch-ungarischer Berichterstatter in Deutschland von der Empfehlung des k. und k. Kriegspressequartiers.

7. Sowohl die durch das k. und k. Kriegspressequartier wie die durch die deutschen Kriegspressequartiere herausgegebenen und zensierten Berichte sollen sich von jeglicher Erörterung politischer Fragen fernhalten und sich lediglich auf die rein militärische Darstellung der kriegerischen Ereignisse beschränken.

8. Berichterstatter neutraler Staaten haben ihr Gesuch unmittelbar an das k. und k. Kriegspressequartier oder an die Abteilung IIIb zu richten. Von solchen neutralen Pressevertretern, die sich in irgendeiner Weise mißliebig gemacht haben, soll gegenseitig Mitteilung erfolgen.

9. Freie Berichterstatter, wie z.B. Ganghofer und Bartsch, sollen aufgrund gegenseitiger Vereinbarung unter möglichster Einschränkung zugelassen werden.

II. Zensur

1.a) In Österreich wird die Zensur im allgemeinen besorgt von den Staatsanwaltschaften (eventuell gemeinsam mit den politischen und polizeilichen Behörden), manchenorts von den politischen oder polizeilichen Behörden. In bestimmten Städten sind den Zensurstellen militärische Organe (Offiziere oder Militärbeamte) zur Überwachung der periodischen Druckschriften beigeordnet.

Als überwachende und leitende Stelle für Zensurangelegenheiten fungiert das Kriegsüberwachungsamt in Wien.

In militärischen Zensurfragen ist das Kriegspressequartier des AOK die oberste Instanz, an deren Votum alle übrigen Zensurstellen gebunden sind.

b) In Ungarn ist die Präventivzensur nicht eingeführt. Die Überwachung der Presse besorgen die Staatsanwaltschaften, welchen militärische Sachverständige beigegeben sind.

Findet die Staatsanwaltschaft die Interessen der Kriegführung durch ein Blatt gefährdet, so kann sie in dringenden Fällen die Konfiszierung der inkriminierten Nummer anordnen, stellt, wenn ein Verstoß gegen die bestehenden Gesetze vorliegt, den Strafantrag und beantragt eventuell beim k. ung. Justizminister die Verhängung der Präventivzensur gegen das betreffende Blatt oder in besonders schweren Fällen die Einstellung des Blattes.

c) In Österreich-Ungarn erfolgt die Zensur für die Kriegsberichterstatter wie folgt: Sämtliche Briefe, Berichte und Telegramme, auch solche privater Natur, sind den K-Stellen der k.u.k. Armeekommanden zu übergeben, wo der mit der Zensur betraute Generalstabsoffizier diese sofort zensuriert, die Telegramme (Privattelegramme ausgenommen) sodann mit Hughes[a] oder Kurier an das Kriegspressequartier, die Berichte direkt per Post an die Zeitungsredaktionen zu befördern hat. Zum Zeichen der Genehmigung sind die Berichte mit Stempel des Kommandos und dem Vermerk »Vom Kriegspressequartier genehmigt« sowie mit Unterschrift des zensurierenden Offiziers zu versehen, bei Telegrammen ist am Beginn die Notiz »Vom Kriegspressequartier genehmigt« und der Name des Zensors beizusetzen. Ein zweites Exemplar der genehmigten Berichte ist per Kurier oder Post an das Kriegspressequartier einzusenden.

Privatbriefe und Privattelegramme sind nach Zensur so wie alle anderen Privatdepeschen und Briefe weiterzusenden.

Die mit der Zensur betrauten Generalstabsoffiziere müssen mit den Zensurbestimmungen vollkommen vertraut sein.

Die Kriegsberichterstatter dürfen nur den Zeitungen berichten, zu deren Vertretung sie berufen sind.

Bei Beurteilung des Inhaltes sind folgende Grundsätze zu beachten: Die Wahrung des militärischen Geheimnisses soll unter keinen Umständen verletzt werden. Nur sachlich richtige Darstellungen, welche die Leistungen der beiderseitigen Truppen gerecht bewerten, sind freizugeben. Die tatsächlichen Mitteilungen sollen das Maß der amtlichen Verlautbarungen beider Hauptquartiere nicht überschreiten. Funksprüche ingendwelcher Art zu erwähnen, ist grundsätzlich verboten. Kriegsberichterstatter, die sich auf Urlaub befinden, legen ihre Berichte beim Kriegspressequartier vor. Hierbei behält sich das Kriegspressequartier vor, vor Freigabe des Artikels die sachliche Richtigkeit durch die zuständige Dienststelle im Felde nachprüfen zu lassen.

Kriegsberichterstatter, die ihre bereits veröffentlichten Aufsätze in Buchform erscheinen lassen wollen, legen diese stets dem Kriegspressequartier erneut zur Zensur vor.

Kriegsberichterstatter, die zeitweilig bei einem Kommando eingeteilt sind, wo sich kein mit den Zensurbestimmungen vertrauter Generalstabsoffizier befindet, lassen sich an Ort und Stelle lediglich die »sachliche Richtigkeit« durch den zuständigen Generalstabsoffizier bescheinigen und senden den Bericht nebst Abschrift dem Kriegspressequartier ein.

2. In Deutschland erfolgt die Zensur im allgemeinen
bei den Zensurstellen der Stellvertretenden Generalkommandos,
des Oberkommandos in den Marken,
der Festungsgouvernements und Kommandanturen.

Für Schriften und Artikel maritimen Inhalts unter Beteiligung der Zensurstelle des RMA,

für solche politischen Inhalts unter Beteiligung der Zensurberatungsstelle des AA,

---

[a] Der Hughes-Typendrucktelegraf, benannt nach seinem Entwickler David Edward Hughes (1831–1900), war ein Fernschreibgerät.

für koloniale Fragen unter Mitwirkung des Reichs-Kolonialamts.

Die gemeinsame Leitung erfolgt durch die Oberzensurstelle in dem der Obersten Heeresleitung unterstellten Kriegspresseamt.

Sie beseitigt allgemeine Unsicherheit im Zensurwesen, bezeichnet allgemeine Richtlinien, gibt Anregungen und Gutachten für die Tätigkeit der Zensurstellen bei den Generalkommandos usw.

Die Zensur der durch Genehmigung des Chefs des Generalstabs des Feldheeres zugelassenen Berichterstatter erfolgt entweder durch einen dauernd mit ihrer Führung beauftragten Offizier (Leiter der verschiedenen Kriegspressequartiere) oder durch den Nachrichtenoffizier der Armee, dem vorübergehend der Kriegsberichterstatter zugeteilt ist.

Beide Offiziere – sowohl der Leiter des Kriegspressequartiers wie der Nachrichtenoffizier – müssen mit den Zensurbestimmungen vollkommen vertraut sein.

Die Kriegsberichterstatter dürfen nur den Zeitungen berichten, als deren Vertreter sie berufen sind.

Sämtliche Briefe, Berichte und Telegramme, auch solche privater Natur, sind dem Leiter des Kriegspressequartiers bzw. dem vorübergehend vorgesetzten N.O. vorzulegen, der ihre Absendung veranlaßt, nachdem sie mit dem Zulassungsstempel versehen sind. Ein zweites Exemplar erhält Kriegspresseamt Berlin, Abteilung IV. Bei telegraphischen Berichten ist an den Schluß des Wortlauts der Vermerk zu setzen: »Zur Veröffentlichung zugelassen. N.N., Rittmeister.« Dieser Vermerk ist mitzutelegraphieren. Das gestempelte Belegexemplar ist durch Brief an Kriegspresseamt Berlin, Abteilung IV, einzureichen.

Kriegsberichterstatter, die vorübergehend nicht einem Aufsichtsoffizier – also weder Leiter Kriegspressequartier noch Nachrichtenoffizier – unterstehen, sondern zu Einzelreisen die ausdrückliche Genehmigung des Chefs IIIb haben, senden ihre Telegramme unmittelbar an Kriegspresseamt Berlin, Abteilung IV. Die Berichte werden dort zensiert und gehen von dort unmittelbar dem Verlage des Berichterstatters zu. Auch in diesem Falle ist die sachliche Richtigkeit der Telegramme und Berichte durch die zuständige Kommandostelle zu bescheinigen.

Kriegsberichterstatter, die sich auf Urlaub befinden, legen nach schriftlicher Erlaubnis des Leiters ihres Kriegspressequartiers ihre Berichte beim Kriegspresseamt Berlin, Abteilung IV, zur Zensur vor. Hierüber behält sich Kriegspresseamt Berlin, Abteilung IV, vor, vor Freigabe des Artikels die sachliche Richtigkeit durch die zuständige Dienststelle im Felde nachprüfen zu lassen.

Sämtliche Telegramme und Berichte sind zunächst durch das betreffende höhere Kommando, an dessen Front die Berichterstattung zugelassen sind, auf die sachliche Richtigkeit der Darstellung und die gerechte Bewertung der Leistungen der beiderseitigen Truppen zu prüfen. Die Prüfung hat sich in erster Linie darauf zu erstrecken, daß durch den Bericht die Wahrung des militärischen Geheimnisses unter keinen Umständen verletzt wird. Grundsätzlich ist die Erwähnung von Funksprüchen irgendwelcher Art in den Berichten der Kriegsberichterstatter verboten.

Kriegsberichterstatter, die ihre bereits veröffentlichten Aufsätze nochmals in Buchform erscheinen lassen wollen, legen diese stets dem Kriegspresseamt, Abteilung IV, erneut zur Zensur vor.

3. Gelegentliche persönliche Besprechungen der die Zensur in beiden verbündeten Reichen leitenden Offiziere sind in Aussicht genommen zwecks Aufrechterhaltung der Verbindung und einheitlichen Vorgehens in der Frage der Zensur.

4. Neben der negativen Arbeit der Zensur können die Zensurstellen durch ihre Verbindungen zur Presse auch positive Arbeit im Sinne der Heeresleitung leisten. Soweit in dieser Richtung der deutschen Presse Bitten oder Anregungen zu übermitteln sind, werden sich die österreichisch-ungarischen Zensurbehörden grundsätzlich an das Kriegspresseamt in Berlin, die deutschen Behörden an das Kriegspressequartier in Wien, wenden, aber nicht unmittelbar an einzelne Zeitungen oder Presseorgane.

III.

1. Gemäß Vereinbarungen vom 2. August ist für die k.u.k. Monarchie eine Stelle geschaffen worden, in der einheitlich sämtliche militärischen Pressefragen erledigt werden sollen. Leiter der Stelle ist Oberst des Generalstabes v. Eisner-Bubna. *Alle Anfragen grundsätzlicher Art auf dem Gebiete des militärischen Pressewesens* sind zu richten: einerseits an die Abteilung IIIb des Generalstabes im Großen Hauptquartier, andererseits an das Kriegspressequartier in Wien. Im übrigen bleiben die bisherigen Vereinbarungen bestehen, wonach Anfragen der österreichisch-ungarischen Pressebehörden und ihre Anliegen in bezug auf die deutsche Presse an das Kriegspresseamt Berlin, Luisenstraße 31a, zu ergehen haben. Das Kriegspresseamt Berlin wendet sich seinerseit mit Wünschen und Anfragen an das Kriegspressequartier Wien, welches die die Länder der heiligen ungarischen Krone betreffenden Angelegenheiten zur kompetenten Stelle nach Budapest weiterleitet.

2. Anfragen, welche die Kriegsberichterstatter betreffen, werden an das k.u.k. Kriegspressekommando Wien III, Untere Viaduktstraße 23 bzw. an das Kriegspresseamt Berlin, Abteilung IV, Luisenstraße 31a, gerichtet.

Handelt es sich um Personalien der Berichterstatter, so werden die Anfragen von hier weiter an stellvertretenden Generalstab, Abteilung IIIb, Sektion Kb., geleitet.

3. Telegramme der Kriegsberichterstatter, welche den Zusatz »vom k.u.k. Kriegspressequartier genehmigt«, oder »vom Pressebureau des k.u.k. Kriegsministeriums genehmigt« enthalten, sollen in Deutschland zensurfrei sein, nachdem zugesichert ist, daß diese Telegramme vor ihrer Absendung auf Grund der deutschen Zensurbestimmungen geprüft worden sind.

Durch die vorstehenden Vereinbarungen sind die Vereinbarungen vom 18.9.15 bzw. 2.9.16 außer Kraft gesetzt.

Dienstag, 20. März 1917

Enver Pascha ist zu Besuch. Besprechungen mit Herren seiner Begleitung und Einladung des Kaisers zum Frühstück und des Feldmarschalls zum Abendessen füllen meinen Arbeitstag aus. [...]

Der Rückzug in die Siegfriedstellung stellt sehr hohe Aufgaben für die Geheimhaltung. [...]

Auszug 141 aus Feldpostbriefen

Kreuznach, Dienstag, 20. März 1917,
abends 10½

(...) Ich komme vom Abendessen beim Feldmarschall, Enver Pascha zu Ehren. Durch das Frühstück bei S.M. und das Abendessen ist der Tag derart der Arbeit entzogen, da schadet es nun auch nichts, wenn ich jetzt die Arbeit bei Seite lasse. Im kaiserlichen Quartier ist es unter erfahrener Hand recht hübsch und behaglich geworden.

Der Kaiser war wieder besonders nett zu mir, die Ereignisse in Rußland bildeten den Gegenstand der mehrfachen Ansprachen, zu denen er mich zu sich heranholte. Er ist gleich mir der Ansicht, daß die Ereignisse sich da erst entwickeln, daß die Revolution erst losgeht, nachdem die autoritative Regierung gestürzt ist und daß schließlich die Volkstribunen dem Volk den Frieden bringen müssen, wenn sie es überhaupt in der Hand behalten wollen. Ober aber ein Soldat, wie Nikolai Nikolajewitsch[17] schlägt die Sache mit eiserner Hand nieder. Aber auch er würde ohne Frieden nicht Nahrung und Ruhe bringen können. Die Lage der Entente hat sich jedenfalls wesentlich kompliziert, die geschlossene und entschlossene Führung, die ihr jetzt so nottut, ist in Rußland erschüttert.

Enver Pascha ist 35 Jahre, ein stiller bescheidener Mann, dem man die Energie nur an der Furcht anmerkt, in der seine Begleitung vor ihm lebt. Ein streng gläubiger Muselmann, trinkt er nichts, ein Mann von Grundsätzen. Seine Begleiter, neben ihm, obgleich ausgesucht, nur Puppen, aber gute liebenswürdige Menschen. Ich habe bei dieser Gelegenheit auch einen riesigen Halsorden bekommen, der aussieht, als ob er mit Brillanten besetzt ist, aber nur so aussieht.

Die letzten Wochen waren sehr mit Arbeit ausgefüllt. Ich freue mich aber, daß mein Dienst geklappt hat, der Gegner hat von unseren Operationen im Westen doch nichts vorzeitig gemerkt und die deutsche Presse verhält sich auch verständig und vertrauensvoll.

Als ich neulich mal zum Feldmarschall wollte, hieß es, vor 6½ Uhr sei er nicht zu sprechen, er schreibe an seine Frau. Wer's so haben kann! Aber ich gönne es dem 70-jährigen Mann, er hatte sich den Lebensabend mit seiner Frau vielleicht auch anders gedacht.

Sonnabend, 31. März 1917

Ich erlebe es, zum ersten Mal zu einer Besprechung in die Reichskanzlei *gerufen* zu werden. Unter Vorsitz des Unterstaatssekretärs der Reichskanzlei, Wahnschaffe, findet eine Aussprache statt über die Rückwirkung der russischen Revolution auf unsere innerpolitischen Verhältnisse und über die Behandlung der Vorgänge in Rußland durch die Presse.

---

[17] Hierbei handelte es sich um den Cousin von Nikolai II., Großfürst Nikolai Nikolajewitsch Romanow, der vom Zaren am Tage seiner Abdankung zum Oberbefehlshaber der russischen Streitkräfte ernannt worden war – eine Stellung die er schon 1914/15 innehatte.

Es ist auch das erste Mal, daß der Reichskanzler unmittelbar durch den Chef der Reichskanzlei eingreift. Deutelmoser als Vertreter des AA spielt bei der Besprechung keine beachtliche Rolle.

Montag, 2. April 1917

Ich benutze den Vorgang, Ludendorff nachfolgendes Schreiben an den Reichskanzler zur Unterschrift vorzulegen.

(Irgendeinen Erfolg hatte dies Schreiben trotz der durch die Kriegserklärung Amerikas verschärfte Bedeutung nicht, ich mußte weiterhin stets die Reichskanzlei *aufsuchen*, ihrerseits kam sie in Fragen meines Arbeitsgebietes *auch fernerhin nicht*. Ich greife voraus, daß Wahnschaffe, als ich ihn Ende April erneut aufsuchte, erklärte, daß der Reichskanzler alle Vorschläge auf Übernahme der Führung der öffentlichen Meinung ablehne. Die schriftliche Wiederholung dieser Absage am 1.5. ging wieder von der Dienststelle Deutelmoser aus.)

Schreiben an den Reichskanzler III.B. 10219/II vom 2.4.17.

Durch Schreiben III.B. 8769/II v. 17.12.16 hatte Euer Exzellenz Aufmerksamkeit ich auf eine straffe einheitliche Führung in Presse-Angelegenheiten hingelenkt.

Euere Exzellenz haben durch Antwortschreiben R.K. 10803 v. 16.1.17 der Notwendigkeit einer Vereinheitlichung des amtlichen Pressedienstes zugestimmt, dem von mir vorgeschlagenen Wege dagegen nicht. E.E. stellten im Schlußsatz des vorerwähnten Schreibens eine Heranziehung der OHL zur Regelung dieser Frage in Aussicht.

Die Ereignisse haben seitdem mehrfach die Wichtigkeit dieser noch schwebenden Frage erwiesen.

Inzwischen hat am 31.3. abends in der Reichskanzlei unter Vorsitz des Herrn Unterstaatssekretärs eine Besprechung von Vertretern der verschiedenen Behörden über die Rückwirkung der russischen Revolution auf die innerpolitischen Verhältnisse Deutschlands und besonders über die Behandlung dieser Frage durch die deutsche Presse stattgefunden.

Nach dem mir durch den Vertreter der OHL bei dieser Besprechung, Major Nicolai, gehaltenen Vortrag scheint mir diese von E.E. veranlaßte Besprechung außerordentlich zweckmäßig gewesen zu sein. Aufgrund dessen möchte Euere Exzellenz ich im Anschluß an mein eingangs erwähntes Schreiben vom 17.12.16 sehr ergebenst den Vorschlag unterbreiten, die Einsetzung eines Ausschusses zur Besprechung in sämtlichen Presseangelegenheiten unter dem Vorsitz des Herrn Unterstaatssekretärs in der Reichskanzlei zu einer ständigen Einrichtung zu machen.

Der Zusammentritt des Ausschusses wäre von dem Vorsitzenden zu veranlassen, wenn politische Ereignisse Weisungen an die Presse erfordern oder wenn die Art, wie die Presse oder Teile der Presse zu bestimmten Fragen Stellung nehmen, einer Besprechung oder eines Eingriffs bedarf. Auch müßte es den von anderen Behörden ressortierenden Mitgliedern des Ausschusses gestattet sein, den Zusammentritt des Ausschusses bei dem Herrn Vorsitzenden zu erbitten. Ich glaube, daß auf diese Weise das einheitliche Vorgehen der Reichsbehörden in Pressefragen sichergestellt wäre und doch die Interessen der einzelnen Behörden zu ihrem Rechte kämen.

Sollten E.E. meinem Vorschlag zustimmen und den Ausschuß zu einer ständigen Einrichtung machen, so würde ich als ständige Mitglieder meines Deinstbereichs den Chef der Abt. III.B. im GrHQu, den Chef des Kriegspresseamts in Berlin und den Leiter der Oberzensurstelle bestimmen.

E.E. Stellungnahme darf ich entgegensehen.

I.A. gez. Ludendorff [...]

Dienstag, 3. April 1917

Meine Anwesenheit in Berlin am 3. und 4. zum Zweck der Besprechungen mit den zusammenberufenen Leitern der Presseabteilungen bei den Militärbefehlshabern im Heimatgebiet über die durch Amerikas Kriegserklärung entstandene Lage ermöglicht mir, auch an der Einsegnung meiner ältesten Tochter in der Kirche teilzunehmen.

Sonnabend, 7. April 1917

Um der durch Amerikas Kriegseintritt belasteten Stimmung aufzuhelfen, berichten die Kriegsberichterstatter offensichtlich günstig von den Fronten. Ich verfüge unter Zustimmung Ludendorffs, daß jede Schönfärberei zu unterbleiben hat.

Montag, 9. April 1917

Ludendorffs 52. Geburtstag. Seine Stimmung ist sehr ernst. Die Lage kennzeichnet sich an der Front durch die Schlappe bei Arras, im Innern durch den Kaisererlaß an das deutsche Volk mit der Ankündigung der Wahlreform und die Rückwirkung von Amerikas Kriegseintritt auf die Volksstimmung. Die Unabhängige Sozialdemokratische Partei ist in der Bildung begriffen. Außerdem klappt es nicht mit Wien. Kaiser Karl agitiert für die Möglichkeit eines Sonderfriedens mit Frankreich. Nach meinem Wissen eine Utopie. Offenbar nichts Anderes als beginnender Abfall vom Bündnis, indem Rußland als erledigt und damit die Gefahr für Wien beseitigt erachtet wird.

Dienstag, 10. April 1917

Ich muß infolgedessen vermehrt maßhalten in der Inanspruchnahme Ludendorffs durch mein Arbeitsgebiet und es noch mehr selbständig wahrnehmen, obgleich auch in ihm die Schwierigkeiten sich häufen.

Deutelmoser verhält sich zunehmend ablehnend gegen das Kriegspresseamt. Er ist ganz AA geworden, vernachläßigt die deutsche Presse und bevorzugt die ausländische.

Dagegen sucht die Militärische Stelle beim AA (v. Haeften) unmittelbaren Einfluß auf die deutsche Presse.

Stotten fängt an, als Chef des Kriegspresseamtes dieser Lage nach außen nicht gewachsen zu sein. Seine Führung versagt auch im Kriegspresseamt, die Selbständigkeit der Abteilungschefs wird zu groß.

In der Presse beginnen die ersten öffentlichen Angriffe, eingeleitet durch einen Artikel in der sozialdemokratischen »Münchener Post« gegen »Nicolai, v. Olberg (Chef der Oberzensurstelle), Stotten«. Sie richten sich auch gegen den für mein Arbeitsgebiet im bayerischen Kriegsministerium Zuständigen, mich sehr unterstützenden Oberst v. Kreß.

Ich ersuche Stotten, jederzeit für mich erreichbar zu sein, nicht nur durch seine Sektionschefs, sondern selbst als Chef des Kriegspresseamtes einheitlich hervorzutreten, besonders solle sich der Chef der Oberzensurstelle in öffentliche Auseinandersetzungen bei den Pressebesprechungen nur in Ausnahmefällen einlassen und müsse darauf bedacht sein, sich hierbei keine Blöße zu geben. Auf die Angriffe in der Presse gegen Offiziere des Pressedienstes der OHL dürfe nur nach vorheriger Verständigung mit mir geantwortet werden. Die OHL verkehre nur über mich durch das Kriegspresseamt mit der deutschen Presse, die Militärische Stelle beim AA habe das Recht des direkten Verkehrs mit dem Kriegspresseamt, aber nicht mit der deutschen Presse. [...]

Auszug 142 aus Feldpostbriefen

Kreuznach, Dienstag, 10. April 1917,
abends

(...) Der Krieg dauert für die »Stimmung« zu lange. Er ist ja auch für das ganze Volk eine Leistung, die enorme Kraft verlangt. Hoffentlich bleibt sie uns erhalten und verzehrt sich nicht im inneren Streit und Nahrungsnöten. Es muß viel mehr *gehandelt* werden, das Klagen und Mahnen hilft uns nichts. Wir müssen unsere Lage erkennen, das Entweder-Oder, und daraus immer wieder Kraft und Entschluß schöpfen. Schade, daß Ludendorffs Geburtstag gestern unter der Schlappe von Arras litt. Hindenburg war wieder groß, von ihm geht Zuversicht und Glaube aus. »Ach, wir haben schon viel Schlimmeres erlebt«, sagte er zu Ludendorff. Bei Tisch hielt er aus Rücksicht auf die Lage keine laute Ansprache, stieß nur mit Ludendorff an: »Ich halte Ihnen keine große Rede, wir beide sind ja innerlich eins«. Es war noch der Statthalter von Elsaß-Lothringen v. Dallwitz zu Gast.

Wie das bei Arras gekommen, ist noch nicht klar. Ob die Engländer alles vergast haben oder ob die Infanterie wieder den Angriff noch nicht erwartet und wie bei Verdun in den tiefen Unterständen saß? Besonders betroffen ist die 11. und eine bayerische Division. Die Schlacht bei Reims ist nun auch in Gange. Von den Russen ist einstweilen noch nichts zu fürchten, sie haben noch genug mit sich selbst zu tun, aber die Italiener stehen wohl vor dem Angriff am Isonzo. Hoffentlich halten die Österreicher stand! Mir geht es gut. Ich nehme immer wieder den Kopf hoch und hoffe, daß wir weiter unerbittlich gegen England den U-Bootkrieg führen und im übrigen weiterkämpfen, draußen und drinnen, dann wird die Zeit unser Verbündeter, auch die Feinde sehnen sich nach Frieden und brauchen ihn. Noch sind *wir* Sieger, und es sollen uns die Feinde den Sieg erst mal entreißen! [...]

Heute vor 8 Tagen war der glücklich Tag von Elses Einsegnung. Es kommt mir wie eine Insel des Glückes und des Eigenen in dieser Zeit vor, wenn ich daran zurückdenke. Du kannst stolz und glücklich über Dein Kind sein, liebe Frau! Gestern bei Hindenburg saß ich neben seinem Leibarzt, der mir die Notwendigkeit körperlicher Erziehung bei Kindern klarmachte. Hat unser Elsenkind nicht auch einen gewissen »Hang zur Bequemlichkeit«, den man ihrem Vater in einer Zensur in demselben Alter nachsagte? Ich habe soviel zu tun, daß ich bisher nicht zum Reiten gekommen bin, hoffe aber von morgen ab auch dazu und zu einem kurzen Spaziergang täglich Zeit zu haben.

Donnerstag, 12. April 1917

Die Propaganda an der Ostfront wird Oberost übertragen, Haeften die Beschaffung von Material, meinen Nachrichtenoffizieren die Durchführung.

Oberst Hoffmann wird zu Besprechungen über Friedensmöglichkeiten mit Rußland in Kreuznach erwartet.

Sonnabend, 14. April 1917

Ich verfüge in Anlehnung an die Sektion II (Presse) in meinem Stabe die Einrichtung einer Sektion IV zwecks Sammlung aller (zunehmenden) Angriffe, Meldungen und Betrachtungen über den Kaiser und die Monarchie, über den Kronprinz und andere Fürstlichkeiten, über die OHL und über die Stimmung in Volk und Heer aus der Auslandspresse, der Inlandspresse, Druckschriften, Illustrationen (Karikaturen und Schmähbilder) und aus Berichten und Gerüchten. [...]

Sonntag, 15. April 1917

Die infolge der inneren Zustände verstärkte Grenzüberwachung hat Schwierigkeiten für den Grenzübertritt von Vertrauensleuten und Agenten des Nachrichtendienstes zur Folge. Ich muß Direktiven geben zur Erleichterung des Grenzübertritts derselben.

Ich gebe nachfolgende Abschrift eines Privatbriefes an mich über den Einfluß übermäßigen Schreibwerkes auf die Frontstimmung an den Chef der Operationsabteilung weiter.

14.4.17

Major v. Rohrscheidt, früher Nachrichtenoffizier, jetzt Kommandeur II/80 bei Reims schreibt mir in einem Privatbrief:
Es gibt etwas, was unser aller Stimmung nachteilig beeinflußt, und das ist das mehr und mehr über Hand nehmende Schreibunwesen. Wir leben im Zeichen des Bürokrat*issimus!* Wie ich das erste mal in Stellung kam, wurde mein Adjutant krank, mußte wegen schwerer Influenza 6 Wochen ausspannen. Vertreter war nicht ausgebildet. Ich mußte alles allein machen. Und da habe ich ohne Übertreibung etwa 7–8 Stunden täglich in meinem Stinkloch bei einem Talgstummel gesessen, geschrieben, geschmiert, gemeldet, berichtet. Es kommen jetzt noch Zeiten, wo meine Komp.-Führer vorne in der *ersten* Stellung *so* viel melden, berichten, schmieren müssen, daß sie einen ganzen Tag nicht in ihre Stellung kommen! In erster Linie kommt es doch aber darauf an, daß man sich um den *praktischen* Ausbau seiner Stellung kümmert und seine *im Stumpfsinn des Grabenkrieges befangenen, sonst sehr braven Leute aufmöbelt.* Ich erblicke in dieser über Hand nehmenden Schreiberei eine wirklich *tiefernste* Gefahr. Gibt es hier im Westen mal eine Schweinerei, so sind die Berge Papier und Ströme Tinte daran schuld. Es wäre gut, wenn Sie das mal zur Sprache bringen könnten. Mein Adjutant z.B. sitzt fast jede Nacht, wenn wir vorn in Stellung sind, bis 1 Uhr nachts und schreibt, schreibt, schreibt.
Eine zweite bedenkliche Tatsache ist der Mangel jeder Ausbildungsgelegenheit für unsere Leute. Das sind gar keine *Soldaten* mehr, das sind nur *Erdarbeiter.* Seit Monaten hat mein Regiment keine vernünftige Ausbildungsgelegenheit gehabt. Was nützen einem Granatwerfer, Minenwerfer, leichte M-Gewehre, wenn ich mir meine Leute gar nicht ausbilden kann. Es gibt Leute, die können kein Gewehr sichern und entsichern. Ist man dann mal 6 Tage Ruhe-Btl., so muß man an Ortsbefestigungen arbeiten, rückwärtige Linien *nachts* ausbauen. Also Ausbildungsgelegenheit und *wirkliche* Ruhe, Nachtruhe, wird einem wieder künstlich genommen. Dazu hat man fast ausschließlich Reserveoffiziere. Die jungen aktiven *leistungsfähigen* Leutnants, namentlich der Kavallerie, sitzen alle hinten bei den höheren Stäben herum. Hierüber werden natürlich auch die unliebsamsten Glossen gemacht.
Das sind so einige Notschreie von uns Frontleuten. Ich bringe sie nicht zur Sprache, um zu mäkeln, sondern um – vielleicht – zu bessern.
Im übrigen ist die Stimmung meiner sehr braven Leute absolut zuversichtlich. Der Franzmann soll nur kommen, sie werden ihn, wie die Kerls sagen, »feste flammen«.

Montag, 16. April 1917

Aus Anlaß des Munitionsarbeiterstreiks[18] (125 000 Streikende) unter Führung der sozialdemokratischen Arbeitsgemeinschaft[19] (Haase und Ledebour) verlangt Hindenburg bei Groener Aufklärung der Arbeiter.

Mittwoch, 18. April 1917

Der »Vorwärts« bringt als Beschluß des sozialdemokratischen Parteiausschußes die Forderung innerpolitischer Reformen und eines entscheidenden Einflußes der Volksvertretung.
Ich erblicke darin die Folge der immer stärker sichtbar werdenden fehlenden innerpolitischen Kriegführung und den Ausdruck eines gewissen verantwortlichen Gefühls, nicht durchweg bei allen sozialdemokratischen Führern rein parteipolitische Absichten, während die radikale Gruppe hinter den Streiks nur diese verfolgt.

Auszug 143 aus Feldpostbriefen

Kreuznach, Mittwoch, 18. April 1917,
abends ½11 Uhr

(...) Bei Arras und bei Reims haben sich alle unsere Nachrichten bisher bestätigt. Es sind 2 gewaltige Schlachten, die Zuversicht von Führung und Truppen ist aber gut, »durch kommen sie nicht«. Wird das so, dann werden wir dem Frieden wohl etwas näher sein, wenn – besonders Frankreich – die gewaltigen Opfer wieder umsonst gebracht haben wird. Franzosen und Engländer benehmen sich aber gut. Die Russen sind in der Kampffront entschieden erschüttert und haben jedenfalls bei der Infanterie keine Lust mehr am Krieg und verlangen den Frieden. Die Disziplin ist erschüttert. In Petersburg regiert jetzt noch die Entente, die dort natürlich fieberhaft und mit allen Mitteln arbeitet. Die Schwierigkeiten, welche die Revolution heraufführten, meistern sie aber auch nicht und so glaube ich doch, daß die Engländer die Herrschaft verlieren werden und der Frieden mit Rußland kommt, wenn auch noch nicht jetzt, so doch in Wochen.
Ob's mit unserer Pfingstreise etwas wird, ist mir doch fraglich, die Zeiten sind jetzt zu ernst und anspruchsvoll an meine Stellung. Ich müßte doch dann auch

---

[18] In Berlin streikten insgesamt 300 000 Arbeiter, u.a. aus der Munitionsproduktion, ohne das Einverständnis der Gewerkschaften. Ebenfalls Mitte April organisierten 30 000 Leipziger Arbeiter einen Streik ohne Beteiligung der Gewerkschaften, bei dem dezidiert die politischen Reformen gefordert wurden.
[19] Die Sozialdemokratische Arbeitsgemeinschaft (SAG) bestand aus 18 ehemaligen Reichstagsmitgliedern der SPD, die unter Führung Hugo Haases am 21.12.1915 gegen die Kriegskredite gestimmt hatten und nach Haases Anti-Kriegs-Rede am 24.3.1916 aus der SPD-Fraktion ausgeschlossen worden waren. Im April 1917 ging aus der SAG die Unabhängige Sozialdemokratische Partei Deutschlands (USPD) hervor.

wirklich innere Ruhe haben. Ich werde es wohl auch davon abhängig machen, ob ich mich dann wirklich erholungsbedürftig fühle. Augenblicklich bekommt mir das ohne Reiten geregelte Leben ganz gut. Ich trinke fast gar nichts, nur abends etwas, reite die letzten Tage vor Tisch ¾ Stunden, wenn Ludendorff zum Vortrag beim Kaiser ist und lese nach Tisch im bequemen Sessel sitzend meine Sachen, gehe dann nach dem Umziehen möglichst noch ½ Stunde bis zum Kaffee spazieren. Von ½1 Uhr bis 8 Uhr kann ich meist schlafen und besorge das auch gottlob gut. So fühle ich mich äußerlich ganz wohl. Innerlich greift die dauernde Spannung und Sehnsucht nach Euch und Ruhe und Frieden natürlich an. Aber wir dürfen nicht nachlassen und nicht schwach werden. Jetzt hatte ich für 2 Tage den Dir aus dem Reichstag bekannten Abgeordneten v. Calker hier. Da habe ich manche interessante Unterhaltung über die inneren Zustände und unsere Staatsleitung, wie sie sein müßte und wie sie nicht ist, gehabt. Wenn wir doch einen *Führer* auch *da* hätten! Und wenn wir von den kleinen Gelegenheitsmittelchen ließen, mit denen wir uns nur lächerlich machen und nichts erreichen. Im Innern und Äußeren sind jetzt die Sozis die Herren der Lage! Das Andere steht grollend oder resigniert, was fast noch schlimmer ist, abseits. Aber auch sie werden die Ereignisse zum Handeln zwingen, leider *zwingen*, anstatt daß rechzeitig und planvoll etwas geschieht. Es ist wirklich schwer, da Soldat zu bleiben, zuzusehen und nicht zu hetzen. Einen besseren Ersatzmann als Scheidemann wird man für den Kanzler doch noch finden! Und wie erkennen und nützen unsere Feinde diese Schwäche! Wenn wir nun wirklich zu Friedensverhandlungen kommen, soll es dann in derselben Weise weitergehen?? [...]

Seit dem 7.4. lagen Deine Briefe unbeantwortet. Aber ich habe jetzt durch die Lage besonders viel zu tun und da ich deshalb selbst nicht reisen kann, lasse ich mir manchen Herrn herkommen und das gibt dann Verhandlungen neben der laufenden Arbeit. Doch damit will ich Dir den Kopf und das Herz nicht beschweren, liebe Frau. Es muß und wird auch da gehen.

Deine Ansichten, wie Ihr auf die Frauen einwirken könntet, gefallen mir. Wollt Ihr denn etwas Derartiges nun machen? Man soll nicht immer nur über den Unverstand der Leute jammern und stöhnen, sondern handeln und aufklären. Die Frauen waren auch jetzt bei Streiks die Schlimmsten. Du hast recht, daß sie lieber mehr Wirtschaft als Wissenschaft lernen sollten. [...]

Auszug 144 aus Feldpostbriefen

Kreuznach, 19. April 1917,
abends ¾8 Uhr

(...) Überall sieht man jetzt Mädels und Leute besserer Stände graben und Gärten und Felder bestellen. Auch in England soll es jetzt Sport sein, das sind die Folgen des Ubootkrieges aber auch der Beweis, daß England so bald nicht klein zu kriegen ist. Die Streiks in Berlin werden morgen nun wohl endgültig beendet sein, man muß aber doch an einzelnen Stellen zu dem Zwangsmittel greifen, den Betrieb unter militärische Leitung zu stellen und die Arbeiter, wenn sie nicht freiwillig die Arbeit aufnehmen, einziehen, daß sie als Soldaten gegen ihre Löhnung arbeiten müssen. Das wird wohl helfen. Sollten sich nun 1. Mai Streiks wiederholen, so greift man hoffentlich gleich energisch durch. Schwäche verführt nur zu Wiederholungen. Draußen waren heute keine großen Kämpfe, aber von morgen ab wird es wohl an beiden Stellen wieder stark losgehen, nachdem die bisherigen Kämpfer abgelöst sind.

Montag, 23. April 1917

Ich erhalte verschiedene Meldungen über die Verhandlungen Kaiser Karls über den Prinzen Sixtus,[20] welcher er schon seit dem Februar verdächtig ist, gleichfalls, daß die Verhandlungen aussichtslos sind. [...]

Auszug 145 aus Feldpostbriefen

Kreuznach, Donnerstag, 26. April 1917,
abends 10 Uhr

(...) Die europäischen Attachés sind jetzt an die Westfront gereist, die Südamerikaner bleiben in Berlin, da die politische Haltung ihrer Staaten fraglich ist und unsere Truppen jetzt für diese »Neutralen« doch zu wenig Verständnis haben.
 Die Sorgen um Arras und Aisne sind nun auch zum großen Teil überwunden. Aber es kommen noch scharfe Kämpfe, auch werden die Italiener am Isonzo wieder anfangen.

Freitag, 27. April 1917

[...] Von Deutelmoser und der Nachrichtenabteilung des AA ist nichts zu spüren. Er »organisiert« angeblich. Ich fürchte, er wird dabei eines Tages überrascht werden, indem man an sein Zimmer klopft mit der Bitte: »Kommen Sie bitte raus, Herr Geheimrat, es ist Revolution.«
 Ich erbitte über den Chef der Reichskanzlei, Excellenz Wahnschaffe, Vortrag beim Reichskanzler, um die Forderungen der OHL auf Herbeiführung einheitlicher Leitung, anstelle der überhandnehmenden, das Übel aber nicht abstellenden, sondern vermehrenden »Organisationen« (welcher auch Haeften mit seiner Militärischen Stelle verfällt), persönlich beim Reichskanzler zu erbitten.

---

[20] Nach seiner Thronbesteigung unternahm Kaiser Karl I. geheime Friedensverhandlungen mit Frankreich. Prinz Sixtus von Bourbon-Parma, Offizier in belgischen Diensten und Bruder von Kaiserin Zita, fungierte in seinem Auftrag im Frühjahr 1917 als Vermittler. Die Verhandlungen scheiterten aufgrund der Beanspruchung Elsass-Lothringens durch Frankreich sowie Südtirols durch Österreich-Ungarn. Nach dem Bekanntwerden eines Briefes Karls I. im April 1918, in dem er die französischen Ansprüche auf Elsass-Lothringen anerkannte, musste der Außenminister Czernin zurücktreten.

Sonnabend, 28. April 1917

Ich erreiche Wahnschaffe mit Mühe im Reichstag. Aufzeichnung nachfolgend.

Nach dieser Ablehnung suche ich eine Aussprache mit dem Kriegsminister, um wenigstens die Übernahmen der Oberzensurstelle durch ihn zu erreichen. Ich muß mich auch hier mit dem zuständigen Departementsdirektor, Oberst v. Wrisberg, und seinen zuständigen Bearbeitern begnügen. Ich weise diese auf den geradezu grotesken Zustand hin, daß ich bei außerordentlichen Entscheidungen von der Zensurstelle im GrHQu als oberste Instanz angerufen werde und weit ab von ausreichendem Einblick in die Verhältnisse telefonisch oder telegraphisch, also im letzten Augenblick und meist in Überstürzung Entscheidungen treffen muß. Ergebnis der Aussprache siehe nachfolgende Aufzeichnung.

Sonntag, 29. April 1917

Ich frühstücke mit Geheimrat v. Borsig, um seine Ansicht über die aufrührerischen Bestrebungen in der Arbeiterschaft zu erhalten.

Anschließend habe ich eine Besprechung mit dem Unterstaatssekretär Drews im preußischen Innenministerium und mit Haeften. Dieser klagt selbst über Überlastung und dankt für meinen Schutz. Auch für ihn ist Deutelmoser so gut wie nicht vorhanden.

Notizen über Reise Berlin 28. und 29. April 1917:

1) Besprechung im Reichstag mit Exzellenz Wahnschaffe:

Teilt mit, daß unser Antrag auf Schaffung einer Zentralstelle zwecks einheitlicher Presseleitung oder auf Einrichtung eines ständigen Presseausschusses unter Vorsitz des Chefs der Reichskanzlei vom Reichskanzler abgelehnt werden müsse. *Er wolle mit Presseleitung nichts zu tun haben.* In der Reichskanzlei müsse eine solche Stelle erst neu geschaffen werden; diese Persönlichkeit müsse eine sehr hohe Stellung haben, etwa die eines Unterstaatssekretärs, und müsse gleichzeitig im Presseverkehr große Erfahrung besitzen. Für diese Aufgaben sei Deutelmoser da, der gleichzeitig Pressechef für den Reichskanzler und für das Auswärtige Amt sei. *Wenn er erst mit seiner Organisation fertig sei,* werde er auch in der Gesamtleitung mehr hervortreten können.

Diese Stellungnahme des Reichskanzlers übersieht, daß die neue Stelle mit der Presse an sich nichts zu tun haben sollte. Sie sollte nur die verschiedenen Pressestellen des Auswärtigen Amts, des Kriegspresseamts, des Reichsamts des Innern, des Kriegsamts, des Kriegsministeriums usw. einheitlich *nach dem Willen des Reichskanzlers* leiten und den Wünschen des einen Ressorts auf diese Weise auch im ganzen Berücksichtigung verschaffen. Deutelmoser ist einer unter Gleichen, vertritt einseitig den Standpunkt des Auswärtigen Amts, was schon bedenklich genug ist, wenn er gleichzeitig der Pressechef des Reichskanzlers sein soll. Die Einrichtung seines Amtes (es ist bezeichnend, daß er dieses jetzt erst einrichten muß) nimmt ihn derart in Anspruch, daß er kaum seinen nächsten eigenen Aufgaben gerecht wird. Von einer darüber hinausgehenden allgemein *leitenden Rolle kann gar keine Rede sein*. Schon hält er aus Gründen der Überlastung kaum mit der Presse Verbindung. *Presse wie Presseabteilungen entbehren* damit *jeder einheitlichen Führung*. Haeften ist außerdem der Ansicht, daß Deutelmoser krank ist und längere Zeit auf Urlaub gehen müßte. Diesen Zuständen verschließt man sich beim Kanzler völlig. Man hat kein Verständnis dafür, welche Kräfte in Presse und Behörden zur Betätigung drängen und geführt werden müssen.

Es wird dahin kommen, daß die militärische Presseführung, wie sie im ersten Teil des Krieges vorhanden war, dann aber mit dem Hervortreten politischer Probleme mehr den politischen Behörden zugeschoben werden sollte, *wieder in militärische Hand zurückgenommen werden muß*. Aus diesem Grunde bedarf es ernstlicher Erwägung, ob Major Stotten für diese Aufgaben die geeignete Persönlichkeit ist.

2) Besprechung mit dem Kriegsminister im Reichstag am 28.4.17.

(Zugegen Oberst v. Wrisberg), Oberstleutnant v. Waitz, Major van den Bergh, Major Grau, Graf Büdingen)

a) Exzellenz *v. Stein* lehnt Übernahme der Oberzensurstelle ab mit der Begründung, daß er nicht gezwungen werden wolle, vor dem Parlament über Einzelanordnungen der Zensur Rede und Antwort stehen zu müssen. Er begrüßt es aber dankbar, daß Major Stotten und Major von Olberg angewiesen werden sollen, alles, was sie erfahren, was von politischer Bedeutung ist und unter Umständen sofortiges Eingreifen des Ministers zur Folge haben könnte, ihm unmittelbar zur Meldung zu bringen. Der Weg zum Minister soll grundsätzlich über Major Grau gewählt werden; ist dieser nicht zu erreichen, über Major van den Bergh, und nur im Notfalle unmittelbar.

Der Kriegsminister bittet, daß ihm nicht nur Vorgänge, die etwa sein Einschreiten zur Folge haben können, mitgeteilt werden, sondern auch beabsichtigte Zensurmaßnahmen der Obersten Heeresleitung, soweit diese von nicht rein militärischer Art, damit er in der Lage ist, etwa vorliegende Wünsche zum Ausdruck zu bringen.

b) Zwecks Gegenarbeit gegen die vom Feinde betriebene antimonarchische Propaganda ist der Kriegsminister mit dem Kultusministerium in Verbindung getreten. Er hat angeregt, im Lehrplan der Schulen dem Geschichtsunterricht jetzt einen bevorzugten Platz einzuräumen und zum Gegenstand vor allem die neue deutsche Geschichte unter besonderer Hervorhebung der Verdienste der Hohenzollern, der Monarchie, des Kaisertums zu machen.

Ich habe angeregt, daß in gleicher Weise auf den Universitäten gehandelt werden müsse. Das Kriegspresseamt wird eine entsprechende Propaganda unternehmen. Diese muß aber taktvoll und deshalb zurückhaltend sein. Sie erschöpft deshalb die praktische Gegenarbeit bei weitem nicht. Das Kriegsministerium muß auch seinerseits durch das Kultusministerium eine geschickte Gegenwirkung durch Verbreitung von Jugendschriften pp. veranlassen.

Der politischen Gefahr, die in der Propaganda unserer Feinde liegt, kann natürlich nur durch politische Maßnahmen der Reichs- und Staatsbehörden entgegengetreten werden. Ihr Verhältnis zu den staatserhaltenden Parteien und zur Sozialdemokratie ist von ausschlaggebender Bedeutung. Hierfür ist dem Kriegsminister die von IIIb Sektion IV aufgestellte Zusammenstellung J.Nr. 80 sehr erwünscht. Er bittet um weitere Abdrücke und fortlaufende Berichterstattung über die Feststellungen der Sektion IV in etwa 14-tägiger Folge.

3) Besprechung mit Geheimrat v. Borsig am 29.4. mittags

Er glaubt nicht an aufrührerische Bestrebungen innerhalb der Arbeiterschaft. Die Disziplin werde am besten durch die Werkleitung selbst gehalten. Er warnt davor, deren Autorität zu erschüttern und unnötigerweise in die Leitung der Werke militärisch einzugreifen. Er warnt vor Anordnungen und Androhungen, die nicht durchzuführen seien oder nicht durchgeführt würden.

Versage die Autorität einer Werksleitung, dann sei scharfes Durchgreifen notwendig, wie es bei den Deutschen Waffen-Fabriken[a] mit Erfolg geschehen sei. An sich und allgemein sei ein solcher Zustand aber nicht erwünscht.

Dem Gesamteindruck nach vertritt Borsig die Interessen der Werksleiter gegen Eingriffe des Kriegsamts.

4) Besprechung mit Presseausschuß

Bei den Vertretern mit Ausnahme der Sozialdemokratie Klagen über mangelhafte Führung, zum Teil sogar über falsche, verletzende Behandlung. Presse wird sich selbst helfen. Besonders vernachlässigte Rechtspresse, Zusammenschluß dieser und damit, da Kanzler zu ihnen Verbindung nicht hält, Verschärfung des Gegensatzes.

Politisch bei Vertretern der Rechten starke Verstimmung, ebenso bei größtem Teil der Nationalliberalen, bei bürgerlichem Freisinn und beim Zentrum mit Ausnahme Erzbergerscher Richtung. Jüdischer Freisinn und Sozialdemokratie in behäbiger Sicherheit eigenem politischen Ziel entgegenarbeitend. Auf meine Frage, warum die Fraktionen die sozialdemokratische Resolution um einen Frieden ohne Annexionen und Kriegsentschädigung veröffentlicht hätten, antwortete der sozialdemokratische Vertreter Baake, daß sie damit ihre Eintrittskarte für die Stockholmer Verhandlungen[b] bezahlt hätten. Diese Ansicht beweist, wie weit bereits der Einfluß der internationalen Sozialdemokratie auf die deutsche gediehen ist.

Gegen diplomatische und politische Führung, besonderes aber gegen erstere, starke Verdrossenheit. Ist sie berechtigt, so ist Änderung, ist sie unberechtigt, so ist Führung, in jedem Falle aber ist Klarstellung, Aufklärung und Führung notwendig.

---

[a] Gemeint ist die 1886 aus der Ludwig Loewe & Company, den Mauserwerken und der Metallpatronen AG entstandene Deutsche Waffen- und Munitionsfabriken AG.
[b] Die Stockholmer Konferenz der II. Sozialistischen Internationale wurde im Juni 1917 als Versammlung der sozialistischen Parteien der kriegsbeteiligten und der neutralen Länder unter dem Eindruck der russischen Februarrevolution einberufen.

Über *Äußerungen Bernhards* anliegender Sonderbericht Kroeger.[c] Mir gegenüber hob er besonders hervor, daß die Czernin'sche Erklärung zuerst von Berlin beabsichtigt, dann Czernin überlassen sei, daß die Reise Hertlings nach Wien eine hochpolitische Bedeutung habe, daß die diplomatische Führung von Berlin auf Wien und München übergehen werde. Daß mit dieser Entwicklung das Geschick der Monarchie eng verbunden sei, hob er als seine Überzeugung nachdrücklich hervor.

Zur Obersten Heeresleitung unbedingtes Vertrauen. Untrennbarkeit Ludendorffs vom Feldmarschall mehrfach betont, von sozialdemokratischer Seite aus mit dem bemerkbaren Unterton der Angst vor überwiegendem Einfluß Ludendorffs.

5) Besprechung mit Unterstaatssekretär Drews am 29.4. im Ministerium des Innern

Sieht Streikgefahr größeren Umfanges vorläufig als beseitigt an. Maßnahmen gegen radikale Führer und Hetzer würden erwogen, hätten nur Erfolg, wenn Betreffende bei Begehung landes- oder hochverräterischer Handlung unmittelbar betroffen würden. Einschreiten gegen sie vorläufig noch nicht beschlossen.

Forderung auf Wahlrechtsänderung noch während des Krieges werde nicht erfüllt werden. Geprüft werde aber zur Zeit die Frage, ob das *gleiche* Wahlrecht zugestanden werden solle. Drews führt an Zahlen aus, daß gerade ein Pluralwahlrecht unter Umständen viel demokratischer wirkt als die gleiche Wahl. Pluralstimmen für Besitz und Bildung wirken nach rechts, Pluralwahlrecht auf der Grundlage von Alter, Kinderzahl, Kriegsteilnahme pp. demokratisch. Über Wahlrechtsfrage soll vor Kriegsende mit Parteien verhandelt, Stellungnahme festgelegt werden.

Drews macht ausgezeichneten Eindruck, müßte zu größerem Einfluß gelangen.

6) Besprechung mit Oberstleutnant v. Haeften in der MAA 29.4.

Ist mit Leistungsfähigkeit seines Amtes auf äußerster Grenze angelangt. Vergrößerung seines Arbeitsgebietes führt entweder zur Verschlechterung der Arbeit oder zu unverantwortlicher Geschäftsführung. Haeften bittet, ihn vor Neubelastung möglichst zu schützen und erkennt Wirkung der Abteilung IIIb in dieser Richtung sowie die Vertretung der Interessen der MAA bei den Nachrichtenoffizieren und den Frontbehörden dankbar an.

Über Deutelmoser siehe unter Ziffer 1). Haeften merkt von ihm unmittelbar nicht viel, hält sich an Radowitz. Staatssekretär Zimmermann legt nach Äußerungen gegen Haeften größten Wert auf Einheitlichkeit und Verständnis mit Oberster Heeresleitung. Hat Haeften gesagt, daß in Konfliktsfällen zweifellos er gehen müsse, da Ludendorff unersetzlich.

MAA muß über feindliche Propaganda gegen Monarchie unterrichtet werden und sich an Gegenpropaganda beteiligen.

---

[c] Sonderbericht nicht in der Quelle enthalten.

[...]

Dienstag, 1. Mai 1917

Der chinesische Militärattaché ist wegen der Haltung Chinas abberufen.[21] [...]
Ich erhalte das mir von Wahnschaffe angekündigte ablehnende Schreiben des Reichskanzlers.

Die dadurch geschaffene Lage erfordert ein schärferes Hervortreten des Kriegspresseamtes in der Zusammenarbeit mit den Behörden, verlangt aber gleichzeitig, um das bestehende Übel nicht noch zu vergrößern, schärfste Konzentration und Vertretung der militärischen Erfordernisse der Kriegführung.

Ich verständige Stotten von dem notwendigen Wechsel in der Führung des Kriegspresseamtes durch abschriftlich beigefügten Brief. Ich spreche gleichzeitig mit dem Chef der Zentralabteilung (Personalien) über seinen Nachfolger. Dieser erkennt die Wichtigkeit des Stellungswechsels an und betont, daß er den besten Generalstabsoffizier dafür hergeben müsse, er bittet nur die Eigenschaften zu präzisieren, welche er haben müsse, damit er danach ausgesucht werden könne. Ich bespreche mich darüber mit dem vielgewandtesten meiner Stabsoffiziere, Major v. Redern. Er nennt als erste Eigenschaft, die Stottens Nachfolger haben müsse, daß er nicht solche Angst vor mir haben dürfe, wie dieser.

Ich sehe erneut, wie ungeeignet die Aufgabe mit Presse pp für einen Generalstabsoffizier ist, weil er, wie Deutelmoser und Stotten, nach besonderer allgemeiner Bildung ausgesucht werden muß, dann aber infolge nicht genügender Entschlußkraft wie Deutelmoser und Stotten es daran mangeln läßt und, wenn diese ihm von oben aufgezwungen werden muß, ihr nur in der Furcht des Herrn, aber nicht freudig aus eigener Art folgt.

Ich fürchte, daß auch Ähnliches in Deutelmoser nachklingt und seine Zurückhaltung gegen mich in seiner neuen Stellung trotz anfänglichem, aus Dankbarkeit für eine gewisse Erlösung kommenden Treueschwurs. Ich bedauere, die Lektion, welche mir Raderns Antwort gab, nicht schon erhalten zu haben, bevor ich bei Ludendorff die Überlassung Deutelmosers an den Reichskanzler befürwortete. Ich hätte sonst erkannt, daß eine innere Verbundenheit mit Ludendorff fehlte, wie dieser zwar erkennen ließ, als Deutelmoser ihm den ersten Vortrag hielt und diese ihn niemals fähig machen würde, Ludendorffs Forderungen in der notwendigen inneren Verbundenheit klar und eindeutig zu vertreten, da er die Keime der Anpassung an seine neue Umgebung in sich trug und ich fürchte jetzt eher eine Verstärkung des Widerstandes als eines Eingehens des politischen Kreises beim Kanzler und im AA auf die berechtigten Forderungen Ludendorffs. Ich wurde zum ersten Mal stutzig, als Deutelmoser mir bei seinem Abschiedsessen im Herbst 1916 auch deswegen für seine Verwendung in Berlin auf seinem Posten im Kriegspresseamt dankte, weil er ehrlich bekennen müsse, daß er sich den Eindrücken einer Frontverwendung nicht gewachsen gefühlt hätte. Infolgedessen fiel mir ein, daß er auch nie eine Fahrt auf den Kriegsschauplatz

---

[21] Die Regierung der Republik China reagierte im Februar/März 1917 auf die Forderungen der USA, die diplomatischen Kontakte zum Deutschen Reich abzubrechen. Im August 1917 erfolgte die offizielle Kriegserklärung an das Deutsche Reich.

erbeten und ich deshalb auch die Unterlassung begangen hatte, ihm dadurch möglichst tiefen persönlichen Einblick in die seelischen Bedürfnisse der Front zu verschaffen. Ich erkenne mich schuldig eines Fehlers, den ich gerügt habe bei der Besetzung des Postens der Militärbefehlshaber in Stettin und Frankfurt a.M., daß für diese Generale ausgesucht waren, welche für das Milieu der so tief verschiedenen Verhältnisse in beiden Bezirken paßten, anstatt umgekehrt gegensätzliche Persönlichkeiten auf diese Posten zu bringen, die vor der Gefahr geschützt waren, sich anzupassen. Ich beschließe diesen Fehler bei der Neubesetzung des Postens des Chefs des Kriegspresseamts nicht zu wiederholen und ziehe daraus auch für mich die Lehre, noch mehr als bisher eine Anpassung über den Einzelfall und das unbedingt notwendige Maß zu vermeiden.

Ich einige mich mit dem Chef der Zentralabteilung auf den Major Würtz, einen bewährten Frontgeneralstabsoffizier, gänzlich unerfahren in Politik und Presse, dafür aber zutiefst durchdrungen von den Bedürfnissen der Front, schweigsam, im Bedarfsfall aber bei guten Formen von unmißverständlicher Deutlichkeit und von großer imposanter Figur. [...]

GrHQu, den 1. Mai 1917

[handschriftlich] Vertraulich!

Lieber Stotten!

Wie ich Ihnen in Berlin sagte, hat der Reichskanzler inzwischen tatsächlich unsere Vorschläge auf eine einheitliche Leitung der verschiedenen Presseabteilungen abgelehnt. Die ablehnende Antwort ist gestern hier eingegangen. Da die Oberste Heeresleitung das Fehlen einer straffen Einheitlichkeit in Presseangelegenheiten dauernd empfindet und heute auch vom k.u.k. Oberkommando in Baden eine Klage darüber hier eingegangen ist, daß zwischen österreichischer und deutscher Presse in militärpolitischen Dingen die Führung vermißt werde, wird Seine Exzellenz sich mit der vom Reichskanzler erfolgten Ablehnung unserer Vorschläge weniger begnügen können als vorher. Er wird voraussichtlich selbst schärfer in der Zusammenarbeit mit den Behörden hervortreten. Als sein Organ hierzu betrachtet er das Kriegspresseamt, im besonderen den Chef des Kriegspresseamts. Die Aufgaben des Chefs des Kriegspresseamts treten damit in ein neues Stadium.

Ich glaube, daß Seine Exzellenz der Ansicht sein wird, diese Aufgabe in die Hände eines älteren, als Chef des Generalstabes eines Armeekorps in leitender Stellung bewährten Generalstabsoffiziers legen zu müssen.

In unserem Verkehr mit der Presse an Zensur- und dergleichen eigenen Angelegenheiten des Kriegspresseamts wird sich nichts ändern, auf diesem unserem eigenen Gebiet und Ihrer Tätigkeit als Chef des Kriegspresseamts in dieser Begrenzung ist Seine Exzellenz durchaus zufrieden gewesen. Da es aber nicht durchführbar ist, Sie mit diesem Wirkungskreis an zweite Stelle unter einen neuen Chef des Kriegspresseamts treten zu lassen, so wird Ihre Ablösung unvermeidlich.

Kroeger sagte mir, daß Sie auf Grund ärztlichen Rats im Juni auf Urlaub gehen wollten. Damit die kommende Entwicklung sich in allseitig erwünschten Bahnen bewegt, möchte ich Ihnen den Rat erteilen, vom 10. Mai ab einen sechswöchigen Urlaub zur Wiederherstellung Ihrer Gesundheit zu beantragen. Im Zusammenhang damit würde sich der Wechsel und im Anschluß daran Ihre neue Bestimmung ergeben.

Ich mache Ihnen diese Mitteilungen im Einverständnis mit dem Chef der Zentralabteilung.

Zum Schluß möchte ich dem Ausdruck geben, daß es mir herzlich leid tut, daß die Verhältnisse dienstliche Maßnahmen fordern, die meinen persönlichen Hoffnungen in Bezug auf unsere Zusammenarbeit nicht entsprechen.

Ich bleibe Ihr Ihnen aufrichtig ergebener

[handschriftlich] Nicolai

[handschriftlich] P.S. Diese Mitteilungen sind nur persönlich, im übrigen geheim zu halten.

Sonnabend, 5. Mai 1917

In der Front tritt Massenverwendung von Tanks auf feindlicher Seite ein.

(Es wurde später behauptet, infolge Versagens des Nachrichtendienstes sei die OHL dadurch überrascht worden. Das ist insofern nicht richtig, da schon lange vor Auftreten des ersten Tanks Agentenmeldungen eingingen, daß beim Feinde, in England beginnend, große gepanzerte Kampfwagen gebaut würden. Die beigefügten Skizzen waren fantastisch, sie stellten fahrende Festungen auf einer großen Zahl von Rädern dar. Die Versuche, technisch Zuverläßiges zu erfahren, stießen auf außerordentliche Schwierigkeiten. Es war unmöglich, einen sachverständigen Agenten, welcher technisch brauchbare Berichte hätte liefern können, in die außerordentlich geschützte entsprechende Industrie nach den ersten Meldungen hinein zu bringen. Die Überraschung bestand also nicht in der Tatsache des Vorhandenseins gepanzerter Kampfwagen, sondern in der Art der Konstruktion, ihrer Bewaffnung und ihrer Kampfführung.)

Sonntag, 6. Mai 1917

Die Zentralstelle für die Werbearbeit zur 6. Kriegsanleihe beim Kriegspresseamt in Berlin hat sich außerordentlich bewährt und soll dort bestehen bleiben.

Je mehr das Bedürfnis geistiger Nahrung überall erkannt wird und je weniger von Regierungsseite aus geschieht, um es zu befriedigen, desto mehr werden selbständige Versuche überall an der Front unternommen.

Ich weise die Frontnachrichtenoffiziere an, bei den AOKs meinen Vorschlag vorzutragen, daß das Kriegspresseamt in Berlin zur Verfügung stehen soll, alle Wünsche, Anregungen und Erfahrungen auf dem Gebiete der Aufklärung der Front zu beantworten bzw. auszutauschen.

Montag, 7. Mai 1917

Antrittsbesuch des neuen Chefs des Evidenzbüros, Oberstleutnant Ronge, bei mir in Kreuznach. [...]

Zweck des Besuches ist das Zusammenarbeiten mit unserem Inlandsnachrichtendienst, welcher gleichzeitig Propagandazwecken dient. Ich gewinne den Eindruck, daß hierin Zurückhaltung geboten ist, weil Wien auf Frieden drängt, für welchen tatsächlich keine Aussichten bestehen, im Gegenteil sind die französischen Kriegsziele in der Kammer unverändert erklärt, ist England durch Amerikas Kriegseintritt noch unnachgiebiger als vorher und Rußland unter Kerenski unter Mitwirkung englischer Propaganda deutschfeindlicher als unter dem Zaren.

Während diesseits unsere Propaganda gegen die russische Front die Auflösung erfolgreich fördert, macht sich gleichzeitig von jenseits das Eingreifen zahlreicher englischer und auch französischer, vorwiegend aber englischer Propagandisten fühlbar, welche die aufgelöste Stimmung in eine neue gegen Deutschland gerichtete umformen. Sie scheuen sich nicht, Deutschland die Schuld an der Revolution und den Sturz von »Väterchen Zar« zuzuschreiben. Sie stellen also die Revolution auf eine nationale Grundlage. Erst jetzt beginnen eingebrachte russische Kriegsgefangene, welche ebenso wie ihre Offiziere bisher kaum angeben konnten, warum sie gegen Deutschland kämpften, eine deutschfeindliche Stimmung zu zeigen.

Ich erhalte über meine Nachrichtenoffiziere Klagen über das Überhandnehmen von Reisen auf den Kriegsschauplätzen, Belästigung der Stäbe, Inanspruchnahme von Autos pp. Auch dies ist ein Einfluß des Bedürfnisses nach Orientierung und eine Folge der unterbleibenden Befriedigung von politisch verantwortlicher Seite.

Dienstag, 8. Mai 1917

Ich habe am 30.4. nach Rückkehr von meiner Besprechung mit Wahnschaffe in Berlin Ludendorff um Gelegenheit zu ausführlichem Vortrag gebeten. Infolge seiner Belastung kann dieser erst heute stattfinden.

Ich berichte ihm, daß der Reichskanzler »mit der Presse nichts zu tun haben wolle« und daß auch der Kriegsminister die Übernahme der Oberzensurstelle abgelehnt habe, um nicht gezwungen zu werden, vor dem Reichstag Rede und Antwort stehen zu müssen (s. Aufzeichnungen vom 28. u. 29.4.1917).

Ich erkläre, daß mein Auftrag, die Belastung der OHL mit innerpolitischen Fragen abzubauen, endgültig als gescheitert zu betrachten sei und daß die Überlassung Deutelmosers an den Reichskanzler in der Erwartung einer Unterstützung sich als völliger Fehlschlag herausgestellt hat. Ich melde meine gestern getroffenen Maßnahmen zur Vereinheitlichung und Unterstützung des selbständigen Vorgehens von Kommandobehörden an der Front. Ich betone, daß sich an der Untätigkeit der Reichsregierung, welche unter Falkenhayn die politische Belastung der OHL brachte, nichts geändert hat. Ich lasse wiederum durchblicken, daß m.A. nach die einzige Lösung zwecks einheitlicher Kriegführung von der OHL zu kommen habe, und zwar, da sie unter dem jetzigen System nicht zu erreichen sei, durch Beseitigung desselben unter Übernahme der alleinigen Verantwortung durch ihn.

Ludendorff widerspricht mir nicht, stimmt aber auch nicht zu. Er sagte nur, einstweilen in der gegenwärtigen Lage müsse es dann eben beim Alten bleiben und ich versuchen, weiterhin durchzukommen.

Ich bitte, dann wenigstens für größere Einheitlichkeit innerhalb der OHL zu sorgen, indem ich ihn darauf hinweise, daß Oberstleutnant Bauer bei der Berührung mit innerpolitischen Fragen, in die er durch seine Rüstungsaufgaben kommt, sich darin plan- und verantwortungslos betätigt, und daß auch die Grenzen vom Gebiet der Außenpropaganda durch Oberstleutnant v. Haeften zur Verbindung der OHL mit innenpolitischen Frage vielfach überschritten würden.

Ludendorff befiehlt mir, eine Verfügung vorzulegen, welche mich ausdrücklich mit der Bearbeitung von Vorgängen über die Innenpolitik Deutschlands, in dem Umfange, *wie sie an die OHL herantreten, beauftragt*. (Die Verfügung ist beigefügt.)

Außerdem stimmt er zu, daß die Abteilung des Oberstleutnant v. Rauch, welche immer noch wie bei Kriegsausbruch unter Hentsch die Bezeichnung »Nachrichtenabteilung« trägt, zur Vermeidung von Irrtümern über die Grenzen zu IIIb die Bezeichnung »Abteilung Fremde Heere« erhält. Auch werden die Arbeitsgebiete des Generalquartiermeisters, der Politischen Abteilung, der Operationsabteilung II (Bauer), die Operationsabteilung Balkan (Oberst v. Mertz), des Feldeisenbahnchefs in Betreff auf innenpolitische Fragen abgegrenzt. Der Operationsabteilung II werden die mit ihrem Arbeitsgebiet verknüpften Fragen der Innenpolitik überwiesen, Chef IIIb, also ich erhalte alle Fragen, welche die reine Innenpolitik, besonders soweit sie für Kampfhandlungen von Bedeutung sind, die deutsche Presse, den Nachrichtendienst und die Abwehr betreffen.

Ludendorff überweist Haeften die einheitliche Darstellung unserer militärischen und kriegswirtschaftlichen Lage im In- und Ausland, mir über das Kriegspresseamt die gesamte Inlandspropaganda.

Ludendorff stimmt meiner Bitte zu, an die AOKs zu verfügen, daß sie an mich über Heldentaten und sonstige Vorgänge berichten, welche geeignet sind zur Aufrechterhaltung des kriegerischen Geistes in der Heimat beizutragen. Für mich trägt das Ganze durch seine Kompliziertheit vollauf das Wesen eines Kompromisses, welches darin besteht, daß Ludendorff es nicht wagt, den Zwist zwischen militärischer und politischer Kriegführung dadurch zu beseitigen, daß er sich beide unterordnet.

Jetzt bin ich als Chef IIIb letzten Endes für die innere Politik bei der OHL alles, im übrigen aber nichts.

Ich sage aber, wie ich es tat, als ich durch Moltkes Befehl, die Verbindung zwischen öffentlicher Meinung und OHL herzustellen, ohne innere Befähigung oder Neigung dafür zu spüren: »Zu Befehl!«

Chef des Generalstabes
des Felheeres,
Nr. IIIb, 10504 II, geheim.

Gr.H.Qu., den 8. Mai 1917

1) Die *Bearbeitung von Vorgängen über die innere Politik Deutschlands* in dem Umfange, wie sie an die Oberste Heeresleitung herantreten, *übernimmt der Chef der Abteilung IIIb.*
2) Seine Aufgabe ist außerdem:
    a) die Oberste Heeresleitung über die innerpolitischen Vorgänge soweit sie für die Kriegführung von Einfluß sind zu unterrichten.
    b) die im Interesse der Kriegführung gebotene militärische Aufklärung im Inland, im besetzten Gebiet und beim Feldheer einheitlich zu leiten.
    Das Kriegspresseamt ist hierfür an seine Weisungen gebunden. Mit den Armeezeitungen und den unter Aufsicht der Verwaltung im besetzten Gebiet stehenden Zeitungen ist zu dem gleichen Zweck Verbindung zu halten. Auf übereinstimmendes Vorgehen mit den Presseabteilungen der Reichs- und Staatsbehörden ist besonderer Wert zu legen, Chef IIIb hat die militärischen Interessen bei diesen nachdrücklich zu vertreten.
    c) Soweit das vorbezeichnete Arbeitsgebiet für die Politische Abteilung und die Abteilung O II von Interesse ist, sind diese Abteilungen auf dem Laufenden zu halten.
3) Sämtliche zu 2a) und b) gehörenden Vorgänge sind »Chef IIIb II« zuzuleiten.

i.A. Ludendorff

gestempelt »Erledigt. Zu den Akten«
Im Umdruck an:
Z., O I, O II, P, N, IIIB, G.,
Chef des Stellvertretenden Generalstabs,
Kriegspresseamt,
Militärische Stelle beim Ausw. Amt.

Donnerstag, 10. Mai 1917

Meine Beauftragung verlangt eine Entlastung auf den übrigen Arbeitsgebieten von IIIb. Ich habe dies vorausgesehen und freue mich daher, daß es durchführbar ist. Ich bedaure aber doch, daß das Vorausgesehene zur Tat wurde. Ich glaube, daß ich selbst mich im Augenblick nicht persönlich der Aufgabe entziehen und durch Bitte um Frontverwendung fahnenflüchtig werden darf. Ich vertraue der Entwicklung zur Beseitigung des unmöglichen bestehenden Systems, auf welche offenbar alles hindrängt.

Abteilung IIIb.
Chef, Nr. 11618 Gh.
Geheim!

Gr.H.Qu., den 10.5.1917

Durch Verfügung des Chefs des Generalstabes des Feldheeres Nr. IIIb 10584 II geheim vom 8.5.1917 ist mir *die Bearbeitung von Vorgängen über die innere Politik* Deutschlands in dem Umfange, wie sie an die Oberste Heeresleitung erantreten, *die Unterrichtung der Obersten Heeresleitung* über die innerpolitischen Vorgänge, soweit sie für die Kriegführung von Einfluß sind, und die einheitliche Leitung der im Interesse der Kriegführung gebotenen *militärischen Aufklärung im Inland*, im besetzten Gebiet und beim Feldheer übertragen worden.

Diese Aufgabe verlangt eine Entlastung auf den übrigen Arbeitsgebieten der Abteilung IIIb, die durchführbar ist, nachdem Nachrichtendiest und Spionageabwehr in fest vorgezeichneten Bahnen laufen und wenn sie in diesen Bahnen von den Sektionschefs selbständig weiter gleitet werden.

Für die Geschäftsführung bei der Abteilung IIIb im Großen Hauptquartier wird daher folgendes bestimmt:

I. Chef IIIb.

1) Ich behalte mir vor:
   a) Vortrag bei seiner Exzellenz über sämtliche Arbeitsgebiete.
   b) Unterschrift an Dienststellen außerhalb des Generalstabes des Feldheeres.
   c) Entscheidung über Personalien.
   d) Entscheidung grundsätzlicher Art.
   e) Bearbeitung der Angelegenheiten der inneren Politik Deutschlands. Sektion II und IV bleiben unmittelbar unter meiner Leitung.
2) Meine Vertretung bei Abwesenheit übernimmt:
   zu 1a) bis d) der älteste Offizier der Abteilung,
   zu 1e) der älteste Offizier der Sektion II.

II. Ia (Major Gempp)

1) Er übernimmt Aufsicht und Ausgleich in
   a) Leitung des Kriegsnachrichtendienstes (Sektion I),
   b) Leitung der Spionageabwehr (Sektion III)
   c) Leitung des Inlandsnachrichtendienste (Sektion J),
   d) Sektion Chef in allen nicht unter I. genannten Angelegenheiten.

III. Sektion Frontnachrichtenoffiziere (Abkürzung IIIb fr.)
(bisher IIIb Ost), Major v. Redern.

1) Leitung des Frontnachrichtendienstes und der Spionageabwehr auf dem östlichen Kriegsschauplatz wie bisher.
2) Bearbeitung des Frontnachgrichtendienstes auf dem westlichen und der Spionageabwehr auf dem französischen Kriegsschauplatz in Verbindung mit den Nachrichtenoffizieren der Heeresgruppe.

IV. Allgemeines.

1) Durch *täglichen gemeinsamen Abendvortrag der Sektionschefs* soll gewährleistet werden:
   a) meine kurze Unterrichtung über das gesamte Arbeitsgebiet,
   b) die allgemeine Kentniss von Entscheidungen Seiner Exzellens und
   c) von Vorgängen des ineinandergreifenden IIIb-Dienstes.
2) Im Anschluß an den Abendvortrag tragen mir die einzelnen Sektionschefs die mir vorbehaltenen Angelegenheiten ihres Arbeitsgebietes vor.
3) Hierbei sind Vorgänge, die zu lesen für mich von Wert sind, mir gesammelt zu übergeben.
4) Einzelvorlagen bei mir sind im übrigen nur in dringenden, eiligen Fällen zu machen. In wichtigen Fällen stehe ich selbstverständlich jederzeit zur Verfügung und erwarte, daß ich als Mitarbeiter in solchen Fällen nicht übergangen werde.
5) Dienststunden für die gesamte Abteilung: 9 bis 1, 4 bis 8, 9½ bis 11.
   Major v. Redern beaufsichtigt Unterpersonal und teilt dessen Dienst ein. Er bestimmt die Dienststunden für den Fernschreiber und einen Offizier vom Dienst mit täglichem Wechsel unter Ausschluß der Sektionschefs.
   Der Offizier vom Dienst muß in den nicht als Dienststunden der Abteilung bezeichneten Zeit von 8 Uhr vormittags bis zum Dienstschluß des Fernschreibers jederzeit erreichbar und dem Fernschreiber, dem Bureaupersonal, Ordonnanzen und Fernsprechzentrale bekannt sein.
6) Die Sektionschefs unterschreiben innerhalb ihres Ressorts und der für ihr Ressort erteilten Richtlinien »A.B.«.
7) Die Sektionschefs müssen möglichst selbständig arbeiten und auch bei den unterstellten Dienststellen in jeder Weise die Selbsttätigkeit und Selbständigkeit fördern. Einhalten der Richtlinien streng fordern, innerhalb der Richtlinien Selbständigkeit lassen, unnütze Arbeit ausrotten, Schreibarbeit einschränken. Neigungen zur Ausdehnung auf nebensächliche oder nicht zum IIIb-Dienst gehörige Arbeitsgebiete und damit zusammenhängende Personalansprüche bekämpfen, nicht jeder Anregung folgen. Führen, nicht geführt werden! Mitarbeiter ausbilden. Persönliche Verbindung aufrecht erhalten, Reisen zu unterstellten Dienststellen oder Bestellung auswärtiger Mitarbeiter zur Rücksprache im Großen Hauptquartier bei mir anregen. Klar befehlen, was wir wollen, was die nachgeordnete Stelle soll. Höflich in der Form.

8) Trotz zu fördernder Selbständigkeit der einzelnen Sektionen und Mitarbeiter verlangt die Zusammengehörigkeit der verschiedenen Dienstzweige, daß es nur eine Abteilung IIIb gibt, in sachlicher Zusammenarbeit und im kameradschaftlichen Zusammenhalten, nach innen und nach außen.
9) Außer der Arbeit in der Abteilung IIIb haben wir innerhalb der O.H.L. Arbeit zu leisten. Eingänge nicht nur weitergeben, weder wahllos noch unbearbeitet; möglichst im Sinne der anderen Abteilungen vorarbeiten, ohne in deren eigene Tätigkeit einzugreifen. Verteilungsplan genau überlegen und auch unterstellte Dienststellen grundsätzlich beachten.

Nicolai.

Verteilungsplan:
Chef IIIb
Ia,
Sekt. Chef
„ I
„ II
„ III
„ IV
„ Ost
„ J.

Sonnabend, 19. Mai 1917

Die OHL warnt, von Hindenburg unterschrieben, den Reichskanzler vor trügerischen Friedenshoffnungen, welche die sozialistische Friedenskonferenz in Stockholm fördert.

Auszug 146 aus Feldpostbriefen

GrHQu, Dienstag, 22. Mai 1917

(...) Diese stille Abendstunde habe ich doch für mich freimachen müssen, kann es auch, da S.E. eben an die Front abgereist ist. Ich muß heute mal eine Stunde mir gehören, es ist doch nicht so leicht, in banger Sorge um den Bruder zu sein, mit dem Kindheit, Aufwachsen und brüderliche Treue mich so fest haben verwachsen lassen. Meine Sorge will ich im Plaudern mit Dir sich lösen lassen.

Erläuterung

(Mein einziger, um 2 Jahre älterer, unverheirateter Bruder, mit mir zusammen nach dem frühen Tode unseres Vaters von der Mutter erzogen, Kadett wie ich, hatte nicht das Glück, einer so vielseitigen Garnison wie der meinigen, Göttingen, überwiesen zu werden, sondern dem Regiment unseres Vaters, welches inzwischen von Braunschweig nach Metz verlegt worden war. Obgleich auch dies für ihn eine

Auszeichnung war, so war er doch in seiner ganzen Dienstzeit vor dem Kriege in dieser ausgesprochenen und unter dem Grafen Haeseler besonders schweren Frontsoldatenaufgabe und hat darum auch nicht wie ich das Glück der Ehe gefunden. Er hat wie ich zweimal das Examen zur Kriegsakademie gemacht, aber nicht mit dem Glück des Erfolges wie ich. Er war seit Kriegsbeginn in der Front und stets als Bataillonskommandeur[22] in allen großen Schlachten auf gefährdetem Posten. Trotzdem trug ich schon das E.K. I. als er es II. Kl. erhielt. Mein Denken an ihn war also der Ausdruck dankbarer Pflicht. Jeden Abend meldete mir bei Schlachttagen der zuständige Nachrichtenoffizier über sein Ergehen, stets das Erlebte. Vorgestern am 20. habe ich die Meldung erhalten, daß er vermißt wird, nachdem die Franzosen beiderseits der Front seines Bataillons in der Champagne durchgebrochen sind.)

Ich schreibe darüber weiter an meine Frau:[23]

»(...) Seit ich wußte, daß Hans an der gefährlichsten Stelle der Westfront, an der schon mehrere Rückschläge eintraten, eingesetzt war, habe ich Sorge um ihn gehabt. Sie war nun leider gerechtfertigt. Zwar haben wir noch die Hoffnung, daß er mit dem Leben davongekommen und wollte ich, die nächsten Tage oder Wochen der Ungewißheit wären erst vorüber. Wie sehr mein Herz bei Mama ist, kannst Du Dir denken. Sie hat für uns beide gelebt, war auch einmal jung und glücklich und fröhlich, bis das Schicksal ihr meinen Vater nahm und Pflichten anstelle des Nehmens setzte. *Wie* sie diese Pflichten erfüllte, das weiß nur ich und habe es ihr in meiner verschlossenen Art gedankt. Als ich dann durch Euch ihrem eigensten Kreise entrückt wurde, hat sie ihre zur Gewohnheit gewordene Sorge und Pflicht auf Hans in der Hauptsache beschränken müssen. Sie durchlebt jetzt die traurigsten Stunden als Mutter und Mensch, daß sie das, was ihr Leben ausfüllte, verlieren soll. Deshalb stehe ihr bei, meine liebe Frau, versuche einmal einen wortreicheren Trost, vermeide es, mit Vernunftstrost allein ihr zu kommen. In der starken Natur meiner Mutter lebt doch das weiche Herz, das auch ich habe. Du weißt, daß ich Dir danke, daß Du Sohnespflicht für mich erfüllst. Ich will für mich in der Arbeit mich wieder zur alten Festigkeit dem Schweren der Zeit gegenüber zurechtfinden.«

Am *23.5.* schreibe ich meiner Frau:

»(...) Hans' Divisionskommandeur hat mich angerufen, er wußte schon, daß ich benachrichtigt war. Er erzählte mir, daß auf Hans' Stellung am Sonntag Nachmittag Trommelfeuer gelegen hätte, welches aber – soweit er bisher wisse – den Bataillons-Befehlsstand nicht zerstört hätte. Zwischen 5 und 6 hätte die französische Infanterie dann an 4 Stellen angegriffen und den ganzen Abschnitt des Bataillons überrannt. Der Divisionskommandeur wollte nachmittags noch mal selbst zum Regiment fahren, sich erkundigen. Omama mag es ein kleiner Trost sein, wie die Vorgesetzten und alle Kameraden sich um Hans Schicksal kümmern, der Kameradenkreis, in dem er bis zuletzt gekämpft und wie immer seinen Mann gestanden hat. Ich fürchte aber, daß uns auch der Divisionskommandeur (General Schëuch) nichts Bestimmtes wird sagen können. Gestern Abend habe

---

[22] Major Hans Nicolai diente im (1. Lothringischen) Infanterie-Regiment Nr. 130.
[23] Hier und auf den folgenden Seiten integriert Nicolai drei Zitate aus Briefen in den Fließtext der Erläuterung. Diese wurden hier aus Gründen der Lesbarkeit so belassen.

ich noch an den Militärattaché in Bern telegraphiert, sie haben da im neutralen Land sicher Gelegenheit, in Frankreich Feststellungen zu machen.
Ich habe mit Stolz gehört von Dir, daß Omama ihre Sorge tapfer trägt. Der Dienst hat in solchen Tagen sein Gutes. Aber im Ganzen ist er, wenn er schon so die ganze Kraft in Anspruch nimmt, jetzt doch noch schwerer. Die verhältnismäßige Ruhe, das gesicherte Leben und die friedlichen Lebensbedingungen bilden einen zu großen Kontrast, wenn man so erinnert wird, was Andere leisten und leiden müssen.«
Am *28.5.* schreibe ich:
»(...) Hans' Adjutant sagte mir durch den Fernsprecher, daß ihm Hans unverwundet und bei bestem Wohlsein am Sonntag Nachmittag 5³⁰ Uhr den Befehl gegeben habe, für den gerade schwerverwundeten Führer der Reserve-Kompanie diese zum Gegenangriff vorzuführen. Als er aus dem Unterstand herausgekommen sei, seien aber die Franzosen schon so weit gewesen und solch höllisches Feuer dahinter, daß er einfach nach hinten fortgedrückt worden sei. Etwa ½ Stunde später hätten die Franzosen den ganzen Berghang gehabt, auch da, wo Hans Befehlsstand war. Gesehen hat er weiter nichts, aber er meinte, seiner Ansicht nach sprächen 99 % dafür, daß Hans lebend in Gefangenschaft geraten sei.
Anderen habe ich so oft mit Freude helfen und mancher Frau und Mutter ihre Sorgen erleichtern können. Daß man das für die Nächsten und die eigenen Sorgen auch einmal tut, ist darum wohl recht und verständlich.«

─────────

Auf Bitte des spanischen Militärattachés hat sich auch der König von Spanien erkundigt und habe ich durch ihn die Nachricht erhalten, daß mein Bruder sich in französischer Gefangenschaft befindet.

─────────

Ich erwähne dies Erlebnis ausführlich, weil ohne es mein Kriegserleben unvollständig wäre. Ich habe teilgenommen an schwerer Sorge der Mutter um ihren Sohn und um den Bruder. Es ist selbstverständlich, daß das Pflichtgefühl mich wieder straffte, aber meine Überzeugung, welche ich gewann, als ich Falkenhayn, Ludendorff und andere Führer in dieser menschlichen Not sah, daß ein politisch reifes Volk von seinen Führern nicht diese Belastungsprobe verlangt, sondern sie ihnen freudig erspart, ist verstärkt worden. Es liegt und lag etwas kommunistisches in der Ansicht, die ich oft im Kriege zu hören bekommen habe, der Kaiser und andere Führer sollten auch mal einen oder mehrere Söhne verlieren, damit sie wüßten, wie dem Mann im Volk zumute sei. Der Mann im Volk kann sicher sein, daß der Führer es weiß. Er kann auch sicher sein, daß der Führer es tragen würde, weil er eben von Natur Führer ist. Er darf es ihm aber nicht wünschen und kann ganz sicher sein, daß der Führer also wohl sein Leid mitträgt, daß er selbst aber niemals, wenn er es sollte, fähig sein würde, die Bürde des *Führers* zu tragen. Ich glaube, daß, wenn mein Erleben mich zu dieser Auffassung brachte, es mich da hinauf führte in die Höhe geschichtlichen Blicks.

Auszug 147 aus Feldpostbriefen

GrHQu, Dienstag, 29. Mai 1917,
abends ½11 Uhr

(...) Draußen klingt das Abendkonzert der Kurkapelle über die Nahe herüber, ob's den Kaiser ebenso wenig wie mich auf die Dauer erfreut? Er wohnt noch näher als ich! Wer das hier so hört und sieht, wie's dem Volk in einer kleineren Stadt geht, der begreift nicht, wie überhaupt jemand behaupten kann, wir könnten oder müßten sogar einen vorzeitigen oder völligen Verzichtfrieden schließen. Auch bei meiner Reise jetzt will ich auf Befehl von Ludendorff dahin wirken, daß das Geschreibsel in dieser Richtung unterbleibt. Bei unseren Feinden geht's nicht besser als bei uns, jetzt siegt im finish, wer die besten Nerven und Energie hat. Und dazu sind die militärischen Trümpfe noch auf unserer Seite!

Es scheint nicht ausgeschlossen, daß in nächster Zeit ein großer Flotten-Angriff gegen die belgische Küste, Helgoland und die deutsche Küste erfolgt. Erfolg abwarten! Wenn's dazu kommt, führt er hoffentlich zum Fehlschlagen des letzten feindlichen Versuchs, ebenso wie die dann wahrscheinlichen gleichzeitigen Angriffe in Flandern und im Elsaß.

Eben schließt die Kapelle ihr Konzert mit einem »Heil Dir im Siegerkranz«, die das Publikum ich mitsingen höre. Das wird den Kaiser freuen.

Tue es doch ja, daß Du mit Frau v. Rauch öfters zusammen bist, sie hatte ihm sehr begeistert von Dir geschrieben, »du seist so anders als die übrigen politisierenden Generalstabsfrauen«. Frau v. Rauch ist eine geb. v. Bismarck, ihr Bruder der Adjutant von Hindenburg und lange bei uns im GrHQu.

Mittwoch, 30. Mai 1917

Ich reise abends ab zu Besprechungen nach Süddeutschland, für 4 Tage, habe am 4.6. die Inlands-Nachrichtenoffiziere in Kreuznach zur Besprechung, am 5.6. in Charleville zu tun, für den 6. bis 8.6. Besprechungen in Kreuznach angesetzt über Demobilmachung und Friedensorganisation des militärischen Pressedienstes und am 10. bis 12.6. Besprechungen über Demobilmachung, d.h. Umwandlung des Kriegsnachrichtendienstes in den Friedensnachrichtendienst.

(Daraus darf nicht geschlossen werden, daß ich an einen baldigen Frieden glaube. Dinge, welche später klappen sollen, müssen aber rechtzeitig mit den in der Sache erfahrenen Männern besprochen werden, damit Entschlüsse aus der Praxis entstehen.)

Den Tag in Charleville will ich zur Hälfte ausnutzen zu einer Fahrt an die Frontstelle, an welcher mein Bruder vermißt wird. Ich freue mich darauf, einmal unmittelbar den Geist zu atmen, in welchem er vielleicht gestorben ist und denke, daß ich diesen halben Tag und den Kraftwagen für diesen Privatzweck verantworten kann.

Im übrigen habe ich in Charleville mit dem Stabschef des Kronprinzen, Graf Schulenburg, verschiedenes ganz persönlich zu besprechen, was sich angebahnt hat, nachdem die OHL ganz aus Charleville verschwunden und der Kronprinz dorthin übergesiedelt ist. Es handelt sich einmal um zarte Bande, die sich in der größeren Stadt für den Kronprinzen knüpfen, was mich an sich noch nichts angeht, mir aber mißfällt, indem es den Gegenstand von Gerüchten bildet, die auch als dienstliche Meldungen zu mir dringen.

Daneben handelt es sich um Erscheinungen, die sich an der Westfront und an der Ostfront gleichmäßig, wenn auch verschiedenartig bilden. Mit dem Fortgang der OHL vom westlichen Kriegsschaulatz auf Heimatgebiet und in der Hoffnung, daß der Kronprinz auf Hindenburg und Ludendorff einen größeren Einfluß haben könnte als auf Falkenhayn, sind Bestrebungen im Gange, wie sie sich seit dem Fortgang von Hindenburg und Ludendorff vom östlichen Kriegsschauplatz schon unter General Hoffmann bilden. Diese beiden an sich rein militärischen Zentren in Ost und West drohen die Verstrickung der OHL in das politische Getriebe von unten her zu vermehren. Es handelt sich um die Machtstreber sowohl aus Leichtfertigkeit vom Schlage Erzbergers und Scheidemanns, wie auch um solche aus ernster, aber unverantwortlicher Besorgnis und aus den Kreisen der zehnmalklugen Männer des Wortes und der Gedanken, mit einem Wort, alle diejenigen Elemente, welche aus ihren verschiedenen Schlupfwinkeln hervorgekrochen kommen, weil nicht *einer* sie in diese zurückscheucht und sie den Einzigen, der es könnte, Ludendorff, darum fürchten und somit zu einer Gefahr auch für sein militärisches Führertum werden können. Mit Hoffmann werde ich darüber bei seiner demnächstigen Anwesenheit in Kreuznach sprechen können. Während ich im Westen beim Grafen Schulenburg ganz offen sprechen kann, werde ich bei Hoffmann vorsichtig sein müssen, weil dieser Weg gegen seine jüdische Frau führt und die Kreise, die ihre Zugehörigkeit und ihren Ehrgeiz ausnutzen, auch den Weg über Frau Ludendorff suchen, die eine politische Rolle zu spielen beginnt, seitdem er an der Spitze der Heeresleitung steht. Hoffmann weiß zudem, daß ich jede die Autorität der OHL zerstörende Tätigkeit schon früher beobachtet und ihr entgegengewirkt habe, wir befinden uns also in Kampfstellung gegen einander. Bisher hat sich dies nur durch völlige Ablehnung gegen meine Organe an der Ostfront gezeigt, ich habe aber Anlaß zu befürchten, daß es sich ebenso wie auch beim Kronprinzen persönlich gegen *mich* auswirken kann. Ich *fürchte* mich aber nicht. [...]

Auszug 148 aus Feldpostbriefen

Mittwoch, 30. Mai 1917, abends 8 Uhr,
auf der Fahrt Kreuznach–München

(...) Roepell reist mit mir und der kleine Krieger (Stenograph). Die Züge und Bahnhöfe wimmeln alle von Feldgrauen. Die Kerls machen alle einen frischen gesunden Eindruck, haben sich wohl an den Krieg gewöhnt. Hoffentlich entwöhnen sie sich vom Krieg ebenso gut!

Ich habe mich ausgeplaudert, Roepell guckt mich – dienstlicher Fragen voll – schon immer lauernd an.

Auszug 149 aus Feldpostbriefen

*Freitag, 1. Juni 1917,
auf der Fahrt München–Lindau*

(...) Neulich haben sie in München 2 Berliner Fabrikanten erwischt, die im Schlafwagen größere Kisten mit Eiern, Butter und einen Schinken aus Bayern verstauen wollten. So etwas macht hier sehr böses Blut.

Auszug 150 aus Feldpostbriefen

*Freitag, 1. Juni 1917, abends 6 Uhr
auf der Fahrt Lindau–Stuttgart*

(...) Jetzt habe ich die anderen Herren (Roepell, Graf Berchem) zurückgelassen und fahre alleine weiter. Der Eindruck aus meinen Besprechungen in München ist der, daß da doch stark eine Sonder-Stimmung herrsche. Gegen die Oberste Heeresleitung volles Vertrauen, außenpolitisch den Frieden wünschend, innenpolitisch dem Treiben unserer Konservativen abhold und ebenso der Kanzlerhetze, nicht weil man mit der Führung zufrieden ist, sondern weil man glaubt, daß ein Ersatz nicht zu finden und die Hetze die bestehenden Verhältnisse nicht verbessert, sondern verschlechtert. Das ist nicht gerade erfreulich! Ich bin neugierig, was ich in Stuttgart und Karlsruhe höre.
Jetzt will ich mir meinen Stenographen kommen lassen und die Ergebnisse dieser beiden Tage festlegen.

Erläuterung

Wie ich es in diesem Brief an meine Frau über meinen Aufenthalt in Bayern schreibe, habe ich auch sonst nach meinen Besprechungen auf meinen Reisen und auch sonst im GrHQu, soweit ich sie allein führte, das Besprochene und meine Eindrücke schriftlich festgelegt.
Diese Aufzeichnungen, im Wesentlichen nur für mich bestimmt und zum großen Teil sehr vertraulichen Charakters, gehörten zum Bestand meiner Handakten. Ich kann deren Inhalt, der Vielseitigkeit wegen aus der Erinnerung nicht rekonstruieren. Ich habe mich nach dem Kriege bemüht, diese meine Aufzeichnungen zu erhalten, um sie ihres persönlichen Charakters wegen ungeeignetem Zugriff zu entziehen. Ich habe sie nicht auffinden können und vermute, daß sie bei der Revolution, bei welcher sich Major v. Redern meiner Handakten in meiner Abwesenheit annahm, um zu verhindern, daß sie in unrechte Hände kamen, mit anderen vertraulichster und persönlichster Art verbrannt worden sind.

Auszug 151 aus Feldpostbriefen

Sonnabend, 2. Juni 1917

(...) Meine Besprechungen in Stuttgart waren interessant. Die süddeutschen Verhältnisse unterscheiden sich doch wesentlich von den preußischen, hauptsächlich, weil sie kleiner und deshalb einheitlicher sind. Die Stimmung ist im allgemeinen gut, Sonne und Feldarbeit tragen dazu bei. Die Ernte-Aussichten sind gut. Aber die großen Aufgaben, die der Krieg noch stellt und Frieden und Wiederaufbau nach dem Frieden noch stellen werden, kommen mir bei den Besprechungen mit Leuten aller Parteien doch immer eindringlicher vor Augen. Und dann die Überzeugung, daß dazu eine starke Regierung nötig ist, wenn dies alles zum Besten geleitet werden soll und immer wieder die Frage, ob wir die haben oder rechtzeitig erhalten werden? Das, was man bei Besprechungen mit Leuten von den maßgebenden Regierungsstellen in Berlin empfindet, stimmt nicht zu dem, was man draußen empfindet.

Heute Abend in Karlsruhe bin ich vom Vorstand der badischen Zeitungsverleger in sein Haus eingeladen, wir wollen mit seiner Frau zusammen essen, hinterher kommen dann die anderen Vorstandsmitglieder zu einem Glas Bier.

Auszug 152 aus Feldpostbriefen

Sonntag, 3. Juni 1917, abends 7 Uhr,
auf der Fahrt Karlsruhe–Kreuznach

(...) Gestern abend nach Ankunft fuhr ich zu dem Dr. Knittel, der in Karlsruh's schönster Gegend ein Haus hat. Das Abendessen auf der Veranda zu dritt war sehr gut (Forellen, Spargel und Schnitzel), eine hübsche und gescheite kleine Frau. Nachher kam noch der älteste Sohn hinzu, schon 18, soll demnächst hinaus. Um 9 Uhr traten dann die pfälzer und badischen Verleger an, nichts Überragendes darunter, aber alle von bestem patriotischem Geist beseelt und bereit, alles zu tun, was nötig ist. Unsere Unterhaltung dauerte bis ½2 Uhr, da ich dann noch den weiten Marsch durch die Stadt zum Hotel machen mußte, war es ½3 Uhr, ehe ich im Bett lag. Bei all meinen Besprechungen jetzt höre ich immer, daß alle Feldgrauen kriegsmüde seien und nach Hause schrieben, der Krieg solle doch aufhören. Ich antworte dann immer, daß auch ich in jedem Brief an Dich der Sehnsucht nach dem Frieden Ausdruck gebe, daß aber dadurch das Pflichtgefühl und die Pflichterhaltung ebenso wenig leidet, wie bei den Truppen die Kampffreudigkeit.

Montag, 4. Juni 1917

Die »Kölnische Volkszeitung« veröffentlicht einen von mir an sie gerichteten Brief. (Nachfolgend.)

Die Besprechung der Inlands-Nachrichtenoffiziere mit mir befaßt sich vor allem mit der Frage und mit Direktiven, wie durch deren Beziehungen zum neutralen Ausland und zu politisch und wirtschaftlich hochstehenden Verbindungen im Inland der Aufklärung beim Heer Material zugeleitet werden kann.

»*Kölnische Volkszeitung*«
Nr. 910, Montag, 4. Juni 1917.

Kein moralischer Heimat-Streik!

Aus den überaus zahlreichen Zuschriften, welche infolge unseres Aufrufs vom 21. Mai in Sachen des deutschen Hindenburgfriedens[a] bei uns eingelaufen sind, möchten wir eine solche aus hohen Offizierskreisen heute hervorheben, weil sie einem Gedanken Worte verleiht, der uns ganz aus der Seele geschrieben ist. Wir möchten damit unsererseits zur möglichen Verbreitung desselben beitragen. Es heißt in der betreffenden Zuschrift:

Es hat mir eine besondere Freude bereitet, zu lesen, daß auf Ihre Anregung den Pflaumenweichen in der gegenwärtigen Zeit entgegengearbeitet wird. Diese schaden uns an dem Besten, was wir haben, was uns im ersten Teile des Krieges unseren Gegnern so weit überlegen machte und uns weiter ihnen überlegen machen muß, nämlich an dem Geist der inneren Geschlossenheit und an der Entschlossenheit des Durchhaltens bis zum Siege. Meines Erachtens braucht die Armee bei ihren schweren Kämpfen und bei dem anstrengenden Einerlei langen Aushaltens auch an ruhigen Stellen unbedingt die Überzeugung, daß sie damit den Willen und die Hoffnung des Vaterlandes ausführt. Merken sie aus der Presse, aus Briefen oder beim Aufenthalt in der Heimat, daß der Wille und die Zuversicht der Heimat nachläßt, dann droht uns die Gefahr, kleinmütig und schwach zu werden. Nur aus dem Vertrauen auf die Heimat und aus dem edlen Ehrgeiz, das Vertrauen der Heimat zu rechtfertigen und Opfer nicht umsonst zu bringen, schöpft eine Armee die Kraft, deren sie bedarf.

In dieser Beziehung muß die Heimat der Ersatz der moralischen Stärke des Heeres ebenso sorgen wie für die Lieferung von Lebensmitteln, Waffen und Munition. In letzter Zeit haben wir einhellig die Fahnenflucht derjenigen mißbilligt, die daheim durch unüberlegten Streik dem Heere die materiellen Kampfmittel entzogen. Ich bin der Ansicht, daß jeder, der in der moralischen Kraftzufuhr an das Heer nachläßt oder gar direkt gegen sie sündigt, ebenso am Vaterland sich vergeht, wie derjenige, der in der Munitionsfabrik streikt. Es ist das gewissermaßen ein moralischer Streik, den man in Vergleich stellen kann zu dem materiellen. Was man auf anderem Gebiete von den Arbeitern verlangt, muß man auf ideellem Gebiete von den Gebildeten, den Familien unserer Kämpfer und dem Volke im ganzen verlangen.

Im allgemeinen streiken in dieser Beziehung ja nur einzelne Kreise. Es muß ihnen aber zum Bewußtsein kommen, wie schwer sie sich dadurch gegen das Vaterland versündigen. Wir brauchen die starke Stimmung, wie wir

---

[a] Hindenburgfrieden meint einen Siegfrieden.

sie im ersten Teile des Krieges hatten, je mehr wir uns darüber klar sind, daß die Voraussetzungen für diese Stimmung mit der Länge des Krieges immer mehr bedroht werden. So liegt es aber auch in der Lebensmittel- und Kriegsrüstungsfrage. Auch da werden die Vorbedingungen naturgemäß immer schwieriger. Und dennoch oder gerade deshalb müssen wir der Schwierigkeiten mit verdoppelter Energie Herr werden. *Wir müssen siegen!*

Vielleicht läßt sich dieser Gedanke der Gefahr des Streiks auf ideellem Gebiete, also des geistigen Streiks in der Heimat, von Ihnen noch weiter in der Kölnischen Volkszeitung verwerten.

Wie unsere Kriegsziele im einzelnen und besondern sein werden, soll hierbei für mich außer Frage bleiben. Ein Kriegsziel aber muß uns allen gemeinsam sein: das ist der Sieg! Wir erreichen ihn nicht, wenn die Zahl der an der Mitarbeit zum Siegeswillen Streikenden in der Heimat zunehmen sollte. Dem Feinde bleibt so etwas nicht verborgen. Hierauf baut er seine Hoffnung. Merkt er aber, daß wir der Ansicht sind, und sie in die Tat umsetzen, daß auch der ein Schwächling und Schädling ist, der im Willen zum Durchhalten streikt, dann wird er auch diese Siegeshoffnung, wie so manche andere schon, zu Grabe tragen und zum Frieden bereit sein.

Diese hochernsten Worte eines in verantwortlicher Stellung wirkenden Offiziers sollten von allen denjenigen gründlich erwogen werden, welche in jüngster Zeit die Bemühungen der »Kölnischen Volkszeitung«, die Stimmung bei unseren Kämpfern wie daheim hochzuhalten und immer wieder aufzurichten, einfach als »alldeutschen Unfug«, als »annexionistischen Gimpelfang«, als »amerikanischen Geschäftsjournalismus« oder dergleichen abtun zu können glaubten. Wie aus den obigen Worten klar hervorgeht, ist man sich in hohen Offizierskreisen über den Ernst der gesamten Lage vollauf im Klaren. Unsere militärische Lage ist nach den Worten des Reichskanzlers so gut wie noch nie. Aber gesiegt haben wir noch nicht. Und wir müssen siegen, wenn nicht jede Zukunftsentwicklung des deutschen Volkes unterbunden werden soll. Dazu aber ist nötig, daß die richtige Stimmung hinter der Front von allen einsichtigen Männern ebenso gepflegt wird, wie die Stimmung in der Front. Die letztere ist, wie alle Berichte ohne Ausnahme melden, überall vortrefflich. Möge sie allen denjenigen hinter der Front ein Vorbild sein, welche glauben, nachlassen zu dürfen an Spannkraft und Entschlossenheit. Wenn wir jetzt erlahmen, können noch alle Früchte verloren gehen, welche uns für eine glücklichere Friedenszukunft unseres Volkes winken. Sollen so viele Tausende unserer besten Söhne vergeblich geblutet haben, weil gewisse Kreise unseres Volkes in verblendeter Kurzsichtigkeit durch matte, kraftlose Haltung glauben zum Frieden gelangen zu können?

Dienstag, 5. Juni 1917

[...] Meine Besprechung mit dem Grafen Schulenburg zur Vorsicht gegen politische Kreise, welche sich an den Kronprinzen herandrängen, findet volles Verständnis. Die Aussprache ist für mich eine Freude. Graf Schulenburg, vor dem Kriege Flügeladjutant und Kommandeur der Garde du Corps, ein Grandseigneur mit der soliden Ausbildung des Generalstabsoffiziers, hat keinerlei Neigung zur

Politik, und ist in seiner Art doch in höchstem Ausmaß politisch, indem er die Dinge von der Höhe seines Wesens und nicht aus dem kleinen Gesichtswinkel der in Berlin herrschenden sogenannten Politiker betrachtet. Vielleicht ist er etwas zu sehr Hofmann, sonst könnte der Kronprinz nicht mehr so unreife Ansichten äußern oder in seiner Gegenwart mir zu sagen wagen. An sich sieht der Kronprinz die Dinge, wie sie sind, mehr als sein Vater, weil er eben doch mehr wie dieser von jungen Kameraden umgeben ist und auch ältere sich ungenierter aussprechen, weil sie nicht die Verantwortung finden, welche ihnen, zumal wenn es Soldaten sind, vor dem Kaiser den Mund verschließt. Aber der Kronprinz ist merkwürdig unreif in seiner eigenen Stellungnahme und seinen Ansichten, wie Änderungsbedürftiges geändert werden könnte. Seine Anwesenheit unterbrach meine Aussprache mit Schulenburg fast eine Stunde. Ich könnte nicht wie Schulenburg in zwei Welten leben, als Soldat den jungen Oberbefehlshaber beherrschend, im Übrigen als Hofmann schweigend. Es war bezeichnend, daß der Kronprinz mit der Mütze auf dem Kopf in unser Zimmer kam, so auf einem Tisch sitzend, mit dem Reitstock spielend, sich mit uns unterhielt, die wir vor ihm standen. Ich hätte als sein an Lebensalter und Erfahrung älterer Chef mir das wohl nicht bieten lassen, es zumindesten verhindert wegen des schlechten Eindrucks vor einem Besucher, den ich mitnahm, wie darüber manche Klagen anderer, und auch politisch bedeutungsvoller Besucher dienstlich zu meinen Ohren kamen. Ich glaube, daß es nicht gut war, dem sehr spät sich entwickelnden Kronprinzen mit seinen hervorragenden Anlagen so jung, wie er nun einmal war, die Würde eines Heerführers zu geben. Ich denke zurück an die Bedenken, welcher der Kaiser äußerte, als Moltke ihn bei Kriegsausbruch darum bat und damit abwich von den Mobilmachungsvorarbeiten, beherrscht von Ludendorffs Geist in der Operationsabteilung, welche den Kronprinzen als Kommandeur einer Garde-Division in Aussicht genommen hatten. Ich kann mich in der Doppelrolle als Generalstabsoffizier und als Hofmann nicht wohlfühlen. Ich fühle mich deshalb in letzter Zeit auch beengt, wenn ich die Ehre habe, dem Kaiser nahe sein zu dürfen. Ich schicke darum schon manchmal Offiziere meines Stabes in meiner Vertretung und habe auch die Einladung des Kronprinzen zum Abendessen abgesagt. Ich weiche also aus. Ich habe aber auch dabei kein behagliches Gefühl. Ich sollte es wagen, Schulenburg meine Ansicht zu sagen, tue es aber nicht.

Dagegen habe ich, auf mein Recht und meine Pflicht, die öffentliche Meinung vor Schaden zu bewahren, gestützt, offen von den Vorgängen gesprochen, mit denen sich die öffentliche Meinung über den Kronprinzen beschäftigte, die abgestellt werden müßten, auch wenn sie zum Teil als nebensächlich erscheinen könnten, weil sie im Gerede vergrößert, die gutgesinnten Elemente im Volke beunruhigten und von den Übelgesinnten hetzerisch ausgewertet wurden.

Meine Versicherung, daß ich diesen Dingen nicht nachschnüffelte, nannte Schulenburg überflüssig. Er stimmte meiner Auffassung zu und dankte mir für mein pflichtmäßiges Handeln.

Wir sahen auch hier die Gründe in der Jugend des Kronprinzen und seiner Erziehung als Kronprinz. Sein Alter von 35 Jahren entsprach immerhin dem eines Generalstabshauptmanns, aber die Erziehung war diesem Vergleich nicht entsprechend. Das persönlich saloppe, oft unmilitärische Auftreten des Kronprinzen entsprach gar nicht der Würde eines Armeeoberbefehlshabers, es möchte immerhin hingehen und wurde auch von den Truppen als kameradschaftlicher Ton empfunden und erwidert und ebenso fanden bekanntwerdende kleine Liebesabenteuer, wenn sie auch mit dem Ernst des Krieges nicht im Verhältnis standen, verzeihendes Verständnis, solange die Front jung war. Je mehr aber ältere Jahresklassen in die Front und besonders auch in das Armeehauptquartier alte Landwehr- und Landsturmleute zur Bewachung kamen und ebenso in der Heimat wirkten diese Vorgänge anders. Schulenburg war erstaunt, was ich alles wußte, indem eben das Gerede und die Kritik zu mir zurückfloß. Ich habe es für richtig gehalten nur mit Schulenburg zu sprechen, obgleich ich Anlaß gehabt hätte, mit einzelnen anderen Herren von Einfluß auf den Kronprinzen, welche das Schädliche förderten, zu sprechen. Schulenburg versicherte mir, daß ich stets volles Verständnis bei ihm finden würde und bat mich, mit ihm über diese Dinge in Verbindung zu bleiben.

(Mit Moltke habe ich darüber nur gesprochen, als er schon als Chef des Stellvertretenden Generalstabes in Berlin war und er mich darauf ansprach. Ich weiß nicht, wer ihn bei Kriegsausbruch bestimmt hat, die Mobilmachungsbestimmung des Kronprinzen als Kommandeur einer Gardedivision umzustoßen und den Kaiser zu bitten, dem Kronprinzen die Führung einer Armee anzuvertrauen. Der Kaiser hatte bei seiner Zustimmung gleichzeitig den Kronprinzen ermahnt, sich ganz in Anbetracht seiner Jugend seinem Generalstabschef unterzuordnen. Ich glaube, daß Moltke dies Vertrauen dem ersten Generalstabschef des Kronprinzen, Schmidt v. Knobelsdorff geschenkt hat und daß er darin enttäuscht worden ist, soweit nicht nur die großen militärischen Entschlüsse der Armeeführung in Frage kamen. Ich glaube aus einer Äußerung Ludendorffs nach dem Kriege entnehmen zu können, daß der Ersatz Knobelsdorffs durch Schulenburg nicht nur durch Verdun, sondern auch wegen dieser persönlichen Fragen veranlaßt war. Im Übrigen habe ich mit Ludendorff oder gar Hindenburg hierüber im Kriege nie gesprochen, mit ersterem nur notgedrungen in der letzten Phase des Krieges. Ich habe nur ständig den für die Personalverhältnisse der obersten militärischen Führung verantwortlichen Chef der Zentralabteilung, Oberst v. Tieschowitz, unterrichtet und von ihm kompromißlose Zustimmung zu meiner Auffassung und meinem jeweils gebotenen Vorgehen gefunden. Aus einer Äußerung Ludendorffs nach dem Kriege konnte ich gleichfalls feststellen, daß Tieschowitz Ludendorff und dieser den Feldmarschall im Wesentlichen unterrichtet hat und daß auch diese beiden, wovon ich von Anfang an überzeugt war, meine Auffassung und meine Haltung billigen. Ich möchte auch hier Einzelheiten nicht wiedergeben. Es steckt in ihnen auch nichts Schlechtes oder etwas Außergewöhnliches gegen das Verhalten vieler Anderer, die sich pharisäerhaft gern entrüsten. Seine Bedeutung lag nur darin, daß er eben der Kronprinz war. Ich werde nur zum Schluß des Krieges darauf zurückkommen müssen, als das unbedingt *notwendige* Maß des Verstehens überschritten wurde.)

Mittwoch, 6. Juni 1917

Mir wird gemeldet, daß Heeresangehörige in Zeitungen, Broschüren, oder Flugblättern zur Stellungnahme über politische Fragen aufgefordert werden.

Um zu verhindern, daß vor allem Offiziere dieser von außen her in das Heer getragenen Politisierung stattgeben, erhält die Oberzensurstelle Weisung, darauf hinzuweisen, daß es nicht angängig ist, derartige Aufforderungen durch die Zensur zu lassen und daß die Veröffentlichung von Feldpostbriefen politischen Inhalts zu verbieten ist.

Donnerstag, 7. Juni 1917

Die Besprechung mit den für die Aufklärung zuständigen Stellen der OHL führte zunächst zu dem beigefügten Ergebnis[24], welches zur Folge hat, daß ich Ludendorff die gleichfalls beigefügte Verfügung über eine Zusammenfassung der Aufklärung beim Feld- und Heimatheer unterbreite, welche die von der OHL zu vertretende Aufklärung in den Grenzen der tatsächlichen Verantwortlichkeit der OHL hält, sie also auf das Heer beschränkt und die Selbständigkeit und Verantwortlichkeit der einzelnen Kommandobehören möglichst aufrecht erhalten und sie nur in dem notwendigen Umfang an eine Zentralstelle binden soll, als welche der Generalquartiermeister seiner Bestimmung zur Entlastung des Generalstabschef entsprechend in Aussicht genommen wird.

Das im 5. Absatz dieser Verfügung erwähnte Bedenken einer Stelle betraf die Stellungnahme eines Generalstabschefs eines Armee-Oberkommandos.[25] Dieser war ein anerkannter Offizier in dieser Stellung, mit dem ich vorher mich durch Fernsprecher über die beabsichtigte Behandlung dieser Frage verständigt hatte. Er war absoluter Soldat und dadurch bekannt, daß er mehrfach an Stellen eingesetzt wurde, wo es bei Kämpfen militärisch wacklig stand. Er zeigte für diese Frage keinerlei Verständnis, er war der Meinung, daß mit jeder Aufklärung nur Politik ins Heer getragen würde und brauchte, mir persönlich sehr nahestehend, einen sehr drastischen frontmäßigen Ausdruck für meine Bemühungen: »Lassen Sie uns zufrieden mit Ihrer Sch...aufklärung.« (Bezeichnend war, daß derselbe Generalstabschef später, als der »Vaterländische Unterricht« zum Befehl geworden war,[26] mich zwecks Ablösung des Unterrichtsoffiziers bei seinem Oberkommando anrief mit der Begründung, er genüge der drängenden Aufgabe nicht und müsse durch einen, für diese Aufgabe erstklassigen Offizier ersetzt werden. Ich habe ihn an seine derbe Ansicht erinnert und geantwortet, daß der Unterrichtsoffizier wohl genügen werde, daß aber die Schwierigkeit bei der Armee infolge Vernachläßigung besonders hoch sei.) [...]

---

[24] In der Edition nicht erfasst.
[25] Bei diesem Offizier handelte es sich möglicherweise um Generalmajor Fritz von Loßberg, damals Chef des Generalstabes der 6. Armee.
[26] Die Ende Juli 1917 von der OHL erlassenen »Leitsätze für die Aufklärungsarbeit unter den Truppen« regelten die Durchführung von Unterrichten und Filmvorführungen zur Stärkung der Moral und Durchhaltefähigkeit. Seit September 1917 wurde dies als »Vaterländischer Unterricht« bezeichnet.

Abschrift
Zensurbefehl[a]

7.6.1917

Je länger der Krieg dauert, um so notwendiger ist es, daß *das im Felde stehende Heer*, welches die Masse der männlichen Bevölkerung Deutschlands darstellt, neben der körperlichen auch die notwendige geistige Nahrung erhält. Aus der Obersten Heeresleitung von den verschiedensten Seiten vorgelegten Berichten geht unzweifelhaft hervor, daß dieses Bedürfnis fast durchweg richtig erkannt und daß alles Mögliche versucht worden ist, um ihm abzuhelfen.

Es erscheint jedoch notwendig – ohne die Selbständigkeit der Ausführung den einzelnen Armeeoberkommandos und Etappen-Inspektionen irgendwie beeinträchtigen zu wollen, eine Stelle zu schaffen, welche in der Lage ist, alle Wünsche, Anregungen und Erfahrungen auf dem Gebiete der Aufklärung der Front zu beantworten bzw. auszutauschen.

Die Abteilung IIIb hat durch Schreiben 10610/II vom 6.5.17 durch die Nachrichtenoffiziere den Armeeoberkommandos den Vorschlag vortragen lassen, daß das Kriegspresseamt in Berlin diese Stelle sein soll.

Wie mir gemeldet worden ist, hat das Kriegspresseamt auf demselben Gebiete der Aufklärung in enger Zusammenarbeit mit den Stellvertretenden Generalkommandos in der Heimat bereits große Erfahrungen gesammelt und erfreuliche Erfolge aufzuweisen.

Die Aufklärungsarbeit hat als vornehmste Aufgabe die Erziehung des Soldaten zu einer entscheidenden nationalen Gesinnung, die ihm über jede Parteizwistigkeit gehen muß. Bei Behandlung aller Fragen ist daher die Parteipolitik absolut auszuschließen. Die von einer Stelle vorgebrachten Bedenken werden durch diesen Befehl entkräftet.

Die Aufklärungsarbeit hat sich im wesentlichen auf folgende 4 Punkte zu erstrecken:
1) Unterrichtung der Mannschaften über die großen Fragen der Gegenwart und der Zukunft auf militärischem, wirtschaftlichem, staatsrechtlichem Gebiet, Pflege des patriotischen Fühlens und Denkens,
2) Weiterbildung der gebildeten Stände aller Klassen durch geeignete Vortragskurse hinter der Front,
3) Unterhaltung und Hebung der Stimmung der Truppe durch musikalische, schauspielerische Darbietungen,
4) Kinoveranstaltungen.

Es erscheint notwendig, daß bei jedem Armeeoberkommando und bei jeder Etappeninspektion eine Stelle geschaffen wird, welche sich ausschließlich dieser vier Aufgaben annimmt. Es ist nicht erforderlich, daß durch diese neuen Aufgaben eine Etatvermehrung eintritt, vielmehr darf bestimmt angenommen werden, daß sich im Verbande jedes Armeeoberkommandos und jeder Etappeninspektion eine Persönlichkeit befindet, die nach Veranlagung und Neigungen geeignet ist, die geschilderten Aufgaben zu übernehmen.

---

[a] Die ursprüngliche Überschrift »Entwurf« wurde handschriftlich ersetzt.

Aufgrund einer Besprechung der für die Aufklärung zuständigen Stellen der Obersten Heeresleitung ist angeordnet worden, daß bei dem Beauftragten des Generalquartiermeisters West bzw. Ost eine Stelle geschaffen wird, welche anregend bzw. ausgleichend mit den Aufklärungsoffizieren der Armeeoberkommandos und Etappen-Inspektionen in dauernder Fühlung zu bleiben hat. Wie in der Verfügung IIIb 10610/II vom 6.5.17 angegeben, hat der Verkehr der Armeeoberkommandos mit dem Kriegspresseamt unmittelbar, also nicht grundsätzlich über die Aufklärungsstelle beim Beauftragten des Generalquartiermeisters West bzw. Ost stattzufinden. Die Mitarbeit dieses ist nur erforderlich, wenn es sich um neue Fragen grundsätzlicher Art handelt.

gez. Ludendorff

Freitag, 8. Juni 1917

Der letzte Tag der Besprechung mit den für die Aufklärung zuständigen Stellen der OHL ist der Demobilmachung der Innenpropaganda, d.h. der Überführung in die Friedensverhältnisse, also den Maßnahmen gewidmet, welche erforderlich sind, um für eine künftige Kriegführung die Wiederkehr der Verhältnisse des Weltkrieges zu vermeiden. Das Ergebnis enthält die Anlage. Zur Vorbereitung wird die Ernennung eines Reichskommissars für das Pressewesen gefordert.
 Ich trage Ludendorff hierüber noch nicht vor.

[handschr.] 8/6 17

Es ist der bereits im Frieden wohlvorbereiteten *Propaganda* des Feindes gelungen, nicht nur in den eigenen, doch durch soviel wirtschaftliche und geistige Bande mit uns verflochtenen Ländern, sondern auch in fast allen bei Kriegsbeginn noch neutralen Staaten eine deutschlandfeindliche Stimmung herbeizuführen und im Laufe des Krieges noch wesentlich zu steigern, der es zu einem erheblichen Teile mit zuzuschreiben ist, dass eine Reihe dieser Staaten zu unseren Feinden getreten ist, während gleichfalls in den noch heute abseits stehenden Staaten eine starke deutschfeindliche Strömung festgestellt werden kann.
 Die Gegenwirkung der deutschen Aufklärungstätigkeit musste während des Krieges erst organisiert werden, sie kam infolgedessen spät, in den meisten Fällen zu spät, und ihre Leistungen konnten sich nicht zur vollen Höhe der Aufgabe entwickeln.
 Von wie tief einschneidender Bedeutung für die deutsche Kriegführung dieser Umstand werden musste, ist allbekannt.
 Unter diesen Umständen ist der Generalstab des Feldheeres in eine Prüfung der Frage eingetreten, *welche Maßnahmen erforderlich sind, um im Interesse einer künftigen Kriegführung die Wiederkehr solcher Verhältnisse unbedingt zu vermeiden.*
 Die Aufgaben sind folgende:
I. *Organisation der deutschen Presse als Kampfmittel gegenüber dem Auslande im Frieden und im Kriege:*

Dazu ist erforderlich:
1) Ständige Verbindung der berufenen Vertretungen der gesamten Presse mit den amtlichen Stellen, Förderung des Verständnisses der Presse für ihre politischen und wirtschaftlichen Aufgaben im Verhältnis zum Ausland.
2) Beobachtung der wirtschaftlichen und organisatorischen Veränderungen im Zeitungswesen unter dem Gesichtspunkt der Wahrung der staatlichen Interessen auf diesem Gebiete.
3) Förderung der Interessen der Verleger, Schriftleiter, Korrespondenzen, Schriftsteller und Ausgleich der verschiedenen Interessen zwecks Wahrung des Staatsinteresses.
4) Herstellung der Verbindung mit den übrigen sich mit der Volksaufklärung beschäftigenden privaten und öffentlichen Organisationen im In- und Ausland.
5) Förderung der Bildungsmöglichkeiten für Angehörige des Pressewesens.

II. *Beobachtung der ausländischen Presse:*
1) Feststellung, Erweiterung und Zusammenfassung der gesamten amtlichen und privaten Nachrichtenquellen und Bearbeitungsstellen über das Ausland.
2) Schaffung zuverlässiger laufender Nachrichten über die Stellungnahme der ausländischen Presse zu den wirtschaftlichen und politischen Fragen des Inlandes und Auslandes.

III. *Schaffung einer Organisation für die Durchführung der unter I und II angeführten Aufgaben.*
Aus der Fülle der hier zu lösenden Aufgaben seien folgende besonders hervorgehoben:
1) Herstellung der Verbindung mit dem Auslande durch Pressevertreter im Ausland.
2) Gewinnung jeder Art von Einfluß auf das ausländische Zeitungswesen durch geistige und materielle Einwirkung.

Neben der auf gleiche und ähnliche Ziele gerichteten Tätigkeit der einzelnen Ressortministerien und Reichsstellen erscheint es daher erforderlich eine Stelle zu schaffen, die alle diese Aufgaben grundsätzlicher und organisatorischer Art durchführt.

Die Vertretung der Bedürfnisse der einzelnen Ressorts würde, wie bisher, Sache der einzelnen Ämter sein, während die neu zu schaffende Stelle befähigt sein müsste, den Einklang herzustellen zwischen der Betätigung der deutschen Presse und der Beeinflussung der ausländischen Presse und auf die Verwendung der zu diesem Zwecke zur Verfügung stehenden Mittel sowie auf die Befolgung der möglichen Wege ausschlaggebenden Einfluß ausüben müsste.

Der Generalstab des Feldheeres ist der Ansicht, dass die Fülle der hier angedeuteten Aufgaben nur *durch Schaffung einer selbständigen dem Reichskanzler unmittelbar unterstellten neuen Dienststelle* gelöst werden kann. Ob diese Dienststelle später den Umfang eines Reichsamtes (Reichspresseamt) erhalten müsste, wäre der späteren Erwägung vorzubehalten. Als Grundlage für die weitere Arbeit erscheint die unverzügliche Ernennung eines Reichskommissars für das Pressewesen jedenfalls erforderlich.

Auszug 153 aus Feldpostbriefen

Kreuznach, Sonnabend, 9. Juni 1917
abends ½10 Uhr

(...) Bei meiner Reise nach Charleville fuhr ich mit dem Prinzen Waldemar, zurück mit einem Sozialdemokraten, so daß ich mich beidemal – allerdings in verschiedener Weise – aber über dasselbe uns alle bewegende Thema des Vaterlandes unterhalten habe. In Charleville erwartet mich morgens gleich das Auto am Bahnhof, mit dem ich in Begleitung des Nachrichten-Offiziers nach der Champagne hinausfuhr. Ich sprach zunächst den Chef des Generalstabs der 1. Armee,[27] in der Hans zuletzt gekämpft. Er zeigte mir an der Karte genau, wie es gekommen. Hans' Bataillon ist abgekniffen, da die beiden Nachbarbataillone überrannt wurden. Deshalb sei Hans voraussichtlich so überraschend von den Franzosen umzingelt, daß auch der Chef glaubte, er müsse lebend in Gefangenschaft geraten sein.

Es war mir eine besondere Freude, daß der Armee-Chef Hans' Bataillon und seine Führung besonders lobte, sie hätten am Verlust des Hock-Berges keinerlei Schuld. Auch hat der Wind während des französischen Angriffs den ganzen Qualm der Artillerie-Geschosse gegen den Hock-Berg getrieben, so daß nichts für Hans zu sehen gewesen sei.

Von da fuhr ich dann nach vorne. Unsere Batterien lagen unter schwerem französischem Feuer. Wenn man so die rauchende Erde sieht unter dem dauernden Rollen des Artilleriefeuers, dann kommt über den Soldaten eine merkwürdige ruhige feierliche Stimmung. Ich wollte, Omama könnte das einmal sehen und erleben, dann wüßte sie, daß in solcher Lage kämpfen und selbst sterben für den Mann nicht schwer ist. Die Menschen da vorne in der Gefahr sind so ganz anders, losgelöst vom Kleinlichen und Irdischen. Die Angehörigen zu Haus leben in anderen Gedanken und beweinen den Gefallenen, der aufrecht und bewußt fällt.

Für mich war diese Stunde da vorne unter den ernsten Soldaten und zwischen den hin- und herwogenden Gruppen ein wirklich großer Genuß. Ich muß es auch wirklich noch einmal selbst erleben. Ich habe dort den Entschluß gefaßt, zu bitten, daß ich sobald es irgend möglich ist, für einige Zeit als Regiments-Kommandeur in die Front komme. Ich will so nicht in mein Schicksal eingreifen, ohne Dich, meine liebe Frau, gefragt zu haben, aber ich glaube, daß Du mich verstehst und mir zustimmst. Wenn ich Deine Antwort habe, will ich mal mit den maßgebenden Leuten sprechen.

Dann ging's nach Charleville. Als ich nach Tisch beim Chef der Heeresgruppe war, kam der Kronprinz herein und besprach sich mit mir, besonders über innere Verhältnisse, wohl 1 Stunde. Er ist doch merkwürdig jung in seinen Ansichten – leider! Er schickte mir eine Einladung zum Abendessen, der ich nicht gefolgt bin, da der Nachmittag mit Arbeit ausgefüllt war und ich um 9 Uhr fortfahren mußte, um zu den Beratungen am nächsten Morgen wieder hier zu sein. Einen Mittag habe ich mit Stotten beim Feldmarschall gefrühstückt. Stotten hat leider Ludendorff nicht so recht gefallen, er ist trotz seiner Klugheit doch einseitig und

---

[27] Oberstleutnant Robert von Klüber.

ungewandt. Es fehlt ihm die Frische und lebhafte Äußerung nach oben, er ist einer von denen, die nur mit Gleichen oder nach unten aus sich herausgehen.

Am Dienstag Abend bin ich zu S.M. befohlen, der Bulgaren-König kommt wieder. [...]

Dienstag, 12. Juni 1917

Die am 10., 11. und 12. stattgehabte Besprechung über Demobilmachung des Nachrichtendienstes, d.h. Überführung desselben auf Friedensverhältnisse führt gleichfalls zu dem Ergebnis, daß der Chef des Nachrichtendienstes dem Reichskanzler unterstellt sein muß, damit der Nachrichtendienst gleichmäßig auf das militärische, wirtschaftliche, innen- und außenpolitische Gebiet ausgedehnt und dem für alles verantwortlichen führenden Staatsmann unmittelbar unterstellt wird. Das bedeutet, daß der Generalstab auf einen selbständigen Nachrichtendienst zu verzichten bereit sein muß, selbstverständlich aber in dem Gesamtnachrichtendienst die militärischen Interessen zu vertreten berufen bleibt.

Ich halte Ludendorff hierüber Vortrag, er stimmt zu und beauftragt mich, eine entsprechende Denkschrift für den Aufbau des gesamten Nachrichtendienstes nach dem Kriege auszuarbeiten.

(Bei der notwendigen Fühlungsnahme mit dem Admiralstab erklärte dieser, an einem selbständigen eigenen Nachrichtendienst festhalten zu wollen. Die Frage wurde durch den Kriegsausgang erledigt. Der Vorgang kennzeichnet aber das Nebeneinanderhergehen auch der beiden militärischen Nachrichtendienste schon im Weltkriege.)

(Von der Voraussetzung ausgehend, daß meine Auffassung von der Notwendigkeit einer die Grenzen der bestehenden Verfassung sprengenden einheitlichen Führung, wenn diese im Kriege nicht hergestellt und dieser dennoch zu einem Ende geführt werden sollte, welches uns das Recht der freien Bestimmung und dem Soldaten das ausschlaggebende Wort läßt, das Ergebnis dieses Kriegsausganges werden müßte, bildet sich in mir folgendes Bild eines mit dem revolutionären Umbau der Reichsführung schritthaltenden Umbaus des Generalstabes. Bestärkt werde ich dadurch, daß gerade in meinem Arbeitsgebiet sich das Fehlen von Reserveoffizieren des Generalstabes geltend macht, auf welche dieses zurückgreifen könnte und daß anstatt dessen erst im Kriege Persönlichkeiten in den Lagern der Politik und der Wirtschaft gesucht werden müssen, um das Leistungsvermögen der Generalstabsoffiziere zu ergänzen und daß auf diese Weise deren Kräfte in den rein militärischen Rahmen eingespannt werden.)

(Ich denke mir die Zukunft unter einer mit militärisch tatsächlicher Autorität ausgestatteten Reichsführung so: An der Seite dieses Führers stehen nicht mehr wie bei einem Kaiser jetzt Kabinettschefs für Militär, Marine und ein Chef des Generalstabes auf der einen und ein Reichskanzler mit seinen Ministern und ein Chef des Zivilkabinetts auf der anderen Seite, sondern gleichverantwortlich ein Berater für den Frieden, ein zweiter für den Krieg, beide selbstverständlich im Ausgleich der beiderseitigen Verantwortung, stets aber im Hinblick auf den Krieg. Der für den Kriegsfall verantwortliche Ratgeber ist der Chef des Großen Generalstabes mit seinem Stab von Mitarbeitern zum Studium der Kriegsnotwendigkeiten, wie es der Große Generalstab jetzt zwar schon war, aber unter Berücksichtigung der neuen Erkenntnis vom totalen Krieg. Während bis-

her dem Chef des Großen Generalstabes neben diesem nur der Generalstab der
Armeen unterstellt war, also der Generalstabdienst in der Front, müssen dem Chef
des Großen Generalstabes der Zukunft unterstellt sein die Chefs der Generalstäbe
für das Heer, die Marine, die Luftwaffe, die auswärtige Politik, die Innenpolitik,
die Wirtschaft und die kulturellen Bedürfnisse der Führung im Frieden und im
Krieg.)

Mittwoch, 13.6.1917

Der Nachrichtenoffizier bei der österreichischen Heeresleitung in Baden bei
Wien teilt mit, daß diese seit den letzten großen Personalveränderungen so gut
wie ganz ausgeschaltet ist. Die Leitung liegt fast allein bei dem jungen Kaiser und
dem Minister des Auswärtigen. Auch die deutsche OHL werde dem persönlichen
Vordrängen des jungen Kaisers als im Wege stehend bezeichnet.

─ ─ ─ ─ ─ ─ ─ ─ ─

Seit längerem geht aus den Berichten der Frontnachrichtenoffiziere hervor, daß
die Stimmung im französischen Heer seit dem Mißlingen der Offensive an der
Aisne und in der Champagne im weiten Umfang als kriegsunlustig und geradezu
hoffnungslos zu bezeichnen sei. Ihre Meldungen stützen sich auf das Ansteigen
vieler Überläufer an der ganzen französischen Front, besonders in der Champagne,
und auf deren Aussagen. Auch Agenten des Geheimen Nachrichtendienstes haben schwere Insubordinationen bei französischen Truppenteilen an der Front gemeldet, gleichzeitig aber von energischen Maßnahmen zu deren Unterdrückung
durch die französische Regierung und Heerführung. Die Einschätzung dieser
Meldungen und ihre operative Auswertung liegt außerhalb meiner Verantwortung.
Ich muß aber Ludendorff darüber Vortrag halten, weil auch in Deutschland entsprechende Gerüchte laut werden und die öffentliche Meinung beschäftigen.
Ludendorff befiehlt mir, grundsätzlich Veröffentlichungen zu verhindern, welche die Stimmung im französischen Heer in dieser Weise darstellen und dadurch
Optimismus zeitigen können.
(Die Kriegsgeschichtliche Forschungsanstalt des Heeres hat sich m.W. auch
mit der Frage beschäftigt, ob denn, wie behauptet wird, unbegreiflicherweise die
Meutereien im französischen Heer[28] der OHL unbekannt geblieben sind. Sie
hat, so viel ich weiß, darüber nur Meldungen, besonders sehr energisch vertre-
ten durch den Nachrichtenoffizier beim Kronprinzen, festgestellt, aber keinerlei
Erörterungen darüber zwecks operativer Ausnutzung durch die OHL oder ein-
zelne Armeeoberkommandos. Gemeldet wurden die Vorgänge selbstverständlich.
Das war bei der Masse der Überläufer und dem Aufsehen in Frankreich keine besondere Leistung des Nachrichtendienstes. Der Vorgang ist aber eines der besten
Beispiele aus dem Kriege, daß an sich nicht der Nachrichtendienst entscheidet,

---

[28] Von den Meutereien in der französischen Armee waren zeitweilig bis zu 45 Divisionen
erfasst, die zur Ablösung Robert Nivelles durch Philippe Pétain als Oberbefehlshaber führten. Dieser vermochte die Krise im Sommer 1917 sowohl durch Hinrichtungen als auch
Konzessionen an die Soldaten zu überwinden.

sondern der Glaube, den seine Meldungen finden oder nicht finden und daß die aus anderen Rücksichten etwa unterbleibenden Maßnahmen ihn nicht belasten.)

Sonnabend, 16. Juni 1917

Ich trete abends eine einwöchige Reise nach Deutschland an.

Sonntag, 17. Juni 1917

Nach Ankunft morgens in Berlin ist der Sonntag Vormittag einer Besprechung bei der Stellvertretenden Abt. IIIb über den Demobilmachungsplan für den Nachrichtendienst und die Abwehr gewidmet, d.h. den Rücksichten, die jetzt bereits darauf zu nehmen sind, was nach Kriegsschluß von beiden Arbeitsgebieten verlangt werden muß.

Am Abend bin ich mit den in Deutschland vorhandenen namhaften Militärschriftstellern, welche zu diesem Zweck vom Kriegspresseamt zusammengebeten wurden, zusammen, um zu prüfen, ob auch ihre Arbeit zur Steigerung einheitlich angeleitet oder sonst durch die OHL unterstützt werden kann.

Besonders hervorragende Hilfskräfte, wie etwa England sie im Oberst Repington hat, sind unter ihnen nicht vorhanden. Eine wesentliche Unterstützung ist von ihnen nicht zu erwarten. Es fehlt auch hier an der Bereitstellung jüngerer Kräfte durch die Kriegsvorbereitung.

Montag, 18. Juni 1917

Besprechung im Kriegspresseamt über die Bezirkspressebesprechungen. Ich habe mich entschlossen, die Schriftleiter der Provinzpresse in Gruppen, zunächst immer aus dem Gebiet eines Generalkommandos, in der betreffenden Provinzhauptstadt zusammen zu rufen und persönlich mit ihnen über die Lage und ihre Aufgaben zu sprechen. Diese erste Reise soll mich nach Danzig, Königsberg, Posen, Breslau und Dresden führen. [...]

Auszug 155 aus Feldpostbriefen

Mittwoch, 20. Juni 1917,
auf der Fahrt Königsberg–Allenstein

[...] Die Vorbesprechung mit den Herren vom Generalkommando hielt ich beim Abendessen im Garten des Zentralhotels ab. Nach dem Essen gingen wir in die Königshalle, auch dort alles wie damals, sogar noch derselbe alte Diener. Auch die Gesellschaft und ihre urwüchsige, treufeste Art. Es ist für mich so sehr interessant, bei meinen Streifen die großen Unterschiede in unserem deutschen Vaterlande so unvermittelt nebeneinander betrachten zu können. Dabei erkennt man auch die Schwierigkeiten der inneren Politik, den notwendigen Ausgleich herbeizuführen und es schließlich allen nicht recht machen zu können. Der notwendige Fortschritt liegt aber doch im Westen und verdient deshalb wohl doch in erster Linie Förderung. Diese ostpreußischen Land-Seigneurs, so sympathisch sie in ihrem Altpreußentum sind, sind eben doch nur hier im Osten möglich. Für das Land im Ganzen können sie nicht maßgebend sein. Solche zähen Naturen wachsen und gedeihen nur hier. Als ich schließlich nach Hause ging, begannen die Wogen der Unterhaltung immer lauter zu branden bei Zufuhr mancher neuen Flasche und zunehmender leidenschaftlicher Klage über die Nöte der Landwirtschaft. Oldenburg-Januschau ist der Mann, auf den man schwört!

Heute früh hatte ich mir zunächst um 8 Uhr den Stenographen zur Arbeit bestellt. Um 10 Uhr war dann die Besprechung. Hier wie in Danzig fand ich einheitliche Stimmung zum Durchhalten, wovon auch die Sozialdemokraten keine Ausnahme machen. In beiden Städten endeten die Besprechungen damit, daß der Angesehenste der Presse-Leute mir dankte und den einmütigen Entschluß, weiter durchzuhalten und das Vertrauen zur OHL bekundete. Eine beginnende starke Propaganda der sozialdemokratischen Minderheit wird hoffentlich von den Behören im Keime erstickt oder in den nötigen Grenzen gehalten. Die Weiber des Volkes sind allerdings hier ebenso gefährlich wie anderswo. [...]

Auszug 156 aus Feldpostbriefen

Donnerstag, 22. Juni 1917,
Fahrt Posen–Breslau

(...) In Posen kam ich heute früh um ¾2 Uhr pünktlich an, an Schlafen war in dem vollen heißen Zug vorher nicht zu denken. Auch jetzt herrscht wieder eine tropische Hitze.

Heute früh habe ich nun 2 Sitzungen gehabt. Zunächst eine mit etwa 20 Vertretern der deutschen Presse, wo ich eine einheitliche starke und entschlossene Stimmung feststellen konnte. In allen deutschen Kreisen war eine starke Mißstimmung von rechts bis links über das führerlose Gehenlassen in der Polen-Politik[29] und über das Zurückweichen vor den polnischen Bestrebungen. Dann kam die zweite Sitzung mit den polnischen Presse-Leuten. Schon äußerlich ein starker Unterschied gegen die Deutschen. Innerlich eine verbissene feindselige Stellungnahme, keine nationale Anteilnahme am Krieg und seinen Erfordernissen. Es ist nicht erfreulich, auf so unzuverlässigem Boden zu verhandeln. Daß sie militärisch keinen Schaden anrichten werden, dafür werden wir schon durch strenge Presse-Aufsicht sorgen. Darüber habe ich ihnen auch keinen Zweifel gelassen. Sie

---

[29] Auf die polnischen Autonomiebestrebungen reagierten die im Herbst 1916 militärisch unter Druck geratenen Mittelmächte am 5.11. mit der Proklamation des Königreichs Polen. An dessen Spitze trat im Januar 1917 ein von den Besatzungsmächten abhängiger provisorischer Staatsrat. Die OHL verband damit das militärische Kalkül, angesichts des Soldatenmangels in Deutschland polnische Freiwilligenverbände zu rekrutieren. Polnische Forderungen nach einer eigenständigen Regierung und Armee lehnte Ludendorff im Frühjahr 1917 strikt ab. Der Aufbau eines polnischen Kontingents scheiterte schließlich an der Eidesverweigerung der meisten polnischen Offiziere und Mannschaften Anfang Juli 1917.

aber zur positiven Mitarbeit zu bekommen, das scheint mir ein fast aussichtsloses Unternehmen. In Breslau steht mir und meinen Leuten um 6 Uhr noch eine Besprechung mit der schlesischen Presse bevor. [...]

Auszug 157 aus Feldpostbriefen

*Donnerstag, 22. Juni 1917,
Fahrt Breslau–Dresden*

(...) Ich werde froh sein, wenn ich die Reise glücklich hinter mir habe, sie ist doch wieder recht – besonders – anstrengend. Mein Breslauer Aufenthalt verlief programmmäßig. Stellvertretender Kommandierender General ist jetzt dort der General v. Heinemann, mein ehemaliger Brigade-Kommandeur aus Erfurt. Ich meldete mich bei ihm, er scheint noch der alte knetrige, mißgünstige Bock zu sein.

Auch hier zeigte mir die Besprechung mit den Presse-Leuten, daß viel durch eine zielbewußte Presse-Leitung zu schaffen wäre. Nach Rückkehr in das GrHQu will ich meine Eindrücke zu einem neuen Ansturm in dieser Richtung verwerten.

Auszug 158 aus Feldpostbriefen

Kreuznach, Montag, 25. Juni 1917

(...) Am 2.7. beginne ich eine Dienstreise Erfurt–Cassel–Hannover–Hamburg–Berlin–Stettin–Berlin–Magdeburg–Kreuznach. Rückkehr hierher am 11.7. früh. Am 22.7. will ich dann nach München fahren und vom 24.7.–5.8. Urlaub erbitten.

Dienstag, 26. Juni 1917

Ich cotoyiere[30] den schwedischen Attaché, v. Adlercreutz und den chilenischen, Ahumada bei ihrer Meldung beim Kaiser und bin hinterher mit beiden zum Frühstück befohlen. Diesmal sitzt der Chef des Zivilkabinetts, v. Valentini an meiner Seite. Ich habe das unangenehme Gefühl einer Absicht, mich auszuspionieren, mit Rücksicht auf die gespannte Lage zwischen militärischer und politischer Kriegführung. Allmählich wird es für einen Soldaten wie mich unerträglich, in einem Kreise, den man doch schließlich als den von Mitarbeitern an einer großen gemeinsamen Sache betrachten dürfte, sich jedesmal diplomatisch vorsichtig benehmen zu müssen. Man wird nur gefragt. Nie hört man eine bestimmte klare Ansicht oder einen Rat, nie etwa gar einen »Anpfiff«, sondern stets nur kalte Liebenswürdigkeit. Valentini möchte offenbar erfahren, bis zu welchem Grade entschlossen Hindenburg und Ludendorff gegen den Kanzler sind. Ich darf ihm

---

[30] Hier: begleite.

ja schließlich auch nicht sagen, daß ich hoffe, sie fänden den Entschluß, nicht nur Bethmann's Entlassung, sondern an seiner Stelle für sich die Aufgabe der Herstellung einer einheitlichen Kriegführung durch Beseitigung der parlamentarischen Herrschaft und dieses Kreises um den Kaiser zu fordern.

Aus diesem Gedanken heraus habe ich auch vor dem Frühstück mit dem Major v. Adlercreutz, welcher dem Kaiser im Auftrage seines Königs die Rangliste der schwedischen Armee überreichen sollte, dies etwas abweichend von der üblichen Etikette getan, indem ich den Befehl, dies wie üblich im Rahmen allgemeiner Meldungen vor dem Kreis der Tischgäste sich vollziehen zu lassen, beiseite geschoben habe, mich mit Adlercreutz unmittelbar beim Kaiser durch den Kammerdiener melden ließ und der Ausführung seines Auftrages militärische Form gab. [...]

Auszug 159 aus Feldpostbriefen

Kreuznach, Mittwoch, 27. Juni 1917

(...) Eben komme ich ¾12 Uhr abends vom Vortrag bei S.E. Die erteilten Befehle will ich heute nicht mehr in die Tat umsetzen.

Die Genehmigung S.E. habe ich schon für meinen Urlaub. Gestern habe ich beim Kaiser gefrühstückt, mit Adlercreutz, der die schwedische Rangliste überreichte und Ahumada, der sich abmeldete. Er ist abgelöst, kehrt nach Chile zurück. Er war ein deutschfreundlicher Mann. Der Nachfolger soll es auch sein. Bei S.M. fühle ich mich jetzt immer etwas befangen, es bewegen mich zuviel Sorgen, die mit der Umgebung zusammenhängen. [...]

Donnerstag, 28. Juni 1917

Der Abwehrdienst in Belgien erleidet einen schweren Verlust. Ich habe den ersten Hilfsoffizier des Leiters der Zentralpolizeistelle Brüssel, Hauptmann Schaible, vor dem Kriege Landrat in Donau-Eschingen, Anwärter auf den Posten des Ministers des Innern in Baden, abgeben müssen zwecks Verwendung als Verwaltungschef von Flandern. Er war infolge seiner Verwaltungskenntnisse und seiner klugen Ratschläge ein wertvoller Mitarbeiter.

Es ist auffällig, wie die Kräfte solcher Herren im militärischen Rahmen sich lösen und steigern. Ich glaube, weil sie hier eine Verantwortungsfreudigkeit und einen Entschluß finden, was sie sonst von oben nicht gewöhnt sind und darum selbst nicht besitzen und wagen. Ich habe darüber kein eigenes Urteil, habe aber das Urteil gehört, daß Schaible als Verwaltungschef in diesen Fehler zurückfiel. Er, wie der damalige Leiter der Zentralpolizeistelle in Brüssel, Hauptmann Joël, der spätere Reichsjustizminister, haben mir auch nach dem Kriege einmal bestätigt, daß diese Arbeit im militärischen Rahmen für sie etwas ungeheuer Befreiendes und Befriedigendes gewesen sei. Wenn sie mit ihren Kenntnissen, mit allen Möglichkeiten des Entschlußes und mit allen Bedenken geladen festgesässen hätten, dann wäre ich zur Besprechung gekommen und hätte, der junge, zwar sachlich unerfahrene, aber zum Entschluß erzogene Generalstabsoffizier sie angehört und verstanden, mit unverdorbenem Gefühl das Beste verstanden und durch Befehl zur Ausführung gebracht, damit sie von ihren Zweifeln erlöst und ihre Arbeit in der Ausführung beflügelt. Diese Erfahrung im eigenen kleinen Rahmen, die ich auch an anderer Stelle mit meinen mir im Wissen weit überlegenen Mitarbeitern gemacht habe, bestärkt mich in meiner Auffassung, daß Ludendorff in der Lage sein würde, im Großen den reichen Kräften auch des politischen, wirtschaftlichen und geistigen Lebens in Deutschland die nicht nur für den Krieg, sondern auch für den nachfolgenden Frieden notwendige Form und Führung zu geben.

In dieser Auffassung hat sich bei Aufrechterhaltung bester kameradschaftlicher Form mein innerer Gegensatz zum Oberstleutnant Bauer sehr erheblich verschärft. Ich habe deshalb, als Ludendorff mich vor Wochen mit der Bearbeitung innerpolitischer Fragen bei der OHL beauftragte, ausdrücklich eine klare Abgrenzung gegen Bauer gefordert. Diese ist aber tatsächlich nicht geschaffen worden. Im Gegenteil entzieht sich augenblicklich Ludendorff jeder Aussprache mit mir über die notwendige Klärung, die mit dem Sturm gegen Bethmann heraufzieht. Er kennt meine Auffassung, weicht ihr aus und hört lieber auf Bauer, der auf den Kanzlersturz ausgeht, ohne die geringste Ahnung zu haben, wer Nachfolger werden könnte, oder aber zu erkennen, daß ein Personalwechsel nicht genügt, sondern daß die Kräfte, vor denen Bethmann zurückweicht und mit denen Bauer sich in Verhandlungen wahl- und planlos einläßt, gebändigt werden müssen. In mir bildet sich in diesen ernsten entscheidenden Tagen der Begriff, daß Bauer ein »Abenteurer« und sein Einfluß auf Ludendorff verhängnisvoll sei. Dieser Einfluß ist schon soweit vorgeschritten, daß ich bei Ludendorff nicht wieder direkt dagegen angehen darf, wenn ich nicht das Gegenteil des Gewünschten erreichen will. Ein zweiter, weniger ernst zu nehmender Fall von Gegenerschaft ist im Augenblick der Major Frhr. v. Vollard-Bockelberg. Dies war der einzige Offizier, den Ludendorff aus der Operationsabteilung von Oberost zur OHL mitbrachte, also sicherlich ein bewährter Berater in operativen Fragen. Seine politischen Ansichten waren nasforsch wie die eines Fähnrichs. Er hatte zwar auch die Schädlichkeit des Reichstages und die Schwäche der politischen Staatsführer erkannt, er ließ es aber dabei bewenden, sie mit entsprechenden Ausdrücken zu belegen und *mir* zu raten, »die ganze Abgeordnetenbande an den Laternenpfählen um den Reichstag aufhängen zu lassen«. Da er mir nicht unterstellt war, bat ich Ludendorff, ihn zur Zurückhaltung aufzufordern, zumindest gegen politische Besucher der OHL und Tischgäste des Feldmarschalls. Ludendorff erwiderte:»Lassen Sie doch, er macht uns doch nur Spaß und es nimmt das doch niemand ernst.«

Die Meldungen, welche ich erhielt über Äußerungen von diesen Politikern nach ihrem Besuch bei der OHL bestätigte diese Auffassung nicht, diese Äußerungen sprachen von anscheinend wenig ernster Betrachtung der Dinge bei der OHL und hatten insofern nicht unrecht, als der Ton vom Ernst dieser Fragen ablenkte. Heute wird mir, scherzhaft, berichtet, Vollard-Bockelberg hätte in der Operationsabteilung in höchster Wut geäußert: »Der Reichskanzler muß weg und sein Nachfolger auch.« Mit anderen Worten: Immer nur weg, wer hinterher kommt, ist gleichgültig.

In Wahrheit ist dies aber für mich in dieser ernsten Zeit die Hauptfrage und ich weiß keine andere Antwort als: »Ludendorff«. Und ich weiß kein anderes Amt als, wie ich es in meinem ersten Buch gesagt habe, daß er »der große Organisator dieses Krieges« werden muß.

Ich glaube, daß es keiner großen Kunst und Anstrengung mehr bedürfen wird, Bethmann zu beseitigen. Ich bin aber auch überzeugt, daß damit, weil Bethmann eben kein starker Faktor ist, nichts Besonderes beseitigt wird. Ich glaube, daß es auch nicht schwer sein wird, die wirklich entscheidenden und gefährlichen Elemente zu stürzen. Ich bin überzeugt, daß es nur eines Zugriffs bedarf und daß alle, zumal jetzt in Kriegszeiten, sich bemühen werden, in einer neuen Führung »hoffähig« zu sein, d.h. sich Ludendorff anzupassen und unterzuordnen und daß damit die notwendige Säuberung von Spreu und Weizen in allen heute abgegrenzten Lagern sich von selbst vollziehen und deren Schranken niederlegen wird. [...]

Auszug 161 aus Feldpostbriefen

GrHQu, Sonnabend, 30. Juni 1917

Ich bin glücklich, daß Ihr direkte Nachrichten von Hans habt. Ich war doch allmählich in rechter Sorge, mehr als sich mit meiner angestrengten Tätigkeit vertrug, sodaß ich fast fürchtete, es würde mir mit all dem Denken und Sorgen, nicht nur für die Gegenwart, sondern auch für die Zukunft beinahe zu viel werden. Nun bin ich aber von diesem persönlichen Druck befreit, denn Hans' Nachricht klingt ja zuversichtlich, sodaß wir hoffen können, seine Verwundung ist nicht bedenklich, er befindet sich in ordentlicher Pflege und ist über das Schlimmste hinweg.

Sonntag, 1. Juli 1917

Ich trete abends eine zweite Rundreise zu Bezirkspressebesprechungen an, die mich bis zum 11.7. über Berlin, Erfurt, Kassel, Hannover, Hamburg, Stettin, Berlin, Magdeburg führen soll. Es begleitet mich wieder Major Blankenhorn. Auch habe ich ab Berlin die Begleitung durch den Chef des Kriegspresseamts befohlen. Außerdem habe ich den zuständigen Bearbeiter in der Reichskanzlei, Landrat v. Braun um seine Teilnahme gebeten, um ihm einen persönlichen Eindruck von der Stimmung im Lande zu verschaffen, habe aber leider die Antwort erhalten, daß er zwar sehr gern an der Reise teilnehmen und diese auch für ihn als zweckmäßig erachten würde, daß er und sein Mitarbeiter aber wegen gleichzeitiger Reichstagssitzungen unabkömmlich seien.

Montag, 2. Juli 1917

10 Uhr vorm. Besprechung im Kriegspresseamt mit den Presseleitern der Zentralbehörden über die Bezirkspressebesprechungen. Ich schlage vor und finde Zustimmung, daß in Zukunft mich von jedem Amt ein Vertreter begleitet. (Also vom AA, vom Reichsamt des Innern, vom Kriegsamt, vom Kriegsministerium, vom Kultusministerium, vom Admiralstab, vom Reichsmarineamt.) Und daß dieser Kreis jeweils nach vorliegenden Fragen erweitert werden soll, damit die einzelnen Ressorts vor der Presse im Reich über die Kriegslage auf ihren Gebieten und

deren Erfordernissen an die Presse und öffentliche Meinung sprechen können. Ich selbst würde über die militärische Lage einen Generalstabsoffizier sprechen lassen, mich selbst auf die Anlage und Leitung dieser Bezirkspressebesprechungen beschränken.

Ich finde Zustimmung. Die Durchführung soll noch nicht bei der am 4.7. beginnenden Reise, sondern erst bei der nächsten erfolgen.

Um 12 Uhr spreche ich über das gleiche mit dem Staatssekretär des Innern und erbitte mir Direktiven für die bevorstehende Reise. Er ist einverstanden, was ich ihm darüber vortrage bei der augenblicklichen politischen Lage könne er seinerseits nichts hinzufügen.

Dienstag, 3. Juli 1917

Berlin. 10 Uhr vorm. eine Besprechung mit dem sozialdemokratischen Schriftsteller Grunwald. Auffallend klein mit großem Schädel ist dieser einer der geistvollsten Typen aus seinem Lager. Selbst im Grunde genommen ein anständiger Kerl steht er dem ebenso zu bewertenden Führern in seinem Lager nahe. Er ist durchaus meiner Ansicht, daß diese sich einer starken Führung unterordnen würden, allerdings nicht als Führer in der sozialdemokratischen Partei, die mit den anders gearteten Führern beseitigt werden müßte und ohne besonders große Erschütterung auffliegen würde. (Ich bin damals nicht auf den Gedanken gekommen und habe nicht geprüft, ob Grunwald Jude war, was mir sein ehrliches Manteltragen auf zwei Schultern erklären würde, welches mir damals auffiel.)

11 Uhr Besprechung mit dem Presseausschuß. Die Freundschaft zu Bethmann hat sich seit unserem letzten Zusammensein nicht gebessert, aber einen Nachfolger weiß noch keiner so recht zu nennen.

Mittags Frühstück mit den Abteilungschefs des Kriegspresseamts.

2^{30} Uhr Besprechung beim Nachrichtenoffizier Berlin in Gegenwart des Major v. Kempis, dem Chef des Inlands-Nachrichtendienstes, welchem ich den mir bisher unmittelbar selbständig unterstellt gewesenen Nachrichtenoffizier Berlin mit der Reichweite seiner Arbeit in den Gefangenenlagern und an den Grenzen unterstelle.

6 Uhr nachm. Besprechung mit den großstädtischen Zeitungsverlegern, also auch die Zeitungsverleger sind nicht einheitlich. Ich habe hier den Kreis der größten Zeitungsverleger vor mir, welcher neben dem Verein der deutschen Zeitungsverleger besteht oder in ihm eine Sonderrolle spielt.

Die größte Autorität scheint Ullstein zu haben, weil er als der technisch beste Verlag gilt und sein Verlagsdirektor Bernhard der Vorsitzende des Presseausschusses ist. Durchweg Juden. Meine Ausführungen müssen also anders abgewogen sein, als vor den deutschen Zeitungsmännern im Reich auf der bevorstehenden Reise. Die Unterhaltung mit den Verlegern dieses jüdisch-demokratischen Teils der Presse ist auch weit schwerer und unangenehmer wie mit dem größten Teil ihrer angestellten Journalisten. So hat z.B. das »Berliner Tageblatt« als politischen Redakteur einen Dr. Michaelis, an dessen Ansichten nicht das Geringste auszusetzen ist, wenn ich mit ihm spreche, den ich aber kaum wiedererkenne, wenn ich seine Leitartikel lese. Als ich ihn darauf aufmerksam mache, antwortet er: »Der Knüppel liegt doch beim Hund. Ich habe 5 Kinder zu ernähren.« Beim Schlage eines Georg Bernhard liegt es etwas anders. Für ihn ist Politik überhaupt nicht Herzens- oder Überzeugungssache, sondern ein Spiel und ein Geschäft. Es ist möglich, auch diese Leute in ihrem Tiefsten zu erschüttern und wäre auch möglich, sie in unserem Sinne zu führen, wenn sie gehorchen müssen und darin ihr Nutzen liegt. Es ist aber nicht möglich, sie zu ändern oder von ihnen eine Evolution zum Nationalen zu erwarten. [...]

Freitag, 6. Juli 1917

Vormittags Bezirkspressebesprechung in Kassel mit hessischer Presse. Nachmittags in Hannover, dort die Pressebesprechung für den Abend vorgesehen. Ich fahre zunächst vom Bahnhof zum Generalkommando, um mich nach den Vorbereitungen zu erkundigen. Ich erhalte dort die telefonische Meldung von den Vorgängen im Haushaltsausschuß[31] des Reichstages (Vorstoß Erzbergers gegen Bethmann). Als ich den Wagen wieder besteige und befehle, mich zur Presseversammlung zu fahren, widerspricht mir Major Blankenhorn: »Nein, Herr Major, nach Berlin.« Ich handle entsprechend und treffe 7.7. früh in Berlin ein.

Ich erwähne diesen Vorgang, weil ich so oft gezwungen bin, Kritik zu üben und hier erfahren habe, daß ich selbst über dem Kleinen fast das Große vergessen hätte. Ich habe Blankenhorn diesen Dienst besonders gedankt.

Sonnabend, 7. Juli 1917

Ich finde Hindenburg und Ludendorff bereits in Berlin vor, sie sind vom Militäroberbefehlshaber v. Stein, aber nicht vom Kaiser gerufen. Ludendorff hat mich nicht gerufen. Bauer ist aber schon in Berlin und äußerst tätig in seiner Art. Ich wohne, um Ludendorff näher zu sein, im Hotel Adlon, tagsüber bittet mich Hindenburg, sein Gast zu sein im Gebäude des Großen Generalstabes, welches für ihn und Ludendorff zum Wohnen eingerichtet ist.

Ich habe eine Besprechung mit Ludendorff, aber nur über meine eigenen Eindrücke auf meiner bisherigen Reise. [...]

Auszug 163 aus Feldpostbriefen

Hotel »Adlon« Berlin W., Sonnabend, 7. Juli 1917,
abends 7 Uhr

(...) Du wirst aus der Zeitung den Grund meines Hierseins erkannt haben. Die Kanzlerkrisis besteht fort. Hindenburg und Ludendorff waren hier, weil es zunächst schien, als ob auch militärischer Schaden entstehen könnte. Sie sind aber gestern abend wieder abgefahren, nachdem zunächst alles beim alten blei-

---

[31] Seit Oktober 1916 wurde der Haushaltsausschuss des Reichstages als Hauptausschuss bezeichnet. In seiner Rede vor dem Hauptausschuss des Reichstags am 6.7. kritisierte Erzberger die Politik der Reichsleitung, u.a. den uneingeschränkten U-Bootkrieg, und plädierte für einen Verständigungsfrieden unter Verzicht auf Annexionen.

ben soll. Leider! Vielleicht und hoffentlich bringen aber die nächsten Tage doch eine Entscheidung, die uns von der Untätigkeit und Verzagtheit befreit und *endlich* eine Führung bringt. Ich will nun also ruhig morgen nach Stettin fahren, kehre aber schon 5½ Uhr nachmittags zurück. Ob ich von Magdeburg in's Große Hauptquartier fahre oder noch mal hierher zurückkehre, hängt von den Ereignissen ab.

Ich halte an meinem Plan eines 10-tätigen Urlaubs fest, fühle selbst, daß ich ihn nötig habe und daß ich hinterher doppelt frisch und arbeitsfähig sein werde. Hoffentlich macht mir nur die innerpolitische Entwicklung keinen Strich durch die Rechnung. Wenn Bethmann geht, kommt voraussichtlich Bülow. Hoffentlich führt diese Krisis zur Ordnung des herrschenden Systems. Es ist tatsächlich unmöglich, beim jetzigen Zustand die Stimmung zu halten und den Krieg durchzuhalten und zu gewinnen. Draußen steht's gut und zuversichtlich. Die Russen werden in Galizien keinen weiteren Erfolg haben, sie hatten sehr hohe Verluste, wie die auf die Kriegslust der Russen wirken werden, wollen wir abwarten. In Flandern stehen neue schwere Kämpfe bevor, auch ein französischer Angriff aus Verdun heraus, der uns vielleicht auch amerikanische Truppen[32] zum ersten Mal entgegenführen wird. Die werden sich umgucken, haben sich den »Sieg« sicherlich leichter gedacht.

Sonntag, 8. Juli 1917

Ich frühstücke mit Bauer in der Deutschen Gesellschaft zwecks Aussprache, in welcher Ansicht gegen Ansicht steht und vertreibe mir im übrigen die Zeit mit Besprechungen mit Abgeordneten.

Donnerstag, 9.7.1917

Da ich von Ludendorff nicht in Anspruch genommen werde, setze ich meine Reise zu den Bezirkspressebesprechungen fort. Nachmittags Bezirkspressebesprechung in Stettin für Pommern.

Auszug 164 aus Feldpostbriefen

Hotel »Adlon« Berlin W., Donnerstag, 9. Juli 1917,
nachm. 5½ Uhr

(...) Eben bin ich aus Stettin zurück. Es ist Hochbetrieb für mich. Die Fahrt nach Stettin stand im Zeichen des Ferien-Verkehrs. Besonders zurück nach Berlin, merkwürdigerweise. Morgen will ich nach Magdeburg abreisen, da es keinen Zweck hat, hier die Entwicklung der Dinge abzuwarten. Da bin ich nötiger im GrHQu und kann im Bedarfsfall ja lieber schnell wieder fortfahren.

---

[32] Eine Vorhut erreichte am 8.6.1917 Liverpool. Das erste größere Kontingent (1. US-Infanterie-Division) betrat am 26.6.1917 im Hafen von Saint-Nazaire europäisches Festland.

Die politische Lage hier ist recht verfahren, noch weiß keiner, wie es endet, aber ich hoffe, daß der einzig mögliche Ausgang eintritt und damit freie Bahn für energisches Handeln geschaffen wird.

Dienstag, 10. Juli 1917

Vormittags Besprechung mit Graf Reventlow im Kriegspresseamt. Er legt mir als erster nahe, durch den Nachrichtendienst Klarheit zu schaffen über das Treiben der Freimaurer. Ich selbst weiß von Freimaurern nichts. Ich bitte ihn um Aufklärung. Diese fällt sehr dürftig aus. Ich mache ihn darauf aufmerksam, daß seine Angaben mir keine Anhaltspunkte bieten zum Einsatz des Nachrichtendienstes und bitte ihn, mir irgendwelche geeigneten bestimmten Angaben zu besorgen. (Ich habe von Reventlow nichts wieder gehört. Diese Besprechung war nicht unsere einzige im Kriege. Immer aber habe ich den Eindruck einer nur kritischen, das sehr scharf, eingestellten Persönlichkeit ohne die geringsten eigenen politischen Fähigkeiten, zudem mißtrauisch, finster und verschlossen. Also kein Mann, mit dem zu unterhalten für mich besonders wertvoll war.)

Nachmittags Bezirkspressebesprechung in Magdeburg für die Provinz Sachsen. Anschließend Zusammensein mit dem Generalsekretär des Verbandes deutscher Zeitungsverleger, Dr. Bartsch, welcher durch seine Stellung meinen Konflikt mit dem Vorsitzenden des Verbandes, Dr. Faber, dem Verleger der »Magdeburger Zeitung« kennt. Er steht in der Beurteilung Fabers auf meiner Seite und entschuldigt dessen Verhalten mit Krankheitszustand.

Mittwoch, 11. Juli 1917

Vormittags an Kreuznach. Ich erfahre aus Berlin das weitere Zurückweichen des Kaisers und Regierung vor dem Reichstag.

Aufgrund der aus dem Osten vorliegenden Meldungen befiehlt Ludendorff ein Schreiben, daß durch die deutsche Propaganda die Zersetzung des russischen Heeres gefördert, seine Angriffsfreudigkeit an großen Teilen der Front herabgemindert und seine Kriegsmüdigkeit vielfach verstärkt worden ist, wofür den an diesem Dienst beteiligt gewesenen Nachrichtenoffizieren seine Anerkennung ausgesprochen wird.

Auszug 165 aus Feldpostbriefen

Kreuznach, Mittwoch, 11. Juli 1917,
vorm. 11 Uhr

(...) Meine Reise ist planmäßig und erfolgreich beendet. Ob die nächste mich wohl auch zum Urlaub führen kann? Noch stehen soviele Wolken am Horizont, daß ich immer noch fürchten muß, die Sonne kann für mich nicht durchbrechen. Abwarten und hoffen!

Donnerstag, 12. Juli 1917

Abends werden der Feldmarschall und Ludendorff vom Kaiser nach Berlin gerufen. Ludendorff befiehlt meine Mitreise, »da wohl durch mich so allerlei in den kommenden Tagen in fester Hand gehalten werden müßte«.

Hindenburg und Ludendorff haben sich entschlossen, dem Kaiser ihr Abschiedsgesuch zu übermitteln. Ludendorff will also gehen, anstatt wie ich hoffte, nicht nur zu bleiben, sondern die Führung zu verlangen. Ich glaube nicht, daß sie ihm allein durch die Entwicklung zufallen wird. Ich sehe das Schlimmste darin, daß überhaupt niemand zur Führung *will*. Ich sehe diesen Willen nur auf der Gegenseite der zur Führung unfähigen Parteipolitiker. Trotzdem: Ich habe zu gehorchen.

Genannt werden nur Bülow und Gruppe Tirpitz. Von beiden wird vor allem gesagt, daß sie zwar dem Kaiser nicht recht sein würden. Ich höre aber nicht darüber sprechen, ob sie geeignet sind. Ich kenne Bülow nicht und Tirpitz nur vom Hörensagen. Ich glaube, daß die Zeit über das, was Bülow einstmals darstellte, längst hinweggegangen ist. Ein Diplomat genügt weder mehr nach innen noch nach außen. Auch Tirpitz scheint mir über Hindenburg und vor allem über Ludendorff unmöglich, ohne diese aber von nicht ausreichendem Willen. Seine früheren Erfolge hat er mehr erreicht durch gewandtes Behandeln. Die Verbindung zu Erzberger, welche daraus entstand, würde ihm nach meiner Meinung kaum nützlich, wohl aber sehr gefährlich werden können. Ich halte weder Bülow noch Tirpitz für fähig, die zur Macht strebenden Politiker zu bändigen und den Krieg auf dem Wege, auf welchen er gedrängt worden ist und welcher damit der einzige Mögliche ist, den Krieg mit den Waffen siegreich zu beenden.

(Von Michaelis habe ich vor dem akuten Ausbruch der Kanzlerkrise niemals irgend etwas gehört. Ich erfuhr hinterher, daß er bei der Kaiserin seiner kirchlichen Verdienste wegen im Ansehen stand. Allein würde auch das jetzt nicht genügt haben, seinetwegen Bethmann zu stürzen.)

Freitag, 13. Juli 1917

Ich stehe auch den Ereignissen dieses Tages völlig fern. Ich sehe nur kopfschüttelnd Bauers Geschäftigkeit, so verschiedene Begriffe wie den Kronprinzen und Erzberger, die Repräsentanten der beiden im Kampf liegenden Fronten, zu gemeinsamem Sturz jeder Autorität zu vereinen und auch die letzte noch bestehende Autorität, Hindenburg und Ludendorff, hineinzuziehen. Ich vermisse jede Distanz und Würde. Für mein Gefühl gehen dabei die letzten Reste von Respekt und Achtung, nicht nur von der Größe und Heiligkeit der Sache, sondern auch vor den Personen, welche sie vertreten, zugrunde. Ich notiere mir: »Bauer ist ein Plebejer und auch sonst ein Erzberger, verführt den Kronprinzen zum Selbstmord, und liefert Ludendorff einem Milieu aus, von dem er weiß, daß er ihm nicht gewachsen ist, von Hindenburg gar nicht zu reden. Es geht gar nicht mehr um Bethmann, der schon beseitigt ist, es geht nur nebensächlich um den Nachfolger,[33] es geht um die Friedensresolution,[34] denn keiner denkt daran, Ludendorff zu berufen, wie 1914 und 1916, Ludendorffs Weg ist aus. Demobilmachung *vor* dem Sieg!« [...]

Sonnabend, 14. Juli 1917

Nachdem der Kanzlerwechsel bekannt wird, gehe ich an die durch den Augenblick gegebenen Aufgaben meines Ressorts innerhalb der OHL.

Ich bitte Ludendorff den Presseausschuß zu empfangen und selbst über die militärische Lage und ihre Erfordernisse zu sprechen [...]

Zum Nachmittag bitte ich sämtliche in Berlin anwesenden Vertreter der Presse in das Reichstagsgebäude und spreche dort zu ihnen. Abschrift des Protokolls anliegend. [...]

Notizen für Besprechung Ludendorffs mit Presse-Ausschuß bei OHL am 14.7.17

I. Oberste Heeresleitung betrachtet und braucht deutsche Presse unbedingt als Kriegsmittel.
Deutsche Presse *hat Erwartungen Oberster Heeresleitung voll entsprochen und verdient Dank.* Kriegsgeschichte wird die Anerkennung zollen.
Erfolgreiches Zusammenarbeiten mit Behörden *nicht möglich durch Zwang der Zensur, sondern lediglich durch eigene freie Überzeugung der Presse und Zusammenarbeit mit Behörden.*
Zeitliche Ausdehnung des Krieges vermehrt sowohl inner- und außerpolitische Fragen, die in Kriegführung hineinspielen, als auch Lasten, die der Krieg dem Volke auferlegt.
Gefahr vorhanden, daß Presse sich politischen Fragen widmet ohne Rücksicht auf Krieg. Die hinter uns liegende Periode ist warnendes Beispiel; sie hat den Kampfwillen der Feinde erneut gestärkt.
Deshalb jetzt doppelte Pflicht der deutschen Presse, *Geschlossenheit und Entschlossenheit des deutschen Volkes zum Ausdruck zu bringen. Damit dient sie am besten unserem Kampf um den Frieden. Jede Frage inner- und außerpolitischer Art bedarf jetzt bei öffentlicher Erörterung der Rücksichtnahme auf unseren noch unausgefochtenen Kampf.*

---

[33] Die »Julikrise 1917« bezeichnet den Machtverlust des Reichskanzlers Bethmann Hollweg. Politisch waren hierfür sowohl seine Zustimmung zum letztlich gescheiterten uneingeschränkten U-Bootkrieg sowie die Befürwortung einer Wahlrechtsreform nach dem Kriege Ausschlag gebend. Nicht zuletzt auch im Interesse der OHL wurde Bethmann Hollweg am 13.7. entlassen und durch den bis dato unbekannten Georg Michaelis ersetzt.

[34] In der Friedensresolution des Reichstages vom 19.7. hatten sich die oppositionellen Mehrheitsparteien im Reichstag in ihrer Forderung nach einem Verständigungsfrieden, der u.a. den Verzicht auf Annexionen und Reparationszahlungen beinhalten sollte, durchgesetzt.

Das sind die Aufgaben, deren Lösung die Oberste Heeresleitung in der nächsten Zeit von der deutschen Presse erwartet. Diese Aufgaben kann die deutsche Presse lösen in voller Freiheit und Unabhängigkeit.

II. Militärische Lage.
1) Sie rechtfertigt, das Vertrauen des Volkes in den Sieg zu stärken, sie verpflichtet aber auch, alle Kräfte aufzurufen.
2) Lage an Westfront, besonders Schlacht in Flandern.
3) Ostfront, besonders Galizien. Zustand im russischen Heer.
4) Mazedonien und italienische Front.
5) Amerikanische Hilfe.
6) Kampfkraft unserer Verbündeten und Bündnistreue. – Hierbei zu betonen, daß Deutschlands Stärke das Rückgrat der Mittelmächte ist. Dadurch, daß in letzter Zeit Deutschlands Stärke erschüttert schien, sind auch die Verbündeten kleinmütig geworden. Das deutsche Aufrichten wird auch die Verbündeten aufrichten und das Bündnis befestigen.
7) Rohstoff-Frage.
8) Munitions-Herstellung.
9) Zahlenverhältnis zum Feind.

III. Oberste Heeresleitung hofft, Interessen der Presse (bessere Anleitung und Orientierung und wirtschaftliche Interessen) erfolgreicher vertreten zu können als bisher.

Abschrift

*Protokoll
der Besprechung von Chef IIIb mit den Vertretern der Presse im
Reichtagsgebäude am 14. Juli 1917, 5 Uhr nachmittags:*

Major Nicolai:
Meine Herren! Seine Exzellenz der Herr Erste Generalquartiermeister hat den Ausschuß der Pressebesprechungen empfangen und hat mit ihnen über die Kriegslage gesprochen. Er hat außerdem Gelegenheit genommen, dem Ausschuß dieser Versammlung zu danken für die Unterstützung, die die Presse der Obersten Heeresleitung in den drei Kriegsjahren erwiesen hat. Ich möchte nun darum bitten, meine Herren, daß ich in dem gleichen Sinne vor Ihnen, dem erweiterten Kreis unserer Mitarbeiter, sprechen darf. Es ist das im Laufe des Krieges das dritte Mal. Das erste Mal hatte ich die Ehre vor drei Jahren, am 2. oder 3. Mobilmachungstag, als der Krieg begann und wir vor unserer gemeinsamen Arbeit standen: damals haben wir die Pressebesprechungen beschlossen, die seitdem sicher viel Gutes gewirkt haben. Das zweite Mal war nach dem Durchbruch bei Gorlice-Tarnow, nachdem wir die größte und drohende Gefahr des Krieges zurückgewiesen hatten. Und das dritte Mal ist heute, nachdem drei schwere Kriegsjahre hinter uns liegen und nachdem der Frieden, um den wir kämpfen, uns vom Feinde noch nicht zugebilligt ist, uns neue militärische Aufgaben stellt und gleichzeitig durch die Länge des Krieges andere

Fragen auftauchen, die geeignet sind, auf die Kampfkraft unseres Volkes und unserer Verbündeten zu unserem Schaden und zu Nutzen des Feindes einzuwirken, und da, meine Herren, möchte ich an Sie vom Standpunkt der Obersten Heeresleitung einige Worte richten:

Die Oberste Heeresleitung betrachtet die deutsche Presse als Kriegsmittel, und als solches muß die deutsche Presse sich selbst betrachten. Ich habe schon gesagt, daß Exzellenz Ludendorff und der Generalfeldmarschall dankbar anerkennen, was bisher geleistet ist. Wir haben dieses Zusammenarbeiten erreicht nicht durch die Zensur – von der Zensur möchte ich überhaupt nicht sprechen, meine Herren – (»Bravo!« und »Sehr richtig!«); wir haben es erreicht – und so muß es auch in der Zukunft bleiben – durch freies Zusammenarbeiten, durch eigene Überzeugung. Ich möchte darauf hinweisen, daß die Zensur auf dem Belagerungszustand beruht, und wenn der Belagerungszustand einmal nicht mehr sein wird und damit die Grundlage für die Zensur entfällt, so ist die Aufgabe, die die Zensur erfüllen sollte, noch nicht gelöst. Wir stehen dann vielleicht in den sehr schwierigen diplomatischen Friedensverhandlungen, wo wir zusammenstehen müssen. Und ist die Zeit vorüber, meine Herren, dann kommt die Zeit des friedlichen Wiederaufbaus, wo wir erst recht zusammenhalten müssen. Und deswegen müssen wir uns unserer festen Überzeugung nach sobald wie möglich, wenn wir es nicht schon getan haben, der Zensur entwöhnen, und uns das überzeugte, geschlossene und entschlossene Zusammenarbeiten angewöhnen. (Beifall.)

Nun, meine Herren, möchte ich summa summarum an Sie die Bitte richten: bleiben Sie weiter entschlossene Mitkämpfer und betrachten Sie sich weiter als Kriegsmittel. Und daß Sie das können, aus innerster Überzeugung, auf die ich eben hinwies, können, dazu möchte ich Ihnen einen Überblick über die Kriegslage geben.

(Es folgen Ausführungen über die militärische Lage, zum Teil vertraulicher Natur.)

Das, meine Herren, mag uns den ganzen Ernst der Lage zeigen, in der wir uns befinden. Wir werden angegriffen von einem Feinde, der uns besiegen will und der uns seinen Willen aufzwingen will, der uns einen Frieden aufzwingen will, der uns das nicht gönnt, was wir vor dem Kriege waren, was wir werden wollen. Meine Herren, in all diesem liegt aber kein Grund zur Kleinmut. Ich weise nur darauf hin, m.H., weil wir uns gerade vor Optimismus hüten wollen. Die Lage stellt uns noch schwere Aufgaben. Aber wir haben keinen Grund, deswegen irgendwie kleinmütig zu sein.

(Major Nicolai macht weitere Ausführungen über die augenblickliche militärische Lage. Wirkungen des U-Bootkrieges – Amerikanische Gefahr – Zahlenverhältnis zum Gegner – Munitionsherstellung – Rohstoff-Frage)

Er fährt fort: Wir können, ohne Optimisten zu sein, mit vollster Zuversicht unserer militärischen Lage weiterhin vertrauen. Wir können uns fest darauf verlassen, daß wie der Feldmarschall gesagt hat, wir Sieger bleiben, wenn wir Nerven behalten.

(Es folgen Mitteilungen über die feindlichen Heere.)

Ich möchte Sie bitten, in diesem Sinne weiter das Vertrauen aufrecht zu erhalten; nicht gestützt auf Optimismus, bei dem nichts dahinter steckt, sondern gestützt auf feste Überzeugung. Meine Herren, das tut dringend not. Die Vorgänge, die sich jetzt in Deutschland abgespielt haben, sind für unsere Feinde Gold wert; sie mögen für uns sein, wie sie wollen, das ist eine Sache für sich, für den Feind sind sie Gold wert, und sie setzen England in den Stand, die wegzerrenden Verbündeten immer wieder heranzuholen mit Hoffnungen und Versprechungen. Und wenn wir aus diesen Tagen mit der weithin sichtbaren Entschlossenheit und Kraft heraustreten, so wird das, glaube ich, für den Feind die richtige und notwendige Wirkung sein. Es ist in dieser Beziehung noch nicht zu spät, aber ich habe aus diesem Grunde schon heute zu Ihnen gesprochen und nicht erst in vielleicht zwei oder drei Wochen, wenn die innerpolitischen und die sonst schwebenden Fragen vielleicht auch schon mehr geklärt wären; Exzellenz Ludendorff hat mich beauftragt, heute schon zu Ihnen zu sprechen, weil wir Sie bitten möchten: betrachten Sie alles unter dem Gesichtswinkel der Kriegführung! Und ich glaube, daß wir es unseren Verbündeten schuldig sind, sie nicht im Stiche zu lassen. Das starke Deutschland, der starke große Bruder, der war es, der Schwächere in den ersten drei Kriegsjahren mit Zuversicht erfüllt hat, und wenn an mancher Stelle jetzt dort Kleinmut Platz greift, so ist zum großen Teil daran schuld, daß es schien, als ob auch Deutschland an Kraft und Zuversicht verlieren wird. Deswegen möchte ich auch bitten, meine Herren, machen Sie dem Feind auch durch diese Rechnung einen Strich. Wenn Sie zuversichtlich und fest handeln, dann werden Sie unseren Verbündeten einen Dienst tun und dem Feind einen Strich durch seine Absichten machen, der darauf rechnet, daß unser Bündnis mit den Verbündeten gelockert werden könnte.

Meine Herren, das sind die Hauptgesichtspunkte, die ich Ihnen heute auszusprechen hätte; das ist das, was die Oberste Heeresleitung Ihnen jetzt nach Abschluß des dritten Kriegsjahres zu sagen hat. Ich wiederhole: Sieger auf der ganzen Front, und so Gott will, bleiben wir es auch. Wir können es, wenn wir wollen. Und zweitens die Kraft unseres Heeres nicht schwächen durch Vorgänge in der Heimat. Exzellenz hat zu den Herren des Ausschusses heute gesagt: in einem so langen Kriege ist Volk und Heer eins. Es ist anders, als es im Kriege 1870 war: Volk und Heer sind eins. Im Innern muß Gesundheit und Kraft vorhanden sein. Das muß, und das wird auch geschaffen werden. Wir stehen ja heute noch mitten darin in einer Reihe von Entwicklungen; ich will mich darüber nicht weiter aussprechen.

Die Oberste Heeresleitung braucht Sie also, meine Herren, und ruft Sie erneut auf zur Mitarbeit. Die Oberste Heeresleitung wird sich aber auch Ihrer Interessen in erhöhtem Maße annehmen. Ich darf ausführen, daß wir jetzt, wo sich ja manches neu einrichtet, auch zu erreichen hoffen, daß Sie noch weitgehender informiert werden und dadurch in den Stand gesetzt werden, noch besser als bisher Mitstreiter zu sein, nicht nur militärisch. Auch Ihre materiellen Nöte sind mir nicht unbekannt. Wir hoffen auch in dieser Beziehung Ihnen jedenfalls Nervenkraft zu sparen. Wir hoffen, Sie auch in der Beziehung mehr unterstützen zu können, als es bisher möglich war.

(Die Ausführungen werden für vertraulich erklärt.)

[...]

Montag, 16. Juli 1917

Ich sende dem neuen Chef der Reichskanzlei das beigefügte Schreiben mit dem Entwurf eines Schreibens, welches ich dem General Ludendorff zur Unterschrift für den Generalfeldmarschall vorzulegen beabsichtige, um damit von vornherein den Bedürfnissen meines Ressorts auch unter den neuen Verhältnissen Rechnung zu tragen. Immer wieder dieselben *Worte*.

Als Abwechslung muß ich abends mit auf der Reise zur Front in Berlin anwesenden türkischen Pressevertretern essen.

Es wird mir nicht leicht, Raison zu halten und meine Empfindungen vor der rückblickenden Freude über Bethmanns Sturz für mich zu behalten, selbst meine Frau mit meinen Sorgen nicht belasten zu dürfen. [...]

Abschrift

Generalstab des Feldheeres
Abteilung IIIb
Chef Nr. R. 15 geh.

Montag, 16. Juli 1917

Sehr verehrter Herr *v. Graevenitz*!

Anliegend übersende ich Ihnen den ersten Entwurf für den Antrag, den Seine Exzellenz an den Herrn Reichskanzler für eine einheitliche Leitung der Presse zu stellen beabsichtigt.

Ich füge noch einmal ausdrücklich hinzu, daß der Entwurf lediglich diejenigen Gesichtspunkte enthält, die Seine Exzellenz dem Herrn Reichskanzler unterbreiten will, daß die Anlage im übrigen aber nur der erste Entwurf ist, der an sich Seiner Exzellenz noch nicht vorgelegen hat.

Sollten Euer Hochwohlgeboren mir zu diesem oder jenem Gesichtspunkt Ihre abweichende oder beratende Ansicht zukommen lassen wollen, so wäre ich dafür zu Dank verpflichtet als Ihr Ihnen sehr ergebener

[handschriftlich] Nicolai
Major und Abteilungschef
im Generalstab des Feldheeres

Entwurf

Chef des Generalstabes des
Feldheeres.
Nr. IIIb R. 15 geh.

z.Zt. Berlin, den 16. Juli 1917

Euer Exzellenz Herrn Vorgänger im Amt habe ich seit dem Dezember 1916 mehrfach eindringlichst vorgestellt, daß eine einheitliche straffe Presseleitung für die siegreiche Durchführung des Krieges unerläßlich sei. Ich habe darauf hingewiesen, daß im Laufe des Krieges eine Anzahl neuer Behörden entstanden sind, die neben den bereits im Frieden bestehenden Reichs- und Staatsbehörden durch eigene Presseabteilungen bzw. Pressereferenten in Angelegenheiten ihres eigenen Arbeitsgebietes mit der Presse in Verbindung traten.

Dieser Zustand hat zu einem Nebeneinanderherarbeiten geführt und trotz vieler, zum Teil vergeblicher Arbeiten der einzelnen Stellen nicht diejenige straffe Leitung der Presse herstellen können, die notwendig ist.

Die Leitung der Presse durch Zensuranordnungen ist auf das militärische Gebiet beschränkt. Auch auf diesem Gebiete sind Zensureingriffe unerwünscht und muß das freie, überzeugte Mitarbeiten der Presse angestrebt werden. Das Machtmittel der Zensur beruht außerdem auf dem Belagerungszustand; es fällt mit diesem fort, vielleicht schon dann, wenn wir in Friedensverhandlungen stehen, jedenfalls dann, wenn der Frieden geschlossen ist und für den friedlichen Wiederaufbau die innere Geschlossenheit von der Presse gefördert werden muß.

Auf politischem und wirtschaftlichem Gebiet können wir schon jetzt das Machtmittel der Zensur kaum anwenden, wollen wir nicht von vornherein die überzeugte Mitarbeit der Presse in Frage stellen. Aber auch auf diesen Gebieten muß die deutsche Presse durch Einwirkung auf die eigene Volksstimmung, auf die Neutralen und auf den Feind zur siegreichen Beendigung des Krieges beitragen.

Nachdem wir in den Krieg mit unzureichender Presseleitung eingetreten sind, habe ich gefordert, daß den vorstehenden Notwendigkeiten durch eine einheitliche Presseleitung entsprochen und die auseinanderstrebenden Arbeiten der einzelnen Behörden vereinigt würden. In Anerkennung dessen, daß die Presse in erster Linie in der Hand der Reichsleitung liegen muß, habe ich vorgeschlagen, daß die gemeinsame Leitung dem Herrn Reichskanzler zu unterstellen und bei ihm eine Stelle zu schaffen sei, welche nicht *neben* die vorhandenen tritt und damit die bestehende Vielfalt vermehrt, sondern *über* ihnen steht und sie leitet. Den Pressedienst der Obersten Heeresleitung würde ich mit bestimmtester Weisung versehen, mit dieser politischen Presseleitung in engstem Einvernehmen zu handeln und glaube, daß auch der Pressedienst der Marine dem voll zustimmen würde. Ich möchte nicht unterlassen, auch darauf hinzuweisen, daß der Pressedienst der Obersten Heeresleitung wie auch wohl der der Marine mit dem Kriege aufhört, daß die Führung der Presse dann lediglich bei der politischen Reichsleitung liegt, die bisher nicht über diejenige Stelle verfügt, welche auch nur einen annähernd ausreichenden Einfluß besitzt.

Der Herr Reichskanzler hat meinen Vorschlägen bisher die Zustimmung versagt. Er hat mir erwidert, daß die Aufgabe der gemeinsamen Leitung der Presseabteilung des Auswärtigen Amts zufalle, welche noch im Ausbau begriffen sei, aber nach Abschluß dieses Aufbaus auch an die Oberste Heeresleitung mit Vorschlägen zur einheitlichen Arbeit herantreten werde. Diese Vorschläge sind bisher nicht eingegangen.

Ich bitte, mir auch zu gestatten, der Ansicht Ausdruck zu geben, daß die Presseabteilung des Auswärtigen Amts nicht diejenige Stelle sein kann, welche die Aufgaben einer Gesamtleitung der Presse im Kriege erfüllen kann. Es entsteht die Gefahr, daß die deutsche Presse lediglich aus Rücksicht auf das Ausland angeleitet wird, während ich vom Standpunkt der Kriegführung ganz besonderen Wert darauf legen muß, daß außer jener Rücksicht Zuversicht und Entschlossenheit im Volke in erster Linie aufrecht erhalten werden.

Die Mängel des bestehenden Zustandes haben sich in den Tagen der Krisis, in der wir uns jetzt befinden, klar erwiesen. Der dadurch für die Kriegführung entstandene Schaden ist außerordentlich.

Euer Exzellenz bitte ich deshalb, mit allem Ernst auf die bestehenden Schäden hinweisen zu dürfen. Es ist meines Erachtens dringend geboten, das bisher Versäumte mit größter Beschleunigung nachzuholen.

Wenn Euer Exzellenz mir gestatten wollen, über die Art der Ausführung einige Vorschläge zu machen, so ist es in erster Linie der, daß die Anleitung der verschiedenen Presseabteilungen unmittelbar in Euer Exzellenz Hand gelegt und die Tätigkeit der Nachrichtenabteilung des Auswärtigen Amts auf die Arbeit mit der Presse in außerpolitischer Richtung beschränkt wird.

Sollten Euer Exzellenz geneigt sein, eine derartige Stelle unmittelbar unter Euerer Exzellenz Leitung zu schaffen, so möchte ich besonders hervorheben, daß der Leiter dieser Stelle den anderen Pressestellen gegenüber Ansehen und Einfluß haben muß. Ich würde es daher für zweckentsprechend halten, daß er die *Stellung eines Unterstaatssekretärs für die Presse* bekäme. In Verbindung mit ihm hätten die Presseabteilungen der einzelnen Ressorts zu arbeiten, ohne in der für die einzelnen Ressorts erforderlichen Arbeit beschränkt zu sein. Die Einheitlichkeit des Vorgehens würde aber dadurch gesichert und von Euer Exzellenz beeinflußt.

Ein unmittelbares Arbeiten der neuen Stelle mit der Presse würde ich nur in den Hauptrichtlinien der von Euer Exzellenz gewollten Politik für notwendig erachten, wodurch eine Beeinflussung der Volksstimmung im Sinne dieser Politik erfolgen sowie vor allem dem deutschen Volke die Notwendigkeit des Weiterkämpfens eindrücklich vor Augen geführt werden würde.

Im Zusammenhang hiermit müßte durch den Unterstaatssekretär in die Propaganda in Deutschland zielbewußte Einheitlichkeit gebracht werden.

Eine weitere Aufgabe des Unterstaatssekretärs für die Presse wäre die dringend notwendige verstärkte Einwirkung auf die Presse unserer Verbündeten.

Der Einfluß einer in dieser Weise geschlossenen und energischen Presseleitung auf das neutrale Ausland und auf den Feind wird für die siegreiche Beendigung des Krieges sowie für die Zeit der Friedensverhandlungen von ausschlaggebender Bedeutung sein. Mit der Herbeiführung darf meines Erachtens nicht länger gezögert werden.

Schließlich will ich noch darauf hinweisen, daß auch die Vertretung der materiellen Interessen der Presse in einer Hand vereinigt sein muß. Papiermangel, fehlende Arbeitskräfte im Betrieb und in Redaktionen erschweren es bei der langen Dauer des Krieges der Presse, die ihr zugewiesenen Aufgaben zu erfüllen. Auch hier muß eine Stelle ausgleichend und helfend eingreifen. Stellen wir die deutsche Presse nicht auf eine gesicherte Grundlage, so wird dieses Kriegsmittel, als welches ich die Presse druchaus betrachten muß, bei weiterer Dauer des Krieges immer unbrauchbarer werden.

I.A.

Auszug 166 aus Feldpostbriefen

Berlin, Montag, 16. Juli 1917,
abends 9 Uhr

(...) Hindenburg und Ludendorff essen noch einmal beim Kaiser. Unsere Abreise aus Kreuznach erfolgte recht plötzlich auf kaiserliches Telegramm hin. Um 8 Uhr kam es an und um 10 Uhr fuhren wir schon im Sonderzug ab. Ludendorff befahl meine Mitreise, da ja in meinem Ressort so allerlei in diesen Tagen in fester Hand gehalten werden müßte. Hier fanden wir Bethmanns Abschied schon entschieden vor, den Ausschlag hatten Besprechungen des Kronprinzen mit Parteiführern gegeben, bei denen er sich überzeugt hatte, daß Bethmann schließlich bei keiner Partei mehr Vertrauen hatte. Der letzte und größte Fehler war dann noch die Bewilligung des gleichen Wahlrechts gewesen, das man so nebenher gab, anstatt es eindrucksvoll zu verwerten. Alles nur aus Angst, Kopflosigkeit und als Mittel, sich zu halten. Bethmann mag auch manches Gute geschaffen haben, er mag auch persönlich gewesen sein wie er will, an seiner Schwachheit und Unentschlossenheit werden wir noch lange leiden. Er hat uns sehr tief rutschen lassen. Aber nicht er allein, sondern auch noch Andere sind daran schuld und ich fürchte, daß diese zum Teil bleiben, daß man nicht so durchgreift, wie es nötig wäre, daß man sich wieder nicht zum gründlichen Durchgreifen entschließt. Auch fürchte ich beinahe, daß die OHL, die die Energie bisher verkörperte, jetzt in dieser Richtung nachläßt, um nicht mit dem neuen Kanzler gleich in Gegensatz und Bedrängnis zu geraten. Das wäre jammerschade, werden nach dem Haupt nicht auch die Glieder reformiert, dann bleibt das Übel so bestehen, daß nach kurzer Zeit die Krankheit auf dem alten Stand ist. Das ist es, was mich für die Zukunft besorgt macht. Wenn unser Allerhöchster Herr sich nicht anders beraten läßt und andere Berater schafft, bleibt der Krankheitszustand latent und wird zu viel schwereren Erscheinungen führen. Das alte und das neue System liegen jetzt im Kampf, wenn das neue jetzt nicht siegt, kämpft es weiter, bis es siegt. Für Wahnschaffe scheint ein ordentlicher Ersatz – Landrat v. Graevenitz – gefunden zu sein, für Zimmermann nennt man mit großer Wahrscheinlichkeit Helfferich. Eine unglückliche Wahl! Sonst ist noch nichts bekannt. Der neue Kanzler hat den Vorzug großer Energie, er ist sehr fromm und ein fester, gerader Charakter. Im übrigen hat er den Vorteil, daß er politisch unbelastet ist, als Beamter immer Glück in seinem Wirkungskreis gehabt hat. Er war auch der Zivil-Kandidat der OHL neben Bülow, den der Kaiser nicht haben wollte.

Militärisch sehen wir draußen neuen Kämpfen entgegen, besonders in Flandern steht der große Angriff der Engländer – Belgier – Franzosen – unmittelbar bevor. Aber wir brauchen nicht verzagen. [...]

Dienstag, 17. Juli 1917

Mittags Wiedereintreffen in Kreuznach.
Ich schreibe die Leitsätze für die Aufklärungstätigkeit unter den Truppen nieder. (Sie wurden am 29. Juli von Ludendorff unterschrieben und im September die Grundlage für den von Ludendorff auch für die Heimat befohlenen »Vaterländischen Unterricht«.) [...]

Auszug 167 aus Feldpostbriefen

GrHQu, Mittwoch, 18. Juli 1917,
abends ½10 Uhr

(...) Seit gestern mittag bin ich wieder hier und seitdem in starker Hetze. Am Freitag vertagt sich der Reichstag, dann ist es möglich, daß etwas Ruhe eintritt und damit für mich die Möglichkeit eines kurzen Urlaubs, um mich für die dann kommenden doppelt bewegten Zeiten zu stärken. Ich will Ludendorff vielleicht heute Abend noch danach fragen.

Schade, daß mal wieder nicht mit einem Schlag gehandelt wird, daß die Neu-Besetzungen so schwer beschlossen werden und die Krisis sich damit hinzieht und die Wirkung verpufft. Morgen wird ja nun der Kanzler sich vorstellen und hoffentlich Zeit zum Großen-Reinemachen haben. Aber fast fürchte ich, daß verbliebene Ratgeber an Allerhöchster Stelle retardierend wirken. Dann ist diese Krisis noch nicht die endgültige gewesen! Und jede aufgeschobene Krisis wird schärfer!

Auch draußen in Ost und West stehen neue Kämpfe bevor, denen wir mit Ruhe und Zuversicht entgegensehen wollen. Wenn sie doch den Leuten im Innern recht eindringlich vor Augen führen wollten, daß wir noch im vollen Kampf mit unseren Feinden stehen!

Auszug 168 aus Feldpostbriefen

Kreuznach, Donnerstag, 19. Juli 1917

[...] Im Osten geht die Offensive ganz gut vorwärts. Hoffentlich nutzt's was für Rußland und zeigt gleichzeitig neben der Friedensbereitschaft durch die Reichstag-Resolution unsere ungeschwächte Kampfkraft. Nun wird aber die Entlastungsoffensive im Westen und am Isonzo durch die Entente ordentlich losgehen!

Auszug 169 aus Feldpostbriefen

*Kreuznach, Sonnabend, 21. Juli 1917,
abends ¾12 Uhr*

(...) Der Kanzler hat eine böse Erbschaft angetreten,[35] ich wollte, er liquidierte sie schneller. Aber allmählich wird nun wohl auch das Revirement kommen, hoffentlich mit glücklichem und gründlichem Griff. Von den neuen Männern verlautet noch nichts Sicheres. Da der Kaiser aber heute von Berlin abgereist (über Pleß nach Galizien), so muß ja wohl das Hauptsächlichste entschieden sein.

Sonntag, 22. Juli 1917

Ich halte Ludendorff nach einer gewissen Klärung der Lage und vor meinem Urlaubsantritt Vortrag aufgrund folgender Notizen:
»Die Reichstagsmehrheit hatte am 19.7. die Mehrheit der Volksstimmung nicht hinter sich. Erzberger hat sie damit ebenso überrascht wie die politische Reichsleitung. Diese hat er sich gefügig gemacht. Die Reichstagsmehrheit muß aber noch daran gehen, die Mehrheit der Volksstimmung hinter sich zu bringen. Diese Tatsache wird das politische Leben der nächsten Zeit beherrschen. Das bedeutet eine Demobilmachung der Volksstimmung in einem Augenblick, in welchem die OHL daran gehen wollte, sie zu mobilisieren und damit ein Versäumnis aus der Vorkriegszeit und aus dem Kriegsbeginn nachzuholen. Von jetzt an werden die militärischen Ereignisse in den Betrachtungen der Presse zurück und die politischen in den Vordergrund treten. Es wird mehr vom Frieden als vom Krieg gesprochen werden. Der Gegensatz zwischen Berlin und der Provinz in der Auffassung wird sich verschärfen.

Die Forderung nach einer parlamentarischen Regierung zeigt, wohin gleichzeitig die innerpolitische Entwicklung strebt. Diese Bestrebungen erschüttern die Grundlage, auf der unsere militärische Kraft aufgebaut ist und auf welcher der Krieg bisher geführt wurde. Dies und die Tatsache, daß die Friedensresolution entstand, obgleich das Heer noch alle Schlachten siegreich geschlagen hat, zeigen, daß die politischen Kräfte, wenn man ihnen nicht die Absicht zutrauen will, unseren Sieg zu verhindern, sich unserer militärischen Lage so sicher fühlen muß, um sich ihr Vorgehen leisten zu können und daß sie glauben, die OHL wolle mit dem Betonen der militärischen Lage und Gefahren nur innerpolitische Reformen verhindern.

Darum muß bei jeder Gelegenheit die Größe der noch vor uns liegenden militärischen Aufgaben betont werden.

Die Rückwirkung auf Heer und Heimat kann nur eine äußerst gefährliche sein. Hieraus ergibt sich die Notwendigkeit, daß die OHL verstärkt entgegen arbeitet. Die Aufgabe ist keine organisatorische, sondern vor allen die eines einheitlichen Geistes. Die Bemühungen der OHL haben sich darum weiterhin in erster Linie an den Reichskanzler zu richten, welcher allein verantwortlich und machtpolitisch in der Lage ist, diesen Geist zu heben.

---

[35] Gemeint ist die Friedensresolution des Reichstages vom 19.7.

Wie die Dinge liegen, ist die OHL hierin allein und in weitem Vorsprung. Andere Einzelunternehmungen haben bisher nur längst Überholtes versucht. Wenn also auch die Organisation zu leiten von der OHL in die Hand des Reichskanzlers gelegt werden muß, so darf dies erst erfolgen, wenn der notwendige Geist, sie zu erfüllen, bei der politischen Reichsleitung gesichert ist.«

Ludendorffs Willensäußerung, daß ich in meinem Ressort die Verstrickung der OHL in die politischen Tagesfragen verhindern solle, müsse also durch die Vorgänge bei und durch das Zustandekommen der Friedensresolution als gescheitert gelten. Trotzdem bleibe es richtig und zu erstreben, die militärische Kriegführung von der Belastung durch die Parteipolitik um so mehr zu befreien, um so mehr, als Parteipolitik jetzt zunehmend herrschen werde. Wir würden unsere Anträge wie bei Bethmann an Michaelis fortsetzen müssen. Es sei zu erwarten, daß er wohl besseren Willen als Bethmann, aber noch weniger Kraft zur Durchführung haben werde. Ludendorff müsse damit rechnen, daß diese Aufgabe ihm zufallen werde. Ludendorff hat meiner Beurteilung der Lage offensichtlich zugestimmt. Nach meinen Schlußfolgerungen für die OHL und ihn persönlich sagt er aber sehr scharf: »Ich will das von Ihnen nicht mehr hören. Meine Aufgaben liegen beim Heer. Es muß doch *einen* Mann in der Heimat geben!« Bei dem letzten Satz schlug er mit der Faust auf den Tisch.

Mittwoch, 25. Juli 1917

Ich habe die Aufklärungs-Offiziere der Westfront zu einer ersten Besprechung in Kreuznach.

Auszug 170 aus Feldpostbriefen

Kreuznach, Donnerstag, 26. Juli 1917

(...) Ich freue mich sehr auf den Urlaub, da ich selbst merke, daß ich mal eine kleine Ausspannung nötig habe, besonders für die gesteigerte Tätigkeit, die mir im Herbst bevorstehen wird, wenn die alten Geschichten weitergehen werden.

In Flandern steht die große Schlacht bevor, im Osten geht es flott vorwärts.

Sonntag, 29. Juli 1917

Ich reise abends ab zu meinem Urlaub zu meiner Familie nach Bad Sachsa am Harz. Es ist dies mein erster und einziger Urlaub während des Krieges, er ist auf 10 Tage bemessen und wird für seinen Zweck dadurch beeinträchtigt, daß für seine Dauer in das kleine Haus, welches ich mit meiner Familie bewohne, Fernsprechverbindung für mich gelegt worden ist.

Ich erlebe in ihm den Beginn des 4. Kriegsjahres und meinen 44. Geburtstag am 1. August, den Erlaß des Kaisers an das deutsche Volk und das deutsche Heer und die Bildung der parlamentarischen Regierung.

Als erstes wollte ich nach meinem Urlaub an einer Besprechung der Aufklärungsoffiziere bei den Stellvertretenden Generalkommandos in der Heimat am 9.8. in Berlin teilnehmen.

Ich muß aber an diesem Tage zum ersten Besuch des Reichskanzlers Michaelis in Kreuznach sein, die Besprechungen an diesem Tage in Berlin finden also ohne mich statt, ich ordne an, daß die Aufklärungsoffiziere noch zusammenbleiben in der Erwartung, sie am 10.8. sprechen zu können. [...]

Donnerstag, 9. August 1917

Der neue Reichskanzler Michaelis ist zu seinem ersten Besuch bei der OHL eingetroffen. Ludendorff hat meine Teilnahme an den vormittags von 10 bis 12 Uhr und nachmittags von 4^{30} bis 7 Uhr mit dem Kanzler stattfindenden Aussprache und Vortrag über mein Arbeitsgebiet befohlen.

Hindenburg begrüßt bei Beginn der Aussprache den Kanzler und betont, daß ihm vor allem eine Änderung in der bisher befolgten Praxis der Führung der öffentlichen Meinung am Herzen läge und erteilt mir das erste Referat. [...]

An den Nachmittagsbesprechungen nehme ich nicht teil. Ich habe den Aufklärungsoffizier beim Generalkommando in Saarbrücken, dessen Verdienste in dieser Tätigkeit bei den Arbeitern im Saargebiet gerühmt worden sind, Oberleutnant Schmetzer zu mir gebeten, damit er mich, wie ich ihm sage, aus Rücksicht auf meine stark besetzte Zeit kurz über die Gedanken unterrichten soll, welche er bei der Aufklärung verwendet. Schmetzer ist ein kleiner unscheinbarer Mann, von Hause Volksschullehrer, der sich durch eigenes Studium weitergebildet hat. Er entwickelt mir an Hand von Tabellen, mit welchen er den Arbeitern den Aufstieg des deutschen Handels durch unsere Arbeitsleistung, die Spareinlagen der Arbeiter und die soziale Fürsorge in Deutschland im Gegensatz zu England und Anderes klarmacht, derartig überzeugende Gedanken, daß ich ihn unterbreche und ihn bitte, solange zu sprechen, wie er wolle. Nachdem er geendet, bitte ich ihn zu warten, gehe zu Ludendorff und bitte, ihn auch zu hören und auch den Feldmarschall ihn hören zu lassen. Ludendorff befiehlt, daß er abends mit uns essen und hinterher den Vortrag halten soll. Hindenburg und der Kanzler nehmen an dem Essen nicht teil, Schmetzers Vortrag bei diesen beiden habe ich nicht beigewohnt.

Abends bei Tisch sitzt Schmetzer zwischen Ludendorff und mir. Er ist durch die Plötzlichkeit der Umgebung eingeschüchtert, sodaß ich fürchte, er wird versagen. Als er dann aber nach dem Essen in einem zum Vortrag vorbereiteten Raum vor seinen Tabellen steht und spricht, so wie er sonst vor den Arbeitern redet, wird es totenstill in unserem Kreis. Ludendorff sitzt in einem Korbsessel, seine Hände krampfen sich um die Lehnen. Als Schmetzer geendet hat, steht Ludendorff auf, geht auf ihn zu, drückt ihm die Hand mit den Worten: »Ich danke Ihnen für diese Weihestunde.« Mir wurde der tiefste Sinn unseres Kampfes um die Freiheit des deutschen Arbeiters und die tiefe Verbundenheit unserer Auffassung vom Kriege mit dem Schicksal der arbeitenden Masse klar.

Ich fahre abends nach Berlin und nehme den Oberleutnant Schmetzer mit.

Freitag, 10. August 1917

In Berlin Besprechung mit den Aufklärungsoffizieren in der Heimat bei den Stellvertretenden Generalkommandos im Reichstag [...] Anschließend Besichtigung des Kriegspresseamts, um ihnen einen Begriff von dessen Leistungsfähigkeit für ihre Aufgaben zu geben.

Oberst v. Winterfeldt wird als Vertreter der OHL zum Reichskanzler kommandiert. (Winterfeldt ist in dieser Stellung bis zum Kriegsende geblieben. Er war vor dem Kriege lange Jahre Militärattaché in Paris. Seine Stellung und Tätigkeit dort war ausgezeichnet. Auch sein Haus, in welchem viel Musik gepflegt wurde, spielte eine Rolle in der Pariser Gesellschaft. Er verunglückte bei den großen Manövern in Frankreich mit dem Kraftwagen 1913 schwer durch Verletzung der Niere, blieb aber bis zum Kriegsausbruch in Frankreich und wurde dort, ein Beweis für seine Stellung, mit besonderer Auszeichnung gepflegt. Noch krank kehrte er bei Kriegsausbruch über Spanien nach Deutschland zurück. Er wurde Chef des Generalstabes beim AOK 8, war dieser Stellung aber gesundheitlich auf die Dauer nicht gewachsen und wurde bis zu seiner Kommandierung Chef der Zentralabteilung beim Stellvertretenden Generalstab, also unter Moltke.[36] In seiner abgeklärten erfahrenen und vornehmen Art war er ein sehr verdienstvoller Vermittler zwischen OHL und den Kanzlern Michaelis, Hertling und Prinz Max. Auch für mich war er in dieser Stellung ein verständnisvoller und wohlwollender Berater. Meine persönlichen Beziehungen zu ihm blieben auch beiderseits vertrauensvoll nach dem Kriege bis zu seinem im Jahr 1940 erfolgten Tode bestehen.

Bei Kriegsende wurde er unter Erzberger Führer der Waffenstillstandskommission in Compiègne, welches Amt er niederlegte. Er beklagte sich mir gegenüber, daß Foch, der in seinem Hause in Paris verkehrt habe, dies in keiner Weise in Compiègne berücksichtigte, sondern mit verletzender Kälte ihn behandelte. Später wurde er Chef der militärischen Abrüstungskommission in Deutschland.)

Die Besorgnis um die Entwicklung der inneren Lage in weiten Kreisen führte zur Gründung der »Vaterlandspartei«.[37] [...]

Sonnabend, 11. August 1917

Ich entschließe mich, den Wechsel in der Leitung des Kriegspresseamtes vorzunehmen, beantrage Ernennung des Major Würtz zum Chef des Kriegspresseamtes und stelle Stotten einstweilen zur Verwendung in der Front zur Verfügung.

---

[36] Hier irrt sich Nicolai. Detlof von Winterfeldt war nicht Chef des Generalstabes der 8. Armee, sondern von Anfang Oktober 1916 bis August 1917 Oberquartiermeister der 8. Armee.

[37] Die nationalkonservative Deutsche Vaterlandspartei (DVLP) wurde am 2.9. (»Sedanstag«) gegründet. Unter der Führung u.a. durch Alfred von Tirpitz und Wolfgang Kapp richtete sich die DVLP mit annexionistischen Forderungen gegen die Friedensresolution des Reichstages und einen etwaigen Verständigungsfrieden.

Montag, 13. August 1917

Wieder in Kreuznach.

Das Schreiben an den Reichskanzler, wie ich es am 16.7. (s. dort) im Entwurf an den Staatssekretär der Reichskanzlei v. Graevenitz zu Kenntnis gesandt hatte, ist durch meinen Vortrag vor dem Reichskanzler am 9.8. hinfällig geworden. Ich lege anstatt dessen Ludendorff ein Schreiben an Michaelis vor, in welchem ich im ersten, der Presseleitung gewidmeten Teil, noch einmal meinen Vortrag kurz schriftlich wiederhole. Er wird darin auf die unzulänglichen Friedensvorbereitungen hingewiesen, auf die erste Beauftragung von IIIb durch Moltke, auf die Entwicklung des Kriegspresseamtes in seiner Beschränkung auf das rein militärische, auf das Fehlen der Leitung auf politischem Gebiet, auf die Überlassung von Deutelmosers an Stelle Hammanns, sein Verschwinden im AA, die Abneigung Bethmanns »mit der Presse zu tun zu haben« durch seine Antwort im April, daß die Sache auf diesem Standpunkt verblieben sei, während die Verhältnisse sich weiter entwickelt hätten und daß die Willensmeinung des Kanzlers, Wandel zu schaffen, mit *ganz besonderer* Dankbarkeit von der OHL begrüßt würde. Ich wiederhole die drei in meinem Vortrag geäußerten Hauptpunkte für die Durchführung.

I.) Einheitliche Leitung der gesamten Pressestellen aller Zivilressorts durch eine neu zu schaffende, in autoritativer Stellung befindliche Persönlichkeit, dem Reichskanzler unmittelbar unterstellt, engstes Zusammenarbeiten dieser politischen Führung der Presse mit der Presseleitung der OHL und der Marine.

II.) Beschränkung der Tätigkeit der Nachrichtenabteilung des AA auf außenpolitische Fragen und dadurch Vertiefung dieser Arbeit gegen Feinde, Neutrale und Verbündete, dies nicht nur für die siegreiche Beendigung des Krieges, sondern auch für die Zeit der Friedensverhandlungen von ausschlaggebender Bedeutung.

III.) Vertretung der materiellen Interessen der Presse, besonders der Provinzpresse, um sie leistungsfähig zu erhalten gegen die finanziell starken großen Blätter, durch den Beauftragten des Reichskanzlers. »Erhalten wir die deutsche Presse und im besonderen auch die auf die weiten Massen wirkende Provinzpresse nicht auf gesicherter Grundlage, so wird dieses Kriegsmittel, als das ich die Presse betrachten muß, bei weiterer Dauer des Krieges immer unbrauchbarer werden.«

In Abschnitt II des Schreibens an den Kanzler habe ich gesondert die Aufklärungstätigkeit behandelt [...] Im vorletzten Absatz bin ich auf das Bedenken des Kanzlers eingegangen, ob die von uns geforderte Stelle in der Reichskanzlei auch in der politischen Aufklärungstätigkeit führend hervortreten dürfe. Ehe ich Ludendorff den Vorschlag unterbreite, daß die militärischen Aufklärungsorgane auch die politischen und wirtschaftlichen Gebiete zur Ausführung übernehmen könnten, mache ich ihn darauf aufmerksam, daß wir hiermit wieder vor der Öffentlichkeit, in einer durch die Friedensresolution geschaffenen, sehr schwerwiegenden Lage die Führung übernehmen, welcher auch Michaelis ausweicht, und damit eine Verantwortung, die unter ihm noch größer geworden ist, als sie unter Bethmann war. Ludendorff fährt auf: »Scheuen Sie die Verantwortung?« Ich erwidere, nein, aber ich müsse vorher darauf hinweisen und sie nur deshalb und solange fürchten, als die OHL eben nicht für die Gesamtkriegführung überhaupt verantwortlich sei. Ludendorff unterschreibt, ohne auf diese erneute Andeutung meiner bekannten Ansicht, daß die OHL diese Gesamtverantwortung sich aneignen müsse, zu antworten. [...]

Donnerstag, 16. August 1917

Berlin. Beratung beim Reichskanzler über die Neugestaltung des amtlichen Pressedienstes. Auch Deutelmoser verlangt Zentralisierung beim Kanzler unter Dezentralisierung bei den Behörden. Er klagt nach seinen bisherigen Erfahrungen im AA über mangelnde Information über die Beweggründe, Ziele, Wege und inneren Zusammenhänge der Reichspolitik, über Unsicherheit in der Abgrenzung der Tätigkeit der Presseabteilung im AA, welches entgegen den Wünschen des Reichskanzlers eine Beschränkung auf das eigene, also nur außenpolitische Arbeitsgebiet wünsche. Der Stellvertreter des Kanzlers, Helfferich, welcher die Aussprache leitet, befürwortet gleichfalls eine Trennung von außen- und innenpolitischem Pressedienst unter gemeinsamer Leitung durch eine Stelle beim Reichskanzler. Geheimrat Hammann, welcher wieder aus der Versenkung aufgetaucht ist, ohne offiziell eine amtliche Stelle zu vertreten, tritt dagegen für ein Verbleiben der Gesamtregie beim AA ein.

Freitag, 17. August 1917

Kreuznach. Ich spreche mit Ludendorff über die »Vaterlandspartei«. Er begrüßt sie, ohne sich mit ihren Zielen im einzelnen zu identifizieren als eine wertvolle Hilfe zur Stärkung der Stimmung. Ich befürchte, daß auch hier wieder infolge Bekämpfung durch die politischen Parteien eine für die Kriegführung nützliche Unternehmung lahmgelegt wird.

Auszug 171 aus Feldpostbriefen

Kreuznach, Freitag, 17. August 1917,
abends 10½ Uhr

(...) Die Erfolge in Flandern sind großartig! Die Schlacht wird nun kaum noch Wesentliches ändern und damit ist wieder eine große Hoffnung der Feinde zunichte. Das Friedensangebot des Papstes[38] ist nichts für uns! [...]

Dienstag, 21. August 1917

Früh Abreise aus Berlin, nachmittags Ankunft in München in Begleitung von Würtz, um ihn dort vorzustellen.

---

[38] In seiner Note vom 16.8. an die Regierungen der kriegsbeteiligten Staaten plädierte Papst Benedikt XV. für einen Verständigungsfrieden unter allgemeinem Verzicht auf Annexionen und Reparationszahlungen. Trotz vorheriger Gespräche Kaiser Wilhelms II. mit dem päpstlichen Nuntius Eugenio Pacelli wurde der Vorschlag des Papstes von der Regierung des Deutschen Reiches wie auch vom US-Präsidenten Wilson abgelehnt.

Ich habe sofort nach dem Eintreffen eine eingehende Aussprache mit dem bayerischen Kriegsminister.[39] [...]

Mittwoch, 22. August 1917

Vormittags Fortsetzung der Aussprache mit dem Kriegsminister. Hinterher Essen bei meinem Nachrichtenoffizier, Graf Berchem mit Oberstleutnant v. Eisner-Bubna, militärischer Pressechef in Wien zwecks Aussprache mit diesem. Hinterher zum Tee bei dem bayerischen militärischen Pressechef, Major v. Sonnenburg.[40]

So vortrefflich mein Eindruck vom Kriegsminister ist, erweckt Eisner mein Mißtrauen und Sonnenburg sehr starke Bedenken. Dieser, ein ehemaliger bayerischer Generalstabsoffizier, welcher den Abschied nahm zu weiten Reisen und literarischer Betätigung, entwickelt stark kosmopolitische Ansichten, er steht anscheinend in nahen Beziehungen zum bayerischen Zentrum und zur Sozialdemokratie, er warnt mich dringend vor »großdeutschen Plänen« in Berlin und etwa auch bei der OHL. Er wird in dem militärisch eingestellten Kriegsministerium offenbar stark gefürchtet und hat eine überragende Stellung. Er und Eisner verkörpern Gefahren, die sich am politischen Horizont unserer Kriegführung abzeichnen. Ich beschließe ihn wegen seiner erkennbaren Irrwege gehenden Abneigung gegen Ludendorff mit diesem persönlich bekannt zu machen. (Ludendorff hat nach meinem Vortrag zugestimmt und ihn zu einer Aussprache empfangen. Diese blieb nicht ohne tiefen Eindruck auf Sonnenburg, welcher aber nicht lange vorhielt.) Das Einzige, was mir bei ihm gefiel, der übrigens als wohlhabender Junggeselle auch sonst ein Sonderling war, (er hatte in seiner Wohnung ein großes Zimmer als Schreinerwerkstatt eingerichtet, in welcher er seine Freizeit verbrachte) war ein ihm von einem Münchener Künstler gewidmetes Bild »Die Presseleitung«. Auf diesem war die Presse als eine Herde von Schafen dargestellt, welche mit gläubigen Augen zu ihrem Hirten Sonnenburg aufblicken, welcher mit großem Schlapphut die Schalmei blasend voranschritt, während ein furchtbar schwarzer Köter mit gefletschten Zähnen als Zensur die Herde umkreiste. Er wollte mir eine Kopie des künstlerisch wirklich hochstehenden Bildes verschaffen, hat aber auch hierin sein Wort nicht gehalten.

Donnerstag, 23. August 1917

Vormittags in Kreuznach. Ich erstatte Meldung gegen Hauptmann v. Beerfelde, Hindenburg ordnet kriegsgerichtliche Untersuchung an, Beerfelde wird verhaftet.

Hauptmann v. Beerfelde, hervorgegangen aus den Garde-Füselieren,[41] später Adjutant einer Garde-Infanterie-Brigade, befand sich seit 13.7.1917 wegen Frontunfähigkeit als Hilfsoffizier beim Nachrichtenoffizier Berlin, Major Frhr.

---

[39] Hierbei handelte es sich um General der Kavallerie Philipp von Hellingrath.
[40] Alfons Falkner von Sonnenburg.
[41] Richtig: Kaiser-Alexander-Garde-Grenadier-Regiment Nr. 1.

v.d. Osten. Beim Dienstantritt war er wie jeder Andere im Nachrichtendienst tätige Offizier, von Osten vor politischer Betätigung gewarnt worden. Am 8.8.1917 erfuhr ich, daß er die Lichnowsky-Broschüre[42] verbreitet hatte und sprach darüber mit ihm in Berlin. Von der politischen Bedeutung dieses Vorganges aus war es nicht meine Sache, einzuschreiten, da seitens der politischen Reichsleitung keine Anschuldigung gegen ihn vorlag. Ich lernte in ihm einen sehr korrekten Offizier kennen, der aber scheinbar schon etwas angekränkelt war, was ich als religiösen Wahnsinn bezeichnen möchte. Ich konnte ihn nur verwarnen, er machte mir die Angaben, welche er am 5.3.1928 in der folgenden Pressenotiz veröffentlichte:

Die Lichnowsky-Denkschrift

Anläßlich des Todes des Fürsten Lichnowsky ist in der Presse der Vorwurf gegen mich erhoben worden, ich hätte mit der Verbreitung seiner Denkschrift eine Indiskretion begangen. Ich habe dazu zu erklären:

Geheimrat Witting[a] gab mir im Sommer 1917 u.a. auch diese Schrift, allerdings mit der Bitte um *diskrete* Behandlung.

Der für die deutsche Regierung schwer belastende Inhalt veranlaßte mich jedoch, mich sofort an den Autor mit der dringenden Forderung zu wenden, sich an maßgebender Stelle im Interesse einer durchgreifenden Umorientierung durchzusetzen.

Erst, als der Fürst sich hierzu nicht bereit finden konnte, unternahm ich selbst die mir erforderlich erscheinenden Schritte und machte Lichnowsky und Witting davon Mitteilung.

Weder eine »Nervenerkrankung« durch Verschüttung, noch irgendein anderer Einfluß haben mich bewogen, so zu handeln, sondern allein der Wille, meinem Lande zu dienen.

Hans Georg v. Beerfelde

---

[a] Handschriftliche Einfügung Nicolais: »Alias Witkowski, Jude, Bruder von Maximilian Harden«.

Am 14.8. erließ ich aufgrund dieses Vorganges noch einmal ein ausdrückliches Verbot der politischen Betätigung an alle Offiziere der IIIb und erhalte Meldung, daß Beerfelde dieses Verbot mitgeteilt und von ihm unterschrieben worden ist. Gestern, am 22., teilte mir General v. Winterfeldt telefonisch mit, daß Beerfelde trotzdem nach wie vor mit der Broschüre hausierte. Gleichzeitig, heute früh, sucht mich Anton Fendrich, der sozialdemokratische Dichter, welcher am 2. Weihnachtstag 16 mit mir Gast des Feldmarschalls war, in Kreuznach auf, um vertraulich zu warnen, die unabhängige Sozialdemokratie hätte Beerfelde in

---

[42] In seiner Denkschrift »Meine Londoner Mission« (1916) verteidigte Botschafter Lichnowsky sich gegen den Vorwurf, mit seiner gescheiterten, eigeninitiativen Verständigungspolitik mit London insgeheim für die Entstehung des Zweifrontenkrieges verantwortlich zu sein. Die Denkschrift fand vorerst nur intern Verbreitung bis sie im Frühjahr 1918 u.a. in der ausländischen Presse veröffentlicht wurde. Im Juli 1918 erfolgte sein Ausschluss aus dem Preußischen Herrenhaus.

Erkenntnis seiner geistigen Verfassung durch die Verbreitung der Broschüre dafür gewonnen, in Uniform öffentlich auf dem Potsdamer Platz in Berlin gegen den Krieg zu sprechen.

Daraufhin veranlasse ich ein Einschreiten. Ich kann dies nur darauf stützen, daß ich meine Meldung an Hindenburg gegen »Beharren im Ungehorsam« erstatte. Auf dieser Grundlage wird kriegsgerichtliche Untersuchung angeordnet und am 24.8. die Verhaftung Beerfeldes.

Er wird vor dem Kriegsgericht am 13.10. durch den Justizrat Bernau verteidigt und freigesprochen, weil Zweifel bestehen, ob er nur vor politischer Betätigung verwarnt, oder ob ihm diese verboten worden ist.

Ludendorff und sehr bestimmt auch Hindenburg teilen meine Auffassung, daß in erster Linie Fürst Lichnowsky für die Verbreitung seiner Denkschrift verantwortlich zu machen ist, weil ihm der gefährliche Inhalt bekannt war und er es ermöglicht hat, daß sie in falsche Hände geriet. (Wie dies geschehen ist, ergibt sich am besten aus nachfolgendem Artikel, den Beerfelde am 23.4.28 in der sozialdemokratischen »Welt am Montag« veröffentlicht hat. Theodor Wolff ist Jude und Leiter des »Berliner Tageblattes«, ebenso ist Witting Jude,[43] alias Witkowski (Bruder von Maximilian Harden). Dieser gehörte zu dem politischen Freundeskreis des General Hoffmann. Falsch in dem Artikel ist, daß Beerfelde die Denkschrift an seine vorgesetzte Dienststelle, also den Major v.d. Osten, mich, oder an General Ludendorff gesandt hat.)

[handschr.:] »Welt am Montag«, 23. April 1928

Der wahre Lichnowsky

Der Streit um die Persönlichkeit des kürzlich gestorbenen Fürst von Lichnowsky und die zum Teil recht unstimmigen Darstellungen und Kommentare zum Bekanntwerden seiner Kriegs-Denkschrift veranlassen mich als den eigentlichen »Sündenbock« zu einer abschließenden Äußerung zu diesem heiklen Kapitel eines sehr traurigen deutschen Geschichtsabschnitts.

Im Juni, Juli 1917 vorübergehend aus der Front in die Heimat kommandiert, besuchte ich den mir bekannten *Theodor Wolff*, der mir in Gesprächen über die mich damals immer stärker quälenden Fragen der deutschen Kriegspolitik und unserer dunklen Zukunft den *Geheimrat Witting* als eine sehr temperamentvolle, hervorragend orientierte Persönlichkeit zu weiterem Gedankenaustausch empfahl.

Witting faßte schnell Vertrauen zu mir und meinem Streben, an einer uns beiden notwendig erscheinenden radikalen Umorientierung der deutschen po-

---

[43] Richard und sein jüngerer Bruder Felix waren Söhne des jüdischen Seidenwarenhändlers Arnold Witkowski. Nach dessen Tod konvertierte die Familie zum Christentum und nannte sich fortan Witting, bis auf Felix, der sich 1881 auf seinen Künstlernamen Maximilian Harden taufen ließ.

litischen Führung mitzuwirken, und *gab mir* zwecks genauer Information *eine Reihe vertraulicher Schriften zur Entstehungsgeschichte des Krieges und Vorschläge zu seiner schleunigen Liquidierung.* Unter diesen Stücken befand sich auch die in Maschinenschrift durchgeschlagene Denkschrift Lichnowskys »Meine Londoner Mission«. *Witting machte mich auf die Bedeutung dieser Schrift besonders aufmerksam und bat mich, sie diskret zu behandeln.*

Die kluge, in ihrer unmittelbar auf den Leser wirkenden Wahrhaftigkeit »gefährliche« Schrift, in der unser Auswärtiges Amt voll für den Ausbruch der Katastrophe vom Jahre 1914 verantwortlich gemacht wird, erregte mich stark und trieb mich schnell zu dem Entschluß, diese Darstellung des aus nächster Nähe und unter unmittelbarer Mitarbeit beobachteten Verlaufs der Dinge keinesfalls auf sich beruhen zu lassen.

Wenn Lichnowskys wirklich recht hatte, was mir nach allem, was ich sonst in Erfahrung bringen konnte, nicht mehr zweifelhaft erschien, dann mußte nach meinem Empfinden unter allen Umständen etwas geschehen, um dieser, wie mir bekannt war, völlig von der bisher maßgebenden Auffassung abweichenden Kritik der Lage Gehör und Konsequenz zu verschaffen.

Sofort wandte ich mich an den Fürsten und versuchte eindringlichst, ihn zu veranlassen, sich selbst in der gedachten Richtung für einen solchen Umschwung der Meinungen an maßgebender Stelle einzusetzen. Es erschien mir selbstverständlich, in einer Sache, die unser aller Schicksal berührte, jede andere Rücksicht hintan zu stellen, auch die formaler Diskretion.

Lichnowskys zeigte sich jedoch aufs höchste bestürzt darüber, daß seine ängstlich geheim gehaltene Niederschrift, die, wie er mir mitteilte, nur sehr wenige »zuverlässige« Persönlichkeiten bis dahin gelesen hatten, in meine Hände gelangen konnte. Nach seiner Meinung war bei uns in politischer Richtung nichts zu machen; man würde sich nur selbst in größte Ungelegenheiten bringen, ohne etwas zu erreichen.

Solche Erwägungen konnten allerding für mich nicht entscheidend sein, und ich stellte, angesichts dieser Zurückhaltung des Fürsten, ihn, wie Witting, vor das Faktum der Verbreitung seiner Schrift zwecks Aufnahme des Kampfes gegen unsere Kriegsverantwortlichen, indem ich beiden mitteilte, daß ich die Schrift in etwa 100 Exemplaren meiner vorgesetzten Dienststelle, dem General Ludendorff, der Umgebung des Kaisers, dem Kronprinzen, Prinz Max von Baden, den Ministern, sämtlichen Fraktionsführern des Reichstags und anderen für einflußreich gehaltene Persönlichkeiten zugestellt hätte.

An Ludendorff hatte ich einen Begleitbrief gerichtet, in welchem ich ihn an seine schwere Verantwortung vor Volk und Geschichte erinnerte und ihn inständig bat, sich doch nicht nur einseitig militärisch einzustellen, sondern die entscheidenden Fragen des Krieges und der Kriegführung einmal vertraulich mit unabhängigen Männern wie Witting zu erörtern.

Ja, ich war damals das »politische Kind«, das noch den Glauben an Ehrlichkeit und Gerechtigkeitsempfinden, auch in politischen Dingen, besaß, und war wie heute noch, vor allem der Meinung, daß wir in sehr weitem Maße mitverantwortlich dafür sind, daß und wie es in unserem Volke und in der Menschheit vorwärts geht. Daß ich mit dieser »kindlichen« Auffassung bei unseren damals sehr kleinen Politikern und Prominenten so wenig Glück hatte, weil diese sich mehr oder weniger alle dem bei uns herrschenden, in Ludendorff personifizierten Militarismus beugten, ist vielleicht nicht ganz meine Schuld gewesen.

Statt Witting zu besuchen, wozu Ludendorff erst nach dem Kriege Zeit fand, ließ mich der General verhaften. Das war die mir zugesagte »Antwort«. Oberst Nicolai hatte eine falsche dienstliche Meldung erstattet, nach der ich unter einem strengen Verbot, mich in seiner Abteilung politisch zu betätigen, gestanden haben sollte. Die weitere persönliche Tragödie meines isolierten Kampfes für den Frieden mag hier unerörtert bleiben.

Aber ich muß es Lichnowsky, von dem ich im stillen gehofft hatte, er würde sich, gestellt, nunmehr nachdrücklich zu seiner Überzeugung bekennen und zur Teilnahme am Kampfe für den Frieden bereit finden, bescheinigen, daß er sich in seiner schwachmütigen Haltung treu geblieben ist. Denn er wußte nicht viel mehr zu tun, als den stark komisch wirkenden Versuch der amtlichen Stellen, das weitere Bekanntwerden der Denkschrift durch Einziehen derselben zu verhindern, durch eigene Schritte zu unterstützen. Ihm, wie es geschehen, gar vorzuwerfen, er habe die Übermittlung der Schrift ins neutrale Ausland betrieben, heißt vollkommen die Psyche dieses feudal-exklusiven Herrn, der doch »Nur-Untertan« war, verkennen. Bei aller Helligkeit seines kritischen Verstandes war ihm leider jenes köstlichste Glück der Persönlichkeit vorenthalten geblieben, bis in die Wurzel des Wesens sich verbunden zu wissen mit dem Leben und Schicksal seines Volkes, als Glied der Menschheit.

Jedenfalls hatte Lichnowsky, wohl als einziger unter den Zünftigen, die Lage von vornherein klar erkannt und dementsprechend berichtet. Daß er nicht der Mann war, die tragische Größe von Deutschlands verzweifeltem Kampf in der Tiefe zu erfassen, darf man ihm nicht als »Schuld« anrechnen. Man lasse den Toten ruhen, und sei sich dessen bewußt, daß viel Unheil verhütet worden wäre, hätte man rechzeitig auf den Lebenden gehört.

Hans Georg v. *Beerfelde*

Hindenburg und Ludendorff stimmen meiner Auffassung zu, daß die hinter den Kulissen wirkenden politischen Kräfte Beerfelde, welcher durch eine Verschüttung geistig annormal ist, dessen Familie über sein Handeln tief unglücklich und dessen Bruder[44] als ausgezeichneter Offizier in der Front steht, nur als Werkzeug benutzen, daß aber trotzdem und deshalb Beerfelde unschädlich gemacht werden muß.

(Auch in der gegen mich persönlich sich entwickelnden Richtung des »Falles Beerfelde« erblicke ich nicht bewußte Verleumdung oder Beleidigung, sondern in Beerfelde nur ein Werkzeug mir sonst feindlicher Kräfte zu meiner Beseitigung.)

Am 16.10.17 legt der Gerichtsherr auf meine Veranlassung Berufung gegen das freisprechende Urteil vom 13.10. ein.

Am 5.11.17 erstattet Beerfelde Strafanzeige gegen mich beim Chef des Generalstabes des Feldheeres wegen falscher eidlicher Aussage und legt ihm am

---

[44] Oberstleutnant Kurt von Beerfelde.

10.11.17 eine Denkschrift gegen mich als Chef des Nachrichtendienstes vor, die er von einem Abgeordneten erhalten hat (Erzberger).

Am 31.11.17 erhebt der Abgeordnete Cohn beim Kriegsministerium Anschuldigung gegen mich, die er auch im Reichstag vorbringen will. (Die Denkschrift gegen den Nachrichtendienst deckt sich mit Aufsätzen, die Arnold Rechberg nach dem Kriege im »Kasseler Tageblatt« veröffentlicht hat.) Dadurch liegen die Quellen klar, deren Werkzeug Beerfelde ist. Am 5.12.17 wird er vom Oberkriegsgericht erneut feigesprochen, wieder weil nicht nachgewiesen werden kann, ob ihm durch Osten oder mich ein strikter Befehl oder nur eine Verwarnung erteilt worden ist, ob also ein Beharren im Ungehorsam vorliegt.

Am 16. und 20.12.17 richtet Beerfelde Schmäheingaben an den Chef des stellvertretenden Generalstab, General v. Freytag-Loringhoven und an Hindenburg, in denen er gegen mich als gemeingefährlichen Lügner und Fälscher schwerste Anschuldigungen erhebt. Freytag stellt Strafantrag, Hindenburg schließt sich diesem an, ordnet aber gleichzeitig ein Ermittlungsverfahren gegen mich durch das Gericht des Generalquartiermeisters an, welches am 31.12.17 eingestellt wird.

Auf diesen Bescheid wiederholt Beerfelde am 11.1.18 die Strafanzeige gegen mich und beantragt beim Reichsmilitärgericht Entscheidung über die Einstellungsverfügung des Generalquartiermeisters. Das Reichsmilitärgericht weist am 7.3.18 die Rechtsbeschwerde zurück.

Am 1.4.18 erfolgt eine erneute Eingabe beim Reichsmilitärgericht, in welchem die Anschuldigungen gegen mich in meiner Stellung ins Uferlose weitergreifen. [...]

Am 16.4.18 wiederholt Beerfelde seine Behauptungen und seine Rechtsbeschwerde gegen Einstellung des Verfahrens gegen mich in einem Throngesuch. Es wird eine allerhöchste Kabinettsorder notwendig, durch welche der Kaiser den Generalgouverneur von Belgien[45] als Rechtsbeschwerdeinstanz zu dieser Eingabe gegen mich bestimmt. Die Vertretung Beerfeldes übernimmt der jüdische Rechtsanwalt und Sozialdemokrat Wolfgang Heine [...] Am 2.7.18 weist auch der Generalgouverneur von Belgien die Rechtsbeschwerde gegen mich als unbegründet zurück.

Am 29.7.18 erneute Rechtsbeschwerde Beerfeldes beim Reichsmilitärgericht. Rechtsbeistand Dr. Luetgebrune, Göttingen, und Dr. Alsberg, Berlin, die beiden bekanntesten und teuersten Verteidiger, es sind also Beerfelde auch erhebliche Mittel zur Verfügung gestellt. Am 26.8.18 wird die Rechtsbeschwerde durch das Reichsmilitärgericht verworfen, die Kosten werden B. auferlegt. Er bleibt in Haft.

Am 31.8.18 erhalte ich nachfolgenden Brief von B., mit dessen Überweisung an den Chef des Generalstabes des Feldheeres für mich der Fall Beerfelde erledigt ist.

---

[45] Generaloberst Ludwig Freiherr von Falkenhausen.

Generalstab des Feldheeres
Abteilung IIIb
Chef Nr. 22127/III.
Persönlich!

An
den Herrn Chef des Generalstabes des Feldheeres
Großes Hauptquartier

GrHQu, den 13.9.1918

In der Anlage überreiche ich einen von Hauptmann v. Beerfelde an mich gerichteten Brief sowie Abschrift der auf meinen Befehl erteilten Antwort.

Ich bitte ganz gehorsamst, die Anlagen dem Herrn Kommandanten von Berlin[a] als dem Gerichtsherrn für das aufgrund des Antrages Euer Exzellenz gegen Hauptmann v. Beerfelde eingeleitete Verfahren wegen Beleidigung zugehen lassen zu wollen. Der Inhalt des Briefes kann in dem Strafverfahren wegen Beleidigung für die Strafzumessung von Bedeutung sein.

gez. Nicolai
Oberstleutnant und Abteilungschef [...]

---

[a] Seit 29.8.1917 General der Infanterie Henning von Bonin, Stellvertreter des Gouverneurs und Oberbefehlshaber in den Marken (seit 1.6.1918 Generaloberst Alexander von Linsingen). Der Kommandant von Berlin übte die höhere Militärgerichtsbarkeit in erster Instanz gegenüber allen Militärpersonen aus, die nicht der Gerichtsbarkeit von in Berlin garnisonierten Verbänden bzw. Dienststellen unterlagen.

Abschrift

Einschreiben Nr. 167 durch IIIb St.

Berlin, den 30. August 1918,
Arrestanstalt Lehrter Str. 58

Sehr zu verehrender Herr Oberstleutnant!

Die immer schwerere Notlage des Vaterlandes hat in mir den Entschluß reifen lassen, alles daran zu setzen, um in dieser Situation, nachdem ich für die Aufklärung tat, was ich tun konnte, der Heimat nicht durch eine Reihe sehr unerquicklicher Prozesse noch besondere Schwierigkeiten zu bereiten. Alles, was ich bisher unternahm, geschah ja nur in der Absicht und Meinung, dem zum Durchbruch zu verhelfen, was ich für eine glückliche Lösung der bestehenden unsagbaren Konflikte als einzig sicheren Rettungsweg erkannt zu haben glaubte: Die Klarstellung der wahren Sachlage nach allen Seiten, sozusagen die Stellung der richtigen Diagnose, und daraufhin Ziehung der Konsequenzen. Dafür einzutreten, ist mir seit über einem Jahr, nachdem ich Einblick in die Zusammenhänge gewonnen hatte, heilige vaterländische und Liebespflicht gewesen, genau wie der Kampf draußen.

In diesem Bestreben bin ich nun leider auch mit Euer Hochwohlgeboren scharf aneinandergeraten, und es ist wohl manches passiert, was zwischen Männern, die *beide* auf ihre Weise nach bester Überzeugung demselben Vaterlande mit voller Hingabe dienen wollen, nicht sein sollte. Glauben Sie es mir, hochzuverehrender Herr Oberstleutnant, es war *nie* das Empfinden von persönlicher Rache, oder von Haß in mir. Ich habe aber, das sage ich ganz offen, in der Meinung, daß Sie ein wesentlicher Faktor unserer, nach meinem Empfinden, *verkehrten* Kriegspolitik seien, aus rein sachlichen Gründen und aus meinen damit übereinstimmenden persönlichen Erlebnissen rücksichtslos die Konsequenzen ziehen zu müssen geglaubt. Euer Hochwohlgeboren haben wahrscheinlich auf der anderen Seite aus denselben Motiven gehandelt. Es stehen sich da eben zwei fremde Welten gegenüber. Eine Schädigung oder Verunglimpfung Ihrer Person an sich hat mir immer völlig fern gelegen. Ich kenne nur sachliche Differenzen. Hätte ich Sie irgendwie einmal in persönlicher Not gesehen, so würde ich Ihnen als Mensch immer herzlich zugesprungen sein. Niemand kennt ja ganz die Motive des anderen, keiner ist vor allem zum Wächter über ihn berufen. Ich habe in den letzten Monaten viel durchgemacht, aber dabei auch viel gelernt, vor allem erkannt, daß Sichvertragen die *höchste* Pflicht der Menschen und Völker, vor allem aber im eigenen Vaterlande, ist.

Nun schwebt seit Monaten ein schimpfliches *Verfahren wegen Landesverrats* gegen mich. Kein Mensch, der mich kennt, hält mich solcher Handlung für fähig, und meine Verteidiger, wie ich, sind nicht im geringsten im Zweifel darüber, daß es gelingen muß, dem Gericht verständlich zu machen, und die Beweise dafür zu bringen, daß es sich in der Art, wie ich vorgegangen bin, um nichts anderes handelte und handeln konnte, als den verzweifelten Versuch eines Patrioten, sein Vaterland vor dem Untergange, dem es auf dem Wege der Gewalt zusteuert, – es standen damals unsere Offensiven schon fest – zu retten.

Ich konnte und kann nun einmal die Dinge nicht anders ansehen. Die Absicht, unsere Kriegsmacht zu schädigen und dadurch dem Feinde Vorschub zu leisten, lag und liegt mir so fern, wie nur möglich. Ganz im *Gegenteil* glaube ich, daß unsere innere Verteidigungsfront nie stärker sein könnte als auf dem beabsichtigten Wege: völlige Klarstellung der Lage, Neuordnung der Verhältnisse, soweit erforderlich – (sehr maßgebliche höchste aktive Staatsbeamte halten das ebenfalls für den einzigen Ausweg) – ohne die geringste Gewaltanwendung, lediglich auf Grund richtiger Erkenntnis, und *dann* ein offenes und entgegenkommendes Friedensanerbieten an unsere Gegner. Wäre das erfolglos gewesen, was ich für ausgeschlossen halte, so stände dann tatsächlich unser Volk wie ein Mann hinter seiner Führung, unsere Gegner aber würden bei ungerechter Abweisung in die schwersten inneren Konflikte kommen. Heute ist es, leider nicht ohne tiefen Grund, bei uns so. Und es muß naturnotwendig bald ein furchtbarer Sturm losbrechen.

Wenn nun aber einerseits in meiner Handlung der Dolus[a] des Landesverrats völlig fehlt, ich im *Gegenteil* das Land retten wollte, und andererseits nachweislich durch meine zu Spruch stehenden Schriftstücke keinerlei fördernder (also nach maßgeblicher Auffassung *schädlicher!*) Einfluß – was ich allerdings noch heut bedaure – auf den von mir gewünschten Gang der Bewegung, in deren stiller Durchführung, ohne jede Gewaltanwendung, ich im Augenblick die einzige günstige Gelegenheit zur Anbahnung eines Kurswechsels sah, ausgeübt worden ist, wenn ferner nicht nur subjektiv, sondern auch *objektiv* zwingende Tatsachen für mein Verhalten – mag man die aus Kants Gedankengänge geschöpften Mittel auch für falsch halten – gegeben sind, weil es sich logisch auf eine Fülle nachweisbar schwersten Schaden verursachender Umstände der deutschen Politik und Kriegführung stützt, dann hat es doch wohl keinen Zweck, diesen Prozeß und andere damit zusammenhängende durchzuführen bzw. mich dazu zu zwingen, und damit, wahrscheinlich ohne lösende Wirkungen für die Sache des Vaterlandes, nur unendlich viel Schmutz und anderer traurige Dinge aufzuwühlen.

Da oben vorläufig nicht die Absicht zu bestehen scheint, wirklich grundsätzlich neue Wege zu gehen, so kann ich das auch nicht erzwingen, selbst durch für mich erfolgreichsten Abschluß aller Prozesse nicht. Diese Mittel sind, wie ich bestimmt glaube erkannt zu haben, nun einmal nicht geeignet, durchgreifende, nur auf Grund eines Gesinnungsumschwunges mögliche Lösungen herbeizuführen. Solange wir Geschichte haben, findet nur ein neuer Geist, eine höhere Einsicht neue Wege, die aber müssen *werden*; niemand kann sie machen, oder andere zu ihrem Glück zwingen. Wem nicht zu raten ist, dem ist auch nicht zu helfen, ihn können nur härteste Tatsachen, vor denen wir bald stehen werden, überzeugen. Brennend gern hätte ich unserem Vaterlande aus seiner Not geholfen und es vor dem Zusammenbruch bewahrt. Ich glaube, daß man das einmal deutlich, auch in seiner inneren Berechtigung, erkennen wird. Das hat *dann* ja aber keinen Wert mehr.

Wenn man heute oben noch immer diese Wege nicht sehen kann oder sehen will, weil sie vielleicht einige Eingeständnisse erfordern, wenn auch der klägliche deutsche Reichstag, die *Vertretung des Volkes*, zu keinen Entschlüssen kommt, dann bin ich als einzelner machtlos. Meine Mittel sind mit meiner Eingabe an den Reichstag, dem letzten Versuch, erschöpft. Sinnloses Querulantentum liegt mir fern, ich will nur *helfen* und dienen. Nachdem mir nun auch klar geworden ist, daß auch durch die mir aufgedrungenen Prozesse voraussichtlich kein wirklicher Umschwung herbeizuführen sein wird, weil ja alle Vorgänge mit Gewalt von der Außenwelt abgeschlossen werden, habe ich kein Interesse mehr an ihnen, so sehr ich diese Gelegenheit zur Tatsachenaufklärung zuerst begrüßte. Meine entsprechenden Anzeigen habe ich seit einiger Zeit zurückgehalten und werde eine schwebende zurückziehen, sobald ich auf freien Fuß gesetzt werde. Nicht Feigheit, sondern, wie ich glaube, die sehr schmerzliche, aber höhere Einsicht, daß bei uns nichts zu wollen ist, *weil man nicht will*, haben mich nach harten Kämpfen in diese abwartende Haltung gedrängt. Möglich wäre sie mir aber *nur* im Auslande.

---

[a] Der Vorsatz in der Rechtswissenschaft.

Da mir von keiner Seite, auch wohl von Euer Hochwohlgeboren nicht, lauterste Motive und Ziele abgesprochen werden, die tiefgehende Differenz nur in der diametral verschiedenen Auffassung der Lage und ihrer Forderungen besteht, so habe ich Seiner Majestät dem Kaiser und König ein Gnadengesuch dahingehend eingereicht, daß Seine Majestät genehmigen wollen, daß ich mit meiner jetzt völlig versprengten Familie während der Kriegsdauer *in die Schweiz auswandern*ᵃ darf. Beim Gericht wird gleichzeitig durch entsprechende Eingaben und Anträge gemäß § 173.3 und 272 MStGB die Einstellung des Verfahrens vorbereitet werden.

Ich glaube, für alle meine Eingaben stichhaltige Gründe beibringen zu können. Ebenso wie ich die maßgebenden Stellen, obwohl es nicht an Beweismaterial fehlt, nicht zu der von mir und vielen anderen für notwendig gehaltenen Einsicht und Änderung Ihres Kurses zwingen kann, so wird auch niemand von einem treubewährten Vaterlandsfreund, der kein unreifes Kind mehr ist, verlangen können, gegen Gewissen und Ehre zu handeln. Solange ich daher in Deutschland als Deutscher lebe, beanspruche ich, gerade auch als freiwilliger Frontkämpfer, meine klar begründete Auffassung zur Geltung bringen zu dürfen, denn niemand kann mir zumuten, daß ich stumm und gleichgültig mit ansehe, wie unser Vaterland nach meiner innersten Gewißheit durch verhängnisvolle Verkettungen von Schuld und Irrtum in den Abgrund geführt wird. Man würde damit von mir Ehrlosigkeit und Landesverrat dazu verlangen! Ob ich mich in meiner Prognose etwa irre, ist eine andere Frage. Das könnte nur die Zeit lehren. Bis heut hat sie meinen Vorhersagen schon zum Teil völlig recht gegeben; ich kann es nachweisen. Und, soweit ewige Grundgesetze über menschlichen Machenschaften aller Art maßgebend sind, wird es weiter so sein müssen. Schwarzseher bin ich darum *nicht,* sondern nur Realist. Solange ich also innerhalb Deutschlands heimatsberechtigt bin und mich infolgedessen voll *mitverantwortlich* fühle, kann und werde ich meine grundsätzliche Haltung nicht ändern und immer wieder für das eintreten, was ich für notwendig halte. Werde ich aber, als in dieser Haltung unwillkommen und lästig durch Abschub ins Ausland ausgeschaltet, so will ich mich schweigend und ohne Bitterkeit darein finden. Ja, ich bitte sogar dringend um diese Lösung zur Vermeidung weiterer Kämpfe. Freudig will ich mich draußen, soweit es sein kann, in vermittelndem Sinne in den Dienst des Vaterlandes stellen, dem ich da vielleicht mehr nützen kann, als ich ihm drinnen nach Meinung Maßgebender von heute schaden würde. Man kann sicher sein, daß ich dort mein Vaterland ebenso in Schutz nehmen werde, wie ich es daheim für meine Pflicht hielt, ihm die Wahrheit zu sagen.

Euer Hochwohlgeboren bitte ich herzlichst, alles Persönliche, was etwa zwischen uns stand, fallen zu lassen und zu vergessen, und *ein gutes Wort dafür an den entscheidenden Stellen einzulegen*, daß mir die persönliche und die Freiheit des Gewissens geschenkt werde. Es wäre mir bitter, wenn ich durch die Absicht, mich unschädlich zu machen, gezwungen würde, einige sehr unerquickliche Prozesse auszufechten. In die Notwehr versetzt, müßte ich alle jene Dinge zur Sprache bringen, die ich sonst, wenn die Dinge mich nichts mehr angehen,

---

ᵇ Handschriftliche Ergänzung Nicolais: »Das würde seinen Freunden passen!«

ruhen lassen würde. Ich möchte alles dafür tun, denn ich glaube, je tiefer ich mich in der Stille meiner langen Haft in den Sinn und die Entwicklung der großen weltbewegenden Vorgänge versenkt habe, desto fester daran, daß wir *alle*, Freund und Feind, aus diesem Knäuel von Konflikten nur noch einigermaßen glücklich herauskommen, wenn wir es aufgeben, die entscheidenden Lösungen von der Gewalt zu erwarten. Sie ist ein trügerisches Mittel, ihre Zeit in der Menschheitsgeschichte ist *vorüber*. Und um der unsäglich gequälten Völker willen, von denen keines den Krieg will, keines in seiner Masse Eroberungsziele hat, muß von einsichtigen Regierungen endlich, unter Verzichtleistungen auf *allen* Seiten, mit größtem Nachdruck ein Weg zu ehrlicher Verständigung gefunden werden. Ohne Ehrlichkeit kein ehrlicher und ehrenvoller Frieden! Schließlich steht doch bei allen Maßnahmen oben, wenn sie sinnvoll sein sollen, das Wohl der Völker, obenan. Ihrer glücklichen Zukunft wird aber zweifellos am besten gedient, wenn wir uns von den Belastungen der Vergangenheit freimachen und einen Weg des *Vertrauens* und der *Gemeinschaft* suchen. *Einen besseren Frieden als auf diesem Wege, finden wir nie!* Andernfalls stürzen wir uns und die anderen in den völligen Ruin und Revolutionen. Das will aber doch niemand.

Ganz im Sinne vorstehender Ausführungen ist auch meine heutige persönliche Bitte an Euer Hochwohlgeboren gedacht. Sie entspringen dem ehrlichen, ernstesten Willen, soweit es an mir liegt, Frieden herzustellen. Wenn wir uns daheim nicht soweit verständigen könnten, daß wenigstens jedem seine Gewissensfreiheit eingeräumt wird, wenn er noch dazu in der Lage ist, den Beweis von Ehrlichkeit, Treue und Sachlichkeit zu bringen, wie wollten wir dann je zu einer allgemeinen Verständigung gelangen? Wer Friedensmöglichkeiten für andere eröffnen will, muß selbst Friedenswege gehen.

Darf ich Euer Hochwohlgeboren deshalb kameradschaftlich die Hand reichen, herzlichst bittend, mir in meinem Vorhaben als Mensch behilflich sein zu wollen. In freundwilliger Ergebenheit

Euer Hochwohlgeboren verträglicher
H. v. Beerfelde

Das Original des *Throngesuches* geht am 2.9. ab. Abschrift gleichzeitig an Stellv. Gen.St. *Einige Bekannte werden interessiert.*

Generalstab des Feldheeres
Abteilung IIIb
Nr. /Ch.pers.

Herrn
Hauptmann v. Beerfelde
Hochwohlgeboren,
durch Kommandanturgericht Berlin.

GrHQu, den 13.9.1918

Herr Oberstleutnant *Nicolai* hat Euer Hochwohlgeboren Brief vom 30.8.1918 erhalten und von Ihrer Erklärung, daß Ihrem Vorgehen gegen ihn nicht das Empfinden persönlicher Rache oder Haß zu Grunde gelegen habe und daß eine Schädigung oder Verunglimpfung seiner Person Ihnen immer völlig fern gelegen habe, Kenntnis genommen.

Euer Hochwohlgeboren Brief hat der Herr Oberstleutnant dem Herrn Chef des Generalstabes des Feldheeres, auf dessen Antrag das Verfahren gegen Sie wegen Beleidigung anhängig geworden ist, mit der Bitte vorgelegt, ihn dem Gerichtsherrn für dieses Verfahren zu übermitteln.

Darüber hinaus sieht sich aber der Herr Oberstleutnant außerstande, Ihrer Bitte zu entsprechen, ein gutes Wort an den entscheidenden Stellen dafür einzulegen, daß dem von Ihnen eingereichten Gesuch um Einstellung des Verfahrens wegen Landesverrats sowie um Erlaubnis, während der Kriegsdauer in die Schweiz auswandern zu dürfen, entsprochen werde. Ein Einfluß auf dieses Verfahren liegt nicht im Dienstbereich des Herrn Oberstleutnant.

A.B.
gez. Stotten
Major im Generalstab
des Feldheeres

Das gegen B. schwebende Verfahren wurde durch Amnestieerlaß vom 12.2.19 eingestellt.

B. ist dann noch mehrfach von seinen Freunden ausgenutzt worden. Einen Lohn haben sie ihm versagt. Er ist in der Schweiz in große wirtschaftliche Bedrängnis geraten.

Ich hatte 1930 Gelegenheit in Kissingen seinen Bruder kennenzulernen, der meine Auffassung, daß B. von den oben gekennzeichneten Kreisen in seinem durch Kriegsverletzung hervorgerufenen Zustande schändlicherweise irregeleitet und ausgenutzt ist, bestätigte und mir versicherte, daß sein Bruder beginne, es zu begreifen. Indem ich dies in Rechnung stellte, konnte ich B. niemals meine innere Anerkennung für seinen selbstlosen Einsatz versagen und habe dies auch seinem Bruder damals ausgesprochen. [...]

Montag, 27. August 1917

Berlin. Vormittags erstatte ich meine Aussage über Beerfelde vor dem Gericht der Kommandantur Berlin. Ich bin erstaunt über die Frage, wie die OHL die Behandlung dieses Prozesses wünsche. Ich erhalte auf diesem Wege zum ersten Mal einen eigenen Einblick in einen »politischen Prozeß«.

Nachmittags Besprechung beim Reichskanzler über die zugesagte Zentralstelle für die Presseleitung in der Reichskanzlei, für welche der Landrat v. Braun unter dem Staatssekretär v. Graevenitz in Aussicht genommen ist.

Ich betone, daß es der Wunsch der OHL sei, daß endlich ein Zustand aufhöre, der die OHL und das Kriegspresseamt immer wieder auf das politische Gebiet gedrängt habe. Zweitens bäten wir das Übermaß an Organisation nicht zu vergrößern, aber der Sache endlich Organisation zu geben, dabei aber nicht alles Bestehende bei den verschiedenen Behörden einheitlich zu *organisieren*, sondern die Einheitlichkeit durch eine verantwortliche und autoritative geistige Zentralstelle unter dem Kanzler herzustellen. Kein Referat, sondern ein autoritatives Amt, welches den Ereignissen *vorausschauend* Direktiven gäbe, nicht *hinter* den Ereignissen herlaufen dürfe. Für diese Aufgabe sei von den vorhandenen Leitern bestehender Organisationen keiner aufreichend befähigt, einschließlich Deutelmoser, Haeften und ich selbst. Einer von uns könnte wohl gegebene Direktiven sachgemäß weiterleiten und energisch für ihre Befolgung sorgen, aber aufstellen, wie es jetzt zum großen Teil auch für mich der Fall sei, könnten wir diese Direktiven nicht. Dieser Zeitpunkt sei überschritten.

Als Beispiel führte ich an, daß, als ich Meldung von der Landung der ersten amerikanischen Division in Frankreich erhielt, dies für mich als Chef des Nachrichtendienstes keine Überraschung bedeutete, weil dies Ereignis auf die Minute, wie nach dem Kursbuch, den Berechnungen und den vorhergehenden Meldungen entsprach. Es hatte aber für mich als Pressechef der OHL die Bedeutung, was denn über diese Tatsache politisch gesagt werden sollte. Als ich deshalb Feststellungen darüber durch das Kriegspresseamt bei der politischen Reichsleitung anordnete, wurde mir geantwortet, die Bedeutung der Landung beträfe in erster Linie die militärische Kriegführung. Als ich dies Ludendorff vortrug, stimmte er mir zu, daß sie eine eminent politische und historische Bedeutung hätte, weil zum ersten Mal in der Geschichte ein amerikanischer Soldat seinen Fuß auf den Boden Europas setzte und zwar um Deutschlands willen, daß dadurch und durch den gleichzeitig heraufziehenden Bolschewismus im Osten das wahre Wesen unserer Zweifrontkriege enthüllt und die Notwendigkeit unseres Kampfes zur Selbstbehauptung begründet werde, daß es notwendig sei, hierüber das deutsche Volk aufzuklären, die Neutralen aufzuklären und auch den Feinden gegenüber diesen großen Augenblick des Durchbruchs geschichtlicher Merkmale festzuhalten, mit dieser Beweisführung den beginnenden Vorwurf von Deutschlands Schuld am Bolschewismus dem Feindbund aufzuladen. Bei den völlig schleppenden Verhältnissen der politischen Aufklärung hätte ich für diesen Gedanken kein Verständnis gefunden, es sei denn, wir hätten die Macht gehabt, sie dem politischen Aufklärungsapparat *aufzuzwingen*.

Die neue Stelle beim Reichskanzler dürfe sich also keinem einzelnen Ressort verschreiben, darum dürfe sie auch nicht in der Nachrichtenabteilung des AA liegen, sie müsse beweglich sein und vor allem im freien geistigen Verkehr mit der OHL und anderen Zentralstellen der Kriegführung ihre Aufgabe sehen.

Die österreichische OHL habe im Mai, die bulgarische jetzt und gleichzeitig die türkische durch einen persönlichen Brief Envers an Hindenburg um Änderung der bestehenden Verhältnisse auf diesem Gebiet, in welchem Deutschland gleichfalls wie militärisch führend sein müsse, gebeten. Auch die Verbündeten litten unter ähnlichen Verhältnissen wie wir, könnten aber die Kraft zu einer Änderung nur durch unser Beispiel erhalten.

Auch die Vertreter des Kriegsministers als oberster Militärbefehlshaber, der Vertreter des Admiralstabes und des Reichsamtes des Innern unterstützen die Forderung nach weitausschauender eingehender Orientierung und begrüßen den Entschluß des Reichskanzlers, diese zu schaffen. [...]

Mittwoch, 29. August 1917

Ich bespreche mit dem Seniorenkonvent des Reichstages[46] über beabsichtigte Frontreisen von Reichstagsabgeordneten. Abends Rückkehr nach Kreuznach.

Donnerstag, 30. August 1917

Ich cotoyiere den neuen chilenischen Militärattaché, Oberstleutnant Perez bei seiner Meldung beim Kaiser und bin mit ihm anschließend beim Kaiser zum Frühstück, an welchem auch Graf Bernstorff teilnimmt. Dieser macht auf mich einen sehr ratlosen Eindruck.

Abends hält Ludendorff nach dem Essen bei Hindenburg einen Vortrag über Tannenberg, zu welchem auch der Kaiser in Begleitung des Großherzogs v. Mecklenburg[47] erscheint. Für den Kaiser ist ein besonderer Sessel bereitgestellt. Im Verein mit dem Großherzog nötigt er aber den Feldmarschall unter Hinweis auf das Thema des Vortrages in ihm Platz zu nehmen.

Ludendorff stellt als höchste Leistung der Führung bei Tannenberg die Überwindung der ungeheuren Spannung hin, welche sich aus dem Fassen von Entschlüssen und dem Festhalten an ihnen aus den wenigen vorliegenden Meldungen ergab.

(Aus dieser Auffassung Ludendorffs ergibt sich seine Empfindlichkeit gegen die Behauptung, er habe während Tannenberg im Entschluß geschwankt und sei vorübergehend von einer Schwäche überwältigt worden. In Gesprächen mit ihm nach dem Kriege glaube ich erkannt zu haben, daß er sich hierin vom Feldmarschall verletzt fühlt, nicht nur, daß dieser in seinem Buch[48] über die Führung bei Tannenberg im Ich-Ton sprach, sondern ihn auch nicht ausreichend vertrat, als in Darstellungen[49] über den Krieg selbst Ludendorffs Schwanken behauptet

---

[46] Der »Seniorenkonvent«, ab 1922 »Ältestenrat«, war bis 1922 nicht in der Parlaments- und der Geschäftsordnung des Reichstages institutionell verankert. Als sporadisch vom Reichstagspräsidenten einberufenes, interfraktionelles Vermittlungsgremium beriet er über Fragen der Geschäftsordnung.
[47] Großherzog von Mecklenburg-Strelitz Adolph Friedrich VI.
[48] Siehe Hindenburg, Aus meinem Leben, S. 71–79.
[49] Handschriftliche Einfügung Nicolais: »Professor Elze und Hartung«. Nicolai bezieht sich hierbei auf die Titel »Tannenberg. Das deutsche Heer von 1914. Seine Grundzüge und

wurde, womit wohl die Bedeutung dieser gewaltigen Leistung unterstrichen, Ludendorff aber in seinem stolzesten Bewußtsein getroffen wurde. Im Übrigen sagte er mir nach dem Kriege, gäbe er den Ruhm von Tannenberg gern preis. Die operative Führung der Schlacht an sich sei eine technische Generalstabsleistung gewesen, die der Ausbildung zur Vernichtungsschlacht entsprach und die er darum als nichts besonders Verdienstliches betrachte. Wenn ich davon spräche, so könne ich das ruhig erklären. Ich solle nur die willensmäßige Führung bei Tannenberg und die Tatsache, daß er schon 1912 die Durchführung der allgemeinen Wehrpflicht gegen alle Widerstände verlangt habe, als dasjenige bezeichnen, worauf er Anspruch erhebe und was er sich als ihm allein zufallendes Verdienst anrechne. Ich glaube, daß Ludendorff in dieser Bewertung von Tannenberg Recht hatte. Es haben später Verschiedene, so Hoffmann und auch nachgeordnete Offiziere der Operationsabteilung von Oberost den Anspruch erhoben, die geistigen Väter der Anlage von Tannenberg zu sein und während der Schlacht, mehrere, wie François, an der operativen Entwicklung entscheidenden Einfluß gehabt zu haben. Das kann stimmen. Ich glaube auch, daß 50 % der Generalstabsoffiziere, die vor dem Kriege die Lage von Tannenberg als operative Aufgabe bekommen hätten, einen ähnlichen Entschluß zur Vernichtungsschlacht gefunden hätten. Ich bin aber fest überzeugt, daß kein einziger von ihnen, wie auch Hoffmann und die anderen Mitarbeiter Ludendorffs und seine Unterführer die Kraft gehabt hätten, einen solchen Entschluß auch durchzuführen. Hierin, nicht im Finden des Entschlußes, lag Ludendorffs Stärke auch außerhalb der militärischen Kriegführung. Es war das Verhängnis, daß das Wort höher galt, als die Tat und Ludendorff, der einzige Tatkräftige, nicht zum Herrn über die vielen Klugen gemacht wurde, um ihre vielseitige, aber darum zersplitternde Begabung und oft bestes Wollen in die Tat umzusetzen.)

Freitag, 31. August 1917

Ich werde interpelliert, warum das Flaggen nicht mehr als Stimmungsmittel verwandt wird. Ich erkläre es damit, daß die Schlachten im Westen wegen ihres großen Zeitmaßes nicht mehr so scharf in die Augen springend sind und der Augenblick des siegreichen Abbruches der Schlacht nicht mehr so zu bestimmen ist, wie bei den großen Bewegungsschlachten im Anfang des Krieges oder bei kleineren Schlachthandlungen auf anderen Kriegsschauplätzen.

Sonnabend, 1. September 1917

Der neuernannte Unterstaatssekretär im Reichsamt des Innern, Frhr. v. Stein stellt sich vor. Ludendorff erwartet viel von ihm.

---

deren Auswirkung im Sieg an der Ostfront« von Walter Elze (1928) und den Historiker Fritz Hartung, Zweitgutachter der Habilitationsschrift Elzes.

Sonntag, 2. September 1917

Abends 10½ Uhr mit Hindenburg und Ludendorff nach Berlin.
(Die Fahrten der OHL fanden fast immer abends nach Erledigung der Tagesarbeit statt. Im Sonderzug der OHL hatten Hindenburg und Ludendorff einen eigenen Wagen [...] Während Ludendorff noch arbeitete, liebte es der Feldmarschall, daß wir uns noch in dem gemeinsamen Speisewagen, welcher mit einem großen Tisch eingerichtet war, um ihn zu einem Glas Bier versammelten. Er saß dann behaglich plaudernd unter uns und gab uns Entspannung. Während der Nacht hielt der Zug nach Bedarf mehrmals, der Telegraphenwagen wurde mit der Station verbunden und konnten wir mit allen Teilen der Front und der Heimat sprechen. Bei Ankunft in Berlin erwarteten uns Kraftwagen. Ein uns durch den Offizier vom Dienst übergebener Zettel enthielt die Nummer des Wagens, welcher für den einzelnen Abteilungschef und seine Begleiter bestimmt war. Im Generalstabsgebäude begann kurz darauf der ungestörte volle Betrieb. Mit dieser technischen Leistung erwarb sich der Chef der Telegraphendirektion des Großen Hauptquartiers, Postrat Ohnesorge, der Postminister nach der Machtergreifung, große Verdienste.

Montag, 3. September 1917

Ich habe Besprechungen mit Oberst Eisner, Wien, im Kriegspresseamt und im AA über eine Propaganda in Bulgarien, für welche unsere Unterstützung erbeten ist und für welche ich den Nachrichtenoffizier Friderici nach Berlin befohlen habe.

Dienstag, 4. September 1917

Ich habe mit Deutelmoser Besprechungen über notwendige Pressedirektiven über Litauen und Kurland unter Teilnahme des Leiters der Ostabteilung im AA, Nadolny, des späteren Botschafters in Angora und Moskau. Im übrigen orientiere ich mich durch Besprechungen mit Leuten der verschiedenen Richtungen: Bernhard (Tante Voß[50]), Grunwald (Sozialdemokratie), Graf Reventlow, Michaelis (»Berliner Tageblatt«) und Graf Westarp. Ich frühstücke mit den neutralen Militärattachés und bin abends Gast des dänischen Gesandten.

Mittwoch, 5. September 1917

Ich sitze 10 Uhr vorm. bei Ludendorff zum Vortrag, als der Chef der Operationsabteilung ihm die Meldung bringt, der Leutnant Pernet (Ludendorffs ältester Stiefsohn, an dem er sehr hing) sei nicht vom Fluge nach England zurückgekehrt. Ludendorff faßt mit den Worten: »O Gott, meine arme Frau«, die Platte seines Schreibtisches. Er ist tief ergriffen, sodaß wir beiden Abteilungschefs sein Zimmer verlassen. Abends Rückkehr nach Kreuznach. [...]

---

[50] Gemeint ist die »Vossische Zeitung«.

Sonnabend, 8. September 1917

Der Reichskanzler bestimmt den Landrat Frhr. v. Braun als Pressechef. Dessen Dienstanweisung weist ihm in der Hauptsache interne Aufgaben zwischen den Behörden zu, aber nicht die Aufgabe, die öffentliche Meinung durch Presse und Vaterländischen Unterricht führend zu beeinflussen. Die Forderung der OHL, welche ich in der Besprechung am 27.8. erhoben hatte, ist also nur formell, aber nicht in ihrem wesentlichen Teil erfüllt.

Sonntag, 9. September 1917

Abends wieder mit Hindenburg und Ludendorff nach Berlin.

Montag, 10. September 1917

Aufgrund der Ernennung eines Pressechefs beim Reichskanzler empfängt auf meine Bitte Ludendorff den Vorsitzenden des Presseausschusses, Bernhard, und erklärt ihm, die OHL wünsche aus der Politik herauszubleiben.

Hinterher frühstücke ich mit Bernhard und dem zweiten Vorsitzenden des Presseausschußes, Baake (Sozialdemokratie), und Würtz, Blankenhorn und Kroeger, um Ludendorffs Wunsch zu fördern.

In einem Schreiben der Operationsabteilung an den Kanzler wird das Ergebnis der Besprechung mit diesem, dem Kriegsminister usw. noch einmal dahin zusammengefaßt, daß wir uns nur dann siegreich werden behaupten können, wenn der Ersatz des Heeres sichergestellt, die Rüstungsindustrie das Möglichste leistet und der entschlossene Wille, den Krieg bis zu einem Frieden, der unsere Zukunft sichert, sich allgemein durchsetzt.

Dienstag, 11. September 1917

Ludendorff ruft mich, er habe seiner Zusage, sich nicht mit Erzberger einzulassen, nicht entsprochen, dieser habe eine Besprechung mit ihm nachgesucht, er habe sie ihm auf 6 Uhr abends zugesagt, möchte ihn aber nicht, wie er mich sonst bei politischen Besuchen gebeten, allein empfangen, sondern bitte mich, der Besprechung beizuwohnen.

Ich betrete sein Arbeitszimmer durch das Zimmer des Chefs der Operationsabteilung, während gleichzeitig Erzberger vom Flur aus eintritt. Sein Erstaunen, mich vorzufinden, ist offensichtlich. Ludendorff bittet ihn an der Seite des Schreibtisches Platz zu nehmen. Ich sitze an diesem Ludendorff gegenüber und lege einen großen Block für Notizen demonstrativ bereit. Ludendorff sagt zu Erzberger: »Ich freue mich, Sie einmal zu sprechen. Ich möchte von Ihnen etwas über Friedensmöglichkeiten wissen. Ich bitte, aber keine Redensarten. Ich selbst kenne keine. Ich weiß nur, und Nicolai kann mir das bestätigen, daß die französische Regierung mit äußerster Energie den wankenden Kampfwillen des Heeres in Ordnung bringt, das Land und Lazarette von Drückbergern säubert und neue Divisionen aufstellt, daß ebenso in England alle verfügbaren Kräfte, auch aus der

Arbeiterschaft, zur Verstärkung des Heeres ausgenutzt werden und daß Amerika neue Divisionen landet. Mir steht eine neue Schlacht bevor. Nun sagen Sie mir mal Bescheid über Ihre Friedensmöglichkeiten.«

Es war ein trauriges Bild gegenüber dem verantwortungsbewußten Feldherrn, den leichtfertigen unverantwortlichen Politiker sich drehen und winden zu sehen vor Ludendorffs festem Blick. Was er sagte, waren alles Illusionen.

Ich konnte der Besprechung nicht bis zum Ende beiwohnen, weil ich um 7 Uhr abends nach Wien abreisen mußte. Ludendorff hat mir nach meiner Reise gesagt, daß die nur noch kurze Aussprache kein anderes Bild, als wie ich es gewonnen hätte, noch ergeben hätte.

Mittwoch, 12. September 1917

Besprechungen in Wien mit Eisner und Ronge, Fahrt nach Baden bei Wien zum Essen bei der österreichischen Heeresleitung, üppige Bewirtung und äußerlich liebenswürdige Aufnahme, sachliche Aussprache beschränkt auf den deutschen Militärbevollmächtigten, General v. Cramon und meinen Nachrichtenoffizier. Abends Rückfahrt nach Berlin.

Donnerstag, 13. September 1917

In Berlin Besprechung mit den Abgeordneten im Reichstag, welche an der ersten Reise derselben auf den westlichen Kriegsschauplatz teilnehmen sollen. Es ist bezeichnend, daß ich mit den Worten begrüßt werde, man wäre sehr dankbar für diese Reise und neugierig, welche Beschränkungen ich ihnen auferlegen würde. Ich erwiderte, darüber hätte ich nichts zu sagen und bäte, sich selbst ein Bild darüber beim Verlauf der Reise zu machen, ob ihnen etwas geboten oder vorenthalten werden solle.

Abends bin ich vom Präsidenten des Reichstages[51] in seinem Hause zum Essen eingeladen. Es sind noch die anderen Mitglieder des Reichstagspräsidiums anwesend. Auch hier empfängt mich Mißtrauen gegen die lauteren Absichten der OHL. Für mich eine ganz andere Welt. Ich bin mir bewußt, jedes Wort auf die Waagschale legen zu müssen, im Ganzen trotz äußerer Liebenswürdigkeit und Schmeichelei ein wenig erfreulicher Abend.

Freitag, 14. September 1917

Wieder Besprechungen mit politischen Persönlichkeiten darunter Theodor Wolff (»Berliner Tageblatt«) und August Stein (»Frankfurter Zeitung«), nachmittags Besprechung im AA über notwendige Propaganda in Österreich-Ungarn.

Ludendorff stimmt zu, daß Aufklärungsdienst der OHL bei den Truppen, nachdem er auch auf die wirtschaftlichen und politischen Fragen der Kriegführung ausgedehnt worden ist, die Bezeichnung »Vaterländischer Unterricht« erhält.

---

[51] Johannes Kaempf (FVP).

Abends teilt mir General v. Winterfeldt den Beginn von Treibereien gegen den Kanzler Michaelis mit.

Abends Abreise nach Brüssel. Ich will dort und in Charleville Besprechungen über die Aufklärung in Belgien und an der Westfront haben.

Sonnabend, 15. September 1917

Zu diesem Zweck bin ich beim Generalstabschef des Generalgouvernements[52] in Brüssel, abends bei der Kriegsnachrichtenstelle in Antwerpen.

Sonntag, 16. September 1917

Ich breche meine Reise wegen Meldungen über verstärkte politische Treibereien gegen Michaelis für Bülow ab und kehre nach Kreuznach zurück.

Montag, 17. September 1917

Längere Erwägungen über notwendige planmäßige Erkundung gegen den politischen Nachrichtendienst des Feindes und seine positive Folgeerscheinung, die feindliche Propaganda in Deutschland haben zu dem Ergebnis geführt, daß der Abwehrdienst von IIIb durch das Kriegsministerium in Einverständnis mit den anderen Reichs- und Staatsbehörden mit dieser Aufgabe beauftragt worden ist. Ich richte zu diesem Zweck bei der Abwehrzentrale Heimat, der stellvertretenden Abteilung IIIb in Berlin eine »Sektion Z« ein, mit deren Leitung ein junger Staatsanwalt, Reserveoffizier der Ulanen, Tornau, von mir beauftragt wird. Die Organisation dieser Stelle ist besonders straff gegliedert und abgeschlossen vom sonstigen Abwehrdienst, damit sie diesen nicht politisch durchsetzt. Sie wurde aber mehr ein Nachrichten- als ein Abwehrdienst, denn jede Exekutive fehlte ihr. Als Nachrichtendienst hat sie sich vortrefflich bewährt, sie lieferte ein umfassendes Bild der revolutionären Unternehmungen. Ihre Ergebnisse wurden den für die Abwehr zuständigen Stellen zugeleitet. Daß ausreichende Abwehrmaßnahmen unterblieben, belastet sie nicht. Ich habe im Laufe dieser Entwicklung mehrfach versucht, über den Obermilitärbefehlshaber der Heimat den Staatssekretär des Reichsamtes des Innern, bei welchem die Exekutive lag, zur Übernahme dieser Stelle zu bewegen, um die OHL von der Verantwortlichkeit für diesen Nachrichtendienst zu entlasten und ihn mit der Exekutive in der verantwortlichen Hand zu vereinen. Es scheiterte an dem Einwand, daß dieser Dienst ja gerade dem militärischen Abwehrdienst übertragen sei, weil die OHL im Reichstag nicht Rede und Antwort stehen müsse und weil es aus diesem Grunde auch so bleiben müsse.

---

52   Hans von Winterfeldt, der ältere Bruder von Detlof von Winterfeldt.

Mittwoch, 19. September 1917

Die Generalstabschefs der Heeresgruppen sind bei Ludendorff. Es ist mir eine Ehre, aus diesem Anlaß Heye, meinen Vorgänger in Friedenszeiten, in meinem Arbeitszimmer begrüßen und ihm an Ort und Stelle den Umfang meines Arbeitsgebietes darzulegen, den wir nicht voraussahen, als ich Anfang 1913 sein Nachfolger als Chef des kleinen aber straffen Nachrichten- und Abwehrdienstes des Generalstabes wurde.

Auch Hoffmann sucht mich auf. Er hatte Arnold Rechberg, welcher sich nach dem Kriege als Großindustrieller bezeichnete, im Kriege als politischer Hochstapler in undurchsichtigem Auftrag sich betätigte und vor dem Kriege Bildhauer in Paris war, in dieser letzten Eigenschaft zu Oberost herangezogen, um vom Oberbefehlshaber, Prinz Leopold v. Bayern, um ihm selbst eine Büste herzustellen. In Wirklichkeit war er ein Verbindungsmann jener dunklen politischen Kräfte zum politischen Ehrgeiz Hoffmanns, den ich seit längerem beobachte und der auch die Frau Ludendorffs ihrer inneren Einstellung wegen aus der Zeit, als Ludendorff noch im Osten war, in diesen Kreis zu ziehen sich bemühte. Schon zu Beginn des Sommers war Rechberg, gleichfalls als Bildhauer, in Baden-Baden bei Frau Ludendorff aufgetaucht, hatte sie porträtiert und sich um Einfluß durch sie bemüht, der sich, wie ich wußte, auch gegen mich bei Ludendorff richtete. Wohl deshalb hat mich Ludendorff eines Tages gefragt, ob ich einen Arnold Rechberg kenne. Als ich dies bejahte und kurz mein Erleben mit R. in den Jahren 1914 und 1915 darlegte und hinzufügte, jetzt sei er in Baden-Baden bei Ihrer Exzellenz, porträtiere sie und hetzt auch gegen mich, fuhr Ludendorff auf: »Das ist ja unerhört. Ich habe meine Frau gebeten, sich von allen unklaren Elementen fern zu halten. Ich werde dafür sorgen, daß er bei ihr verschwindet.«

So hatte ich Rechberg auch bei seinem Auftauchen im Osten bei Hoffmann entfernt. Dieser kam jetzt zu mir, um die Zulassung Rechbergs zu Oberost zu fordern. Ich wich einer Unterhaltung darüber aus und beschränkte mich auf die Forderung, daß die Zulassung von Künstlern auf den Kriegsschauplatz bei IIIb schriftlich beantragt werden müsse und daß ich dann die Entscheidung Ludendorffs oder des Feldmarschalls einholen würde. Es war selbstverständlich, daß beide mit derlei Dingen von mir nicht befaßt wurden. Es wirkte aber, wie ich wollte, daß das Gesuch unterblieb.

Hoffmann hatte mich deshalb schon durch Fernsprecher vorher grob vom Hauptquartier Oberost angerufen, als Rechberg hatte verschwinden müssen. Ganz im Gegensatz dazu war er heute außerordentlich liebenswürdig. Dies hat meine geringe persönliche Achtung nicht gesteigert.

Donnerstag, 20. September 1917

Die Gruppe der Reichstagsabgeordneten, welche als erste den Kriegsschauplatz bereist, trifft in Kreuznach ein. Ich geben ihnen zunächst einen Überblick über den IIIb-Dienst und habe zum Frühstück mit ihnen die Militärbevollmächtigten Bayerns, Sachsens und Württembergs geladen. Nachmittags empfängt sie Ludendorff, abends essen sie beim Feldmarschall. Am meisten unterhält dieser sich mit dem Sozialdemokrat, Dr. David. Hinterher fahre ich nach Berlin.

Freitag, 21. September 1917

Ich verlege die Sektion IV (Zusammenstellung aller Nachrichten über die Hetze gegen die Monarchie, den Staat und die OHL), aus meinem Stabe in das Kriegspresseamt nach Berlin, zur Vereinfachung der Bearbeitung des immer umfangreicher werdenden Materials.

Sonnabend, 22. September 1917

Ich bin in die Reichskanzlei zu einer Besprechung über die Aufklärung bei den Truppen gebeten. Wir sollen veranlassen, daß dem Heer ein Verzichtsfrieden schmackhaft gemacht wir. Ich stelle eine auch erfolgte Ablehnung in Aussicht, weil das kein Thema sei zur Belebung der Kampfkraft des Heeres.

Montag, 24. September 1917

Ludendorff ist in Berlin, bespricht mit dem Kanzler die Lage. Er macht auch diesen zuversichtlich. Mir wird ein Hindenburg-Telegramm über die Siegeszuversicht befohlen.

Dienstag, 25. September 1917

Der bulgarische Pressechef ist in Berlin und mit mir Gast des Unterstaatssekretär im AA v. dem Bussche zum Frühstück in der deutschen Gesellschaft. Der Beginn des Essens verzögert sich erheblich, was mich wegen meiner knappen Zeit zum Drängeln veranlaßt. Ich erfahre, dass Erzberger noch erwartet wird. Als er kommt, begrüßt er mich mit einer Verbeugung fast bis auf die Erde. Unser Zusammensein bei Ludendorff über seine Friedensmöglichkeiten steckt ihm wohl noch in den Knochen. Ich überschätze das aber nicht, halte seine Liebenswürdigkeit für verächtliche Heuchelei. Herbst sitzt zwischen Bussche und Erzberger, ich gegenüber. Erstaunlich ist diese Behandlung eines unverantwortlichen Abenteurers durch das AA.

Sonntag, 30. September 1917

[...] Die sich in letzter Zeit häufenden Besuche des bulgarischen wie des österreichischen Pressechefs bekunden die Schwierigkeiten ihrer Aufgabe und unterstreichen den Ruf nach deutscher Hilfe. [...]

Dienstag, 2. Oktober 1917

Hindenburgs 70. Geburtstag. [...]
    Mittags sind wir Gäste des Kaisers. Um den kaiserlichen Tisch sitzen nur die obersten Würdenträger seiner Umgebung, der Reichskanzler, die Militär-

bevollmächtigten der verbündeten Staaten, sowie Bayerns, Württembergs und Sachsens. Dem Kaiser gegenüber zu beiden Seiten des Reichskanzlers die beiden Schwiegersöhne des Feldmarschalls v. Brockhusen und v. Pentz, wir Jüngeren sitzen an einem besonderen Tisch. Es ist, als ob dem Ganzen der Charakter eines Familienfestes gegeben werden solle. Der Kaiser feiert den Feldmarschall als »den Heros des deutschen Volkes, dessen Name die Jahrhunderte überdauern würde.« [...]

Auf mich wirkt tief das Erleben dieses beiderseitigen Bekenntnisses gegenüber den Behauptungen der zersetzenden Propaganda in der Heimat von einem durch kleine Empfindungen getrübten Verhältnisses zwischen Kaiser und Feldmarschall. [...]

Mittwoch, 3. Oktober 1917

Ich setze an diesem Tage und an den beiden folgenden Besprechungen mit Politikern der verschiedensten Richtungen fort, darunter wieder Grunwald, der mich liebende Ausplauderer über die Sozialdemokratie; August Stein von der »Frankfurter Zeitung«, welcher auch offen spricht; der nationalliberale Abgeordnete v. Calker; der demokratische Abgeordnete Haußmann. Zu einer Aussprache mit rechtsstehenden Politikern, u.a. den verschlossenen und meist nur kritischen Chefredakteur Becker der »Deutschen Tageszeitung«,[53] erscheint der von mir erwartete Graf Reventlow nicht. Diese Leute grollen, haben aber wenig Positives zu sagen.

Außerdem habe ich in diesen Tagen Besprechungen mit den verschiedenen Abteilungen des Nachrichtenoffiziers in Berlin und der Abteilung IIIb u.a. über Maßnahmen gegen Sabotagevorfälle in der Rüstungsindustrie. In diese Tage fällt auch die Interpellationsdebatte gegen die Deutsche Vaterlandspartei im Reichstag[54] und die Abrüstungsrede Czernin's.[55]

Sonnabend, 6. Oktober 1917

Im Reichstag Zusammenstoß mit dem Kriegsminister v. Stein über die Aufklärungstätigkeit der OHL.

Die Titulierung derselben als »Vaterländischer Unterricht« hat bei den Mehrheitsparteien[56] den Eindruck erweckt, daß diese in Zusammenhang stände mit der Gründung der »Vaterlands«-Partei.

Obgleich beides fast gleichzeitig erfolgt ist, hat es nichts miteinander zu tun.

---

[53] Richtig: »Deutsche Zeitung«, ein Organ des Alldeutschen Verbandes.
[54] In dieser Reichstagsdebatte kritisierten Vertreter der Mehrheitsparteien die politische Beeinflussung der Heeresführung und Truppen durch die Deutsche Vaterlandspartei und den Alldeutschen Bund.
[55] Am 2.10. hielt der Außenminister Ottokar Graf Czernin von und zu Chudenitz bei einem Bankett des ungarischen Ministerpräsidenten Sándor Wekerle eine Rede, in der er sich für eine vollständige Abrüstung des Militärs in der Nachkriegszeit aussprach.
[56] Die Fraktionen der (M)SPD, des Zentrums, der Fortschrittlichen Volkspartei und zeitweilig der Nationalliberalen Partei bildeten im seit Juli 1917 inoffiziell entstandenen »Interfraktionellen Ausschuß« die »Mehrheitsparteien« des Reichstages.

Sonntag, 7. Oktober 1917

Der Reichskanzler und der Kriegsminister besprechen sich mit mir wegen der Aufklärungstätigkeit. Sie beauftragen mich, morgen selbst vor dem Hauptausschuß des Reichstages darüber Aufklärung zu geben.

Montag, 8. Oktober 1917

Ich lese nachmittags vor dem Hauptausschuß des Reichstages die von mir aufgestellten »Leitsätze für den Vaterländischen Unterricht« vor. Ich erkläre, mich darauf beschränken zu können und füge nur hinzu, daß die Vermutung, der Name stehe irgendwie in Verbindung mit der Gründung der »Vaterlandspartei« völlig gegenstandslos sei. Er würde auch nicht geändert werden, denn er bezeichne, um was es bei der Aufklärungstätigkeit ginge, um das Vaterland. Ich spreche hinter dem Stuhl stehend, auf welchem der Kriegsminister v. Stein sitzt, dem offensichtlich unbehaglich zumute ist. Die Leitsätze machen offensichtlich Eindruck, aber ebenso offensichtlich ist, daß die Art meines Auftretens als etwas soldatisch respektlos vor der Würde des hohen Ausschusses empfunden wird. Hinterher sagt mir Oberst Hoffmann, Departementsdirektor im Kriegsministerium: »Donnerwetter Nicolai, Sie wollen wohl gleich Kriegsminister werden.«

Dienstag, 9. Oktober 1917

Reichstags-Plenarsitzung über die Aufklärung. Der Kanzler spricht und der Staatssekretär des Reichsmarineamtes, Admiral Capelle.
  Ich nehme auf der Ministertribüne des Reichstages teil. Während ich harmlos mit angezogenen braunen Handschuhen, meine Mütze haltend, meine Hände auf den Degen gestützt dastehe, tritt der Begleiter des Kriegsministers, Major van den Bergh von hinten an mich heran und sagt mir über die Schulter ins Ohr, ihm wäre berichtet, daß es im Hause als Herausforderung betrachtet würde, daß ich mit Degen, Handschuhen und Mütze hier stände, ich möge doch draußen ablegen. (!)
  Abends Rückkehr nach Kreuznach.

Mittwoch, 10. Oktober 1917

Ich erbitte ausführlichen Vortrag bei Ludendorff. Er stellt sich mir für den 12.10. zur Verfügung.

Freitag, 12. Oktober 1917

Ich trage Ludendorff über meine Eindrücke in Berlin Folgendes vor.
  Die Anhängerschaft Bethmanns mißt der OHL die Schuld an dessen Sturz bei. Sie ist nicht beseitigt und erhebt durch das Versagen des Nachfolgers ihr Haupt.

Das Michaelis anfangs entgegengebrachte Vertrauen stützt sich nur – ob mit Recht oder Unrecht – auf die weitverbreitete Meinung, daß Michaelis, welcher von der OHL anerkannt worden ist, deren Kandidat zur Nachfolge gewesen sei. Jetzt, nachdem er enttäuscht, dient diese Behauptung dazu, die Überzeugung von geringer politischer Einsicht der OHL zu verbreiten. Das einmalige Fehlgreifen im anfänglichen Vertrauen zu Bethmann sei nachzusehen, ein zweites Mal aber sei dies ausgeschlossen. So wird es planmäßig in allen Bevölkerungsschichten verbreitet. Zu den alten politischen Gegnern aus der Anhängerschaft Bethmanns treten also auch offen die neuen politischen Gegner aus dem Lager der Mehrheit. Mir ist zuverläßig berichtet, daß Erzberger die bestimmte Forderung ausgesprochen hat, die OHL dürfe unter keinen Umständen sich mehr bei politischen Entscheidungen beteiligen und daß er sich anheischig gemacht hat, Garantie hierfür bis zum Wiederzusammentritt des Reichstages zu schaffen.

Der Kampf gegen den Kanzler wird also gleichzeitig ein solcher gegen die OHL und ein Kampf gegen die Autorität überhaupt und für die Parlamentarisierung. Die OHL gilt als stärkste Stütze dieser Autorität. Ich berichte von mehrfachen Warnungen von rechts und links vor sich zusammenballenden Unternehmungen gegen die OHL.

Selbst im Kabinett stehen Kühlmann, Roedern und Helfferich in mindestens passivem Widerstand gegen Michaelis und damit auch gegen die OHL. Ludendorff besitzt bei allen und unter allen den größten Respekt und unbedingte Achtung, aber eben darum die größte Gegnerschaft und keine Volkstümlichkeit. Auch Hindenburgs Volkstümlichkeit wird bekämpft, in welcher Richtung, zeigt der Vorstoß des Abgeordneten Heine im Reichstag, und ist stark bedroht. Seine Mahnung zur Einigkeit ist fast ungehört verhallt. Scheidemann hat auf dem Parteitag in Würzburg offen den Kampf gegen Militarismus und Marinismus angekündigt. Die Verteidigung wird weder von Stein noch Capelle geführt werden. Das letzte Ziel ist die politische Kontrolle der militärischen Maßnahmen, also eine Lahmlegung der OHL auch auf diesem Gebiet. Dies Streben für die Einführung des parlamentarischen Systems bringt unfähige Streber zur Macht. Der Feind hat dies erkannt und fördert es darum. Besonders England, selbst an das parlamentarische System seit Jahrhunderten gewöhnt, will darin auch am Friedenstisch uns überlegen sein.

Noch steht die Mehrheit des Volkes nicht hinter der Reichstagsmehrheit. Aber gerade darin, daß sie die Mehrheit im Volke hinter sich bringen muß, liegt die Gefahr ihrer Agitation. Sie sucht auch Bundesgenossen bei unseren Verbündeten durch die dort vorhandenen Stimmungen gegen den deutschen Militärdiktator.

Im Ganzen haben die Kräfte, welche letzten Endes Bethmann stürzten, die Front der Regierung bereits überrannt und stehen vor den Toren der OHL.

Für mein Ressort, dessen Anfang von Moltke unbewußt über die Entwicklung geschaffen und dessen Weiterentwicklung von Falkenhayn stillschweigend, wenn nicht absichtlich, geduldet oder gefördert wurde, welches wir nach Ludendorffs Willen, die OHL von jeder politischen Belastung zu befreien, dem zuständigen Reichskanzler übergeben wollten, bedeute es, daß wir es nunmehr nicht diesem, sondern dem Feinde ausliefern würden, daß wir es also behalten und verteidigen müssen.

Ludendorff hörte mir sehr ernst zu und war mit meiner Schlußfolgerung für mein Ressort einverstanden.

Ich erklärte, daß ich unter diesen Umständen mein Gesuch um eine Frontverwendung jetzt nicht aufrecht erhalten könne und bat es zurückziehen zu dürfen.

Ludendorff stimmte auch hier zu.

Ich bat aussprechen zu dürfen, daß der Wunsch nach einer Frontverwendung mein größter sei und er darum stets meines Einverständnisses sicher sein könne, wenn die Verhältnisse oder meine Person Anlaß geben sollten, mich fallen lassen zu müssen. In diesem Sinne bat ich um Ermächtigung, mich nur im Großen und Ganzen immer seines Einverständnisses versichern zu müssen, im Einzelnen aber möglichst selbständig handeln zu dürfen, damit er nicht durch die Einzelheiten zeitlich übermäßig in Anspruch genommen würde, sondern im Notfall die Verantwortung für Einzelheiten ablehnen könne.

Ludendorff erwiderte, er würde selbstverständlich restlos hinter mir stehen, wäre mir dankbar für jede Entlastung von Einzelheiten und Kleinigkeiten, erwarte aber im Ganzen voll unterrichtet zu bleiben und verlangte die unbedingte Einhaltung seiner Weisungen. Um die notwendige Ruhe für meinen Vortrag zu haben und mir die Möglichkeit zu geben, immer mit einer bestimmten Zeit dafür rechnen zu können, bat er mich, möglichst immer erst nach Abschluß seines militärischen Arbeitsgebietes, also ab abends 10½ Uhr zu ihm zu kommen.

Das nachfolgende im Entwurf beigefügte Schreiben an den Reichskanzler trug ich ihm gleichfalls inhaltlich vor. Er war an sich einverstanden, auch, daß ich die Absicht gehabt hatte, um die Unterschrift des Feldmarschalls zu bitten. Er hielt aber den Augenblick nicht für geeignet, dem Kanzler damit zu kommen. Ich habe infolgedessen es nicht zur Unterschrift vorgelegt.

Chef des Generalstabes
des Feldheeres
Nr. IIIb........./II geh.

GrHQu, den 12.10.1917[a]

An
den Herrn *Reichskanzler*,
Exzellenz,

die öffentliche Erörterung über Kriegsziel und Friedensfragen hat einen Umfang angenommen, der zu einer schweren Gefahr für die Kriegführung geworden ist.

Diese Gefahr tritt in zweifacher Richtung zu Tage: einmal in der Wirkung auf unsere Feinde und zweitens in der Wirkung auf die innere Kraft unseres Volkes und Heeres.

Der Ausgangspunkt der Gefahr liegt in den Erörterungen der Presse und in den Ausführungen in den Parlamenten bzw. einzelner Abgeordneter in Versammlungen oder mündlichen oder schriftlichen Äußerungen vor ihren Wählern.

Soweit die Presse in Frage kommt, ist die Grenze des Zulässigen durch Zensur-Maßnahmen schwer zu ziehen und einzuhalten. Ich werde aber Anlaß nehmen, in diesem Sinne und unausgesetzt auf die Presse belehrend einzuwirken und ihre freiwillige, überzeugte Mitarbeit zu erreichen.

Euer Exzellenz bitte ich, eine gleiche Einwirkung auf Parlamente und Abgeordnete herbeizuführen.

---

[a] Handschriftliche Ergänzung Nicolais: »Nicht zur Unterschrift vorgelegt!«

Als Beispiel führe ich an, daß der Funkspruch aus Paris vom 9.10.1917, 4 Uhr nachmittags, über die »Entmutigung in Deutschland« berichtet. Zur Begründung erwähnt er eine Mitteilung aus Berlin, nach der sich der Abgeordnete Gothein auf der Sitzung des Zentralkomitees der Fortschrittlichen Volkspartei über die Friedensfrage dahin geäußert habe, daß keine Hoffnung bestehe, den Feind zu Lande zu vernichten, obwohl die militärische Lage an allen Fronten zufriedenstellend sei. England zeige keine besondere Friedensneigung. Die Engländer hätten noch nicht einmal die Rationierung der Lebensmittel eingeführt, und obgleich es keinem Zweifel unterliegen könne, daß England an den Frieden denken muß, ließe sich doch nicht sagen, wann dieser Fall eintreten werde. Unsere Verbündeten, mit deren Einverständnis wir zwar den Krieg fortsetzen, hätten wenig Neigung, ihn nur zur Begünstigung der Eroberungspläne der Alldeutschen fortzusetzen. Im Lande seien die Arbeitsstunden länger, die Ernährung, besonders in den großen Städten und Industriezentren, unzureichend geworden. Der Friedenswunsch in der Arbeiterklasse verstärke sich, und müßten wir uns bei Fortsetzung des Krieges zu Eroberungszwecken auf Streiks gefaßt machen. – Der französische Funkspruch zieht aus diesen Ausführungen den Schluß, daß sich in ihnen eine nicht länger zu verbergende Entmutigung ausdrücke, sie verkündeten beinahe verzweifelt das Scheitern des deutschen Feldzuges.

Ich vermag nicht zu prüfen, ob der Abgeordnete Gothein diese Ausführungen tatsächlich gemacht hat; ich will auch die Frage der politischen Berechtigung derartiger Ausführungen im Parteikampf nicht untersuchen. Ich bin aber verpflichtet, darauf hinzuweisen, wie der Feind sie ausnutzt zur Hebung der Zuversicht und des Willens im eigenen Volke zur Fortsetzung des Krieges. Die dadurch eintretende militärische Wirkung liegt auf der Hand. Es läßt sich nicht erreichen, daß derartige Äußerungen geheim gehalten werden oder dem Feind verborgen bleiben. Es gibt nur ein Mittel: daß auf derartige Ausführungen *verzichtet* wird. Diese Forderung ist an sich militärisch schon genügend gerechtfertigt; sie ist aber auch politisch annehmbar, nachdem der Standpunkt der Parteien durch die Freiheit der Erörterung in letzter Zeit genügend bekannt ist. Selbstverständlich trifft diese Forderung die Parteien *jeder* Richtung und Auffassung. Während ich also verpflichtet bin, diese Forderung aus militärischen Gründen mit Rücksicht auf die Kampfkraft der feindlichen Völker und Heere zu erheben, bin ich in gleicher Weise verpflichtet, auf die schädlichen Folgen hinzuweisen, die für die eigene Kampfkraft in Volk und Heer durch diese Erörterungen hervorgerufen worden sind. Aus Briefen und Berichten ist mir bekannt, daß Abgeordnete in ihren Wahlkreisen und sonst in Versammlungen ihren Standpunkt zur Kriegs- und Friedensfrage vertreten und in einer Weise begründet haben, die entweder das Vertrauen in eine kraftvolle Führung erschütterten, oder aber unsere Lage als so schwer hinstellten, daß wir zum Frieden genötigt seien. Ich will auch hier die politische Notwendigkeit oder Zweckmäßigkeit außer Erwägung lassen, muß aber darauf hinweisen, daß das Vorgehen beider Parteigruppen zur Mutlosigkeit und damit zu einem Abnehmen der Kampfkraft in Volk und Heer führt.

Euer Exzellenz muß ich daher mit allem Nachdruck und Ernst bitten, auf die politischen Parteien und ihre Vertreter ungesäumt dahin einzuwirken, daß im Interesse der siegreichen Beendigung des Krieges der politische Kampf um den Krieg insoweit einzuschränken ist, daß die von mir ausgeführten schädlichen Folgen für die militärische Kriegführung nicht weiter eintreten können. Ich wiederhole, daß eine Erdrosselung politischer Meinungen nicht in Frage steht. Hiervon kann nach der bisher gewährten Freiheit der Erörterung keine Rede sein. Ich habe deshalb mit meiner Forderung auch bis zum Abschluß der parlamentarischen Verhandlungen gewartet. Jetzt aber ist es meine unabweisbare Pflicht, im Interesse der Kriegführung die vorstehenden Forderungen zu erheben.

(Dieser Vortrag war die Grundlage meiner Arbeit bis zum Waffenstillstandsentschluß. Nach dem Kriege habe ich mit Ludendorff mehrfach darüber gesprochen. Er bezeichnet einmal die Zeit als den »Beginn der Revolution gegen das Heer«. Als Hitler zur Macht kam, ehe noch die äußere Form dieser Macht feststand, aber es für Ludendorff feststand, daß mit der Machtübernahme ein neuer Krieg unvermeidlich wurde, sagte er mir: »Wenn Sie das noch erleben und wenn Sie Einfluß haben, dann sorgen Sie auf Grund dieser Erfahrungen vor allem dafür, daß das Volk sich nicht wieder gegen das Heer erhebt und seine Führung zerschlägt.«)
(Ludendorff scheint meinen Verzicht auf Frontverwendung richtig eingeschätzt und darüber eine Eintragung in meine Personalpapiere veranlasst zu haben. Denn in dem Dienstleistungszeugnis des Chefs der Heeresleitung, Generals v. Seeckt an mich bei meinem Ausscheiden aus dem Heere im März 1920 schreibt dieser: »Er (Nicolai) ging selbstlos zum Wohle des Ganzen mit seiner Person in seiner Arbeit auf. Es war sein Kummer, daß es die Eigenart seines Arbeitsgebietes unmöglich machte, ihn auch nur vorübergehend für eine Verwendung an der Front freizumachen.«)
Wenn mein Erleben, das ich auf diesen Blättern registriere, später einmal im Zusammenhang gelesen wird, so könnte der Leser einen falschen Eindruck von der Bedeutung und der Einschätzung in der OHL gewinnen, welchen ich glaube durch folgende Einschaltung vermeiden zu müssen.
Der volle Umfang des Gebietes meiner Betätigung war nur Ludendorff und vielleicht noch dem Chef der Zentralabteilung, welcher die OHL organisatorisch übersehen mußte und den ich darum in dieser Richtung über das Wesentliche unterrichtete, bekannt. Selbst von meinen nächsten Mitarbeitern übersah jeder nur ganz das von ihm selbst geleitete Einzelgebiet. Ich hielt darauf, um die Grenzen zwischen den einzelnen Arbeitsgebieten aufrecht zu erhalten, den Einzelnen von seiner Aufgabe nicht abzulenken und das Ganze nicht zu einem allgemeinen wüsten Durcheinander entarten zu lassen. Für die anderen Stellen der OHL und auch bei anderen militärischen wie zivilen Stellen der Kriegführung war IIIb, wie ich mich ausdrückte und es seit Kriegsbeginn empfunden habe, der »große Papierkorb«, in den alles hineingeworfen wurde, was einen selbst nichts anging, oder angehen sollte. Um so notwendiger war die strenge Dezentralisierung. Die Kehrseite war, daß nicht gleichzeitig ein voll leistungsfähiger Vertreter für mich herangewachsen war und dies wiederum war der Grund, daß ich unentbehrlich war, d.h. daß ich mich verpflichtet fühlte, zu bleiben und meine eigenen Wünsche gegen diese Pflicht zurückzustellen.
Daraus, daß Ludendorff mich erst nach Erledigung seiner eigentlichen Aufgaben empfangen konnte und daß dieser Moment erst spät abends eintrat, er-

gibt sich, daß mein Arbeitsgebiet trotz seines großen Umfanges und seiner großen Bedeutung für die Kriegführung nur noch ein Anhängsel, und noch dazu nach wie vor ein widerwillig getragenes blieb. Nach wie vor blieb die Operationsabteilung der ausschließliche Mittelpunkt der OHL, wie es an sich richtig war, sich aber schädlich auswirkte, je geringer der politische Einfluß der OHL in der Defensive wurde. Ich begann zu begreifen, was Falkenhayn gemeint hatte, als er mir bei seinem Fortgang sagte, er fürchte, daß der Wechsel in der Führung der OHL zur Revolution führen werde. Ich wurde der Ansicht, daß Ludendorffs Waffenstreckung in diesem Zeitpunkt meines Erlebens begann. Die erste positive Handlung in dieser Richtung erblickte ich in der Form der durch Bauer herbeigeführten Beteiligung der OHL an der Beseitigung Bethmanns. Nachdem ich bei der Berufung Hindenburgs/Ludendorffs der Ansicht gewesen war, sie hätten an Bethmanns Stelle gemußt, als erste und alleinige Berater des Kaisers die notwendige und auch von ihnen gewollte Einheitlichkeit zwischen politischer und militärischer Kriegführung herzustellen, ohne damals mir schon anmaßen zu dürfen, es Ludendorff zu sagen, nachdem ich dann bis zu Bethmanns Sturz im Gegensatz zu Bauer meine Auffassung Ludendorff mehrfach, aber ohne sein einseitig gebundenes Pflichtgefühl zu erschüttern, vorgetragen hatte, habe ich jetzt geglaubt, mich endgültig damit abfinden und meine Aufgabe nur noch in der Verteidigung der OHL erblicken zu müssen.

Wenn ich das niederschrieb, so möchte ich auch den Eindruck vermeiden, als ob ich mich persönlich über Gebühr einschätzen wollte und damit Ludendorff in der Größe seiner Entschließungen herabsetzen würde. Man könnte einwenden, daß er, wenn er der Feldherr war, überhaupt nicht des Rates eines Mitarbeiters bedurft, sondern selber hätte wissen und sich entscheiden müssen, was notwendig war. Als ich nach dem Kriege einmal mit Falkenhayn über diese Zeit der Entwicklung der Kriegführung und dabei von Ludendorff als »Feldherr« sprach, unterbrach Falkenhayn mich mit der Frage, »War er das?« Ich konnte, durfte aber nicht mit der Frage antworten, ob er, der doch die Vereinigung der Gesamtkriegführung in der Hand des Soldaten erstrebt hätte, es hätte werden können. Nach den Tatsachen nicht. Der Historiker wird dieser Frage seine besondere Forschung zuwenden müssen. Darum verweile ich bei ihr in diesem Moment meines Erlebens, als sie mir zunächst praktisch erledigt schien.) [...]

Sonntag, 14. Oktober 1917

Ich nehme an der Beerdigung des am 5.9. beim Fluge nach England gefallenen, inzwischen an der Küste angeschwemmten Stiefsohnes Ludendorffs, Pernet, in Berlin auf dem Westend-Friedhof teil. Ludendorff führt hinter dem Sarge seine Frau, zu deren linker Seite geht ihr erster Mann, der Vater des gefallenen Leutnants Pernet. Auf Ludendorffs Wunsch wird in der Kapelle anstatt eines Chorals das Lied »Ich hab mich ergeben mit Herz und mit Hand« gespielt. Eine große Menschenmenge hat sich angesammelt, die Ludendorff in tiefer Ehrerbietung begrüßt.

Oberst Prinz Georg v. Bayern, Nachrichtenoffizier bei seinem Vater, dem Prinzen Leopold v. Bayern, Oberbefehlshaber Ost, meldet sich bei mir vor seiner Ausreise als Nachrichtenoffizier bei einer türkischen Armee. Ich bedaure sein Ausscheiden bei Oberost, weil ich durch ihn als Sohn des Oberbefehlshabers ein

Gegengewicht geschaffen hatte gegen die völlige Ausschaltung meines Dienstes durch den Generalstabschef Hoffmann. Prinz Georg hat die Stellung bei seinem Vater mit großem persönlichen Takt und sachlichem Erfolg ausgefüllt. Ich habe aber geglaubt, mich gegen seinen tatendurstigen Wunsch, zumal als Prinz, mehr rein militärisch im Nachrichtendienst in der Türkei verwendet zu werden, nicht widersetzen zu dürfen.

Montag, 15. Oktober 1917

Ich bin abends zum Essen beim dänischen Gesandten eingeladen. Im allgemeinen liebe ich solche Einladungen nicht, weil ich kein Diplomat, sondern Soldat bin. Indem es für mich also unbehagliche Stunden sind, nehme ich sie doch auf mich, weil sie mir als Chef des Nachrichtendienstes auch Eindrücke vermitteln können.

Dienstag, 16. Oktober 1917

Vor- und nachmittags Besprechungen mit den Leitern der Presseabteilungen der stellvertretenden Generalkommandos im Reichstag.
    Abends Rückreise nach Kreuznach.

Mittwoch, 17. Oktober 1917

Auf Wunsch des AA besuchen 19 Schweizer Offiziere die Westfront und dabei auch das GrHQu. Eine dänische Offiziersabordnung steht zu gleichem Zweck in Aussicht. Diese Reisen sind so ziemlich das Einzige, was wir von Propaganda des AA im neutralen Ausland merken und auch das geht allein auf das Konto des Heeres.
    Ich stelle die Schweizer mittags Hindenburg vor. Anschließend frühstücken bei ihm, obgleich er schon mehrfach ungehalten über diese häufigen Besuche war, die Schweizer Oberstleutnants, welche ihrer Einstellung für Deutschland wegen im »Oberst-Prozeß«[57] bekannt geworden sind.

Freitag, 19. Oktober 1917

Der militärische Pressechef des verbündeten Österreichs, Oberst v. Eisner-Bubna ist schon wieder bei mir im GrHQu. Ich weiß nicht recht, ob hilfesuchend oder als Aufklärungspatrouille.

---

[57] Nach dem Kriegsbeginn 1914 hatten die beiden Schweizer Generalstabsoffiziere und Oberstleutnants Karl Egli und Friedrich Moritz von Wattenwyl dienstliches Schriftgut an den deutschen und den k. u. k.-Militärattaché übergeben. Das 1916 eingeleitete Militärgerichtsverfahren endete mit der Entlassung der beiden Offiziere.

Montag, 22. Oktober 1917

Haeften hat Ludendorff den Brief eines angeblich über das Kriegsziel der Amerikaner eingeweihten Ausländers vorgelegt, wonach dies »eine auf den Volkswillen offensichtlich gestützten deutschen Regierung, wie sie in Deutschland selbst gewollt wird«, ist.

Die außenpolitische Wirkung der Reichstagsresolution[58] und ihrer Auswirkung tritt schon reichlich deutlich zutage, was dadurch nicht gemildert wird, daß hinzugefügt war, »ein Sturz der Verfassung sei nicht beabsichtigt«. Also für ängstliche Gemüter, damit sie beruhigt mitgehen können: keine Revolution. Für mich ist augenblicklich keine größere Revolution denkbar, als ein Umschwenken vom Kampfwillen der OHL, verkörpert in dem Einen, Ludendorff, auf den Verständigungsglauben der Mehrheit, auch in der Führung verkörpert durch eine Mehrheit nicht einheitlicher Streber.

Freitag, 26. Oktober 1917

Erlaß einer Verfügung an das Feldheer über Bezug und Verbreitung deutscher Zeitungen. Dies ist notwendig geworden durch die schädliche Wirkung des politischen Heimatstreites auf die Front, ist entstanden unter Verhandlung mit dem Obermilitärbefehlshaber der Heimat und zeigt ganz die Anzeichen der Stellung zwischen zwei Stühlen.

Die Verantwortung wird den AOKs überlassen. Es sei ihre Pflicht und ihr Recht einzuschreiten, wenn die Kampfkraft der Truppen es verlangt. Alle Maßnahmen wirkten jedoch auch auf die Heimat zurück, deshalb sei ein Verbot von Zeitungen an sich unerwünscht und zunächst ein Einwirken durch die Presseaufsicht zu versuchen, dies nur durch die OHL möglich, und deshalb im Bedarfsfall bei dieser anzuregen. Deshalb sei auch an dem bis jetzt vertretenen Grundsatz, Zeitungen aller Parteirichtungen zum Vertrieb beim Feldheer zuzulassen, im allgemeinen festzuhalten. Die Presseaufsicht liege allein in der Heimat. Die Feldbuchhandlungen hätten beim Vertrieb von Zeitungen völlige Unparteilichkeit walten zu lassen, das Überwiegen einer bestimmten Zeitung weder zu dulden noch zu fördern. Der eigene Bezug von Zeitungen durch die Post sei den einzelnen Heeresangehörigen zu überlassen. Selbst einwirken könnten die OKs durch militärische Berichterstattung an die Heimatzeitungen ihres Ersatzgebietes.

Montag, 29. Oktober 1917

In Berlin.

Besprechung mit dem Staatssekretär des Innern, Wallraff, über notwendige militärische Rücksichten bei Ausübung der politischen Zensur und darüber,

---

[58] Am 22.10. beschlossen die Mehrheitsparteien in einer Sitzung des Interfraktionellen Ausschusses eine Erklärung, in der die Absetzung des Reichskanzlers Michaelis als auch eine Beteiligung des Reichstages bei der Benennung des Nachfolgers gefordert wurde.

daß er als Inhaber der Exekutive den Nachrichtendienst über die revolutionären Unternehmungen in Deutschland, die »Sektion Z« unter Tornau übernehmen möge. Abgelehnt mit der Begründung, daß dieser Nachrichtendienst dann gefährdet sei, wenn er einer dem Reichstag zu Rede und Antwort verantwortlichen Heimatbehörde unterstellt würde.

Dienstag, 30. Oktober 1917

Besprechung mit den Reichstagsabgeordneten, welche zu einer zweiten Frontreise eingeladen werden sollen.

Mittwoch, 31. Oktober 1917

Besprechung bei stellvertretenden Abteilung IIIb über das Ressort Tornau (Sektion Z des Nachrichtendienstes).
Abends Essen mit dem Presseausschuß, hinterher Abfahrt nach Köln.

Donnerstag, 1. November 1917

In Köln.
Besprechung mit dem Inlandsnachrichtenoffizier aus Düsseldorf.
Abends Antwerpen. Ich habe die bisher dort befindliche Kriegsnachrichtenstelle nach Freiburg verlegt, weil die Tätigkeit des Geheimen Nachrichtendienstes über Holland derartig erschwert ist, daß auch sie über die Schweiz arbeiten muß. In Antwerpen bleibt nur eine Zweigstelle zurück.

Freitag, 2. November 1917

Besprechung in Brüssel beim Generalgouvernement über den Vaterländischen Unterricht in Belgien.

Auszug 174 aus Feldpostbriefen

Antwerpen, Freitag, 2. November 1917,
10^{30} Uhr

[...] Die schöne Nachricht aus Ober-Italien[59] erhielt ich in Köln, dies wird den Feinden unsere ungebrochene Kraft zeigen und bringt ihnen in der Allgemeinheit die Unerreichbarkeit ihrer Kriegsziele zum Bewußtsein. Ich hoffe, daß diese

---

[59] Durchbruch deutscher und k.u.k. Verbände in den Julischen Alpen ab 24.10. (12. Isonzo-Schlacht).

Vorgänge doch auch in den feindlichen *Völkern* bekannt werden und Eindruck machen. Als Folge erwarte ich einen verstärkten Friedens-Druck. Hoffentlich kommen wir nur auch zu Haus bald in ordentliche, zielbewußt geführte Verhältnisse, damit auch auf diesen Gebieten die Siegeshoffnungen unserer Feinde verwelken.

Sonnabend, 3. November 1917

In Charleville Besprechung mit den Leitern der geheimen Feldpolizei bei den AOKs der Westfront, mit der Feldpressestelle und der »Gazette des Ardennes«.

Sonntag, 4. November 1917

In Charleville Besprechung mit den Leitern des Vaterländischen Unterrichts bei den AOKs 1 bis 7.

Montag, 5. November 1917

Zurück in Kreuznach.

Mit dem Rücktritt von Michaelis[60] ist die Stellung des Pressechefs wieder eingegangen, dessen Dienstgeschäfte sind dem Direktor der Nachrichtenabteilung des AA (Deutelmoser) übertragen worden.

Auszug 175 aus Feldpostbriefen

Kreuznach, Donnerstag, 8. November 1917,
abends 11³⁰

(...) Es gehört doch auch hier hinten große Spannkraft dazu, immer wieder und nur ausschließlich dem Dienst zu leben. Und dabei nicht immer reibungslos und freundlich, sondern manchmal recht schwierig und ärgerlich. Dafür wird einem ja manches Schöne zu teil. So saß ich heute abend dem Feldmarschall, Sven Hedin und Ludendorff bei Tisch in der Feldmarschall-Villa gegenüber. Dann wird es mir immer klar, daß diese hohe Gunst des Schicksals auch persönliche Opfer rechtfertigt.

Am 12. abends–22. bin ich wieder auf Reisen in Deutschland. In Italien stehts's gut, vielleicht kommt es auch zu einer großen Schlacht westlich Venedig, wenn die Nachrichten vom Heerestransport englischer und französischer Truppen sich bewahrheiten. Im Westen ist's schwer aber sicher. In Rußland gehen die Verhältnisse jetzt drunter und drüber und treiben wohl doch dem Frieden zu. Ich kann mir nicht denken, daß das Land ohne Frieden wieder in Ordnung und die

---

[60] Ende Oktober überreichte Reichskanzler Michaelis dem Kaiser sein Rücktrittsgesuch. Sein Nachfolger wurde am 1.11. Georg Graf von Hertling.

Regierung zu Kraft kommen soll. Die jetzige ist m.E. nur von kurzer Dauer, es kommt da eine Diktatur oder ein Monarch. Italien wird sich auch noch entwikkeln. So können wir der Zukunft ruhig entgegensehen, unsere Siege werden uns den Sieg und den Frieden doch noch bringen. Wenn's nur im Innern besser wäre. Hertling ist alt, seine heute abend ernannten Mitarbeiter Payer und Friedberg sind ein Eingeständnis der Schwäche der Regierung und des Kaisers, ein Prinzip wird gelöst, aber keine Aufgabe der Zeit! [...]

Auszug 177 aus Feldpostbriefen

GrHQu, Sonnabend, 10. November 1917,
nachm. 5°

(...) Heute mittag war ich vom türkischen Militärbevollmächtigten[61] zu Tisch eingeladen, der Besuch von Izzet Pascha, Oberkommandierendem der Kaukasusfront, hatte. Dieser bereiste unsere Westfront, und die Bearbeitung dieser Reisen ist Aufgabe meiner Abteilung. Deshalb die Freundschaft. Es war anstrengend, sich zu unterhalten, da die Türken zwar deutsch sprechen, aber viel essen und mundfaul sind, so daß die Kosten der Unterhaltung auf mir lagen.[62]

Sonnabend, 10. November 1917

Es liegt eine Verfügung des Militäroberbefehlshabers der Heimat vor über die Presseaufsicht, welche eine mildere Handhabung von Zeitungsverboten und eine weitherzigere Behandlung pazifistischer Schriften enthält. Die OHL erhebt Einspruch. Sie sei verantwortlich für den Inhalt, der Obermilitärbefehlshaber für die Durchführung von militärischen Zensurbestimmungen. Sie widerspricht weitherziger Behandlung pazifistischer Schriften.
    Die Verfügung ergeht unter Berücksichtigung dieses Einspruchs der OHL.

Sonntag, 11. November 1917

Mir wird gemeldet, daß eine dänische Offiziersabordnung auf ihrer Frontreise morgen in Kreuznach eintrifft und ihr ein Empfang beim Feldmarschall in Aussicht gestellt ist. Ich gehe deshalb zum Feldmarschall. Schon als ich ihn frage, wann ich die Herren vorstellen darf, runzelt er die Augenbrauen. Als ich fortfahre, die Herren auch zu Tisch zu bitten, schlägt er mit der Faust auf den Tisch, daß das Bild seiner Frau umfällt und sagt: »Zum Donnerwetter Nicolai! Ich bin nicht das große Rhinozeros, das jeder gesehen haben muß, ich habe mir das schon ein paarmal verbeten, Sie kommen mir immer wieder mit diesem Unsinn. Ich bitte mir aus, daß Sie endlich meinen Willen respektieren!« Ich erwidere, nicht ich,

---

[61] Halepli Zeki Pascha.
[62] Handschriftliche Notiz Nicolais:»178 nicht beigefügt«.

sondern das AA erlasse die Einladung der fremdländischen Offiziere. Auch ich fände, daß es darin reichlich weit ginge, könne aber nicht um Mäßigung bitten, weil es die einzige fühlbare, von uns so oft geforderte Propagandatätigkeit des AA bei den Neutralen darstelle. Ich könne darum auch nicht bitten, ihn selbst damit zu verschonen. Ich müsse auch darum bitten, die Herren einzuladen, um sie nicht gegen frühere Besucher zurückzusetzen und damit den Erfolg der Reise zu gefährden. Ich hätte nur seinen Befehl zu erbitten. Hindenburg sagt: »Dann sollen sie sich morgen um ¾1 Uhr bei mir melden.« Und als ich frage, ob sie auch hinterher zum Frühstück eingeladen werden sollten, »Na meinetwegen, aber nach einer halben Stunde sind die Kerls wieder draußen.«

Ich verlasse in vollem Verständnis, aber solch heftiger Umgangsformen ungewohnt, gemessen sein Arbeitszimmer.

Am Abend, ehe es zu Tisch geht, kommt Hindenburgs Ordonnanzoffizier, der Feldmarschall möchte mich noch einmal sprechen. Als ich sein Zimmer betrete, sitzt er wieder vor seinem Schreibtisch, ohne mich anzusehen, deutet auf den großen Ledersessel neben seinem Schreibtisch und sagt: »Nehmen Sie doch bitte Platz, lieber Nicolai.« Als ich sitze, fährt er, immer noch ohne mich anzusehen, wie ein großer Junge, der sich schämt, mit einem Bleistift spielend, fort: »Ich wollte Ihnen gerne erklären warum ich heute mittag so explodiert bin. Ich habe es Ihnen eigentlich schon gesagt. Ich bin eine Sehenswürdigkeit geworden. Das ist mir unangenehm. Dann höre ich Schmeicheleien, die ich nicht mag. Sie hatten mich neulich auch veranlaßt, einen Bildhauer zu empfangen, weil die Stadt Berlin für ihren Rathaussaal durchaus meine Büste haben mußte. Ich habe Ihrem Wunsch entsprochen, aber ich habe Ihnen noch nicht erzählt, daß auch dieser Künstler mir geschmeichelt hat. Er sagte, ich hätte einen charakteristischen Kopf. Sie können mir glauben, Nicolai, als ich General außer Diensten in Hannover war, da hat kein Mensch an meinem Schädel was gefunden. Und dann sind die Stunden der Mahlzeit für mich die Stunden der Erholung, in denen ich mich mit den Kameraden unterhalten will. Das kann ich aber nicht, wenn diese Fremden dabei sind. Auch das paßt mir nicht. Das waren so die Gründe meines Verhaltens heute Mittag, an denen ich auch festhalte, aber ich habe inzwischen darüber nachgedacht und eingesehen, daß derartiges zu den Aufgaben meiner Stellung gehört und daß Sie mich dazu anhalten müssen, gerade weil ich nicht will.« Erst jetzt sah der Feldmarschall mir ins Auge und fuhr fort: »So haben Sie heute mittag Ihre Schuldigkeit getan und ich Unrecht, daß ich Ihnen so entgegen getreten bin. Ich bitte, daß Sie mir verzeihen.«

Bei den letzten Worten war ich unwillkürlich aufgestanden und sagte nur, indem ich seinen ruhigen Blick ehrfürchtig erwiderte: »Zu Befehl, Herr Generalfeldmarschall!«

Hindenburg nahm meine Hand in seine beiden Hände, schüttelte sie und sagte: »Na, dann ist ja alles wieder gut, dann wollen wir zusammen essen gehen.«

Montag, 12. November 1917

Hindenburg ist bei dem Besuch der dänischen Offiziere von großer Würde und bei Tisch der vornehme liebenswürdige Gastgeber. [...]

Dienstg, 13. November 1917

Bezirkspressebesprechung für die sächsische Presse in Leipzig.

Die Bildung des Oberkriegsrates[63] schafft der Führung der Entente diejenige Einheitlichkeit, wie auch wir sie herstellen sollten, die wir aber im Begriff sind, zu zerstören.

Mittwoch, 14. November 1917

Besprechung im stellvertretenden Generalstab in Berlin, nachmittags Besprechung mit den neutralen Militärattachés.

Diese waren an der Front durch zahlreiche Besuche lästig geworden. Ich hatte darum ihr Quartier nach Berlin verlegt und ihnen Gelegenheit gegeben, durch Reisen in Deutschland die Stätten unserer Kultur, die Naturschönheiten unserer Heimat, die soziale Fürsorge, die Pflege der Verwundeten, die Kriegsindustrie und die Zeugen unserer großen deutschen Vergangenheit kennen zu lernen. So begeistert sie auch von diesen Eindrücken immer nach Berlin zurückkehrten, bildete sich bei ihnen über die Fernhaltung von den militärischen Vorgängen doch eine verbitterte Stimmung, aus der heraus mich ihr Doyen, der spanische Militärattaché Major v. Valdivia aufsuchte und mich nach ziemlich heftigen Ausführungen auch darauf hinwies, daß dieser Zustand auch nicht in unserem Interesse läge, weil ihre Kameraden auf der Feindseite an der Front wären und ihre Regierungen Berichte über unsere militärische Lage vermißten, sie und damit wir also darin ins Hintertreffen in ihren Ländern gerieten. Sie verständen ja meine Gründe, sie wüßten, daß sie störten und daß sich neue militärische Ereignisse auf unserer Seite vorbereiteten, die fremdem Einblick entzogen sein müßten. Aber sie wollten weder stören noch wären sie Spione. Sie bäten einzeln einmal für Wochen zu einem Bataillon an die Front zu dürfen, sie wollten da keine militärischen Geheimnisse erfahren, sondern nur den Geist unserer Truppen kennenlernen.

Dieser Vorschlag war selbstverständlich unausführbar, schon aus Rücksicht auf ihre persönliche Sicherheit. Ich wollte mich der Situation mit dem Hinweis entziehen, Valdivia hätte, was für mich selbstverständlich sei, darauf hingewiesen, daß sie keine militärischen Geheimnisse erforschen wollten, daß aber gerade das, was sie kennenlernen wollten, unser größtes militärisches Geheimnis sei. Er erwiderte: »Jetzt haben Sie ein wahres Wort gesprochen. Der Geist Ihrer Truppen ist es, wodurch sie siegen.«

Ich dankte ihm für dieses Wort, welches mir eine Bestätigung für meine Aufgabe war.

Abends ab Berlin. [...]

---

[63] Großbritannien, Frankreich und Italien vereinbarten auf der Konferenz von Rapallo Anfang November 1917 die Bildung des Interalliierten Obersten Kriegsrates als strategisches Beratungsgremium mit Sitz in Versailles. Einen gemeinsamen Oberbefehl über ihre Streitkräfte richteten die Alliierten dann im April 1918 unter General Ferdinand Foch ein.

Sonnabend, 17. November 1917

Besprechung im Kriegsministerium über Aufklärung gegen die Unabhängige Sozialdemokratie »um dem hetzenden Treiben der U.S. in Volk und Heer mit durchgreifenden Mitteln entgegen zu treten«.

Es ist erfreulich aber bezeichnend, daß man entschlossen scheint, gegen die Unabhängigen Sozialisten vorzugehen, aber ein gleichzeitiges Vorgehen gegen die übrige Sozialdemokratie und ihre Verbündeten vermeidet. Abends ab Berlin.

Sonntag, 18. November 1917

Bezirkspressebesprechung in Frankfurt a.M. Nachmittags nach Karlsruhe.

Montag, 19. November 1917

Bezirkspressebesprechung für die badische Presse in Karlsruhe.

Dienstag, 20. November 1917

Zurück in Kreuznach.

Donnerstag, 22. November 1917

Abschiedsessen bei der OHL für den Unterstaatssekretär v. Stein. Mit ihm scheidet ein als tatkräftig eingeschätzter Mann.

Freitag, 23. November 1917

Besprechung mit dem bayerischen Militärbevollmächtigten im GrHQu über Bekundungen des bayerischen Partikularismus und die in gleicher Richtung wirkende Tätigkeit des Oberstleutnant v. Sonnenburg als militärischer Pressechef beim bayerischen Kriegsministerium.

Auszug 179 aus Feldpostbriefen

Kreuznach, Montag, 26. November 1917

[...] Dienstlich bin ich zufrieden, es ist ganz gut, wenn ich mal längere Zeit hier bin und selbst kutschiere, aber dann genieße ich auch alle Freuden meines reichlich belasteten Amtes. Wie ich Dir eben durch's Telephon sagte, haben sie meinem Freund Poggi als Divisionskommandeur bei Codroipo erwischt und ihn in Karlsruhe eingesperrt.

Erläuterung

General Poggi war vor dem Kriege Chef des italienischen Nachrichtendienstes und, wie überhaupt der italienische Generalstab zum deutschen, mein ehrlicher Verbündeter. Er ließ mich seine Gefangennahme und seinen Aufenthalt in Karlsruhe wohl wissen in der Hoffnung, daß ich die alten freundschaftlichen Beziehungen wieder aufnehmen würde. Ich habe ihm auf seine Mitteilung nicht geantwortet.

Auszug 180 aus Feldpostbriefen

Kreuznach, Dienstag, 27. November 1917

(...) An der Ostfront geht es ganz gut vorwärts, bis jetzt haben ca. 25 russische Divisionen Waffenstillstand geschlossen! Eben erhielt ich eine Meldung, daß die Unterhändler eines russischen Korps hinterher bei unserem Armeestab zu Abend gegessen haben und daß dabei ein russischer Offizier auf die deutsch-russische Freundschaft getrunken hat! Wunderliche Verhältnisse! Trotzdem die Russen unsere Macht kennengelernt haben, glaube ich, daß sie für ein Bündnis für uns zu haben sind. Diesem robusten Volk muß man nur imponieren, um es zu gewinnen. Sie sind an die Knute gewöhnt. Ob unsere Diplomaten mit ihren weichlichen Prinzipien das Kunststück fertigbringen werden, ist mir allerdings fraglich. [...]

Freitag, 30. November 1917

Besuch von 35 österreichisch-ungarischen Journalisten. Eine gut gemeinte Tat des Obersten v. Eisner. Die Sache läuft deshalb auch gut bei Ludendorff und Hindenburg ab.

Sonnabend, 1. Dezember 1917

Ich bin geheimnisvoll nach Berlin berufen. Ich erfahre, daß bei den Behörden Aufregung herrscht wegen Nachrichten über ein angeblich geplantes Attentat auf den Kaiser. Bei näherer Betrachtung erweist sich, daß es überflüssig war, mich deshalb zu rufen.

Sonntag, 2. Dezember 1917

Das Kriegsministerium bezeichnet ein militärisches Leseverbot, auch der Blätter der Unabhängigen Sozialdemokratie, als aus politischen Gründen unerwünscht.
  Das AOK 7 hatte das »Berliner Tageblatt«, den »Vorwärts«, und die Blätter der Unabhängigen Sozialdemokratie aus dem Feldbuchhandel ausgeschlossen. Das »Berliner Tageblatt« hatte sich beschwert. Der Obermilitärbefehlshaber verlangte wieder Zulassung, das AOK hatte sich aber dagegen gesträubt und sich gleichfalls an die OHL gewandt.

Diese stellt sich hinter das AOK und vertritt den Standpunkt, daß dieses allein für den Geist der ihm unterstellten Truppen verantwortlich sei, daß die Feldbuchhandlungen eine Einrichtung der Armee sind und daß das AOK nicht angehalten werden könne, seinerseits Zeitungen zu verbreiten, die es für schädlich für den Geist der Truppe hielte. Ein *Verbot* der Blätter sei nicht ausgesprochen. Ein solches hätte die OHL sich vorbehalten und nur gegen einzelne Blätter der U.S. und gegen Einzelnummern anderer Blätter ausgesprochen. Die AOKs seien angewiesen, im Feldbuchhandel weder die Verbreitung bestimmter Blätter, noch das Überwiegen bestimmter Blätter und auch die Verbreitung schädlicher Blätter zu fördern. Hierbei müsse es bleiben.

Eine Statistik in der Heimat und beim Feldheer über die an die Front gelangenden Blätter hat ergeben, daß im eigenen Postbezug bei weitem Nationalblätter bevorzugt wurden. Die Zahl dieser und der parteilosen Blätter überwog die des »Berliner Tageblattes« und der »Frankfurter Zeitung« sowie der sozialdemokratischen Blätter erheblich. Um so weniger lag Anlaß vor, dem Heer diese Blätter durch die Feldbuchhandlungen aufzunötigen.

Montag, 3. Dezember 1917

Georg Bernhard, der Vorsitzende des Presseausschusses besucht mich zur Aussprache. Auch Ludendorff will ihn sprechen, aber erst nachmittags um 5 Uhr. Um die Zeit bis dahin auszufüllen, habe ich in Bingen ein Motorboot von der Geheimen Feldpolizei bereitstellen lassen, um mit ihm eine Fahrt auf dem Rhein mit Eisgang bis Bacharach zu machen und von da im Kraftwagen bis 5 Uhr nach Kreuznach zurückzukehren. Nachdem ich mit ihm allein gefrühstückt habe, gehe ich mit ihm in mein Quartier, um auch ihm einen Militärpelz anziehen zu lassen. Er sieht eine Feldmütze von mir auf dem Tisch liegen und bittet mich, sie aufsetzen zu dürfen, weil er nur einen steifen Hut hat. Ich muß einwilligen und meine Mütze damit drangeben. Da ich ein großes Kopfmaß habe, rutscht sie ihm auf seine großen Ohren. Er tritt vor den Spiegel und sagt: »Gott Moritzchen, wie siehste aus!«

Mir wird hinterher gemeldet, daß einer meiner Stabsoffiziere, als er mich in diesem Aufzug im Wagen mit Bernhard fortfahren sah, gesagt hat: »Da fährt der Chef mit Trotzki.«

Als wir in Bingen ankommen, erwartet mich der dortige Feldpolizeikommissar, ein Hauptmann d.R. im Dienstanzug, um das Motorboot zur Stelle zu melden. Er tritt an die Seite heran, auf welcher Bernhard sitzt. Dieser nimmt mit der Hand an der Mütze grüßend die Meldung entgegen und entsteigt selbstsicher dem Kraftwagen. Mein Stabsoffizier hatte recht mit seiner symbolischen Deutung: Der Jude kann sich in jede Situation finden und wäre auch bei uns fähig, die Rolle eines Trotzkis zu spielen.

Dienstag, 4. Dezember 1917

Ich muß Ludendorff melden, daß die Linke einen Gesetzentwurf einbringen will zur Abgrenzung der Befugnisse der OHL und daß eine Kanzlerkrise sich anbahnt. [...]

Mittwoch, 12. Dezember 1917

Besprechung im Reichstag mit den Chefs der stellvertretenden Generalkommandos in der Heimat über die Abwehr und im Besonderen über das Ergebnis der Meldungen der Sektion Z (Revolutionierung Deutschlands).
　Der Chef des Kriegspresseamtes hat am 6.12. folgende Weisung erhalten:
　»Im ganzen schreiten die Verhältnisse im Osten zu unseren Gunsten fort. Die Presse muß aber vermeiden, hierüber das Entstehen übertriebener Hoffnungen im Volk zu fördern. Im Westen und auch in Italien werden wir aufs zäheste angegriffen oder in schwere Kämpfe verwickelt. Die Mehrzahl der Zeitungen trägt dem ja auch Rechnung, indem sie neben die Nachrichten vom Waffenstillstand an der Ostfront[64] die Nachrichten von den Kämpfen an den übrigen Fronten stellt. Es ist dringend notwendig zur Bewältigung unserer Aufgaben, daß wir uns klar sind, daß eine Front zwar vielleicht ausscheidet, an den übrigen Fronten aber ungemindert und sogar verstärkt unsere Kräfte eingesetzt werden müssen.«
Diese Weisung wird heute ergänzt. Der Chef des Kriegspresseamtes soll in der Pressebesprechung folgendes ausführen:
　»Im Zusammenhang mit den Meldungen von der Ostfront möchte ich auf Gerüchte hinweisen, die in Deutschland und besonders auch in Süddeutschland verbreitet sind. Es sollen so starke Kräfte bereits vom Osten nach dem Westen befördert sein, daß ein großer entscheidender deutscher Angriff im Westen dicht bevorstände. General Ludendorff habe gesagt, zu Weihnachten sind wir in Paris. Das Unsinnige dieser Behauptungen erhellt meine Schilderung der Lage an der Ostfront ohne weiteres. Ein öffentliches Dementi gegen diese Gerüchte ist noch nicht erwünscht, da es nichts schadet, wenn diese Gerüchte auch dem englisch-französischen Nachrichtendienst bekannt werden. Ich bitte Sie aber, in Ihren Redaktionen und wenn Sie persönlich auf diese Gerüchte stoßen, sie als unsinnig zu bezeichnen und in Ihren Veröffentlichungen darauf hinzuweisen, daß der Waffenstillstand im Osten noch keinesfalls den Frieden auf allen Fronten bedeutet. Wir haben im Westen und in Mazedonien noch mit der Fortsetzung der Kämpfe zu rechnen. Die Unterlegenheit, mit der wir bisher an der Westfront gekämpft haben, wird sich erst sehr allmählich ausgleichen lassen.« [...]

---

[64] Anfang Dezember 1917 begannen in Brest-Litowsk die Friedensverhandlungen zwischen den Vertretern der Sowjetregierung und den Mittelmächten. Einem ersten Abkommen über eine vorläufige Waffenruhe folgte am 15.12. die offizielle Unterzeichnung des Waffenstillstandes.

Freitag, 14. Dezember 1917

Besuch des Vorstandes des Augustinus-Vereins (katholische Presse unter Führung von Bachem, »Kölnische Volkszeitung«). Ludendorff empfängt sie. Ihren Wunsch, auch Hindenburg wenigstens sehen zu dürfen, trage ich diesem vor. Er verabredet mit mir, daß ich wie zufällig mit den Herren unten im Treppenhaus des Oranienhofes sein soll, wenn er zu Tisch geht. Ich verabrede dies mit den Herren mit der Begründung, wir wollten versuchen, daß sie Hindenburg wenigstens auf diese Weise sehen. Sie erwarten den Augenblick, obgleich es doch Männer sind, die im politischen Leben stehen und dort von großem Einfluß sind, allerdings wohl nicht zum Erzberger-Flügel des Zentrums gehören, mit ungeheurer Spannung. Pünktlich kommt Hindenburg langsam in seiner ganzen imposanten Würde die Treppe herab. Er geht auf mich zu und sagt: »Sind das die Herren, von denen Sie mir gesprochen hatten?« Dann reicht er jedem Einzelnen ohne weitere Vorstellung die Hand und sagt: »Sie haben mich gerne kennenlernen wollen. Ich freue mich, von diesem Wunsch gehört zu haben und hoffe, daß Ihnen dieser Augenblick genügt.« Dann geht er nach freundlicher Abschiedsverbeugung weiter. Dieser Augenblick hatte genügt. Er hatte zwar meine Diplomatie enthüllt, aber die Herren waren um so tiefer ergriffen.

Abends essen sie bei mir.

Sonntag, 16. Dezember 1917

Ich gebe der gesamten Presse durch Wolff-Ruf bekannt:
»Abschluß des Waffenstillstandes mit Rußland wird heute durch Heeresbericht bekanntgegeben. Presse wird gebeten, bei Besprechung und Überschriften von vornherein *alles zu vermeiden, was geeignet wäre, Volk und Heer über Größe der noch zu bewältigenden militärischen Aufgaben an anderen Fronten zu täuschen* und die zur Bewältigung dieser Aufgaben nötige Kraft zu schwächen.«
Diese Weisung ist ebenso bezeichnend für die Auffassung der OHL über die militärische Lage, wie dafür, daß die Stimmung der Heimat nur mit militärischen Erfolgen aufrecht erhalten werden kann, gleichzeitig in dieser Richtung aber gedämpft werden muß, während bei diesem großen militärischen Erfolg jede politische Anweisung an die Presse für die öffentliche Meinung wiederum fehlt.

Gleichzeitig ergeht ein Schreiben Hindenburgs an den Reichskanzler wegen der Schwächung unserer Kampfkraft durch die sozialdemokratische Presse. Bei den politischen Stellen würden die militärischen Notwendigkeiten vergessen, gäben politische Rücksichten einseitig und schwächend den Ausschlag. Jedem Versuch, die Grundlagen unserer Kampfkraft zu erschüttern, müsse im Interesse der Kriegführung mit Energie entgegengetreten werden.

Ich erteile dem Chef des Kriegspresseamtes Befehl, in der Pressebesprechung in meinem Auftrage folgendes vertraulich auszuführen:
»Der Wortlaut des Waffenstillstandsvertrages mit Rußland wird der Presse zur Veröffentlichung in der Morgenausgabe am 18.12. zugehen.

In Ziffer II des Vertrages sind Bestimmungen enthalten für Truppenverschiebungen. Es ist erwünscht, daß die Presse sich jeder Besprechung dieser Bestimmungen enthält. Auch die Besprechung des Vertrages im ganzen muß mit möglichster Zurückhaltung erfolgen, da andernfalls der Entente Anlaß gegeben werden könnte, Äußerungen der deutschen Presse zum Waffenstillstandsvertrag in ihrem Sinne auszunutzen.

Wie schon amtlich bekanntgegeben wurde, soll nach Ziffer IX des Waffenstillstandsvertrags unmittelbar im Anschluß an die Waffenstillstandsverhandlungen in Friedensverhandlungen eingetreten werden. Die Presse ist vorläufig angewiesen, sämtliche Nachrichten, die ihr über die Friedensfrage mit Rußland zugehen nach den gleichen Grundsätzen zu behandeln, wie sie für die Zensur der Nachrichten über die Waffenstillstandsverhandlungen ausgegeben waren. Für die Behandlung der Nachrichten über die Friedensverhandlungen werden noch Richtlinien an die Presse ausgegeben werden. Die deutsche Presse muß sich bewußt bleiben, daß die Entente alles versucht, um die Friedensverhandlungen zu stören, und deswegen große Zurückhaltung in der Wiedergabe und in der Besprechung von Nachrichten über die Friedensverhandlungen, die aus dem Ausland stammen, geboten ist.

Bei der Besprechung des abgeschlossenen Waffenstillstandes darf nicht vergessen werden anzuerkennen und zu betonen, daß er ausschließlich eine Folge unserer militärischen Siege an der Ostfront ist. Es entspricht den Forderungen der nächsten Zeit und unterstützt die Friedensverhandlungen, wenn die deutsche Presse sich in der nächsten Zeit eingehend mit dem Verlauf des Krieges gegen Rußland beschäftigt. Auf die Darstellung in den beiden Bänden der »Geschichte des Kriegs« von Stegemann wird hingewiesen, besonders auf den bisher wenig bekannten Feldzug im Herbst 1914. Die Betonung dessen, daß lediglich unsere militärischen Erfolge den Waffenstillstand mit Rußland herbeigeführt haben, ist um so notwendiger, als die Entente versucht, den Waffenstillstand als Folge innerpolitischer Vorgänge in Rußland hinzustellen und damit eine Durchkreuzung unseres Waffenstillstandes herbeizuführen trachtet. Die Gefahren, die der jetzigen russischen Regierung im Innern drohen, sind erstens die Aufstandsbewegung in Südrußland, zweitens die ukrainische Frage, drittens der Ausgang der Wahlen zur Konstituierenden Versammlung. Die maximalistische Regierung steht vor neuen Schwierigkeiten, sie muß alle Kräfte daran setzen, durch schnelles Handeln zum Frieden zu gelangen. Eine jede Abschwächung der militärischen Notwendigkeit eines Friedens für Rußland fördert daher das Bestreben der Entente.

Die militärische Lage, die sich aus den Zuständen an der Ostfront und dem Waffenstillstandsvertrag ergibt, gestattet vorläufig nur eine allmähliche und verhältnismäßig geringe Verstärkung der Westfront. Gerüchte, die in Deutschland verbreitet sind, von einem nahe bevorstehenden entscheidenden Schlag auf der erheblich verstärkten Westfront sind daher unsinnig und verhängnisvoll. Bei Betrachtungen über unsere Lage an der Westfront darf nicht vergessen werden, daß die Westfront bisher einer starken Überlegenheit standhalten mußte. Wenn Verstärkungen an die Westfront geführt sind, so können sie zunächst nur dazu dienen, das Gleichgewicht der Kräfte einigermaßen herzustellen und unseren heldenmütigen Truppen, die bisher der Übermacht an der Westfront standhielten, größere Ruhe und öfter Abwechslung zu gönnen. Jedem Gerücht, das Hoffnungen auf nahe bevorstehende entscheidende Schläge im Westen begünstigt, muß in geeigneter Form entgegengetreten werden.

Zur Lage an der Ostfront kann ich noch mitteilen, daß General Tscherbatschew anscheinend den Oberbefehl durch Krylenko anerkennt. Im russischen Heer wächst das Vertrauen zu unserer Zuverläßigkeit und die Achtung vor deutscher Art. Vielfach kommt eine Anerkennung der deutschen Monarchie zum Ausdruck, die Rußland gefehlt habe, und die Neigung zu einer Freundschaft mit den deutschen Truppen. In demselben Maße wächst der Haß gegen England. Mehrfach haben Mannschaften geäußert, als Kriegsfreiwillige bei uns gegen England kämpfen zu wollen. Die Gegenpropaganda der Entente ist unvermindert. An manchen Stellen macht sich auch eine Spionage der Entente bemerkbar, um zu erkennen, welche Reserven noch hinter unseren Stellungen stehen oder welche Truppen für Abtransporte nach dem Westen bereit gestellt sind. Die Presse muß daher auch jede Nachricht in dieser Richtung vermeiden.

Im Übrigen habe ich den Auftrag, der deutschen Presse den Dank der Obersten Heeresleitung auszusprechen für das verständnisvolle Zusammenarbeiten während der Zeit der Waffenstillstandverhandlungen. Ich bitte, diesen Dank den von Ihnen vertretenen Schriftleitungen zu übermitteln.«

Chef IIIb
Nicolai

Mittwoch, 19. Dezember 1917

In Berlin.
Besprechung im Reichstag mit den Leitern der Abwehrstellen im Reich über das Ergebnis von Meldungen aus der Sektion Z (Revolutionierende Propaganda).

Donnerstag, 20. Dezember 1917

Besprechung im AA über die Pressebehandlung während der Friedensverhandlungen.
Das Kriegspresseamt meldet, daß zahlreiche »Vorwärts-Artikel« aus den letzten Tagen die Tendenz zeigen, Unzufriedenheit in die Armee zu tragen. Es wird besonders auf einen Artikel im »Vorwärts« vom 19.12. »Vom Weihnachtsmann« und vom 20.12. »Laß sie betteln gehen« hingewiesen.

Freitag, 21. Dezember 1917

Zurück in Kreuznach.
Hauptmann v. Beerfelde hat am 16.12. eine Schmäheingabe gegen mich an den Chef des stellvertretenden Generalstab General v. Freytag-Loringhoven gerichtet und dieselbe Eingabe geht heute bei Hindenburg ein. General v. Freytag hat Strafantrag gegen Beerfelde wegen Beleidigung gegen mich gestellt, welchem sich Hindenburg anschließt unter gleichzeitiger Einleitung eines Ermittlungsverfahrens gegen mich durch das Gericht des Generalquartiermeisters.

Ludendorff läßt mich das Urteil wissen, welches zu diesem über mich durch ihn abgegeben wird. Es lautet: »Major Nicolai ist ein ungemein gewissenhafter Offizier, der das Vertrauen seiner Vorgesetzten in höchstem Maße genießt.«

Das Verfahren gegen mich wird am 31.12. eingestellt.

Sonnabend, 22. Dezember 1917

Der Leiter der Nachrichtenabteilung des AA, Deutelmoser hat in seiner Eigenschaft als Vertreter des Reichskanzlers in Pressesachen den Obermilitärbefehlshaber am Einschreiten gegen den »Vorwärts« gehindert (s. 20.12.). Dies müsse aus politischen Gründen unterbleiben, es sei unter den politischen Umständen »heller Wahnsinn«, den »Vorwärts« gerade jetzt zu verbieten.

Die OHL legt beim Kanzler Verwahrung ein, da die militärischen Interessen nicht berücksichtigt würden, was den verhängnisvollsten Folgen für die Kriegführung Tür und Tor öffne. Der Obermilitärbefehlshaber sei ersucht worden, diesen Schaden abzuwenden. Der Feldmarschall halte den Vorfall für bedeutend genug, dieserhalb sich unmittelbar an den Reichskanzler zu wenden.

Abschrift dieses Schreibens geht an den Obermilitärbefehlshaber mit dem Hinweis, dass er berufen sei, gegen drohende Gefahren einzutreten und diese Forderungen bei den Reichs- und Staatsbehörden und auch vor dem Parlament zu vertreten. »Darüber, daß die Regierung entschlossen ist, unter allen Umständen eine Verletzung der Interessen der Kriegführung nicht zu dulden, darf nirgends ein Zweifel entstehen. Nur bei diesem unerschütterlichen Entschluß und bei seiner gemeinsamen Durchführung werden wir der Schwierigkeiten Herr werden, die sich einer siegreichen Beendigung des Krieges entgegenstellen können und die uns zu bereiten unsere Gegner klar entschlossen sind.«

Scheidemann bedauert in einem Schreiben an den Obermilitärbefehlshaber in den Marken, General v. Kessel, die Tendenz der »Vorwärtsartikel« am 19. und 20.12. Eine schädliche Wirkung auf die Stimmung im Feldheer auszuüben, habe der Redaktion fern gelegen. Sie wird in Zukunft bemüht sein, darüber keine Zweifel aufkommen zu lassen.

Darauf wurde das Verbot des »Vorwärts« aufgehoben.

Der Reichskanzler aber stellte sich hinter Deutelmoser. Er erhob den Anspruch, daß auch Gesichtspunkte der von ihm verantwortlich geleiteten Reichspolitik Geltung haben müßten.

Montag, 24. Dezember 1917

Ich habe die Ehre vom Generalfeldmarschall um 5 Uhr nachmittags zu seiner Begleitung bei der Weihnachtsfeier mit Angehörigen der OHL befohlen zu sein. Sie findet im Saal eines Stiftes statt [...] Hinterher gingen wir noch zu Verwundeten. Es war für mich erhebend, Zeuge zu sein, wie der Feldmarschall gütig an jedes Bett herantrat und zu sehen, was sein Besuch den Soldaten gab. Auch als ich hinterher den Mannschaften meiner Abteilung die Weihnachtsfeier hielt, waren diese doch z.T. alten Leute still und ergriffen, aber doch zuversichtlich. [...]

Dienstag, 25. Dezember 1917

Die Absicht Hindenburgs und Ludendorffs nach Brest-Litowsk wegen der Verhandlungen zu fahren, wohin ich sie begleiten sollte, ist aufgegeben worden.

Auszug 182 aus Feldpostbriefen

Kreuznach, Dienstag, 1. Weihnachtstag 1917,
abends ½12 Uhr

[...] In Brest-Litowsk stehen die Verhandlungen nicht sehr günstig. Russischer Dünkel und Treibereien der Entente sind schuld daran. Aber selbst wenn die Verhandlungen sich jetzt zerschlagen sollten, so glaube ich doch, daß Rußland nicht anders kann als Frieden zu machen. Dann machen den Frieden eben andere, aber voraussichtlich wird gerade die jetzige radikale Regierung Wert darauf legen, Rußland den Frieden zu bringen. An den übrigen Fronten ist jetzt Ruhe, die Anderen hoffen wohl, den russischen Sonderfrieden zu Fall zu bringen und dadurch die eigenen Chancen wieder zu steigern. Eben ruft mich der Nachrichten-Offizier aus Brest-Litowsk an und erzählt mir, daß die Verhandlungen befriedigend verlaufen. Also recht erfreulich.

Mittwoch, 26. Dezember 1917

Ich erhalte von Hindenburg ein Anerkennungsschreiben für die Schaffung der Vorbedingung zum Zustandekommen des Waffenstillstandes mit Rußland, an dem auch die Nachrichtenoffiziere in besonderem Maße beteiligt seien. Ich gebe dies weiter und danke auch meinen sämtlichen Mitarbeitern zum Jahreswechsel.

Auszug 182a aus Feldpostbriefen

Kreuznach, Mittwoch, 2. Weihnachtstag 1917,
abends 10½ Uhr

[...] Am 4.1. sind wir wohl für alle Fälle in Berlin, da Ludendorff seine Stieftochter an einen Marineoffizier verheiratet.[65] In Brest-Litowsk scheint die Sache gut weiterzugehen, obgleich man es ja nie weiß bei diesem Kampf der Parteien in Rußland und dem Kampf der Entente um Rußland.

Auszug 183 aus Feldpostbriefen

Kreuznach, Donnerstag, 27. Dezember 1917

(...) Ob die Entente dem neuesten Anerbieten zu allgemeinen Friedensverhandlungen folgen wird, scheint mir allerdings noch sehr fraglich. Hier bei der OHL ist

---

[65] Margot Pernet heiratete Kapitänleutnant Ernst Schumacher, der als 2. Artillerieoffizier auf der S.M.S. »Baden« Dienst tat.

man mit der Antwort, die wir den Russen geben, nicht einverstanden. Ludendorff meint, daß es aussieht, als ob Rußland und nicht wir die Sieger seien. Kommt die Entente aber zu den Friedensverhandlungen, dann kann ich kein gutes Resultat der Verhandlungen für uns erwarten. Czernin dominiert und soll unglaublich österreichisch sein. Dagegen ist unsere Vertretung wohl eingeschüchtert und ängstlich vor den inneren Parteien. [...]

Auszug 184 aus Feldpostbriefen

Kreuznach, Sonnabend, 29. Dezember 1917,
abends 11 Uhr

(...) Gestern hatte ich Besuch vom Chefredakteur des »Kladderadatsch« und aß mit ihm beim Feldmarschall zu Abend. Besonders nett war es, als Ludendorff und die anderen Herren um 10 Uhr zum Dienst gingen und der Feldmarschall uns beide noch eine halbe Stunde allein bei sich zum Plaudern behielt.
Das Verhalten unserer Vertreter in Brest-Litowsk ist wohl möglichst schwach und ungeschickt, jedenfalls gar nicht nach dem Geschmack meiner hohen Herren hier. Pichon und Lloyd Georges haben ja schon kräftig abgelehnt, so bleibt von diesem neuen Friedensangebot bei unseren Feinden nichts als gestärkte Hoffnung auf unsere Schwäche und im eigenen Volk ein banges Fürchten, daß wir doch wohl nicht durchhalten könnten, wenn wir so schwach und unsere Feinde so stark seien. Und daß, nachdem durch unsere Siege die Feinde anfingen, sich zu besinnen und durch das Volk das Bewußtsein des Sieges ging! – Es ist traurig. –

Auszug 184a aus Feldpostbriefen

Kreuznach, Montag, 31. Dezember 1917,
abends 10 Uhr

(...) Ich glaube fest, daß das neue Jahr uns im Krieg die Entscheidung zu unseren Gunsten bringen wird.
Nun liegt ein neues Jahr vor uns. Was es bringen wird, wissen wir nicht, aber ich weiß, daß um Mitternacht unsere Hände sich in Gedanken ineinander falten werden mit der Bitte und Zuversicht, daß es ein glückliches für uns werden möge. Für mich gilt es, tüchtig mitzuarbeiten und durchzuhalten in der festen Hoffnung, daß Ruhe und Lohn später kommen wird.

1918

Dienstag, 1. Januar 1918

Ludendorff ist einverstanden, daß ich Hindenburg sein Antwortschreiben an den Kanzler sende, in welchem er sich dagegen noch einmal verwahrt, daß der Leiter der Nachrichtenabteilung des AA (Deutelmoser) den politischen Standpunkt einseitig und bestimmt fordernd vertreten hat, daß der Obermilitärbefehlshaber den »Vorwärts« nicht verbieten sollte. Er erklärt sich einverstanden, wenn den Zeitungen nicht unnötige Fesseln angelegt werden sollten. Wo es aber im Einzelfall notwendig sei, fordert er energisches Einschreiten. [...]
Abends ab Kreuznach im Sonderzug nach Berlin wegen der Friedensverhandlungen in Brest-Litowsk. Der Feldmarschall ist außerordentlich bedrückt, weil, wie er sich zu mir äußert, die politische Auffassung dahin gehe, daß ein baldiger und völliger Friede mit Rußland möglich sei, dadurch werde auch im Volk diese Auffassung erzeugt oder genährt und werde jedes Hinauszögern der militärischen Leitung zur Last gelegt werden können, während es in Wirklichkeit von der Entente veranlaßt werde.

Mittwoch, 2. Januar 1918

Kronrat[1] wegen Brest-Litowsk. Hindenburg kehrt abends nach Kreuznach zurück, da er und Ludendorff im Kronrat nicht gehört werden sollen.

Freitag, 4. Januar 1918

Abends Rückkehr mit Ludendorff im Sonderzug nach Kreuznach.

Sonnabend, 5. Januar 1918

Vormittags im Sonderzug befiehlt mich Ludendorff zur Besprechung. Er teilt mir die Vorgänge im Kronrat[2] mit und seinen Entschluß, den Kaiser um anderweitige Verwendung zu bitten. Er verlangt meine Beurteilung der Lage. Ich trage vor, daß jede Verwendung seiner Person in einer Stellung minderen Einflusses für die allgemeine Stimmung von verheerender Wirkung sein würde. Denn ich glaube nicht, daß der Kaiser ihm die einzige Verwendung geben würde, die ich, wie er wisse, für allein möglich halte. Es sei also zum mindesten zu hoffen, daß die von Hindenburg übernommene Vermittlung Erfolg habe und ihm sein Bleiben

---

[1] Als Kronrat wurde in Preußen die vom Monarchen einberufene und geleitete Sitzung des gesamten Preußischen Staatsministeriums bezeichnet. Mitunter wurden auch kleinere Beratungen Wilhelms II. mit einzelnen Politikern und Militärs in herausgehobener Position so bezeichnet.

[2] Ludendorffs Forderung nach beschleunigter und unnachgiebiger Verhandlungsführung in Brest-Litowsk war vom Kaiser nicht unterstützt worden. Zudem hatte sich Wilhelm II. an diesem Tag im Schloss Bellevue in der polnischen Grenzfrage den gemäßigten Ansichten des Staatssekretärs des Auswärtigen und des Oberbefehlshabers Ost angeschlossen. Die OHL fühlte sich übergangen.

ermögliche. Indem der Kanzler offen und mit ihm auch der Kaiser nun in das Lager der Mehrheitsparteien übergetreten seien, habe die Angriffsfront gegen die OHL erneut an Macht gewonnen. Wenn er ginge, so würde dies den Sieg der Angriffsfront bedeuten und sowohl der Entente das zugkräftige Schlagwort vom »Friedensfeind Ludendorff« bieten und die irregeleiteten Instinkte der Pazifisten und Sozialdemokraten in Deutschland, daß mit ihm das Haupthindernis einer Verständigung der Völker aus dem Wege geräumt sei, steigern. Schon seit dem 3.1.18 seien Gerüchte im Umlauf von einem ernsten Zerwürfnis oder einem völligen Bruch zwischen der OHL und der Reichsleitung auf Grund des Ergebnisses im Kronrat am 2.1.18. Noch lasse sich nicht übersehen, welche Wirkung diese Gerüchte haben würden.

Mittags an Kreuznach.

Abends wird mir von starker Erregung im Reichstag gemeldet, wo das Gerücht von Ludendorffs Rücktritt bereits als Tatsache hingestellt wurde.

Sonntag, 6. Januar 1918

In der »Rheinisch-westfälischen Zeitung« erscheint die Nachricht von Ludendorffs Abschiedsgesuch. Der Chef des Kriegspresseamtes gerät in den Verdacht, dies veranlaßt zu haben. Diese Behauptung ist falsch. Würtz hat lediglich sich bemüht, gegen die Gerüchte beruhigend zu wirken. Er hat zwar zugegeben, daß Meinungsverschiedenheiten beständen, aber bestimmt erklärt, daß ein Abschiedsgesuch nicht vorliege. [...]

Auszug 185 aus Feldpostbriefen

Kreuznach, Montag, 7. Januar 1918,
abends 11½ Uhr

(...) Nun habe ich meine Tagesarbeit abgeschlossen, obgleich ich noch bis morgen früh fortarbeiten könnte, ohne doch fertig zu werden. Die Angelegenheiten, die uns damals so sehr beschäftigten, sind immer noch ungeklärt. Es handelt sich ja nicht nur um persönliche, sondern um sachliche Differenzen, die nicht so schnell entschieden werden wie persönliche. Letztere können als Folge der ersteren immer noch eintreten. Ich hoffe es aber nicht, denn das wäre neben allem militärischem Schaden ein Zusammenbruch in entscheidendster Stunde [...] Schuld an der Krisis ist das falsche und schwache Verhalten der Diplomatie und ihres Bundesgenossen Hoffmann, der letzten Endes die volle Schuld trägt, indem er nicht nach seinen Instruktionen sondern an allerhöchster Stelle gegen sie handelte. Ich hoffe, daß die entscheidende Stelle die Lage richtig erkennt und die einzig mögliche Entscheidung trifft. Der Presse haben wir einstweilen die weiteren persönlichen Erörterungen verboten, es laufen in Berlin die blödsinnigsten Gerüchte selbst bei den höchsten Stellen um. [...]

Morgen siedle ich vielleicht in das Haus über, in dem die Mehrzahl meiner Herren arbeitet, da ich andernfalls es mit der Arbeit nicht recht schaffen kann. Ich würde dann auch dort wohnen und schlafen.

Dienstag, 8. Januar 1918

Nur mit Widerwillen trete ich an Ludendorff heran, um ihm über die unverantwortlichen Kräfte, in deren Mittelpunkt Erzberger mit seinen zum mindesten sachlich minderwertigen Kumpanen steht, vorzutragen. Es ist aber notwendig, wenigstens von der OHL Direktiven zu geben, weil, wiederum in diesem entscheidenden Augenblick der Kriegslage, die an der Schwelle der Vorbereitungen für die große Schlacht in Frankreich steht, was Ludendorffs Tatkraft schon übermäßig in Anspruch nimmt, jede großzügige, klare und verantwortungsbewußte Führung der öffentlichen Meinung durch die politische Reichsleitung völlig unterbleibt. Deutelmosers Rolle ist geradezu kläglich. Von auswärtiger Politik versteht er ebenso wenig oder ebenso viel wie ich und die anderen Organe der Presseleitung. Innenpolitisch ist er vollständig dem Wahn einer Verständigung verfallen, er stellt sich schützend vor die Sozialdemokratie, d.h. vor die politische Organisation der Arbeitermassen, ohne von der Art der letzteren, auch nicht von ihrem kämpferischen Geist selbst, den leisesten Hauch [einer Ahnung] zu besitzen. *Um diesen weiß die OHL*. Kühlmann, sein höchster Chef, hat nach Anlage und Lebensart nicht das geringste von kämpferischer Art, weder soldatisch nach außen, noch politisch nach innen. Seine diplomatischen Fähigkeiten kann ich nicht beurteilen. Der Krieg wie das Volk sind ihm gleich unbequem und unsympathisch. Er ist aber trotzdem augenblicklich der offiziell maßgebende Mann. Wenn er die notwendigen Eigenschaften dafür besitzt, so nur im Sinne der Feinde, aber nicht als *deutscher* Außenminister. Daß er Deutelmosers Chef werden würde, war nicht vorauszusehen, als wir diesen zur Verfügung stellten. Innenpolitisch ist Deutelmosers Chef der Graf Hertling. Ein Aristokrat und darum Erzberger ablehnend, ihm aber in der Partei aus der allgemeinen Furcht vor letzterer unterlegen. Auf diesem Umwege ist Deutelmoser durchaus zu dem Kreise um Erzberger zu zählen.

Ludendorff äußert sich bitter über diese Wandlung. Deutelmosers, der ihm schon nicht gefallen habe, als ich ihn Anfang September 1916 vorstellte. Er hätte damals schon nur mit Bedenken zugestimmt, daß er etwas Nützliches beim Kanzler leisten würde und sich nur auf mein Urteil verlassen. Ich muß auf die verschiedenen Kanzlerwechsel hinweisen, die ich, wie er wisse, in anderer Richtung erwartet hätte, als sie eingetreten seien und die ganze übrige Entwicklung zur Folge gehabt hätten.

Ich gehe auf meine mehrfachen Warnungen vor den politischen Machenschaften des Generals Hoffmann und der Kreise über, welche über seine Frau (geb. Stern) seine Eitelkeit und seinen Ehrgeiz ausnutzen. Ludendorff gibt mir Recht, daß auch hier sein Vertrauen schwer enttäuscht worden sei und äußert sich sehr scharf über das eigenmächtige Vorgehen Hoffmanns in der Frage des notwendigen Schutzstreifens im Osten, wofür die OHL tatsächlich zuständig und verantwortlich sei. Ich erwidere, daß ich bisher durch das Vertrauen, welches er Hoffmann schenkte, gehindert worden sei, gegen den politischen Salon seiner Frau wie gegen andere derartige Unternehmungen vorzugehen. Auch hätte mich die Tatsache daran gehindert, daß in diesem Kreise meine persönlichen Gegner sich ein Rendezvous geben und, wie ich wisse, darüber auch den Weg gegen mich bei Ludendorff gesucht hätten. Ich hätte bisher den Verdacht gescheut, mich nur persönlich dieser Gegner entledigen zu wollen. Jetzt müsse ich aber auf den augenblicklichen Hochbetrieb dieses Kreises hinweisen und vorschlagen, daß ihm der Garaus gemacht werde. Um den Verdacht, daß ich gegen persönliche Feinde vorginge, auszuschließen und auch ihn möglichst herauszuhalten, bäte ich um die Erlaubnis, dem Feldmarschall darüber Vortrag halten und ihn bitten zu dürfen, den General Hoffmann zu verständigen, daß er mit Mißfallen von dem Treiben des Kreises um seine Frau Kenntnis erhalten hätte und ihn ersuche, dieses abzustellen. Ludendorff stimmte mir zu, behielt sich aber vor, den Feldmarschall selbst zu unterrichten. (Hindenburg hat entsprechend gehandelt.)

Ich habe den Eindruck, daß Ludendorff mir für die Art, wie ich gerade in diesen persönlichen Dingen ihm zur Seite zu stehen bemüht bin, dankbar ist und meine selbstlose Art die richtige ist, sein Vertrauen zu vertiefen. Ich sehe aber wieder seine geballte Tatkraft, die sofort handelt, wenn er die Lage klar überschaut und bin wieder bestärkt in der Auffassung, daß man diese Tatkraft nur dann in Bewegung setzen darf, wenn man selbst klar sieht. So sehr ich Falkenhayn noch dankbar anhänge, ist mir Ludendorffs klare, durchsichtige und entschlossene Art doch auf die Dauer lieber, als die undurchsichtige und wohl bei allem Vertrauen auch mir gegenüber zurückhaltende Art Falkenhayns.

Auszug 186 aus Feldpostbriefen

Kreuznach, Dienstag, 8. Januar 1918,
abends 10½°

(...) Eure Gedanken sind mit Recht bei den Vorgängen in unserem Vaterland, die hoffentlich jetzt die Klärung erfahren, die nötig ist. So, da war ich inzwischen mal wieder bei Ludendorff. Es ist immer eine Freude, mit seiner Klarheit und Tatkraft in Berührung zu kommen. Ich habe jetzt auch die Freude, daß er mir vertraut und auf meinen Rat in Presse-Sachen hört. Ganz leicht ist dieser Rat immer nicht, besonders, da soviel Scharfmacherei auf der einen und Falschheit auf der anderen Seite ist. Das Kunststück ist, nicht dumm und doch ehrlich zu sein! [...]

Morgen ziehe ich in die »Villa Hertha« um. Dort habe ich 3 der Ressorts (Front-Nachrichtendienst, Geheim-Nachrichtendienst, Abwehr) bei mir, Niederhoff mit den Personalien, Blankenhorn mit den Presse-Angelegenheiten bewohnen andere Häuser, aber ich hoffe, mit der Vereinigung mit Redern, Gempp und Bünger doch ein besseres Arbeiten zu haben. Besonders im Interesse des Dienstes, die größere Entfernung von Ludendorff wird mir zwar persönlich unbequem sein. [...]

Freitag, 11. Januar 1918

Wieder im Sonderzug abends mit Hindenburg und Ludendorff nach Berlin.

Sonnabend, 12. Januar 1918

Ludendorff beim Kanzler, der sich ganz auf die Seite Kühlmanns stellt.

Sonntag, 13. Januar 1918

Die Krise aufs Äußerste gespannt.

Dienstag, 15. Januar 1918

Die Vorgänge seit Jahreswechsel haben dahin geführt, daß die Mehrheitsparteien, nunmehr mit Unterstützung der Regierung die Absicht wieder aufgenommen haben, die Ausübung der Zensur während der Dauer des Krieges den militärischen Behörden abzunehmen und an die Zivilbehörden zu übertragen.
Zunächst soll möglichst eingehend auf die Vorgänge des 5. u. 6. Januar eingegangen und damit der Beweis erbracht werden, daß
1.) die Nachricht von Ludendorffs Rücktritt aus militärischen Quellen stammte, um in der Bevölkerung eine Trennung der Gefolgschaft zwischen OHL und Reichsleitung herbeizuführen und
2.) daß die militärische Zensur nicht mit der notwendigen und überparteiischen Strenge vorgegangen sei gegen die Blätter, welche durch Übertretung bestehender Zensurvorschriften, die Nachricht gebracht und daran der OHL genehme Erörterungen geknüpft hätten. [...]
Der innere Grund ist aber das Bestreben, der Regierung und der Mehrheit den allein ausschlaggebenden Einfluß auf die deutsche Presse zu verschaffen, als selbstverständliche Folge eine politische Zensur mit dem Ziel, nur Erörterungen, die auf einen Verständigungsfrieden abzielen, zuzulassen.
Der Reichstagsmehrheit und den hinter ihnen stehenden Kreisen ist es darum zu tun, möglichst bald diese Maßnahmen durchzuführen und zwar durch Eingreifen und Entscheiden des Reichstages, um ihrer Ansicht, daß eine Offensive im Westen nicht mehr notwendig sei, zum Siege zu verhelfen. An Stelle einer solchen Offensive sollen möglichst bald Verhandlungen mit England treten. Es wird angenommen, daß vollkommener Verzicht auf Belgien und das Angebot baldigster Räumung dieses Landes England dazu bringen werde, nachzugeben und uns annehmbare Bedingungen zu stellen. Darüber, daß England bereit ist, in solche Verhandlungen einzutreten, besteht bei den Mehrheitsparteien kein Zweifel.
Auch das AA hat angeregt, ob es nicht zweckmäßig sei, jetzt schon die deutsche Öffentlichkeit auf die Frage eines Waffenstillstandes mit England vorzubereiten. Ich habe mich schon am 5.2. dahin geäußert, daß eine derartige öffentliche Erörterung nicht zweckmäßig, daß es wohl aber notwendig sei, sich darüber klar zu werden, was geschehen müsse für den Fall, daß diese Frage tatsächlich akut wird.
Auch das Kriegspresseamt meldet, daß nach wie vor viele Kräfte am Werk sind, dem deutschen Volk klarzumachen, daß eine Offensive im Westen nicht mehr notwendig sei. Die stete und zielbewußte Wiederholung dieser Behauptung müsse bei allen zweifelhaften und schwachen Gemütern allmählich Einfluß gewinnen, um so mehr, als sich die Verbreiter solcher Ansichten auf Gewährsmänner der allerhöchsten Kreise stützen. Als oberste Instanz der Zensur solle an Stelle des Oberbefehlshabers der Vizekanzler v. Payer treten. Als dessen spezieller Mitarbeiter wird v. Richthofen genannt, der neben Arnold Rechberg

die Hauptstütze Erzbergers in diesen Bestrebungen darstellt, welcher trotz seiner, im übrigen augenblicklich erschütterten Stellung, eine von der Mehrheit und der Sozialdemokratie unterstützte Machtstellung ausübt, die unter auffallend großem Geldverbrauch vorgeht.

Mittwoch, 16. Januar 1918

Erzberger verbreitet die Ansicht, die zuerst von alldeutscher Seite stammenden Gerüchte über Ludendorffs Rücktritt, die dann leider auch von anderen Blättern aufgenommen worden seien, hätten uns dadurch einen ungeheuren Schaden zugefügt, daß die Entente die Möglichkeit und den Weg erkannt hätte, Deutschlands größte Stärke, die Geschlossenheit der OHL und den Kern derselben, Ludendorff, zu zertrümmern.

Wie er in Wahrheit schon seit längerem in Deutschland das Werkzeug aller Kräfte ist, die auf dieses Ziel hinarbeiten, so nach eingehenden Meldungen auch im Ausland. Schon seit längerem organisierte er danach in der Schweiz einen Vorstoß gegen die OHL über den Weg der demokratisch gerichteten Auslandspresse. An der Stimmungsmache gegen Ludendorff beteiligt sich als sein Organ auch Dr. Viktor Naumann, Protestant, verheiratet mit katholischer Italienerin, dadurch unter katholischem Einfluß, Mitarbeiter des Ullstein-Verlages, gleichfalls aufgefallen durch Geldausgaben, die nicht im Verhältnis stehen zu seinen Einnahmen. Die Artikel in der »Germania« »Von protestantischer Seite wird uns geschrieben« stammen von ihm. In den Berliner Arbeiterkreisen wird Ludendorff als Kriegsverlängerer, als Vertreter der Interessen der Schwerindustrie und als Gegner der Wahlreform hingestellt. In der gesamten Agitation gegen Ludendorff wird vom Feldmarschall nicht gesprochen. [...]

Während Ludendorff also pflichttreu an die Vorbereitungen zur großen Schlacht in Frankreich herangeht, wird vorwiegend über die Schweiz als Folge der Hetze in Deutschland die Auffassung verbreitet, daß Ludendorff der schlimmste Kriegstreiber in Deutschland sei und der Krieg unbedingt so lange fortgesetzt werden müsse, als er die Lage beherrsche. Die Beseitigung Ludendorffs wird das nächste Kriegsziel der Entente, wie es das Ziel der Pazifisten in Deutschland ist.

Der Kampf um den Frieden drängt den Kampf um den Sieg in den Hintergrund.

Auszug 187 aus Feldpostbriefen

Kreuznach, Freitag, 18. Januar 1918

(...) Mein Haupterlebnis seit meiner Abreise ist die Hochwasser-Katastrophe hier in Kreuznach. Ich habe mir das nicht so schauerlich gedacht. [...] Der betroffene Stadtteil sieht traurig aus. Eingestürzte Mauern, aufgewühlte Pflasterstraßen, mit Wasser noch bis oben hin volle Keller und die völlig verschlammten und zerstörten unteren Stockwerke der Häuser und Läden sind ein trostloser Anblick. 2 Häuser, in deren Kellern Karbid lag und das sich durch die Vermischung mit dem Wasser entzündete, sind explodiert. Der Schaden ist ganz gewaltig. [...]

Auszug 188 aus Feldpostbriefen

Kreuznach, Sonnabend, 19. Januar 1918

(...) Mir geht es gut. Die Entlastung durch Ludendorffs Abwesenheit merke ich doch, es ist unwillkürlich ein ruhigeres Leben und Arbeiten für mich, obgleich die Verantwortung größer, da manche Entscheidung selbständig zu treffen ist.

Das Sanatogen³ nehme ich gehorsam. Es würde nichts schaden, wenn es die Nerven und Kräfte auf den Schwung brächte, denn davon kann man jetzt nicht genug haben. – Gempp geht es weiter gut, er muß aber 6 Wochen in ein Sanatorium, und da das vom Arzt verordnete ein ausgesprochenes Lungen-Sanatorium ist, fürchte ich, daß er doch einen Knax forthat. Heute meldete mir auch der Graf Dürckheim, daß er auf ärztliche Anordnung ¼ Jahr auf Urlaub müßte wegen Lungenspitzenkatarrh. So fällt schließlich doch mancher zusammen. Wenn uns nur die führenden Männer erhalten bleiben. Sehr gespannt bin ich, wann und was der Kanzler reden wird. Die Verhandlungen in Brest dienen weniger dem Frieden als den revolutionären Zielen der Trotzki und Genossen. In Österreich scheinen sie schon ansteckend gewirkt zu haben, die Aufstände dort sind sehr ernst.⁴ Sie sollen und wollen wohl auch besonders auf einen schwachen demokratischen Frieden hinwirken. Es ist jammerschade, daß nach allen Siegen uns im eigenen Land in den Rücken gefallen wird, hoffentlich findet man bei uns wenigstens den starken Entschluß, beim ersten Aufflackern solcher Dinge energisch zuzupacken und die Aufreizer und Führer festzusetzen. Ich glaube, wir werden noch manches erleben! Der Kampf um den *Frieden* hat begonnen, aber da fehlen uns die Führer, die wir für den *Krieg* hatten. Ich glaube, diese müssen es doch noch auch für den Frieden werden! [...]

Auszug 189 aus Feldpostbriefen

Kreuznach, Montag, 21. Januar 1918

(...) Valentinis Abschied halte ich für segensreich. Sein Einfluß war kein guter. Einseitig und schwach, à la Bethmann. Die Ereignisse in Österreich sind nicht erfreulich, die amtliche Darstellung von den Verhandlungen mit der Ukraine⁵ ist auch reichlich rosig. Aber trotzdem steht unsere Sache gut, wenn wir nur stark und zielbewußt *regiert werden*. Es geht immer mehr auf die innerpolitischen Momente hinaus, von denen ich schon so lange erzählte und warnte. Dagegen gibt es nur ein Mittel, *stark* sein! Und wir können es sein. Wir sind Sieger und haben ein tapferes ehrliches Volk, das nur nicht mißleitet werden darf. [...]

---

3   Nahrungsergänzungsmittel, größtenteils bestehend aus Kasein und Natrium.
4   Parallel zu den Verhandlungen von Brest-Litowsk kam es im Januar 1918 zunächst in Ungarn aufgrund der sich verzögernden Verhandlungen und der sich verschlechternden Versorgungslage zu ersten Streiks, die sich auf Österreich ausweiteten.
5   Am 9.2. wurde in Brest-Litowsk der Separatfrieden zwischen den Mittelmächten und der neu gegründeten Ukrainischen Volksrepublik unterzeichnet.

Sonntag, 27. Januar 1918

Ich werde durch AKO zum Oberstleutnant befördert. Es wird mir bewußt, wie schwer es war, bei der üblichen Bewertung des militärischen Ranges die Aufgaben meiner Stellung bisher durchzuführen. Nachdem es 3½ Jahre so hat geleistet werden müssen, wird diese Beförderung daran sachlich auch nicht viel ändern. Sie soll auch nicht die Gefahr in sich bergen, mich innerlich älter zu machen. [...]

Montag, 28. Januar 1918

Zu den Vorbereitungen für die große Schlacht[6] gehört auf meinem Arbeitsgebiet die Geheimhaltung der militärischen Maßnahmen. Bei deren Umfang ist es völlig ausgeschlossen, mit den rein offensiven Maßnahmen der Abwehr auszukommen. Ich beschließe daher, die Irreführung des feindlichen Nachrichtendienstes planmäßig zu betreiben und in feste Form zu bringen. Bei der Gefährlichkeit jeder Irreführung aus den möglichen Folgen erwirke ich einen Befehl, daß nur IIIb für die Irreführung im Großen zuständig ist und nur kleine taktische Maßnahmen zur Irreführung des Feindes den AOKs und den Truppen erlaubt sind. Zur Leitung der Irreführung erbitte ich mir von Ludendorff den früheren Chef des Kriegspresseamtes, Oberstleutnant Stotten. Der Nachrichtendienst erhält Befehl, besonderen Wert zu legen auf Feststellung dessen, was der Feind über unsere militärischen Maßnahmen weiß oder vermutet.

Diese Nachrichten werden alle Stotten zugeleitet. Es entstand bei ihm eine interessante Karte der Westfront, indem auf dieser jede Meldung, wo der Feind einen Angriff vermutet, mit einem Pfeil kenntlich gemacht wurde. Ballten sich diese Nachrichten an einer Stelle zusammen, welche unserer Absicht entsprach, so war es seine Aufgabe, mir Vorschläge zu unterbreiten, wie die allmähliche Erkenntnis des Feindes zerstreut werden könnte. Es war interessant, dieses Wechselspiel von feindlichem Nachrichtendienst, deutscher Irreführung und darauf fußenden Maßnahmen des Gegners zu beobachten. (Auf dieser Irreführung beruht hauptsächlich die geglückte Überraschung des Feindes beim Beginn der großen Durchbruchsschlacht Ende März. Die Lagekarte der feindlichen Front zeigte zu diesem Zeitpunkt und die Ereignisse bestätigten es, daß hinter keiner Stelle der Westfront besonders starke Reserven zusammengeballt waren, weil die feindliche Führung tatsächlich nicht wußte, wo der deutsche Hauptstoß erfolgen würde.)

---

[6] Nicolai bezieht sich auf die Vorbereitungen der deutschen Frühjahrsoffensive, deren Beginn für Ende März geplant war.

Auszug 190 aus Feldpostbriefen

Kreuznach, Montag, 28. Januar 1918,
abends 10 Uhr

(...) Nun sind wir Oberstleutnants, Mutting! Wieder ein Schritt weiter zum Kreise der Alten! Die Bayern nennen den Oberstleutnant-Stern den »Abendstern«.
Ich habe mich – obgleich dies Ereignis ja lediglich von der Zeit abhängt – doch gefreut, da es mir manchen freundlichen Glückwunsch eingetragen hat. Auch der Feldmarschall war besonders nett bei der Meldung, ebenso Ludendorff. Gestern Abend habe ich den Stern dann gleich ordentlich begossen, sodaß er erst ziemlich spät unterging. Sonst war der Kaiser-Geburtstag ein Dienst-Tag wie alle anderen. [...]
Die Streiks heute scheinen ja nicht den großen Umfang anzunehmen, den man befürchten konnte, es scheint auch überall mit geringen Ausnahmen aber ruhig verlaufen zu sein. Wie verbrecherisch sind die Leute, die jetzt dem Heer in den Rücken fallen und auch die, welche durch die Mießmacherei und inneren Streit die Hoffnungen der Feinde beleben und dadurch den Frieden hinausschieben! Mit dem dummen Friedens-Gerede kommen wir nicht weiter, nur das Bewußtsein unserer Unüberwindlichkeit macht unsere Feinde dem Frieden geneigt. So wie es jetzt läuft, müssen wir eben weiter aushalten.
Zum Haare ausraufen, daß es im Innern nicht so fest und gut ist wie draußen. Wir schaffen's auch so, aber eins ist unbedingt nötig: eine feste starke Regierung im Innern!

Dienstag, 29. Januar 1918

[...] Hindenburg unterschreibt stets aus voller Überzeugung. Allerdings erst nachdem er sich überzeugt hat, daß Ludendorff das Schreiben mit seinem »L« gekennzeichnet hat. Fehlt diese Chiffre, so fragt er: »Ist der General auch einverstanden?«
Eine sachliche Änderung nimmt er nie vor, gibt auch niemals eigene Hinweise. Er hält nur auf völlige Klarheit des Stils und bittet hier gelegentlich um Änderung, wenn ein anderes Wort das Gewollte noch klarer ausdrückt oder unterstreicht. Von der Bedeutung seiner Unterschrift überzeugt, hält er darauf, daß diese auch äußerlich, wie sie gesetzt wird, wirkt. Mehrfach zog er mit dem Federhalter seine Unterschrift zunächst ohne Tinte mit dem linken Zeigefinger die Stelle festhaltend, an welcher er beginne mußte, um für seinen Namen in großer Schrift Platz zu haben. Erst wenn er das ausprobiert hatte, tauchte er die Feder in die Tinte und schrieb seinen wuchtig wirkenden Namen. [...]

Donnerstag, 31. Januar 1918

Autofahrt nach Frankfurt zu einer Besprechung mit dem Besitzer und ersten Leiter der »Frankfurter Zeitung«, Dr. Heinrich Simon.
Ich habe Ludendorff um Zustimmung zu diesem Versuch, die »Frankfurter Zeitung« in die notwendigen Bahnen zu lenken, gebeten unter Festlegung folgender Gesichtspunkte:

»Die ›Frankfurter Zeitung‹
und ihre Wirkung auf das Heer.

In letzter Zeit hat es sich die ›Frankfurter Zeitung‹ zur Aufgabe gemacht, in mehr oder weniger deutlicher Form ihre Leser davon zu überzeugen, daß der Krieg zu einem baldigen Verständigungsfrieden führen kann auch ohne weiteres Blutvergießen. Die geistreiche, des logischen Aufbaues nicht entbehrende, geschickte und manchmal auch überzeugende Art, wie sie diese Gedanken in ihre Leitartikel verflicht, ist geeignet, auch beim Leser im Feldheer, der sein Urteil durch die im Kriege bedingten Verhältnisse oft nur auf derartigen einseitigen Unterlagen aufbauen kann, schwere Zweifel hervorzubringen, ob es überhaupt noch notwendig sei, Krieg zu führen, ob nicht jedes weitere Blutvergießen überflüßig sei und ob er nicht seinem Vaterlande mehr nütze, wenn er sich Frau und Kindern erhalte? Das zersetzende Gift des Zweifels zerfrisst so nach und nach die Angriffslust, aber auch die Widerstandskraft, welches beides zu erschüttern bisher dem Feinde nicht gelungen ist. [...]

Gesetzt den Fall, die ›Frankfurter Zeitung‹ hätte recht, die Offensive führt nicht zum Sieg, wie steht es dann, wenn der Feind zum Angriff schreitet? Ein Heer, dessen Denkart durch Gedanken, wie sie die ›Frankfurter Zeitung‹ bringt, beeinflußt ist, dessen Angriffslust geschwunden ist, ist auch nicht mehr fähig, den drohenden Angriff von nie dagewesener Wucht und Größe zurückzuschlagen. Wem gibt man dann die Schuld am Unglück? Nur dem Heerführer, der es nicht vermochte, den Geist seiner Truppen auf der Höhe einer kampffreudigen Stimmung zu erhalten.

Leicht ist es ein Heer zu entnerven und das Volk zum Verzicht zu erziehen, unmöglich, den Geist dieses Heeres und des Volkes in Kürze wieder zur alten Spannkraft zu steigern.

Nur zwei Möglichkeiten stehen sonach der Obersten Heeresleitung offen. Entweder gelingt es, die ›Frankfurter Zeitung‹ zu veranlassen, an der Erhaltung des Geistes unseres Heeres mitzuwirken, oder sie fährt in dem in letzter Zeit eingeschlagenen Fahrwasser fort und die Oberste Heeresleitung muß sie im gesamten Bereich der Feldtruppen verbieten und auch die Heimat über die Gründe dieses Schrittes aufklären.«

Diese Besprechung mit Dr. Heinrich Simon hat mich als Generalstabsoffizier die meiste Überwindung bei der Erfüllung meiner nicht rein militärischen Aufgaben gekostet. Ich sah in eine nur von internationaler Anschauung erfüllte Welt, in welcher es weder ein deutsches Volk mit seinem Lebensrecht, noch einen Feind, ihm dies zu schmälern, gab, als ob es überhaupt keinen Feindwillen gäbe und die OHL den Krieg nur um seiner selbst willen und um den militärischen Ruhm des Sieges fachmännisch führte.

Von irgendwelcher tiefen inneren seelischen Verbundenheit mit den Dingen, von welchen wir sprachen, von dem tiefen sittlichen Ernst, der meine Unterredungen mit Ludendorff und Hindenburg erfüllte, war keine Spur vorhanden. Es war ein leichtfertiges Spielen mit einer Macht, welche die Presse gibt, völlig analog der Art Erzbergers, der in derselben Weise mit dem politischen Einfluß durch den Reichstag spielte. Es war für mich ein geradezu widerlicher Eindruck, diesen kleinen sorgfältig und kokett gekleideten, auf eleganten Schuhen mit hohen Absätzen im Zimmer auf und abgehenden Juden als einen Partner Ludendorffs und Hindenburgs ansehen und entsprechend mit ihm verhandeln zu müssen.

Ich mußte ihn bitten, seine Stimme zu dämpfen, die er nicht anstrengte aus innerer Erregung, sondern aus Pose und vielleicht, weil unsere Unterhaltung im Nebenzimmer gehört und schriftlich festgelegt werden sollte. In Wirklichkeit war Simon innerlich kalt und zum Schluß bis zum Hohn zynisch, als er, nachdem ich festgeblieben war, mir sagte: »Na dann machen Sie man weiter mit Ihrem Krieg, unsere Sache marschiert.« [...]

Sonntag, 3. Februar 1918

Abends nach Berlin mit Ludendorff.

Montag, 4. Februar 1918

Ludendorff hat Besprechungen mit Kühlmann und Czernin. Ich esse mit dem Presse- und Zensurausschuß.

Dienstag, 5. Februar 1918

Frühstück mit den neutralen Militärattachés.
Besprechung mit Baake, dem zweiten Vorsitzenden des Presseausschußes und Freund Eberts, über die Haltung des »Vorwärts«. Der Oberreichsanwalt beabsichtigt die Vorwärtsredakteure vor ein außerordentliches Kriegsgericht zu stellen. Der Oberbefehlshaber in den Marken greift ein. [...]

Donnerstag, 7. Februar 1918

In Lüttich.
Unter Zuziehung meiner zuständigen Mitarbeiter in Spa Besprechung beim Gouverneur von Lüttich[7] über Sicherung des großen Hauptquartiers in Spa während der Vorbereitungsperiode für die große Schlacht. [...]

Freitag, 8. Februar 1918

5 Uhr vorm. ab Lüttich. 8 Uhr Besprechungen in Brüssel über verstärkten Abwehrschutz des GrHQu in Spa und der belgisch-holländischen Grenze.
Nachts 12 Uhr an Charleville.

---

[7] General der Infanterie Leo Götz von Olenhusen.

Sonnabend, 9.2.1918

Besprechungen mit den Nachrichtenoffizieren, den Sicherungsoffizieren, der geheimen Feldpolizei über verstärkten Spionageschutz. Besprechung mit den Leitern der Armeezeitungen über ihre Aufgabe gegenüber den Streiks, den Gedanken gegen die Offensive und über die angeblichen Friedensmöglichkeiten. Abends Essen bei der Feldpressestelle.
  Nachts 1 Uhr ab Charleville.

Sonntag, 10. Februar 1918

[...] 10 Uhr vorm. an Straßburg. Besprechungen wie gestern in Charleville für den Bereich der Heeresgruppe Albrecht. Ich bin zum Frühstück und Abendessen Gast des Oberbefehlshabers Herzog Albrecht v. Württemberg und seinem Generalstabschef Heye.

Montag, 11. Februar 1918

5 Uhr vorm. ab Straßburg, mittags an Kreuznach. [...]

Sonntag, 24. Februar 1918

Die »Frankfurter Zeitung« hat im Leitartikel ihres Abendblattes vom 21.2.18 schärfsten Kampf im Innern angekündigt, in dem es keine burgfriedlichen Rücksichten mehr geben und der ohne Rücksicht auf den Krieg zum Austrag gebracht werden solle.
  Ich lege Hindenburg ein Schreiben an den Kanzler vor, in welchem unter Hinweis auf den Vorgang ausgeführt wird, daß es ihm fern liege, sich in den Parteikampf einzumischen, daß aber der Austrag dieses Kampfes in der Presse nicht Politik in das Heer tragen und seine Kampfkraft zerstören darf. Andernfalls würde der Feind in seiner Hoffnung auf unsere innere Zersetzung gestärkt, der Krieg verlängert, das Heer vor immer neue und immer schwerere Aufgaben gestellt. Er ersuche den Kanzler, auf die Presse *aller* Parteien dahin zu wirken, daß der Weg, den die »Frankfurter Zeitung« angekündigt hat, unter keinen Umständen beschritten werden darf.
  Erst am 14.3. geht die Antwort des Kanzlers ein. Er hält an dem Standpunkt fest, den er am 24.1. in Bezug auf die sozialdemokratische Presse eingenommen hatte, daß der Kampf um die Wahlreform in der Presse sich unbeeinträchtigt durch Zensurmaßnahmen vollziehen müsse. Darauf, daß der Feldmarschall nicht Zensureingriffe, sondern eine *Einwirkung* auf die Presse aller *Parteien* gefordert hatte, wird in der Antwort nur nebenbei und ganz allgemein eingegangen. [...]

Auszug 193 aus Feldpostbriefen

Donnerstag, 28. Februar 1918,
18½°

(...) Draußen steht alles gut. Im Osten erhalten oder erzwingen wir uns nun hoffentlich sichere Verhältnisse, damit es im Westen losgehen kann.

Ich habe heute meinen braven Blankenhorn entlassen, der wieder zur Division kommt. Dafür habe ich mir Kroeger aus Berlin zurückgeholt. Es tut mir leid, mich von Blankenhorn trennen zu müssen, aber er gehört in die Front nicht nach hinten in das Büro.

Ich schließe diesen Brief abends 12 Uhr, nachdem ich mit Redern und Bünger einen Skat gespielt habe. Ich mußte einmal etwas anderes tun als immerzu arbeiten.

Erläuterung

Major Blankenhorn war bei mir als Bearbeiter der Pressesachen. Voll feldverwendungsfähig hat er mich um Freigabe für die Front gebeten. Er war heute abend mit seinem im GrHQu anwesenden Landesherrn, dem Großherzog von Baden zum Abschied Gast des Feldmarschalls. So mußte leider die kleine Abschiedsfeier im Kreise meiner anderen Mitarbeiter ausfallen. Ich füge Abschrift seines Briefes bei, mit dem er sich noch einmal verabschiedete, weil daraus hervorgeht, eine wie fremde Welt mein augenblicklich vorwiegendes Arbeitsgebiet für einen Generalstabsoffizier ist.

Abschrift

Berlin, 2. März 1918

Hochzuverehrender lieber Herr Oberstleutnant

In den Stunden, die mir hier noch vergönnt sind der Ruhe zu pflegen, bewegen sich meine Gedanken zwischen dem, was war und dem, was kommen wird. Aus einer Welt des geistigen Kampfes mit Wort und Feder, geht es in eine solche mit Feuer und Schwert. War mir erstere vor Monaten noch in ihrem innersten Wesen fremd und war ich in ihrem großen Getriebe auch nur ein kleines Rad, so nehme ich doch in die andere Welt, die mir besser liegt, wertvolle Kenntnisse mit, die ich nie mehr missen möchte, da sie für den Ausbau des Wissens eines Generalstabsoffiziers unentbehrlich sind. In Erwägung dieser Gedanken drängt es mich Herrn Oberstleutnant als meinem Lehrmeister nochmals auf diesem Wege meinen tiefgefühlten Dank auszusprechen. Was ich an selbstloser Arbeitsfreudigkeit und an eisernem Willen in der Durchführung des einmal Begonnenen fast täglich bei Herrn Oberstleutnant sehen konnte, wird mir auch in der neuen Welt stets vorbildlich bleiben. Die stets zuvorkommende Art und Weise mit der ich in die Geheimnisse, der mir anfangs doch recht fremden

Materie eingeweiht wurde, das kameradschaftliche ich darf wohl sagen herzliche Entgegenkommen in allen Lagen in und außer Dienst, werde ich nie vergessen. Ist es mir geglückt ein wenig meine Stellung auszufüllen, wie ich glaube aus den Abschiedsworten Herrn Oberstleutnants entnehmen zu dürfen, so liegt das nur zum geringsten an mir selbst. Herr Oberstleutnant haben es verstanden, die Liebe zur Arbeit im vollsten Maße bei mir zu erhalten. Ich scheide mit den Gefühlen innigster Dankbarkeit und bitte mir auch ein gütiges Gedenken zu bewahren, wie ich Herrn Oberstleutnant nie vergessen will.

Es hat mir sehr leid getan, daß aus dem letzten gemeinsamen Zusammensein nichts mehr geworden ist. Andererseits kann ich nicht leugnen, daß die Einladung beim Feldmarschall, im Beisein meines Großherzogs ein schöner Abschluß war. Exzellenz Ludendorff war besonders liebenswürdig zu mir, so daß ich auch diese schöne Befriedigung mitnehmen konnte, daß er mit meiner Arbeit zufrieden war. Der Feldmarschall hat mir sein Bild geschenkt, worüber ich natürlich sehr stolz bin. Dies erdreistet mich nun, unbescheiden wie ich einmal bin, Herrn Oberstleutnant noch um folgendes zu bitten. Wäre es möglich ein Bild von Sr. Exzellenz und eines von Herrn Oberstleutnant zu bekommen? Ist mein Wunsch zu unbescheiden, bitte ich ihn mir nicht verübeln zu wollen.

In großer Verehrung verbleibe ich Herrn Oberstleutnant dankbar ergebener
gez. Blankenhorn

Freitag, 29. Februar 1918

Eine Verfügung des Reichskanzlers bestimmt, daß das Amt eines Pressechefs beim Reichskanzler mit dem des Direktors der Nachrichtenabteilung des AA vereinigt bleiben und dies dauernd beibehalten werden solle.

Er übersendet eine Geschäftsordnung. Danach sollen die wichtigsten Aufgaben dieser Stelle sein:
a) Das einheitliche Zusammenwirken der amtlichen Pressestellen herbeizuführen.
b) Die Berichterstattung an den Kanzler über die Presse.
c) Überwachung der »Norddeutschen Allgemeinen Zeitung« und des sonstigen amtlichen Pressedienstes und die Ausführung pressepolitischer Aufträge des Reichskanzlers.

Der Reichskanzler ersucht, Anordnungen zu treffen, um den Pressedienst der OHL mit dieser Zentralstelle der Reichsbehörden möglichst in Einklang zu bringen.

Hiermit ist die seit 1916 erhobene Forderung nach einheitlicher Presseleitung durch den Reichskanzler anscheinend erfüllt. Was geboten wird, entspricht aber in keiner Weise dem inzwischen notwendig Gewordenen. Deutelmoser, welcher die Stelle innehat, leistet reine Schreibtischarbeit. Er ist seinem Ursprung als Generalstabsoffizier untreu geworden und in dem neuen Milieu wurzellos, sein Titel »Geheimer Legationsrat« ist nur ein äußerer Schein, er genießt im AA weder sachliches Ansehen noch Autorität. Bis auf einige wenige Getreue aus der Zeit Hammanns ignoriert ihn die Presse. Sein Hauptbestreben, zwecks Herbeiführung auch einer Verständigung im Innern, nirgends anzuecken, führt auch ihn zu persönlicher Zurückhaltung. Er wirkt mit Denkschriften. Wie der Chef des

Kriegspresseamtes als Vertreter der militärischen Interessen ihm bei seiner innenpolitischen Aufgabe unbequem ist, ist es Haeften in Bezug auf außenpolitische Propaganda. Er liegt daher mit beiden, wenn auch seiner Natur entsprechend in bester äußerer kameradschaftlicher Form, in erbittertem Kampf. Das, was wir von ihm hofften, als Ludendorff ihn dem Kanzler überließ, ist in das genaue Gegenteil umgeschlagen. [...]

Auszug 194 aus Feldpostbriefen

Sonnabend, 2. März 1918

(...) Heute zum Abendessen hatten wir die Spitzen von Kreuznach eingeladen, um mit ihnen Abschied zu feiern. Bukarest hat ja nun heute aufgrund unseres entschlossenen militärischen Auftretens sich zum Frieden bereit erklärt,[8] ebenso hoffe ich morgen auf Rußland. Ob der Frieden sehr dauerhaft ist, ist mir eine andere Frage, aber wir werden so stark sein, daß jedem die Lust zu neuem Anfangen vergehen wird.

Auszug 195 aus Feldpostbriefen[9]

Um diese Tageszeit vor 20 Jahren freute sich ein kleiner Leutnant auf einen Ball. Es kam schließlich alles von ganz allein was er schon so oft sich ersehnt hatte. Daß es so kam, war unter den Stunden, die über mein Geschick entschieden, die entscheidenste. Ich hoffe, daß das Glück, das damals für uns begann, das jetzt im Heranwachsen unserer Kinder, in dem äußeren Erfolg pflichttreuer Arbeit meinerseits und stillem Vezicht Deinerseits auszureifen beginnt, uns noch einmal zu genießen beschieden sein möge. Wenn ich wieder zu Euch zurückkehre, dann liegt der Krieg als eine Übergangszeit hinter uns und finde ich ein anderes Heim vor, als ich es vor 3½ Jahren verließ. Dann liegt unser Glück und unsere Aufgabe weniger gegenseitig bei uns, als gemeinsam bei unseren Mädels.

Kreuznach, Sonntag, 3. März 1918

(...) Es geht ein Zug nach Unbotmäßigkeit und Auflehnung gegen die Kriegslasten durchs Volk, den die oberen Schichten nur durch innere Ertüchtigung und der Staat durch eine feste Hand zum Besten des gesamten Volkes werden zügeln können. Die Berichte, die ich immer über die Stimmung in der Front erhalte, sind im Großen und Ganzen erfreulich, soweit die Stellungnahme auch der Mannschaften

---

[8] Nach der militärischen Niederlage gegen die Mittelmächte hatte Rumänien im Vorfrieden von Buftea (5.3.) Gebietsabtretungen zugestimmt. Mit dem Frieden von Bukarest (7.5.) wurden die Verhandlungen abgeschlossen.
[9] Anmerkung des Verfassers: *Vorbemerkung*: geschrieben bei der 20jährigen Wiederkehr meiner Verlobung mit der jüngeren Tochter meines damaligen Regimentskommandeur in Göttingen.

zu den *großen* Fragen in Frage kommt, dagegen weniger verständig, wenn das eigene liebe Ich in Frage kommt. Verpflegung, Ausbildungsdienst, Urlaub, das sind die Dinge, die am meisten beeinflußen. Im Großen sind wir gesund, das brauchen wir aber auch für die kommenden Entscheidungen. Wäre doch auch im Innern jemand, der an das »Große« erinnert und so Disziplin hält und so führt, wie es beim Heer ist! Der Frieden mit Rußland ist ja nun unter Dach. Der mit Rumänien wird folgen. Ob beide uns endgültige Ruhe verschaffen, will mir noch fraglich scheinen. Rußland und Rumänien werden, wenn sie nicht mit Waffengewalt eine nachträgliche Änderung der Tatsache des verlorenen Krieges herbeiführen können, versuchen, bei den Friedensverhandlungen im Westen ihre Sache der Entente zu empfehlen. Das gibt noch ein Kunststück. Wir brauchen noch viel Festigkeit! »Verständigen« mit uns tun sich nur die, die es müssen, wie Rußland und Rumänien. [...]

Mittwoch, 6. März 1918

Der Friedensschluß mit Rußland erfordert eine Umorganisation des Geheimen Nachrichtendienstes im Osten. Die Stellen Berlin-Ost, Haparanda, Stockholm und Kopenhagen werden aufgelöst. Neue Stellen in Reval, Minsk und Kiew werden errichtet.

Auch die innere Struktur des Nachrichtendienstes gegen Rußland muß geändert werden. Die Feststellung militärischer Fragen tritt fast gänzlich zurück gegen die Beobachtung der von Rußland ausströmenden revolutionären Frage. Je weniger ich mich in letzter Zeit mit der Leitung des Nachrichtendienstes im einzelnen beschäftigen konnte und zu beschäftigen brauchte, habe ich Zeit gehabt über das größte Geheimnis, dessen Aufklärung die eigentliche und eigenste Aufgabe eines *Chefs* des Nachrichtendienstes ist, über Sinn und Ziel des Krieges im Ganzen nachzudenken.

Immer wieder hingewiesen auf diese Frage war ich seit Kriegsbeginn bei meinen Vorträgen vor Moltke, Falkenhayn und Ludendorff, welche diese Frage für ihr Amt spürten, aber auch hier die Antwort vom führenden Staatsmann vermißten. Was sie hörten, waren die Ansichten Vieler, wechselnd mit der militärischen Lage. Ich habe das Fehlen einer Idee, um deren Verkündung durch einen Propagandaminister als Sprachrohr des führenden Staatsmannes wir rangen, in meiner Stellung am allermeisten für die militärischen Führer selbst empfunden. Ebenso wie wir eine Menge und mehrfach wechselnde Kriegsziele, aber nicht das *eine* gemeinsame geschlossene Kriegsziel, den Sieg, haben, fehlt es auch nicht an vielen Ideen über den Sinn und das Ziel dieses Krieges selbst, aber völlig an *einer* alle verpflichtenden Erkenntnis.

Indem ich selbst, meine eigentliche Aufgabe als Chef des Nachrichtendienstes an der Seite des militärischen Führers erkennend, bewußt meiner unzulänglichen Vorbildung, doppelte Verantwortung empfand, wurde mein stetes Drängen auf einen Propagandaminister ein dringendes Bedürfnis für mich selbst.

Meiner Grenzen bewußt, habe ich mich trotzdem bemüht, dem großen Geheimnis näher zu kommen, mir auf meinen vielen Reisen durch Unterhaltungen mit urteilsfähigen Persönlichkeiten aus allen Berufen und politischen Lagern ein Bild zu machen.

Das Resultat ist die sichere aber unklare Empfindung, daß in einer revolutionären Zeit die Fragen von räumlicher und rassischer *Ge*bundenheit einzelner

Völker und ihrer durch die technische Entwicklung entstandenen internationalen *Ver*bundenheit, der soziale Ausgleich zwischen den gleichfalls durch die Zeitentwicklung vermischten Ständen, in wirtschaftlichen Fragen der Ausgleich zwischen Kapital und Arbeit, zwischen Rohstoff und Verarbeitung, zwischen Produktion und Verbrauch zur Entscheidung dränge, und (wie im Innern des Reiches und Volkes) auch *international*, also außenpolitisch eine *Führung* verlangte, um welche der Kampf zwischen uns, als der jungen Macht der Zukunft, und der Entente als der Verteidigung einer überalterten Welt geht.

Ich habe, wie gesagt, darüber mehrfach mit Falkenhayn und Ludendorff gesprochen. Eine bestimmte Antwort, die ich ihnen als meine Anschauung hätte bieten können, fand ich nicht. In dieses Suchen trat mit dem Bolschewismus etwas Neues. Wenn wir Soldaten daran bisher nicht gedacht hatten, so weil wir nichts von ihm wußten, jetzt scheint es, als ob in ihm der tiefe revolutionäre Sinn des Zeitalters und des Krieges enthüllt wird. Ich trage Ludendorff hierüber vor und gebe meiner Ansicht Ausdruck, daß es, wenn die Absicht der Entente, uns bis zur willenlosen Schwäche zu zermürben, erfüllt werde, es wohl dahin kommen könne, daß Lenin als *Napoleon dieser Zeitepoche* aus ihr hervorgehen, zunächst in Europa Grenzen beseitigen, Throne stürzen, neue Grenzen nach anderen als rassischen Gesichtspunkten ziehen und neue Throne errichten und mit seinen Organen besetzten könne.

Daraus ergebe sich für Lenin jetzt völlige Zurückhaltung und habe sich zutiefst sein Entschluß zum Frieden von Brest-Litowsk ergeben. Wenn damit auch Rußland militärisch ausgeschaltet sei, so habe der Nachrichtendienst jetzt doppelt die Auswertung des Friedens durch Lenin zu beobachten. Wenn bisher militärische Notwendigkeiten einen gewissen Einsatz der Nachrichten-Offiziere an der Ostfront für die Zerstörung des letzten Widerstandes und Angriffskraft Rußlands hätten eingesetzt werden müssen, so sei dies von jetzt ab aus denselben militärischen Gründen in gegenteiliger Richtung notwendig.

Ludendorff stimmte meinen Ausführungen zu. Er dankte mir, daß ich mir über die Dinge den Kopf zerbräche, wozu er selbst oft nicht die erforderliche Zeit hätte. Er unterstrich meine Ansichten über die revolutionäre Gefahr aus dem Osten und sagte, daß wir deshalb in der Forderung starker innenpolitischer Führung in Deutschland nicht nachlassen dürfen.

(Nach dem Kriege bin ich von meinen politischen Feinden, besonders von dem Führer des Jungdeutschen Ordens,[10] Mahraun, als »Probolschewist« betitelt und ist mir vorgeworfen worden, ich hätte schon während des Krieges erklärt, Lenin *müsse* der Napoleon dieser Zeitepoche werden. Das habe ich niemals gewünscht oder gar gefordert, wohl aber befürchtet bis zu dem Moment, als ich die Wirkung der bolschewistischen Propaganda in Deutschland erkannte. Hätte Lenin seine Aufgabe folgerichtig verfolgt, dann hätte er sich niemals verbinden dürfen mit unseren Feinden[11] und sie stärken dürfen, indem er uns schwächte.

---

[10] Der 1920 gegründete Jungdeutsche Orden war ein antibolschewistischer und -parlamentarischer Kampfbund der Weimarer Republik unter Führung von Artur Mahraun.

[11] Nicolai spielt auf die sowjetrussische Position bei den Friedensverhandlungen in Brest-Litowsk im Januar 1918 an. Die vorübergehende Weigerung der Bolschewiki, einen Friedensvertrag zu unterzeichnen, führte zur Aufkündigung des Waffenstillstands durch die deutsche Seite. Der Mitte Februar beginnende Einmarsch zwang die Bolschewiki zwar zum Einlenken, band aber deutsche Kräfte an der Ostfront.

Er hätte im Gegenteil uns mit allem unterstützen müssen, was unseren Kampf verlängerte, damit in ihm die Westmächte und wir sich gleichmäßig erschöpften, dann wäre vielleicht im Frühjahr 1919 sein von mir gefürchteter Sieg eingetreten.

In späteren Gesprächen mit Ludendorff habe ich den Eindruck gewonnen, daß auch er die drohende Gefahr zunehmend erkannte, daß sie der eigentliche Anlaß war für ihn, die Waffen zu strecken, ehe die letzten Kräfte des Heeres im Kampf erschöpft waren. Er streckte die Waffen vor der deutschen Revolution, damit die Reste des Feldheeres noch stark genug sein sollten, die kommunistische Revolution in Deutschland zu verhindern. Indem es so kam, halte ich im geschichtlichen Blickfeld seinen Entschluß zum Waffenstillstand für die Errettung von der bolschewistischen Gefahr damals.)

Donnerstag, 7. März 1918

9.30 Uhr abends Abfahrt der OHL aus Kreuznach zur Umsiedelung nach Spa.

Freitag, 8. März 1918

8 Uhr vorm. Ankunft der OHL in Spa. Wie anders wirkt die unbehagliche, durch die Pracht einzelner großer Besitzungen Reicher charakterisierte Art dieses belgischen Badeortes, als die behagliche, für die Allgemeinheit sorgsam gepflegte Art des deutschen Badeortes Kreuznach.

In Spa selbst ist nur der Kaiser mit seiner persönlichen Umgebung und der Generalstab, sowie Vertreter der anderen Spitzenbehörden untergebracht. Im übrigen haben die letzteren Quartier in Verviers und anderen nahegelegenen Ortschaften.

Die Diensträume des Generalstabes und sein Kasino sind im Hotel Britannique. Die Offiziere wohnen im Ort verstreut, Hindenburg und Ludendorff gemeinsam in einer, in einem großen Park gelegenen Villa eines Herrn Peltzer. Dort befindet sich auch das Kasino »Generalfeldmarschall«, in welchem er und Ludendorff mit den Offizieren der Operationsabteilung und den Abteilungschefs essen.

Die Arbeitsräume meiner Abteilung sind in der Dependance des Hotels auf der anderen Straßenseite. Mit einem geräumigen Arbeitszimmer nach der sonnigen Gartenseite, einem Schlaf- und Badezimmer ist mir wieder inmitten der Diensträume ein behagliches Quartier hergerichtet, meine Offiziere wohnen im übrigen gleichfalls im Ort.

Sonntag, 10. März 1918

Zum ersten Mal seit Kriegsbeginn empfinde ich das Bedürfnis, mich nach dem Mittagessen etwas auszuruhen.

Auszug 197 aus Feldpostbriefen

Spa, Sonntag, 10. März 1918,
abends 11½ Uhr

(...) Ich schlafe hier noch besser als in Kreuznach, habe den Nachmittagsschlaf bisher nicht nötig, und bin doch bis zum Abend und trotz dauernder Arbeit frisch und vergnügt.

Auch im ganzen kann man zufrieden und zuversichtlich sein. [...]

Am 14. nachmittags werde ich mich wohl nach Köln begeben und von dort nach Karlsruhe und Straßburg. Ich habe wieder solche Presse-Bezirksbesprechungen wie im November veranstaltet, die damals so erfolgreich waren und die wir für die Stimmung wieder brauchen.

Dienstag, 12. März 1918

Ich lege Ludendorff eine Verfügung vor über die Bedeutung der Berichterstattung über die bevorstehenden Operationen an alle für diese in Frage kommenden Stellen. Er empfängt auf meine Bitte die Kriegsberichterstatter, um ihnen die Bedeutung dieser Weisung persönlich zu erläutern. [...]

Donnerstag, 14. März 1918

Nachdem der Pressechef des Reichskanzlers (Deutelmoser), zugleich Direktor der Nachrichtenabteilung des AA, vor einigen Tagen Richtlinien für den Aufklärungsdienst in der Heimat erlassen hat, teilt das Kriegsministerium mit, daß bei der Reichsleitung eine Zentralstelle für die Gesamtaufklärung in der Heimat geschaffen worden ist. Die Leitung habe der Stellvertreter des Reichskanzlers übernommen. Nach seinen Weisungen solle die Geschäfte der Pressechef beim Kanzler (Deutelmoser) führen, dem hierzu ein höherer Beamter unterstellt werden solle. Ihm zur Seite werde ferner ein Ausschuß stehen, gebildet durch einen Vertreter des Kriegsministeriums, des Reichsschatzamtes und 3 Vertreter der hauptsächlichsten Gruppen privater Organisationen. Das Kriegspresseamt (Würtz) und die Militärische Stelle beim AA (v. Haeften) sollten ihre Tätigkeit nach den Weisungen des Kriegsministeriums einrichten.

Charakteristisch an dieser Regelung ist, daß sie nur dem Anschein nach der Forderung der OHL nach einheitlicher Führung durch den Reichskanzler entspricht. Sie erfolgt nicht aus dem Willen des Kanzlers, sondern auf den Druck des Reichstages. Sie bedeutet, da der tatsächliche Leiter Deutelmoser sein soll, nichts als straff geführte Organisation und innerlich nur eine Agitation des Kriegsverzichts im Sinne der Mehrheit. Deutelmoser ist, wenn nicht in seiner eigenen Auffassung zu dieser gehörend, nicht in der Lage, die militärischen Notwendigkeiten in dieser Zentralstelle zu vertreten. Ebenso nicht der Vertreter des Kriegsministeriums in ihr, Major van den Bergh, wie Deutelmoser ein Gelehrter, aber kein Soldat.

Gleichzeitig richtet Erzberger im Hauptausschuß des Reichstages Angriffe gegen das »unfugtreibende Kriegspresseamt« und behauptet eben dort der Demokrat

Gothein, daß in diesem »480 Offiziere beschäftigt seien, deren durchaus segensreiche Tätigkeit zu bezweifeln sei«. [...]

Nachmittags fahre ich nach Köln. Ich habe dort und für Karlsruhe und Straßburg Bezirkspressebesprechungen angesetzt, will aber nur die in Köln wahrnehmen und zwar zum Zweck der Irreführung des feindlichen Nachrichtendienstes.

Den Abend verlebe ich im Hause meines Vertrauensmannes Michels und habe dort Besprechung mit dem Verleger der »Kölnischen Zeitung«, Neven-Dumont und dem Chefredakteur derselben, Posse.

Freitag, 15. März 1918

Bezirkspressebesprechung in Köln für den Bereich des VII. und VIII. Armeekorps. Ich führe aus, daß Anlaß der Besprechung die bevorstehenden großen militärischen Ereignisse im Westen seien, die OHL erwarte von der Presse unterstützt zu werden in der Vorbereitung des notwendigen Kampfgeistes. Ich würde im Laufe der nächsten 14 Tage in gleicher Weise noch auf Bezirkspressebesprechungen in Karlsruhe und Straßburg sprechen.

Ich bin überzeugt, daß meine Ausführungen noch heute der Zentrale des Nachrichtendienstes der Entente in Maastricht bekannt werden und will mit meinen Ausführungen erreichen, daß der Feind daraus entnimmt, unser Angriff stände noch nicht unmittelbar bevor, während er in Wirklichkeit in den nächsten Tagen beginnen soll und ich mich morgen deshalb bereits nach Spa zurückbegebe. Auch der Kaiser ist heute der OHL nach Spa gefolgt. [...]

Nachts 1½ Uhr treffe ich in Spa ein. Der Beginn des Angriffs ist wegen schlechter Wetterlage verschoben worden.

Sonnabend, 16. März 1918

Ich kann Ludendorff vortragen, daß die Behördenvertreter, welche gestern an der Bezirkspressebesprechung in Köln teilnahmen, durchweg die Zuversicht der OHL teilen und mich in meinem Bemühen um Aufrechterhaltung einer zuversichtlichen Stimmung aus freien Stücken unterstützen. Die gilt auch für Vertreter der Zivilbehörden, welche fast ausschließlich parlamentarische Vertreter sind, mithin den Mehrheitsparteien angehören, aber in ihrem verantwortlichen Amt wie wir zu denken lernen. In der Unterhaltung mit den Vertretern der Heimatbehörden habe ich auch feststellen können, daß die Länge des Krieges zur Einstellung mancher für die Heimatstimmung nützlicher Einrichtung halbamtlicher und privater Art geführt hat. [...]

Auszug 200 aus Feldpostbriefen

Spa, Sonntag, 17. März 1918

(...) Es ist mit Arbeit 12 Uhr nachts geworden, eben komme ich von Ludendorff. Morgen um diese Zeit fahre ich mit den hohen Herren nach vorne, auf wie lange ist noch ungewiß.

Holland wird wohl fest bleiben gegen die unerhörte Vergewaltigung durch die Entente[12] und durch uns gestützt werden. Wen wir alles stützen! Das wird sich aber später lohnen in dem großen ehrlichen Ansehen, das Deutschland nach siegreichem Krieg gegen eine Welt von Feinden sich erkämpft und verdient. Ich sah auch wieder in der Presse-Versammlung in Cöln, welch starker, hoffnungsfreudiger Ton in der Presse klingt. Ihn angeschlagen zu haben, ist für uns und mich immer eine Freude, aber wer tut's, wenn wir nach dem Kriege einmal abtreten! Den ersten Abend in Cöln verbrachte ich in einem alten traulichen Patrizier-Haus, um ungestört mit dem Verleger und Chef-Redakteur der »Kölnischen Zeitung«,[13] Bachem, sprechen zu können.

Am 2. Abend hatte ich im Auftrage der OHL die Vertreter der Behörden bei den Besprechungen zu Tisch eingeladen. Auch das war sehr nett.

[...] Ich freue mich sehr darauf, in dieser großen Zeit mit den Großen vorn zusammen zu sein.

Montag, 18. März 1918

12 Uhr abends Abfahrt im Sonderzug mit Hindenburg und Ludendorff, der Operationsabteilung und den Chefs der Zentralabteilung und der Abteilung »Fremde Heere« nach Avesnes. Da dort nur die Befehlsstelle für die bevorstehende große Schlacht während derselben hergestellt werden soll, verbleiben alle übrigen Teile des Großen Hauptquartiers und auch der OHL in Spa. Mich begleitet nur Major Kroeger.

Dienstag, 19. März 1918

8.40 Uhr vormittags an Avesnes. Mein Quartier ist in einem kleinen freundlichen Hause vorbereitet, gleichfalls für Kroeger und meine beiden Stenographen und zugleich unser Arbeitsraum.

---

[12] Im Frühjahr 1918 hatte die Entente von den neutralen Niederlanden handelspolitische Zugeständnisse erzwungen. Darauf täuschte die OHL ohne Abstimmung mit dem Reichskanzler den Aufmarsch einer deutschen Armeegruppe gegen Holland vor, um Kompensationen zu erzwingen.

[13] Hier liegt ein Irrtum Nicolais vor. Es handelte sich um die »Kölnische Volkszeitung«.

Auszug 201 aus Feldpostbriefen

Avesnes, Dienstag, 19. März 1918

Nun sitze ich wieder in einem neuen Quartier, für wie lange, weiß ich nicht. Kroeger allein und 2 Stenographen haben mich begleitet, da der Stab hier auf das Äußerste beschränkt sein muß.

Bei den Mahlzeiten sitze ich Hindenburg und Ludendorff gegenüber, das Bewußtsein, diese Tage in dieser Umgebung zu erleben, macht einen ganz still und ernst. Aber wundervoll ist die Ruhe, Sicherheit und Zuversicht. Möge sie Recht behalten!

Ich hoffe, daß der Aufenthalt und die Tätigkeit hier für mich eine körperliche Erholung sein werden, denn die Unruhe und stete Inanspruchnahme, die im GrHQu auszuhalten ist, fällt fort. Die Unterkunft ist gut, ich teile mit Kroeger ein Haus, in dem wir leben und arbeiten. Das Wetter ist leider heute schlecht. Hoffentlich bessert und hält es sich! Die Wetter-Gelehrten, die jetzt auch zu einem Stabe gehören, und die »Laubfrösche« genannt werden, prophezeien zwar schlechtes Wetter, aber sie haben ja schon so oft Unrecht behalten. [...]

Mittwoch, 20. März 1918

Da der Beginn des Angriffs des Wetters wegen verschoben ist, fahre ich mit dem Chef der Abteilung »Fremde Heere«, Oberst v. Rauch an die Front. Zunächst zum Nachrichtenoffizier der 17. Armee, Fürst Löwenstein, dann zur 2. Armee, v. Löhneysen, wir frühstücken bei General v.d. Marwitz, sind hinterher beim Nachrichtenoffizier der 19. Armee, Devaux, und trinken Tee beim Etappenstab. Ich freue mich, den Nachrichtendienst auf dem Posten und bei den Stäben anerkannt vorzufinden und bewundere die völlige Ruhe in und hinter der Front, unmittelbar vor dem Beginn des Angriffs. Bei Rückkehr in Avesnes erfahre ich, daß der Angriff morgen 4 Uhr vormittags beginnt und erhalte Befehl von Ludendorff, zu dieser Zeit auf dem äußersten rechten Flügel der Angriffsfront, beim Generalkommando des bayerischen I. Armeekorps zu sein und ihm mittags über den Verlauf des ersten Vorstoßes zu berichten.

Donnerstag, 21. März 1918

Während ich hinter der Front zu meinem Bestimmungsort fahre, herrscht noch völlige Ruhe. Pünktlich um 4 Uhr morgens beginnt noch bei Dunkelheit der ungeheure Feuerüberfall. Die einlaufenden Meldungen besagen, daß der Feind vollkommen überrascht ist und der Angriff bereits die drei ersten Stellungen überrannt hat.

Auf der Rückfahrt komme ich in Cambrai in Gas. Die Stadt selbst, oder was davon noch steht, ist völlig ausgestorben. Das erschwert das Zurechtfinden und gibt Verzögerung. Mein Zustand bei Eintreffen in Avesnes ist derartig, daß ich an dem Frühstück der OHL, an welchem der Kaiser teilnimmt, um die Meldungen von der Front mitzuerhalten, nicht teilnehmen kann. Ich erstatte meine Meldung schriftlich und werde vom Arzt mit reichlich Rotwein ins Bett gesteckt, schlafe bald ein und erwache nachts zu meiner Freude, was der Arzt mir gewünscht hatte.

Freitag, 22. März 1918

Der Arzt erklärt mich nicht mehr als gefährdet, ich darf wieder, wenn auch noch etwas angegriffen, Dienst tun.

Sonnabend, 23. März 1918

Ludendorff hat das Großkreuz des Eisernen Kreuzes erhalten. Aus diesem Anlaß sind wir seine Gäste beim Frühstück.

11 Uhr abends empfängt er auf meine Bitte die Kriegsberichterstatter und spricht zuversichtlich zu ihnen.

Auszug 202 aus Feldpostbriefen

Avesnes, Sonnabend, 23. März 1918

(...) Jetzt tritt alles andere gegen die Durchführung der Offensive zurück, die bisher ganz wundervoll vorwärtsgeht. Pünktlich, wie seit Wochen befohlen, hat sie begonnen und verläuft planmäßig. Der Feind ist völlig überrascht worden, was auch für mich wieder eine Befriedigung bedeutet. Am Vorabend, 20.3., saß ich bei Tisch neben dem Feldmarschall, die Ruhe in diesem Kreis war herrlich, und das Gefühl, in diesem Moment dem Feldmarschall und Ludendorff so nahe gewesen zu sein, werde ich nie vergessen. Am 21. früh 4 Uhr fuhr ich auf Befehl von S.E. zum rechten Flügel des Angriffs-Abschnitts, um ihm über den allgemeinen Verlauf der Kämpfe zu berichten. Zurück gegen mittag überraschte mich von der Kampffront zurückwehendes Gas, dem ich 1 Stunde lang ohne Gasmaske ausgesetzt sein mußte. Es war ja nun auf die Entfernung schon sehr verdünnt. Aber der Arzt steckte mich für den Rest des Tages doch ins Bett. [...]

Montag, 25. März 1918

Der Kaiser hat uns Abteilungschefs zum Essen eingeladen. Er überreicht mir sein Bild mit eigenhändiger Unterschrift, eine große Fotografie des im Kriege von ihm hergestellten Ölgemäldes von Adam,[14] als Anerkennung für den Erfolg des Nachrichtendienstes und der Geheimhaltung für die bisherigen Erfolge der großen Schlacht.

Auch Hindenburg und Ludendorff haben mir Anerkennung und Dank ausgesprochen.

---

[14] Das Reiterbildnis des Künstlers Richard Benno Adam erfuhr als Kriegspostkarte zwischen 1916 und 1918 eine Massenauflage.

Auszug 204 aus Feldpostbriefen

Avesnes, Dienstag, 26. März 1918

(...) Ich war auf dem Schlachtfeld vom 21. und 22. Es ist erstaunlich, *was* von den Truppen geleistet ist, der kurze erfolgreiche Durchbruch durch dies in vielen Stellungen ausgebaute Graben-System der Engländer. Mit tiefem Mitempfinden habe ich die weiten Angriffs-Felder gesehen, die noch nicht aufgeräumt waren. Aber trotz der Schwere der Aufgabe sah ich doch verhältnismäßig nur wenig Tote. Auch heute geht es weiter gut vorwärts, jetzt heißt es, nicht nachlassen, bis der Erfolg ausschlaggebende Bedeutung gewinnt. Der Angriffsgeist, der die Truppe vorwärtstreibt, ist erstaunlich. Auch in einem Feldlazarett war ich und fand auch dort bei den Verwundeten eine selbstverständliche sichere Stimmung. [...]

Mittwoch, 27. März 1918

Der Kanzler antwortet auf die Beschwerde der OHL, daß sie entgegen der gegebenen Zusicherung bei der Bildung der Zentralstelle für Heimataufklärung beim Reichskanzler nicht hinzugezogen worden sei. Die Antwort geht hierauf nicht weiter ein, wiederholt nur noch einmal, daß die Zusammenfassung des Aufklärungswesens in der Heimat bereits in die Wege geleitet sei und betont, daß für die Propaganda im Ausland das AA die allein maßgebende Stelle bleiben müsse. Ludendorff ist hiermit nicht einverstanden, Ausland- und Inlandpropaganda wirkten gegenseitig zurück und müßten von gleichem Geist beseelt sein, es werde immer Schwierigkeiten geben, so lange sie nicht von einer Hand geleitet würden.

Auszug 205 aus Feldpostbriefen

Mittwoch, 27. März 1918

(...) Ludendorffs zweiter Stiefsohn wird auch seit heute vermißt, als Flieger! Das ist für den Mann mit seinen überwältigenden Pflichten auch hart. Er hängt sehr an den Söhnen, so daß er heute sehr ergriffen war.

Draußen steht es gut und zuversichtlich. Allmählich werden sich aber doch die herangeführten französischen Entlastungstruppen im Angriff von Paris aus geltend machen.

Zusatz

[...] Ich fuhr im Wagen mit dem Feldmarschall. Wir waren beide ergriffen und schweigsam. Wir brachen das Schweigen in Unterhaltung über die Unterschiedlichkeit der deutschen und französischen Friedhöfe in ihrem Pomp und Flitterkram. Hindenburg mißfielen am meisten die Bilder der Verstorbenen unter Glas und Rahmen auf den Gräbern. Er fragte mich, ob ich die dicke

Madame mit dem Federhut und dem Pelzkragen gesehen hätte, die von dem Nebengrab im Bilde bei unserer Feier so kühn und herausfordernd zugeschaut hätte. Diese so humorvoll gesagte Äußerung löste unsere Spannung. [...]

Auszug 207 aus Feldpostbriefen

Sonnabend, 30. März 1918

(...) Hier ist für mich weiter große Zeit. Bei Tisch sitze ich Ludendorff gegenüber. Seine Frische, Tatkraft und Klarheit ist wirklich erstaunlich. Die Aufgabe, die zu lösen ist, ist schwer, hoffentlich gelingt sie weiter, wenn wir auch nicht das Tempo weiter erwarten dürfen, das wir bisher einhielten. Denn allmählich kommt doch der feindliche Widerstand.

Auszug 208 aus Feldpostbriefen

Ostersonntag, 31. März 1918

(...) Hier in Avesnes ist eine mittelgroße, innen recht schöne, katholische Kirche, die ich mir neulich einmal ansah. Es berührt ganz eigentümlich, wenn man die deutschen Feldgrauen zwischen französischen Frauen und alten Männern knien sieht. In allen Gebeten ist, groß und gleich, die Sehnsucht nach Frieden. Wenn man das weiterdenkt, so wird einem erst klar, daß das gewaltigste von allen Ereignissen doch der Krieg ist, daß er in der Weltordnung doch einen Zweck haben muß. Die Menschen sind ihm untertan und werden ihn niemals ausschalten. Nur für ihn sich stark machen müssen sie. Hier draußen wird man jetzt äußerlich Heide, aber ich glaube, daß innerlich manch einer erst zum Christen und demütig geworden ist.
 Das schlechte Wetter der letzten Tage hat nun unseren Angriff etwas gemildert. Seit heute klärt es sich etwas auf, ist aber noch das richtige April-Wetter. Auch müssen mit dem schnellen weiteren Vordringen erst Bahnen und Straßen in Ordnung gebracht werden, um Munition und alles zum Leben der Truppe Nötige nach vorn zu bringen. Denn in der Hauptsache liegen sie doch in dem völlig verwüsteten Kampfgebiet dreier Jahre. Nur an einzelnen Stellen haben wir schon unverwüsteten französischen Boden erreicht, dort haben es sich die Truppen, in Montdidier z.B., wohl sein lassen. Aber deshalb ist dort jetzt wohl auch *nichts* mehr vorhanden.

Mittwoch, 3. April 1918

[...] Die Werbetätigkeit für die Ludendorff-Spende[15] beim Feldheer ist, als ob ich immer noch nicht genug zu tun hätte, mir übertragen worden. IIIb ist eben der Papierkorb für alles durch die OHL nicht rein militärisch zu Leistende. Ich schaffe hierfür eine ganz kleine Zentralstelle und unterstelle sie einem Leutnant Becker, so daß ich persönlich nichts damit zu tun habe.

Auszug 209 aus Feldpostbriefen

Avesnes, Mittwoch, 3. April 1918

(...) Ich war von 6 Uhr früh bis 8 Uhr abends draußen. Ich wollte die neutralen Militär-Attachés bei der ersten Fahrt auf das Schlachtfeld gern selbst führen. Dies hat mir wieder eine ganze Reihe erhebendster Eindrücke als Soldat und Mensch verschafft. Wir fuhren über Cambrai nach Bapaume, hatten von dem betr. Generalkommando einen erklärenden Offizier [...] Alles, was ich sah, zeigte mir die Größe des Geleisteten und die Sicherheit des Kommenden. Nachher verließ ich die Herren und fuhr allein über Bapaume nach Péronne. Hier durchfuhr ich das Gelände der Somme-Schlacht 1916/17. Diese Strecke ist wohl das Gewaltigste, was man sehen kann. Die Kampffelder von Sailly, Bouchavesnes, St. Pierre-Vaast usw. sind nur durch die schon verwachsenen Trichterfelder und die in unendlicher Zahl sich weithin reihenden französischen Gräben erkenntlich. Nachdem Franzosen sich so verblutet, kam der Engländer. Sein Schalten auf diesem Gebiet machte den Eindruck des rücksichtslosen, Kalten. Feldbahn-Anlagen, große Lager, gewaltige Munitionsdepots lassen die eigene Hand erkennen, mit der er dies Land halten wollte. Und dann kam jetzt unser Angriff und nahm ihnen in 7 Tagen alles, was sie in mehr als ebensoviel Wochen und mit unendlich großen Verlusten erobert hatten. Dieser Eindruck ist wirklich überwältigend. [...]

Freitag, 5. April 1918

Es wird erkennbar, daß durch den Stand der »großen Schlacht« ein erster Abschnitt derselben abgeschlossen ist. Die Erfolge haben die Zuversichtlichkeit bei der OHL verstärkt. Ihre Auswirkungen zeigen sich auch in der Heimat.

Die Einheitlichkeit der Mehrheitsparteien zur Friedensresolution ist ins Wanken geraten. Einzelne Abgeordnete haben sich losgesagt. Dies erweist die geringe Überzeugung im Lager der Mehrheitsparteien. Indem ich Ludendorff hierüber vortrage, betone ich gleichzeitig, daß aber der bereits angerichtete Schaden unreparierbar ist.

Deutelmoser teilt mir im Auftrage des Vertreters der »Frankfurter Zeitung« in Berlin, August Stein, mit, die Leitung der »Frankfurter Zeitung« lege Wert

---

[15] Die im Februar 1918 ins Leben gerufene Sammlung für Kriegsversehrte und Hinterbliebene stand unter der Schirmherrschaft Ludendorffs.

darauf, daß die maßgebenden Herren im GrHQu vertraulich erführen, die »Frankfurter Zeitung« billige die Friedensresolution nur mit Einschränkung und unter Vorbehalt, befürworte Annexionen in Kurland und stimme dem Frieden von Brest-Litowsk zu.

Ich vertrete bei Ludendorff den Standpunkt, daß diese Vorgänge nur als vorübergehend bewertet werden dürfen, daß sie die politische Charakterlosigkeit im Lager der Kriegsgegner enthüllen und daß alle wieder in deren Lager zurückgescheucht werden, wenn militärische Erfolge im Ausmaß der letzten Wochen ausbleiben.

Auch das völlige Schweigen des angeblich vom Pressechef des Reichskanzlers aufgezogenen Apparates sei nur so zu deuten. Um so wichtiger sei es, daß, wo alles schwankt, wenigstens des Kriegspresseamt, wie bisher unbeirrt am Werk bleibe und entsprechend gestützt werden müsse. Ludendorff stimmt zu.

Um ihm gleichzeitig einen unmittelbaren Begriff über die aus dem revolutionären Lager drohende Gefahr zu geben, lasse ich ihm durch den Rittmeister Tornau persönlich Vortrag halten über das Ergebnis der von diesem geleiteten Sektion X des Nachrichtendienstes (Aufklärung gegen revolutionäre Bestrebungen). Ich melde ihm, daß, obgleich das Ergebnis dieser Aufklärung vorzüglich sei, es wenig praktischen Wert besitze, weil ich, d.h. die OHL, über keine Exekutive zur Auswertung verfüge. Auch der Militäroberbefehlshaber in der Heimat verfüge über sie nicht und sie würde ihm ebensowenig wie der OHL zugestanden werden. Die unter diesen Umständen verantwortlich bleibende Exekutivstelle, der Staatssekretär des Innern, erhalte zwar durch mich alle Meldungen, eine völlige Übernahme der Sektion X lehne er wegen seiner Verantwortlichkeit vor dem Reichstag ab. Im Innern lähme in der Exekutive das Verbundensein der herrschenden Mehrheit mit der Sozialdemokratie, und gegen die russische Botschaft das AA, in diesem besonders die zuständige Ost-Abteilung, unter Leitung von Nadolny (früher Botschafter in Moskau). Ich berichte Ludendorff, daß dieser im ersten Teil des Krieges unter mir, ehe bei der OHL die außenpolitische Abteilung geschaffen wurde, eine außenpolitische Sektion bei der stellvertretenden Abteilung IIIb in Berlin geleitet und sich in dieser durch energisches Handeln in den militärischen Kriegs-Notwendigkeiten ausgezeichnet habe. Wir hätten ihn darum bei Bildung der politischen Abteilung als Verbindungsmann gern an das AA abgegeben, erlebten aber leider an ihm wie an Deutelmoser den vernichtenden Einfluß desselben auf das Verständnis für die Kriegsnotwendigkeiten.

Ich bitte Ludendorff, über die Schwierigkeiten der Kriegführung in zwei Lagern auf meinem Arbeitsgebiet dem neuen Chef des Zivilkabinetts, Exzellenz v. Berg-Markienen, bei seinem bevorstehenden Besuch bei der OHL unterrichten zu dürfen, und bitte, daß auch Seine Majestät wenigstens über den Umfang meines Arbeitsgebietes bei der OHL unterrichtet wird. Ludendorff stimmt zu.

Die Unterrichtung S.M. fand am 6.4.18 durch den Flügeladjutanten, Generalstabsoffizier Major Mewes anhand der »Spinne« [...] statt. Der Kaiser sprach mit mir nach Ludendorffs Geburtstagsfrühstück am 9.4. darüber. Er dankte mir für die große Arbeitsleistung, welche die OHL auf diesen nicht rein militärischen Gebieten vollbracht und zu vollbringen habe, welche er nicht geahnt habe, von der er aber glaube, daß sie mit Vorteil nur von der OHL weiter geleistet werden müsse.

Die Aussprache mit Exzellenz v. Berg fand am 7.4. statt.

Nachmittags erhalte ich Besuch durch den Direktor der Nationalgalerie, Geheimrat Justi. Er hat gebeten, Hindenburg und Ludendorff die Pläne für ein beabsichtigtes deutsches Kriegsmuseum als Ehrenmal für das deutsche Heer im Weltkrieg vorlegen zu dürfen. Dieser Plan ist vom Kriegsministerium ausgegangen, wird aber vor den politischen Kreisen streng geheimgehalten. Einstweilen hat das Kriegsministerium für die Vorarbeiten aus eigenen Mitteln 50 000,– Mark zur Verfügung gestellt. Das Museum soll an der Heerstraße nach Döberitz errichtet werden. Es soll ein großer monumentaler Bau werden, die breite Straßenfront von Pfeilern getragen wie das alte Museum, auf beiden Flügeln vorspringende Bauten, die sich weit nach hinten erstrecken zu einem hinteren Quergebäude. In der Mitte soll zu diesen eine große Kuppelhalle als Ehrenhalle führen. Besondere Kopfschmerzen macht es, wie der Kaiser, Hindenburg und Ludendorff abgewogen geehrt werden sollen. Der Plan sieht vor, daß auf der Mitte der breiten Freitreppe, welche in der ganzen Breite zur Mittelfront emporführen soll, ein Podest vorspringt, auf welchem ein Reiterstandbild des Kaisers steht. Hinter diesem ist der Eingang zur großen Ehrenhalle, welche nach hinten abgeschlossen werde durch einen Kuppelbau, in dessen Mitte ein großes Standbild von Hindenburg. Umgeben soll dieser Kuppelbau sein von einer Säulenhalle, welche von einer Büste von Ludendorff beherrscht wird und in welcher auch Büsten der Armeeführer und anderer hervorragender militärischer Führer Platz finden sollen. Rechts und links von der großen Festhalle sollen Quergebäude die Verbindung zu den Seitenflügeln herstellen, in diesen die Taten des Heeres im Einzelnen dargestellt werden, Waffen, Ausrüstungen usw. und Trophäen ihren Platz finden.

Das Ganze steht stark unter der Furcht, bei der im AA und den Mehrheitsparteien herrschenden Auffassung anzustoßen und scheint mir mehr ein Friedens- als ein Kriegsbekenntnis werden zu sollen, zumal schon die Vorarbeiten ängstlich vor dem Bekanntwerden gehütet sind. Ludendorff teilt meine Auffassung. Mit seinem Einverständnis bereite ich den Feldmarschall in diesem Sinne vor. [...]

Auszug 210 aus Feldpostbriefen

Sonnabend, 6. April 1918,
abends ½12 Uhr

(...) Unser Unterkommen ist hier auf die Dauer recht einfach, zuerst dachte man nicht, daß es hier so lange sein würde. Nun wird es sich aber wohl noch eine ganze Zeit lang hinziehen.

Der Kaiser wohnt im Hofzug, auf die Dauer auch ein besonderes Vergnügen! Er fährt aber täglich an die Front und ist auch täglich hier zur Besprechung. Vor Amiens staut sich nun der feindliche, hauptsächlich französische Widerstand. Ob wir die Stadt in Fortsetzung der jetzigen Operation erreichen oder erst gründliche Vorbereitung treffen müssen, ist mir fraglich. Ludendorff hatte es aber nicht anders erwartet, als daß vor Amiens noch eine zweite große Schlacht notwendig sein würde. Bald aber werden wir die Bahnhöfe von Amiens unter Artillerie-Feuer nehmen können und das ist dann schon viel gewonnen, um die Verbindung zwischen Engländern und Franzosen zu stören. [...]

Das Wetter soll leider schlechter werden. Für uns hier draußen sehr schlecht! Es stört auch schon die Auswirkung der »Großen Schlacht«. [...]

Meinen Freund Beerfelde haben sie ja nun endlich wieder festgesetzt, da er in seinen Schmähungen gegen mich nicht nachließ. Sein unheilvolles Tun, die Verbreitung der Lichnowsky-Broschüre, hat ja nun auch die von uns erwartete böse Wirkung im Ausland gehabt. Das Inland ist ja einmütig in der Verurteilung. So ist mir die Sache noch egaler als vorher, aber es ist wirklich jammervoll, wie schwächlich unsere Behörden in diesem Fall handeln und sich erst durch die Ereignisse zu handeln veranlaßt fühlen, anstatt vorbeugend zu handeln. Du wirst über diesen großen Lichnowsky-Skandal in der Zeitung gelesen haben. Gegen *diesen* Herrn geht man noch immer nicht entschlossen vor! – Im übrigen sind wir hier auf die Bundesbrüder schlecht zu sprechen, die nichts tun, uns zu helfen und zu entlasten, die aber bei Friedensverhandlungen uns übervorteilen und dabei auch – dank unseres Herrn v. Kühlmann – Erfolg haben.

In nächster Zeit werde ich wohl wieder mal nach vorne fahren. Das sind immer Höhepunkte meines Erlebens, trotz allem Erhebenden und Großen, dessen Zeuge man hier ist. [...]

Dienstag, 9. April 1918

Ludendorffs 53. Geburtstag. Wir Abteilungschefs wollten ihm gemeinsam gratulieren. Er bat aber, es zu lassen. Ich habe schon mehrfach beobachten können, daß er abergläubisch ist. Auch diese Bitte entspringt einem solchen Empfinden, da heute wieder ein Schlacht-Tag ist. Das Frühstück in Gegenwart des Kaisers verläuft darum auch ernst. [...]

Mittwoch, 10. April 1918

Helfferich ist zu Besuch. Auch Graf Roedern und v. Berg waren da. Ein an sich erfreuliches Zeichen, daß die militärische Lage auch der Regierung etwas Mut gemacht hat und wenigstens die nicht parlamentarischen Mitglieder weitere Stärkung bei der OHL suchen.

Freitag, 12. April 1918

Der Herzog von Braunschweig ist bei seinem kaiserlichen Schwiegervater zu Besuch und auch Gast Hindenburgs. Er macht einen sehr bescheidenen, recht guten Eindruck.

Das AA hat dem Kaiser einen Bericht des Gesandten in Christiania vom 26.3.18 vorgelegt, welchen dieser auch zur Kenntnis an die OHL weiterleitet. In dem Bericht wird gesagt, daß unter allen großen deutschen Zeitungen nach vielen Äußerungen aus allen norwegischen Kreisen das »Berliner Tageblatt« das größte Ansehen genieße, weil es Gegner des U-Bootkrieges, international und demokratisch und für einen Verzichtfrieden sei. Die Gesandtschaft sei der Ansicht, daß von einem großen Schaden, den das Blatt anrichte, jedenfalls nicht gesprochen werden könne. Vielmehr gäbe es ein Bild von Deutschland, wie es dem Ausland erwünscht sei und wirke somit versöhnlich.

Ludendorff ist einverstanden, daß ich Hindenburg hierzu ein Schreiben an den Kanzler zur Unterschrift vorlege, in welchem ausgeführt wird:
1.) Die Eigenart des »Berliner Tageblattes« gibt weder die in Deutschland herrschende Gesinnung wieder noch wirkt der von dem Blatt ausströmende Geist im Ausland für Deutschland günstig. Dies muß uns erkennen und nehmen lernen, wie wir sind.
2.) In der U-Bootfrage kann nicht versöhnlich gewirkt werden, sondern muß die Notwendigkeit und das Recht unseres U-Bootkrieges dem Ausland klargemacht werden. Da der U-Bootkrieg weiter geht, werde andernfalls nur die Auffassung des Auslandes bestärkt und damit das Interesse der deutschen Kriegführung geschädigt.
3.) Das »Berliner Tageblatt« ist nicht ein Spiegelbild deutschen Geistes. Jede Irreführung der öffentlichen Meinung des Auslandes über diesen wirkt schädlich, da dann jede wahre Äußerung deutschen Geistes um so mehr Anstoß erregen muß. Je länger wir verabsäumen, offen für die Eigenart deutschen Wesens einzutreten, desto schwerer wird unser Kampf um die Erhaltung derselben.
4.) Ein Blatt, das uns einen *Verzicht*frieden zumutet, sollte die amtlichen Vertreter des deutschen Volkes im Ausland zu seinen schärfsten Gegnern zählen!

Abends 9 Uhr Abfahrt von Avesnes nach Spa. [...]

Montag, 22. April 1918

Ludendorff rekognosziert die Leiche seines Sohnes. (s. 27.3.18)
Der politische Streit in der Heimat veranlaßt, daß von den Zivilbehörden wieder reichlich mit der Zensur gearbeitet wird. Die Oberzensurstelle erhält Weisung, nichts zu unterlassen, in jedem Fall die erlassende Behörde einer Zensuranordnung zu bezeichnen und dahin zu wirken, daß nicht zu viel Einzelverfügungen ergehen und daß nicht in die Rechte und Pflichten der einzelnen Zensurstellen im Reich eingegriffen wird.
Nach vorheriger Vereinbarung mit Deutelmoser erhält das Kriegspresseamt Weisung, in der deutschen Presse eine schärfere Sprache gegen Holland anzuregen als Antwort auf Versuche der Entente-Propaganda, Holland in den Krieg zu hetzen. Über das Generalkommando VII in Münster wird eine Irreführung, um den Eindruck des Aufmarsches deutscher Streitkräfte an der holländischen Grenze zu erwecken, angeordnet. [...]

Donnerstag, 25. April 1918

Im Hauptausschuß weist das Kriegsministerium (Major van den Bergh) die Angriffe Erzbergers gegen das Kriegspresseamt vom 13.3. zurück. Scheidemann erhebt neue Anschuldigungen und Erzberger hält seinen Vorwurf, daß das Kriegspresseamt Unfug treibe, aufrecht.
Ludendorff unterschreibt erneut eine scharfe Verwahrung an das Kriegsministerium, er erblicke in dem Vorgang eine unerhörte und gänzlich unerwiese-

ne Herabsetzung einer der OHL unterstellten Dienststelle, deren Wirken im Interesse der Kriegführung dadurch geschädigt werde. [...]

Montag, 29. April 1918

Beisetzung von Ludendorffs Sohn in Avesnes (s. 27.3. und 22.4.18).

In der feindlichen Propaganda ist die Tendenz erkennbar, Ludendorff von Hindenburg zu trennen. Es ist dies die Ausnutzung der vom Feinde beobachteten innenpolitischen Vorgänge (und das erste Anzeichen der in Übereinstimmung mit den Feinden Ludendorffs in Deutschland beginnenden Entwicklung, welche unter innen- und außenpolitischem Druck mit der Entlassung Ludendorffs abschloß).

Die große Schlacht kann als beendet gelten.

Dienstag, 30. April 1918

10 Uhr vorm. mit Hindenburg und Ludendorff an Spa. [...]

Auszug 216 aus Feldpostbriefen

Freitag, 3. Mai 1918

(...) Jetzt, ½12 Uhr, komme ich gerade von Ludendorff. Wenn ich so mein Tagewerk hinter mir habe, habe ich das Gefühl, doch eine ganze Menge geschafft zu haben, habe eine Anzahl Menschen immer irgendwie glücklich gemacht, aber auch andere wieder nicht befriedigen können. Das täglich sich Wiederholende und der große Umfang der Tätigkeit macht mich erhaben über Kleinigkeiten und die vielen Widerstände und Anfeindungen, die sich zusammenballen, aber auch sich wieder zerstreuen. Manchmal ein ganz amüsantes Spiel. –

Über mein Befinden kannst Du beruhigt sein. Schlaf ist wenig aber gründlich, Appetit gut und Verpflegung gut und reichlich. Die Bewegung fehlt!

Die Erzberger-Schrift[16] an Hussong kenne ich. Habe über diesen Herren ein ganzes Aktenstück! Deshalb bin ich aber auch der Ehre teilhaftig, von ihm bekämpft zu werden, mit unterirdischen Mitteln. Im Reichstag hat er auch wieder allerlei verbreitet.

Was Papa über die Fürstin Pleß hörte, ist meist Klatsch. Ich bekomme es von allen Seiten berichtet. Die Fama ist wirklich fabelhaft.

Der Kronprinz von Bulgarien war auch wieder bei mir, wie immer besonders anhänglich zu mir.

---

[16] Möglicherweise handelte es sich um eine nicht nachgewiesene Replik von Matthias Erzberger auf das im September 1917 erschienene Pamphlet des deutschnationalen Journalisten Friedrich Hussongs mit dem Titel »Mathias [sic!] Erzbergers Wege und Wandlungen«.

Draußen ist ja jetzt Ruhe (vor dem Sturm, aber unter uns!), die Nachrichten von den Siegen in Finnland[17] passen in diese Ruhezeit ganz gut hinein und zeigen den Nörglern, daß wir außer hier im Westen auch im Norden und im Osten noch allerlei zu erledigen haben. Wenn man alles zusammenrechnet, muß man doch wirklich stolz und siegessicher sein. Aber die Menschen sehnen sich jetzt mehr nach Frieden als nach Siegen irgendwo. Da müßte dem Volk immer wieder noch mehr klar gemacht werden, in welcher Zeit wir leben, was das alles, diese kurzen Kriegsjahre, für das Gesamtschicksal des Vaterlandes bedeutet. Bei den Feinden baut sich der Widerstand nur auf dieser Erkenntnis auf, aber wir sind als Sieger kleinmütig, weil uns die *Regierung* fehlt. Welche Angst vor wirklichen Kleinigkeiten, die vielleicht im Reichstag oder sonst wo spuken! *Sie* bestimmen unser Handeln anstatt als das gebrandmarkt und behandelt zu werden, was sie sind, Kleinigkeiten! Den Wahlrechts-Rummel kann sich auch nur Deutschland im Kriege leisten! Ein Zeichen von Stärke und doch auch von Schwäche! Ich behalte schon recht, daß alle Opfer und aller Sieg und Gewinn nach außen uns innerlich nicht stärken, sondern schwächen werden. Und das alles, weil wir an der Spitze des Staates keine starken Männer haben und im Parlament und öffentlichen Leben eitle Streber, Egoisten! [...]

Sonntag, 5. Mai 1918

Die Redereien über die Fürstin Pleß und ähnliche Klatschereien,[18] welche zahlreich im Nachrichtendienst auftauchen, geben mir Anlaß zu nachfolgender Verfügung.[19] Ich gebe den einzelnen Sektionschefs dazu die persönliche Weisung, Derartiges nur an mich, aber nicht nach außerhalb weiterzuleiten.

Die Entwicklung der Kriegslage läßt ein längeres Bleiben in Avesnes voraussehen. Ich muß deshalb meinen Stab aus Spa ergänzen und brauche größere Diensträume. Bei einem Spaziergang fällt mir ein Haus als geeignet auf, welches der mir unterstellte Feldpolizeikommissar des Armeebereichs von Avesnes bewohnt. Da sich die Übernahme desselben ohne weitere Umstände durchführen ließe, sehe ich es mir an. Nur der Bursche des Feldpolizeikommissars, eines Hauptmanns der Reserve eines Garderegiments, ein alter Landwehrmann, ist anwesend. Er zeigt mir das Haus. Im oberen Stockwerk tritt mir eine auffallend schöne junge Belgierin entgegen. Ich hinterlasse den Befehl, daß sich der Feldpolizeikommissar sofort bei

---

[17] Am 3.4. war die deutsche Ostsee-Division in Südfinnland gelandet. Aufträge der deutschen Verbände waren die Unterstützung der bürgerlichen, »weißen« Kräfte im finnischen Bürgerkrieg und die Sicherung des deutschen Einflusses.
[18] Die Britin Mary-Theresa Cornwallis-West, genannt »Daisy«, heiratete 1890 Fürst Hans Heinrich XV. von Pleß. Sie stand im Frühjahr 1918 im Fokus der Boulevardpresse, als der vermutliche Freitod des Großherzogs Adolf Friedrich VI. von Mecklenburg-Strelitz mit einer Affäre zu Daisy von Pleß, deren mutmaßlicher Tätigkeit als britischer Spionin, und dem angeblichen Scheitern der unbestätigten Heiratspläne des Großherzogs mit einer Opernsängerin in Verbindung gebracht wurde.
[19] In der Edition nicht erfasst.

mir melden soll. Er erscheint gleich und gesteht, daß er die Schöne schon seit längerer Zeit und in den verschiedensten Quartieren des Oberkommandos bei sich hat. Er ist verheiratet, erklärt aber sich scheiden lassen zu wollen, weil er hier die rechte Frau gefunden habe, und glaubt, damit sein Verhalten rechtfertigen zu können. Für mich ist nur das eine maßgebend, daß er als erster mir verantwortlicher Beamter bei seiner Armee das Verbot der Verbindung zu Landeseinwohnern übertreten hat. Ich verfüge seine Ablösung und bitte den Feldpolizeidirektor der Westfront, die Belgierin, welche nur unter der Gefahr, von ihren Landsleuten erschlagen zu werden, in ihre Heimat zurückbefördert werden könnte, irgendwo zur Arbeit unter einer deutschen Frau unterzubringen. [...]

Montag, 6. Mai 1918,
abends 11½ Uhr

(...) Ludendorffs Sohn war von einem Flug über die feindliche Linie nicht zurückgekehrt. In dem jetzt den Engländern abgenommenen Gelände fanden wir ein Grab mit der englischen Aufschrift, daß 2 unbekannte deutsche Flieger darin ruhten. So fuhr Ludendorff hin und erkannte seinen Sohn.

Gestern hatten wir nach einer Besichtigung hier in der Nähe die Armeeführer und Chefs von wohl 10 Armeen hier. Es war eine interessante und imposante Tafelrunde.

Mittwoch, 8. Mai 1918

Der Staatssekretär des Innern, Wallraff, ist im GrHQu.

Ich bitte Ludendorff unter Hinweis auf den Vortrag des Rittmeister Tornau am 5.4.18 auch seinerseits die Übernahme des Nachrichtendienstes gegen die revolutionären Bestrebungen in Deutschland durch den Staatssekretär zu fordern. Wallraff erklärt, wie bereits mir gegenüber, daß er sich dem Reichstag gegenüber nur bei der Anwendung verfassungsmäßiger Mittel rechtfertigen könne. Dies sei für ihn die Polizei, auf deren Tätigkeit und Berichte er sich verlassen und beschränken müsse. Die intensive Erweiterung der Beobachtung der revolutionären Bestrebungen durch den Nachrichtendienst der OHL sei ihm sehr wertvoll, müsse aber aus den dargelegten Gründen bei IIIb bleiben. Es bleibt also dabei, daß wir zwar sehr gut unterrichtet sind, aber keinerlei Exekutive besitzen.

Ich fahre zur 7. Armee (Laon) zur Prüfung der zur Geheimhaltung des Angriffs gegen die Marne getroffenen Maßnahmen.

Donnerstag, 9. Mai 1918

Auf Ludendorffs Wunsch fährt Staatssekretär Wallraff an die Front des AOK 4 und nach Brüssel. Ich gebe zur Begleitung den Major Kroeger bei, seinen Kölner Landsmann. Auch er soll noch einmal versuchen, den Staatssekretär in meinem Sinn zu beeinflußen. Gleichfalls erfolglos. [...]

Freitag, 10. Mai 1918

11½ Uhr abends mit Hindenburg und Ludendorff nach Spa zu Besprechungen mit dem Kanzler und Kaiser Karl.

Sonnabend, 11. Mai 1918

Die Besprechungen haben den Charakter einer Kopfwäsche für den jungen Kaiser. Ludendorff verspricht sich einen Erfolg. Die Villa, in welcher die Besprechungen stattfanden, erhielt bei der OHL den Beinamen »die Canossavilla«.
    Erzberger unternimmt im Reichstag einen Vorstoß gegen die OHL und die Reichsleitung. [...]

Dienstag, 14. Mai 1918

Nachmittags ab Spa. Es ist wahrscheinlich, daß Kühlmann das Auswärtige Amt verläßt.

Mittwoch, 15. Mai 1918

7.50 Uhr an Berlin. 9 Uhr vorm. Besprechung über den Vaterländischen Unterricht in der Heimat im Reichstag. Um 1 Uhr frühstücke ich mit Bernhard, dem Vorsitzenden des Presseausschußes und Major Würtz, dem Chef des Kriegspresseamts bei »Hiller«.[20] Meine Tafelrunde mit dem Juden paßt schlecht in das elegante fast nur von Diplomaten besuchte Lokal, wirkt aber bezeichnenderweise achtungsvoll. 3 Uhr nachm. Fortsetzung der Besprechung im Reichstag. Ich gebe Direktiven im Sinne der Auffassung der OHL. [...]

Freitag, 17. Mai 1918

Besprechung im Kriegsministerium über den Vaterländischen Unterricht in der Heimat und mit Unterstaatssekretär Lewald und seinem Adlatus v. Jacobi im Reichsamt des Innern in Gegenwart des Chefs des Kriegspresseamts über Zensur und Belagerungszustand. Ich erkläre beides als den militärischen Erfordernissen nicht ausreichend genügend. Das Ergebnis ist, daß alles so bleibt.

---

[20] Restaurant in Berlin, Unter den Linden 62/63.

Sonntag, 19. Mai 1918

Sonntag. Die beiden Pfingsttage verlebe ich mit meiner Frau in Eisenach bei meiner dort im Johannahaus (Zimmerstiftung)[21] zur Ausbildung befindlichen ältesten Tochter. [...]

Mittwoch, 22. Mai 1918

8 Uhr vorm. an Avesnes. Ich ordne verstärkte Aufklärung gegen die politische Wühlarbeit Rußlands an, neben dem Geheimen Nachrichtendienst und der Abwehr auch durch Vertrauensleute des Inlandsnachrichtendienstes in Verbindung mit den Nachrichtenoffizieren an der Ostfront.

Donnerstag, 23. Mai 1918

Ich bin zur Begleitung des Feldmarschalls befohlen bei der Besichtigung der Garde-Kavallerie-Schützen-Division bei Maubeuge. Ich bin besonders dankbar für diese für mich so seltene Gelegenheit, einmal mit rein militärischen Dingen in Berührung zu kommen. Die Stunden der Fahrt mit dem Feldmarschall vertiefen das Erlebnis.

Freitag, 24. Mai 1918

Ich habe für die nächsten Tage wegen der Absperrung gegen die russische Propaganda einige leitende Persönlichkeiten der Geheimen Feldpolizei von der Ostfront zu mir befohlen. Unter diesen auch den jüngsten Bruder Ludendorffs[22], welcher zwar nur eine untergeordnete Stellung einnimmt, aber ich glaube, dem General eine Freude durch ein Wiedersehen mit seinem Bruder zu machen. Als ich ihm melde, daß sein Bruder an der Besprechung teilnehmen werde, merkt er sofort diese Absicht und dankt mir für dieses freundliche Verstehen. Er bittet nur, daß sein Bruder nicht am Schlacht-Tag zu ihm kommen solle. Dies ist wieder ein Ausfluß eines gewissen Aberglaubens.

---

[21] Das Johannahaus der 1907 gegründeten Mathilde-Zimmer-Stiftung e.V. in Eisenach war eine Haushaltungsschule für junge Frauen.
[22] Hier irrt Nicolai. Der jüngste Bruder, Hans, war seit 1915 als Hauptobservator am Potsdamer Astrophysikalischen Observatorium tätig. Bei dem Besucher handelte es sich um Major Eugen Ludendorff, der zwar 1894 den Dienst quittiert hatte und zur Kriminalpolizei gewechselt war, aber von 1916 bis 1918 die Zentralpolizeistelle des Oberbefehlshabers Ost leitete.

Auszug 221 aus Feldpostbriefen

Freitag, 24. Mai 1918

(...) Hier ist jetzt immer viel Besuch, was sehr interessant und abwechslungsreich ist. Gestern war ich mit dem Feldmarschall bei einer Besichtigung draußen. Es war eigentlich das erste Mal, daß ich von der modernen Infanterie-Ausbildung etwas sah. Aber ich bin beruhigt. So viel anders ist es nicht, als ich es kenne. Da werde ich mich schon schnell wieder hineinfinden. Der Feldmarschall ist bei solchen Gelegenheiten doch der große Mann, im Reden, Auftreten und in dem, was er der Truppe gibt. Es sind geradezu Feierstunden, die man da erlebt. Hinterher fuhren wir noch nach Maubeuge, wo die Kunstschätze aus St. Quentin in Sicherheit gebracht und wie in einem Museum untergebracht sind, auch zum Besuch für die Feldgrauen und die Bevölkerung. Mit einer Liebe und Geschmack alles eingerichtet, die uns »Barbaren«[23] wirklich alle Ehre macht. Als wir herauskamen, hatte es sich herumgesprochen, daß der Feldmarschall da war. Sein Auto war mit blühenden Blumen durch Schwestern geschmückt und der ganze Marktplatz war Kopf an Kopf voll von Feldgrauen, Schwestern, Ärzten, Verwundeten, Einwohnern. Er selbst immer einfach und bescheiden, im Museum von großer Sachkenntnis und Kunstverstand und einem köstlichen abgeklärten Humor. Heute abend fahren die Beiden nach Brüssel zu einer Besprechung mit dem Generalgouverneur. Morgen um 3 Uhr nachmittags sind sie wieder hier. Für den alten Herren auch respektable Leistungen. [...]

Sonntag, 26. Mai 1918

Wir stehen vor der neuen Offensive.[24] Die »Frankfurter Zeitung« hat in einem Artikel »Kriegsfragen« wiederum kritisch und dazu indiskret über den bevorstehenden Angriff gegen die französische Front geschrieben. [...]

Auszug 223 aus Feldpostbriefen

Avesnes, Dienstag, 28. Mai 1918

(...) Die schönen Erfolge zwischen Laon und Reims werden auch Euch mit Freude erfüllt haben. Die Offensive geht weiter gut vorwärts. In wieweit sie nun auch politisch auf die Friedenssehnsucht in Frankreich einwirken wird,

---

[23] Nach den Gewaltexzessen gegenüber Zivilisten während des Vormarsches in Belgien im August 1914 brandmarkte die alliierte Propaganda die deutschen Gegner als »Barbaren« oder »Hunnen«.

[24] Am 27.5.1918 begann das nach seinen beiden Teiloffensiven benannte Unternehmen »Blücher-Yorck« am Chemin des Dames. Der 7. Armee gelang ein bis zu 30 km tiefer Vorstoß bis an die Marne. Wie die vorherigen Operationen geriet auch dieser Angriff ins Stocken und wurde schließlich abgebrochen.

müssen wir abwarten. Ich glaube, daß unser Erfolg gerade an dieser Front doch großen Eindruck machen wird. Wenn nicht, dann kommt der nächste Schlag. Schließlich werden wir schon so weit kommen. Morgen fahre ich hinaus. Ich habe den Bruder von Ludendorff, der Leiter einer Zentralpolizeistelle im Osten ist, jetzt Major, im Frieden Polizeikommissar in Aachen, der jetzt dort auf Urlaub ist, zur Besprechung seines Dienstes herkommen lassen, er wird mich begleiten. Abends und übermorgen ist er dann bei dem großen Bruder zu Besuch, der sich über dies Arrangement anscheinend recht freute. Er ist dienstlich sehr streng, aber menschlich doch auch weich und gut. Ganz so, wie auch Dein Alter zu sein sich bemüht. [...]

Mittwoch, 29. Mai 1918

Ludendorff bittet mich, daß sein Bruder (s. 24.5.18) heute mittag mit uns ißt. Dieser Bruder hat es im Leben nicht zu etwas Rechtem gebracht, ist auch äußerlich nicht respektabel, korpulent und unbeholfen. Um so schöner wirkt es, als Ludendorff, indem er mit dem Feldmarschall unser Eßzimmer betritt, sofort auf ihn zugeht und ihn in sichtlicher Freude mit den Worten: »Na, Dicker, wie geht's denn?« begrüßt. Auch der Feldmarschall ist außerordentlich herzlich zu ihm. [...]

Donnerstag, 30. Mai 1918

Die »Frankfurter Zeitung« nimmt abfällige Kritik an der Kriegführung im Osten. Sie veröffentlicht einen Artikel des Abgeordneten Haußmann, in welchem ausgeführt wird, daß unnötig deutsche Truppen im Osten durch Aufgaben festgelegt seien, die durch Waffen nicht zu lösen wären. Während ich also gerade auf meinem Gebiet tätig bin, den Schutz durch die Ostfront gegen das Eindringen der bolschewistischen Gefahr zu verstärken, regen sich auch hiergegen unverantwortliche politische Kräfte.

Freitag, 31. Mai 1918

Da der Befehlsstab in Avesnes allmählich größer geworden ist, wurde in einem ruhig gelegenen Hause ein besonderes Kasino eingerichtet, um dem engsten Kreis der OHL größere Ruhe während der Mahlzeiten zu bieten. Zur Einweihung dieses Kasinos hat sich heute der Kaiser zu Tisch angesagt. Als er mich begrüßt, sagt er mir, daß er heute die Kabinetsordre unterschrieben habe, welche den Generalgouverneur von Belgien als Rechtsbeschwerdeinstanz einsetze wegen der von Hauptmann v. Beerfelde gegen mich erhobenen Anschuldigungen. Daß ich unter diesen Umständen bei Tisch meinen Platz (Tischordnung nachfolgend) zwischen dem Generaladjutanten des Kaisers und einem Flügeladjutanten hatte, deute ich als Zeichen, daß man mir die Widerwärtigkeiten vergelten will, welchen ich in meiner Stellung ausgesetzt bin.

31.5.1918

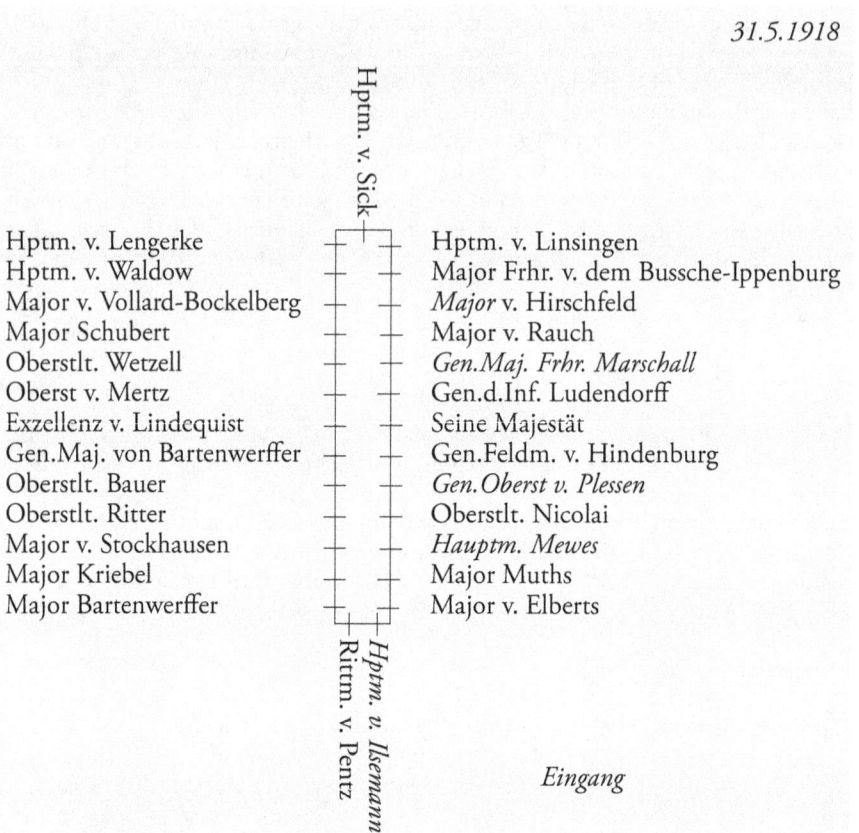

Hptm. v. Lengerke	Hptm. v. Linsingen
Hptm. v. Waldow	Major Frhr. v. dem Bussche-Ippenburg
Major v. Vollard-Bockelberg	*Major v. Hirschfeld*
Major Schubert	Major v. Rauch
Oberstlt. Wetzell	*Gen.Maj. Frhr. Marschall*
Oberst v. Mertz	Gen.d.Inf. Ludendorff
Exzellenz v. Lindequist	Seine Majestät
Gen.Maj. von Bartenwerffer	Gen.Feldm. v. Hindenburg
Oberstlt. Bauer	*Gen.Oberst v. Plessen*
Oberstlt. Ritter	Oberstlt. Nicolai
Major v. Stockhausen	*Hauptm. Mewes*
Major Kriebel	Major Muths
Major Bartenwerffer	Major v. Elberts

Eingang

Samstag, 1. Juni 1918

Ich fahre mit den neutralen Militärattachés in die Angriffsfront. Da es sehr warm ist und die Herren sich lange im Schatten eines Westforts von Reims ausruhen, habe ich Gelegenheit für mich still und tief die Eindrücke des Schlachtbildes aufzunehmen.

Abends ist Prinz Heinrich bei uns zu Gast. Er fällt durch seine ungeheure Bescheidenheit auf, er verrät nur Interesse für seine maritime Stellung.

Montag, 3. Juni 1918

12 Uhr abends haben wir einen Bombenabwurf über Avesnes erlebt. Bei Tisch am 4.6. meint der Feldmarschall, er glaube nicht, daß man uns absichtlich beworfen habe, es sei gewiß solch Bummler gewesen, der auf dem Rückflug von Köln noch einige Bomben übrig gehabt und sich ihrer vor seiner Heimkehr entledigt hätte.

Ludendorff spricht mir seinen Dank aus für die Verdienste des Nachrichtendienstes an den Erfolgen seit dem 27.5. [...]

Dienstag, 4. Juni 1918

Wieder zunehmende Schwierigkeiten der Presseleitung verlangen meine kurze Anwesenheit in Spa. Ich fahre abends dorthin. [...]

Donnerstag, 6. Juni 1918

Die »Frankfurter Zeitung« hat in einem Artikel »Belagerungszustand und Zensur« ausgeführt, die Militärbehörden, die außerhalb der Verfassung ständen und nicht mit der Friedenpolitik einverstanden seien, hätten das Vertrauen in den Geist der Bevölkerung und besonders der Arbeiterschaft verloren.
    Ich kehre abends nach Avesnes zurück.

Sonnabend, 8. Juni 1918

Ich begebe mich nach Brüssel. Auf dem Wege dorthin begegnet mir im Kraftwagen ein bolschewistischer Minister auf dem Wege zu Ludendorff zu streng geheimgehaltener Aussprache. Gestern war ein Tatarenfürst, ehem. Adjutant des Großfürsten Nicolai, sein Gast. Diese außenpolitischen Besuche sind Bartenwerffers Sache. Mir sind sie irgendwie unbehaglich. Die Verbindung mit solchen Leuten ist bei Ludendorffs starker militärischer Inanspruchnahme zu kurz, um ihn gründlich zu orientieren, wenn dies der Zweck sein soll. Erst recht aber, wenn sie der Beeinflußung dieser dienen soll. Sie sind also nach meinem Empfinden nichts als eine Beschnüffelung unserer einzigen großen Tatkraft, Ludendorffs. Es ist kein Vorwurf gegen diesen, daß er in seinem ungeheuren Verantwortungsbewußtsein sich ihnen nicht entzieht, er hat aber keinen ausreichenden Berater zur Seite in Bartenwerffer und ich befürchte, daß bei diesen Arrangements auch Bauer seine Hand im Spiel hat, um Ludendorffs Tatwillen zu schmeicheln.
    In Brüssel habe ich zunächst eine Besprechung über die Abwehrmaßnahmen im Rahmen der 4. Armee im Hinblick auf dort bevorstehende Kampfhandlungen. Anschließend bin ich mittags Gast des Generalgouverneurs v. Falkenhausen. Ich treffe bei ihm Vertreter des Vaterländischen Unterrichts aus Süddeutschland. Ich begrüße deren Initiative, sich selbst einen Eindruck und Material für ihre Aufgabe zu verschaffen.
    Nach dem Essen Besprechung mit den Verwaltungschefs für Belgien und Flandern, v. Wilmowsky und Schaible über die belgische und die deutsche Presse über Belgien. Beide halten es für notwendig, die Erörterungen über Belgien einheitlich und planmäßig in Fluß zu bringen, vermissen und verlangen also gleichfalls Führung, Schaible bittet der OHL darüber positive Vorschläge machen zu dürfen. Ich lade ihn hierfür zum 12.6. nach Avesnes ein.
    Abends Rückkehr nach Avesnes. Ich finde gleichfalls von Haeften aufgestellte Vorschläge für eine »politische Offensive« vor. Ich unterbreite spät abends noch Ludendorff nachstehendes Schreiben an den Reichskanzler. Abschrift davon geht an den Chef des Zivilkabinets, v.d. Bergh.

Chef des Generalstabes
des Feldheeres
Nr. IIIb 2992/R.
Geheim!

GrHQu, den 8.6.1918

An Seine Exzellenz
den Herrn *Reichskanzler*
Berlin

Die seit Ende März sich abspielenden Kämpfe auf der Westfront haben sich zu einem großen siegreichen Schlage gegen die französisch-englische Streitmacht ausgestaltet. Es ist in der notwendigen Ökonomie der Kräfte begründet, daß diese Kämpfe zeitweise abflauen werden, ehe wir zu einem neuen Schlage ausholen. Zu welchen weiteren Ergebnissen dieser führen wird, ist nicht zu ersehen. Der ganze Kampf mit Englands und Frankreichs Wehrmacht erstreckt sich somit über eine weite Zeitspanne, die Höhepunkte und Ruhepausen umschließt.

Zeitlich und sachlich muß neben unserer militärischen die politische Handlung schreiten. Besonders in den Kampfpausen, die Gelegenheit geben, den Erfolg militärischer Siege politisch auszunutzen, muß die politische Handlung zielbewußt einsetzen.

Ich hatte den Chef der Militärischen Stelle beim Auswärtigen Amt, Oberst v. Haeften, gebeten, zu der Frage einer großzügigen Auswertung der militärischen Ereignisse durch politische Propaganda in der Heimat und den neutralen Ländern Stellung zu nehmen, einer Propaganda, die letzten Endes die Heimatfront unserer Feinde schwächen soll und damit als politische Offensive neben die militärische treten würde.

Die Ausführungen, die Oberst v. Haeften zu diesen Gedanken gemacht hat, beehre ich mich Euerer Exzellenz in der Anlage sehr ergebenst beizufügen. Euer Exzellenz bitte ich, diese Ausführungen zu prüfen und ihnen, ebenso wie ich, in den wesentlichen Punkten beizutreten. Ich glaube, Euer Exzellenz Zustimmung sicher zu sein, daß wir den militärischen Kampf poltisch unterstützen und die in ihm erzielten Erfolge politisch auswerten müssen. Hierzu scheint mir der vom Obersten v. Haeften vorgeschlagene Weg gangbar zu sein. Bei der Bedeutung, welche diese Frage für die Oberste Heeresleitung hat, und bei der Wechselwirkung zwischen militärischem und politischem Vorgehen bei der Ausführung würde ich Euer Exzellenz sehr ergebenst bitten, mich in umfassender Weise über beabsichtigte Maßnahmen durch den Obersten v. Winterfeldt zu unterrichten, den ich anhalten würde, in Zusammenarbeit mit dem Obersten v. Haeften und dem Chef des Kriegspresseamts, Major Würtz, die diesen Stellen verfügbaren Kräfte zur Förderung der von uns gemeinsam gebilligten Maßnahmen einzusetzen.

I.A.
gez. *Ludendorff*

[...]

Auszug 225 aus Feldpostbriefen

Sonntag, 9. Juni 1918, nachmittags

(...) Der neueste Schlag gegen die Westfront[25] hat sich, wenn Du diesen Brief erhältst, hoffentlich weiter entwickelt. Es gibt ja keinen anderen Weg zum Frieden als den über den Sieg.

Deshalb können wir hoffen, daß jeder Sieg uns auch dem Frieden näher bringen wird. Bei der Taktik, die wir befolgen, werden die Verluste auf das größtmögliche Mindestmaß beschränkt.

Dienstag, 11. Juni 1918

Haeften hält Ludendorff in Gegenwart von Bartenwerffer und mir persönlich Vortrag über die »Politische Offensive«. [...]

Sonntag, 16. Juni 1918

Von 9 Uhr vorm. bis 7 Uhr abends Besprechungen mit den Leitern des Geheimen Nachrichtendienstes gegen den Westen.

Montag, 17. Juni 1918

Fortsetzung der Besprechungen. 5.30 Uhr abends Abschluß und gemeinsames Essen.

Dienstag, 18. Juni 1918

Besprechung im Kriegspresseamt mit Haeften auf Veranlassung des Oberbefehlshabers Ost über Propaganda in Rußland, anschließend mit den Leitern des Nachrichtendienstes und der Abwehr in Rumänien, Frühstück mit den Militärattachés vor einer für sie vorbereiteten Reise durch Deutschland.

Mittwoch, 19. Juni 1918

Besuch des österreichischen Nachrichtenchefs, Oberst Ronge. [...]

Sonnabend, 22. Juni 1918

8 Uhr vorm. an Avesnes.

---

25 Deutscher Angriff vom 9. bis 11.6. im Raum Noyon-Montdidier (Unternehmen »Gneisenau«).

Mir ist in Berlin vom Kriegsministerium nahegelegt worden, dem Wunsch des Oberstabsarztes d.R., Mannheimer, welcher sich große Verdienste erworben hat, die Kriegsbeschädigten durch Prothesen wieder arbeitsfähig zu machen, hierüber der OHL Vortrag halten zu dürfen, zu entsprechen. Der Feldmarschall hatte sich bereit erklärt, ihn zu empfangen, nachdem ich seine Frage, es sei doch wohl kein Jude, nach den mir gemachten Mitteilungen verneint hatte. Mannheimer trifft heute in Avesnes ein. In dem Theater hält er nachmittags seinen Vortrag mit Lichtbildern nach einleitenden, dem Feldmarschall gewidmeten byzantinischen Schmeicheleien. Mir wird an der Seite Hindenburgs in der Mittelloge des Theaters darüber Angst und Bange. Hindenburg läßt seine Eindrücke nicht erkennen. Am Abend ist Mannheimer Gast des Feldmarschalls. Auf seine besorgte Frage, wie er sich dabei benehmen müsse, habe ich gebeten, nicht von Krieg und Politik zu sprechen, sondern harmlos den Feldmarschall über das Leben in Berlin zu unterhalten. Er tut dies mit einem nicht zu bändigenden Wortschwall, so daß eine mir sehr peinliche Stille an unserer Tafelrunde entsteht. Als wir nach dem Essen zu einer Tasse Kaffee in das Nebenzimmer gehen, läßt Hindenburg ihm den Vortritt. Ehe er ihm folgt, wendet er sich zu mir um und sagt: »Es ist doch ein Jude!« [...]

Sonntag, 23. Juni 1918

Der Reichskanzler antwortet auf das Schreiben wegen »Politischer Offensive« vom 8.6. (s. dort). Er dankt für dasselbe als wertvollen Beitrag zu den Vorarbeiten, die schon seit längerer Zeit im Gange seien, um die Zusammenfassung sämtlicher zur führenden Einwirkung auf die öffentliche Meinung des In- und Auslandes bestimmten amtlichen Einrichtungen ins Werk zu setzen. Mit dieser vorbereitenden Arbeit habe er seinen Pressechef, Direktor Deutelmoser, beauftragt. Dieser werde einen Erholungsurlaub von 14 Tagen, den er am 23.6. anzutreten gedenke, dazu benutzen, seinen Entwurf für den Ausbau der neuen Einrichtung zu vollenden. Dieser werde dann, nachdem er von ihm geprüft sei, der OHL und den an der Sache beteiligten Reichszentralbehörden zur Einsicht und zur Äußerung etwaiger Änderungs- oder Ergänzungswünsche zugehen. Im Anschluß daran beabsichtige der Reichskanzler die endgültige Feststellung des Gesamtplanes, nötigenfalls unter Zuhilfenahme kommissarischer Beratungen derart zu fördern, daß diese in kürzester Frist beendet seien und die praktische Ausführung ohne Verzug in die Wege geleitet werden könne.

Ludendorff empfindet diese Antwort wie einen Hohn nach seinen seit 1½ Jahren an die Reichsregierung gerichteten Forderungen. Mir ist sie persönlich deshalb besonders peinlich, weil sie das endgültige Fiasko zu meiner Zustimmung bedeutet, Deutelmoser dem Reichskanzler in der Erwartung seines Verständnisses für die militärischen Kriegsnotwendigkeiten zu überlassen. Ich rechne mir aus, daß, wenn die Sache überhaupt zu irgend einem Erfolg führen soll, sie mindestens bis zum Herbst vertagt ist, also für die bevorstehenden entscheidenden Kämpfe überhaupt nicht mehr in Betracht kommt.

Montag, 24. Juni 1918

Kühlmann hält im Reichstag eine entmutigende Rede.[26] Mit Einverständnis Ludendorffs wird durch Telegramm Hindenburgs an den Kanzler unser Antrag auf die »politische Offensive« vom 8.6. »mit Rücksicht auf die durch die Rede Kühlmanns geschaffene Lage[«] zurückgezogen.

Ludendorff unterschreibt das nachfolgende Schreiben an den Militäroberbefehlshaber, die Haltung der »Frankfurter Zeitung« betreffend. Das Verhalten des stellvertretenden Generalkommandos in Frankfurt ist ein erstes Anzeichen, daß infolge mangelnder oberer Führung auch die militärischen Aufsichtsbehörden in der Heimat kraftlos werden.

Chef des Generalstabes   24.6.1918
des Feldheeres
Nr. IIIb 3502/R. / 17197/II
Geheim!

An den Herrn *Militäroberbefehlshaber*
Berlin W.

Im Anschluß an Euer Exzellenz Mitteilung Nr. 779/6 18.Z.3 vom 18.6.1918, daß nach Mitteilung des Stellvertretenden Generalkommandos XVIII. Armeekorps die Schriftleitung der »Frankfurter Zeitung« ernstlich verwarnt worden ist, weil sie in dem Artikel »Belagerungszustand und Zensur« es so hingestellt hat, als habe man in militärischen Kreisen das Vertrauen in den Geist der Bevölkerung und besonders der Arbeiterschaft verloren, gestatte ich mir folgendes auszuführen:

Die Haltung der »Frankfurter Zeitung« im Rahmen der Kriegsnotwendigkeit erregt bei der Obersten Heeresleitung seit längerer Zeit ernsthafte Bedenken. Ich will nicht verkennen, daß sie bei einzelnen Ereignissen, besonders bei der Werbearbeit zu Kriegsanleihen und für die Ludendorff-Spende sich mit Erfolg in den Dienst der Kriegführung gestellt hat. Aber auch hierbei gaben einzelne von ihr angewandte Mittel Anlaß zu Bedenken, so z.B. Zeichnungen, die werbend für die Kriegsanleihe wirken sollten, gleichzeitig aber die Leser in einem gegen den Krieg abstoßenden Sinne beeinflussen mußten. Man mag zum Kriege stehen, wie man will, die Tatsache, daß wir jetzt in schwerem Kampf stehen und ihn durchkämpfen müssen, verlangt, daß alles vermieden wird, was das Volk und Heer für diesen Kampf schwächen kann.

In diesem Zusammenhang richte Euer Exzellenz Aufmerksamkeit ich auf die Besprechung, welche die »Frankfurter Zeitung« der Uraufführung der Dichtung »Ein Geschlecht« von Fritz v. Unruh in ihrer Nummer 166 vom 17.VI.1918 zuteil werden läßt.

Vor Beginn der großen Angriffsschlachten im Westen hatte ich ferner Veranlassung, durch einen Offizier meines Stabes unmittelbar mit der Schriftleitung

---

[26] In seiner Reichstagsrede vom 24.6. hatte der Staatssekretär des Auswärtigen Amtes auf die Notwendigkeit eines Ausgleichsfriedens und des Verzichts auf Annexionen hingewiesen. Die OHL nahm dies zum Anlass, beim Reichskanzler auf eine Ablösung Kühlmanns zu drängen.

der »Frankfurter Zeitung« in Verbindung zu treten und sie zu ersuchen, eine Darstellung der gesamten Kriegslage zu unterlassen, welche Zweifel an der Notwendigkeit weiterer Kämpfe an der Westfront aufkommen ließ. Eine unmittelbare Schädigung der Interessen der Kriegführung trat durch einen Aufsatz »Kriegsfragen« in der Nummer 144 der »Frankfurter Zeitung« vom 26.5.1918 ein, in dem operative Betrachtungen angestellt wurden, die auf den am 27.5. einsetzenden Angriff hinwiesen. In diesem wandte ich mich mit einer Anfrage unmittelbar an den Stellvertretenden Kommandierenden General des XVIII. Armeekorps mit der Mitteilung, daß ich ein Einschreiten gegen den Zensor für erforderlich halte, falls diesem der Artikel zur Zensur vorgelegen habe. Die Antwort des Stellvertretenden Kommandierenden Generals ergab, daß der Artikel tatsächlich vorgelegen hatte und von der Zensur genehmigt war. Ein Einschreiten gegen den schuldigen Offizier ist nicht erfolgt.

Nach alle dem habe ich den Eindruck gewonnen, daß das Stellvertretende Generalkommando des XVIII. Armeekorps der »Frankfurter Zeitung« gegenüber nicht diejenige Autorität besitzt, welche zur Durchführung der Presseaufsicht im Interesse der Kriegführung unentbehrlich ist. Ich kann mir die zahlreichen Verstöße und die im ganzen gegen die innere Kampfkraft gerichtete oft zu Tage tretende Stellungnahme der »Frankfurter Zeitung« nicht anders erklären, als daß zwischen der Presseabteilung des Stellvertretenden Generalkommandos des XVIII. Armeekorps und der Schriftleitung der »Frankfurter Zeitung« nicht diejenigen engen Beziehungen bestehen, und die Presseabteilung durch die in ihr tätigen Offiziere nicht denjenigen überzeugenden Einfluß besitzt, der angesichts der Verbreitung der »Frankfurter Zeitung« in der Heimat und der Beachtung, die sie im Ausland findet, unbedingt erforderlich ist.

Ich halte mich daher für verpflichtet, Euer Exzellenz zu bitten, in eine Prüfung dieser Verhältnisse einzutreten und zu veranlassen, daß beim Stellvertretenden Generalkommando XVIII. Armeekorps in persönlicher und sachlicher Art Verhältnisse hergestellt werden, die den notwendigen Einfluß auf die »Frankfurter Zeitung« durch Aufklärung und Belehrung und wenn nötig auch durch energisches Einschreiten gewährleisten.

i.A.
gez. Ludendorff

[...]

Auszug 226 aus Feldpostbriefen

Mittwoch, 26. Juni 1918,
abends 12 Uhr

(...) Die letzten Tage haben mir durch die politischen Vorgänge in Berlin viel Berührung mit dem Feldmarschall und Ludendorff gebracht.

Die Kühlmann-Rede hat mir seit vorgestern Abend viel Arbeit und Unruhe bereitet.

Mittwoch, 26. Juni 1918

Seit längerer Zeit ist die Einrichtung einer Frontpropaganda gegen die amerikanischen Truppen im Gange. Das AA ist einverstanden, überläßt die Durchführung im wesentlichen aber uns. Der Generalstab verfügt aber an sich nicht über ausreichende Kenntnisse der amerikanischen Verhältnisse und der amerikanischen Volkspsyche, besonders zum Krieg, um die erste Voraussetzung für eine wirkungsvolle Propaganda, daß sie eben diesen Voraussetzungen entspricht, zu liefern. Auch im Personalbestand des Nachrichtendienstes findet sich hierfür keine geeignete Persönlichkeit. Erst nach längerem Suchen ist es gelungen, sie in einem Deutsch-Amerikaner, Herrings, zu finden. Daneben sind die Nachrichtenoffiziere der Westfront angewiesen worden, der Gewinnung von Gesichtspunkten für eine Propaganda bei der Vernehmung amerikanischer Gefangener besondere Bedeutung beizulegen. Auch verfolgt die Abteilung »Fremde Heere« sowie die Außenpolitische Abteilung alle eingehenden Meldungen in dieser Richtung. Mit der Leitung des Ganzen habe ich den Nachrichtenoffizier bei der Heeresgruppe Herzog Albrecht, vor welcher die amerikanischen Truppen im Wesentlichen kämpfen, beauftragt. [...]

Es wird damit gerechnet, daß politische Vorgänge in Berlin zum Rücktritt Kühlmanns als Außenminister führen. Im Zusammenhang damit fragt mich Ludendorff, ob sich dann vielleicht nicht auch die Möglichkeit ergäbe mit den Schwierigkeiten, welche sich aus Deutelmosers Versagen ergeben hätten, aufzuräumen und die Schaffung eines für die Gesamtpropaganda allein verantwortlichen Propaganda-Ministers zu erreichen. Ihm sei gesagt worden, der Augenblick sei geeignet und die Stellung der OHL im Augenblick stark genug, diese Forderung durchzudrücken. Ihm sei ferner geraten worden, mich der Reichsregierung für diesen Posten aufzuzwingen.

Ich führe folgendes aus: »Der Ruf nach Propaganda sei berechtigt. Es dürfe aber nicht zu seiner Überschätzung ihrer noch vorhandenen Bedeutung für den Kriegsausgang führen. Für eine in der notwendigen Zeit wirkungsvolle Auslandspropaganda fehle jede Voraussetzung. Für die Inlandspropaganda stände ein ausreichender Apparat zur Verfügung. Worauf es hier ankomme, sei, die abträglichen Stimmen der Kräfte, also die Reichstagsmehrheit und ihre Friedensresolution, zum Schweigen zu bringen. Nur wenn das möglich wäre, würde ein Propaganda-Minister die Folge sein nach dem Bedürfnis der OHL. Andernfalls werde er nur ein Organ der Gegenseite werden, und diese verstärken. Für eine derartige Rolle wäre ich nicht geeignet und würde ich mich nicht hergeben. Es würde nichts Anderes als einen Verzicht auf das bedeuten, über was die OHL jetzt noch zur Vertretung ihrer Bedürfnisse verfügt, denn ich würde mich im Wesentlichen als Propaganda-Minister auf die vom Kriegspresseamt geführte Organisation stützen und diese für mich beanspruchen müssen. Ich hielte es für richtiger, wie die Dinge sich entwickelt haben, wir setzten unsere ganze Kraft dafür ein, diese Organisation weiter im Geiste der Kriegführung unabhängig zu erhalten.

Unter Hertling wird sich die von mir als Bedingung gestellte Umstellung der gesamten Politik nicht erreichen lassen. Wenn ich Propaganda-Minister werden sollte, dann müßte folgerichtig als Voraussetzung die OHL auch die oberste politische Kriegführung ergreifen.

(Ich habe nicht erfahren und auch Ludendorff nach dem Kriege nicht gefragt, wer ihm den Rat gegeben hat, mich der Reichsregierung als Propaganda-

Minister aufzuzwingen. Aus den mir nahestehenden, mit mir in diesem Kampf ergrauten und mit seinem Wesen verwachsenen Kreisen kann es nicht geschehen sein. Es kann irgend ein unverantwortlicher, nach anderen Wünschen handelnder Ratgeber gewesen sein. Es kann aber auch einer unserer getarnten Gegner gewesen sein, welcher die Dinge wie ich sah, aber vielleicht glaubte, ich würde aus Ehrgeiz und Überschätzung meiner Fähigkeiten zubeißen und er dadurch sein Ziel nach einem Propaganda-Minister in seinem Sinne zu erreichen. Es war unmöglich, mit Ludendorff solche Möglichkeiten zu erörtern. Sie lagen seiner geraden soldatischen Auffassung nicht, sie wären ihm unverständlich gewesen. Als ich einmal den Bericht eines unserer auswärtigen Vertreter, welcher vom AA an den Kaiser und von diesem an uns weitergeleitet war, in die Hände bekam, hatte ich den Eindruck, daß dieser Bericht besonders für den Kaiser und vielleicht gar nicht auf jenem Außenposten, sondern in Berlin geschrieben war, um auf den Kaiser eine bestimmte Einwirkung auszuüben, Ludendorff, dem ich meine Empfindungen vortrug und, als er sie teilte, vorschlug, der Feldmarschall möge darüber mit dem Kaiser sprechen, erwiderte er mir: »Das hat keinen Zweck. Der Kaiser würde es nicht verstehen, er ist so rein, daß er gar nicht begreifen würde, daß die Politik sich solcher Mittel bedienen und daß sie gegen ihn angewendet werden können.« Als Ludendorff in seiner Art nach dem Kriege schutzlos den politischen Machern gegenüberstand und er mir, als ich ihn in einem besonderen Falle warnte, nicht glauben wollte, habe ich ihn an jenes Wort von ihm über den Kaiser erinnert und ihn gebeten, es auch auf ihn anwenden zu dürfen. Ich habe das Bild gebraucht vom Billardspiel, in dem es nicht nur direkte Bälle gäbe, wie sie seiner Art der Politik gegenüber entsprächen, sondern es als die wahre Kunst gälte, mit indirekten Bällen, d.h. mit einer oder mehreren Vorbanden zu spielen, bei denen der Zuschauer von vornherein oft nicht wisse, worauf der Spieler hinaus und seinen Ball zum Ziel bringen wolle.)

(Es kann aber auch sein, daß die Anregung vom Oberst Bauer ausginge. Es wäre dann, im Schoße der OHL entstanden, wohl eine Anerkennung für mich gewesen, hätte aber vor allem Bauers Art entsprochen, Bestehendes zu zerstören, ohne verantwortungsbewußt zu prüfen, ob das Neue besser sein würde.)

Ich trage Ludendorff weiter vor, daß, so sachlich berechtigt unsere Forderung nach einem Propaganda-Minister sei und auch von mir vertreten würde, hätte meine Zustimmung, diese Forderung an die Außenpolitische Abteilung (v. Bartenwerffer) abzutreten, doch nicht nur meinem Wunsch entsprochen, diese dem innerpolitischen Streit zu entrücken, sondern auch, weil mein Einsatz für diese Forderung immer stärker gelähmt werde durch die Überzeugung, daß keine Persönlichkeit vorhanden sei, die Stellung eines Propaganda-Ministers unter dem von der Mehrheit abhängigen Reichskanzler, Graf Hertling, wahrzunehmen. Ich glaubte wohl, daß Deutelmoser sich diese Rolle zumute und darum, weil er, auch im eigenen Lager der Mehrheit, für seine Person nicht das nötige Vertrauen erwarte, unsere Forderung nach einem ihm vorgeordneten Propaganda-Minister bekämpfe. Darüber, daß er nur zu einem ausführenden Organ tauge, brauchte ich mich wohl nicht zu äußern. Ich müsse auch aussprechen, daß vielleicht Haeften aus Pflichtgefühl den Ehrgeiz zum Propaganda-Minister besitze. Ich müsse aber Ludendorff dringend auch vor diesem Experiment warnen. Haeften sei begabt, temperamentvoll und mit der Feder gewandt, er sei aber innenpolitisch ohne jede Schulung und außenpoltisch völlig unerfahren, um irgend eine Autorität ausüben zu können. Er würde sich also, wenn er die der OHL verlöre, derjenigen der Mehrheit unterordnen müssen und – wie ich befürchte – auch unterordnen. In dem großen Kreis seiner Mitarbeiter sei nichts von Qualitäten, um ihn selbständig zu beraten.

Ich wisse von mir, daß man mir organisatorische Fähigkeiten nicht abspräche. Die Aufgabe, die hier zu lösen sei, ist aber keine organisatorische. Ich würde mir wohl zumuten, in allerkürzester Frist in das Durcheinander Ordnung zu bringen, das Allzuviel der Organisation der vielen unfähigen Mitläufer zu beseitigen. Das sei kein Kunststück, wenn man die Befehlsgewalt sowohl hierzu, wie zum Heranholen geeigneter Mitarbeiter habe und über unbeschränkte Geldmittel des Reiches verfüge. Wenn aber diese Organisation, klein, fest und zielbewußt in kürzester Frist stände und ich bitten würde, wie ich mich ausdrückte, mir nun den Wein für meine Schläuche zu liefern, dann würde ich entweder auf Erstaunen stoßen, daß auch das notwendig sei und würde, wie die jetzt vorhandenen Organisationen der OHL, entweder keinen Wein erhalten oder schlechten vertreiben müssen.

Ich erbat und erhielt Zustimmung zu diesen offenen Darlegungen, ich bat vor allem um Zustimmung und Unterstützung, die Leistungsfähigkeit unseres eigenen Apparates fernerhin zu schützen und nach Möglichkeit zu steigern und zu diesem Zweck eine dreiwöchige Reise nach Berlin, dem Osten und dem Balkan antreten zu dürfen. [...]

Donnerstag, 27. Juni 1918

10 Uhr vorm. im Kraftwagen an Charleville. Begleitung Major v. Redern für die Westfront und Major Kroeger für Feldpressestelle. Besprechung und Unterkunft bei dieser. Besprechung mit Vertretern des Vaterländischen Unterrichts an der Westfront und ebenso über den Frontnachrichtendienst an der Westfront. Besprechung mit dem Generalstabschef des Kronprinzen, Graf Schulenburg. Er wünschte eine Ablösung meines Nachrichtenoffiziers, da dieser nicht das Vertrauen des Kronprinzen besitze. (Major Witte, ein auch mir gegenüber oft schwieriger Untergebener, aber darum von mir besonders geschätzt, hat für das Milieu seines fürstlichen Stabes etwas scharfe Formen. Ich ersetze ihn durch Major Anker, einen sehr begabten und gleichfalls bewährten Nachrichtenoffizier, der aber leider persönlich versagte (s. 10.8.18). Der Kronprinz bittet mich am Abend zu Tisch. Ich sage wegen dienstlicher Verhinderung ab. [...]

Sonnabend, 29. Juni, und Sonntag, 30. Juni 1918

In Spa. Der Kaiser, Hindenburg und Ludendorff sind ebenfalls dort [...] Ich gebe Weisungen für die Zeit meiner Abwesenheit bis Mitte Juli.

Montag, 1. Juli 1918

Nachmittags ab Spa. Auch der Kanzler trifft in Spa ein.

Dienstag, 2. Juli 1918

8 Uhr vorm. an Berlin. Besprechung im Kriegspresseamt. Abends ab Berlin.

Mittwoch, 3. Juli 1918

12 Uhr mittags an Warschau. Besprechung mit den Leitern des Vaterländischen Unterrichts an der Ostfront.

Donnerstag, 4. Juli 1918

Besprechung mit den Nachrichtenoffizieren von Rumänien und der Ukraine und den Leitern des Vaterländischen Unterrichts an der Ostfront.
 In Berlin Wechsel im Außenministerium. v. Hintze wird Außenminister.
 Ich erkranke erheblich an Grippe, bin trotzdem abends Gast des Generalgouverneurs v. Beseler, der meine Bestrebungen für seinen Dienstbereich als dringend notwendig anerkennt und Unterstützung zusagt.

Freitag, 5. Juli 1918

Morgens im Kraftwagen ab Warschau. 10 Uhr abends an Kowno. Redern betreut mich gut in meinem Kranksein, in Kowno muß ich aber sofort das Bett aufsuchen und ärztliche Hilfe in Anspruch nehmen.

Sonnabend, 6. Juli 1918

In Kowno. Ich bin mittags wieder gefechtsfähig. Besprechung mit den Nachrichtenoffizieren von Oberost und den Leitern der Kriegsnachrichtenstellen (Geheimer Nachrichtendienst) in Minsk und Reval. Besprechung mit der Presseleitung Oberost und den Leitern des Vaterländischen Unterrichts im Bezirk von Oberost. Eingehende Aussprache mit General Hoffmann über die Verhältnisse in Rußland und die Rückwirkung auf unsere Ostfront.

Sonntag, 7. Juli 1918

[...] Der Wechsel im AA hat in der Heimat auch die Debatte über die Propaganda öffentlich in Gang gebracht. Ich erhalte Meldung vom Kriegspresseamt, daß in der nationalen Presse und in zahlreichen Briefen lebhaft die Forderung nach Propaganda im Inland erhoben wird. Die Lage ist so, daß wir durch das Kriegspresseamt einen Teil der Presse beeinflußen, im Übrigen aber nur durch Papier wirken können, während die Gegenseite neben ihrer Presse durch Reden wirkt. In den Zuschriften wird verlangt, daß auch die Regierung reden müsse, das Volk wolle die Persönlichkeiten sehen und kennen, die hinter den verschiedenen Auffassungen stehen, Soldaten dürfen es nicht, die Männer der Regierung im

Lande tun es nicht. Der Appell richtet sich deshalb vornehmlich an Hintze: »Das Volk fragt, warum die leitenden Männer die Beschimpfungen Deutschlands in der Welt zulassen.« Und: »Nichts ist so schrecklich, wie das Schweigen unserer führenden Staatsmänner.« Otto Ernst im »Tag«: »Gesucht ein Reichspsychologe.« Die sozialdemokratische Presse: »Propaganda soll nur Stimmung für einen Eroberungskrieg schaffen. Zum Bekenntnis zum Verständigungsfrieden braucht man keine Propaganda. Bloß keine Rede-Offensive! Forderung großzügiger Propaganda will nur für Kriegsverlängerung Stimmung machen.« Auch die jüdischen Blätter der Demokraten bekämpfen ein Propagandaministerium.

Mittags ab Kowno. [...]

Dienstag, 9. Juli 1918

Abends ab Berlin. Major v. Redern kehrt nach Spa zurück. Es begleitet mich nur noch mein Stenograph.

Donnerstag, 11. Juli 1918

Mittags an Sofia. Meldung beim Kriegsminister Sawow. Besprechung mit den Leitern des Vaterländischen Unterrichts bei den deutschen Truppen auf dem Balkan, in Rumänien und in der Türkei, gleichzeitig mit den Nachrichtenoffizieren der türkischen OHL und auf dem Balkan. Hinterher Besprechung mit der Abwehrstelle Sofia. Abends Essen mit dem bulgarischen Pressechef Herbst.

Nachfolgend ein mir in Sofia mündlich, daraufhin vom Urlaubsort schriftlich erstatteter Bericht eines Offiziers über die Türkei.

[handschriftlich] 17963 *z.Zt. Dresden-A., 5.VIII.1918.*
Frankenstraße Nr. 6, II.

Der von der englischen Regierung im Unterhaus am 18. Februar d.J. vorgelegte Nachtragskredit in Höhe von 200 000 Pfund für den Geheimdienst und die Ernennung des Lords Northcliffes zum Minister für Auslandspropaganda haben gerade für die in der Türkei stehenden deutschen Heeresangehörigen unwillkürlich zu Vergleichen Veranlassung gegeben. Auf der einen Seite – England – ein zielbewußtes Arbeiten mit allen Mitteln, um das englische Ansehen im Ausland zu stärken und um für den großenglischen Gedanken Propaganda zu machen, auf der anderen Seite – Deutschland – noch so gut wie nichts, was irgend einem Auswerten der gemachten Erfahrungen ähnlich sähe.

Wir haben ja wirklich wenig genug Länder, in denen wir heute noch durch geeignete Aufklärungsmittel unmittelbar wirken könnten, selbst die Neutralen stehen uns mehr oder weniger feindlich gegenüber. Ist es da zu verstehen, daß in den verbündeten Ländern, vor allem in einem wirtschaftlichen Interessengebiet wie der Türkei so blutwenig zur Hebung des deutschen Ansehens, zur Durchdringung mit deutschem Geiste getan wird?

Betrachten wir die Lage vom militärischen Standpunkt. Hunderte von Offizieren und Tausende von deutschen Soldaten stehen heute in der Türkei und werden von den Türken als die Vertreter des Deutschtums angesehen; ihr Auftreten wird entsprechend bewertet und auf das gesamte Deutschtum übertragen. Alle diese Pioniere des Deutschtums werden von Berlin aus in Marsch gesetzt, ohne daß ihnen ein Hinweis auf ihre hohe und wichtige politische Aufgabe mitgegeben wird, ohne daß sie durch einen mit den Verhältnissen wirklich Vertrauten Richtlinien über die nötigen Umgangsformen mitbekommen!

Der Türke ist trotz Revolution und Jungtürkentum stockkonservativ und hält fest an altüberlieferten Umgangsformen und Ansichten. Wollten wir ihm jetzt »preußisch« kommen, werden wir nichts als Ablehnung, ja Abneigung finden, denn unser Auftreten wird den feinempfindenden Orientalen beleidigen. Wollen wir das Land durchdringen, so müssen wir uns zunächst in seine Denkungsweise hineinversetzen und in der äußeren Form uns ihr anpassen. Wollen wir unsere Ideen, die zunächst für das Verständnis der Türken zu hoch sind oder reichlich Arbeit erfordern, einführen, so müssen sie in schmackhafter Form umkleidet dargebracht werden. Kindern reicht man Arznei in Zuckerplätzchen!

Der erste Grundsatz für unsere Offiziere im Ausland müßte aber sein, daß sie ihrer Stellung als Vertreter eines der mächtigsten Reiche der Welt entsprechend auftreten. Das ist aber nur möglich, wenn ihnen die dafür nötigen Mittel auch wirklich zur Verfügung stehen.

Bei einem Festmahl, welches die funkentelegraphische Abteilung von Siemens-Schuckert in Konstantinopel den türkischen Funkeroffizieren gab, erklärte der rangälteste türkische Offizier: »Ja, Ihr Deutschen seid sicher sehr fleißige und intelligente Menschen, aber die Engländer sind uns doch viel lieber.« Und unter der Zustimmung seiner Kameraden führte er aus, daß wir ja nicht einmal zu repräsentieren verstünden. Ja, der Engländer! Der englische Generalkonsul in irgend einer kleinasiatischen Stadt, so führte er als Beispiel an, führe vierspännig von zwei reichgekleideten, berittenen Kavassen begleitet, während der deutsche Konsul in einer Mietsdroschke mit dem Regenschirm bewaffnet hinterherrollte.

Dies ist nur ein Beispiel für viele! Immer und immer wieder hört man wieder das gleiche Urteil: man trifft Euch nicht, Ihr tretet nicht auf. Selbst die Österreicher sind überall, nur Ihr fehlt an den Stellen, wo sich die große Welt trifft.

Wer fern den Dingen steht, wird leicht geneigt sein zu sagen, dazu sind unsere Offiziere auch nicht da, daß sie im Perapalast sitzen und Sekt trinken. Es ist Krieg, die Herren haben ihren Dienst. Für jeden anderen Kriegsschauplatz mag das gelten, nicht aber für Konstantinopel. Der Türke ist von Natur eitel, der türkische Offizier, d.h. der *moderne* Offizier repräsentiert, er legt großen Wert auf die äußere Erscheinung, er läßt sich durch Äußerlichkeiten mehr imponieren, als durch deutsche Arbeit. Ganz abgesehen davon, daß auch hierzulande noch »Der Rubel rollt«.

Österreich hat dies wohl erkannt, und das Land, welches finanziell sich nicht neben Deutschland stellen kann, gibt seinen Offizieren einen doppelt so hohen Gehalt, als ihn der Deutsche empfängt. Und dabei kann man nicht einmal sagen, daß dies zu hoch bemessen ei. Bei einer Preissteigerung von über 2000 Prozent gegenüber den Friedenszeiten und bei einem Kurs, bei dem 1 Goldpfund 5 Papierpfund entspricht, kann der deutsche Offizier gerade mühselig in den deutschen Offizierskasinos leben, an ein repräsentatives Auftreten ist nicht zu denken. Wie Offiziere, die ihre Familie noch von ihrem Gehalt unterstützen sollen, dies tun, ist ein Rätsel.

Auch für die Kommandobehörden scheinen entsprechende Repräsentationsgelder bzw. die nötige Verfügungsfreiheit darüber nicht vorhanden zu sein. Wenigstens brachte dies der Stellvertreter des Chefs der Deutschen Militär-Mission, Herr Generalmajor von Lenthe,[a] dem ich die ganze Frage einmal vortrug, zum Ausdruck.

Die oben erwähnte günstige Gehaltslage der österreichisch-ungarischen Offiziere verbunden mit der besonderen Auswahl der Offiziere hat es mit sich gebracht, daß diese Offiziere einerseits ihren Staat in viel eindringlicher und dem Orientalen augenscheinlicher Weise vertreten und – was heute ein offenes Geheimnis ist – handelspolitisch durchdringen und sich bereits in vielen wesentlichen Unternehmungen festgesetzt haben.

Es liegt offen zu Tage, daß wir auf dem besten Wege sind, hier wieder einmal den Anschluß zu verpassen und Unwiederbringliches unbeachtet zu lassen.

Die sonst sicher zutreffende Ansicht, daß Militär sich lediglich um militärische Sachen zu kümmern habe, darf für die Türkei nicht zutreffen. Zivile Vertreter würden wir jetzt nie in der genügenden Zahl hinunterbringen können; die Schwierigkeiten aber, welche ihnen die türkischen Behörden machen würden, würde jede Arbeit von vornherein lahm legen. Der Österreicher bringt seine Modeschauvertreter und Modelldamen als Militärpersonen herunter, unbekümmert, ob es dem Türken paßt, wenn er nur seinen Zweck erreicht.

Ein anderer dunkler Punkt ist unser Einfluß durch die Presse. Wir beschweren uns über Reuter und Northcliffe und haben doch nicht einmal im eigenen Machtbereich etwas nur einigermaßen Befriedigendes geleistet! Das Deutschtum in der Türkei wird heute durch den in deutscher und französischer Sprache erscheinenden »Osmanischen Lloyd« vertreten, ein Blättchen, was einer deutschen Stadt von 2000 Einwohnern kaum Ehre machen würde. Der Begriff eines Leitartikels ist ihm gänzlich unbekannt. Der Lloyd bringt den Heeresbericht, einige Kriegstelegramme, die man nebenbei bemerkt schon am Abend vorher in der »Nachrichtenstelle« liest, und dann das »Örtliche« nebst einem meist unsäglich dummen Feuilleton. Irgend welche Wirkung im Sinne des deutschen Gedankens kann man daher diesem Blatt nicht zubilligen. Im Gegenteil, man muß es als Schädling betrachten, da es Deutschland doch gewissermaßen »repräsentiert«, also durch seinen Wert ein ganz falsches Bild von Deutschlands Macht gibt.

Meiner Ansicht nach wäre keine deutsche Zeitung besser als dies Vorort-Blättchen! Läßt man es bestehen, so muß es entsprechend unterstützt werden, pekuniär wie in geistiger Beziehung! Weit wichtiger erscheint mir aber, daß wir eine *türkische* Zeitung in die Hand bekommen, die ein Sprachrohr unserer Reichsleitung und nicht zum Mindesten auch unserer Industrie und Wissenschaft würde. Nur durch seine eigenen Blätter wird es uns möglich sein,

---

[a] Werner von Lenthe (1863–1942), ab Herbst 1916 Chef des Stabes der deutschen Militärmission, ab Juni 1918 Vertretung als Chef der Militärmission in Konstantinopel.

den an sich durch seine ganze Geschichte mißtrauisch gewordenen Türken zu gewinnen.

Es sind, soweit mir durch meine frühere Tätigkeit mit dem Kriegspresseamt bekannt ist, jetzt Vorbereitungen im Gange, um eine deutsche Auslandspresse, bzw. eine entsprechende Propaganda zu schaffen. Warum wird da in den Ländern, in welchen der Einfluß der Entente zur Zeit fast ausgeschaltet ist, nicht jetzt sofort eingesetzt? Sind die Engländer erst wieder im Lande, dann wird die Arbeit zum Mindesten erschwert, wenn wir nicht überhaupt wieder infolge unserer mangelnden Mittel an die Wand gedrückt werden. Der Umstand z.B., daß die Türken bereits heute erklärt haben, daß die von uns eingerichtete »Nachrichtenstelle« nach dem Kriege geschlossen würde, muß zu denken geben.

Nicht minder betrüblich steht unsere Propaganda durch das deutsche Buch. Es gibt nur zwei »deutsche« Buchhandlungen in Konstantinopel, die zugegebener Maßen bis zum Eintreffen der deutschen Truppen fast nur englische und französische Literatur geführt haben. Der eine Teilhaber war meines Wissens bis vor kurzem französischer Elsässer und hat sich jetzt erst in den deutschen Reichsverband aufnehmen lassen. Ich habe bereits im Juni d.J. durch die Militär-Mission anläßlich der Angriffe in der »Kölnischen Zeitung« einen eingehenden Bericht über diese Verhältnisse gegeben und kann mich daher hier kurz fassen.

Die Sachlage ist heute so, daß die beiden Firmen Keil & Weise nach übereinstimmender Ansicht des zuständigen Referenten der Botschaft, des deutschen Dürerbundes in Konstantinopel und maßgeblicher Mitglieder der deutschen Kolonie nie in der Lage sein würden, eine würdige Vertretung des deutschen Buchhandels durchzuführen, sowohl aus Mangel an nötigen Mitteln, als auch aus Gründen, die in den Persönlichkeiten zu suchen sind.

Auf meine Anregung hin wird jetzt von der Firma Volckmar – Koehler, Leipzig, im Einvernehmen mit dem Auswärtigen Amt, Nachrichtenabteilung, und der deutschen Botschaft die Gründung einer deutschen Propaganda-Buchhandlung vorbereitet, wobei der Aufkauf zum Mindesten der einen der beiden oben genannten Firmen geplant ist. Die im April eröffnete deutsche Feldbuchhandlung ist als Vorläufer dazu anzusehen.

Es ist aber klar, daß dieser für Konstantinopel im Entstehen begriffene Plan nur Stückwerk bleiben und stets von dem Eintreten irgend eines sich zufällig dafür interessierenden Referenten abhängen wird, solange nicht einheitlich nach bestimmtem Plane von *einer leitenden Stelle* aus eine Buchpropaganda über die ganze Welt weg eingerichtet wird. Ich habe bereits 1917 mit dem Vorsitzenden des Vereins Leipziger Kommissionäre, Herrn Thomas, einen derartigen Plan ausgearbeitet und durch das stellv. Generalkommando des XIX. AK dem Auswärtigen Amte zugeleitet, in welchem die Schaffung einer besonderen Reichsstelle mit Sitz in Leipzig vorgeschlagen wurde. Diese Stelle sollte unter einem mit dem deutschen Buchhandel besonders vertrauten Reichskommissar hervorragende Vertreter des Buchhandels und einen entsprechenden Beamtenstab vereinen und die ganze Auslandspropaganda durch das deutsche Buch betreiben.

Ich habe mich dabei mit Thomas auf den Standpunkt gestellt, daß mit dieser Arbeit schon jetzt eingesetzt und mit Rücksicht auf die Erfahrungen der letzten Jahre und auch im Hinblick auf die leichtere Durchführbarkeit der ersten Schwierigkeiten die Gründung dieser Stelle von militärischer Seite aus betrieben werden müsse. Diese meine Ansicht ist bei allen Besprechungen mit den maßgeblichen Vertretern der deutschen Kolonie in Konstantinopel bestätigt worden. Immer wieder kam der Hinweis, daß man auf ein *militärisches* Eingreifen alle Hoffnungen setzt, nachdem von anderen Stellen, die vielleicht früher dazu berufen waren, nicht das Nötige geleistet worden ist.

Heute, wo es eigentlich nichts mehr gibt im Leben unseres Volkes, das nicht in irgend einer Weise seine Rückwirkung auf das Rein-Militärische ausübte, dürfte sich meines Erachtens auch hier ohne Weiteres die nötige Begründung für ein Eingreifen der Obersten Heeresleitung ergeben. Die Abteilung IIIb hat sich mit ihrem Aufklärungsdienst selbst den Nachweis ihrer ungeheuren Wirksamkeit gebracht, daß auch ein weiterer Schritt ruhig getan werden könnte.

Daß aber im deutschen Buche eine ungeheure Propagandamöglichkeit liegt, wird jeder bezeugen können, der die in der Entwicklung stehenden Völker gesehen hat und ihren Bildungshunger beobachten durfte. Eine Abteilung, die das deutsche Buch ins Ausland brächte und die gleichzeitig »Bücher für's Ausland« erstehen ließe auf Grund eingehenden Studiums der Volkspsyche, könnte unendlich Wertvolles für die Verbreitung des deutschen Gedankens schaffen.

Noch einen Punkt der deutschen Propaganda in der Türkei möchte ich nicht unerwähnt lassen. Die österreichisch-ungarische Regierung hat in außerordentlich regsamer und verständnisvoller Weise verstanden, sich bzw. ihr Land dem Türken näher zu bringen. Eine Wiener Operette hat dort Stürme der Begeisterung ausgelöst, eine Wiener und eine Budapester Modenschau haben großen Zulauf gehabt. Daneben habe ich selbst von der asiatischen Etappe Mitteilungen bekommen daß dort österreichische Propagandafilme gespielt würden.

Und wir? Im Winter bestand, soweit durchgesickert ist, der Plan, die *nordischen* Dichter aufzuführen und *Wagnervorstellungen* zu bringen! Was soll der Türke, der doch in der Allgemeinheit noch nicht auf allzuhoher Bildungsstufe steht, mit derartig schweren Sachen? Er wird verständnislos davor stehen und sich achselzuckend dem fröhlichen Österreicher zuwenden. Daß einzelne Vertreter der türkischen Intelligenz in den Zeitungen das Gegenteil behaupten, darf uns nicht täuschen. Wenn wir das Volk als Ganzes gewinnen wollen, müssen wir auch auf die Massen wirken.

Ich fasse zusammen! Unser aufklärendes Wirken in der Türkei steht noch auf einer recht bedenklich tiefen Stufe und man kann sich des bitteren Gefühles nicht erwehren, daß hier schwer gesündigt wird. Wieweit hier seitens der Vertreter der Botschaft anders gearbeitet werden müßte, entzieht sich meiner Beurteilung. Es kann auch nicht Zweck dieser Ausführungen sein, sich darüber näher auszulassen.

Sicher ist aber, daß seitens der Militärbehörden viel getan werden könnte, um den deutschen Gedanken in der Türkei zu stärken. Offiziere wie Mannschaften müßten sorgfältig ausgewählt werden, nicht nur »Tropendienstfähigkeit« dürfte als Grundlage für das Kommando gelten. Wer aber hinunter geht, muß bereits in Deutschland durch einen Kurs vorbereitet werden auf seine Aufgabe, die ihn unten neben der rein militärischen erwartet. Daneben müßten aber Gehalt und Löhnung so sein, daß der deutsche Soldat statt zu Schiebergeschäften, man kann fast sagen, gezwungen zu sein, in der Lage ist, das mächtige deutsche Reich in seiner unerschöpflichen Größe zu repräsentieren. Die Akten der Kriegsgerichte müßten auch hier zu denken geben!

Wir arbeiten immer wieder mit zu kleinen Mitteln. Ich erhielt jetzt die Nachricht, daß die Verpflegungsgebührnisse für Offiziere täglich um 2 Mk. erhöht worden sind. Das liest sich in Berlin sicher sehr gut. Aber in Konstantinopel kostet selbst im billigen Offizierskasino ein Glas Bier 1,60 Mk.!

Um nicht ein falsches Bild zu geben, muß aber erwähnt werden, daß die für die asiatische Etappe gezahlten Sätze viel zu hoch sind, sodaß dort eingestandener Maßen von Offizieren Tausende jährlich gespart werden. Da im wilden Taurus von einer Repräsentation nicht gut die Rede sein kann, könnte hier sehr wohl gespart werden.

Daß endlich seitens der Militär-Behörden sehr wohl auf dem Gebiete der Auslandspropaganda Ersprießliches zum Mindesten durch andauernde Beeinflussung der maßgeblichen Stellen geleistet werden kann, zeigt die jetzt im Entstehen begriffene deutsche Propaganda-Buchhandlung in Konstantinopel. Wirklich Vollkommenes, den Leistungen der Entente Gleichwertiges werden wir aber erst schaffen, wenn wir *drei große Referate* besitzen würden für *Zeitungs-, Bücher- und Lichtbildaufklärung* im In- und Ausland. England hat uns soviel gelehrt, der Krieg vor allem hat uns täglich gezeigt, wieviel Deutschland vernachlässigt hat. Mancher Sieg auf dem Schlachtfelde ist leider wettgemacht durch Niederlagen auf dem Gebiete der Völkerpsychologie.

England marschiert bereits unter der Führung zweier Aufklärungsminister, während wir trotz aller Lehren und Rückschläge, trotz unseres vielgerühmten Organisationstalentes noch immer in den Anfängen stecken geblieben sind. *Caveant consules!*

[handschriftlich] Stegemann
Leutnant d.L., zugeteilt dem Stabe der
Deutschen Militär-Mission in der Türkei.

Freitag, 12. Juli 1918

Autofahrt mit den deutschen Nachrichtenoffizieren im Balkan zum bulgarischen Hauptquartier nach Küstendil. Besprechung mit dem bulgarischen Generalissimus Jekow. Hinterher sein Gast zu Tisch.

Sonnabend, 13. Juli 1918

Bei 45° Hitze früh ab Küstendil, mittags an Sofia, anschließend Frühstück beim deutschen Militärattaché v. Massow mit dem bulgarischen Pressechef Herbst. 6 bis 8 Uhr nachm. empfängt mich der Kronprinz Boris zur Besprechung in seinem Palais. Ich sage ihm, daß nach mir vorliegenden Meldungen der Feind mit einem politischen Zusammenbruch der bulgarischen Front Mitte Oktober rechnet. 8½ Uhr abends Essen beim Vertreter des deutschen Gesandten, Legationsrat v. Richthofen.

Sonntag, 14. Juli 1918

Sonntag. Mittags gebe ich den mich interessierenden Bulgaren ein Essen. 6 Uhr abends ab Sofia. Mein Gesamteindruck in Bulgarien ist, daß alles von der deutschen Haltung abhängt.

Montag, 15. Juli 1918

Im Westen beginnt der Angriff beiderseits Reims. Dritte große Angriffsschlacht.[27] [...]

Donnerstag, 18. Juli 1918

8 Uhr vorm. an Avesnes.
 Der am 15. begonnene Angriff beiderseits Reims ist eingestellt worden. Der Feind ist ihm ausgewichen in eine stark vorbereitete zweite Stellung. Zum ersten Mal während des Krieges ist der Feind nicht überrascht worden. Auch meine Absicht, ihn durch meine Anwesenheit in Sofia vom 11. bis 14.7. in dem Zeitpunkt des Beginns unseres Angriffs irrezuführen, [...] ist nicht geglückt. Offiziell wird der Umstand, daß der Feind gut unterrichtet war, auf die Aussagen deutscher Überläufer vor Beginn des Angriffs zurückgeführt. Mir genügt diese Erklärung nicht. Vor jeder großen Schlacht waren zahlreiche Überläufer von beiden Seiten eine übliche Erscheinung. Überläufer waren selbst zur Irreführung verwendet worden. Es mußten hier andere Gründe vorliegen, auf dem Wege seiner üblichen Spionage und der Gefangenenvernehmung allein konnte der Feind nicht seine Sicherheit gewonnen haben. Der Verdacht war nicht von der Hand zu weisen, daß er seine Kenntnis aus Kreisen in Deutschland hatte, deren Abneigung gegen unsere Offensive uns in der letzten Zeit ausreichend bewußt geworden war. Ich ordne durch Nachrichtendienst und Abwehr Feststellungen an, worauf es zurückzuführen sei, daß die Geheimhaltung diesmal mißglückte.[28] [...]
 Ludendorff ist bei der Heeresgruppe Rupprecht, wo gleichfalls ein deutscher Angriff geplant ist. Wir gehen allein mit dem Feldmarschall zu Tisch. Der Platz Ludendorffs neben dem Feldmarschall ist freigehalten, auf der anderen Seite habe ich meinen Platz. Um 2 Uhr trifft Ludendorff, welcher, um an Kraftwagen zu sparen, mit dem Zuge gefahren war, in Avesnes ein. Hindenburg fährt auf den Bahnhof, um ihn abzuholen. Er betritt mit Ludendorff unseren Eßraum. Ludendorff ist tief ernst, begrüßt uns stumm und nimmt Platz. Ihm wird das Essen nachgereicht. Die Ordonnanz will ihm auch ein Glas Wein eingießen. Ludendorff wehrt ab, indem er sein Glas mit der Hand bedeckt. Hindenburg legt die Hand auf seine Schulter und sagt: »Nein mein lieber General, Sie müssen auch einmal eine Stärkung haben. Sie zu allererst von uns. Ordonnanz gießen Sie

---

[27] Letzter deutscher Großangriff des Weltkrieges vom 15. bis 18.7. im Raum Reims (Unternehmen »Marneschutz/Reims«).
[28] Im Vorfeld des Angriffs beiderseits Reims war der Überraschungseffekt sowohl durch die Entschlüsselung des deutschen Verschlüsselungsverfahrens als auch durch Überläufer zunichte gemacht worden.

Exzellenz mal ein.« Ludendorff nimmt sein Glas, erhebt sich und trinkt es, zum Feldmarschall gewendet, aus.

Nach dem Abendessen begleitet Hindenburg uns zur Operationsabteilung. Der diensthabende Generalstabsoffizier trägt die Lage an der Front vor.[29] Ludendorff blickt ernst auf die Karte. Der Feldmarschall reicht ihm die Hand mit den Worten: »Wir haben schon Schlimmeres zusammen erlebt« und verabschiedet sich von uns mit einem ruhigen »Gute Nacht, meine Herren!«

Auszug 227 aus Feldpostbriefen

Avesnes, Freitag, 19. Juli 1918

[...] Heute erhielt ich auch die Nachricht, daß das Berufungsgericht des Generalgouverneurs in Brüssel die Beschwerde des Beerfelde verworfen hat, sowie daß S.M. die Beschwerden meines anderen Freundes Rechberg über mich abgewiesen hat. Ich bedaure nur, daß diese Leute soviel Umstände bereiten.

Sonntag, 21. Juli 1918

Die »Frankfurter Zeitung« bringt am Kopf des Blattes eine Erklärung: »Ein Artikel, der den Stand des Feldzuges eingehend behandelt, mußte zurückgestellt werden. Nicht aus Raummangel.« Daß sie dies in diesem kritischen Moment fertigbrachte, beweist die ganze Infamität dieses Blattes. [...]

Auszug 230 aus Feldpostbriefen

Donnerstag, 25. Juli 1918

(...) Draußen ist jetzt etwas Ruhe, zu Ende sind die Kämpfe aber noch nicht. Die amerikanische Gefahr dürfen wir sicherlich nicht unterschätzen, aber wie ich immer sagte, müssen wir überhaupt uns so benehmen, daß das Schlimmste noch kommen kann. Leider ist zu Haus nicht alles dementsprechend.

Meine Arbeit ist manchmal geradezu so, daß ich sagen möchte, »ich kann nicht mehr«, aber das Beispiel der anderen und besonders von Hindenburg und Ludendorff muntert immer wieder auf. Dabei hält man mich nach äußerlichen Eindrücken, glaube ich, immer noch für einen der Frischesten. »Durchhalten!«

---

[29] An diesem Tag waren französische und US-amerikanische Verbände mit über 300 Tanks tief in die westliche Flanke der 7. Armee gestoßen, um den deutschen Frontbogen zwischen Aisne und Marne einzudrücken. Damit war die Initiative in der Kriegführung endgültig auf die Alliierten übergegangen. Der Masseneinsatz von Panzern war ein Vorzeichen für den 8.8.1918.

Auszug 231 aus Feldpostbriefen

Freitag, 26. Juli 1918,
abends 11 Uhr

(...) Mein Tag ist heute, wie die Tage jetzt meist, in Unruhe und Arbeit vergangen. Die bringt mir jetzt aber manche Stunde der Unterhaltung mit Ludendorff ein, die mir sehr wertvoll ist. Es ist ja nicht leicht, der Öffentlichkeit jetzt die Kämpfe zu erklären. Aber es ist sicher, daß der Feind mindestens ebenso nicht sein Ziel erreicht, wie wir es diesmal nicht erreicht haben. Jetzt nur nicht den Kopf hängen lassen! Die Franzosen werden vielleicht zunächst siegesberauscht sein, aber die Ernüchterung kommt. Sie haben mindestens soviel Besorgnisse wie wir! Ich fragte heute abend Ludendorff, ob er jetzt lieber der französische Generalissimus wäre. Er meinte, augenblicklich ja! Aber ich sagte und er stimmte zu, daß es im Ganzen doch besser ist, *deutscher* Befehlshaber zu sein. Hindenburg ist gleichmäßig ruhig und zuversichtlich. Er wird ja allerdings von den Ereignissen und ihren Forderungen weniger unmittelbar erfaßt. [...]

Sonnabend, 27. Juli 1918

Als ich bei Ludendorff zum Vortrag bin, meldet sich am Lautsprecher seine Frau. Er bittet mich trotzdem zu bleiben. In aufgeregtester Weise erkundigt sie sich nach den Vorgängen an der Front. Ludendorff beruhigt sie und spricht von einer »Verkettung unglücklicher Umstände«. Sie bleibt bei ihrer Art. Ludendorff bricht das Gespräch kurz mit den Worten ab: »Beruhige Dich. Ich habe Dich sehr lieb.« Es dauert aber doch einige Zeit, ehe er sich wieder zur sachlichen Unterhaltung und Ruhe zurückfindet. [...]

Auszug 232 aus Feldpostbriefen

Sonntag, 28. Juli 1918,
abends 10½ Uhr

(...) Nun beende ich mein Tagewerk mit den Briefen an Dich, wenn mir nicht noch ein Anruf von Ludendorff einen Strich durch die Rechnung macht, der mich jetzt oft in Anspruch nimmt. Denn es ist nicht so ganz einfach, die Presse jetzt im rechten Gleis zu halten, daß sie für die Gegenwart das richtige Verständnis zeigt und von der nahen Zukunft nicht zuviel erwartet, sich keinen Illusionen hingibt und sich innerlich und äußerlich für einen 5. Kriegswinter rüstet!

Zum 1.8. Abends habe ich die Abteilungschefs Bartenwerffer, Tieschowitz und Rauch zu einer Bowle eingeladen.

In Rußland nimmt der Einfluß der Entente zu.[30] Aber daß die Entente Rußland wieder auf die Beine stellt und gegen uns ins Feld führt, ist ausgeschlossen. Aber wenn Rußland nur am Friedenstisch gegen uns säße, als unser erneuter Feind, so wäre das schon ein großer Gewinn für die Entente. Am Donnerstag ist Hintze hier. Hoffentlich werden *Entschlüsse* gefaßt!

Montag, 29. Juli 1918

Auf meine Bitte empfangen Ludendorff und Hindenburg nacheinander die Kriegsberichterstatter, um sie persönlich über die Vorgänge bei Reims zu unterrichten. Die daraufhin an ihre Zeitungen aufgesetzten Telegramme bedürfen stark der Retusche und zeigen mir, wie wenig es geglückt ist, diese Journalisten zu brauchbaren Mitarbeitern zur Darstellung großer militärischer Zusammenhänge zu formen.

Der Vertreter der sozialdemokratischen Presse, Köster[31] fragt mich, ob es wahr sei, daß die Disziplin bei den Truppen nachlasse und sich auch hier bereits Anzeichen gegen eine Fortsetzung des Kampfes gezeigt hätten. Ich verneine dies selbstverständlich, weil mir bewußt ist, daß, wenn ich einzelne, für das Ganze aber unwesentliche Vorfälle zugebe, dies nur in unerwünschtem Sinne ausgenutzt werden soll und nur als Stichwort erwartet wird für eine gesteigerte Propaganda gegen die Fortsetzung des militärischen Widerstandes. [...]

Dienstag, 30. Juli 1918

Erster Besuch bei der OHL des neuen Staatssekretärs des Äußeren, v. Hintze.

Auszug 233 aus Feldpostbriefen

Dienstag, 30. Juli 1918

(...) Heute abend brachte mir das Verbrechen an Eichhorn[32] unruhige Stunden. Ein neuer Mord der Entente! Die kennt ihr Ziel und weiß zu treffen! Heute bin ich nach Tisch nicht einen Augenblick zur Ruhe gekommen. Seit ½9 Uhr bin ich bis auf die Mahlzeiten bis 12 Uhr nachts am Schreibtisch oder habe Besuch zu Besprechungen. [...]

---

[30] Im Juli 1918 begann die militärische Intervention von Truppen der Entente und der USA in Russland. Diese zielten auf die Sicherung strategischer Infrastruktur wie der Eis- und Schwarzmeerhäfen sowie die Unterstützung antibolschewistischer Gruppierungen ab.
[31] Anmerkung des Verfassers: der spätere Außenminister.
[32] Generalfeldmarschall Hermann von Eichhorn, seit 1916 Oberbefehlshaber der nach ihm benannten Heeresgruppe in der Ukraine, in Südrussland und auf der Krim, wurde am 30.7. in Kiew durch ein Bombenattentat getötet.

1918

Donnerstag, 1. August 1918

Mein 45. Geburtstag und der 4. Jahrestag des Kriegsausbruches.

Auszug 235 aus Feldpostbriefen

Donnerstag, 1. August 1918

(...) Der Feldmarschall und Ludendorff gratulieren mir mittags sehr nett, abends, als ich auf bekränztem Stuhl meine Bowle trank, tranken beide mir auch zu. Hindenburg mit sehr netten, warmen menschlichen Worten, Ludendorff mehr mit kurzem Blick der Augen. Nach dem Essen am runden Tisch ließ mich der Feldmarschall neben sich setzen: »Kommen Sie nun hier zu den Mummelgreisen«. [...]

Freitag, 2. August 1918

Ich habe mit dem Chef des Zivilkabinets, v. Berg eine eingehende Aussprache über die notwendige Propaganda und Aufklärung in der Heimat. Er teilt unsere Auffassung vollkommen. Er ist aber auch nur ein Mann allzu kluger Sorge und nicht der Tat, zumal seine Amtszeit erst kurz ist und er aus Valentinis Hand ziemlich schleifende Zügel übernommen hat. Die einzige Stelle, wo zu wirken er berufen wäre, der Kaiser, ist auch für ihn vor Allem zu schonen. Er billigt also alles, was ich ihm sage, damit fällt die Tat aber auch auf uns allein zurück. [...]

Montag, 5. August 1918

8 Uhr vorm. an Avesnes. Mittags muß ich wegen Übermüdung auf ärztliche Anordnung mehrere Stunden ins Bett. Der Leibarzt des Feldmarschalls warnt mich, nicht Raubbau mit meinen Körperkräften zu treiben, ich würde es, wenn nicht jetzt, später zu büßen haben. Ich erwidere, daß es nur auf das Jetzt ankomme. Er bittet mich, auch auf Ludendorff in diesem Sinne einzuwirken, sonst könnten wir erleben, daß er eines Tages tot neben seinem Schreibtisch läge. Ich erwidere, auch Ludendorff kenne für sich kein anderes Gesetz, als der Führer an der Front. [...]

Dienstag, 6. August 1918

Telegramm an den Reichskanzler, daß der geplante Abbau des Reichszuschußes zu den Papierpreisen für die Presse unterbleiben soll. Es dürfe jetzt nichts geschehen, was die Leistungsfähigkeit der deutschen Presse beeinträchtigen könnte.
    Schreiben an Militäroberbefehlshaber, daß Staatsanwaltschaft gegen Blätter einschreiten muß, die Landesverrat begehen (Zukunft, Frankfurter Zeitung, Sozialdemokratische Presse). [...]

Auszug 238 aus Feldpostbriefen

Donnerstag, 8. August 1918

(...) Der Angriff der Engländer heute und sein Erfolg sind ein recht großes Pech. Sowohl für den moralischen Eindruck als wegen der voraussichtlich erheblichen Einbuße an Gefangenen und Geschützen. Für die Gesamtlage hat es ja vorläufig noch keine Bedeutung, aber allmählich dürfen die feindlichen Schläge nicht in dieser Weise glücken und unsere Pläne mißglücken. Sonst wächst beim Gegner die Hoffnung, es doch noch zu schaffen, von Neuem, und verlängert den Krieg. Es sind diese verteufelten Tanks,[33] denen schwer standzuhalten ist, wozu kommt, daß die Truppen ja im freien Feld und kaum in Stellungen oder hinter Hindernissen liegen. Es sind jetzt wirklich schwere Tage, aus denen wir ja wieder herauskommen werden, aber solche Tage wiegen an Eindruck und Arbeit vielfach.

Morgen Abend will ich nach Charleville, wenn die Ereignisse mich nicht hier festhalten. Ich fahre mit der Eisenbahn, da wir mit Autos sparen müssen.

Auszug 239 aus Feldpostbriefen

Freitag, 9. August 1918

(...) Ich bin heute nicht nach Charleville gefahren, weil die Ereignisse meine Anwesenheit erforderlich machten. Der feindliche Erfolg ist *sehr* zu bedauern, um so mehr, als er eigentlich ganz unbegründet ist, ein Zusammentreffen unglücklicher Umstände, Nebel, Überraschung der Truppen durch Massen englischer Tanks. Nun wird der Erfolg aber hoffentlich sich eindämmen lassen, bedenken, daß wir ja immer noch sehr gut dastehen und daraus lernen, daß der Feind vor den Toren steht, daß man das Streiten lassen muß und noch keinerlei Schwäche oder Nachlassen erlaubt ist.

Vielleicht fahre ich nun morgen im Auto nach Charleville.

Sonnabend, 10. August 1918

Meine Fahrt nach Charleville ist dadurch veranlaßt, daß mir der Feldpolizeidirektor der Westfront auf Grund meiner Anordnung, die Gründe für das Versagen der Geheimhaltung unseres Angriffs am 15. Juli beiderseits Reims aufzuklären, meldet, im Bereich der 5. Armee liefen Gerüchte um, der Verrat sei durch eine Französin begangen, welche sich als Geliebte des Kronprinzen bei diesem befände.

Mir waren die seit Kriegsbeginn bestehenden Redereien über die persönliche Lebensführung des Kronprinzen ebenso bekannt wie die tatsächlichen Vor-

---

[33] Der alliierte Großangriff bei Amiens durchbrach am 8.8. die Front der deutschen 2. Armee auf einer Breite von 27 km. Dabei kam die bis dahin größte Anzahl von Kampfpanzern (Tanks) zum Einsatz – 456 britische und 90 französische.

gänge. Ich weiß also, daß Vieles daran übertrieben ist, ich habe das immerhin Tatsächliche nicht verstanden und verurteilt, es entzog sich aber meiner Zuständigkeit, dagegen einzuschreiten, verantwortlich schienen mir zunächst die beiden Flügeladjutanten des Kronprinzen und der Chef des Generalstabes beim Kronprinzen, zunächst Schmidt v. Knobelsdorff, dann Graf Schulenburg. Mit Letzterem habe ich darüber eine Aussprache gehabt, als die Vorgänge sich steigerten bei Übersiedelung des Kronprinzlichen Hauptquartiers nach Charleville.

Leider hatte diese Besprechung nichts geändert, im Gegenteil wurden die Vorgänge bekannt. Während man im räumlich kleinen Stenay vorsichtig gewesen war, glaubte man wohl in dem größeren Charleville und besonders in dem etwas abseits liegenden Vorort Bélair, in welchem der Kronprinz persönlich wohnte, unauffälliger zu sein. Mehrfach hatte es zur Abstellung genügt, daß der Feldpolizei-Direktor warnte. Dies hatte auch stets Erfolg und trug dem Feldpolizei-Direktor Bauer sogar zum Dank ein Bild des Kronprinzen ein.

Der jetzt vorliegende Fall war schon aus dem Grunde bedenklich, weil einer aus Charleville stammenden jungen Französin, die also allgemein bekannt war und über deren Herkunft ich mich damit begnügen möchte, daß sie in keiner Weise den bescheidensten Geschmacksansprüchen entsprach, eine Villa in einem großen Park neben dem Quartier des Kronprinzen eingerichtet wurde, welche Arbeit in Park und Haus alten Landwehrleuten zufiel.

(Ich bin nach dem Kriege gebeten worden, daß ich über diese Vorgänge doch wohl selbstverständlich schweigen würde. Wenn ich sie hier in meinen Aufzeichnungen stehen lasse, so geschieht es, damit der Historiker einen zuverläßigen Anhalt über das Tatsächliche hat, wenn später darüber von anderer Seite die Gerüchte von damals wieder auftauchen sollten. Denn es war damals kindlich zu glauben, daß nicht zu allererst die Feinde des Kaiserhauses sich genaue Kenntnis über die Vorgänge beschafften, daß nicht hunderte und aberhunderte auch von anständigen einfachen und pflichttreuen Soldaten die Vorgänge kopfschüttelnd erfuhren, wie es ebenso kindlich war zu glauben, sie für immer dieser Kenntnis zu entrücken, wenn Wissende und über den Dingen Stehende sie nach dem Kriege verschwiegen. Ich habe mich im Kriege und auch nach dem Kriege darüber gewundert, daß sie nicht ausgenutzt wurden. Ich habe daraus geschlossen, daß man entweder darauf wartete, das Pulver erst zu verschießen, wenn die unausbleibliche Reaktion auf die Novemberrevolte eine monarchische Form annehmen sollte, oder aber, als der Kronprinz, welcher vielleicht eine Chance bot, das System von 1918 zu krönen und die Opposition aus den Reihen des alten Staates lahm zu legen, sich diesen Kaiser mit diesen Mitteln noch gefügiger zu machen. Denn die Kreise der Kuppler, der Vertuscher, der Entschuldigenden, die also Fördernden für die Vorgänge waren die gleichen, wie diese um den Kronprinzen sich bemühenden, unverantwortlichen, schwachen und Geschäfte machenden Politiker. Eine Rolle spielt auch hierbei bis weit in die Nachkriegszeit hinein der sogenannte Großindustrielle Arnold Rechberg mit seinem ungeheuren Geldaufwand und seiner nicht zu brechenden Betriebsamkeit, vor dem Kriege Bildhauer in Paris, was für mich in meiner Stellung und meiner Kenntnis, welche Beziehungen ein Nachrichtendienst sucht, der Angelegenheit eine ganz große Bedeutung gab. Es ist mir leider nicht gelungen, diesen Verdacht zu klären. Das beweist aber nichts. Denn Werkzeuge großen Stils gefährdet der Nachrichtendienst, welchem sie dienen, nicht gern. Er läßt sie also nichts tun, was leicht verdächtigt oder überführen könnte. Es ist auch nicht notwendig, daß diese Werkzeuge ihre schändliche

Rolle mit Bewußtsein spielen. Es genügt, daß sie eitel, betriebsam, leichtfertig, kosmopolitisch denken, um sie als geeignet herauszufinden und, da sie trotz ihrer Fähigkeiten dumm und darum blind und gesinnungslos sind, sie für die Zwecke des Nachrichtendienstes auf ihrem Wege anzufeuern und zu fördern. Leider kannte ich in diesem Kreis auch Offiziere. Auf sie traf das Vorgesagte zwar nicht zu. Sie wurden aber dienstbar durch falsche Ergebenheit, vielleicht mit dem Unterton der Hoffnung, in ihrem schädlichen Ehrgeiz später belohnt zu werden. Zu diesen Offizieren gehörte ein Major des Generalstabes, welcher noch Jahre nach dem Kriege von Wieringen aus als Vertrauensmann des Kronprinzen in Deutschland eine Rolle spielte[34] und leider auch mein neuer Nachrichtenoffizier, Major Anker. Um auch mit ihm abzurechnen, fahre ich nach Charleville. Ich habe es, wenn ich die Dinge nicht auf Biegen und Brechen steigern wollte, nicht erreicht, ihn gegen die Wertschätzung, welche Graf Schulenburg ihm schenkte, und die Freundschaft des Kronprinzen von seinem Posten zu entfernen. Ich habe ihn nur wissen lassen, daß mir bekannt war, daß auch er eine Französin bei sich wohnen hatte und als er frech aufbrausen wollte, ihm nur ruhig erklärt, daß ich bis morgen die schriftliche Meldung erwarte, daß die Französin verschwunden sei und seine ehrenwörtliche Versicherung, daß er sich weder mit ihr noch in ähnlichen Verhältnissen wieder einlassen werde. Wenn ich so weit gehe, den Ausschnitt aus meinem Erleben, welches meine Stellung mir in diesen Dingen gebracht hat, zu geben und nur dieses hier in meinen Aufzeichnungen stehen lasse, weil es späterhin noch einmal von Bedeutung werden könnte und eine ausreichend zuverlässige Darstellung notwendig sei, so glaube ich doch auch noch sagen zu müssen, daß die hier in Frage kommende Französin beim Kronprinzen, Gabriele Beurrière, die an sich ehrsame, wenn auch durch den Krieg und außerhalb des elterlichen Hauses nicht ganz unberührt gebliebene Tochter eines Ehepaares war, welches ein öffentliches Haus in Charleville unterhielt.)

Bei dieser meiner Betrachtung der Dinge war es mir an sich ganz recht, einen Anlaß zum dienstlichen Einschreiten aus meinem Pflichtenkreis heraus erhalten zu haben. Ich fahre mit dem Bewußtsein der Zustimmung Hindenburgs und Ludendorffs. Zwar habe ich beiden auch jetzt keine Meldung erstattet und handle bewußt auf eigene Faust, um, wenn ich unerwünschte Folgen heraufbeschwören sollte, diese selbst auf mich nehmen zu können. Ich habe nur den Chef der Zentralabteilung, v. Tieschowitz, welcher für die Personalfragen der oberen Führung verantwortlich ist, vertraulich verständigt. Ich nehme an, daß er, obgleich es meiner Bitte zuwider wäre, Ludendorff vertraulich und unverantwortlich verständigen wird. Ich weiß, daß ich auch, wenn sie es wüßten, von den Männern der kaiserlichen Umgebung gebilligt bin, welche nicht anders denken wie ich, welche – wie mir bekannt – bemüht sind, mit kleinlichen Mitteln zu verdecken und wieder gut zu machen, welche sich aber nicht erkühnen, den Kaiser zu unterrichten, was nach meinem Bewußtsein für sie der einzige Weg wäre und Garantie bieten würde, die schädlichen Vorgänge gründlich abzustellen.

Schulenburg, bei welchem ich telefonisch angemeldet bin, empfängt mich sofort. Er ist über meine Darstellung der Situation erschüttert. [...]

Auf seine Frage, was nun geschehen solle, stelle ich die Forderung, daß die G.B. sofort verschwindet. Ihrer Familie in Charleville dürfe sie nicht anvertraut

---

[34] Major Louis Müldner von Mülnheim.

werden. Ich würde ihr ein geeignetes Quartier in Lille unter entsprechender Aufsicht und Schutz anweisen lassen. Der Verdacht, der Verrat wegen Reims sei über sie gegangen, sei ohne weiteres hinfällig. Sie sei überwacht gewesen, habe keinerlei Beziehungen zur Bevölkerung und sei auch viel zu dumm und unbegabt, um für derartige Zwecke gebraucht werden zu können. Vielleicht sei der Verdacht nur als Vorbereitung für revolutionäre Zwecke von den Kreisen ausgestreut worden, welche mit Schadenfreude das Treiben beobachtet und stillschweigend unterstützt hätten, um daraus ihre schmutzigen politischen Geschäfte zu bestreiten. Ich weise Schulenburg darauf hin, daß in dieser Beziehung die Verbindung des Kronprinzen zu der Jüdin Kahn in Esch im ersten Teil des Krieges mir noch auf der Seele läge. Schulenburg erklärt sich selbstverständlich zu jeder Unterstützung bei Durchführung meiner Forderung bereit. Ich verlange, außerordentliche Garantien haben zu müssen und erkläre, daß ich vom Kronprinzen eine schriftliche Erklärung fordern werde, daß die Beziehungen in keiner Form auch nach geschehener Trennung fortgesetzt würden. Andernfalls könne ich nicht dafür eintreten, daß die G.B. nicht doch noch für landesverräterische Zwecke der Ausnutzung ihrer Kenntnisse ausgenutzt werde und wäre ich in diesem Falle gezwungen, die Autorität des Feldmarschalls und Ludendorffs in Anspruch zu nehmen.

Nach dieser Aussprache rechne ich mit meinem Nachrichtenoffizier, Major Anker, ab. (Im Augenblick ist man hier dankbar, daß ich es mit meinen Maßnahmen gegen ihn bewenden lasse. Ich glaube, später wäre es allen Beteiligten erwünscht gewesen, ich hätte ihn damals ganz unschädlich gemacht, denn, soweit ich unterrichtet bin, hat sein Schweigen viel Geld gekostet. In seinem Buch »Der Kronprinz und die Frauen«,[35] welches ich nicht gelesen habe, soll er die Dinge sogar rosig gemalt haben.)

Hinterher habe ich in der Feldpressestelle eine Besprechung mit den Leitern der Armeezeitungen und den Kriegsberichterstattern. Die Letzteren sind außerordentlich kleinmütig. Abends bin ich wieder in Avesnes. Tieschowitz teilt mir mit, die beiden Flügeladjutanten des Kronprinzen, die Majors v. Müldner und v. Müller hätten angerufen, ob sie ihn sprechen dürfen. Es ist mir interessant, daß sie glauben, dort Rettung zu finden. Er hat sie an mich gewiesen und fragt, ob ich sie noch um 1 Uhr nachts empfangen wolle. Sie könnten nicht eher zur Stelle sein, weil vor ihrer Abfahrt aus Charleville der Kronprinz, welcher von meinem Vorgehen noch nichts wisse, schlafen gegangen sein müsse. Ich erkläre mich einverstanden. Die Aussprache schwankt zwischen Freude und Dank, daß ich sie von langen Sorgen, Bedenken und nutzlosen Versuchen erlösen will, der Furcht, wie es abläuft und der Frage, wie sie es ihrem jugendlichen Herrn beibringen sollen. Ich sehe daraus, daß auch Schulenburg sich hierüber noch nicht klar ist. Ich gebe auch ihnen noch einmal meine Forderung bekannt, überlasse das Weitere und Mitteilung, wann es bereit sei zur Umsiedelung nach Lille, ihnen.

---

[35] Kurt Anker trat 1919 nur mit der Broschüre »Kronprinz Wilhelm« an die Öffentlichkeit. Bei dem von Nicolai genannten Buch handelt es sich vermutlich um den Titel »Der deutsche Kronprinz und die Frauen in seinem Leben« des Publizisten Guido Kreutzer von 1923.

Sonntag, 11. August 1918

Ich habe Besuch von drei Kameraden des IR 82, die dort mit mir zusammen Leutnant waren. Sie frühstücken mit mir beim Feldmarschall, der sie seine Freude über diesen Besuch aus der Front wärmstens fühlen läßt. Nach dem Frühstück opfert Ludendorff seine Stunde Mittagsruhe, um von dem Ältesten der drei Offiziere, Major Ahlhorn sich über die Front berichten zu lassen. In Voraussicht dessen habe ich diesen gebeten, unter allen Umständen in voller Offenheit zu berichten. Er tut es und gibt trotz allem Bekennen des schweren Erlebens der Front Ludendorff Kraft und Zuversicht.

Montag, 12. August 1918

Ich fahre zum Besuch meines alten Regiments in dessen Ruhequartier und verlebe dort eine Stunde mich erquickenden Zusammenseins mit Kameraden der Jugend und heute der Front.
11½ Uhr abends mit Hindenburg und Ludendorff nach Spa.

Dienstag, 13. August 1918

Die Verhältnisse an der Front sind wieder fest in unserer Hand. Das ist erfreulich für die bevorstehenden Verhandlungen mit dem Kanzler, Helfferich und Hintze, welche gleichfalls nach Spa gekommen sind und den für morgen bevorstehenden Besuch des Kaisers Karl.
Ich habe eine Besprechung mit dem Chef der Reichskanzlei v. Radowitz, mit dem dem Reichskanzler zugeteilten General v. Winterfeldt und Oberstleutnant v. Haeften über ein Propagandaministerium. Irgendein Wille oder ein festes Programm ist auf der Gegenseite, als welche ich die Herren zur Seite des Kanzlers leider empfinden muß, nicht vorhanden. Ich vertrete meinen Standpunkt, daß mit kleinen Mittelchen oder irgendwelchen Umorganisationen des Bestehenden nichts getan sei, wenn es darauf ankommen solle, der militärischen Führung zu helfen und die militärische Lage zu retten. Dies dürfe aber nur das alleinige Ziel aller Erwägungen und Maßnahmen sein. Käme es darauf an, Streitfragen zu schlichten, Einheitlichkeit herzustellen und dem inneren Frieden um seiner selbst willen zu dienen, so könne dies nur in die Arme der Mehrheit des Reichstages und damit zu einer weiteren, endgültigen und darum katastrophalen Zerstörung des Kampfwillens und damit der Kampfkraft führen.
Der Entschluß zu einem Propaganda-Ministerium, den die OHL seit langem gefördert habe, bedeutet zweitens heute mehr denn je, daß eine hierfür geeignete, zum rücksichtslosen zivilen Einsatz an der Seite Ludendorffs entschlossene Persönlichkeit Propaganda-Minister werde.
Ich kenne keine solche und jeder, der es sich zutrauen würde, es zu sein, werde es nicht sein können, solange er dem Kanzler untergeordnet und dieser mit dem Kaiser der Reichstagmehrheit verpflichtet oder nicht entschlossen sei, diese Verpflichtung zu lösen.
Die Besprechung läuft darauf hinaus, daß Haeften dem Reichskanzler als militärischer Mitarbeiter bei der Propaganda zur Verfügung gestellt werden soll.

Im Grunde genommen ist dies keine Änderung eines seit langem bestehenden oder wenigstens beabsichtigten Zustandes. Haeften selbst scheint damit einverstanden. Ich sehe darin nur, daß die OHL nunmehr auch ihn verliert. [...]

Mittwoch, 14. August 1918

Ich entschließe mich angesichts der bevorstehenden organisatorischen, aber auch wesensmäßigen Entwicklung der Propagandaleitung, das, was der OHL dann noch bleibt, zu verstraffen.

Ich löse zunächst die Dienststelle »IIIb-West« auf, welcher ich alle Angelegenheiten des IIIb-Dienstes auf dem westlichen Kriegsschauplatz angegliedert hatte, um mich und meine Zentrale zu entlasten. Ich unterstelle also die Feldpressestelle, das Kriegspresseamt und die »Gazette des Ardennes« wieder unmittelbar der Sektion II meines Stabes. Ich erstrebe, trotzdem die Armeezeitungen wegen ihres amtlichen Ursprunges nur ein an Inhalt und Einfluß beschränktes Kampfmittel sind, daß sie ausgebaut und verstärkt vertrieben werden, sowie daß die ganzen Heimatzeitungen, welche am schnellsten zur Front gelangen, mit Aufsätzen aus der Front versorgt werden. [...]

Freitag, 16. August 1918

Haeften wird dem Reichskanzler zur Verfügung[36] gestellt. Aus nachfolgender Verfügung geht hervor, daß diese Entscheidung nicht von mir, sondern von der Politischen Abteilung (v. Bartenwerffer) bearbeitet und von Ludendorff mit ihr entschieden ist.

Ich gebe die Verfügung unter Zustimmung Ludendorffs an das Kriegspresseamt weiter mit dem Befehl, sich dem Oberst v. Haeften *im Umfange der Aufgaben des Kriegspresseamtes* zur Verfügung zu stellen. Diese Einschränkung ist notwendig, damit nicht auch das Kriegspresseamt bei der Unklarheit des sich Abspielenden verwässert wird. Es sei darauf zu halten, daß die Selbständigkeit des Kriegspresseamtes nicht beeinträchtigt, aber auch seine Zuständigkeit nicht übertrieben wird. Die Orientierung der Presse über politische, wirtschaftliche und maritime Angelegenheiten sei den zuständigen Stellen zu überlassen, die hierbei durch das Kriegspresseamt unterstützt werden könnten. Für die *militärische* Lage sei weiterhin nur die OHL zuständig und ihr Organ hierfür bleibe, unberührt durch die neue Entwicklung, das Kriegspresseamt.

Abends Rückkehr nach Avesnes. [...]

Sonntag, 18. August 1918

Der Kronprinz sucht mich zur Besprechung auf. Er versucht, die Vorgänge zu bagatellisieren. Er behauptet, so vorsichtig gewesen zu sein, daß sie nur einem kleinen Kreis unbedingt Zuverläßiger bekannt geworden sein könnten. Ich zerstöre

---

[36] Nicht aufgenommen.

diese Auffassung, indem ich ihm aufzähle, was mir auf dienstlichem Wege bekannt geworden ist, ohne daß ich danach geschnüffelt habe. Es sind dies auch Vorgänge, welche sich außerhalb des Kriegsschauplatzes abgespielt haben. Ich bespreche mit ihm Einzelheiten seines Verhaltens, die keineswegs der Behauptung entsprächen, vorsichtig gewesen zu sein. Er meint, trotzdem könne und werde ihm niemand ernstlich sein Verhalten übelnehmen. Als ich auch dem unter Berufung auf mir zugegangene Meldungen auch aus den bestgesinnten Kreisen des Heeres und der Heimat widerspreche und darauf hinweise, daß es in den übergesinnten Kreisen des Volkes vielleicht nicht bedauert, aber dafür bösartig verwertet und verbreitet werde, erwidert er: »Wenn das so ist, pfeife ich auf die Gesinnung des Volkes.« Ich frage, ob dies auch den wohlgesinnten Volksteilen gälte und bekenne mich selbst ausdrücklich zu deren Auffassung. Der Kronprinz erwidert, ich sei ja bekannt für meine strenge moralische Auffassung. Er erkenne sie durchaus an, ich dürfe sie aber, wenn ich sie auf Andere anwende, nicht übertreiben. Ich verwahre mich dagegen, moralisch eine Sondernummer zu sein oder sein zu wollen und erkläre, daß die mir selbst gesteckten Grenzen aber dem Pflichtgefühl entsprächen und daß dieses allein mich auch ihm gegenüber veranlaßt habe und leite. Aus moralischen Gründen hätte ich weder Lust noch das Recht gehabt, mich in die Vorgänge einzumischen, ich sei auch überzeugt, daß der Verdacht, die Vorgänge ständen in irgend einem Zusammenhang mit dem Verrat unseres Angriffs bei Reims, gegenstandslos sei, und daß ich bereit sei, im Bedarfsfall jederzeit dafür mit meiner sachlichen Autorität und ganzen Person einzutreten, daß aber, nachdem der Verdacht verbreitet werde, es für mich dienstlich nicht zu verantworten sei, einen Zustand bestehen zu lassen, welcher ihm neue Nahrung zuführen oder den Vorwurf rechtfertigen könne, es sei nichts geschehen, als dieser Verdacht mir und damit der OHL bekannt geworden sei. Ich hätte bisher dem Generalfeldmarschall und Ludendorff noch keine Meldung erstattet, auch ihnen nicht die Unterrichtung Seiner Majestät über die ganze Frage überlassen, weil ich weder die Generale noch S.M. hinein gezogen sehen möchte. Ich hätte den Mut gehabt, mich unmittelbar, offen und ehrlich an ihn zu wenden, weil ich hoffte, die Dinge mit ihm ohne Hineinziehung des Kaisers und der Generale in die notwendige Ordnung zu bringen, sei in meinem Entschluß aber unerschütterlich und müsse, wenn es mir nicht gelinge, sein Verständnis zu finden, die Sache der höheren Instanz unterbreiten, denn ich sei an meinen Fahneneid gebunden, »Schaden und Nachteil vom königlichen Hause abzuwenden«. Der Kronprinz erwidert: »Na gut denn, aber eines müssen Sie wissen, Sie haben einen Schweinehund unter sich.« Als ich frage, wer das sei, nennt er mir den Feldpolizeidirektor Bauer, welcher mir die Meldung über die umlaufenden Gerüchte erstattet hat. Ich erwiderte auch hier, daß Bauer in seiner Stellung zu den gesamten Vorgängen stets besonderen Takt habe erkennen lassen, daß auch er nur pflichtmäßig gehandelt habe, daß ich voll für ihn eintrete und erklären müsse, daß er der pflichttreueste Beamte seines Königs sei.

(Ich lasse auch diese Aussprache stehen, weil sie mir zeigte und auch für den Historiker dafür von Wert sein kann, wohin es führte, wenn von Geburt und Begabung Ausgezeichnete durch fehlende oder lakaienhafte Erziehung verdorben werden, und wie es nicht verwunderlich ist, daß solche, wenn sie gar zur Führung eines Staates und Volkes berufen werden, zu Ansichten gelangen, welche die OHL einengen und zersetzen.)

Der Kronprinz verabschiedete sich bedrückt, aber doch in kameradschaftlich freundlicher Form. Meine Ansichten sind wohl doch in ihm angeklungen. Ich nehme mir vor, bei nächster Gelegenheit seine Flügeladjutanten zu fragen, warum nicht auch sie oder Andere Gleiches versucht und erlebt haben.

Es bleibt dabei, daß G.B. nach Lille verbannt wird. Sie findet dort Unterkunft in einem alleinstehenden Haus und wird begleitet zum Schutz und zur Aufsicht von einem besonders vertrauenswürdigen Kommissar der Geheimen Feldpolizei.

Abends Abreise nach Spa. [...]

Dienstag, 20. August 1918

Vorm. an Berlin. Besprechung im Kriegsministerium über die beabsichtigte Vereinheitlichung der Propaganda im Innern und an der Front. Unter Leitung des General v. Wrisberg vom Kriegsministerium nehmen daran teil v. Haeften mit dem Major v. Reiche, Deutelmoser und ich in Begleitung von Major Kroeger und des Chefs des Kriegspresseamts, Major Würtz. [...]

Es wird beschlossen:
1.) Haeften und Deutelmoser sollen dem Reichskanzler gleichgeordnet unterstehen für alle die Propaganda im Innern betreffenden Angelegenheiten. Sie stellen Richtlinien auf für Propaganda im Innern und veranlassen Reden von Staatsmännern und hervorragenden Vertretern aller Parteien.
2.) Haeften zieht hierzu die militärischen Kommandobehörden der Heimat heran. Mit der deutschen Presse aber verkehrt er nur über den Chef des Kriegspresseamts.
3.) Deutelmoser handelt entsprechend für die zivilen Behörden der Heimat und die Auslandsvertretungen.
4.) Notwendige Entscheidungen der OHL holt Major v. Reiche ein, welcher als Verbindungsoffizier zur Operationsabteilung, Politischen Abteilung und IIIb zum GrHQu tritt.
5.) Die Propaganda bei den Verbündeten geht auf Haeften über. Das verbündete Pressequartier tritt zur OIILA (Oberste Heeresleitung Auslandsstelle, die bisherige Militärische Stelle beim AA unter Haeften) über. Es sollen Auslandshilfsstellen derselben in Wien, Sofia, Budapest und Konstantinopel errichtet werden.

Mittwoch, 21. August 1918

Fortsetzung der Besprechungen im Kriegsministerium.

General v. Wrisberg nennt mich einen »Pessimisten« in Bezug auf die Zustände im Innern.

Ich sehe in dem ganzen wieder nichts anderes als den weit verspäteten Versuch, der Verhältnisse auf rein organisatorischem Gebiet Herr zu werden.

Um so mehr bin ich bestrebt, das Kriegspresseamt und den Vaterländischen Unterricht heraus zu halten und deren unmittelbare Unterstellung unter die OHL durch mich zu erhalten. Noch ist es mir geglückt.

Ich esse zu Mittag mit Pressevertretern, vertrete dort meinen Standpunkt zu den Kriegsnotwendigkeiten und finde Zustimmung.

Ich werde selbst vom Chef der Oberzensurstelle gebeten, das Buch von Unruh, um das Drängen der Kreise um die »Frankfurter Zeitung« zu beruhigen, freizugeben. Ich bleibe bei dem Verbot mit der Begründung, daß jenes Drängen nur das Ziel habe, die zu erwartende defaitistische Wirkung des Buches zu erreichen. [...]

Donnerstag, 22. August 1918

Ich habe eine Besprechung mit Zeitungsverlegern über ein Verbot der Ausfuhr von deutschen Zeitungen mit Annoncen ins Ausland. Dieses ist notwendig geworden, weil offenbar auf diesem Wege eine verabredete Nachrichtenvermittlung ins Ausland stattfindet.
Abends 9½ Uhr ab Berlin. [...]

Sonnabend, 24. August 1918

8 Uhr vorm. an Avesnes. Ich halte Ludendorff über meinen Aufenthalt in Berlin Vortrag. Ich begründe meine Auffassung über die mit Zustimmung des Kriegsministeriums beabsichtigte Organisation der Heimataufklärung und mein Bestehen auf einem »Noli me tangere« damit, daß die Stimmung nur dann noch zu halten sei, wenn das Vertrauen zur OHL erhalten werde. Ludendorff erwidert: »Das wird schwer halten.«
Ich habe den Eindruck, daß Ludendorff beginnt, mich als Chef des Nachrichtendienstes zu fürchten, indem ich in der einen Hand mit der unerbittlichen Tatsache des unverminderten Vernichtungswillens der Feindmächte und in der anderen Hand mit der Warnung der heraufziehenden Revolution der Heimat gegen den Krieg komme. Als ich ihn abends 11½ Uhr noch einmal zum Vortrag aufsuche, finde ich ihn so ernst wie nie in seinem Zimmer auf und ab gehend. Er schrickt aus seinem Sinnen auf, wendet sich zu mir um und fragt: »Ist es so eilig?« Ich erkenne zum ersten Mal, daß er am Ende seiner Kraft zu sein scheint, die daran zerbricht, daß der Zweifrontenkrieg gegen Ost und West, auf welchen der Generalstab vorbereitet war und welchem Ludendorff sich gewachsen fühlte zu einem Zweifrontenkrieg gegen einen äußeren und einen inneren Feind geworden ist. Ludendorffs Weigerung, diesen zu führen, beruht nach meinem Eindruck, wie von Anfang an, darauf, daß es seinem ausgesprochenen, ihn zum Führer des Heeres machenden soldatischen Empfinden noch unverständlich ist, daß das Volk sich gegen das Heer erheben könnte, oder daß, wie er mir vor Jahresfrist sagte, es nicht *einen* Mann in der Heimat gäbe, es zu verhindern. Im Augenblick halte ich es aber für richtig, auf meinen Vortrag zu verzichten.
Morgen trifft der Vizekanzler zu Besprechungen über die belgische Frage[37] für einen Tag in Avesnes ein. Hindenburg hat mir bei der Ankündigung gesagt: »Das Dienstliche wird der General mit ihm besprechen. Zum Frühstück nehmen Sie sich bitte seiner an, vielleicht können Sie dazu mit ihm an die Front fahren. Ich nehme an, daß Exzellenz v. Payer noch niemals an der Front war, und glaube, daß es ihm gut tun wird. Zum Abend muß er natürlich bei mir essen. Ich bitte

---

[37] Die Forderungen der OHL, Belgiens Souveränität in einer vom Deutschen Reich geprägten Nachkriegsordnung einzuschränken oder wenigstens als »Faustpfand« in Friedensverhandlungen zu behalten, bildeten ein Hemmnis für alle Friedensfühler des letzten Kriegsjahres.

Sie aber, sich uns gegenüber zu setzen. Ich kann mit solchen Herren nichts anfangen.«

Ich habe uns demgemäß für morgen zum Frühstück bei der Fliegerstaffel, welche Paris angreift, in der Nähe von St. Quentin angesagt. [...]

Sonntag, 25. August 1918

Ich fahre mit dem Vizekanzler über den Holnonwald und St. Quentin zur Fliegerstaffel. Uns begleitet der Vertreter des Reichskanzlers im GrHQu, Graf Limburg-Stirum. Dieser sitzt vor uns im Wagen und sagt kein Wort. Ich spreche soldatisch offen. Payer ist von allem, was er sieht, tief ergriffen. Er äußert sein Erstaunen, wie alle Sorge, welche die Heimat einem auflädt und besonders Berlin, abfalle durch die Ruhe, die Sicherheit und die fabelhaft klare Organisation unserer Kräfte auf dem Kriegsschauplatz, von Ludendorff bis zur vordersten Front. Er könne aber ein Bedauern nicht überwinden, daß alle diese Leistung und das viele Geld, welches sie koste, auf dies Objekt, den Krieg, verwendet werde. Was könnten wir mit diesen Leistungen und dem Geld anderes leisten in Werken des Friedens, im Bau von Straßen und Eisenbahnen, von Krankenhäusern, Schulen und Universitäten und wirtschaftlichen Dingen! Ich erwidere ihm, daß dieser Wunsch auch uns beseele und dieses Kriegsziel auch für uns der Sinn unseres Kampfes um den Frieden sei. Zwischen dem Krieg und diesem Frieden läge aber der Sieg. Er möge mal auf den Kanonendonner von der Front, den ich seit 4 Jahren, er aber nur heute und die Heimat niemals höre, wo er von dem Streit der Parteien übertönt werde, achten. Dort stehe ein unerbittlicher Feind, der, wenn wir ihn nicht mit den Waffen dazu *zwingen* würden, uns niemals gestatten werde, jene Segnungen des Friedens zu schaffen, der uns die soziale Einigkeit dazu nicht erlauben und auch das dafür nötige Geld nehmen werde. Payer erwiderte, ich spräche als Soldat, er achte das, er sei aber Politiker und sei der Ansicht, daß es auch ohne Krieg und Sieg ginge.

Von Payers Seite wird die Unterhaltung immer wieder auf innerpolitische Streitfragen gelenkt, das Wahlrecht scheint ihm über alles zu gehen. Auf meine Einwendung, daß es im Kriege auf Einigkeit ankäme und diese sie verhindernden Fragen zurückgestellt werden müßten, erwiderte er, wir wollten wohl beide dasselbe, aber auf verschiedenem Weg.

Die Flieger haben unseren Besuch sehr gut vorbereitet. Payer sieht die Flugzeuge, ihre Waffen und Mannschaft, darf auch selbst in ein Flugzeug einsteigen, einen Flug lehnt er aber ab. Er bekommt bei allem fast kriegerische Passion und wird auch vielfach in allen möglichen Positionen zwischen den Fliegern fotografiert. Etwas unkriegerisch wirkt es, als er aus unserem Kraftwagen eine kleine Kiste Zigarren holen läßt und persönlich jedem Einzelnen eine Zigarre anbietet, den Rest in das Auto zurückschickt. Verschiedene Flugzeuge starten, führen auch Kunstflüge vor und werfen auf ein auf einer Wiese als Ziel ausgebreitetes Tischtuch mit Treffsicherheit Bomben.

Die Flieger wohnen in einem auf einem toten Gleis abgestellten D-Zug. Wir gehen im Speisewagen zu Tisch. Der Kommandeur überreicht Payer bereits ein Album mit den aufgenommenen Fotografien. Ich bemerke, daß er stutzt, als er die Aufschrift liest. Ich bitte mir das Album aus. Es steht darauf in weißer Kreideschrift »Dem Vizepräsidenten des Reichstages v. Payer zum Andenken an seinen Besuch bei der X. Fliegerstaffel am 25.8.18«. Ich mache den Kommandeur darauf aufmerksam, daß Payer Vizekanzler ist. Er sagt »Ei verdammt« und schickt das Album zur Abänderung der Aufschrift in den Telegraphenwagen. Als wir wieder abfahren, fragt Payer danach. Es wird geholt. Er betrachtet es, als wir abgefahren sind. Ich bemerke, als er die Aufschrift liest, daß wieder etwas nicht stimmt. Die Aufschrift lautet jetzt: »Dem Vizekanzler des deutschen Reichstages pp.«. Ich entschuldige die Flieger, er habe gesehen, wie frisch und tapfer, auch wie gastfrei und entgegenkommend sie für einen politischen Besucher seien, im Übrigen aber kümmerten sie sich nicht viel um politische Würden und hätten sich davon nur ganz lose Vorstellungen angewöhnt.

Für den Abend bei Hindenburg bitte ich Payer möglichst ein Gespräch über den Krieg und besonders über Politik zu vermeiden mit der Begründung, die Mahlzeit sei für den Feldmarschall die Stunde der Erholung.

Beim Essen sitze ich, wie von Hindenburg gewünscht, ihm gegenüber. Er plaudert behaglich mit Payer über gemeinsame Bekannte in Süddeutschland. Da sie auch sonst meist von Vergangenem reden, erwähnt Hindenburg, daß sie beide ja vor dem Krieg schon außer Dienst gewesen seien, er militärisch und Payer politisch. Payer erwidert: »Ja, Herr Feldmarschall, wenn der Krieg nit gekomme wäre, täte wir zwei jetzt unsere Huund spaziere führe.« Seine schwäbische Mundart unterstreicht die Gemütlichkeit des Augenblicks, den ich aber in seiner ganzen Tragik empfinde, indem ich daran denke, wie anders wohl die politischen Machthaber beim Feind von ihrer Mission denken und sprechen. Hindenburg begleitet Ludendorff zum Abendvortrag und kürzt damit das Zusammensein mit Payer nach Möglichkeit ab. Ich muß ihm noch bis zu seiner Abfahrt 11 Uhr abends Gesellschaft leisten. Er wiederholt mir, wie sehr es ihn gefreut und interessiert habe, mich kennenzulernen und meine Ansicht zu hören.

(Ich habe angeordnet, daß mir der Nachrichtendienst meldet, was Payer über seinen Besuch in Avesnes in Berlin erzählt. Die Auskunft lautet, er berichte stolz von seinem militärischen Erlebnis und erzähle von mir, daß ich auf der Fahrt versucht hätte, ihn über Politik und Politiker zu »belehren«.) [...]

Montag, 26. August 1918

Der Kronprinz hat mir den Wunsch mitteilen lassen, daß G.B. Brüssel als Aufenthaltsort erhalte. Ich bin an sich nicht dafür, da die Abschließung dort außerhalb des unmittelbaren Kriegsschauplatzes schwieriger durchzuführen ist, als in Lille, es sei denn, ich ziehe den Chef des Generalstabes beim Generalgouverneur in Brüssel, General v. Winterfeldt ins Vertrauen und er übernimmt die notwendigen Garantien. Ich fahre zu diesem Zweck im Kraftwagen nach Brüssel. Winterfeldt ist dazu bereit und teilt zu der Sache völlig meine Ansicht. Nachmittags zurück nach Avesnes. [...]

Dienstag, 27. August 1918

v. Haeften teilt einen Erlaß des Reichskanzlers an sämtliche Staatssekretäre usw. über öffentliche Kundgebungen in Wort und Schrift mit. Die Gesamtleitung soll der Staatssekretär des Auswärtigen haben.

Obgleich dies nicht mehr Kühlmann, sondern v. Hintze ist, bleibt also auch hierin alles beim Alten. Wieder gibt der Reichskanzler die Leitung ab. Da der Staatssekretär des Auswärtigen gar nicht die Zeit hat, in der Art eines PropagandamMinisters zu wirken, fällt diese Aufgabe wieder auf Deutelmoser, dessen Unfähigkeit bereits erwiesen ist.

Mittwoch, 28. August 1918

Ich bringe bei Haeften meine abweichende Ansicht darüber, daß Deutelmoser praktisch die Gesamtleitung der Propaganda wahrnehmen soll, zum Ausdruck. [...]

Auszug 244 aus Feldpostbriefen

Donnerstag, 29. August 1918

(...) Draußen dasselbe: erbitterte Angriffe des Feindes, heldenhafter Widerstand unserer Truppen. Wie lange wird und kann das noch dauern? Das ist die Frage!

Freitag, 30. August 1918

Der Beginn der »Politischen Offensive« (das Wort stammt von Haeften) wird angekündigt. Einstweilen beschränkt sich alles weiter auf organisatorische Nebensächlichkeiten. So gebe ich meinen Nachrichtenoffizier Sofia, welcher bisher zur Zufriedenheit der Bulgaren nach ihm unmittelbar erteilten Weisungen die Propaganda dort beraten hat, auf Verlangen von Haeften an diesen ab, damit er seine Tätigkeit nach den Weisungen von Haeften, unserem Militärbevollmächtigten in Sofia v. Massow und unserem dortigen Gesandten[38] ausführen soll. Nicht oben wird die Führung verstärkt, sondern unten zersplittert!

Sonnabend, 31. August 1918

Die Berliner Pressevertreter der Verbündeten, ein Österreicher, ein Ungar, ein Türke und ein Bulgare werden auf Haeftens Wunsch unter meiner Führung von Hindenburg und Ludendorff empfangen. Die Haltung von Ludendorff ist abgespannt, diese Inanspruchnahme bei seinen augenblicklich schweren militärischen Gedanken ist offensichtlich falsch, *Haeften* ist dazu da! Ludendorff empfindet das selbst, er behält mich hinterher allein da. Die Unterhaltung ist, als ob er sich entschuldigen wolle. Hindenburg, den ich informiert hatte, daß betonte Zuversichtlichkeit am Platze wäre, sehe ich, als ich sein Zimmer betrete, um die Herren anzumelden, vor seinem Spiegel stehen und seinen Anzug prüfen. Als die

---

[38] Alfred Graf von Oberndorff.

Herren gehen, winkt er mir zu bleiben und fragt, als wir allein sind: »War es gut?« In Ehrerbietung vor solcher Bescheidenheit konnte ich doppelt frisch antworten: »Ausgezeichnet!« [...]

Sonntag, 1. September 1918

Der Kronprinz ist bei Ludendorff. Diesem sind defaitistische Äußerungen des Kronprinzen bekannt geworden, die zu unterlassen Ludendorff ihn veranlaßen will. Die beiden Flügeladjutanten haben während dieser Zeit eine für den Kronprinzen unauffällige Besprechung mit Tieschowitz und mir erbeten. Sie findet im Schloß Chimay statt, dessen Besitzerin die Prinzeß Chimay[39] vor dem Kriege dadurch Aufsehen erregte, daß sie mit dem Zigeunerprimás Rigó, welcher mit seiner Kapelle auch in den großen Berliner Hotels beliebt war, durchbrannte. Sie wollen mich bestimmen, der Umsiedelung von G.B. nach Brüssel zuzustimmen. Ich habe inzwischen meine Ansicht selbst geändert, weil mir bekannt geworden ist, daß der Kronprinz trotz seiner Zusage in Lille war, daß dieser Besuch dort unter Verkettung besonderer Umstände Staub aufgewirbelt hat und mir durch die Einschaltung des sehr famosen General v. Winterfeldt in Brüssel eine obere Aufsicht erwünscht scheint. Sie erbitten dringend meine Zustimmung, daß noch ein Wiedersehen in Lille stattfindet zur Erklärung der Umsiedelung nach Brüssel durch den Kronprinzen selbst.

Abends sucht mich Oberst Bauer, bei welchem der Kronprinz mit der Bitte war, mich zur Nachgiebigkeit zu veranlassen, zu einer Besprechung auf. Wie ich schon mit ihm verschiedener Ansicht war, als er den Kronprinzen in den Sturz Bethmanns verwickelte und damit die Krone, anstatt selbständig zu handeln, den Parlamentariern auslieferte, so sind wir auch jetzt verschiedener Meinung. Das Hauptargument Bauers ist, wir »brauchten« den Kronprinzen noch und müßten ihn »schonen«. Ich spreche mein Bedauern aus, daß Bauer in die Sache hineingezogen worden ist, und bitte ihn, sich aus Dingen herauszuhalten, die ihn dienstlich nichts angingen. Ich frage ihn, ob er nicht wisse, warum Ludendorff heute mit dem Kronprinzen sprechen mußte. Ich äußere die Ansicht, daß, wenn der Kronprinz noch einmal »gebraucht« werden müsse, er endlich entsprechende Auffassungen erhalten müsse, anstatt solcher, die ihn der Gegenseite auslieferten. [...]

Auszug 246 aus Feldpostbriefen

Montag, 2. September 1918

(...) Die Riesenschlacht tobt weiter mit unverminderter Erbitterung und stellt alles bisher dagewesene in den Hintergrund. Das Zusammenballen der feindlichen Massen und der Massen-Einsatz seiner Tanks bringen ihm immer wieder Einzel-Vorteile, die ihm aber schließlich auf die Dauer nicht zugestanden

---

[39] Die Amerikanerin Clara Ward heiratete 1890 Marie Joseph Anatole Élie de Riquet Prince de Chimay-Caraman. 1897 wurde die Ehe wieder geschieden.

werden dürfen. Wie angespannt bei dieser Lage hier die Arbeit ist, kannst Du Dir denken, ich halte aber an meiner guten Zuversicht fest, nur müssen wir alle einig und entschlossen sein. Ihr und ich, wir können wohl sagen, daß wir das Unsere tun. Du wirst den Aufruf lesen, den der Feldmarschall gegen die feindliche Propaganda und die unsinnigen Gerüchte erlassen hat, hoffentlich gefällt er Euch. Er stammt von mir [...] Jetzt tut uns große nationale Begeisterung not! Die wird unsere Kräfte stählen. Die haben wir jetzt nötig. Auch jetzt vermisse ich wieder die starke Regierung in der Heimat. Wer führt unseren hohen Herren hier Energie und Widerstandskraft zu, wie es in Frankreich und England durch die Staatsmänner geschieht und in schweren Lagen geschah? *Alles* muß das Heer und seine Führer allein machen! [...]

Jetzt gilt es, alle Kraft zusammenzunehmen! Hoffentlich bringt das deutsche Volk die Entschlossenheit und die Kraft auf, die es braucht. Noch ist der Angriffs- und Vernichtungswille des Feindes nicht gebrochen. Ich muß Dir mein Herz mal wieder ausschütten, das hat man manchmal nötig. Dann wird einem wieder freier ums's Herz. [...]

Auszug 248 aus Feldpostbriefen

Avesnes, Mittwoch, 4. September 1918

(...) Heute ist der Kriegsminister hier, hoffentlich läßt er sich überzeugen, daß in der Heimat mehr geschehen muß. Am 5. fahre ich nach Spa, da wir am 7. abends ganz dorthin übersiedeln. Das ist mir insofern sehr lieb, als ich dann wieder meine ganze Abteilung zusammen habe.

Draußen macht sich jetzt unser Ausweichen und der Umstand bemerkbar, daß der Feind das zerstörte Gelände hinter sich bekommt, das wir bisher hinter uns hatten. Aber zu Ende sind die Kämpfe noch nicht. Sie werden an derselben Front wieder aufleben und sich wohl auch über die Flügel hinaus ausdehnen. Auch in Lothringen ist es nicht ganz geheuer und auf Verdun muß man auch aufpassen. Ohren steifhalten!

Den ganzen Tag den Kanonendonner zu hören, ohne zu wissen, was jederzeit los ist, ist auch nichts für die Nerven. Da ist es auch ganz gut für Ludendorff, daß er mal etwas weiter fortkommt. Hoffentlich kommt auch S.M. nach Spa und regiert ein bißchen, was uns so bitter nottut!

Mittwoch, 4. September 1918

Der Kriegsminister ist in Avesnes. Er ist verschiedener Ansicht mit Ludendorff in der Rückwirkung der Stimmung der Heimat auf die Front. Ludendorff spricht sich sehr ernst über die Bedeutung dieser Frage für den Kriegsausgang aus. Es ist für mich bedauerlich zu sehen, daß die Autorität des von ihm hochverehrten Generals v. Stein, welcher sein Vorgänger als Chef der 2. (Aufmarsch-)Abteilung war und ihn zu seinem Nachfolger bestimmt hatte, und daß damit der Feldherr in gewisser Weise sich dem Kriegsminister, also auch einer parlamentarisch gebundenen Persönlichkeit unterordnet. Soweit der Kriegsminister, welcher mir aus der Zeit, als er bei Kriegsbeginn Generalquartiermeister war, sein Vertrauen und Wohlwollen erhalten hat, mit mir über die Dinge spricht, tut er es väterlich beruhigend. Er läßt mich erkennen, daß er nur widerwillig seine politische Stellung wahrnimmt. Als Mensch von besonders vornehmem Charakter hat er aber auch gar kein Verständnis für die Möglichkeit revolutionärer Bestrebungen im Kriege und für die Anwendung politischer Kunstgriffe der Nichtsoldaten.

Donnerstag, 5. September 1918

Der Feind setzt zunehmend Agenten hinter unserer Front ab. Er scheint damit zu rechnen, daß die Verhältnisse auch dort schon ihm das Arbeiten mit dem Nachrichtendienst und der Propaganda erleichtern.

Freitag, 6. September 1918

Zu Ludendorffs Entlastung soll ihm ein Mitarbeiter zugeteilt werden. Die Idee stammt von Bauer, der ihn dafür gewonnen hat. Das Unternehmen entspricht ganz Bauers Art, Bestehendes zu zerstören ohne Besseres an seine Seite zu stellen. Ausgesucht wird Heye. Er kommt als Generalstabchef von der Heeresgruppe Rupprecht[40] in Elsaß-Lothringen. Er ist also in keiner Weise an den scharfen Wind gewöhnt, der bei der OHL weht. Seine Erfahrung mit den politischen Kräften beschränkt sich einseitig auf Elsaß-Lothringen. Er ist eine vortreffliche Persönlichkeit, mir als solche als mein Vorgänger als Chef der Sektion IIIb bekannt, gleichzeitig aber auch, daß er nicht besonders tatkräftig ist, bestimmt nicht brutal sein kann. Ich kenne auch sein hervorragendes Familienleben. Seine Frau ist sehr wohlhabend. Sie ist die Tochter des Kommerzienrat Karcher in Saarlouis. Hinter dem dort gegenüberliegenden Frontabschnitt steht die Hauptmasse der amerikanischen Truppen. Es ist selbstverständlich, daß der befürchtete Angriff von seiner Familie und damit auch von ihm besonders gefürchtet wird. Er sucht mich sofort nach seiner Meldung bei Ludendorff und Hindenburg auf. Ich habe den Eindruck, daß er für Ludendorff keinen Zufluß an Kraft bedeutet, sondern eher eine Gefahr, ihn kleinmütig zu beeinflußen. Die Abteilungschefs sollen zunächst ihm Vortrag halten. Wir verabreden, daß es für mich beim Alten bleibt.

Selbstverständlich ist eine solche Zwischenschaltung erst recht nicht möglich für den Chef der Operationsabteilung. Der mit Ludendorff in schwersten Zeiten eng verbundene und über alles unterrichtete Oberst Wetzell muß also verschwinden und ist in eine Frontgeneralstabsstellung[41] versetzt worden. Ludendorff verliert in ihm aber auch einen unbedingt ruhigen, mit festen Nerven ausgestatteten ersten militärischen Mitarbeiter. An seine Stelle tritt Oberstleutnant v. Stülpnagel,[42] welcher wie Heye bisher keine Schulung hat in dem Ausmaß der jetzt vor der OHL liegenden Situation. Er ist weich. Jede Autorität durch Leistung für das Ganze fehlt ihm beim Heere. Er ist dort im Wesentlichen unbekannt. Ludendorff hat ihn gewählt, weil er ihm aus seiner Vorkriegsabteilung bekannt ist und er ihn

---

[40] Hier irrt Nicolai. Heye war Chef des Generalstabes der HGr »Herzog Albrecht«.
[41] Wetzell wurde Chef des Generalstabs der 5. Armee.
[42] Stülpnagel übernahm die Operationsabteilung Ia (Operationen).

als Arbeiter schätzt. (Als nach dem Kriege Ludendorff schwer unter dem Vorwurf litt, er sei zusammengebrochen, hat er mich bei einem Besuch erschüttert durch die Frage: »Warum tritt denn mein Stülpnagel nicht einmal für mich ein, er weiß doch, daß er und Heye mich weichgemacht haben.« [...]

Unsere Rücksiedelung nach Spa ist in Aussicht genommen. Die Abfahrt soll morgen abend erfolgen. [...]

Sonnabend, 7. September 1918

Die »Siegfriedbewegung« (die Rückverlegung der Front in die neue Stellung) ist beendet. Es ist diesesmal wieder geglückt, die Operationen im Wesentlichen der feindlichen Führung geheim zu halten. Ludendorff spricht mir seine Anerkennung aus.

(Er erwähnt in diesem Zeitpunkt, siehe S. 573 seiner Kriegserinnerungen, die Aufrichtigkeit der Heeresberichte. Diese werden seit längerem von Major Wever in der Operationsabteilung bearbeitet, einem ganz besonders gewissenhaften Offizier, dessen Bestreben, die Dinge richtig und soweit möglich ausführlich darzustellen, ich in vielfacher Zusammenarbeit schätzen gelernt habe. Wever war nach der Machtergreifung Chef des Generalstabes der Luftwaffe und verunglückte als solcher mit dem Flugzeug.)

Vor dem Frühstück habe ich einen Zusammenstoß mit Oberst Bauer. Mir sind Gerüchte über Ludendorffs nicht mehr ausreichende Kraft bekannt geworden, deren Ursprung auf Äußerungen von Bauer zurückgeht, ebenso, daß der Kaiser fort müsse. Ich vermute auch hinter Treibereien, welche auf meine Entfernung hinarbeiten, Bauers treibende Kraft. Zurückkommend auf sein Eintreten für den Kronprinzen im Fall der G.B. mache ich ihn auf die verhängnisvollen Folgen dieser Vorgänge für die öffentliche Meinung aufmerksam. Als er harmlos darüber hinweggehen will und ich deutlicher werde, bittet er mich, nicht zu vergessen, daß ich Oberstleutnant und er Oberst sei. Ich erwidere, daß mein Dienstgrad keinerlei Rolle spiele und ich ihn warne, daß ich ihn nicht noch einmal in meinem Verantwortungsbereich »wildernd« träfe. Der Eintritt Hindenburgs und Ludendorffs in unser Eßzimmer beendet unsere Aussprache. Hindenburg begrüßt mich väterlich: »Na, so ernst?« Dadurch wird auch Ludendorff aufmerksam, er sieht mich nur fragend an.

Abends Rücksiedelung nach Spa. [...]

Sonntag, 8. September 1918

9 Uhr vorm. an Spa.

Wetzell trifft seine durch nichts verschuldete Ablösung natürlich schwer. Als Hindenburg ihm beim Frühstück begütigende und ehrende Abschiedsworte widmet, antwortet er in seiner schlichten Art mit großer Würde.

Montag, 9. September 1918

Der Hetman Skoropadski[43] ist in Spa zu Verhandlungen mit Hindenburg und Ludendorff. Da er nur russisch und französisch spricht, werde ich als Dolmetscher befohlen. Ich habe zum ersten Mal in meinem Leben diese Aufgabe, merke, wie schwer sie ist und erfülle sie nur mangelhaft.
5 Uhr nachm. ab Spa.

Dienstag, 10. September 1918

9½ Uhr vorm. an Berlin. Mit dem Vorstand des Zeitungsverlegervereins, Faber (Magdeburg), Knittel (Karlsruhe), Krumbhaar (Liegnitz) und anderen prominenten Zeitungsverlegern, darunter Simon (»Frankfurter Zeitung«) eine Besprechung. [...]
9½ Uhr abends ab Berlin.

Mittwoch, 11. September 1918

12 Uhr mittags an Spa. v. Haeften war ohne mein Wissen inzwischen in Spa. Nachdem er der Person des Kanzlers zugeteilt ist und Major v. Stülpnagel im wesentlichen als sein Nachfolger die OHLA (Auslandsstelle der OHL) übernommen hat, hat er die Unterstellung derselben und des Kriegspresseamts unter seine Leitung bei Ludendorff angeregt. Dieser scheint geneigt, dem Antrag zu entsprechen. Ludendorff beteiligt mich nicht an seinen Erwägungen. Ich weiß nicht, ob er Bauer zu Rate zieht, erfahre nur, daß auch General v. Eisenhart-Rothe, sein vertrauter Ratgeber aus der Zeit von Oberost und seitdem oft von ihm zu persönlicher unverantwortlicher Aussprache herangezogen worden, sich einmischt, weiß aber nicht, in welchem Sinne. Ich enthalte mich jeden Schrittes meinerseits, um Ludendorffs Entschluß nicht zu beeinträchtigen, der mir, wenn er sich für meine ihm bekannte Auffassung entscheidet, nur dann weiterhin meine feste Position erhalten kann.

Auszug 251 aus Feldpostbriefen

Freitag, 13. September 1918

(...) Eine Menge Arbeit erwartet mich und Aufregung und Ärger liegt seitdem schon wieder reichlich hinter mir. Ich muß auch meinen Tribut zahlen an die doch immerhin herrschende Nervosität, in der Leute, die von den Dingen nicht viel verstehen, ihr Wesen treiben und allerlei hintenrum und Intrigen blühen.

---

[43] Der frühere zarische General Pawel Skoropadski war am 29.4. nach der Besetzung der Ukraine von den deutschen Militärbehörden als Staatschef (Hetman) der Ukraine eingesetzt worden.

Manchmal habe ich es nach 4 Jahren ehrlichen Arbeitens wirklich satt. Auch die Widerstände in der Heimat, die sich gegen mich auftürmen, versuchen in solchen Zeiten sich durchzusetzen oder zu fördern.

Gestern abend war ich von dem türkischen Prinzen Abdul Kasim, der die Thronbesteigung des Sultans[44] hier anzeigte, zu Tisch geladen. Es gab sehr gut zu essen und war eine interessante Gesellschaft.

Ob ich am 20. nach Berlin kommen werde, ist auch ungewiß, wie ich Dir *nur für Dich* und die Eltern schrieb und wie Ihr wohl am Montag aus der Zeitung sehen werdet, wird Österreichs Friedensverlangen zu Konsequenzen führen. Wie dies Angebot wirken und zu beurteilen sein wird, werde ich Dir schreiben, wenn ich den Wortlaut kenne. Auf jeden Fall für uns *nicht* gut!

Von Dir kann ich nur sagen, daß ich in meinen Gedanken an Dich *sehr* glücklich bin und nur hoffe, daß wir Alle Dir noch viel in friedlichen Zeiten vergelten können, was Du jetzt leistest. Führe Dein Werk nur gut zu Ende und Gott gebe, daß das Große, was sich um unsere eigene kleine Welt abspielt, sich zum Guten für uns alle wendet.

Erläuterung

Die hier gegen meine Frau erwähnten Treibereien sind vorzugsweise die von Bauer und v. Haeften. Der Erstere der Mittelpunkt derselben bei der OHL, hinter dem, auch wenn nicht der Kronprinz selbst, so der Kreis um ihn steckt, der glaubt mein Vorgehen gegen ihn auf diesem Wege gegen mich auszunutzen. In der Heimat v. Haeften beim Kanzler, dessen Vorgehen im Wesentlichen persönlichem Ehrgeiz, bestimmt aber keiner tatsächlichen Berufung entspricht. Beide haben auf Ludendorff einen starken persönlichen Einfluß. Mit Bauer habe ich mich am 7.9. (s. dort) ausgesprochen. Bei Haeften habe ich zu büßen, daß ich, wie Falkenhayn mich damals warnend fragte, wie ich einen Offizier in eine besondere Vertrauensstellung »empfehlen« könnte, welcher »gegen seinen Chef intrigiert hätte«, nicht beachtet habe, daß die Übernahme der OHL durch Hindenburg und Ludendorff bevorstand und daß die Dankbarkeit beider gegen Haeften für sein Eintreten für sie gegen Falkenhayn zu sachlich gefährlichen Konsequenzen führen könnte. Diese Folge ist in stetigem Wachsen eingetreten. Während sie bei Hindenburg weiter nichts bedeutet, als eine zu verstehende rein persönliche Entgeltung der Haeften damals entstandenen Konsequenzen, wirkt sie sich bei Ludendorff um so verhängnisvoller sachlich aus je mehr es Haeften geglückt ist, sich selbständig zu machen. Ich beobachte seit längerem, wenn ich Haeftens Vortrag bei Ludendorff beiwohne, wie er die Erfolge seiner Auslandspropaganda übertreibt und damit der Forderung nach einem Propagandaminister, es sei denn, er würde es selbst, bei Ludendorff entgegenwirkt. In Wirklichkeit ist er ohne jeden großen propagandistischen Gedanken, wenn er einen solchen vertritt, so stammt er meist nicht von ihm, was an sich nichts schadet, aber deshalb bedenklich ist, weil er ihn vor Ludendorff für sich in Anspruch nimmt und damit dessen Urteil über sein Können völlig falsch beeinflußt. Wir sind uns also nicht nur

---

[44] Mehmet VI. Vahideddin, Sohn des Sultans Abdülmecid I., wurde nach dem Tod seines Bruders Mehmet V. Reşad am 8.7. Sultan des Osmanischen Reiches.

innerlich, sondern auch sachlich fremd geworden. Ich bin nicht der Einzige, der Haeftens Schwäche erkennt. Je umschmeichelter er sich fühlt, um so größer wird sein Ehrgeiz und sein Zutrauen in sein Können und seinen Einfluß. Er hinterläßt in seiner großen bisherigen Dienststelle viele ihm überlegene, gewiegte, im politischen Treiben der Propaganda brauchbare Persönlichkeiten. Auch dies wäre an sich kein Fehler, wenn diesen in ihm ein zielbewußter Führer übergeordnet wäre. Er selbst aber stürmt in seinem durch sein Herzleiden geförderten Überschwang von Ziel zu Ziel. Einer seiner ersten zivilen Ratgeber ist der Jude Kurt Hahn, der Vertraute des Prinzen Max von Baden und seines ideologischen Kreises. Ich fürchte, daß er Gefahr läuft, diesem zu verfallen und, wenn er äußerlich auch noch an Ludendorff gebunden ist, doch dem untreu zu werden, was Ludendorff bedeutet. Sein erster militärischer Berater im Aufbau und der Leitung seiner Dienststelle ist Oberst Herwarth v. Bittenfeld. Dieser hat sich ihm angeschlossen, nachdem er wegen Felddienstunfähigkeit im Kriegspresseamt unterkam und dort unter Deutelmoser und mir als den an Patent Jüngeren zwar sehr verdienstvolle Mitarbeit durch seine Kenntnis der amerikanischen Verhältnisse und der englischen Sprache leistete, aber wegen unbefriedigten Ehrgeizes, einem Jüngeren untergeordnet zu sein, gegen meine Bitte in die Front drängte, dort erneut zusammenbrach und dann Aufnahme bei Haeften fand, wo er als zersetzendes Element in dessen Verhältnis zu Deutelmoser und mir gewirkt hat.

Ich erinnere mich meines ersten Eindrucks über ihn. Es war bald nach meiner Ernennung zum Chef des Nachrichtendienstes im Frühjahr 1913, als mir, als Erster der mir zwar nicht unterstellten, aber doch mit IIIb zusammenarbeitenden deutschen Militärattachés Herwarth bei einem Urlaub in Berlin zur Aussprache gemeldet wurde. Ich hatte von einem Militärattaché die übliche ehrerbietige Vorstellung. Um so größer war zunächst mein äußeres Erstaunen, als Herwarth in Zivil mein Zimmer betrat. Die Füße in damals auffallend bunten Strümpfen und klobigen amerikanischen Schuhen. Weite helle, damals auch auffallende umgeschlagene Beinkleider, eine bunte tiefausgeschnittene Weste mit einer Riesenkravatte unter einem auf Taille geschnittenen Jakett, um den Hals ein breites schwarzes Band und an diesem ein großes Monokel baumelnd. Darüber ein blasses aufgeschwämmtes ausdrucksloses Gesicht, was erstaunlicherweise nicht davon abgehalten hatte, daß er mit einer bekannten reichen Erbin verheiratet war. Seinen großen Kraftwagen, damals für uns Generalstabsoffiziere gleichfalls ungewohnt, hatte ich schon vor dem Generalstabsgebäude stehen sehen. Sein Benehmen atmete äußerlich Amerika und den blasierten Diplomaten, aber nichts von dem, wie nach meinem Erwarten ein deutscher Militärattaché aussehen müßte. Ich kannte aus meiner Kindheitsstadt seinen Vater, einen schlichten Infanterie-Bataillons-Kommandeur und schied von ihm in der Überzeugung, daß nur das Geld seiner Frau ihn gerade für Amerika hatte geeignet scheinen lassen.

(Er ist später [...] durch den Doktorgrad der Universität Münster geehrt worden. Sein Verdienst um das Handbuch der deutschen Presse[45] besteht, es fiel ihm aber zu durch höheren Befehl und war nichts mehr als das Ergebnis seiner Gemeinschaftsarbeit im Kriegspresseamt. Er ist nach der Machtergreifung im Propagandaministerium verwendet worden. Als mir bei einem Besuch dort

---

[45] Hier ist vermutlich das 1917 von der Oberzensurstelle herausgegebene »Nachschlagebuch für die Pressezensur« gemeint.

gesagt wurde, man habe auch einen früheren Mitarbeiter von mir, entfuhr mir die Antwort, »auf den ich allerdings nicht gerade sehr stolz bin«.)

(Ich lasse diese rein persönlichen Erinnerungen stehen in der Erwartung, daß für den Historiker später die Personen zurücktreten und nur ein Einblick in Zustände und Verhältnisse bleibt, der nicht übersehen werden darf, wenn Ludendorffs »Zusammenbruch« beurteilt und das verhängnisvolle Revierement innerhalb der OHL in seiner Auswirkung verstanden werden soll und ebenso, daß sein Ausscheiden den auch schon auseinanderstrebenden Einzelkräften der OHL den einzigen sie zusammen haltenden Mittelpunkt nahm.)

Sonnabend, 14. September 1918

Ich lege Ludendorff den nachfolgenden Erlaß 10296 geh.op. an das Heer über das Friedensverlangen Österreichs vor. Ich bitte, daß es nicht als IIIb-Angelegenheit angesehen, sondern von der Operationsabteilung ergehen soll, mithin als eine Handlung der rein militärischen Kriegführung, und vom Generalfeldmarschall unterschrieben wird.

Ich lege ferner ein Schreiben an den Kriegsminister vor, welches einen Antrag des stellvertretenden Generalkommandos XIX in Leipzig auf strafgerichtliche Verfolgung der »Leipziger Volkszeitung« unterstützt.

Ich bitte um Einverständnis zur Durchführung großer Bezirkspressebesprechungen in Köln, Karlsruhe, Leipzig, Hannover, bei welchen ich nicht wie bisher einen Generalstabsoffizier über die militärische Lage sprechen lassen, sondern selbst darüber sprechen will. Ich erbitte sein Einverständnis, daß ich dies in starkem zuversichtlichem Ton tue.

Ludendorff antwortet: »Selbstverständlich! Ich fürchte die Revolution mehr als unsere militärische Lage.«

Er dankt mir zu den drei Gegenständen meines Vortrages für meine initiative, energische Mitarbeit. Ich habe den Eindruck, daß ich der gegen mich gerichteten Treibereien Herr geworden bin, Ludendorff wieder völlig hinter mir habe und dadurch gestärkt und ohne den Erfolg neuer Angriffe befürchten zu müssen, meine bis zum 27.9. berechnete Abwesenheit wagen kann.

Ich gehe zum Feldmarschall, trage ihm vor zu meiner Absicht, persönlich auf den großen Pressebesprechungen zu wirken, melde ihm, daß Ludendorff mich ermächtigt hat, zuversichtlich und stark zu sprechen und frage ihn, ob ich mich dabei auch auf ihn berufen dürfe. Hindenburg lehnt sich in seinem Stuhl zurück, sieht mich ruhig an und sagt: »Tun Sie das. Aber fügen Sie hinzu, daß ich nur zuversichtlich bin, wenn mich mein Vertrauen in das deutsche Volk nicht enttäuscht.«

Chef des Generalstabes GrHQu, den 15.9.1918
des Feldheeres
Nr. 10296 geh. op.

Die österreichisch-ungarische Regierung hat allen Kriegführenden vorgeschlagen, zur Herbeiführung des Friedens zu unverbindlichen Besprechungen in einem neutralen Lande Vertreter zu entsenden; die Kriegshandlung soll dadurch nicht unterbrochen werden.

Die Bereitschaft zum Frieden widerspricht nicht dem Geist, in dem wir den Kampf für unsere Heimat führen.

Schon im Dezember 1916 hat der Kaiser, unser Oberster Kriegsherr, mit seinen Verbündeten den Feinden den Frieden angeboten. Mehrfach hat seitdem die deutsche Regierung ihre Friedensbereitschaft bekundet. Die Antwort aus dem feindlichen Lager war Spott und Hohn. Die feindlichen Regierungen peitschten ihre Völker und Heere weiter auf zum Vernichtungskampf gegen Deutschland. So führten wir unseren Verteidigungskampf weiter.

Unser Verbündeter hat nun einen neuen Vorschlag gemacht, in Besprechungen einzutreten: der Kampf soll dadurch aber nicht unterbrochen werden.

Für das Heer gilt es also, weiter zu kämpfen.

Das deutsche Heer, das nach vier siegreichen Kriegsjahren kraftvoll die Heimat schirmt, muß unsere Unbesiegbarkeit dem Feinde beweisen. Nur hierdurch tragen wir dazu bei, daß der feindliche Vernichtungswille gebrochen wird. Kämpfend haben wir abzuwarten, ob der Feind es ehrlich meint, wenn er diesmal zu Friedensverhandlungen bereit ist, oder ob er wieder den Frieden mit uns zurückweist, oder wir ihn mit Bedingungen erkaufen sollen, die unseres Volkes Zukunft vernichten.

Es ist dafür zu sorgen, daß diese Gedanken Gemeingut des Heeres werden und bleiben.

[handschriftlich] L.
[handschriftlich] von Hindenburg

Verteilungsplan:

Oberkommandos der Heeresgruppen und
Armeeoberkommandos des Westens mit
Abdrücken für Generalkommandos und Divisionen.
Telegraphisch an:
  Oberbefehlshaber Ost,
Oberkommando Heeresgruppe Mackensen,
  Oberkommando Heeresgruppe Scholtz,
Im Abdruck an:
  Generalgouvernement Belgien,
  Generalgouvernement Warschau,
  Königl. Preußisches Kriegsministerium, Berlin,
  Königl. Bayerisches Kriegsministerium, München,
  Königl. Sächsisches Kriegsministerium, Dresden,
  Königl. Württembergisches Kriegsministerium, Stuttgart,
  Befehlshaber der Truppen in Luxemburg,

O.-Z.-P.-F.-Fech.,
G.-V.A.-IIIb.,
Kogenluft,
Chef des Nachrichtenwesens,
Chef des Feldsanitätswesen,
Kriegspresseamt Berlin,
Ohla, Berlin,
Oberst v. Haeften,
Oberst v. Winterfeldt, Berlin Reichskanzlei,
Major Niemann,
Feldpressestelle Charleville-Mézières.

Montag, 16. September 1918

Der Kronprinz ist beim Kaiser in Spa. Er bittet mich telefonisch um eine Unterredung. Ich suche mich dieser mit dem Hinweis auf meine gehäufte Arbeit vor meiner nachmittags bevorstehenden Abreise zu entziehen. Er läßt das nicht gelten, er werde mir seinen starken Wagen schicken, mit dem ich schnellstens in der Kaiservilla und wieder zurück sein könnte. Ich fahre also zu ihm. Er empfängt mich sehr kameradschaftlich, wie er überhaupt stets eine gewisse Unterordnung, die vielleicht auf unserem ersten Kennenlernen bei der kleinen Generalstabsreise zu seiner Ausbildung im Frühjahr 1914 herrührt, für mich spürbar ist. Er versucht, die von mir getroffenen und ihm bekannt gewordenen Maßnahmen bei General v. Winterfeldt vom Generalgouvernement in Belgien für die bevorstehende Umsiedlung der G.B. nach Brüssel zu mildern. Im Laufe der Unterhaltung reicht er mir ein kleines Pastellbild der G.B., ich solle auch mal mein »unglückliches Opfer« kennenlernen. Ich weiß nicht recht, was ich sagen soll, weil ich ein auch äußerlich unbedeutendes Menschenkind sehe und dadurch sein Handeln immer weniger verstehe. Ich muß seine ritterliche Art anerkennen, mit welcher er seine Befürchtung ausspricht, dem Mädchen könne um seinetwillen Böses geschehen. Ich versichere ihn, daß für ihren Schutz gesorgt sei, bleibe im Übrigen aber fest. Er sagt: »Wenn unsere Sache schiefgeht, so falle ich sowieso mit meinem letzten Bataillon. Lassen Sie aber dem Mädel was passieren, dann schieße ich mir eine Kugel vor den Kopf.«

Unsere Aussprache fand unmittelbar nach Tisch statt. Ich bin froh, daß ich dem neben dem Kronprinzen wohnenden Kaiser nicht zu dieser ungewöhnlichen Zeit in die Arme gelaufen bin, er mich nach dem Grunde meiner Anwesenheit hätte fragen können und ich ohne dies wieder in meinem Quartier lande. Die Drohung des Kronprinzen bringt mich doch derartig nahe an den Rand eigener Verantwortung, daß ich nach Rücksprache mit Tieschowitz, welcher mir sagt, daß Ludendorff durch ihn über mein Vorgehen beim Kronprinzen vorsichtig unterrichtet worden sei, zu Ludendorff gehe. Ich sage ihm, daß er durch Tieschowitz von meinem selbständigen Vorgehen unterrichtet sei und daß ich auch den Wunsch hätte, ihn in Zukunft nicht hineinziehen zu müssen, aber diese Drohung des Kronprinzen nötige mich doch zu der einzigen Frage, ob ich trotzdem meinen Weg weiter gehen solle. Nach kurzem Besinnen schlägt Ludendorff auf die Kante seines Schreibtisches und gibt mir seine Direktive mit dem kurzen Wort: »Unbedingt!«. [...]

Dienstag, 17. September 1918

Bezirkspressebesprechung in Köln für den Bereich des VII. und VIII. Armeekorps. Würtz hat mit meiner Bitte, für eine große Vertretung der Berliner, auch der politischen Zentralbehörden zu sorgen, Erfolg gehabt. Die Besprechungen sind hier und in den nachfolgenden Orten auch stark von der Presse beschickt. Es liegt eine ungeheure Spannung merkbar in der Luft. Mit mir sitzen in der Leitung drei Unterstaatssekretäre der parlamentarischen Regierung, Stegerwald, Giesberts und August Müller.[46] Alle drei aus dem Arbeiterstand, die beiden ersteren aus den christlichen Gewerkschaften, Müller aus der Sozialdemokratie. Alle sprechen hier wie an den anderen Orten ausgezeichnet und aus innerer Überzeugung, nur der Vertreter des AA hält schon in Köln einen nichtssagenden, kraftlosen Vortrag.

Mittwoch, 18. September 1918

9 Uhr vorm. ab Köln, 7 Uhr abends an Karlsruhe. Ich bin abends mit den badischen Zeitungsverlegern zusammen, finde die gleiche Stimmung wie bei Bachem in Köln, jedoch scheint mir die Spannung im Ganzen noch stärker fühlbar in Süddeutschland als am Rhein.

Donnerstag, 19. September 1918

Nachmittags Bezirkspressebesprechung. Sie verläuft wie in Köln. Bei meinen Ausführungen spreche ich wohl, wie mir hinterher anerkennend gesagt wird, besonders eindrucksvoll. Der Grund ist, daß ich mir gegenüber an der Tür am anderen Ende des Saales den süddeutschen einflußreichen Sozialistenführer Geck[47] stehen sehe. Seine große Gestalt mit weißem Vollbart steht ruhig da, mit übergeschlagenen Armen sieht er mich durch seine leuchtende Brille scharf und prüfend an. Ich spreche fast allein zu ihm und habe den Eindruck, daß sein Blick Achtung vor meinem Auftreten bedeutet, aber doch gleichzeitig, daß er das Kommende besser wisse. Ich habe ähnliche Empfindungen wie bei der Besprechung mit Heinrich Simon von der »Frankfurter Zeitung« schon vor längerer Zeit, fühle aber nicht das hämische der Schadenfreude des jüdischen Demokraten, wir sollten nur weiter kämpfen, ihre eigene Sache marschiere doch. Ich habe das Gefühl ernsten Verantwortungsbewußtseins auch auf dieser Gegenseite, wie ich auch glaube, daß das schneidige Auftreten der neuen Unterstaatssekretäre in der Hauptsache der Angst vor der eigenen Courage, welche sie seit ihrem Eintritt in die Regierung bekommen haben, begründet ist. Flüchtig geht durch mein Bewußtsein die Erinnerung an eine Tagung im Hauptausschuß des Reichstages über den Vaterländischen Unterricht und die Aufklärung, an welcher ich als Vertreter der

---

[46] Adam Stegerwald war am 17.9. im Vorstand des Kriegsernährungsamtes (KEA), Johann Giesberts sozialpolitischer Beirat im Reichswirtschaftsamt. Ihre Ernennung zu Unterstaatssekretären erfolgte erst mit Bildung der parlamentarischen Reichsregierung Anfang Oktober 1918. Lediglich August Müller amtierte bereits seit Anfang September des Vorjahres als Unterstaatssekretär im KEA.

[47] Ernst Adolf Geck.

OHL teilnahm. Ich saß am Konferenztisch auf der Seite der Regierungsvertreter. Mir gegenüber saß Ebert in einem groben Kittel. Er schlug mit der Faust auf den Tisch, daß die feinnervigen Regierungsvertreter eingeschüchtert waren. Ich antwortete in gleichem Ton. Ich wurde von dem neben mir sitzenden Vertreter des Kriegsministers, dem General v. Wrisberg am Rock gezupft und hinterher zurechtgewiesen, das ginge nicht, ich sei hier nicht bei der OHL, sondern im Reichstag, während Ebert nach der Sitzung sich besonders von mir fühlbar respektvoll verabschiedete.

7 Uhr abends Abfahrt von Karlsruhe. Ich habe für diese Reise einen Salonwagen und bitte die Unterstaatssekretäre zu mir. Der Sozialdemokrat August Müller, sorgsam und gut gekleidet, bittet mich, seine aus Berlin mitgebrachten Vorräte mit ihm zu verspeisen. Sie bestehen in einem gebratenen Hähnchen und leckeren Nachtisch, dazu eine gute Flasche Rotwein. In der Unterhaltung beklagt er sich, Junggeselle zu sein und auch bleiben zu müssen. Er sagt: »Die Frau, die ich für meine Entwicklung brauchte, nimmt mich nicht und die, welche ich haben könnte, will ich nicht.« Ich habe den Eindruck, daß in beiden Lagern ihrem Boden Entwurzelte sich die Hand reichen zu unzulänglicher Führung. [...]

Sonnabend, 21. September 1918

Die endlich in Angriff genommene Frontpropaganda gegen den Feind ist einem Major Kriegsheim vom Generalstab von Haeften übertragen worden, einem Mann von bestem Willen und reichen Ideen, aber ohne sonstige Vorbildung und Anleitung. Zur Durchführung ist er im Wesentlichen auf die Organe von IIIb angewiesen. Am 16.9.18 hat eine Besprechung darüber unter dem Leiter meines Inlands-Nachrichtendienstes, Major v. Kempis beim Nachrichtenoffizier Berlin stattgefunden, zu welcher auch Major Lewin, der Leiter der Kriegsgefangenenlager Darmstadt und Gießen, in welchen wir die Gefangenen und als solche erkennbaren Sozialisten aller Nationen vereinigt haben in der Hoffnung, von ihnen Gesichtspunkte für wirksame Einwirkung auf die Soldaten der verschiedensten Feindnationen zu erhalten. Ich erhalte darüber das nachfolgende Protokoll.

Besprechung
bei NO B am 16. September 1918, 10 Uhr Vormittags
betr. Frontpropaganda

Gegenwärtig: Major v. Kempis
Major Kriegsheim
Major Lewin
Hauptmann Schröder
Hauptmann Schreiber
Hauptmann Schmitt (Karlsruhe)
Hauptmann Schmidt
Vizefeldwebel Wintzen
vorübergehend auch Major Richter KM U 3

Major *Kriegsheim* gibt einen Überblick über die geplante Organisation der Frontpropaganda.

Die Oberleitung der Frontpropaganda hat ihren Sitz im GrHQu Quellen für diese Propaganda sind

1.) die bei *Ohla* einzurichtende Sektion Frontpropaganda mit der Aufgabe der Beschaffung von Flugblättern, Broschüren, Redaktion von Ministerreden und ähnliche Stoffe für Frontpropaganda,
2.) die Auslandsabteilung des KrPrA mit der Aufgabe der wöchentlichen Zusammenstellungen aus der Auslandspresse, soweit sie propagandistischen Wert haben,
3.) die Abteilung für vaterländische Propaganda beim KrPrA.,
4.) die Mitarbeiter der »Gazette des Ardennes«,
5.) die NOs der Westfront
6.) das zu bildende Kriegsgefangenenbüro und zwar zunächst
   a) eine englische Abteilung
   b) eine französische Abteilung

mit der Aufgabe aus der Zahl der Kriegsgefangenen geeignete Leute zu finden, die zur Mitarbeit bei der Frontpropaganda bereit sind und die infolge ihrer Bildung und ihrer politischen Anschauung nach in der Lage sind, aus sich selbst heraus Propagandamaterial zu schaffen bzw. den gelieferten Stoff in solcher Form zu übersetzen und abzufassen, daß sich das fertige Material der Denkweise der feindlichen Heeresangehörigen anpaßt und durch den geeigneten Ton seine Wirkung gewährleistet wird.

Selbständige Bearbeitung von Flugblättern, Herausgabe von Briefen aus Gefangenenlagern und von Drucksachen. Enger Zusammenhang mit *Sektion Frontpropaganda* der Ohla.

Die Organisation ist so gedacht, daß alle Erzeugnisse der mitarbeitenden Stellen an Sektion Frontpropaganda der Ohla geleitet werden, die die Verarbeitung, den Druck und den Versand besorgt.

(Solange die Organisation noch nicht fertig ist, geht alles noch über GrHQu – Major Kriegsheim).

Major *Lewin* weist darauf hin, daß in dem Lager Darmstadt dieses Büro soweit die französische Abteilung in Betracht kommt, fertig ist.

Major *Kriegsheim* tritt dafür ein, daß das Büro unter Leitung des Major Lewin in Darmstadt die Arbeit aufnimmt und daß die Bildung einer englischen

Abteilung unter Major Lewin gefördert wird (Erwirkung einer entsprechenden KM Verfg. zu der Major *Richter* sich bereit erklärt). Die Fernschreibverbindung mit Major Lewin wird hergestellt und der erforderliche Antrag dazu von Major *v. Kempis* gestellt. (?)

Material für die Stoffsammlung werde zugänglich gemacht.

Major *Lewin* macht darauf aufmerksam, daß brauchbare und gefällige Gefangene meist bei den NOs an der Front zurückgehalten werden.

Major *Kriegsheim* und Major *v. Kempis* werden die Freigabe derartiger Gefangener und ihre Zuführung nach dem Gefangenenlager Gießen zur Verfügung des Majors Lewin veranlassen.

Hauptmann *Schröder* schlägt vor, die für die Propaganda geeigneten echten Gefangenenbriefe, die jetzt an KM eingesandt werden, für diese neuen Zwecke nutzbar zu machen.

Major *Kriegsheim* bittet, daß Nob die geeigneten englischen und französischen Original-Gefangenenbriefe – aus- und eingehende – an Sektion Frontpropaganda bei Ohla einsendet.

Hauptmann *Schreiber* führt aus:
Vervielfältigte echte oder eigens zusammengestellte Gefangenenbriefe würden ohne weiteres als deutsches Propagandamaterial erkannt werden. Ein Weg zur Übermittelung von Gefangenenbriefen, der die Mitwirkung deutscher Propaganda nicht erkennen lasse, erscheine wirkungsvoller. Von Darmstadt aus in dieser Richtung gemachte Versuche haben keine bedeutenden Erfolge gehabt, offenbar weil mit Rücksicht auf die französische Zensur der Zweck nicht eindrucksvoll genug zum Ausdruck gebracht werden konnte und weil die Zahl der von einer Stelle ausgehenden Briefe naturgemäß auf ein geringes Maß beschränkt werden müßte. Eine über ganz Frankreich ausgedehnte, von vielen Stellen ausgehende Verbreitung solcher Briefe, die unmittelbar auf die Heimat und mittelbar auf die Front wirke, verspreche ihm viel Erfolg. Diese Wirkung könne erhöht werden, wenn die Gefangenen in Geheimschrift schreiben könnten, wodurch der Eindruck hervorgerufen werde, als scheue der Schreiber die Zensur.

Geeignete Gefangene könnten durch Nachrichtendolmetscher dem Nob namhaft gemacht werden. Die Briefe könnten, um Mißbrauch zu verhüten, vor den Augen der Nachrichtendolmetscher mit Geheimtinte geschrieben werden. Sie müßten mit echten Zensurvermerken unter Umgehung der Postprüfungsstellen befördert werden.

Major *Kriegsheim* erwidert, dies falle eigentlich nicht in den Rahmen der Frontpropaganda hinein; er stimmt aber den Ausführungen zu und bittet den Vorschlag durch IIIb prüfen zu lassen.

Major *v. Kempis* stellt in Aussicht, daß etwaige Honorare für Kriegsgefangene, die sich propagandistisch betätigen, aus IIIb Mitteln gezahlt werden könnten, desgleichen ein Zuschuß zur Beschaffung von Heizmaterial und Beköstigung über den zuständigen Bedarf hinaus.

Major *Kriegsheim* bezeichnet hierfür einen Betrag von 10 000 M als zunächst ausreichend.

Sonntag, 22. September 1918

[...] Groener, der Generalstabchef in der Ukraine, ist in Berlin anwesend, hält auf meine Bitte im Kriegspresseamt einen Vortrag über die Lage in der Ukraine und über Rußland vor besonders eingeladenen einflußreichen Pressevertretern.

Montag, 23. September 1918

Ich habe mit einem hochstehenden Vertrauensmann des Nachrichtendienstes aus der Schweiz eine Besprechung über die Möglichkeiten, daß er in meinem Sinne dort wirkt. 5 Uhr nachm. besucht mich der vortreffliche Verfasser der Leitgedichte des »Kladderadatsch«, Paul Warncke, mit seinen Sorgen. [...]

Dienstag, 24. September 1918

Bezirkspressebesprechung in Leipzig. Keine von Köln und Karlsruhe abweichenden Eindrücke. [...]

Donnerstag, 26. September 1918

[...] Abends bin ich Gast des um die Stadt Hannover hochverdienten Oberbürgermeisters Tramm im ersten Hotel, »Kastens«. Wir tafeln in einer abgeschlossenen Nische, dem Ruf der Küche entsprechend gut und reichlich. Die letzte Flasche Wein, welche wir mir zu Ehren trinken, kostet 75,- Mark. Ich fahre sehr beschämt und nachdenklich 3 Uhr nachts aus Hannover ab. Ich frage mich, ob es richtig ist, nach außenhin so stark zu sprechen und an gesellschaftliche Formen so sehr gebunden zu sein, so schwach an einer Lebensweise teilzunehmen, die ich mißbillige.

Freitag, 27. September 1918

12 Uhr mittags an Spa.
Unter der mich erwartenden Arbeit ist auch eine Anfrage des Chefs der Zentralabteilung über den Umfang des Arbeitsgebietes der Abteilung IIIb und deren Gliederung. (Daraus geht hervor, wie selbständig ich diese habe aufbauen müssen und wie wenig selbst die Zentralabteilung sie kennt.)
Ich gebe nachfolgende Übersicht.

18029   *29. September 1918*

Z.

Zu dort M.J.Nr. 98500 vom 21.9.18.
Anliegend Übersicht über das Arbeitsgebiet der Abteilung IIIb vorgelegt.

gez. Nic

I. Arbeitsgebiet des »Chef IIIb«

        Leitung des Nachrichtendienstes.
        Leitung der Spionage-Abwehr.
        Angelegenheiten der inneren Politik.
        Presse und Aufklärung.
        Personalangelegenheiten IIIb.

II. Gliederung

Sektion Chef: Personalien. Neutrales Militär-Attaché-Quartier. Reisen verbündeter und neutraler Offiziere und Abgeordneter. Zulassung der Maler und Photographen.

Sektion Front: Nachrichtendienst, Spionage-Abwehr durch Geh. Feldpolizei auf sämtlichen Fronten, einschl. Orient und Balkan; im Westen nur für besetztes feindliches Gebiet, ausschl. Geh. Feldpolizei in Elsaß-Lothringen.

Sektion J: Nachrichtendienst aus dem Inland.

Sektion I: Geheimer Kriegsnachrichtendienst (Spionage).

Sektion II: Angelegenheiten der inneren Politik.
    Gr. 1 Kriegspresseamt, Oberzensurstelle, Verkehr mit der deutschen Presse, Orientierung über militärische Lage für Inlandspresse, Verbindung mit Ohla[a] einschl. Reisen neutraler Berichterstatter. Kriegsberichterstatter.
    Gr. 2 Vaterländischer Unterricht in Heer und Heimat, Zusammenarbeit mit Kriegspresseamt, Feldpressestelle einschl. Presse-Offiziere und Armeezeitungen, Reisen des Kriegspresseamtes.
    Gr. 3 Zusammenarbeit mit den Presse-Abteilungen Brüssel, Riga, Wilna, Warschau, Bukarest, Kiew. »Gazette des Ardennes«.

Sektion III: Organisation und Leitung der Spionage-Abwehr im Ganzen. Zentralpolizeistellen und politische Polizei in Rumänien. Spionage-Abwehr durch Geh. Feldpolizei in Elsaß-Lothringen. Politische Polizei und hiermit zusammenhängende Angelegenheiten der inneren Politik. Abwehr von Sabotage und Wirtschaftsspionage. Paßwesen, Grenzschutz, Postüberwachung, Gefangenenwesen, Rechtsfragen.

Sektion Kg: Kriegsgeschichte.

Stellv. Abt. IIIb in Berlin: Spionage-Abwehr in Deutschland und im neutralen Ausland. Verkehr mit deutschen Militärattachés, Satzbuch. Archiv, Verwaltung des Fonds zur bes. Verwendung des Chefs des Generalstabes d. Feldheeres (Kap. 43 des Kriegs-Jahresetats). Paßzentrale.

---

[a] Ohla gestrichen, handschriftliche Ergänzung: Militärische Stelle im AA.

Ich erhalte Meldung aus Berlin über eingetretene Kanzlerkrise, veranlaßt durch Angriffe Erzbergers auf Hertling. Als ich deshalb zu Heye gehe, um ihn auch nach meiner Rückkehr zu begrüßen, erlebe ich eine böse Überraschung. Heye eröffnet mir, wir seien genötigt, um Waffenstillstand zu bitten, der Außenminister werde deshalb in Spa erwartet. Ich empfand den ungeheuren Kontrast der Auffassung, mit welcher ich Ludendorff verlassen und mit seiner Zustimmung bei den großen Bezirkspressebesprechungen gewirkt hatte, zu dieser Betrachtung der Lage. Ich sage es auch Heye. Er fragt, wie denn die Volksstimmung diesen Umschwung ertragen werde. Ich erwidere, es wird sehr schwer halten bei der Ohnmacht der OHL gegen die politischen Gewalten zum Volk durchzudringen mit der Erklärung, in welchem entscheidenden Umfang die innerpolitischen Vorgänge den Entschluß zum Waffenstillstand erzwängen, und daß ich infolgedessen voraussähe, daß die Schuld allein der militärischen Führung aufgebürdet werden würde und daß, weil auf dem Vertrauen zu dieser der letzte Rest Kriegswille im Volke begründet sei, ein völliger Zusammenbruch desselben zu erwarten sei. Von meiner Person wolle ich nicht reden, aber ich möchte an meiner persönlichen Lage, gerade nach den großen Pressebesprechungen klarmachen, daß wir beschuldigt werden würden, das Volk belogen zu haben. Trotzdem ich durch die mir von Hindenburg und Ludendorff erteilte Zustimmung zu meinem beabsichtigten Auftreten in diese Lage gekommen sei, hielte ich es für richtig, nicht um meine Entlassung zu bitten und dadurch den Eindruck, dies sei ein Eingeständnis einer von uns betriebenen Irreführung, zu verstärken. Ich sei bereit die Konsequenzen der Lage zu tragen und zu versuchen, an der Volksstimmung zu retten, was noch zu retten sei. Ob die militärische Lage verzweifelt sei? Heye erwidert: »Nein, aber aussichtslos.« Er bittet mich, Ludendorff jetzt nicht vorzutragen, er werde ihm meine Eindrücke von meiner Reise melden. Ich füge hinzu, daß ich es für möglich halte, wenn der Entschluß unvermeidlich sei, trotzdem das Vertrauen zur militärischen Führung zu erhalten, zumindest in weiten ausreichenden Volkskreisen, wenn alles geschähe, eine zielbewußte klare militärische *und* politische Führung erkennen zu lassen. Wesentlich verschlechtert sei die Lage durch die von Erzberger gerade jetzt heraufgeführte Kanzlerkrise. Hier läge meine größte Sorge. [...]

Sonntag, 29. September 1918

Der Außenminister v. Hintze, der Innenminister Graf Roedern[48] sind im GrHQu. Nachmittags trifft auch der Kanzler ein.

10 Uhr vorm. befiehlt Ludendorff uns Abteilungschefs zu sich. Er empfängt uns an seinem Schreibtisch stehend, mit seinem linken Arm auf ihn gestützt. Er sagt, er und der Feldmarschall hätten sich entschlossen, »den Krieg aufzugeben« und Waffenstillstand zu verlangen. Er hätte gehofft, den Krieg anders beenden zu können. Diese letzten Worte kann er vor Ergriffenheit kaum aussprechen. Er verabschiedet uns durch eine kurze Handbewegung.

Spät nachmittags versammelt uns Heye, um uns den endgültigen Entschluß zu bestätigen. Major v. dem Bussche von der Operationsabteilung werde heute

---

[48] Hier irrt Nicolai. Staatssekretär des Innern war zu diesem Zeitpunkt Max Wallraff. Der im Text genannte Siegfried Graf von Roedern war Staatssekretär des Reichsschatzamtes.

abend die beiden Reichsminister nach Berlin begleiten, um dort die militärische Lage zu vertreten.

Ich bleibe allein zurück und frage Heye, ob er denn nicht bedacht habe, was wir über die Rückwirkung auf die Stimmung der Heimat und des Heeres besprochen hätten und ob hierfür keine Weisungen überlegt seien und erteilt würden. Es scheint vergessen und auch von den Zivilministern nicht zur Sprache gebracht worden zu sein. Heye stimmt mir fast erschrocken zu und bittet mich, die Herren nach Berlin zu diesem Zweck zu begleiten. Ich erwidere, daß ich darum wenigstens hätte bitten wollen.

So fahre ich 10.30 Uhr im Sonderzug mit den beiden Ministern und Bussche ab. Bis Köln begleitet uns der Generaladjutant, v. Gontard, welcher vom Kaiser den Auftrag hat, den Entschluß der Kaiserin in Wilhelmshöhe, welche dort bereits vor einiger Zeit eine Art Schlaganfall erlitten hat, schonend mitzuteilen.

Ich bespreche mit Bussche, wie er die militärische Lage darstellen soll. Er sagt, er habe keine besondere Weisung erhalten, Ludendorff habe ihm nur gesagt, er wisse ja darüber Bescheid. Ich frage ihn, ob er sich ausgearbeitet und aufgeschrieben habe, was er zu sagen gedenke. Er verneint dies. Ich rate ihm dringend, es zu tun. Wir gehen gemeinsam an diese Arbeit. Was er sagen will, ist derartig pessimistisch, daß ich ihm vorhalte, er dürfe in dieser Weise unter keinen Umständen die militärische Lage darstellen, nachdem ich soeben erst vor der Öffentlichkeit im Auftrage von Hindenburg und Ludendorff zuversichtlich über sie geredet hätte. Er wirft mir vor, das sei eben falsch gewesen, wir hätten schon längst die Wahrheit sagen müssen. Ich erkenne, daß Bussche in dieser Auffassung nicht ludendorffisch denkt und wie die Zuversicht und Energie der Operationsabteilung geschwunden sind, seit Heye und Stülpnagel da sind. Es gelingt mir, seine Auffassung, die er auf einem Meldekartenblock niederschreibt, wenigstens im Schlimmsten zu mildern. Sie bleibt aber nach meiner Auffassung immer noch katastrophal. Dazu kommt, daß Bussche ein von uns allen zwar persönlich hochverehrter Mensch ist, aber auch durch seine körperliche Haltung und das Sichgeben einen etwas müden Eindruck auf Fremde zu machen geeignet ist, jedenfalls in keiner Weise befähigt ist, vertrauenstärkend oder gar aufrüttelnd zu wirken.

Ich frage ihn, ob er sich klar sei, vor welchen politischen Persönlichkeiten und in welcher politischen Situation er sprechen werde. Er sagt, davon hätte er keine Ahnung, er sei politisch ein völlig unbeschriebenes Blatt. Ich gebe ihm ein Bild und rate ihm dringend, nur nach seinen schriftlichen Aufzeichnungen zu sprechen und auf keinerlei sonstige Unterhaltungen einzugehen.

Das Ganze scheint mir ein zweiter Fall Hentsch, wie dieser ohne Kenntnis an die Marnefront geschickt wurde, jetzt Bussche an die politische Front. Wie dieser zu pessimistischer Auffassung neigte und durch seine Art einen niederdrückenden Eindruck verbreitete, so wird es auch bei Bussche sein. Wie dieser ohne bestimmte Weisungen auf sich selbst gestellt war, so auch Bussche. Wie damals alle Schuld von den Armeeführern und dem Generalstabschef abgewälzt und Hentsch aufgebürdet wurde, so wird es diesmal erst recht von den politisch Schuldigen sein. Insofern fürchte ich weit schlimmere Folgen von dieser politischen Wiederholung des Falles Hentsch.

Ich bedaure, Heyes Wunsch gefolgt zu sein, Ludendorff seit meiner Rückkehr nicht selbst aufgesucht zu haben. Ich habe aber ein derartiges planloses Arrangement nicht erwartet. Ich erkenne es erst, als ich feststelle, daß Bussche nicht ganz genau instruiert ist.

Ich werde mehrfach von den Ministern zusammen und einzeln in ihre Abteile gebeten. Sie beschäftigt nur die eine Frage, wer Kanzler werden solle. Sie wissen keinen. Sie wissen aber auch keinen, der es werden könne. Dicht vor Köln steckt Gontard seinen Kopf in die Tür meines Abteils, um mich kurz zu fragen, wie wohl die OHL über den Prinzen Max von Baden denken würde. Ich frage, in welchem Zusammenhang? Er antwortet: »Als Reichskanzler«. Ich sage, ich hätte dessen Namen bei der OHL nie in diesem Zusammenhange gehört.

Im Ganzen eine böse Nachtfahrt. Ich habe mir in Berlin den Chef des Kriegspresseamtes, Haeften und Deutelmoser zur Besprechung bestellt, also meine jetzigen dortigen ersten Mitarbeiter für diese Lage und meine früheren vertrauten Mitarbeiter. Ich habe Würtz gebeten, geeignete Pressevertreter für mich in das Hotel »Bristol« zu bitten.

Montag, 30. September 1918

1.10 Uhr mittags an Berlin. Die Besprechung mit Haeften und Deutelmoser gibt mir nichts. Würtz ist in seiner ruhigen Art als Generalstabsoffizier klar und unerschrocken. Als ich die Pressevertreter spreche, hat sich bereits das Gerücht des Waffenstillstandsverlangens durch die OHL bei ihnen herumgesprochen. Sie kommen mir aufgeregt entgegen gelaufen mit der Frage, ob Ludendorff »die Nerven verloren habe«. Ich erwidere, wenn, dann durch die inneren Zustände, nicht durch den Feind. Dementsprechend gehen meine Erklärungen darauf hinaus, daß sie die militärische Zuversicht aufrechterhalten und das ihre tun sollen, die politischen Gefahren einzudämmen.

9.30 Uhr abends schon kehre ich allein nach Spa zurück. [...]

Mittwoch, 2. Oktober 1918

Ich kann erst heute Ludendorff vortragen und meine schnelle Rückkehr erklären. Ich begründe sie, indem ich meine Befürchtung ausspreche über den Eindruck der von Bussche beabsichtigten Erklärung. Ich hielte es jetzt für meine Aufgabe, zu retten zu versuchen, was an Ansehen der OHL noch zu retten sein werde. Ich erkläre die Arrangements in Berlin für »katastrophal«. Ludendorff ist ruhig und, da an der Front Ruhe eingetreten ist, erholt. Er lobt meinen Kampfwillen und meint, auch er sei wieder zuversichtlicher, seine Überzeugung, daß das Waffenstillstandsverlangen notwendig war, schwanke, nun aber sei dieser Weg vorgezeichnet und das Ziel bestimmt. [...]

Donnerstag, 3. Oktober 1918

In Berlin hat man Zeit für den Plan, ein Reichspresseamt zu errichten. Eine an sich löbliche Absicht, nur für die schwierige Durchführung jetzt natürlich deplatziert. Bezeichnend und bedenklich, da ausgerechnet unser Freund Erzberger dafür in Aussicht genommen ist. In der OHL gratulieren mir alle, daß ich diese Aufgabe loswerden soll. Ich glaube aber nicht, daß ich so leichten Kaufes davon komme und bin auch nicht gewillt, ausgerechnet vor Herrn Erzberger das Feld zu räumen.

Auch ist das Kriegsministerium endlich bereit, die Oberzensurstelle zu übernehmen. Auch diese Absicht halte ich im Augenblick nur für einen Ausfluß der Schwäche und ihre Durchführung als den ersten Stein, der zum Zusammenbruch des ganzen Gebäudes zur Führung der öffentlichen Meinung herausgebrochen würde. Ich bin entschlossen, für Erhaltung des Ganzen und zwar in unserer Hand zu kämpfen, solange Ludendorff mich stützt. Ich bekenne mich also als Gegner des Übertritts der Oberzensurstelle zum Kriegsministerium. [...]

Sonntag, 6. Oktober 1918

General v. Gündell ist in Spa eingetroffen. Er ist bestimmt, die erwarteten Waffenstillstandsverhandlungen zu leiten.

Ludendorff macht mir heute den Eindruck völliger Renonce[49] vor allem gegenüber den völlig verworrenen Verhältnissen in Berlin und der sich daraus ergebenden Unklarheiten über das Schicksal und die Wirkung unserer Waffenstillstandsbereitschaft. [...]

Montag, 7. Oktober 1918

Bei einem Spaziergang mit General v. Bartenwerffer im Park der als Wohnung des Kaisers bereits aufgegebenen Villa gibt mir Bartenwerffer ein Bild der zu erwartenden feindlichen Friedensbedingungen, welches ungefähr den späteren Wirklichkeiten entspricht, mich aber deshalb erschüttert, weil er gleichzeitig keinen Willen zum Widerstand erkennen läßt. Auch Oberst Bauer hat mich erschüttert bei einer Aussprache über die Lage durch seine Schlußfolgerung: »Ich drücke mich jetzt.«

Ich habe aus Berlin erfahren, daß bereits vor unserem Eintreffen mit dem Waffenstillstandsverlangen am 30.9.18 in Berlin dort Nachrichten über diesen bevorstehenden Entschluß der OHL verbreitet waren, welche zu der katastrophalen Wirkung der Ausführungen Busches beigetragen hätten und welche nur auf irgendwelche Indiskretion von allerhöchster Stelle zurückzuführen seien. Die daraufhin von mir angeordneten Ermittlungen haben zur Folge, daß ich einzelne Herren der kaiserlichen Umgebung sozusagen zum Verhör zu mir bitten muß. Ich stelle fest, daß bei ihnen kein greifbares Vergehen vorliegt, und daß ein Telegraphensekretär im GrHQu der schuldige Ausgangspunkt ist. Ich lasse auch diesen kommen und erkläre ihn persönlich für verhaftet. Der Blick, den er mir zuwirft als er abgeführt wird, zeigt schon revolutionäre Frechheit. Ich teile dem Chef der Zentralabteilung, v. Tieschowitz, welchen ich von meinem Vorgehen gegen die Herren vom Hof unterrichtet hatte, den Ausgang der Sache mit. Er sagt mir: »Was haben Sie noch für einen Mut.« [...]

---

49   Hier im Sinne ablehnender Teilnahmslosigkeit.

Dienstag, 8. Oktober 1918

Abends ab Spa mit Ludendorff, welcher auf Wunsch des Reichskanzlers, Prinz Max, zu einer Aussprache mit diesem nach Berlin fährt. Ihn bewegen besonders Befürchtungen über die Auswirkungen des Bolschewismus durch die Einführung der parlamentarischen Regierung, die Uneinigkeit und Unentschlossenheit derselben auf unsere innenpolitische Entwicklung.

Mittwoch, 9. Oktober 1918

12 Uhr mittags an Berlin.

Donnerstag, 10. Oktober 1918

Ludendorff hat auch mit den neuen Staatssekretären gesprochen. Er ist bedrückt, macht mir wieder wie am 6.10. den Eindruck fast völliger Renonce. Ich spüre als Grund, daß seiner Art zuwider ist, mit einem Kanzler und den neuen Staatssekretären sozusagen von gleich zu gleich zu verkehren, während er spürt, daß zwischen ihnen und ihm keine Gemeinsamkeit besteht, vor allem, daß sie die politische Macht haben und er machtlos ist, und daß Jene Taten fürchten und verwerfen, die er verlangt.

Ich bin beschäftigt, den Nachrichtendienst gegen Serbien, Rumänien und Bulgarien neu zu gliedern.

Ich erfahre, daß gegen den Chef der Oberzensurstelle, Oberstleutnant v. Olberg, von der Reichsregierung vorgegangen werden soll, wegen Äußerungen, die er in der »Mittwochgesellschaft« gegen den Zentrumsabgeordneten v. Rechenberg nach einem Vortrag Walther Rathenaus gemacht hat. Ich fahre deshalb zum Vizekanzler v. Payer. Er empfängt mich sofort. Ich erhebe Einspruch dagegen, daß Äußerungen Olbergs in einem Privatgespräch, deren Weitergabe an die Regierung durch den Abgeordneten v. Rechenberg ich als einen persönlichen Vertrauensbruch bezeichnen müsse, Anlaß sein sollte, gegen den Chef der Oberzensurstelle in diesem Augenblick vorzugehen und die dienstlichen Funktionen dieses Amtes zu erschüttern. Wenn angenommen werde, die persönlichen Ansichten des Herrn v. Olberg erwiesen den Standpunkt seiner Dienststelle, so sei *ich* dafür verantwortlich zu machen und stände ich ihm hiermit dafür zur Verfügung. Payer erwidert, verbindlich wie damals in Avesnes in seiner schwäbischen Mundart: »Es ist sehr tapfer von Ihnen, Herr Oberstleutnant, für Ihren Untergebenen einzutreten, aber ich will Ihnen was sagen, Sie stehen auch in der Schußrichtung!«

Er weist mich darauf hin, daß er für morgen mittag die Staatssekretäre und den Kriegsminister zu einer Aussprache über das Kriegspresseamt eingeladen habe, an welcher ich wohl auch teilnehmen würde, und bei welcher wir die ganze Frage besprechen würden. Ich danke ihm für seine Eröffnung, daß ich in der Schußrichtung stände und frage, ob ich davon den mir notwendig scheinenden Gebrauch machen könne, was er bejaht.

Nach Rückkehr ins Generalstabsgebäude gehe ich zu Ludendorff und berichte ihm über die Eröffnung des Vizekanzlers. Ich bitte ihn, auf mich keine Rücksicht zu nehmen, wenn ich in der gegenwärtigen Situation störte und mich lieber zu entlassen, ehe dies vielleicht vor einem Druck der Regierung geschehen müsse. Ich bitte um Frontverwendung, damit meine Entlassung auf meinen Wunsch geschähe. Dies wäre die Konsequenz, welche ich dem Vizekanzler angedeutet hätte, ich würde dann also nach außenhin meinerseits vor dem Verlangen der neuen Regierung weichen.

Ludendorff erwidert: »So, das haben Sie erlebt. Dann kann ich Ihnen sagen, daß auch Prinz Max gestern Ihren Rücktritt von mir verlangt hat. Als ich ihn nach den Gründen dafür gefragt habe, hat er mir geantwortet, Ihre Entlassung sei ihm als notwendig bezeichnet worden, nähere Gründe wisse er nicht. Ich habe ihm darauf gesagt, er solle mich mit solchen unbegründeten Zumutungen verschonen. Und Sie werden von mir nicht verlangen, daß ich meinen Mitarbeiter im Stich lasse.«

Ich verbeuge mich kurz. Neben der Freude über dieses Bekenntnis Ludendorffs empfinde ich eine Erlösung, daß mir der mögliche Verdacht aus meiner zur Entlastung Ludendorffs vorgeschlagenen Entlassung zufallen könne, auch ich wolle, wie Bauer »mich jetzt drücken« [...] Ludendorff fährt abends nach Spa zurück.

Montag, 11. Oktober 1918

12 Uhr mittags ist im Reichsamt des Innern die von Payer veranlaßte Aussprache. Außer ihm nehmen die Staatssekretäre Gröber (Zentrum), Scheidemann (Sozialdemokratie) und Erzberger teil. Vom Kriegsministerium der Minister Schëuch und Major van den Bergh, vom AA Deutelmoser. Außerdem v. Haeften. [...]

Die Aussprache beginnt nicht mit dem, was notwendig sei und worauf aufgebaut werden solle, sondern mit Vorwürfen über die bisherigen Maßnahmen, für welche die OHL verantwortlich gemacht wird. Ich wehre mich, da die Herren links von mir schweigen, meiner Haut. Erzberger ist hämisch, aber Scheidemann heftig. Er bekommt durch meine ruhigen sachlichen Antworten und mein bestimmtes Auftreten einen Wutanfall, weist mit dem Finger auf mich und beschuldigt mich, die deutsche Presse korrumpiert zu haben. Der alte Gröber greift ein. Er bittet sachlich zu bleiben und erklärt, als Leiter der Aussprache ausdrücklich feststellen zu müssen, daß mich kein persönlicher Vorwurf treffe, meine Arbeitsleistung anerkannt werde und er bitte, die Verhandlungen in entsprechend würdigem Ton zu führen.

Erzberger erklärt als angeblichen Entschluß der neuen Reichsregierung:
1.) Sämtliche Nachrichten- und Aufklärungsstellen im Inland und sämtliche Propagandastellen im Ausland werden dem Kanzler unterstellt.
2.) Die Oberzensurstelle tritt unter den Obermilitärbefehlshaber.
3.) Die militärischen Nachrichtenstellen für den inneren Dienstgebrauch der OHL für das Heer werden dem Kriegsminister unterstellt.
4.) Die Aufklärungstätigkeit in der Heimat und beim Heer erfolgt nach einheitlichen vom Kanzler festgesetzten Richtlinien.

Ich erkläre Ziffer 2 und 3 ließen eine Unkenntnis der bestehenden Organisationen erkennen und bedeuteten eine Zerschlagung derselben, ohne daß Ziffer 1 und 4 ausreichende Klarheit darüber gäbe, wie die Einheitlichkeit der neuen Form hergestellt werden solle. Ich bezeichne es als das Notwendigste, in dieser Zeit höchster Entscheidung seien alle Organisationsänderungen verhängnisvoll. Ich weise darauf hin, daß wir einen Propaganda-Minister verlangt haben, anstatt der verschwommenen Formulierung einer Unterstellung unter den Reichskanzler und rate, dies aufzubauen als ein Reichspresseamt auf der Grundlage des Kriegspresseamts. Diese Lösung entspräche zwar nicht dem bisher von der OHL vertretenen Standpunkt, sie werde aber einverstanden sein angesichts der politischen Lage und der allein bei den Reichsbehörden liegenden Verantwortung. Unsere Bedingung sei nur, daß sofort und einheitlich gehandelt werde.

Durch Erlaß des Kanzlers erfolgte trotzdem am 16.10. zunächst die Unterstellung der Oberzensurstelle unter den Kriegsminister als Obermilitärbefehlshaber [...] Durch Erlaß des Kanzlers wurden am 21.10.18 die übrigen Teile des Kriegspresseamts und der Vaterländische Unterricht diesem unterstellt. Prinz Max ernannte zu seinem Vertreter in Angelegenheiten des Kriegspresseamtes und der Aufklärung den Staatssekretär Erzberger.

Damit waren der OHL und meinen Dienstpflichten diese Dinge entrückt. [...]

Sonntag, 13. Oktober 1918

Der Generalfeldmarschall erläßt einen Heeresbefehl: »Die politischen Vorgänge der letzten Tage haben auf das Heer, namentlich auf das Offizierkorps einen tiefen Eindruck gemacht, es ist meine Pflicht, die Allerhöchst berufene Regierung zu unterstützen. Vor allen anderen Armeen hat die deutsche das voraus, daß sie und ihr Offizierkorps nie Politik trieben. Daran wollen wir festhalten!« [...]

Montag, 14. Oktober 1918

[...] Gegen Abend suche ich noch einmal den Vizekanzler v. Payer auf, um ihn zu mahnen, daß nach den Beschlüssen der Reichsregierung über die einheitliche Führung der öffentlichen Meinung etwas Durchgreifendes geschehe. Ich erfahre, daß der zur Leitung in Aussicht genommene Staatssekretär Erzberger augenblicklich durch schwere Familiensorgen[50] behindert sei. Payer ist mein Drängen offenbar unsympathisch, er teilt meine ernste Auffassung über die innere Lage nicht. Er meint, Ludendorff hätte auch für die Absendung des Waffenstillstandsantrages an Wilson[51] gedrängelt und dadurch wesentlich zu dem Sturz der öffentlichen Meinung beigetragen. Dabei sei er, Payer, bereit gewesen, den Antrag sofort an Wilson weiterzuleiten, aber Ludendorff habe es nicht gewollt und gleichzeitig erklärt, die Absendung dürfe nicht einmal um 24 Stunden verzögert werden. An der entstandenen Panik sei also Ludendorff schuld, sein Drängen sei, jedenfalls nicht auf ihn, Payer, notwendig gewesen. Ich erwidere, daß nach meiner Kenntnis der Grund für das Drängen Ludendorffs eben der gewesen sei, daß nicht der Vizekanzler, sondern ein Reichskanzler im Namen einer verantwortlich abgeschlossen gebildeten Regierung das Angebot stelle, daß er also durch sein Drängen habe erreichen wollen, daß endlich ein Reichskanzler und eine solche Regierung hergestellt werde.

---

[50] Erzbergers Sohn Oskar war am 16.10. als Soldat an den Folgen der Spanischen Grippe gestorben.
[51] Am 3.10. hatte die Reichsregierung dem US-amerikanischen Präsidenten einen Waffenstillstand und Friedensverhandlungen auf der Basis von dessen 14-Punkte-Programm angeboten.

Dienstag, 15. Oktober 1918

Ich habe auf 9 Uhr vorm. im Abgeordnetenhaus eine Zusammenkunft sämtlicher Leiter des Vaterländischen Unterrichts bei den stellvertretenden Generalkommandos in der Heimat veranlaßt, um eine Besprechung mit diesen zu ermöglichen, ehe die von der Reichsregierung beschlossene Trennung der Aufklärungstätigkeit in der Heimat von der OHL Tatsache wird.
Vertreter der zuständigen Reichsbehörden sind eingeladen.
Die Darlegung der einzelnen Vertreter sind sehr ernst, warnend. Zum Teil sehr temperamentvoll wird endlich und in letzter Minute ein energisches Handeln der verantwortlichen Behörden verlangt und von der OHL eine entsprechende Einwirkung erwartet. Es ist für mich außerordentlich schwer, diesem Ansturm standzuhalten mit dem inneren Bewußtsein der bevorstehenden Abgabe jedes Einflußes durch die OHL und bei meiner Überzeugung, daß die erwarteten Maßnahmen durch die in Aussicht stehende Führung unter Erzberger nicht erfüllt werde. Ich habe das Empfinden, daß die Vertreter der Generalkommandos enttäuscht heimkehren und hoffe als einziges Ergebnis der Aussprache darauf, daß sie die teilnehmenden Vertreter der Reichsbehörden beeindruckt und beeinflußt hat. [...]
Nachmittags habe ich eine Besprechung im Reichsamt des Innern. Ich wiederhole meine schon mehrfach ausgesprochene Bitte, die Sektion X (Aufklärung gegen revolutionäre Unternehmungen) meines Nachrichtendienstes zu übernehmen unter Hinweis darauf, daß mit Abtrennung des Kriegspresseamtes und der Leitung des Vaterländischen Unterrichts von der OHL auch diese politische Sektion nicht mehr in den Nachrichtendienst der OHL gehöre [...] Ich erfahre wiederum eine Absage. Für diese ist diesmal nicht mehr stichhaltig, daß dieser Teil des Nachrichtendienstes bei der OHL verbleiben müsse, weil diese der Verantwortung vor dem Reichstag entrückt sei. Ich habe den Eindruck, daß die Weigerung jetzt der Furcht vor der Verantwortung, welche den Reichsbehörden immer mehr allein zufällt und der Furcht den Dingen ins Auge zu sehen, wie sie sind, entspringt [...] Abends ab Berlin.

Mittwoch, 16. Oktober 1918

11 Uhr vorm. an Spa. Da Ludendorff nachmittags mit Heye nach Berlin fährt wegen der zweiten Antwortnote Wilsons,[52] kann ich ihm nur kurz über mein Erleben der letzten Tage in Berlin berichten. Ich darf ihm nicht verschweigen, daß in herrschenden politischen Kreisen unter Ausnutzung der Vorgänge bei seinem Waffenstillstandsverlangen mit wachsendem Erfolg das Vertrauen zu ihm erschüttert wird und man darauf hinausgeht, zu verlangen, über die militärische Lage nicht nur sein Gutachten zu hören. Er müsse sich darauf vorbereiten, zu erwartenden Angriffen entgegen zu treten. Er bittet mich, ihm hierfür einige Gesichtspunkte aufzuschreiben. Ich füge Durchschlag derselben bei.

---

52 In der sogenannten 2. Wilson-Note vom 14.10. hatte der US-Präsident den Fortschritt bei den Beratungen über einen Waffenstillstand implizit von einem Regimewechsel im Deutschen Reich abhängig gemacht.

[handschr.] Am 16.10. auf Befehl an S.E. gegeben für Reise nach Berlin.

gez. Nic

Die Ausführungen des Majors v.d. Bussche in Berlin sind zu unvermittelt gekommen und haben in ganz Deutschland Verbreitung gefunden. Diese Ausführungen waren für Soldaten verständlich aber nicht für Abgeordnete und ferner stehende Kreise. Zum Teil übertrieben, haben sie eine Panik erzeugt und alle, die zur OHL und zur militärischen Lage Vertrauen hatten, kopflos gemacht. Dieser Zustand begünstigt aufkommende Urteile *gegen* die OHL. Es genügt nicht, die augenblickliche militärische Lage mit Menschenmangel und Überlegenheit der Feinde zu erklären. Es ist notwendig, die tieferen Gründe darzulegen. Es ist notwendig, das Vertrauen zu erhalten, daß die OHL an die große Abwehrschlacht nach dem 17. Juli, auf bisherige Erfahrungen gestützt, mit Vertrauen herangehen mußte. Der 8. August, der 30. und 31. August und der 2. September sind verlorene Schlachttage durch Versagen der Truppe. Dies führte zum überraschenden, schnellen Verbrauch der Reserven.

Daß der Feind uns an Zahl und Material überlegen ist, wissen wir seit Kriegsbeginn. Wir konnten ihm nur gewachsen sein, wenn wir ihm an Geist überlegen waren. Die OHL hat es nicht unterlassen, seit Kriegsbeginn in diesem Sinne zu wirken und Forderungen zu stellen. Andere Strömungen haben ihr entgegengearbeitet und haben letzten Endes gesiegt. Die Entwicklung der inneren Vorgänge, die parlamentarische Regierung, beweisen dies.

Der Feind beweist uns, daß der Krieg militärisch entschieden wird im Gegensatz zu der in Deutschland von der jetzigen Parlamentsmehrheit vertretenen Ansicht.

Besprechung mit den Leitern des Vaterländischen Unterrichts in der Heimat ergibt, daß in den breiten Volksmassen Kräfte schlummern, die zur wirksamen Verteidigung mobil gemacht werden können, wenn sie durch eine kraftvolle Regierung geweckt und geführt werden. Militärische Stellen sind in dieser Beziehung gelähmt durch die Forderung, politische Betätigung zu unterlassen. Der von militärischer Stelle geschaffene Apparat steht in den entscheidungsvollsten Tagen still.

Der Apparat soll in Gang gebracht werden und die Einheitlichkeit des Vorgehens gesichert sein dadurch, daß täglich beim Pressechef des Kanzlers von Geheimrat Deutelmoser Besprechungen aller Chefs der betreffenden Organisationen stattfinden. Ist dies auch nicht die notwendige zielbewußte und von der OHL seit langem geforderte Führung, so ist es doch vielleicht der Weg, auf dem sie sich entwickeln kann. Jedenfalls ist notwendig, daß die in Aussicht genommenen Maßnahmen mit aller Energie jetzt durchgeführt werden. Eine energische und einheitliche Presseleitung sowohl durch Unterrichten der Presse wie durch strenge Maßnahmen gegen widerspenstige Blätter ist nur ein Teil, aber ein wesentlicher Teil dieser Tätigkeit.

Die militärischen Organisationen stellen sich rückhaltlos in den Dienst der Regierung. Sie können aber nicht ohne tatkräftige Führung Erfolg haben.

So stellt die OHL noch einmal an die Regierung das Verlangen, zu regieren, d.h. die Führung in die Hand zu nehmen, die bisher in der Heimat nicht vorhanden war und deren Fehlen dem Heere die bei der Überzahl der Feinde doppelt notwendige Kraft genommen hat.

Der Kriegsminister scheint bei den Parteien großes Vertauen zu genießen. Staatssekretär Scheidemann und Erzberger sprachen ihm ihr vollstes Vertrauen aus. Dies muß er *unbedingt* ausnutzen, um einheitliches und energisches Vorgehen der Regierung im Interesse der Kriegführung herbeizuführen.

Donnerstag, 17. Oktober 1918

Ich fahre nachmittags im Kraftwagen nach Lüttich, um mit dem Gouverneur Maßnahmen für den Fall der Räumung zu besprechen. Er bittet mich zum Abendessen. Der Kommandant seines Quartiers, ein sehr elegant angezogener Rittmeister der Landwehr-Kavallerie mit den Manieren eines Hofmarschalls, beglückwünscht mich, daß ich gerade heute ihr Gast sei, weil es etwas Ausgezeichnetes zu essen gäbe. Es scheint also doch noch Leute zu geben, die den Ernst der Lage nicht wissen. Dieser Vorwurf gilt aber nur ihm persönlich, der Gouverneur und sein Stab sind ernst und das Essen selbst auch einfach. Ich fahre nach dem Abendbrot nach Brüssel zum Generalgouverneur zu gleichem Zweck und bin noch hinterher angemeldet bei meiner Kriegsnachrichtenstelle in Antwerpen, um von dort, bezw. von Holland aus einen Nachrichtendienst gegen Belgien vorzubereiten für den Fall unserer Räumung. [...]

Freitag, 18. Oktober 1918

[...] Ich bin, wie von Ludendorff gefordert, bei seiner Rückkehr aus Berlin pünktlich um 1 Uhr wieder in Spa.

Auf der Rückfahrt sah ich schon Anzeichen der Panik und belgische Flüchtlinge aus den von der Frontverlegung bedrohten Gebieten.

Ludendorff sagt mir, er hoffe durch seine Ausführungen in Berlin die Auffassung über die militärische Lage gefestigt zu haben. [...]

Ich erzähle Ludendorff folgendes Erlebnis. Als ich schon vor längerer Zeit versuchte, Scheidemann bei einer Unterredung klar zu machen, daß jetzt alles Gerede über Friedensziele zu schweigen habe, weil es zunächst nur ein Kriegsziel gäbe, den Sieg, für welchen gerade die breiten Arbeitermassen hinter die OHL gebracht werden müßten und daß dies seine Aufgabe sei, nachdem er und seine Leute sich deren Führerschaft angeeignet und somit zugemutet hätten, erwidert er mir: »Sie haben eben keine Ahnung wie die Masse drängt.« Dabei hielt er die Hände wie abwehrend nach hinten und nahm eine Körperstellung ein, als ob er nach vorn geschoben würde. Ich fügte hinzu, daß ich damals so recht den Unterschied zwischen unserer Arbeiterfraktion und derjenigen auf der Feindseite erkannt hätte, weil diese die Masse hinter ihre, jene aber gegen die Regierung führte. [...]

Sonnabend, 19. Oktober 1918

Die Verlegung des Großen Hauptquartiers nach Homburg ist in Aussicht genommen.

Erlaß im Armee-Verordnungsblatt, daß die Oberzensurstelle unter den Obermilitärbefehlshaber tritt. Also endlich erreicht, was die OHL gefordert, die Vertreter des Kriegsministers aber im Juli 1917 abgelehnt hatten. Aber jetzt erzwungen und unter welchen Verhältnissen!

Von demokratischer Seite (Gothein) wird Unterstellung des Kriegsministeriums, des Generalstabes und des Militärkabinetts unter den Kanzler neben parlamentarischer Kontrolle gefordert. »Tante Voss« stimmt zu. Also auch hier endlich der Kanzler als Führer, wie seit Kriegsbeginn von uns gefordert, aber welcher Kanzler und welche treibende Kraft!

Sonntag, 20. Oktober 1918

Die Grippe[53] tritt epidemisch auch im Großen Hauptquartier auf. Der von uns allen sehr geschätzte Generalstabshauptmann v. Linsingen erliegt ihr.

Hindenburg telegraphiert an Kanzler: Sein Name werde mißbraucht, völlig verzweifelte Stimmung zu erzeugen. Ihm würden Äußerungen nachgesagt, wir könnten keinen Widerstand mehr leisten, könnten das Heer nicht mehr zusammenhalten, die Frist zählte nur noch nach Stunden, usw. Alle diese Äußerungen seien rücksichtslos erfunden, wer sie mit seinem oder Ludendorffs Namen weitergäbe, leiste dem Feinde Vorschub.

Hindenburg verfügt, von Ludendorff persönlich entworfen, an die Armee, appelliert an die Offiziere, Vorbild zu sein.

Die dritte deutsche Note an Wilson[54] geht im Entwurf in Spa ein. Hindenburg und Ludendorff lehnen ihn ab und schlagen Volksaufruf vor. Ich habe den Eindruck, daß Ludendorff in diesem Sinne sich wieder abgeschlossen gesammelt hat und auch auf Verständnis und Gefolgschaft z.B. bei Ebert rechnet. [...]

Montag, 21. Oktober 1918

Die Verfügung des Reichskanzlers, daß das Kriegspresseamt und der Vaterländische Unterricht ihm unterstellt werden, geht ein. Deren Leitung wird in Vertretung des Reichskanzler dem Staatssekretär Erzberger übertragen.

Mein Arbeitsgebiet ist damit auf die Leitung der Nachrichten und der Abwehr beschränkt.

Ich fahre nach Berlin, um mit Würtz die Übergabe des Kriegspresseamts an die Reichsregierung zu besprechen.

---

53 Zwischen den Frühjahren 1918 und 1919 grassierte eine weltweite Influenza-Epidemie, die als »Spanische Grippe« (Subtyp: H1N1) bezeichnet wird. Ihr fielen in drei Wellen zwischen 6 und 40 Millionen Menschen zum Opfer.
54 Hinweis auf die deutsche Antwort auf die sogenannte 2. Wilson-Note, die am 20.10. veröffentlicht wurde und auf den mittlerweile eingeleiteten konstitutionellen Wandel in Deutschland verwies.

Dienstag, 22. Oktober 1918

8 Uhr vorm. an Berlin. 10 Uhr vorm. Besprechung im Kriegspresseamt. Erzberger ist infolge des Todes seines Sohnes auf Urlaub in Württemberg. Der Apparat der Aufklärung, das Kriegspresseamt und der Vaterländische Unterricht ist also ohne Führung und steht still. 1.30 Uhr habe ich eine Besprechung im Kriegsministerium, um die Sperre gegen die Deserteure hinter der Westfront, als welche der Rhein und seine Brücken bereits, aber unzulänglich eingerichtet sind, zu verstärken. Nachmittags erkranke ich an schwerer Grippe, liege in meiner Wohnung, ordne aber an, daß ich mit Spa und meinen sonstigen leitenden Dienststellen in telefonischer Verbindung bleibe.

Mittwoch, 23. Oktober 1918

Auf meinem Krankenlager in Clausewitz' Buch »Vom Kriege« im dritten Kapitel »Der kriegerische Genius« finde ich:
> »So wie die Kräfte in dem einzelnen ersterben, diese nicht mehr vom eigenen Willen angeregt und getragen werden, lastet nach und nach die ganze Inertie der Masse auf dem Willen des Feldherrn; an der Glut in seiner Brust, an dem Lichte seines Geistes soll sich die Glut des Vorsatzes, das Licht der Hoffnung aller anderen von neuem entzünden; nur insoweit er dies vermag, insoweit gebietet er über die Masse und bleibt Herr derselben; sowie das aufhört, sowie sein eigener Mut nicht mehr stark genug ist, den Mut aller anderen wiederzubeleben, so zieht ihn die Masse zu sich hinab in die niedere Region der tierischen Natur, die vor der Gefahr zurückweicht und die Schande nicht kennt. Dies sind die Gewichte, welche der Mut und die Seelenstärke des Führers im Kampfe zu überwinden haben.«[55]

Diese Worte scheinen mir zu sagen, was Ludendorffs Haltung und Schicksal jetzt für uns bedeuten und lassen mich besonders schwer empfinden, durch meine Krankheit ausgeschaltet zu sein.

Donnerstag, 24. Oktober 1918

Der Obermilitärbefehlshaber hebt das Verbot gegen Äußerungen pazifistischer Art auf.

Ich erfahre den Inhalt der 3. Wilson-Note.[56] Vom Kriegspresseamt wird mir gemeldet, daß die Regierung entschlossen sei, sie abzulehnen und aus Spa, daß der Feldmarschall derselben Ansicht sei. Ich rate den sofortigen Erlaß eines entsprechenden Heeresbefehls und gebe dafür nach Spa folgende Leitgedanken: […][57]

---

[55] In der zeitgenössischen Ausgabe endet der Zitatsatz aus dem Ersten Buch, Drittes Kapitel, mit dem Nebensatz »[…], wenn er Ausgezeichnetes leisten will«, Clausewitz, Vom Kriege, S. 42.
[56] In dieser Note vom 23.10. forderte der US-Präsident ultimativ die Einsetzung demokratisch legitimierter Volksvertreter als Vorbedingung für Friedensverhandlungen.
[57] Die identische Textpassage findet sich ab dem 2. Absatz in der folgenden Abschrift, deshalb wurde sie hier nicht aufgenommen.

Die gleiche Weisung gebe ich an Würtz als Erklärung bei der morgigen Pressebesprechung.

Abschrift

Chef des Generalstabes
des Feldheeres
Nr. IIIb 19724/II geh.   *GrHQu, den 24.10.1918*

Wilson sagt in seiner Antwort, er wolle seinen Bundesgenossen vorschlagen, in Waffenstillstandsverhandlungen einzutreten. Der Waffenstillstand müsse aber Deutschland militärisch so wehrlos machen, daß es die Waffen nicht wieder aufnehmen könne. Über den Frieden werde er mit Deutschland nur verhandeln, wenn dieses sich den Forderungen der Verbündeten in Bezug auf seine innere Gestaltung völlig füge. Andernfalls gebe es nur die bedingungslose Unterwerfung.

Diese Antwort Wilsons fordert die militärische Kapitulation. Sie ist deshalb für uns Soldaten unannehmbar. Sie ist der Beweis, daß der Vernichtungswille unserer Feinde, der 1914 den Krieg entfesselte, unvermindert fortbesteht. Sie ist ferner der Beweis, daß unsere Feinde das Wort »Rechtsfrieden« nur im Munde führen, um uns zu täuschen und unsere Widerstandskraft zu brechen.

Wilsons Antwort kann daher für uns Soldaten nur die Aufforderung sein, den Widerstand mit äußersten Kräften fortzusetzen. Wenn die Feinde erkennen werden, daß die deutsche Front mit allen Opfern nicht zu durchbrechen ist, werden sie zu einem Frieden bereit sein, der Deutschlands Zukunft gerade für die breiten Schichten des Volkes sichert.

gez. v. Hindenburg

[...]

Freitag, 25. Oktober 1918

Ich erfahre, daß Hindenburg und Ludendorff nachmittags in Berlin eintreffen.

Ich erfahre ferner, daß die Meldung, die Reichsregierung wolle die 3. Wilson-Note ablehnen, falsch war und daß Major Kroeger infolgedessen selbständig den von Hindenburg vor seiner Abfahrt aus Spa unterschriebenen Heeresbefehl IIIb 19724/II angehalten hat. Dieser ist im allgemeinen nicht über AOKs hinausgelangt. Dagegen hat Würtz, welcher hiervon nicht unterrichtet worden ist, die Erklärung über die ablehnende Haltung der OHL bereits in der Pressebesprechung abgegeben.

Ich stehe mittags auf, um Ludendorff nach seinem Eintreffen zur Hilfe zu stehen. Der Arzt erlaubt mir aber nicht, mein Haus zu verlassen.

Heye ruft mich nach Eintreffen der OHL an, zunächst vor allem wegen der Erregung als Folge der Erklärung von Würtz bei der Pressebesprechung. Ludendorff sei entschlossen, zurückzutreten, da gefordert werde, daß noch andere Heerführer über die militärische Lage gehört würden. Auch habe Prinz Max beim

Kaiser seinen Rücktritt oder den des »politisierenden Ludendorff« verlangt unter Begründung mit dem Heeresbefehl und der Erklärung von Würtz.

Ich kläre den Presse-Chef des Reichskanzlers Deutelmoser telefonisch über die Vorgänge auf, er ist ohne jeglichen Einfluß.

Heye teilt mir weiter mit, daß Hindenburg und Ludendorff eine Besprechung mit dem Chef des Zivilkabinetts, also dem verantwortlichen ersten beratenden Mitarbeiter des Kaisers, Delbrück haben und ihm ihre Besorgnisse über den neuen Kurs äußern werden. Entscheidungen würden abends bei einer Sitzung des Kriegskabinetts unter Teilnahme von Hindenburg und Ludendorff erwartet. Auch Prinz Max sei grippekrank, Payer vertrete ihn.

Spät abends teilt Tieschowitz mir noch mit, daß die Besprechungen mit der Regierung sehr unbefriedigend verlaufen seien.

Ludendorff sei entschlossen, seinen Abschied einzureichen. Hierzu trage bei, daß an dem Verlangen, auch andere Heerführer über die militärische Lage zu hören, festgehalten worden sei. Über die Anhaltung des Heeresbefehls und den Anlaß dazu sei Ludendorff erst spät abends unterrichtet worden. Er habe sich über den Vorgang in Bezug auf meine Person oder meine Abteilung noch nicht geäußert.

Ich erinnere mich daran, wie im August 1916 auch Falkenhayn den Kaiser bat, ihn zu entlassen, wenn er nicht mehr dessen Vertrauen besäße und über die militärische Lage andere Generale, damals Hindenburg und Ludendorff gehört werden sollten. Wird das erprobte Rezept von Ludendorffs Feinden bewußt auch gegen ihn angewendet? Ich erinnere mich ferner, daß ich damals Tieschowitz, als Falkenhayn an unserem Fenster vorbei zum Bahnhof fuhr, gesagt habe: »In spätestens 2 Jahren fährt Ludendorff ebenso.« Und ich erinnere mich drittens an Falkenhayns Abschiedsworte, daß am Ende unseres Kampfes, wenn die Regierungsverhältnisse sich weiter so entwickeln würden, wie bis dahin, die Revolution stehen werde und bin überzeugt, daß dieses Bewußtsein, verstärkt durch den inzwischen in die Arena getretenen Bolschewismus, auch Ludendorff vor allem erfüllt. Ich habe daraus die letzte Hoffnung, daß er nicht geht, sondern sich in letzter Stunde zum Herrn über die gesamte Kriegführung macht.

Sonnabend, 26. Oktober 1918

Tieschowitz spricht über die mich betreffende Auffassung. Es sei wahrscheinlich, daß Kroeger für den Erlaß des Heeresbefehls wird büßen müssen. Das Verhalten vor Würtz sei geklärt, ihn träfe an der Erklärung vor der Presse keine Schuld, höchstens sei die Art dabei ungeschickt gewesen, von meiner Person sei vorläufig nicht die Rede. Ich bekenne mich zu Kroeger und Würtz und erkläre meine Verantwortung identisch mit der ihrigen.

In den frühen Nachmittagsstunden teilt mir Tieschowitz telefonisch Ludendorffs Entlassung mit. Ich frage, wer als Nachfolger in Aussicht genommen sei. Ohne den Namen zu nennen, sagt mir Tieschowitz, der Vorgänger von Oldershausen, des Feldeisenbahnchefs, also Groener. Ich kann mich dazu nicht telefonisch äußern und sage nur »Wasser auf Feuer«.

Nachmittags läßt sich der schwedische Militärattaché Oberst v. Adlercreutz melden, obgleich den neutralen Attachés bekannt ist, daß ich krank bin. Das Außergewöhnliche deute ich, daß er besonderen Anlaß hat. Ich empfange ihn und entschuldige mich, daß dies liegend geschieht, daß ich ihn aber nicht hätte abweisen wollen in der Erwartung, daß er besonderen Anlaß habe. Er bejaht dies und sagt, was er jetzt tue, entspräche zwar nicht seinen Pflichten als neutraler Militärattaché, nachdem er aber 4 Jahre lang unseren militärischen Kampf miterlebt habe, fühle er sich als Soldat und Kamerad verpflichtet zu sprechen. Er beschwöre mich, daß wir die Waffen nicht niederlegen, er kenne die Berichte seiner Kameraden aus Paris und London. Ich frage nicht nach Einzelheiten, entnehme aber aus seinen Andeutungen, daß in beiden Hauptstädten und Regierungen dieselben inneren Schwierigkeiten gegen die Fortsetzung des Krieges beständen, wie bei uns und der feindliche Kampfwille vor dem Zusammenbrechen gegenüber der auch ihnen drohenden bolschwistischen Gefahr bestehe, wenn Deutschland festbliebe.

Ich danke ihm für sein Handeln, erkläre ihm daß es zu spät käme, da Ludendorff heute vormittag entlassen sei. [...]

Sonntag, 27. Oktober 1918

Ich erhalte einen Rechenschaftsbericht von Kroeger,[58] den ich an Tieschowitz nach Spa weiterleite. Ich trete noch einmal telefonisch an die Seite von Kroeger und Würtz. Tieschowitz hält Kroeger für inzwischen entlastet und spricht von einer Mitschuld der politischen Abteilung. Vorläufig sei die Frage der Verantwortung und der Folgen noch nicht geklärt, es könne erst nach Eintreffen Groeners erfolgen. [...]

Ich erfahre, daß der Kaiser, als ihm die Ernennung Groeners zur Unterschrift vorgelegt wird, geäußert hat: »Gibt es denn keine Preußen mehr?«

(Dieses Kaiserwort, nachdem er schon mit Prinz Max, Hertling, v. Payer, Schéuch, Erzberger und anderen Nichtpreußen sich hat abfinden müssen, ist, wie manches Andere und manche Randbemerkung ein Wegweiser für den Historiker für seine Forschung nach den tiefsten Untergründen der Entwicklung.[59])

Abends erfahre ich, daß der Feldmarschall um 7 Uhr abends mit den Stabsoffizieren der OHL über den Abgang Ludendorffs gesprochen hat. Danach hat bei der Besprechung gestern früh der Kaiser die Regierung in Schutz genommen. Ludendorff hätte versucht, ihn zu unterbrechen, sei daran aber zunächst durch eine Handbewegung des Kaisers verhindert worden. Er habe aber dann doch Widerspruch gegen die Auffassung des Kaisers erhoben und um seine Entlassung gebeten. Obgleich Hindenburg dadurch überrascht gewesen sei, weil vorher nicht die Rede von diesem Entschluß zwischen ihm und Ludendorff gewesen sei, habe er sich ihm angeschlossen. Der Kaiser habe ihm aber befohlen, zu bleiben, und habe Ludendorff mit Tränen im Auge die Entlassung bewilligt. Ludendorff sei dann allein in das Generalstabsgebäude zurückgefahren, dort habe er ihn sofort aufgesucht. Ludendorff habe ihm vorgeworfen, daß er von ihm im Stich gelassen worden sei. Er habe ihn darauf hingewiesen, daß er sich seinem Gesuch angeschlossen, daß aber der Kaiser ihm befohlen habe, zu bleiben und

---

[58] nachfolgend [Anmerkung des Verfassers].
[59] Wilhelm Groener entstammte, ebenso wie Friedrich von Payer und Matthias Erzberger, aus dem Württembergischen. Prinz Max war badischer Thronfolger, Georg Hertling, Hesse, bayerischer Ministerpräsident und Heinrich Schéuch war Elsässer.

daß er als Soldat gehorcht hätte. Ludendorff habe ihn kurz um Entschuldigung gebeten und sei dann ohne sein Wissen nach Spa abgereist.

Ich erfahre ferner, daß Ludendorff nach seiner Entlassung zu Haeften gesagt hat: »In 14 Tagen haben wir keinen Kaiser mehr«. Auch hierin dokumentiert sich für mich wieder meine Auffassung, daß Ludendorff mehr vor der Revolution und dem dahinter drohenden Bolschewismus weicht, als vor dem äußeren Feind und der militärischen Lage. Meiner Auffassung, mit welcher ich von ihm mehrfach zurückgewiesen bin, entsprechend denke ich, daß er gerade dann den Kaiser, sowohl persönlich wie den Begriff, nicht im Stich lassen durfte, daß er bei dieser Erkenntnis noch an der Schwelle des kaiserlichen Zimmers hätte kehrtmachen und erklären müssen, daß er von seinem bisherigen Posten zurücktrete, daß er aber nicht als entlassener General ginge, sondern hiermit die Macht ergreife. Nicht gegen, sondern für den Kaiser. Daß er vom Feldmarschall erwarte, bei ihm zu bleiben, der Kaiser sich ihm zwar unterordne, aber nach außen seine Tat billige und sie kröne und daß die sonst anwesenden Herren wie die übrige bisherige Umgebung Seiner Majestät sich bis zum Erhalt weiterer Befehle nicht zu rühren haben.

(Als ich Ludendorff nach dem Kriege von der Empfindung dieses Augenblicks berichtete, erwiderte er, eine solche Tat hätte er nur mit dem Feldmarschall vollbringen können, denn er sei von ihnen beiden wohl der allein zum Handeln Fähige gewesen, habe aber nicht das dafür notwendige Vertrauen des Volkes besessen. Als ich dies für meine selbstverständliche Voraussetzung erklärte, meinte er, zu solchem Schritt gegen seinen kaiserlichen Herrn, wenn er nach außen hin auch nicht in Erscheinung hätte treten brauchen, wäre der Feldmarschall niemals zu haben gewesen. Er sei dazu ein viel zu treuer und bis zum letzten Vasall seines Königs gewesen. Als ich meinte, er hätte sich doch seinen Vorschlägen immer in vollem Vertrauen angeschlossen, erwiderte Ludendorff, in diesem Falle wäre es ausgeschlossen gewesen. Als ich ihn fragte, ob er nicht glaube, daß der Kaiser seine rettende Hand ergriffen hätte, meinte er, das sei nicht unmöglich gewesen. Dazu sei aber Voraussetzung gewesen, daß der Feldmarschall ihn nicht schon in der Verteidigung des Generalstabes und seiner Person gegen die Vorwürfe des Kaisers allein gelassen hätte. Sein Vorwurf gegen den Feldmarschall, ihn im Stich gelassen zu haben, gälte weniger der Tatsache, daß er geblieben sei, als daß er ihn gegen die Vorwürfe des Kaisers nicht in Schutz genommen habe.)

(Die Vorgänge bei Ludendorffs Entlassung sind mir von den Herren der OHL, welche um ihn waren, folgerdermaßen dargestellt worden: Der Kaiser habe Vorwürfe gegen die Generalstabspolitik und dahin erhoben, daß Ludendorff seit dem Abfall Bulgariens[60] die Nerven verloren hätte. Ludendorff habe ihn unterbrochen, weder der Generalstab noch er hätten die Nerven verloren. Der Kaiser habe erwidert, [»]ich mache Sie darauf aufmerksam, daß ich als Kaiser mit Ihnen spreche« und habe seine Vorwürfe fortgesetzt. Ludendorff habe ihn erneut unterbrochen und als der Kaiser ihn wieder zum Schweigen veranlassen wollte, dies verweigert und seine Entlassung erbeten, wenn er sein Vertrauen nicht mehr besäße. Der Kaiser habe erwidert: »Ja Herr General. Sie erleichtern mir dadurch meine Aufgabe, das Reich mit Hilfe der Sozialdemokratie neu aufzubauen.«

---

[60] Bulgarien hatte am 29.9. nach dem Zusammenbruch der Balkanfront einen Waffenstillstand geschlossen.

Hindenburg habe erklärt: »Wenn der General geht, dann muß auch ich gehen.« Der Kaiser habe geantwortet: »Nein Herr Generalfeldmarschall, Sie sind Soldat und haben zu bleiben, solange ich es befehle.« Darauf hätten Beide stumm das Schloß Bellevue verlassen. Ludendorff habe einen Wagen bestiegen, denselben aber, als auch Hindenburg einsteigen wollte, wieder verlassen mit den Worten: »Ich kann mit Ihnen nicht mehr zusammen fahren.« Der Feldmarschall habe ihn im Generalstabsgebäude sofort aufgesucht. Er habe ihn so schroff behandelt und müsse sich sofort mit ihm aussprechen. Ludendorff habe gesagt: »Sie haben mich im Stich gelassen, Herr Generalfeldmarschall.« Der Feldmarschall: »Nein Herr General, Sie haben gehört, daß auch ich meine Entlassung erbeten habe, aber ich habe zu bleiben, wenn S.M. es befiehlt.« Ludendorff: »Wenn ich Ihnen unrecht tue, bitte ich um Verzeihung.« Er habe seine Mütze genommen und das Zimmer verlassen. Er habe befohlen, sofort seinen Salonwagen fahrbereit zu machen und sei mit Stülpnagel allein nach Spa abgereist.

Ludendorff hat mir diese Darstellung nach dem Kriege als zutreffend bezeichnet.)

Mich beschäftigt vor allem, wie es zur Berufung von Groener gekommen ist und welche Folgen sie haben wird. So oft Ludendorffs Rücktritt schon drohte, so war doch niemals von einem bestimmten Nachfolger die Rede. Darin unterscheidet sich dieser Wechsel zu dem vom August 1916, bei welchem Ludendorff der Sturmbock von Falkenhayns Feinden war, um ihn zu beseitigen.

Ich erfahre, daß bei der OHL folgende Erwägungen jetzt maßgebend waren:

v. Seeckt wurde als militärisch bester Nachfolger betrachtet, wurde aber als unabkömmlich in der Türkei angesehen. Den demnächst in Frage kommenden Grafen Schulenburg hielt man als unentbehrlich als Generalstabschef beim Kronprinzen. General v. Loßberg entbehrte des Überblicks über die gesamte Kriegslage. Erst an 4. Stelle wurde Groeners Nachfolge erwogen. Beurteilt als sehr klug, die Kriegslage in Ost und West kennend, als Chef des Kriegsamts innenpolitisch geschult, als ehemaliger Feldeisenbahnchef die rückwärtigen Verbindungen des Heeres beherrschend und deshalb für die Rückführung des Heeres am besten geeignet, wurde er von der OHL, dem Militärkabinett und dem Kriegsminister Scheüch gemeinsam ausgewählt und, nachdem auch Hindenburg sein Vertrauen zu ihm ausgesprochen hatte, dem Kaiser vorgeschlagen. Dieser selbst hatte nicht mehr die Macht zu eigenem Entschluß, der konnte nur noch anordnen, was der Kriegsminister vorschlug.

Als Folge der Berufung sehe ich einen völligen Umschwung in der Bewertung des Krieges: Keine Strategie mehr und keinen Krieg, sondern nur noch die Kunst der Rückführung des Heeres in die Heimat und ein Abbau des Kriegswillens genehm der herrschenden parlamentarischen Richtung. [...]

Abschrift

Großes Hauptquartier, 26.10.1918

Hochzuverehrender Herr Oberstleutnant!

Anliegend beehre ich mich Euer Hochwohlgeboren einen Abdruck des ausführlichen Berichts über die Ereignisse des 24. und 25. zu überreichen, den ich, um die einzelnen Phasen der Entwicklung festzulegen, für die Akten angefertigt habe.

Ich brauche wohl nicht besonders zu betonen, wie außerordentlich nahe mir die ganze Angelegenheit gegangen ist, nicht wegen meiner Person, denn die spielt absolut keine Rolle, sondern wegen der unter Umständen sich daraus entwickelnden Folgen für das große Ganze. Wie ich bereits gestern Euer Hochwohlgeboren, auch Major Würtz, gesagt habe, bin ich jeder Zeit bereit, die volle Verantwortung für das von mir Vorgetragene zu übernehmen, auch wenn vorher sämtliche zur Mitprüfung berufenen Stellen den Entwurf gesehen haben. Das Wort »sämtliche« stimmt allerdings insofern nicht, als O Ia auch hätte gefragt werden müssen. Soweit ich von hieraus bis jetzt die Angelegenheit übersehen kann, scheint der springende Punkt der zu sein, daß der Herr Generalfeldmarschall und Exzellenz aus meinem Vortrage anscheinend entnommen haben, der Inhalt des Telegramms decke sich mit den Ansichten der Reichsleitung, während meine Ausführungen lediglich das als Unterlage hatten, was in der Pressebesprechung vom 24. abends von Oberst v. Haeften und Geheimrat v. Stumm gesagt worden war. Für mich konnte, wenn ich dies Euer Hochwohlgeboren persönlich sagen darf, kein Zweifel darüber bestehen, daß der von Major Brinckmann aufgesetzte Entwurf mit der Ansicht der Regierung übereinstimme. Auch die durch Sartorius übermittelten Auszüge aus der erwähnten Pressebesprechung konnten mich nur in dieser Annahme bestärken.

In diesem Privatbrief darf ich vielleicht noch schärfer als in dem dienstlichen Bericht betonen, daß es meiner Überzeugung nach vollkommen gleichgültig ist, ob ein Telegramm diesen Inhalts, unterschrieben vom Herrn Generalfeldmarschall, an die Armeen ergeht, als Weisung für den Vaterländischen Unterricht oder als allgemein gültiger Befehl, so wie es tatsächlich geschehen ist. Ich bin vielmehr der Ansicht, daß eine Belastung des Vaterländischen Unterrichts mit einem derartigen Auftrage noch erheblich schlimmer gewirkt haben würde, als dies schon an sich in so außerordentlich bedauerlicher Weise jetzt der Fall ist.

Zum Schluß wiederhole ich das, was ich anfangs gesagt habe, meine Person spielt in der Frage keine Rolle. Ich bin stolz und dankbar darauf, solange an hervorragender Stelle gearbeitet zu haben, ganz besonders dankbar aber, daß ich diese Arbeit unter Euer Hochwohlgeborens kraftvoller und zielbewußter Führung habe tun dürfen. Leicht sind die Jahre nicht gewesen. Wenn etwas dazu angetan war, sie leichter zu gestalten, dann ist es die Zusammenarbeit mit Euer Hochwohlgeboren gewesen, in dem ich stets einen wohlwollenden treuen Berater gefunden habe. Dies heute erneut zum Ausdruck zu bringen, ist mir eine schöne Pflicht. Ich knüpfe daran die Bitte, mir – mag sich meine Zukunft gestalten, wie sie wolle – auch ferner dieses Wohlwollen zu erhalten.

Mit steter Treue und Ergebenheit bin ich – wie immer –

Ihr gez. Kroeger.

Abschrift

GrHQu, den 25.10.1918

Am 24. nachmittags gegen 6 Uhr ging ich zu Major Brinckmann, um ihm die Frage vorzulegen, ob von Seiten der M. ähnlich wie nach der letzten deutschen Antwortnote irgendwelche Richtlinien über die Auffassung der Wilsonnote vom 24. vormittags ausgegeben werden sollen. Ich hielt die Ausgabe im vorliegenden Falle für außerordentlich wesentlich, um falschen Ansichten im Heere vorzubeugen, die bei dem verschwommenen Charakter der Wilsonnote zweifellos möglich seien.

Major Brinckmann erklärte sich einverstanden, riet mir aber, die Sache dem General von Bartenwerffer vorzutragen. Diesem Vortrage wohnte Major Brinckmann persönlich bei. General Bartenwerffer stimmte ebenfalls zu und beauftragte Major Brinckmann, ein derartiges Schriftstück aufzusetzen. Dieses haben Major Brinckmann und ich im Anschluß hieran getan.

Major Brinckmann stellte mir anheim, den Entwurf beliebig abändern zu wollen. Dies ist von mir nach Einvernehmen mit Major Stotten, den ich angesichts der Bedeutung der Frage als älteren Kameraden um Rat fragte, geschehen.

Gegen 8.30 Uhr teilte Hauptmann Sartorius nach den mir vorliegenden Notizen mit, in der am Spätnachmittage stattgefundenen Pressebesprechung seien für die Behandlung der Wilson-Note folgende Gesichtspunkte ausgegeben worden:
»1.) Für die Behandlung der militärischen Seite der Note werden der Presse keinerlei Einschränkungen auferlegt. Oberst v. Haeften habe als Vertreter der Obersten Heeresleitung in Gegenwart des Auswärtigen Amtes längere Ausführungen gemacht, die darin gipfelten, daß die von Wilson gestellten Bedingungen die Entmannung Deutschlands darstellten und daher nicht mit der Würde des Vaterlandes vereinbar seien.«
2.) Bezüglich der politischen Seite sei ausgeführt worden:
»Wilson verlangt jetzt, daß sich auch die Verbündeten auf die von ihm angegebenen 14 Punkte festlegen, was bisher noch nicht geschehen ist. Deutschland gibt keine Antwort, die Wilson auch nicht erwartet. Wilson verhandelt jetzt mit seinen Verbündeten. Diese Verhandlungen dürfen natürlich nicht ewig dauern im Interesse der Menschheit. Wilson will die restlose Durchführung der Demokratisierung Deutschlands, d.h. er will keinen Personen-, sondern einen Systemwechsel. Die Reichsleitung empfiehlt, diese Kaiserfrage aus der Erörterung der Wilson-Note fortzulassen, da hierdurch nach innen und außen ein gleich schlechter Eindruck erwirkt wird.
In der im Anschluß hieran stattgefundenen Pressebesprechung im Abgeordnetenhause habe Major Würtz ausgeführt, daß das, was jetzt die Presse sage, aufmerksam verfolgt werde, vom Auslande, von Wilson, aber in ganz besonderer Weise von unseren Kämpfern an der Front. Es müsse betont werden, daß alles darauf ankomme, ob und daß die Westfront jetzt standhielte. Hiervon allein hingen die Waffenstillstandsbedingungen ab. Darum möge die Presse an ihrem Teil dazu beitragen, daß Kraftbewußtsein der Armee zu stärken.«

Im Anschluß an die um 9.30 Uhr stattfindende Besprechung der Abendmeldung legte ich den von Major Brinckmann und mir aufgestellten Entwurf Herrn Oberst Heye vor, der darauf bereits durch Major Brinckmann vorbereitet war, und sich nach einer allerdings nur flüchtigen Durchsicht damit einverstanden erklärte, aber die Einwilligung von Exzellenz Ludendorff und dem Generalfeldmarschall für notwendig hielt. Da ich den Generalfeldmarschall bereits vorher durch Rittmeister v. Pentz hatte bitten lassen, ihm eine Angelegenheit zur Unterschrift vorlegen zu dürfen, befahl dieser mir, im Anschluß an die Besprechung sofort zu ihm zu kommen.

Ich trug ihm die weiter oben geschilderten Gründe für den Erlaß des Telegramms und die in Berlin gemachten Ausführungen vor, worauf er sich einverstanden erklärte und das Telegramm unterschrieb.

Hierauf begab ich mich zu Exzellenz Ludendorff und meldete ihm, aus welchem Grunde ich zuerst beim Generalfeldmarschall gewesen war und trug ihm das gleiche wie dem Herrn Generalfeldmarschall vor.

Während dieses Vortrages wurde Exzellenz Ludendorff von Exzellenz von Kuhl angerufen. Exzellenz Ludendorff besprach mit diesem den Inhalt des Telegramms, und ganz besonders die Frage, ob es nicht zweckmäßig sei, im letzten Absatz die Worte »nur allmählich zurückzudrücken« zu streichen. Nachdem Exzellenz von Kuhl diesem Vorschlage zugestimmt hatte, nahm Exzellenz Ludendorff diese Streichung persönlich vor. Hierauf teilte ich Major Brinckmann die von Exzellenz Ludendorff und dem Herrn Generalfeldmarschall genehmigte Fassung mit und meldete den Abschluß der Angelegenheit unter Verlesung der vorgenommenen Streichung auch dem General v. Bartenwerffer. Hierauf schließlich ist das Telegramm in der Zeit zwischen 1.33–2.28 Uhr vormittags des 25.10. an die im Verteilungsplan angegebenen Stellen gegangen.

Am 25. 11 Uhr vormittags teilte ich Major Würtz zunächst zur persönlichen Information den Wortlaut des Telegramms mit. Er bat mich hierauf, auch ihm das Telegramm zur Bekanntgabe in der Pressebesprechung zur Verfügung stellen zu wollen.

Auf meine Bedenken, daß ich dieses für die Armee bestimmte Telegramm nicht ohne besondere Weisung auch für die Presse ihm geben könne, erwiderte er, daß sich sein Inhalt mit den Ausführungen des Obersten v. Haeften decke, und daß er seine Bekanntgabe in der Pressebesprechung für nützlich erachtete. Ich ließ hierauf meine Bedenken fallen unter der Voraussetzung, daß die Bekanntgabe nur unter III, d.h. lediglich zur persönlichen Information der in der Pressebesprechung anwesenden Vertreter erfolgen soll. Unter dieser Einschränkung hat Major Würtz die Bekanntgabe übernommen.

Am 25. gegen 6 Uhr rief Oberst Heye aus Berlin telefonisch an und sagte, das am Vorabend erlassene Telegramm habe in politischen Kreisen Berlins größte Beunruhigung hervorgerufen und werde unter Umständen zu ernsten Folgerungen führen. Er habe geglaubt, daß es sich bei dem ihm beim Vortrage am 24. 9.30 Uhr abends vorgelegten Entwurf um eine Weisung für den Vaterländischen Unterricht gehandelt habe.

Hätte er gewußt, daß es sich um eine Weisung an die Armeen gehandelt hätte, so sei unter allen Umständen Mitprüfung durch O Ia erforderlich gewesen.

Die gleiche Ansicht, daß es sich um eine Weisung lediglich für den Vaterländischen Unterricht gehandelt habe, vertrat in einem bald darauf folgenden Ferngespräch Major Brinckmann.

Um 7.45 Uhr befahl Oberst Heye, daß die am 24. gegebene Weisung 19724/II anzuhalten bzw. zurückzuziehen wäre. Ich solle mich gleich mit den Heeresgruppen der Westfront durch Fernsprecher in Verbindung setzen, er selbst werde in Berlin mit Oberstleutnant Nicolai die notwendigen Anordnungen bezüglich der Presse verabreden.

Zwischen 7.55 Uhr und 8.15 Uhr sind von mir die Ias der Heeresgruppen durch Fernsprecher entsprechend diesem Befehl benachrichtigt worden. Gleichzeitig wurde an die übrigen im Verteilungsplan angegebenen Stellen ein Fernschreiben ähnlichen Inhalts entsandt.

Bestimmend für mich war die Sorge, daß unter dem Einfluß der, wie weiter oben angeführt, unklaren Fassung der Wilson'schen Note und angesichts der Tatsache, daß die heimische Tagespresse mit ihrer verschiedenartigen Auffassung sehr schnell in Händen der Truppe sein mußte, es geboten erschien, vorher der Truppe darüber keine Unklarheit zu lassen, daß es vorläufig gelte, weiter den äußersten Widerstand zu leisten.

Trat eine solche Benachrichtigung der Truppe nicht ein, so bestand, wie ich dies auch bei allen Stellen zum Vortrag gebracht habe, meiner Überzeugung nach die Gefahr, daß die Widerstandskraft der Truppe angesichts des anscheinenden Einlenkens von Wilson nachließ und ein militärischer Zusammenbruch eintrat, ehe es überhaupt zu Verhandlungen irgendwelcher Art gekommen war.

In dieser Beziehung vertrat Exzellenz v. Kuhl bei der erwähnten telefonischen Zwiesprache mit Exzellenz Ludendorff den Standpunkt, daß er – wenn überhaupt ein militärisches Prophezeien im Kriege gestattet sei – wohl dafür Gewähr leisten könne, daß die Front der Heeresgruppe Rupprecht für die nächsten 8 Tage hielte, dann aber sei – immer unter der Voraussetzung, daß der Feind in seiner Angriffskraft nicht erlahme – es unbedingt erforderlich, die Front entschieden abzusetzen, um der Truppe dann die nötige Ruhe gönnen zu können. Exzellenz Ludendorff antwortete, er stimme dieser Ansicht vollkommen zu. Eine Zurücknahme in eine weiter rückwärtig gelegene Stellung sei auch bereits endgültig in Aussicht genommen.

Diese Unterredung bestärkte meinen persönlichen Eindruck, daß eine solche Benachrichtigung der Truppe unbedingt erforderlich sei. Meiner Überzeugung nach besteht kein Unterschied darin, ob eine solche von der Obersten Heeresleitung ausgegebene Weisung sich an die Armeeoberkommandos oder an die Leiter des Vaterländischen Unterrichts, die ihrerseits lediglich Organe der AOKs sind, richtet. Ich glaube im Gegenteil, daß eine nur für den Vaterländischen Unterricht bestimmte Weisung sehr viel eher als eine nicht mit den jetzigen politischen Verhältnissen Deutschlands vereinbare Einmischung der Obersten Heeresleitung in die Politik angesehen werden kann.

Ich glaube ferner, daß ebenso wie der Herr Generalfeldmarschall nach der letzen deutschen Antwortnote an Wilson in einem Befehl an die Armeen sich nicht mit der Einschränkung des Uboot-Krieges einverstanden erklärt hat, aber trotzdem dem Willen der Reichsleitung sich untergeordnet hat, es jetzt nicht nur Recht, sondern Pflicht der Obersten Heeresleitung ist, dafür Sorge zu tragen, daß die Kampfkraft des Heeres bis zu dem Augenblick erhalten bleibt, wo die allein verantwortliche Reichsleitung erklärt, der Kampf müsse abgebrochen und in Verhandlungen eingetreten werden. Das am 24. abends erlassene Telegramm schließt es meiner Überzeugung nach durchaus nicht aus, daß die Oberste Heeresleitung sich, wenn die Verhältnisse in der soeben geschilderten Form entwickeln, in einem weiteren Armeebefehl der Armee klar macht, welche Gründe für sie bestimmend sein müssen, ihre Ansicht zu ändern.

gez. Kroeger

25.10.18

Abschrift

Akten-Notiz in den Akten der OHL zu dem Vorgang.

31.10.1918

Oberstleutnant Nicolai schreibt am 27.10. auf den ihm übersandten Durchschlag:

Am 27. nachm. habe ich Oberst v. Tieschowitz gebeten, sich den Major Kroeger mit diesem Bericht kommen zu lassen, der doch stark entlastende Gesichtspunkte für Kroeger enthalte.

Am 28.10. 9 Uhr vorm. rief mich Oberst v. Tieschowitz in Berlin an und teilte mir mit, daß er an Hand des Berichts eingehend mit Kroeger gesprochen und auch den Eindruck gewonnen habe, daß weniger Kroeger als die pol. Abtl. verantwortlich zu machen sei.

Das müsse offen und aktenmäßig festgelegt werden, da der tatsächliche Hergang geschichtliche Bedeutung gewinnen könne.

29.10. gez. Nicolai

»*Abschrift einer Stellungnahme des Oberst Heye zu vorstehendem des Major Kroeger.*«

Zu vorstehendem Bericht melde ich. Exzellenz Ludendorff war, wie er mir nach Vortrag des Major Kroeger darlegte, vollkommen der Meinung, daß der Befehl an die Armeen usw., wie ihn Major Kroeger vorlegte, lediglich die Richtlinien der Regierung für die Presse wiedergab. – Der von ihm gebilligte Befehl stellt somit keine Maßnahme *gegen* die Regierung dar, sondern war lediglich ein beabsichtigtes Eingehen auf die Weisung der Regierung.

Es geht dies aus seinen (Ludendorffs) Gesprächen während der Fahrt nach Berlin am 25.10.18 hervor.

Als am 25.10.18 nachm. erkannt wurde, daß der Befehl sich nicht mit den Richtlinien der Regierung decke, wurde sofort Anordnung gegeben, den Befehl anzuhalten, soweit er nicht schon ausgegeben war.

GrHQu 30.10.18

gez. Heye
Oberst

Abschrift

Meldung des Major Kroeger an mich am 27.10.18

27.10.1918

Zum Abschiede Ludendorffs

Heute abend rief der Feldmarschall die Stabsoff. des Gen.St. zu sich und führte aus:

Er habe das Bedürfnis, mit uns das Ereignis zu besprechen, das uns alle bedrücken müsse, das ihm selber aber näher ginge als irgend etwas bevor in seinem Leben, den Abschied des so hochverehrten Generals L., des Mannes, der seit Tannenberg sein treuester Berater und Mitarbeiter gewesen sei, der seinen Namen zu dem gemacht habe, war er heute in der Welt bedeutete; er sei sich heute Nachm. als er in das leere Büro des Generals getreten sei, vorgekommen, als ob er von der Beisetzung eines lieben Familienmitgliedes käme. Angesichts dieser Tatsache müsse er mit uns die Einzelheiten, die sich in Berlin abgespielt hätten, besprechen.

Am 25. unmittelbar nach der Ankunft des Sonderzuges in Berlin sei er mit Ludendorff in das Schloß Bellevue gefahren, um S.M. in Gegenwart des Cabinetschefs v. Delbrück seine Bedenken gegen die neue Regierung in maßvoller Weise vorzutragen, daran aber natürlich die Bemerkung zu knüpfen, daß er trotz dieser Bedenken sich selbstverständlich zum Wohle des bedrängten Vaterlandes hinter die Regierung stellen werde. Der Kaiser habe ruhig die ganzen Ausführungen angehört und sich in gnädiger Weise verabschiedet.

Am 26. vorm. sei er mit Ludendorff wieder zu S.M. befohlen, der in ruhiger Weise die Bedenken gegen die neue Regierung zu entkräftigen suchte, während dieser Unterredung habe Ludendorff, plötzlich unruhig geworden, anscheinend ohne äußere Veranlassung gesagt: Dann bitte ich E.M., mich zu entlassen. Der Kaiser habe dies abgelehnt, dann aber auf erneutes Drängen Ludendorffs nachgegeben und schweren Herzens, Tränen im Auge ihn gehen lassen.

Darauf habe er, der Feldmarschall, der noch nie in seinem Leben einen seiner Untergebenen im Stich gelassen habe, auch seinerseits den Kaiser gebeten, über ihn zu verfügen. Er habe natürlch nicht sofort seinen Abschied erbitten können, denn das sei mit seiner Auffassung als preuß. Soldat nicht in Einklang zu bringen.

Der Kaiser habe darauf gesagt, daran, daß auch er ginge, sei nicht zu denken, sein Name gälte in Deutschland etwas, er befehle ihm daher als sein oberster Kriegsherr, auf dem Posten zu bleiben, auf dem er stände. Da sei ihm nichts übrig geblieben, als seinem König zu gehorchen. Hierauf habe sich der Kaiser von ihnen beiden verabschiedet.

Vor dem Schlosse bei Besteigen der Autos habe sich dann Ludendorff ziemlich schroff von ihm abgewandt und sei alleine nach dem Generalstab gefahren, nachdem er ihm noch vorher gesagt habe: Sie haben mich heute im Stich gelassen. Da er aber das manchmal etwas schroffe Temperament des Generals Ludendorff genau kannte, habe er ihn ruhig allein fahren lassen.

Im Generalstab habe er dann L. in seinem Zimmer aufgesucht und ihm den ganzen Hergang noch einmal auseinandergesetzt und ihm gesagt, daß er sich sofort hinter ihn gestellt habe, daß aber der Befehl S.M. für ihn bindend sei. Darauf habe L. gesagt, er bäte um Entschuldigung.

So seien die Tatsachen, aus denen klar hervorginge, daß 1. Ludendorff selber seinen Abschied erbeten habe und daß 2. er, der Feldmarschall auf Befehl S.M. weiter seine Pflicht tuen werde.

Es waren tief ergreifende Worte, unvergeßlich für uns alle; wie muß es im Innern des herrlichen alten Mannes aussehen, der erst sein Preußen zusammenbrechen sieht und sich dann von seinem treuen Ekkehard trennen muß und das alles auf sich nimmt, nur zum Besten seines Vaterlandes; ein Land, das solche Männer hervorbringt, kann nicht untergehen. [...]

Auszug 256 aus Feldpostbriefen

Dienstag, 29. Oktober 1918,
auf der Fahrt Berlin–Spa

(...) Nach guter Nachtfahrt schreibe ich Dir einen herzlichen Gruß. Ich fühle mich körperlich ganz wohl, und merke den Unterschied gegen damals, als ich nach Berlin fuhr. Ich hatte die Grippe wohl schon länger in mir, empfinde jetzt erst, daß ich schon die Tage vorher nicht auf der Höhe war und bin dankbar, daß ich so glimpflich davon gekommen und in unserem Heim zur Strecke gekommen bin.

Wie mit mir alles wird, muß sich ja nun auch zeigen. Ich werde Dich darüber genau auf dem Laufenden halten. Wenn Groener erst da ist, wird wohl auch darüber eine endgültige Entscheidung fallen. Einstweilen tue ich weiter wie bisher meine Pflicht. Je mehr ich mich wieder meiner Arbeitsstätte nähere, um so fester fühle ich mich wieder in dieser Beziehung.

So wird schon alles gut werden. Du kannst Dich auch auf mich verlassen. Wenn ich einmal heftig wurde, so kommt das nur daher, daß ja auch ein bißchen viel auf mich eingestürmt ist in der letzten Zeit, und daß ich natürlich deshalb auch nicht immer so bin, wie ich sein möchte und sein müßte. Meine liebe Frau hat mir ja auch versprochen, daß sie darüber beruhigt sein will und daß ich sicher sein kann, daß ich eine starke zuversichtliche Frau an meiner Seite habe. Das darfst Du darum aber nicht zu ernst nehmen. Im Ganzen bin ich doch gesund und ruhig.

Dienstag, 29. Oktober 1918

1.30 Uhr mittags an Spa. Ich finde auf meinem Schreibtisch das Bild Ludendorffs mit der Aufschrift »In treuer Dankbarkeit. 26.10.18 Ludendorff.« [...]
Der Chef der Personalabteilung, v. Tieschowitz hält mein Ausscheiden aus der OHL für unbegründet. Ebenso äußert sich der beim Kaiser kommandierte Generalstabsoffizier, Major Niemann, daß S.M. seines Wissens weder mein Ausscheiden verlange, noch es begrüßen würde.
General v. Bartenwerffer verabschiedet sich von mir. Er geht auf Ludendorffs Rat, hinter welchem er, wie ich glaube zu Unrecht, einen Wunsch des Kaisers sieht, ohne Groeners Entscheidung abzuwarten. [...]
Nach Rücksprache mit allen Beteiligten übersehe ich jetzt die Umstände, welche den Erlaß des Heeresbefehls vom 24.10. abends veranlaßt haben:
In erster Linie sind sie charakteristisch für die Führerlosigkeit, welche mit Übernahme des Kriegspresseamts durch den Staatssekretär Erzberger eingesetzt hat. In Berlin haben Oberst v. Haeften, Geheimrat v. Stumm und Würtz zwar gleichzeitig, aber offensichtlich ohne klare obere gemeinsame Leitung mit der Presse über die dritte Wilsonnote verhandelt. In der Obersten Heeresleitung herrschte Unklarheit, ob noch IIIb oder die nach Abgang von Bartenwerffer bei der Operationsabteilung gebildete Militärpolitische Abteilung unter Oberstleutnant Brinckmann (vor dem Kriege Militärattaché in Brüssel) zuständig war. Wie wenig bei letzterer oder durch General Heye schon eine klare Führung besteht, geht daraus hervor, daß sowohl der Chef des Kriegspresseamts wie Major Kroeger Verbindung zu mir in Berlin suchen.
Auch ich war zweifelnd, ob ich noch berechtigt sei, mich mit der Angelegenheit zu befassen. Ich habe mich aber – da offensichtlich eine obere Führung fehlte – verpflichtet gefühlt, meinen Rat sowohl an Kroeger für die Gesichtspunkte für einen Heeresbefehl, wie an Würtz über die Bekanntgabe bei der Pressebesprechung zu erteilen. Es war aber falsch, daß der Heeresbefehl noch unter der Journalnummer von *IIIb* 19724/II und nicht von der Operationsabteilung erging. Ich bedauere, daß diese formalen Unstimmigkeiten durch meine Krankheit mit verschuldet sind. Nachdem ich aber sachlich durch den von mir erteilten Rat mit verantwortlich bin, habe ich dies zum Ausdruck gebracht, wobei ich anerkenne, daß Kroeger in seinem Bericht an mich sich bereit erklärt hat, die Verantwortung allein zu übernehmen. Ihm ist höchstens vorzuwerfen, daß er in übertriebenem Diensteifer ohne gründlichste Prüfung der Vorgänge gehandelt und der Tradition meiner Auffassung folgend den Heeresbefehl angeregt und zur Unterschrift vorgetragen hat, was ressortmäßig Sache des Oberstleutnant Brinckmann oder des Chefs der Operations-Abteilung v. Stülpnagel gewesen wäre.
Ich freue mich, mit meiner Auffassung beim Chef der Zentral-Abteilung, v. Tieschowitz und bei Heye Zustimmung zu finden, sodaß Kroeger und Würtz für ihre mit mir übereinstimmende Auffassung nicht zur Rechenschaft gezogen werden sollen. Die formellen Fehler ändern nichts an der Tatsache, daß Hindenburg wie Ludendorff – allerdings aufgrund der irrtümlichen Meldung, es entspräche der Auffassung der politischen Reichsleitung – den Heeresbefehl in dem Bewußtsein unterschrieben haben, daß es sich um einen solchen und nicht um eine Weisung an den Vaterländischen Unterricht gehandelt hat. Das ergibt sich auch daraus, daß Ludendorff, als er sich verabschiedete, meinem Vertreter Stotten nur gesagt hat, es hätte nicht vorkommen dürfen, daß IIIb eine falsche

Meldung über die Auffassung der Reichsregierung erstattet habe und zum Major Kroeger bei der Verabschiedung wörtlich geäußert hat, er solle sich über die Sache keine Vorwürfe machen, die Regierung hätte bestimmt an einem der nächsten Tage einen anderen Grund gefunden, um sich seiner zu entledigen.

Bedauerlich finde ich diesen Tatsachen gegenüber den Versuch, den Vorgang damit zu entschuldigen, daß Hindenburg und Ludendorff geglaubt hätten, es handle sich nicht um einen Heeresbefehl, sondern nur um eine Weisung an den Vaterländischen Unterricht. Träger dieser Deutung ist v. Stülpnagel, der anscheinend auch Ludendorff zu dieser Ausflucht beeinflußt hat. Seit seiner Zugehörigkeit zur OHL schon von stärkstem defaitistischem Einfluß auf Ludendorff nimmt er ihm damit m.E. das Beste: zu fallen für ein Bekenntnis zum Kampf im Gegensatz zu der zur Unterwerfung entschlossenen politischen Reichsleitung, und damit seinem Weg bis zum Ende treu zu bleiben.

Dies hätte in den Verhandlungen über den Heeresbefehl betont werden müssen, gleichzeitig konnte zugegeben werden, daß die OHL über die Ansichten der Reichsleitung falsch unterrichtet war, gegen diese den Heeresbefehl ohne Weiteres nicht erlassen haben würde. Dafür, daß sie falsch unterrichtet war, mußte die mangelhafte Behandlung der Angelegenheit durch den Staatssekretär Erzberger verantwortlich gemacht werden. [...]

Ich bedauere den Vorgang vor allem unter dem Gesichtspunkt, daß die Meldung vom Entschluß der Regierung, die dritte Wilsonnote abzulehnen, falsch war und fühle IIIb insofern verantwortlich, daß Ludendorff nicht die Wahrheit, d.h. die Absicht der Regierung gemeldet worden ist, sich der geforderten militärischen Kapitulation zu fügen. Da Ludendorff der Ansicht war, sie sei nicht notwendig, hätte sich daraus ohne die Verstrickung in nebensächliche Vorwürfe für ihn die letzte harte Notwendigkeit ergeben, sich klar zu entscheiden: entweder den Rücktritt der Regierung zu erzwingen und selbst die gesamte Verantwortung zu übernehmen, oder aber, wenn ihm das nicht gelang, aus diesem Grunde dem innersten Wesen seiner Führung getreu zurückzutreten, nicht aber dem an ein Versehen geknüpften Vorwurf der Einmischung in die politische Kriegführung zu erliegen. [...]

Auszug 257 aus Feldpostbriefen

Spa, Dienstag, 29. Oktober 1918,
abends

[...] Was mich persönlich betrifft, so habe ich dies Getriebe satt. Ich würde ein Bleiben in meiner Stelle unter den vorliegenden Verhältnissen als ein Opfer auffassen, das ich nur im Interesse der Sache, der ich durch meine Sachkenntnis nützen kann, bringen würde. Ob das Opfer aber tatsächlich in meinem eigenen Interesse liegen würde, weiß ich nicht, da man nicht voraussehen kann, wie die Ereignisse sich noch entwickeln und ob ich nicht in allerkürzester Zeit vor derselben Lage stehen würde. Soll ich das alles mit allem Ärger und Enttäuschungen da nicht lieber einem Anderen überlassen? Aber wie gesagt, ich will nicht eingreifen, sondern die Entscheidung Groener überlassen. Jedenfalls stelle ich mein Portefeuille zur Verfügung; mag man befinden, wie man es für notwendig hält. [...]

Wenn ich nicht bleiben soll, so werde ich um ein Regiment bitten. Du weißt, daß das schon lange mein stiller Soldatenwunsch war. Ob mich die Erfüllung jetzt noch einmal vor den Feind bringt, ist fraglich. Auch dafür werden ja die nächsten Tage Klarheit bringen. Abgesehen davon, daß es ein wirklicher Wunsch ist, kann ich auch gar nicht anders handeln. Müssen wir weiterkämpfen, so ist wahrlich jeder aktive Offizier, besonders als Regimentskommandeur, nötig im Existenzkampf für unser Vaterland. Dann darf ich nicht zur Seite stehen! Kommt es zum Waffenstillstand, und demnächst zum Frieden, dann braucht das Vaterland ältere Offiziere, die die Truppen in Disziplin und Hingabe an die Pflicht erhalten. So oder so, werde ich jedenfalls in meinem Leben befriedigter und stolzer sein, wenn ich als Soldat meine Pflicht vollenden könnte.

Jetzt jedenfalls kann ich an ein Abschiednehmen nicht denken. [...]

Den bisher an Politik grenzenden Teil meiner Aufgaben werde ich abschieben, indem ich das Ressort Kroeger an die Operations-Abteilung anzugliedern vorschlagen werde. Das geht jetzt, weil das Kriegspresseamt und der Vaterländische Unterricht von der Reichsregierung geleitet werden sollen und deshalb hier im Hauptquartier weniger dabei zu tun und nichts zu leiten ist. Bisher war ich dabei unentbehrlich, in Zukunft werde ich es sein. Es bleibt als eigentliche IIIb-Tätigkeit also nur der Nachrichtendienst und die Abwehr. Ob unter diesen Umständen Groener ein Bleiben für möglich hält und wünscht, müssen wir, wie gesagt, abwarten. Ob ich aber von diesen Dienstzwängen nicht allmählich genug habe? Soll ich weiter Nerven und Ruhe opfern und nicht ein regelmäßiges Leben erstreben? *Aber drücken will ich mich vor dieser Aufgabe auch fernerhin nicht*, obgleich ich eigentlich wirklich genug habe, wenn der Dienst es so verlangt. Sonst laß' uns wieder Soldat werden! Ich werde bedrückt sein, wenn ich in der alten aufreibenden Tätigkeit bleiben und glücklich, wenn ich wieder und nur noch Soldat sein könnte, als nur hinter der Front und auf Nebengebieten mitgewirkt zu haben.

Mittwoch, 30. Oktober 1918

Groener trifft in Spa ein. Wie Tieschowitz ist er auch mir besonders vertraut aus dem Kriegsbeginn, als wir mit ihm zusammen als Abteilungschefs ausrückten. Ich vermeide zunächst, ihn wiederzusehen und lasse ihm durch den dafür berufenen Chef der Personalabteilung, v. Tieschowitz mein Entlassungsgesuch übermitteln. Er nimmt es an. Als ich mich nachmittags bei ihm verabschieden will, widerruft er dies. Er habe während seines kurzen Aufenthalts in Berlin bei seiner Herreise aus Kiew allerlei Besprechungen gehabt und sich auch über mich informiert. Ich werde überall persönlich anerkannt (wobei ich einwerfe, daß Erzberger nicht in Berlin gewesen sei), niemand werfe mir Anderes vor, als daß ich »auf falschem Fuß Hurra gerufen hätte«. Dienstlich sei mein Bleiben wünschenswert. Er schlage mir vor, für etwa 14 Tage eine Dienstreise auf den östlichen Kriegsschauplatz zu unternehmen, damit wir abwarten könnten, wie die Dinge dann aussähen.

Auch der Kaiser trifft in Spa ein. Ich stehe unter dem erschütternden Eindruck, daß er, nachdem er durch Ludendorffs Entlassung völlig den parlamentarischen Machthabern ausgeliefert ist, endlich, aber zu spät ihnen zu entgehen sucht und zum Heere »flieht«. Ich spreche mich dahin aus, daß er nun dort ist, wo man ihn haben wollte, bei dem führerlosen Heer, damit er dessen Schicksal teile und mit ihm beseitigt werde. [...]

Donnerstag, 31. Oktober 1918

Zum ersten Mal wohl bringt Jemand Hindenburg auf den Gedanken, daß eine Revolution gegen seinen König und Kaiser möglich sei. Es ist der neue Chef des Zivilkabinetts, v. Delbrück. Hindenburg antwortet, er würde Jeden niederschießen, der von ihm verlangen würde, den Kaiser im Stich zu lassen.

Abends ißt der Kaiser in Begleitung des Generaloberst v. Plessen und des Flügeladjutanten v. Hirschfeld bei uns.

Sein Eintreffen verzögert sich etwas. Der Feldmarschall mit Helm und Feldbinde geht auf seinen kaiserlichen Herrn wartend draußen in der Halle auf und ab. Nur einmal steckt er seinen Kopf durch die große Glastür in das Zimmer, in welchem wir mit Groener warten. Er sagt: »Ich komme mir vor, wie ein diensttuender Flügeladjutant.« Als der Kaiser mit ihm unser Zimmer betritt, ist er still und merklich zurückhaltend. Ich nehme den Eindruck ganz in mich auf, denn ich ahnte, daß ich ihn jetzt zum letzten Mal sehe.

Bei Tisch sitzt der Kaiser zwischen Hindenburg und Groener. Neben Hindenburg sitzt Plessen, neben Plessen ich, neben mir v. Hirschfeld. Der Kreis der alten Angehörigen der OHL ist schon gelichtet.

Nach Tisch sitzen wir wie sonst mit Ludendorff im Nebenzimmer um den runden Tisch. Der Kaiser ist weiter befangen, aber persönlich freundlich wie immer auch zu mir. Groener hat befohlen, daß der Vortrag über die Frontlage um ½10 Uhr nicht in den Diensträumen, sondern in unserem Speisezimmer nebenan stattfindet. Das Ausbreiten der Karten usw. dort und daß Groener nach nebenan gerufen wird, gibt Unruhe. Pünktlich meldet er dem Feldmarschall leise über die Schulter, daß alles zum Vortrag bereit sei. Der Kaiser, welcher die Unruhe bemerkt hat, ohne den Grund zu wissen, fragt: »Was ist los? Störe ich? Soll ich mich drücken?« Hindenburg wehrt ab und bittet, der Kaiser möge die Gnade haben, dem Abendvortrag beizuwohnen. Wir stehen im Eßzimmer um den Kartentisch. Der Kaiser spielt die ihm vom Feldmarschall zugewiesene Rolle. Er stützt, zwischen Hindenburg und Groener stehend, seine rechte ringgeschmückte Hand auf die Karte. Für mich ein letzter erschütternder Eindruck, er ist, wie er es mir schon in Pleß in Gegenwart der Kaiserin sagte, »nur noch ein Schatten«. [...]

Freitag, 1. November 1918

Da in Berlin versucht wird, weiter Kapital aus dem Heeresbefehl vom 24.10.18 betreffend Fortsetzung des Widerstandes zu schlagen, schreibt der Feldmarschall noch einmal an den Kanzler, daß dieser Heeresbefehl nicht im *bewußten* Gegensatz zur Reichsleitung entstanden sei.

Die Sektion II meines Stabes, die nach Abgang des Kriegspresseamts und des Vaterländischen Unterrichts nur noch die an die OHL herantretenden Fragen der inneren Politik bearbeitet, geleitet durch Major Kroeger, tritt auf meinen Vorschlag zur Operationsabteilung über und soll dort als »Militärpolitische Abteilung« weitergeführt werden.

Ich habe damit mein Arbeitsgebiet völlig, bis auf die Sektion X des Abwehrdienstes, von allem politischen Beiwerk entlastet. Es besteht nur noch in der Leitung des Nachrichtendienstes und der Abwehr. Ein Ausscheiden politischer Belange aus diesen beiden Arbeitsgebieten ist ohne weiteres nicht möglich.

5.30 Uhr abends verlasse ich für die von Groener gewünschte 14-tägige Dienstreise Spa. Als ich mich bei ihm verabschiede, reicht er mir die Hand mit den Worten: »Viel Vergnügen.« Diese Worte sind ihm selbstverständlich entschlüpft und es ist ihm offensichtlich peinlich. Daß dies möglich war, ist für mich immerhin ein Zeichen anderer innerer Verbundenheit mit dem sich vollziehenden Geschick, als ich es seit langem in gleicher Lage von Ludendorff empfunden habe. [...]

Ich habe angeordnet, daß mein Ordonnanzoffizier, Leutnant v. Görschen, welcher mich nach dem Osten begleiten soll, erst morgen nach Berlin fährt und sich dort anschließt, um auf der Fahrt nach Berlin für mich allein zu sein. Das Abschiedswort Groeners »Viel Vergnügen« beschäftigt mich noch. Ich nehme den Eindruck mit, daß er mit großer Ruhe und völligem Überblick über die Lage die Geschäfte übernommen hat, daß auch er tief betroffen ist, daß aber ihn ein ganz anderer Geist als Ludendorff leitet. Er selbst bekannte sich in einer Unterhaltung mit uns Abteilungschefs gestern darüber, wie alles gekommen sei, zu einer Auffassung, die der von Ludendorffs politischen Gegnern sich näherte. Er sprach dabei aber nicht herabsetzend von ihm und ehrerbietig über den Kaiser. Als er zu uns von »Ihr Preußen« sprach, zeigte sich vielleicht der Kern seiner anderen Art. Als ich darüber nachdenke, scheint es mir, als ob in dem kleinen Schwabenvolk, deren soldatische Haltung Ludendorff einmal als die zäheste bezeichnet hatte, Persönlichkeiten von einiger besonderer Leistung leichter hervorragen, als in dem großen vielseitigen Preußen, und daß sie dadurch eher und leichter in ihrem kleinen Heimatkreis zu Einfluß und führender Stellung gelangen. In der Konkurrenz mit den aus preußischem Geist hervorgegangenen Führern zeigen sie aber doch den Abstand der Kleinstaatlichkeit. Dasselbe haben, zwischen den Schwaben und Preußen rangierend, die Bayern erwiesen. So sehr beide, auch die Badener und Sachsen an ihrem Landesherrn und Herrscherhaus hängen, scheint mir der Kaiser doch nicht das zu sein, was er für die Preußen bedeutet, denen er gleichzeitig der König ist. Sie haben es bequemer gehabt in ihrer Geschichte, als ihr Schicksal von großen Mächten, von Frankreich, Österreich und Preußen entschieden und aufwärts geführt wurde. Sie sind also wohl daran gewöhnt, die Entscheidung aus stärkerer Hand hinzunehmen, während Preußen sich alles aus eigener Kraft erkämpfen mußte. Es geht bei ihnen also alles nicht so tief und gemütlicher zu. Groener ist zu dieser deutsch-spießbürgerlichen Neigung vielleicht auch dadurch belastet, daß er aus einfachen Familienverhältnissen stammt. Er hat außergewöhnliche Begabung, aber keine tiefverwurzelte Auffassung und keinen politischen Charakter.

Seine theoretischen Leistungen als Chef der Eisenbahn-Abteilung des Generalstabes vor dem Kriege waren groß und seine gemütliche und humorvolle Art machten ihn beliebt. So war er auch unter Falkenhayn menschlich in dessen engstem Kreis einer der Anregensten. Einen großen Teil der Arbeit, Entscheidung und Verantwortung überließ er aber schon damals vielfach seinen nächsten Untergebenen, dem Oberstleutnant v. Oldershausen, einem Sachsen, seinem Nachfolger und dem Major v. Velsen, als Chef des Kriegsamts seinem Stabschef v. Ludwiger. Es ging von ihm das Wort, daß er »produktive Faulheit« besäße, d.h., daß er es verstände, Andere für sich arbeiten zu lassen, also vor allem eine starke Arbeitsleistung anzuregen. Ludendorff dagegen war diese Arbeitsleistung selbst. Seine Mitarbeiter bis weit hinein in die Front waren diese starke Energie, vorbildliche Leistung und straffste zentrale Führung gewohnt. Hier, so scheint es mir, tritt eine verhängnisvolle Nachfolge ein.

In dieser seiner Art war Ludendorff entgegengesetzt und abgeneigt zu den überhaupt an keine Führung gewöhnten politischen Kräften innerhalb und außerhalb des Staates. Groener dagegen ist mehr ihresgleichen, er hat darum keine Feinde, ist daher geneigt, auch die von Ludendorff für harmlos zu halten. So erkläre ich mir, daß er meinte, ich hätte keine persönlichen, aufs Ganze gehenden Gegner und daß er mir gesagt hat, es würde genügen, wenn ich einmal »für 14 Tage meinen politischen Feinden aus dem Auge gebracht würde«. Diese Auffassung scheint mir bei Groener genährt durch seine Berührung mit diesen Elementen als Chef des Kriegsamts. Sie traten auch mir immer persönlich verbindlich und anscheinend freundlich gegenüber, während sie mich sachlich und hinter dem Rücken auch persönlich bekämpften. Sie verstanden es nicht, wenn ich das Persönliche und Sachliche nicht trennte und denen, welche mich sachlich befeindeten, auch persönlich feindlich gesinnt war.

Ebenso war Ludendorffs Art, bis er ihr, von Oberst Bauer verführt, untreu wurde, als er sich im Juli 1917 mit diesen ihm feindlichen Elementen persönlich einließ. Von da ab war er dem politischen Treiben nicht mehr gewachsen und verlor immer mehr an Herrschaft und Achtung, weil er für diese Art, die man »politisch« nannte, unfähig war. Groeners Wahl scheint also, nachdem Ludendorff nun einmal damals diesen Weg beschritt, die natürliche Fortsetzung zu sein, aber mit dem Ende der völligen Unterordnung, denn die in dieser Art Geschulten werden auch ihm, dem doch vorzugsweise militärisch Geschulten überlegen sein.

Ich fühle mich dieser Lage gegenüber nicht behaglich und habe keine Freude daran, daß Groener mir sein Vertrauen schenkt. Ich folge nur meinem Pflichtgefühl, habe aber die Lust an den mir verbliebenen Aufgaben verloren.

Wenn ich einmal während des Krieges im Sinne dieses Systems eine Aussprache brauchte, so fand ich sie, wie ich mir schon früher notierte, bei keinem der rein militärisch denkenden Kameraden der engsten OHL. Der einzige in diesem Sinne »politisch Denkende« und dafür Begabte war der Major v. Schleicher im Generalstab des Generalquartiermeisters, vor dem Kriege Bürooffizier (Adjutant) des Chefs der Eisenbahn-Abteilung, also Groeners. Es ist mir aufgefallen, daß Groener ihn schon in diesen beiden Tagen heranzog, wohl weil er, wie ich, diese seine Fähigkeiten kannte. Ich glaube, daß er sich sehr an ihn halten und daß v. Schleicher zu großem Einfluß in der neuen OHL gelangen wird. Auch hier ein großer Wechsel. Unter Ludendorff war Schleicher seines kalten zynischen Wesens wegen nur ein entfernter und sachlich verdienstvoller Mitarbeiter der OHL, niemals aber ein Mann persönlichen Vertrauens oder Einflußes bei Ludendorff, diesem, wie jeder leidenschaftlichen nationalen Regung kalt gegenüber, fähig vielleicht ein Meister intriganten politischen Spiels zu werden, darum aber auch Herr über den im Grunde gutmütigen und uranständigen Groener, von Hindenburg weit ab im Wesen, wenn ihm auch zunächst als Regimentskamerad vom 3. Garderegiment begünstigt, letzten Endes aber niemals ein Mann wie für Groener letzten und ganzen Vertrauens für den Feldmarschall.

Ich sehe für diesen eine große völlige Einsamkeit voraus. Über ihm verschwindet der Nimbus seines kaiserlichen Herrn und unter ihm ist ihm die Tatkraft von Ludendorff genommen. Zwar ist der Feldherrnmantel, der er für Ludendorff war, zum Hermelin geworden, der noch den Kaiser einschließt. Ich sehe die Entwicklung vollendet, welche ich Ludendorff andeutete, als ich ihn bei Oberost aufsuchte mit der Bitte, die Volkstümlichkeit des Feldmarschalls nicht zu sehr zu fördern, weil sie auf Kosten des Kaisers erfolgte. Jetzt kann der Kaiser verschwinden, denn was er als Symbol war, bleibt in Hindenburg. Ich habe es mir nie anders erklären können, daß die Propaganda gegen Ludendorff den Feldmarschall niemals einbezog. Ich sehe voraus, daß neben Groener an Ludendorffs Stelle andere als der Kaiser unter dem Hermelin, welchen Hindenburg trägt, Schutz suchen werden.

Operativ ist der Krieg bereits mit Ludendorffs Entlassung beendet. Weder Groener, noch Heye, noch Stülpnagel beherrschen ihn in dem Ausmaß des Weltkrieges militärisch. Heye, den ich persönlich hoch schätze, wird, so glaube ich, ein ehrlicher und charaktervoller Liquidator werden. Daß Ludendorff ihn zu seiner Entlastung auswählte, ist ebenso wie, daß er sich dazu bekannte, es als notwendig anzuerkennen, auf Bauers Rat erfolgt. Major v. Stülpnagel, den er sich selbst aus der Reihe seiner Friedensoffiziere der Aufmarschabteilung an Wetzells Stelle aussuchte, ist mir persönlich höchst unsympathisch. Äußerlich wie innerlich eine weiche Salbe.

Ich komme zu der Gesamtauffassung, daß die OHL ein Trümmerhaufen ist, bestehend aus dem Feldmarschall, Groener und Schleicher.

Sonnabend, 2. November 1918

10 Uhr vorm. an Berlin. Ich erhalte Meldung, daß die russische Botschaft für morgen mit dem Ausbruch der Revolution in Deutschland rechnet. Gleichzeitig, daß man endlich im AA entschlossen sei, gegen die Botschaft vorzugehen.

Sonntag, 3. November 1918

In Berlin. Ich verabschiede mich von Würtz und Deutelmoser.

Bei Würtz habe ich den Eindruck eines darüber erbitterten Soldaten, durch mich mit dem politischen Treiben durch seine Berufung als Chef des Kriegspresseamts in Verbindung gebracht worden zu sein. Der Dank, den er mir kameradschaftlich ausspricht, gilt bestimmt nicht dieser seiner noch nicht abgeschlossenen Tätigkeit.

Bei Deutelmoser habe ich den Eindruck absoluter Fremdheit zu den Vorgängen außerhalb seines Arbeitszimmers, aber auch einer großen persönlichen Distanz zu diesen.

Als klarblickend und energisch denkend fällt mir der Geheimrat Heilbron vom AA auf.

v. Haeften halte ich für völlig ausgeschaltet. Trotzdem er an der Berufung des Prinzen Max nicht unbeteiligt ist, scheint mir die Freundschaft des Prinzen erkaltet.

Von Erzberger oder einer planmäßigen Führung der öffentlichen Meinung ist nichts zu spüren. [...]

Montag, 4. November 1918

Ich bespreche bei der stellvertretenden Abteilung IIIb die neue Lage. Aus Kiel werden Unruhen gemeldet. Der Abwehrdienst hat eine von den kubikmeter großen Kisten, wie sie seit Monaten ein russischer Kurier von Moskau an die russische Botschaft nach Berlin überbringt, beim Transport auf dem Bahnhof Friedrichstraße »durch Herabfallen zerbrechen lassen«. Der Inhalt sind diejenigen Flugblätter in deutscher Sprache, die schon seit Monaten in den verschiedensten Gebieten Deutschlands aufgetaucht und vom Abwehrdienst vorgelegt waren. Das Oberkommando in den Marken ordnet die Beschlagnahme des übrigen Kuriergepäcks an. 6 weitere große Kisten haben den gleichen Inhalt. Erst auf Grund dieses erdrückenden Beweismaterials werden dem russischen Botschafter die Pässe zugestellt. [...]

9 Uhr abends reise ich von Berlin nach Kowno.

Dienstag, 5. November 1918

In Wirballen wird der in meinem Zuge befindliche Kurier des AA nach Moskau nach Berlin zurückberufen.

3 Uhr an Kowno. Besprechung mit dem Nachrichtenoffizier und dem Leiter der Zentralpolizeistelle Oberost.

7.30 Uhr Essen beim Prinzen Leopold von Bayern. Die Stimmung ist besorgt, aber nicht verzweifelt.

Um 9 Uhr abends wird mir im Theater »Zigeunerliebe« geboten.

Mittwoch, 6. November 1918

Vorm. ab Kowno. An der Grenze besichtige ich die Grenzüberwachung. Ich erfahre, daß die russische Botschaft auf der Durchreise erwartet wird. Es sind Absperrungsmaßnahmen angeordnet, weil die russische Botschaft auch unterwegs revolutionäre Flugblätter verbreitet hat. Ich verstehe nicht, daß man sich mit Absperrungsmaßnahmen begnügt. Ich habe überhaupt, auch bei Oberost den Eindruck, daß man sich durch das Gewöhnen an die bolschewistische Gefahr schon den Blick für die Zustände und Entschlußkraft dagegen verloren hat.

7.30 abends an Königsberg. Besprechung mit dem Chef des Generalstabes des stellvertretenden Generalkommandos, Graf Schlieffen, einem alten verschüchterten und ratlosen Herren.

Donnerstag, 7. November 1918

Ich erfahre, daß der Stellvertretende Kommandierende General in Hannover, v. Hänisch, von revolutionären Banden festgesetzt ist. Diese Nachricht erschüttert mich besonders, weil v. Hänisch 1906 mein Generalstabschef beim Generalkommando in Königsberg war und als besonders energische Persönlichkeit galt.

Der Graf Schlieffen zeigt mir, was für die Stimmung der zahlreich in Königsberg herumlungernden Urlauber pp. von der Front geschieht. Er führt mich ins Schloß, wo diese meist alten ausgemergelten Leute vor die Bilder der preußischen Könige geführt und ihnen Vorträge gehalten werden, denen sie stumpfsinnig und gelangweilt zuhören.

Nachmittags Abfahrt nach Allenstein. Mein Abteil ist durch halbhohe Wand vom Nebenabteil getrennt. Ich höre in Unterhaltungen schärfste Kritik an der militärischen Führung. Ich überzeuge mich, daß sie von Herren der Regierung in Königsberg und Allenstein geführt wird, ohne Rücksicht auf unberufene Zuhörer.

8 Uhr abends an Allenstein. Beim Generalkommando erfahre ich von Unruhen in Sensburg. Auf den Straßen fällt mir die sehr schlechte Disziplin der zahlreichen Soldaten auf. Mir wird geraten, am nächsten Tage nicht wieder in Uniform mich zum Generalkommando zu wagen. Abgesehen davon, daß ich kein Zivil bei mir habe, befolge ich den Rat nicht. In meinem Quartier erhalte ich spät abends bedrohliche Nachrichten aus Berlin.

Freitag, 8. November 1918

Ich habe den Leiter der Zentralpolizeistelle in Posen zur Berichterstattung nach Allenstein gebeten. Er stellt mir die Lage in der Provinz Posen als gesichert hin und bittet mich um einen Aufenthalt dort. Ich sehe aber vor, am Abend nach Berlin abzufahren.

Nach längerer Unsicherheit, ob überhaupt noch Personenbeförderung nach Berlin stattfindet, fährt abends ein D-Zug ab. [...]

Sonnabend, 9. November 1918

Um 9 Uhr vorm. ist endgültig Schluß in Frankfurt a.O., alles muß aussteigen. Bahnhof und Stadt wimmelt von tausenden von Soldaten der Ostfront, die seit gestern bereits aus angehaltenen Zügen dort sind. Die Stimmung ist aufrührerisch, weil nichts für Verpflegung und Unterkunft vorbereitet ist. Ich erlange Telefonanschluß zur Linienkommandantur in Posen und erreiche, daß mein Schlafwagen in einen der Verpflegungs-Eilgüterzüge eingestellt werden soll, welche allein noch nach Berlin durchgelassen werden. Während wir rangieren, hält der Zug so, daß mein Wagen vor dem Personenwagen steht. Die Vorhänge sind heruntergelassen worden und die Türen geschlossen. Ich habe außer mir noch meinen Ordonanzoffizier v. Görschen und einen Feldjäger[61] des AA, welcher von Oberost kommt, bei mir. Die Soldaten sehen den einzigen Personenwagen und machen Anstalt ihn zu stürmen, um mitzukommen. Sie hängen auch in den Bremshäusern der Güterwagen. Ich öffne meine Tür und trete ihnen entgegen. Sie fordern mitgenommen zu werden. Ich frage, da Verwundete darunter sind, wer einen Schein zur Beförderung in ein Lazarett habe. Es finden sich etwa 10 Mann, die ich hereinlasse. Die anderen treten murrend, aber gehorsam zurück. Nach der Abfahrt spreche ich mit den Mitgenommenen. Sie nehmen militärische Haltung an, sind bescheiden, klagen aber sehr heftig, daß sie ungenügend versorgt, auch ohne Geld in Marsch gesetzt seien, darunter einer in ein Lazarett nach Flensburg. Sie hätten seit 24 Stunden in Frankfurt nicht einmal einen Schluck Kaffee bekommen. Ich lasse ihnen durch meinen Burschen geben, was ich an Eßbarem besitze. Sie sind dankbar und manierlich. Nach mehrfachem

---

[61] Die Angehörigen des Reitenden Feldjägerkorps versahen den Kurierdienst zwischen den Regierungs- und Kommandostellen. Sie sind nicht zu verwechseln mit der Geheimen Feldpolizei.

Halten hält der Zug endgültig auf dem Schlesischen Güterbahnhof. Ich sehe aus dem Abteilfenster. Ein wüster Kerl rennt vorbei mit einem Zettel in der Hand und brüllt mir zu: »Wilhelm ist umgezogen.« Ich lasse mir den Zettel geben und lese ein Extrablatt mit der Nachricht vom Übertritt des Kaisers nach Holland.[62]

Meine Soldaten erbieten sich, unser Gepäck bis zum Hauptbahnhof zu tragen. Ich sehe auf der Fahrt mit der Hochbahn nach dem Westen auf den Straßen unendliche Arbeiterkolonnen, ordentlich in Sonntagsanzügen mit roten Fahnen, daneben hin und her jagend Lastautos mit bewaffneten gröhlenden, rote Fahnen schwenkende Kerlen. Ich erkenne die Revolution. Am Bahnhof Gleisdreieck muß ich umsteigen. Es bildet sich um uns beide ein Auflauf, ich höre Äußerungen, die ich nicht verstehe, daß wir noch Kokarden, Achselstücke und Waffen trügen. Besonders aufreizend scheint der Stichdegen meines Ordonnanzoffiziers, eines Kürassieroffiziers zu wirken. Wir bleiben ruhig und bestimmt und erreichen unangefochten meine Wohnung in Wilmersdorf.

5 Uhr nachm. erhalte ich aus Spa Meldung, die OHL werde sich voraussichtlich der Entwicklung fügen.

Abends begebe ich mich unter die Linden. Die Außenbezirke sind verhältnismäßig ruhig. Auch die Innenstadt scheint menschenleer. Besonders unheimlich wirkt die Leere der Straßen am Brandenburger Tor mit dem Blick auf die Linden. Auch ich werde ersucht von einem bewaffneten Kerl, der wohl Polizeidienst tut, mich nach Haus zu begeben. Längs der Linden und der ganzen Umgebung ist heftiges Maschinengewehrfeuer und auch größere Detonationen zu hören. Zu sehen ist aber niemand, auch kein Verwundeter. [...]

Sonntag, 10. November 1918

Die Waffenstillstandbedingungen werden mir mitgeteilt. Ich erhalte Meldungen über das Fortschreiten der Revolution in Deutschland, bis meine Dienststellen in Berlin ihren Betrieb einstellen müssen, weil Überfälle auf sie stattgefunden haben. Ich werde dringend ersucht zu Haus zu bleiben.

Montag, 11. November 1918

Ich unternehme mit Görschen eine Rundfahrt zu meinen Dienststellen in Berlin. Ich erlebe als Zuschauer einen Überfall durch Lastautos mit MG auf ein in der Augsburger Straße liegendes Dienstgebäude meiner Stellvertretenden Abteilung IIIb. Auch bei meinen Dienststellen sind überall Soldatenräte gebildet, durchweg in der Hand zuverläßiger Leute, welche Ordnung und Dienstbetrieb aufrecht erhalten. Trotzdem ist in der Panik des gestrigen Tages viel an Akten und anderem Material planlos vernichtet worden. Mit der Bescheinigung eines meiner Soldatenräte ermögliche ich es, 8.20 Uhr abends Berlin vom Anhalter Bahnhof aus zu verlassen, um in Homburg, wohin die Verlegung der OHL bevorstand, Anschluß an dieselbe zu suchen. Ich fahre in Zivil und allein.

---

[62] Wilhelm II. ging am 10.11. vom Hauptquartier in Spa ins Exil nach den Niederlanden. Er dankte am 28.11. als König von Preußen und Deutscher Kaiser ab.

Ich bleibe bei meinem Entschluß, obgleich ich kurz vor Abfahrt durch meinen Vertreter Stotten aus Spa die Nachricht erhalte, Groener entbinde mich meiner Stellung, die Abteilung IIIb werde aufgelöst und er müsse mir persönlich dringend widerraten, zu kommen. Gerade die Tatsache, daß IIIb aufgelöst wird, weckt mein Pflichtgefühl, zu verhindern, daß mit der Vernichtung von Akten so planlos verfahren wird, wie ich es in Berlin erlebt habe. Auch bestimmt mich, daß keiner meiner Mitarbeiter das Gesamtgebiet meines Dienstes umfassend übersieht, darum das Schicksal vieler auswärtiger Mitarbeiter auf dem Spiele steht.

Der Zug kommt nur mit Unterbrechungen vorwärts. Mir ist, als ob ich einer starken Strömung, gebildet durch die von der Front zurückflutenden Drückeberger, entgegenschwimme.

[...] Garnisonkommando Eisenach

Ausweis Nr. 389
Gültig bis 20. November 1918.
[handschr.:] Verlängert bis zum 31. März 1919
gez. Lorenz

Vorzeiger dieses, der Oberstleutnant im Stabe des Chefs des Generalstabes des Feldheeres *Nicolai*
befindet sich vom 11. November 1918 bis 17. November 1918 auf einer Dienstreise mit der Bahn von Berlin über Frankfurt a/M. nach dem Großen Hauptquartier und auf Urlaub.

Die Militär- und Zivilbehörden werden ersucht, den vorgenannten Herrn ungehindert passieren zu lassen und ihm auf der Hin- und Rückreise nötigenfalls den erforderlichen Schutz und Beistand zu gewähren.

Oberstleutnant Nicolai ist berechtigt, in Zivilkleidung zu fahren.

Großes Hauptquartier, den 11. November 1918.

Der Chef des Generalstabes des Feldheeres
A.B.

Für den Arbeiter-   [handschriftlich] Lorenz
und Soldatenrat: Hauptmann im Stabe des Chefs
gez. [unleserlich]   des Generalstabes des Feldheeres.
Wachtmeister.

Dienstag, 12. November 1918

Ich habe in Frankfurt a.M. 2 Stunden Aufenthalt. Die Stadt ist verhältnismäßig ruhig. Von der Front sind wilde Gerüchte verbreitet, so, der Kronprinz sei vor Überschreiten der holländischen Grenze und ebenso alle Offiziere der 5. Armee erschossen.

Um 2 Uhr mittags treffe ich in Homburg ein. In »Ritters Hotel« ist alles zur Aufnahme der OHL vorbereitet, auch für mich Quartier und Arbeitsraum.

Verschiedenes Unterpersonal ist schon anwesend. Es ist respektvoll, aber sehr kordial. Im Laufe des Nachmittags treffen Offiziere aus Spa, darunter auch der beim Kaiser kommandiert gewesene Oberstleutnant Niemann im Kraftwagen mit rotem Wimpel in Homburg ein. Ich erfahre, daß die Greuelnachrichten von der Front nicht zutreffen. Die Offiziere sind erstaunt, daß ich ihnen die Verhältnisse in Berlin, und, soweit ich sie auf meiner Herfahrt beobachten konnte, nicht dem grausigen Bild entsprechend schildere, das im Operationsgebiet verbreitet worden ist.

Wir bewundern die Organisation der Revolution, welche mit diesen Greuelnachrichten von der Heimat beim Heer und vom Heer in der Heimat wirkungsvoll arbeitet. Die Organisation scheint mir aber auch alles zu sein. Ein hohes Ziel kann ich bisher in dieser Revolution nicht entdecken. Sie geht nur auf die Zerstörung alles noch zum Widerstand gegen den Feind Bestehenden aus.

Ich erfahre Näheres über die Vorgänge am 9. November im Großen Hauptquartier. Es haben sich alle dem als unabwendbar Betrachteten gefügt. Nur der vorübergehend vom Kriegsministerium anwesende Oberstleutnant Duesterberg hat versucht, bei einer Instruktion, sich dem Verlangen auf Einführung von Soldatenräten auch bei der OHL nicht zu widersetzen, energisch Widerstand zu leisten. Ich danke meinem Schicksal, daß es mir erspart hat, diese schlimmsten Augenblicke der OHL zu erleben, und bin bescheiden und gerecht genug, vor mir zu bekennen, daß vielleicht auch ich dort versagt haben würde.

Niemann erzählt mir über die letzten Tage des Kaisers. Danach ist er der letzte gewesen, der in den Übertritt nach Holland eingewilligt hat. Er hat sich erst dazu entschlossen, als Prinz Max seinen Rücktritt ohne von ihm ermächtigt zu sein, erklärt hat und alle, einschließlich des Feldmarschalls, ihm geraten haben, zu gehen, zuletzt auch seine nächste persönliche Umgebung, diese wie immer schon an erster Stelle für seine Person besorgt, vor allem unter dem Eindruck der Nachrichten über die Zustände in der Heimat und der Tatsache, daß die zum Schutz des Kaisers herangezogenen Truppen, selbst das Sturmbataillon Rohr, versagt haben.

Ich bekomme telefonische Verbindung mit Spa. Ich bitte Tieschowitz, Groener meine Anwesenheit in Homburg zu melden und erfahre, daß die OHL nicht hierher, sondern nach Schloß Wilhelmshöhe bei Kassel verlegt wird. Groener läßt mir antworten, daß ich jetzt nicht zur OHL zurückkehren könne. Ich bitte Tieschowitz, ihm noch einmal zu melden, daß ich meine Anwesenheit bei der Auflösung von IIIb unbedingt für notwendig halte. Eine Antwort wird mir erst für morgen früh zugesagt. [...]

Mittwoch, 13. November 1918

Früh morgens erhalte ich die Nachricht, Groener habe mir nichts mehr zu erklären.

Ich stelle mich telegraphisch dem Kriegsminister für militärische Verwendung zur Verfügung. 11 Uhr vorm. fahre ich von Homburg über Frankfurt nach Eisenach, um nach meiner dort in Pension befindlichen ältesten Tochter zu sehen. Der Zug ist überfüllt von Deserteuren. Ihre Unterhaltung ist wenig politisch. Die Meisten lassen ein schlechtes Gewissen erkennen und sind bemüht, ihr pflichtwidriges Handeln zu erklären oder durch irgendwelche Schuld ihrer

Vorgesetzten zu entschuldigen. In der Unterhaltung lasse ich meinen Namen und meine Stellung erkennen und spreche in meinem Geist. Ich werde respektvoll angehört und ebenso behandelt.

Eisenach darf ich nur mit Genehmigung des Soldatenrates betreten. Auch hier verschafft mir mein Ausweis respektvolle Behandlung. Der Kommandant der Bahnhofswache klopft mir vertraulich auf die Schulter und sagt, ich könne über meine Tochter beruhigt sein, sie würde unter ihrem Schutz stehen, wenn ich irgendwelche Wünsche hätte, möge ich sie äußern. Im übrigen zeigt diese Dienststelle eine wüste Aufmachung.

Donnerstag, 14. November 1918

Ich bleibe in Eisenach und orientiere mich auch über die Zustände. Obgleich gerade diese als Hochburg besitzender Klassen geltende Stadt sich ohne Militär völlig in der Hand der revolutionären Massen befindet, finde ich überall ruhige Auffassung und Aufrechterhaltung der Ordnung durch zwar revolutionäre, aber noch in militärischer Zucht handelnde Frontsoldaten.

Freitag, 15. November 1918

Ich unterbreche meine Weiterfahrt nach Berlin zum zweiten Mal in Halle, um dort nach den Kindern der jüngstverstorbenen Schwester meiner Frau zu sehen, und finde sie betreut durch frühere Unteroffiziere aus dem Regiment meines Schwagers, die auch mir behilflich sind, obgleich sie Vertrauensstellungen in der revolutionären Organisation bekleiden.

Essen und Wohnung im Hotel sind geregelt wie zur Kriegszeit. Überall herrscht Empörung über das zügellose Verhalten der Jugendlichen und dessen Duldung.

Abends besuche ich, um mir auch das anzusehen, das Apollotheater, »Die lustige Witwe«. Hier sehe ich ein wie von den Vorgängen unberührtes bürgerliches Milieu.

Sonnabend, 16. November 1918

Der Zug nach Berlin ist wieder unbeschreiblich überfüllt, fast alles Soldaten, vornehmlich aus Schlesien. Sie zeigen Ordnung und Disziplin. Ich höre Äußerungen wie: »Zweimal im Osten, zweimal im Westen, jetzt ohne Kokarde und Waffen wie ein Verbrecher nach Haus.« Sie entledigen sich energisch der Matrosen, welche sie ihrer Gesinnung wegen belästigen, bei den Aufenthalten Verstärkung heranholen und die Scheiben einschlagen wollen.

Meine Berliner Dienststellen, welche in Homburg Verbindung mit mir suchten, haben nur meine Abreise von dort nach Berlin erfahren. Da ich seit 2 Tagen nicht eingetroffen bin, sind Nachforschungen angestellt worden. Es ist gemeldet worden, ich sei ermordet worden. Diese Nachricht ist auch meiner Frau übermittelt. Ohne dies zu wissen, treffe ich nachmittags 6 Uhr in meiner Wohnung ein. Meine Frau öffnet mir die Tür. Sie bricht, zum ersten Mal im Kriege, in meinem Arm zusammen.

Hiermit endet meine Zugehörigkeit zur OHL. [...]

Montag, 18. November 1918

Es gelingt mir nicht, im Kriegspresseamt Zutritt zu erhalten. Ich erfahre, daß es aufgelöst werden soll. Ich treffe den neuen Postminister[63] Giesberts vor seinem Ministerium in der Leipziger Straße. Er bittet mich zu einer Aussprache in seinem Dienstzimmer. Ich habe ihn als Unterstaatssekretär in seiner biederen Art geschätzt. Er ist wie Erzberger Zentrumsmann, aber aus dem Gewerkschaftslager, also nicht reiner Kathederpolitiker wie dieser. Ich frage ihn unter Anderem, was denn Erzberger mache. Er sagt: »Der ist ein großer Hauptmann von Köpenick.« [...]

Ich suche den Chef des Militärkabinetts und den Oberst v. Waitz im Kriegsministerium auf, um meine Verwendung im Grenzschutz Ost zu erbitten. Ich erfahre, daß auch die OHL mich dem Militärkabinett zur Verfügung gestellt hat und finde zuhaus ihre Weisung vor, mich beim Kriegsminister zu melden.

Dienstag, 19. November 1918

Ich bin bei der Stellvertretenden Abteilung IIIb, um mich von der Verwaltung des Geheimfonds des Generalstabes zu entlasten und den eisernen Schrank mit meinen persönlichen Akten zu räumen. Dies Letztere ist bereits radikal durch Vernichtung besorgt.

Abends habe ich die neutralen Militärattachés eingeladen, um mich von ihnen zu verabschieden. Ich beabsichtige meine Tischrede auf die von ihnen vertretenen Staatshäupter einzustellen. Vor diesen Soldaten verschwindet aber meine repräsentative Absicht und ich spreche zu ihnen als Kameraden nur von dem, was mich erfüllt und erhebe mein Glas zum letzten Mal auf das deutsche Heer. Die Herren sind tief ergriffen und versichern mich ihrer Überzeugung vom unbesiegten deutschen Heer.

Mittwoch, 20. November 1918

Ich bin noch einmal im Militärkabinett. Mir wird erklärt, daß meine vorgeschlagene Verwendung bei einem Generalkommando im Osten vom Kriegsministerium abgelehnt worden ist. Auch eine andere mich befriedigende Verwendung gäbe es nicht. Ich solle Urlaub einreichen, solange ich wolle. Ebenso lautet die Auskunft im Kriegsministerium. Ich solle auf Urlaub gehen, oder auf Reise, ich solle tun, was ich wolle, ich solle mein Schicksal nicht persönlich nehmen, es würde im Kabinett wie im Ministerium gebührend gewürdigt, meine Leistungen würden hoch anerkannt, aber im Augenblick könne man mich nur um eins bitten, möglichst bald und lange Berlin zu verlassen.

In meiner Wohnung finde ich unseren Hausarzt. Er schließt sich der Bitte der entscheidenden Militärbehörden an. Es sei selbstverständlich, daß ich körperlich erschöpft sei. Er rät mir eine Gebirgsgegend aufzusuchen.

---

[63] Hier irrt Nicolai. Giesberts wurde erst am 13.2.1919 zum Reichspostminister ernannt. Zum damaligen Zeitpunkt war er noch Staatssekretär des Reichsarbeitsamtes.

Ich entschließe mich nach Eisenach zu gehen, wo ich mein ältestes Kind um mich haben kann. Ich fahre um Mitternacht dorthin ab.

Donnerstag, 21. November 1918

Ich lasse mich ärztlich untersuchen und werde zunächst bis Anfang Januar für dienstunfähig erklärt. Ich finde ein für uns geeignetes Haus auf der Bismarckhöhe und beschließe mit meiner Frau, ganz nach Eisenach überzusiedeln. Sie ist auch am Ende ihrer Kraft, sie wiegt 78 Pfund. [...]

Abschrift

GrHQu Wilhelmshöhe, den 6.12.1918

Mein hochverehrter Herr Oberstleutnant!

Auch ich hatte mir den ersten Brief zwischen uns beiden nach dem Kriege wahrlich anders gedacht!

Wenn ich bis jetzt noch kein Lebenszeichen von mir gab, so liegt das lediglich an der Unkenntnis der Adresse.

Es fällt mir wahrlich nicht schwer, mich in Ihre Lage zu versetzen, ein Mann wie Sie, der nichts wie Arbeit und wieder Arbeit zum Wohle des Ganzen – vielleicht manchmal zu sehr unter Hintansetzung der eigen Person – gekannt hat, in diesem Augenblick auf das Trockene gesetzt, wo man, weiß Gott, jeden Mann anspannen müßte; es ist ein Jammer und Elend. Aber mir geht es nicht viel anders, nur mit dem Unterschied, daß ich hier im Kgl. Schloß ohne Frau und ohne Kinder sitze und leider meine ebenfalls ziemlich kaputten Nerven bei dem dauernden Ärger nicht erholen kann.

Wir haben leider noch immer nicht gelernt, wie früher wird nebeneinander, um nicht zu sagen gegen einander gearbeitet, ich habe mein möglichstes getan und kann mir deshalb keine Vorwürfe machen. Mein altes liebgewordenes Arbeitsgebiet ist mutwillig und sinnlos eingerissen worden, ohne vorher etwas anderes aufzubauen. Ich habe mich immer wieder allen Stellen zur Mitarbeit oder Unterstellung angeboten, vergeblich! Jeder wollte für sich Propaganda machen, auch wenn er sich bislang mit dieser schweren Materie noch nie beschäftigt hatte.

Die Übersiedelung nach hier war übereilt und unvorbereitet, da alles auf Homburg eingerichtet war, wo noch Akten von uns durch den AuS-Rat festgehalten werden. Hier machen nun mindestens 4 Stellen in Propaganda, ich bemühe mich, einigermaßen über alles orientiert zu sein, was aber nicht immer gelingt, und dann wundert man sich, wenn mal etwas nicht klappt.

Das alte gute Kriegspresseamt wird bis zum 1.1. liquidiert sein. Würtz leitet diese Aufgabe und wird dann zur Verfügung gestellt, was mit seinen Generalstabsoffizieren schon heute geschehen ist; sie sind alle zu ihren letzten Regimentern zurückgetreten. Damit fehlt uns natürlich jeglicher Einfluß auf die Presse, wir sind durch den AuS-Rat sehr eingeengt. Es bleibt mir daher in

Einzelfällen nichts anderes übrig, als mich unmittelbar an alte Bekannte zu wenden, die auch regelmäßig auf meine Wünsche eingehen; selbstverständlich sind auch diese Notizen nur im Sinne der jetzigen Regierung; dieses Programm wird strikte eingehalten. Da muß das Vorbild des Feldmarschalls für uns alle maßgebend sein, denn schwerer als ihm wird dieser Schritt wohl niemandem gefallen sein. Es geht dem alten Herren erfreulicher Weise körperlich sehr gut; er ist frisch und lebhaft und gegenüber den Volksbeauftragten von gewinnender und sicher den nötigen Eindruck nicht verfehlender Liebenswürdigkeit. Welch ein Unterschied gegen früher. Damals das exclusive Marschallkasino, wo man eine Einladung als besondere Ehre ansah – und heute!! Alles gemeinsam die Suppe aus der Feldküche essend; natürlich geht auch das; der Unterschied ist nur zu groß und plötzlich.

Ich bin in den 21 Tagen unseres Hierseins 10 Tage im Auto unterwegs gewesen und habe dabei interessante Einblicke in das Leben der Truppe und des Volkes gewonnen; ich war 5 Mal bis zu den vordersten Teilen der zurückmarschierenden Truppe, bei Heeresgruppen, AOKs und Divisionen, z.T. auch bei einheimischen Behörden Rheinlands und Westfalens. Es ist erstaunlich und bedauerlich, welche Animosität sich gegen die OHL bei fast allen Stellen angesammelt hat; niemand weiß so recht, aus welchem Grunde, man hat aber das Gefühl, daß hier alle Fehler gemacht sind. Ich habe mich natürlich gegen diese Vorwürfe gewehrt, im ganzen ist es aber keine angenehme Aufgabe, jetzt Kurier des GrHQu zu spielen.

Den größten Vorwurf macht man uns, daß wir nicht rechzeitig das Fehlen der eigenen Reserven, den katastrophalen Niedergang der Stimmung der Heimat und das schnelle Wachsen der feindlichen Kräfte erkannt und daraus die nötigen Folgerungen gezogen hätten. Inzwischen hat sich ja auch die Presse dieses Themas bemächtigt und allmählich zu einem planmäßigen Angriff gegen die OHL vorbereitet; da wäre natürlich früher sofort ein entsprechender Gegenplan aufgestellt worden; heute begnügt man sich mit Einzelmaßnahmen, die nur z.T. Erfolg haben werden.

Daß es einem hierbei nicht glänzend gehen kann, wird nicht Wunder nehmen; eine Beruhigung in dieser Zeit ist für mich die Gewißheit, daß es den Meinen gut geht; ich habe trotz amerikanischer Besatzung noch gestern früh mit meiner Frau in Trier gesprochen; nach Einrücken der Amerikaner sei schnell Ruhe und Ordnung geschaffen worden. Die Truppe mache einen vortrefflichen militärischen Eindruck und benähme sich vorläufig anständig; soweit man heute übersehen kann, besteht sogar die Möglichkeit, daß aktive Offiziere zu Weihnachten in das besetzte Gebiet reisen können, so daß ich unter Umständen in diesem Jahr endlich mal mit Frau und Kindern beisammen sein würde.

Meine Mutter ist ebenfalls in dem inzwischen besetzten Cöln geblieben, wo sicher mehr Ordnung herrscht als leider dank der AuS-Räte im anderen Deutschland.

Die OHL wird wohl noch bis Mitte Januar hier beisammen bleiben. Alle jetzt überflüßig werdenden Gen.St.Off. werden ihrem letzten Truppenteil zur Verfügung gestellt, da der spätere Gen.St. wohl nur sehr klein werden wird; viele glauben nur an ein Departement des KM so wie es vor der Moltke'schen Organisation 58 gewesen ist.

Leider habe ich die Fühlung mit unseren »Freunden« verloren, die jetzt fast alle hohe oder höchste Tiere sind; so Baake,[a] Grunwald[b] und andere mehr. Ich habe lediglich einige Male mit Baake telefoniert, der dann sehr liebenswürdig war und sich der früheren Zusammenarbeit gerne erinnerte.

Ihrer Auffassung über unsere innere Lage stimme ich vollkommen zu; sie ist trostlos. Ebert-Haase ist ohne jede Macht, die er vielleicht durch das hereinkommende Heer erhalten kann; aber auch bei diesem ist der Drang nach dem eigenen Heim so groß, daß man der allerbesten Truppen nur von heute auf morgen sicher ist. Ebenso wenig ist man sich darüber klar, was später aus der Armee werden soll. Das KM macht zwar Entwürfe, weiß aber nicht, ob sie von den Feinden und der eigenen Volksvertretung angenommen werden.

So – damit wären wohl die wichtigsten Fragen Ihres Schreibens beantwortet. Die Antworten gehen ein wenig durcheinander; das ist aber nicht viel anders möglich, wenn man bei einem Brief wohl 10 Mal unterbrochen wird.

Es drängt mich, Ihnen, sehr verehrter Herr Oberstleutnant heute noch einmal zu wiederholen, was ich Ihnen in Spa sagte: Die Zeit, die ich unter Ihrer zielbewußten und klaren Leitung habe arbeiten dürfen, wird immer zu den schönsten und befriedigensten meines ganzen Lebens gehören. Ich weiß, wieviele Gegner Sie haben; seien Sie aber überzeugt, daß Sie in mir immer und wo es auch sei, einen Verteidiger finden werden, der sein letztes für seinen ehemaligen verehrten Abteilungschef hergeben wird.

Mit dieser Versicherung

Ihr Ihnen treu ergebner
gez. Kroeger

Ich erbitte gehorsamst Bestätigung des Eingangs dieser Zeilen.[...]

---

[a] Baake war zweiter Vorsitzender des Presseausschusses, Freund Eberts, jetzt Staatssekretär der Reichskanzlei [Anmerkung des Verfassers].

[b] Grunwald, Sozialdemokratischer Journalist, im Kriege ergebener Berichterstatter des Kriegspresseamts über die Sozialdemokratie [Anmerkung des Verfassers].

Anhang

Abkürzungen

AA	Auswärtiges Amt	DVLP	Deutsche Vaterlandspartei
A.B.	Auf Befehl	EdA	»Eindrücke der Auslandpresse«
Abt.	Abteilung		
a.D.	außer Dienst	E.E.	Eure Exzellenz
AEG	Allgemeine Elektricitäts-Gesellschaft	E.K.	Eisernes Kreuz
		E.M.	Eure Majestät
AK	Armeekorps	e.V.	eingetragener Verein
AKO	Allgemeine Kabinettsorder	Frhr.	Freiherr
a.M	am Main	FVP	Freisinnige Volkspartei
a.O.	an der Oder	Gen.d.Inf.	General der Infanterie
AOK(s)	Armeeoberkommando(s)	Gen.Kdo.	Generalkommando
AuS	Arbeiter und Soldaten(-Rat)	Gen.Maj.	Generalmajor
BArch	Bundesarchiv	gez.	gezeichnet
Bd	Band	GFP	Geheime Feldpolizei
bezw./bzw.	beziehungsweise	GrHQu/Gr.H.Q.	Großes Hauptquartier
Bl.	Blatt	HAPAG	Hamburg-Amerikanische Packetfahrt-Actien-Gesellschaft
Btl.	Bataillon		
BUFA	Bild- und Filmamt		
CdA	»Charakteristik der Auslandpresse«	i.A.	im Auftrag
		Ia	1. Generalstabsoffizier
d.Ä.	der Ältere	Ic	3. Generalstabsoffizier
dgl.	dergleichen	i.d.R.	in der Regel
d.h.	das heißt	i.G.	im Generalstab
d.i.	das ist	IR/I.R.	Infanterieregiment
d.J.	des Jahres/der Jüngere	KEA	Kriegsernährungsamt
DK	»Deutsche Kriegsnachrichten«	KM/K.M.	Kriegsministerium
		KrPrA	Kriegspresseamt
DKW/D.K.W.	»Deutsche Kriegswochenschau«	k.u.k.	kaiserlich und königlich
		m.A.	meiner Ansicht
		MAA	Militärische Stelle des Auswärtigen Amtes
DKons	Deutschkonservative Partei		
d.L.	der Landwehr/des Landsturms	MdI	Ministerium des Innern
		MdR	Mitglied des Reichstages
d.M.	des Monats	m.E.	meines Erachtens
DNVP	Deutschnationale Volkspartei	m.H.	meine Herren
		MStGB	Militärstrafgesetzbuch
d.R.	der Reserve	m.W.	meines Wissens

NA/N.A.	Nachrichtenabteilung	RWM	Reichswehrministerium
N.D.	Nachrichtendienst	SA	Sturmabteilung (paramili-
NdA	»Nachrichten der Ausland-		tärische Kampforganisation
	presse«		der NSDAP)
NF	Neue Folge	S.E.	Seine Exzellenz
NHO/N.H.O.		S.M.	Seine Majestät
	Nachrichtenhilfsoffizier	S.M.S.	Seiner Majestät Schiff
NLP	Nationalliberale Partei	SPD	Sozialdemokratische Partei
NO/N.O.	Nachrichtenoffizier	Stellv.	Stellvertreter
NOB	Nachrichtenoffizier Berlin	u.a.	und andere
ObOst	Oberbefehlshaber Ost	u.ä.	und ähnliche
	(auch Oberost)	ÜdA	»Übersicht der Ausland-
OHL	Oberste Heeresleitung		presse«
Ohla	Auslandsabteilung der	unpag.	unpaginiert
	Obersten Heeresleitung	U.S.	Unabhängige Sozialdemo-
OII	Operationsabteilung II		kratie
OIIa	Operationsabteilung IIa	USPD	Unabhängige Sozialdemo-
OIId	Operationsabteilung IId		kratische Partei
OK	Oberkommando	usw.	und so weiter
OKW	Oberkommando der Wehr-	v.a.	vor allem
	macht	WTB	Wolffs Telegraphisches
OZ	Oberzensurstelle		Bureau
pp.	perge, perge (und so weiter)	z.B.	zum Beispiel
P.S.	Post Scriptum	z.b.V.	zur besonderen Verwendung
RGVA	Rossiiskii Gosudarstvenni	z.D.	zur Disposition
	Voennyi Arkhiv	z.F.	zu Fuß
Rittm.	Rittmeister	ZSt	Zentralpolizeistelle
RM	Reichsmark	z.T.	zum Teil
RMA	Reichsmarineamt	z.V.	zur Verfügung

Personenregister

Walter Nicolai wurde nicht aufgenommen. Die biografischen Angaben beschränken sich auf den Kontext der Nennung im Text. Bei Soldaten wird, soweit ermittelbar, der letzte während des Ersten Weltkrieges erreichte Dienstgrad angegeben (nicht à la suite).

Abdülhamid II. (1842–1918), 1876–1909 Sultan und Kalif des Osman. Reiches 342
Abdülmecid I. (1823–1861), 1839–1861 Sultan und Kalif des Osman. Reiches 551
Abdul Kasim, Osman. Aristokrat 551
Adalbert (1884–1948), Prinz von Preußen, Sohn Wilhelms II. 218
Adam, Richard Benno (1873–1937), Maler 497
Adlercreutz, Oberst, schwed. Militärattaché 116, 403 f., 575
Adolf Friedrich VI. (1882–1918), 1914–1918 Großherzog von Mecklenburg-Strelitz 440, 506
Ahlhorn, Emil, Major, 1914–1918 Kompaniechef und Bataillonskommandeur Infanterie-Regiment Nr. 82 538
Ahumada Bascuñan, Arturo (1872–1955), Oberstleutnant, 1914–1917 chil. Militärattaché 403 f.
Albrecht (1865–1939), Generalfeldmarschall und Herzog von Württemberg, 1914–1917 Oberbefehlshaber 4. Armee, 1917–1918 Oberbefehlshaber Heeresgruppe »Herzog Albrecht« 111, 284, 486
Albrecht, Georg Friedrich (1812–1890), Oberlandesgerichtspräsident, Großvater von Nicolais Ehefrau 78
Alfonso XIII. (1886–1941), 1902–1931 König von Spanien 323, 385
Alsberg, Max (1877–1933), Rechtsanwalt 432
Anker, Kurt (1881–1935), Major, 1914–1918 Angehöriger IIIb, N.O. Heeresgruppe »Deutscher Kronprinz« 521, 536 f., 545
Arndt, Ernst Moritz (1769–1860), Schriftsteller und Politiker 208
Atatürk, Mustafa Kemal Pascha (1881–1938), 1914–1918 osman. Offizier, 1923–1938 Präsident der Republik Türkei 55 f.
Augusta (1811–1890), 1861–1888 Königin von Preußen und seit 1871 dt. Kaiserin 207, 289
Auguste Viktoria (1858–1921), 1888–1918 Königin von Preußen und dt. Kaiserin 97, 108, 110, 175, 202, 209, 232, 234–236, 267, 268, 284, 289, 304–306, 315, 322, 411, 563, 589
August Wilhelm (1887–1949), Prinz von Preußen, Sohn Wilhelms II. 218

Baake, Curt (1864–1938), Journalist und Politiker (SPD), ab 1914 2. Vorsitzender des Presseausschusses des Kriegspresseamtes 106, 162 f., 166, 252, 373, 443, 485, 602
Bachem, Carl (1858–1945), Jurist, Publizist und Politiker (Zentrum) 162, 164, 466, 495, 556
Bachem, Franz Xaver (1857–1936), Verleger 162
Bachem, Fridolin (1860–1920), Buchdrucker und Verleger 162
Bachem, Robert (1863–1942), Kaufmann und Verleger 162
Balck, William (1858–1924), Generalleutnant, 1914 Chef der Feldtelegraphie 350
Ballin, Albert (1857–1918), Reeder, 1899–1918 Generaldirektor der HAPAG 160, 215
Bartenwerffer, Paul von (1867–1928), Generalmajor, 1916–1918 Chef (Militär-) Politische Abteilung der OHL 23, 49 f., 233, 266, 307, 312, 512 f., 515, 520, 531, 539, 565, 580 f., 586
Bartsch, Generalsekretär des Verbands Deutscher Zeitungsverleger 410
Bartsch, Rudolf Hans (1873–1952), Schriftsteller und k.u.k. Offizier 358
Bat'iušin, Nicolai Stepanovič (1874–1954), russ. Oberst 56
Batocki-Friebe, Adolf Tortilowicz von (1868–1944), 1916/17 Präsident Kriegsernährungsamt 255
Bauer, Max (1869–1929), Oberst, 1914–1918 Chef Sektion bzw. Abteilung II (Operationsabteilung) der OHL 21, 25 f., 29, 31, 47, 50, 60, 178–180, 204, 276, 312, 379, 405, 408 f., 411, 454, 512 f., 520, 546, 548–551, 565, 567, 591 f.
Bauer, Maximilian, Kriminalbeamter, Feldpolizeidirektor im Großen Hauptquartier 53 f., 540
Becker, Chefredakteur der »Deutschen Zeitung« 448
Becker, Leutnant, 1918 Angehöriger IIIb 500
Beerfelde, Hans Georg von (1877–1960), Hauptmann, Angehöriger IIIb, 1917 N.H.O. Berlin 427–429, 431–433, 437–439, 468, 503, 511, 530
Beerfelde, Kurt von (1869–1931), Oberstleutnant, 1917 Kommandeur Garde-Grenadier-Regiment Nr. 5 431, 438
Below, Fritz von (1853–1918), General der Infanterie, 1916–1918 Oberbefehlshaber 1. Armee 398
Benedikt XV. (1854–1922), Giacomo della Casa, 1914–1922 Papst 426
Bentivegni, Franz-Eccard von (1896–1958), Generalleutnant, 1939–1943 Chef Abteilung III in der Amtsgruppe Abwehr des OKW 58
Berchem, Walter Graf von (*1880), Rittmeister d.Lw., Angehöriger IIIb, 1916–1918 Inlandsnachrichtendienst München 388, 427
Bergh, Ernst van den (1873–1968), Major, 1915–1918 Offizier im preuß. Kriegsministerium 258, 260, 372, 449, 493, 504, 513, 567
Berg-Markienen, Friedrich von (1866–1939), Politiker, 1918 Chef des Geheimen Zivilkabinetts 501, 503, 533
Bernau, Justizrat, 1917/18 Verteidiger Hans Georg von Beerfeldes 429
Bernhard, Georg (1875–1944), Publizist, seit 1914 Chefredakteur der »Vossischen Zeitung«, zeitweilig Vorsitzender des Presseausschusses des Kriegspresseamtes 106, 162 f., 166, 228 f., 300, 374, 407, 442 f., 464, 508
Beseler, Hans Hartwig von (1850–1921), Generaloberst, 1915–1918 Generalgouverneur Warschau 313, 522

Personenregister

Bethmann Hollweg, Theobald von (1856–1921), Politiker (parteilos), 1909–1917 Reichskanzler und preuß. Ministerpräsident 26, 96 f., 102, 108 f., 136, 139, 160, 169, 174 f., 179, 202, 204, 211, 215, 220, 227–231, 248, 255, 261 f., 264–267, 284, 286 f., 294 f., 300, 302, 309–312, 317 f., 321, 326, 329, 352, 363 f., 369–373, 375 f., 378, 383, 388, 391, 397, 399, 403–409, 411 f., 416–419, 422, 425, 449 f., 454, 481, 489, 546
Beurrière, Gabriele, 1918 Geliebte des Kronprinzen Wilhelm von Preußen 534–537, 541, 544, 546, 549, 555
Bieler, Hauptmann, Angehöriger IIIb, 1918 Sektion III 316
Bienerth, Karl Graf von (1872–1941), Oberst, 1914–1918 k.u.k. Militärattaché 321
Bismarck, Busso von (1876–1943), Major, 1914–1918 dt. Militärattaché in der Schweiz 158, 385
Bismarck, Kurd von (1879–1943), Major, 1916 Adjutant beim Oberbefehlshaber Ost und beim Chef des Generalstabes des Feldheeres 386
Bismarck, Otto Fürst von (1815–1898), Politiker (parteilos), 1862–1890 preuß. Ministerpräsident und seit 1871 Reichskanzler 14, 98, 100, 108, 150, 221
Bissing, Moritz Frhr. von (1844–1917), General der Kavallerie, 1914–1917 Generalgouverneur Belgien 231
Bjørnson, Bjørn (1859–1942), norw. Schauspieler und Regisseur 246, 251
Bjørnson, Bjørnstjerne (1832–1910), norw. Dichter und Nobelpreisträger, Politiker, Vater von Bjørn Bjørnson 246
Blankenhorn, Erich (1878–1963), Major, 1917/18 Angehöriger IIIb, Sektion II 406, 408, 443, 478, 487 f.
Bloem, Walter (1868–1951), Schriftsteller und Major d.R., 1916–1918 Angehöriger IIIb, Leiter Feldpressestelle 218 f., 226–228, 230, 235 f., 258, 263
Blücher, Graf von, dt. Adeliger 157
Böhm, Hauptmann, 1914/15 in der OHL 192
Boelcke, Siegfried (1876–1930), Major, 1917 Chef des Kriegsvermessungswesens 350
Böttinger, Mutter von Walter Böttinger 176
Böttinger, Walter, Fahrer von Walter Nicolai 187 f., 191
Bojadschiew, Kliment (1861–1933), General, Oberbefehlshaber der bulg. 1. Armee 193
Bongiovanni, Luigi, Oberstleutnant, 1914/15 ital. Militärattaché 167
Bonin, Henning von (1856–1923), General der Infanterie, 1913/14 und 1917/18 Stadtkommandant von Berlin 433
Boris III. (1894–1943), 1894–1918 Kronprinz, 1918–1943 Zar von Bulgarien 193 f., 196, 283 f., 321 f., 505, 528
Borsig, Ernst von (1869–1933), Industrieller 371, 373
Bourbon-Parma, Sixtus Prinz von (1886–1934), belg. Offizier und Bruder der Kaiserin Zita von Österreich 370
Boy-Ed, Karl (1872–1930), Kapitän z.S., bis 1915 dt. Marineattaché in den USA, 1915/16 Vertreter des Admiralstabs bei der OHL, 1916–1918 Chef der Presseabteilung im Admiralstab und der Zentralstelle für Auslandsdienst 258, 261, 272
Braun, Magnus Frhr. von (1878–1972), 1915–1917 Reichsamt des Innern und Zentralstelle für Auslandsdienst, 1917 Leiter der Presseabteilung der Reichskanzlei 258, 272, 406, 439, 443

Braune, Rittmeister, Angehöriger IIIb, 1915 N.O. Heeresgruppe »Mackensen« 192
Breitenbach, Paul Justin von (1850–1930), 1906–1918 preuß. Minister der öffentlichen Arbeiten und Präsident des Reichseisenbahnamtes 301
Brinckmann, Friedrich, Oberstleutnant, bis 1914 dt. Militärattaché in Belgien, 1916 1. Generalstabsoffizier des Oberost, 1918 Leiter der Militärpolitischen Abteilung der OHL 579–582, 586
Brockhusen, Hans-Joachim von (1869–1928), Hauptmann d.R., 1917 stellv. Verwaltungschef in Kurland, Schwiegersohn Paul von Hindenburgs 448
Bronsart von Schellendorf, Friedrich (1864–1950), Generalleutnant, 1914–1917 Chef des Generalstabes der osm. Armee 343
Brose, Karl, Generalmajor, 1900–1910 Chef der Sektion IIIb des Generalstabes der Armee, 1914 Chef der Abteilung IIIb des Stellv. Generalstabes der Armee 9, 12, 24, 84 f., 87, 103, 106, 120, 129 f., 157, 166, 182, 184, 221, 230
Brown, Cyril, US-amerikanischer Journalist 160 f.
Brussilow, Alexej Alexejewitsch (1853–1926), General, 1916/17 Oberbefehlshaber der russ. Südwestfront 268, 275
Büdingen, Friedrich Alexander Graf von (1872–1940), Major, Chef der Armee-Abteilung im preuß. Kriegsministerium, 1918 Vertreter der OHL in Brest-Litowsk 372
Bülow, Bernhard Fürst von (1849–1929), 1900–1909 Reichskanzler 207, 409, 411, 420, 445
Bülow, Friedrich von (1870–1929), Konteradmiral, 1916–1918 Vertreter des Admiralstabes bei der OHL 292
Bülow, Karl von (1846–1921), Generalfeldmarschall, 1914/15 Oberbefehlshaber 2. Armee 121, 148 f.
Bünger, Wilhelm (1870–1937), Hauptmann d.R., Angehöriger IIIb, 1918 Leiter Sektion III 316, 478, 487
Bunsen, Marie von (1860–1941), Schriftstellerin 263 f.
Busch, Arnold (1876–1951), 1901–1921 Professor an der Staatlichen Akademie für Kunst und Kunstgewerbe Breslau 323
Bussche-Haddenhausen, Hilmar Frhr. von dem (1867–1939), 1916–1918 Unterstaatssekretär im Auswärtigen Amt 447
Bussche-Ippenburg, Erich Frhr. von dem (1878–1957), Major, 1914–1918 Operationsabteilung der OHL 192, 512, 562–565, 570
Caemmerer (†1916), Major, Adjutant Paul von Hindenburgs 197
Calderari di Palazzo, Luigi Graf von, General, 1914 ital. Militärattaché 104
Calker, Fritz van (1864–1957), Jurist und Politiker, 1912–1918 MdR (NLP) 369, 448
Canaris, Wilhelm (1887–1945), Kapitänleutnant, 1935–1944 Chef des (seit 1939) Amtes Ausland/Abwehr im OKW 58
Capelle, Eduard von (1855–1931) Admiral, 1916–1918 Staatssekretär im Reichsmarineamt 292, 449 f.
Cecilie (1886–1954), 1906–1918 dt. und preuß. Kronprinzessin 203
Chelius, Oskar von (1859–1923), Generalleutnant, 1914 dt. Militärbevollmächtigter in St. Petersburg und Generaladjutant Wilhelms II. 244
Chiang Kai-shek (1887–1975), chin. Politiker und General 180

Personenregister

Chimay-Caraman, Marie Joseph Anatole Élie de Riquet Prince de (1858–1937), belg. Adeliger   546
Chotek von Chotkowa und Wognin, Sophie Gräfin (1868–1914), Herzogin von Hohenberg, Ehefrau Franz Ferdinands   95
Clausewitz, Carl Philipp Gottlieb von (1780–1831), Generalmajor, Militärtheoretiker   88, 573
Cohn, Oscar (1869–1934), Politiker, 1912–1918 MdR (SPD)   432
Conrad jun., von, Landrat   188
Conrad von Hötzendorf, Franz Graf (1852–1925), Feldmarschall, 1906–1911, 1912–1917 Chef des k.u.k. Generalstabes/Armeeoberkommandos   181, 189, 272, 289, 321 f., 352, 354
Corell, Heinrich (1904–1982), Schwiegersohn von Walter Nicolai   78
Cramer, Karl H., 1916 dt. Presseattaché in Den Haag   223
Cramon, August von (1861–1940), Generalmajor, 1915–1918 dt. Militärbevollmächtigter beim k.u.k. Armeeoberkommando   282, 444
Czernin von und zu Chudenitz, Ottokar Graf (1872–1932), 1916–1918 k.u.k. Außenminister   370, 374, 400, 448, 471, 485
Dallwitz, Hans von (1855–1919), 1914–1918 Statthalter im Reichsland Elsass-Lothringen   365
Dassel, Ernst von Generalmajor, 1901–1904 Kommandeur Infanterie-Regiment Nr. 82   81
David, Eduard (1863–1930), Politiker, 1903–1930 MdR (SPD)   446
Delbrück, Clemens von (1856–1921), Politiker, 1909–1916 Staatssekretär des Reichsamts des Innern, 1918 Chef des Geheimen Zivilkabinetts   255, 575, 584, 589
Delbrück, Hans (1856–1921), Politiker, 1909–1916 Staatssekretär des Reichsamts des Innern, 1918 Chef des Geheimen Zivilkabinetts   185 f., 227
Dettmann, Ludwig (1865–1944), Maler, 1900–1919 Direktor der Königsberger Kunstakademie, 1914–1918 Kriegsmaler   218
Deutelmoser, Erhard Eduard (1873–1956), Oberstleutnant, 1914 Pressechef der OHL, 1915–1916 Leiter des Kriegspresseamtes, 1916–1918 Direktor der Nachrichtenabteilung des Auswärtigen Amtes, ab 1917 Pressechef der Reichskanzlei   26, 39, 45 f., 48, 101, 105, 110, 140, 184 f., 202, 210–212, 215–217, 228 f., 237, 241, 255, 258, 264, 269, 271–274, 279–281, 286–288, 294 f., 297 f., 303, 308, 311, 321, 326, 329, 352, 363 f., 370–372, 374 f., 378, 425 f., 439, 442, 458, 469, 475, 477, 488, 493, 500 f., 504, 516, 519 f., 541, 545, 552, 564, 567, 575, 592
Devaux, Rittmeister, Angehöriger IIIb, 1918 N.O. 19. Armee   496
Diehl, Geheimrat   148
Diez, Hermann (1866–1939), Direktor Wolffs Telegraphisches Bureau   105
Dohna-Schlodien, Georg Theobald Alexander Burggraf und Graf zu (1876–1944), Jurist, Professor für Strafrecht   255
Dohna-Schlodien, Nikolaus Graf zu (1879–1956), Kapitän z.S., 1915–1917 Kommandant S.M.S. »Möwe«   69, 197, 221
Dommes, Wilhelm von (1867–1959), Generalmajor, 1914 Chef der Politischen Abteilung der OHL   23
Drews, Wilhelm (1870–1938), 1914–1917 Unterstaatssekretär des preuß. Innenministeriums, 1917/18 preuß. Innenminister   371, 374

Dryander, Ernst von (1843–1922), Oberhof- und Domprediger 209
Dürckheim-Montmartin, Friedrich Graf Eckbrecht von (1858–1939), Major, Angehöriger IIIb 481
Duesterberg, Theodor (1875–1950), Major, Chef der Abteilung »Verbündete Heere« im preuß. Kriegsministerium 54 f., 597
Düwell, Bernhard (1891–1934), Journalist, 1916 Kriegsberichterstatter des »Vorwärts« 251 f.
Ebert, Friedrich (1871–1925), Politiker, ab 1912 MdR (SPD), ab 1913 Parteivorsitzender, 1918 Reichskanzler, 1919–1925 Reichspräsident 50, 106, 163, 252, 485, 557, 572, 602
Ebert, Paul (*1873), Kapitän z.S., 1916–1918 Chef der Sektion Gegenspionage bei der Nachrichtenabteilung des Admiralstabes, 1918 Chef der Nachrichtenabteilung 294
Eckardstein, Hermann Frhr. von (1864–1933) Diplomat 157 f.
Edelmann, Hauptmann, Angehöriger IIIb 125
Egan-Krieger, Jenö von (1886–1965), Politiker (DNVP) und Funktionär im Wehrverband »Stahlhelm« 54
Egli, Karl (1865–1925), Oberst, 1905–1916 Chef der Geographischen Sektion des schweiz. Generalstabes 455
Eichhorn, Hermann von (1848–1918), Generalfeldmarschall, 1916–1918 Oberbefehlshaber Heeresgruppe »Eichhorn« 314 f., 532
Eickenrodt, Major, 1914 Flügeladjutant des Kronprinzen Wilhelm 90
Einem (gen. Rothmaler), Karl von (1853–1934), Generaloberst, 1903–1909 preuß. Kriegsminister, 1914–1918 Oberbefehlshaber 3. Armee 127
Eisele, Hans (1876–1957), Journalist und Schriftsteller 162
Eisenhart-Rothe, Ernst von (1862–1947), Generalmajor, 1915–1917 Oberquartiermeister beim Oberost, 1917/18 Generalintendant des Feldheeres 550
Eisenhart-Rothe, Hans von (1862–1942), Jurist, 1914–1919 Oberpräsident der Provinz Posen 183
Eisner-Bubna, Wilhelm (1875–1926), Oberst, seit 1917 Kommandant des k.u.k. Kriegspressequartiers 340, 361, 427, 442, 444, 455, 463
Eitel Friedrich (1883–1942), Prinz von Preußen, Sohn Wilhelms II. 218
Elberts, von, Major 512
Elverfeldt, Frhr. von, dt. Adeliger 157
Elze, Walter (1891–1979), Historiker 440 f.
Enver Pascha, Ismail (1881–1923), Generalleutnant und Politiker, 1914–1918 osman. Kriegsminister 283, 285 f., 342 f., 361 f., 440
Ernst, Oberleutnant, Angehöriger IIIb, 1914 Ib der Sektion 124 f.
Ernst II. (1863–1950), Fürst zu Hohenlohe-Langenburg, 1914–1918 Generaldelegierter der freiwilligen Krankenpflege auf dem östlichen Kriegsschauplatz 191, 197
Ernst August III. (1887–1953), 1913–1918 Herzog zu Braunschweig und Lüneburg 503
Ernst Günther (1863–1921), Herzog zu Schleswig-Holstein 145
Ernst, Otto (1862–1926), Schriftsteller 523
Erzberger, Matthias (1875–1921), Politiker, 1903–1918 MdR (Zentrum), 1918 Staatssekretär ohne Geschäftsbereich und Vorsitzender der deutschen Waffenstillstandskommission 52 f., 87, 159, 164, 178, 248–250, 265, 287, 344,

Personenregister 613

373, 387, 408, 411, 421, 424, 432, 443, 447, 450, 466, 477, 480, 484, 493, 504 f., 508, 562, 564, 567–569, 571–573, 576, 586–588, 592, 599
Erzberger, Oskar (†1918), Sohn Matthias Erzbergers 568, 573
Eucken, Rudolf Christoph (1846–1926), Philosoph 263
Eulenburg und Hertefeld, Philipp Fürst zu (1847–1921), dt. Adeliger 256
Fabeck, Karl von (1867–1957), Generalmajor, 1913–1916, Chef der Zentralabteilung der OHL 21, 231–233
Faber, Robert Friedrich Gustav (1869–1924), Verleger, 1912–1921 Vorsitzender des Vorstandes Deutscher Zeitungsverleger 105, 201 f., 210–212, 219, 410, 550
Falkenhausen, Ludwig Frhr. von (1844–1936), Generaloberst, 1916 Oberbefehlshaber des Oberkommandos der Küstenverteidigung, 1917/18 Generalgouverneur Belgien 432, 510 f., 513, 530, 544, 571
Falkenhayn, Erich von (1861–1922), General der Infanterie, 1913–1915 preuß. Kriegsminister, 1914–1916 Chef des Generalstabes des Feldheeres, 1916–1919 Oberbefehlshaber 9. Armee, Heeresgruppe F, 10. Armee 1, 5, 21, 23, 25 f., 30–32, 36 f., 39 f., 47, 60, 79, 118, 123, 128, 136 f., 139, 143–145, 148–151, 155 f., 158 f., 163 f., 166, 169, 172, 177–179, 181–183, 185–187, 189 f., 192 f., 196–198, 201–204, 209, 212–214, 219 f., 226–229, 232 f., 239, 245 f., 248 f., 251, 262 f., 266–273, 275–283, 285–288, 290–292, 295–297, 300, 302 f., 305, 307, 311, 313 f., 317 f., 322, 347–349, 355, 378, 385, 387, 450, 454, 478, 490 f., 551, 575, 578, 590
Falkenhayn, Fritz von (1890–1973), Hauptmann, Geschäftsmann, Sohn Erich von Falkenhayns 156
Falkenhayn, Ida von (1867–1963), Ehefrau Erich von Falkenhayns 159
Falkner von Sonnenburg, Alfons (1851–1929), Oberstleutnant, 1914–1919 Leiter des Pressereferats des bayer. Kriegsministeriums 427, 462
Fendrich, Anton (1868–1949), Politiker (SPD) und Publizist 317, 428
Ferdinand I. (1861–1948), 1887–1918 Zar von Bulgarien 195 f., 283–285, 321 f., 399
Fischer, Kurt, Hauptmann, Angehöriger IIIb, 1914 Leiter der Meldesammelstelle Süd 125
Fischer-Treuenfeld, Karl von (1885–1946), Hauptmann 351
Fischler von Treuberg, Henriette Gräfin (1886–1941), Schriftstellerin und Pazifistin 159
Fleck, Wolfgang, Major, Angehöriger IIIb, 1915–1918 N.O. beim k.u.k. Armeeoberkommando 242
Foch, Ferdinand (1851–1929), Marschall, 1917 Chef des Generalstabes der franz. Armee, 1918 Oberbefehlshaber der alliierten Truppen in Belgien und Frankreich 424, 461, 531
Foerster, Wolfgang (1875–1963), 1934–1945 Präsident der Kriegsgeschichtlichen Forschungsanstalt des Heeres 68
Foertsch, Georg (1872–1932), Major d.R., ab 1913 Chefredakteur der »Neuen Preußischen Zeitung (Kreuzzeitung)«, 1914–1918 Angehöriger des Kriegspresseamtes 101, 228 f.
Forcade, von, Rittmeister 288
François, Hermann von (1856–1933), General der Infanterie, 1913/14 Kommandierender General I. Armeekorps 112, 204, 441

Frank, Walter (1905–1945), Historiker, 1935–1941 Präsident des Reichsinstituts für Geschichte des Neuen Deutschlands 57
Frankenberg und Ludwigsdorf, Wilhelm Hans Friedrich von (1862–1938), 1914–1918 Vize- bzw. Oberstallmeister im Großen Hauptquartier 19, 244
Franz Ferdinand (1863–1914), österr. Erzherzog, 1889–1914 Thronfolger Österreich-Ungarns 12, 95
Franz Joseph I. (1830–1916), 1848–1916 Kaiser von Österreich, seit 1867 auch König von Ungarn 95, 188, 298
Freund, Friedrich Theodor (1861–1924) Ministerialdirektor, 1915–1918 stellv. preuß. Bevollmächtigter beim Bundesrat 258, 262, 264
Freycinet, Charles de (1828–1923), Politiker, u.a. 1898–1899 franz. Kriegsminister 222
Freytag-Loringhoven, Hugo Frhr. von (1855–1924), General der Infanterie und Militärschriftsteller, 1915–1918 Generalquartiermeister, Chef des Stellv. Generalstabes der Armee 60, 101, 165 f., 232, 267, 290 f., 348, 432, 468
Friderici, Hermann, Major, Angehöriger IIIb, 1915/16 N.O. Stockholm und Berlin, 1918 Leiter der Kriegsnachrichtenstelle Sofia 247, 442
Friedberg, Robert (1851–1920), Nationalökonom und Politiker (NLP), 1917/18 stellv. preuß. Ministerpräsident 459
Friedrich II. (1712–1786), 1740–1786 König in/von Preußen 100
Friedrich III. (1831–1888), 1888 dt. Kaiser und König von Preußen 304
Friedrich Wilhelm I. (1688–1740), 1713–1740 König in Preußen 208
Friedrich Wilhelm III. (1770–1840), 1797–1840 König von Preußen 207
Friedrich Wilhelm IV. (1795–1861), 1840–1861 König von Preußen 352
Frobenius, Leo (1873–1938), Ethnologe 258, 261, 263
Fromme, Hauptmann, 1917 Mitarbeiter der MAA 339
Fulda, Ludwig (1862–1939), Dramatiker und Übersetzer 258, 262 f.
Gall, Karl Freiherr von (1847–1916), General der Infanterie, 1914–1916 Stellv. Kommandierender General XVIII. Armeekorps 304
Ganghofer, Ludwig Albert (1855–1920), Schriftsteller, 1915–1917 Kriegskorrespondent 358
Gantschew, Petar, Oberst, 1915–1918 bulg. Militärbevollmächtigter 192
Gebsattel, Hans Frhr. von (1884–1926), Rittmeister d.R., Angehöriger IIIb, 1915/16 N.O. AOK 5, 1916 N.O. 3. bulg. Armee, 1917 Militärverwaltung Bukarest 32, 156, 191, 234, 255–257
Gebsattel, Ludwig Frhr. von (1857–1930), General der Kavallerie, 1914–1917 Kommandierender General bayer. III. Armeekorps, Vater von Hans Frhr. von Gebsattel 191, 255–257
Geck, Ernst Adolf (1854–1942), Publizist und Politiker, 1898–1912 MdR (SPD), seit 1917 USPD 556
Gemmingen-Hornberg, Karl Frhr. von (1857–1935), 1912–1918 kaiserlicher Bezirkspräsident von Lothringen 191
Gempp, Friedrich (1873–1946), Major, Angehöriger IIIb, 1914–1916 N.O. Oberost, 1916–1918 Leiter Sektion I 37, 51 f., 67, 87, 170, 184, 254, 314, 381, 478, 481
Georg (1880–1943), Prinz von Bayern, Oberst, Angehöriger IIIb, 1915–1917 N.O. »Südarmee« und Heeresgruppe »Woyrsch«, 1917 N.O. osman. 4. und 7. Armee, 1918 N.O. Oberost 454 f.

Personenregister 615

Georg (1893–1943), Oberstleutnant und Kronprinz des Königreichs Sachsen 123
Georg V. (1865–1936), 1910–1936 König des Vereinigten Königreichs 305
George, David Lloyd (1863–1945), 1916–1922 brit. Premierminister 471
Gerard, James W. (1867–1951), Diplomat, 1913–1917 US-amerikanischer Botschafter in Berlin 296
Geßler, Otto Karl (1875–1955), Politiker (DDP), Reichswehrminister 1920–1928 54
Geyer, Hermann (1882–1946), Hauptmann, 1914–1918 Angehöriger der Operationsabteilung der OHL 179
Giesberts, Johann (1865–1938), Gewerkschafter und Politiker, 1905–1918 MdR (Zentrum) 556, 599
Giese, Eberhard von Major, 1911–1914 dt. Militärattaché in Schweden 166
Glaise-Horstenau, Edmund (1882–1946), Major, Leiter des Referats Presse und Politik im k.u.k. Armeeoberkommando 103, 307
Goebbels, Joseph (1897–1945), Politiker (NSDAP), 1933–1945 Reichsminister für Volksaufklärung und Propaganda 57
Goens, Georg (1859–1918), Geheimer Konsistorialrat und evang. Feldoberpfarrer Westheer, Seelsorger im Großen Hauptquartier und Hofprediger Wilhelms II. 150, 209
Görschen, von, Leutnant, 1918 Ordonnanzoffizier Walter Nicolais 590, 594 f.
Goltz-Pascha, Colmar Frhr. von der (1843–1916), Generalfeldmarschall, 1902–1907 Kommandierender General I. Armeekorps, 1914 Generalgouverneur von Belgien, 1915/16 Oberbefehlshaber osman. 1. und 6. Armee 84, 145, 147, 186, 245
Gontard, Hans von (1861–1931), Generalleutnant, 1914–1918 diensttuender Generaladjutant Wilhelms II. 244, 563 f.
Gothein, Georg (1857–1940) Politiker, 1901–1918 MdR (FVP) 452, 494, 572
Graaff, Heinrich de, Generalleutnant a.D. 1914–1915 Chef des Stabes Stellv. Generalkommando III. Armeekorps, 1915–1916 Chef des Stabes Stellv. Generalkommando XVIII. Armeekorps 304
Graevenitz, Hans Joachim von (1874–1938), 1917 Unterstaatssekretär und Chef der Reichskanzlei 416–419, 425, 439
Grau, Alexander August Eduard (1878–1938), Major, ab 1914 Pressechef im preuß. Kriegsministerium, 1917 Leiter Bild- und Filmamt bzw. Universum Film AG 258, 372
Grautoff, Ferdinand Heinrich (1871–1935) 1915 Chefredakteur »Leipziger Neuesten Nachrichten« 169
Gröber, Adolf (1854–1918), Politiker, 1887–1918 MdR (Zentrum), 1918 Staatssekretär ohne Geschäftsbereich 567
Groener, Karl Eduard Wilhelm (1867–1939), Generalleutnant, 1914–1916 Chef des Feldeisenbahnwesens der OHL, 1916/17 Chef des Kriegsamtes, 1917 Kommandeur 33. Infanterie-Division, Kommandierender General XXV. Reserve-Korps, 1918 Kommandierender General I. Armeekorps, Chef des Generalstabes Heeresgruppe »Eichhorn«, Erster Generalquartiermeister der OHL 26, 31, 50 f., 67, 245 f., 265 f., 303, 312, 317, 368, 560, 575 f., 578, 585–592, 596 f.
Groote, von, Hauptmann 243

Grünau, Werner Frhr. von (1874–1956), Diplomat, 1914–1916 dem Vertreter des Reichskanzlers und des Auswärtigen Amtes im Großen Hauptquartier zugeteilt, 1916–1918 dort selbst in dieser Funktion 19, 166, 231, 249, 273, 287

Grunwald, Max (1873–1926), Ökonom und Politker (SPD) 69, 163, 407, 442, 448, 602

Gündell, Erich von (1854–1924), General der Infanterie, 1914 Kommandierender General V. Reserve-Korps, 1916–1918 Oberbefehlshaber Armeeabteilung B, 1918 Vorsitzender der Waffenstillstandskommission 565

Gustav V. (1858–1950), 1907–1950 König von Schweden 404

Gwinner, Arthur von (1856–1931), Bankier und Politiker 129, 130

Haase, Hugo (1863–1919), Politiker, 1912–1919 MdR (SPD/USPD), 1917–1919 Vorsitzender USPD 368, 602

Haeften, Hans Maximilian Gustav von (1870–1937), Oberst, 1916–1918 Leiter MAA, 1918 Leiter Zentralstelle für den Werbe- und Aufklärungsdienst für das In- und Ausland und Vertreter der OHL beim Reichskanzler 26 f., 45–47, 61, 67, 102, 204, 232, 266, 271–273, 279–281, 295, 307 f., 311, 321–323, 327, 337, 347, 365 f., 370–372, 374, 379, 439, 456, 489, 493, 513–515, 520, 538 f., 541, 544 f., 550–552, 555, 557, 564, 567, 577, 579–581, 586, 592

Hänisch, Karl Heinrich von (1861–1921), General der Infanterie, 1914–1915 Chef des Generalstabes 7. Armee, Kommandierender General XIV. Armeekorps, 1916–1918 Stellv. Kommandierender General X. Armeekorps 84, 148, 593

Haeseler, Gottlieb Ferdinand Graf von (1836–1919), Generalfeldmarschall 248 f., 384

Hahn, Kurt (1886–1974), Publizist und Pädagoge, 1914–1918 Mitarbeiter im Auswärtigen Amt und Vertrauter von Prinz Max von Baden 552

Hahnke, von, Oberleutnant, Angehöriger IIIb, 1914 Meldesammelstelle Nord (Wesel) 125

Hammann, Otto (1852–1928), Ministerialdirektor, 1893–1916 Leiter der Presseabteilung des Auswärtigen Amtes 162, 201, 212, 228 f., 237, 286, 294, 308, 321, 425 f., 488

Hanstein, von, Hauptmann, 1914–1918 im Infanterie-Regiment Nr. 82 538

Harbou, Bodo von (1880–1944), Major, 1915–1918 in der Operationsabteilung der OHL 179

Harden, Maximilian (1861–1927), Publizist und Schauspieler 256, 428 f.

Harnack, Adolf von (1851–1930), Theologe, 1888–1921 Professor für Kirchengeschichte an der Universität Berlin 102, 129 f.

Hartung, Fritz (1883–1967), Historiker 1923–1949 Professor für Verfassungsgeschichte der Neuzeit an der Universität Berlin 440 f.

Hasse, Major, Angehöriger IIIb, 1915 N.O. k.u.k. Armeekorps »Pflanzer-Baltin«, 1918 N.O. Heeresgruppe »Eichhorn« 188, 339

Hausen, Max Clemens Lothar Frhr. von (1846–1922), Generaloberst, 1914 Oberbefehlshaber 3. Armee 127, 142

Haußmann, Conrad (1857–1922), Jurist und Politiker, 1890–1918 MdR (FVP) 448, 511

Hedin, Sven (1865–1952), schwed. Forscher und Schriftsteller 132, 458

Personenregister 617

Heeringen, Josias von (1850–1926), Generaloberst, 1914/15 Oberbefehlshaber 7. Armee 148 f.
Heilbron, Friedrich (1872–1954), Wirklicher Legationsrat, 1917/18 Leiter Referat Inlandspresse im Auswärtigen Amt 592
Heimendahl, von, Hauptmann d.R., Angehöriger IIIb, 1915 N.H.O. Heeresgruppe »Deutscher Kronprinz« 256
Heine, Wolfgang (1861–1944), Politiker und Jurist, 1898–1918 MdR (SPD) 432, 450
Heinemann, Walter von (1858–1928), Generalleutnant, 1916–1917 Stellv. Kommandierender General VI. Armeekorps 403
Heinrich (1862–1929), Großadmiral und preuß. Prinz, 1914–1918 Oberbefehlshaber Ostsee, Bruder Wilhelms II. 512
Heinrichs, Adolf (1857–1924), Wirklicher Geheimer Rat, 1914–1919 Unterstaatssekretär im preuß. Innenministerium 301
Helfferich, Karl Theodor (1872–1924), Politiker und Ökonom, 1915/16 Staatssekretär im Reichsschatzamt, 1916/17 Staatssekretär im Reichsamt des Innern und Vizekanzler 255, 347 f., 407, 419, 426, 445, 450, 503, 538
Hellingrath, Philipp von (1862–1939), General der Kavallerie, 1916–1918 bayer. Kriegsminister 427
Henke, Hauptmann, Angehöriger IIIb, 1918 N.O. Heeresgruppe »Herzog Albrecht« 519
Henrich, von   siehe Hänisch, Karl Heinrich von
Hentsch, Richard (1869–1918), Oberst, 1914 Chef der 3. Abteilung des Generalstabes der Armee, 1914/15 Chef der Nachrichtenabteilung der OHL 23, 97, 99, 102, 108, 121 f., 136, 222, 379, 563
Herbst, Joseph, Ministerialdirektor, 1916/17 bulg. Pressechef 247, 340, 447, 523, 528
Hermann, Hannelore, 1943 Sekretärin und Freundin von Walter Nicolai 58
Herrings, Deutsch-Amerikaner 519
Hertling, Georg Graf von (1843–1919), Politiker (Zentrum), 1912–1917 bayer. Ministerpräsident, 1917/18 Reichskanzler 179, 212, 248, 374, 424, 458 f., 466, 469, 475–478, 481, 486, 488, 493, 498, 501, 504, 508, 513 f., 516 f., 519–521, 533, 538 f., 541, 543–545, 550 f., 562, 576
Herwarth von Bittenfeld, Hans-Wolfgang (1871–1942), Oberst, 1910–1914 dt. Militärattaché in den USA, 1914–1916 im Kriegspresseamt 160 f., 210, 552
Herwarth von Bittenfeld, Katharina (1879–1944), Ehefrau Hans-Wolfgang Herwarth von Bittenfelds 552
Herwarth von Bittenfeld, Wilhelm (1835–1894), Vater Hans-Wolfgang Herwarth von Bittenfelds 552
Herzog, Rudolf (1869–1943), Schriftsteller, 1916–1918 Feldpressestelle 144, 169, 218, 226–228, 230
Heye, Else (1875–1961), Ehefrau Wilhelm Heyes 548
Heye, Wilhelm (1869–1947), Oberst, 1910–1913 Leiter der Sektion IIIb im Generalstab der Armee, 1914–1917 Chef des Generalstabes Armeeabteilung »Woyrsch«, 1917/18 Chef des Generalstabes Heeresgruppe »Herzog Albrecht«, 1918 Chef Abteilung I der Operationsabteilung der OHL 12, 23 f., 85, 179, 185, 222, 446, 486, 548 f., 562 f., 569, 574 f., 581–584, 586, 592
Hikmet Bey, Pressechef der osman. Regierung 342, 346

Himmler, Heinrich (1900–1945), Politiker (NSDAP), 1934–1945 Reichsführer SS und Chef der Deutschen Polizei 57
Hindenburg, Gertrud von (1860–1921), Ehefrau Paul von Hindenburgs 362, 459
Hindenburg, Paul von Beneckendorff und von (1847–1934), Generalfeldmarschall, 1914–1916 Oberbefehlshaber Ost, 1916–1919 Chef des Generalstabes des Feldheeres 1 f., 5, 23 f., 26, 30, 37, 39 f., 44, 47, 51, 54, 60 f., 79, 85, 112 f., 132, 138, 159, 161, 164, 170, 175, 177, 179 f., 182 f., 197, 202–204, 209 f., 230, 232, 241, 252, 257, 262, 265, 267, 276–280, 282 f., 285 f., 288 f., 291 f., 296 f., 300, 304, 306 f., 311 f., 314, 316 f., 321–323, 329, 347–350, 354, 360–362, 365 f., 368, 374, 383, 386 f., 393, 398, 403–405, 408, 411, 414, 416, 419, 423, 427–429, 431–433, 438, 440, 442 f., 446–448, 450 f., 454 f., 458–460, 463, 466, 468–471, 475, 478, 480, 483 f., 486–488, 492, 495–498, 501–505, 508–512, 516–518, 520 f., 529–533, 536–538, 540, 542, 544 f., 547–551, 553 f., 562 f., 568, 572–579, 581 f., 584, 586 f., 589, 591 f., 597, 601
Hintze, Paul von (1864–1941), Konteradmiral und Diplomat, 1918 Staatssekretär im Auswärtigen Amt 49, 522 f., 532, 538, 545, 562–564
Hirschfeld, Rittergutsbesitzer 119
Hirschfeld, Georg von, Major, 1918 Flügeladjutant Wilhelms II. 512, 589
Hitler, Adolf (1889–1945), Politiker (NSDAP), 1933–1945 Reichskanzler 53 f., 57, 88, 103, 137, 186, 209, 349, 453
Hoen, Maximilian Ritter von (1867–1940), Feldmarschallleutnant und Militärhistoriker, 1914–1917 Leiter des k.u.k. Kriegspressequartiers, 1916–1925 Direktor des Kriegsarchivs in Wien 274, 447
Hoeppner, Ernst Wilhelm Arnold von (1860–1922), Generalleutnant, 1916–1918 Kommandierender General der Luftstreitkräfte 350
Hoesch, Leopold von (1881–1936), Diplomat, 1915/16 Legationssekretär in Sofia, 1917 in Konstantinopel 194, 343, 345 f.
Hoffmann, Oberst, Departementsdirektor im Kriegsministerium 449
Hoffmann, Oberstleutnant, Chef der Ministerialabteilung 101
Hoffmann, Max (1869–1927), Generalmajor, 1914 1. Generalstabsoffizier 8. Armee, 1914–1916 in derselben Funktion beim Oberost, 1916–1918 dort Chef des Generalstabes 9, 30, 53, 82, 159, 164, 170, 182, 197, 250, 366, 387, 429, 441, 446, 455, 476–478, 522
Hoffmann, Nelly, Ehefrau Max Hoffmanns 159, 387, 477 f.
Hollen, Gustav Frhr. von (1851–1917), General der Kavallerie, 1916 Stellv. Kommandierender General XVIII. Armeekorps 303 f., 376
Holstein, Prinz von, dt. Adeliger 157
Holtzendorff, Arndt von (1859–1935), Direktor der HAPAG 159, 215
Holtzendorff, Henning von (1853–1919), Großadmiral, 1915–1918 Chef des Admiralstabes 159, 215, 292 f.
Hranilovič-Czvetassin, Oskar von (1867–1933) Oberst, 1914–1917 Chef der Nachrichtenabteilung des k.u.k. Armeeoberkommandos 241
Hughes, David Edward (1831–1900), Erfinder des gleichnamigen Telegraphen 359
Hussong, Friedrich (1878–1943), Journalist und Schriftsteller, 1914–1918 Chefredakteur der Auslandsausgabe der »Täglichen Rundschau« 505

Personenregister

Hutten-Czapinski, Bogdan Graf von (1851–1937) Politiker, 1915–1918 Berater beim Militärgouvernement Warschau 188, 313
Ibsen, Henrik Johan (1828–1906), norw. Schriftsteller und Dramatiker 246
Ibsen, Sigurd (1859–1930), norw. Autor und Politiker, 1903–1905 Staatsminister, Sohn Henrik Ibsens 246, 251
Ilsemann, Sigurd Wilhelm Adolf von (1884–1952), Hauptmann, 1918 Flügeladjutant Kaiser Wilhelms II. 512
Isendahl, Walter (1872–1945), Kapitän z.S., 1914–1918 Leiter der Nachrichtenabteilung des Admiralstabes 292, 294
İzzet Pascha, Hasan (1864–1937), Generalleutnant, 1916–1918 Oberbefehlshaber osman. 2. Armee 459
Jacobi, Gottfried von (1869–1947), 1918 Vortragender Rat im Reichsamt des Innern 508
Jäckh, Ernst (1875–1959) Publizist, 1916–1918 Vorsitzender der Deutsch-Türkischen Vereinigung 344
Jagow, Gottlieb von (1863–1935), Wirklicher Geheimer Rat, 1913–1916 Staatssekretär im Auswärtigen Amt 229, 231, 248 f., 295, 297, 347
Jekow, Nikola Todorow (1865–1949), General, 1915–1918 Kriegsminister und Oberbefehlshaber der bulg. Armee 193 f., 247, 322, 528
Joachim (1890–1920), Rittmeister und Prinz von Preußen, 1915 N.H.O. Oberost, Sohn Wilhelms II. 69, 125, 170, 218, 232
Jodko-Narkiewicz, Witold (1864–1924), poln. Politiker (PPS) 308, 313
Joël, Curt (1865–1945), Hauptmann d.R., Angehöriger stellv. IIIb, 1915–1917 Zentralpolizeistelle Brüssel 404
Joffre, Joseph J.C. (1852–1937), Marschall, 1914–1916 Oberbefehlshaber der franz. Armee 167, 202
Johann Albrecht (1857–1920), Politiker und Herzog zu Mecklenburg-Schwerin 195
Johnston, von, Hauptmann, 1917 Angehöriger stellv. Abt. IIIb 323
Jullien, Oberst, 1914 brasil. Militärattaché 116, 268
Justi, Ludwig (1876–1957), Kunsthistoriker, 1909–1933 Direktor der Nationalgalerie Berlin 501
Kaempf, Johannes (1842–1918), Politiker, 1903–1919 MdR (FVP), 1912–1918 Reichstagspräsident 175, 444
Kahn, Selma, 1914/15 Geliebte Wilhelms von Preußen 537
Kalle, Arnold (1873–1952), Major, 1912–1919 dt. Militärattaché in Spanien 225
Kant, Immanuel (1724–1804), Philosoph 435
Kapp, Wolfgang (1858–1922), 1907–1920 Generallandschaftsdirektor, 1917 Mitbegründer DVLP 47, 424
Karcher, Fritz, Kommerzienrat 548
Karl I. (1887–1922), 1914–1916 Thronfolger Österreich-Ungarns, 1916–1918 Kaiser von Österreich und 1916–1921 als Karl IV. König von Ungarn 30, 95, 282, 325, 352, 364, 370, 400, 508, 538
Kefer, Hauptmann z.D., Angehöriger IIIb, Leiter der Kriegsnachrichtenstelle Antwerpen 111, 146 f.
Kempis, von, Major z.D., Angehöriger IIIb, 1916–1918 Leiter der Sektion Inlandsnachrichtendienst 315, 323, 407, 557–559

Kerenski, Alexander Fjodorowitsch (1881–1970), 1917 russ. Kriegsminister und Ministerpräsident 378
Kessel, Gustav von (1846–1918), Generaloberst, 1909–1918 Oberbefehlshaber in den Marken und Gouverneur von Berlin 157, 175, 469, 485
Kitchener, Herbert (1850–1916), Feldmarschall, 1914–1916 brit. Kriegsminister 165, 169
Kleist, Alfred von (1875–1921) Generalmajor, 1913/14 Militärattaché in Italien, 1914 Flügeladjutant Wilhelms II. 90, 104
Kleist, Frhr. von, Rittmeister a.D., 1915/16 Angehöriger IIIb 270
Klepsch-Kloth von Roden, Eduard Alois Frhr. (1863–1957), Feldmarschallleutnant, 1915–1918 k.u.k. Bevollmächtigter General bei der OHL 321
Klewitz, Wilhelm von (1872–1928), Oberstleutnant, 1914–1918 Regimentskommandeur und Generalstabschef verschiedener Armeekorps, 1923 Militärberater der Republik Türkei 55
Kluck, Alexander von (1846–1934), Generaloberst, 1914/15 Oberbefehlshaber 1. Armee 148 f., 159
Klüber, Robert von (1873–1919), Oberstleutnant, 1917/18 Chef des Stabes 1. Armee 398
Knittel, Albert (*1871), Vorsitzender des Vereins südwestdeutscher Zeitungsverleger und Verlagsdirektor »Karlsruher Zeitung« 389, 550
Koch, Reinhard (1861–1939), Admiral, 1915–1918 stellv. Chef des Admiralstabes 293
Köhler, Hauptmann, 1914 2. Adjutant des Chefs des Generalstabs des Feldheeres 99 f., 108, 145
Körner, Theodor (1791–1813), Dichter und Angehöriger des Freikorps Lützow 234
Köster, Adolf (1883–1930), Journalist, 1914–1918 Kriegsberichterstatter des »Vorwärts« 163, 244, 532
Kohlhoff, Hugo (1845–1932), General der Infanterie, 1902–1905 Kommandeur 35. Division, Schwiegervater Walter Nicolais 7 f., 12, 78, 80 f., 83, 103, 138, 144, 273, 283, 489, 505
Kohlhoff, Marie Marianne (1852–1931), Schwiegermutter Walter Nicolais 51, 78, 138
Kohlrausch, Eduard (1874–1948), Hauptmann d.Lw., 1918 Angehöriger IIIb, Sektion III 316
Kolaczek, Oberleutnant, 1914 Angehöriger IIIb 125, 133
Kolewe, Richard (1853–1943), Generalleutnant, 1914 Gouverneur von Lüttich 115
Kortzfleisch, von, Oberstleutnant, 1903 Infanterie-Regiment Nr. 82 81
Kosch, Robert (1856–1942), General der Infanterie, 1916/17 Kommandierender General Generalkommando (z.b.V.) Nr. 52 282
Kracker, von, dt. Adeliger 157
Krafft von Dellmensingen, Konrad (1862–1953), General der Artillerie, bis 1912 Chef des Generalstabes der bayer. Armee, 1914/15 Chef des Generalstabes 6. Armee, 1915—1917 Kommandierender General Deutsches Alpenkorps 35
Kramer, Major, 1915 Adjutant des Generalfeldmarschalls August von Mackensen 188, 192

Personenregister 621

Kreß von Kressenstein, Gustav Frhr. (1872–1956) Oberstleutnant, seit 1916 Leiter des Pressereferats im bayer. Kriegsministerium 365
Kreutzer, Guido (*1886), Schriftsteller 537
Kriebel, Hermann (1876–1941), 1918 Major in der OHL 512
Krieger, 1917 Stenograf Walter Nicolais 387 f.
Kriegsheim, Arno Graf von (*1880), Major, 1918 Verbindungsoffzier der OHL zum preuß. Kriegsministerium 557–559
Kroeger, Major, Angehöriger IIIb, 1914 NO Münster, 1916–1918 Leiter Sektion II 115, 125, 191, 202, 210, 218, 258, 314, 340 f., 346, 374, 377, 443, 487, 495 f., 507, 521, 541, 574–576, 579, 583 f., 586–589, 602
Krohner, Frl., Geigenlehrerin Else Nicolais 69, 245
Krumbhaar, Heinrich (1867–1939), Verleger des »Liegnitzer Tagblattes« 550
Krupp, Alfred (1854–1902), dt. Industrieller 95
Krupp von Bohlen und Halbach, Gustav (1870–1950), dt. Industrieller 95
Krylenko, Nikolaj (1885–1938), 1917/18 Oberbefehlshaber der russ. Streitkräfte 467
Kühlmann, Richard von (1873–1948), Diplomat und Politiker, 1917/18 Staatssekretär des Auswärtigen Amtes 48 f., 341, 343–345, 450, 475, 477 f., 485, 503, 508, 517–519, 545
Kuhl, Hermann von (1856–1958), Generalleutnant, 1914–1916 Chef des Generalstabes Armeeoberkommando 1., 12. und 6, 1916–1918 in derselben Funktion bei der Heeresgruppe »Kronprinz Rupprecht« 282, 312, 348, 581 f.
Lancken-Wakenitz, Oskar Freiherr von der (1867–1939), Diplomat, 1914–1918 Vertreter des Auswärtigen Amtes und Leiter der Politischen Abteilung beim Generalgouvernement Brüssel 249
Lauenstein, Otto von (1857–1916), Generalleutnant, 1905/06 Chef der 1. Abteilung im Generalstab des Feldheeres, 1914/15 Chef des Generalstabes 2. Armee 83, 148
Laumann, Arthur (1894–1970), Leutnant d. R., 1918 Führer der Jagdstaffel 10 543
Ledebour, Georg (1850–1947), Politiker, 1900–1918 MdR (SPD/USPD) 368
Leinert, Robert (1873–1940), Politiker, 1908–1918 Mitglied preuß. Abgeordnetenhaus (SPD) 178
Lengerke, von, 1918 Hauptmann 512
Lenin, Vladimir Il'ič (1874–1924), geb. als Vladimir Il'ič Ul'janov, russ. Politiker, 1917 Vorsitzender des Rates der Volkskommissare 42 f., 54, 491
Lenthe, Werner von Generalmajor, 1918 Stellvertreter des Chefs der Militärmission in Konstantinopel 525
Leopold (1846–1930), Generalfeldmarschall und Prinz von Bayern, 1915/16 Oberbefehlshaber 9. Armee, 1916/17 Oberost 159, 250, 334, 338, 446, 454 f., 475, 515, 593
Lequis, Arnold (1861–1949), Generalleutnant, 1902–1904 preuß. Kriegsakademie, 1918/19 Kommandierender General Generalkommando Lequis 81
Lersner, Kurt Frhr. von (1883–1954), Legationsrat, 1916–1918 Vertreter des Reichskanzlers und des Auswärtigen Amtes bei der OHL 249
Lewald, Theodor (1860–1947), 1910–1917 Ministerialdirektor im Reichsamt des Inneren, 1917–1919 Unterstaatssekretär Reichsamt des Inneren 254, 508

Lewin, Major, 1918 Leiter der Kriegsgefangenenlager Darmstadt und Gießen 557–559
Lichnowsky, Karl Max Fürst von (1860–1928), Diplomat, 1912–1914 Botschafter im Vereinigten Königreich 428–431, 503
Liebknecht, Karl (1871–1919) Politiker, 1912–1916 MdR (SPD/Spartakus) 169, 267
Limburg-Stirum, Menno Graf von (1877–1954), 1917/18 Vertreter des Reichskanzlers im Großen Hauptquartier 543
Lindequist, Friedrich von (1862–1945), Kolonialbeamter, 1914–1918 Generaldelegierter der freiwilligen Krankenpflege im Osten, 1917 Mitbegründer der Vaterlandspartei 512
Linsingen, Alexander von (1850–1935), Generaloberst, 1915–1918 Oberbefehlshaber Heeresgruppe »Linsingen« 433
Linsingen, von (†1918), Hauptmann, 1918 bei der OHL 192, 512, 572
Litzmann, Karl (1850–1936), Generalmajor, 1902–1905 Direktor preuß. Kriegsakademie, 1915 Kommandeur XXXX. Reserve-Korps 6, 8, 80 f., 169
Löhneysen, von, Hauptmann, Angehöriger IIIb, 1918 N.O. 2. Armee 496
Löwenstein-Wertheim-Rosenberg, Alois Fürst zu (1871–1952), Rittmeister à la suite, Angehöriger IIIb, 1918 N.O. 17. Armee 29, 496
Logan, Frau von 244
Logan, Frl. von, Tochter Frau von Logans 244
Lorenz, 1918 Hauptmann im Generalstab des Feldheeres 596
Loßberg, Friedrich (»Fritz«) von (1868–1942), Generalmajor, 1915 stellv. Leiter Operationsabteilung in der OHL, 1915–17 Chef des Generalstabes mehrerer Armeeoberkommandos, 1918 in der selben Funktion bei den Heeresgruppen »von Böhn« und »Herzog Albrecht« 31, 312, 394, 578
Lossow, Otto Hermann von (1868–1938), Generalleutnant, 1916–1918 Militärbevollmächtigter im Osmanischen Reich 341, 345, 346
Ludendorff, Erich (1865–1937), General der Infanterie, 1908–1913 Chef 2. Abteilung im Generalstab der Armee, 1914–1916 Chef des Generalstabes 8. Armee und Oberost, 1916–1918 1. Generalquartiermeister in der OHL 1 f., 5, 8, 23–26, 30, 37, 39 f., 43–50, 57, 61, 79, 82, 85, 88, 112 f., 122, 136 f., 148, 157–159, 161, 163 f., 170, 172, 177–180, 182 f., 186, 196 f., 202–204, 209 f., 232, 252, 257, 265–267, 276–283, 286–288, 290, 292, 296 f., 299 f., 302–307, 309–314, 316, 318, 322 f., 326, 329, 332, 347–351, 354, 357, 363 f., 365, 369, 374–376, 378–380, 385–387, 392–394, 396, 398–400, 402 f., 405 f., 408–416, 419–423, 425–427, 429–431, 439–444, 446 f., 449–451, 453 f., 456, 458, 463–466, 468–471, 475–485, 488–505, 507–521, 529–533, 536–540, 542–555, 562–579, 581–592
Ludendorff, Eugen (1868–1931), 1916–1918 Leiter der Zentral-Polizeistelle Oberost 509, 511, 593
Ludendorff, Hans (1873–1941) Astronom und Astrophysiker, 1915–1921 Hauptobservator Astrophysikalisches Observatorium Potsdam 509
Ludendorff, Margarethe (1875–1936), 1909–1925 Ehefrau Erich Ludendorffs 180, 250, 387, 442, 446, 454, 531
Ludwig III. (1845–1921), 1913–1918 König von Bayern 19, 32, 294
Ludwiger, Hans Gottlob von (1877–1966), Major Chef des Stabes Kriegsamt 590
Lübcke, Hauptmann, Angehöriger IIIb, 1914 N.O. in Metz 111

Personenregister

Luetgebrune, Walter (1879–1949), Rechtsanwalt 432
Luise (1776–1810), 1797–1810 Königin von Preußen 102, 207
Luxemburg, Rosa (1871–1919), Politikerin (SPD/Spartakus) 267
Lyncker, Moriz Frhr. von (1853–1932), Generaloberst, 1908–1918 Chef des Militärkabinetts 19, 96, 156, 276, 292, 305, 599
Mackensen, August von (1849–1945), Generalfeldmarschall, 1914 Kommandierender General XVII. Armeekorps und Oberbefehlshaber 9. Armee, 1915 Oberbefehlshaber 11. Armee, 1915/16 Oberbefehlshaber Heeresgruppe »Mackensen« 112, 188, 192 f., 195, 254, 278, 289, 314 f., 339
Mac-Mahon, Patrice de (1808–1893), Marschall, 1870 Kommandierender General franz. I. Armeekorps, 1873–1879 franz. Staatspräsident 98, 221
Mahraun, Artur (1890–1950), Hauptmann a.D., Schriftsteller und Politiker, 1920–1933 Gründer und »Hochmeister« des Jungdeutschen Ordens 491
Mannheimer, Oberstabsarzt d.R. 516
Manteuffel, Kurt Frhr. von (1853–1922), General der Infanterie, 1909–1913 Direktor der Kriegsakademie, 1914 Chef des Stellv. Generalstabes der Armee 157
Mantler, Heinrich (1861–1937), 1891–1929 Direktor Wolffs Telegraphisches Bureau 105
Marschall (gen. Greiff), Ulrich Frhr. von (1863–1923), Generalmajor, 1912–1918 Abteilungschef im Militärkabinett und Generaladjutant Wilhelms II., 1918 Chef des Militärkabinetts 512
Marschall von Bieberstein, Adolf Frh. (1842–1912), Diplomat, 1897–1912 Botschafter in Konstantinopel 346
Marwitz, Georg von der (1856–1929), General der Kavallerie, 1916–1918 Oberbefehlshaber 2. Armee 67, 496
Massow, Ewald von (1869–1942), Generalmajor, 1915–1918 Flügeladjutant Wilhelms II. und Militärbevollmächtigter in Bulgarien 194, 528, 545
Mata Hari *siehe* Zelle, Margaretha Geertruida
Max von Baden (1867–1929), 1907–1918 Thronfolger des Großherzogtums Baden, 1918 Reichskanzler 49 f., 179, 265, 424, 430, 487 f., 552, 564, 566–568, 572, 574–576, 589, 592, 597
Mehmet V. Reşad (1844–1918), 1909–1918 Sultan des Osmanischen Reiches 551
Mehmet VI. Vahideddin (1861–1926), 1918–1922 Sultan des Osmanischen Reiches 551
Meinung 197
Mercier, Désiré-Joseph (1851–1926), 1906–1926 Erzbischof von Mecheln 230 f.
Mertz von Quirnheim, Hermann Ritter (1866–1947), Oberst, 1916–1918 Chef der Operationsabteilung B der OHL 23, 67, 379, 512
Messimy, Adolphe Pierre (1869–1935), General und Politiker, 1914 franz. Kriegsminister 223 f.
Messter, Oskar (1866–1943), Filmproduzent und Leutnant d.R., 1914–1916 Filmreferent im Stellv. Generalstab des Feldheeres 251
Mewes, Friedrich Wilhelm (1881–1954), Hauptmann, 1915–1918 Flügeladjutant Wilhelms II. 501, 511 f.
Meyerheim, Paul Friedrich (1842–1915), Maler 174
Micerscu, Ludovic, Oberstleutnant, 1915 rum. Militärattaché 167

Michaelis, Georg (1857–1936), Politiker, 1917 preuß. Staatskommissar für Volksernährung und Reichskanzler 179, 411 f., 416, 419–426, 439 f., 443, 445, 447–452, 456, 458

Michaelis, Paul L. (1863–1934), Schriftsteller und Redakteur des »Berliner Tageblattes« 163, 407, 442

Michels, Vertrauensmann der Abteilung IIIb in Köln 494

Moltke, Detlef Graf von (1871–1944), Major, 1916 diensttuender Flügeladjutant Wilhelms II. 244

Moltke, Helmuth Graf von (1800–1891), Generalfeldmarschall, 1858–1888 Chef des Generalstabes der Armee 221, 265, 290

Moltke, Helmuth Johannes Ludwig von (1848–1916), Generaloberst, 1905–1914 Chef des Generalstabes der Armee/des Feldheeres, 1914–1916 Chef des Stellv. Generalstabes der Armee 1, 9, 11–14, 20, 23, 26 f., 36, 60, 67, 84–86, 90, 96 f., 99 f., 102–106, 108–110, 121, 123, 125, 127, 129, 135–137, 139, 144 f., 162, 165, 175, 222, 232 f., 237, 265 f., 271, 277, 379, 392 f., 424 f., 450, 490, 563

Moltke-Huitfeldt, Eliza Gräfin von (1859–1932), Ehefrau Helmuth Johannes Ludwig von Moltkes 266

Müldner von Mülnheim, Louis (1876–1945), Major, 1915–1918 Flügeladjutant des Kronprinzen Wilhelm von Preußen 535–537, 546

Müller, August (1873–1946), Politiker (SPD), 1918 Unterstaatssekretär im Reichswirtschaftsamt 556 f.

Müller, Georg Alexander von (1854–1940), Admiral, 1906–1918 Chef des Marinekabinetts 21, 67, 95, 292, 304–306

Müller, von, Major, 1918 Flügeladjutant Flügeladjutant des Kronprinzen Wilhelm von Preußen 535, 537, 546

Münster, Gräfin von 157

Münter, Friedrich von, Oberstabsarzt, Professor, 1917–1919 Leibarzt Paul von Hindenburgs 366, 533

Mumm von Schwarzenstein, Philipp Alfons Frhr. (1859–1924), Diplomat, 1914–1916 Presseabteilung des Auswärtigen Amtes, 1916 Leiter der Abteilung Auslandspropaganda der Zentralstelle für Auslandsdienst, 1918 diplomatischer Vertreter in Kiew 184, 246

Muths, Otto (†1939), 1918 Major in der Operationsabteilung II der OHL 512

Mutius, Gerhard von (1872–1934), Diplomat, 1915–1917 Vertreter des Auswärtigen Amtes beim Generalgouvernement Warschau 166

Nadolny, Rudolf (1873–1953), Diplomat und Hauptmann d.R., Angehöriger stellv. IIIb, dort 1915/16 Chef der Sektion Politik, 1924–1933 Botschafter in der Türkei, 1933 Botschafter in der UdSSR 55, 442, 501

Napoleon (1769–1821), 1804–1815 Kaiser der Franzosen 351

Napoléon III. (1808–1873), 1852–1870 Kaiser der Franzosen 98

Nassau-Weilburg, Marie-Adelheid von (1894–1924), 1912–1919 Großherzogin von Luxemburg 119

Naumann, Frau von Viktor Naumann 480

Naumann, Viktor (1865–1927), Jurist und Schriftsteller, 1917/18 Berater Georg Graf von Hertlings 480

Nayhauß-Cormons, Stanislaus Graf von (1875–1933), Rittmeister a.D. 158

Nennewitz, Ulrich Werner (1893–1978), Landwirt und Domänenpächter, Schwiegersohn Walter Nicolais 78

Personenregister 625

Nernst, Walther (1864–1941), Physiker und Chemiker 263
Neuhof, (†1915), Major, 1914 Mitarbeiter IIIb, dort 1a der Sektion 115 f., 120
Neven-DuMont, Alfred Eduard Maria (1868–1940), Verleger der »Kölnischen Zeitung« und stellv. Vorsitzender des Vereins Deutscher Zeitungsverleger 494
Neven-DuMont, Josef August Hubert (1857–1915), Verleger der »Kölnischen Zeitung« 244
Nicolai (*1505), Pastor, Vorfahr Walter Nicolais 77
Nicolai, Justiz-Kriminalrat, Urgroßvater Walter Nicolais 77
Nicolai, Justizrat, Ururgroßvater Walter Nicolais 77
Nicolai, Else (»Elsi«), (1901–1958), Tochter Walter Nicolais 7, 13, 78, 108, 110, 124 f., 203, 245, 364, 366, 489, 509, 597 f., 600
Nicolai, Emma (1850–1935), Mutter Walter Nicolais 2 f., 51, 57, 77 f., 383–385, 398
Nicolai, Hans (1871–1923), Major, bis 1917 Bataillonskommandeur im Infanterie-Regiment Nr. 130, Bruder Walter Nicolais 3, 77 f., 157, 383–386, 398, 406
Nicolai, Hermann Emanuel (1806–1879), Prediger in Sargstedt, Großvater Walter Nicolais 77
Nicolai, Hermann Georg (1842–1877), Hauptmann und Kompaniechef im Infanterie-Regiment Nr. 67, Vater Walter Nicolais 2 f., 77 f., 383 f.
Nicolai, Margarethe (»Ditta«), (*1905), Tochter Walter Nicolais 7, 13, 78, 108, 110, 124 f., 203, 489
Nicolai, Marie (1879–1934), Ehefrau Walter Nicolais 7, 13, 32 f., 43, 48–51, 57, 66, 68 f., 78, 80, 82, 84, 89, 96, 108, 118, 124, 159, 224, 244, 263, 366, 369, 384, 388 f., 416, 489, 509, 551, 585, 598, 600
Nicolai, Marie-Luise (»Lu«), (1911–2002), Tochter Walter Nicolais 7, 13, 78, 108, 124 f., 489
Nicolai, Philipp (1556–1608), Pastor in Unna und St. Katharinen, Hamburg, Vorfahr Walter Nicolais 77
Niederhoff, Hauptmann, Angehöriger IIIb, dort 1916–1918 Sektion »Chef« 254, 478
Niemann, Alfred Major, 1918 Verbindungsoffizier der OHL bei Wilhelm II. 555, 586, 597
Nikolai II. (1868–1918), 1894–1917 Zar des Russichen Reiches 97, 244, 362, 378
Nikolai Nikolajewitsch (1856–1929), russ. Großfürst und General, 1914/15 Oberbefehlshaber der russ. Streitkräfte 362, 513
Nivelles, Robert Georges (1856–1924), General, 1916/17 Oberbefehlshaber des franz. Heeres 400
Noikoff, Major, ab 1916 Chef des bulg. Nachrichtendienstes 247
Northcliffe, Viscount (Alfred Charles William Harmsworth), (1865–1922), Verleger, 1918 Chef der brit. Auslandspropaganda 523, 525
Nowak, Gottlieb (1856–1927), 1916 Superintendent in Pleß 204, 206, 209
Oberndorff, Alfred Graf von (1870–1963), Diplomat, 1916–1918 Gesandter in Bulgarien 545
O'Donnell Benett, James (1870–1940), US-amerikanischer Journalist 143
Ohnesorge, Wilhelm (1872–1962), Postrat im Großen Hauptquartier 350, 442
Olberg, Alfred von (1872–1947), Oberstleutnant, 1915–1918 Leiter der Oberzensurstelle 349, 364 f., 372, 541, 566

Oldenburg-Januschau, Elard von (1855–1937), Politiker und MdR (DKons) 178, 402
Oldershausen, Erich Frhr. von (1872–1945), Oberst, 1916–1918 Chef des Feldeisenbahnwesens der OHL 350, 379, 575, 590
Oldershausen, Hans Frhr. von (1876–1956), 1916 Assessor im Reichsamt des Inneren 258
Olenhusen, Leo Götz von (1855–1942), General der Infanterie, 1916–1918 Militärgouverneur von Lüttich, 1918 stellv. Kommandierender General XII. Armeekorps 485, 571
Oppenheim, Max Frhr. von (1860–1946), Diplomat und Orientalist 343
Oskar (1888–1958), Prinz von Preußen und Sohn Wilhelms II. 218
Osten-Sacken, Kurt Frhr. von der (*1877), Major, Angehöriger IIIb, Nachrichtenoffizier Berlin 428 f., 432
Pacelli, Eugenio (1876–1958), Titularerzbischof, 1917–1929 Päpstlicher Nuntius im Deutschen Reich 426
Payer, Friedrich von (1847–1931), Politiker und MdR (FVP), 1917/18 Vizekanzler 49, 459, 479, 493, 542–544, 566–568, 575 f.
Peltzer-Graux, Auguste (1865–1936), 1904–1912 Bürgermeister von Spa 492
Pentz, Christian von (1882–1952), Rittmeister, Adjutant und Schwiegersohn Paul von Hindenburgs 448, 512, 581
Pentz, Hans Henning von (1890–1982), 1915 Ordonnanzoffizier Erich von Falkenhayns 192
Perez, Oberstleutnant, 1917 chil. Militärattaché 440
Pernet, Carl (1867–1927), seit 1897 Direktor der Vereinigten Berliner Mörtelwerke 454
Pernet, Erich (1898–1918), Leutnant d.R., Flieger-Abteilung 29, Stiefsohn Erich Ludendorffs 498, 504 f.
Pernet, Franz (1895–1917), Leutnant d.R., Jagdstaffel Boelcke, Stiefsohn Erich Ludendorffs 157, 442, 454, 498, 507
Pétain, Philippe (1856–1951), General, 1917/18 Oberbefehlshaber des franz. Heeres 400
Pichon, Stéphen (1857–1933) Politiker, 1917–1920 franz. Außenminister 471
Piekenbrock, Hans (1893–1959), Generalleutnant, 1937–1943 Chef Abteilung I in der Amtsgruppe Abwehr des OKW 58
Piłsudski, Józef (1867–1935), poln. General und Politiker, 1914–1916 Brigadekommandeur in den Polnische Legionen 308
Planck, Max (1858–1947), Physiker 258, 263
Planitz, von der, Major, 1914/15 Adjutant von Kronprinz Wilhelm 90
Pleß, Hans Heinrich XV. Fürst von (1861–1938), dt. Adeliger 30, 107, 157, 282, 506
Pleß, Mary-Theresa (»Daisy«) Fürstin von (1873–1943), dt.-brit. Adelige 107, 157, 505 f.
Plessen, Hans Georg von (1841–1929), Generaloberst, 1914–1918 Kommandant des Großen Hauptquartiers, 1894–1918 Generaladjutant Wilhelms II. 108, 234 f., 244 f., 269, 276, 286, 305, 323, 511 f., 589
Poggi, Rosolino (1863–1940), Generalmajor, 1912–1915 Chef der Nachrichtenabteilung des ital. Generalstabes, 1917 Divisionskommandeur 462 f.

Personenregister

Pohl, Hugo von (1855–1916), Admiral, 1913–1915 Chef des Admiralstabes, 1915/16 Chef der Hochseeflotte 128, 139
Pollio, Alberto (1852–1914), Generalleutnant, 1908–1914 Chef des Generalstabes des ital. Heeres 86, 90
Posadowsky-Wehner, Torsten Graf von Oberst, 1914 Chef der 1. Abteilung des Generalstabes der Armee 99
Posse, Ernst (1860–1943), Journalist, 1902–1923 Chefredakteur der »Kölnischen Zeitung« 494
Presber, Rudolf (1868–1935), Schriftsteller 258, 263
Prittwitz und Gaffron, Maximilian von (1848–1917), Generaloberst, 1914 Oberbefehlshaber 8. Armee 112
Prüfer, Curt Max (1881–1959), Diplomat und Dolmetscher 345
Radoslawow, Wassil Christow (1854–1929), Politiker, 1913–1918 bulg. Ministerpräsident 247
Radowitz, Joseph Maria Friedrich von (1839–1912), Diplomat, 1892–1908 Botschafter in Spanien 294
Radowitz, Wilhelm von (1875–1939), Diplomat, 1917/18 Unterstaatssekretär und Chef der Reichskanzlei 184, 294, 363, 374, 538
Rand, von, Major, 1914 im Generalstab des Feldheeres 124
Rathenau, Walther (1867–1922), Industrieller, 1914/15 Chef der Kriegsrohstoffabteilung im preuß. Kriegsministerium, 1915–1919 Vorstandsvorsitzender der AEG 69, 164, 258 f., 263 f., 566
Rauch, Leopold von (1876–1955), Major, 1915–1918 Chef der Nachrichtenabteilung (seit 1917: Abteilung »Fremde Heere«) der OHL 23, 166, 213, 316, 351, 379, 495 f., 512, 531
Rauch, Olga von (1881–1958), Frau von Leopold von Rauch 386
Rechberg, Arnold (1879–1947), Rittmeister d.R., Privatier und Bildhauer 38, 52–54, 159, 248–250, 432, 446, 479, 530, 535
Rechberg, Fritz (1868–1939), Unternehmer und Bruder von Arnold Rechberg 250
Rechenberg, Albrecht Frhr. von (1861–1935), Politiker, 1913–1918 MdR (Zentrum) 566
Redern, von, Major, Angehöriger IIIb, 1918 Leiter Sektion »Front« 87, 150, 184, 244, 286, 291, 298, 305, 315, 375, 382, 388, 478, 487, 521–523
Reiche, von, Major, 1918 Verbindungsoffizier des preuß. Kriegsministeriums im Großen Hauptquartier 541
Reischach, Hugo von (1854–1934), Oberhofmarschall im Großen Hauptquartier 19
Repington, Charles (1858–1925), brit. Oberstleutnant a.D. und 1904–1918 Korrespondent von »The Times« 401
Reuter, Paul Julius von (1816–1899), dt.-brit. Unternehmer und Gründer der Nachrichtenagentur »Reuters« 525
Reventlow, Ernst Graf von (1869–1943), Publizist, 1908–1914 Schriftleiter der »Alldeutschen Blätter«, 1914–1918 Mitglied des Presseausschusses beim Kriegspresseamt 410, 442, 448
Richter, Major, 1918 Offizier im preuß. Kriegsministerium 558 f.
Richthofen, Hartmann Frhr. von (1878–1953), Politiker und 1912–1918 MdR (NLP), 1915–1918 Mitglied des preuß. Abgeordnetenhauses 479

Richthofen, Herbert Frhr. von (1879–1952), Diplomat, 1916–1918 Legationsrat an der Gesandtschaft in Bulgarien   528
Riedel, Johannes (1856–1915), General der Infanterie, 1916–1918 Stellv. Kommandierender General XVIII. Armeekorps   304
Riess, Curt (1902–1993), dt. Publizist   59
Rießer   111
Riezler, Kurt (1882–1955), 1911–1917 Sekretär von Reichskanzler Bethmann Hollweg   174
Rigó, Jancsi (1858–1927), ungar. Geiger   546
Rippler, Heinrich (1866–1934), Journalist, 1914 Chefredakteur der »Täglichen Rundschau«   166
Ritter, Oberstleutnant   512
Roedern, Siegfried Graf von (1870–1954), Politiker und Ökonom, 1916–1918 Staatssekretär im Reichsschatzamt und preuß. Staatsminister   191, 255, 450, 503, 562–564
Röhm, Ernst (1887–1934), 1925–1934 Führer der SA   57
Roepell, Hauptmann, Angehöriger IIIb, 1915 N.O. 5. Armee, 1916 Inlands-N.O. Düsseldorf, 1917 Leiter Sektion I   387 f.
Rohrscheidt, von, Major, Angehöriger IIIb, 1914 Leiter der Attachésektion, 1915 N.O. Heeresgruppe »Mackensen«, 1917 Bataillonskommandeur Füsilier-Regiment Nr. 80   118 f., 134, 139, 155, 367
Ronge, Maximilian (1874–1953), Oberst, 1917/18 Leiter Nachrichtenabteilung im k.u.k. Armeeoberkommando   56, 241, 325, 378, 444, 515
Roques, Anna von (1876–1918), Schwägerin Walter Nicolais   124, 598
Roques, Ferdinand von, Oberstleutnant, 1914–1916 Kommandeur Reserve-Infanterie-Regiment Nr. 36, Schwager Walter Nicolais   123 f., 131, 140, 598
Rosner, Frau von Karl Rosner   236
Rosner, Karl (1873–1951), österr. Schriftsteller, 1915–1918 Kriegsberichterstatter   236
Rosner, Leopold (1838–1903), österr. Schriftsteller und Verleger, Vater von Karl Rosner   236
Rubner, Max (1854–1932), Mediziner   263
Rupprecht (1869–1955), Generalfeldmarschall und Kronprinz von Bayern, 1914–1916 Oberbefehlshaber 6. Armee, 1916–1918 Oberbefehlshaber Heeresgruppe »Kronprinz Rupprecht«   32, 111, 116, 204, 284, 348
Rusche, Emma Wilhelmine (1823–1891), Großmutter Walter Nicolais   3, 77
Rusche, Johann Andreas (1812–1865), Domänenpächter, Großvater Walter Nicolais   77
Sandt, Maximilian von (1861–1918), Verwaltungsjurist, 1914 Leiter der Zivilverwaltung im Generalgouvernement Belgien   145
Sartorius, 1918 Hauptmann im Großen Hauptquartier   579 f.
Sawow, Michail (1857–1928), General, 1918 bulg. Kriegsminister   523
Schäfer, Major, Angehöriger IIIb, 1915–1918 Leiter der Sektion Kriegsgeschichte   186, 315
Schaible, Alexander (1870–1933), Hauptmann d.R., Angehöriger IIIb, 1917 Zentralpolizeistelle in Brüssel, 1917/18 Chef der Zivilverwaltung in Flandern   404, 513
Scharfenberg, Dietrich von (1882–1962), Legationssekretär, 1917 Leiter der Presseabteilung der Gesandschaft in Konstantinopel   343–346

Personenregister

Scheffer-Boyadel, Reinhard Gottlob Georg Heinrich Frhr. von (1851–1925), General der Infanterie, 1903–1906 Oberquartiermeister und Chef der Landesaufnahme im Generalstab der Armee 82
Scheidemann, Philipp (1865–1939), Politiker, 1903–1918 MdR (SPD), 1918 Staatssekretär ohne Geschäftsbereich, 1919 Reichsministerpräsident 50, 54, 178, 369, 387, 450, 469, 504, 567, 571
Scheubner-Richter, Max Erwin von (1884–1923), Diplomat und politischer Aktivist 53
Schëuch, Heinrich (1864–1946), General der Infanterie, 1917 Kommandeur 33. Infanterie-Division, 1918 preuß. Kriegsminister 384, 567 f., 573, 576, 578, 597, 599
Schiller, Friedrich (1759–1805), Dichter, Philosoph und Historiker 83
Schleicher, Kurt von (1882–1934), Major, 1914–1917 im Stab des Generalquartiermeisters, 1917 1. Generalstabsoffizier 237. Infanterie-Divison, 1918/19 Leiter der Innenpolitischen Abteilung der OHL 24, 591 f.
Schlenther, Major, Angehöriger IIIb 119, 125, 131
Schlieffen, Alfred Graf von (1833–1913), Generalfeldmarschall, 1891–1905 Chef des Generalstabes der Armee 9, 81, 84, 121, 593
Schluga von Rastenfeld, August Frhr. (1841–1917), österr. Journalist und dt. Agent (»Agent 17«) 42, 98, 124, 166, 221–223, 225
Schmetzer, Oberleutnant, 1917 Aufklärungsoffizier beim Stellv. Generalkommando XXI. Armeekorps 423
Schmidt, 1918 Hauptmann 558
Schmidt von Knobelsdorff, Constantin (1860–1936), General der Infanterie, 1914–1916 Chef des Generalstabes 5. Armee 89 f., 238, 248, 256 f., 393, 535
Schmidt-Elskop, Arthur (1875–1952), 1917 Legationsrat im Auswärtigen Amt 345
Schmitt, 1918 Hauptmann 558
Schnitzer, Fritz H. (1875–1945), Rittmeister d.R., Angehöriger IIIb, 1914–1918 Herausgeber und Chefredakteur der »Gazette des Ardennes« 172
Schönburg-Waldenburg, Sophie Prinzessin von (1885–1936), seit 1906 Fürstin zu Wied 157
Scholtz, Friedrich von (1851–1927), General der Artillerie, 1917–1919 Oberbefehlshaber der Heeresgruppe »Scholtz« 315
Schragmüller, Elisabeth (1887–1940), Angehörige IIIb, Leiterin der Frankreich-Sektion der Kriegsnachrichtenstelle Antwerpen 38, 73, 146 f., 224 f.
Schreiber, 1918 Hauptmann 558 f.
Schröder, 1918 Hauptmann 558 f.
Schubert, 1918 Major 512
Schulenburg, Friedrich Graf von der (1865–1939), Oberst, 1916–1918 Chef des Generalstabes Heeresgruppe »Deutscher Kronprinz« 386 f., 391–393, 398, 521, 535–537, 578
Schulze-Gaevernitz, Gerhart (1864–1943), Politiker, 1912–1918 MdR (FVP) 172
Schumacher, Ernst (1881–1952), Kapitänleutnant, 2. Artillerieoffizier der S.M.S. »Baden« 470
Schumacher, Margot (1899–1969), Stieftochter Erich Ludendorffs 470
Schweitzer, Georg (1850–1940), Journalist und Major d.Lw. a.D., Angehöriger IIIb, 1914–1918 Leiter der Pressebesprechungen 101 f., 105

Schwing, Karl Wilhelm (†1918), 1914–1918 Oberleutnant im Infanterie-Regiment Nr. 82 538
Schwormstädt, Felix (1870–1938), Maler, 1914–1918 Kriegsmaler der »Leipziger Illustrirten Zeitung« 149
Seckendorff, Frhr. von, Oberstleutnant, Offizier an der preuß. Kriegsakademie 81
Seeckt, Hans von (1866–1936), Generalmajor, 1915/16 Chef des Generalstabes 11. Armee und Heeresgruppe »Mackensen«, 1916 in derselben Funktion bei der Heeresgruppe »Erzherzog Karl«, 1917/18 Chef des Generalstabes der osman. Armee, 1920–1926 Chef der Heeresleitung 192, 282, 312, 453, 578
Sefi Bey, Oberstleutnant, 1917 Chef der 2. Abteilung im Generalstab der osman. Armee 341, 342, 343, 346
Seldte, Franz (1882–1947), Politiker (NSDAP), Mitbegründer und Bundesführer des Stahlhelm 55
Seydlitz, von, Hauptmann, 1917 bei der MAA 337
Seydlitz-Kurzbach, Friedrich Wilhelm Frhr. von (1721–1773), Generalleutnant 100
Shakespeare, William (1564–1616), engl. Dramatiker 83
Sick, Eberhard von, 1918 Hauptmann 512
Sievert, Oberstleutnant, Angehöriger IIIb, 1914 Leiter Meldesammelstelle Süd, 1917/18 stellv. Chef 2. Abteilung des osman. Generalstabes 340–343
Simon, Heinrich Viktor (1880–1941), Verleger und Chefredakteur der »Frankfurter Zeitung« 162, 166, 483–485, 550, 556
Simon, Kurt (1881–1957), Verleger und Chefredakteur der »Frankfurter Zeitung« 162
Skoropads'kyj, Pavlo (1873–1945), General und Politiker, 1918/19 Hetman der Ukraine 550
Slevogt, Max (1868–1932), Maler, 1914 Kriegsmaler 144
Soergel, Hans Ludwig August (*1889), Schwiegersohn Walter Nicolais 78
Solf, Wilhelm (1862–1936), Diplomat und Politiker (DDP), 1918 Staatssekretär im Auswärtigen Amt 50
Souchon, Wilhelm (1864–1946), Vizeadmiral, 1918 Chef der Marinestation Ostsee und Gouverneur von Kiel 342
Stampfer, Friedrich (1874–1957), Journalist und Politiker (SPD), 1916–1933 Chefredakteur des »Vorwärts« 182
Starke, Hauptmann, bis Kriegsbeginn N.O. in Straßburg, ab 1914 beim Generalstab des Feldheeres 125
Stegemann, Leutnant d.Lw., 1918 im Stab der dt. Militärmission im Osmanischen Reich 528
Stegemann, Hermann (1870–1945), Journalist und Historiker 122, 467
Stegerwald, Adam (1874–1945), Gewerkschafter und Politiker (Zentrum), 1903–1929 Generalsekretär des Gesamtverbandes der christlichen Gewerkschaften Deutschlands 556
Stein, August (1851–1920), Journalist und Büroleiter der »Frankfurter Zeitung« in Berlin 162, 237 f., 444, 448, 500
Stein, Hans Karl Frhr. von (1867–1942), 1917 Unterstaatssekretär im Reichsamt des Inneren 441, 462
Stein, Hermann von (1854–1927), General der Artillerie, 1914 Generalquartiermeister, 1914–1916 Kommandierender General XIV. Reservekorps,

1916–1918 preuß. Kriegsminister 105, 128, 371–373, 378, 408, 440, 443, 445, 448–450, 456, 459, 463, 469, 475, 501, 517, 533, 547, 553, 557, 566, 571 f.
Stieber, Wilhelm (1818–1882), Polizeidirektor und Leiter des Central-Nachrichten-Bureaus 108
Stockhausen, Max von (1874–1938), 1918 Major, Chef des Generalstabes III. Armeekorps, 1919 Chef des Stabes Kommandantur Berlin 512
Stolz, Erwin, Oberst, 1935 Mitarbeiter der Abwehrabteilung im OKW 58
Stolzmann, Paulus von (1863–1930), Generalmajor, 1915/16 Chef des Generalstabes Bugarmee, später Heeresgruppe »Linsingen«, 1916–1918 Kommandeur 78. Reserve-Division 188, 273
Stotten, Frau von Paul Stotten 131
Stotten, Paul, Major, Angehöriger IIIb, 1915 Leiter IIIb West, 1916/17 Leiter des Kriegspresseamtes, 1918/19 Leiter Nachrichten-Abteilung des Generalstabes 45, 51, 54, 111, 120, 125, 131, 133, 162, 169, 171, 184, 212, 308, 321, 352, 364 f., 372, 375 f., 398, 406, 424, 438, 482, 580, 586, 596
Strantz, Hermann von (1853–1936), General der Infanterie, 1914–1917 Kommandierender General V. Armee-Korps und Oberbefehlshaber Armeeabteilung »Strantz« 324 f.
Stresemann, Gustav (1878–1929), Politiker und MdR (DVP), 1923–1929 Reichsaußenminister 89, 178
Stülpnagel, Edwin von (1876–1933), Major, 1918 Leiter der MAA, später Ohla 27
Stülpnagel, Joachim von (1880–1968), Major, 1918/19 1. Generalstabsoffizier der Operationsabteilung der OHL, 1922–1926 Chef der Heeresabteilung im Truppenamt 23 f., 27, 69, 179, 548 f., 550, 563, 578, 586 f., 592
Stumm, Wilhelm August von (1869–1935), Diplomat, 1911–1916 Leiter der Politischen Abteilung des Auswärtigen Amtes, 1916–1918 dort Unterstaatssekretär und Leiter der Nachrichten-Abteilung 579, 586
Sturdza, Oberst, 1917 rum. Offizier 351
Sudermann, Hermann (1857–1928), Schriftsteller und Dramatiker 258, 260, 262–264
Südekum, Albert (1871–1944), Journalist und Politiker, 1900–1918 MdR (SPD), 1919/20 preuß. Finanzminister 155 f.
Sydow, von, Major, 1915 Angehöriger IIIb 183
Szeptycki, Stanisław Graf von (1867–1950), Oberst, 1916/17 Kommandeur Polnische Legionen 313
Tacitus, Publius Cornelius (58–120), röm. Historiker 206
Tappen, Gerhard (1866–1953), Generalmajor, 1914–1916 Chef der Operationsabteilung der OHL 21, 23, 25, 99, 105, 108, 121, 123, 144, 178, 192, 233, 279
Taskow, Major, bis 1916 Chef des bulg. Nachrichtendienstes 247
Thaer, Albrecht von (1868–1957), Oberst, 1914–1918 Generalstabschef mehrerer Armeekorps, 1918 Chef des Stabes des Generalquartiermeisters 31, 67
Thiel, Fritz August (1863–1931), Diplomat und Leiter der Zentralstelle für Auslandsdienst 272
Thomas, 1917 Vorsitzender des Vereins Leipziger Kommissionäre 526
Thomsen, Hermann (1867–1942), Oberst, durch Heirat Namensänderung in von der Lieth-Thomsen, 1915/16 Chef des Feldflugwesens in der OHL,

1916–1918 Chef des Generalstabes beim Kommandierenden General der Luftstreitkräfte 192, 350
Tiele-Winckler, Eva von (1866–1930), Diakonisse 249
Tieschowitz von Tieschowa, Hans (1872–1952), Oberst, 1916–1918 Chef der Zentralabteilung der OHL 21, 23, 99, 108, 192, 212, 231, 233, 256, 270 f., 277, 316, 351, 375–377, 393, 453, 495, 531, 536 f., 546, 555, 560, 565, 575 f., 583, 586, 588, 597
Tippelskirch, von, Oberleutnant, Angehöriger IIIb, 1918 in der Sektion II 125
Tirpitz, Alfred von (1849–1930), Großadmiral, 1898–1916 Staatssekretär des Reichsmarineamtes, 1917–1919 Vorsitzender DVLP 29, 67, 97, 204, 227–230, 411, 424
Tornau, Traugott (†1963), Rittmeister d.R., Angehöriger IIIb, 1917/18 Leiter der Sektion Z 87, 445, 457, 501, 507
Tramm, Heinrich (1854–1932), Politiker (NLP), 1891–1918 Stadtdirektor von Hannover 560
Treskow, Ernst von (1844–1915), Diplomat, 1891–1900 dt. Botschafter in Chile und Argentinien 157
Treutler, Carl Georg von (1858–1933), 1914–1916 Vertreter des Auswärtigen Amtes bei Wilhelm II. 19
Trott zu Solz, August von (1855–1938), Politiker, 1909–1917 preuß. Kultusminister 203, 211
Trotzki, Lew (1879–1940), geb. als Lew Davidovič Bronštejn, russ. Politiker, 1917 Volkskommissar des Auswärtigen 464, 481
Tscherbatschew, Dmitri Grigorjewitsch, russ. General der Infanterie 467
Ullstein, Franz (1868–1945), Verleger 162, 407
Ullstein, Hans (1859–1935), Verleger 162
Ullstein, Hermann (1875–1943), Verleger 162
Ullstein, Louis-Ferdinand (1863–1933), Verleger 162
Ullstein, Rudolf (1874–1964), Verleger 162
Unruh, Fritz von (1885–1970), Hauptmann und Schriftsteller 218, 234, 541
Valdivia, de, Major, 1914–1918, span. Militärattaché 323, 385, 461
Valentini, Rudolf von (1855–1925), Wirklicher Geheimer Rat, 1908–1918 Chef des Geheimen Zivilkabinetts 26, 403, 481, 533
Velsen, Stefan von (1876–1969), Major, 1914/15 im Stab des Chefs des Feldeisenbahnwesens 590
Verlager 119
Victoria (Königin) (1819–1901), 1837–1901 Königin des Vereinigten Königreiches 304
Victoria (Prinzessin) (1840–1901), Prinzessin von Großbritannien und Irland, 1888 Königin von Preußen und Deutsche Kaiserin, Mutter Wilhelms II. 304
Vietinghoff (gen. Scheel), Hermann Frhr. von (1851–1933), General der Kavallerie, 1916–1918 Stellv. Kommandierender General II. Armeekorps 303 f., 376
Viktor Emanuel III. (1869–1947), 1900–1946 König von Italien 91, 104, 177
Voigt, Wilhelm (1849–1922), Schuhmacher, 1906 »Hauptmann von Köpenick« 599
Volkmann, Erich Otto (1879–1938), Major, Angehöriger IIIb, 1914 N.O. in Allenstein 99 f.

Personenregister

Vollard-Bockelberg, Alfred von (1874–1945), Major, 1914–1916 im Generalstab der Armeeoberkommandos 8, 9 und Oberost, 1916–1918 Operationsabteilung der OHL 24, 405, 512
Wahnschaffe, Arnold (1865–1941), 1909–1917 Unterstaatssekretär und Chef der Reichskanzlei 264, 362 f., 370 f., 375, 378, 417, 419
Waitz, Johannes von (1866–1958), Oberst, 1917–1919 geschäftsführender Direktor des Zentraldepartments des preuß. Kriegsministeriums 372, 599
Waldemar (1889–1945), Major und Prinz von Preußen, 1914–1918 Kommandeur des Kaiserlichen Kraftfahrkorps 350, 398
Waldersee, Georg Graf von (1860–1932), Generalleutnant, 1912–1914 Oberquartiermeister I des Generalstabes der Armee, 1914 Chef des Generalstabes 8. Armee 14, 86, 99, 102 f., 222
Waldeyer, Heinrich Wilhelm (1836–1921), Anatom und Geheimer Medizinalrat, 1883–1917 Leiter des Anatomischen Instituts der Charité 258, 262–264
Waldow, von, 1918 Hauptmann 512
Wallraff, Max (1859–1941), 1917/18 Staatssekretär im Reichsamt des Innern 456, 501, 507, 562
Walter, Bursche Walter Nicolais 111, 118
Ward, Clara (1873–1916), US-amerik. Privatier und Prinzessin von Chimay-Caraman 546
Warncke, Paul (1866–1933), seit 1909 Herausgeber des »Kladderadatsch« 560
Wattenwyl, Friedrich Moritz von (1867–1942), Oberst, 1909–1916 Chef der Nachrichtensektion des schweiz. Generalstabes 455
Wedel-Gödens, Botho Graf von (1862–1943), Wirklicher Geheimer Rat, 1916 dt. Botschafter in Österreich-Ungarn 184
Weitz, Paul (1862–1939), Journalist, Korrespondent der »Frankfurter Zeitung« in Konstantinopel 346
Weizsäcker, Ernst Frhr. von (1882–1951), Korvettenkapitän, 1918 Verbindungsoffizier des Admiralstabes zur OHL 61
Wekerle, Sándor (1841–1921), 1917–1918 ungar. Ministerpräsident 448
Wenkert, Offizier 115
Wentzel, Hauptmann, bis 1914 Angehöriger IIIb 125
Werner, Anton von (1843–1915), Maler 185
Westarp, Kuno Graf von (1864–1945), Politiker, 1908–1918 MdR (DKons) 442
Westernhagen, Bruno von, Rittmeister, 1914 Angehöriger IIIb 102
Wetzell, Georg (1869–1947), Oberstleutnant, 1916–1918 Chef der Operationsabteilung der OHL, 1918 Chef des Generalstabes 5. Armee 23–25, 69, 157, 178 f., 279, 283, 366, 442 f., 512, 548 f., 592
Wever, Walther (1887–1936), Generalleutnant, 1918/19 Operationsabteilung der OHL, 1935/36 Chef des Generalstabes der Luftwaffe 549
Wild von Hohenborn, Adolf Heinrich (1860–1925), Generalleutnant, 1914/15 Generalquartiermeister, 1915/16 preuß. Kriegsminister 155, 166, 169, 185, 187, 260, 269, 270, 286
Wilhelm (1882–1951), General der Infanterie und Kronprinz des Deutschen Reiches und von Preußen, 1914–1916 Oberbefehlshaber 5. Armee, 1916–1918 Oberbefehlshaber Heeresgruppe »Deutscher Kronprinz« 26, 32, 89 f., 111, 116, 135, 156, 164, 179 f., 218, 234, 236–239, 248 f., 256 f., 265, 268, 284, 350, 366, 386 f., 391–393, 398, 400, 411, 419, 430, 521, 534–537, 539 f., 544, 546, 549, 551, 555, 578, 596

Wilhelm I. (1797–1888), 1861–1888 König von Preußen und (seit 1871) Deutscher Kaiser 20, 79, 207, 289

Wilhelm II. (1859–1941), 1888–1918 König von Preußen und Deutscher Kaiser 3, 15, 19 f., 21, 29 f., 47, 50, 69, 90, 95–101, 104, 107–112, 119, 125, 135–137, 139–141, 143 f., 146, 150 f., 155 f., 160, 163, 165, 169, 177–179, 182–185, 187, 189 f., 202–206, 208–210, 218 f., 221, 227, 232, 234–238, 244 f., 256, 262, 267–270, 272, 276 f., 280, 283–287, 289, 291 f., 296–298, 301, 304–306, 309, 311 f., 316 f., 321–323, 329, 337, 348 f., 351 f., 361 f., 364, 366, 369, 385 f., 392 f., 399, 403 f., 408, 410 f., 419–422, 426, 430, 432, 436, 440, 447 f., 454, 458 f., 463, 475 f., 492, 494, 496 f., 501–503, 511 f., 520 f., 530, 533, 535 f., 538, 540, 547, 549, 554 f., 563, 565, 575–578, 584–586, 588–592, 595, 597

Wilmowsky, Tilo Frhr. von (1878–1966), 1914–1918 Chef der Zivilkanzlei des Generalgouvernements Belgien 513

Wilson, Thomas Woodrow (1856–1924), 1913–1921 Präsident der USA 245, 296, 317, 426, 568 f., 572–574, 580, 582, 586 f.

Winterfeldt, Detlof Sigismund von (1867–1940), Generalmajor, 1914 Militärattaché in Frankreich, 1914/15 Abteilungschef im Stellv. Generalstab der Armee, 1916/17 Oberquartiermeister 8. Armee, 1917/18 Vertreter der OHL beim Auswärtigen Amt und der Reichskanzlei, 1918 Chef der Waffenstillstandskommission 26, 424, 428, 445, 538, 544, 546, 555

Winterfeldt, Hans Karl von (1862–1931), Generalleutnant, Kommandeur 37. Reserve-Infanterie-Brigade, 1914/15 Oberquartiermeister 7. Armee, 1915/16 Oberquartiermeister 8. Armee, 1916–1918 Chef des Generalstabes des Generalgouvernements Belgien 231, 445

Wintzen, Vizefeldwebel 558

Witkowski, Arnold (1815–1878), Unternehmer, Vater von Richard Witting und Felix Witting (Maximilian Harden) 429

Witte, Major, Angehöriger IIIb, 1914 N.O. in Koblenz, 1918 Leiter der Sektion West und Nachrichtenoffizier Heeresgruppe »Deutscher Kronprinz« 111, 521

Witting, Richard (1856–1923), Geheimer Regierungsrat, 1910–1922 Aufsichtsratsvorsitzender Nationalbank für Deutschland AG 428–431

Wittmann, Hans, Korvettenkapitän, 1916 im Reichsmarineamt 229

Wolff, Hans von (1846–1918), Generalmajor, bis 1917 Chef der Feldtelegraphie 350

Wolff, Theodor (1868–1943), Journalist und Chefredakteur des »Berliner Tageblattes« 105, 110, 124, 126, 128, 132 f., 138, 144, 162, 429, 444, 466

Woyrsch, Remus von (1847–1920), Generalfeldmarschall, 1914–1918 Oberbefehlshaber Armeeabteilung/Heeresgruppe »Woyrsch« 185

Wrisberg, Ernst von (1863–1927), Generalmajor, 1915–1919 Direktor des Allgemeinen Kriegsdepartments im preuß. Kriegsministerium 101, 371 f., 541, 557

Würtz, Emil (†1922), Major, 1917/18 Chef des Kriegspresseamtes 45, 212, 376, 424, 426, 443, 465 f., 476, 489, 493, 508, 514, 541, 556, 564, 572, 574–576, 579–581, 586, 592, 600

Wu, Kuang, Hauptmann, bis 1917 chin. Militärattaché 375

Wynecken, Alexander (1848–1939), 1876–1929 Verleger der »Königsberger Allgemeinen Zeitung«, Vorstandsmitglied des Vereins der deutschen Zeitungsverleger 202
Yorck von Wartenburg, Ludwig Graf (1759–1830), preuß. Generalfeldmarschall 351
Zech-Burkersroda, Julius Graf von (1885–1946), Diplomat, 1914–1917 Adjutant von Reichskanzler Bethmann Hollweg 287 f.
Zeki Pascha, Halepli (1862–1943), osm. Feldmarschall, 1914–1918 Vertreter des Sultans Mehmet V. in Berlin 316, 459
Zelle, Margaretha Geertruida (1876–1917), niederl. Tänzerin und dt. Spionin (»Mata Hari«) 1, 41 f., 73, 221, 223–226, 230, 234
Ziesenitz, Andreas, Angehöriger der Geheimen Feldpolizei 2
Zimmermann, Arthur (1864–1940), Wirklicher Geheimer Rat, 1911–1916 Unterstaatssekretär im Auswärtigen Amt, 1916/17 dort Staatssekretär 43, 249, 300, 318, 347, 374, 419
Zita (1892–1989), 1916–1918 österr. Kaiserin und 1916–1921 ungar. Königin 370
Zobeltitz, Friedrich von, Rittmeister, 1917 Ordonnanzoffizier von Wilhelm von Preußen 350
Zuccari, Luigi (1847–1925), Generalleutnant, 1914 Oberbefehlshaber ital. 3. Armee 86
Zweigert, Artur (1850–1923), Jurist, 1907–1920 Oberreichsanwalt 485

Geografisches Register

Aachen 113, 115, 143, 230, 511
Ägypten 133 f., 147
Aisne 370, 400, 530
Aleksinatz 193
Allenstein 11, 13 f., 45, 99, 401, 594
Alsleben 77
Amerika 143, 149, 161, 176, 329, 352, 363 f., 378, 444, 552
Amiens 502
Angora *siehe* Ankara
Ankara 55, 442
Antwerpen 35, 38, 122, 135, 138–140, 146 f., 167 f., 191, 231 f., 334, 445, 457, 571
Arabien 343
Archangelsk 133
Arras 190, 364 f., 368, 370
Avesnes 180, 495–500, 504–506, 509–513, 515 f., 529 f., 533, 537, 539, 542, 544, 547, 566
Avignon 112
Bacharach 464
Bad Harzburg 13, 96, 98
Bad Kissingen 438
Bad Kösen 89
Bad Sachsa 422
Baden 315 f.
Baden bei Wien 321 f., 326, 339, 376, 400, 404, 444
Baden-Baden 446
Bagdad 315
Balholm 97
Balkan 96, 98, 165, 189, 193 f., 203, 241, 243, 247, 254, 274, 315, 379, 521, 523, 528, 561
Baltikum 254, 314
Baltische Provinzen 176

Bapaume 500
Basel 156, 191
Battice 114
Bayern 284, 315, 388, 446, 448
Bélair 150, 535
Belgien 102, 104, 114, 120, 145, 167, 171, 183, 214, 230 f., 248 f., 272, 335, 404, 432, 445, 457, 479, 510 f., 513, 542, 554 f., 571
Berlin 3, 7, 9, 12 f., 15, 19 f., 24, 27, 34, 37, 43, 45, 49–51, 54–56, 58–60, 66, 80 f., 83, 85–88, 90, 95–99, 102, 105, 108–110, 113, 116, 119 f., 126, 128, 130, 132, 139, 144, 156, 159 f., 165 f., 170, 175 f., 184–186, 196 f., 202, 209–211, 215, 218 f., 229–231, 234, 236 f., 244–250, 254 f., 260–263, 265 f., 268, 271–273, 275–277, 279, 290, 292–298, 302, 308 f., 314 f., 321, 323–325, 329, 331, 337, 341, 343, 345 f., 355, 360 f., 364, 368–371, 374–378, 389, 392 f., 395, 401, 403, 406–412, 416 f., 419, 421, 423 f., 426–429, 432 f., 438 f., 442–449, 452, 454, 456, 460–463, 468, 470, 475 f., 478, 480, 485, 487, 500 f., 508, 514, 516–524, 528, 541–544, 546, 550–552, 554 f., 557, 560–566, 569–574, 581–586, 588–590, 592–599
Berlin-Charlottenburg 207
Berlin-Köpenick 599
Berlin-Moabit 295

Berlin Ost 37 f., 490
Berlin-Tiergarten 228 f.
Berlin West 37 f.
Berlin-Wilmersdorf 203, 595
Bern 385
Bethincourt 238
Biarritz 225
Bingen 350, 464
Bosporus 175
Bouchavesnes 500
Brandenburg 80
Braunschweig 2, 77, 383
Breslau 11, 284, 401-403
Brest-Litowsk 43 f., 338, 465, 469-471, 475, 481, 491, 501
Britisch-Indien 116
Brügge 146
Brüssel 35, 38, 42, 113-115, 139, 145-147, 168, 183, 223, 235, 249, 325, 404, 445, 457, 485, 507, 510, 513, 530, 544, 546, 555, 561, 571, 586
Buchenwald 59
Budapest 192, 195, 246, 325, 357, 361, 541
Buftea 489
Bukarest 167, 257, 282, 489, 561
Bulgarien 189, 195, 233, 315, 340, 442, 529, 566, 577
Cambrai 140, 190, 324, 496, 500
Cassel *siehe* Kassel
Châlons sur Marne 123, 126
Champagne 155, 171, 173, 190, 384, 398, 400
Channy 148
Charleville 29, 31, 134, 160, 169, 197, 209, 234, 246, 275, 283, 317, 324, 326, 350 f., 386, 398, 445, 458, 485 f., 521, 534-537, 555
Charleville-Mézières 15, 29 f., 37, 172
Chaudry 140
Chemin des Dames 510
Chile 404
China 113, 180, 375
Cholm 188
Christiania 246, 503
Clermont en Argonnes 123
Coblenz *siehe* Koblenz

Codroipo 462
Cöln *siehe* Köln
Compiègne 424
Côte Lorraine 190
Crépy en Valois 123
Dänemark 285
Danzig 11, 351, 401 f.
Dardanellen 171, 173, 175, 186
Darmstadt 156-559
Deutschland 83-85, 89, 95, 97 f., 104-106, 111 f., 115, 119 f., 122, 124, 129, 132, 135, 141, 143, 149, 157, 165, 175, 189, 195 f., 207, 213-216, 222 f., 225, 230, 246-248, 251 f., 254, 268, 273, 285 f., 298 f., 303, 305, 315, 323, 325 f., 328, 330, 339, 341, 343, 344, 347, 353, 355, 357-359, 361, 363, 375, 378 f., 395, 400 f., 405, 413, 415, 418, 423 f., 426, 431, 436, 439 f., 445, 452, 455-458, 461, 465, 467, 476, 480, 491 f., 495, 503-507, 515, 523-525, 527, 529, 536, 542, 561, 572, 574, 576, 580, 582, 585, 592 f., 595, 601
Deutz 243
Diedenhofen 111, 118
Dietz an der Lahn 3, 78
Dieuze 118
Dnjestr 181
Doberdò 275
Dobrudscha 283, 289
Döberitz 502
Donau 192, 195, 282
Donaueschingen 168, 404
Douaumont 219, 227
Dresden 15, 70, 215, 222, 315, 401, 403, 523
Düsseldorf 212, 215, 315, 457
Eifel 124
Eisenach 51, 509, 597 f., 600
Eisernes Tor 195
Elsass 386
Elsass-Lothringen 118, 315, 365, 370, 548, 561
Ems 113, 115
England 86, 88, 98, 100, 102, 107, 115, 122, 126, 128 f., 131-134,

Geografisches Register

144, 149, 157, 165, 167, 174, 176, 249, 278, 285, 327 f., 349, 352, 365, 369, 377 f., 401, 415, 423, 442 f., 450, 452, 454, 468, 479, 514, 523, 528, 547
Erfurt 12, 85, 108 f., 133, 252, 403, 406
Esch 116, 537
Essen 25
Estland 315
Europa 83, 173, 439
Finnland 506
Flandern 142, 386, 404, 409, 413, 420, 422, 426, 513
Flensburg 594
Folembray 148
Fort Fleuron 114
Fort Loncin 114
Frankfurt am Main 43, 78, 156, 165–167, 215, 221, 303 f., 315, 348, 351, 376, 462, 483, 517, 594, 596 f.
Frankfurt/Oder 594
Frankreich 77, 84–86, 97–99, 102, 115, 119, 121, 125 f., 132, 134, 144, 149, 156, 165, 167, 169, 171, 180, 188, 202, 214, 223, 225, 248 f., 327, 352, 364, 368, 370, 385, 400, 424, 439, 461, 477, 480, 510, 514, 547, 590
Freiburg 148, 156, 457
Friedrichshafen 56, 248
Gadebusch 234
Galata 342
Galizien 172, 268, 273, 275, 409, 413, 421
Gallipoli 171
Genf 42, 223
Gent 146, 325
Gießen 557, 559
Görz 275
Göttingen 6, 78 f., 83, 298, 383, 432, 489
Gorlice 175, 186, 413
Gottmadingen 43
Grafschaft Mark 77
Grama 286
Graudenz 82, 273
Gravelotte 2, 77, 190

Griechenland 196, 244, 285 f.
Großbritannien 115, 167, 285, 461
Groß-Lichterfelde 3–5
Hagen 77
Halberstadt 3, 77 f.
Halle 598
Hamburg 38, 56, 77, 215, 248, 315, 349, 403, 406
Hamburg-Altona 249
Hamburg-Wandsbek 248 f.
Hannover 12, 105, 403, 406, 408, 460, 553, 560, 593
Haparanda 490
Harz 96, 422
Helgoland 166, 386
Herdecke 77
Hermannstadt 296
Hersfeld 248, 250
Herve 114
Heteborn 77
Hirson 140
Hock-Berg 398
Holland 155, 214, 248, 314 f., 325, 334 f., 457, 495, 504, 571, 595, 597
Holnonwald 543
Holstein 249
Homburg 232, 572, 595–598, 600
Indien 128 f., 131, 133 f., 223
Isonzo 275, 365, 370, 420
Istanbul *siehe auch* Konstantinopel 171, 186, 342
Italien 86, 91, 100, 102, 104, 129, 133, 139, 141, 165, 171, 173, 175–177, 181, 184, 189, 248 f., 457, 458 f., 461, 465
Iwangorod 185, 188
Jagodina 192
Japan 82 f., 113, 115, 128 f.
Jerusalem 315
Jordan 205 f.
Jury 114
Kalisch 187
Kanal 254
Karlsbad 96
Karlsruhe 11, 49, 156, 165, 388 f., 462 f., 493 f., 550, 553, 556–558, 560
Karpaten 165, 173, 175 f.

Kassel 45, 250, 290, 297, 315, 403, 406, 408, 597
Kassel-Wilhelmshöhe 31, 563, 597, 600
Kattowitz 178, 186, 284, 296, 324
Kaukasus 459
Kavalla 286
Kiautschou 113
Kiel 95, 592
Kiew 490, 532, 561, 588
Kleiner Balkan 195
Koblenz 11, 15, 27, 32, 96, 108–110, 113, 116, 134, 316
Köln 1, 49, 115, 124 f., 156, 158, 160, 220, 224, 230, 234, 243 f., 325, 457, 493–495, 512, 553, 556, 560, 563 f., 601
Königsberg 11 f., 78, 82, 84 f., 168, 218, 222, 401, 593 f.
Kolberg 51, 66, 87, 265
Konstantinopel *siehe auch* Istanbul 195, 340–342, 344, 524–528, 541
Konstanz 43
Kopenhagen 490
Korfu 244
Kowno 37, 188, 196, 522 f., 593
Krähenwinkel 51, 54
Krakau 188 f.
Kreuznach 30, 250, 292, 316, 349–351, 362, 365 f., 368–370, 378, 386 f., 389, 398, 403 f., 410, 419–423, 425–428, 440, 442, 445 f., 449, 455, 458 f., 462–464, 468, 470 f., 475 f., 478, 480 f., 483, 486, 489, 492 f.
Krim 532
Küstendil 194, 196, 247, 528
Kurland 442, 501
Kyffhäuser 260
Langemarck 142
Laon 140, 148 f., 324, 507, 510
Le Cateau 148, 169
Leipzig 56, 89, 215, 368, 461, 526, 553, 560
Lemberg 188
Leres 286
Leuven 117
Leverkusen 243
Liegnitz 284, 550

Lille 146, 167, 176, 183, 537, 541, 544, 546
Lindau 38, 334, 388
Linsingen 273
Litauen 299, 315, 442
Liverpool 409
Lodz 187
Lörrach (Baden) 35, 190 f.
Lötzen 170, 182
Löwen *siehe* Leuven
Lom 192, 195
London 97 f., 158, 221, 428, 576
Longuyon 117
Longwy 116 f.
Lothringen 111 f., 137, 547
Louvain *siehe* Leuven
Lublin 188
Ludwigshöhe 180
Lüttich 33, 113–115, 230, 485, 571
Luxemburg 104, 111, 116, 118 f., 121, 123, 125–128, 131, 133, 160, 214, 315, 335
Maas 114 f., 122, 134, 161, 173, 190
Maastricht 494
Madrid 42, 225, 294, 323
Magdeburg 77, 403, 406, 409 f., 550
Malancourt 238
Malta 134
Marne 120–123, 137, 507, 530, 563
Marokko 133
Marseille 112
Maubeuge 122, 509, 510
Mazedonien 413, 465
Mecheln 231
Memel 171
Metz 11, 78, 111, 118, 155 f., 167, 190 f., 248, 324, 383
Mézières 29, 37, 133–135, 138–143, 145, 148–150, 155, 165, 168, 171, 173, 190
Minettebecken 214
Minsk 490, 522
Mitteldeutschland 85
Mitteleuropa 252
Mittelmeer 171, 352
Montdidier 499
Montenegro 242
Montmédy 324
Morawa 192, 195

Mosel 173, 230
Moskau 1, 57–59, 62, 66, 68, 70–72
Mühlhausen 35
München 15, 45, 53, 56 f., 70, 177, 180, 190, 215, 248, 302, 315, 374, 387 f., 403, 426 f.
Münster 11, 96, 504, 552
Münster am Stein 350
Nahe 386
Namur 114 f.
Naratsch-See 230
Neuve Chapelle 171
Nisch 97, 193
Nordfrankreich 147
Nordhausen 51, 58, 66
Nord-Ostsee-Kanal 95
Nordsee 128
Oberschlesien 107
Oderberg 247
Österreich 86, 91, 97, 103 f., 113, 129, 144, 165, 176, 181, 195, 236, 241, 247, 302, 325, 354, 358, 455, 481, 524, 551, 553, 590
Österreich-Ungarn 103, 189, 207, 298 f., 308, 340, 357, 359, 370, 444
Offenburg 191
Orient 561
Orsava 192, 195
Osmanisches Reich 273, 551
Ostende 140, 146
Ost-Mazedonien 286
Ostpreußen 78, 84, 113, 135, 140
Ostrovo 187
Parazin 192 f.
Paris 42, 58, 98, 121–125, 127, 131, 166, 184, 189, 196, 221–223, 232, 248 f., 269, 424, 446, 452, 465, 498, 535, 543, 576
Partenkirchen 157
Peking 184
Pera 342
Péronne 500
Petersburg *siehe* Sankt Petersburg
Piräus 38
Pirot 193 f.
Pleß 15, 29 f., 37, 107, 177 f., 181, 184 f., 187, 189, 192, 195 f., 209, 246, 275–277, 281–285, 288, 291 f., 296 f., 302, 304, 313, 316–318, 321–323, 325, 350, 421, 589
Plön 5, 218
Polen 140, 165, 185 f., 188, 298–300, 308 f., 311, 313, 315, 325, 402
Pommern 303 f., 409
Pont-à-Mousson 142
Posen 11, 161, 164, 183, 401 f., 594
Potsdam 97, 108, 269, 277 f., 509
Potsdam-Bornstedt 278
Prag 325
Preußen 144, 284, 329, 475, 590
Pruth 241
Przemysl 172, 175, 181, 188
Pszczyna *siehe* Pleß
Rapallo 461
Reims 49, 123 f., 166, 284, 365, 367 f., 510, 512, 529, 532, 534, 537, 540
Reval 490, 522
Rhein 109, 256, 350, 464, 556, 573
Rheinland 96
Riesengebirge 286
Riga 273, 275, 561
Riviera di Ponente 184
Rom 86, 90, 104, 167
Rumänien 129, 133, 141, 165, 171, 173, 176, 181, 196, 237, 246, 257, 273, 275, 282, 288, 308, 313–315, 489 f., 515, 522 f., 561, 566
Russland 81, 83–86, 96–100, 102 f., 126, 132, 134, 142, 144, 149, 165, 168, 175 f., 181, 184, 187 f., 196, 237, 244, 246, 299, 302, 308, 327, 339, 354, 362, 364, 366, 368, 378, 420, 458, 466–468, 470 f., 475, 489–491, 509, 515, 522, 532, 560
Saarbrücken 11, 423
Saarburg 111
Saargebiet 423
Saarlouis 548
Sachsen 315, 410, 446, 448
Sailly 500
Saint-Avold 111
Sainte-Ménehould 123

Saint-Mihiel 190 f.
Saint-Nazaire 409
Saint-Pierre-Vaast 500
Saint-Privat 2
Saint-Quentin 116, 119, 140, 148 f., 510, 543
Saint-Vincent 225
Saloniki 285 f.
Sankt Ludwig 191
Sankt Petersburg 43, 83, 97, 368
Sarajewo 12, 69, 95
Sargstedt 77
Sassnitz 43
Schlesien 598
Schloss Oranienstein 3 f.
Schönbrunn *siehe* Wien
Schwarzes Meer 171, 175
Schweden 116, 132, 237
Schweiz 86, 108, 155, 158, 172, 248, 254, 270, 284, 314 f., 436, 438, 457, 480, 560
Sedan 98, 116, 133, 221, 289
Semendria 192, 195
Sensburg 594
Serbien 97, 99, 192, 195, 201, 242, 244, 566
Sereth 241
Seulis 123
Siebenbürgen 284
Singen 43
Sofia 38, 193–196, 241 f., 247, 254, 341, 346, 523, 528 f., 541, 545
Somme 269, 274 f., 281–284, 289, 291, 296, 313
Sonjefjord 97
Soutari 342
Spa 15, 31, 485, 492–495, 504–506, 508, 513, 521, 523, 538, 541, 547, 549 f., 555, 560, 562, 564–567, 569, 571–578, 585–588, 590, 595–597, 602
Spanien 139, 424
Stambul *siehe* Istanbul
Stenay 234, 237, 248, 324, 535
Stettin 303 f., 376, 403, 406, 409
Stockholm 166, 373, 383, 490
Straßburg 11, 35, 38, 191, 316, 324, 326, 486, 493 f.
Stuttgart 15, 45, 70, 215, 315, 388 f.

Süddeutschland 513, 544, 556
Südrussland 467, 532
Südtirol 370
Syrien 343
Tannenberg 116, 164, 440 f., 584
Tarnów 175, 413
Tauroggen 351
Taurus 528
Teschen 30, 181, 254, 280, 282, 289, 316
Thielt 146, 324 f.
Thorn 8, 80
Thüringen 89
Tirol 254, 352
Togo 113
Tokio 257
Toul 142
Trier 111, 116, 601
Türkei 173, 189, 315, 340–342, 344, 346, 455, 523–525, 527 f., 578
Turnhout 143
Tutrakan 283
Ukraine 254, 314 f., 481, 522, 532, 560
Ukrainische Volksrepublik 481
Ungarn 242, 302, 358, 481
Unna 77
USA 160, 210, 245, 251, 296, 308, 375, 532
Valenciennes 350–352
Varennes 123
Varna 196
Venedig 458
Verdun 25, 117, 127, 134, 144, 218 f., 221, 226 f., 230, 234, 237–240, 256, 263, 267, 269, 273, 275, 283, 313, 365, 393, 409, 547
Versailles 461
Verviers 492
Villers Cotterêts 124
Vincennes 1, 70
Vorgiers 123
Vouzier 120
Warschau 20, 187 f., 230, 308, 313, 323 f., 333, 522, 554, 561
Washington 272, 296
Weichsel 82, 112
Weimar 59, 150, 184

Wesel 35, 38
Westfalen 77
Westgalizien 176, 188
Westpreußen 245
Wien 56, 91, 95, 97, 177, 241 f,
    274, 280, 302, 315 f., 321,
    323–325, 357 f., 361, 364, 374,
    378, 400, 427, 442, 444, 541
Wieringen 536

Wiesbaden 223
Wildpark 97
Wilhelmshaven 50
Wilna 37, 338, 561
Wirballen 593
Württemberg 179, 284, 315, 446,
    448, 573, 576
Würzburg 108 f., 450
Ypern 176

Verzeichnis der Anlagen

Die in der Edition erfassten Anlagen sind fett hervorgehoben.

Jahresband 1914/1915 (Fond 1414-1-10)

1 • 23
»Abschiedsworte Chef des Generalstabes der Armee, Generalobersten Graf Schlieffen an die Offiziere des Generalstabes am 30. Dezember 1905.«

2 • 24–27
Kommandierender General I. Armeekorps (Frhr. von der Goltz), Abt. IIc, vom 5.9.1907 betr. Bemerkungen über die sozialdemokratische »Verseuchung« der Armee

3 • 28–29
Generalinspekteur VI. Armeeinspektion (Frhr. von der Goltz), Abt. IIa, Nr. 10934 vom 25.9.1907 betr. Abschiedsworte anlässlich Versetzung

4 • 37
Fotografie der Teilnehmer der Generalstabsreise zur Ausbildung des Kronprinzen in Thüringen, 26.–30.8.1914, dabei u.a. Kronprinz Wilhelm, Schmidt von Knobelsdorff, von der Planitz, Nicolai, Cochenhausen

5 • 38
Fotografie des Kronprinzen Wilhelm zu Pferd, Geschenk an Nicolai

6 • 48–49
Brief Major Volkmann an Nicolai vom 11.8.1914 betr. Informationen zur russischen Teilmobilmachung und Dank für Unterstützung bei Erlaubnis zum Tragen der Uniform des Generalstabes

7 • 54
Fotografie vom Kaisermanöver des V. und VI. Armeekorps 1913, dabei u.a. Deutelmoser, Nicolai

8 • 57 (S. 103)
Zeitungsausschnitt »Berliner Lokalanzeiger«, Nr. 893 vom 3.8.1914 betr. Unterrichtung der Presse durch Nicolai

9 • 64–67
»Dienstanweisung für die im geheimen Nachrichtendienst des Großen Generalstabes tätigen Offiziere« vom 5.8.1914 (Teil 1: Stellenbesetzung, Arbeitsbereiche)

10 • 67
Brief Hauptmann Hasse (stellv. Nachrichtenoffizier beim Evidenzbüro Wien) an IIIb vom 1.9.1914 betr. Meldepflicht/-befugnisse gem. Dienstanweisung

11 • unpag. (nach 67–71)
Fortsetzung Dienstanweisung Sektion IIIb vom 5.8.1914 (Teil 2: stellvertretende IIIb, Spionage, Presse, Kriegsberichterstatter)

12 • 72
»Dienstanweisung für die Spionage-Abwehr Immobile Sektion IIIb« vom 10.8.1914

13 • 73–76
Geschäftsanweisung für die Presseabteilung des Großen Generalstabes mit Anlage 3: »Vorläufige Geschäftseinteilung« (undat., vermutlich 13.8.1914)

14 • 90
Fotografie vom 24.8.1914 in Namur (Nicolai, Neuhof, Jullien)

15 • 107–111
Eidesstattliche Erklärung betr. Verdacht auf Spionage des Kriegsberichterstatters Schweder vom 15.9.1914; unterzeichnet: Oertel, Bongard, Scheuermann

16 • 112–114
Brief Georg Wagener an Nicolai betr. Stellungnahme zum Vorfall Schweder vom 16.9.1914

17 • 115–116
Brief Julius Hirsch betr. Stellungnahme zu Beschuldigungen vom 11.1.1915

18 • 134 (S. 129)
Brief Brose an Nicolai vom 10.9.1914 betr. Empfehlung der Weitergabe stimmungsfördernder Informationen über Schlachten und Siege (Abschrift)

19 • 135 (S. 130)
Brief Nicolai an Brose vom 17.9.1914 betr. Absage zum Vorschlag der Weitergabe stimmungsfördernder Informationen über Schlachten und Siege (Abschrift)

20 • 150
Drei Bildpostkarten: Dienstzimmer der OHL in Mézières

Verzeichnis der Anlagen 647

21 • 151
Menükarte vom 14.10.1914 mit einer Abwandlung des »Vaterlandsliedes« von Ernst Moritz Arndt: »Der Gott, der Eisen wachsen ließ, der wollte keine Knechte, drum gab er Säbel, Schwert und Spieß, den [sic!] Mann in seine Rechte. Vor allen Dir, Du deutscher Mann, damit Du kannst verdreschen: Tom Adkins, Franzmann, Ruß und Flam, den Hammeldieb und Japsen«

22 • 186
Tischordnung für das »Erste Essen neutraler Militärattachés bei Falkenhayn« am 26.11.1914

23 • 186
Platzkarte mit Speisenfolge für das »Erste Essen neutraler Militärattachés bei Falkenhayn« am 26.11.1914

24 • 190
Tischordnung des Abendessens vom 3.12.1914

25 • 192
Zeitungsausschnitt mit Motiv des Gemäldes »Die O.H.L. in Charleville 1914« von Felix Schwormstädt (Quelle nicht nachgewiesen)

26 • 197
Einladung zur Weihnachts-Andacht im Großen Hauptquartier vom 24.12.1914

27 • 200–201
Programmheft der Weihnachtsfeier im Großen Hauptquartier vom 24.12.1914

28 • 204
Brief Nicolai an Brose vom 30.12.1914 betr. Neujahrsgrüße (Abschrift)

29 • 205–205
Brief Brose an Nicolai vom 31.12.1914 betr. Neujahrsgrüße

30 • 206
Mitzeichnung der Neujahrsgrüße von Brose an Nicolai durch Mitarbeiter stellv. IIIb (von Unruh, von Boettinger, von Redern)

31 • 207
Proklamation Kaiser Wilhelm II. »An das deutsche Heer und die Deutsche Marine« vom 31.12.1914

32 • 208
Speisenfolge zum Abendessen im Großen Hauptquartier am 24.12.1914

33 • 208–210
Platzkarte Nicolai mit Tischordnung zum Abendessen im Großen Hauptquartier am 24.12.1914

34 • 211–212
Fotografie Kaisermanöver des V. und VI. Armeekorps 1913

35 • 240
Tischordnung zum Abendessen mit der »ersten Reisegruppe deutscher Chefredakteure auf dem westlichen Kriegsschauplatz«

36 • 254–255
Brief Hauptmann Lüders (Nachrichtenoffizier beim AOK 9) an General Lequis vom 23.1.1915 betr. Bitte um Versetzung (Begründung: »offener Krieg zwischen IIIb und Generalstab« und fehlende Unterstützung durch Nicolai)

37 • 256
Briefwechsel General Falkenhayn und General Lequis vom 6./8.2.1915 betr. o.a. Antrag von Hauptmann Lüders

38 • 257
Brief Nicolai an Zentralabteilung vom 24.2.1915 betr. Versetzung von Hauptmann Lüders bei gleichzeitiger Beförderung zum Major sowie Beförderung zweier Hauptleute zum Major (Hoth) bzw. Major i.G. (Gempp)

39 • 279
Tischordnung, Platzkarte und Speisenfolge zum Abendessen der »dritten Chefredakteur-Reise« im Großen Hauptquartier am 25.3.1915

40 • 285
Brief Major Fleck (Nachrichtenoffizier beim k.u.k. Armeeoberkommando) an Nicolai betr. Verhältnis zu k.u.k. Offizieren (Abschrift)

41 • 310–311
3 Fotografien: Ansichten Schloss Pleß

42 • 334
Brief Deutelmoser an Nicolai vom 25.6.1915 betr. Denkschrift zur Vereinheitlichung der Zensur (Denkschrift selbst liegt nicht vor)

43 • 335–337
Schreiben Nicolai an Deutelmoser vom 8.7.1915 betr. Vereinheitlichung der Zensur

44 • 349
Glückwunschtelegramm stellv. IIIb an Nicolai zu dessen 42. Geburtstag vom 1.8.1915 (verfasst in Reimform)

45 • 350
Allerhöchste Kabinettsordre zur Vereinheitlichung der Zensurmaßnahmen vom 4.8.1915 (Abschrift)

Verzeichnis der Anlagen 649

46 • 351–353
Brief Nicolai an OHL, Zentralabteilung, betr. Gründung des Kriegspresseamtes (undat. Abschrift)

47 • 356–359
Brief Nicolai an Oberstleutnant Herwarth von Bittenfeld vom 4.8.1915 betr. Kompetenzen bei der Pressearbeit und der Zensur

48 • 367
Brief Major Fleck an Nicolai vom 7.5.1915 betr. Lage und Stimmung im k.u.k. Armeeoberkommando und Übersendung von Abschriften

49 • 368–369
Brief des k.u.k. Gesandten in Warschau, Frhr. von Andrian zu Werburg, an k.u.k. Außenminister Stephan Baron von Burián vom 24.8.1915 betr. deutsche Politik in Warschau (Abschrift)

50 • 370
Brief Polizeibehörde Warschau an k.u.k. Außenminister Stephan Baron von Burián vom 24.8.1915 betr. Warschauer Bürgerkomitee (Abschrift)

51 • 383–384
Liste der Berichterstatter des neutralen Kriegs-Pressequartiers vom 20.10.1915

52 • 385–387
Verpflichtungsschein für Kriegsberichterstatter beim Kriegspresseamt vom 21.10.1915

53 • 393–397
Nicolai, Manuskript für das Fachorgan des Reichsverbandes der deutschen Presse »Das Kriegspresseamt« vom 8.11.1915

54 • 401–405
Rangliste der mob. IIIb vom 15.10.1915

55 • 409
Speisefolge »Königliche Mittagstafel« vom 8.11.1915

56 • 420
Fotografie »Am 17.11.1915 bei der Frühstückspause im vereisten Balkan« (Kronprinz von Bulgarien, Nicolai, General Jekow)

57 • 425–428
Denkschrift Major Kroeger, »Gedanken über die Entwickelung und Zukunft des Kriegspresseamtes« vom 6.12.1915

58 • 431–432
Chef IIIb, Nr. 884, Geheim, vom 15.12.1915 betr. Verfahren mit Kriegsberichterstattern und Grundzüge der eigenen Berichterstattung

59 • 435–437
Brief Nicolai an Major von Rohrscheidt vom 16.12.1915 betr. Ordensangelegenheit

60 • 439
Weihnachtsgrüße der Mitarbeiter der »Gazette des Ardennes«

61 • 440–441
Speisefolge für Weihnachtsessen im Großen Hauptquartier am 24.12.1915

62 • 447–447
Brief Brose an Nicolai vom 29.12.1915 betr. Neujahrsgrüße

63 • 448–449
Brief Deutelmoser an Nicolai vom 31.12.1915 betr. Neujahrsgrüße

64 • 450
Speisefolge Sylvesteressen im Großen Hauptquartier am 31.12.1915 (Motto: »Herzensgüte ist der Seele Adel, sie erbaut dem Menschen einen Thron«)

Jahresband 1916 (Fond 1414-1-12)

65 • 12 (S. 211)
Brief des preußischen Ministers der geistlichen und Unterrichtsangelegenheiten, August Trott zu Solz, an Generalquartiermeister vom 7.2.1916 betr. Unterstützung der Herausgabe von »Schützengraben-Büchern« (Abschrift)

66 • 16
Einladung zur »Frühstückstafel« anlässlich des Geburtstages von Wilhelm II. in Schloss Pleß am 26.1.1916

67 • 17
Deckblatt zur Predigt des Superintendenten Nowak anlässlich des Geburtstages von Wilhelm II. mit Liedfolge, Pleß 27.1.1916

68 • 17–24 (S. 204–208)
Predigt des Superintendenten Nowak anlässlich des Geburtstages von Wilhelm II., Pleß 27.1.1916

69 • 30
Grußadresse des k.u.k. Erzherzog-Thronfolgers anlässlich des Geburtstages von Wilhelm II. mit Entgegnung von Wilhelm II., Pleß 26.1.1916

70 • 33–37 (S. 216–218)
Denkschrift Major Kroeger vom 15.2.1916 betr. Ergänzungen zur Denkschrift »Entwickelung und Zukunft des Kriegspresseamtes« vom 6.12.1915

Verzeichnis der Anlagen 651

71 • 68
Handschriftliche Liste von zwölf durch französische und belgische Behörden wegen Spionage hingerichteten Frauen (dabei Erwähnung Mata Haris)

72 • 76–79 (S. 229)
Brief Deutelmoser an Nicolai vom 13.3.1916 betr. Rücktritt des Großadmirals von Tirpitz

73 • 87–87
Tischordnung und Speisenfolge für Essen im Großen Hauptquartier vom 17.3.1916

74 • 106–108 (S. 238)
Brief Kronprinz Wilhelm an Nicolai vom 14.4.1916 betr. Berichterstattung zu Verdun

75 • 109
Telegramm Nicolai an Kronprinz Wilhelm betr. Berichterstattung zu Verdun (undatiert)

76 • 110 (S. 239)
Brief Nicolai an Kronprinz Wilhelm betr. Berichterstattung zu Verdun (undatiert, vermutlich 17.4.1916)

77 • 111–112 (S. 239)
Verfügung Kriegspresseamt, Nr. 8036 O.Z., an Zensurstellen vom 1.4.1916 betr. Berichterstattung zu Verdun

78 • 115a–115d (S. 241 f.)
Brief Major Fleck an Nicolai betr. »Spannungen zwischen Wien und Sofia« (Eingang 12.4.1916)

79 • 116 (S. 243)
Verfügung Chef IIIb, Nr. 3270, Geheim, vom 18.4.1916 betr. Verweis auf das Verbot der Weitergabe von dienstlichem Schriftgut über den Empfängerkreis hinaus

80 • 118–120 (S. 240 f.)
Brief Deutelmoser an Nicolai vom 18.4.1916 betr. politische »Treibereien gegen Falkenhayn«

81 • 132
Porträt des bulgarischen Ministerialdirektors und Pressechefs Joseph Herbst mit Widmung »Als kleines Zeichen großer Dankbarkeit und in Erinnerung an angenehmste Zusammenarbeit«

82 • 132
Speisenfolge der »Königlichen Mittagstafel« vom 19.4.1916

83 • 142
Brief Großer Generalstab, Hauptmann Schneidler, an Generalstab des Feldheeres, Major Kroeger, Nr. 684/Ch. pers., vom 4.3.1919 betr. Verbleib von Akten über den Reichstagsabgeordneten Erzberger

84 • 142
Brief Generalstab des Feldheeres, Major Kroeger, an Großer Generalstab, Nachrichtengruppe, Nr. 20332 vom 13.3.1919 betr. Verbleib von Akten über den Reichstagsabgeordneten Erzberger (»Verbrennung in Spa vor Verlegung der OHL nach Wilhelmshöhe«)

85 • 143–144
Brief »Onkel Richard« und eine unbekannte Person an Nicolai vom 24.2.1919

86 • 145
Zeitungsauschnitt »Ein Kriegssonntag unseres Kaisers«, in: »Unterhaltungsbeilage der Täglichen Rundschau« vom 8.5.1916

87 • 145
Zeitungsartikel unbekannter Herkunft und Datierung betr. das Schul-, Bildungs- und Erziehungswesen in Südosteuropa im Vergleich mit Deutschland

88 • 151–152 (S. 253 f.)
Weisung Chef IIIb, Nr. 3625 I, vom 11.5.1916 betr. Umgang mit Kriegsberichterstattern und militärische Sicherheit

89 • 155–156 (Vorsatz)
Organigramm »Organisation des IIIb-Dienstes« vom 15.5.1916

90 • 164–168 (S. 258–262)
Protokoll einer Besprechung im Kriegspresseamt am 21.6.1916 betr. die »Ziele des Kultur-Bundes und die Unterstützung durch die obersten Reichs- und Staatsbehörden hierbei«

91 • 169
Brief Nicolai an Hermann Sudermann betr. Glückwünsche zum Geburtstag und Erinnerung an die Zusammenarbeit von OHL und Kulturbund während des Krieges

92 • 170
Brief Sudermann an Nicolai vom 17.10.1916 betr. Danksagung für Glückwünsche

93 • 206
Zeitungsausschnitt unbekannter Herkunft und Datierung von Nicolai »Die Größe der Zeit« (1916)

Verzeichnis der Anlagen   653

94 • 225 (S. 277)
»Abschiedsworte des Chefs des Generalstabes des Feldheeres General der Infanterie v. Falkenhayn an die Abteilungschefs in Pleß am 29. August 1916 mittags 12 Uhr«

95 • 247
Schreiben General Hugo Frhr. v. Freytag-Loringhoven im Namen der Offiziere des Generalstabes des Feldheeres an Falkenhayn vom 30.8.1916 betr. dessen Verabschiedung

96 • 248
Postkarte Falkenhayn an Nicolai vom 28.1.1922

97 • 257 (S. 280)
Brief (Fragment) des Nachrichtenoffiziers im k.u.k. Armeeoberkommando, Major Fleck, an Nicolai vom 3.9.1916 betr. die Reaktionen zur Ablösung Falkenhayns in Österreich-Ungarn

98 • 275
Speisenfolge der »Königlichen Mittagstafel« vom 9.9.1916

99 • 282
Brief Nicolai an Ludendorff vom 12.9.1916 betr. Einverständnis des Majors Deutelmoser zur Versetzung als Pressechef im Auswärtigen Amt

100 • 294
OHL, Vermerk vom 23.9.1916 betr. Ankündigung der Anwesenheit des Kaisers zum Abendessen am 24.9.1916 und Anzugordnung

101 • 295
Speisenfolge des Abendessens am 24.9.1916

102 • 296
Skizze der Tischordnung des Abendessens am 24.9.1916

103 • 300 (S. 293 f.)
Brief Chef des Nachrichtendienstes des Admiralstabes, Walter Isendahl, an Nicolai vom 24.9.1916 betr. Ordensfragen und Stellung der Marine

104 • 301 (S. 294)
Brief Chef des Nachrichtendienstes des Admiralstabes, Walter Isendahl, an Nicolai vom 24.10.1916 betr. Ordensfragen und Stellung der Marine

105 • 303–304 (S. 295)
Brief Deutelmoser an Nicolai vom 25.9.1916 betr. Versetzung ins Auswärtige Amt

106 • 307–308
Telegramm Nicolai an Brose vom 30.9.1916 betr. Glückwünsche zur Verleihung des Eisernen Kreuzes 1. Klasse (Abschrift) und Brief Brose an Nicolai vom 30.9.1916 betr. Danksagung (Abschrift)

107 • 311
Befehl vom 30.9.1916 betr. Teilnahme am Kaiserlichen Frühstück am 2.10.1916

108 • 318
Brief Major Deutelmoser an Nicolai vom 10.10.1916 betr. Dank für die Glückwünsche anlässlich der Verleihung des Eisernen Kreuzes und die bisherige Zusammenarbeit

109 • 325–326
Reiseplan der Dienstreise Nicolais vom 13.–26.10.1916

110 • 331
Teilnehmerliste der Schriftleiterbesprechung vom 17.10.1916

111 • 332
Ablaufplan der Dienstreise Nicolais nach Berlin am 25./26.10.1916

112 • 335
Telegramm Deutelmoser an Nicolai vom 1.11.1916 betr. Versetzung ins Auswärtige Amt

113 • 337 (S. 299)
Weisung Nicolai an die Zensurbehörden betr. Sprachregelung zur Proklamation des Königreichs Polen

114 • 340
Reise- und Ablaufplan der Dienstreise Nicolais vom 5.–12.11.1916

115 • 353–354
Reiseplan der Dienstreise Nicolais vom 25.11.–6.12.1916

116 • 359
Reise- und Ablaufplan der Dienstreise Nicolais vom 3.12.–14.12.1916

117 • 365 (S. 309)
Proklamation Wilhelms II. (»An das Deutsche Heer«) betr. das Friedensangebot der Mittelmächte vom 12.12.1916

118 • 367–369 (S. 309 f.)
Brief des Chefs des Generalstabes des Feldheeres, IIIb Nr. 8769/II geh., an den Reichskanzler vom 17.12.1916 betr. Vorschlag zur Zentralisierung der Pressearbeit in einer bei der Reichskanzlei angesiedelten Dienststelle (Abschrift)

Verzeichnis der Anlagen 655

119 • 377
Brief des Nachrichtenoffiziers bei der k.u.k. 7. Armee, Hauptmann Kliewer, an Nicolai vom 19.12.1916 betr. Aufnahme des Friedensangebots der Mittelmächte im dortigen Stab

120 • 378–379
Brief des Nachrichtenoffiziers beim k.u.k. Armeeoberkommando, Major Fleck, an Nicolai vom 19.12.16 betr. Reaktionen auf die Thronbesteigung Kaiser Karls

121 • 387 (Vorsatz)
Organigramm vom 22.5.1918 betr. »Organisation des IIIb-Dienstes«

122 • 389
Organigramm vom 15.6.1918 betr. »Organisation der Spionage-Abwehr IIIb«

123 • 399
Brief Nicolai an die unterstellten Bereiche, Nr. 10351/Ib vom 28.12.1916 betr. Dank für die im vergangenen Jahr geleistete Arbeit

124 • 402–404
Ansprache von Friedrich Gempp anlässlich der Zusammenkunft ehemaliger Offiziere des IIIb-Dienstes im Hotel Adlon vom Oktober 1934 (Abschrift)

125 • 434
Auszug aus Friedrich Gempp, Geheimer Nachrichtendienst und Spionageabwehr des Heeres, Bd 4

126 • 435–470
Auszug aus Friedrich Gempp, Geheimer Nachrichtendienst und Spionageabwehr des Heeres, Bd 1

127 • 472
Auszug aus Friedrich Gempp, Geheimer Nachrichtendienst und Spionageabwehr des Heeres, Bd 4 (Dublette)

Jahresband 1917 (Fond 1414-1-14)

128 • 1–8
»Verzeichnis der Geschäftszimmer, Wohnungen und Fernsprechanschlüsse für die im Großen Hauptquartier Ost untergebrachten Stäbe und Formationen«, Pleß (undat., 1916/17)

129 • 11
Tischordnung zum Essen am 2.1.1917 (rückseitiger Vermerk von Nicolai: »Abschiedsfeier für k.u.k. A.O.K. vor der Übersiedlung nach Baden bei Wien«)

130 • 14
Speisenfolge zur Abendtafel vom 3.1.1917

131 • 18
Brief des chinesischen Generals Wang-Tang an Nicolai vom 7.1.1917 betr. Dank und »Eindrücke an der westlichen Front, Leistungsfähigkeit und Ausdauer der deutschen Armee«

132 • 19 (S. 324 f.)
Reiseplan der Dienstreise Nicolais vom 9.–21.1.1917

133 • 25–28 (S. 333–336)
IIIb, Sekt. Ost, Nr. 32401 geh., vom 25.1.1917 betr. Bericht über die »Besprechung mit N.O.Obost am 9.1.17 in Warschau und den Nachrichtenoffizieren der Westfront«, 16.–18.1.1917

134 • 29–30 (S. 327 f.)
Feldpressestelle beim Generalstab des Feldheeres, B. Nr. 1576, 22.1.17 betr. Richtlinien für die Schriftleitungen der Armeezeitungen

135 • 31
Chef IIIb, Nr. 9293, an Ludendorff vom 22.1.1917 betr. »Umfang der politischen Berichterstattung durch IIIb«

136 • 34–36 (S. 330–332)
Generalstab des Feldheeres, IIIb, Nr. 9292/I geh., vom 24.1.1917 betr. Dienstanweisung für das Kriegspresseamt

137 • 39
Reiseplan der Dienstreise Nicolais vom 28.1.–7.2.1917

138 • 40–42 (S. 338–340)
Chef IIIb, Nr. 10667, vom 8.2.1917 betr. »Aufzeichnungen aus den Besprechungen mit den N.O.'s der Ostfront, Wilna, den 2.2.17 und Brest Litowsk, den 4.2.17«

139 • 45–47 (S. 340 f.)
Nicolai, »Richtlinien für die Reise des Hauptmann Kroeger nach Konstantinopel

140 • 48–55 (S. 341–346)
Hauptmann Kroeger, »Bericht über meine Reise nach Konstantinopel vom 9.–13. Februar 1917«, 15.2.1917

141 • 66
Vier Fotografien von Dienstgebäuden des Großen Hauptquartiers in Kreuznach

142 • 68
»Wohnungsliste sämtlicher im Unterkunftsraum des Grossen Hauptquartiers befindlichen Offiziere und Beamten im Offizierrang«, Stand 1.5.1917 (Deckblatt)

Verzeichnis der Anlagen 657

143 • 69–85
Dito, Teil A) Kreuznach

144 • 86–91
Dito, Teil B) Bingen

145 • 92–97
Dito, Teil C) Bad Münster am Stein

146 • 100 (S. 28)
Tischordnung zum Frühstück vom 21.2.1917

147 • 110–111 (S. 353)
Weisung Nicolais an Kriegspresseamt vom 9.3.1917 betr. »Berichterstattung der Stimmung in Deutschland«

148 • 113
Brief Feldpressestelle an Chef IIIb vom 10.3.1917 betr. einjähriges Bestehen der Feldpressestelle

149 • 114
Brief Nicolai an Feldpressestelle vom 14.3.1917 betr. einjähriges Bestehen der Feldpressestelle

150 • 118–119 (S. 354–357)
Verfügung Chef des Generalstabes des Feldheeres, M.J. Nr. 2320 Op. Ia., Streng geheim! Nur von Offizieren zu bearbeiten!, an die Heeresgruppen und Armeeoberkommandos vom 14.3.1917 betr. »Stellung und Aufgaben der Nachrichtenoffiziere der Obersten Heeresleitung«

151 • 120–122 (S. 357–361)
Vereinbarungen zwischen dem k.u.k. Kriegspressequartier und dem Chef der Abteilung IIIb vom 16.3.1917 betr. Kriegsberichterstattung und Zensur

152 • 124–125
Tischordnung und Speisenfolge der Königlichen Mittagstafel vom 20.3.1917

153 • 132 (S. 363 f.)
Chef IIIb, 10219/II, vom 2.4.1917 betr. »Schreiben an den Reichskanzler« (Entwurf, Einrichtung eines ständigen Presseausschusses in der Reichskanzlei)

154 • 137
Zeitungsausschnitt »Ein Gegenstück. Die alte Zeit«, in: »Münchener Post« vom 10.4.1917

155 • 142
Verfügung Generalstab des Feldheeres, IIIb Chef, Nr. 29/IV geh., vom 14.4.1917 betr. Einrichtung einer Sektion IV

156 • 144 (S. 367)
Brief Major von Rohrscheidt an Nicolai betr. Beeinflussung der Frontstimmung durch »Schreibunwesen« und »Bürokratissimus« vom 14.4.1917 (Abschrift)

157 • 150–151
Zwei Telegramme an Nicolai von Flügeladjutant Hauptmann Mewes und vom Oberhofmarschallamt vom 25.4.1917 betr. Dank für Zusendung der Feldzeitungsausgaben vom 27.1.1917 (Abschriften)

158 • 156–159 (S. 371–374)
Notizen Nicolai zur Reise nach Berlin am 28. und 29. April 1917 betr. einheitliche Presseleitung in der Reichskanzlei

159 • 161–168
IIIb, Chef, Nr. 80/IV geh., vom 27.4.1917 betr. »Pressestimmen des feindlichen Auslands«

160 • 172
Brief des chinesischen Militärattachés, Hauptmann Wu Kuang Gie, an Nicolai betr. Verabschiedung

161 • 173
Brief Nicolai an chinesischen Militärattaché, Hauptmann Wu Kuang Gie, vom 1.5.1917 betr. Verabschiedung (Abschrift)

162 • 174 (S. 376 f.)
Brief Nicolai an den Chef des Kriegspresseamtes, Stotten, vom 1.5.1917 betr. Ablösung Stottens

163 • 176
Fotografie k.u.k. Oberstleutnant Ronge, k.u.k. Militärattaché Oberst Freiherr von Bienert, sächsischer Militärbevollmächtigter, Oberst von Eulitz, vor dem Oranienhof in Kreuznach

164 • 181 (S. 380)
Verfügung Chef des Generalstabes des Feldheeres, Nr. IIIb, 10504 II geh., vom 8.5.1917 betr. zukünftige Aufgaben des Chefs IIIb bei der »Bearbeitung von Vorgängen über die innere Politik Deutschlands, wie sie an die OHL herantreten«

165 • 183–184 (S. 381–383)
Weisung Chef IIIb, Nr. 11618 geh., vom 10.5.1917 betr. Neuordnung der Aufgabenbereiche

166 • 195
Reiseplan der Dienstreise Nicolais vom 30.5.–12.6.1917

167 • 203 (S. 390 f.)
Zeitungsausschnitt »Kein moralischer Heimat-Streik«, in: »Kölnische Volkszeitung« vom 4.6.1917

Verzeichnis der Anlagen   659

168 • 211–213
Protokoll einer Besprechung am 7.6.1917 betr. Reorganisation der Propaganda

169 • 214–216 (S. 395 f.)
Ludendorff, Verfügung vom 7.6.1917 betr. Reorganisation der Propaganda (»Entwurf« handschriftlich durchgestrichen, ersetzt durch »Zensurbefehl«)

170 • 218–219 (S. 396 f.)
Aktennotiz Nicolai vom 8.6.1917 betr. Organisation der Propaganda nach dem Krieg

171 • 237
Tischordnung »Königliche Frühstückstafel« vom 26.6.17

172 • 260–297
Manuskript »Untersuchungen über die Juli-Krisis des Jahres 1917« (anon., undat.; Autor ist vermutl. der Historiker Walter Frank)

173 • 299
Handschriftliche Liste der Vertreter im »Ausschuß der Berliner Pressekonferenz« vom 14.7.1917 (gez. Stotten)

174 • 300 (S. 412 f.)
Sprechzettel zur Besprechung Ludendorffs mit dem Presseausschuss am 14.7.1917

175 • 301–304 (S. 413–415)
Protokoll der Besprechung von Chef IIIb mit den Vertretern der Presse im Reichstagsgebäude am 14.7.1917

176 • 306–308 (S. 416–419)
Brief Generalstab des Feldheeres, Abteilung IIIb, Chef, Nr. R. 15 geh., an den Chef der Reichskanzlei, Hans-Joachim von Graevenitz, vom 16.7.1917 mit angehängtem Entwurf zum Antrag der einheitlichen Presseführung (Entwurf)

177 • 312–323
Auszug aus Walter Nicolai, Nachrichtendienst, Presse und Volksstimmung im Weltkrieg (Kap. 4)

178 • 336–343
Kriegspresseamt (Hrsg.), Major Nicolai, Richtlinien für die Aufklärungsarbeit, und Oberleutnant Schmetzer, Wie bringe ich meine Gedanken an die aufzuklärende Masse heran? (o.O. 1917, Druckschrift, NfD)

179 • 347
Brief Chef des Generalstabes des Feldheeres an Reichskanzler betr. Organisation der Propaganda (undat. Entwurf, aus dem Zusammenhang 13.8.1917)

180 • 354 (S. 428)
Zeitungsausschnitt unbekannter Herkunft Hans Georg von Beerfelde, »Die Lichnowsky-Denkschrift« vom 5.3.1928

181 • 357 (S. 429–431)
Zeitungsausschnitt Hans Georg von Beerfelde, »Der wahre Lichnowsky«, in: »Welt am Montag« vom 23.4.1928

182 • 360
Zeitungsausschnitt »Fall v. Beerfelde. Der Hauptmann vom Generalstab als Landesverräter«, in: »Vorwärts« vom 10.4.1918

183 • 361
Ausschnitt aus einer nicht nachgewiesenen Herausgeberschrift zum Fall Beerfelde: Leserbrief Max Meininger, in: »Vorwärts« (aus dem Zusammenhang April 1918)

184 • 361
Ausschnitt aus einer nicht nachgewiesenen Herausgeberschrift zum Fall Beerfelde: Vorwort des Herausgebers

185 • 362
Ausschnitt aus einer nicht nachgewiesenen Herausgeberschrift zum Fall Beerfelde: Brief Hans Georg von Beerfelde an Max Meininger vom 24.4.1918

186 • 362
Ausschnitt aus einer nicht nachgewiesenen Herausgeberschrift zum Fall Beerfelde: »Anlage 1 zur Richtigstellung«

187 • 365–367 (S. 433–437)
Brief Chef IIIb, Nr. 32137/III, an Chef des Generalstabes des Feldheeres vom 13.9.1918 betr. Vorlage der Abschrift eines Briefes des Hauptmanns von Beerfelde an Nicolai als Beweismittel in der laufenden Strafsache gegen Beerfelde

188 • 368 (S. 438)
Brief Stotten an Beerfelde vom 13.9.1918 betr. Eingangsbestätigung des Briefes Beerfelde an Nicolai

189 • 370–372
Briefwechsel zwischen Nicolai und Beerfelde aus dem Jahre 1941: Brief Beerfelde an Nicolai vom 5.3.1941 betr. Bitte um Bestätigung einer Äußerung; Brief Nicolai an Beerfelde vom 13.3.1941 betr. Bestätigung (Abschrift); Brief Beerfelde an Nicolai vom 15.3.1941 betr. Danksagung

190 • 375
Speisenfolge eines Essens vom 30.8.1817

191 • 392
Fotografie Bootsausflug auf dem Rhein vom 30.9.1917: Ministerialdirektor Herbst, Major Nicolai, Major von Kempis

Verzeichnis der Anlagen 661

192 • 403
Einladung zur Teilnahme an den Feierlichkeiten anlässlich des 70. Geburtstages von Hindenburg am 2.10.1917, dabei Teilnehmerliste und Anzugordnung

193 • 425-426 (S. 451-453)
Brief Chef des Generalstabes des Feldheeres an Reichskanzler vom 12.10.1917 betr. Forderung nach Einwirken auf die Presse und Einschränkung des »politischen Kampfes um den Krieg« (Entwurf)

194 • 470
Antwort des Kaisers auf das an ihn gerichtete Weihnachtstelegramm des Chefs des Generalstabes des Feldheeres vom 26.12.1917 (Abschrift)

Jahresband 1918 (Fond 1414-1-16)

195 • 6-9
Reichspresseamt, Presseschau betr. »Die deutsche Presse zu den angeblichen Rücktrittsgesuchen Ludendorffs« (undat., aus dem Zusammenhang Anfang Januar 1918)

196 • 15-16
Weisung Nicolai an Kriegspresseamt vom 10.1.1918 betr. Presseaufsicht im Zusammenhang mit dem angeblichen Rücktrittsgesuch Ludendorffs (auszugsweise Abschrift)

197 • 26
Brief Verein deutscher Zeitungs-Verleger, Dr. Bartsch, an Nicolai vom 28.1.1918 betr. Gratulation zur Beförderung

198 • 37-39
Tabellarische »Übersicht der wichtigsten Ereignisse des Kriegsjahres 1918«

199 • 43
Brief »Frankfurter Zeitung«, Heinrich Simon, an Nicolai vom 15.2.1918 betr. Übersendung einer Denkschrift der Redaktion zur Kriegspolitik (Abschrift)

200 • 44-53
Denkschrift der Redaktion der »Frankfurter Zeitung« zur Kriegspolitik (undat. Abschrift; aus dem Zusammenhang Mitte Februar 1918)

201 • 67-68 (S. 487 f.)
Brief Major Blankenhorn an Nicolai vom 2.3.1918 betr. Verabschiedung und Dank anlässlich der Versetzung Blankenhorns

202 • 71
Chef des Generalstabes des Feldheeres, IIIb Chef, Nr. 19076/I geh., vom 1.3.1918 betr. Agentenmeldung über die Installation von alliierten Propaganda-

kommissionen in London, Paris und Rom sowie die Entsendung von Propaganda-Attachés an die Gesandtschaften im neutralen Ausland

203 • 115
Tischordnung zu Ludendorffs Geburtstag am 9.4.1918 in Avesnes

204 • 133
IIIb Chef, Nr. R 2294, vom 5.5.1918 betr. Grundsätze für die Berichterstattung durch die Nachrichtenoffiziere

205 • 134–137
Sieben Fotografien der Dienstgebäude der OHL in Avesnes und Besuch des Kaisers dort

206 • 154 (S. 512)
Tischordnung des Abendessens vom 31.5.1918

207 • 156
Zeitschriftenausschnitt »Beurteilung der Kriegslage seitens der Feinde im Juni 1918. Ein Beitrag zur Geschichte des Weltkrieges«, in: »Militär-Wochenblatt«, Nr. 84 vom 24.1.1920

208 • 157–158
Zeitschriftenausschnitt »Beurteilung der Kriegslage seitens der Feinde im Juni 1918. Ein Beitrag zur Geschichte des Weltkrieges«, in: »Militär-Wochenblatt«, Nr. 87 vom 4.2.1920

209 • 159
Zeitschriftenausschnitt »Beurteilung der Kriegslage seitens der Feinde im Juni 1918. Ein Beitrag zur Geschichte des Weltkrieges«, in: »Militär-Wochenblatt«, Nr. 86 vom 31.1.1920

210 • 165 (S. 514)
Chef des Generalstabes des Feldheeres, Nr. IIIb 3993/R geh., an Reichskanzler vom 8.6.1918 betr. Ausnutzung der militärischen Lage für Propagandazwecke (Abschrift)

211 • 166–168
Briefentwurf Chef des Generalstabes des Feldheeres, Militärpolitische Abteilung, an den Reichskanzler, Nr. 28826 P. betr. Reorganisation und Forcierung der Propaganda (undat. Abschrift, 1918); beiliegend »Anfrage des [österr.] Abgeordneten Wilhelm Miklas und Genossen an Seine Exzellenz, den Herrn Ministerpräsidenten, betreffend die Errichtung einer Propagandastelle beim Ministerpräsidium«, Wien 22.2.1918 (Abschrift)

212 • 169–173
Kriegspresseamt, Nr. 45448 A.L., Bericht betr. »Die feindliche Propaganda« (undat.; aus dem Zusammenhang Mai 1918)

Verzeichnis der Anlagen 663

213 • 174
Feldpressestelle beim Generalstab des Feldheeres, Nr. 60789, betr. »Verzeichnis der Armeezeitungen« mit Stand 1.4.1918

214 • 179
Zeitungsausschnitt »Hindenburg in der Schrift«. In: »Der Angriff« vom 19.9.1934

215 • 183 (S. 517 f.)
Chef des Generalstabes des Feldheeres, Nr. IIIb 3502 R, 17197/I geh., an den Militäroberbefehlshaber in Berlin vom 24.6.1918 betr. Vorgehen gegen die »Frankfurter Zeitung« (Abschrift)

216 • 192–200
Konvolut zur Propaganda gegen US-Truppen, darin: Nachrichtenoffizier der OHL beim Heeresgruppenkommando Herzog Albrecht, Hauptmann Henke, Nr. 13126, vom 26.6.1918 betr. »Frontpropaganda gegenüber den amerikanischen Truppen« (Abschrift); »Bericht über Herausgabe und Inhalt der ersten Zeitung für amerikanische Frontpropaganda« (undat. Abschrift); »Gutachten über Frontpropaganda bei den amerikanischen Soldaten« (undat. Abschrift)

217 • 205–208 (S. 523–528)
Brief Leutnant d.L. Stegemann an Nicolai vom 5.8.1918 betr. nachteilige Wahrnehmung der deutschen Propaganda im Osmanischen Reich

218 • 219–227
Manuskript Major von Rauch »Zur Feindlage auf dem Westkriegsschauplatz im Sommer 1918« (undat., nach 1918)

219 • 239–240
Chef des Generalstabes des Feldheeres, IIIb, Nr. 4997/R geh., vom 7.8.1918 betr. Weisung zur Verschwiegenheit bei Dienstgeschäften im Großen Hauptquartier

220 • 248
Postkarte Friedrich Graf von der Schulenburg an Nicolai vom 4.4.1938 betr. Dank für Glückwünsche zum Geburtstag

221 • 258–260
Generalstab des Feldheeres, Abteilung IIIb, Nr. 5223/R 18188 geh., vom 17.8.1918 betr. »Richtlinien, wie die im Verteilungsplan genannten Stellen die Ereignisse auf dem Kriegsschauplatz zu vertreten haben«

222 • 262–264
Brief OHL, Operationsabteilung (Poseck), an Nicolai vom 20.2.1919 betr. Bitte um Auskunft zur Vorgeschichte des Waffenstillstandes; Brief Nicolai an Poseck vom 24.2.1919 betr. Antwortschreiben (Abschrift)

223 • 266
Chef des Generalstabes des Feldheeres, Politische Abteilung, vom 16.8.1918 betr. Verfügung der Versetzung Oberst von Haeften an das Auswärtige Amt

224 • 281
Zeitungsausschnitt »Graf Limburg-Stirum gibt folgende Schilderung unter dem 30. Juli 1919« (ohne Zuordnung, undat.)

225 • 311 (S. 554 f.)
Chef des Generalstabes des Feldheeres, Nr. 10296 geh., vom 15.9.1918 betr. Hinweis auf österreichisch-ungarisches Friedensangebot und Forderung nach Weiterführung des Kampfes

226 • 318–319 (S. 558 f.)
Protokoll der Besprechung beim Nachrichtenoffizier Berlin am 16.9.1918 betr. Frontpropaganda

227 • 323–325 (S. 560 f.)
Nicolai, Übersicht »Arbeitsgebiet des ›Chef IIIb‹« vom 29.9.1918

228 • 383–384
Weisung Chef IIIb an Kriegspresseamt vom 12.10.1918 betr. »Leitsätze zur Behandlung der deutschen Antwortnote an den Präsidenten Wilson«

229 • 385
»Wortlaut der deutschen Antwort vom 12. Oktober 1918 auf Wilsons Note vom 8. Oktober 1918« (Abschrift)

230 • 385
»Wortlaut der Antwort Wilsons vom 8. Oktober auf das deutsche Friedensangebot vom 5. Oktober 1918« (Abschrift)

231 • 386–389
Konvolut Abschriften diplomatischer Verlautbarungen: »Die vier Punkte Wilsons aus seiner Botschaft vom 11. Februar 1918«; »Die fünf Punkte Wilsons aus seiner Rede vom 27. September 1918«; »Die vierzehn Punkte Wilsons aus seiner Botschaft an den Kongreß vom 8. Januar 1918«

232 • 395–396 (S. 570 f.)
Tischvorlage von Nicolai für Ludendorff vom 16.10.1918 betr. Verhältnis zwischen Politik und Militär

233 • 406 (S. 574)
Chef des Generalstabes des Feldheeres, Nr. IIIb 19724/II geh., vom 24.10.1918 betr. Heeresbefehl nach Bekanntwerden der 3. Wilson-Note (Abschrift)

234 • 417–424 (S. 579–583)
Brief Major Kroeger an Nicolai vom 26.10.1918 betr. Erläuterung der Vorgänge, die zum Heeresbefehl vom 24.10.1918 führten; beiliegend: Bericht Kroeger vom 25.10.1918 (Abschrift)

Verzeichnis der Anlagen 665

235 • 425 (S. 583)
Aktennotiz Nicolai vom 29.10.1918 betr. Gespräch mit Chef der Zentralabteilung der OHL, Hans von Tieschowitz, über die Rolle von Major Kroeger beim Zustandekommen des Heeresbefehls vom 24.10.1918 (Abschrift)

236 • 426 (S. 583 f.)
»Abschrift einer Stellungnahme des Oberst Heye zu Vorstehendem des Major Kroeger« vom 30.10.1918

237 • 427-429 (S. 584 f.)
»Meldung des Majors Kroeger an mich [Nicolai] am 27.10.18. Zum Abschiede Ludendorffs« (Abschrift)

238 • 430-436
»Bericht des zum Kaiser kommandierten Generalstabsoffiziers, Major Niemann. Die Entlassung des General Ludendorff« vom 11.12.1918 (Abschrift)

239 • 437-446
»Bericht des Kriegspresseamtes. Die deutsche Presse zum Rücktritt des Generals Ludendorff« (Abschrift)

240 • 447-451
»Abschrift eines Artikels, mit dessen Abfassung General Heye am 1.12.18 den Major Kroeger beauftragt hat, um ihn unter seinem Namen zu veröffentlichen. Der Artikel wurde von Hindenburg und Groener innerlich gebilligt, seine Veröffentlichung aber vorläufig zurückgestellt.«

241 • 453
Chef des Generalstabes des Feldheeres, Nr. Ia/IIIb 19750/II geh., vom 28.10.1918 betr. Anschreiben zur Verfügung betr. »Die Erhaltung des soldatischen Geistes«

242 • 454
Chef des Generalstabes des Feldheeres, Nr. Ia/IIIb 19750/II geh., vom 28.10.1918 betr. »Die Erhaltung des soldatischen Geistes«

243 • 455
Anlage zu Chef des Generalstabes des Feldheeres, Nr. Ia/IIIb 19750/II geh., vom 28.10.1918: inhaltsgleiche Verfügungen betr. Aufrechterhaltung der Mannszucht des Kgl. preußischen Kriegsministeriums Nr. M. 7385/18 C4 vom 22.7.1918 und des Kgl. bayerischen Kriegsministeriums Nr. 185911/R vom 18.8.1918

244 • 458
Brief Nicolai an Ludendorff vom 30.10.1918 betr. Dank für Bild mit Widmung (Abschrift)

245 • 463-464
Chef des Generalstabes des Feldheeres, Op. Abt. Gruppe IV, Nr. 19881 b., pers., an Reichskanzler vom 1.11.1918 betr. Erläuterung der Vorgänge, die zum Heeresbefehl vom 24.10.1918 führten

246 • 465–468
Stellungnahme Nicolai vom 24.1.1938 betr. »Aufzeichnungen des Generals der Infanterie a.D. Joachim v. Stülpnagel, Neubabelsberg, Louisen Straße 6«

247 • 469–480
Aufzeichnungen Joachim von Stülpnagel vom Januar 1919 betr. die OHL im Herbst 1918

248 • 481
Chef des Generalstabes des Feldheeres, Nr. IIIb 19724/II geh., vom 24.10.1918 betr. Heeresbefehl nach Bekanntwerden der 3. Wilson-Note (Fotokopie)

249 • 488
Dienstreiseausweis Nicolai, Nr. 313 A., vom 31.10.1918 für den Zeitraum 1.11.–23.11.1918

250 • 496–504
Aufzeichnungen des Hofpredigers Dr. Vogel über die ihm gegenüber von Wilhelm II. am 3.11.1918 in Spa gemachten Äußerungen (Fotokopie; Vermerk Nicolai: »Mir nach dem Weltkrieg zugesandt«)

251 • 514 (S. 596)
Dienstreiseausweis Nicolai, Nr. 389, vom 11.11.1918 für den Zeitraum 11.11.–20.11.1918

252 • 517
Rundschreiben Generalmajor Wilhelm Heye vom August 1920 betr. entlastendes Urteil eines Ehrengerichts zu seinem Verhalten in der OHL im November 1918

253 • 518–523
Auszug aus »Die letzten Tage von Spaa. Tagebuchblätter aus dem Großen Haupt-Quartier von einem Generalstabsoffizier« (Autor durch handschriftl. Vermerk auf Bl. 518 als Major Wolfgang Muff enthüllt)

254 • 524–526
»Aus dem Briefwechsel zwischen dem Generalfeldmarschall von Hindenburg und S.M. d. Kaiser«, darin: Brief Hindenburg an Wilhelm II. vom 22.7.1922; Brief Wilhelm II. an Hindenburg vom 21.9.1922 (Abschriften)

255 • 568
Garnisonsarzt Eisenach, Medizinalrat Stecking, Militärärztliches Zeugnis für Nicolai vom 21.11.1918 (»infolge nervöser Erschöpfung erkrankt und für 6 Wochen dienstunfähig und erholungsbedürftig«)

256 • 591–595 (S. 600–602)
Brief OHL, Kroeger, an Nicolai vom 6.12.1918 betr. Arbeit und Stimmung in der OHL (Abschrift)

Verzeichnis der Anlagen

257 • 596
Brief OHL, Stotten, an Nicolai vom 8.12.1918 betr. Zukunft von IIIb (Abschrift)

258 • 597
Brief spanischer Militärattaché, Ruiz de Valdiva, an Nicolai vom 12.12.1918 betr. Auflösung des Attachéquartiers und Dank an Nicolai (Abschrift)

259 • 599
Brief OHL, Alfred von Vollard-Bockelberg, an Nicolai vom 30.12.1918 betr. Anfrage Ludendorffs zum Zustand der Propaganda Ende August 1916 (Abschrift)

260 • 600
Brief OHL, Kroeger, an Nicolai vom 30.12.1918 betr. Lage in der OHL und Verbleib eines für Nicolai bestimmten Porträts von Hindenburg (Abschrift)

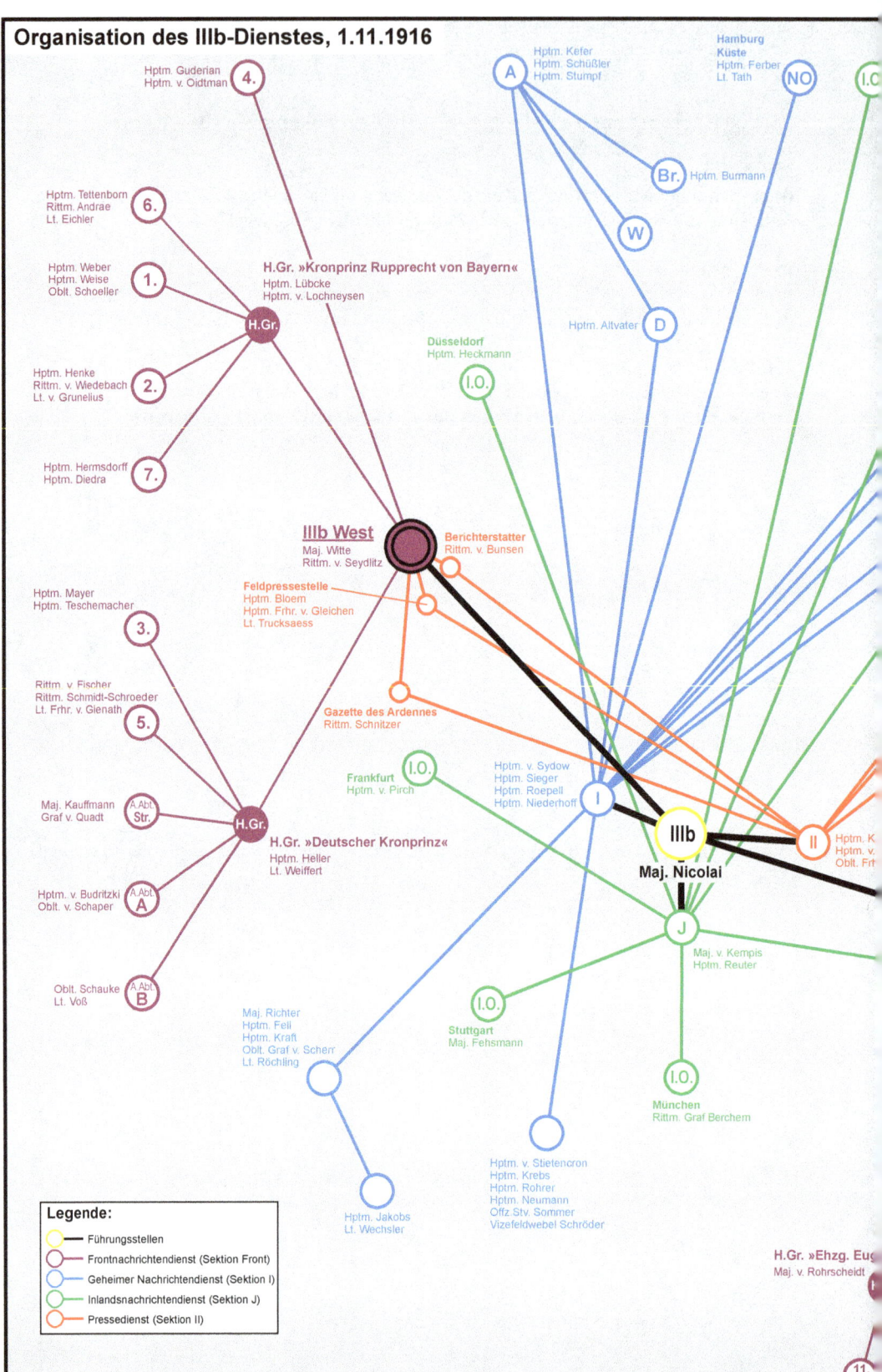

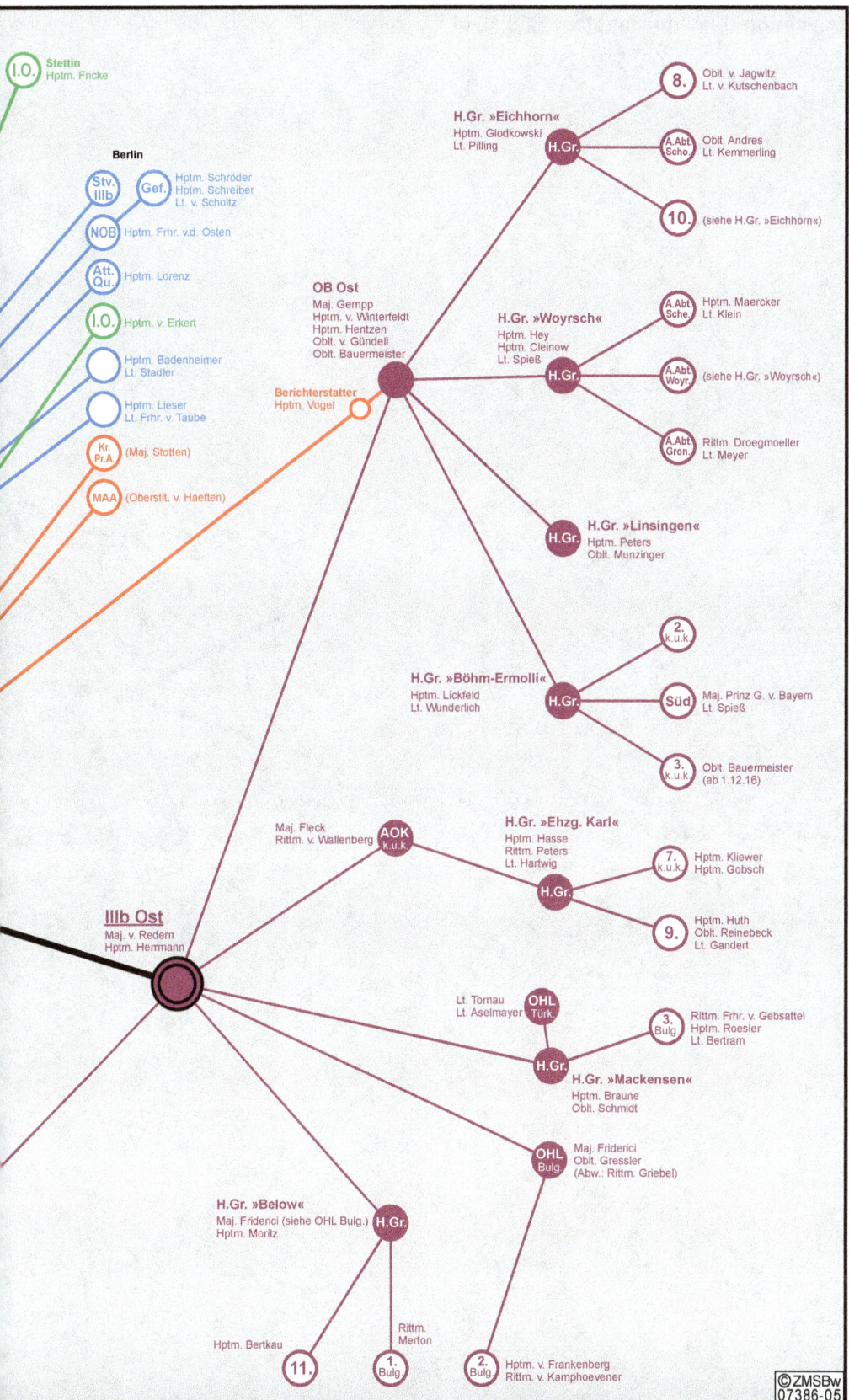

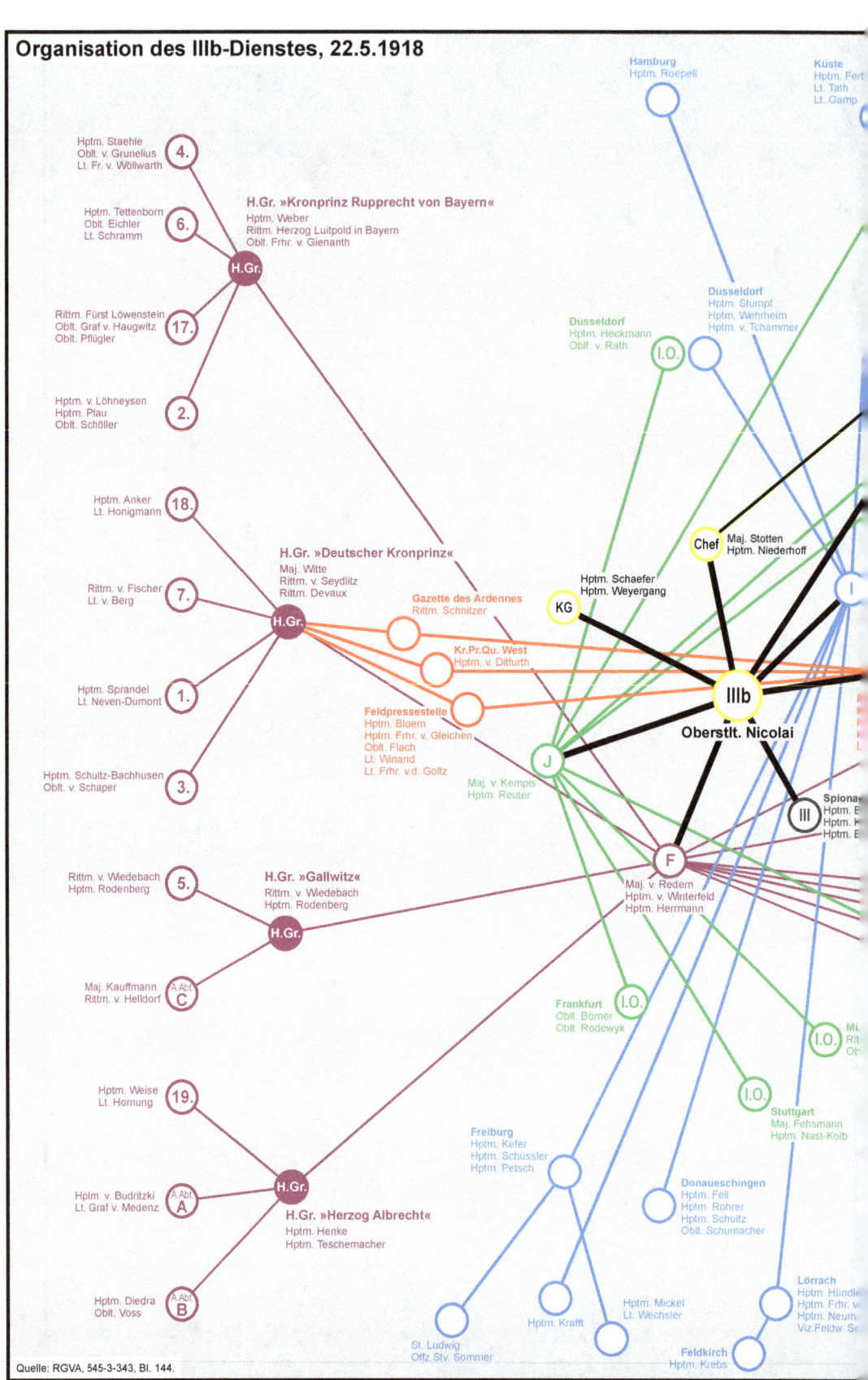

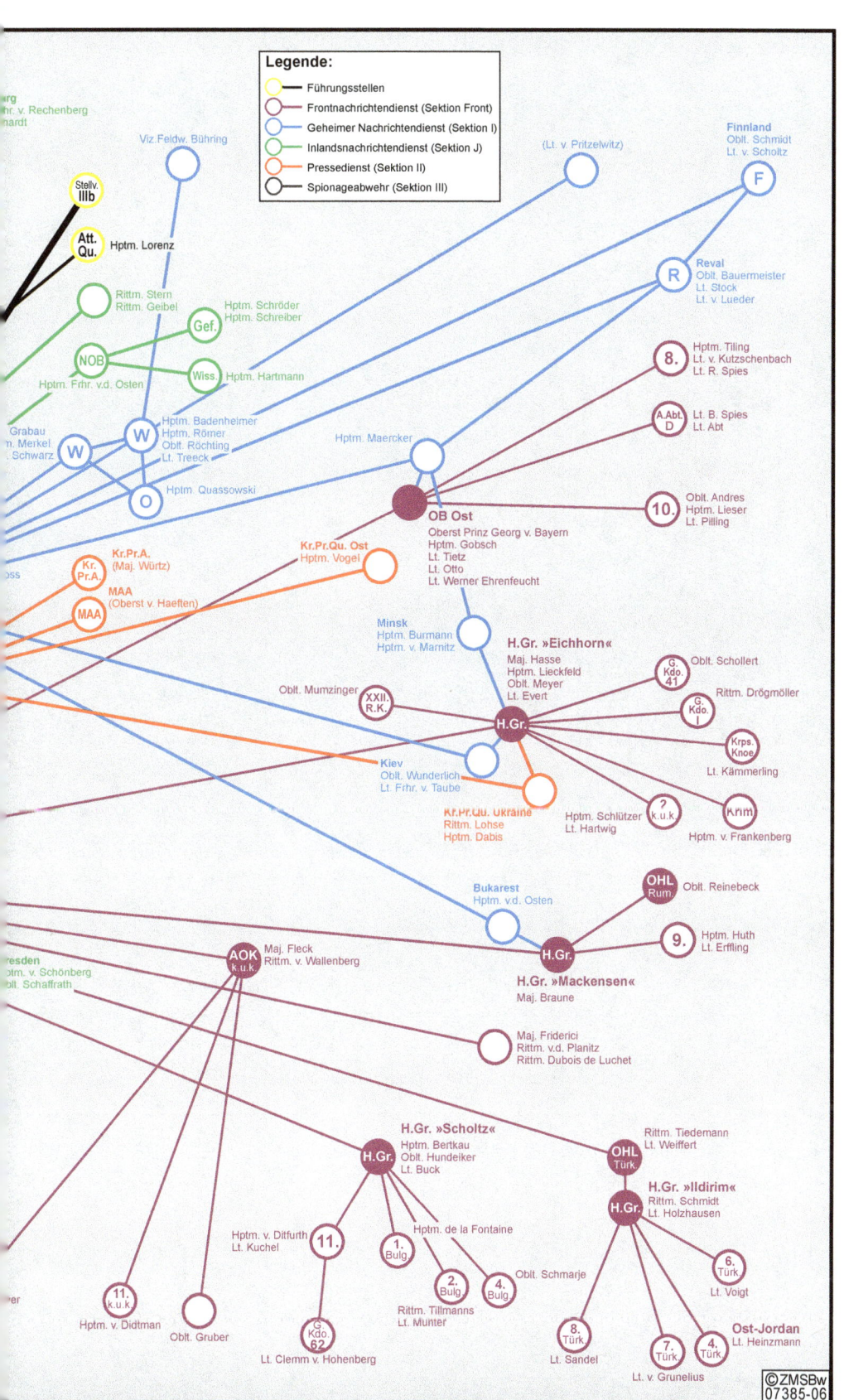

www.ingramcontent.com/pod-product-compliance
Lightning Source LLC
Chambersburg PA
CBHW082102250426
43661CB00079B/2545